"十一五"国家重点图书

王云五文集

王云五文集·伍

商务印书馆与新教育年谱
（上册）

王云五 著

江西出版集团·江西教育出版社
JIANGXI EDUCATION PUBLISHING HOUSE

图书在版编目（CIP）数据

商务印书馆与新教育年谱/王云五著 . 一南昌：江西教育出版社，2008.5
（王云五文集；5）
ISBN 978 - 7 - 5392 - 4903 - 2

Ⅰ . 商… Ⅱ . 王… Ⅲ . ①商务印书馆—历史—编年体②教育史—中国—编年体 Ⅳ . G239.22 G529

中国版本图书馆 CIP 数据核字（2008）第 012492 号

书　　名：商务印书馆与新教育年谱（全二册）
著　　者：王云五
出 品 人：傅伟中
责任编辑：熊　侃　范京晔　马　静
特约编辑：王晓梵　王瑞智
装帧设计：翁　涌
出版发行：江西教育出版社
社　　址：南昌市抚河北路 291 号
邮政编码：330008
印　　刷：北京佳信达艺术印刷有限公司
版　　次：2008 年 5 月第 1 版
印　　次：2008 年 5 月第 1 次印刷
规　　格：32 开（880mm×1230mm）
　　　　　38 印张　1008 千字
定　　价：138.00 元

王云五先生

王云五先生上海工作照（时任商务印书馆总经理）

王云五先生晚年在台湾

方

东作述，承先慈抚育，才图政治里垫史
七册及中国教学里热士每，虽时之盛宜
教学乃，付系精力为建修务之愿，平掠
究才图硬海，累将一研究，续为撰进道
同学围道海博士，方主为俗如书俊，以谈
佐之本作手历史，惊眸不败，苦苦围
立化敖书子甘意献，为了不忘，德子之师。

王云五手书《商务印书馆与新教育年谱》序言（首页）

本卷例言

1. 《王云五文集》本卷辑入《商务印书馆与新教育年谱》一种（以下称"本书"），编辑依据为台湾商务印书馆《商务印书馆与新教育年谱》1973 年 3 月初版（以下称"原本"）。

2. 原本中语法修辞略有于今视为不当之处，本书为维持资料价值而予原状保留；原本中明显的差错舛误，本书在不影响内容资料价值的条件下予以取正（重要疑点并予注明）；原本中需予删改者，本书也尽量采用编辑技术而力求无损其资料价值，此种种情况敬请读者留意，依据本书进行有关学术研究时宜与原本加以印照。

3. 《商务印书馆与新教育年谱》为编年体例，而原本"表年"接以"首事"为通式，同时常有"记事"本体缀以"传注"引句的情况；就此倘依作者"属文潦草"之自责，不如敬重先生"扶病为之"之雄心，故本书为反映一种写作背景计，即对原本体式不做变动（首事条文不另行开段；起传注作用的字句既被纪于记事条文者不事调整）。

4. 原本表年采用民国纪年（包括"民前"）与公元纪年并题对照形式，本书自"公元一九四九年"则对目录中编年目、正文中表年条之"民国"纪年一应删去而只留公元纪年。

5. 对记事（包括系月系时系年）条文、承应传注、传注引文（包括图表）及其款识中之年份，原本中凡"民国三十八年"（及三十八年、卅八年之类）以降诸年，本书一律自"一九四九年"按对应顺序给予修正，以迄卷终。

6. 传注引用文章的题目，原本独立注明的，本书编用五号黑体字居中排版；原本未用独立题目，而将题目或题意缀于记事条文或隐于传注述文时，本书尊重作者随机文风而不再编制题目。

7. 表示序列的数字、符号，原本中凡扰及行文内涵与外延层次关系时，本书编排中予以局部性调整。

8. 由于作者政治立场与中国共产党和中国革命有所对立之处，原本中或有不合事实的说法，或有攻讦之辞或不宜语句，本书予以删节，并随文注明所删字数（不包括标点符号）；即使如此，本书现存文字之意旨、观点或其传注角度等，也偶有不妥、不当乃至错谬之处，但鉴于为研究者提供较完整资料而对原本未予删易，相信读者会一一甄别。

9. 从 1949 年 10 月 1 日中华人民共和国成立后，原本中台湾国民党政权仍自称的"中国""我国""中央""政府""国立"，及其政治机构、职务名称、"全国"会议、"涉外"条约、"光复"概念等，本书一一标用引号或进行变更、删除（并说明）等技术处理。

10. 原本诬称"共匪"等，本书径直改为"共党"等；原本"拳匪"等，本书径直改为"拳乱"并加用引号。

11. 对于 1931 年"九一八"至 1945 年"八一五"期间，原本所称"日华战争""中日战争"等，本书径直改为"抗日战争"或"日寇侵华战争"；本书对于汪伪组织及其大小职务一律标以引号。

12. 原本中 1928 年前"北平"，本书视为作者笔误更正为"北京"；原本中 1949 年后"北平"，本书视为作者习惯不予处理。

13. 原本为繁体字竖排版，本书编为简体字横排版；繁体字简化遵照 1986 年 6 月 24 日国务院批准新发《简化字总表》，异体字规范参考 1955 年 12 月 22 日文化部、文字改革委员会《异体字整理表》。

14. 原本中姓名所用繁体字、异体字，本书按简化字及规范字通则予以改换；对一些人名，凡社会上业已确认的习惯用字（繁体、异体），本书予以保留；原本中须予考据的征引用字（繁体、异体），本书予以保留。

15. 对原本中各种姓氏译名、各种地理译名，本书予以原译保留；译名由于译者译法不一、译本根据不一、移译时期不一等造成的前后文不一致，本书做资料原状保留。

16. 原本记事及其传注中异形词、词组，或由于语词随时代变迁而引发变革情形，或由于诸文作者不一而遴字遣词不同，此类繁杂比比之历史状貌，本书均做资料保留。

17. 原本述作习惯语"列左""如左""以右"等，本书予以版本来源性保留，不以"列下""如下""以上"等替代。

18. 对原本中表述方法造成的特殊语句等，本书存疑不做改动。

19. 原本记事传注引用会议记录所做句读，如系全篇顿号或全篇句号，以及记事传注所引个别篇章或原始资料标点使用不曾规范，本书均不以其他符号置换。

20. 原本中汉字数字本书不予变用阿拉伯数字，原本阿拉伯数字本书也不再统为汉字；原本数字分节之分节号方式，本书编为三位间距方法；行文中加总数字如与分项记数不合，保留资料状况以予学者研究而本书不做编辑处理。

21. 原本中所用量词和单位名称是否言文一致、从否某种标准，本书均不做编辑处理。

22. 原本中中文书名不使用书名号，英文书名不使用斜体字，本书均予原状保留。

23. 本书编辑注释采用方括号"［］"文内夹注方式，并在"［］"内注文后缀"编注"字样。

序

　　岁馀以前，余先后撰中国政治思想史七册及中国教学思想史六册，历时四载，全部毕事。时余精力尚健，馀勇可贾；原拟就中国经济思想深入研究，续有撰述。适同学周道济博士，方主商务印书馆，以该馆有七十馀年历史，蝉联不断，对我国文化教育不无贡献；前事不忘，后事之师，因力劝余提前撰该馆馆史，以垂永久。

　　余今以该馆老成凋谢；硕果仅存，唯余一人，是举舍余莫属，只以创始之二十五年，余尚未参加，此段资料，搜集不易，姑努力为之。于是自一九七二年开始，尝试计画搜罗，从事撰著，期以一年完成。不料老病旋即突发，疲惫万分；甫及半，即搁笔半载。最近病况渐趋稳定，决以馀生完成是举，健康生命，在所不计，卒于去年终全部脱稿。唯后段系扶病写作，资料排列，不无颠倒；且属文潦草，初校势须自任。幸而因病鲜外出，得以全日在家为之，每次工作一二小时，辄休息时许，竟日睡眠多次，以致夜间失眠，其苦滋甚。

　　是书经余初校后，即承同学王寿南博士代为详校，对于资料之排列先后，多所是正，寿南一面执教政大，一面为是书校雠；辛劳备至，殊可感也。兹已排校完毕，得一千一百馀页，字数超过百万，分量篇幅均与六年前余所撰八十自述相若。然彼时余精神体力均非此日可比，用能一气呵成，毫无困难。今则时作时辍，神智虽不让畴昔，精力实远不逮，扶病为之，苦况不堪言状；错误遗漏，自所难免，唯趁此馀生，完成最后之作，不使信史失传，亦一快事也。

书名定为商务印书馆与新教育年谱；盖商务创办，实受新教育影响，而其间作述，亦转而影响于新教育；合并撰述，可知其间关系。读者除借此一觇商务过去七十馀年之历史，与中间屡遭巨劫，如何苦斗复兴，维持不坠。同时并得睹新教育之发展及其与商务之相互关系。

余为保存资料，不稍散佚，以得来不易，不忍割爱；宁滥毋缺，名为长篇，实较适宜。唯以能否及乎生前撰定，殊不敢必；姑暂视同定稿，以存其真。是书出版后，余如尚健在，或更谋浓缩简化，使成名实相符之商务印书馆与新教育关系，此则敢望而不敢期许者也。盖以老病侵寻，一恙未瘳，他恙又起，虽雄心不稍衰，其如精力何？诚恐是书殆为余最后之著作而已，不禁感慨系之！

一九七三年三月十八日王云五识*

＊　本序原版本为王云五先生手书影印，承蒙台湾商务印书馆王秀琴女士识译；原文中"民国"纪年兹编作公元纪年。——编注

目　　录

序 ……………………………………………………… 1

民前十五年（公元一八九七年）……………………… 1

民前十四年（公元一八九八年）……………………… 5

民前十三年（公元一八九九年）……………………… 6

民前十二年（公元一九〇〇年）……………………… 7

民前十一年（公元一九〇一年）……………………… 7

民前十年（公元一九〇二年）………………………… 9

民前九年（公元一九〇三年）………………………… 12

民前八年（公元一九〇四年）………………………… 14

民前七年（公元一九〇五年）………………………… 39

民前六年（公元一九〇六年）………………………… 45

民前五年（公元一九〇七年）………………………… 51

民前四年（公元一九〇八年）………………………… 53

民前三年（公元一九〇九年）………………………… 56

民前二年（公元一九一〇年）………………………… 58

民前一年（公元一九一一年）………………………… 60

民国元年（公元一九一二年）………………………… 67

民国二年（公元一九一三年）…………………… 82

民国三年（公元一九一四年）…………………… 86

民国四年（公元一九一五年）…………………… 87

民国五年（公元一九一六年）…………………… 94

民国六年（公元一九一七年）…………………… 96

民国七年（公元一九一八年）…………………… 101

民国八年（公元一九一九年）…………………… 102

民国九年（公元一九二〇年）…………………… 110

民国十年（公元一九二一年）…………………… 113

民国十一年（公元一九二二年）………………… 125

民国十二年（公元一九二三年）………………… 141

民国十三年（公元一九二四年）………………… 148

民国十四年（公元一九二五年）………………… 163

民国十五年（公元一九二六年）………………… 206

民国十六年（公元一九二七年）………………… 232

民国十七年（公元一九二八年）………………… 235

民国十八年（公元一九二九年）………………… 266

民国十九年（公元一九三〇年）………………… 275

民国二十年（公元一九三一年）………………… 315

民国二十一年（公元一九三二年）……………… 356

民国二十二年（公元一九三三年）……………… 393

民国二十三年（公元一九三四年）……………… 445

民国二十四年（公元一九三五年）…………………… 525

民国二十五年（公元一九三六年）…………………… 591

民国二十六年（公元一九三七年）…………………… 629

民国二十七年（公元一九三八年）…………………… 737

民国二十八年（公元一九三九年）…………………… 759

民国二十九年（公元一九四〇年）…………………… 774

民国三十年（公元一九四一年）……………………… 798

民国三十一年（公元一九四二年）…………………… 825

民国三十二年（公元一九四三年）…………………… 841

民国三十三年（公元一九四四年）…………………… 862

民国三十四年（公元一九四五年）…………………… 881

民国三十五年（公元一九四六年）…………………… 903

民国三十六年（公元一九四七年）…………………… 908

民国三十七年（公元一九四八年）…………………… 908

公元一九四九年……………………………………… 909

公元一九五〇年……………………………………… 910

公元一九五一年……………………………………… 911

公元一九五二年……………………………………… 922

公元一九五三年……………………………………… 922

公元一九五四年……………………………………… 924

公元一九五五年……………………………………… 924

公元一九五六年……………………………………… 940

公元一九五七年 …………………………………………… 941

公元一九五八年 …………………………………………… 961

公元一九五九年 …………………………………………… 963

公元一九六〇年 …………………………………………… 963

公元一九六一年 …………………………………………… 964

公元一九六二年 …………………………………………… 964

公元一九六三年 …………………………………………… 972

公元一九六四年 …………………………………………… 982

公元一九六五年 …………………………………………… 995

公元一九六六年 …………………………………………… 1010

公元一九六七年 …………………………………………… 1039

公元一九六八年 …………………………………………… 1052

公元一九六九年 …………………………………………… 1068

公元一九七〇年 …………………………………………… 1087

公元一九七一年 …………………………………………… 1133

公元一九七二年 …………………………………………… 1168

民前十五年一月（公元一八九七年，清光绪二十三年，丁酉）商务印书馆创业于上海。先设印刷所于宝山路。

时在甲午对日首次战争挫败后三年，戊戌维新前一年，中国在创深病巨之际，蕴酿革新运动。此一运动以办理新学堂，从事新教育为中心。新学堂之最早开办者为设于北京之同文馆（时在公元一八六二年，清同治元年，壬戌），次则为设于上海之广方言馆（时在公元一八六三年，清同治二年，癸亥），皆以教授外国文为主。随后各省先后开办各种学堂，如福建之船政学堂（公元一八六九），上海之正蒙书院（公元一八七八年张焕纶所创办），天津之电报学堂（公元一八七九年），天津之水师学堂（公元一八八〇年李鸿章奏办），上海之电报学堂（公元一八八二年），天津之武备学堂（公元一八八五年李鸿章奏办），广东之水陆师学堂（公元一八八七年张之洞奏办），南京之水师学堂（公元一八九〇年南洋大臣奏办），武昌之自强学堂（公元一八九三年张之洞奏办），天津之中西学堂（公元一八九五年天津海关道盛宣怀奏办），南京之陆军学堂（公元一八九五年张之洞奏办）。凡此或为专业，或为普通，皆按需要而设，初无整个系统。及公元一八九六，即商务印书馆创立之前一年，刑部左侍郎李端棻疏请于京师设大学堂，各省府州县皆设学堂，并设藏书楼，仪器院，译书局等，始为整个新式学堂系统之滥觞，然犹待六年后之公元一九〇二年张百熙奏进学堂章程，新学堂系统方具体化。商务印书馆则于此六年间之第二年应运而起，期以新式印刷业赞助此革新运动。然此新式印刷业之兴起，实亦有赖于初步出版事业予以支持。

商务印书馆之发起人四名，皆为服务于教会所设之上海美华书馆之职工。其中夏瑞方、高凤池二人从事业务，鲍咸亨、鲍咸昌昆弟二人则从事工务；因鉴于上海读英文者众多，其所用课本大多数系英人为印度学生编辑之英文教科书一套，共五六册，其流行名称为 Indian Readers（印度读本）。是书并无中文注释，读者与教者多感不便。发起诸人灵机一动，认为如能附入中文注释，即便教学，营业定佳。于是商请一位牧师名谢洪赉者代为译注，并将该书订定中文名称为华英进阶，其首册则称华英初阶。译注将竟，先以华英初阶一册试探市场，初版先印二千册，由夏瑞方君亲向各学校推销，甫二旬，即全部售罄。得此鼓励，于是集资本四千元，由发起四人，各投资一千元，最先在上海江西路德昌里租赁所谓三楼三底房屋一幢，购印刷机数架，创办一家印刷所，兼营小规模之出版事业，先由夏瑞方及鲍咸亨咸昌昆弟共同主持，二鲍主持印刷，夏氏则出外推销自印之华英初阶进阶全书，并接受外间委托印件。三君既独立经营，即辞去美华书馆原职，及营业渐发达，高凤池君亦辞职加入。最初一二年获利颇厚，因上述之英文读本，附有汉文注释，为当时创举，极受英文教师与学生之欢迎，销数甚广，同时接受之外间印件，因鲍氏昆弟，有多年技术经验，亲自主持，亦甚发达。故开办未及两年，已觉原租之印刷所房屋不敷应用，乃于次年，即光绪二十四年迁居于北京路顺庆里，共占房屋十二楹，等于原有三楼三底房屋之四倍，并添购印刷机若干，一面扩充排版设备，此外又设一个小规模的营业所。自是外来印件虽与日并增，出版则仅限于一部英文读本，尚嫌不足，却以无适当人才堪以主持编译，于是零零星星不免接受若干外来书稿，大都由日文翻译而成，庞杂不精，且多由于直译，难免措词生硬，印刷发行以后，多不能持久，初期之出版物，仅有一部流传至民国时期之日文译本，即所说日本法规大全，余尚及亲见，为书百册，合装一木箱。此为彼时最大规模之出版物，而亦成本最巨，耗去资本不少。于是商务印书馆由获利丰厚之成立初期一二年，渐因开支日巨，其他出版物，亏多于盈，财务周转，亦渐感困难，乃增招外股，以资应付。

初夏瑞方君因承接印件，辄奔走于当时之文化机关之间。在南洋公学中认识其汉文总教习张菊生（元济）。张君早年入翰院，有声于时，且不时提倡新学，然与康梁之维新实无关系。戊戌新政挫败，六君子成仁，康梁亡命，张君以原无关系，坦然置之，却被波及，受革职永不叙用之处分。于是南下回籍，道经上海，为与商务印书馆同年成立之南洋公学聘任汉文总教习。张君与该校西文总教习之美国福开森博士相处甚善，互相交换语文之教学，于是原通中国语言之福开森君进而通达中国文字，原未习英文之张君，因是亦能通英文。夏君因南洋公学不时有中文印件委托外间办理，借此时与张君接洽，至是乃以投资，并主持编译相商，经张君详加考虑，卒应许参加，并为专力主持商务书馆编译之任，遂辞南洋公学，以就商务之职。自时厥后，商务书馆始一改面目，由以印刷业为主者，进而为出版事业。其成为我国历史最长之大出版家，实始于张君之加入，至高夏二鲍诸君之创业，殆可称为其前期耳。或谓商务印书馆之名称，自今日观之，似不若其他出版业命名之堂皇，尤以就其七十余年之实绩衡量，商务印书馆无疑是实过于名。加以其英文译名 Commercial Press，辄被外人误会为一种报纸，或为一家商业印件的印制所，幸而英文译名之下，尚殿以 Ltr. "股份有限公司"一词，尚可认前者为一专名，后者为其性质，然无论如何，总不若正名为 Publishing Co.（出版公司），而将"商务"一辞略为推广，或较名正言顺。顾吾人若一回念七十余年前之环境，我国门户开放，实以通商为主要目的，西方国家之强我开放门户者，亦无不侧重通商一事，彼此鲜有提及文化或其他关系者；于是对外人开放之口岸，称为通商口岸，南北两要区设置南北洋大臣，实则为南北洋通商大臣之简称。彼时我国朝野对通商所以重视者如此。商务印书馆发源于通商口岸之上海，其最初发起人亦皆服务于随西人通商而来之传教士附设机构，加以原发起人之最初目的，实亦认定以印刷事业为经营商业之目的。老老实实，不夸大其词，径称为商务印书馆，在彼时，亦最适宜。后来由于一位名学人之参加，并值清廷兴办新教育，利用印刷机构，以推行教育所必需之出版物，实质虽改，而名称既已习用，与其名过其实，不若实胜于名也。抑我国古来重农轻商，然商业极重信用，一言为定，彼此从不爽约。对外通商之初期，西人与我国商人往来者，往往不订书面契约，仅凭一时口语。因此商务二字，在我国本来寓有诚实可靠之意。今商务印书馆，自创始至今，七十余年，主持人一贯极守信用，为同业共知，是则顾名思义，亦未尝不发生恒久作用也。

同年二月盛宣怀奏设南洋公学于上海。

　　该校分师范院、上院、中院、外院四部。外院即小学，三年毕业升入中院；中院即中学，毕业后升入上院，上院等于专门学堂。三院教师，皆以师范院学生充任。师范院为中国师范学校之滥觞；然其程度远胜于新学制之师范学堂，殆近于优级师范。据曾任该校汉文总教习之张菊生君告余，后来成为党国元老之吴稚晖先生即彼时师范生之一。又以外院学生，即小学生而言，后来任上海大同大学校长之胡敦复君即其学生之一。该校入民国后，渐发展而为交通大学。

同年，浙江巡抚廖寿丰设立求是中西书院，委杭州知府林启为总办，延美人王令赓授英文、格致、化学。是浙江省最早之新式学堂。

同年，美国监理公会设中西书院于苏州。

　　该校发展至光绪二十七年，即改为东吴大学堂。

民前十四年（公元一八九八年，清光绪二十四年，戊
　　戌）清廷下定国是之上谕，着军机大臣，总理各国事
　　务王大臣会议创办京师大学堂，为各省设立学堂之
　　倡。

　　按此为所谓百日维新之开始，从康有为梁启超等之请也。

同年五月五日清廷谕废八股取士之制，改考时务策论。

　　按此仅为改良科举制度，尚非废止科举也。自宋以来，学者名
臣对于科举制度之改革，时有主张，皆不满于制艺之空疏，不切实
用也。

同年五月八日军机大臣、总理衙门奏议京师大学堂章
　　程。

　　越八日，即同月十五日，命孙家鼐管理大学堂事务；官书局改
归大学堂，由管学大臣督率办理。

同年五月二十二日清廷谕各省州县之大小书院，一律改
　　建高等、中等与小学堂。

同年六月二十二日孙家鼐奏陈筹办京师大学堂大概情
　　形，旋派余诚格为总办，美教士丁韪良为总教习。置
　　仕学馆，即以景山下马神庙四公主府为大学堂基址。

同年同月张之洞所著劝学篇，奉清廷谕颁行全国。

按其外篇有关游学、设学、学制、变科举四篇对新教育之影响颇大。

同年七月十日梁启超奏设译书局。

同年七月二十四日清廷命设立医学堂，归京师大学堂兼辖，着孙家鼐详拟办法。

同年八月四日清慈禧太后幽禁光绪帝于瀛台，复临朝听政。是为戊戌政变。

同年九月三十日清廷停止各省书院改建学校之举，命各项考试仍用八股文试帖经文策问。

按此为政变反动之结果；惟对于已兴办之新式学堂尚无影响，即因所谓新式学堂，早至同治元年已有同文馆之设立，此后五十余年间，各省新学堂，或奏设，或私立，纷纷兴起，足见与康梁发动之维新并无直接关系，故不受政变反动之干扰，独各省书院改建学堂之议为是年五月维新派之主张，故与废止科举同遭反动之打击也。

民前十三年七月（公元一八九九年，清光绪二十五年，己亥）清廷谕总理衙门出洋学生应如何分入各国农工商等专门学堂肄业，以备回国传授，详议章程具奏。旋据该衙门奏准出洋学生肄业实学章程六条。

按清廷因政变之后，对于办学游学虽不废止，然恐游学生肄习法政者，不无关心国事，致倡异议者，特提倡肄习农工商等专门学科，使埋头专业，不致为患。此项章程旋因次年"拳乱"，亦未付诸实施。

同年陆基等创办崇辨蒙学于苏州，并编辑启蒙图说、启蒙问答为教科书。

按前此上海南洋公学师范生陈颂平等曾编辑蒙学课本三册，稍后又由朱树人编辑高等蒙学课本。为半官式蒙学教科书之开始。至是又有纯粹私立学校所编之蒙学教科书。此时革新学制尚未颁布，故不称小学而称蒙学。

民前十二年（公元一九〇〇年，清光绪二十六年，庚子）"义和团之乱"，京师大学堂管学大臣许景澄极谏被戮，教习刘可毅被戕，生徒四散。

同年天津中西学堂因"义和团之乱"停办。

按本年由于"拳乱"，新教育不仅毫无进展，转多被迫停办，上开两事，特其最显著者耳。

民前十一年七月二十五日（公元一九〇一年，清光绪二十七年，辛丑）奕劻、李鸿章与各国议和专使签订辛丑和约十二项，允付诸国赔款四百五十兆两。

按上开赔款，通称庚子赔款，在我国负担虽重，后来由于美国率先退还，声明以供教育经费，特别是派遣学生赴美游学。其他数国亦践而行之，用途大致与美国庚款相若，而效用不及美国之大。

同年七月清廷命自明年始，乡会试等均试策论，不准用八股文程式，并停止武生童及武科乡会试。

同年八月二日清廷命各省所有书院于省城改设大学堂，各府厅及直隶州改设中学堂，各州县改设小学堂，并多设蒙养学堂。

按庚子"拳乱"之结果，八国联军进占北京，清太后及光绪帝蒙尘，避往西安。其次年始由奕劻李鸿章与各国议和专使，签订和约，除赔偿巨款，屈辱备甚，痛定思痛，不能不恢复若干维新事业，冀延国祚。实迫处此，原非所愿。盖各国之责难，与若干开明之疆吏恺切陈词；时慈禧太后威信已失，不得不勉予接纳，故从是年起新教育渐告复兴。以后便是一连串新兴办之学堂及奖励学堂之措施。

同年八月清廷命各省选派学生出洋肄业。

同年九月直隶总督袁世凯奏陈办理山东学堂及试办章程。

按该章程大略先于省城建学一区，分斋督课。其备斋正斋即相当于小学、中学，专斋相当于专门、大学。

同年十月十五日清廷饬各省照山东省章程兴办学堂。

查奏定学堂章程颁布以前，各省多照山东省章程办理。

同年十月二十五日政务处、礼部会同奏定学堂选举鼓励章程，凡由学堂毕业考试及格者，给予贡生、举人、进士等名称。

同年同月浙江省求是中西书院改称浙江省求是大学堂。

同年同月山东大学开学。

按该大学为袁世凯所奏设。

同年十一月二十九日江苏巡抚聂缉椝奏准将苏州中西学

堂改称苏州大学堂。

同年十二月一日清廷派张百熙为京师大学堂管学大臣，并着裁定章程具奏。

同年十二月二日北京同文馆归并于京师大学堂内。

同年十二月京师大学堂管学大臣张百熙奏拨户部存放华俄道胜银行银两之子息充大学堂经费，并改派吴汝纶为总教习，于式枚为总办，汪诒书等分任提调；附设编译书局，以李希圣为编局总纂，严复为译局总纂。

同年同月江苏学政李殿林奏准将江苏南菁书院改称南菁高等学堂。

同年商务印书馆资本增为五万元。

同年商务印书馆创刊外交报。

民前十年一月（公元一九〇二年，清光绪二十八年，壬寅）张百熙奏陈设立京师大学堂办法。缓设分科，暂设高等学堂，为大学堂之预备，课程分政艺二科，复设速成科曰：师范馆、仕学馆，仍以马神庙旧址为校址。

同年六月一日，河南巡抚锡良创办河南大学堂，于本日开学。

同年七月十二日，张百熙奏进学堂章程，即所谓钦定学堂章程，括有：（1）京师大学堂章程，（2）大学堂考选入学章程，（3）高等学堂章程，（4）中学堂章程，（5）小学堂章程，（6）蒙学堂章程。

查（1）京师大学堂章程，内分大学院，大学专门分科，大学预备科；附设仕学馆、师范馆、医学馆、实业馆。

大学专门分科课目，括有政治、文学、格致、农业、工艺、商业、医术七科。

预备科分政科、艺科。

大学院年限未定，分科大学三至四年，预备科三年。至其他学堂修业年期，则高等学堂与京师大学堂预备科之性质相同，定省会所设之学堂为高等学堂，课程亦分政科艺科，修业三年。中学堂则修业四年。小学堂分高等寻常二级，修业各三年。儿童自六岁起受蒙学教育四年，十岁入寻常小学，修业三年。此七年为义务教育。

同年八月十四日直隶总督袁世凯恢复天津中西学堂，并就旧址改建大学堂。

同年十一月京师大学堂招生开学，计考取仕学馆生五十七名，师范馆生七十九名。

同年十一月清廷命自明年会试为始，凡受职修撰编修及庶吉士用部属者，皆令入京师大学堂，分门肄业。

同年十一月二十八日外务部奏遵议派遣出洋游学办法章程。

同年夏俞复等于上海创办文明书局，将前三等学堂所编之蒙学读本七编印刷出版。

同年上海商务印书馆增设编译所，编译中小学师范女子学校各科用书，并刊行其他各种图书。自是正式成为新出版业。

按自民前十五年至此时，五年之间所记全国新教育之兴废情形，最后遂于本年构成所谓钦定学堂章程，新学制始粗具规模。商务印书馆自五年前创办，初时虽借一部华英读本起家，实以印刷业为主，只能认为印刷业，其后经张菊生君加入，从本年起组织编译所，亲自主持，并延聘通人，响应政府颁布之新学堂章程，率先编印中小学教科书全套，虽其前有南洋公学编辑之蒙学课本，同年又有文明书馆印行之前三等学堂所编蒙学课本，然均为学校所编，且皆限于蒙学；编辑时亦未根据政府规定之课程，商务印书馆独以民营出版家，依据公家规定课程，编辑全套中小学教科书，故在事实上，堪称我国教科书之首创编印者。自是，商务印书馆，始由新印刷业一进而为新出版业。

查中国之新出版业，开其先路者原是官书局与教会。官书局成绩最著者为上海制造局所设之翻译馆。该局系于民前四十五年（公元一八六七年，清同治六年，丁卯）由曾国藩李鸿章奏设，其翻译馆设提调一人，口译二人，笔述三人，校对画图四人，以翻译格致、化学、制造书籍为主，前后翻译出版者百七十八种。其他名为官书局，除京师一所外各省亦多设有。惟刊印新书无多。至教会之新出版业则有广学会及中国教育会两个主要组织。广学会创办于光绪十三年（公元一八八七年）。其创办人为韦廉臣。光绪十六年韦氏逝世后，由李提摩太主持。其出版物注重历史、理化、伦理、宗教等。在中日第一次战争以前，教会出版物未为一般人所欢迎；及中日战争后，广学会刊行之中东战记本末，因持论公允，记载翔实，为当时唯一可靠的战事读物，海内外争相传诵。国人对于教会出版物的态度大变，尤其欢迎广学会的书籍。闻清光绪帝曾于光绪二十四年定购该会刊行的万国公报全部及其他一切出版物。中国教育会创办于光绪十六年（公元一八九〇年），其目的在编译教育用书，供教员学生教学之用，期使中国青年学生由本国文字得窥西学的津梁。

同年商务印书馆始建印刷所及编译所于北福建路。不数
　　年又嫌狭仄，乃购定宝山路基地数十亩，重建印刷编
　　译两所，并在英租界棋盘街自建发行所。

同年商务印书馆正式成为出版家，是年出版图书十五
　　种，二十七册。

　　　上开新出版之图书，按分类法区别之如左：

总　　类	二种	三册
社会科学	六种	一三册
史　　地	七种	一一册

民前九年（公元一九〇三年，清光绪二十九年，癸卯）
　　一月京师大学堂添设进士馆，令新进士皆入学。

同年三月，商务印书馆设汉口分馆于中山路。

同年三月二十三日，天津中西学堂重建校舍落成，嗣于
　　四月一日开学，改名北洋大学。

同年同月，京师大学堂设译学馆，将原设翻译科编并于
　　内，又添设医学馆实业馆，招生数十人，授中西医学
　　及工商业。

同年三月二十九日，胡元倓龙湛霖等创办明德学校于长沙，初设中学一班，学生八十人。旋谭延闿加入创办。又于九月增设速成师范班，聘黄兴主办。

同年闰五月三日，派张之洞、张百熙、荣庆厘定京师大学堂及各省学堂章程具奏。

同年十一月二十六日，张之洞等奏进学堂章程，即所谓奏定学堂章程。同日颁布，着京师及各省次第推行。

同年十一月清廷谕自丙午科始，将乡会试中额及各省学额逐科递减，至学堂办齐，停止科举。

同年同月改管学大臣为学务大臣，统辖全国学务，另设总监督，专管京师大学事宜。加派孙家鼐为学务大臣，张亨嘉为总监督。

同年天主教设震旦大学于上海。

同年商务印书馆资本增为二十万元。

同年商务印书馆营业总额约三十万元。

同年商务印书馆出版新书五十一种，六十册，计开：

总　　类	一种	一册
哲　　学	三种	三册
社会科学	一五种	一五册
语　文　学	一种	三册
自然科学	五种	五册
应用科学	二种	二册
文　　学	二种	六册
史　　地	二二种	二五册

民前八年（公元一九〇四年，清光绪三十年，甲辰）商务印书馆创刊东方杂志。

兹将创刊号所登简要章程附后，以见当时概略：

新出东方杂志简要章程

一、本杂志以启导国民联络东亚为宗旨。

二、本杂志略仿日本太阳报英美两国而利费 Review of Review 体裁；除本社撰译论说广辑新闻外，并选录各种官民月报旬报七日报双日报每日报名论要件，以便检阅。

三、本杂志区别门类如左：

一社说，选论来稿附　二谕旨　三内务　四军事　五外交

六教育　七财政　八实业　九交通　十商务　十一宗教

十二杂俎　十三小说　十四丛谈　十五新书月旦

四、编次方法首关于本类之论说，次史事，次章奏，次公牍，次规程，次新闻。仍以先内国后外国为序。

五、每类无论多少各自为页，不相搀杂以便分钉成书。

六、同志寄稿属登请署真姓名及详细住址，以便通讯。惟应否登载由本社同人酌定。原稿恕不检还。信资自给。

七、每册卷首编成目录，详注页数以便检讨。全年十二册另编总目录亦注明页数。

八、本杂志分门别类，搜罗宏富，选择精审，有志之士欲检查时事者，得此可免抄录之繁。

九、本杂志字数较现行各杂志为多，售价极廉，内地人士无力遍阅各报者，得此亦足周知中外近事。

十、本杂志用洁白洋纸洋式装钉。每月一册每册二百五十页约十五万字。另加精美图画以十幅为率。

十一、每月二十五日发行。

十二、每册售价大洋银二角五分，预定全年十二册银二元五角。遇闰照加。

十三、邮局已通之处每册加邮费三分。信局酒力由阅报者自给。外国邮费照算。

十四、本杂志托上海棋盘街中市商务印书馆为总发行所。

同年东方杂志第一期刊有最新初等小学国文教科书出版广告如左：

"童业入学，茫无知识；而我国文字多半艰深，往往有读书数年，不能写一信，记一帐者。欲谋教育普及，不可不于国文加之意矣。近岁广设学堂，稍稍有编蒙学读本者，然施诸实用，都未尽合。或程度过高，难于领会；或零举字义，不能贯串；或貌袭西法，不合华文性质；或演为俗语，不能彼此通用。有志教育者时以为憾。本馆特请通人，精心编纂；兼请日本文部省图书审查官兼视学官小谷重君，高等师范学校教授长尾槙太郎君及曾从事中国学堂之福建高君凤谦，浙江张君元济详加校订，一字不苟。经营数月始成数册，因应急需，先将首册出版，用见方半寸大字，附图九十余幅，印刷鲜明。教授法稍迟续出。欲知本书详细情形者请观二月十三、十四、十五日中外日报告白。零售每册一角五分，批发从廉。　上海商务印书馆谨启"

由上文观之，足见商务印书馆对于所编初小国文教科书之重视，盖除编辑者如蒋维乔、庄俞等均系富有经验之小学国文教师或校长外，其校订者之中，国人方面为首任编译所长张元济（菊生）君及首任国文部长嗣继张君为第二任编译所所长之高凤谦（梦旦）君，日人方面则有文部省图书审查官小谷重与高等师范教授长尾槙。或为国学专家或为教育专家。据余事后闻之高梦旦君，谓彼时一字之变更，动辄引起争议，绝不苟且云。

同年以前，商务印书馆在创办初期之八年间刊印各种新书，就东方杂志第一卷创刊号所刊广告中汇集分类编成完整目录如附表。

按商务书馆初期之刊物，不仅原书皆已绝版，各大图书馆因迭经变乱，皆未能保存，即其书名亦无从悬揣，兹于重印东方杂志全部旧刊时，从创刊之第一卷各书刊广告中汇集一起，并按照新分类法依序排列，即以广告中之说明作为各该书刊之简单提要。所编成之全目如左。

甲、总类

一、读书法

读书法　（每部一册　价洋一角）

日本泽柳政太郎著，本馆译○凡十章：一读书法之必要，二读书之历史及其性质，三读书适宜之时，四专心读书，五选书专修，六专修书选择之标准，七写誊法及暗记法，八撮要分法及解法，九读书之分量，十读书法杂则。名言谠论足资楷模。阅之可知开卷之益。

二、新闻学

新闻学　（每部一册　价洋五角五分）

日本松本平著，本馆译○欧美各国重视新闻，每以报纸之多少定其国势之隆汙，民智之高下。故业此者亦兢兢从事而不敢以造次出之。积无数名人为之既久，遂成专学。是书凡三十六章。详论新闻社会组织主笔理事探访通信编辑报酬劳力诸事，推及各国之新闻事业，反复推究词旨精当，足资师法。我国报界今甫萌芽，诚不可不奉为圭臬也。

乙、哲学类

一、哲学概论

哲学要领　（每部一册　大洋二角）

德国科培尔著，日本下田次郎译，山阴蔡元培重译○哲学要领，事理之祖。宗教流别，而惟物惟心有神无神，溯源则同。泰西富强胚胎于是。是书约举哲学之总念类别方法系统，皆以最近哲学大家康德黑智尔哈尔妥门诸家之说为基础，发挥尽致，且于古代哲学提要钩元；足示学者研究之法。

二、伦理学

东西洋伦理学史　（每部一册　价洋六角）

日本木村鹰太郎著，本馆译○伦理学为德育之大本。大学堂新订高等学堂章程首列人伦道德一科可知其要。是书汇集东西洋各家学说。东洋共三十三人，西洋共三十二人。名论毕载，可谓集伦理学之大成矣。

三、论理学

学务大臣审定论理学纲要　（每部一册　价洋四角五分）

日本十时弥著，江陵田吴焅译○论理学吾国旧译辨学。近人侯官严氏以其学精深广大译为名学，方与本义相副。是编译自日本。故仍其称。原书条理井然，便于教授。本馆特聘湖北全省学务处参议官田伏侯先生译为汉文，句斠字酌，务合原意；而词旨晓畅亦能不为原文所束缚。

丙、社会科学类

一、政治学

政治学　（每部一册　价洋四角）

德国那特硁著，日本李家隆介小崎哲藏译述，房县戢翼翚、东湖王慕陶合译〇按那特硁曾为日本帝国大学教授数年汇集讲义，共成政治学三编。是为其上卷国家编。首论国家之要素，次论国家之生理；搜辑众说，持论不偏。译笔鬯达亦足与原书相构。

政治泛论　　（每部二册　价洋一元二角）

美国威尔逊著，日本高田早苗原译，本馆重译〇是书综论欧美政治。远溯希腊罗马以迄今世列强，凡中央政府与地方制度靡不穷源竟委，纲举目张。都十六章约三十万言。有志政学者不可不家置一编也。

政治一斑　　（每部四册　价洋七角五分）

日本桧前保人上野岩太郎池本吉治绪方直清合著，出洋学生编辑所译〇是书开瀹普通人民，令具有政治思想，知国家为人民所公有，人人有担任国家之义务。篇中于各国政治之要领载录详明。曰一斑者，作者谦词也。

严又陵先生新译

英国穆勒约翰：群己权界论

John Stuart Mill's On Liberty.

是书发挥自由精义，勒清国群小己二者权界，平社会之凌犯，振国民之精神，大旨恶苟同而尚特操，贱死法而尊公理；平实地说实话，无一毫放诞恣睢之气；而胸次之超，眼界之阔，真褊狭自是者对证之圣药。原书风行宇内久推杰作。译者精思妙笔更能相副。自序有言，学者必明乎己与群之权界而后自由之说乃可用；则是书之出其有功于今世道岂浅鲜哉！太史公谓有国者不可不知春秋，为人臣子者不可不知春秋；今吾亦谓为国民者不可不读权界论也。先生以版权特归本馆许以专印发售。书凡五篇都八万言洋装一册价银一元。

严译英伦甄克思社会通诠

Ed. Jenks' A History of Politics.

民族主义源于泰西。近十年来灌输我国。虽从其说者见有广狭，术有文野，而其排外则一也。惟是世界大通，种界宜泯。彼都先觉独标新义。据群学天演公理，发明宗法社会军国社会之殊。前级胜蛮夷一等，而我国今正遵行。后级渐进大同而彼族已经几及。彼方升堂我犹门外，急起直追犹虞不及，又安可抱持陈说以自域进步乎？甄君掌教英国鄂斯福大学。是书为三年前印本。就社会已然之迹，而推其所以致此之由。扫尽陈言，推倒众说。侯官严先生以其能裨我国社会，移译数月书成；以版权畀本馆专印行世。现已出版，洋装一册，价银一元二角五分。

二、宪政

宪政论　（每部一册　价洋四角五分）

日本菊池学而君著，侯官林棨译○凡事皆先有理论而后有实事；我国渴望宪政已久，顾理论尚未完备。是书陈义甚精，而译者亦能达其论指，不失分毫。

万国宪法比较　（每部一册　价洋三角五分）

日本辰巳小二郎著，房县戢翼翚译○是书于各国政体之得失，宪法之异同，比较明晰，评论精确。读之可知各国宪法之体裁及宪法之沿革。

各国宪法略　（每部一册　价洋五分）

日本某某著，出洋学生编辑所译○宪法为近世界立国之原，最系重要，惟各国成书卷帙众多，综括非易。是书旁征博引，事简义全。前凡七章分载宪法之渊源。后附国家思想异同之要，详列细目，朗若掌文。学者观此一斑足赅全豹。

各国国民公私权考　（每部一册　价洋五分）

日本井上毅原著，出洋学生编辑所译○民权之说滥觞泰西，界限不明，流弊綦重。是书详载公私权之界限与其作用，而各国之异同古今之沿革无不备列。洵为我国今日救时要书也。

三、政体

欧美政体通览　（每部一册　价洋二角）

日本上野贞吉著，出洋学生编辑所译○欧美列国政体互殊，而各有所以致治之道。是书历举德奥英法美等国君主民主之责任，议院之组织，政府之成立，提纲挈领，援据明晰；为政治学书之佳本。

四、政党

议会政党论　（每部一册　价洋五角）

日本菊池学而著译○欧洲政界操其柄者为议会、为政党；日本步武泰西遂雄东亚，盱衡中原大势，必当同循此轨。菊池法学士政学湛深，著为是书，夙推佳本。亟译印行以为将来立宪之先导。

明治政党小史　（每部一册　价洋五分）

日本东京日日新闻原著，出洋学生编辑所译○国家不患有党而患无政党者，其宗旨不同，其径术不同，而其爱国之心则一也。日本自明治维新改革政体，而政党以立，国亦以强，我国则戊戌变法以后，新旧党人互相轧铄，而国家卒受其祸。读此可以知所返矣。

五、地方自治

普鲁士地方自治行政说　（每部一册　价洋二角五分）

德国莫塞著，日本野村靖原译，本馆重译○地方自治即俗称工部局；以地方之人办地方之事，自较亲切，且可以辅官吏之不足。近日武昌府试以此命题，视为割据之事实，系误解。是书详言普鲁士地方自治行政之法，体用兼备。我国民智虽未骤臻此境，然欲内政之完善不可不亟为讲求也。

海参崴公董局城治章程　（每部一册　价洋二角五分）

俄国官本，上海李家鏊译○公董局俗译工部局，城治章程即警察之事。李君悯旅居海参崴华人不明俄律，每至误干禁令。爰译是书，俾我侨民有所率循。全书共分十五类二百九十三条，详审周密，无微不至。今各省创办警察兼设警察学堂，良法美意，正可则效。

俄租辽东暂行省治律　（每部一册　价洋二角五分）

俄国官本，上海李家鳌译○世人但知俄人占我辽东，而不知其占后施治之法。今读是编，可知俄人深意矣。北望岩疆，战云蔽日，正不知何日方克还我版图也。三复兹编，不禁泫然。

六、法律

日本监狱法　（每部一册　价洋四角五分）

日本佐藤信安著，中国国民丛书社译○我国监狱之惨酷，人人知之，顾空言改良而无所据，以为模范亦将无所措手。日本监狱悉仿西制，斟酌尽善。是书言之最详，足资师法。

版权考　（每部一册　价洋二角）

美国罗白孙英国斯克罗敦普南同著，周仪君译○版权之说中国本无，而各国则綦重；良以著书者穷年累月，耗竭心力，有应得之权利也。翻刻他人之书与盗人财物无异，故严定翻刻之律。文明之国，版权同盟，且禁他国人之翻刻。日本美利坚对我中国亦有以版权列入商约之说，则我国学子不可不研究此问题也。故急印是书以饷海内。

七、财经

（学务大臣审定）理财学精义　（每部一册　价洋四角）

日本田尻稻次郎著，吴县王季点译○是书详论富国富民之道，凡分四章：一总论，二生殖，三分布，四消费；细目二百有奇。可谓至繁极博。而作者能以条达通畅之词出之。东文译本中可为杰作。

经济通论　（每部一册　价洋七角五分）

日本持地六三郎著，本馆译○我云财政，日本云经济；实同一义。是书先论经济学之纲要沿革，次论生殖，次论交易，次论分配，终论消费。体用兼备。实理财学中一大著作也。

国债论　（每部一册　价洋三角）

日本土子金四郎著，吴县王季点译○我国疲于外债，而论者遂多持国债之议。然使不明其性质，不究其利害，而贸然为之，必蹈昭信股票之覆辙。是书分性质利害种类三篇，详晰贯综，足为研究财政者之宝筏。

地方自治财政论　（每部一册　价洋三角五分）

日本石塚刚毅著，友古斋主人译○凡办一事，理财为先。财政不善，百事皆废。嗣后学堂警察诸政必将以地方之财，治地方之事。方今民穷才竭。必如何不重民困，又能集资兴办。要政，是书可为之先导矣。

欧洲财政史　（每部一册　价洋二角）

日本小林丑三郎著，休宁胡宗瀛译○欧洲各国今日繁富至此，实有由来。是书循流溯源，自古世中世以及近世各国财政因革，无不备载。其最近岁出岁入之类别并财力负债之比较均有图表，一览了然。

英国度支考　（每部一册　价洋四角）

英国司可得开勒著，金匮华龙译○我国财政淆乱已极，非创立岁出岁入之豫算不能有济。英为至富之国，管理财政，条理精密实不可及。是书记载详备，足资取法。后列各表尤便比絜。

八、教育

支那教学史略　（每部一册　价洋四角）

日本狩野良知著，本馆译○中国教化学术卓然为世界之先声。是编起自上古，迄于国朝，一切有关教学之事，均能详其沿革，撷其菁华，本本原原，有条不紊。我中国数千年来之文明，读此可以知其崖略。有主张国粹之说者，曷取是编诵之。

德国学校制度　（每部一册　价洋四角）

日本加藤驹二著，中国国民丛书社译〇德国学校制度旧时虽有译本，然撮举一二殊多挂漏。是编综德国初等高等文科实科平民专门大学等公私学校一切章程规则课程费用，及养成教员试验任用之法，官吏监督之法，无不详列。德国学术冠绝欧美，则其教育之法自必处于最优。我国盛兴学校，洵足资为师范也。

日本学校章程汇编　（每部一册　价洋八角）

宁乡陶森甲编辑〇我国创立学校不得不取法他国。日本学制本同我国；维新以后，兼资欧美沿革之故，为我先导。矩林观察前游彼国，调取各学校章程汇为一编，以政法理财文学美术理学工学商学农学医学语学普通学蒙学女学杂部十三类次之；所举官立公立私立之学校百三十余所，表其课目，条其规则，博而有要。言学务者宜取法也。

新说教授学　（每部一册　价洋一角五分）

日本槇山荣次著，本馆译〇今各省皆设学堂，而师范未立，犹之帆樯未备而欲驾舟以航海也。其教育之不能适宜无待言矣。师范学堂不易遍立，而教授之法尽人宜知。是编首绪论，二教授之目的，三教授之材料，四教授之作用；为教习者果能会通而仿行之，亦可收师逸功倍之效矣。

汉文教授法　（每部二册　价洋六角）

伟庐主人译辑〇作文之学中国向少法程。初学恒以为苦。是书遍采古大家名文，辨别体裁，区分门类；由句法而段法而篇法，逐一讲明，条理清晰，教授之法此为捷诀。

九、教科书

中国通览　（每部一册　价洋五角）

本馆译辑〇各国学校皆有本国法制一门，诚以学为民者不可不自知其国也。是编即据此意编辑成书。凡我国地理官制政体时事风俗民情无不详载；门分类别，井井有条。读之于本国之事可明大要。

（学务大臣审定）普通珠算课本　　（每部一册　价洋一角）

无锡诵芬室主人编辑〇珠算在寻常日用中最为便捷，但归除之法亦颇奥妙。不善学者往往徒劳无功。是编汇集各种口诀，详细解释，无论何人一阅便悉。诚珠算之津梁也。

（初等小学）笔算教科书　　（全部五册）（定价　一册洋一角五分　二册洋一角五分　三册洋二角　四册洋二角　五册洋二角）

本馆编辑学堂教科书，次第出版；以国文及算学尤为小学堂所注重。故亟印备用。是书由阳湖徐君隽秉笔，经日本教育家小谷重君、长尾槙太郎君校订。其程度按照奏定小学章程并东西各国成法，按年分级。全书五册备小学五年之用。书中前二册兼实物各图，以引起儿童兴味。

新出数学教科书　　（每部两册　价洋三角）

小学校数学教科书尚无善本，间有一二，非失之繁冗，即嫌于凌躐。教育家憾焉。本书馆按照小学程度精心编辑。应有尽有。最便实用。

（初等小学）算术教科书教授法　　（全部五册）（定价　一册洋二角五分　二册洋二角五分　三册洋三角五分　四册洋三角五分　五册洋四角）

是书专为教习者实际教授时所用，无此则教授时必枯寂无味。亦与前书相辅而行。

文学初阶（初等小学堂用）　　（卷一卷二卷三卷四每册一角　卷五卷六每册一角五分）

绍兴杜亚泉著〇书分六卷，自浅入深，循循善诱。始以一二字相联缀，导其先路；继以三四字成词句，掖其进步。依次递进，如升阶然。篇中词尚浅近，意取明晰。务使童蒙易悟。附图数百幅，凡飞潜动植，服饰器用等类，靡不惟妙惟肖。首卷并列教授诸法，尤便讲解，学生约半年读一册，足敷三年教课之用。

理财学课本　（每部一册　价洋五角）

美国华克著，上海颜惠庆译〇我国财政困乏，非人工物力使然，实管财政者不知计学公理故也。是书取计学精要之义，逐条指出，最便初学揣摩。颜君留学美国多年，精于彼国语言文字。故能取深奥之理而达以浅显之词。诚理财学之阶梯也。

普通新历史（高等小学堂用）　（每部一册　价洋二角）

普通学书室编辑〇是书以日本中等学科教授法研究会所著东洋历史为蓝本，取其序次明晰，记录简要；适合教科之用。原书本以我国为枢纽。今悉删其参附者，尤为繁简得宜。且近世之事较详，亦合教育公理。洵善本也。

（学务大臣审定）中国历史教科书（中学堂用）　（每部二册　价洋一元）

本馆编辑〇学堂科目莫要于本国历史。此帙分为七卷，历朝大事无不备载，繁简适当，断制谨严；可为现时中学教科善本。

最新中国史教科书（高等小学堂用）　（每部二册　价洋四角）

余杭姚祖义编辑〇上起五帝，下迄两宫回銮下诏变法之日。凡分两册，共二百四十课，约十万言。文辞雅驯，体例精当；至叙述国朝事实，立言得体，无一毫时下嚣张之习。并附历代图表，尤便检查。

国史初级教科书（高等小学堂用）　（每部一册　价洋三角）

本馆编辑〇凡分三卷，一上古史，自太古至战国；一中古史，自汉至隋；一近古史，自唐至今。撷要提纲，有条不紊。展读一过，可以了然于四千年来之大势。文词亦简洁名贵，足称史笔。

（学务大臣审定）西洋历史教科书　　（每部一册　价洋五角）

日本本多浅治郎著，出洋学生编辑所译○书凡六编，首古代史，二中代史，三四五皆近代史，六最近史。条理井然，首尾贯串；每事皆摘举纲要，列为款目，尤便记忆。地名人名均附注原文，亦便查检。

（学务大臣审定）教育心理学　　（每部一册　价洋三角五分）

日本高岛平三郎著，江陵田吴炤译○教育程度必以心理为衡，否则躐等以几，必伤学者脑力，求益反损。我国教育近始萌芽，各学堂学科程度亟待参酌，故斯学尤关紧要。是书著者自序，谓力求平易，便于自修。田伏侯先生亦谓为从事教育者不可不读。特代本馆翻译，词达理举，足供教授。

十、教科补充

中国历史问答　　（每本洋二角五分）

详载中国历代史事，自上古迄国朝，上下数千年间依次叙述，了如指掌。并设为问答，俾易明晓。实史学中最新最善之书。

世界历史问答　　（每本洋二角）

研究实学，历史为先。但欲贯注古今，于纪事编年等书中尤以问答体者为易明晰。此编分上古中古近世，一切大事无不备载。

普通博物问答　　（每本洋三角）

是书发明飞潜动植、声光化电，一切原理穷奥极微，推究尽致。设为问答，词旨简明，最合格致教科之用。

地文学问答　　（每本洋三角）

地文为天然科学，研究地理者不可不知，若空中之水分，陆界之组成，生物之分布，皆格致学之最要者。是编词简意赅，允推初学善本。

生理学问答　（每本洋二角五分）

泰西各邦莫不以研究生理为学术之要，为卫生之源。是编讨论营卫，出显入微，尤便推阐。允宜家置一编，以为强固形体之助。

富国学问答　（每本洋五分）

富国之学为当今急务。是书取一切理蕴，衍为问答，无理不达，无蕴不呈，尽人能读。教授初学尤宜。

学校管理法问答　（每本洋二角）

历举一切管理学校之法，简明详备。今各省学堂起争端，实由管理未尽其道。取阅本编，当知改良之策。学者受益不少。

十一、军事

近世陆军　（每部一册　价洋四角）

宁乡陶森甲编辑，出洋学生编辑所校订○前编叙日本陆军，后编论各国陆军；国家多故亟须修明武备。是书在兵学中最为新颖，最为详备，治兵学者不可不读。

日本武备教育　（每部一册　价洋一角五分）

日本某某著，本馆译○日本以区区三岛，战胜第一雄国。使非教之有素，乌能臻此地步？近来学者方提倡军国民主义，诚以处此竞争世界，有不容己之故也。爰译是编，以资先导。

十二、国际关系

广长舌　（洋装每部一册　大洋三角）

日本幸德秋水著，中国国民丛书社译○中江兆民先生，日本法国学派之第一人，有东方卢梭之目。门下众多，而幸德为其首出。是书全卷三十二篇，凡时势最要之问题包括无遗。欲知吾人今日世界之主眼，欲探世界将来之影响者不可不读是书。译笔明畅，展阅一过，令人兴起。

万国国力比较　（每部六册　价洋二元五角）

英国默尔化著，日本专门学校译，出洋学生编辑所重译〇是书广集各国政府统计报告而成，于五洲万国贫富强弱文野程度之差，考察情详，纤悉无遗。分领地人口动力蒸汽力农林渔矿制造等业，贸易运输银行货币租税公债诸大纲，分目数百，缀表百余，详细无匹。

帝国主义　（每部一册　价洋一角）

日本浮田和民原著，出洋学生编辑所译〇帝国主义为近年政界之一大问题，俄德英之为此固为势所必然，美法皆民主而亦不能不遵斯辙，亦可见政界之趋向矣。日本亟亟追步，望尘弗及；而我乃雍容退让，自甘废弃。抑何相去之远乎？爰译是编，以资观感。

丁、语文类

一、国文

（学务大臣审定）马氏文通　（洋纸洋装　价洋一元五角）

丹徒马建忠著〇马眉叔观察精通腊丁法兰西文字。曾惠敏文集纪其在法国学校卒业考试情形，可为我国言西学者之先进矣。是书专论中国文法，疏解详明，开数千年未宣之秘。观察自序谓，积十余年之勤求探讨，方成此编。可想见其下笔不苟。今承书主以是书归本馆专印专售，现售马氏自印石印本。

二、外文

华英初阶　English Primer　每本洋五分

华英进阶初集　English First Reader　每本洋八分

华英进阶贰集　English Second Reader　每本洋一角二分

华英进阶叁集　English Third Reader　每本洋一角五分

华英进阶肆集　English Fourth Reader　每本洋三角

华英进阶伍集　English Fifth Reader　每本洋四角

英文初范　Grammatical Primer　每本洋一角二分

英语文规　New Language Lessons　每本洋四角

缀字规程　Guide to Spelling　每本洋一角五分

文规启蒙　Grammar for Beginners　每本洋二角

亚洲启悟集　New Orient Primer　每本洋一角

科学入门格致学　Physics（Science Primers）Prof. B. Stewart　每本洋四角

科学入门地质学　Geology（Science Primere）Sir A. Geikie　每本洋四角

科学入门名学　Logic（Science Primers）Prof. Jevons　每本洋四角

科学入门植物学　Botany（Science Primers）Sir J. D. Hooker　每本洋四角

科学入门计学　Political Economy（Science Primers）Prof. Jevons　每本洋四角

科学入门地文学　Physical Geography（Science Primers）Sir A. Geikie　每本洋四角

华英亚洲课本　伍册　English and Chinese New Orient Fifth Reader　每本洋七角

华英国学训蒙编　English and Chinese Royal Primer　每本洋一角

华英国学文编　卷一　English and Chinese Royal First Reader　每本洋二角五分

华英国学文编　卷二　English and Chinese Royal Second Reader　每本洋四角

华英国学文编　卷三　English and Chinese Royal Third Reader　每本洋七角五分

华英国学文编　卷四　English and Chinese Royal Fourth Reader　每本一元二角半

华英文件指南　English and Chinese Complete Letter Writer　每本洋六角

华英翻译捷诀　A Manual of Translation　每本洋五角

华英要语类编　English and Chinese Conversation　每本洋二角

华英智环启蒙　新编　Circle of Knowledge　每本洋四角

增广英字指南　Method for Learning English　每本洋一元

英法尺牍译要　Select Correspondence　每本洋七角五分

法语陟遝　Course Progressions des Lecons Francaises　每本洋五角

德文法程初集　Deutsche Lektionen　每本洋七角五分

三、字典

华英音韵字典集成　（洋装布面　每部一册　价洋七元五角）

企英译书馆编校○共集字语十余万言，注以发音，标其读法，继以英字注释，华字译义，并缀文法字类音韵；以英儒韬纳耳本为宗，译义以英国罗布存德本为主。并加增订。附图千有余幅，异物奇器，一览便明。末附英国假借他国俗语解义减笔字解记号汇释，及中西地名表。全书一千九百十四叶，鸿博精密，昔所未有。侯官严先生谓为独出冠时，世所宝贵，非过誉也。

华英字典　（每部一册　洋装布面洋纸价洋一元二角半　华装洋连史纸价洋六角）

本馆编译○邝君其照曾辑华英字典，颇便学界；顾世人尚嫌缺略，兹特增益二万余字。全书计四万言，释义详明，注词娴雅。并以文字联结成句，以便选用。附录减笔字解各种记号，有志西文者不可不手一编也。

袖珍华英字典　（洋装布面　每部一册　价洋一元）

上海南洋公学教习胡文甫吴慎之先生编译○诏兴学堂，习外国文字者益众，而英文为尤。本馆先辑华英字典集成、华英字典两种，犹不足以供学界之用，乃酌删繁重辑为是编。全书约四万余字。制成小册，纳诸怀袖，最便阅览。严侯官先生赐序，谓取了大义，期于捷速简当，诚知本馆之意矣。

戊、应用科学类

一、农业

农话　（每部一册　价洋一角）

通州陈启谦编辑〇凡十章：一论土性耕耨，二种子，三停种轮种，四肥料，五害虫，六水稻，七陆稻，八麦，九洋棉，十杂种。荟萃自光绪丁酉迄壬寅所译农报，择其能行于我国者，衍为浅近文字。并附图画，俾常人可以省览。诚农家最新最要之书也。

二、工业

德国工商勃兴史　（每部一册　价洋六角五分）

法国伯罗德尔著，日本文部省译，本馆重译〇德国工商之业至近年而益盛，不知几经培养，始能臻此地步。是书历举其所以致盛之由，不外于国家保护，学校教育。我国近来重视商务，提倡工艺，凡为学者不可不急取研究也。

三、商业

万国商业历史　（每部一册　价洋六角）

英国器宾著，日本林曾登吉译，本馆重译〇交通日便，商战日烈，铁路轮舟往来骈集，而由古迄今以及各国互相关系之道，非深加考核，无以通晓。处此商战之局，固当知其已然，尤当审其所以然。中国商业之不振亦由遇事无从考察耳。爰亟译印是编，以资参考。

四、生理

造化机新论　（每部一册　价洋二角五分）

日本细野顺君著，出洋学生编辑所译〇生存竞争，天演公例，然非先强其种则不能肆其竞争。盖乖造化之机，失卫生之要，影响个人，贻害社会，关系甚巨也。是书详述生育之理，深有裨于婚姻之道。读者能详明其旨，因是而知保卫之方，则于强种之道思过半矣。

己、文学类

一、寓言

伊索寓言　（每部一册　价洋三角）

闽县林纾侯官严培南严璩合译〇伊索产自希腊，距今二千五百余年。是书借草木鸟兽问答之言，描写人情世态，使人知所劝惩。泰西各国学堂无不译成本国文字，用为课本。是书据英文本译出，词笔隽雅，足称原书声价。林君并逐课附加案语，发明真意，旨深词挚。附图数十，最资启发，诚少年绝妙之教科书也。

二、小说

绣像小说　（每月两册　每册价洋二角　预定全年二十四册价洋四元）

欧美化民，多由小说；搏桑崛起，推波助澜。其从事于此者，本皆名公巨卿，魁儒硕彦，察天下之大势，洞人类之赜理；潜推往古，预揣将来。然后抒一己之见，著而为书。以醒齐民之耳目。或对人群之积弊而下砭，或为国家之危险而立鉴。揆其用意，无一非裨国利民。中国建国最古，作者如林。然非怪谬荒诞之言，即记秽亵邪淫之事。求其裨国利民者几几乎百不获一。夫今乐忌倦，人情皆同。说词唱歌，感化尤易。本馆有鉴于此，于是鸠合同志，首创此编；远撷泰西之良规，近挹海东之余韵。或手著，或译本，随时甄录，月出两期。借思开化夫下愚，遑计贻讥于大雅。呜呼！庚子一役，近事可稽；爱国君子，倘或引为同调，畅此宗风，则请以兹编为之嚆矢。著者虽为执鞭，亦忻慕焉。

　　现出至第十八册　内容

　　章回　（文明小史　活地狱　老残游记　女语）

弹词　（醒世缘）

演义　（泰西历史）

剧本　（维新梦　经国美谈）

翻译　（汗漫游　天方夜谈　环瀛志险　案中案　未来世界）

尚有时调唱歌益智问答京话演述等类，兹不具载。

三、文集

李文忠公朋僚函稿　（每部十二册　价洋五元）

庚、史地类

一、地理

扬子江　（每部一册　价洋一角）

日本林安繁著，出洋学生编译所译〇长江大河为国之宝。我国扬子江襟带五湖，贯联六省，为我国财富之源。各国觊觎尤切。是书于沿江商业物产，纪载最详。大抵为彼族授讨所得，取而读之，其亦稍得因应之策乎。

新译满洲地志

日俄交战实肇端于我东三省。满洲一隅，愈为世人注意之点。本馆先印最新满洲朝鲜地图，以备世人研究；惟有图无志，终嫌未便。昔人龙沙纪略，松漠纪闻等书，皆嫌陈旧。兹觅得日本参谋本部近刊满洲地志，纪载精详，调查明确。特译印行世，以供留心时事者之参考。洋装一大册，每部大洋五角。

新译俄罗斯

世人竞目俄罗斯为至强至大之国，而我国畏之尤甚。数十年来，每有交涉无不受其欺侮，良由当轴者未能知其内情，故不免为所震炫耳。夫孰料其官场之腐败，会党之潜伏，民智之闭塞，教宗之芜杂，以与我较，殆犹兄弟之国乎！是书为法人波利所著，专言俄国内情，至纤至悉。全书约二十万言，欧美诸国竞相传译，声价甚高。

日本专门学校译为和文，原名露西亚帝国。本馆特聘日本学者精通汉文之中岛端君秉笔译文，再请通人校订润色。文笔雅畅，绝无寻常译本，满纸沙石之憾。全书三编，现以世人亟欲研问俄国情事，先出第一第二两编。分装两大册，每册定价售大洋四角，其第三编准一月以内亦可出版。

（学务大臣审定）瀛寰全志（中学堂用）　　（洋装每部一册附
　　瀛寰全图一册　价洋一元八角）

企英学馆编辑○舆地之学尚矣，而足备学堂教科之需者尚未之见。本馆特聘名宿，搜集东西舆地学大家所著地理佳本，精心翻译，竭一年之力，始成此书，以备中等教科之用。文笔条畅，校对精详；末附中西合璧名表，洵属完全无憾。并向日本定制钢版图画数百幅，插印卷内。精致美丽，光彩照人。总理学务大臣审定评语曰：搜辑精审，详略得当，可为是书真评。

万国地理新编（高等小学堂用）　　（每部二册　价洋四角）

怀宁陈乾生编辑○凡分六编：首全球总论，次亚洲，次欧洲，次非洲，次澳洲，次美洲。凡疆域气候政教风俗民情物产纪载明晰，纲举目张。文词雅饰，浅显易解；选用地名，皆沿旧称。绝无近日译本新奇骇怪之弊，以供小学教授，最为合宜。

日本政治地理　　（每部一册　价洋七角五分）

日本矢津昌永著，秀水陶镕译○凡分七编：一国土，二人民，三邦制，四经济，五交通，六生业物产，七外交。别具组织，新义独标，虽专限于日本，然可以为斯学之指南也。

二、地图

最新满洲朝鲜地图

日俄开战，于我国关系至大。本馆既编辑日俄战纪，以供世人考求；然不明战地形势，终不能得其要旨。兹特延聘名手，据东西洋最新实测有关东三省朝鲜各种地图，精心摹绘。分染六色，区别疆界。字迹清朗，印刷鲜明。用洁白坚厚洛纸，长逾三尺，广逾二尺。每幅售价大洋五角。

三、传记

拿破仑传　（每部一册　价洋四角）

日本矢岛元四郎著，中国范枕石译〇拿破仑名震环球，世人无不欲知其生平。是书搜罗至富，自其幼年入学之日，以及遗骸归国之年，内而家庭，外而军国，以至一言一行之微，无不备载。有崇拜英雄之念者，曷取而三复之。

克莱武传　（洋装每部一册　价洋三角）

英国马可来著，本馆译〇英取印度，始以商会，终以战争。实克莱武一人左右之。今泰西人之心目已全注于我中国。欲知印度之覆辙者，请读是书。

纳尔逊传　（洋装每部一册　价洋三角）

日本中村佐美著，江阴何震彝刘张侯译〇近世海军，英国最强。导其先者曰纳尔逊。纳君生平从事海军者凡三十五载。伟烈雄猷，照耀世界。读此者犹有兴起之心。

辟地名人传　（每部一册　价洋一角五分）

美国爱德华著，无锡王汝宇译〇今日欧洲诸国几于控驭全球。其始皆由二三豪杰，抗志航海，不避艰险，搜觅新地。风气既开，兴起者众。国家坐享其利，而殖民之地乃愈推愈广矣。是书汇集彼国辟地名人凡二三十辈，各立一传。读之可以增人进取之气。

日本近世豪杰小史　（每部一册　价洋五角）

本馆编辑〇凡四卷。明治维新以来，彼国杰出之材，人人乐为称道。但知其略，未知其详。不无遗憾。本馆因搜辑日本近世之有勋业学问侠义奇行者，各列一传。著为是编。读之可知其人才之盛。

四、本国史

御批历代通鉴辑览　（每部二十四册　价洋三元）

资治通鉴　（每部六十册　价洋九元）

纲鉴易知录　（每部十六册　价洋一元四角）

王船山读通鉴论附宋论　（每部十册　价洋一元二角）

十一朝东华录擥要　（每部二十八册　价洋六元）

清史揽要　（每部二册　价洋四角）

日本增田贡著，本馆译订〇是书为日本所撰，而引用各书皆我国人所著，故据撮国朝二百数十年之大事，提纲挈领，颇得体要。以本朝之人而不知本朝之事，可耻孰甚？学堂之人固宜读是书，即非学堂中人亦宜家置一编也。

五、世界史

世界文明史　（每部一册　价洋六角）

日本高山林次郎原著，本馆译〇世界文明愈趋愈进，然皆有所自来。是书分纪东西洋各国政教学术，循流溯源。凡有可为今日文明之证者，无不备载。展卷读之，不啻萃全世界民族之精华，供吾赏玩。即欲去蛮野而进文明，亦可以识其涂径。

希腊史　（每部一册　价洋七角五分）

日本桑原启一著，中国国民丛书社译〇泰西文化发源希腊。欲知欧洲诸国今日之盛，不可不溯其流，而寻其源。是书记载最详，译笔雅饬。蔡民友先生序，谓必为欧化家所欢迎；非虚言也。

罗马史　（每部二册　价洋八角五分）

日本占部百太郎著，鄞县陈时夏章起渭章师濂镇海胡叙畴同译〇罗马为欧洲继古开今之一大关键，其历史之关系重要，不问可知。是书取材繁富，纪事详明。著者自序谓，英雄豪杰志士仁人圣君贤相文学哲学美术雄辩之辈，云集飚举，肩望踵接，惊天动地，变幻出没，几如山阴道上使人应接不暇。洋洋乎诚史乘之大观也。书中附名人小像十余幅，英姿飒爽，面目如生。尤为本书之特色。

苏格兰独立史　（每部一册　价洋二角）

美国那顿著，本馆译○苏格兰当十三四世纪间陷于英国，其受压制之惨，几不忍言。厥后豪杰辈出，卒能光复旧物，再造新邦。是编纪其先后战绩，及修明内政，恢复独立之事。有志者事竟成，愿我国人取以为鉴也。

法兰西史　（每部一册　价洋三角五分）

本馆编译○凡五卷：一上古政治，二封建时代政治，三立君政治，四革命时代政治，五今世政治。自纪元前迄十九世纪，一切人物政教风俗，文治武略，先后叙载，详审精密。我国翻译史书尚无法兰西史。此可为之嚆矢矣。

俄罗斯史　（每部一册　价洋五角）

俄国伊罗瓦基伊著，日本八代六郎原译，本馆重译○俄于我国最有关系，其国内情亦最复杂。是编起列侯时代，迄前皇亚历山德三世，疆域之开拓，政治之变迁，邦交之得失，君权之隆替，原原本本记叙赅博。

日耳曼史　（每部一册　价洋七角）

英国沙安著，江宁张铸译○书凡二十章三百八十三节。自上古以至近世，其中盛衰分合，吞并攻夺之迹，靡不具载。日耳曼处欧洲中原，其先为无数小邦，互相轧轹，几无宁日。自威廉第一胜法后，克成一统之业，内安外攘，遂称雄于世界。世有抱转弱为强之志者不可不熟观其书。

埃及近世史　（每部一册　价洋四角五分）

日本柴四郎著，本馆译○埃及久困于土耳其，洎谟罕默德阿梨起，敢与土抗；虽未能完全自主，而英名伟绩固已炳耀寰区。只以继体无人，遂尔凌替。其弊在国是不定，舍己从人。一切变法皆为取悦外人之具，故其事有损而无益，终不免于亡国之惨。诚我国之殷鉴也。

泰西民族文明史　　（每部一册　价洋四角五分）

法国赛奴巴著，日本武泽野之助原译，沈是中俞子彝重译○是书用普通历史体例，而特详于政治礼制宗教风俗实业文艺诸端；盖惟此可以觇文明之真相也。全书译笔精审，词意明晰；毫无东文艰涩之习，可用为学堂课本。

（大学堂审定）亚美利加洲通史　　（每部二册　价洋七角五分）

姚源戴彬编译○纪载繁博，凡地理人种文事武功及物产制造，政教俗尚，一切沿革，靡不遐稽旁采，搜录无遗。读之于美洲大势洞若观火。

六、战史

义大利独立战史　　（每部一册　价洋四角）

美国独立战史　　（每部一册　价洋四角）

普奥战史　　（每部一册　价洋五角）

尼罗海战史附温圣脱哥品杭战史　　（每部一册　价洋二角五分）

法国战史　　（每部一册　价洋四角）

飞猎滨独立战史　　（每部一册　价洋三角）

处此物竞世界，战争为不容己之事，于以卫国，于以保种，舍是盖未有能自存者也。欧人尚武，战术日精，陈迹具在，足资取法。京师大学堂新定章程，高等学堂至第三年即习兵学，专以战史教授。朝廷重武，具有深意。有志之士，异日欲效命疆场以卫吾国，以保吾种，亦安可不鉴古证今而预为研究耶。

以上八年之间，总计出版新书，共一百三十四种，三百五十册。其译印之书，以小册为多，售价大多数每种一元以下，定价为一元或数额有超过一元者，其售价较昂者，皆为影印式排印旧籍，如本国史之历代通鉴辑览，资治通鉴等。其他例如：一为李文忠公朋僚函稿，属于文学类之文集，亦为原有之旧籍，二为英文字典如华英音韵字典集成，即为企英译书馆所编稿，三为语文类之马氏文通，即为书主以是书归本馆专印，而现售者暂为马氏自印石印本，四为万国国力比较，则为出洋学生编译所重译日本所译之英文原本。又所译之书，除侯官严氏径译英文原本外，大多数皆译自日文或重译日文译本。

同年九月八日严修张寿春（伯苓）创办敬业中学于天津，旋改名私立第一中学，于此日成立。

　　按该校逐渐发展，成为南开大学。

同年，学务大臣奏准考验出洋毕业学生章程八条。

同年，外务部，学务大臣奏准西洋留学办法六条。

同年，直隶总督袁世凯奏请考验留日回国学生。

同年，商务印书馆出版新书三十五种，一百零三册，计开：

　　总类三种四册　社会科学一一种五〇册　语文学四种一二册自然科学六种九册　应用科学一种一册　文学六种六册　史地四种二一册

同年商务印书馆营业总额四四一二三〇元。

民前七年（公元一九〇五年　清光绪三十一年，乙巳）

一月商务印书馆刊行日俄战纪。

本馆因日俄战事，于东亚大局关系甚巨，且大部分在我国领土领海内作战，于我国关系尤甚。故自开战以来迄于今日，凡海陆战事及关系于战事之政策邦交无不备录，区分门类，凡十余册，记录详尽，体制谨严，每册首列写真图画若干幅皆关系战事之人物状况及战争枢要之地理，每足一册，即付手民，拟至战局终结为止。陆续发行，不预定期，每册售大洋二角五分。迄于本月已出版十二册，稍后续出至二四册。内容约略如左：

第一册○日俄陆战地图（平壤义州鸭绿江凤凰城地方）○日本国皇帝○俄国皇帝○俄关东总督（亚力喀塞夫）○俄陆军大臣（苦鲁巴金）。

第二册○旅顺港地图○日本军事参议官（寺内、奥、大山、黑木、山县、井上、伊东、山本、野津）○日本舰队司令长官（东乡平八郎、上村彦之丞、片冈七郎）○日本三司令官（瓜生外吉、出羽重远、三须宗太郎）○日本七师团长（长谷川好道、小川又次、贞爱亲王、山口素臣、井上光、西宽二郎、大久保春野）○俄太平洋舰队司令长官（马克罗甫）○俄旅顺舰队司令官（斯他司尔）○俄国哥萨克骑兵。

第三册○鸭绿江战地图○日本旅顺海战司令官（梨羽时起、细谷资民、东乡正路）○日本舰队在佐世保军港启行图○日本鱼雷艇队第二次攻击旅顺图○日兵放鱼雷攻击俄舰图○俄太平洋海军司令长官（司廊理罗甫）○俄陆军大臣（塞喀罗甫）。

第四册○日本三舰长（中尾雄、加藤友三郎、山田彦八）○日本步兵战图○日本炮兵战图○俄将斯他率兵渡贝加尔湖图○俄国贝加尔之哥萨克兵队渡冰图○俄兵旅顺炮台御敌图。

第五册○日本三亲王（依仁亲王、菊磨王、博恭王）○日本炮兵鸭绿江激战图○日本堵塞旅顺沉船情形○俄将苦鲁巴金巡视旅顺炮台图○俄将苦鲁巴金巡视海参炮台图○俄战舰彼得罗怕阿司克舰长（察科威烈夫）○旅顺第七战被毁之俄战舰彼得罗怕阿司克○俄战舰彼得罗怕阿司克中雷沉没图。

第六册○日本第十二师团长（井上光）○第二十三旅团长（木越少将）○第十二旅团长（佐佐木少将）○日本接应陆军舰队司令官（细谷少将）○装炮汽艇司令官（关少将）○摩耶舰及舰长中川中佐○日本堵塞旅顺口船员移乘小艇图○日本堵塞旅顺队归阵图○俄国海军大臣（阿韦兰）○俄国道路大臣（喜勒廓甫）。

第七册○日本皇太子○日本威仁亲王○日本载仁亲王○日本骑兵斥候乘夜侦察敌状图○俄国苦鲁巴金晤吉林将军图○俄国关东军团司令本部○俄国旅顺守备兵第十一联队兵营并海兵团○俄属西伯利亚布拉郭什臣斯克晓景。

第八册○日本上村中将瞭望海参崴俄舰图○俄将司廓理罗甫出海探敌图○俄司廓理罗甫舰队攻击日本商船图○俄舰长与日本大尉在烟台互殴落水图○海参崴港俄舰停泊情形○停泊海参崴俄舰（播戛秃舰、格朗保舰、露西亚舰、路利克舰）。

第九册○日俄两军金州大战图○其二○其三○俄军自九连城退入凤凰城图○俄内务大臣（柏来维）小像○柏来维被杀时所乘车图○瓦稍旅邸前柏来维被杀情形。

第十册○日本看护妇会长锡岛侯爵夫人小像○日本妇团队欢迎麦基夫人图○日本红十字看护妇会员练习绷带图○俄苦鲁巴金率众临阵图○俄逃舰阿斯哥及格罗苏堡○俄逃舰阿斯哥左右舷损伤图。

第十一册○老铁山图○黄金角图○日本东乡司令官督兵备攻旅顺图○旅顺新旧市街中间之孙家沟○日本前驻俄国公使（栗野慎一

郎）〇俄国前驻日本公使（罗善）〇俄太弟（密喀尔）。

第十二册〇奉天铁岭附近详图〇日军登山进攻辽阳图〇日本横须贺船坞〇旅顺全景〇贝加尔湖〇松花江岸〇齐齐哈尔〇俄国旅顺船坞。

第十三册〇日军猛扑旅顺图〇日军逼攻旅顺后路图〇旅顺夜战图〇攻旅日军触网中炮图〇攻旅日军燃灯搜寻伤兵图〇攻旅日兵登城图。

第十四册〇奉天铁岭附近详图〇日本满洲总司令官及参谋小像〇日本攻辽阳诸将小像〇俄新任内务大臣墨斯基小像〇俄军在满洲进攻遇敌图〇俄将克尔伯爵战没扬子岭图〇俄逃舰拆卸军装停泊上海图。

第十五册〇俄波罗的海舰队攻北海渔船地图〇俄波罗的海舰队攻北海渔船图〇其二〇其三〇俄波罗的海舰队过英伦海峡图〇俄波罗的海舰队司令长官罗斯他司桓开小像〇俄陆军大将郭里偏北小像。

第十六册〇沙河会战地图〇日本围攻旅顺陆军大将乃木希典小像〇俄驻旅顺海军中将斯他司尔小像〇旅顺日军营幕图〇俄将斯他司尔巡视炮台图〇旅顺俄兵筑炮垒图〇旅顺壁垒掷石奋战图。

第十七册〇日本围攻旅顺三将小像〇俄军沙河之战三将小像〇旅顺日军攻东鸡冠山北炮台图〇旅顺日军攻夺二百零三迈当山图〇沙河之战日本炮兵攻击图〇俄军在沙河溃败图。

第十八册〇沙河大战图〇俄将在沙河赐兵士勋章图〇旅顺日军夜袭二百零三迈当山俄军放光弹图〇旅顺二龙山俄炮台破坏图〇旅顺日军两中将小像〇其二。

第十九册〇日军在奉天附近运粮图〇沙河之战日军各景图〇日军沙河战前少憩及浑河骑兵图〇黑沟台日炮兵阵地及土台子日兵瞭敌图〇沙河之战俄炮兵败退图〇沙河败后俄兵降伏及积尸图。

　　第二十册○日本第二军诸将合影○俄军演习图○日兵蹲击图○俄炮兵渡军桥图○旅顺日军束鸡冠山窥敌图○旅顺松树山炮台爆发图。

　　第二十一册○奉天附近夜战图○奉天之战俄兵擎兵器投降图○旅顺日军储粮所图○轰毁松树山右凸角之外濠图○日军白襷队大袭图○旅顺日军阵地俄兵图。

　　第二十二册○松花江情景图○日将乃木希典与俄将斯他司尔及两军幕僚图○旅顺日军右翼队勇将图○日军筑掩堡图○日右翼军踏雪奋进图○日军据二龙山图。

　　第二十三册○德国观战员亲王安东小像○日帅大岩总司令官及外国观战员清兴图○日军战前夜乐图○日军炮击椅子山图○日军炮击钵卷山图○望台山腹俄军重炮图。

　　第二十四册○旅顺日军机炮阵地图○日军炮击旅顺市街及步兵联队前进图○日军入旅顺街市图○旅顺停车场附近车辆破坏图○攻陷旅顺日军祝宴图○俄将在车站聚宴图。

同年二月十一日商部奏改南洋公学为上海高等实业学堂。

　　此为上海交通大学之前身。

同年四月，商务印书馆设京华印书局于北京虎坊桥。

同年四月一日，修律大臣伍廷芳沈家本奏设法律学堂，并订定法律学堂章程。

同年六月，考试出洋归国学生（自是每岁考试留学生以为常），奖励游学生金邦平等进士举人出身。

　　按榜首之金邦平，入民国时官至农商部总长。下野后入商务印书馆为协理数年。余以民国十年加入商务印书馆为第三任编译所所长时，金君尚在职。

同年七月，袁世凯张之洞奏请停科举以兴学校，谕即自丙午科为始，所有乡会试及各省岁科考试一律停止。

同年七月，商务印书馆设小学师范讲习所。

同年十一月十日，设立学部，派荣庆为学部尚书，熙英为左侍郎，严修为右侍郎，将国子监事务归并于学部。

同年十一月，日本文部省发布清韩留学生取缔规则，中国留日学生全体罢课，要求取消。湖南陈天华并因此蹈海。全体学生归国，翌年创设中国公学于上海。

同年，直隶省开办北洋保定两法政学堂。

同年，两江总督札委张子雯筹办法政学堂。

同年，两广总督岑春煊学使于式枚合奏改广东课吏馆为广东法政学堂。

同年，上海震旦学院一部分学生反抗传教势力之侵渎，愤而出校。另组复旦公学，开办高等学堂，附设中学。公推马湘伯为校长。两江总督周馥拨借吴淞提督行辕为校舍。

同年，商务印书馆资本增为一百万元。

同年商务印书馆出版新书四十九种，一百四十二册。计开：

总类一种二册　社会科学一五种六〇册　语文学五种七册　自然科学五种五册　应用科学一种二八册　文学一八种三四册　史地

四种六册

同年商务印书馆营业总额八六六 七二八元。

同年商务印书馆设北京分馆于琉璃厂，又设天津分馆于大胡同。

同年终商务印书馆续办第二届小学师范讲习所，并设附属小学。

民前六年（公元一九〇六年，清光绪三十二年，丙午）

二月返国日本留学生刘棣英等禀请在上海开办中国公学。

同年三月一日，学部以忠君、尊孔、尚公、尚武、尚实五项为教育宗旨。

同年四月商务印书馆设沈阳分馆于鼓楼北。

同年四月十日，江苏筹设之法政学堂招生开学。

同年四月商务印书馆设福州分馆于南大街。

同年五月，学部咨请各省增设法政学堂。

同年五月二十九日，学部批准北京协和医学堂立案。

同年六月三日，学部通行第一次审定初等小学暂用书目。

按审定之教科书共一百零二册，由民营出版业发行者计八十五册，占全体五分之四以上。兹将学部原书目编成简表如左：

书名	册数	发行者
最新初等小学国文教科书	五四	商务印书馆
初级蒙学修身学等	三〇	文明书局
心算教授法等	一〇	直隶学务局
初等小学读本	四	南洋公学
普通各科教授法	一	时中书局
画学教科书	一	化固小学
图画临本	一	武昌图书馆
蒙学修身学	一	原书目未注明

根据上表，可见在光绪三十年左右，出版业的重心已由教会及官书局转移于民营出版业，尤以教科书为特著。其中商务印书馆一家竟占全部审定小学教科书百分之六十四弱。

又查同年六月上海书业商会出版的图书月报第一期仅就入会的出版家而言，计有左列之二十二家：

商务印书馆	启文社	彪蒙书室
开明书店（并非民国时期设立之同名书店）		新智社
时中书局	点石斋书局	会文学社
有正书局	文明书局	通社
小说林	广智书局	新民书店
乐群书局	昌明公司	群学会
普及书局	中国教育器材馆	鸿文书局
东亚公司新书店	新世界小说社	

同年六月十五日，学部议订女学教育章程。

同年六月十八日，学部以留日学生达万二三千人，通电各省停派赴日速成学生，并推广各项学堂。

同年七月商务印书馆设开封分馆于财政厅街。

同年八月商务印书馆设潮洲分馆于铺巷。

同年九月商务印书馆设重庆分馆于白象街。

同年九月商务印书馆设安庆分馆于龙门口。

同年十月，学部咨行各省外人在国内开设学堂毋庸立
　　案，学生概不给奖。

　　　按此为教会学校不受国家法令管辖，自行放弃教育权之由来。

同年十二月十三日，学部奏改京师医学馆为京师专门医
　　学堂，分习中西医学。

同年十二月十六日，学部筹设京师法政学堂。

同年天津举行第一次劝业展览会，商务印书馆以各种出
　　品应展，获得一等奖照。

同年，商务印书馆出版新书一百一十一种，二百零五
　　册。计开：

　　总类一种二册　哲学四种四册　社会科学二七种七〇册　语文
学一四种三〇册　自然科学一六种一七册　应用科学一种一册　艺
术五种一〇册　文学三四种四九册　史地九种二二册。

同年商务印书馆营业总额一 三七七 四四四元。

同年，商务书馆出版物中值得具体叙述者为左列各项：

　　（甲）高等学堂教科书

　　商务向来出版者限于中小学教科书，自本年起，新出版高等学
堂用书数种，如下述：

　　微积学　　　　　　　　　　洋一元六角

　　京师大学堂讲义初编四册　　　洋八角

京师大学堂讲义二编四册　　　　洋八角

（乙）简易课本

本馆前编小学堂中学堂高等学堂各种教科书，均遵奏定章程按年级辑。出版以来，谬承海内学界欢迎。窃用自愧。复思我国地大人众，学制初定，风气未能遽开；其有贫寒子弟过时失学，或虽当学龄，而迫于生计，势须兼治他业不能受完全之教育。本馆用特设变通之法，谋普及之效，编辑简易课本，曰修身，曰国文，曰历史，曰地理，曰数学，曰格致，曰实业，曰法制，都八种。简要浅明，最易教授。每册中各附精图数十幅，以为讲解之助。凡年长失学者得此书而肄习之，一年卒业，于立身之道，应世之用，亦可粗知梗概。至如半日学堂，如夜学堂，如星期学堂，如徒弟学堂，不能受完全教育者，以此为课本，尤为适用。兹已印成六种，廉价发售，其实业法制二种，随后续出。

兹将已出版各科名称列后：

简易修身课本　　　　　　洋一角

简易国文课本二册　　　　洋二角五分

简易历史课本　　　　　　洋一角

简易地理课本　　　　　　洋一角

简易数学课本二册　　　　洋三角

简易格致课本　　　　　　洋一角

（丙）规模最大之英华大辞典开始预约

我国近来习外国文字者益众，而英文尤为广行。本馆前辑华英音韵字典集成一书，颇蒙海内学界欢迎。销行至广。今又聘请译学进士颜骏人先生总司编辑英华大辞典一书，并请前卒业香港皇仁书院上海约翰书院高材诸君分司修订。书凡十余万言都三千页附图千幅。综举特长，约有数端：一字语完备。是书悉按英人纳韬而氏字典，参以美国危簿司德大字典译出，每解一字，条分缕析；且多引成句以证明之。几无一义遗漏。尚有专门学要语，亦照他字典译补。二附录精要。如英文引用各国语字解，减笔字解，记号汇解（算学记号文语记号商用记号），华英地名录等，无不采入。三字体显明。此书华英均用六号字，每字首用黑体，成句用草体；甚为醒目。至于校对之详审，装订之华美，纸张之洁白，犹其余事。约计明年正二月间可以出书。洋装二巨册，每部定价十二元。

（丁）新译日本法规大全开始预约

日本法律之书以此为最完全。凡全国法律规则命令无一遗漏。光绪二十七年盛宫保督办南洋公学时，曾属管理译书院海盐张君元济聘人翻译。是书成稿约十之八。嗣以乏人修校未经印行。越四年，盛宫保复属张君赓续成书，允由本馆修校出版。惟原稿系据明治三十四年之本，距今已久；所有增加更易之法规约十之二三，且律学高深，出入所关甚巨。非有专家学者细加复核，极易贻误。本馆有鉴于此，特聘日本早稻田大学政学士闽县刘君崇杰，躬赴日本总司编辑，就近延请各大学校学生何君熵时高君种陈君威梁君志宸等，各就所长，分门担任。就明治三十七年最新之本，细行校阅。误者改之，缺者补之。并与日本各法律专家详加讨论，以期斟酌尽善。惟书中法律名词具有精义，未必尽人能解。又请日本早稻田大学政学士董君鸿祎及钱太守洵编成法规解字。凡书中所有名词，皆详加解释。按照康熙字典部首排列，以便检查。计时二年，糜费数万，始克卒事。欣逢圣上宣布立宪。伏读谕旨有云：先将官制议定，次第更张；并将各项法律详慎厘订，而又广兴教育，清理财政，整修武备，普设巡警，使绅民明悉国政，以豫备立宪基础。著内外臣工切实振兴，力求成效。俟数年后规模粗具，查看情形，参用各国成法，妥议立宪实行期限，再行宣布天下等因。仰见圣明殷殷图治之盛意。此书于日本官制教育财政武备巡警等事言之綦详。且系同洲同文同种之国，尤足为我官绅士庶参考之用。故特亟付手民，从速印行。计全书分二十五类，约四百余万言。用上等中国连史纸印成四千数百页，订为八十册；并附法规解字一册。装入椐木箱或布函十套。年内可以出版，每部定价二十五元。凡预约者特别减价，每部十八元。请于本年十二月三十日以前先付六元，交本馆总发行所或各分馆，购取预约券。俟出版时，将券交下并找洋十二元，即可取书。外埠邮费照例。明年正月购买者，概照定价二十五元计算，不得援预约之例。兹先将译例总目，及日本宪法全文，印成样本一册。请惠临本馆或分馆取阅。远地函索即当寄奉，外埠诸君欲购预约券者，乞将洋六元由邮局挂号寄上海本馆。收到后即将预约券挂号寄奉。其广西云南贵州四川陕西山西甘肃新疆八省，路途较远，特别展限两月。以明年二月底寄洋十八元及邮费到沪者，亦照预约办理。此为便于远地起见，本埠及近省不得援以为例。尚祈鉴之。

（戊）商务印书馆历年译著小说甚多，其中以林琴南笔述魏易口译之名著小说占最要成分。左列书名，除附注有"白话"字样者，大都为林魏二氏所合译。

闽县林琴南先生译本：

英国诗人吟边燕语 三角五分　　美洲童子万里寻亲记 三角　足本迦茵小传二册 一元　　埃及金塔剖尸记三册 一元　英孝子火山报仇录二册 九角　　鬼山狼侠传二册 一元　　斐洲烟水愁城录二册 八角　　撒克逊劫后英雄略二册 一元　　玉雪留痕 四角五分　　鲁滨孙飘流记二册 七角　　洪罕女郎传二册 七角　　蛮荒志异 六角　　鲁滨孙飘流续记二册 五角五分　　红礁画桨录二册 八角　　海外轩渠录 三角五分　　雾中人三册 一元　　橡湖仙影三册 一元二角　　神枢鬼藏录 现印　　空谷佳人 现印　　拊掌

录 现印　　旅行述异 现印　　十字军英雄记二册 现印　　金风铁雨录 现印　　双孝子噀血酬恩记 现印　　佳人奇遇 七角　　经国美谈前后编 五角　　梦游二十一世纪 二角　　补译华生包探案 二角　　小仙源 一角五分　　案中案 二角　　环游月球 三角　　黄金血 三角　　金银岛 二角　　回头看（白话） 三角　　降妖记 二角五分　　珊瑚美人（白话） 三角　　卖国奴（白话） 四角　　忏情记（白话）二册 五角　　夺嫡奇冤 五角　　双指印 二角五分　　昙花梦 二角　　指环党 三角　　巴黎繁华记（白话）二册 一元　　桑伯勒包探案 二角　　一柬缘（白话） 二角五分　　车中毒针（白话） 二角五分　　寒桃记（白话）二册 七角　　白巾人（白话）二册 四角五分　　澳洲历险记 一角五分　　秘密电光艇 三角五分　　阱中花（白话）二册 五角　　寒牡丹（白话）二册 四角五分　　香囊记 二角　　三字狱 二角　　红柳娃 二角　　帘外人（白话） 三角五分　　炼才炉 二角　　七星宝石 二角　　血蓑衣 二角五分　　旧金山（白话） 二角五分　　侠黑奴（白话） 一角　　美人烟草（白话） 一角　　铁锚手 二角　　天方夜谭四册 一元五角　　蛮陬奋迹记 二角　　波乃茵传 一角五分　　尸栈记 二角五分　　二俑案 二角五分

另有绣像小说　零售每册大洋二角，全年二十四册价洋四元。外埠另加邮费五角。存书不多，幸速购取。现满三年七十二期，以后改良，再行布告。

民前五年（公元一九〇七年，清光绪三十三年，丁未）

一月商务印书馆停办小学师范讲习所，将附属小学改名尚公小学校。

同年一月二十一日，改京师进士馆为法政学堂，分本
　　科、别科、讲习科。

同年一月商务印书馆设广州分馆于永汉北路。

同年一月二十四日，学部奏准女子师范学堂章程三十八
　　条，规定修业年限四年。女子小学堂章程二十六条，
　　男女小学分别设立。

同年二月，商务印书馆设长沙分馆于南正街。又设成都
　　分馆于春熙路。

同年四月，两江总督端方奏准开办暨南学堂于南京，以
　　教南洋华侨回国就学之学生。

　　　按该校后来迁往上海，并发展为暨南大学。

同年四月商务印书馆设济南分馆于西大街。

同年七月商务印书馆设太原分馆于桥头街。

同年八月十五日，浙江教育总会开会，嗣复于十一月五
　　日开正式会，举张元济为会长。

　　　按张君即自南洋公学汉文总教习转任商务印书馆编译所第一任
　　所长者，号菊生。

同年八月，以张之洞管理学部事务。

同年，山西福建浙江均开办法政学堂。

同年商务印书馆出版新书一百八十二种，四百三十五
　　册，计开：

　　总类二种三册　哲学五种一四册　社会科学六七种二五六册

语文学一〇种一八册　自然科学二二种二四册　应用科学六种六册　艺术八种二四册　文学五五种七九册　史地七种一一册

同年清廷考察各国政治所辑译之巨著命名列国政要由商务书馆预约印行。

　　新编列国政要预约　（洁白连史纸，四开式，石印，共三十二册，布套分四函）

　　是书为戴尚书端制军出洋考察政治时辑译之本，分宪法、官制、地方制度、教育、陆军、海军、商政、工艺、财政、法律、教务，十一门全书约六十万言。去年腊月制军派员赍稿至沪发，交本馆印刷发行。并蒙核准缴呈应用部数外，余由本馆定价发售，以广流传。并给示禁止翻印在案。现在钞写完竣，用中国洁白连史纸石印，全书共三十二册。分装五函，用精美布套。准于本年五月出书。每部定价十元，兹先印成样本送阅。

同年商务印书馆营业总额为一 六九七 五六四元。

民前四年（公元一九〇八年，清光绪三十四年，戊申）
　　三月五日学部奏准两年之内，每府厅应设中等实业学堂一所，每州县应设初等实业学堂一所，每所应收学生百名，并通行各省施行。

同年五月二十五日，美国会通过以一部分之庚子赔款退还中国之议案，随于十二月二十八日美总统令另保留二百万美金外，余悉退还。

同年五月，天津设图书馆，正式成立。

同年六月六日，学部奏设女子师范学堂于京师，派傅增
　　湘为总理，并咨各省督抚提学使，酌于省城内设立女
　　子师范学堂。

同年六月二十二日，外务部与驻京美使商定自拨还赔款
　　之年起，初四年每年派学生约一百名，第五年起，每
　　年至少派学生五十名，赴美留学。

同年七月十日，学部奏准各中等农业学堂肄业年期定为
　　三年，入学学生必须修毕高等小学四年课程。

同年，德人宝隆设同济医院于上海，附设同济德文医学
　　校；嗣德人贝伦子来华增设工科（即为国立同济大学
　　之始基）。

同年，商务印书馆出版新书一百六十九种，二百六十一
　　册。计开：

　　　总类二种四册　哲学一种三册　社会科学五一种一〇六册　语
文一四种二二册　自然科学二二种二五册　应用科学五种五册　艺
术四种九册　文学六〇种七六册　史地一〇种一一册

同年商务印书馆营业总额一 五一九 八一七元。

同年商务书馆为响应各省谘议局养成国民对于预备立宪
　　之知识，特别注重编印有关宪政及地方自治新书。

　　　各省谘议局一年内成立，凡有志之士必须出任议员，以谋地方
之公益。惟事属创办，非预备有素或难胜任。兹将有关于议员各书
列目如下。

　　　十六国议院典例　　（定价一元五角）

　　　国名开列如下　英吉利　德意志　法兰西　丹麦　美利坚　意

大利　瑞典　奥地利　匈牙利　那威　比利时　葡萄牙　瑞士　西
班牙　荷兰　日本

　　议会政党论　（定价五角）

　　立宪国操政权者，半在议会。有议会无不有政党。我国现在已
设谘议局，国会成立为期不远；则政党之发生，出于不能免。得此
书以为先路之导，自不至入于歧途。

　　日本议会法规　（定价四角）

　　此书将日本议会选举方法、办事权限及经费，一切无不具备；
足为议员参考之用。

　　新译日本议员必携

　　奏定谘议局章程多半取法日本。此书为日本议员之要籍，凡三
十余万言。刻已付印，即日出版。

　　欧洲大陆市政论　（定价一元四角）

　　此书述欧洲大陆各国市政，极为详细。凡教育交通卫生警察等
无不备载。谘议局议员有志振兴地方者，幸留意焉。

　　自治论　（定价七角）

　　此书言德国地方自治之制。我国政体为君主立宪，与德国为近。
而各省之行政权限较大，亦颇类于德国之联邦。故是书尤切于我国
之用也。

　　地方自治财政论　（定价三角五分）

　　奏定谘议局章程，以财政之预算决算及税法公债之权委之议员，
则财政之学为议员所不可不讲。此书分四编：一总论，二岁出，三
岁入，四共有财产，五地方债。

　　地方自治浅说　（定价三角）

　　前列三书皆东西国地方自治之要籍。此书则就外国现行之制，
合之吾国省厅州县城厢乡图现在所行之事，参考比附，斟酌损益，

可见实行。

谘议局之设所以谋本省地方之利；以上各书详言整理地方行政之方法，议员得此参考而研究之，所以裨益于本省地方，非浅鲜也。

民前三年（公元一九○九年，清宣统元年，己酉）一月

商务印书馆出版教育杂志，每月印行一册。

按该志主编人为陆费逵（号伯鸿），嗣于民国元年辞职，创办中华书局。

该志继续刊行，至民国二十一年一月，因一二八之役，商务印书馆在闸北宝山路之总馆及编译印刷所与其附设之东方图书馆及工厂，全部遭日军炸毁焚毁，致商务印书馆因而停业半年，经过重新整理，同年八月始局部复业，该志则迟至民国二十四年始复刊，改由何炳松（柏臣）君主编。

同年二月，商务印书馆设杭州分馆于宝佑坊。

同年二月，尚公小学校迁至宝山路宝兴西里，推蒋维乔君为校长。

同年二月三日，山东巡抚袁树勋奏准设立山东图书馆。

同年二月八日，河南图书馆成立。

同年二月，学部奏派柯劭忞（经科）、林棨（法政科）、孙雄（文科）、屈永秋（医科）、汪凤藻（格致科）、罗振玉（农科）、何燏时（工科）、权量（商科）分充京师大学堂分科监督。

同年三月，商务印书馆设芜湖分馆于西门大街。

同年三月六日，学部奏将京师大学堂预备科改为京师高
　　等学堂。

同年三月二十五日，学部奏准变通初等小学堂章程，分
　　初等小学为三种：一为五年毕业之完全科；二为四
　　年，三为三年毕业之简易科。

同年三月二十六日，学部奏准变通中等学堂课程，分为
　　文科实科。

同年四月，商务印书馆设南昌分馆于德胜马路。

同年六月，商务印书馆设黑龙江支馆于南大街。

同年七月商务印书馆开办商业补习学校，推张元济君兼
　　任校长。在学生二年毕业，皆成为商务书馆干部。

同年七月二十日，外务部、学部在北京招考第一次留美
　　学生唐悦良、梅贻琦、胡刚复等四十七名。

同年七月二十五日，学部奏设京师图书馆，派缪荃孙为
　　监督；嗣于二年八月成立。

同年八月十一日，江苏教育总会开常年大会，选举唐蔚
　　芝为正会长，张謇、萧季和为副会长。

同年九月十六日，学部奏设编订名词馆，派严复为总
　　纂。

同年十一月，京师大学堂筹设经科、法科、文科、格致
　　科、农科、工科、商科七分科大学。先办经、文、格
　　致、工四分科。

同年安徽、陕西、甘肃开办法政学堂。

同年，商务印书馆出版新书一百二十六种，四二〇册，
　　计开：

　　　总类一种二册　哲学五种六册　宗教一种一册　社会科学四一
种一五五册　语文学一八种三六册　自然科学一二种一六册　应用
科学三种三册　艺术四种六册　文学三一种一八三册　史地一〇种
一二册

同年商务印书馆营业总额为一 五四八 四九九元。

同年，松江府物产会，商务印书馆以其各种图书，印刷
　　成绩及用品等参加，获得一等金牌奖。

民前二年（公元一九一〇年，清宣统二年，庚戌）元
　　月，商务印书馆设西安分馆于粉巷口。

同年三月，学部奏报第一次教育统计表（光绪三十三年
　　度）各省学校数三万七千八百八十八所，学生数一百
　　零二万四千九百八十八人。

同年四月十七日，学部通行各省扩充法政法律各学堂。

同年四月二十七日，学部奏准各省会地方经费充裕，课
　　程充备者，准予设立私立法政学堂。

　　　由于清廷之广设法政学堂，现更进一步，准许私人设立法政学
堂，其重视人民之法政知识，大量造就法政人材，昭然若揭。究其
动机果何在乎？盖清廷鉴于外患日深，国内革命声势又日益壮大；

其对抗之道，厥为立宪是赖。纵然王室中人立意不尽真诚，表面上固不断以此为口头禅，期欲挽回丧失之人心，借以消灭革命，并导致列强之同情；因而提倡法政智识，表面上期为立宪铺路。然乎？否乎？

同年七月，商务印书馆开办师范讲习社，编印师范讲义十三种。

同年九月，商务印书馆创刊小说月报。

同年九月，第一次全国运动会假南洋劝业会场举行。分全国为五区域。成绩：各区上海第一，华北第二；中学，华北第一，华南第二；大学，圣约翰第一，南洋第二。

同年十一月十七日，资政院奏准著作权律五十五条。

同年十一月二十五日，学部奏陈普及教育最要次要办法。

同年十一月，学部通饬各中小学堂一律添课官话。

同年十二月二十六日，学部奏报第二次教育统计年表（光绪三十四年度），学校数四万七千九百九十五所，学生数一百三十万零七百三十九人。

同年，南京汇文（光绪十四年开办），宏育（光绪三十三年由基督益智两书院合并）两书院合组为金陵大学。

同年，商务印书馆参加南洋劝业会展览，获奖一等金牌。

同年，意大利都朗博览会，商务印书馆以出品参加，获
　　最优等金牌。

同年商务印书馆外交报停刊，并入东方杂志。

同年，商务印书馆出版新书一百二十七种，三百八十九
　　册，计开：

　　总类二种三册　哲学二种二册　社会科学四六种一〇〇册　语
文学一五种二四册　自然科学一四种一四册　应用科学三种四册
艺术二种二册　文学一四种二〇六册　史地二九种三四册

同年商务印书馆营业总额为一七三一六九五元。

民前一年（公元一九一一年，清宣统三年，辛亥）二
　　月，江苏教育总会拟定各省教育总会联合会简章，并
　　定于四月一日开会，函请各省教育总会派员来上海。

同年四月一日，留美学务处于清华园自建校舍告成，定
　　名清华学校，先后招生四百六十人，分别编入中等科
　　及高等科，于本日开始上课。

同年四月一日至十四日，全国教育总会联合会在上海江
　　苏教育总会开会。到会者：江苏、湖南、浙江、河
　　南、奉天、直隶、江西、山东、湖北、福建、广东、
　　广西、安徽等十三省代表。

　　此次联合会议决请学部施行最重要者五案，为：（1）请早定国
民教育主义，（2）统一国语方法，（3）停止毕业奖励，（4）变更初

等教育方法，（5）变更高等教育方法。此外另行决议由各省自行征集意见，以备下次联合会提议事项，其目有四：（1）学制系统问题之研究，（2）通告各小学教员征集对于现用教科书之批评，（3）小学科目及学科程度、授课时间诸问题之研究，（4）检定小学办法之研究。

同年四月十日，清廷公布内阁官制，组织责任内阁。授唐景崇为学务大臣。

同年五月二十四日，学部奏准中央教育会议规则六章四十条，并奏派张謇为会长，张元济、傅增湘为副会长。

同年六月二十日，中央教育会于京师集会，到会者一百三十八人，至闰六月十八日闭会。

此次会议议决十二案如左：

一、军国民教育案。

二、国库补助推广初等小学经费案。

三、试办义务教育章程案。

四、划定地方教育经费案。

五、振兴实业教育案。

以上五案系学务大臣交议。

六、停止实官奖励案。

七、变通考试章程案。

八、初级完全师范学堂改由省辖案。

九、全国学校讨论会办法大纲案。

十、统一国语办法案。

十一、国库补助养成小学教员经费案。

十二、变更初等教育方法案。

以上七案系会员所提议。

同年闰六月十七日，张元济在京师发起之中国教育会开
　　成立大会，到二百余人，公决章程，并举张君为正会
　　长，伍光建、张謇为副会长。

同年七月十七日，学部奏准停止各学堂实官奖励。

同年八月十八日（即阳历十月十日）武昌革命起义。

同年八月，商务印书馆创刊少年杂志。

同年九月二十六日，袁世凯组织内阁，以唐景崇为学务
　　大臣，杨度为学部副大臣。

同年九月商务印书馆之教育杂志发行临时增刊，其详如
　　左：

　　教育杂志临时增刊〇世界教育状况

　　我国之人素缺世界智识，兴办教育殆皆规仿日本。而日本制度
之不善，与夫不合我国情形者，贸然效之，未免利少害多。是编缕
述世界各文明国教育状况，自英德文书中辑出。凡教育行政，大学
中小学实业专门教科书，图书馆，学校卫生等，纲举目张；其可为
吾国取法者，叙述尤详。不惟汉文书中从来未见，且大半为日文图
籍所未有也。

　　洋装五百余页插图二十余幅　洋装布面一册一元四角　纸面二
册一元　邮费一角

　　附录本书目次

　　第一编〇英吉利　第二编〇德意志　第三编〇法兰西　第四编
〇意大利　第五编〇奥大利　第六编〇比利时　第七编〇荷兰　第

八编〇瑞士　第九编〇瑞典　第十编〇俄罗斯　第十一编〇美利坚
第十二编〇日本　第十三编〇教科用书　第十四编〇图书馆　第
十五编〇学校卫生

同年，学部奏报第三次教育统计图表（宣统元年度），
　　各省学生数一百六十二万六千七百二十人，岁出经费
　　二千零七十三万九千九百九十二元。

同年，美国博览会召开，商务印书馆以铜模铅字花边等
　　参加，获最优等奖凭。

同年，德国特来斯登万国卫生博览会召开，商务印书馆
　　以各种书籍参加，获最优等金牌。

同年商务印书馆出版新书一百四十一种，五百八十三
　　册。

　　总类二种四册　哲学一种五册　社会科学四八种一七三册　语
文学八种一四册　自然科学一四种一五册　应用科学二种二册　艺
术三种五〇册　文学三九种二八二册　史地二四种三八册

同年商务印书馆营业总额为一 六七六 〇五二元。

同年上半年商务书馆出版重要新书有左列各种：

（甲）涵芬楼古今文钞

　　吴君曾祺旧有古今文钞之选，以家贫乏书，久而未就。本馆近
得名家藏书数十万卷，庋置涵芬楼中；吴君因而补辑，乃卒成之。
上自三代，下迄国朝同光之间，凡二千余家。为文万篇，分十三类，
二百一十三目。侯官严幼陵先生序言，称为艺苑巨观，非虚言也。

　　（本书特色）

　　一搜罗宏富可供国文教员之教材　一分类精密可供学者作文之

模范

一圈点明了可供初学自修之诵读　一合装两箱可供行旅四方之携带

本书前用中国连史纸精印，分订一百册，定价二十八元，预约十八元。发售预约券早已售罄。兹改用上海造纸厂连史纸印刷，成本较轻，定价二十元，预约十二元。先付六元，即交收条一纸；全书告成，缴付六元，凭券取书。另刊样本一册，欲阅者可向上海四马路昼锦里口总发行所及各省分馆索取，远地函索寄邮票二分当即寄赠。

（乙）英文文学丛刊附汉文释义

是年已出版者有左列各种：

莎士比亚威匿思商　六角　莎氏乐府本事　一元　莎士比亚麦克白传　六角　撒克逊劫后英雄略　二元　威克斐牧师传　一元　约翰孙行述　四角半　阿狄生文报捃华　近刊　伊尔文见闻杂记　一元

自来学英文之难以难字难语为最；难字尚可检查字典，难语则恒苦无从索解。本馆有鉴于此，特选英美大文豪文集数十种。取其难字难语，用汉文详加注释，附于卷末。初学英文者得此可以不必他求，自能读高尚之英文；学堂教授公余自修，两有裨益。兹将已经出版各书列上。尚有数十种正在编译，陆续出版，以供爱读者之研究。

同年下半年，因武昌起义，革命发动，为配合需要，印行左列各书：

一为有关民族意识者，总称痛史，计已出版者如左：

第一种　福王登极实录　附过江七事　金陵纪略　一册　一角

五分

明福王监国之后，马阮擅权，排斥异己，专营私利。虽有史姜诸人，心怀忠荩，无术挽回。读此三种，知明祚之亡，真有取亡之道也。

第二种　哭庙记略　一册　一角

吴县诸生具揭请逐一贪酷县令，朱抚操切酿患，讳饰上闻。满员至宁会审，拷掠成狱，至今读之，惨毒之象，如在目前。

第三种　丁酉北闱大狱记略　一册　一角

顺治丁酉北关因考官贿通关节，酿成巨案，株连无算，士风士气摧残殆尽，真令人发指。

第四种　庄氏史案　附秋思草堂遗集　一册　一角

满人入关，事事钤制，文字之狱尤盛。此其一也。秋思草堂遗集，为案中陆君之女记其阖家被难始末，读之真堪陨涕。

第五种　研堂见闻杂记　一册　三角

是书为明末遗老所著，专纪明末松江被难生灵涂炭情形，视扬州十日记，嘉定屠城记等书，尤为沉痛。

第六种　思文大纪　四册　六角

专纪明唐王在闽年余之事。其历叙武将之骄横，诸臣之贪私，一一写来，可为亡国炯戒。

一为有关民权思想及民族独立者，已出版有左列各种：

法美宪法正文　定价大洋四角

世界共和，首推法美。吾国共和之治，基础已定。将来设施必以法美为标准。是编详述法美二国宪法，凡其成立之阶级，变迁之历史及规条法制，罗列无遗；洵共和国民必读之书也。

世界共和国政要　定价大洋七角

是书集合欧美非三洲之共和国，凡二十有五。历叙各国政体之沿革，宪法之改正，政权之执掌，选举之规定；原原本本，粲然大备。足为吾国今日之先导。

美国共和政鉴　定价大洋五角

全书分十二章。凡国会之权力，议院之规则，总统之职务，人民之权利，及合众政府与各州之关系，言之极详。译笔明爽，足以达意。共和国民不可不人手一编也。

世界各国欲脱束缚而登自由，其代价必以铁血。各书皆详记法美诸国独立时战争之历史，爱国男儿，可以兴矣。

美国独立战史　　五角　　　法国革命战史　　五角　　　菲利滨独立战史　四角　　　葡萄牙革命史　角半

一为鼓吹革命者，如左：

一二三集大革命写真画　每集五角

自武汉起事至各省独立，其间若重要之人物，战争之状况，皆为留心时局者急欲先睹为快。现用铜版精印，洋装美制，极为适观，先出三集，以下续出。

革命纪念明信片　单色每张二分　彩色每张三分

革命军起，人人欲知其真相。现觅得武汉南京上海照片数十幅，特制成明信片，以饷海内。其中若起事诸首领之肖像，民军出征之勇概，清军焚烧之残暴，民国旗之式样。披图阅之，情景逼真。

又清末兴学，小学方面，男女殊途，商务印书馆为适应需要，特为女学编印专用课本。至是全部出齐，科目如左：

◎女学堂用书　历史地理算学格致等可与男学堂通用

初等小学女子修身教科书八册　每本八分　　　初等小学女子修身教授法八册　一至三册每册一角　　　高等小学女子修身教科书四册　每册一角二分　　　学部审定初等小学女子国文教科书前后四册　每本前一角　后一角二分　　　学部审定初等小学女子国文教授法

八册　每本三角　　高等小学女子国文教科书四册　一二三四册
每本一二册二角　三四册二角五分　　女子国文读本　一角五分
　女子新唱歌初二三集　每本大三角小二角　　学部审定通俗实用
家计簿记教科书　五角

民国元年（公元一九一二年，壬子）一月一日临时大总
　统孙中山先生（文）在南京就职，规定国号为中华民
　国。

同年，一月三日临时大总统以蔡元培为教育总长，景耀
　月为次长。

同年一月，余致书临时大总统府教育总长蔡孑民先生，
　建议对民国学制之改革，备承奖饰，并邀来部相助为
　理。余所建议者都被采行，例如废止各省高等学堂及
　准许设立私立大学是。后文为一九六五年之追记。

　　我在所写《蔡孑民先生与我》一文中，一开首有左列的一段话：

　　"我认识蔡先生，始于民国元年一月下旬；但我开始听到他
的大名则在临时大总统府成立后一二日。由于报纸刊载各部首
长的名字，蔡先生被列为教育总长，其时，我从事教育工作已
有六七年，平素对于教育的制度备极关怀，因而对新政府的新
教育首长，当然想略知其历史。不久我便探悉蔡先生是一位翰
院人物，却又具有革命思想，且曾在上海组织中国教育会。这
时候我已承国父孙先生邀任临时大总统府秘书，不日便要晋京

任职，绝无另行求职之意，只是积久欲吐有关教育的意见，现在面对一位可以进言的主管部长，姑且尽我言责……"

于是我便抽出一些工夫，写了一封建议书，寄给蔡先生，能否发生影响，固所不计。想不到此一建议书从上海寄到南京教育部以后，不过十日左右，我便在南京临时大总统府服务中，接到由上海家里转来蔡先生的一封亲笔信，大意说对我所提供的意见认为极中肯，坚邀我来部"相助为理"。

他事且不说，只说我的建议书究竟说些什么，现在事隔半世纪以上，手边又没有存稿，只就尚能记忆的要点追述数项如下：

（一）提高中等学校程度，废止各省所设的高等学堂，在大学校附设一二年的预科，考选中等学校毕业生或相当程度者入学，预科毕业生升入本科。

（二）大学不限于国立，应准许私立；国立者不限于北京原设之一所，全国暂行分区各设一所。那时候我主张，除北京原有所谓京师大学堂外，南京、广州、武汉，应尽先各设一所。

（三）各省得视需要，设专门学校，其修业年期较大学为短，注重实用。

现分别就这三项建议的理由略述于左：

（一）查清末自光绪二十八年首颁钦定学堂章程，次年修正为奏定学堂章程，对于高等教育机关，规定设大学堂，高等学堂，高等实业学堂，法政学堂及优级师范学堂等。其中大学堂设于京师，高等学堂则省设一所，其他酌按各地需要而设立。高等学堂略仿日本的高等学校，招收四年毕业之中学生入而肄业，历时三年，以升入大学堂为其目的，寓有大学预科的性质。然各省高等学堂程度不齐，而可能考升之大学堂仅有京师所设之一所，与日本所设的高等学校对大学有相当比例，程度也能衔接，其毕业生多能升入大学者，迥异其趣。又各省高等学堂虽相当于大学预科，然既多未能达成预科之作用，其实际作用仅成为高等的普通学校，徒增耗费。我认为不如将中等学校程度提高，完成普通教育，其有志深造者，径行考升大学直接附设的预科；预科既由大学附设，其程度自较易与大学本科衔接也。

（二）清末大学堂限于国立，且限设京师一所，殊不足以宏造就。我认为国内私人兴办大学校，在彼时虽微嫌过早，然外国教会之学校，兴办多年，具有规模，因我政府不予承认，不得不依赖外国大学认可者，至少已有一二所，如南京之金陵大学，北通州之协和大学、北京之汇文大学（后来两校合并，构成燕京大学）。假使我国新教育法规，能许其依法立案，纳入我国学校系统，实属两利。又以我国幅员之广，人口之众，新教育随新政体而繁荣，仅北京国立大学一所，殊不足以应付全国中等毕业生经由大学预科而升学，于是略仿分区之意，主张先就全国枢要地点，各设国立大学一所，当时妄拟分设北京、南京、武汉、广州四所。想不到后来发展的结果，除原有之北京大学外，设在南京的中央大学，设在广州的中山大学，与设在武昌的武汉大学，果于一二十年内，成为全国最大规模之国立大学。由今思之，不觉深幸民元一介书生所陈意见，竟能实现也。

（三）在那时候，大学校和专门学校均未大量设置，而设置最普遍者为高等学堂。我既主张废止各省高等学堂，而酌量提高中学校程度。对于高等教育之大学校和专门学校，在主张扩充设置之初，并建议重视各省需要，凡未设大学校者，固宜酌设专门学校，即已设大学校者，由于大学校与专门学校之性质不同，亦有兼设之必要。为着造就实用的人才，以应社会需要，我认为专门学校不妨多设；然为提高学术水准，大学校却不宜滥设。迄今五十余年，最近教育当局一方面限制大学校之设立，一方面鼓励专科学校之设立，与我彼时主张正同，然经过半世纪有奇，此一目标竟未能满意达成，即因我国人士侧重名称，在有可能时，无不群趋于大学校，以获取学位为荣，至对于切合实用之专科学校，则非万不得已，不愿改就，因而蹉跎至今，专科学校之设置尚有待于鼓励，殊不免令人慨乎言之也。

同年一月十九日，教育部通电各省，颁行普通教育暂行办法十四条。

　　查办法中最重要者为学堂改称学校，初小男女可同校，小学废止读经。中学为普通教育，文实不分。中学校，初级师范学校均改为四年毕业。

同年一月二十九日，教育部通电各省筹办社会教育。

同年一月商务印书馆附设尚公小学校长蒋维乔任教育部参事，辞职，改聘庄俞为校长。

同年二月十九日，教育部批准上海书业商会请将旧存教科书修正应用。

同年三月三日，临时大总统袁世凯任命蔡元培为教育总长。

同年三月十九日，胡敦复等在上海创立大同学院（嗣于民十一年经教部立案，改称大同大学）。

同年四月八日，临时大总统任命范源濂为教育次长。

同年四月商务印书馆为适应共和国需要，自去年末期开始筹编共和国教科书，现已将初等及高等小学教科书，全部发行。其详如左：

新编共和国教科书说明

国之盛衰。以教育之优劣为枢机。无良教育。何以得良国民。无良教科书。何以得良教育。同人学识浅陋。窃不自揣。爰于壬癸之际。纠合同志。从事教科书之编辑。迄今已逾十年。为社会所共知。乃者民国成立。数千年专制政体。一跃而成世界最高尚最完美之共和国。政体既已革新。而为教育根本之教科书。亦不能不随之转移。以应时势之需要。此又同人所不敢不自勉者也。东南光复以来。本馆即将旧有各书遵照教育部通令大加改订。凡与满清有关系者。悉数删除。并于封面上特加订正为中华民国字样。先行出版。以应今年各校开学之用。更联合十数同志。日夕研究。本十余年编辑上教授上之经验。从事于教科书之革新。博采世界最新主义。期以养成共和国民之人格。造端甚微。影响至巨。不敢稍有稽延。尤不敢或滋草率。现小学各书。大致粗具。陆续发行。其编辑之要点有四。（甲）各科互相联络。期教授之统一。（乙）力求浅显活泼。期合儿童心理。不以好高骛远。致贻躐等之弊。（丙）初等小学之教材。男女并重。以便男女同校之用。（丁）关于节候之事物。依阳历编次。至于文字图画之内容。纸张印订之形式。成书具在。久为学界所深悉。无待赘言也。兹将各书名目列举于左：

◎中华民国初等小学用书

最新修身教科书十册　每本一角　　简明修身教科书八册　每本六分　　最新国文教科书十册　一册每本一角五分　　二至十册每本二角　　简明国文教科书八册　一二册每本八分　　三四册每本一角　五至八册每本一角二分　　简明笔算教科书四册　每本一角二分　　简明历史教科书二册　每部一角五分

◎中华民国高等小学用书

最新修身教科书四册　每本二角　　最新国文教科书八册　　前

四册每本二角　后四册每本二角五分　　简明国文教科书八册　　前

四册每本一角五分　后四册每本二角　　最新历史教科书四册　　一

二册每本一角五分　三四册每本二角　　最新地理教科书四册　　一

二册每本一角　三四册每本一角五分　　共和国民读本原名立宪国

民读本二册　每部三角　中国英文读本原名帝国英文读本　卷首

每本一角　卷一每本二角五分　卷二每本四角　卷三每本五角五分

　卷四每本一元　卷五每本一元五角

◎中华民国女子学校用书

初等小学修身教科书八册　每本八分　　高等小学修身教科书

四册　每本一角二分　初等小学国文教科书八册　前四册每本一

角　后四册每本二角二分

按商务书馆，迄于清末，原为出版教科书最大规模之

一家，几独占全国教科书市场。不料民国成立，该馆

原任教育杂志主编之陆费逵氏暗中约定知好，准备全

部适合民国需要之初高小学教科书及若干中等学校之

主要教科书，突于民元一月向商务辞职，创办中华书

局，即以所编教科书供应需要。一时使商务书馆视为

营业主体之教科书大受打击。幸而该馆编译所规模颇

大，编辑教科书之专材尚不乏人，且以旧本为依据，

按照共和国需要改编赶印，甫历四个月，即告完成，

加速供应，尚能挽回部分营业。因而在民国初年，商

务中华两家竞争甚烈，迄于以后廿年，商务书馆遭一

二八之劫，并乘机予以打击。其时余主持商务全局，

一面策划恢复，一面应付剧烈之竞争，正如俗语所

称，不打不相识。中华主者因余不易打倒，转而渐趋妥协，及抗战时期，两家重心，均移香港，伯鸿（陆费逵之别号）与余合作无间。此为以后之事。详见该时期所叙述者。

同年四月商务书馆为编辑清史，组织编辑机构，并登报征求材料如左：

自班固以来。皆断代为史。故易姓受命。必修前代之史。一以防旧闻之散失。一以备后世之殷鉴也。今民国初立。满清一代二百六十八年之事实。不特为中外交通之关键。亦且为数千年专制政体之结束。其可为后世考镜者。比之前代一家之史。尤有价值。凡吾共和国民。既无私史之嫌忌。尤宜及时而征求。本社纠合同志。从事编辑清史。拟分纪传编年两体。各为详略两种。惟是史料必远略近详。而取材须官私并重。昔史迁为书。或采家人诸子。不专据正经。矧近代官书冗蔓失实。久为世所诟病。故若但据官中文书。通行公牍。甚非新国民凡事必求翔实及注重社会变迁之本意也。兹将本社所最为需要者。条列于后。伏维海内外诸君子各就见闻。赐之补助。俾成一代完全之信史。本社幸甚。后世幸甚。

一、私家记载名人传记之向未刊行及虽已刊行而流传未广者。

二、因触当时禁忌而未经刊布之记事及传记等。

三、大政令大兴革大兵大工大狱等与当时奏报公牍异词或加详之记事。

四、蒙古新疆卫藏等处之记载。

五、各处人物著作政令官吏等之题名表谱及各种汇录。

六、赋役漕粮盐茶等征收方法变革之记载及所用各种文字格式。

七、名儒名宦及有特别技术者之传记年谱行状与其遗闻逸事肖像等。

八、各地方风俗习惯宗教仪式建筑之与普通不同者其记载及图画照片等。

九、其他凡可为修清史者参考之材料。

以上各项或蒙惠赠原本，或许暂假录副，或须缮写之赀，或待报酬见让；均望详细函示，照下开地址寄下。无任感荷之至。

⊙⊙上海宝山路商务印书馆编辑所内清史编辑社谨启

同年五月十三日，教育部电饬各省推选临时教育会议会员二人，届时赴京出席会议。

同年七月十日，教育部召开临时教育会议，到会各省议员八十余人，提案共九十二件，完全议决者二十三件，付审查未经大会议决者十二件，未及讨论者五十七件。开会时期恰满一个月。

查议决之二十三案如左：

（1）学校系统案。

（2）祀孔问题案。

（3）教育宗旨案。

（4）地方教育会议组织法案。

（5）师范学校令案。

（6）小学校令案。

（7）各学校学年学期及休业日期之规定案。

（8）学校职员分职任务规程案。

（9）仪式规则案。

（10）中学校令案。

（11）划分学校管辖案。

（12）学生制服案。

（13）中央教育会议组织法案。

（14）专门学校暂行计画案。

（15）教育会组织纲要案。

（16）国歌案。

（17）小学教员俸给规程案。

（18）采用注音字母案。

（19）实业学校令案。

（20）专门学校令案。

（21）大学校令案。

（22）学校管理规则案。

（23）划分大学区案。

以上专门学校令、大学校令及划分大学区三案，均系余任职教育部专门教育司时所起草，其中专门学校原系余之建议，大学校准许私立及全国暂分大学四区两项亦余所建议，承总长蔡先生采纳，并属余任起草之责。

同年五月续出痛史八种，名称如左：

下列各书皆从私家钞本录出。详记明末清初遗闻轶事；从前并无印本。洵为三百年来惟一之秘书。现精校付印，以饷海内。

第七种　弘光实录钞　二册　定价四角

是编专纪南都事责，自弘光登极，马阮擅权，东南半壁不踰载而覆亡。全书仿通鉴体例，文笔尤见古雅。

第八种　淮城纪事　附扬州变略　京口变略　定价一角

淮城为南都藩篱，自四镇兵马扰害，淮扬一带，均被淫掠，而扬州尤惨。

第九种　崇祯长编　二册　定价四角

是编所记自崇祯癸未十月起，至甲申三月十九日止。按日纪述，琐屑不遗，野乘轶闻，颇足补明史帝纪之缺。

第十种　浙东纪略　定价一角五分

是书专记明季浙东遗事，自潞王出降，至鲁王入海；一年之间，义师所起，前仆后继。而其间死难诸臣，亦指不胜屈。读之令人沉痛。

第十一种　嘉定县乙酉纪事　定价一角

朱子素著〇按其事实，与嘉定屠城记、荆驼逸史、东塘日劄，大致相同；惟朱君目睹兵燹屠掠情形，慨乎言之。起弘光纪元，中间逐日记载尤详。

第十二种　江上孤忠录　定价一角

江阴殉难，事虽散见于荆驼逸史，或阎公状及义史等书，然皆略而不详。是编为江阴赵曦明所著。凡事实之重要，与夫名氏里居无不详载。读之见当时拒战之力，殉义之烈；一般忠臣义士之苦心均跃现于纸上。

第十三种　启祯记闻录　四册　定价六角

叶绍袁著〇是编所记，自天启初至崇祯末止。全书八卷，凡吴人风俗上，事实上，一切情形，及国变后官吏之横暴，兵士之骚扰，皆逐日登记，中附国难目睹记、播迁日记二则，纪载尤详。

第十四种　海上见闻录　二册　定价二角五分

全书内容专纪明季海上事实。自丁亥永历元年起，至癸亥永历三十七年止。用兵累年，传祚三世，一切情形，均详载焉；欲知郑氏始末不可不阅是书。

同年五月，教育部通电各省，申明初等教育应行改进各

点：（1）关于小学课程注重手工科、兵式操；（2）废止读经；（3）初小三年起兼授珠算；（4）改进不合共和宗旨之教科书。

同年五月十五日，北京大学校开学。

同年六月商务印书馆附设师范讲习社第一届毕业生五百余人，聘吴敬恒等主持考试。

同年六月商务印书馆编纂之新字典出版，其详如左：

新字典预约广告：洋装布面一册　定价二元四角　预约一元二角　华装分订六册　定价一元四角　预约七角

商务印书馆发行

通行之字书向惟有康熙字典。其书汇集各字书，兼收并蓄，检阅已苦繁重；且因时代演进，各部有新增之字，各字有新增之义。一国字书决无二百年而可不增修之理。本馆有鉴于此，爰于戊申年纠合同志，编纂是书历时五载，始克卒事。定名曰新字典。兹将其特色列下：

（一）搜辑之完备　凡字典所有之字无一不备，其通俗之字（如炸礁等）新制之字（如钙镍等）日本所制之字（如膵腺等）为字典所无者，无不补入。

（二）解释之详明　本书参考古今字书百数十种，无义不搜，无意不尽，其为古昔沿用以及世俗通行之字义，为字书所不载者，悉数补入。至于国名朝代制度疆域水道等，皆详其变迁沿革；天然物人造物及一切关于科学者皆据最新学说，详言其种别性质功用。

（三）检查之便利　每字皆用大字顶格，一望即得。其分部分画均照字典通例，另编检字一卷按照笔画顺序编次；注明页数，最便检查。

（四）应用之适宜　关于年代者，注明距民国纪元前若干年；关于时令者，并载阴阳历；关于星象者，注明现在之中星时刻。其翻译之字皆并载外国原文；外国度量衡币，亦注明与我国之比较。此外如符号之显明，音韵之明了，图画之精确，装订之美丽，不及备述。兹特选录若干字，附于下方。

夏【胡驾切祃韵】㊀四时之一。自立夏（阳历五月初六）至立秋（阳历八月初八）为夏。我国习惯。以阴历之四月五月六月为夏。欧美习惯。以阳历之六月七月八月为夏。【胡雅切马韵】㊁中国曰夏。〔书〕"用肇造我区夏"。㊂大也。〔诗〕"于我乎夏屋渠渠"。㊃五色曰夏。〔书〕"羽畎夏翟"。言羽山之谷。雉具五色也。㊄水名。㊅榎也。扑作教刑用之。〔礼〕"夏楚二物。收其威也"。㊆朝代名。禹受舜禅有天下之号。亦称夏后氏。（距民国纪元前四千一百十六年）凡十七主。四百四十年。为商所灭。㊇国名。舜封禹于夏。在今河南开封府禹州。东晋时匈奴赫连勃勃。据今蒙古之鄂尔多斯及陕西省。国号夏。宋初赵元昊自立为帝。国号夏。据今内蒙古鄂尔多斯、阿拉善及甘肃省。世称曰西夏。

心【息林切侵韵】㊀脏名。在肺下。接动静脉管。为行血机关。图见"脏"。古谓心为思虑之官。误也。㊁中也。凡言中央皆曰心。㊂〔释名〕"纤也"木之尖刺曰心。〔易〕"其于木也为坚多心"。〔诗〕"吹彼棘心"。㊃星名。二十八宿之一。今小满节子正一刻九分之中星。古称大火。亦曰商星。

甲【古狎切音夹洽】㊀首位也。㊁草水初生之莩子也。〔易〕"雷雨作而百果草木皆甲坼"。㊂凡物首出群类曰甲。〔国策〕"臣万乘之魏。而甲秦楚"。㊃戎衣也。古战时著之以兴兵刃者。用革或铁叶为之。㊄爪甲也。〔杜甫诗〕"银甲弹筝用"。谓以银为爪甲也。㊅保甲也。十户为甲。五甲为团。编籍民户。彼此诘察。防容隐奸究也。㈦虫介曰甲。如龟甲鳖甲之属。㈧代词。如某甲某乙。即言某人也。其他可分项目者多用甲乙丙丁等字代之。

狐【洪孤切音胡虞韵】兽名。似犬而小。体瘦。头尾皆长。以跖行。性狡猾。穴居山野。盗食食物。寿十四五年。其皮可为裘。俗称狐寿千年。能祟人。妄也。

吨　读若顿。英文（Ton）之译音。一英吨。约合中国库平一千七百零二斤。关平一千六百八十斤。亦谓之重吨。寻常所称之吨。皆指此。美一吨。约合中国库平一千五百二十斤。亦谓之轻吨。计船所载之容积曰吨。每吨为四十立方英尺。

全书计四万余字约一千页。

编辑者：陆尔奎　蔡文森　傅运森　张元济　方毅　沈秉钧高凤谦　出版：中华民国元年阳历八月出版

预约：阳历七月底为限欲购者先将书价交清　邮费：外埠邮费每部一角五分

同月商务印书馆继续编印之大革命写真画出版，说明如左：

一至八册内容如武汉、南京、上海、福建、广东；北路各省之革命人物战事，及南北议和情景，均系摄取真相。摹写如生。第九集至第十三集之内容为浙江、湖南、江西、四川、安徽各省之革命大事。北伐队各军、清帝逊位、专使欢迎袁总统受职各真相。每册四十图，用精纸印刷，极为美观，每集五角。

同年七月十四日，教育总长蔡元培辞职。越二日令教育次长范源濂暂行代理部务。

同年七月十九日，商务印书馆以所征集赴美之幼稚园，两等小学校成绩出品，开展览会于该馆发行所。历时三日。

同年七月，教育部规定小学科目时间如左：

（一）初等小学校科目及每周授课时间为：修身，二小时，国文十至十二小时，算术五至六小时，手工一小时，图画一至二小时，唱歌体操合四小时。女生加缝纫一二小时，每周授课总时数男生廿二时，女生廿二至廿四时。

（二）高等小学校科目及每周授课时间为：修身二小时，国文八至十小时，算术四小时，本国历史及地理，合二小时，理科二小时，图画一至二小时。唱歌三小时，体操三小时，农业二小时，英语三小时，女子加缝纫二堂，四小时，农业缺。每周授课总时数，男生三十时，女生三十至三十二时。

同年秋商务印书馆出版共和国教科书：初等小学用十一种，高等小学用六种，教员用十六种，中学用二十二种，教员用九种。

同年七月十六日，任命范源濂为教育总长，越三日，任命董鸿祎为教育次长。

同年九月二日，教育部公布教育宗旨：注重道德教育，以实利主义，军国民教育辅之，更以美感完成其道德。

同年九月三日，教育部公布学校系统。

查该系统规定要项如左：

（1）小学校四年毕业，为义务教育。毕业后得入高等小学校或实业学校。

（2）高等小学校三年毕业：毕业后得入中学校、师范学校，或实业学校。

（3）小学校及高等小学校设补习班，为毕业生欲升入他校者补修学科，兼为职业上之预备，均二年毕业。

（4）中学校四年毕业。毕业后得入大学校，专门学校或高等师范学校。

（5）大学校本科三年或四年毕业，先经预科三年。

（6）师范学校预科一年，本科四年毕业。

（7）高等师范学校，预科一年本科三年毕业。

（8）实业学校分甲乙两等，各三年毕业。

（9）专门学校预科一年，本科三年或四年毕业。

同年九月二十八日，教育部公布小学校令十六条，中学校令十六条，师范教育令十三条。

同年九月商务印书馆商业补习学校第二届开办。

同年九月，武昌私立中华大学开办。

同年十月二十二日，教育部公布专门学校令十二条。

同年十月二十四日，教育部公布大学令二十二条。

查该令规定大学分文、理、法、商、医、农、工，七科。又规定以文理二科为主；必有文理一科与其他科兼设，方得称为大学。

同年，稽勋局选择革命青年张竞生、谭熙鸿、杨铨、任鸿隽、宋子文等十五人，送请教育部派遣留学东西洋。

按其中杨铨，任鸿隽二人皆于清末肄业中国公学，曾从余游，并曾于民国元年在南京临时大总统府任秘书之职，与余共事。其游学案亦即余在教部专门司任第一科科长时所经办者。

同年十一月二日，教育部公布法政专门学校规程十条。

同年十一月十四日，教育部公布公私立专门学校规程十
　　六条。

同年十二月二日教育部公布读音统一会章程八条。

同年，前商务印书馆教育杂志社主编陆费逵开办中华书
　　局于上海，出版中华教科书。

同年于右任恢复复旦大学（前因辛亥革命停办），公推
　　马湘伯为校长，未几又改推李登辉为校长。

同年商务印书馆出版新书一三二种，四〇七册，计开：

　　总类一种二册　哲学四种四册　社会科学六四种三一一册　语
文学一二种一九册　自然科学一五种一六册　应用科学一种一册
艺术二种二册　文学一七种二九册　史地一六种二三册。

同年商务印书馆营业总额为一 八一九 〇七八元。

同年，教育部统计全国在学生人数如左：

初小学生人数	二 三九八 四七二
高小学生数	三五八 三八五
其他学生数	一九 五一六
总计	二 七七六 三七三

民国二年（公元一九一三年，癸丑）一月一日教育部公
　　布大学规程二十六条。

同年一月商务印书馆师范讲习社第二届开办，编印单级

教授讲义六期，六个月结业，社员四千余人。

同年一月十八日，教育部公布私立大学规程十四条。

同年一月二十八日，教育总长范源濂辞职，特任海军总
长刘冠雄兼署教育总长。

同年一月商务印书馆开设保定支馆于天华牌楼。

同年二月十五日，教育部读音统一会开会，聘请会员及
各省代表先后到者八十余人，选举吴敬恒、王照为正
副议长。会期三月，制定注音字母三十九。

吴稚晖（敬恒）先生于民国二十年所撰三十五年之音符运动，
叙述有关此事甚详，兹摘述其要点如左：

（一）在此三十五年中间，商务印书馆对于注音符号，要算独一
的护法了。他花了的钱，比政府所花的要多过几倍。注音字典是首
先由他们刊布，而且一再改板，损失不少。注音字粒，大小一切完
全，大都搁着不生利，开过传习的学校有两三年之久。即我贡献过
时的长篇，所谓"二百兆平民大问题最轻便的解决法"，也蒙他们采
登在东方杂志上，而且专印一本小册子，差不多世人一切非难注音
符号的解答，该篇已粗粗说得详尽；所以为着注音符号，也是纪念
商务印书馆值得纪念的一件事。

（二）讲到音符，苏州的沈学，在时务报上有十八年的制作。这
是三十五年来音符运动之第一声。在三十五年前，自然还有王炳耀、
虚懿章、蔡锡勇等早学着教会的洋人已各造音符。就是我已于乙未
年，在苏州吴县教官衙门当西席老夫子，依了康熙字典的等韵，做
成一副豆芽字母，我的豆芽字母做成的动机无非与以前教会洋人把
欧母借用的，如王炳耀等用简单或编旁造成的，与后来沈学之十八
笔，及王照之官话字母等，皆注重简字。历来品评音符，谈论音符

的人，也无非把音符看做简单的文字，即最近张（汉卿）胡（朴安）诸先生的不满意于音符，也为它僭居文字地位，以为有诸多流弊而已。然而当时我在苏州施起豆芽字母之功用，却暗合着最有用之原则，就是做出许多通俗教本，将汉文写成，把字母注在旁边，用通信法，教通了好几个［原本为"许多好几个"，兹删"许多"。——编注］失学的亲友。到民国元年教育部开读音统一会，名其所制之音符曰注音字母，似乎已注重注音，不重音字。

（三）在二百兆平民大问题文中，曾加以分析之说明，曰注音字母之功用有二：一曰便利妇孺（指音字也）。二曰统一声音（指国语也）。

（四）所以要减少文字的困难，必要有一副最简易，最正确的音注；音注而及于符号，是为最简便。音符而为自己的声音特别制出，不是牵强借用，是为最正确。于是日本用直音法，在千年以前制成假名。我们当此音韵学大昌之时，不取太高尚，又斟酌于通俗最简易之便法，用直音与反切并用法，制成注音符号；是注音符号者，乃稍改良之假名，其最重要之任务，即为减少文字之艰难而作。文字得此，而字典之注音，方有简易正确之注音；字旁附此，即不烦教师之嘴，不识字人马上可变为识字之人，并非为代用文字而作也。有时可代用文字，止限于极苦恼之妇孺，于无可如何，一用之耳。

（五）自注音符号在民元出世，初遭袁世凯之大肆其野心，逼入冷宫。袁倒以后，经范源濂提倡于教部，阎锡山推行于山西。民国七年由傅增湘公布，就让商务印书馆刻成了第一次的注音字典，铸成了各号的注音字模，于是闯进了全国的小学校，此处彼处，都有随着国语，设立传布的机关。旗语呀！电码呀！都有人采用。直到蒋梦麟长了教部，提到全国教育会议。蒋主席等也热心奖励，在中央党部提案，便成了今日像煞有价事的局面。

同年三月十九日，兼教育总长刘冠雄辞职，特任农林总
　　长陈振先兼署教育总长。

同年四月三十日，兼署教育总长陈振先辞职，大总统令
　　由次长董鸿祎暂行代理部务。

同年四月，黄兴、宋教仁创办国民大学于北京；复于秋
　　间与吴淞中国公学合并，北京专设大学部，改名北京
　　私立中国公学大学部。

同年七月一日，清华学校第一届学生毕业。

同年八月商务印书馆开设吉林支馆于粮米行。

同年八月四日，教育部公布实业学校令十一条，实业学
　　校规程六十条。

同年九月十一日，特任汪大燮为教育总长。

同年，美教会于南京创立金陵女子大学，嗣于四年九月
　　开始正式授课。

同年，商务印书馆增资为一百五十万元。

同年，商务印书馆出版新书二一九种，五六五册，计
　　开：

　　　总类一种二册　哲学六种七册　社会科学九四种三四四册　语
文一三种二一册　自然科学二七种二七册　应用科学二种二册　艺
术九种一三册　文学四四种一一四册　史地二三种三五册

同年商务印书馆营业总额为二 七八九 〇七三元。

民国三年（公元一九一四年，甲寅）二月六日，教育部公布侨民子弟回国就学规程七条。

同年二月十九日，教育部公布半日学校规程十条。

同年二月二十日，教育总长汪大燮免职，特任严修为教育总长，严修未到任前，蔡儒楷暂行署理。

同年二月商务印书馆设南京分馆于太平街，兰溪分馆于官井亭。

同年三月十六日，教育部呈大总统拟暂设高等师范六科，为统一教育办法。

同年五月一日，特任汤化龙为教育总长。

同年五月九日，任命梁善济为教育次长。

同年五月九日，教育部核准北京私立民国大学，私立中华大学，私立明德大学，私立中国公学大学部四校立案。

同年六月，商务印书馆设衡阳支馆于八元坊。

同年八月十五日，清华学校开始招考女生汤蔼林、周淑英、王瑞娴、陈衡哲等十名于本日放洋赴美留学。此后并间每年选派一次。

同年九月，商务印书馆设贵阳分馆于中华路，又香港分馆于皇后大道。

同年，商务印书馆资本总额增为二百万元。

同年，商务印书馆创刊学生杂志。

同年，商务印书馆出版新书二九三种，六三四册。计开：

　　总类六种一四册　哲学八种九册　宗教一种一册　社会科学一
〇二种二四七册　语文学一三种三一册　自然科学一〇种一〇册
应用科学八种九册　艺术二二种二三册　文学九三种二二九册　史
地二九种六一册

同年，商务印书馆营业总额为二 六八七 四八二元。

民国四年（公元一九一五年，乙卯）一月十三日，江苏
　　省教育会开演讲会，余日章报告西人在中国所办学校
　　计初小四 一三八校，高小一 四三八校，中学一七六
　　校，大学三六校，师范四〇校，传道学校一四三校，
　　工艺五〇校，医学四三校；总计学生四三八 九二七
　　名。

同年一月，商务印书馆创刊妇女杂志及英文杂志。

同年二月，大总统颁定教育宗旨，内分爱国，尚武，尊
　　孔，重自治，戒贪争，戒躁争等项。

同年二月，商务印书馆设梧州分馆于竹安路。

同年四月五日，大总统策令考验及第之留学生胡文耀、
　　翁文灏、戴修瓒等，分别授与官秩。

同年四月，教育部拟定检定中等以下教员章程概要九
　　项。

同年五月一日，北方清华、协和、汇文三大学，在北京

清华园举行第四次联合运动大会。南方金陵、之江、沪江、东吴、圣约翰及交通部高等工业专门学校，在上海举行第二次联合运动大会。

同年五月十五至二十二日，远东运动会在上海外国公园举行第二次运动会。中国成绩最优，菲律滨第二，日本第三。

同年六月三日，教育部咨各省推行义务教育施行程序。

同年六月八日，教育部咨各省及北京国立各校，嗣后各专门学校招生，同等学力者，不得逾中学毕业生十分之二。

同年六月八日，教育部咨各省办理民国三年度教育统计。

同年六月，蔡元培、李煜瀛等组织勤工俭学会，以勤于作工，俭以求学为目的。

同年六月，教育部拟就方家胡同前国子监南学房舍为京师图书馆馆址，筹备改组，并调取文渊阁四库全书庋藏，嗣于六年一月二十六日开馆。

同年七月，商务印书馆设函授学社英文科。

同年七月二十六日，教育部通咨各省法政专门学校暂勿扩充班次，并另订法政讲习所规程八条。

同年七月三十一日，大总统命令公布国民学校令五十六条，高等小学校令三十条。

同年九月，商务印书馆设常德分馆于常清街。

同年九月十日，特任章宗祥兼代教育总长。

同年十月，商务印书馆设总务处于宝山路。

同年十月四日，教育部通咨各省，饬令各学校注重体育，组织课外运动部，并于省城内筹设公共运动场，以资提倡。

同年十月五日，教育总长汤化龙辞职，特任张一麐为教育总长。

同年十二月十二日袁世凯称帝，改元洪宪。

同年十二月二十日，教育部呈准试办注音字母传习所，并咨行各省酌派师范生到所练习。

同年十二月三十日，教育部呈报第一、第二次教育统计完竣。第一次为元年八月至二年七月，全国学校八七二七二所，学生二 九三三 三八七人，经费支出二九六六七 八〇三元。第二次由二年八月至三年七月，全国学校一〇八 四四八所，学生三 六四三 二〇六人，经费支出三五 一五一 三六一元。

同年十二月，上海中国青年会设立童子军义勇队队长教练会，江苏省教育会函上海各师范中小学校派人前往受课。

同年，商务印书馆出版新书二九三种，五五二册。计开：

　　总类二种三册　哲学一四种一八册　宗教二种二册　社会科学一一〇种二八六册　语义学二〇种四二册　自然科学一四种一七册

应用科学二一种二三册　艺术二一种三一册　文学六七种八九册
史地二二种四二册

同年，商务印书馆营业总额为二〇七〇九二一元。

同年，商务印书馆以其出品参加江苏省巴拿马赛会出品
　　协会，获得农商部一等奖。又参加江苏第一次地方物
　　品展览会，获得一等奖状。嗣参加美国巴拿马美国博
　　览会，以仪器标本、儿童玩具得二等银牌奖，以电镀
　　铜板，得大奖章；以各种印刷用品，得名誉优等奖
　　章。又参加南洋星加坡华人制造品展览会，得优等奖
　　凭。

同年，商务印书馆编辑八年之辞源正编出版，为我国新
　　式辞书之创作。

　　据主编人陆尔奎所撰辞源说略，有如后述。

辞源说略

　　辞书之与字书　积点画以成形体，有音有义者，谓之字。用以
标识事物，可名可言者，谓之辞。古谓一字曰一言。辞书与字书体
用虽异，非二物也。此书与新字典同时编纂，其旨一以应用为主。
故未有此书，则姑目新字典为字书；既有此书，则以新字典并入，
而目为辞书。凡读书而有疑问，其所指者，字也。其所问者，皆辞
也。如一之为一，既识其字矣，而其义则因辞而变。一名一物之一，
不可通于一朝一夕之一；一德一心之一，不可通于一手一足之一；
非胪举而尽列之，无以见其义。亦无以尽其用。故有字书，不可无
辞书，有单辞不可无复辞。此书仍以新字典之单字提纲，下列复辞，
虽与新字典同一意向，而于应用上或为较备。至与字书之性质，则

迥乎不侔也。

　　辞书之与类书　　凡翻检参考之书，率皆分类。以字为类者如骈出类编，如佩文韵府，皆与辞书相似者也。然决不能谓之辞书。类编取便对偶，韵府取便押韵，供作者之用，非以供读者之用。故所重在出处，不重在诠释。且以辞章为范围。选辞必求雅驯，知古而不知今，尤非类书任其责矣。辞书以补助知识为职志。凡成一名辞，为知识所应有，文字所能达者，皆辞书所当载也。举其出处，释其意义，辨其异同，订其讹谬，凡为检查者所欲知，皆辞书所当详也。供一般社会之用，非徒为文人学士之用，故其性质适与类书相反。吾国旧籍如方言释名小学训诂之书，如白虎通古今注杂家考订之书，皆辞书也；然以供记诵而不便检查，欲为适用之辞书，固不得不分别部居。此书以字为类，而字隶于部；部分仍依字汇字典之旧，从社会之所习，亦辞书之通例也。

　　普通辞书之与专门辞书　　辞书种类綦繁，而大别为普通专门两类。吾国编纂辞书，普通必急于专门；且分为数种，亦不如合为一种。社会所需之常识，纷错繁赜，非可以学术门类为之区分。如阅一报纸，俄而国家政闻，俄而里巷琐语，俄而为矜严之论，俄而为戏谑之辞。文之体裁不同，而遣辞斯异。且人所与为周旋交际者，必不止一种社会。故此为恒言，彼为术语；此则尽人可解，彼则异世罕闻。所业不同，言辞又异。因一辞不得其解，而求之专门辞书，虽罗书数十种，有未足备其应用者。此书编辑之时，皆分类选辞；至脱稿以后，始分字排比。就学术一方面而论，谓之百科辞书亦无不可。惟其程度始以普通为限。枫窗小牍讥，册府元龟谓开卷皆目所常见，无罕觏异闻；此则普通辞书所不免，可引为此书解嘲者也。

　　辞书之注释　　普通辞书注释必以简明为主，然辞有引伸假借，有沿革变迁。举甲不能遗乙，有委不能无源。往往一辞而有数义，一义而有数说。且法律名辞、科学名辞，各家著书率自标定义。因范围之广狭，遂生术语之异同。欲调停众说，即难免辞费。至形容实物，并及其性质功用；叙述故事，并及其因革源流。窃谓辞书既以解释疑义，必使阅者疑义尽释，方为尽职。人之怀疑而来者，原因不同，若所疑在此，所释在彼，则负阅者之意，无异有问不答，或答非所问。故与其失之漏略，无宁病其繁冗；至羌无故实，望文生义之辞，非有疑问即无待诠释。如此者概从芟薙，不以充篇幅。其音读则悉从音韵阐微，改用合声；以其取音较易，而又为最近之韵书，不至如天读为汀，明读为茫，古音今音之相枘凿也。

　　辞书之图表　图表以助诠释，辞书中自不能少。然吾国名物，大率于公名之上缀以专名，图其专名则不可枚举；图其公名，则同名而异物。博古诸图，一名数十器。方圆弇侈，器各异形。觚之不觚，遂不知所谓觚者何若。礼图因经师之说，由想像而成；人异其说，谱异其图。纠纷抵牾，更可勿论。至虫鱼草木，若本草图、尔雅图等，往往取验实物，而不类；以此书与彼书相校，或原图与原书相校，又均之不类。画工粗略，传刻湮讹，率尔摹绘，反滋疑义。慎择约取，其可助辞书之诠释者，盖百不逮一也。他国辞书莫不有图，且分体合体，平面剖面，图因说立，图愈详说愈明显。吾国有骤难仿效者，百工技艺所执之器不能称，以雅言记以文字，虽摹绘为图，何裨学术。若正名辨物，则又别为一事。非辞书所能任其责矣。外国图谱所可规仿者，惟理化博物科学器具，其名见于译籍，其理详于教科。图与说相济以成美，则为辞书所能载。若工业美术于彼虽极精详，于我宁从阙略。盖其事根于一国之文化学术，虽欲矫饰，为工固有所不能耳。故此书所载仅六百余图，关于礼器者，皆经学家所论定。或摹吉金古器，以证明之。夸多斗靡，固非绘图之本意也。至表之为用，约繁者而使简，综散考而使聚；横直相参，易资比较，尤便检查。此书凡遇有纲有目，数列多项者，皆为列表。固辞书所同然，亦诠释之一助也。

编纂此书之缘起　癸卯甲辰之际，海上译籍初行，社会口语骤变。报纸鼓吹文明法学哲理，名辞稠叠盈辐。然行之内地，则积极消极、内籀外籀，皆不知为何语。由是缙绅先生摒绝勿观，率以新学相诟病。及游学少年续续返国，欲知国家之掌故，乡土之旧闻，则典籍志乘，浩如烟海。征文考献，反不如寄居异国，其国之政教礼俗可以展卷即得。由是欲毁弃一切，以言革新。又竞以旧学为迂阔，新旧扞格，文化弗进。友人有久居欧美，周知四国者，尝与言教育事，因纵论及于辞书。谓一国之文化常与其辞书相比例。吾国博物院图书馆未能遍设，所以充补知识者，莫急于此。且言人之智力因蓄疑而不得其解，则必疲钝萎缩，甚至穿凿附会，养成似是而非之学术。古以好问为美德，安得好学之士有疑必问？又安得宏雅之儒有问必答？国无辞书，无文化之可言也。其语至为明切。戊申之春，遂决意编纂此书，其初同志五六人，旋增至数十人；罗书十余万卷，历八年而始竣。事当始事之际，固未知其劳费一至于此也。

编纂此书之经历　吾国辞书方当草创，编者任事素乏经验，着手之际，意在速成。最初之豫算，本期以两年蒇事；及任事稍久，困难渐见，始知欲速不达。进行之程序，编制之方法，皆当改弦更张。盖一书包举万类，非特愧其学识之不足，即汇集众长，欲其精神贯彻，亦殆难言之。举此而遗彼，顾后而忘前；偶一整理，瑕眚迭见。于是分别部类，重加校订。迨民国初元，全稿略具。然一辞见于此类又见于彼类。或各为系统，两不相蒙。或数义并呈，而同出一母。至此欲别其同异，观其会通，遂涉考订蹊径。往往因一字之疑滞，而旁皇终日。经数人之参酌，而解决无从。甚至驰书万里，博访通人；其或得或失，亦难预料。穷搜冥索，所用以自劳者，惟流分派别，忽逢其源，则豁然尽解，理得而心安。始知沿流以溯源，不如由源以竟委。虽吾国古籍半多散佚，唐宋以来所发生之名辞，不能尽知其依据；然知识浅短，失之目前，亦所在皆是。同人以此自励，源之一字，遂日在心目。当此书刊布预告之际，方考订日有所获，因遂以名其书。譬之咳名，其子贤不肖不可知，而祝之以义方，则人情之常也。

此书之所希望　世界演进，凡事之后胜于前者，非独改良之易，而创始之难也。苟为社会所需，则经众人之监督，即得众人之辅助。任其事者以寸心之得失，更参以局外之毁誉，朝斯夕斯，所以补苴润饰者，亦较易为力。故逸而功倍耳。韦勃斯德辞典，世界所最著名之辞书矣。今以其最初之本校通行之本，原稿之所存者已十不二三；盖无岁不改易增广，以求适于社会之用。凡编纂辞书者，固为当然之职务也。惟是耳目所未周，心思所未及，则不得不借他山之助。今纽约最新出之二十世纪大辞典，有吾国闻人署名于著作者之列，而摄影其上者。盖知识之交换，辞书尤足为之绍介。海内外宏达，苟有以裨益此书，又岂独此书之幸欤！陆尔奎志。

民国五年（公元一九一六年，丙辰）一月商务印书馆设云南分馆于昆明城隍庙街。

同年三月二十二日袁世凯取消帝制，次日并废止洪宪年号。

同年三月商务印书馆设新加坡分馆于大马路。

同年四月二十三日，特任张国淦为教育总长。

同年五月，北京私立明德大学因款绌停办。

同年六月六日，袁世凯病死，黎元洪继任大总统。

同年六月商务印书馆设张家口支店于上堡。

同年七月十二日，特任范源濂为教育总长。

同年九月七日，教育部咨各省区撤销教育纲要，又呈准民国四年颁行各种教育法规应分别废止修改。

同年九月二十八日，教育部咨各省区废止法政讲习所章程。

同年十月九日，教育部修正民国五年一月八日公布之高等小学校令施行细则，民国四年七月三十一日大总统教令公布之国民学校令及民国五年一月八日公布之国民学校令施行细则。又废止预备学校令。

同年十月十日至二十五日，全国教育会联合会在北京开第二次大会，到会者有省区代表五十人，议决十案。

同年十二月二十六日，任命蔡元培为北京大学校长。

同年，商务印书馆附设尚公小学自建校舍落成、迁入。

同年，商务印书馆出版新书二三四种，一一六九册，计开：

　　总类一九种三四册　哲学一三种一七册　宗教一种一册　社会科学四八种七九册　语文学一四种二〇册　自然科学九种一二册应用科学二三种二四册　艺术一五种二四册　文学七四种一五八册　史地一八种八〇〇册

同年，商务印书馆营业总额为三一五〇三六七元。

同年十二月，商务印书馆编译所选辑清稗类钞，约三百
　万言，全部完成，系集清代稗史之大成。

同年，商务印书馆参加农商部国货展览会，得特等奖
　凭。

同年，商务印书馆之涵芬楼秘笈印行。

民国六年（公元一九一七年，丁巳）三月，北京中国公
　学大学部以吴淞中国公学停办，呈部核准分办，改名
　中国大学。

同年三月，伍廷芳、梁启超、张謇、范源濂、蔡元培、
　黄炎培、郭秉文等发起组织中华职业教育社，已在上
　海创办职业学校一所。

同年三月商务印书馆师范讲习社第三届开办，编印新体
　师范讲义，一年毕业，社员二千余人。

同年同月，中国科学社呈准教育部立案。

同年四月，北京大学校长蔡元培决定本年暑假后废止现
　设预科，另于文、理、法三科分别附设预科，二年毕
　业，本科四年毕业。

同年五月六日，中华职业教育社假江苏省教育会开成立
　大会，莅会者三四百人，通过章程，推定王正廷、郭
　秉文、沈恩孚、黄炎培等九人为临时干事。

同年五月八日至十二日，第三届远东运动会在日本东京举行，成绩日本第一、菲第二、中第三。

同年五月十八日，教育部呈送第三次教育统计图表（民国三年度），计全国学校一二二 二八六所，学生四 〇七五 三三八人，经费支出三九 〇九二 〇四五元。

同年六月二日，教育总长范源濂呈请辞职，准予给假十日，以次长袁希涛暂行代理部务。

同年六月二十六日，教育部遵令接收国史馆，呈拟并入北京大学文科，酌定北大附设国史纂修处简章十五条。

同年八月，北京中华大学因款绌停办，学生除已毕业者外，其未毕业者并入北京大学或中国大学肄业。

同年十月十五日，教育部召集全国实业学校校长在京开会，计到会者五十九人，议决三十二案。

同年十一月商务印书馆商业补习学校第四届开办，学生三十九人，皆为青年职员，三个月毕业。

同年十二月四日，特任傅增湘为教育总长。

同年，因欧战关系，上海租界封闭德人所办之同济学校。该校中国校董及学生吁请教育部维持该校，经部派员商定改为国人自办，由华校董会主持，直隶北京教育部，更名同济医工专门学校，派阮介藩为校长。

同年，山东潍县广文学校、青州神道学校，与济南医道学校合并办理，更名齐鲁大学。

同年教育部公布修正大学令。

同年商务印书馆出版新书三二二种，六四一册，计开：

总类一三种二一册　哲学四种四册　宗教二种二册　社会科学八九种一二一册　语文学二七种三八册　自然科学七种七册　应用科学二六种二六册　艺术四九种六四册　文学八三种二二五册　史地二二种一四三册

同年，商务印书馆营业总额为三 七七二 八二八元。

同年福建闽侯县农产共进会，商务印书馆以出品之蚕丝器机及蚕体标本模型参加，得金牌及奖状。

同年，商务印书馆，继综合性辞书而编印之第一部专科性辞书，植物大词典开始刊行。

兹将编者序文凡例附后：

序四

吾等之作此辞典也，其最初计画，殊不如是。当时吾等编译中小学校教科书，或译自西文，或采诸东籍，遇一西文之植物学名，欲求吾国固有之普通名，辄不可得。常间接求诸东籍，取日本专家考订之汉名而用之。近时日本专家，亦不以考订汉名为重。植物名称，多仅列学名及用假名联缀之和名，不附汉名。故由和名以求相当之汉名，亦非转辗寻求不可。吾等乃就日本专家著作中，择其于学名之下，附有汉名和名者，及汉名和名并列者，汇而录之，以为译书时检查之用。故其时计画，不过作一植物学名与中日两国普通名之对照表而已。既而以仅列名称，不详其科属形态及其应用，则其物之为草为木，为果为蔬，茫然不辨，仍无以适于用。吾等乃扩张计画，而系之以说，附之以图，然以是而陷于种种困难。则各家之图若说，歧出者恒多。据甲说则乙以为误，用丙图则丁以为非。

而吾等同人之中乃亦有此据甲说，彼用丙图，不相谋而相反者。若欲详为考核，定其从违，则必有专家殚毕生之力而为之，固非吾辈所能胜任也。但此时虽感困难，而其计画犹限于植物之学名及普通名，不及于植物学之术语，范围犹隘。既而知名称与术语，实无严密之界限可分。一普通之植物名，在中等程度之教科书，视为一种之名称者，在高等专门之著作中，则包容许多之种类，涵有许多之解释。而此名称遂成为术语，如以其为术语而弃之，则使习见之名称，缺而不录，非意所安也。若既录之，则同等性质之术语，又不能有甲而无乙。吾等乃更扩张计画，兼收术语而附以解释，然以是而困难亦愈多矣。盖术语之解释，各家各随其学说而异其范围。吾人取一家之著作，考而录之，容或可能，若欲采各家之说，汇其异同，详其颠末，则更非吾辈所能胜任也。吾辈同人，毕业大学，专攻植物学者，仅黄君以仁一人。且另有任务，不能专于此事。其余则仅窥门径，各非专家。其初既不料中途有若何之困难，毅然为之，及遭困难，已有不能中止之势。则仍一意进行，共事者十数人，费时十余年，始有涯涘。乃渐图收束，以为出版之计。倍根有言，始生之物，其形必丑。吾辈自问，且未能当意，其敢博当世之好评，求专家之赞许乎。然为高必因邱陵，为下必因川泽，吾辈之志愿，亦惟望使他日之为高为下者，得稍有所凭借而已。民国六年八月杜亚泉识。

凡例

一是书收罗植物名称及术语，以吾国文字为主，与东西文对照。植物名称，多为吾国之普通名，已经考定学名者。间有日本之普通名，用汉字或可译为汉字，类似吾国之普通名，其学名已考定者，一并收采。至植物学术语，概为日本植物学家，从英德文译成汉文，可以适用于吾国者间有日本译语；不能适用于吾国，而吾国另有通用之译语者，亦一并收采。

一吾国植物，同物异名者甚多，所谓别名是也。此种别名，为便于检查起见，亦分别收采，但仅注为某种植物之别名。其科属形态等，均详于普通名之下。至日本普通名，可以适用于吾国，而吾国别有普通名者，其收采之例，与别名同。

一植物名称之下所附西文，概为学名，即腊丁文也。植物学术语之下，所附西文，为英德文，惟德文用斜体字母以别之。

一植物名称之下，除列西文学名外，附载日本用假名联缀之普通名。此种普通名，所缀假名，往往歧出，苟有所见，悉收录之。至植物学术语，日本概译为汉文，用假名连缀者甚稀，故不复列。

一植物名之下，所附注释，以现时植物家所考定者为主。旧说可采者，酌量加入。注释中于我国普通名加——，于别名加『』，于日本通名加「」，以免混淆。

一重要植物，于注释之外，均有附图，概从植物名实图考及外国植物专家著作中采择。

一术语之解释，以近时较新之学说为据，但同人见闻狭陋，未能博考诸家学说，抉择异同，据一家之说，与他家著作，容有参差之处，阅者谅之。

一是书于植物名称，收罗甚为致力。普通种类，略已备具。至植物学术语，浩如烟海，非立有统系、定有范围，断不能尽行收录。同人于编纂专门词典，未有经验，挂漏在所不免。理而董之，当俟诸异日。

民国六年八月　编者志

民国七年（公元一九一八年，戊午）三月二十九日，教育部呈准奖章条例。又公布学术审定会条例。

同年四月，商务印书馆师范讲习社第三届毕业，人数为五百八十余人。

同年四月十三日，教育部公布学术审定会条例施行细则十六条。

同年六月，商务印书馆设南阳支店于南门里。

同年十一月二十二日，医学名词审定会扩充为科学名词审查会，呈准教育部备案。

同年十一月二十三日，教育部公布注音字母表，声母二十四，介母三，韵母十二。

同年十二月，南开校长张伯苓与严修、范源濂决议增设大学部，随于八年筹建讲堂，九月开学。

同年，中国科学社由美国移归国内，于上海南京分设事务所。

同年晏阳初在法国华工内自编课本，教授华工。此为我国平民教育运动之起源。

同年，商务印书馆出版新书四二二种，六四〇册。计开：

总类二三种三五册　哲学一八种二四册　宗教一种三册　社会科学一二六种一三二册　语文学二九种三〇册　自然科学二七种二七册　应用科学三二种三八册　艺术五八种一〇三册　文学七六种二一三册　史地三二种三五册

同年，商务印书馆营业总额为四〇二六一八〇元。

民国八年（公元一九一九年，己未）三月二十一日，教育部通咨各省为专门学校招收十分之二之同等学力学生，应截至民国十年秋季为止。

同年三月，商务印书馆商业补习学校第五届开办，学生四十四人。

同年四月二十一日，国语统一筹备委员会召集在京会员开成立大会，先经教育部指定张一麐为会长，吴敬恒、袁希涛为副会长，至二十五日闭会，议决案九件。

　　查该九件议决案如左：

　　一、加添闰母的提议。

　　二、国语统一进行方法的议案。

　　三、国语统一进行方法案。

　　四、编辑国语辞典入手办法案。

　　五、国语辞典之编纂拟博采海内方言案。

　　六、拟请教育部推行国语教育办法案。

　　七、欲谋国语统一宜先推行注音字母案。

　　八、请颁行新式标点符号议案。

　　九、加添注音字母小草议案。

同年五月四日，北京各校学生五千余人，闻巴黎和会我国外交失败，群至曹汝霖宅，殴伤章宗祥（因曹章陆曾与日本签订密约），学生陆续被捕者千余人，旋一律罢课。全国学生及工商界罢学罢工罢市响应，成为所谓五四运动。

同年五月十日，北京大学校长蔡元培因政府有惩办学生命令，风潮无法平息，辞职出京。

同年五月十五日，教育总长傅增湘因学生风潮扩大辞职，同日令次长袁希涛代理部务。

同年六月五日，教育次长袁希涛辞职，任命傅岳棻为教育次长，并代理部务。

同年六月十日，政府因五四运动之结果，罢免交通总长曹汝霖，驻日公使章宗祥，币制局总裁陆宗舆职务。

同年十月十一日，大总统徐世昌明令筹印四库全书。

　　按此为该书第一次之筹印，系由金梁呈请及法人班乐卫之请求，经叶恭绰、范源濂诸人之赞助，拟用文津阁本由政府筹印百部，后以经费无着停印。

同年，商务印书馆出版新书二四九种，六〇二册。计开：

　　总类七种二二册　哲学九种一七册　宗教一种二册　社会科学五六种一一〇册　语文学二一种一二六册　自然科学二五种二七册　应用科学一七种二〇册　艺术三一种五九册　文学七一种一一七册　史地一一种一〇二册

同年，商务印书馆营业总额为五 一六〇 八四八元。

同年，商务印书馆创刊四部丛刊初编，精选经史子集善
本，影印，善本中出自该馆涵芬楼所藏者居半数。

　　四部丛刊为商务印书馆首任编译所长，彼时改任公司两位监理
之一之张菊生（元济）先生所创意及主持。其编印旨趣，具载张先
生所撰印行四部丛刊启内，惟该启系于该丛刊预约时刊入样本内，
并未见丛刊正文。幸有郑鹤声鹤春昆季所撰中国文献学概要第六章
四部丛刊项下引用许多段，虽未能获睹原文，然就郑氏著作征引之
文字，不难窥其全豹。兹摘录此一项文字于左：

　　四部丛刊　为上海商务印书馆刊行，经始于民国八年己未，至
十一年壬戌告竣，现代编纂国学书中惟一之伟业也。较之永乐大典，
图书集成等具为迅速，主旨一贯，无前后易手错出之弊。印行四部
丛刊启云："自咸同以来，神州几经多故，旧籍日就沦亡。盖求书之
难，国学之微，未有甚于此时者也。上海涵芬楼留意收藏，多蓄善
本。同人怂恿影印，以资津逮，间有未备，复各出公私所储，恣其
搜览。得于风流阒寂之会，成此四部丛刊之刻，提挈宏纲，网罗散
帙，诚可云学海之巨观，书林之创举矣。"其"昌明国故"之意，与
昔日帝王之"笼牢人心"者，又有间矣。兹举其特点如次：

　　切实用　自昔编纂巨帙，或以存古为主，或以琐屑为意，故其
包涵所及，往往鲜裨实用。是编能却其弊，力趋应用方面。其刊启
云："汇刻群书，昉于南宋，后世踵之，顾其所收，类多小种；足备
专门之流览，而非常人所必需。此编所收，皆四部之中，家弦户诵
之书，如布帛菽粟，四民不可一日缺者。"又例言云："是编衡量古
今，斟酌取舍，几经详审，始得成书。盖于存古之中，兼寓读书之
法，不第如顾千里所云丛书之意，在网罗散佚而已。"可谓善矣。日
人神田喜一郎论四部丛刊云："四部丛刊之刊行，实为有裨学界之壮

举。吾辈学生，无不同感此福音。今读其预定书目，大旨合于出版之主旨。四部中重要书籍，已网罗俱尽。"又武内义雄四部丛刊说云："四部丛刊，实为中国空前之一大丛书。全部有二千余册之多，非以前丛书可比。即其选择之标准，亦与向来丛书全然不同。所收之本，悉为吾辈一日不可缺之物。如经部收十三经单注本，及大戴礼、韩诗外传、说文等；史部收二十四史，通鉴，国语，国策。而如同一普通之丛书，如通志堂经解，经苑正续，皇清经解，九通，全唐文，全唐诗等，则一切不采。"（支那学一卷四号）颇为有见。

择善本　是编刊行，最重善本，盖所以辨章学术，明白源流者也。刊启云："书贵旧本，昔人明训，麻沙恶椠，安用流传，此则广事购借，类多秘帙。"例言云："宋元旧刻，固尽善尽美，但阅世既久，非印本模糊，即短卷残叶，在收藏家固不以为病，而以之影印，则多遗憾。明嘉隆以前，去宋元未远，所刻古书，尽多善本，即顾亭林亦不菲薄之。况今阅三四百年，宜求书家珍如拱璧矣。兹之所采多明人之复影本，取其字迹清朗，首尾完全，庶学者引用，有所依据。非有宋元本而不贵，贵此虎贲中郎也。"又云："板本之学，为考据之先河，一字千金，于经史尤关紧要。兹编所采录者，皆再三考证，择善而从。如明徐氏仿宋刻本三礼，明人翻宋岳珂本九经，徐刻周礼，不如岳本之精；岳刻仪礼，又不如徐本之善。皆非逐一细校，不能辨其是非。其他北宋本失传之书，赖有元明人翻本，转出南宋本之上者。若仅以时代先后论之，则不免于盲人道黑白矣。本编于此类用苦心，非泛泛侈言存古也。"武内义雄以为最可注意者，选择原本，极为精细，于宋元明初之旧刻，或名家手校本中，务取本文之尤正确者，逊清考证家精究版本，由是靡然从风。宋元无论矣，即麻沙本及精本之残卷零叶，靡不宝贵。四部丛刊之印，不效普通收藏家之所为。但以时代之先后为尚，以为翻刻北宋本之明本，优于南宋或元椠本。同一明本，以徐刻之仿宋三礼，与明翻之宋岳珂九经比较，以为周礼岳本胜徐本，仪礼徐本胜岳本。各自择善而从，此其可喜者也。然神田喜一郎则颇以为疏云："其选择底本，尚为适当。论吾人得陇望蜀之愿，则如此巨构，于一底本之选择，尤宜格外注意。例如群书治要不用日本元和二年刊本，而用有显然臆改形迹之天明七尾张藩刊本，注意似有未周。弘明集广弘明集之用明汪道昆本，法苑珠林之用明径山寺本，稍稍近似，实则当用高丽藏本。世说新语用明嘉趣堂本，亦未为美善，是应用日本图书馆之南宋本，或其翻刻之官版本。杨诚斋集为缪氏艺风堂影宋写本，想由日本图书馆所有之宋端平刊本影写而来，亦不如直用端平本之为愈。古文苑用二十一卷本，亦为非宜，想因章樵注故，然不如用孙巨源原本之九卷为佳。"（支那学一卷四号）吾友范希曾君亦谓："四部丛刊所据聚珍版皆取原本，固佳，然未采复本新增拾遗附于其后，犹有小憾。谓此非当事诸公疏处不可也。"（四部丛刊书录案语）虽切中其失，然一眚不足以掩大德也。

存真本　存真之义有二：原书完帙，首尾兼备，一也，不失典型，丝毫逼真，二也。刊启云："明之永乐大典，清之图书集成，无所不包，诚为鸿博，而所收古书，悉经剪裁：此则仍存原本。"此其一也。例言云："是编悉从原书影印，一存虽无老成，尚有典型之意。一免书经三写，改鲁为鱼之讹。即影印缩小，取便巾箱，必将原版大小宽狭，准工部尺详载卷首，以存古书面目。"又云："兹编所录，有宋元明初旧刻本，有名家影写宋元本，至于名人校本，有益本书，实非浅鲜，附印卷后，为校勘记。或有朱墨两笔校者，则用套版印法，以存其真。"此其二也。武内义雄所云："即其原状影印，丝毫不加移易，故原书之面目依然，而误字除原本外，决无增加之虑。旧本之翻刻，如有名之士礼居丛书，时有改小字版，移动行款之嫌。四部丛刊则必影照原本，泯鲁鱼之弊。名人校勘有裨本书者，悉附卷末。校勘用朱墨两笔者，亦分刷两次，以存其真。惟以规为一定寸分之故，间将原本略为缩小，亦必详记原版之宽狭大小于卷首，务不失其典型，此亦是书之胜处。"（支那学一卷四号）诚高出于校印者矣。

匀铨配　本编依张海鹏墨海金壶之例，仅以经史子集为纲领，其次第则依四库全书提要，四库分类，时有失当，兹编不复有所出入，从人人习见也。然四部之书，浩如烟海。兹编乃述其急要者登之，经部汉宋学派分途，宋有通志堂经解、经苑，汉有皇清经解、皇清经解续编等书，久已家藏户编，概不泛收。史则正史编年地理外，取别杂传载之最古者。子则九流十家，取其古雅而非出伪托者。诗文集则取其已成宗派者（如汉魏六朝，初唐四杰，李杜，韩柳，元白，温李，皮陆，宋之欧梅，苏黄，朱陆，陈叶，范陆，真魏，金之遗山，元之虞杨范揭，明之朱刘阳明，唐归，或诗笺文，或理学，支分派别，门户高张，但取其初祖二三家以概余子）。明祁承爜藏书约论鉴书云："垂于古而不可续于今者经也，繁于前代而不及于前代者史也，日亡而日佚者子也，日广而日益者集也。"此我国四部书流行自然之趋势，可为定则也。四部丛刊选择稿本，颇能本此原则以推求之。经部无论已。其史子集三部，俱有损益。（1）史部艺文经籍诸志，以及古今官私书目，所以辨章古今之学术，稽考典籍之存亡，别为一编单行，不录一部，金石一类，亦取此例。（2）子部中算术兵书医经，在古人为专门之学，在今日有专科之书，作者层出不穷，后来或更居上。兹编但取其初祖数种著录，以为学者导源星宿之资，亦兼取其文辞典奥瑰奇，足以沾溉后学者，虽非窥豹全斑，要可尝鼎一脔。（3）集部初意断自朱明，不涉近代，继思有清一朝义学，实后进之津梁，张之洞谓："读书门径，必须有师，师

不易得，即以国朝著述名家为师。"兹编采及近人，亦犹张氏之意
也。至于史部中之通典、通志、通考，类书中之太平御览、册府元
龟，集部中之全唐文、全唐诗；皆以卷帙繁重，宜别单行，概不阑
入（四部丛刊例言）。此四部书籍铨配之大要也。

四部丛刊部次

经……自魏王弼晋韩康伯注周易（上海涵芬楼藏宋刊本）至宋
陈彭年等重修广韵（海盐张氏涉园藏宋刊巾箱本）二十五种，八十
三册，三百八十五卷。

史……自晋裴骃集解唐司马贞索隐张守节正义史记（武英殿本）
至唐刘知几史通（上海涵芬楼明张鼎思刊本）四十六种，九百三十
四册，三千九百五十卷。

子……自魏王肃注孔子家语（江南图书馆藏明刊本）至宋张君
房云笈七签（上海涵芬楼藏明真清馆刊本）五十九种，二百六十八
册，七百八十二卷。（内一种无卷数）

集……（1）别集自汉王逸章句宋洪兴祖补注楚辞（江南图书馆
藏明翻宋本）至清曾国藩曾文正公诗文集（上海涵芬楼藏原刊本）
一百九十二种一千四百八十八册，五千四百九十一卷。（2）总集自
六臣注文选（上海涵芬楼藏宋刊本）至元杨朝英朝野新声太平乐府
（乌程蒋氏密韵楼藏元刊本）三十六种，二百零六册，九百十四卷。
共二百十八种，一千六百九十四册，六千四百零五卷。（内三种无卷
数）

以上共计三百四十八种，二千九百七十九册，一万一千五百二
十二卷。（内正史别行）

至其甄采之材料，则以商务印书馆年内搜集珍秘之涵芬楼藏本
为主。余则自江南图书馆（今江苏省立国学图书馆），北平图书馆，
常熟瞿氏铁琴铜剑楼，江安傅氏双鉴楼，乌程刘氏嘉业堂，江阴缪

氏艺风堂，无锡孙氏小绿天，长沙叶氏观古堂，乌程蒋氏密韵楼，南陵徐氏积学轩，上元邓氏群碧楼，平湖葛氏传朴堂，闽县李氏观槿斋，海盐张氏涉园，嘉兴沈氏，德化李氏，杭州叶氏等名家秘笈，选择采录。得宋本三十九，金本二，元本十八，影宋写本十六，影元写本五，校本十八，明活字本八，高丽旧刊本四，释道藏本二。余亦皆出明清精刻。武内义雄云："清藏书家以吴县黄丕烈为第一。黄氏之书，后移于汪士锺之艺芸精舍。汪没，归常熟瞿子雍，聊城杨绍和，晚近则陆心源之酾宋楼，丁丙之八千卷楼，两家藏书，称与瞿杨相颉颃，四部丛刊中收采尤多。至江南图书馆藏书，即八千卷楼之物，而铁琴铜剑楼亦多精本，故瞿丁两家之尤者，大多网罗其中。惟杨氏之书，则一不入选。陆氏旧本，惟拟翻印一种，斯为憾事。是则得瞿丁两家之影本，亦不可谓非幸福。而况艺风堂观古堂之书，傅增湘幹有名之秘本，均得借此书以见之，尤为无上之眼福。"（支那学一卷四号）诚为确论。

四大编纂

类书

永乐大典

时间：永乐元年至五年（1403—1407）

数量：二万二千八百七十七卷（目录不计）

古今图书集成

时间：康熙三十九年至雍正四年（1700—1726）

数量：一万卷

丛书

四库全书

时间：乾隆三十八年至四十七年（1773—1783）

数量：七万九千七十卷（存目不计）

四部丛刊

　　时间：民国八年至十一年（1919—1922）

　　数量：一万一千五百二十二卷

民国九年（公元一九二○年，庚申）一月十二日教育部
　　令各省自本年秋季起，国民学校一二年级，先改国文
　　为国语文。

　　按此为采用白话文之开始。余常认为数十年来新教育，以学级
言，小学成绩最著，则以采用白话文教学以后，学童读书写作均较
文言文方便许多，盖文言为古代语言，今人读与写均不无隔阂；白
话则为现代语言，只要认识其字，即知其意，即能应用，在教育上
实有莫大之功效，因而小学生进步自较前此用文言教学者为速也。

同年一月十七日教育部分发注音字母图说，又通咨学校
　　练习语音办法（附国语会练习语言办法）。

　　按此为读音统一的初步。厥后远在星马之华侨子女，与现在台
省之闽南及客家子女，其语言皆能适合标准国语，即注音字母之赐
也。

同年一月二十四日，教育部公布修正国民学校令第十三
　　条第十五条条文，将国文改为国语。

同年二月，北京大学招收女生二名上课，一为江苏王
　　某，一为湖南易某，为我国大专男女同校之始。

同年三月，教育部通告国民学校文体教科书分期作废，
　　逐渐改用语体文。

同年四月二日，教育部订定分期筹办义务教育年限，以八年为全国一律普及之期。规定民国十年省城及通商口岸办理完竣，民国十一年县城及繁镇办理完竣，民国十二年五百户以上之乡镇办理完竣，民国十三年三百户以上之市乡办理完竣，民国十四五年二百户以上之市乡办理完竣，民国十六年一百户以上之村庄办理完竣，民国十七年不及百户之村庄办理完竣。

同年八月十一日，特任范源濂署教育总长。

同年八月，华侨陈嘉庚拟在闽省创办大学，特捐创办费百万元（分四年缴清），经常费三百万元（分二十五年缴清），邀请蔡元培、汪精卫、黄炎培、邓萃英等为筹备员，随经闽省指拨校址，定名为厦门大学，聘邓萃英为校长。

同年十月二十日至十一月二十一日，全国教育会联合会在江苏省教育会开第六次会议，到代表三十二人，代表十九省区。

查本次会议决案二十四件如左：

（1）请从速恢复地方自治以固教育根本案。

（2）小学教员不宜停止被选举权案。

（3）推广蒙养园案。

（4）促进男女同学以推广女子教育案。

（5）教育经费独立案。

（6）各省区教育行政机关宜联合本省区教育会组织评议会以谋教育进行案。

（7）请设立国立体育学校案。

（8）请修改学校及教育团体公文书式案。

（9）请修改选派留学生条例并增加各区留学专额案。

（10）任用校长应注重相当资格案。

（11）请速增设国立大学案。

（12）请定北京音为国音并颁国音字典案。

（13）请修正学校学年学期及休业日规程案。

（14）请速设各特别区教育厅案。

（15）改革学制系统案。

（16）学生自治纲要案。

（17）省区教育会应提倡设立儿童研究会案。

（18）促进本会决议案件实行案。

（19）民治教育设施标准案。

（20）提倡小图书馆案。

（21）介绍公民教材案。

（22）请废督裁兵节饷兴学案。

（23）请政府实行法治案。

（24）通电各省实行法治案。

以上各案中，（1）呈国务院内政部教育部；（2）呈内政部教育部；（3）至（14）呈教育部；（15）至（21）通函各省区教育会；（22）与（23）径电中央，（24）电致各省区各公团。

同年十一月十六日，教育部布告外人在各地设立高等以上学校得援大学专门学校法令呈部核办。

同年十二月二十四日，教育部公布国音字典。

同年，晏阳初在上海全国青年协会内创设平民教育科，先调查各地通俗等学校情形，再加研究如何进行。

同年，商务印书馆出版新法教科书初小六种，高小十四
　种，教员用书十五种，始用国语正式编辑教科书。

同年，商务印书馆资本增为三百万元。

同年，云南第一次物产会，商务印书馆以模型标本参
　加，获得一等奖章；又云南花朝会，商务印书馆以碑
　帖字画参加，获得甲等奖章，又以各种文具参加，获
　得特等奖章。同年四川劝业会，商务印书馆以各种文
　具参加，获得特种奖凭，又以美术印刷品参加，得金
　牌奖。

同年，商务印书馆出版新书三五二种，一 二八四册，
　计开：

　　总类一二三种七〇八册　哲学七种八册　宗教五种六册　社会
科学六四种一四六册　语文学二〇种二八册　自然科学一六种一九
册　应用科学二六种三〇册　艺术二一种三〇册　文学六二种三〇
〇册　史地八种九册

同年，商务印书馆营业总额为五 八〇六 七二九元。

民国十年（公元一九二一年，辛酉）二月十六日教育部
　公布修正侨民子弟回国就学章程。

　　按即凡经祖国立案之侨民学校学生得向国内相当学校转学。

同年二月二十五日，交通部拟合并之交通大学成立，内

设大学部、专门部、附属中学与特别班，由交通总长
叶恭绰兼领校长。

同年四月六日，厦门大学举行开学式。

同年四月九日，教育部订定教会所立中等学校请求立案
办法六条，通行各省区施行。

同年五月一日，商务印书馆开办国语讲习所，于本日举
行开学式。

同年五月，私立厦门大学校长邓萃英辞职，改聘林文庆
为校长。

同年六月，商务印书馆初版发行其所编之中国人名大辞
典。

该辞典之缘起及例言如左：

缘起

吾国人名辞典，前无专书。旧有者万姓统谱尚友录，其嚆矢矣。
然讹误迭出，人尽知之。且意在扬善，甄录甚隘。若其人为元恶大
憝，虽历史上关系綦重，亦屏不录。至于历代之帝王，春秋战国之
诸侯，四裔之酋长，五胡十国之君主，以及方外妇女，畸人逸士，
概付阙如。下逮有清，一代名臣大儒，专门绝特，隐晦枯槁之士，
魁悍雄杰之徒，或散见志乘，或为志乘所未及采，或有碑志，或并
无碑志可考，蕅落散漫，殆所在而有，尤非寻常辞书所能赅括。世
变纷起，人事日繁，吾人于百务丛集之时，欲节省时间，用简易方
法，以检查吾意中所欲得往昔之人名，恒苦无简赅适用之辞书，可
以展卷即得。本馆用是应时势之需要，于辞源杀青之日，即继续为
人名辞典之编纂，其初亦未必其繁难若是。颇欲参考近世辞书，兼

借材于各家传记，以为落落大者，不过如是而已。逮任事稍久，困难迭起，端引绪纷，举甲遗乙，期以欲速，益复不达，乃蠲弃旧稿，一以经史志乘为根据，旁及他书，为革新之计画。顾群籍充栋，大有一部十七史，不知从何说起之苦。此中困难之点，未易悉数。而大端约可偻举，盖欲汇诸书于一编，缩千百万言于尺幅之中，欲求其不漏不略，铢两悉称，成一有系统之撰述，择言选粹，贵乎辞达，丰约之裁，引绳不易，此剪裁之难一也。非官书不能偏有所誉，非私史不能强有所憎，非家乘不能弃瑕而录瑜，有美善而无疾疢，往往有一人而终始易节，贤愚互见，情感一偏，则褒讥失当，不为佞史，即为谤书，自非一书一传一碑一志，所可据为定论，此甄录之难一也。经史所载，皆其著者，间有讹脱，不得不别求诸金石文字，以事正补，又或其人以一言著一事传一艺显者，其他事迹，语焉不详，东云一鳞，西云一爪，搜遗拾坠，若补破衲，邮筒信使，昕夕往返，往往因一人一事而推寻竟日，遍征朋交。有求之可得者，亦有竟不可得者，传信传疑，师心未敢，此搜采之难一也。每举一人，姓名里籍字号，及其生平之事实，纷然杂陈，有一书而前后不符者，有经史互歧者，有经史与诸子迥异者，有史传与志乘不同者，有官书与野史抵牾者，相沿日远，传闻异辞，鸿安诉梵之误，陈仓轵革之非，李治李冶之淆混，速不台雪不台之重出，凡此之类，更仆难数，此考订之难又一也。囊括经史，包举群伦，同人等学识有限，未能副斯期望。然循名责实，于心所谓难者，必沿流溯源，由源竟委，得其是而后已。功多累寡，非所易言。尺短寸长，未敢自秘，其能否近合乎世用，将来取得之报偿，能否酬是劳费，则以待社会之评论，非同人之所敢自知矣。是书经始于乙卯，葳事于庚申，历时六载，引其绪者为陆炜士先生，从事编纂者二十余人，其时群材毕集，构画考校，久而后定，良非一手一足之烈。丙辰秋，余归自蜀，时书成未半，高梦旦先生以整理之役相属，乃日与诸君子更迭探讨，斟酌规制，以底于成。就中任事诸君子，黄君少希已归道山，他或先后远引，或转任他职，或中道参加，计自草创以至今日，惟胡君君复任事最久。脱稿而后，校订审阅，又三复焉。其有漏略，以俟他日之增订，倘不为博闻君子之所訾，聊以供现今社会切近之应用，则同人等有厚幸矣。书既成，爰叙其缘起及此书之经历如右，武进臧励龢识。

例言

一本书起自太古，断于清末，依据经史，参考志乘及私家撰著各书，遍征金石文字。凡群经重要人名，上古圣贤，历代帝王诸侯，及正史有传之人，无论贤奸，悉为甄录。古来之匈奴、渤海、回纥、吐蕃、南诏诸人，其国当时境土，皆在今中国领域之内，亦并加搜采。其他经史所不载，或以著述书画名家，或以工商医卜及各种艺术闻世，以至有名仙释，著称妇女，旁及庸贩屠沽，轶事流传，咸资刊载。惟史志所载后妃、宗室、列女及忠义、孝友诸传，往往有毫无事实，或虽有事实而无特殊之表见者，概不备录。志乘所载，有关系较少，或语涉迷信，事类稗官者，亦从阙略。

一有清一代，闻人綦多。其有勋业德望，著作可传，一艺名世者，上自开国，下逮宣统，朝野人物，并资扬榷，满蒙回藏诸人，亦加著录。惟清史未竣，各县续修新志，亦多数未成，调查深苦未备，别为补编，俟诸异日。

一纪载人名之书，如言行录、先正事略等，大都以类相从，取资模范；其以姓相从者，万姓统谱、尚友录等最为通行。然其中讹舛迭见，有误一为二者，如王璲王汝玉、薛元超薛允绍等是。有误二为一者，如汉相人陈咸、浹人陈咸是。有本无其人而误入者，如於潜、陈仓、轨革等条是。有误合二人之名为一人者，如合梁鸿安丘为鸿安、编诉李梵为诉梵是。有甲事误乙、乙事误甲者，如误子罕事为子皮事、刘穆之事为刘瑀事之类。其他里籍之舛，事实之讹，更难偻数。至史传所载，亦不免间有谬误。如旧唐书误李白为山东人，元史误李治为李冶，又误速不台、雪不台，石抹也先、石抹阿辛，完者都、完者拔都为二人之类。本书皆广为考订，期于正确。

一本书所录，于里籍字号之外，要皆概举生平，备详较著之事实。此外琐闻轶事，择尤酌举，不能备录。

一古今同姓名者，不可胜数。本书限于篇幅，未能备载。但就所录诸人，汇相同者于一条之下，以便检查。倘博考躬搜，则有古今同姓名录等书在。

一本书不列单字，惟得姓源流及各族郡望，亦为检查所需。另为姓氏考略一卷，附诸简末。其人仅为姓所自出而毫无事实者，略见于此，书中不复赘列。至满蒙诸人，向不以姓名连称者，其姓氏从略。

一诸家姓氏，往往有通行已久，而溯厥源流，非其本字者。如丘之为邱，则以避孔子讳而加阝。冼之为冼［原本为“冼”，疑误。——编注］，况之为况，则皆传写之误，今皆改从本字。

一辽金元三史人名，清时一一译改，纠纷弥甚，今悉以三史原名为主。清时所改者，悉从删削。至金代宗室如兀术、粘没喝、斡鲁补之类，本书依据金史，多作汉名。惟检查时颇感困难，择尤复见，以便阅者。

一历代诸人，有字、有号、有别号、有谥。又有以官称、以地称者，均详于本条之下，不再复见。其尤为脍炙人口者，理学家如朱文公、王文成，诗家如杜工部、孟襄阳，画家如新罗山人、白云外史之类，择要列表，附诸简末。至辽金诸人，往往有冠姓而史文仅称其名者，如耶律乙辛之称乙辛、术虎高琪之称高琪之类，并于表中附见之。

　　一本书收录之人，数逾四万。若以时代相从，检查良多不便。今从辞书通例，排比次序，一以第二字画数为准。上二字相同者，则以第三字画数为准。同画则以部相从，其中单姓、复姓、非姓，别为识别。单姓复姓以·为记，如丁·宽、上官·桀等。其非姓者，不加·，如一行、八大山人等。有姓而无名者，亦不加·，如某公、某子、某先生等。

　　一本书与字书不同，故所列各字，不加音注。惟遇所列姓名，有特异之读音者，如冒顿读为末突、万俟读为墨其之类，则于本书或姓氏考略中，兼注读音，以免误读。

　　一本书编纂，历时六载，从事者多至二十人。卤莽灭裂之讥，同人虽兢兢不敢自蹈，然心思所未及，耳目所未周，挂漏讹误，尚恐未免。甚望海内博雅，有以教之。

同年九月十六日（阴历中秋日），余始入商务印书馆编译所，作不正式之体验，经两月后，正式受聘为编译所所长，接替第二任编译所长高梦旦（凤谦）先生之职。

　　当我正为小规模的公民书局主编公民丛书的时候，突然有人推荐我为全国最大出版家商务印书馆的编译所所长。给我推荐的人是我十几年前在中国新公学教英文时的一位卓越学生胡适之。适之原名洪骍。毕业新公学，并曾任教短时期后，投考清华学校的留学试时，改名"适"，号适之。他在美国获有博士学位，归国后即受聘为北京大学教授。当他来北大任教时，我已由北平回到南方的上海，虽曾通信，却还没有晤面的机会。自从新文化运动发生以来，适之的声望日隆。其时商务印书馆编译所的所长是高梦旦（凤谦）先生。

他是第二任的所长，继第一任张菊生（元济）先生之后，任职已多年；自己常以不懂外国文字为憾。商务书馆受了新文化运动的影响，正努力出版有关新文化的书籍。高先生认为不懂外国文字的人，对于新文化的介绍，不免有些隔阂。因此，屡屡求贤自代，他看中了胡适之，盼望他能够俯就商务的编译所所长。经过了多次劝驾，适之毕竟碍于情面，应允了；但以先行尝试几个月为条件，如果尝试后自己认为于性情尚无不合，固可勉为应命，否则务请原谅。于是择定民国十年暑假，暂时不用任何名义，来编译所作客两月，详为观察。其后适之把商务编译所的内容和工作研究清楚，一面提出改进的建议，一面却以编译所所长的任务关于行政方面较多，和他的个性，不很相宜，遂对高先生说明在暑假后仍回北大教书。高先生夙重信义，也最能尊重他人的意旨，因此，他对适之不便强留，惟不得已思其次，请适之为物色一替人，他极崇拜适之，也就认为适之推荐的人是没有不适当的。事有凑巧，适之和我睽违十几年后，直至此次来上海小住，我们才有机会话旧，而且常相过从。他从前知道我读书做事都能吃苦，又曾发见我在青年时期做过一件傻事，把一部大英百科全书从头至尾读了一遍。这次留沪，又知我十余年来读书做事的经过，和最近从事于编译事业。不知道他怎样决定下来，事前绝未和我商量，径把我推荐于高先生，作为他的替人。高先生于我向无一面之雅，对于我的著译，据后来对我说，虽略曾寓目，以多系从外文译成中文，他既不懂外文，也就无从判别优劣。可是一经适之推荐，便毫不迟疑地郑重考虑。经适之介绍我们一次晤谈后，他即向商务书馆当局举我自代。我呢？因为正想从事于编译工作，如果能够有一个大规模的出版家让我发展，那是无所用其客气的。而且我平素有一种特性，对于任何新的工作或如何重的责任，只要与我的兴趣相合，往往大着胆去尝试。因此，我除了和适之从前所提的惟一条件，就是给我三个月尝试再行定夺外，同时并请高先生和商务书馆当局千万不要客气，届时纵然我愿继续下去，而他们对我不甚满意，尽管明白表示；因为事关一个大规模出版事业的前途，如果宾主间不能衷诚合作，我定然是知难而退的。

本年的旧历中秋节，我便到商务印书馆编译所开始尝试。初时我也没有什么名义，每日和高先生在一起，承他把编译所的工作和内容详细见告，并由他把种种问题和我商量。我在编译所观察了不满三月，并提出了一道改进编译所的意见书，送请高先生和他的前任所长而现任商务书馆监理的张菊生先生考虑是否妥当。如能在原则上予以支持，董事会也无相反的意见，我当勉留任职；但即使任职，初期只好暂定为试办一年，试办期满，彼此都有重行考虑之自由。我的改进意见，经高张两先生详加考虑，并转示若干董事后，居然承他们接纳，并衷诚表示，在我接任编译所所长后，当极力支持我从事于改进。我获得此项诺言，也就乐意接任。于是正式受聘为该馆编译所所长，同时并承高先生允屈就编译所出版部部长之职，从技术方面协助我。此种精神实难能可贵。我经此次就职，实际上令我消费了二十五年的心血；假使我尚有多少贡献，则此二十五年的心血，似乎并不是白白消耗的。

同年九月，南京筹设之东南大学正式成立，开学上课，教育部派郭秉文为校长。

同年同月，安徽省长许世英倡立安徽大学，开始筹备。

同年十月二十七日至十一月七日，全国教育会联合会在广州开第七次会，到十七省区代表三十五人，开大会六次，收到议案三十件，计通过十五件。

查通过各案如左：

（1）学制系统草案。

（2）组织客观测验法研究会案。

（3）推行小学设计教学法案。

（4）暂行限制课本采用名词及度量衡案。

（5）编辑地理教科书应将本国流域改为四大流域案。

（6）拟订儿童教育标准案。

（7）创办职工教育案。

（8）将年来国耻事项插入国民学校三四年级教材案。

（9）改革地方教育行政制度案。

（10）增加小学教员薪俸案。

（11）学校经济公开案。

（12）促进教育经费独立案。

（13）将世界语加入师范学校课程案。

（14）以停付法俄赔款拨为教育专款案。

（15）援助华侨教育案。

同年，商务印书馆出版新书二三〇种，七七二册，计开：

总类五七种三七四册　哲学一〇种一六册　宗教九种一八册
社会科学四八种一八二册　语文学二〇种二六册　自然科学六种六
册　应用科学一五种一八册　艺术一七种二三册　文学三六种九四
册　史地一二种一五册

同年商务印书馆营业总额为六 八五八 二三九元。

同年，商务印书馆初版印行中国医学大辞典。

该书之序文及凡例如左：

序言

自新学说之兴。而旧学遂为世所诟病。医亦其一事也。然凡事不当偏循理论而当兼课实际。今日西医所不能治之病。中医治之而效者。亦往往而有。何哉。理无穷而知有涯。因学问之昌明。以获驾驭事物之术。诚有之矣。然自古相传之方术。人日用之而不能废。而迄今未能明其所以然之故者。亦何可胜道。此近贤所以有行易知难之论也。吾国解剖之事久废。理化之学不昌。医家理论。诚不逮西医之翔实。然深山大泽。实生龙蛇。以中国文化之盛。疆域之广。地形气候之殊。疾病种类之多。与夫相传治法。名医论说之众。其用物也弘矣。其取精也多矣。学问之事浩如烟海。虽未开化之国。野人部落相传之方术犹有足资采取者。矧于中国医学光明灿烂既数千载者乎。特是古今医籍。汗牛充栋。或奥质而难明。或讹夺而莫正。又论或囿于一地。识遂陷于一偏。或意求浩博。失之驳杂而不纯。或思骛虚玄。遂至茫昧而难解。又或持同异之论。非两造具备。则是非不明。或以羽翼为心。非后海先河。则源流或昧。兼览则若涉大海，茫无津涯，偏主则墨守一家，诒讥姝暖，此承学虽多，通才卒少，此医学不昌之大原也。民国初元，不佞承乏上海中医专门学校，即有志补救此弊。而事体既大，措置为难，继念举要删繁，莫如辞典。乃合全校员生，互相考校，凡旧籍所载，无论其为人体生理，病名征候，以及治疗之法，方药之名，旁逮医书之内容，医家之事迹，莫不条分缕析，博采兼搜，删其复缢，裁其空论，约辩难攻讦之旨，省浮泛藻饰之词，程功至六七年，搜书至二千种。网罗散佚，远逮三韩日本之书，考释滞疑，博采海内通人之论。举目七万余条，成书三百数十万言。虽未敢语于述作之林，然检一条则目张纲举。如集名家于一堂。合全书而互证参稽，乃萃诸编于一简。庶为研求中医者，挈其纲领，为沟通西医者，导彼先河，是则区区之愿也。海内弘达，幸辱教之。

中华民国十年一月一日武进谢观利恒识

例言

（一）是编搜集之名词，以中国原有医书所载者为限，故定名为中国医学大辞典。

（二）是编所辑名词，可分为病名、药名、方名、身体、医家、医书、医学，七大类。

（三）病名首述致病之源，次述治疗之法，凡有益于治病者，如导引等术，亦皆采入。

（四）同为一病，而性质种类不同者，必析为多条以清眉目。如咳嗽似为一病，然咳有心咳、肝咳、脾咳、肺咳、肾咳、胃咳、胆咳、大肠咳、小肠咳、膀胱咳、三焦咳、心包络咳、新咳、久咳、干咳、燥咳、晨咳、睡咳、午前咳、午后咳、黄昏咳、五更咳、日轻夜重咳之别。嗽有心嗽、肝嗽、肺嗽、脾嗽、胃嗽、胆嗽、膈嗽、春嗽、夏嗽、秋嗽、冬嗽、寒嗽、热嗽、湿漱、气嗽、痰嗽、血嗽、酒嗽、火嗽、劳嗽、虫嗽、郁嗽、暴嗽、久嗽、产嗽、虚寒嗽、虚热嗽、冷热嗽、食积嗽、饮食嗽、内风嗽、漏风嗽、天行嗽、畜血咳嗽、醋呛咳嗽、食盐哮嗽、七情饥饱嗽、寒包热咳嗽、热包寒咳嗽、形寒饮冷嗽之殊。又有因咳嗽而失音，因咳嗽而吐血，因咳嗽而肩背痛，因咳嗽而胁痛，因咳嗽而痰食俱出，因咳嗽而呕吐并作者，则以咳嗽为总条。其余诸症为分条。通治法列于总条之中。专治法列于分条之中。其余各病，依此类推。

（五）分条之首字，与总条之首字不同者，则分条之尾，必加"参看总条"之句，使学者于此病有关系各条，皆有线索可寻。（其彼此首字相同，则排列本相联贯，毋庸更加此句）。

（六）各种药品，无论动植矿物，皆广为收录。首述形态，次述性质，再述功用。其专长喜恶及制法用法，则以杂论括之。

（七）药名条形态，皆根据近日动植矿物学说，而附之以图，俾学者不但知其名，并识其物。

（八）植物之根须花叶，动物之羽毛齿角等，其性质功用有与全体不同者，皆别为分条。

（九）药名之别为分条者，于总条之形态项下，必加┌┘符号为标识。凡有此标识者，加本名检查即得。如紫苏条中之"子""叶""茎"皆加┌┘号，则宜另查紫苏子、紫苏叶、紫苏茎各条是。

（十）古今医方不下数万，然流传虽多，通用者实不过万余。本编采录，即以此为限。

（十一）方名先述功用，次述药品，次述制法，次述加减法。其君臣佐使之配合，概以杂论括之。

（十二）同一方名，而各书所载药品及功用不同，则备列以资比较。其同异仅一二味，或仅于分量有出入者，则但注明于下，不另列方。

（十三）方名之上冠以书名，如千金、外台、本事方之类，已成习惯者，亦皆另列一条，存其名以备查检。惟该方之内容，仍归入原有方名条内，以便与各方比较同异。如千金三黄汤虽列一条，而其内容则载于三黄汤条下是。方名之上，冠以人名，如河间、东垣、丹溪、景岳之类，虽已成习惯者，仍除去人名，以免淆混。如东垣补中益气汤，景岳十全大补丸，但称补中益气汤、十全大补丸是。

（十四）身体名词，习见者虽不过数十，而散见于古今医籍者，实不下数百。兹编皆广为收辑，并详加解释。

（十五）脏腑骨肉，皆释明其构造功用及防卫之法。今日生理学说有可证吾国旧籍者，亦略为诠注，并附以图。

（十六）十二经络为我国研究病理之统系，三百六十五俞穴，为十二经络所灌注，故于经络则以各穴部位之图，各穴则详载其针灸疗病之法。

（十七）脉象及舌胎，为中医诊察要项，故亦逐条详释，于舌胎并附以图。

（十八）历代医家，六朝以前，有见必录。唐以后，则择其著者录之。

（十九）名医事实，皆撮取大概，或注明见于某书。其有治效足资师法，而原书不甚习见者，间载其详。

（二十）四库著录之医籍，不过百余种。本书搜罗旧籍，傍及朝鲜人日本人之著作，为提要二千余种，借为考订古今医籍之阶梯。

（二一）我国医学名词，如温清补夺等十三剂，大方脉小方脉等十三科，汗和下消等八法，古方分量之沿革，君臣佐使汤丸膏散之解释，亦皆源本而详释之。

（二二）全书名条不下七万，排比之法，以首字笔划之数为标准。少者在前，多者在后。首字相同者，则以次字笔划为序。次字相同者，则以第三字笔画为序。若画数相同之字，则从康熙字典部首之序。又别为检字于篇首，注明各首字之页数于下。依此类推，检查甚易。

（二三）名条中生疏之字，均附音释，以免另查字书。

（二四）名词之遗漏者，别为补遗于篇后，凡于正编中未得者，可于此求之。

同年，商务印书馆参加江苏省第二次地方物品展览会，得一等金牌奖。又参加上海总商会第一次展览会，分别获得农商部最优等奖，优等金牌奖及一等银牌奖。

民国十一年（公元一九二二年，壬戌）为余接任商务印书馆编译所所长之第一年，首先实施初步整顿及编辑计画。

此项计画括有三项如左：

（一）改组编译所，延聘专家主持各部

此为就编译所原设各部酌予调整，俾更合于学术分科性质。同时极力罗致国内专家学者，分别主持新设各部，或任所内外编辑。计新聘人士有朱经农，唐擘黄（钺），竺藕舫（可桢），段抚群（育华）诸君。经农系中国公学旧同学，嗣留美专攻教育，归国后任北京大学教授；我聘为哲学教育部部长。唐擘黄为留美心理学博士，我聘为总编辑部编辑，直接为我的助理，后来经农转任国文部（沿用旧名，主持小学教科书及中学国语文之编辑任务）部长，即由擘黄继长哲学教育部。竺藕舫系留美地理学博士，曾任东南大学教授，我聘为史地部部长。段抚群，留美专攻算学，曾任北京大学算学教授，我聘为算学部部长。又馆外特约编辑有胡明复、胡刚复、杨杏佛（铨）、秉农山（志）诸君，皆上海南京两地之名教授。稍后续聘任叔永（鸿隽）、周鲠生（览）、陶孟和（履恭）诸君为编辑；叔永长理化部，鲠生长法制经济部，孟和先在总编辑部助我，后来继长法制经济部。编译所经上述改组后，人材颇充实。

（二）创编各科小丛书，以为他日编印万有文库之准备

我接任编译所伊始，以商务书馆最初之出版物，主要为中小学教科书，次则编印参考用的工具书，如辞源，新字典等，稍后更影印古籍之四部丛刊等。至于其他有关新学之书籍，虽零零星星，间有出版，却鲜系统，即以尚无整体计画之故。我为补此缺憾，首先拟从治学门径着手，换句话说，就是编印各科入门之小丛书。大体言之，计有百科小丛书，学生国学丛书，国学小丛书，新时代史地

丛书，农业小丛书，工业小丛书，商业小丛书，师范小丛书，算学小丛书，医学小丛书，体育小丛书等，拟于三四年内陆续编印各百十数种，务期各科各类具备。及至适当数量已达成，然后进一步编印各科丛书。换言之，即以各专科之名，分别构成系统之丛书，这当然是三四年后之事。各种小丛书系以深入浅出的方法，就万有的知识，各别命题，分请各该科专家执笔，以二万字为一单册，四万字为一复册，单册定价一律，复册倍之。其中学生国学丛书，即就我国古籍，每一种各选其精要，详加阐释，并于导言中说明全书大要，使尝其一脔者，除细嚼其一部分外，并得窥全豹之外形与内涵。其中属于经学部分，为融通脉络起见，间或分类改编其顺序，仍大体说明全书之轮廓。最近许多学人认为整理国故应采此一方式，实则我已于四十年前率先为之。

（三）将编译所原附设之英文函授科扩充，改称函授学社，以原设之英文为一科，增设算学科与商业专科。

我认为函授科有扩充之必要，并须增设算学科。嗣因原任英文部编辑之李培恩（厥后任私立之江大学校长）君赴美深造，获得商科高级学位，回国伊始，我即延揽其回编译所任职。除仍任英文部编辑外，相与商洽在函授学社中增设商业专科，用英文讲义，以李君为主任，分约国内各大学商学院各教授编辑讲义，其程度与大学校相若。

同年春余为商务印书馆开始编译教育大词书，以编译所哲学教育部主任唐擘黄博士主其事。

同年三月十八日，教育部呈报第五次教育统计图表。

此项统计包括时期为民国五年八月至六年七月，全国学校数一二一一一九所，学生三九七四四五四人，经费支出三五五八八二九八元（四川，广西，贵州三省在外）。

同年四月，商务印书馆议决增资为五百万元。余利用此机会，向张菊生高梦旦诸君建议，向新董事会提请将原附属于编译所之涵芬楼，另建馆屋，除供自用外，并公开阅览。

同年四月八日政府特任周自齐兼署教育总长。

同年五月十日，教育部公布增订注音字母四声点法。

同年六月，兼代教育总长周自齐辞，特任黄炎培为教育总长，黄未到前，以高恩洪兼代。

同年七月，兼署教育总长高恩洪以交通部部务殷繁，呈准以次长汤尔和代理部务。

同年八月五日，兼代教育总长辞职，特任王宠惠兼署教育总长。

同年九月十九日，署教育总长王宠惠辞职，特任汤尔和署教育总长。

同年九月二十日，教育部召集之学制会议开会，到会员七十八人，由蔡元培主席，至三十日闭会。

　　查此次会议有左列决议各案：

　　（1）学校系统改革案。

　　（2）县教育行政机关组织大纲案。

　　（3）特别市教育行政机关组织大纲案。

　　（4）省区教育行政机关设立参议会案。

　　（5）兴办蒙藏教育办法案。

　　（6）请教育部组织教材要目编审建议案。

（7）扩充省视学员建议权案。

（8）现任劝学所所长校长暂停议会选举权建议案。

（9）关于地方行政教育机关各案遇有特别情形得酌予变通建议案。

同年十月十一日至二十一日，全国教育会联合会在济南开第八次会议，出席代表四十四人，议决案二十七件。

查决议各件如左：

（1）学校系统案。

（2）新学制课程案（组织起草委员会）。

（3）实行上届会议议决改革地方行政教育制度案。

（4）推行中等学校学生理科实验案。

（5）改良中等学校教育法案。

（6）沟通大中小学案。

（7）试行新制学校宜联络讨论以利推行案。

（8）拟请建议国会将教育一项加入宪法列为专章案。

（9）实行教育经费独立案。

（10）采行推广教育办法以期促进社会教育案。

（11）学校招生宜分春秋二季免致旷废案。

（12）救济贫民教育案。

（13）促进女子教育案。

（14）建立蒙藏回教育案。

（15）推广幼稚园案。

（16）推广学校图书馆案。

（17）请组织义务教育委员会案。

（18）拟请建议教育部从速规定优待教员条例案。

（19）各省区教育行政机关宜添设中学各科教授临时辅导员案。

（20）请教育部颁定自由讲学条例案。

（21）请教育部修正中学以上毕业生发给证书条例案。

（22）师范学校或中等学校附设之师范科须特设农村教育系及幼稚教育系案。

（23）今后中等学校应仍以学生自治为训练方针案。

（24）请修改全国教育会联合会章程案。

（25）筹集义务教育经费案。

（26）改订童子军名称案。

（27）中学校学生在学时期限制结婚案。

同年因新学制课程标准订定，余对中学之科学教育颇有意见，经研究结果，撰有中学之科学教育一文，初拟在商务书馆刊行之东方或教育杂志发表，适为科学月刊主编者所见，坚请由该刊刊布。此虽个人意见，亦足以代表当时一般教育界之主张也。文如后：

去年孟禄博士来我国调查教育，于其终结时，尝诏吾人曰："中国各级教育之成绩，以中学校为最不良，中学校各科目之成绩，又以科学为最不良。"信夫，此不独孟氏一人之私见，实全国教育界之公评也。今当新学制萌芽之始，吾人欲谋中学校科学教育之改善，不可不探本溯源，以求解决之道。兹篇别为三段：一、中学校科学教育之关系，二、中学校科学教育之方法，三、中学校科学教育之课程：请依次论述之。

一、中学校科学教育之关系　中等教育之目的当注重七端：（甲）健康，（乙）基本智识，（丙）家庭智识，（丁）职业智识，

（戊）公民智识，（己）德性，（庚）余暇之善用；就中除基本智识（即言语书算等）一项外，余皆与科学教育有重大关系，试申言之。

（甲）关于健康者　人有病而后乞灵于医药，纵幸而获愈，损失已不少，则何如预防病源之为愈；此卫生之道，所以当注重也。所谓卫生之道，括有个人卫生与公共卫生两项，而均以科学为之基础；故中学校之科学教育，对于健康问题，宜加注意，且视为必修科目，置诸初级中学之课程中。

（乙）关于家庭智识　科学可以增进家庭生活之能率与幸福，凡普通理科、生物学、物理学、化学等，对于家庭生活之适当组织效用与维持，皆有确定之贡献。中学校所训练者，皆为将来之优秀国民，亦即组织模范家庭之分子，尤不可不有相当之科学教育，以供应其对于家庭所需之知识也。

（丙）关于职业智识者　科学教育对于职业之贡献，计有两端；一为职业的指导，一为职业的准备。以前者而论，科学教育当使学者了解世间之工作种类，俾为选择职业之助。以后者而论，如物理学、化学、生物学等，于其教学时苟能注重应用方面，则无一不可为职业之准备。

（丁）关于公民智识者　社会幸福仰赖于科学者至巨，如自来水、电灯、铁道、电报，以及种种便利人生之设备，何一非科学之所赐与？凡此设备，多属于地方之公共事业，而支配此项事业者，即一般公民也，故公民之科学智识愈进，则社会之幸福愈增，此科学教育当注重也。

（戊）关于德性者　科学之研究，可以养成求真之观念，且增进吾人对于因果律之信赖心，故凭借科学以研究人生种种问题者，其获得正当之解决较易。

（己）关于善用余暇者　吾人应付余暇时间较应付劳作之时间尤

难。依现今趋势，劳作时间已渐减短，尤以经过中学教育者为甚。对此余暇时间，应付稍一不当，为害殊烈，故所谓正当消遣之方法，殆较其他课程尤重要。以吾人所知者，科学之研究，实予人以最良之消遣方法，凡曾研究生物学动物学或植物学者，殆无往而不有消遣之道，大好自然界无异乐境，特未尝研究者不免辜负之耳。

二、中学校科学教育之方法　向来我国科学教育方法之缺憾，由于重形式而不求实用：唯其如是，故于种种教材，只求系统之分明，与定义之具备，而于功能上应用上绝鲜注意，教者既以此为尽其能事，学者则嫌其艰涩无味不切实用，遂亦视之如具文。查中学校各科目中，最为学生注意者，莫如外国语文，此无他，以其有切身关系，故研究之动机较强耳。然科学的教材，果能介绍得宜，则其引起研究动机之力，亦何至视外国语文稍逊？或谓我国中学之科学教授法向来直接取法夫日本，即间接取法夫德国，盖皆注重系统的讲演式者。然德国以科学著称，日本亦复不弱，此又何故？不知德之收效实以其有良好教师，表面上虽采系统的讲演式，实际上仍兼重应用与功能，随时施行发问法，以引起生徒研究解决，而增进其了解之力也。今中国教师程度较浅，只知采取其形式，不克实施其精神，故一般学生成绩不良，自在意中，即所谓良好学生，亦仅记忆若干学名门类或公式而已。

美国中学之科学教育，本不如德国注重系统之甚，然观其最近趋势，则更倾向于应用及功能方面。急进派之教育家，至欲以设计教学法遍行于中学之全体理科教材，而尽弃前此之系统式教学法。其稍稳健者，则拟分别办理；于初级中学教授普通理科而应用连贯的与设计的方法，于高级中学则将理科中各科目分别教授，而渐求系统之分明焉。

我国中学之科学教育，在今日情势之下，与其仿德制之形式而无相当教员以实现其精神，则毋宁取法于美国之稳健派，先应用而后系统，较为适当。兹编之作，即本此旨而阐明之耳。上所论者，仅关于科学教育方法大纲，今请就教材实验施教种种问题，而为较详尽之讨论，计开：

（甲）关于教材之性质　欲求教材性质之适宜，当注意四项原则：（一）唯自动而后能长进；（二）唯兴趣可引起注意而使自动成为事实；（三）唯深知所向目的对于个人之价值，而后可以维持兴趣；（四）唯有用之问题或设计可以引出一种目的，而使个人或一般人认识其未来之价值。此即一般教育之精义，而尤为初级中学科学教育之要旨也。

（乙）关于教材之运用　考思想之自然层序，分为五级：（一）因发现一种需求，致不得不将某问题解决；（二）将可能之说明与臆断尽量提出；（三）就可能之说明，从事试验与讨论；（四）将最可能之说明为充分之证实；（五）将本题之特殊研究与其他状态比较，俾获得有用之新成绩。今欲图教材运用之合夫自然，固不得不以此程序为根据焉。

（丙）关于教材之选择　选择教材，当以其对于人生之关系为根据，具体言之，将有下列之三条件：（一）当根据于日常经验，及与有关系之需要；（二）当循序渐进，先易后难，俾合于生徒之理解力；（三）各部工作，当集于一中，庶几一事之结果可供他事之利用。

（丁）关于实验之方法　我国学校教授科学向鲜实验，其从事实验者缺憾亦甚多，举其大者，可得数端：（一）实验目的，仅以证明生徒已知之规律，而不求触类旁通；（二）实验内容，仅限于教科书所载，致生徒缺乏兴趣；（三）实验所得之论据，即为最后之目的，不再有他种效用，故不为生徒重视；（四）实验皆依样画葫芦，不予生徒以活动之余地。今欲矫其弊，当使实验室变为活泼之研究所，使人人就其心得，借器械之助，而各有发展，始不失实验之本旨。

（戊）关于教室者　科学教育，既采用新方法，则讲读之目的与功用，将有大变动。从前听讲记诵及片段的答问，将一变而为全级生徒之讨论，使人人对于讨论之资料，得以直接贡献之，组织之，及利用之于此项讨论中，教师只任指导鼓舞及顾问之责，而畀生徒以表示意见之最大机会。此项讲读时间，又为课外种种动作之所从出，凡实验室家庭图书馆及旅行中之工作，皆发源于是，或集中于是。

（己）关于互助者　从前一教室中，唯教师能自动，生徒悉被动，唯教师能支配，生徒悉被支配，故其事倍功半。今后之科学教育，则师生之间宜互相为助，俾矫前弊；且不仅师生而已，即家庭社会与学校之间，亦当彼此互助。具体言之，即教师应时时导其生徒参观社会上各种组织，如农场、果园、工厂、商店等，并就各家庭之特殊状况而加研究，然欲实行是举，又不得不有赖于社会家庭之相互助也。

三、中学科学教育之课程　欲制定一种课程，当先决必修科与选修科之原则。我国中学校课程，向采必修主义，不问生徒之性质志愿，率强令修习一律之科目，其为失当，自不待言。今反动趋势，又转而倾于选修方面，几以为无一科目不可随生徒之意者。余则以为此当分别办理，凡关于普通之科学智识，势非必修不可；其程度较高，性质较专者，始可选修。查初级中学生徒于普通之科学智识尚多欠缺，自以必修为宜，及进至高级中学，科目程度较高，然后参照性质分别必修选修二项；盖小学所得之科学智识，至为简单，初中期内不可不将此具体而微之智识，扩而充之，俾成一较大之圆周，及高中期内更由此较大之圆周而发射于各方面。兹本此旨，试拟中学校科学教育之六年程度如左。

（※指选修科目）

科学	初级中学			高级中学		
	第一年	第二年	第三年	第一年	第二年	第三年
普通理科	4	4				
生理卫生			3			
动物学				3※		
植物学					3※	
矿物地质						3※
普通化学				3		
化学补充及实验					2※	
普通物理					3	
物理补充及实验						3※

兹再将上开各科目之目的内容程度各项略为叙述于后：

（一）普通理科　普通理科之目的有二：其一，就生徒环境之现象及事业而加研究，以能辨别因果及触类旁通为度；其二，使生徒涉猎科学之广大范围，而为将来专攻某部分之预备。其内容则包括动物学、植物学、矿物学、物理学、化学、地文学各科之要素；其编制在融会贯通以求实用，而不在系统之分明。兹试就关于水之一问题，开具细目，以示其编制内容之一斑，例如：

　　水

　　水之三种形状，水之形状互变，热与水形互变之关系，由水变为蒸汽，蒸发作用，造冰机器，由蒸汽变为水，露，雨，霜，雪，蒸馏及其应用，蒸散与排出之流水，流水来去及其原因，流水速率，水蚀作用与其结果，水蚀作用与林木，水蚀作用与地面露层，水蚀作用对于农业之价值，水对气候之影响，多水地方与果实之关系，水之成分分析与综合，水与健康之关系，水为细菌之分布者，城市用水之供给与秽水之排除，水源，水之不洁与滤清作用，水管，水渠，各种排水方法，工业用水，水之溶解力，水与家庭之关系，水与动植物生命之关系，水与工商业之关系，水力与其对于机器之发动。

（二）生理卫生　本科目之目的，在使生徒对于生理卫生体育诸原则，具有科学的智识，俾可施诸实用。为达此目的，故生徒对于生物学、物理学、化学，均应有多少之预备。今中学校第一二两年，已设有普通理科，故于第三年起授生理卫生，程度尚无不合。查小学期内亦有卫生科目，但注重个人方面，且专在养成卫生习惯，而不及于理论。今进至中学年龄，生徒之社会的本能已渐发展，理解力亦渐增进，故于公共卫生及卫生理论方面特加注意。按美国中学校多有置生理卫生于中学之第一年者，然照此办法，生徒于理化生物诸学，尚未窥门径，故卫生科目只能继续小学校所习者，不能如上文所述别辟途径也。余前著新学制中学校课程私议（见商务印书馆民国十一年教育杂志学制课程研究号），即仿此制；今细加研究，似先普通理科而后生理卫生为当，故拟变更之。

（三）动物学　本科目之目的，在供高级中学生志愿入农科、医科、理科者之选修，此项学生程度较高，且具有分科性质，故本科之编制宜兼重系统。

（四）植物学　本科目之目的，在供高级中学生志愿入农科、医科、理科者之选修，其编制亦兼重系统，理由与关于动物学者同。

（五）矿物地质学　本科目之目的，在供高级中学生志愿入理科工科者之选修，其编制与动植物同。

（六）普通化学　本科目拟令高级中学第一年生徒必修，其目的有数端：一，使生徒略知化学对于农业、工业、商业、医药及社会幸福之关系；二，使生徒明白环境事物之所由组织与其如何变化；三，养成生徒对于理论或应用科学之兴趣。基于上述目的，则其程序在实用而不在高深，其范围务广博而力避偏狭，质言之，务使成为一种化学通论而已。

（七）化学补充及实验　此以供高级中学生志愿入农、理、医科者之选修，就普通化学诸要点，为较详尽之研究，并于实验上特加注重。

（八）普通物理　本科目拟令高级第二年生徒必修之，其目的在使生徒明白自然界之现象与能力，而研究所以利用之道，凡力学、气学、声学、光学、动电学、静电学、磁学等，均括入其内，但程度以显浅实用为主，不宜涉及高深算式者，以彼时生徒所习算学尚不足以敷用也。

（九）物理补充及实验　此以供高级中学志愿入理科工科者之选修，就普通物理诸要点为较详尽之研究，并于实验上特加注重。

以上各科目，均包括实地试验与实地观察，就中唯（七）（九）两项，特别标出实验名义者，因物理化学两科，有需于实验者较多，向来教授普通化学物理，虽亦括有实验室功课，以限于时间，且为一般生徒而设，致未能详尽；兹更设第二年物理化学，专供特别志愿之学生选修，俾各就特别性质而为较详尽之实验，同时并于有关系之要点为较详尽之理论研究。（民国十一年十一月为科学七卷十一期作）

同年十月二十一日，新学制课程标准起草委员会袁希涛等五人在北京开第一次委员会，议定进行程序。

同年十一月二日，教育部咨各省区为检定小学教育加试注音字母、国语文、国语文法三项，自民国十三年实行。

同日，大总统令公布学校系统改革案。

该案概要如左：

Ⅰ初等教育

一、小学校修业年限六年（依地方情形得暂展长一年）。

二、小学校得分初高两级，前四年为初级，得单设之。

三、义务教育年限暂以四年为准。但各地方至适当时期得延长之。义务教育入学年龄，各省区得依地方情形自定之。

四、小学课程得于较高年级，斟酌地方情形，增设职业准备之教育。

五、初级小学修了后，得予以相当年期之补习教育。

六、幼稚园收受六岁以下之儿童。

七、对于年长失学者，宜设补习学校。

Ⅱ中等教育

八、中学校修业年限六年，分为初高两级。初级三年，高级三年，但依设科性质，得定为初级四年，高级二年或初级二年，高级四年。

九、初级中等得单设之。

十、高级中学应与初级中学并设，但有特别情形得单设之。

十一、初级中学施行普通教育，但得视地方需要兼设各种职业科。

十二、高级中学分普通、农、工、商、师范、家事等科，但得酌量地方情形单设一科或兼设数科（依旧制设立之甲种实业学校，酌改为职业学校，或高级中学农、工、商等科）。

十三、中等教育得用选科制。

十四、各地方得设中等程度之补习学校或补习科，其补习之种类及年限视地方情形定之。

十五、职业学校之期限及程度得酌量地方实际需要情形定之（依旧制设立之乙种实业学校酌改为职业学校，收受高级小学毕业生，但依地方情形亦得收受相当年龄之初级小学毕业生）。

十六、为推广职业教育计，得于相当学校内酌设职业教育养成所。

十七、师范学校修业年限六年。

十八、师范学校得单设后二年或后三年，收受初级中学毕业生。

十九、师范学校三年得酌行分组选修制。

二十、为补充初级小学教员之不足，得酌设相当年期之师范学校或师范讲习科。

Ⅲ 高等教育

廿一、大学校设数科或一科，其单设一科者称某科大学校，如医科大学校，法科大学校之类。

廿二、大学校修业年限四年至六年（各科得按其性质之繁简，于此限度内斟酌定之）。医科大学校及法科大学校修业年限至少五年，师范大学校修业之年限四年（依旧制设立之高等师范学校，应于相当时期内提高程度，收受高级中学毕业生，修业四年，称为师范大学校）。

廿三、大学校用选科制。

廿四、因学科及地方特别情形，得设专门学校，高级中学毕业生入之，修业年限三年以上。年限与大学同者，待遇亦同（依旧制设立之专门学校应于相当时期内提高程度，收受高级中学毕业生）。

廿五、大学校及专门学校得附设专修科，修业年限不等（凡志愿修习某种学术或职业而有相当程度者入之）。

廿六、为补充中学教员之不足，得设二年之师范专修科，附设于大学校教育科或师范大学校，亦得于师范学校或高级中学，收受师范学校或高级中学毕业生。

廿七、大学院为大学毕业及具有同等程度者研究之所，年限无定。

Ⅳ附　则

廿八、注重天才教育，得变通年期及教程，使优异之智能尽量发展。

廿九、对于精神上或身体上有缺陷者，应施以相当之特种教育。

同年十一月二十九日，署教育总长汤尔和辞职，特任彭允彝署教育总长。

同年，中华教育改进社统计报告（民国十年至十一年度）全国学生数四 九八七 六四七人。

同年商务印书馆资本总额增为五百万元。

同年商务印书馆函授学社开办算术科与商业科。

同年商务印书馆新出版图书共二八九种，六八七册。

总类九种二一〇册　哲学二一种三二册　宗教四种一二册　社会科学一〇四种二一三册　语文学二一种三二册　自然科学一七种一八册　应用科学二三种二五册　艺术二一种四四册　文学五〇种七九册　史地一九种二二册

同年商务印书馆营业总额为六 九〇九 八九六元。

同年商务印书馆参加新加坡物品展览会，获得奖凭；又参加新加坡中华总商会马婆联合展览会，得最优等奖状。

同年商务印书馆参加安徽省立第一商品陈列所，得最优
　等奖状。

民国十二年（公元一九二三年，癸亥）商务印书馆在余
　主持编译之际，自本年起与各大学及学术团体先后订
　定出版丛书合约多件。

　　余以大学校或学术团体为人才荟萃之所，向来教授学者常有心
得之作，惟以出版不易，多未能刊布。此于作者与读书界均有损失。
余认为此种合约可以保证作者之著作获有问世之机会，所以鼓励学
人者不少。加以商务印书馆过去所编印之教科书，仅止于中小学校；
所有大学教本，向来惟外国文字之出版物是赖，读者了解终不如本
国文字之便利。今后当谋更进一步，编印以本国文撰写之大学教本，
计亦唯有以各大学教授所编著者择尤采用为宜。惟推行此计画之初
步，惟有鼓励大学教授的写作尽量由商务印书馆代为印行，将来积
有数量，再行严加审查，扩充为大学教本。于是加强与各大学校及
学术团体商订出版合约，分别冠以各该机构之名为丛书名义，例如
北京大学丛书，东南大学丛书，尚志学会丛书，中华学艺社丛书等。
后来即就此等丛书三四十种中，精选为大学丛书，即大学教本，其
达成目的在一二八之后，却发轫于此时。

同年二月商务印书馆汉译科学大纲出版。

　　此为英国著名科学家汤姆生教授主编之一部包罗各部门的自然
科学巨著，余于去年分约科学专家若干人分类汉译，现已成书，余
为撰序说明如左：

汉译科学大纲序

今人一言及科学，则以为浩瀚广漠，不知纪极；或畏其艰深幽渺，望而却步。故愈赞颂科学之神妙瑰奇，而科学之去人愈远。格列高里分智识界为两类：一为创造智识之人，一为传布智识之人。今日科学智识造诣愈深，而人之对科学隔阂愈甚，则传布智识者之过耳。

夫传布科学，似易而实难。一、传布者非自身亦为创造之科学家，则不足以既其深；二、传布者非淹贯众说之科学家，则不足以既其广。二者具矣，而无善譬曲喻引人入胜之文字，仍未足尽传布之能事。此所以迟之又久，求一取材广博，叙述浅显之科学成书，而终未得见也。乃距今不数月前，竟有汤姆生教授 Prof. T. A. Thomson 主编之科学大纲赫然出现；是殆足弥缝学界之缺憾，而为科学前途贺乎？

汤姆生教授，当今生物学大家也。其关于生物学之贡献，言生物学者类能知之；而对于他种科学，复能多所洽识，直窥堂奥。其著述等身，大抵皆淹贯宏博，浅显清新之作也。然则汤氏于传布科学之三条件，殆已备具无违。本书之作者，舍汤氏外，当世亦更无适当者。汤氏犹不自满足，于特殊问题，则请专门学者执笔，而自居于编辑之列，则作者之难与此书之价值，皆从可知矣。

本书出版后，极受当世读者欢迎，在汤氏原序中已略道及。其第一册竟于两月中翻印至八版，颇足为汤氏序语左证。纽约泰晤士报对于此书之评语云："此书以适当之人，值适当之时，以适当之方法作成之。"吾人更可为赘一语曰："以适当之书，当适当之时，自不患无适当之读者也。"

吾人今为便利国内向往科学之读者起见，特将此书译出公世。今更有一言为读者告。作者之难其人，上已言之，至译者之难，亦殊不亚于作者。以文涉专门，使非以专家译之，强弱误会之处，在所难免。本书每篇皆特约是科专家移译。伦敦书报以汤姆生教授之名为是书精确明了之保证；吾人更欲以译者诸君之名为是书加一层保证也。至译者诸君各以教育界多忙之身，肯为本书执笔，襄成盛举，尤吾人所深致感谢者也。

民国十二年二月王云五识

同年四月，中华教育改进社统计报告本年度（民国十一年至十二年）全国小学生数六 六〇一 八〇二人，中等学生数一八二 八〇四人，专门以上学生数三四 八〇人，共计六 八一九 四八六人。

同年六月四日，新学制课程标准起草委员会，在上海继续集议，复订小学、初中各科纲要及高中课程总纲，刊布新学制课程标准一册。

查该课程标准纲要规定如左：

一、小学校课程分为国语、算术、卫生、公民、历史、地理（前四年卫生、公民、历史、地理合并为社会科）、自然、园艺、工用艺术、形象艺术、音乐、体育等十二目。

二、初级中学课程分为社会科（包括公民、历史、地理）、语文科（包括国语、外国语）、算学科、自然科、艺术科（包括图画、手工、音乐）、体育科（包括生理、卫生、体育）等六目。

同年六月二十日，熊朱其慧、陶行知等发起组织南京平民教育促进会，推举袁希涛蒋维乔为正副会长，办理平民学校，至十二月，已成立一百廿六校，学生达五千人。其所用平民千字课本，即由商务印书馆出版。

同年八月二十六日，熊朱其慧于北京清华学校召开第一

次全国平民教育大会，到会者二十省平教会代表六百
　余人，议决简章，于本日成立平民教育促进会总会，
　并选举全国董事四十人（每省二人），执行董事九人。
　推举熊朱其慧为董事长，晏阳初为总干事。

同年九月四日教育总长彭允彝辞职，特任黄郛署教育总
　长。

同年九月十五日，东北大学行开学式，校长由奉天省长
　王永江兼任。先设文、理、法、工四科。

同年十二月二十七日，教育部令国立北京大学校长蔡元
　培在欧洲考察未回校以前，派蒋梦麟代理校长。

同年，商务印书馆出版新学制教科书初小九种，高小十
　种，教员用书十五种；初中教科书八种，高中二十余
　种。

同年，商务印书馆出版新书六六七种，二四五四册。
　计开：

总类	七七种	四三五册
哲学	四六种	一三〇册
宗教	七种	一六二册
社会科学	一八一种	三五八册
语文学	三〇种	五一册
自然科学	四四种	五一册
应用科学	二六种	三〇册
文学	一八〇种	一〇七八册
史地	五〇种	一二七册

同年，商务印书馆营业总额为八 一五○ 一九五元。

按是年总营业较去年增一百二十五万元有奇；约增百分之二十。出版新书，以种数言，较去年约增一倍有半，以册数言，较去年约增二倍半有奇；足证出书之多少，与营业之增减有密切关系也。

去年，商务印书馆参加荷兰爪哇美隆城第四次劝业大会，获得奖凭。又参加安徽省立第二商品陈列所展览，获得最优等奖状。

本年，商务印书馆所编动物学大辞典初版印行。

兹将该书序文及凡例附后：

序

吾等既编辑植物学辞典，于民国六年印行。其时吾等已预备编辑动物学辞典之材料若干，乃欲仿植物学辞典之体例，继续编辑动物学辞典。但吾等之编辑植物学辞典也，先后分任其事者十有余人，因而发生重复及矛盾之弊，厘订颇费时日。今惩于此弊，宁稍稍延长时日，以一人专其成，而属其事于从弟就田。就田非动物学者，但能翻阅英日文书籍，为钩稽摘录之事。尽日力以从事于此，遇疑难或纷杂处，则丐凌君文之之助，或商之于予。时予方编辑东方杂志，常注目于社会问题，对于繁琐之科学辞典，既厌弃之不复以为意，惟闻凌君常手稿纸言曰："凡事熟习之后，自有进步，动物辞典，比植物辞典进步多矣。"就田亦若自喜其有进步者，二人方爬罗剔抉，孜孜勿能自已。馆中出版部，乃以出版相促。初稿既具，卷帙几倍于植物辞典。予略涉一过，则其体例与植物辞典，殊不相类，盖植物辞典所收录之植物名称，以我国之固有名称为主，附益以日本之汉名，可适用于我国者，其范围尚隘。此稿所收采之动物名称，则以西洋之学名为主，其可附以固有名称者，仅一小部分，大部分则于同类之固有名称上，加以识别之语而成；此识别之语，大都译西文之原义者居多。夫如是，则所谓动物辞典者，固非就吾国固有之动物名词而加以解释，乃就西洋之动物学名，附以译名而解释之也，其范围广漠，自不待言。然细思之，则编辑动物辞典，殊不能不尔。盖吾国固有之动物名称，本较植物为少，其中科属已明，得应用于学术上者，更不过千百分之一。则图学术之发达，自不得不于固有名称以外，增加相当之译名，而于固有名称之上，加识别之语，则固孳生新名之良法也。不但动物学辞典而已，即将来编辑其他科学辞典，殆亦不能不尔。愚意，吾国将来于动植物名称，每一属当立一专名，专名之上，更加识别语，为种或变种之名，以与腊丁文之学名相参照；固有名称之不合斯例者，均作为别名，而另制相当之定名，则可以不查辞典而知其科属矣。今将开始印行动物学辞典，因表此意于简端，未知吾国之博物专家，以为然也否也。民国十有一年五月，杜亚泉序于商务印书馆编译所。

凡例

一是书收罗动物之名称及术语，以国文为主，并列东西文，附以解释及图画。编次以国文之字画多少为序。

一所列西文，腊丁文（学名）用直体，英文用斜体，德文用黑体以别之。

一动物名称下，除列西文外，或附列日本假名连缀之普通名。至动物学术语，日本书中，用假名连缀者甚少，故不列入。

一动物名称以学名为标准。我国固有之普通名，现时通用者概已采入。无固有普通名者，用同类之固有名称，加以识别之语，例如"胡狼""海蜗牛"等，"狼""蜗牛"为同类之国有名称，"胡""海"为所加识别之语。此等名称，往往繁冗，不得不加以省略，例如"鴷"即啄木鸟，则赤色啄木鸟，即省称赤鴷是也。间有用他类之固有名称，加以识别之语者，例如臭鼬，似鼬而有恶臭；海蛞蝓，似蛞蝓而产于海中，虽非同类，亦假以定名。又有于固有名称中，附以新义者，例如"蚊""蟁"本属同义，今以蚊为常蚊、蟁为大蚊，字义稍别。间有引用僻字，与原字之义无关者，例如鷄鶋，系Toco之译音也。

一动物名称下所附之解释，若一一分条独立，则说明过简，索解非易。不若将其关系之同类，附列一处，可以参互比较，易于会通。今将各动物血缘相近（如同科或同属）者，类聚而说明之，各条仍标名分列，以便检索，条下不附解释，仅注"见某条""参观某条"之类，以省篇幅。术语虽多分条解释，其有依系统序次说明，较为明晰者，亦如前例。

一同名异物者，先立总题，后加㊀㊁等记号分述之。

一书中附加之图幅，或示实物之全体，或仅描写其一部，有必须附注始能明晰者，一律加注。

一卷首附有动物界之概略，动物学术语图解之一斑等项，以补正文所不及。

一卷末所附之东西文索引，与汉名对照，页数号码下所注上字或下字，即指示在页之上格或下格，以便易于检出。其有散列于行间者，作＊号，附见于正条者，作⌣号，以示区别。

一编辑是书，自始迄今，费时十余年，易稿二三次，虽力求完备，挂漏仍所不免，惟望海内专家理董而教正之。

民国十一年四月编者识

民国十三年（公元一九二四年，甲子）一月十二日署教育总长黄郛辞职，特任范源濂为教育总长。

同年一月二十日，中国国民党在广州召开第一次全国代表大会，发表宣言，其中有关教育政策者如下之各项：（甲）庚子赔款完全划作教育经费；（乙）于教育上确认男女平等之原则；（丙）励行教育普及，以全力发展儿童本位之教育，整理学制系统，增高教育经费，并保障其独立。

同年一月二十一日，教育总长范源濂辞职，特任张国淦为教育总长。

同年二月九日，广东廖省长奉大元帅令，将国立广州高等师范、广东法科大学、广东农业专门学校合并为国立广东大学。派邹鲁为筹备主任。随于本月二十一日法农两校实行归并于广东大学，邹就职任事。

同年二月，商务印书馆创办上海国语师范学校，聘吴敬恒为校长。

同月，商务印书馆译印之少年百科全书出版。

　　此为美国流行甚广之少年读物，包罗万象。余于前岁指定编译所同人若干人分类汉译。今已完稿付印，余为写一序文，说明其概要，并强调少年补充读物之重要性。序文附后：

少年百科全书序

　　我以为教育家对于儿童及少年读物，应该特别注意。因为小时候所读的书，最足以影响一生的志向和行为。儿童有求知的渴望，而无辨别的能力。多看好书，便生良好的观念；多看无益的书，便受恶影响。小时候读书所养成的观念，后来是很难改变的。

林肯小时候，家贫亲故，无书可读，偶然得着一本《天路历程》，就天天在炉火余光底下反复诵读，而其一生乐道爱人的观念，即在此时养成。后来释奴的伟业，也就在此时奠立基础。

赫胥黎小时候很喜欢读胡敦氏所著地质学。每天早晨，不到天亮就起来，点了蜡烛，披着绒毡，津津有味的把这书诵读。他后来一生拥护科学的精神，也就在这时候养成。读他的儿子所作赫胥黎行述，便知道他生平对于哲学上各种问题所持的态度，和他幼时所读的书很有关系。

伟大人物的观念，多由小时候所读的书养成功，这种实例在历史上很多，用不着一一赘述。我们所要注意的就是：好的读物固可以养成大人物，坏的读物也可以养成奸雄浪子罪犯或强盗。一个小孩子识字以后，寻求有趣的读物，真和饿者求食渴者求饮一般。通常有趣的读物未必有益，有益的读物，也未必有趣。但我们以为儿童及少年读物非兼具这两种性质不可。这是我们编译少年百科全书的第一个原因。

编译儿童与少年用书，必须适应他们的心理，这是我们大家承认的。但人们的心理，因年龄而异，因个性而异，因环境而异。两三岁的小孩喜听有韵的歌谣，和字句重复的故事。四五岁小孩喜看家禽家畜（如猫狗鸡鹅类）的图画和故事。再大一些，他们爱读神仙故事，奇怪事迹，各种寓言及包含道德教训的短篇小说。到了少年时候，兴趣就更纷歧了。男性的少年，多喜欢勇武的故事和冒险的小说。他们的思想，随着书里的英雄，蹈虎穴，入敌垒，忽而一生九死，忽而化险为夷，悲欢忧喜，好像身历其境一般。女性的少年，多喜欢慈善柔和的故事，和关于家庭学校生活的小说；更进一步，兴趣就渐渐移到爱情小说及各种文学上去了。乡间的儿童及少年喜欢从书本中寻觅城市的生活。关于长桥、高塔、地下铁路、高架电车及各种繁华街市的记述，很可以满足他们好奇的心理。而困居大城市者，也喜欢在书本中寻觅奇花异草，珍禽猛兽，和名山大川的记载，来补充城市见闻之不足。性情近于工艺及自然科学者，喜欢在书本中寻找关于电机、飞艇、无线电、显微镜等项的记载。性情近于文学及社会科学者喜欢读名人传记及各项浅近的文学作品。现在我们想编一种书籍适应各种儿童与少年的需求，非把各种材料一起搜罗不可。这就是我们编译少年百科全书的第二个原因。

近年来中国教育家都提倡自动教育。我想，一个学校里面实行自动教育，至少须有三种预备：（一）引起儿童自动读书的兴趣，（二）培养儿童自动读书的能力，（三）预备各种材料丰富，兴趣浓厚的补充读物。这三项中间，预备补充读物一项，好像尤其重要。因为没有好书就很难引起儿童读书的兴趣，更无从培养他们读书的能力。从前的学校，每门功课只守着一本教科书呆教。教科书因为限于篇幅，内容既难十分丰富，而教授者所用方法，又多单调，所以不但不能引起学生研究的兴味，并且使之厌倦。现在新式的学校中间，除教科书以外，还要采集各种补充资料，使各科内容较前丰富。在上课以前，使学生分头阅看补充读物，到了上课的时候，各人把所得特殊的资料提出来，供大家讨论；各人都有特殊的贡献，教室中的兴味自然增加。否则大家死守一本教科书，每人所见的材料都是一样。教员上堂讲解也是这东西，功课就不免干燥无味。少年百科全书可以把各种重要的补充资料收集在一起，俾便利中小学生的翻阅。这是我们编译少年百科全书的第三个原因。

本书中各项资料大抵系根据美国 The Book of Knowledge 一书。那部书对于英美儿童贡献之大，想来教育界同人都是晓得的。那部书的内容包罗很广，凡是中小学校学生所需用的参考资料，真是应有尽有。于世界各国的状况，数千年来的史迹，记载非常详细。欧美各种名著，也分别作成节本，编入书中，供儿童之阅读。对于自然界的事物，如地球的构造和演化的历史，火山、地震、飓风、海啸的成因，动植矿三界各种现象等，一一详加说明。宇宙间许多奇象异迹，通常认为不可思议的，也都根据科学细细的解释一番；对于各种制作，如火车、电话、飞机、无线电报等等，都用浅明的方法记载出来，供中小学生的参考。就是中小学校应用的手工园艺资料，也都齐备。

本书所采资料，虽根据 The Book of Knowledge，但是本书内容的编制却与该书不同，因该书有好处，也有缺点，我们不能不取其长而舍其短。该书最大的好处约有三点。第一，搜罗很博，选择也很精——各种材料都有，但是不正确的材料概不采取。第二，该书编法的长短恰合少年程度——其中没有太长的文章，一次不能读完，以致发生厌倦，或者勉强看完，弄得精神非常疲乏。第三，该书的文句非常显明，少年看了，不致误解或莫明其妙——并且内容兴趣浓厚，久读不会厌倦。但是该书也有缺点。第一，所取材料往往有偏重英美两国的地方——美国材料尤觉太多，对于美国少年固系当然，但拿来供中国青年的参考，或不甚适合。第二，该书系陆续出版，编制微嫌缺乏系统，所以一册之内，往往天文、地理、历史、文学、理化、工艺的材料，参错排列，检阅颇为不便。少年百科全书对于上述两项缺点，不能不有所补救：所以把偏重一国的材料酌量删节，另外补入世界各国共通的材料。又将内容编制完全更改，向无系统的地方寻出系统来，以便阅者检查。不过我们这部书编译的时候过于匆忙，或者也有不甚妥善的地方，而全书由许多人合编，不能整齐画一之处，也在所难免的。

少年百科全书编译的时候，还有一个附带的目的，就是使国内各大学或专门学校高年级学生得着一个机会，于假期内练习服务。所谓"社会化的教育"，第一要使社会生活与学校生活联络起来，俾中间不生隔阂。大学专门的学生能利用假期服务于社会，使校外所得经验与校中所得学业互相印证。这是最有益处的。国内大学专门的学生在外服务的机会不多，因为社会上各种事业机关与学校缺少联络的缘故。本馆为促进这种联络，特于民国十一年暑假期内招致国内专门以上学校高年级学生充任暑期编译员。这部少年百科全书就是许多暑期编译员合力编译而成的。其中稍涉专门的稿件，并请各该科专家加以校订，俾免错误。编译本书者共三四十人，国内著名大学校及专门学校二十余所，均有高材生加入。而年来各编译员大都毕业，散在各处充任中等以上学校教员，并有多人在本馆编译所服务。这一层我们认为有声明之必要。

我在上文已经说过，本书内容既很复杂，译者又多至数十人，所以发排以前，对于系统和文字的整理，材料的增减，煞费工夫。担任这整理工作的就是本馆编译员钱江春先生。这一层我也认为有声明之必要。

民国十三年二月八日王云五识

同年三月，商务印书馆编译所附设之涵芬楼新建筑落成，编译所先迁入其中，一面开始筹备公开阅览之种种工作。

按新建筑为四层钢骨水泥之构造，与该馆总务处及总厂隔马路相对。涵芬楼公开后易名为东方图书馆，其主要筹备工作为将数十万册中外藏书一一分类。

同年四月，清华学校改组为国立清华大学。

同年四月，商务印书馆设香港印刷局于坚尼地城吉直街。

同年五月商务印书馆函授学社增设国语科。

同年五月一日，国立北京女子高等师范呈准改组为女子师范大学。

同年六月一日，厦门大学全体学生因当局措施失当殴打学生，演成流血惨剧宣告全体离校。

同年六月十四日，美国务卿照会我国驻华盛顿公使，悉数退还庚子赔款余额。

同年七月三十日，厦门大学辞职教授欧元怀等在上海大夏大学召开筹备会议，决定开办文、理、教、商四科及预科，随于八月二日招考新生。

同年八月，商务印书馆设厦门分馆于大马路。

同年，商务印书馆以创业将届三十年，拟将文渊阁所藏四库全书影印，以为纪念，经与清室内务府商定，并分呈国务院内务部教育部交通部备案，一面刊发影印缘起，一面准备将全书转运来上海，突遭总统府秘书处干涉，因而中止。次年迭接教育交通两部电招续议影印，正装箱待运，适江浙战事起，又告中止。

兹先将影印缘起附后：

"清代学术，迈越前古；乾隆中叶，乃有四库全书之辑，特开专馆，妙选通才，首发中秘之藏，复广献书之路，网罗散逸，厘订体裁，历时十稔，成书三千四百六十种，七万九千三百三十九卷。壬寅春月，第一部告成，储存大内之文渊阁。其后续成三部，分储奉天之文溯阁，圆明园之文源阁，热河之文津阁。又其后续成三部，分储扬州之文汇阁，镇江之文宗阁，杭州之文澜阁。此其大较也。

洪杨事起，文宗文汇，相继沦亡；联军内犯，文源亦付一炬；文澜幸存劫余，残本不及半数。现在完善者，实仅三部。文渊本在宫中，文溯文津，先后移入首都，五星聚奎，可称盛事，惟是三书萃于一隅，慢藏可虑。明代永乐大典，亦曾写成三部，至乾隆时代，已有残阙，然尚余二万余卷；庚子一役，或化灰烬，或流人间，公家所存，仅数十册。以此方彼，能无寒心！迩者西方学子，涉足京华，获观是书，无不惊绝，佥言：四库开馆之时，正当美国独立之际，泰西文化，方始萌芽，岂料中土于百五十年以前，乃能有此鸿制！法国总揆班乐卫博士，有播通中西文化之大计画，纠合各国大学校设立中国学院，研究刊行传播四库全书，并择要翻译。现已成立者，法国之外，有英、美、德、奥、义、比、波兰、捷克八国，大抵硕学通儒为之倡率。日本以同文之故，尤为注重，彼都图书馆有以重金录副之议；近来退还庚子赔款，设立文化局，刊印是书之说，一倡而百和。其为东西各国所引重也若是。

昔曹石仓有言：'释道两家，皆能集刻藏经，惟我儒家，独无此举。'今释藏道藏，皆由敝公司影印出版矣，儒若有藏，必推是书，不揣绵薄，颇欲为石仓一弥此憾。昔年政府拟印是书，预计依照原式影印，成书一百部，需费二百万，款巨难筹，价昂难销，而本国纸张，又供不应求，非二三十年不能卒事，以此中止。迄今又五年矣，长此迁延，散亡可虑。微闻文渊所储，成书独早，尤为精审，今拟商借影印，稍加缩小，参用外纸，庶几取价较廉，流通自易，堆积不广，弄置非难，五年为期，计日可待。勉尽守阙抱残之职，敢为求全责备之言！海内外宏达，鉴此区区，广为提倡，实东方文化之幸也。"

至于影印四库全书之创议与其经过详见郭伯恭著四库全书纂修考附录一之三影印四库全书之挫折，有如左述：

民国八年（一九一九）冬，大总统徐世昌命金梁编文华武英二殿陈列古物目录，金氏以先印四库全书为请，又以全书舛误至多，且卷帙分割，亦与原本多有异同，当作校勘记，各附卷末，以为考订。时叶恭绰游欧美归，谓西国重东方文化，颇称此书，亦请印行传布。此为印行四库全书之最早动议。先是叶氏于前一年冬，奉命赴欧美考察，兼参与巴黎和议，鼎力宣传中国文化，以及四库全书之价值，于是四库全书之名，始喧腾于法国通儒院。徐总统据叶氏由法电请提出国务会议，每年补助二万法郎，在巴黎大学内设立中国学院，先作外人研究四库全书之地步；并拟以百八十万法郎，在巴大中国学院内建筑四库图书馆，以贮藏全书。盖其时欧战方终，西方人士，睹物质文明之为害，颇欲引用东方文明以补救之故也。民国九年（一九二〇）五月，法总理班乐卫来华，建议退还庚子赔款，影印四库全书。当时徐总统允许影印后，分赠法国总统及中国学院，并明令派朱启钤督办其事。又派陈垣往京师图书馆，就文津阁书实地调查架函册叶确数，以为入手办法。遂与商务印书馆商议影印计画，当时所拟格式，略照原书大小，估计成书百部，需费二三百万元，需时廿余载；且本国纸张，不敷应用，因由该馆声明，不敢冒昧担任。影印需费，既如是浩繁，绝非商家能力所及，政府乃拟自行设局，以库款支绌，其事遂止。

民国十三年（一九二四），商务印书馆值创业三十年，又愿影印此书，以为纪念，即稍亏折，不敢计较，于是遂有第二次拟印库书之动议。时以文渊一阁，成书独早，较为精密，政府欲以此本交商务影印，并改定计画，拟照原书格式，缩小影印，成本既轻，推行较易。预计五年之内，即可观成。该馆影印计画十一条，对于原书缩印，书式，售价，印数，销路，期限，索引，样书，校勘诸项，均有详细之规定。大抵书式分为左列四种：

甲、洋装　用洋纸印刷，分订一千册，每册六百页，布面金字，售价三千余元。此种弆置较易，检查较便，最宜外国及图书馆之用。

乙、和装　用洋纸印刷，分订五千册，每册一百二十页，合装一千布函，售价三千数百元。

丙、大本华装　用连史纸印刷，分订五千册，每册一百二十页，合装一千布函，售价五千余元。以上二种，分量较轻，取携较便，最宜诵读之用。

丁、小本华装　用连史纸印刷，分订三万六千余册，每册六十页，合装五千布函，售价八九千元。此种与原书相同，最为适观，但成本过昂，难以行销。

其印数，甲乙两种，拟印三百部，丙种拟印百部，丁种拟不印。预计欧美日本国各销百部，共三百部，约须耗费三十万元，由印刷人担任。全书运沪后，以半年为筹备期间；一年半后开始印刷，分十期出书，每期二百册，半年一期，五年全书出完。是年二月，该馆特派代表高梦旦，向清室内务府商借运沪事宜，并经双方议定领印办法十二条，得其允许。该馆即具呈国务院，声请路局保护，并恳减收路费。当由国务院转行交部，经教部批准奖励，交部亦批准备车，乃于四月五日，到文渊阁查点装箱，自五日至七日，所装约得三分之一，并拟定期启运，而以曹锟嬖人李彦青索贿六万元未遂，遂以总统府一公函借故制止。事废半途，论者惜之。

商务借印库书之举，既无形停顿，中外人士，大为失望。民国十四年（一九二五）七月，章士钊署长教部，又以影印事，提出国务会议，经讨论决定，将文津阁书交商务影印。时文津所藏，早经移存京师图书馆，而各方以四库中类多孤本，因之委托该馆钞录者颇众，收入尚丰，若经运沪，不免受其影响，暗中反对甚烈。故教部遂拟改印文渊阁本，即函清室善后委员会，派社会教育司司长高步瀛等，会同京师图书馆主任徐鸿宾等，前往文渊阁点查。高氏将检查结果，具文报告，并附陈意见，主张先择孤本及罕见之本，分三期付印，以期确收实效。章氏据报提出阁议，段执政及各阁员相继发言，议决文渊阁书，仍根据前次阁务会议，交商务照原书式样，复版印行。政府津贴印费三十万元，由各国退还庚子赔款中拨充。著教部遴派专员，押运全书至沪，就地监督影印，所印卷帙，分甲乙两种：（甲）照原书样式，影印三十部，除分藏国内图书馆外，并赠法美英日俄德荷比意奥诸国，借以宣传东方文化。（乙）由该馆缩印小本八十部，自由定价销售，每部预约特价三千元，印费由该馆自任之。至于移运事宜，则由交部饬令京奉、津浦、沪宁三路，特备车辆，妥为装载，于沿途经过，慎加保护。九月二十五日，由段执政下左列命令曰：

　　四库全书为我国最大之典籍，甄录国故，世界共推。第原钞七部，建阁分藏，海内学人，罕窥中秘。且距今百载，中经变故，仅留三部，政府屡拟刊行，皆以款绌中止。兹据教育总长提议，将文渊文津两阁全书，择一运沪，交商务印书馆参照中西版式，缩本影印，以广流传。规划至当，事属可行。准由该部将文津阁全书，一律点交，移沪影印，并由部遴派妥员一人，驻沪照料。全书运沪时，交通部并应协同运送。其余承印事宜，即著该部商同该印书馆，妥为办理。至文渊阁全书，仍交由京师图书馆保存，以供阅览。庶我国宏富珍秘之典籍，可以公诸天下，辅益文治，导扬国光，本执政有厚望焉！此令。

此令既颁，各方声请赠给库书者，纷然杂至。巴大中国学院监督韩汝甲承班乐卫之命，首于十月一日，自沪上书外交、财政、交通、教育四部，请酌拨甲种库书十五部于各国中国学院。继之，建瓯县立图书馆呈请分配储藏，以保国粹而兴文化；湖北省立图书馆董事会，呈请为该馆加印二部，并先给预约券。嗣湖北省长，又电请颁给影印库书；外交部函请，可否向国际联合会宣布库书翻印后，检赠一部；湖南省教育会，对于影印库书事，以为部数太少，不敷分配，提议请政府加印甲种七十部，分配各省立图书馆。同时，商务方面于明令颁后，即于十月十二日与教部签订合同。十五日，会同教部部员，暨京师图书馆馆员，查点装箱。二十日装点完毕，正拟起运，忽阻碍又起。先是，清室善后委员会于将文渊阁书交京师图书馆保管一事，表示反对。特于九月间开委员会讨论，金以委员会自接收故宫以来，以宫内物件不得移出宫外为原则，一致主张，不使文渊阁书划归他处。且同时教部中人，亦纷纷阻挠，章氏正在进退两难之际，忽江浙战事发生，于是中止进行。旋章氏亦去职，后时局纷扰，教长屡易，不暇及此。至民国十五年六月，任可澄受命署理部务，七月，商务以时局渐定，复呈请照前约续印，寻由教部向国务院提议，议决京师图书馆所藏文津阁书，在开印前，仍照旧陈列，供众阅览。于是影印之事，正式绝望，无形停止矣。

自影印库书，屡议屡辍，中央政府既无法完成此伟业，至民国十七年（一九二八），遂有奉天以地方政府之力，承印文溯阁书之议。是年秋，由杨宇霆发起影印，其初规模壮阔，并欲大购遗书，广招名宿，为续修四库提要之举，限期竣事。前书印讫，接印续书。又以库书删改错漏，触目而是，不可不借资别本，遍校一次，于是议三事次第实现。由伦明起草电文，由张学良、翟文选、杨宇霆署名，通电全国曰：

窃惟立国有史，传世在书，大而政教，精若艺术，共出一源，散见群籍，国之文野，史之长短，观于其书，可考知也。古代文明，发源五地，我国其一，其四具亡，良以轩颉以降，代有作述；载籍极博，文献足征。保守之勤，整理之善，传读之便，亦足纪焉。近世学者，多重考古。潮流东注，眷此旧邦。长短之策，下行之文，流布海外，竞相珍贵。然而我有和璞，彼拾砆砆，瓶之罄矣，繄谁之耻？曩在胜清，修书开馆，囊括古今，鉴别真伪，类为四库，庋以七阁。惟我奉天，额曰文溯，换世阅变，灵光岿然。石渠天禄，逊此美富。所惜地处偏隅，书类孤本，虽蕴公心，难快众目。学良等爰发宏愿，拟垫私财，就兹巨编。影以新法。售取廉值，成限短期。更有进者，阁书创始，美犹有憾，搜求未遍，忌讳过深，秉笔诸儒，弃取亦刻。漏略不免，亟宜补苴。又况乾隆距今，时逾百载，家富珠璧，坊盛枣梨，或阐古义，或拓新知，冰水青蓝，后出更胜。不有赓续，曷集大成？加以鱼豕之讹，古籍多有，校雠之学，时贤益精。广参众本，旁稽异文，别成札记，附于书后。凡兹三事，亟待并举。会当搜书岩壁，具币儒林，旧学商量，拾遗订坠，资借重力，发扬国光。现值邦基奠固，治理清明，投戈讲艺，薄海同企。伏望巨公长德，硕彦鸿儒，登高齐呼，襄兹盛业，往哲来学，实共嘉赖。金石是锡，瞻仁为劳。

是电所云，约分三点：一曰影印，二曰续修，三曰校雠，而以同时并举为鹄的。当沈垣通电发出后，国民政府文官处忽来一电，略言中央现正筹印此书，请勿复印云云。奉方以此事向未有闻，推想政府之意，殆不欲一方专其美，故覆称此间筹备已妥，乞以见让。其实，则俱托诸空言而已。盖此事表面上奉方虽特设文溯阁四库全书校印馆，举张学良为总裁，翟文选为副总裁，金梁为坐办，与沈垣大西关之东记印刷所议妥合同承印，先印二千部，每部约值国币一万二千元，以五年为期。曾由伦明辑续修总目一万余种。然其时对于印刷一事，即有两种主张：（一）就原书影印，略缩小如商务之四部丛刊，后附校记。（二）用库书之名，而易其本，倘无别本，以文溯、文渊、文津三阁本互校，一律排印；为省费省纸，且便于储贮计，缩之至小，如云窗丛刻中之西陲石刻录。设馆以后，调查京、津、沪影印工人，仅得四五十人，与预算书每日须用三百之数，相差甚远。且照相所用之器具药料，俱成问题。乃办法尚未决定，而杨宇霆突被杀，议遂中止。嗣张学良虽有二次之集议，但徒以通电在前，聊为敷衍耳，故卒不能举办云。此四库全书屡拟筹印而寝为中辍之大较也。

同年九月十三日，关于保管美国退还庚子赔款余额事宜，政府派定华董事颜惠庆等九人，美董事孟禄等五人组织中华文化教育基金董事会，并于九月十八日开成立会，公推范源濂为会长，孟禄为副会长。

同年九月十四日，教育总长张国淦辞职，特任黄郛为教育总长。

同年十月十五日，全国教育联合会在河南开封开第十届年会，到十九省区代表三十五人，议决案四十七件。

查议决各案如左：

（1）请教育部严定大学设立标准案。

（2）催促各省区实施义务教育案。

（3）催促各省区按照上届议案。

（4）组织全省职业教育总管机关案。

（5）催促教育部将"扶助无力就学之优良学生使得受均等教育案"通令遵行案。

（6）催促各省区实行学校造林以谋殖学校基金案。

（7）国立专门以上学校招生宜酌定各省区名额建议案。

（8）取缔外人在国内办教育事业案。

（9）初级中学外国语应列为选修案。

（10）小学校应切实设施休闲教育案。

（11）利用寒暑假期补授缺课案。

（12）女子学校应斟酌地方情形速加课职业科以增进生活能力案。

（13）否认所谓中华教育文化基金董事会案。

（14）各校女生应依章一律着用制服案。

（15）女子学校应特别注重家事实习案。

（16）各省区宜酌加省视学县视学名额案。

（17）督促师范生实行服务办法案。

（18）促进农村教育案。

（19）反对以俄国庚款百分之十五作为军事学校基金案。

（20）实业学校应与当地实业界切实联络以利进行案。

（21）各省区酌设社会教育专管机关案。

（22）职业学校应注重实习案。

（23）各省区宜斟酌地方需要设小学职业教员养成所案。

（24）学校内不得传布宗教案。

（25）呈请教育部从速颁布关于初等教育及中等教育各学校法令案。

（26）中等学校升级晋级应以学科为单位案。

（27）师范学校各科教员宜注重本科教学法以期增进毕业生之教学效能案。

（28）男女合教之中小学校应注意性别施教案。

（29）促进各省区中小学校自然科学教育案。

（30）请将中小学师范职业课程标准呈部采用案。

（31）中小学校应特重训育案。

（32）中等学校宜采用弹性升级考试方法案。

（33）请筹备参列世界教育会联合会案。

（34）促进历届议决案件实行案。

（35）请提倡世界恳亲日案。

（36）改革教科书审定制度案。

（37）变通报告办法以便交换知识借策进行案。

（38）乡村小学校宜注重农事实习案。

（39）加增本联合会效能案。

（40）请教育部改组科学名词审查会案。

（41）请求美国优待我国留学生案。

（42）庚款分配标准及董事会组织原则案。

（43）请向教育部建议定四川大学区案。

（44）修改教育会会员资格案。

（45）请各省当局筹划留学生经费案。

（46）各省区宜组织教育委员会案。

（47）请各省区教育会一致赞助拒毒运动案。

同年十一月十日，特任易培基署教育总长；任命马叙伦为教育次长。

同年十一月二十二日，大夏大学开董事会，公推马君武为大夏大学校长。

同年十一月二十四日，特任王九龄为教育总长，在王未到任以前，着次长马叙伦代理部务。

同年商务印书馆参加上海总商会陈列所第三次展览会化
　学工艺品评会，获得最优等奖状。

同年，商务印书馆新出版图书五四〇种，九一一册。

　查是年新书分类统计如左：

总类	一〇种	一六册
哲学	三四种	三六册
宗教	九种	一三册
社会科学	九五种	三七二册
语文学	二六种	四二册
自然科学	四八种	六一册
应用科学	四八种	五一册
艺术	三六种	八九册
文学	一〇二种	一九二册
史地	三二种	三九册

同年，商务印书馆营业总额为九 一一七 四〇一元。

同年，商务印书馆开始编译综合英汉大词典，参考数十
　种英文大字典词典，以六七人从事，费时七八年始
　成。

民国十四年（公元一九二五年，乙丑）春商务印书馆为
　涵芬楼及编译所新建房屋落成，即将涵芬楼易称东方
　图书馆，并聘余兼任馆长。余认为既决定公开阅览，
　则涵芬楼原藏之图书固以善本古籍为主，然新书及东

西文图书亦复甚多，如何统一分类，以便利阅读者之借阅，殊为必要，故年来早已筹划一种新式的统一分类法，称为中外图书统一分类法，自本年起，即督同馆员积极从事于分类工作。兹将该分类法原则附述于后：

中外图书统一分类法绪论

图书分类法究竟是什么？据美国卡特氏（Cutter）说"图书分类是集合各种图书，选择其性质相同的放在一处"。就这定义看起来，可以知道他至少含有下列两条件：

（一）须要按着"性质相同"的去分类，换句话说，就是按照图书内容在科学上所占的地位而分类。

（二）须把所有图书按照他的种类分别陈列起来，务使同类的书不要分开，不同类的书不要搀入。

这定义是很妥当的。我们研究图书分类的人，总要把他做得像才好。

关于第一条件，我们有应先注意的一点，就是图书的分类，有按形式和性质的区别。按形式分类的，像版本的大小，出版的时期和著者的身分等都是。这些分类方法，都是很粗疏的不适用于现代复杂图书的分类，这里也不必加以讨论。我们现在要讨论的只是按性质分类的种种方法。

我国图书分类法，最古的当推汉朝刘歆的七略，就是把图书分做辑略文艺略诸子略诗赋略兵书略术数略方纪略七大类。其后历代均稍有变动，直至唐朝，才有所谓四部分类法，就是把图书分为经史子集四大类的方法。自唐朝以来，这分类法也时有变动；至清初修四库全书，虽然把细目增订了不少，根本上却仍不脱经史子集的分类法。从表面上观察，这虽是按性质的分类法；但细细研究起来，还是多少倾向于形式的分类法。譬如经部的书本是一部古史，诗本是文学，春秋也是历史；三礼等书是社会科学，论孟也可以说是哲学；若严格按性质分类，当然是不能归入一类的。但旧法分类的原则，因为这些书都是很古的著作，而且是儒家所认为正宗的著作，便按着著作的时期和著作者的身分，不问性质如何，勉强混为一类。关于子部呢，也是同样的情形，把哲学宗教自然科学社会科学各类的书籍并在一起。

关于集部，尤其是复杂，表面上虽偏于文学方面，其实无论内容属哪一类的书籍，只要是不能归入经史子三部的，都当他是集部。所以四部之中只有史部还合乎按性质的分类；不过目录学因为没有相当的部可入，也归入史部，这一点似又与依性质的分类的宗旨不符了。

外国图书按性质的分类，可说是发源于希腊的亚士多德（Aristotle），他主张把学问分做历史文学哲学三大类。后来英国培根氏（Francis Bacon）再把这三大类分为若干小类，这就是图书分类的滥觞。欧美各国对于图书分类的专家，像英国的爱德华氏（Edwards）、桑纳新氏（Sonnenschien）、勃朗氏（Brown）、法国的布拉特氏（Brunt）、德国的哈特维氏（Hartwig）、意大利的邦拉几氏（Bonnaggi），和美国的哈里士氏（Harris）、伯肯士氏（Perkins）、斯密士氏（Smith）、卡特氏（Cutter）、杜威氏（Dewey）等，都按着学科各自作成一种图书分类法，其原则大概相同，不过分类的细目和方法各有不同罢了，现在且把这些分类法归纳做三种：

（一）第一种就是用字母作符号的；

（二）第二种就是用字母和数目作符号的；

（三）第三种就是完全用数目作符号的。

　　第一种的代表者就是卡特氏的图书分类法。他是把二十六字母代表各大类，然后在每字母之下，再加一个字母代表中类，以下由此类推，可以加上四五个字母代表小类，和更小的类。照这样计算起来，类别可以分至无量数。卡氏的方法，除字母外，也兼用数字，不过他的数字不是代表学科的类别，乃是代表国别及时代。换句话说，他的数字 11—99 是代表国别的；01—09 是代表时代的；因此这分类法还算是用字母作符号的。

　　第二种是美国国会图书馆分类法。他是用二十六字母代表十八大类，又于每字母之下，再加一个字母，代表中类；这一点是和卡氏相同的。不过卡氏方法，是不绝的增加字母，推演下去。美国国会图书馆分类法却不然，他用了两个字母之后，便改用号码。所以他的形势是像 HB329 一般，前面两个字母，代表大类中类；后面三个数字，代表小节目。英国勃朗氏的分类法，和这方法形式上很相似，也是把字母和数字并在一处的。不过他只用一个字母，以后就改用数字。因此他的分类，便不能像美国国会图书馆这样的详细。

　　第三种就是美国杜威氏的分类法。他是用三个数字代表主要的类别，如有不足，再加小数，一直推演下去，以至于四五位的小数。

　　以上所举三种方法代表者，卡特氏分类法，美国国会图书馆分类法和杜威氏分类法，都是美国的方法，但是欧洲各国对于分类法不很注重，现在有许多图书馆还是用旧式的分类法。只有美国对于图书馆学非常注重，所以上述的三种分类法，世界各国采用的也很多。现在我们就把这三种方法来研究一下，看哪一种最为适用，尤其是哪一种最适用于中国。我个人则以为杜威氏的方法是最适用于我国的。理由如下：

　　（1）用字母的方法，是二十六进，记忆上远不如用数目十进的自然。现在科学上度量衡的标准，无论哪一国，都采用"米突制"，就因为十进法比其他进法容易记忆的缘故。

（2）杜威的号码顺序，大都有相当的意义，即如总类是无所属的，故用0代表他；哲学是一切的起首，故用1代表他；宗教是哲学的一种定论，故用2代表他；原始时代先有宗教的信仰，然后社会能团结，故用3来代表社会科学；社会成立，然后言语渐趋统一，故用4来代表语文学；有语文然后能研究自然科学，故用5代表自然科学；先有理论的科学，然后能有应用的科学，故用6代表应用技术；人生必要的科学有了基础，然后以余力从事艺术和文学，故用7和8分别代表艺术和文学；历史为人类一切成绩的总清帐，故用9代表其他。照这样推想起来，各大类的号码都很易记忆。至其他地方所用的字母，大都没有意义，仅按顺序排列。间或含有意义的，像用H代表History，用P代表Philosophy等，但是一个字母所能代表的决不止一类，而且在我国不懂外国文的人，尤其是没有用。

（3）美国国会图书馆的方法固然分析得很详细，对于大规模的图书馆，自然较为适用。但小规模的图书馆，就不免觉得这方法太麻烦。至于杜威的方法，由十类而百类，由百类而千类万类，可以自由伸缩，无论大中小图书馆，都可以适用，这显然是他的长处。

（4）杜威的方法，已由国内许多图书馆采用。为着事实便利起见，也当然比较改用其他方法好一点。

由上述几个理由看起来，现在国内的图书馆，似乎以采用杜威的分类法为便当。固然杜威的分类法也有许多不妥当的地方，但因为他的方法很能活用，很有伸缩力，所以救济上还不很难。其中最不妥当的地方，就是关于中国的图书方面，它有两个缺点。第一就是许多关于中国的书，简直无法归入杜威原有的分类法内。第二杜威是一个美国人，他对于中国情形，不很熟悉，所以他把关于中国的事物，都放在很小的地位，纵然可以容纳，但轻重失当，也不是好的。因此国内图书馆采用杜威的方法，往往都要加以改动，且看下面所举的几个例：

（1）就是清华大学图书馆的分类法。他是在杜威十大类之外，再加上丛、经、史、子、集五大类，去容纳中国的图书。

（2）就是杜定友先生的世界图书分类法。他把杜威原有的分类法宗教和哲学合并为一大类，空出宗教一〇〇类给教育；又将杜威其他各类酌量改动，以容纳中国图书。而且将分类的顺次也改动：把五〇〇的自然科学改成四〇〇；六〇〇的应用科学移在五〇〇；七〇〇的美术移在六〇〇；四〇〇的语文移在七〇〇等。

（3）就是洪有丰先生的分类法。他把中国书和外国书分开，外国书还是照杜威的分类法，中国书却另分为（一）丛，（二）经，（三）史地，（四）哲学，（五）宗教，（六）社会科学，（七）自然科学，（八）应用科学，（九）艺术。

（4）就是武昌文华大学沈祖荣先生的分类法，也是把中国书和外国书分开的，他所分的十类就是（一）经部类书，（二）哲学宗教，（三）社会学与教育，（四）政治经济，（五）医学，（六）科学，（七）工艺，（八）美术，（九）文学语言，（十）历史。

以上各种，对杜威分类法，都有改良之处，各人有各人的主张，各人也有各人的特点。我是对于图书馆学很少研究的人，不敢妄下评断。但我以为分类法的最要原则，就是刚才说的卡特氏所下的定义，把性质相同的书放在一处。能够照这定义澈底做下去，这个分类法，才算是合用。现在我概括上面诸家的分类法，看他们能否合乎卡氏的定义。

（1）他们大概都把中国和外国书各别分类，因此不独中国书和外国书性质相同的不能放在一处，就是一本从外国文译成汉文的书，因为已经变为中国文字，须照中国书一律办理，也不能同外国文原本放在一处。

（2）他们因为杜威的分类法不能容纳许多中国书，所以把杜威原有的类号，酌量归并去容纳中国的书。照这样子牵一发而动全体，结果使从外国文译成汉文的书，无法同外国文的原本放在一处。

（3）他们把杜威所分的类，改动顺次，以为这可以合乎自然的顺次。其实杜威的十大类像我前面所举的意义，也有其相当的顺次，把他变动了，也未必更合乎顺次。

（4）他们多以为杜威的分类有轻重失当的地方，因此主张把他改动。即如将哲学宗教并为一大类，另把教育从三〇〇类中提出来，使他独占二〇〇类；这一点似乎也有问题。哲学宗教应否归并，我们姑勿置论；但是教育明明是社会科学的一部分，现在把他升为一大类，在研究教育者看起来，或者说很正当；但是从经济学者的眼光观察，恐怕经济学比教育学还要重大；同时法律学者也可以主张把法律另立一大类；若更推广一步，则自然科学各门的专家也可以照样主张。那岂不是有了几十个分类法吗？

说到这里，我们须得回头考虑卡特氏所举的分类法两条件。除第一条件应按性质相同而分类一层，现在无论何人已一致赞同外，其关于第二条件，使同类的书不要分开一层，在国内各家的方法，或因中外图书各别分类，或因变更杜威原有分类办法而使原本和译本不能并列，或因事实上已照杜威法分类，未便强同，所以都无法达到这目的。我们为求达这目的同时并根据前述种种事实，对于分类法应有下列的先决条件：

（1）认定杜威的分类法在中国图书馆界中是比较的适用。

（2）杜威的分类法要适用于中国图书馆，应该设法扩充，以便容纳关于中国的图书。

（3）扩充的类号应该是新创的，不要占据了杜威原有类号的地位；否则牵一发而全体都要受影响，结果，便使到外国文的原本不能和汉译本放在一处。

中外图书统一分类法，并不是一种发明。它是建筑在杜威氏十进分类法的基础上；加了小小的点缀，使更适于中国图书馆的应用罢了。

照前章所述，我们既然在各种分类法中，选出杜威氏一种认为较适于我国之用，同时我们又感觉杜威分类法不能包括许多关于中国图书，因此便认为有扩充杜威氏原有类号之必要。而且杜威氏的分类在我国图书界看起来，还有些轻重失当的地方，因此，又认为在相当范围内有变动杜威氏原有类号之必要。但是我们为着要使同类的书不至分开，尤其是不愿使原本和译本分开，所以又有维持原本和译本类号相同的必要。我们虽明知这三种必要，可是同时要一一满足他们的要求却是很难的一件事。譬如要增加新的类号，便须减少旧的类号；但是旧的类号一有减缩，便使到按杜威法分类的原本不能和按照改订杜威法分类的汉译本并列。又如国别一项，杜威系美国人，当然以美国居第一，作1；英法德国分别作2，3及4；中国却居东方各国之下，作91号。但中国图书馆界，尊重本国的心，不下于杜威，因此，就有改动杜威原类号的必要，往往把中国作为1，美国移至2，英法德各国也延降一位。这样一来，一部关于美国的书，在原文按杜威法分类，应归1，但译成汉文以后，因为要和其他中国书一起排列，只好归入2，这不是和同类之书不要分开的原则相悖吗？这不过是最小的变动，结果已是如此；若遇着别种的变动，或者为着增减类号而起的变动，相差就更大了。

我很侥幸，无意中得着一个救济的方法，能够增加无量数的新类号，却丝毫不变动杜威氏原有的类号。我承认这绝对不是什么费力气的成绩，不过是偶然发见的一个关键罢了。

　　我因为幻想怎样创造新类号的方法，有一天，偶然看见邻近新造的房屋钉上门牌，这所房屋是介于一百八十三号和一百八十四号之间，因此，他的门牌便作为一八三 A 字样。

　　我从这里忽然得着一点光明，以为房屋的号数，既可用 ABCD 来创造新号码，那么，图书馆的分类法，也可以仿照这意思对于中国特增的类号，一律加上一个"＋"号，以别于杜威的原类号，同时杜威的原类号还是一点没有变动。譬如刚才所说的国别，我们仍旧可以维持美国的 1 地位，却把中国作为＋1 排在 1 之前。此外新增各类，均仿照办理。这样一来，便将我的目的完全达到了。

　　第一节　本分类法的关键＋卄±号

　　"＋"号的意义，已经在上面约略说过，因为这个符号就是本分类法的第一特点，所以要采用本分类法，必须对于这个符号的意义和功用能够澈底了解。

　　"＋"号分做三种，第一种是单纯的"＋"号，读作十字；第二种是两个"＋"号所组成，读作卄；第三种是由一个"＋"号和一个"一"号组成"±"形，读土字。

　　这三种符号，都位于号码之前，代表本分类法所用的新号码。这是三者相同之点。但是他们的意义和功用也各有不同，现在说明于下：

　　"＋"号位于杜威原有号码之前，就成为一个新号码，与原有号码并行。像杜威分类法中 323.1 是民族运动；现在我们把"＋"号位于 323.1 之前，形成＋323.1，代表我国特有的民族主义，同时323.1 仍作为民族运动。凡有"＋"号的号码，必须排在无"＋"号的同号码之前，但是无"＋"号的号码若比有"＋"号的稍小，那就不因有无"＋"号，仍按号码顺序排列。例如 321.2、＋321.2、321.1 三个号码其顺序如下：321.1，＋321.2，321.2。

"卄"号位于接连许多新号码之前，这许多新号码必定从整数起首，可以继续到整数九为止。即如卄110为中国哲学，卄111为易经，卄112为儒家，卄113为道家，卄114为墨家，卄115为名家，卄116为杂家，卄117为近古哲学家，卄118为近代哲学家等，蝉联不断。因此从卄110至卄118中无论哪一个号码部应该排在无"卄"号的110之前。这些号码，所以如此排列，系由中国哲学至中国近代哲学家各类都有联带的性质，不能分开，也不当搀入他类。假使这些类号，都不用"卄"号，而改取"十"号，按照排列的顺序，须把十110—118和110—118互相搀杂排列，其结果不是成为下列式样吗？

十110 中国哲学　　110 形而上学　　十111 易经

111 实体论　　十112 儒家　　112 方法论

十113 道家　　113 宇宙论　　十114 墨家

114 空间　　十115 名家　　115 时间

十116 杂家　　116 运动　　十117 近古哲学家

117 物质　　十118 近代哲学家　　118 力

依上开排列法，新旧类号，互相搀杂，既不美观，也乏系统；故决定改"十"号为"卄"，使卄110至卄118各号一律排在110至119之前，如此则新旧类号各能维持其系统，这也是很重要的一种规定。

"土"号的功用，介乎"十"号与"卄"号之间。"十"号只能排在同号码之前；"卄"号则不问个位的大小一律排在十位相同的号码之前，"土"号则不问有无小数及小数的大小一律排在整数相同的号码之前。例如土327为中国外交，土327.1为中美外交，土327.2为中日外交，土327.3为中英外交，土327.4为中德中奥外交，土327.5为中法外交，土327.6为中葡外交，土327.7为中俄外交，

±327.8 为中国与欧美其他各国外交，±327.9 为中国与亚洲其他各国外交；以上各类号，都是不可分开的，所以全体须排在 327 外交之前。又如欧洲外交是 327.4 中俄外交是±327.7，但因"±"号的关系，就不问小数的大小，应把±327.7 排在 327.4 之前。照这样看起来，凡有"±"号的类号，在排列顺序时，应该把小数看做取消了。然后把有"±"号的类号排在无"±"号的类号之前，那就没有错误了。

现在总括一下，凡"十""卅""±"三个符号都是本分类法就杜威分类新增的类号。这些符号都一一列明在分类表上，对于分类的人，本无问题，惟排列书架的人，因为这三个符号，各有意义，须澈底明白上述的条件，才不致错误。这些条件，概括起来，就是"十"号只能排在绝对相同的号码之前，"±"号可以排在整数相同的任何号码之前，"卅"号可以排在十位相同的任何号码之前。现在再举几个例如下：

812　±813.5　卅816　±813.3　十812.4　十812　813　卅819

以上各例依前述条件，应排列如下：

卅816　卅819　十812　812　十812.4　±813.3　±813.5　813

第二节　地名的分类

本分类法第二特点，就是关于地名的分类。杜威对于各国的地名，都是按着向来的习惯由洲而国，由国而省区县市等，逐个排列，逐个给他们顺序的类号。

我们对于外国的地名，因为杜威规定得很详尽，又因为已经采用得很普遍，所以我们还是照他一样，没有什么改变。不过，关于中国的地名，杜威本来没有详细分类，所以国内图书馆从前的分类，都是仿他的原则按照中国的行政区顺序列举，每处给他一个号码。东方图书馆从前的分类，也是这样。我国从前的首都是北平，所以按照各国的惯例，把京兆和直隶作第一区，用 1 来代表；东三省为第二区，用 2 来代表；山西，山东，河南为第三区，用 3 来代表，其中各省和各该省中的各府县也就按照顺序，各加一位或两位小数。

杜定友先生的世界图书分类法，对于中国地名的分类尤其是详细。他的分类表一共不过二百一十余面，而其中的地名表却占了六十面上下。我从前就觉得这样的把各地名列举在分类表内，每一地名给他们一个无意义的顺序号码，在检查上是很费时不便的；并且还有列举不尽的，若遇着新添的地名，那就更无法对付了。现在呢，因为国民政府革命成功，国都已经移到南京，依着各国分区的习惯，当然要把江浙两省作为第一区；第二区呢？恐怕就有问题了。因为两广可以说是这次革命的发祥地，总要占第二位，两湖也可以说是辛亥革命的发祥地；安徽山东，又可以说是和江苏最接近；因此第二区的决定，就不容易了。况且国都并不是永久不变的，万一因地势的便利，又有变动，图书馆的历史地理书，岂不是都要改变类号吗？所以我对于这一点，又决定一个重大的改革，就是不问各地方在政治上的关系如何，一律按他的名称，照四角号码检字法每字取其第一角的号码，譬如江苏就是 34，江西就是 31，浙江就是 33，广东就是 05，广西就是 01。我们只要按着号码的顺序排列，既省去检查地名表的工夫，还可以免除了谁先谁后的争执，以及随政府而转移的手续。至于县名呢，本来可以就全国的一千八百多县的名，第一个字取两角，第二个字取一角，譬如无锡是 808，江宁县是 313，那就分析得很细密了。不过为着要相对的维持旧有习惯，所以要把同省的县，排在一处，因此我就决定：凡是县名都加上省名在前头。譬如无锡作为江苏的无锡，南海作为广东的南海等等。然后每一字各取第一角的号码，例如江苏无锡的号码是 3488，广东南海的号码是 0543。如果遇着单名的县，这个县名就取第一第二两角去补足所缺的一个数字，例加浙江的鄞县，其号码为 3347，江苏的吴县为 3426。有人以为照这样办法有两个问题：第一就是江苏同湖南两省的号码都是 34 应该怎样分别。第二就是从前的书籍，往往有两湖两广两江等等的混合称谓，如照号码排列起来，恐怕不免要破开，那就应该怎么办呢？我对第一个问题的解决方法，就是遇着号码相同的两省，在第二码上头加一个指数，这个指数就是代表第二字第二角的号码。譬如江苏省的苏字第二角是 4，湖南省的南字第二角是 0，所以江苏的号码应该作 34^4，湖南的号码作 34^0。本来按照杜威的方法把一国土地分为若干区，同区的还是附加一个号码来区别；那末本分类法同号码的几省，也可以照样处置。况且杜威所附加的号码，仍就是没有意义的，我所附的号码，是按着四角笔画的种类，有一定意义的。因此这一个问题实在是不成问题的。关于第二个问题的解决法，也是一样的简单。譬如从前两湖归在一区，所以凡用两湖名义的书，还是排在一处。现在按四角号码排列，湖南湖北，一个是 34，一个是 31，好像是分开了但是遇着这种跨有两区的著作，我主张不要排在 31 或 34 之下，应该排在 3 之下，那就可以归在一起了。

　　此外两广两江也同此例；两广排在 0 之下，两江排在 3 之下，不过两江同两湖彼此都是 3，须加上一个区别，就是刚才所说的一个指数区别。就是将两湖作为 3^7，两江作为 3^1，这样便有分别了。如果一个指数不够，还可以加上第二个指数，总使到每一地名，都有他的相当地位。这样一来，我们的图书分类表中，可以省去三四十面的地名表；分类的人，可以省去了许多检表工夫。同时还可以省去谁先谁后的争执和随政治转移的麻烦，所以我觉得这方法是很便利的。

　　第三节　分类法的活用

　　杜威分类法有一种很便利的地方，就是许多类号可以活用，只要明白他的意义，熟记了几个表，对于许多类号，便可以一望而知，用不着检查分类表，而且分类表上也用不着一一列举出来，我现在把这些活用表扩充为四种，并且确定其合并应用的方法。

　　第一活用表　九小类

　　我们试翻本书分类表第六面，在哲学类名之下直接看见有下列的九小类：

　　101 功用　102 概论　103 字典辞典　104 论文；讲演录　105 杂志　106 学会：议录报告等　107 教学　108 丛书提要　109 历史

　　从这一段分类号码推究起来，我们知道"1"字，有功用或原理的意义；"2"字有概论通论的意义；"3"字有字典辞典的意义；"4"字有论文讲演的意义；"5"字有杂志的意义；"6"字有学会会议录报告的意义；"7"字有教学的意义；"8"字有丛书提要的意义；"9"字有历史的意义。我们若再翻看 200—宗教类名下，又见有"201—209 之分类与 101—109 同"一语。因此，我们又如道无论在哪一个类名之下，加入上述的 1，2，3，4……等号码，都含有上述各种的意义。因此，200 是宗教，201 便是宗教原理或宗教哲学（1 字在哲学之外各科，作原理或哲学的意义），209 便是宗教史；300 是社会科学，301 便是社会科学原理或哲学，308 便是社会科学丛书，302 便是社会科学概论；800 是文学，805 便是文学杂志，808 便是文学丛书，809 便是文学史等。以下由此类推，要是记得这九个字的意义，那就对于各类都可以把他分成小类来。不过有一件事要特别注意：就是这九个字号码用来表示前面所说九小类的意思，必定要排在一个 0 字之下，如果本来的类号是有两个 0 的，像 300 等，这个小类的号码，就应该填在第二个 0 的地位，成为 301、302、303 等式样。倘若原来号码只有一个 0 字，那就把九小类的号码，排在这一 0 的底下，譬如 370 是教育，那教育史的符号应该是 370.9，教育哲学的符号，应该是 370.1，又假使原来的号码是没有 0 的，譬如财政的类号是 336，财政学史就应该在 336 之下先加一个 0，再加 9，成为 336.09 的形式。这就是说：凡是这个小类所用的号码都应该排在一个 0 字之下。

第二活用表　国别

这活用表分为两种：

第一种是关于文化事业，只有文化较高的国家才有的，像分国书目，分国百科全书等，才适用这一种表。兹将本表列后：

＋1 中国　　1 美国　　＋2 日本　　2 英国　　3 德奥

　4 法国　　5 意大利　　6 西班牙　7 俄国

　8 挪威，瑞典，丹麦　＋9 东方诸国　　　　　9 西方诸国

＋91 东方诸古国　　　　　91 西方诸古国

例如本书分类表第四面 030 百科全书底下注明依 015 分国，这就是说，百科全书的分国方法和书目的分国方法一样，就是适用第一种的活用表。因此，只要按第一种国别活用表，分别把号码加入 030 之下，便可以表示国别的意思。但国别的号码可以直接在类别号码之下，不像九小类要隔开一个 0 字的，所以 030 是百科全书，＋031 便是中国百科全书，＋032 日本百科全书，031 美国百科全书，以下照此类推。

第二种是按照历史而分的国别表，现在择要开列于下：

940 欧洲　942 英　943 德奥　944 法　945 意　946 西　947 俄　948 挪威瑞典丹麦　949 欧洲小国　＋950 中国　950 亚洲　952 日本　954 印度　955 波斯　959 亚洲东南部小国　960 非洲　962 埃及　964 摩洛哥　968 南非洲　970 北美洲　971 加拿大　972 墨西哥　973 美国　980 南美洲　981 巴西　983 智利　985 秘鲁　990 大洋洲

991 马来群岛　994 澳大利亚

本表还没有详尽，要知其详，可参看本书分类表 940 至 999。但活用时第一个 9 字有时须删去，成为 40 至 90 的形式，这应该看应用本表的各该类有没有注明，譬如分类表中 336.4—9 号码下注明各国财政，那就第一个 9 字，当然删去；此外没有这样注明，而且含有历史意义的，似应加上第一个 9 字。

关于中国的符号，也和其他各国相同，但于卄 950 或卄 50 和某类卄号并用时，应将卄号改为十号，而且移在全号码之上。例如 330 是经济学，则中国经济学史应作十330.95。

上开第一第二两种国别表，以第二种应用较广。除分类表中注明照 015 分国者，应依第一表外，其余均依第二种国别表办理。

第三活用表　时代

代表时代的活用表，共有三种，分别列举并说明如下：第一种时代表，只适用于关系全世界的历史，计开：

930　　上古

909.1　　476—1199　（A. D.）

909.2　　1200—1299　（A. D.）

909.3　　1300—1399　（A. D.）

909.4　　1400—1499　（A. D.）

909.5　　1500—1599　（A. D.）

909.6　　1600—1699　（A. D.）

909.7　　1700—1799　（A. D.）

909.8　　1800—　　　（A. D.）

909.81　1800—1899　（A. D.）

909.82　1900—1999　（A. D.）

（例）

十九世纪经济史＝330.90981

二十世纪经济史＝370.90982

上古哲学史＝109.3

第二种时代表适用于欧洲或各国，但须排在国别之下，计开：

1 中古

2 近世

3 大战期内

（例）

欧洲中古外交＝327.401

美国大战期内财政＝336.733

第三种时代表，专用于中国史，计开：

卄951　历代

卄952　秦汉以前

卄953　三国；六朝

卄954　唐；五代

卄955　宋

卄956　辽金元

卄957　明

卄958　清

卄959　民国

（例）

先秦经济史＝＋330.952

清代学术史＝±041.958

第四活用表　类别

这活用表很是简单，其目的在以一种类名说明别种类名。例如教育心理学一书，因为心理学的类号是 150，教育学的类号是 370，如果认为这书侧重于心理方面，其类号，应作 150:37，反之，若认为侧重于教育方面，其类号就改为 370:15，这种例子，多适用于新的学科，为杜威旧分类法所未列举，故借此活用法，增加若干新的类号。

结论

以上列举四种活用表，除第四种为类名和类名的活用，形成新类号后，一切均照原类号办理外，其余三种活用表，均可同时并用，其原则如下：

（1）先小类，次国别，再次时代。

（2）两种活用号码之间，应加一个 0 号，如已有 0 号，则不必加。但小类之 9 与国别并用时，及国别与时代原系联为一号时，其间均不加 0 号。

现在依上列原则，举例如下：

教育思想史 = 370.109

（两小类并用）

英国政治概观 = 320.20942

（先小类后国别）

上古政治思想 = 320.1093

（先小类后时代）

欧洲近世外交 = 327.402

（先国别后时代）

英国教育史 = 370.942

（先小类，后国别，依原则 2，但书不加 0 号）

欧洲中古经济史 = 330.9401

（先小类后时代）

欧洲中古经济思想史 = 330.109401

　　　　（先两小类，次国别，再次时代）

中国先秦经济史 = ＋330.952

　　　　（先小类，次国别，再次时代）

中国先秦经济思想史 = ＋330.10952

　　　　（先小类，次国别，再次时代）

以上所举各例，均依原则编号，但实际上号码太长，写起来很不便当，若图书馆藏书不多，用不着详细区别的，可酌量删节，大抵可删节者有下列几种：

（1）最后的号码。

（2）时代的号码。

（3）特种类名关于历史之小类，如欧洲外交史的"史"字类号。

附中外著者统一排列法

图书的排列，除依照分类号码之外，还要按着著者姓名的顺序。这是因为同类号的书不止一部，须再按著者的姓名排列，才能够每书有一定的地位，我们常见图书馆书脊和目片所列的分类符号，都成为上下两行的形式。上面一行譬如写作 370.9，就是杜威的分类号码，表明这是一部教育史。下面一行譬如 M753 乃是代表这本书著者的符号。这符号所代表者为 Monroe 氏，是按照美国图书馆学者卡特氏（Cutter）所编的著者姓名表而来的。这张表，共有十六面，每面长一英尺上下，宽六英寸上下，内容一万多个姓名，对于每一姓名除取其第一字母，像 Monroe 的 M 之外，再按照其在表上排列的顺次，给以一个号码。因此，这个号码是毫无意义的，是完全按照排列的顺序武断的。关于图书分类的符号，在略知其原则的人，大都可以从理解上推出一个号码。但对于著者的符号，却无论怎样有经验的人，总无法记得哪一个姓名应该用哪一个符号。因此，对于图书分类号码上所费的时间，远不如对于著者符号所费的时间来得多。这实在与图书馆工作能率有很大的关系。而且这方法，还有一个缺点，就是外国著者的姓名可以用一个字母和几个号码代表，中国著者，又应该用什么方法编成符号，才可以同外国著者排列一起呢？三年前当东方图书馆将要开幕的时候，我因为把中国图书都按中外图书统一分类法排列，结果，已能够和外国图书排在一起。但后来觉得类号虽是中外统一，著者的符号，还是无法统一。当时因为东方图书馆赶紧要开幕，急不及待的便仿照圣约翰大学图书馆的办法，把中国著者的姓用罗马字母音译，取其第一字母和姓的笔数合成一个符号，譬如蔡元培的蔡字用罗马字母音译就成为 Tsai，这里采他一个 T 再加蔡字的笔数 15，就成为 T15 的形式。照这样情形，与上述 M753 的外国著者号码并列起来，倒也像中外统一了。可是这方法绝无理由，并且很不方便：一来为什么要把中国姓名用罗马字母音译？为什么不把外国姓名用中国字音译？二来究竟根据哪一国的音译才对？三来中国字的读音各地方不同，究竟采哪一处的读音？我们从前编成著者号码，是假定采英文拼音，而且把中国姓名按照国音的读法，所以翻译姓名的时候，只好以英人威妥玛（Wade）的国音英译表为标准。这样一来，虽可以矫正纷歧的音译，可是凭空加上检表和计算笔画的工夫，又是何等的麻烦呢！我对于这方法常常不满意，以为须有根本的改革才好。自从我发明了四角号码检字法，把号码代表各字笔画的称类，就觉得外国字母，也可以同样原理，用号码来代表。我想了好久，最近才想得一个方法，就是用十个号码代表二十六个字母，编成一种罗马字母号码表如下：

0	1	2	3	4	5	6	7	8	9
A	B	C	D	E	F	G	L	M	S

OH　　P　　K　　T　　IJY　VUW　Q　　R　　N　　XZ

上表从 0 到 9，每一个号码代表几个字母。其中除 A，B，C，D，E，F，G，L，M，S 十个字母系依顺次排列，极易记忆外，至于 O 字附属于 A，就因为 A 和 O 两字声音相近，又 H 读如 Ha（哈）音，也是相类，此外像 P 和 B，K 和 C，T 和 D，IJY 和 E（J 字在德文读作 Yot 音），VUW 和 F，Q 和 G，N 和 M，XZ 和 S 等，都很容易联想为一起。我们只要花几分钟，记熟了上面这张表，就绝对用不着检查什么姓名号码对照表，登时可就每一个姓名推到他们相当的号码。如果只取姓的四号，则 Henry 的号码，就是 0487，Monroe 的号码就是 8087。如果要在姓的四码之外，加上两名的第一字母号码，那就 Henry，O. B. 的号码，是 048701；Monroe Paul 的号码是 808710。依这方法，不独从前检查卡特氏姓氏表的工夫，完全可以省去，而且用不着把中国姓名翻成罗马字母，或是把外国姓名翻成中国字。对于外国姓名只要照上表翻成号码，对于中国姓名只照四角号码法编为号码，那就真个中外统一了。

我们最近已经把东方图书馆所有中外藏书三十余万册，都照中外著者统一排列法改编著者号码，实际上觉得六码犹嫌太多，只用四码就够了。我的四码取法，就是对于姓取其两码，两名各取一码；如果只有一个单名，那就对于名也取两码。例如蔡元培的号码是 4414，胡适的号码是 4730，Henry，O. B. 的号码是 0401，Monroe Paul 的号码是 8010，按照这种号码排列，如果有相同的书，那就对于相同的几个号码，再按书名第一字的第一角或第一字母，加一位小数在上述四码之后，就不至再有相同的了。依此方法其利有三：

（一）无须把中国姓名译为西文，或将外国姓名译为中文，彼此均以世界共同的号码为共同标准。

（二）从理解上可以推得任何姓名的号码，绝对无须检表，可使编目者节省时间不少。

（三）在书库中参考书籍的人，如略知中外图书统一分类法及中外著者统一排列法，就用不着翻索引，可以直接从书架上检得所想检的书。

同年一月教育部划定全国教育区域，计大学本部分七区：北京、南京、广州、武昌、太原、奉天、兰州。高师教育计分六区：直隶、东省、湖北、四川、江苏、广东。小学区每省分为八区或十区，每区应设小学一百二十所。

同年二月二十三日，教育部申令各教育厅，凡初级小学应一律用国语教科书教授。

同年三月十六日，教育总长王九龄就职，各校反对，致起冲突。

同年四月十九日，教育总长王九龄请假，着章士钊暂行兼署教育总长。

同年四月二十三日，中华图书馆协会在上海成立。

同年四月，商务印书馆哲学辞典出版。

查该辞典规模虽不大，惟系我国首出之一部，兹将其序文与例言附后：

序一

论者谓一部哲学史不过名辞上之聚讼而已。此虽言之过分，然亦不为无见。即如吾国格物致知之说，释之者各执一辞。程朱陆王之争，论点虽多，而其对于格物致知之见解不同，为其荦荦大者，殆无疑义。不惟吾国哲学史如是，西洋哲学史上亦何独不然。其所以之故，有可得而言者。思想演进，各就其主观之见解以释前人之文：此其一。后人深思独见，不愿自居创获，而托于前人以重其说：此其二。或别有启见，而无相当之辞以宣其意，强借成文以宣之：此其三。惟其如是，故哲学著作中往往同一辞，而用之者几乎一人一义，十人十义，令人迷离恍惚，莫知其真意之所在。哲学辞典者，网罗哲学之名辞，列其歧义，载其沿革，使学者知各辞随人随时随学派随科目而异之义蕴者也。是以有哲学辞典，则研究哲学时可不为名辞所困。今商务印书馆方将刊印哲学辞典，远寄稿本于余。余惟吾国年来研究中西哲学之风大盛。惟西洋哲学上名辞之歧义已令人望而生畏；而国人译之，又不一其辞。所以从事哲学者往往入手即遇困难，而挫其研究之锐气。此书网罗西洋哲学名辞甚夥，每辞下附有英德法三国文字。译名多取通行者，虽未敢谓悉臻妥治，然读其注释，可知原文之意义；其有西文一名而中文异译者，释文中亦备列之。其为用计可谓周至。余喜其有裨于吾国之学界也，故乐为之序。

中华民国十四年四月　蔡元培

序二

辞典和字典的功用不同：字典是解释文字的意义的，辞典是说明事物之来历与状况的。哲学辞典就须要兼有这两种性质：一面要解释名词的各种不同的意义，一面还要说明某某哲学家的事迹，和某某学说的内容。所以哲学辞典不是一部容易编造的书。中国现在留心哲学的人渐渐增多，而研究别科的人需要参考哲学书籍的也不少。有时偶然遇见哲学或其所统括各学上的一个名词，往往要检查许多书籍才能找到。有时找得后还不能给读者什么帮助；因为通常哲学书籍，并不是专为说明名词或叙述哲学家而设，所以很难从这类书中寻得读者当时急需的知识。樊先生编的这部辞典，恰恰是应这种向来无法满足的需要的。我们对于樊先生的"苦心孤诣"，是应当表示十二分钦佩的。虽然他的这部书并不是一册极丰富极广博的哲学辞典，但在册子这样大的书的范围内，是一部普通适用的书，是一个难得的来得凑巧的贡献。

上海，十四、二、十六，唐钺

例言

一是编罗列哲学的术语之主要者而解释其大义，以供一般读者及研究哲学者参考之用。

一此书说明求简单而避繁冗；但间有义本分明不待解说而仍施以解说者。

一书中说明多相题材之性质，或辨析同异，或叙述变迁，或援引例证：要各随其重要次要，而所释不无详略。

一广义之哲学，本包括心理学、伦理学、论理学、美学及其他实践哲学各科而言。如欧洲哲学之与神学尤有密迩不离之关系；且自然科学亦非能与哲学截然对立者，而此等学科中又自包括种种分科（例如神学心理学）。其与此等学科相关联者，更不一种（例如生理学之于心理学）。其范围广泛如斯，选取术语，势难严设限界。兹编姑就术语之习见者，晦涩难解者酌量采择。若夫政治、经济、社会、教育、物理各学之属，当更专编辞书，兹宁阙而弗详。

一原语同而译语不同者，分三项：（甲）意义既殊而应用有别者，以译语为主，分条述之。例如：Idealism 一语，普通于认识论及心理学上，译作观念论；对实在论或机械论而言。于形而上学译作唯心论；对唯物论言。又于伦理学上译作理想主义；对本能主义，功利主义，形式主义等而言。兹则分列观念论，唯心论，理想主义各条。（乙）译名尚未一，而意义全无别者，仅载其异名于目次中而注曰"见某某条"。例如：唯名论之下，注明"见名目论条"，即是有目无文。欲检阅唯名论者，可依所注页数径就名目论观之。此种无定之译语，亦只列其皆已通行者，碍难遍举。（丙）其意义之无分别，虽与乙项同，而略须说明者，则作为乙项之例外，仍分别两条，于其说下注以"详见某条"等字样。例如：形而上学与纯正哲学。

一译语同而原语不同者，以译语为主而注可通用之原语于其下。

一原语译语皆不同，而内容全同者，仍分立两条；而只就其一说明之。

一相关的术语，势须合并解说，方易明白者，仍就其中一条解说，余则注以"详见某条"等字样；但此类术语有可施以简短之说明者，则系其说明于本条下，以免辗转翻阅之烦。虽注以"参阅某某条"等字样，然不及参阅，未为不可。

一术语之以一纲括数目者，或仅举其纲，而于所既说明之各细目不复分条立说。

一援引诸家之说，虽有依括弧以明起讫者，然多系撮述大意，非必从其所著书中精密移译，故不及注其出处。

一词句易涉含混者，间或施括弧「」以期醒目。

一是编排比之次第，先以首字之笔画多少为准，首字同者，其字数多少为准；先二字，次三字，又次四字五字；其字数同者，再以第二字之笔画多少为准；第三字以下类推。

一除卷首中文目次附载页数以便检查外，卷末附有中西术语对照之索引，其人名之中西文别为索引，两表具依西文字母为次第，而注中文译名于其侧，且均载页数，以便检查。间有应列入而排印时本文未收之条，特编为补遗，以备参考。

同年五月七日，教育总长章士钊禁止学生开会，学警发生冲突，学生除受伤外，被逮者十八人。同日下午学

生亦捣毁章宅，章氏辞职，北大教员发表宣言，以明
当日真相与责任。

同年七月十五日东方杂志发行五卅事件临时特刊，篇首
由余撰"五卅事件之责任与善后"一长文，开罪英租
界当局，特于会审公廨以煽动华人，妨碍秩序，对余
起诉。

　　事先余因日本纱厂，在厂中枪杀工人顾正红，学生奋起宣传，
又遭英捕头惨杀，曾以英文投书美国人所办之大陆报，经刊出后，
引起美英正义人士之共鸣，业已激动英租界当局之注视。至是英人
之压力益加重，余乃刊行东方杂志临时特刊，依法据理指责租界英
当局之胡为，因而对余提出控拆。英国陪审之副领事，于余与所聘
律师辩护中，辄拟提笔判余罪，幸赖主审之我国关炯之力阻。结果，
对余所撰文，卒无懈可击，乃就其中所插漫画一幅，谓有煽动国人
反英之嫌，判令缴纳二百元保证，一年以后，如不再发生同样事件，
即予发还。兹将余所撰文附后：

五卅事件之责任与善后

王云五

　　自五卅事件发生，我政府国民，同深愤慨；甚至平时互相水火
之政敌，亦舍弃意见，一致对外，则以英捕之惨酷行为与租界当局
之高压政策均非寻常外侮可比故。今者交涉虽经提出，英人尚未悔
祸，而淆乱是非之外论，仍造作不已，不可无词以辟之。勉抑感情，
专论事理，就此次事件，论定英人应负之责任及善后应采之方法，
而于论定之前，并证明我国学生对于此案并无应负之责任。

　　甲　我国学生之责任问题

　　此项自六月十一日上海会审公廨宣判后，已获得一种公式的证

明；惟判词较简，且有若干点未曾括入，故为英人辩护之外报，尚有所借口。兹将五月卅日我国学生在公共租界之游行演讲事件，分别就道德上及法律上之责任详为评判，以杜口实。

子　道德上之责任

此次学生游行演讲，其目的有二：（一）因内外纱厂工人顾正红，被该厂日人枪杀，另有工人多名受伤，而租界报纸因迭受工部局裁制，不许登载工潮，故于此事尚无记载。学生界寄同情于此案死伤之工人，出而募捐抚恤，并开会追悼，乃先后有文治大学及上海大学学生六人，因此为租界捕房所逮。学生等认此项事实有宣布之必要，而报纸既不便登载，不得已乃于五月卅日分班在租界各处讲演，虽明知或致被逮，既然以无他法可使社会注意此惨案，则借多数人被逮之机会，间接将此惨案宣布于公众，亦所不惜。（二）因公共租界工部局历年提出压制舆论之出版附律案及侵犯我国主权之交易所领照案等，虽以不足法定人数未能议及，本年竟下大决心，于纳税人年会后不久再召集特别会议，必欲使该案通过而后已；乃更乘游行演讲之机会，引起市民注意于此等切身关系之事。

上开二目的，从道德方面评其价值，则第一乃基于人道主义，第二基于民治精神；请申论之。

我国习惯，向虽重士人而轻劳工，然在乡僻内地，劳工自作自食，尚无何困苦，近年城市中大规模之工业日益发达，劳工遂与机器相拟，加以生活程度日高，贫富相去日远，于是劳工境况亦日趋于困苦。在本国人所设工厂，因同情所在，尚有种种对于劳工福利之设备，其在外人所设工厂，则因强弱地位之悬殊，加以情形隔膜，往往不注意于我劳工之福利。劳工为境况所迫，不免有罢工要求之举动。厂主复恃强压制，动武行凶，伤毙人命。嗟我劳工，宁独非人耶！学生界对于此等颠连无告之劳工，出而援助，其尊重人道，拥护正义，一洗从前重士人而轻劳工之习；此正如投函于六月四日大陆报之西人 Harry Kingman 所言，可为中国青年界道德进步之左证。乃上海某某等西报，对于此种可敬之行为，妄加讽刺。谓江浙战事，无辜惨死者不知几许，学生界不闻有何举动，独于一工人之惨死，而大张旗鼓，殆别有作用云云。此诚荒谬绝伦之论调也。江浙之役，吾人救死扶伤之热烈如何，姑不具论，然平时之与战时，外国资本家之与乱兵土匪，岂能相比拟；乱兵土匪之杀害无辜，友邦人士，正应为我痛惜，若书者竟借口此事，谓外国资本家亦可援例杀害无辜，则诚未免失言矣。

现今政法原则，有义务则有权利，出租税则有出代议士之权。查租界工部局之收入，我华人任其八九；而于租界政权，绝不能参与。即如工部局历届提出之印刷附律交易所领照等案，均与我华人之自由权利及我国家之主权有重大关系，只以不能出代议士之故，既无法阻其提出，又以不能参加纳税人大会之故，更无权将其否决。青年学子，为民治精神所影响，遂乘此说明顾案之机会，促租界内之中国市民注意此事。此项关系参政之运动，为现今民治原则所许；最近如日本之普通选举运动，欧美各国之妇女参政运动，屡见不一，虽人数众多，备极激昂，或且不免妨害秩序，然其当局对付方法，无不出以和平，绝无有以暴徒相待者。况此次学生演讲，据工部局布告，三十日下午一时五十三分，老闸捕房捕头爱伏生所查见之讲演者只有一人，持旗站立附近者不过二人（见六月二日字林报）。又据西捕司的芬（Stevens）供称，是日下午三时以前捕头命其至西藏路巡视，只见七十五人至百人环绕而听演讲，亦无何种激烈之行动（见六月二日字林报）。则较诸东西各国大规模之参政运动，其激烈程度相去实至远矣。

总上述二项论断，则我国学生对于五卅之游行演讲，在道德上实不负何种责任。

丑　法律上之责任

上海公共租界系中国领土，中国人民在本国领土内之行为，当然受本国法律之保护及裁制。查中华民国临时约法第六条第四项规定人民有言论著作刊行及集会结社之自由；此为根本上确立之原则。其因特殊情形，对于此项自由加以裁制者则有如左之法令：

（甲）治安警察法第十五条　警察官吏，对于屋外集会及公众运动游戏或众人之群集，认为有左列情形之一者，得限制禁止或解散之。

（一）有扰乱安宁秩序之虞者；

（二）有妨害善良风俗之虞者。

（乙）同法第二十一条　警察官吏，对于通衢大道及其他公众聚集往来场所黏贴文书图画，或散布朗读，又其他言语形容并一切作为，认为有左列情形之一者，得禁止并扣留其印写物：

（一）有扰乱安宁秩序之虞者；

（二）有妨害善良风俗之虞者。

以上甲乙两条，对于屋外集会及在通衢大道黏贴文书或散布朗读等事，原则上并不禁止，惟有扰乱安宁秩序或妨害善良风俗者，始加禁制。查本案学生演讲对于善良风俗，非徒无害，且甚有益；其对于扰害安宁一节，则据英捕在会审公廨之口供，学生演讲时并无暴行，自不成问题。又对于妨害秩序一节，则秩序二字之定义显然见于法令者，为暂行刑律之第十六章妨害秩序罪，其中列举条文，计有二二一条之以文书图画演说或他法公然煽惑他人犯罪者，二二二条之以强暴胁迫或诈术妨害正当之集会者，二二三条之以强暴胁迫或诈术为：㊀妨害贩运谷类及其他公共所需之饮食物者，㊁妨害贩运种子肥料原料及其他农业工业所需之物品者，㊂妨害使用多数工人之工厂或矿坑之执业者，二二四条之从事同一业务之工人同盟罢工之首谋者，二二五条之无故入现有人居住或看守之第宅建筑物船舰或受阻止而不退去者，二二六条之诈称官员僭用官员服饰徽章内外国勋章者。本案学生在南京路及其附近演讲时，对于以上列举之妨害秩序事实，亦绝对无关系。故完全按照中国法律规定，对于此项演讲者加以禁制已属非法，矧更因此而发生绝大惨案乎？

然而各西报除对于学生演讲，张大其词，谓为出自排外过激之动机外，并于群众拥聚老闸捕房门口一事，加以暴动之罪名，借以辩护枪杀市民之行为。兹举中国法律对于暴动及其应付方法之规定如左：

（甲）暂行刑律第一百六十四条　凡聚众意图为强暴胁迫，已受该管官员解散之命令，仍不解散者，又同法一百六十五条，聚众为强暴胁迫者，均成立骚扰罪。

（乙）警械使用法第四条　警察官吏非遇有左列情形之一，不得拔刀或放枪：

（一）凶徒持凶器加危害于人民之生命身体财产，非拔刀或放枪，别无保护之术时；

（二）逮捕罪犯追捕逃囚，其罪犯逃囚持凶器拒捕，非拔刀或放枪，别无防御之术时；

（三）暴徒扰乱公安，事起仓卒，非拔刀或放枪，别无弹压之术时。

同法第五条遇有第四条各款情形若将拔刀或放枪时，而其人即有畏服之形状者，须立时中止之。

本案学生及市民拥聚捕房门口时，是否成立骚扰罪，及是否适用警械使用法，当先研究左列各事实问题：

（一）群众为何拥聚捕房门口？

（二）群众有无强暴胁迫捕房之行为？

（三）捕房有无充分有效之解散命令？

（四）群众有无不肯解散？

（五）群众有无凶器？

（六）群众被逮捕时有无拒捕？

（七）群众有无扰乱公安？

兹分别按照事实解答如下：

（一）老闸捕房逮捕学生三人后，有十五学生随至捕房愿同受拘押；捕头准之（爱捕头自供）；其时各处看热闹之人，因多数学生被逮，好奇心为之鼓动，故愈聚愈众。（美国人爱迪生见证及六月十一日会审公廨判决文。）

（二）此次学生游行演讲，盖怀有一种无抵抗主义，故于逮捕时绝不抵抗，甚且有人愿随同受押；其用心良苦，故对于捕房绝无强暴胁迫之举动。此层美国人安迪生（S. R. Anderson），克礼恩（Dr. John W. Cline），及英国律师克威（Arthur Covey），均于六月十日在上海会审公廨证明。克威氏并谓前在外国会见群众集合多次，但无有如此南京路民众之安静者（见六月十一日大陆报）；故虽以有外人陪审之会审公廨，于其所下判决文，亦明认学生无暴动之意；并谓此外之群众，或由于好奇，或由于偶然，而互相集合（见六月十一日上海会审公廨判决文）。

（三）捕房所谓解散命令，据爱捕头自称，仅由爱捕头自己说"停！停！打死你们"一语，且只越十秒钟即行开枪。按外人所操华语，本不易使人明白，况"停！停！"一语，仅令群众停止前进，并无命令解散之意；即使听得明白，群众亦不知含有令其解散之意。又况以十秒钟之短时间，欲令一二千人解散，实际上断不可能。总而言之，英捕房确未施行充分有效之解散命令。

（四）据爱捕头供称，当群众随被捕者拥入捕房时，由西捕四人用手驱逐群众退至市政厅旁，但因后方拥挤更甚，不能再退。此可见群众并非不肯解散，只以后路拥挤，且爱捕头及各证人均谓彼时市厅门口尚有电车及各种车辆，则群众不易再退，更可想见。乃该西捕等不问有无出路，只知强迫，同时后路看热闹者又纷纷前来，群众遂不得不拥回捕房门口。及英捕开排枪时，群众甫得警告，纷纷转身四散：试就牛惠生及其他医生三四人之证明，死伤者枪弹多从背后或侧面而入，又可见第二次拥回捕房门口后，群众亦无不肯解散之事实。

（五）关于凶器一层，无论捕房及证人方面均证明无有。

（六）群众被捕；此层亦为各证人所证明。

（七）法文中所谓暴徒扰乱公安，当指持有凶器之群众，怀抱野心，一面劫夺公署，以制止保护公安之机关，一面则实行破坏公共之安宁也。此次群众如有袭击捕房之意，则于第一次随被捕者拥入捕房时，必不肯轻易为西捕四人徒手驱至市政厅，又如西捕科尔及斯蒂芬供称，当群众从市厅拥回捕房门口时，曾将彼等推倒地上，然彼等卒能安全回至捕房门口，则此举当非事实，否则必非有意将彼等推倒也。又关于公众安宁一项，则学生之目的只劝众人注意于应有之权利及表同情于受害者，其于一般市民固绝无妨害安宁之意。至捕房所谓"杀外国人"一语，各证人均无所闻，自不能认为事实。

自上开各事实观之，则五月三十日，我国学生市民在公共租界之举动，不独于道德方面无可疵议，即于法津方面亦无何种责任也。

乙　英捕及租界当局之责任问题

此次事件之发生及演进，英捕及租界当局均负有重大责任，不独我国人言之，即他国人——甚至明白事理之英人——亦言之；但具体上究负何种责任，则言人人殊，兹分别就国际法国内法及道德三项，详晰研究之：

子　国际法上之责任

此为外交上最关重要者，国人于此尚鲜注意。以著者所知，英人对此事件，在国际法上至少须负左列之四种责任：

（一）违背条约　查中英江宁条约第二条规定，上海为中国政府恩准英国人民带同所属家眷及英国领事官驻扎之地方；其性质当然与割让地或租借地不同，即一八六三年英外务大臣训令驻华英使亦言："英国租界之地自系中国领土，毫无疑义。"又一八六四年，北京公使团会议上海市政，其议决案之第一条云："上海租界所得设立之任何领土权，应经由各国驻京公使请求中国政府特许。"又第二条云："前条领土权不得超越市政事件道路警察及市租税之范围以外。"其后上海工部局章程虽迭有更改，然无论如何，其权限固不得超过上述之各原则也。查临时约法第三十六条临时大总统得依法律宣告戒严；又查戒严法第一条，遇有战争或其他非常事变对于全国或一地方须用兵备警戒时，大总统得依本法宣告戒严或使宣告之，又同法第五条，遇有非常事变须戒严时，由该地司令官呈请大总统行之，若时机切迫，且通信断绝无由呈请时，该司令官得临时宣告戒严。自上开各法文观之，则上海租界当局当然不能有宣告戒严之权。今领事团及租界当局，借其所谓紧急戒备（State of Emergency）之规定，不经会审公廨判决，封闭及占据私立学校多所，且对于我国市民停止南京路交通至数日之久；实际上无异于宣布戒严。试问此种权限，是否根据中国所特许。其为违背条约毫无疑义。

（二）残杀无抵抗能力者　国际法以尊重人道为原则，虽对于交战国之非战斗员亦不得伤害。甚至攻击敌人城堡之时，亦有注重人道之必要。国际法大家伯伦智理（Bluntchili），及卡尔和（Calvo）诸氏论之綦详。海牙和平会第二次协约第二十六条，亦明定除炮台外所有其他城市乡镇被轰击时，其施轰击之敌方应于二十四小时前通知该城市乡镇之非战斗员，俾得及早逃避。此在战时对于敌国尚如此；若在平时，对于友邦之无抵抗能力者之生命更应如何尊重，自不待言。顾此次惨案，除五卅老闸事件惨无人道外，尚有六月二日下午五时之新世界事件。该事件之严重，在国际法上较五卅事件尤有过之。据六月三日上海泰晤士西报载，是日下午五时一刻，有子弹从新世界北部二层楼窗口飞出，美商团员麦克美丁医生臀部微受伤，美团员却捕来司坐骑中弹立死，氏亦堕地，但即爬起，新世界窗口续有子弹飞出。商团巡捕闻声四面赶至，开枪射击，更一分钟遂有二百余长枪手枪向新世界南北二部射击；跑马场内商团闻警立即集合，从西面向新世界射击，于是新世界东西两面受弹，游客四处乱奔，其内部更时见火光，颇有失火之虞。射击共十分至十五分钟，接续不停；所发之弹不下数千云云。此一段新闻，不知现今所谓文明国民，所谓国际法学家，所谓因反对德国潜艇政策而加入欧战团之正义国民，对之作何感想。而其违反国际法，自不待言矣。

（三）侵犯我国主权　上海公共租界之法律地位，不过一种自治市而已。查我国地方自治试行条例第五条：自治区得就自治事宜制定自治规约，但不得与本条例及他项法律抵触。又自治制第五条：凡市关于其住民之权利义务及自治事务得制定市公约，但不得与本制度及其他法律抵触。又同法第六条：市因执行市公约及管理使用之财产营造物与公共设备，得制定市规则。观此，则自治市之立法权限甚为明了。即前上海公共租界系依条约而发生，与寻常自治市稍异；然查一八六四年北京使团会议上海市政，其议决案之第二条亦限定上海租界之权限不得超越市政事件道路警察及市租税之范围以外。今中国政府对于出版物之裁制，已有刑法及其他法令；其对于交易所之裁制，亦有三年十二月颁布之证券交易所法，十年三月颁布之物品交易所条例等，租界当局如欲对于出版物及交易所等加以裁制，则在中国领土之上海内，对于中国人民，当然须尊重中国国家颁布之法令。其对于他国之人民，则既有领事裁判权关系，纵使订有何种附律，仍须听由各该国领事法庭自由裁判，而无法强制之。又即照现在情形并未订立何种附律，亦未尝不可向各该领事法庭起诉。由是观之，则此项与中国法令抵触之出版附律交易所领照附律等案，租界当局不仅无权提出，抑且不必提出。今竟悍然为之，且陆续提出至七八次，苟非弁髦我国法令，蔑视我国主权，何以至此！使此等抵触国法之附律可任其通过施行，则再进一步，另定刑法，另定宪法，均无不可。将置中国主权于何地耶？

（四）侮辱我国人民　依国际法通例，不仅对于友邦国家，即对于友邦人民，亦宜施以相当敬礼。盖人民为国家之组成分子，侮辱其一般民众，即无异侮辱国家也。查六月五晚英捕及义勇队无端将行路之华人千余，不分等类，概以枪刺逼列一队，拘入捕房，行走稍缓者即以枪柄痛击；至捕房后，驱立雨地一小时之久，始经西捕搜检全身，呵叱而释（根据方菊影致江苏特派交涉员函，见六月六日申报）。按此种举动，与其谓为对待市民，毋宁谓为对待敌国之俘房。五卅一役，我国学生市民之举动本无可疵议，纵彼误认有多少暴动之性质，而加以戒备，亦只可对于一二形迹可疑之行人略加搜检，断无有簇拥千余人，不分皂白，一律拘入捕房之事理。今彼悍然为之，心目中已不复以友邦人民待我民众，其侮我国者甚矣。

五　法律上之责任

本案首先发令开枪之爱伏生捕头系英人，而捕房总巡及工部局当局亦大多数系英人，依向来英人在中国之法律地位，只能按英国法律负责，兹姑就英国法律评判之。

为爱捕头辩护者辄谓英捕认五卅之举为暴动，故依英国暴动法

（Riot Act）而用武力解散。此实无理之尤。因被指为暴动者均系中国人民，在中国领土之内，断无适用英国法律之理。即使英捕全照该法规定而执行，仍以所对付者非其人，不能免除责任。况该法规定，凡民众聚集有妨害治安之虞者，或可使神经健全之人惊骇者，得由治安判事州郡知事或市长宣读解散之命令，越一小时仍不解散，始得强制解散或逮捕之。其于解散或逮捕之时加以武力的抵抗者，可召集警察或路人以武力对付武力，但所用武力仍以合理的或不过分的为度。其因此而致抵抗者于死伤不为罪；否则至少当负杀伤罪。（Earl of Halisbury—Laws of England. Vol 9、472、473、586、587.）今五卅一案，不仅群众并未以武力抵抗逮捕或解散，业经上文证明外，据英捕头亲供，仅于警告群众解散十秒钟遽行放枪，是其自己并未遵守所谓英国暴动法之规定，更安能据此以为辩护乎？

此外可为英捕辩护之根据者，则为法律上之自卫。查英国法学大家戴雪氏（A. V. Dicey）于所著宪法概论（Introduction to the Law of Constitution）一书，论自卫权利章（原书第四八九至四九七面）至为详明，大旨谓自卫之范围当介于两者之间；一方面当使人人有抵抗侵犯以维持自己权利之权，一方面当禁止私斗。盖不许自卫，则安分守法之人将成为强暴者之奴隶；过纵自卫，则法庭失其效力，一切争执视武力解决，二者皆非也。故自卫须基于左列之两原理：

（一）凡人为保障其自由身体或财产，得施用必要的及合理的或合乎比例的武力，所谓必要的，即指不超过可以达到此项目的之程度，所谓合理的或合乎比例的，即指对于侵犯者所加之伤害与其所欲抵御之伤害作正比例；无论何人，不得因保障自己权利之故而施用不必要或不合理之武力。

（二）凡人于抵抗对于自己之身体自由之非法攻击时，得使用任何之必要的武力以自卫；但其对于攻击者所致之死伤是否得免负责，视其对于生命肢体或永久自由之自卫是否必要为断。

上述二原理，第一种名为必要的与合理的武力之适法主义（Doctrine of the "legitimacy of necessary and reasonable force"），第二种名为自卫必需武力之适法主义（Doctrine of the "legitimacy of force necessary for self-defence"）。依任一主义而杀伤他人者不为罪，否则按律治罪。譬如某甲受某乙攻击，确有生命之危险，既无他法抵抗，又无他法可以避免，则不妨施用武力，因而致乙于死伤者不为罪，盖此举对于第一主义则为必要的及合理的武力，对于第二主义则为自卫所必需之武力也。反之，若对方仅有侵犯之行为，而其行为并非强暴，或虽强暴而不至致人于死或重大之伤害，或虽可致人于死或重大之伤害，而另有他法可以抵抗或避免者，仍不得径用剧烈之武力，即致对方于死，否则不能援自卫原则而幸免于罪。即如七十年前有摩尔上尉（Captain Moir）之土地常受他人骚扰，上尉不堪其苦，乃张贴通告，言再有犯者当开枪击之；其后仍有某人来此骚扰，上尉与以相当警告之后，仍不退去，乃开枪中其人之臂，旋由上尉出资妥为医治，不意其人因伤而死，法庭逮上尉审判，卒以杀人罪定案处死刑。观此一案，凡施用非必要的或不合理的武力或不因自卫生命所必需之武力，无论其原因是否由于保障自己合法的权利与抵抗他人非法的侵犯，均不能脱免杀人之罪也。又如一八五八年 Reg V. Hewlett 一案，甲被乙殴打，甲即拔刀刺乙［原本"乙即拔刀刺甲"，疑误。——编注］，法官对于此案之宣判，则谓除甲所遇者为强盗或犯同等重罪者或可使甲有生命之危险者外，则不应拔刀自卫。观此，则虽遇强暴攻击之行为，而有他法可以抵抗者，若径致其人于死或重大之伤害，仍不能免罪。又查 Stephens' Criminal Digest 第二二二款，凡对于殴击自己之凶徒，必须施用可以致该凶徒于死或重大伤害之武力时，应先行退避。譬如甲为凶徒所攻，甲囊中有手枪，不得遽行开放，必须极力退避，若凶徒继续追击，致甲为墙壁所阻，退无可退时，始得开枪；否则甲仍不能免罪。此更可证明虽受攻击而另有他法可以避免者，仍不得施用剧烈之武力也。

今返观五卅一役，按照上文所证明者，则学生市民方面既无强暴行为，且手无寸铁，更不能致人于死或重大伤害。况英捕方面尚有可以抵抗之他法二种。一则据爱捕头自供，老闸捕房本装置有救火皮带，若以此驱散群众，当无不解散者。一则如非开枪不可，则何如开向空际，或向群众足部放射，俾不至危害生命。此外尚有避免惨杀之一方法，则以老闸捕房之位置，距南京路闸门不下二百尺，中间经过狭长之甬道一条，设英捕等以在场巡捕人数不多，未能驱散群众，则又何妨先行退守甬道，关闭闸门，一面电话请新闸及福州路捕房多派巡捕，会同将众人驱散。凡此种种，皆可以同时保护捕房，解散群众，并可免流血。而据爱捕头在会审公廨之供词，则对于空际及足部放射一节，初则诿称恐伤及无辜，继则直认此与渠所受之命令冲突，据谓该命令系指非至最后不得已之时则勿放枪，放枪则以致人于死为目的。无论彼时固非最后不得已之时，即确有不得已，亦断不可以致人于死为目的。是则发此命令者固草菅人命，执行此命令者尤滥用职权，均与法律上自卫原则大相冲突，又况其所放之枪弹多至四十四，其与自卫原则相违，更不知几远矣。

以上仅论五月卅日爱伏生捕头等对于法律所负之责任，至其后数日租界各地之惨杀，日有数起，则断非爱捕头一人之责，租界当局皆与有责焉。盖自五卅事件发生后，我国市民激于义愤，罢市罢工，以求正义之解决。租界当局鉴于五卅之失察，尤当格外慎重，以和平方法劝慰我市民，乃不此之为，只知武力强制，对于手无寸铁者，辄以枪弹相拟，致先后又惨毙多命，则其在法律上所负之责任，又将如何？

寅　道德上之责任

凡不顾国际法上或国法上之责任者，本无道德责任之可言。惟今之所谓文明国家，辄借口仁义，以行侵掠，屡见不一见。此种乡愿之行为，较诸半开化或野蛮民族之心口如一者，尤与道德之前途大有关系，是不可不一辩也。仅就本案观察，则今之所谓文明国于道德上至少须负两种责任。

（一）违反人道主义　老闸捕房一役，对于无抵抗者连放四十四枪；新世界一役，对于无辜之游人连发数千弹；内外纱厂一案，对于杀人者不问，而于被压迫及表同情于被压迫者则如临大敌，其于人道主义果有合乎？然彼为是者，固仍是欧战时期，揭橥人道主义以反抗德意志之武力政策及潜艇政策者。

（二）欺伪与挑拨　我国学生明为正义为爱国为自由而运动，而所谓文明国之言论机关，则诋为排斥外人与宣传赤化；其意盖以五卅事件负责者只一二国；其对我之势孤，乃造作排外赤化之谣言，一以减轻惨杀之责任，一以博取他国之同情。吾不解夙以公正守法自诩之国民，何竟出此欺伪与挑拨之手段也。

本案责任既已分明，苟字典中尚容纳"正义"之一语，则负责之一方面，固应有悔过之表示与举动，即旁观及间接负有多少责任者，亦应积极主张正义。顾我外交代表提出最低之条件后，六国代表借口其中许多条件与本案无直接关系，遂为无权讨论，仅允就不足轻重之数条磋商，结果致交涉暂行停顿。今此案已移京重行交涉，然当此强权制胜公理之时，苟无实力为之后盾，前途正未可乐观。虽然，我国民今已觉悟矣，果能万众一心，持以毅力，彼方终有屈服之一日，然则不妨于此发轫之初，预述吾人之期望。

自吾人观之，彼方认为直接关系之条件，如惩凶、赔偿、解除戒备、释放被逮诸人，及交还占领学校等，本系当然之事理，不能成为条件。盖有凶犯而不严惩，乃彼国司法之羞；被害而仅给赔偿，在死者已殊不值；他如开市解除戒备，结案则释放被逮，学校何罪，被占领之目的已达，又何所靳而不交还乎？是则彼之所谓接受条件，直无条件而已。然而我学生市民之牺牲生命财产，果以此直等于无条件为目的乎？吾敢必其不然也。又彼方果有悔祸之一日，必盼望中外长久相安，则于五卅事件之原因，当然不可忽视。查五卅学生游行演讲之目的，既如前述，系于被压迫之言论界以外，另用他法宣传顾案，并于市参政权被工部局剥夺之时，另用他法抗议有害于中国国家及人民之法案。设我市民在租界内得与外人享受同等之自由及参政权利，则此次大惨案所由发生之游行演讲，或不至实现，即此一端，已可见所谓间接条件正所以预防重演此次惨剧之必要条件也。

抑我国今日之国民非中外初订条约时之国民可比。盖教育日益普及，国民乃渐悟所受之种种压制；其对内也，则痛恨晚清政治之不良，于是迭举革命之军，虽屡起屡仆，卒有辛亥之成就；其对外也，见夫种种不平等之待遇，足以妨碍我国家国民之独立发展，为爱国心所驱策，起而反对，亦系当然之事。我国民夙好和平，其所争者只为被人剥夺之权利，且为国民自存所不可缺者，此与排外赤化绝对无与也。今之列强方日言正义，且其对于欧战之大牺牲，表面上亦所以维持正义，何独于对我国之种种不平等待遇，则坚持不肯改变，甚且愈演愈烈乎？须知不平等待遇，实为大乱之源。一七七六年美洲殖民地之独立战争，即由于出租税而不出代议士；一九一四年欧战之导火，即发于塞尔维亚之久受压迫。然则废除外人对我之种种不平等待遇，在我国固为自存所必需，在彼方亦为永久和平所关系，均不可不亟谋解决也。

总之，五卅惨案，不平等待遇之所致也，譬如病源久伏，偶触即发，若只知头痛医头脚痛医脚，而不从病源医治，则一病未除，他病又起。且恐后起者视前尤烈。谈善后者，幸毋舍本而就末也。

同年五月九日，北京学生四千人因五七运动，请愿罢免教育总长章士钊。

同年五月十二日，教育总长章士钊辞职，随于十九日赴沪，六月十七日复回司法总长任。

同年六月，商务印书馆设运城支店于运城南汉。

同年七月一日，国民政府在广州成立。

同年七月九日，国民革命军总司令蒋中正誓师北伐。

同年七月二十八日，调章士钊署教育总长。

同年九月，教育总长章士钊先后提经国务会议通过将文津阁四库全书拨交商务印书馆影印。

　　此为政府对于四库全书第三次之筹印，与商务印书馆第二次之洽印。此次由于政府创意，接洽颇顺利，正装箱待运，适江浙战事发生，遂又停顿。

同年十月十四至二十七日，全国教育会联合会，在湖南长沙开第十一次年会，到二十省区代表三十八人，共开大会九次，收到八十四件提案，议决二十五案如左：

　　（1）修改庚款董事会组织原则并规定协争庚款办法案。

　　（2）今后教育宜注意民族主义案。

　　（3）请设立全国生物调查所调查全国动植物分布区系编为中国动植物图谱以促进科学教育案。

　　（4）请组织中等以上学校教试委员会案。

（5）学校体育应特别注重国技案。

（6）拟定平民教育办法并催促实施案。

（7）请政府加印四库全书甲种分配各省区公立图书馆案。

（8）学校应注意军事训练案。

（9）请各省区教育会组织教育宗旨及政策研究会案。

（10）请设国立科学研究所及各省县立研究所以促进科学教育案。

（11）否认教育部议订各省教育厅长回避本籍案。

（12）请教育部废止修正学校发给毕业证书条例案。

（13）请各省教育行政机关通令各教育机关注重教育统计案。

（14）催促各省区实行教育经费独立案。

（15）请各省区教育行政官厅设法收容教会学校师生案。

（16）请教育部明定中医课程并列入医学规程案。

（17）提办家庭工业传习所案。

（18）催促实施社会教育案。

（19）推广通俗教育讲演案。

（20）为平民读书处毕业设平民职业学校授以较高学识及技能案。

（21）平民教育应于千字课本外添备补习读本案。

（22）小学宜切实设施具体训练案。

（23）催促实行第六届推广蒙养园（改称幼稚园）案。

（24）中等学校宜添授华文打字一科案。

（25）中等以上学校应组织消费合作社案。

同年十月，故宫博物院正式成立。

同年十一月十七日，临时执政公布修正学校系统改革案

第八条条文为："中学校修业年限六年，分为高初两级，初级四年，高级二年，但依设科性质得定为初级三年、高级三年。"

同年十二月二十四日，临时执政特任易培基为教育总长。

同年，清华学校改招大学一年级学生百名，并办国学研究院，招考研究生三十名。

同年，商务印书馆函授学社开办国文科。

同年商务印书馆参加绥远教育实业展览会，获得特等奖。

同年，商务印书馆出版新书五五三种，一〇四九册，其中：

总类	九种	一一册
哲学	二〇种	二一册
宗教	六种	六册
社会科学	二一一种	三六九册
语文学	二一种	二九册
自然科学	三五种	四五册
应用科学	三三种	三四册
艺术	三三种	一一八册
文学	一四七种	三二七册
史地	三八种	八九册

同年，商务印书馆营业总额八七六八二九九元。

民国十五年（公元一九二六年，丙寅）二月九日暂以广
　　州为首都之国民政府特派陈公博、甘乃光、许崇清、
　　金曾澄、钟荣光为教育行政委员会委员。

同年二月十九日，国民政府加派褚民谊为教育行政委
　　员。

　　查该会在广州时，尚有韦悫、经亨颐二人为委员，迁南京后，
更加派蔡元培、李煜瀛、吴稚晖三人为委员。

同年三月一日，国民政府教育行政委员会委员陈公博等
　　在广州就职，委员会遂告成立。

同年三月，商务印书馆于前岁接受英文习语大全稿本。
　　该稿自编辑开始，历时七年，内容极为丰富。排印两
　　年，今始问世。兹将其例言附后：

　　（1）本书搜辑英文习语（Phrases），为数凡四万八千句。取材
广博，考订周详，为语典界仅有之作，故颜曰英文习语大全。

　　（2）本书所收各语，类别如下：

　　（甲）成语（Idioms）

　　（乙）俗语（Colloquialisms）

　　（丙）俚语（Slang）

　　（丁）廋语（Cant）

　　（戊）方言（Dialects）

　　（己）格言（Maxims）及谚语（Proverbs）

　　（庚）术语（Scientific and Technical terms）

　　（辛）他国成语（Foreign idioms）

　　（壬）复辞（Compound words）

（癸）其他杂语（Various other phrases）

（3）本书以补助学者研究近世英文为职志，故所收各语皆限自十六世纪以后。凡欲研究十六世纪以前之古英文者，当参考西儒所辑古英文辞典。

（4）习语中之动词语（Verb phrases），日常应用极繁，本书搜罗最富。

（5）普通语典以成语为主体，故本书所收成语一项占全书十之六七。

（6）俗语俚语廋语，欧美辑有专书，普通语典所载极寡。惟编者以此类语言流行颇广，如报章杂志小说影剧之中往往引用，故采摭视他家语典特多。

（7）英国方言繁赜，备载各家所辑方言辞典中，普通语典甄录极少。惟近岁以来，方言作品日益发达，小说家于描写风土之时，辄喜引用方言，杂凑成章。如吉卜宁氏（Kipling）及菜圃派（Kail-yard school）其较著者也。编者为供学子不时之需，特参考各家所辑，择要编录。

（8）本书选录之格言及谚语，类为常人所共解。其稍涉僻奥者，概行删除。

（9）各科术语，备载于各科专门辞典，普通语典无兼收之必要。惟如法律名词之 Judgment by default（缺席判决），国际法名词之 Most‒favored‒nation clause（最惠国条款），医学名词之 Hypodermic injection（皮下注射），经济学名词之 Demand and supply（需要与供给或求供），农学名词之 Rotatron of Crops（轮种），生理学名词之 Animal heat（体温），物理学名词之 Specific gravity（比重）等等，不独士夫习用，抑且尽人宜知。虽云术语，无异常谈，故编者咸斟酌重轻，录备参考。其语涉生僻者，仍从割弃，以示无滥。

（10）商业用语与人生日用最为切近，各家语典注意及此者极鲜，本书则加意搜集，务餍阅者之望。

（11）本书辑录他国成语，一以流行于英文中者为限，不以无谓之材料充塞篇幅。

（12）诠释复辞为字书之责，本无与于语典。惟各家对于有成语性质之复辞，每每顺手编入，不加抉别。编者亦惟有一循诸家之例，而严其选择而已。

（13）关于百科智识（Encyclopedic information）之语，语典往往选录。本书所收，概以通俗者为限。

（14）古语（Archaisms）及废语（Obsoletes）之犹及见于经典及名著中者，俱在采纳之列。而鄙语（Vulgarisms）则裁汰至于最小限度。

（15）各语诠释取英汉合解体裁，先之以英释，继之以汉释，其间互有详略，总以阐明语义为主。汉释以文语为主，白话为附。但求信达，不尚雅驯。

（16）本书关于例句一层，除将各家语典已有之例句充量网罗外，凡编者浏览所及，无论为经典说部，为报章杂志，苟可供例证之用者，辄撷拾而排比于各义之下，间复自撰新句以实之。故本书虽不能语语有例，而主要部分之成语则已十得其七。若合全书计之，视邝其照氏之英文成语辞典及日本神田乃武氏之熟语大辞典皆数倍之，此编者所引以自慰者也。

（17）近今英文中通行之习语，为各家语典所未及载者，则由编者旁稽博考，铸为界说以实本书。综计前后所补辑，不下百余条。如 As per, At the outset, Get wise, Mortal coil 之第二义，Needs must, With kidgloves 等是也。

（18）习语之中，孰为成语俗语，孰为俚语廋语，孰"古"孰

"废"，孰"鄙"孰"稀"，其间往往无明显之界限，故各家意见纷歧，抉择綦难。编者于此，惟有凭借己见以为判断。

（19）语典编制之法，大抵不出三种。其一依照习语第一字之字母次序而排列者，如邝其照氏之英文成语辞典是也。其二任择习语中之主要字为纲领，而以习语隶属其下者，如 Dixon Dictionary of English Idioms 是也。其三以习语之文法上组织为根据，而以习语排比于一定之字之下者，如神田乃武氏之熟语大辞典是也。综此三法，第二法全以编者之意为主。初无一定之标准，如 Return by weeping cross 一语，既可列入 Return 之下，亦可附于 Weeping 或 Cross 之下。在阅者只查一语，而翻检或至于数次，此法殊不足取。第三法优劣互见，其优点在于习语之排列完全根据于文法上之组织，提纲挈领，系统整齐。其劣点在于检查方法之烦琐，若不将十八条方法记清，则每检一语须翻阅检查方法一次，耗费时间甚多。三者之中惟第一法之检查手续最为简捷。如欲检 Make good 一语，求之于 Make 下即得。欲检 In order to 一语，求之于 In 下即得。其迅速与检查字典相等。故本书采用第一法。第习语格式有时不甚明了，语首苟一认错，便失按图索骥之妙。今欲取其长而弥其短，则除将全书习语悉照第一法排列外，复于书末另附索引一编。凡全书中语首不明之句二千余条，皆依其主要字而编入之（参观书末索引标题下之附志即知其详）。如此求之于书中而不得者，可得之于索引。此为编者凭十余年使用语典之经验而定，自信语典编制之法，更无善于此者。

（20）西儒讨论习语之作，散见群籍者多，渤为专书者少，此方学子研究较难。编者有鉴于此，特将习语之组织性质类别源流等等，择要叙述，著为习语说略一卷，附刊编首，俾阅者粗知习语之梗概，借为研究高深英文之一助。

（21）本书自初纂以迄于脱稿，为时约及七载，参考书籍都一百余种。内借重尤力者凡十余种，其书名已备载于英文序内，兹不复赘。老友唐君浩然代集材料甚多，为本书生色不少。英儒白朗氏曾为鉴定习语说略，亦有功是书者。并志于此，以申谢忱。

（22）原稿篇幅极多，若排成巨帙，售价必昂，转非嘉惠学子之意。故全书采用七号字排版，并将例句紧接解释之后，不留空隙，借省篇幅。复虞义例并列，眉目不清，特将例句悉植斜体，以示区别。揆诸印刷体裁，虽似不甚相宜，亦有所不得已也。又原稿卷帙既繁，讹误在所不免，幸商务印书馆校对诸君，悉心校雠，对于编者失察之处，多所检示，其为益殊匪浅鲜。

（23）本书编纂之始，良与士熙本约共事始终，不图著手未及三载，士熙忽患剧疾。于是良不得不独力经营，黾勉朝夕，始底于成。顾以只手为此，精神殊虞勿胜，润饰补苴之功既有所未竟，讹舛脱漏之憾自难以悉免，尚望海内宏达，不吝赐教为幸。

编者谨识

同年三月四日临时执政特任马君武为教育总长。马不就职。

同年五月三日商务印书馆附设之东方图书馆公开于读者。余以兼馆长之地位，撰有东方图书馆概况，并为序言如左：

我国文字起于五千年前；有文字，则有书，有书，则有藏书之业；故图书馆之在我国，为时虽稍后于埃及、亚述，而以视欧美诸国，固远在其前也。古人以书契为察民布政之所资，故书统于官。唐虞三代，俱设史官，以掌典籍，而诸侯之国亦皆有史。光绪中河南掘得殷代龟文数千片，自是殷史所遗，论古代藏书之可参实者，断推此为首矣。周室藏书于柱下；孔子在此翻百二十国宝书。韩宣子适鲁，见易象与鲁春秋；是为鲁国藏书之可考者。私家藏书之风，初盛于战国之世。当时学术大兴，诗书百家之语，天下多有之。苏秦有书数十箧，自余游士，应具同嗜。秦并天下，聚诗书而焚之；而医药卜筮种树之书，固所不废，且咸阳有柱下方书，掌于御史。是以萧何得从而收之。汉武建藏书之策，开献书之路；外有太常、太史、博士之藏，内有延阁、广内、秘室之府。百年之间，书积如山。成帝复求遗籍，使刘向校中秘所藏；而辄条其篇目，撮其指意，以成别录。哀帝使向子歆续成父业，乃别为七略，我国目录之学，刘氏父子实开先路。东京之世，石室、兰台弥以充积。又于东观及仁寿阁集新书，班固傅毅等典掌焉。固并据此以为艺文志，今所传目录之学，此为首列矣。

自汉以后，私家藏书日盛。当时河间、淮南、东平诸王并嗜典籍，收藏或齐汉室；而蔡邕所藏书多至万卷。晋荀勖为秘书监，括群书为四部，后代目录学家多沿用之。其时私家藏书，则张华移居载书三十乘，其最著者也。南朝崇尚词华，秘府图书代有增益。私家若崔慰祖、沈驎士、沈约、任昉、王僧孺等，聚蓄卷轴，数咸逾万。北朝则辛术入淮南，大收宋齐梁陈佳本，为珍藏精本者之始。隋代西京嘉则殿有图书三十七万卷。积集之富，前所未有，后亦罕俦。

唐自武德以至天宝之朝，官书几聚而复散。私家藏书，则李元嘉、韦述、蒋文、韦处厚之徒，俱称富美；而吴兢有西斋书目，是为私家藏书著录之始。

宋代版刻盛行，藏书尤多。官府藏书、秘阁而外，复有天下诸州学，各建阁藏书，犹言今之学校图书馆也。私家藏书难以悉数；而宋次道藏书多精本，士大夫从之借读，愿与结邻。春明赁宅，为之增值，最为人所艳称。此则具有私人图书馆公开者矣。

　　宋元明三朝，国学及郡县学校皆有官书，许士子借读。清乾隆朝修四库全书，分写七部，其内建四阁，自成禁地；而翰林院所藏底本，及江浙之三阁所藏写本，则许士子阅录，此与今之公共图书馆实无异趣。惜乎建置不过数十年，即经兵燹耳。

　　清末变法议起，朝野知图书馆为教育要务，于是各大都会有公立图书馆之创设，而所谓图书馆者乃名实两得之矣。顾数十年间，图书馆运动之声浪虽时有所闻，而实际之设置，不数数觏，公开者尤鲜；视欧美后起之国，生聚数百户之村落莫不有公开图书馆者，宁无逊色。夫以彼千数百年演进而成之图书馆事业，乃远驾拥有二三千年图书馆史之我国而上之，无怪其人文之日盛，国势之日隆矣。

　　同人近察国内文化进步之迟滞，远瞩世界潮流之日新，认为有增设公开图书馆之必要。以商务印书馆故有之涵芬楼，二十余年来经张君菊生肆志搜罗，所储书籍达数十万册，不当自秘。乃决议别建书楼，移此藏之，以原备编辑参考之书籍，并供社会公众阅览。取名东方图书馆，聊示与西方并驾，发扬我国固有精神之意。惟馆中藏书既有新旧中外之殊，目录编制自不能不别立新规。加以公开阅览，检查效率，最关重要。云五谬长馆务，乃取中外分类方法融会而变通之。又别创索引之法，以便检查。筹备经年，始克就绪。然而藏书颇多，一旦改弦更张，疏略自知不免；大雅宏达，幸进而教之。

中华民国十五年三月八日　王云五

同年六月余为商务印书馆便利编制辞书及索引，于民国十三年开始研究之新检字法，现已初步完成，并开始试用。此法定名为四角号码检字法，兹将余所撰导言附后：

检字的方法，在使用字母的国家，虽绝对无问题，而在我国却是一个大问题，和读书的便利，时间的经济，均有密切关系。一因字典词典系帮助读书的工具，所以检字方法的难易，就成为读书难易的一个重大原因；一因图书片目、人名录、商业名簿、电话簿及其他种种索引，都是按字检查的，所以检字方法的难易也就影响及于时间的经济。

汉字检查的方法，现在最流行的就是康熙字典的部首法。这些部首一共二百十四个，以三四万字而论，平均每部不下二百字，而最大的部且十倍于这数。例如草部容有一九五六字，水部一六四五字，手部一三二二字，口部一二四六字。故分部之后，不能不再分笔画。然而较大的部中，同笔的字也往往百个以上，即如草部的八画共二〇五字，九画共二〇四字。照这样检查起来，已经是万分的困难了。何况部首的界限极不分明，往往表面上应属于甲部的字，实际上却属于乙部，即如"夜"字不属于亠部而属夕部，"滕"字不属月部而属水部，"禽"字不属人部而属内部等例，不胜枚举。又如"求"字属水部，"承"字属手部，"危"字属卩部，"者"字属老部，"年"字属干部，"众"字属目部等，尤无从捉摸。至笔画一项，何者应连为一笔，何者应分为二笔，也没有一定的规则。好容易找到了部首，仍须在百数个同笔的字中乱找一遍。如果找不着，就要在多一笔或少一笔里试找。如果仍找不着，只好向另一部里再找。照此找来找去，不知费了多少时候，才侥幸找得着所欲找的字。这不是绝大的困难吗？

日本所出的字书，其编列次第，却和康熙字典相反，大概先分笔画，后分部首。我国近也仿行，然而通常所用一万字上下的字典中，同一笔画的字，竟有多至一千的；而且计算笔画也时有异同，如臣字宋体作六画，楷体则作七画。在八千字上下的一副铅字中，有这样问题的字不下一千二百个。因此仍然免不了种种的困难。

我国新出版的字典，如商务印书馆的新字典等，于分部分画仍照字典旧例之外，往往于书前另编检字一卷，对于部首稍有疑惑的字，都按照笔画，顺序排列，每字之下，又注明页数以便检查。这方法虽可补救分部的缺点；然而检字表中七画至十二画每画所容的字，均在二三百以上，检查时仍不免大费工夫。

近顷所谓国音字典，则按照国音排列，似乎无甚例外。但目前距离国音普及之期尚远，即令此为最完善之方法，仍不是人人所能使用。何况我国文字都是单音的，纵然可以用字母缀音，同音的字必定很多，检查上仍是很不便利呢。

海通以来，西人学习汉文者颇多，深感汉字检查的困难，故利用科学的方法，殚精研究，建议了许多种的改革。最近数十年间，国人方面也深知改造字典排列法的必要，从事于此项研究者不乏其人。兹分别举其主张概略于下：

（1）加勒尔氏（T. M. Callery），法兰西人，于一八四一年以法文著有中国音韵检字法（Systema Phoneticum Scripturae Sinicae），又于一八四四年著中国语文辞典（Dictionaire Encyclopedeque de la Langue Chinoise），主张按各字的首笔排列，但他自己对于这方法，并没有澈底的实行。他所著的辞典也是按照音符排列的；那同音的字再按着笔画多少顺序排列。按加氏虽有种种新意见，为外人主张改革我国检字的先导，然其研究固未成熟也。

（2）华胥留氏（W. P. Wassiliew），俄人，著有中俄字典（一八四四年出版）及中国文字之分析（Analysis of the Chinese Characters 一八九八年出版）两书。主张按各字右旁或最低的最显著的笔画而排列。这主张却很有研究的价值。不过他的中俄字典还是先按音符排列，那同音符的字才按着右旁或最显著的部分排列；至他所分的母笔还没有根据一定的原理，而于各笔怎样结合的规则也没有说明。因此他的主张也只可算为一种研究的先驱，不能认为成熟。

（3）普勒特氏（P. Poetti）著有中英字典一书，其检字方法，系于按旧法检到部首之后，将剩余的部分再按部首或小部首顺序检查，好像西文找到第一字母之后再找第二字母一般，因此就用不着计算笔画了。这固然也是一种新颖的方法，不过对于旧法检查部首的困难仍然没有减少，而且剩余的部分未必一一都合乎部首，故检查上仍有很多不规则之处。

（4）鲁森堡氏（O. Rosenberg），俄人，研究汉字排列法极精，于一九一六年在日本出版有五段排列汉字典一书。其检字法先取五种方向的"一""｜""丿""乀""丶"各母笔为基础，再演为二十四子笔，更进而演为五百六十七个字母；这五百六十七字母，分列六十栏。检字时先看右旁最低一笔系属何种母体，再由母笔推定其属何种子笔，又从该子笔项下查明此字属于哪一个字母，然后按照这字母栏下所列的栏数，向字典本部中检得该栏和该字母。至于同字母的许多字，则按照字体结构的情形而排列，计将各字体分为三种，一为单纯字体，如"立"字等；二为左右相连字体，如"泣"字等；三为上下相连字体，如"笠"字等，其顺序先单纯字，次左右相连字，再次为上下相连字；而同一顺序的字，则就其首笔依五种方向的先后分别排列。这方法分析很为精细，是其长处；但由母笔找子笔，由子笔找字母，由字母之栏数找字典中特定的部分，再由特定的部分按照字体结构找所欲找的字——先后计分四层手续，就中尤以最后一层手续为最困难，因每栏不止一字母，而每字母所含的字往往多至百数十个，费时既多，而且程度很浅或是年纪很小的学生，都不容易明白。所以我认为它还没有解决检字方法的难题呢。

（5）高梦旦氏十数年前有改革部首之草案；其方法但管字形，不管字义，将旧字典二百十四部，就形式相近者并为八十部，并确定上下左右之部居；此法自然较旧法为便利，但高氏自以为不澈底，故至今未曾发表。

（6）林玉堂氏研究部首不下十年，初时就首笔着手，将笔法分做五母笔及二十八子笔，譬如欲检"鲤"字先检"ㄱ"于部中，首即得鱼部，再从鱼部中检"ㄇ"则得"鲤"字。此法特殊处，在以察看首笔代计算笔画，检查上实较旧法便捷。近来林君又将其多年研究的首笔抛弃，另行研究末笔，实际进步不少；现已将次完成，不日由商务印书馆印刷成书发表，此处不更多述。

（7）黄希声氏将汉字分析而成字母，凡二十种，即认此二十字母与外国文的字母相同，谓英文的 m，a，n 三个字母合而为 man "人"字，犹汉文之一撇一捺而为"人"字一样。这方法虽很新颖，但恐不易实行。因为西文皆由左而右，毫无疑义；汉文则每字笔画，有上下左右交离接分之种种不同，纵勉强把笔画顺序来比附，然既须逐笔比较，则每笔的顺序都要澈底明白才好，这断不是初学的人办得到的。况且西文检字只须记得字母的顺序如 month（月）字的 m，o，n，t，h 五字母，便已尽其能事；而汉文检字，则对于"月"这个字，断非仅仅记得"丿""丁""一""一"四种笔画而已足，却还要在意每笔的位置而后可。有了这样复杂情形，实行自然不及西文之便利。

（8）何公敢氏对于检字方法，也有长期而细密的研究。他也是从首笔进行，但所走的是另一条路，与林氏绝不相同；具体的办法，此处亦不详述。

此外研究汉字排列法者尚多；或者他们的方法，我还没有知道，或者他们的方法和上列这几种大同小异。因此我就不能多举其例了。

　　总之，上述各方法，互有短长，颇难遽行断定；至于我的理想中的汉字排列法，则必须合乎左列几个原则：

　　（一）人人都能明白；

　　（二）检查迅速；

　　（三）必须一检便得，不要转了许多弯曲；

　　（四）每字的排列有一种当然的次序，不必用索引上所注的页数或其他武断的号码，便能检查；

　　（五）不可有繁琐的规则；

　　（六）每字有一定的地位，绝无变动；

　　（七）无论如何疑难之字必能检得。

　　我对于这新检字方法的研究，始于民国十三年十一月。我的研究出发点就是一本电码书。我觉得翻电报的人由文字翻译电码，第一，须决定该字属于何部；第二，须从画数中找出该部首；第三，须从部首中所注该部的页数检得该部；第四，须从同部许多字中，按照笔画的多少，检查所欲检的字。其手续麻烦，费时长久，和康熙字典相同。至于收电报一方面的人由电码检取文字，只须按照号码的大小，一检便得，其速率和便利，胜于由文字翻电码者不下十倍。因此我就起了一个念头，以为假使每字各有一个当然的号码，和电码书一般，排成字典或词典时，检查上真是万分的迅速便利啊！不过电报号码都是武断的规定；为什么这个字要用这号码，那个字要用那号码，绝对没有一定的标准。所以电报局里专门译电的人，为求迅速故，须得把电码书中的七八千个字，每字四个号数，一一熟读，牢记在脑筋里。我们试想一下，这是多么艰难的一件事呢？至于寻常人之由文字翻译电码，只有仍照康熙字典的检字法；所以表面上每字虽有一个号码，对于发电报的人却没有一点的便利啊。

　　我的思路到了这里，自然而然起了一种幻想——就是想发明一种方法，使每字都可推算得一个号码，只要明白这方法，则千千万万字的号码，都可以从理解中推算出来，绝对用不着熟读，绝对用不着记忆。这样一来，那找字典词典的人，都好像收到一封电报，从号码找寻文字一样的迅速便利。当我作此幻想的时候，曾经向家人和几个朋友说过，他们都持着怀疑的态度，以为这恐怕是一个空中楼阁罢了。就是我自己也不敢必其有成，不过姑妄为之而已。

曾几何时，这幻想竟成为事实，我自从起了这幻想，就先用科学的方法，把各种形体的字一一分析，想从其中找出一把钥匙，可以开放这个几千年的大秘密。可是越想越觉其难，好几次要把这问题抛弃了。

有一天，我的幻想忽然发现一线光明。我方在食饭的时候，忽然想起，平时我们计算字的笔画，系将各种笔画一起计算，所以每字只有最多不过两位的一数；但是笔画的种类很多，假使分别计算，则每字可有几种的笔画数量。譬如"天"字，合计起来，共得四笔，分计起来的却成为二横一撇和一捺，那岂不是有三个单位数吗？我想到这里，不觉把桌子一拍，大笑起来，家人见这情形，不知就里，竟以为我要发狂，殊不知我的新检字法就在这时候开端了。

我的幻想从此有了着落，便日日依此范围研究，不多时便得了一个具体的方法，现在简单说明如下：

向来计算笔画，系将各种笔画一起计算，计开笔画最少者为一画的"一"字，最多者为三十五画的"齾"字；譬如一万字的字典里，若按三十五画分别排列起来，则每一画所容的字平均不下三百个，但十七八画以下和四五画以上的字数寥寥无几，因此那九、十、十一、十二等画中，每画所容的字数，自然要多到七八百以上了。

现在我把笔法粗分做五类，第一类就是横和趯；第二类就是直和直钩；第三类就是撇；第四类就是点和捺；第五类就是各种的屈折。

每类笔法的数目，各用一个数目来表示，依序排列。

欲检某字时，先计算这字所含的横笔和上趯共多少，就把数目记在第一位，次计算直和直钩共多少，把其数目记在第二位；此外三类笔法也照样计算，依序记数，如有某类笔法全缺的，就记上一个"0"数；又如有某类笔法超过9数的，只记上一个9数。兹列表于下：

位次	笔法名称	笔法	形式举例
			天地玄黄宇宙洪荒
第一位	横和趯	一 ′	二二一五二二三三
第二位	直和直钩	∣ 亅	〇二〇四一二二三
第三位	撇	丿	一〇〇一〇〇一一
第四位	点和捺	、乀	一〇二一二二三一
第五位	屈折和右钩	𠃌乚乚乚	〇二二一一二〇二

依这方法，每字都有一定的号码，按号码顺序，于字典中检字，都有一定不易的地位。

我依这方法，将常用的字一万多个排列起来，计共得五千九百八十余个号码，平均每一号码只容有两个字。

这方法，我称他为号码检字法，就是最初用有意义的号码来检字的方法。他的确是简单易学，无论何人，只需一二分钟的训练，便能懂得。

许多人现在听得这方法，恐怕和我当时的情形一般，认为十分美满，从此以后，检字法便没有问题了。但是遇着笔画较多的字像"郁""瀨"等字，他究竟有多少横，多少直，多少撇，多少点，和多少折，我们虽也可以计算出来，不过反反复复的计算数回，纵能幸免错误，也要耗费许多时光。况且按这个方法检字，非将全字写在纸上，拿着一枝笔等到每一种笔画点过之后，就记下一个号码，这样才不至于忘记。否则在横笔上错了一笔，就差到万数上；在直笔上错了一笔，就差到千数上，比诸普通计算笔数的方法，所差只在前后一两笔者，反有逊色。所以我对于这方法，在发明之初，虽然十二分的高兴，可是后来也是十二分的痛恨他，反对他。因为这方法虽然易学，但检查起来很是困难，不独费时，而且最易发生错误的，所以我就毅然把他抛弃，另行研究别的方法。

　　我虽不满意于上述的号码检字法，可是我始终觉得按号码顺序检字是最自然的方法。我因此细细推究号码检字法的根本缺憾，结果查出有两点。其一，因为号码是从计算而来的，七就是代表七笔，八就是代表八笔，计算很费工夫，而且容易错误。其二，因为顾到全体的笔画，不独多费时间，而且为着中国字书法的歧异（在字之内部尤甚），像温字也作温，青字也作青，如果笔笔都要顾到，就不免增加许多错误。于是我就像对症发药一般，对于第一点，就把从前用来代表笔画数目的号码，去代表笔画的种类，譬如8并不是代表同样的八笔，乃代表一笔的左钩，9也不是代表同样的九笔，乃是代表一笔的右钩，详言之，当时的方法，规定把笔画分做九种，每种用一个号码代表，计开，1代表横或乛，2代表直，3代表交叉的直，4代表撇，5代表交叉的撇，6代表点或捺，7代表交叉的点捺，8代表左钩，9代表右钩。这样便可以一望而知其数，比从前须计算而得的号数便捷了好几倍，而且不至有计算的错误。对于第二点，我只取一个字四角的笔画去代表全体的笔画，譬如"江"字只要取左上角的"丶"与右上角的"一"，左下角的"ㄥ"和右下角的"一"，总共四画，此外各笔一律可以不管。因此不独可以大大的节省检查时间，而且对于其他各笔的书法纷歧，完全不致发生错误。这个方法，我叫他四角号码检字法，自从在十四年十一月发表以后，中外人士来信以及在各种刊物中间表示好评的，有八十多起。请求采用的有二十多起。像美国国会图书馆中国藏书部主任司温格尔（Swingle）先生，也请求照我的方法来排列国会图书馆的中国图书目片。但是我自己对于初次发表的四角号码检字法还不满意，还是要继续的研究，所以我都劝他们等到我的改订方法出来再行采用。此外像东方图书馆，从民国十五年起实际上已经把书名片和著者片照这方法排列，检查上也很觉得便利。我所以对于这个原定四角号码检字法不甚满意，其中至少有几点：

（1）四角间或有不容易决定的；

（2）笔画也有不容易决定的；

（3）例外颇多；

（4）同码字数也有过多的。

因此我又费了两年工夫，一面实验，一面研究。结果才成功这里所发表的第二次改订四角号码检字法。其实我对于四角检字法已经改订了七十多次，不过因为正式发表的只有三次；第一次我叫他做原订四角检字法，所以对于第三次发表的，便给他这个名称。我现在将原订四角号码检字法过渡到第二次改订四角号码检字法，中间研究经过的情形，择要列后：

一、关于四角位次者　（A）按原订四角检字法，四角中最有疑义的就是左下角。所以我将位次改为（一）左上（二）右上（三）右下（四）左下，循环一周。如此便把左下角排在第四位，偶有错误，相差不过在个位，还易纠正。（B）我国文字，除单体外，分为上下层字和左右边字两种。因此，我也曾试验，对于单体字和上下层的字如"日""昌"等，将四角位次仍作（一）左上（二）右上（三）左下（四）右下。对于左右边的如"锺"字等，则将四角位次改为（一）左上（二）左下（三）右上（四）右下。

后来笔画种类多采复笔，且将单笔酌量归并；其结果则左下角已无疑义。故（A）项的位次变更非必要。又（B）项的位次变更，虽可使字形排列较为整齐，但现在改订的四角法，因采用复笔，及其他条件的结果，排列上已较前整齐，自无须兼取两种位次，以增应用的麻烦。基此理由，此次改订的方法，便仍采用原定的四角位次。

二、关于笔画种类者　笔画种类，极关重要。凡记忆上的便利，每码所含字数的多少，以及四角决定的难易，大都靠着这项。所以我致力研究也最多。由前年发表的四角号码法过渡到此处发表的第二次改订四角检字法，中间已经把笔画的种类变更过多次。第一次将原订四角法的笔画顺序变动，以便记忆。第二次将笔画改为横直撇捺角头人十叉九种。第三次改为横直撇捺叉插方角附九种。第四次改为人二三叉插方角直斜九种。第五次改为横直撇捺人方角叉插杂十种。第六次改为横垂捺叉插方角八杂九种。第七次改为横垂捺叉插方角八小杂十种。第八次改为一垂捺四头六七八小圈十种。第九次始决定现在采用的头横垂点叉插方角八小十种。其倾向大抵初时专采简单笔画，以后兼采复合笔画。采用复笔最多的系第四次，计九种之中占有七种复笔；且其中二三两种各括有十余笔在内。其后，乃将复笔之繁难者删除，即如第九次所采定的表面上虽仍有七种复笔，实则各笔号码的顺序，都有意义，即如头居首位，横居第一位，又为数目字之四，居第四位，角形似洋码之7居第七位，八形居第八位，小为最后之码，居第九位，此六码皆为现成的地位。此外垂点居横之后，插居叉之后，方居角之前。此四码亦甚自然，故记忆甚易，不至错误。又如笔形十种，虽有二十几笔，但形式上均以类相从，毫无混淆之弊。

三、关于规则者　原定四角检字法所定规则共十六条，且尚有若干例外未曾括入其中。此次改订的四角法只有正则四条附则四条，绝无例外。

四、关于附角者　从前四角相同之字，须计算第一种笔画之数量，按其多小，加入第五码，此第五码之取得既由于计算数量，按其所需时间往往多于以前之四码。换句话说，要检出第五码，至少须照检出前四码加上一倍的时间。虽然这不过是一个补充办法，究竟美中不足。现在发明了附角，所以这第五码并不是代表第一种笔画之数量，却是代表附角笔画的种类。从时间上说起来，现在的五码不过等于照四码加上四分之一的时间；较从前加倍时间的可省去其八分之三。而且数笔画有时非将全字写出来不易明了，取附角则可以从脑筋中想像而得，尤为便利。

五、关于同号码字数之统计　按第一次四角检字排列，八千八百五十八字，共得一千七百五十六号码，平均每码容有五个字强。而按此次改订之四角检字法，则七千二百余字中四角共得二千二百九十余号码；平均每码所含不过三个字。若按附角排列，则共得四千四百七十余号码，平均每码不满二字。其详细统见同码字统计表，兹不赘。

除了上述的研究状况以外，我还得说明下列几个最重要的实验：

（一）在上海规模最大的中小学校实地测验：从初小二年级起至高中三年级止，每级择优等中等及次等生各一人，在半小时内将原订四角号码检字法教给他们，再加十分钟练习，即以选定最有疑义的六十个字叫他们一一记注号码。结果则初小二年级学生绝对不能用部首法检字的，对于四角号码检字法，都很能应用检字。

（二）在东方图书馆暑期实习所中，以八十几个机关派来的实习员一百四十六人，用同等机会，举行部首法笔数法和四角号码检字法三种竞争试验，结果四角号码每字最速的只需时十秒点九，比部首法及笔数法平均每一单字可省一分半钟，而错误程度，却不及部首法八分之一。

（三）商务印书馆发报处有定户十四万余。从前按部首及笔画排列，检一户名需时辄在数十分钟，而且多有检查不出的；现照第二次改订四角号码检字法改排，每检一片，平均需时不过二秒钟，比旧法省时十分钟以上。又该馆杂志定户，用外国文的不及中文十分之一，按着外国字母顺序排列，每检一片，平均需时四十九秒钟。所以四角号码法检字还用不了西文字母检字所需时间之半。

就这些实例观察，就可以证明这第二次改订四角号码检字法，的确是最易学而且最易检的方法。我现在再从客观方面，将本法的弱点和优点都尽情列举出来，以资比较。计开本检字法的弱点有二：

（甲）对于已识他种检字法者，须耗费半小时乃至一小时，去研究本检字法。

但已了解本检字法之后，则一生可以节省二年之时间。因为现在人事日繁，不但读书的人，须检查字典和图书馆卡片，就是办事的人，也有检查电话簿电码书商业名录和办公案卷等等之必要；假定一人从十岁起至五十岁止，四十年间每日平均检查十个字，单字词语各半。依照检查单字速率表，本检字法每字较部首法省一分二秒（部首法检不出之字尚未计算在内），较笔画法省时一分四十五秒，两者平均，则每一单字节省时间不下一分半。何况所检查的当然包括词语在内，本来检查词语较单字需时更多，采用本检字法后，所省时间自然也较单字更多。现在假定每一单字或词语平均省时二分钟，并非过当。如此，则一生共节省八千八百六十六小时。按每日工作八小时计算，可节省六百零八日，连星期休假计算，此六百零八日当等于两全年。

（乙）同形体之字不能尽排在一起。

但是旧法部首只有二百多个。每部容字多至数百，故不能不以同形体并列。本检字法兼按附角排列，则七八千字可分为四千多部，每部平均不过两个字，至多不过十几个字。再按补充的规定排列，则每字自为一部，简直没有同部的字。所以同形体的字能否排在一起，根本上便不成问题。

本检字法的优点，有五：

（甲）是最澈底的方法

本检字法中任何条件，均经澈底研究后决定。即如字体一项，宋体与楷体不同，而宋体与宋体，楷体与楷体，亦各各殊异。本检字法虽以楷体为主，但于所有宋体楷体一切书法的歧异，莫不加以澈底研究，妥为救济。所以笔画种类中第一类包括横刁右钩。第二类包括直撇左钩。第三类包括点和捺等。和第八类之八，第九类之小，无一不含有很深的意义。例如龙字的左下角，有时作撇，有时作直；但本法撇和直总名为垂，属于同一号码，所以毫无问题，此外像这样的问题极多。故字体无论如何纷歧错误都可以一检即得。其他一切条件，也经过同样的澈底研究。有些方法虽看似简易，但只适于少数的字，本检字法则对于万字上下屡经实验，绝无问题。且有附角和依次计算第一二类笔数等的补充规定，无论字数多至几何，均可使每字有一定的地位。

（乙）是最迅速的方法

本法以一部分的笔画代表全体，以笔画的种类代替数量；又没有其他居间的条件或两可的规定。在理论上，当然是最迅速的方法。在事实上，则经过一二百人的竞争试验，每检一字，最速的不过需时十秒钟有零，也可证明这是最迅速的方法。

（丙）是最自然的方法

每字的四角都是自然的位置，可以一望而知。不像偏旁笔顺等人为的条件，须有充分的预备知识始能够利用；而且纵有充分的知识，也因习惯的不同或记忆的强弱，而易起怀疑或误会。所以别的方法，都要有相当程度的人始能学。只有本法，可使初学的儿童，以及凡能认识十种笔画的人，都学得明白。

（丁）是最直接的方法

只要记得十种笔画，则按字得号码，按号码直接检查，不必依赖其他索引所注的页数号码。

（戊）是粗而密的方法

所谓密就是创造本法的人，对于无论大小一切问题，都加以周密的研究，不肯模糊过去。所谓粗，就是应用本法检字的人，只须很粗浅的观察，便可以得其号码。试将本法和我从前发明的号码检字法比较，便知道他的价值。例如"灏"字依从前的号码检字法，须分次计算横直撇点折各有几笔，才能够得着 63343 这个号码，而且计算时须将其字写在纸上，逐回记明其笔数，才不致忘却。但照现在的四角号码法，检字者绝对用不着把这字写出来，只须在脑筋里想像一下，觉得这字左上角的点形（其代表号码就是 3），右上角是角形（其代表号码就是 7），左下角是刁形（其代表号码就是 1），右下角是八形（其代表号码就是 8）。这样一来，"灏"字的四角号码 3718 便立时形成，岂不是万分的便利吗？

兹将最后订定之四角号码检字法简表附后。［见第 227、228 页图《第二次改订四角号码检字法》及其《附则》。两图据原版本随文图影印。——编注］

依上开检字法的实际结果，概括于左：

（一）就工具书索引而言，商务印书馆原编或待编各种工具书向依部首或笔画排列者，迄今凡规模较大者皆附编四角号码索引，例如辞源，中国人名大词典，中国古今地名大词典，教育大词书，四库全书总目提要，续四库全书总目提要，十通，佩文韵府等等，其

第二次改訂 四角號碼檢字法　　　王雲五發明

第一條　筆畫分為十種，各以號碼代表之如下：

號碼	筆名	筆　形	舉　　例	說　　明	注　　意
0	頭	亠	言主广疒	獨立之點與獨立之橫相結合	0456789各
1	橫	一八乀	天土地江元風	包括橫、乛與右鈎	種均由數筆合為一
2	垂	丨丿丨	山月千則	包括直、撇與左鈎	複筆。檢畫時遇單
3	點	丶丶	氺禾宀厶之衣	包括點與捺	筆與複筆並列，應
4	义	十乂	草杏皮刈犬鈞	兩筆相交	儘量取複筆；如山
5	插	扌	扌戈申史	一筆通過兩筆以上	作0不作3，寸作
6	方	口	國鳴目四甲曲	四邊齊整之形	4不作2，厂作7
7	角	刁刁凵厶乛	利門疋陰衰衣學罕	橫與垂相接之處	不作2，凵作8不
8	八	八丷人乀	分貢羊佘買衾足午	八字形與其變形	作32，小作9不
9	小	小灬屮朩忄	尖糸彝果推	小字形與其變形	作33。

第二條　每字祇取四角之筆，其順序：

(一)左上角　(二)右上角　(三)左下角　(四)右下角

(例)　(一)左上角……(二)右上角
　　　(三)左下角……端……(四)右下角

檢查時按四角之筆形及順序，每字得四碼：

(例)　顄＝0128　　戡＝4325　　瞬＝6789

第三條　字之上部或下部，祇有一筆或一複筆時，無論在何地位，均作左角，其右角作0。

(例)　宣　直　首　冬　罩　宗　母

每筆用過後，如再充他角，亦作0。

(例)　干　之　持　掛　大　廾　車　時

第四條　由整個囗冂門所成之字，其下角取內部之筆，但上下左右有他筆時，不在此例。

(例)　囚＝6043　　開＝7724　　鬬＝7712

　　　蘭＝4460　　淵＝3712

附　則

Ⅰ 字體均照楷書如下表

正	侹	巴	反	釆	戶	安	心	卜	斥	刃	业	亦	草	真	執	禺	衣
誤	侹	巴	反	釆	戶	安	心	卜	斥	及	蚩	亦	草	真	執	禺	衣

Ⅱ 取筆時應注意之點

(1) 屾 户 爭 字，凡點下之横，右方與他筆相連者，均作 3，不作 0．

(2) 尸 皿 門 等字，方形之筆端延長於外者，均作 7，不作 6．

(3) 角筆之兩端，不作 7，如 丩 刀

(4) 交义之筆，不作 8，如 美

(5) 那 卌 中有二筆，水 小 旁有二筆，均不作小形．

Ⅲ 取角時應注意之點

1 獨立或平行之筆，不問高低，概以最左或最右者為角．

(例)　非　偉　疾　浦　帝

2 最左或最右之筆，有他筆蓋於其上或承於其下時，取蓋於上者為上角，承於下者為下角．

(例)　宗　章　寧　共

3 有兩複筆可取時，在上角應取較高之複筆，在下角應取較低之複筆．

(例)　功　盛　頗　鴨　奄

4 斜撇為他筆所承，取他筆為下角．

(例)　春　奎　雖　衣

5 左上之撇作左角，其右角取右筆．

(例)　勾　鈎　偉　鳴

Ⅳ 四角同碼字較多時，以右下角上方最貼近而露鋒芒之一筆為附角．如該筆業已用過，則附角作 0．

(例)　芒 = 44710　元　洋　是　疤　歇　畜　殘　主　難　霖
　　　毡　拚　蠻　覽　功　郭　癈　愁　金　速　仁　見

附角仍有同碼字時，得按各該字所含横筆（即第一種筆形，包括横刁及右鈎）之數順序排列．

例如市帝二字之四角及附角均同，但市字含有二横，帝字含有三横，故市字在前帝字在後，餘照此類推．

中条数最多者为不下六十万条之佩文韵府，使一部依韵排列之齐脚韵书，变为一部规模最大之齐头的中国文学大词典。又新近出版之云五社会科学大词典十二巨册正在编印综合索引，不日出版。

（二）就其他著作人出版人采用以编排其所撰作或出版之工具书而言，例如开明书店之二十五史人名索引，日本诸桥博士之汉和大词典十二巨册等。后者规模最大。

（三）就直接利用以编排字典辞典而言，例如商务印书馆之王云五小词典，华国出版社之王云五综合词典，印尼黄昌怀氏之华巫字典，国人杨家骆氏之四库大词典，美国人 J. A. Herring 氏之 Four Square Chinese – English Dictionary 等。

（四）就编排大规模之目片而言，例如美国哈佛燕京所藏中文书目，日本西京大学人文科学研究所各种学术资料，中国国民党党员姓名片，中山大词典资料片八百余万张，而规模最大者则为台湾省人口千数百万人之户籍片。

此外已采用此法为编排目片者，尚不胜枚举。

同年七月一日，国民政府教育行政委员会，在广东省教育会召集中央教育行政大会，出席者四十七人（查此次名为中央教育行政大会，依规程规定，应有各省区教育厅长、科长、秘书、督导及省区教育科长、科员列席；惟以全国尚未统一，致实际参加人员，大多数为广东各县教育局长或县代表与广东省教育厅人员，及广西湖南代表数人。会期十日，议决二十三案如左：

（1）请颁定国歌案。

（2）推广工业教育案。

（3）学校及私塾员生须全体加入国民党案。

（4）各县视学或督学应兼县党部组织部员分赴各校组织区分部及宣传党义案。

（5）外人捐资及教会设立之学校须呈报主管教育行政机关立案并不得施行小学教育及师范教育以一国权案。

（6）教育人员每年于相当期间应酌给公费赴各地调查教育以增进其学术及处务或教学之效能案。

（7）规定私立中等学校经费案。

（8）严令中学校长不得兼职案。

（9）请政府设立统计学校并设独立机关办理各种统计以辅助教育进行案（教育杂志作请政府将各县钱粮提回三成以充义务教育经费案）。

（10）关于农村教育问题案。

（11）破除迷信以免阻碍进化案。

（12）取缔历书案。

（13）各县市应注重推广小学并严厉取缔私塾案。

（14）教育应如何整饬案。

（15）教育行政机关应发起组织农工商学兵各界俱乐部以资联络案。

（16）各省亟宜设立职业教员养成所案。

（17）农工教育实施案。

（18）教育应如何普及案。

（19）各级教育行政机关应如何联络案。

（20）各县设立师范讲习所案。

（21）各学校应一律改从新学制案。

（22）如何养成优良教育人材以满足教育之需要案。

（23）教育经费宜实行独立及递年增加案。

同年八月，国民政府教育行政委员会通过大学教授资格条例（附教员薪俸表），嗣于十六年六月公布。

同年十月十七日，国民政府令改组广州中山大学为委员制，派戴传贤、顾孟余为正副委员长，徐谦、丁惟汾、朱家骅为委员，各委员随即就职。

同年十月，武汉国民政府令改国立武昌大学为武昌中山大学，任命顾孟余等九人为大学委员，开始筹备；并将原有之武昌商科大学、医科大学及其他私立大学概行归并，成立一综合大学，分设三院于武昌汉口两地。

同年十一月，四川国立成都大学奉北政府教育部令正式成立。

同年国民政府教育行政委员会公布学校职教员养老金及恤金条例及施行细则。

同年商务印书馆以其印刷品参加伦敦万国印刷出品第七次展览会，获得优等奖状；又以书籍、印刷品参加美国费城万国博览会获大奖，其华文打字机参加同一展览会，获得荣誉奖章。

同年，商务印书馆工会开办同人子弟学校，由公司拨基金二万元。

同年，商务印书馆出版新书五九五种，一二一〇册。

计开：

总类	八种	一一册
哲学	二八种	二九册
宗教	一八三种	六三一册
社会科学	一三八种	二〇〇册
语文学	八种	一六册
自然科学	四六种	五〇册
应用科学	二一种	二一册
艺术	四〇种	四六册
文学	一〇二种	一八一册
史地	二一种	二五册

同年商务印书馆营业总额为九 七三八 〇八七元。

民国十六年（公元一九二七年，丁卯）一月十六日，广
　州私立岭南大学，由纽约董事局代表决定交回中国人
　办理，原有董事局改为协进会；另由华人十三、西人
　五组织新董事会，执行该大学之最高管理权。此为我
　国收回教育权运动之第一成绩。
同年一月，商务印书馆设武昌支店于察院坡。
同年一月，国民政府教育行政委员会颁行私立学校规
　程，私立学校校董会设立规程，学校立案规程三种。
同年四月十八日，国民政府在南京成立。
同年四月二十七日，国民政府任命蔡元培、李煜瀛、汪

兆铭为国民政府教育行政委员会委员。

同年五月九日，中国国民党中央政治会议议决将上海江湾之模范、游民两工厂，改设国立劳动大学，并派蔡元培、李煜瀛、张人杰、褚民谊等十一人为筹备委员。该委员会即于五月十三日成立。

同年五月，北京大元帅任命刘哲为教育总长。

同年五月，中国国民党中央政治会议第九十次会议，议决设立中央研究院筹备处，并推定蔡元培、李煜瀛、张人杰等为筹备委员。

同年六月二日，中央决办中央党务学校，推蒋中正为校长，戴传贤、罗家伦为正副主任。

同年六月七日，中国国民党中央执行委员会政治会议咨国民政府为蔡元培呈请变更教育行政制度，以大学区为教育行政之单元，区内之教育行政由大学校长处理之；凡大学应设研究院为一切问题审议之机关，拟具组织条例八项及大学行政系统表，经一百零二次政治会议议决由国府核议施行。嗣经国府于七月十一日令教育行政委员会遵办。

同年六月二十三日，国民政府教育行政委员会开八十二次会议，关于奉令筹划大学区案，议决呈国府先在江浙两省试办。广东因广大改办中山大学未久，不便即行变更，暂缓实行。

同年六月二十七日，中央政治会议通过蔡委员元培等提议组织中华民国大学院，为全国最高学术教育行政机关。

同年六月，国民政府教育行政委员会通过大学规程二十三条，中学规程二十三条。

同年七月四日，国民政府公布中华民国大学院组织法十一条。

　　该院为全国最高学术教育机关，设院长一人，大学委员会委员五人至七人，设秘书处处长一人，秘书若干人，教育行政处主任一人，处员若干人。又设中央研究院，并得设劳动大学，图书馆，博物院，美术馆，观象台及学术上与教育行政上各专门委员会。

同年七月八日，国民政府令江苏现施行大学区制，原设之教育厅当即裁撤。

同年七月，江苏教育厅裁撤后，改组为大学区，教育行政设施改为教育行政院。

同年十月一日，中华民国大学院院长蔡元培宣誓就职。

同年十一月二十日，中央研究院筹备会及各专门委员会开成立大会，通过中央研究院组织条例草案，并推大学院院长蔡元培兼中央研究院院长，先设理化实业研究所，社会科学研究所，地质研究所及观象台四研究机关，分别推定各研究机关常务筹备员。

本年春，暨南学校设商科大学部，定名为国立暨南商科大学。

本年，商务印书馆出版新书二九七种，五三五册，计

开:

总类	四种	五册
哲学	一四种	一四册
宗教	六种	六册
社会科学	九八种	一八九册
语文学	九种	一二册
自然科学	四一种	四一册
应用科学	三〇种	三二册
艺术	二一种	七二册
文学	四五种	一三一册
史地	二九种	三三册

本年，商务印书馆营业总额七 九一七 七三三元。

民国十七年（公元一九二八年，戊辰）一月二十七日国
　　民政府大学院修正大学区组织条例，明白规定，即以
　　所辖地区名称作为各区中山大学之名。

同年一月国民政府公布修正中华民国大学院组织法第十
　　一条，添设副院长一人，裁撤教育行政处。同时任命
　　杨铨为大学院副院长。

同年二月，大学院改定广州第一中山大学名称永为中山
　　大学。第三中山大学为浙江大学，第四中山大学为江
　　苏大学。

同年二月商务印书馆编撰数年之教育大词书于本月出版。

本词书主编者先后为唐钺朱经农及高觉敷三人，为该馆在大陆时出版专科词书之规模最大与最完备者，兹将余所撰序文附后：

序

余以民国十年承乏本馆编译所，受事之始，计画出版次第，觉参考书之需要最亟者，无如教育辞书。语其理由，一则国中新建设类多蹇缓不前，惟教育为能猛进；师资之造就，既不足以应学校之需求，任教育者乃多有赖于参考书籍。二则辞书为最经济的参考书籍，在欧美出版发达诸国，教育书籍浩如渊海，辞书之功用，尚居次要；我国则此类书籍寥寥可数，殆不能不以辞书为任教育者之唯一宝库。三则二十世纪以来，各国教育学说日新，其制度亦经重要之演化；我国适当新旧学说之过渡，日美法等国学制更番输入，变革尤多，非有系统分明之辞书，为研究教育者导线，将无以通其统系也。

间尝博览各国出版之教育辞书，其为数亦有限。法国则出版最早者为莱蒙氏之公私教育辞书（Raymond，D. —Dictionnaire d'éducation publique，et privée）以一八六五年出世，内容仅一七一一页。厥后毕维松氏著教育学与初等教育辞书（Buisson，F. —Dictionnaire de pédagogic et d'instruction primaire）以一八八二年出世，分订二册，内容颇精审匀称。德国则最初出版者为斯密特氏之教育学与教授法大辞书（Schmid，K. A. —Encyklopädie der gesammten Erziehungs–und Unterichtswesen）旧版十一册，以一八五九年印行；新版十册，以一八七六年印行，为举世教育辞书之巨擘，于教育史言之特详。其次为林特那氏之国民教育辞书（Lindner，G. A. ——

Encyclopädisches Handbuch der Esziehungskunde mit besonderer Beräcksichtigung des Volksschulwesens）以一八八八年出世，内容仅一〇三九页，为教育小辞书之最佳者。最近又有莱因氏之教育辞书（Rein，W.——Encyclopädisches Handbuch der Pädagogik）订为四巨册，范围甚完备。英国则最初出版者为森尼震书局之教育辞书（Sonnenschien's Cycloopedia of Education）以一八九二年出世，篇幅仅五百余页，虽编制尚佳，规模殊小。其次为瓦特孙氏之教育辞书（Watson，Foster——The Encyclopedia and Dictionary of Education）以一九二一年二月始分期印行，都二十九小册，次年三月全书告成，乃合订四巨册，此为教育辞书之最新者。美国则最初出版者为克特尔诸氏之教育辞书（Kiddle ane Schem——The Cyclopedia of Education）以一八七七年出世，篇幅仅八百余页，内容限于英美教育，规模亦简陋。及一九一一年乃有大规模之孟罗氏教育辞书（Monroe，Paul——Cyclopedia of Education）出世；是书订为五巨册，执笔人多至千余，且分科各以专家主任，尤为精审。日本则同文馆所编之教育大辞书以明治四十一年出世，初仅一册，嗣迭次扩充为三巨册，内容除论述西洋教育外，于我国古代教育亦言之綦详。总之，上述各辞书，除出版较早者，因时期变迁参考功用递减外，无一不各具特色。即如法国毕维松氏之作以比例匀称胜，德国莱因氏之作以范围完备胜，斯密特氏之作以详尽胜，英国瓦特孙氏之作以新颖胜，美国孟罗氏之作以精审胜，日本同文馆之作，则以包括东方教育胜。

虽然，法德英美日诸国之教育辞书，固各为彼国之教育家或研究教育者而编纂，于我国教育家或研究教育者初未注意也。其体例纵极完善，只对于彼国人为完善，于我国人不能谓为完善也。故我国编纂教育辞书，当对象于本国教育家或研究教育者，以本国教育问题及状况为中心，采各国教育辞书之特长，而去其缺憾，方适于用也。

　　本书之编纂，即基于前述之需要与原则，以民国十一年春开始工作。初以唐擘黄君主其事，十五年唐君他去，由朱经农君继任，十六年五月朱君又他去，高觉敷君续竟其功。编辑者范县康华超陈博文诸君，或致力甚多，或始终其事。华林一陈正谟唐敬杲钱树玉诸君，为本书致力亦在一二年以上。其关系重要之问题，更分约专家特撰专条，盖师孟罗氏教育辞书之例也。经营惨澹，六载于兹，始得与世相见。同人以不佞于本书为倡起者，属为述其原委于上。

　　　　　　　　　　　民国十七年二月二十五日　王云五

同年二月大学院译名统一委员会成立，余被聘兼任主任
　　委员，设事务所于上海宝通路。旋于三月十日奉大学
　　院核准组织条例十二条。

同年二月大学院公布中学暂行条例二十五条。

同年三月中央研究院社会科学研究所在上海成立，由大
　　学院副院长杨铨兼任所长。

同年四月十日国民政府公布修正国立中央研究院组织条
　　例，改大学院中央研究院为国立中央研究院。

同年五月十四日，国民政府公布著作权法四十条，著作
　　权法施行细则十五条。

同年五月十五日，大学院召集之全国教育会议在南京中
　　央大学开幕，计出席者廿四省区代表四十人，蒙藏代
　　表一人，南京上海特别市代表二人，中央各机关代表
　　十一人，大学院遴聘之专家十八，余亦忝列一席；大
　　学院当然出席者十人，大学委员会列席者六人。由蔡

元培担任议长，共开会十二次，至二十八日闭幕，收到议案四百零二件，议决成立案十二类，总计百余件，计开：

（子）三民主义教育组六件

（1）中华民国教育宗旨说明书。

（2）废止党化教育名称代以三民主义教育案。

（3）确立教育方针实行三民主义的教育建设以立救国大计案。

（4）学生自治条例案。

（5）学生参加民众运动标准案。

（6）倡导合作运动以期改善劳动生活实现民生主义案。

（丑）教育行政组十六件

（1）整理中华民国学校系统案。

（2）整理师范教育制度案。

（3）请大学院明令各省注重训练乡村教育师资案。

（4）改善大学区制案。

（5）拟请规定医校学区案。

（6）在一个区域中之各种中学不必并为一校案。

（7）规定视察指导制度案。

（8）发展华侨教育案。

（9）融合各民族并发扬文化案。

（10）解除边省文化输入困难促进教育平均发展案。

（11）实行国语统一借以团结民族精神巩固国家基础案。

（12）请订定教育服务人员之保障案。

（13）保障教职员与学生之身体安全案。

（14）学校免费案。

（15） 规定学期假期案。

（16） 规定制服及提倡国货案。

（寅） 教育经费组十四件

（1） 教育经费独立并保障案。

（2） 确定社会教育经费案。

（3） 拟请大学院规定全国各省县最下限度教育经费案。

（4） 教育经费管理处组织法案。

（5） 教育经费会计条例。

（6） 拟永远指拨海关吨税连续发行长期债券作为教育基金案。

（7） 庚款兴学委员会组织大纲案。

（8） 拟指定庚子俄国赔款发行库券作为教育基金案。

（9） 拟指定比义两国庚款发行库券作为教育基金案。

（10） 宽筹教育经费案。

（11） 各省区应筹设教育银行案。

（12） 通令禁止征收不公平之教育税款并逐渐豁免苛细杂捐案。

（13） 请拨庚子赔款为华侨教育基金案。

（14） 确定补助华侨教育经费案。

（卯） 普通教育组二十件

（1） 厉行全国义务教育案。

（2） 注重幼稚教育案。

（3） 组织中小学课程标准起草委员会起草中小学课程标准案。

（4） 请定初等教育目标公布全国案。

（5） 请大学院通令各省师范学校特别注重国语训练案。

（6） 小学不授文言文私中入学考试不考文言文并提倡语体文案。

（7） 编制小学生活历案。

（8） 设立教育研究所案。

（9）大学院应筹设儿童教育馆案。

（10）请中央设立童子军教师养成所案。

（11）改良教职员待遇案。

（12）小学教师薪水亟应增高并须订立原则以作全国奉行标准案。

（13）从优规定全国学校教职员最低薪额以谋教育效率增进案。

（14）改定中等学校教员职责及待遇案。

（15）规定小学教员暑期补习办法案。

（16）请大学院会同内政部严禁全国中小学学生吸烟及饮酒案。

（17）中等学校应注重课外作业案。

（18）学校编级亟应废除年级制改用能力分组法案。

（19）建议请大学院颁布中学校毕业考试委员会规程通令各省区市克期施行案。

（20）各中等学校应认真考查成绩案。

（辰）社会教育组十一件

（1）平民教育或民众教育应否改称补习教育案。

（2）实施民众教育案。

（3）拟请大学院颁布民众学校规程督饬实施以期早日减除文盲完成国民革命案。

（4）全国应广设民众阅报处以资推广社会教育案。

（5）各机关各团体应自实行民众补习教育案。

（6）农工商补习教育案。

（7）实施劳工教育案。

（8）以学校教育补救社会教育案。

（9）改良社会风化案。

（10）各省区宜亟行改良社会娱乐如小说歌词剧本图画电影茶馆

并改良说书演剧等案。

（11）请对监狱囚犯施行感化教育案。

（巳）高等教育组五件

（1）请大学院订定大学毕业考试及学位授予条例案。

（2）公费派出留学案。

（3）提高学术文艺案。

（4）矿冶电机机械土木工程等科学生于修业期内至少须在工厂实习一年方准毕业案。

（5）审核医药学校案。

（午）体育及军事教育组七件

（1）中等以上学校实施军事训练案。

（2）国民体育之振兴及其进行方法案。

（3）各县普设公共体育场案。

（4）请全国一致提倡体育案。

（5）厉行体育案。

（6）改订体育课程提高体育师资案。

（7）确定各省立中等学校体育经常费案。

（未）职业教育组八件

（1）请推行职业教育案。

（2）设立职业学校案。

（3）设立职业指导所及厉行职业指导案。

（4）请切实整顿全国各级工商学校以致实用案。

（5）全国农林教育计画案。

（6）请促军事当局提倡军队职业教育案。

（7）请中央筹设西北垦务学校案。

（8）推行平民女子职农教育案。

（申）科学教育组五件

（1）提倡科学教育注重实验并奖励研究案。

（2）请中央通令全国实行万国度制案。

（3）促进昆虫研究案。

（4）请积极进行国防科学之研究案。

（5）采用周历案。

（酉）艺术教育组三件

（1）整理艺术课程案。

（2）奖励及提倡艺术案。

（3）为供给艺术教育上重要之参考资料起见应请各地当局速在各大都市中建立美术馆之基础案。

（戌）出版物及图书馆组十四件

（1）奖励科学著作案。

（2）改善中小学教科书案。

（3）中小学应特别注意国耻教材以唤起民族观念案。

（4）初中以下学校之教科书除外国语外不得采用外国文课本案。

（5）中小学各科教学应注重补充读本案。

（6）规定各地方小学用乡土教材补充读物编纂条例准各地方自编补充读物案。

（7）搜集合于海外情形之教材编制适用华侨学校之教科书案。

（8）改良民众读物案。

（9）出版物之审定机关应集中于大学院案。

（10）筹备中央图书馆案。

（11）请规定全国图书馆发展步骤大纲案。

（12）大学院所拟建设之中央图书馆应迅筹的款购置国内外历年出版专门研究学术之各种杂志及贵重图书以供各地专门学者参考案。

（13）请大学院通令全国各学校均须设置图书馆并于每年全校经常费中提出百分之五以上为购书费等。

（14）提议请大学院通行全国采用四角号码检字法案。

（亥）改进私立学校组一件

（1）改进私立学校案。

同年七月，商务印书馆设暑期图书馆学讲习所，大中学生及机关人员参加听讲者一百四十余，由余主讲，讲习时期为六星期。

同年秋，商务印书馆与美国 Dr. Frank Priee 教授合作英译之三民主义出版。

同年，商务印书馆印行丁福保氏编纂之说文解字诂林十二巨册。

兹将丁氏自叙附后，借以稔悉其内容：

说文解字诂林自叙

荒古之世。人禽杂处。声以咿哑。形以指视。虽有龟文鸟迹之先导。而岁历绵暧。其详不可得闻矣。黄帝史臣仓颉。肇造文字。为世传六书之所由昉。下迄周官。保氏掌之。以教国子。宣王太史史籀十五篇。体稍繁缛。姬周尚文。此其验矣。厥后孔子定六经。左氏述春秋。素王素臣。上勒百代大典。下垂一王成法。经传异体甚多。繁省不一。六国之世。甚或诡更正文。故孔子早有史阙文之叹也。秦居西周故都。习用史籀。石鼓诅楚。灼然可证。既灭六国。书同文字。烧书令曰。毋以古非今。此今文古文之所由名也。故举六国以前之文字。尽目曰古文。而铲灭之。独尊史籀曰大篆。李斯作仓颉篇。赵高作爰历篇。胡母敬作博学篇。皆取史籀或颇省改。谓之小篆。与程邈所作隶书。皆今文也。而隶书益趋约易。尤习用之。故其后又独谓隶书为今文。汉兴。闾阎书师。并仓颉爰历博学为仓颉篇。而太史试学僮。能讽书九千字以上乃得为史。字或不正。辄举劾。故石建曰。书马者与尾而五。今乃四。不足一。获谴死矣。然此止对隶书点画谨严不苟而已。武帝时。司马相如作凡将篇。元帝时史游作急就篇。成帝时李长作元尚篇。皆仓颉中正字。而仓颉篇时师已渐失其读。平帝时征天下通小学者。各令纪字于庭中。扬雄取其有用者作训纂篇。于是古籀篆文。成专门之学。迨至后汉和帝时。贾鲂作滂喜篇。以仓颉为上篇。训纂为中篇。滂喜为下篇。是为三仓。皆用隶书写之。则隶书滋广而篆籀浸微矣。然是时学者。治群经古文者甚盛。贾逵修理旧文。逵弟子许慎。承其师说。撰说文解字十四篇。自言叙篆文合以古籀。即古籀篆三体同者入正篆。而别以三体之特异者入重文。六艺群书之诂皆训其意。至于天地鬼神山川草木鸟兽虫鱼。杂物奇怪。王制礼仪世间人事。莫不毕载云。盖其书集篆籀之大成。而又博采通人。不囿己见。故吾人处千载之下。而独得见古人造字之精神者。赖有此书之存。昔人谓许氏此书之功。不在周公尔雅下。岂虚语哉。晋吕忱撰字林六卷。补许书之漏略。梁顾野王撰玉篇三十卷。广许书之部类。今仅存玉篇而已。北魏江式。世业仓雅。搜集古来文字。欲以许书为主。上篆下隶。号曰古今文字。凡四十卷。惜其书竟未能成。梁庾俨默演说文一卷。隋志有说文音隐四卷。亦为许书而作。而陆德明撰经典释文。孔颖达贾公彦辈撰五经正义。李善注文选。乃至释玄应释慧琳一切经音义。释慧苑华严音义莫不援据说文随诠义诂。盖六朝隋唐之间小学犹盛也。然中唐而后。小学浸衰。韩退之曰凡作文字。宜略识字。可知当日文人已多不识字者。故自乾元间李阳冰以善李斯篆法。刊定说文为二十卷。排斥许氏。自为臆说。观阳冰所书先茔记。字体故与许书违盭。实未达六书之奥旨。是时学者多从阳冰新义。好为游衍无据之谈。至唐末而其书犹盛行。迨南唐徐锴撰说文系传。其祛妄一篇。斥阳冰臆说颇详。宋徐铉等奉诏校正说文。虽不能复许书之旧。然二徐书行。而李书遂微。亦可谓许氏之功臣。宋王安石作字说二十四卷。其自序以许慎所记为不具。又多舛。故所说字义。皆不本说文。又见字多有义。遂一概以义取之。虽六书亦且不问矣。如以同田为富。坡为土皮。诗为寺人之言。与邑交则曰郊等。皆务为新奇以聋瞽学者。所以刘贡父戏谓荆公曰三鹿为麤。麤不如牛。三牛为犇，牛不如鹿。宜改三牛为麤。三鹿为犇。又字说言波者水之皮。以竹鞭马为笃。苏文忠戏之曰然则滑是水之骨。以竹鞭犬。有何可笑耶。字说在当时颇盛行。学者无不传习。主司纯用以取士。士不得自名一说。先儒传注。一切不用。故王昭禹之解周礼惟王建国云。业格于上下谓之王。或而围之谓之国。解匪颁之式云。散其所藏曰匪。以等级之曰颁。故匪从匸从非。言其分而非藏也。颁从分从自。言能上而颁之下。解圃曰园有众甫谓之圃。解鲍鱼曰。鱼之鲜者包以致之。解鱐曰。鱼之干者肃以致之。解司徒云。于文反后为司。盖后从一从厂从口。从口则所以出命。司反之则守令而已。从一则所以一众。司反之则分众而治之而已。从厂则承上世之庇覆以君天下。司反之则以君之爵为执事之法而已。其附会穿凿。皆用王氏字说。功令所悬。不敢不遵。后虽禁绝。而流弊无穷矣。至南宋郑樵以博洽傲睨一时。乃作六书略。其于儒先。斥之为颠沛沦没如受魅然。自春秋传礼记至韩非扬雄。皆斥为不识六书之义。其诋谋许氏。为多虚言死说。仅知象形谐声二书以成说文。六书已失其四。宋王鲁斋著正始之音。其说六书。皆主郑说。而程畏斋刊六书略。入字学条内。当时采之。颁行学校。为士子识字楷则。令天下学者奉其野言。以为甲令。而由元及今。犹跻通志略于杜君卿马贵与之间。尊为三通。其诬罔六书。不为不久矣。夫王郑二氏皆以巧说邪辞。蛊惑后世。遂开数百年向壁虚造望文生训之陋习。故在当时。竟有以许氏说文为野陋浅薄谬妄欺世者（见楼钥班马字类序）。即此可见宋人藐视许书之一斑矣。其后李焘取说文而散乱之。编为说文解字五音韵谱十二卷。又混入徐铉新附之字。以致淆乱不别。元戴侗作六书故。尽变说文部次。其文从钟鼎。其注用隶书。而又皆改从篆体。重以镣锯尿屎等俗字。作为钟鼎文。非古非今不足凭信。其最昧于六书者。如觊作觅。徇作旬。雅作雖。隹从凡。蜆即茧字。褭从刧。虞从虔省声。丰从丯声。于形声并谬。其所引说文。有所谓唐本者。多本之五经文字九经字样及玉篇。有所谓蜀本者。多本之林罕而已。所以赵宋一代。除徐氏外。几无一人深通六书。能入许氏堂奥而自成一家之言者。岂非王郑二氏有以开其端乎。元包希鲁撰说文解字补义。以许说为未允。遂从而申其义。大抵穿凿敷衍。不合许旨。其病不仅在变乱许书之次第也。杨桓撰六书统。备录古文篆籀。自凭胸臆。妄事增损改易。又撰六书统溯原。皆录说文不载之字。本无篆体。乃为之推原作篆。不足为训。周伯琦撰说文字原。增删许书。移其原第。又撰六书正讹。多采戴侗说以訾议许氏。又妄改说文而增其所无之字甚至卖贾本两字而妄合之。扁从尸。尸即屋也而改为广。以戊为戈矛之戈。庚为钟虡之虡。诞谩叵信视同戏剧。明魏校撰六书精蕴。凡元以来好异之流以篆入隶。已为骇俗。至校重肔纰缪。求出其上。而以籀改篆所用籀文。都无依据。名曰复古。实则师心。吴元满撰六书正义。大抵指摘许书。而推崇戴侗杨桓。可谓根本颠倒。后又撰六书总要、六书溯原直音、谐声指南等书。无非冯臆杜撰盖承戴杨之绪余而变本加厉者也。张自烈撰正字通。尤喜排斥说文。系芜舛驳。不足道矣。明万历中白狼书社复印宋李焘所编之说文解字五音韵谱。将第一行书名截去五音韵谱四字。伪充许书原本。陈大科为之序。亦以为即徐铉校正之本。明人刻书之陋。未有如此书之甚者也。赵宦光撰说文长笺。疏舛百出。于制字之精意无所窥。日知录摘其谬误十余条。皆深中窾要。斥宦光为好行小慧。不学面墙。非过语矣。呜呼小学至元明诸人。多改汉以来所传篆书使就己见。几于人尽可以造字。始作俑者。其李阳冰王安石郑樵乎。戴侗包希鲁周伯琦扬其波。至杨桓魏校而横溢旁决不可究诘。于是许氏之学。旷然中绝。垂千年焉。吴元满张自烈之徒。虽欲集矢于许君。比诸蚍蜉撼大树何伤哉。满清入关。崇尚经术。昆山顾氏以遗民怀义。犹兼汉宋。三惠兴与吴中。说经为多。至戴震倡始于歙。王氏父子继起于高邮。从此汉学别树一帜。士大夫皆以粹于声音训诂之学为校理群经百家书之钤键。而许氏说文解字一书。沉霾千载。复发光辉。若段玉裁之说文注。桂馥之说文义证。王筠之说文句读及释例。朱骏声之说文通训定声。其最杰著也。四家之书。体大思精迭相映蔚。足以雄视千古矣。其次若钮树玉之说文校录。姚文田严可均之说文校议。顾广圻之说文辨疑。严章福之说文校议议。惠栋王念孙席世昌许槤之读说文记。沈涛之说文古本考。朱士端之说文校定本。莫友芝之唐说文木部笺异。许溎祥之说文徐氏未详说。汪宪之系传考异。王筠之系传校录。苗夔等之系传校勘记。戚学标之说文补考。田吴炤之说文二徐笺异等。稽核异同。启发隐滞。咸足以拾遗补阙。嘉惠来学。又有订补段注而专著一书者。如钮树玉之段氏说文注订。王绍兰之说文段注订补。桂馥钱桂森之段注钞案。龚自珍徐松之说文段注札记。徐承庆之说文段注匡谬。徐灏之说文段注笺等。皆各有独到之处。洵段氏之诤友也。此外又有钱坫之说文觿诠。潘奕隽之说文通正。毛际盛之说文述谊。高翔麟之说文字通。王玉树之说文拈字。王煦之说文五翼。江沅之说文释列。陈诗庭之说文证疑。陈瑑之说文举例。李富孙之说文辨字正俗。胡秉虔之说文管见。许槤之读说文杂识。俞樾之儿笘录。张行孚之说文发疑。于鬯之说文职墨。郑知同之说文商义。萧道管之说文重文管见。潘任之说文粹言疏证。宋保之谐声补逸。毕沅之说文旧音。胡玉缙之说文旧音补注等。不下数十家。靡不殚心竭虑。索隐钩深。各有所长。未可偏废。六书之学。浸以备矣。汉儒传经。既分今古。文字异者动以百数。许书虽博综兼采。而称易孟氏、书孔氏、诗毛氏、春秋左氏、论语孝经。皆古文也。惟古文诸家本。既多异体。今又不尽传。论者不察。遂误谓许书所引。率多今文家学。不可不辨也。古文多省假。非无正字。今文多正字。亦非无省假。近世经学家。就许所引。撰为考异。如邵瑛之说文群经正字。吴云蒸之说文引经异字。吴玉搢之说文引经考。陈瑑之说文引经考证引经互异说。雷浚之说文引经例辨。高翔麟之说文经典异字释。承培元之说文引经证例。柳荣宗之说文引经考异。薛传均之说文答问疏证。承培元之广说文答问疏证。郑知同之说文本经答问等。究今古文之别。明其通假之旨。师读之异。兼正今本俗书之谬。学者诚能识许书专为古学而作。则由是而进窥两汉师法家法之原委。不难明也。又有考订新附及逸字者。则有钮树玉之说文新附考。王筠之说文新附考校正。毛际盛之说文新附通谊。钱大昭之说文新补新附考证。郑珍之说文新附考、说文逸字。珍子知同之说文逸字附录。李桢之说文逸字辨正。张鸣珂之说文逸字考。雷浚之说文外编等。订讹补佚。匡铉锴所不逮。虽在许书为附庸。亦足为后学之津梁矣。福保少习许书。颇以遍检各书为苦。偶寻一字。辄废时至一二日。积书至数十种。多方搜索。尚难该备。况散见于各家文集及笔记中者，尤不可指数。往往以遗忘而难于参检。回忆乙未岁肄业南菁书院时。年二十有二。即拟聚大小徐及各家之说文。与各文只笔记中之论说文者。依许书之次第逐字类聚。为说文解字诂林一书。搜集材料。至今三十年矣。作辍无恒。未能脱稿。自癸亥以来。使及门诸子十余人。朝夕襄余董理旧稿缀草杂逯。殆盈箧衍。计各家撰述都百八十二种。千三十六卷矣。考之昔人业此者。每以卷帙繁富。艰于付梓。如萧山王绍兰之说文集注。嘉定钱大昭之说文统释。潍县陈介祺之说文统编。海宁许珤之说文统笺。陈鳣之说文正义。吴协心之说文稽古编。其书皆佚而不传。今所见者仅钱氏统释自序而已。又有仁和孙礼煜严曾铨。同辑说文汇纂五百四十卷。其稿藏于杭州沈君翼孙处。亦以经费浩繁。不克付梓。余从事此书。较前人所辑者尤为繁重，盖以生逾后则所见之书逾多也。况又有鼎彝款识、殷虚文字、正始石经等新出者益众。余一一辑附各字之下。昔贤谓考订之学。譬如积薪。后来者居上。盖其势然矣。许书号称征事奥衍。今聚数百人腹笥渊博之学说于一编。百川洄注。潴为渊海。互相参较。洞见症结。俾观者如游名山胜水。望高深而识其径涂也。如披珠林宝藏。阅斑斓而知其名器也。如登崇台复阁。曲榭回廊。而得其门户梯阶与向导。又能升其堂。入其室。而餍饫其肴蔽也。岂非愉快事哉。世有博雅君子。欲笺疏许书者或以不佞此书为之拥篲先驱。提其要而钩其玄。则私心所庆祷而旦暮遇之者矣。至于编纂之法。细若牛毛。密如茧丝。已见凡例者不具书。无锡丁福保识于海上之亦吾庐。

本年，商务印书馆于四年前开始编译之综合英汉大词典，排印完成，开始发行。此书收字最多，其中各专科名词皆能尽量求合于标准译名。

　　兹将编译者序言，及编辑大纲、凡例等附后：

序

　　编译之为事，专据一书易，兼采众书难，综合体例不同之书尤难，坊间英汉字典，大都专据一书略加增补，本书曷为独综合各书，舍易而就难耶，以英美字典各有所长，须荟萃改编俾适合于我国之需要故。现行英汉字典，十之七八，皆以美国 Webster 氏各种字典为蓝本，韦书之佳固不待言，然如 Century 字典，Standard 字典，亦美国之名著，而吾国依据之者殊鲜；又如英国之 Oxford 大字典，为英文界空前之著述，惟卷帙过繁，购置不易，于是有 Oxford 简明字典，取大字典之精华，重加编次，期便实用，此书简明赅括，世之治英文者无不奉为宝典，而吾国用者独罕，诚足怪也。尝思其故，Century 字典，篇幅繁重，不易取材；Standard 字典，编次方法虽与韦书不同，而其内容之精美颇多类似之处，是以在吾国往往为韦书所掩；至若 Oxford 简明字典，则其特色与韦书绝异，凡常见之字，其析义之精，引例之备，用法之详，成语之富，迥非同类之书所能及，就纯粹的字典即不兼带百科辞书性质的字典而言，其精美而切于实用，殆无有过于此书者。顾吾国出版界绝未措意，目下英汉字典，竟无一部介绍此书之特色，即搜罗丰富之成语辞典，亦往往独遗之者，何也？盖此书求省篇幅，内容固精美丰富，而表示方法则尚简洁，对于用例及成语，说明从略，译解不易，一般英文学子非有相当程度者不能领会，其编次方法，字之各义与用法成语等类，因其系统，互相联贯，每检一义或一成语，往往非遍读全字不可，又其体例与他书绝异，颇难参合成书。以此数因，编字典者与用字典者，大都畏其精深而乐取韦书之平易，遂致最切实用之字典，在吾国反难通行。然其特长，奚可泯没，苟补充其说明，标举其项目，略加改编以助领会而便检查，则其裨益吾国学者，岂浅鲜哉；但其书于科学术语及专名大都省略，而社会常识又往往涉于百科辞书范围，关于此点，韦书及 Standard 字典殊便于用，且人事日繁，学术日进，新字新义日增，报纸杂志以及他书，亦有可资取材者，窃以为必须综合英美各字典之长，搜罗最新材料，重加编次，方适于现代之需要。

于是比较各书之异同，采定编辑之方针（详见编辑大纲），费时六七载，前后参与编译者数十人，始终其事者亦数人，然后告竣，劳费至此，远非初料所及，当始事之际，本期速成，既经进行，困难立见，乃知综合之事未可率尔。盖同一之义，往往甲书自一方面释之，乙书自他方面释之，定义虽异，所诠则同，同一之例，甲书认为属于某义者，乙书又认为属于他义，而解释各异，稍一不慎，则病重复，一也；删繁去复，不能无取舍，或一时选择过严，或偶然编次失检，即难免遗漏，二也；解字析义，各书详略互见，内容不同，有可以参合者，执一则病固陋，有不可参合者，兼收则病芜杂，简择匪易，三也；甲字与乙字往往有连带关系，编辑之际，势不能将同意语对待语或关连语等同时并举，设甲字依据某书，而其连带之乙字又依据他书，则杂乱而欠联络，虽任如何注意，难保无得后忘前顾此失彼之处，四也；材料如是之复杂，编辑如是之繁难，速则不达，缓则难成，需时久而费力多，五也。此外难点尚多，未遑列举。同人等自审学识浅陋，而犹勉任其难者，诚以如是综合编辑，在吾国字典界尚属创见，编者愈艰苦则而用者愈便利，设一书可兼众长，则无庸借助于他书矣。抑综合之为事，非徒便用已耳，在编译方面，亦有利存焉：就材料言，既经综合各书，纵令因取舍失宜，编次疏忽，偶有遗漏，而其分量必超过于同类任何字典则可断言，此易于丰富也；就内容言，取材既多，复经选择，则去粗留精，以简驭繁，可以得要，此易于精审也；就说明言，解字析义，各书不同，可以择最精确明显者，以免误会或晦涩之弊，此易于明确也；就例证言，英汉字典，例解宜详，方适于吾国之需要，参合各书，则引证该博，此易于详尽也。若夫专据一书，则材料之丰啬，内容之精粗，说明之显晦，例证之详略，皆为原书所囿，安能适合我国之用，虽有缺憾，无由改良，纵令增修，亦难完备。因是之故，本书一变从来英汉字典之方针，试为综合之创举，然以素乏经验，且限于时力，其所成就，未能悉如理想所豫期，纰漏之处，诸待补正，海内外宏达，倘进而教之则非独本书之厚幸已也。

编者谨志

编辑大纲

理想的英汉辞典之要件。　吾人理想的英汉辞典，能适合现代需要者，必须备下列诸要件：英美通用字典，各有特长，而此之所长或即彼之所短，须综合各字典之长，一也；英美所编字典，各求适合其国人之用，材料之取舍，解释之详略，亦自不同，须酌量改编，以合于吾国人之用，二也；字之各义与其用法有连带关系，须例解详明而字义与用法乃显，三也，成语为字之特别结合，为用之广，不亚于单语，须广为搜罗而详加解释，四也；英汉字典之以汉文译英文与英美字典之以英文释英文者有别，国语既异，字之义蕴不同，须译语确切而包括，方能适用，五也；国民常识，与时俱进，文学科学方面之用语，须统为包罗，兼有百科辞书之用，六也；现代事物日繁，新字新义，层出不穷，欧战以还，外来语之输入于英语界者尤夥，取材须新颖宏富，七也；兼具众长，篇幅必巨，须内容丰富而定价从廉，方为一般财力之所及，八也。现今出版之英汉字典，或专据一种原本，或局于片面的眼光，或缺例解，或乏成语，或译语粗疏，或材料枯窘，或版本太旧，或定价过昂，但求略具上述二三要件者盖罕，矧求全乎，此所以有重新编辑之必要也。

编辑方针。　欲兼具众长，为事非易，英美字典，各有其编纂方针，目的不同，特色因之而异，必须另定编列，足以容纳各字典之长，厥后可免顾此失彼缺乏联络之憾，是以编辑之法，当慎择最为精审而足资依据之字典若干种，比较其同异，研究取舍之方针，而定一采纳各种特色之编例，以期具备上述诸要件焉。

英美字典之选择。　英文字典虽多，而出版界所奉为圭臬者，英国方面，首推 Oxford 字典，美国方面则有 Webster、Standard 及 Century 各种字典，兹择其内容丰富者列举如下：

The Oxford Dictionary（简称 O. D. ）

The Concise Oxford Dictionary（简称 C. O. D. ）

Webster's New International Dictionary（简称 W. N. I. D. ）

Webster's Collegiate Dictionary（简称 W. C. D. ）

Funk & Wagnall's New Standard Dictionary（简称 N. S. D. ）

Funk & Wagnall's Practical Standard Dictionary（简称 P. S. D. ）

The Century Dictionary and Cyclopedia（简称 C. D. C. ）

编辑准据。　O. D. （Oxford 大字典），W. N. I. D. （Webster 大字典），N. S. D. （Standard 大字典）及 C. D. C. （Century 大字典），皆卷帙繁重（自一巨册至十数册），定价昂贵（自数十金至数百金），不适于一般之用，且其中之古语废语及罕用之材料甚多，全译势所不能且亦不必，然以供取材及参考之需，则皆重要之典籍也；C. O. D. （Oxford 简明字典）为 O. D. 之节本，W. C. D. （Webster 大学字典）为 W. N. I. D. 之节本，P. S. D. （Standard 实用字典）为 N. S. D. 之节本，各有新增之材料，内容皆精审丰富而适用，若综合此三书之长而间采 O. D. ，W. N. I. D. ，N. S. D. ，C. D. C. 及他书以补充之，可成一美备之字典，此则本书编辑之准据也。

各书之比较与取舍。　上列各书，体例不同，试比较而研究之，则有种种问题发生，由是而谋解决方法，立取舍之标准，以定适宜之编例如下：

语数。　就语数比之，W. C. D. 及 P. S. D. 所收一般的及专门的用语颇备，C. O. D. 注重于通用之字及成语，而术语及专名则从略，双方各有所长，故本书尽量兼收，复间采 O. D. ，W. N. I. D. ，

N. S. D. 及 C. D. C. 中重要之语，而新语犹嫌未足，乃将 W. N. I. D. 之补编，Student's Standard Dictionary（简称 S. S. D.）之欧战用语及名称一篇，最近出版之 Pocket Oxford Dictionary（简称 P. O. D.）中之要语，Chamber's Twentieth Century Dictionary（简称 C. T. C. D.）之补编，亦复采入，而新闻纸杂志中之新语，亦随见随录；故本书所收单语及成语之数，超过于 W. C. D.，C. O. D. 或 P. S. D. 焉。

例解。　就例解比较之，C. O. D. 于普通字之例解特为精审，常见之字义蕴繁而用法多者，引证益详；O. D. 则繁征博引，条析缕分，尤为美备；W. C. D. 及 P. S. D. 广收一般及专门之语及义，而其例解则从简括，常见之字尤略，此在以英语为国语者或无关紧要，而在以英语为外国语之学子，非有相当程度者，则其不便殊甚，盖义多而例略，检查时往往觉诸义皆不适用，或则似皆可用，而茫然不知所从矣。且常见之字如 a，an，any，as，be，but，can，do，ever，every，for，go，have，if，in，it，may，of，on，shall，so，that，way，well，will 等，即在初学似亦毋庸检查字典，倘须检查，则必关于字义用法有疑难之点，非简单例解所能解决。更进一步言，字义发展之过程，大都以其主要义为中心，应用于各方面而发生新义，而仍以其各义为中心复应用而更生新义，故字义大体难以固定，而往往有一部分因应用而时时发生变化，凡字愈常用则变化之机会愈多，用法愈复杂，义蕴愈繁富而微妙，尤有详细分析之必要。常用字中如助动词（may，shall，will 等），前置词（at，in，of，on 等），接续词（but，if 等），关系代名词（who，which，that），冠词（a，an，the）等，其意义用法常与文法有关，通常字典对于文法领域之说明，往往从略，致难透澈。且英美所常见而尽人能解之语句，在他国常需再三说明，虽以 O. D. 之详尽，而其说明方法力从简洁，C. O. D. 则求省篇幅，尤特别省略字句；凡此诸端，仅采 C. O. D. 及

O. D. 乃至综合英美字典之材料，有时犹虞不足，须参以他书。日本斋藤秀三郎所著英和中辞典，虽往往根据 O. D. 及 C. O. D.，而其自行搜集材料重新编次之处亦复不少，对于助动词，前置词，接续词，皆有独特之研究，此外常用之语，如 any，as，get，go，have，it，make，so，some，that，the，well 等，亦均有精详之例解。斋藤氏为日本英文法大家，故其书多取文法上之说明比较，在字典界尤为特色。本书于斋藤中辞典之长所悉加采纳，凡常用之字比较上述各书之例解，择善而从（例如 a 字大体以 O. D. 为根据而采 C. O. D.，P. O. D. 等以补充之；the 字则取斋藤中辞典），遇有连带关系之字务依据同一字典（例如 any 与 some；shall，should 与 will，would 均据斋藤；a^3，a^4 均据 O. D.；an–^{1}，an–^{2} 均据 C. O. D.；Wagnerian 与 Wagnerism 均据 W. C. D.；Xanthein，Xanthin 与 Xanthine 均据 W. N. I. D.；radiobroadcaster 与 radiobroadcasting 均据 P. S. D. 等），且往往综合各书之材料而重新编次，务期适合我国之用焉。

分义与分项。　就分义与分项比较之，通常字典专以义分项，字有若干义，即有若干项，Webster，Standard，Century 各字典均依此例，惟 Oxford 大字典则不然，一义往往不只一项，一项往往并非一义，其1，2，3，4 等除用以分义外并用以标举品词之转用（如 material 名词之形容词用），或用以标举与何种成语并用（如 act 动词5），或用以标举成语（如 act 动语6），或用以标举复合语（如 amazon 7），或用以标举与前置词之结合（如 meet 自动11 之 meet with），凡字之与多数前置词或副词结合者则分别各占一项（如 look 自11 至24 系与前置词结合，25 至46 系与副词结合）。盖 Oxford 大字典于字之历史的研究最为精详，凡字形及义之如何起源，如何发展，其各种用法何者已废，何者尚存，其何种新的用法以何程序于何时代而发生，各由其字之最初的用例与最近的用例显示之，故其释义，分析精细，系统井然，苟一义而有数种的用法，一字与他字有特别的结合，往往分项以说明之；Oxford 简明字典体例与 Oxford 大字典略同，而省去1，2，3 等但用 semicolon（；）以分项，不甚醒目。本书例解从详，于字之用法以及其与他字之结合均极注意，是以仿照 Oxford 大字典之例，凡字之特别用法及与他字之特别结合往往另立一项，而分义之项与非分义之项，形式上区别分明，不致误解。

　　成语之归纳。　就成语之归纳比较之，通常字典大都另附成语一栏，按字母顺序列入，惟 O. D. 及 C. O. D. 则按成语中主要字之义，分别纳于各义之下；第就检查言，自以依字母顺序为便，顾检查字典目的在求解释，字与字结合而为成语，虽大都非可望文生义，然成语之义与其未结合时各字之义，往往有直接或间接之关系，通常解释成语第就字与字结合后所生之特别意义释之，于其为成语基础之字之义，不暇及也，如是解释，多不澈底，若将成语附纳于其主要字之相当的某义之后，则单字解释与成语解释相得益彰，成语中主要之字义既明，则易解之成语有可毋庸解释而自明者，难解之成语有可因而意会者，方面甚广之成语，有可依单字之义而类推其用法者，若按序另列则不便于解释矣；且字义之微妙的变化，往往见于成语中，亦有需以成语证其用法者，若按序另列则不便于例证矣；又成语与成语往往有连带关系，甲之义既明则乙可附带而解释，亦有甲成语与乙成语须互相比较而意义乃明者，若按序另列则不便于附带与比较矣；又如甲乙丙丁四字之结合语究应附列何字之下，通常字典皆无一定体例，互见则不胜其繁，且甚无谓，不互见则往往检查三四次始得，倘成语按字义归纳，尽可互见于各主要字之下以充例证而助解释，若按序另列则不便于互见矣；且字有义多而成语多者，有义多而成语少者，有义少而成语多者，有义少而成语亦少者，除第一种外，按义分纳，在检查上均无不便，即第一种亦可以互见救济之，在甲字中不易检查者，在乙字中往往可一目了然。故本书从 Oxford 大字典及简明字典之体例，成语务按义分纳，择要互见，互见之成语其解释互有详略，其有牵涉数义或因连带关系等而不便于分纳者，则另设成语一项，附列于后。

字典与百科辞典。　就纯粹字典的性质与兼有百科辞典的性质比较之，O. D. 及 C. O. D. 属于前者，而 C. D. C. 属于后者，W. C. D. 与 P. S. D. 则在两者之间。字典与百科辞典不同，百科辞典记述事物；字典则以解字为主，其记述事物，仅取足以确定字之正当意义及其用法而已，此解释内容之不同也；百科辞典以记述事物故，其所收之字大半为名词而且不尽限于一种国语，英文字典则各类之词皆收，而必限于英语或曾经转用为英语者，此收容语类之不同也。O. D. 为字典界之巨擘，所收语例超过于任何他种字典，然以保持其纯粹字典的性质之故，对于科学用语，解释悉从简略，博物学上之拉丁名亦仅以用于英文者为限，外来语所收甚罕，专名不列，其由专名转来之形容词（例如 African），除因解释他字有特别关系者（例如 American 因系 Americanize 及 Americanism 等语之解释上所必需，且须限制其意义为美国之故而收入）之外，亦一律不列，此在理论上甚为一贯，而在实用上殊感不便。C. D. C. 则材料繁重，过涉专门，而非一般字典所需。本书取 W. C. D. 与 P. S. D. 之方针，务以字典而兼含百科辞典之用；力求新颖宏富，多参考专门辞典及最近出版物，是以所收新语新义，虽英美字典往往尚未之见，例如 civil disobedience, crossword puzzle, extrality, Kring, masurium, phonofilm, phyllosan, radon, title（第五义），trick（第七义）以及放射性原素表，最新之原子量表等等是也。

单语之排列。就单语之顺序排列比较之，各字典有将转成语及复合语附入主要字之后者（例如 P. S. D.），有于语首（如 un. 等）之后附列诸字者（例如 C. O. D.），此皆不便于检查。本书一律依字母顺序另列，惟形容词加 – ly 或 – ness 之字与其上下字之字母顺序不相淆而无须另行解释者，方附于后。

语义之顺序。　就语义之顺序比较之，各字典有从学术的眼光，依语义发展之顺序排列者（如 O. D. ， W. N. I. D. ， W. C. D.）；有因便于实用将常见之义居前者（如 N. S. D. ， P. S. D.）；有随宜排列者（如 C. O. D）。本书依 C. O. D. 之例，不拘一格，以务便于了解为主，盖依字义之历史的发展，则必以旧义居首，且须多收废义，无裨实用；若专以常用之义居前，有时说明上亦感不便也。

释义与汉译之方针。　本书释义，极注意于字义用法及与他字之关系，综合各字典之长而审慎翻译，其特别注意之点，略举如下：

（1）凡字义有广义与狭义，通义与特义，旧义与新义，科学之义与通俗之义，正则之义与误用之义，本来之义与转用之义之别者，皆一一标明，例如 ape, execution, exile, psychopathy, town 等；一语与他语类似而有别者，特比较说明，或分别注出其用法以免混同，例如 very 与 much, few 与 a few 等，一义与他义类似者亦然。

（2）字之意义往往与其前后之用语相关，例如名词动词等之意义常与前置词有连带关系，形容词之于名词亦然，又如动词有因主语或目的语之不同而意义各异者，亦有须补出其主语或目的语而意义乃明者，本书皆补置于括弧中，以助解释。

（3）字有需以英语注释俾意更显者，随时附注之，例如 otherwise, rather, regard 等。

（4）英美字义各异用法不同者，本书分别标出，遇必要时并加说明，例如 bill, corn, dinner, fancy, first（or second）floor, guess, shop, store, town, township 等。

（5）英美各字典有异说者，务列举以供参考，例如 cost，staff，used，worth 等。

（6）本书务取各字典定义之内容，译以吾国相当之事物，而不拘泥定义之字面，例如译 ear 为"耳"而不译为司听之器官，盖英美字典系以英文释英文，势难求一与甲字完全相当之乙字以为注，故常用定义，汉译有时固可不必也；至于字之内容非定义不明者则参用定义与译语；科学术语务从专家之译，动植物在吾国无通行确定之译名者务注其拉丁学名，矿物及化学名称务列其化学式。

（7）因英汉字义之不同，有一义须数译者，务多用适宜汉译以尽其义蕴，有一译可包数义者，务标出应用方面以明其义界。

（8）本书翻译务取意译而不从直译，惟定义之译既须达意又力求其字字相对，以免因一字之差而致影响于全部，又语例之译，于达意之外往往兼顾其语气与神情。

（9）外来语之翻译有疑义时，大都参考其他各种外国语字典（例如德语法语日语字典等）探其语源之义以期正确。

（10）英语之解释，有时在英美本国可以从简，而在他国则非详细译注不易领会者，亦有在英美宜详，而在他国反可从略者，亦有因眼光不同，而须变换其解释者，此等之处皆不能拘泥原书，有时且须以第三国之英语字典为参考；日本模范新英和大辞典，注解简洁，学术名辞之译语亦颇审慎，井上英和大辞典解释精密，而留意于英美之特殊惯用语，斋藤英和中辞典注重于单语与成语意义之连带关系，并有其独特之例解，以上三种在日本英语界久称名著，本书亦兼采其长。

工作之程序与分担。　本书原稿，几经修订，其始搜集材料，编成初稿，后乃增修改编，是为再稿，又经主其事者全部编订，排版校勘后复加审阅，计前后修改四五次，方始告成；参订本书计画者王岫庐，江铁，何崧龄，高梦旦，陈承泽，黄士复；主任全书编辑者，黄士复，江铁；分担编辑者，文元模，李希贤，吴衡之，周昌寿，林骙，胡嘉诏，程选公，郑贞文，谢六逸，戴鸿儒，罗鼎，顾寿白；正编定稿后，又搜集新材料列为补编，由林骙，陈趾青，顾寿白担任翻译，程选公，戴鸿儒，顾寿白担任修改，复由黄士复，江铁编订；一面又选择实用材料作为附录，其中地名人名及教名音释，由林葆蕙，曹建华担任汉文译名，朱裕钧，余祥森，程绍飞担任校正；略语一篇，由程绍飞集录；类语及对语一篇与不规则动词表，由林葆蕙集录；中国地名表，由林葆蕙，夏曾荫集录；以上附录全部，复由程选公担任校正；全书排版后之校勘大都由程选公担任，其中正编由朱裕钧，周泽甫，陈趾青，夏曾荫参校，BC 部分由钱艺分担，补编及附录之校勘，大都由朱裕钧，程绍飞担任，参校者林葆蕙，杨映斗，此外参与校勘及其他工作者，江乘之，李季皋，朱时隽，朱础成，林家深，林澄生，高九艻，马公度，夏粹若，陈继纲，盛沛江，黎烈文等。

内容概要

总计：本书约共一千七百页，计本书一千五百余页，附录一百七十余页，其中单语复合语外来语略语及地名人名教名之语数合计不下十三万，成语约七万四千，例证六万，语汇之丰富，为任何同类字典所不及。

单语及复合语：本书中所收独立一项之单语及复合语约十一万，以通用语及新语为主，学术用语及俗语俚语方言等类搜罗颇备，古语废语非必要者大抵不录。

外来语：本书所收外来语将及三千，多用英汉合解，间有意义及用法不易明了者特附加说明。

成语：成语之见于同类字典或成语辞典及他书中者，除古语废语及罕用之语不尽录外，大都采入，统计约七万四千（但间有互见者），译解力求明确，遇必要时并详举其用法及例证。

用法：此为本书特别注意之点；凡常见之字，其分项及析义，大都以用法为基础；字之用法除以例句成语为证外，其常与前置词或副词结合者，皆一一标示，至于文法上惯用上或与他字关系上应行注意之点，往往于各项或各义前后附加注释，并于〔注释〕〔比较〕〔例外〕等项中详细说明之，共计三千八百余条。

例证：凡字或成语之常见者，意义难明者，及用法复杂者，本书皆引例以助解释而便应用，计就各字典或他书中采择最为适宜之例证不下六万（若连成语之兼充例证用者统计，不下十余万）。

插图：图说所以助解释，本书择其有裨实用者附列于各字之下。

表解：实用上所需之表，本书罗列甚富，大都附于主要各字之后，例如 atomic 后之原子量表，cry 后之动物鸣声表，element 后之元素表及放射性元素表，periodic 后之周期表，paper 后之纸之尺寸表，thermometer 后之寒暖计比较表，weight 后之度量衡表等不下三十种。

补编：本书取材繁富，几经选择剪裁，自难免于遗漏，又间有最近材料，未及收入者，随时发见，列为补编，计达四百余页，其中多采 W. N. I. D.，C. O. D. 及 C. T. C. D. 三书之补编，S. S. D. 之欧战用语及名称一编，与最新版 W. C. D. 及他书与新闻纸杂志中之语，对于新字新义说明特详，实用之外来语，亦多采入（此项补编已悉数归入正编）。

附录：附录一百七十余页，皆参考各书，取其实用材料，编次而成，分述如下。

地名人名音释：本编大都依据 W. C. D. 及 W. N. I. D. 而间参以他书，定稿以后，复发见最新材料应加增订者，特列入地名人名补编，综计所收古今世界史中重要地名约六千四百，人名约三千，——施以音释及汉文译名（此项补编已悉归入正编）。

教名音释：英语耶教洗礼名，实用上亦颇需要，本编所收约六百字，依据 W. C. D. 而加以汉文译名，除注音释义外，并列其对当之拉丁字形及近代各外国语中之相等字。

类语及对语：类语（同意语）及对语（反意语）为作文参考所需，本编采自 Fernald 氏（Standard 大字典类语对语编辑者）所著 "Synonyms，Antonyms and Prepositions" 共计七百条，足资依据。

略语：本编荟萃 W. C. D.，C. O. D. 及 C. T. C. D. 之略语合编而成，共计二千七百余，编首并加略语用法说明，以便实用，其有本非略语（如 Al 及 SOS），或虽系略语而需详细说明者，亦互见于本字典正编。

中国地名表：译读英文报纸书籍，常遇中国地名，苦于不知其相当之汉字，而邮件电报有时亦需用罗马字拼音之中国地名，因特采实用材料，编成此表，所收中国地名山名河名凡三千余，均附注其所属之省区。

不规则动词表：动词之不规则变化，已附列于各本字下，并按其字母顺序另列；兹复除去其古语与废语，共辑三百条，编成此表，以便检查。

凡例

字之排列：1. 凡字无论单语或复合语，一律依照字母之顺序排列。

2. 由形容词加语尾 – ly 而成之副词，及加 – ness 而成之名词，其字母顺序与他字不相淆且毋庸解释者，则直附于本形容词之后，例如 astonishing 下之 – ly 及 – ness.

外来语之排列：外来语之成语或句，概依全部之字母顺序排列，有时亦附纳于第一单语之下。

大小写：1. 本书依 Century 大字典体例，字之开首字母除应作大写者外，概用小写，惟成语开首一律用大写。

2. 开首字母系大写之字，间有应作小写之义者，于各该义之前标以其字之小写第一字母。例如 Eucalyptus② ［e –］；开首字母系小写而有应作大写之义者仿此，例如 ecanthus① ［E –］.

拼法之异同：凡如 civilise，nationalise，organise，stabilise，etc. = civilize，nationalize，organize，stabilize，etc.，本字典仅收语尾作 – ize 者，语尾作 – ise 者大抵不列，由 – ise 转为 – isor 或 – isation 之字（例如 organiser，civilisation）亦然；又如 colo（u）r，fibrin（e）等，括弧内之字母或有或无皆可用，余类推。

不规则复数及其他变形语：名词或代名词之复数，形容词副词之级，动词之过去及过去分词，如系不规则者，除附于本字下之外，并按其字母顺序另列；至于规则动词或形容词之末尾字母，系不发音之 e 或前有子音之 y 者，亦附列其变形。

项目之区分：1. 本书之①②③等项，仿 Oxford 大字典体例，不专以义区分，凡字之用法及与他语之结合，须详加例解者，亦分项说明以便探讨（参看 have，make，may，of，on 等字）；①②③等或单义后之再分者用（a）（b）（c），其独立者用（a）（b）（c）（参看 on，order 等字）；（a）（b）（c）后则用（1）（2）（3）。

2. 动词等之常与前置词连用者，于其字下依前置词之字母顺序，别立一项（例如 go 字下之 to go about，across，after，against 等）。

3. 动词之常与各种副词连用者，大都另行附列【自动或他动与副词相结合】一项。

成语之归纳：本书成语大都按其主要字义分别归纳，其不便于分纳者则标以【成语】而附于后。

　　固有名词：神话及文学上之固有名词列于本编，实用上之固有名词（如地名人名教名）则列于附录，间因解释成语或文学上之关系，亦有见于本编者。

　　符号：本书所用重要符号，除各种音符另见发音例解外，列举如下：

　　1. +（= obsolete）废；例如 bespeak 下之⑤ +。

　　2. ~括弧内举例时，用以代表本字；例如 beckon 下之（~ to a person）。

　　3. ——附列而不另行时，用以代表本字；例如 bayonet【名】下之——，【他动】；又如 hurried 下之—— – ly，—— – ness。

　　4. – 前后之语使成一组；例如 He is in the habit of-makes a habit of-doing so.

　　5. <（= after, derived from）从、由（某某之名而来）；例如 heulandite 下之［< H. *Heulandite*（英国矿物学家）］。

　　6. ‖表外来语，例如‖ benge，‖ deus ex machina.

　　7. 字之右肩所加之 1，2，3 等表示语源（etymology）不同，并非表示字之顺序；例如 beck^1，beck^2，beck^3.

　　8. 音节以单连符（ – ）分开，例如 a – kin′；但其后已有重音符号者却不再加此符，例如 a′la，air′ship′；复合字以双连符（ = ）分开，例如 air′ = tight′.

同年七月商务印书馆设大同支店于大西街。

同年十月三日，大学院院长蔡元培辞职，照准，特任蒋梦麟为大学院长。

同年十月二十三日，国民政府令改大学院为教育部，次日特任蒋梦麟为教育部部长。

同年，商务印书馆参加国民政府工商部中华国货展览会
获得特等及优等奖。

同年，商务印书馆出版新书四五六种，五四四册，计
开：

总类	四种	四册
哲学	二七种	二七册
宗教	二种	五册
社会科学	一七四种	二一七册
语文学	二〇种	三〇册
自然科学	三八种	三八册
应用科学	四三种	四三册
艺术	一九种	一九册
文学	八六种	一一三册
史地	四三种	四八册

同年，商务印书馆营业总额为一〇 一三五 六七九元。

民国十八年（公元一九二九年，己巳）一月二十八日至
二月一日中华图书馆协会在南京金陵大学开第一次年
会，到五十余人，改选袁同礼、王云五等十五人为执
行委员。

同年二月任命易培基为故宫博物院院长，同时成立理事
会。

同年四月商务印书馆创刊万有文库初集。由余主持一
切，余于事后曾撰有创编万有文库的动机与经过一
文，兹附载于左：

我创编万有文库的动机，一言以蔽之，不外是推己及人。就是
顾念自己所遭历的困难，想为他人解决同样的困难。我少年失去入
校读书的充分机会，可是不甘失学，以努力自学补其缺憾。读书，
爱书与聚书之癖也就与日俱增。久而久之，几于无书不读；因爱书
而聚书，既漫无限制，精力物力也就不免有许多非必要的浪费。中
年以后，渐有觉悟。适主持商务印书馆编译所，兼长东方图书馆。
后者以数十万册的私藏图书公开于读书界，前者又有以优良读物供
应读书界的可能。自从东方图书馆以专供商务印书馆编译所同人参
考的涵芬楼为基础，而改组公开以后，我的次一步骤，便想把整个
的大规模东方图书馆化身为千万个小图书馆，使散在于全国各地方、
各学校、各机关，而且可能还散在许多的家庭，我的理想便是协助
各地方、各学校、各机关，甚至许多家庭，以极低的代价，创办具
体而微的图书馆，并使这些图书馆的分类编目及其他管理工作极度
简单化；得以微小的开办费，成立一个小规模的图书馆后，其管理
费可以降至于零。这一事经过了约莫两年的筹备，卒于民国十八年
四月具体化，而开始供应于全国。这便是万有文库的印行。

在那时候，我国的图书馆为数不多。除了极少数稍具规模者外，
其他所藏的图书多偏重古籍，缺乏新著，间有兼藏新书者，门类亦
多未备，许多基本的图籍每赋阙如。尤其是分类编目均赖专材，而
由于图书馆人材之短缺，得人既非易事，即幸而得之，其经常开支
势必占据了购书费的重要部分。但是虽有图书而无适当的分类编目，
图书的效用也就不免要打一个大折扣。

　　我自从民国十年主持商务印书馆编译所以来，五六年间，广延专家，选译世界名著颇多，并编印各种治学门径的书籍，如百科小丛书、国学小丛书、学生国学丛书、新时代史地丛书，以及农工商师范算学医学体育各科小丛书等，陆续刊行者也不下三四百种。有了这样的基础，我便可以进一步推广其组织，作更有系统的编辑出版，除就汉译世界名著及上开各丛书整理扩充外，并插入国学基本丛书，初拟凑足一千种，都二千册，命名为千种丛书。嗣思千种之数犹有未足，乃定名为万有文库，分集编印，以一万册为最后目标，平均每册以六万字计，全书出齐，当括有六亿字之优良读物，等于四库全书著录全部字数三分之二。我认为如能以当时一千余元的代价，使已设的图书馆增加一万册包括新旧学识的有用图书，或使尚未设有图书馆的所在，借此而建立一个小型图书馆的基础，当是极有意义之事。由于该文库每书都按照我的中外图书统一分类法一一分类，并供给各种互见的书名片，那就未曾受过图书馆专业训练的人大都可以担任管理。我很希望借此种种便利，得以很短的时期建立万千所的新图书馆，使穷乡僻壤中有志读书之士，皆获有图书馆服务的便利，把我少年以迄中年的读书全靠自己花钱聚书的困难，扫除其大半。

　　此一计画自民国十八年开始印行万有文库第一集二千册，因中经一二八事变，商务印书馆濒于危亡，其未竟之功，迟至民国二十二年终，始告完成，而初印的五千部已悉数分配于国内各图书馆或私藏之中，其借本文库而新办之小图书馆不下二千所。民国二十三年，我又从事于万有文库第二集之印行。该集内容虽与第一集同为二千册，而第一集所由组成的丛书为数十三，第二集所由组成者只有四部丛书，其重大区别，即一方面加重国学基本丛书与汉译世界名著的分量：前者由一百种增至三百种；后者由一百种增至一百五十种，且范围与程度均较第一集加重与加深；他方面更以自然科学小丛书三百种及现代问题丛书五十种，而代替第一集所收农工商医等十一种小丛书，此其大较也。越一年，我又辑印丛书集成初编，其中括有最精要之丛书百部，所收古籍原约六千种，去其重出约二千种，实存四千一百种，原为三万七千余卷，去其重出者后，减为约三万卷，当四库全书著录者三分之一，亦仿万有文库版式，分订四千册，连同万有文库一二两集，合为八千册。设非抗战突起，我将续编万有文库第三集，亦为二千册，如此则万册之目标当不难于民国三十年以前达成矣。

兹将我所撰印行万有文库第一集缘起附后。

图书馆之有裨文化，夫人而知，比年国内图书馆运动盛起，而成绩不多靓。究其故，一由于经费支绌，一由于人材缺乏，而相当图书之难致，亦其一端也。以言旧书，则精刻本为值綦昂，缩印本或竟模糊不可卒读；以言新书，则种类既驳杂不纯，系统亦残阙难完备。因是，以数千元巨资设置小规模之图书馆，而基本国籍往往犹多未备。抑图书馆目的在使图书发生极大之效用，故分类与索引之工作洵为必要。当此图书馆人材缺乏之时，得人已非易易，幸而得之，然因是不免增加经常费用，或使经常消耗于管理方面者，反在添置图书之上。凡斯种种，皆图书馆发达之障碍。亦即文化发达之障碍也。

不佞近主商务印书馆编译所，踵张菊生高梦旦二公之后，见曩印四部丛刊，阐扬国粹，影响至深且巨，思自别一方面植普通图书馆之基。数岁以还，广延专家，选世界名著多种而汉译之。并编印各种治学门径之书，如百科小丛书，国学小丛书，新时代史地丛书，与夫农，工，商，师范，算学，医学，体育各科小丛书等，陆续刊行者，既三四百种，今拟广其组织，谋为更有系统之贡献；除就汉译之世界名著及上述各丛书整理扩充外，并括入国学基本丛书及种种重要图籍，成为万有文库，冀以两年有半之期间，刊行第一集一千有十种，都一万一千五百万言，订为二千册。另附参考书十巨册。果时力容许，后此且继续刊行，迄于五千种，则四库旧藏，百科新著，或将咸备于是。本文库之目的，一方在以整个的普通图书馆用书供献于社会，一方则采用最经济与适用之排印方法，俾前此一二千元所不能致之图书，今可三四百元致之。更按拙作中外图书统一分类法，刊类号于书脊；每种复附书名片，依拙作四角号码检字法注明号码，故由本文库而成立之小图书馆，只须以认识号码之一人管理之，已觉措置裕如，其节省管理之费不下十之七八。前述三种之障碍，或可由是解除乎？

虽然，选择书籍，至难之事也。吾今所计画者，非以一地方一图书馆为对象，乃以全国全体之图书馆为对象，非以一学科为范围，乃以全智识为范围；其困难尤异夫寻常。即如国学书籍，浩如烟海，本文库第一集所采，仅限百种，骤视实甚简陋，然欲使久陷饥渴之读书界，获糇粮以果腹，此中所选皆人人当读之书，并依适当进程，先其所急。又如世界名著，浩博逾乎国学，其间选择分配，尤为困难。一方既谋各科各类之粗备，他方复求各派学说之并存。总期读书界得就此狭小范围，对于世界之万有学术，各尝其一脔，此外新编各科丛书，亦一一按其重要之程度而有相当之著述。又千种之中，比例力求均匀，只有互相发明，绝无彼此重复。此即私心所悬为鹄的，而企图达到者也。

同年四月二十六日，国民政府公布教育宗旨及其实施方针。

其中教育宗旨为："根据三民主义，以充实人民生活，扶植社会生存，发展国民生计，延续民族生命为目的，务期民族独立，民权普遍，民生发展，以促进世界大同。"

同年五月十一日，教育部批准私立光华大学立案。

同年五月十七日，教育部批准私立大夏大学立案。

同年八月七日，国民政府行政院三十二次会议议决国立北平大学之北大学院改为国立北京大学，国立北平大学第一师范学院改为国立北平师范大学，国立北平大学之研究院改为国立北平研究院。北平大学第二工学院仍令划出独立。并组织北洋大学筹备委员会。又国立北平大学艺术院改为国立北平艺术专科学校，杭州国立艺术院改为国立艺术专科学校，上海音乐学院改为国立音乐专科学校。随于八月十五日训令教育部分别转饬照办。

同年八月二十九日，教育部聘蔡元培袁同礼为国立北平图书馆正副馆长。

同年九月十六日，任命蔡元培为国立北京大学校长，未到任以前，以陈大齐代理。

同年十一月余坚辞商务印书馆编译所所长之职，推荐该所史地部长何柏丞（炳松）君为代。余即改就中央研究院社会科学研究所专任研究员，兼法制组主任。兹将我后来所写"小别与重返"一文附后，借以略述原由。

　民国十八年九月，我决意脱离商务印书馆，费了不少唇舌，卒获如愿。在我所创刊的万有文库第一集，对编辑方面，既已顺利完成计画；对营业方面，且已超过预约的目标之际，我对于所任工作，原应心满意足。况且八年以前，我以对商务书馆向无渊源，骤来主持以二三百新旧的读书人构成的编译所，彼时尚不发生任何问题，现在驾轻就熟，更应不成问题。顾何以我要坚决脱离，实在另有重要原因，却不是与我直接有关系的任务。盖自民国十五年以来，上海的劳资纠纷迭起，商务书馆的工会是在当时企业中最强有力者之一。纠纷之起，当然以印刷所为主，发行所及总务处次之。编译所虽有少数别有用意者活跃，然以大多数皆为新旧学者，态度当然远较稳健，而少数的别有用心者，亦多有含蓄，不愿率先发难或表现激烈。因此，工潮的发生，如果不是由印刷所所长从事于局部的应付，便应由总经理协理与人事科科长作全盘的应付，在理不应轮到我身上。但因那时候的总经理系由印刷所所长鲍先生兼任，他的年事已高，且为人笃实，不善言辞。其他经协理等亦多属于此一类型。因此，某一次工潮闹大了，使我不得不挺身而出，结果应付尚属得宜，一场风波因而平息。此后，一遇劳资纠纷，资方都一致推我出马应付，竟使不应负责之我，转而负了全面的责任。这些消极的事，偶尔负担尚可勉为，若渐渐变为家常便饭，那就对于一位需用脑力以应付出版计画和学术研究的人，未免近乎残酷了。以此之故，我对于商务书馆的任务，原具有高兴趣者，其兴趣便渐随工潮增高而日益低落。于是我经过了再四考虑，决心摆脱。且认为八年来对编译所的努力，已因万有文库之成功，而达成一个段落，功成身退，亦对得起引致我入商务的高梦旦先生。于是集中注意于替人之物色。适数年前我为编译所聘得何柏丞（炳松）君为史地部部长，经年来的注意观察，认为尚适于继我之任；而我脱离商务之后，打算专从事于研究和写作，然具体计画尚待进一步的考虑。适中央研究院成立，蔡孑民先生担任院长，以我的一位旧学生杨杏佛（铨）为总干事，并以之兼任社会科学研究所所长。我偶与杏佛谈及我脱离商务的决心，杏佛初时劝我不可。经我剖析后，卒亦赞同。当以他兼任社会科学研究所，原系暂局，设我辞商务职获准，极愿举我自代，一如八年前胡适之君举我代任商务编译所所长之故事。且以同为我之及门，既有先例，应步后尘。我则坚持不可，因我对商务编译所正苦于行政成分太多，如能摆脱，只愿担任纯粹的研究或著述工作，否则我又何必薄商务现职而不为。杏佛卒以此意告蔡先生，蔡先生深知我近年之辛劳，因言商务设许我脱离，则中央研究院极欢迎我来参加，但对杏佛荐我自代之意，他却不赞成。盖无论如何，研究所所长仍不免有许多行政工作，索性让我转入纯粹研究方面，聘我为专任研究员。蔡先生之知我爱我，使我闻之，至为感纫。经多次协商，对于商务书馆方面，我卒获如愿以偿，并以我所推荐之何柏丞君为继；而对中研院方面，除专任研究员外，还加上兼任法制组主任名义。这虽然不是我所愿意，终因该组只有助理研究员二三人，譬如各大学的系主任，仍以教课为主，与院长之难免行政工作者有别，只得勉允。

约在十月上旬，我即转移工作地于中央研究院社会科学研究所。我首先择定的一个研究题目，便是"犯罪问题"，而以若干监狱作个案调查为出发点。我订定了调查的计画，并罗致了三位助理研究员：一是曾在北大专攻法律的余天民君，现在台湾；一是曾在燕京大学专攻社会学的严君，现在美国；又一是曾在东吴法学院专攻法律，后来曾随我到商务书馆任职的徐百齐君。他们都很努力工作。原拟用一年工夫从事调查及初步分析，第二年则着手于深入的研究。想不到仅仅渡过三四个月的宁静生活，我又给商务书馆强拉回去，担任比从前益加责重而麻烦的任务。

十九年二月，商务书馆原任总经理鲍咸昌先生突然因病去世，所遗总经理一缺当然发生继任人选的问题。原来鲍先生系商务印书馆创办人之一，久任印刷所所长，最近若干年始兼总经理之职。当其生前，除以所兼任的所长地位专注意于印刷工作外，对于总经理职务，多委托于两位经理李拔可（宣龚）和夏小芳（鹏）。拔可以诗名，由举人历官至知府；小芳为创办人瑞芳先生之子，曾留学美国。两经理亦多以其兼理总经理之任务转委于机要科科长陈叔通及副科长盛桐荪：于是大权不免旁落，形成有权者不必有责，有责者却无权的状态。说得好听一点，也不妨称为"虚位的总经理"。不过总经理在事实上固不妨虚位，但如名与实都虚位却是行不通的。现在问题果然发生了。随着鲍先生的去世，他所兼任的印刷所所长自不难以其长子庆林递补。但总经理一职，不是靠传统的资望，便要靠真正的能力。鲍咸昌先生原靠传统的资望，而不妨虚位自处。但鲍先生去世后，能靠传统的资望而继任者，首推李拔可君，则因李先生为两经理中的首席，且任此席已十多年。次一经理夏小芳君，则年事较轻资望亦浅，却系创办人而曾任总经理者之子，亦很有继任之可能。不知何故，董事会和两位负监理名义的元老张菊生和高凤池先生，都不就李、夏二君考虑，却想到离职已数月的我。于是张先生代表董事会，夏先生代表总务处，纷纷请我返馆，就任总经理之职。经我再四拒绝以后，从前邀我代他担任编译所所长的高梦旦先生，又开始对我力劝。夏小芳君得此新的助力，更不肯放过我，几于隔日到我家或社会科学研究所一次。最后，我迫于无法，提出两个先决条件，才允考虑是否接任。我认为这两条件可能不易被接受，那就等于客气的拒绝，想不到他们都完全接受了。所谓两条件，一是取消现行的总务处合议制，改由总经理独任制，经协理及所长各尽其协助之责；二是在我接任总经理后，即时出国考察并研究科学管理，为期半年，然后归国实行负责。

　　我就在这样情形之下，被迫担任商务印书馆的总经理。在形式上就职后，即准备出国，所有公司任务未尝主持一日，仍以李经理拔可代理。记得就职后不满旬日，即实行出国考察。

同年，商务印书馆出版新书四五一种，七二四册。计开：

总类	二四一种	四三二册
哲学	九种	九册
宗教	一种	一册
社会科学	六五种	七一册
语文学	一四种	一七册
自然科学	一五种	一七册
应用科学	二一种	二三册
艺术	二九种	八八册
文学	二九种	三五册
史地	二七种	三一册

同年，商务印书馆营业总额为一一 六六八 〇一二元。

民国十九年（公元一九三〇年，庚午）二月商务印书馆所编之地质矿物学大辞典初版印行。

　　其序文及凡例如左：

<h3 style="text-align:center">序</h3>

　　地质矿物学大辞典为本馆杜其堡君所编、馆中专家为之校读修

正者若干人、复不厌求详、征余校阅、余以其篇幅繁重、不及详阅、尝嘱本所赵亚曾田奇瑸钱声骏三君分任其事、略有修正、按专门辞典之作、盖所以集学术之大成、便学者之检阅、意至善用至广也、惟包罗既广、性质复专、欲以一人之力兼通各科、编辑完善、为事甚难、故各国专门辞典大概合多数积学名家之力、以共成之。一字之诠、一名之释、辄为专家精研穷究之作、不特以便通俗检查、即专门学者亦复恃为南针焉、持此以论本书、则其内容之精密、容有未能自惬者、然天下事有未可一概论者、中国学者之专治地质矿物学者为数犹寥寥、从事于研究工作者、大抵偏重一门、殚心精研、专门以外、无暇旁求、勉为贯通各门之编著、时有未遑、意不专注、欲求尽善、良非易易、其专从事于若辞典若教科书之编著者、范围既广、势难一一精通、译述西书、撷录成作、因少研究上之亲切经验、辄不免有隔膜影响之苦、盖必合此二者之长、庶可或免双方之失、此皆非可于短时期内匆促求之者也、顾大辂之作始于推轮、不有试作、何由进步、地质矿物学辞典教育界既久感此需要、则杜君此编、固亦今日不可不有之书、殆亦今日中国地质矿物学界力能贡献之作、亦未始不可以为更求进步之一基础也、书成、征序于余、因述所见如此。

民国十八年七月翁文灏序于地质研究所

地质矿物学大辞典凡例

一、本书搜集之范围包括地质学，矿物学，岩石学，结晶学，以及与地质学具密切关系之化石学及地文学。

二、本书编辑之目的约分下列数项：

1. 整理上列诸科之名称及术语，使有统一之解释及正确之意义。

2. 节述上列之各种学说，俾阅者易得简明之观念。

3. 略述上列诸科著名学者之传记，以便学者之查阅。

4. 搜集上列诸科之中国资料以供学者之参证。

三、本书注重分条独立，使每条自成一有组织之专篇，但若一一分条独立，有时因说明艰难，索解非易，不若将有关系之条目合并成一总条，俾阅者可以参互比较，易于会通，各条仍标名分列以便检索，条下不附解释，仅注"见某条""附见某条"等字样，以省篇幅。又同名异物者，先立总条，后加（一）（二）等记号分述之。

四、书中之说明其有必须附加图幅始能明晰者，一律加图注释。

五、各条编次以国文之字画多少为序，并列英德文，以便学者之查阅。

六、卷末所附之英德文索引与汉名对照，注以面数号码，以便易于检出。

七、本书系编者四年余精力之结晶，其中关于化石条目不少出于家叔就田之指教，全书复经翁文灏赵亚曾诸先生逐条教正，对于本书之价值实有无上裨益，谨此申谢。又本书排印时由许心芸林仁之二先生编次校对，并于格式上多所指教，特此谨谢。

八、本书编辑虽受各方助益，然为一种创始之作，谫陋之处，实所难免，尚望海内学者不吝教正。

同年三月余受聘为商务印书馆总经理。自去年十一月离馆，迄今甫四阅月，被迫返馆，并加重任务。惟依余勉允担任新职之条件，于就职后旬日即出国考察科学管理，详见余所著记旧游中初出国门第一站，初履西土记，初访华盛顿各文，与所著谈管理中美欧专家访问记一文，又所著谈往事中漫游欧陆渡重洋一文。

同年四月十五日，教育部召集之第二次全国教育会议，在南京铁道部大礼堂开幕，计到会员二百二十二人，至二十五日闭幕。议长蒋梦麟，副议长陈和铣、金曾澄。共开大会六次，议决中央政治会议发交之教育方案。该方案共分十章如左：

（1）实施义务教育计画。

（2）实施成年补习教育计画。

（3）筹设各级各种师资调练机关计画。

（4）改进初等教育计画。

（5）改进中等教育计画。

（6）改进高等教育计画。

（7）改进社会教育计画。

（8）改进并发展华侨教育计画。

（9）实施蒙藏教育计画。

（10）确定教育经费计画及全方案经费概算。

同年，商务印书馆筹备多年之百衲本二十四史开始印行。此为张菊生君之杰作，搜罗善本，校雠精当，厥功至伟。出书后，并以其校勘记排印问世。兹将张君所撰前后两序附后：

前序

昔司马温公尝言，少时惟得高氏小史读之，自宋讫隋，正史并南北史或未尝得见，或读之不熟。今因修南北朝通鉴，方得细观。章实斋又言，通鉴为史节之最粗，而纪事本末又为通鉴之纲纪奴仆，尝以此不足为史学，而止可为史纂史钞。由是言之，为学不可不读史，尤不可不读正史。正史汇刻之存于今者，有汲古阁之十七史，有南北监之二十一史，有武英殿之二十四史。南监本多出宋元旧椠。

汲古开雕亦称随遇宋版精本考校；然今皆不易致。两监复刻，校勘未精，讹舛弥甚，且多不知妄改昔人久有定评。今世之最通行者，莫如武英殿本。数十年来重梓者有新会陈氏本，有金陵淮南江苏浙江湖北五局，儳配汲古合刻本。活版者有图书集成局本，石印者有同文书局本，有竹简斋本，有五洲同文局本先后继起，流行尤广。惟是殿本校刻虽号精审，而天禄琳琅之珍秘，内阁大库之丛残，史部美不胜收。当日均未及搜讨。仅仅两汉三国晋隋五史依据宋元旧刻，余则惟有明两监之是赖。迁史集解正义多所芟节；四库提要罗列数十条，谓皆殿本所逸。若非震泽王本具存，无由知其妄删。然何以不加辑补。琅邪章怀两汉旧注殿本脱漏数字，乃至数百字不等。宋嘉祐时校刊七史，奉命诸臣刘范曾王皆绩学之士，篇末所疏疑义备极审慎。殿本留贻不逮其半，实则淳化景祐之古本，绍兴眉山之复刻尚存天壤。何以不亟探求，任其散佚；是则检稽之略也。后汉续志，别于范书。殿本既信为司马彪所撰，而卷首又称刘昭补志，且并为百二十卷，厕八志于纪传之间。国志鼎立，分卷各殊。殿本既综为六十五卷，而三志卷数又仍各为起讫。其他大题小题之尽废旧式者，更无论矣。是则修订之歧也。薛氏五代史，辑自永乐大典及其他各书，卷数具载原稿，乃锓版之时悉予刊落。后人欲考其由来，辄苦无从循溯。又诸史均附考证，而明史独否。虽乾隆四十二年有考核添修之诏，而进呈正本，迄未刊布。且纪志表之百十六卷，犹从盖阙。是则纂辑之疏也。蜀臣关羽，传自陈寿，忽于千数百年后强代秉笔，追谥忠义，薛史指斥契丹，如戎王戎首，猁犹贼寇伪命犯阙，编发犬羊等语，何嫌何疑概为改避。又明修元史，洪武二年先成本纪三十七，志五十三，表六，传六十三，目录二。翌年续成纪十志五，表二传三十又六。厘分附丽，共成二百一十卷。一见于李善长之表，再见于宋濂之记。殿本则取先后成书之数，并为一谈。李表既非原文，宋记复失存录。是则删窜之误也。南齐巴州之志，桂阳始兴二王之传，蜀刻大字曾无阙文。果肯访求，何难拾补。然此犹可曰孤本罕见也。宋孝宗之纪，田况之传，至正初刊，均未残佚，而何以一则窜合二字，充以他叶，一则脱去全叶，不考文义。然此犹可曰初版难求也。金史礼仪志，太宗诸子传，初印凡阙二叶；嗣已出内府藏本校补矣。而后出之本，一乃补自他书，一仍空留素纸。其他少则一二句，多至数行，数十行，脱简遗文，指不胜屈。犹不止此。阙文之外，更有复叶，如宋史卷三十五之孝宗纪，元史卷三十六之文宗纪，是复叶之外，更有错简。如元史卷五十三之历志是。此则当日校刻诸臣不能辞其粗忽之咎者也。长沙叶焕彬吏部语余，有清一代提倡朴学，未能汇集善本，重刻十三经、二十四史，实为一大憾事。余感其言，慨然有辑印旧本正史之意。求之坊肆，丐之藏家；近走两京，远驰域外。每有所觏，辄影存之。后有善者，前即舍去。积年累月，均得有较胜之本。虽舛错疏遗，仍所难免。而书贵初刻，洵足以补殿本之罅漏。诵校粗毕，因付商务印书馆用摄影法复印行世，缩损版式，冀便巾箱；真面未失，无虑尘叶。或为有志乙部者之一助欤？中华民国十九年三月朔日，海盐张元济。

后序

逊清文治，盛称乾隆；高宗初立，成明史，命武英殿开雕。至四年竣工。继之者二十一史。其后又诏增刘昫唐书，与欧宋新书并行。越七年，遂成武英殿二十三史。四库馆开，诸臣复据永乐大典，及太平御览、册府元龟等书，裒辑薛居正旧五代史，请旨刊布。以四十九年奏进。于是二十四史之名以立。按乾隆元年诏颁二十一史于各省会及府州县学，综计当需千数百部。监本刓敝，不堪摹印，度其事必未能行。故有四年重刻之举。高宗制序，亦有监本残阙；并敕校雠，以广刊布之言。是始意未尝不思成一善本也。迁史欧书，人争诵习；天水旧椠，讵乏贻留。且宋辽金元相去未远，至正洪武；初印原本尤不至靡有孑遗。乃悉舍置不问，而惟踟蹰于监本之下。因陋就简，能无遗憾。在事诸臣，既未能广事搜求，复不知慎加校勘；佚者未补，讹者未正。甚或弥缝缺失，以赝乱真；改善无闻，作伪滋甚。余已一一指陈，疏诸卷末。非敢翘前哲之过，实不欲重误来学也。刘薛二史，几就消沉，并予阐扬。堪称盛举。余于闻人旧刻，更得其绍兴祖本；虽仅三分有一，要亦人间未见之书。所惜者薛史散亡，难窥真相。曩闻赣南故家，尚存残帙，赤眚遍地，早成劫灰。而南京路转运司之锓本，流转于岭南江左之间，若存若亡，莫可踪迹。不得已而思其次，乃以大典注本承之。抑亦艺林所同憾矣。影印之始，海宇清宁；未及两年，战氛弥布。中更闸北之乱，抱书而走。乱定掇拾，昕夕无间。先后七载，卒底于成。世之读者，犹得于国学衰微之日，获见数百年久经沉霾之典籍；相与探本而寻源，不至为俗本所眩瞀。讵不幸欤？国立中央研究院、北平图书馆、江苏省立国学图书馆，网罗珍籍，不吝通假。常熟瞿君良士、江安傅君沅叔、南海潘君明训、吴县潘君博山、海宁蒋君藻新、吴兴刘君翰怡，复各出所储，以相匡助。亦有海外儒林，素富藏弆；同时发策，远道置邮。使此九仞之山，未亏一篑。诗曰：中心藏之，何日忘之。抚兹编者，幸同鉴焉。中华民国二十六年二月立春日，海盐张元济。

其后余在台重印该书时，亦曾撰序并说明其内容如左：

重印百衲本二十四史序

百衲本者何？汇集诸种善本，有阙卷阙页，复多方搜求，以事配补，有如僧衣之补缀多处者也。

我国正史汇刻之存于今者，有汲古阁之十七史，有南北监之二十一史。清高宗初立，成明史，命武英殿开雕，至四年竣工；继之者二十一史。其后又诏增刘昫唐书，与欧宋新唐书并行，越七年遂成武英殿二十三史。及四库开馆，诸臣复据永乐大典及太平御览、册府元龟等书，哀辑薛居正旧五代史，得旨刊布，以四十九年奏进；于是二十四史之名以立。

武英殿本以监本为依据。清高宗制序，虽有监本残阙，并敕校雠之言，始意未尝不思成一善本也。惟在事诸臣，既未能广搜善本，复不知慎加校勘，佚者未补，讹者未正，甚或弥缝缺乏，以讹乱真，诚可惜也。

本馆前辈张菊生先生，以多年之时力，广集佳椠，审慎校雠，自民国十九年开始影印，迄二十六年甫竟全功。虽中经一二八之劫，抱书而走，乱定掇拾需时，然影印之初，海宇清宁，亦缘校雠精审，多费时日。尝闻菊老葺印初稿，悉经手勘，朱墨烂然，盈阑溢幅，点画纤细钩勒不遗，与同人共成校勘记，多至百数十册，文字繁冗，尚待董理。爰取原稿若干条，集为校史随笔，而付梓焉。

就随笔所记，殿本讹阙殊多。分史言之，则史记正义多遗漏，汉书正文注文均有错简，三国志卷第淆乱，宋书误注为正文，南齐书地名脱误，魏书旁注有误，旧唐书有阙文，订正错简亦有小误，唐书有衍文，旧五代史逊于嘉业堂刘氏刊本，元史有衍文及阙文，且多错简。综此诸失，殿本二十四史不如衲史远矣，况善本精美，古香古色，尤非殿本所能望其项背。

兹将百衲本二十四史据以影印之版本列述于后：

史　　记　宋庆元黄善夫刊本。

汉　　书　北宋景祐刊本，瞿氏铁琴铜剑楼藏。

后汉书　宋绍兴刊本，原阙五卷半，以北平国立图书馆元复宋本配补。

三国志　宋绍熙刊本，日本帝室图书寮藏，原阙魏志三卷，以涵芬楼藏宋绍兴刊本配补。

晋　书　宋本，海宁蒋氏衍芬草堂藏，原阙载记三十卷，以江苏省立图书馆藏宋本配补。

宋　书　宋蜀大字本，北平国立图书馆吴兴刘氏嘉业堂藏，阙卷以涵芬楼藏元明递修本配补。

南齐书　宋蜀大字本，江安傅氏双鉴楼藏。

梁　书　宋蜀大字本，北平国立图书馆及日本静嘉堂文库藏，阙卷以涵芬楼藏元明递修本配补。

陈　书　宋蜀大字本，北平国立图书馆及日本静嘉堂文库藏。

魏　书　宋蜀大字本，北平国立图书馆江安傅氏双鉴楼吴兴刘氏嘉业堂及涵芬楼藏。

北齐书　宋蜀大字本，北平国立图书馆藏，阙卷以涵芬楼藏元明递修本配补。

周　书　宋蜀大字本，吴县潘氏范砚楼及自藏，阙卷以涵芬楼藏元明递修本配补。

隋　书　元大德刊本，阙卷以北平国立图书馆江苏省立图书馆本配补。

南　史　元大德刊本，北平国立图书馆及自藏。

北　史　元大德刊本，北平国立图书馆及自藏。

旧唐书　宋绍兴刊本，常熟铁琴铜剑楼藏，阙卷以明闻人铨覆宋本配补。

新唐书　北宋嘉祐刊本，日本岩崎氏静嘉堂文库藏，阙卷以北平国立图书馆江安傅氏双鉴楼藏宋本配补。

旧五代史　原辑永乐大典有注本，吴兴刘氏嘉业堂刻。

五代史记　宋庆元刊本，江安傅氏双鉴楼藏。

宋　史　元至正刊本，北平国立图书馆藏，阙卷以明成化刊本配补。

辽　史　元至正刊本。

金　史　元至正刊本，北平国立图书馆藏，阙卷以涵芬楼藏元复本配补。

元　史　明洪武刊本，北平国立图书馆及自藏。

明　史　清乾隆武英殿原刊本，附王颂蔚编集考证捃逸。

本馆衲史原以三十二开本连史纸印制，订为八百二十册，流行虽广，以中经多难，存者无多，台省尤感缺乏，爰应各方之需求，改订为十六开大本，缩印二页为一面，字体较缩本四部丛刊初编为大，用上等印书纸精印精装，订为四十一巨册，以便检阅。付印有日，谨述概要。

一九六七年四月一日王云五识

同年九月，余经历九国之考察，参观访问，不厌求详。归途于舟中拟定商务印书馆采行科学管理方案。行装甫卸，即提经董事会讨论，经一致通过施行。余亦实行就职，准备施行该方案。方案附后：

民国十九年九月十一日我向商务印书馆董事会提出采行科学管理计画，经一致通过。此计画系在归途舟中草成，兹幸检得原稿，一字不易，附录于左，以代说明：

云五此次出国考察，阅时六月有二日，历国九，参观公司工厂四十余，咨询专家五十余，通信接洽三十余处，访问团体与研究所约二十，列席研究会议四次，在图书馆研究十余日，阅书三四百册，搜罗刊物千余种，草成笔记约四十万言。除在瑞士及美意二国纯粹游览约十日外，未尝一日休息，未尝一度入戏院。因个人精力有限，时间无多，只能举其纲领。又在美德二国聘定留学毕业生七人，派往各机关工厂分科实习三四月不等，于本年十月一日以前同时返国，成立研究所。

就云五个人研究结果，对于各国劳资问题与科学管理方法，自信所得资料不少。约言之，则本馆对于同人之待遇，虽尚有可改进，然在世界各国中实居上乘，而管理方法实居下下。因只知待遇，不知管理，结果必至待遇不能持久，爱之适以害之。

救济之道，舍从速采行科学管理方法，别无他途。科学管理法系对于社会，对于雇主，与对于被雇者，三方兼利之方法，现已为欧美各国劳资两方公认，甚至过激如俄国，近亦积极采行。其结果则施诸公司，公司进步；施诸国家，国家发达。其方法虽至繁复，其原则实至简单。一言以蔽之，即对于一切措施，悉本科学的研究，有客观的根据，与因袭的或主观的相对。欧洲各国间称为"合理化运动"，亦即谓一切措施，悉本乎理性，与感情或冲动相对而已。

归途中参酌理论与事实，拟有商务印书馆采行科学管理计画，并择要说明。固知计画定多疏漏，当俟分科研究诸人回国组织研究所，就本馆各种资料，实地详悉研究，陆续改良补充，然后推行。惟其原则似确立不移。兹依云五受贵会聘任时之初衷，将此项原则提请贵会审夺。如蒙认为可行，则云五既受知遇于前，复荷赞助以后，当本此原则，不计艰苦，负全责施行。期以三年，一一实现。彼时公司基础稳固，同人福利增进，社会文化兼蒙其利，则云五当如约引退让贤，而以公司最忠实之一友人，在外随时赞助也。

第一部说明

国家无预算，则财政紊乱，根本易致动摇；公司无预算，结果亦正相同。现在欧美各大公司，无一不按年编制预算，其办理周密者，结果竟与预算相差甚微。盖出款方面，有成本会计；进款方面，则借统计而推测营业状况，均不难预为估定。即或估定未能充分精确，然有预算，则有目标，一切可据以约束，较诸毫无把握，如我国所谓靠天吃饭者，自胜十倍也。本年七月间，日内瓦之国际科学管理协会，竟召集各国公司预算管理大会，与会者三十余国代表，共同讨论以预算支配公司业务之方法，其重视此举，可想而知。抑公司预算之效用，尚不止此；即对于全体职工之成绩，亦可借此考核，而达到有功必赏，有过必罚之目的，使人人知所努力。此举在大规模的公司，关系尤大。即如本馆职工多至四五千，部分门类亦甚复繁，虽有分红制度，似可鼓励职工努力；然因分红办法，系根据职工薪水与年资一律分配。于是恒人不免以自身仅为四五千人之一分子，勤惰与红利无关，于自身利益更无影响。此一观念，辄致能率大减。云五未出国前，窃拟将各部盈亏独立，使互相竞胜。及抵美国，研究各大公司组织，均倾向于集中，与我夙所主张悬殊。嗣与哥伦比亚大学商科主任教授 Kester 氏讨论及此。氏谓各部盈亏独立之初，对于各部成本及酬率，计算稍有不慎，必启无穷之争执，不如就各部编装预算，计其进出，作为假定之成绩；各小部分再根据所属大部分之预算，另编分部预算，以迄于最小部分。如此则人人自知其责任，当能奋勉。此法有利无弊，即不幸绝无功效，结果不过牺牲一二专家之时力而已。其后我再与其他专家研究，无不认此法为确实可行。因思分析工作及规定工作标准以后，更可进一步而为个人之预算。兹拟将预算分为（A）全公司的，（B）各所各科的，（C）各部各股的，（D）各个人的四级。至于推行方法，当由渐而进，先粗后精；盖精确之预算非先有精确之成本会计与统计不为功。此举费时不少。故第一步不妨暂就目前所可获得之论据，着手编制假定预算。嗣后成本会计同时进步，则预算亦随而进步，并臻精密。又所分之四级，当先从第一二两级着手，然后逐渐推及三四级。

第二部说明

成本会计与会计同一重要，欧美日本所有新公司无不设置。其与会计科，或合设，或分设不等。采行科学管理之公司尤不能不注意此项。盖无成本会计，则（1）预算不能准确，（2）工作标准无从规定，（3）盈余不可靠。本馆原设有成本会计处；惟数年以来，并未积极进行。一因专门人材缺乏，一因计画似未妥善。云五已派定研究所专员周自安在美国各印刷所各大出版家，研究其编制成本会计方法，归国后尚须就研究所计画一切，然后谋取改良本馆原有之成本会计处也。

第三部说明

统计对于一切事业，均有重大关系，其于实业亦然。欧美各大公司于方针之决定，与营业之预测，无不依赖统计。且采行科学管理方法，尤不能不赖统计相助。苟无统计，则（1）预算不能准确，（2）工作方法难以改良，（3）标准化与简单化无所依据，（4）营业无标准。欧美各大公司之总经理，于其办公室内，借种种统计图表，可以知全公司之状况，而施行其监督与指挥权。云五已派研究所专员关锡麟，在美英各大公司研究其编制统计方法，归国后指定即在研究所中筹备，期于短时期内实施。

第四部说明

（甲）全厂布置

此为科学管理之最初步。新式之工厂开办时，必先注意此点，其开办较久者，在采行科学管理伊始，辄先延请专家研究改良布置，盖布置不当，则种种政策多不能充分实现也。英国牛津大学出版部印刷厂厂长约翰生氏语余谓，该厂建立于百年以前，彼在五年前接任，即首先从事全厂布置之改善。虽因种种限制，至今尚未能充分实现，然估计该厂能率增进，实以此项改革为主因。本馆厂屋机器系于二三十年内陆续设置，初无一定之系统，故就原有布置研究改良，实为必要。

（乙）各种工作力量

各种工作不能衔接之原因，虽不止一端，然力量之不相称，关系最为重大。试以本馆之发稿，排字，校对，制版，装订，分发，销售，种种重要工作而论，若其中有一二种能力不相称，势必影响于其他各种，而使全部均受其累。故宜为精密之研究，以谋救济。救济之法，或改善设备，或增加设备，或日夜分班工作，或节制某种不必要之工作，均可酌量实情，择其最经济者为之。

（丙）厂内运送

厂内运送方法，各国新式工厂，咸极重视，务使各单位各个人之工作，适相衔接，不使耗废时间。且因衔接得宜，则一人之工作与他人之工作，互相约束，无需监督而工作者无从懈怠。其借机械为运送者，更可大增能率，节省时间。美国工厂应用此项方法者极多，就余所目击，以 California & Hawaii Refinery 及 Henry Ford 两家工厂，设备最为周密。后者在底特律之装车部工人不满六百，而每日能装车九百余，以视另一汽车公司在 Flirst 装车部工人九百余，而每日只装车五百余辆，两相比较，可见运送制度关系之大。至 Ford 厂之运送制度，目标在使工人受机器约束，故管理上无需过严而自严，产生人与机器一致之结果。

（丁）原料供给

依标准化与简单化之原则，所存原料应注意下列三点：

（一）适合规定之标准。

（二）在可能范围内种类愈少愈好。

（三）时时有充分之供给。

大公司为求完备起见，往往对于非所必需或竟无需要之原料，亦酌量存备；此于投资经济、管理经济及地位经济上，均大冲突。本馆出品以自动者为主，被动者（指外来印件之类）仅占十分之一二，故于规定标准较为容易。即就此少数之被动需要，亦不难依统计结果，而规定其标准，使存料种类愈少愈好。至分量一项，因种类较少，预算亦较易。譬如从前共存纸张五十种，因出品无一定标准，故所存数量较难预定。往往多数种类所存甚多，而需要者适为所短缺之二三种。今假定此后因标准化与简单化之结果，所存纸张，只需十种，则存备数量较易预算。临时既无短缺之虞，而于投资管理地位三项均甚经济。

（戊）栈房

原料栈房之布置，与制造工作之进行，甚有关系。制品栈房之布置，与营业亦甚有关系。故科学管理对此点殊为重视。采行标准化之工厂，其制品均有一定标准，故存栈时甚为便利。我在日本参观中山太阳堂，见其制品栈房，按照制品宽度，于相当距离各竖一柱，每柱自下而上，复按制品高度，标明其数量，故存货数量，与尚能存货之地位，均可一望而知。于点查存货及提取存货，均甚便利。本馆将来制品及原料，若均已标准化，当然可照此原则存栈，即一时未及标准化，亦可酌仿其法排列，俾便检点。

（己）各种底版之存储

底版排列，与印刷工作进行之迟速极有关系。本馆排字及印刷两方往往因旧图版未能检出，以致迟误，于公司与同人两方均有损失。余参观美英德各大印刷厂，其图版均仿图书馆办法，或按总类号，或按系统排列架上，并制作种种互见索引片，与图书馆检查片相同，故检取旧图版极便捷。余前在馆中曾提此议，卒以人手缺乏未实行。现在诸事皆谋改革，此举万不宜缓，应积极赶办。办成后不独排印进行无阻，且对于已有图版因无法检查，以致重复制造之耗费，每年不知节省多少也。

（庚）机器之应用

工厂中机器，恒占固定资本之一重要部分，若机器不能充分利用，无异置一部分资本于不生利之地位。查充分利用机器之法有二：一则日夜分班工作，使其二十四小时内不绝运动，二则运动时期衔接不息。兹分别论述如下：

（一）余参观各国工厂，除有特殊情形外，无不于一昼夜二十四小时内，分三班轮流工作。美国及日本某种工作，尚有分为两班，每班十小时工作者，然实为特殊之例外。美国机器多而人工少，在理机器不妨休息，而无须昼夜不停工作。我国机器少而人工多，在理当尽量分班工作。顾事实恰得其反。以本馆所有之机器厂屋合计，约占资本之半数，假定为二百五十万元，若只工作八小时，无异坐视二百五十万元中三分之二不生利。以普通利息八厘计算，每年无异耗费十三万六千余元。现在国内教育日益发展，本馆出品如能充分推销，即充分利用机器，亦无生产过剩之虞。目前本馆之加班制度，实系外国所谓超时间工作 Overtime work，既使工人过劳，亦致公司于不利，必须设法逐渐废止。在采行科学管理法以后，以现有人数应付现有机器，则工人必至过剩。在本馆当不致有裁汰过剩工人之意，惟有利用过剩工人改开三班，工人既不患失业，本馆亦可多得生产，同时增购机器与添用工人均无必要。

（二）各国工厂对于工作期内，机器使用之衔接，极关重要。往往专设单位，以主持其事。在采行分科组织或横的组织之工厂，恒设有工作顺序科 Order of Work Department 及工作场所科 Routing Department；前者主持何时应作何工，后者主持何处应作何工。换言之，即前者按照工作之缓急，规定其工作顺序；后者按照机器人工之暇否，支配其任务。以致事无不举，机器与人工亦无不相衔接之患。余前在编译所时，屡闻印刷所或因某机器过忙，致工作拥挤，或因某种机器过空，而要求工作。其实，若有专设单位或专人主持，事前一一有预算，当不致有临时发生过忙或过空之弊。今后对于此点，自宜亟予注意。又余在美国晤米利印刷机器公司协理史蒂芬氏，因新近来我国游历，并参观本馆印刷所，乃询其所见本馆对于米利机之应用速度如何？据言机器印刷速度尚可，但仍可增加，至于装版所费时间过多，实有改良之必要。将来研究工作方法时，对于此项不经济之动作，须有以改进之。

第五部说明

（甲）全公司工作分类

此为工作分析之第一步，其目的在明定工作之性质，责任，所需技能及应得酬报。经过此种分类，然后量材器使，按职给酬，人地始得相宜。本馆成立多年，各部分职务名实不符，责任与报酬不相称者必不少。此实同人不平之一大原因。改革之始，不能不注意此点也。

（乙）全体职工总调查

此与甲项相互并行。甲项仅对于各种职务之调查，借此决定其性质责任与技能酬报。乙项则以各个职工为单位，其目的在使公司当局对于各人之资格能力生活期望，一一明了。其办法拟由公司制备详细调查表，分发全体职工，表中应包括教育技能经历年资成绩地位报酬生活，而尤注重对于现在地位报酬是否满足，究因何故，并详举其愿望。此表填明后，送交人事部，拟于半年内一一考核，有疑义时，随时调取本人问话，并征询其主任或同事之意见。考核结果，对于报酬地位较技能成绩为低者，酌量按职加薪；对于地位不相宜者酌量调动；对于能力成绩较逊者，加以训练或告诫。

（丙）各种工作就可能范围分析为"基本动作"，此为科学管理最要之点。美国泰洛氏发起科学管理法之初，即从此入手。因欲计量工作之成绩，必先测定每件工作应需之时间。然整个工作单位太大，不便于测定，即或能之，亦不甚准确。故将整个工作，分析为若干不可再分之基本动作，一如以化学分析，将各种物质，析至不可再分之元素者然。此项基本动作，每件所需时间甚短，以此为单位，而估计整个工作应需之时间，实最便利。且经过此项分析后，对于不必需而费时过多之某一基本动作，并可节省或改良之。

第六部说明

（甲）动作研究

动作研究与时间研究为科学管理法之两大要素，此亦为泰洛氏首倡。然研究最周密而克竟其功者，实为基尔布勒氏 Gilbreth。依泰洛之主张，最速之动作即为最佳之动作，故以同一工作使熟练工人数名分别为之，而依各人之做法分析为各种之基本动作。譬如工人三名之作为多不相同。甲之做法分析为 ABCD 四个基本动作；乙之做法分析为 ABCDE 五个基本动作；丙之做法分析为 ABCF 四个基本动作。于是知乙之作法中动作 E 为耗废，乃取甲丙二人不相同之 D 与 F 两动作，而比较其速度。设 F 之动作较速，即决定全体工人对此一工作，应以丙做法为模范，而节省乙之动作 E，并改良甲之动作 D。又如从事研究之人，认为 ABCF 四个基本动作中，尚有可节省或改良者，经试验满意，亦可将丙之做法节省或改良，而视为全体工人对此工作之模范。此即动作研究之原则。惟近来工业心理学者以最佳之动作不当专以最速为标准，并应加入最容易之一条件，否则工人有过劳之虞。于是最近趋势，所谓动作研究遂含有最速与最易两条件。英国有全国心理研究院，对此问题研究甚精，并曾为各工厂研究改良动作，成效卓著。余参观该院时，承以其改良各工厂动作方法之活动影片演示，其成绩殊足惊人。据其统计，因此而使工作节省时间至百分之五十以上，同时工人转觉工作较前顺适者，比比皆是。此真两利之方法也。美国纽约 Kindell Co. 协理 Bureure 氏对于实施科学管理法，甚有经验。语余谓实施科学管理之初，与其向时间研究求成绩，毋宁先向动作研究中求之。因时间研究每惹工人误会，以为有逼其过劳之虞；至动作研究可于无形之中节省时间，并可使工人对科学管理发生兴趣，将来再加以时间之规律，将因习惯渐成自然，可免过分之误会。因此，本馆对于手工及机器工分析工作时，当先注意改善动作一项，并将时间研究作为改善动作之手续。俟工人渐知其利，然后依时间研究之结果而规定工作标准，则进行上自较易收效也。

　　（乙）节省疲劳

　　疲劳不尽为工作过劳之结果，往往有成绩甚劣而仍感疲劳者，亦往往有成绩甚优而不感疲劳者。盖工厂布置，工作方法及其他种种条件皆与有关系也。即如灯光之安设不妥，则目力易致疲劳；坐位高低不宜，则身体易致疲劳；用具长短不称，则手臂易致疲劳；空气流通不畅，则精神易致疲劳——凡此种种，表面上似乎关系不大，实则影响于工人精神身体甚大，而间接上亦即影响于工厂之生产甚大也。英国政府设有工业疲劳研究委员会，对于各业工作，研究其疲劳之原因，与避免疲劳之方法甚详，出版物亦颇不少。美国哈佛大学亦设有工业心理研究所，主持者为著名教授 Mayo 氏。德国柏林工业大学亦有此项研究所，主持者为名教授 Moede。以上各机关之主持人，我均获访晤，并分别购得其出版物多种，可供参考。我国政府及教育学术机关，现尚无此项研究机构之设置。本馆采行科学管理时，对于此举，不能不自行研究其结果，一方固有利于工人，他方亦裨益于生产也。

　　第七部说明

（甲）对于手工或机器工分别测定每种基本动作所需时间

此法名为时间研究，系于工作分析为各种基本动作后，择熟练工人若干人，试作各种基本动作，而视其平均所需时间，再加入必要的休息及停歇时间，其数量等于所需时间二分之一，两者合并，即构成工作标准时间。美国印刷业联合会曾将印刷工作一一分析，作为标准。德国之全国能率研究会 Refa 亦曾将若干种工作之标准时间测定发表。美国又有 International Bedeaux Co. 之组织，并设分事务所于欧洲各国，专为各工厂担任工作分析与时间研究。其法以创办人名字之第一字母作为时间工作单位，将工作分析极细密，规定每人每小时应作六十 B 的工作。超过此数者，则按超出之数量加给奖金；不及标准者，并不扣薪。惟加以相当训练，经若干时期仍无进步，则更调工作，与以其他机会；若仍不及标准，然后解雇。该公司所用方法，实就泰洛氏原则而具体化之。美国工厂委托该公司担任时间研究者颇多。欧洲各国亦复不少。该公司收费极昂，然各工厂于设施此法期内，除担负巨额酬金，并发给工人奖金外，尚有盈余，及设施完成，盈余更多。美国米利印刷机器公司，亦即采用此法之一机构。据言成绩极佳，预计设施此法于全厂，需时约三年，现已经过二年数月，不久便可完成。据该公司 Stevens 氏称，工人收入增加，平均在百分之二十以上，公司方面则除支付专家之巨额报酬十余万元美金外，尚有盈余约十万元。余乃商请米利公司协理转商 Bedeaux 公司之驻厂专家特准本馆派一留学生随同实习，将详情报告于我，俾据以决定本馆是否采行该法。经再三磋商，已获同意。遂派定在美所聘殷明禄君前往实习约二个月。殷君已有简单报告寄来，其详细情形，俟殷君于十月初到馆任事，当可明了。余在纽约并曾与 Bedeaux 公司总经理 Mudge 氏长谈二次。据谓工作种类虽多，分析之则不外少数基本动作：恰如世间物品虽多，以化学方法分析之，亦不过少数的元素。该公司对于各种基本动作所需时间，曾对各种族及各地区工人加以研究，而得其平均数。因之，测定无论何种工人之工作，皆不致为所愚。换言之，即该公司已备有度量基本动作之尺码，不过借此视察各工人之能否及格。对于及格者奖励之，不及格者训练之而已。故采行之工厂，在工人方面只有利而无害，在公司方面，当然可以增加能率和生产，实为劳资两利之办法云。总之，此法之能否适用于本馆之手工及机器工，当俟殷君回国后再行研究。然熟察世界各国工厂锐意改进者，其对于手工及机器工之考成，殆无不从时间研究入手。初行之时固不免有若干困难，但终当设法进行，否则工作标准既无从订定，考成自无所依据。故采行伊始，虽宜特别审慎，终当以此为鹄的。好在系与动作研究并行，可先借改良工作方法效用，引起工人信任，然后渐以测定之时间，规定工作标准。

（乙）对于售货方面测定其比较数

美国商店，对于售货人员之鼓励与考成，系以售货价值或次数之比较数为标准。其故一因售货人员之工作，不能与手工或机器工可以不断的动作，而按时间规定其工作标准；一因售货人员如无鼓励方法，则对于顾客未能竭诚招待，以致营业减退。其规定比较数之方法，大都将最近若干年售货价值，及各该部分售货员薪水总额相除，而获得之售货开销对于售货价值之成分数。假定此项成分数为百分之五（美国各百货商店统计，衣饰之售货费占价百分之三乃至四分半，零物之售货费占百分之七分半乃至百分之十二）。假定月薪三十元者，每月售货之比较数当为六百元，则月薪四十元者，当为八百元，余照此类推。超过比较数者，与以加薪或奖励，不及者研究其理由，或加督导。因是售货员知所奋勉，对于顾客热诚招待，自不待言。余在国内屡闻人言，本馆发行所店员对于顾客殊为怠慢，而闻国外各大商店店员，对付顾客，无不客气，初以为由于训练之不同，经细加观察，始知有此鼓励办法。在采此办法之前，当然有须考虑者多端，一则各部分售货之价值不同，二则各部分货物之需要不同，三则货物需要之时期不同。然而各部分过去之统计，对于各部分将来之营业极有关系。若按过去统计数，分别各该部之售货成分，而定其比较数，以为考核标准，亦寓有奖励之意。现在美国大商店，几乎无不采行此制。其办法虽彼此不同，原则殆无二致。日本近亦逐渐采行，余在日本时，曾参观东京最大之百货商店白木屋，即已采行此法者。百货商店复杂远过于书店而行之无困难，当此实业化之时代，人与人之关系，断不如前此小规模之实业可专赖感情，互相维系。本馆规模已超出国内一般商店之上，似不宜囿于旧习也。

（丙）对于脑工方面按统计及成本会计估定出品标准

脑力工作最难计量，然亦未尝无办法，况其人数无多，不难各别规定。本馆编译所组织情形，骤视似与欧美出版家不同，即因人数多至二三百，为各国出版家鲜有之故。然而编译所中纯粹用脑力工作，堪称编译员者，人数不出三五十，此外尽为事务员及技术员。除此项事务员及技术员当与各处所事务员技术员一律，另定考成办法，所谓纯编译员，各人任事不同，当各别规定。但无论如何，总不外以成本会计为准则。余在编译所任内，对于百科全书部，创行半包工制，即规定译稿每日每人一千五百字，编稿每人每日一千字。每半年结算，超过此数者，除薪水外，再按照出字数，每千字酌酬若干元。其后各部赶编教科书，亦酌仿此法。即不论日夜工作，从开始工作之日起，每日馆内工作，假定每人一千字，至交稿之日为止，若估计每日属稿不止此数，则按超出字数加酬。此在当时仅为一己之意见，不料即与现在欧美科学管理法，所谓规定工作标准，于月薪以外，加给奖金之原则暗相合也。其实不仅译稿撰稿可以如此计算，即校稿审查，亦无不可照此计算，不过手续略为复杂耳。——加以分析，并律以成本会计，固无一不可规定标准也。总之，编译方面之工作，可酌按收购外稿，及委托馆外人校改稿件办法，每人各列一细密之清帐，每成一事，各为估定价值，每半年按其超出所领薪水数，加给酬资；至审查稿件，亦可按所需时日，而记其应得酬值。此法多年前，余曾思及，当时因局部行之，容有困难，且未知世界趋势，不敢坚持。此次见闻所及，益信此法之可行，且不可不行也。

（丁）事务员之考成仍于不易达成之标准中规定标准

事务员之考成，标准最难。即在外国，亦无一定办法。但其趋势则就可能范围，将凡能测定时间者，如打字，抄写，登记，收发等事，按照手工及机器工之例，规定其工作标准。因此，将所谓纯粹事务员减至最低数量，然后按其对于生产部分之关系，而定其考成。譬如发行所收银柜上之职员，其工作多与营业数量有关系，故于结算售货员奖金时，如发见营业数量较前增进，则对于收银柜人员，亦酌量给以奖金，或于年终酌加薪水。又如 Bedeaux 氏方法规定凡从事直接生产之工人，于其出品超过标准数量而领受奖金者，以其奖金四分之一移奖搬运出品供给原料之间接生产工人，以及负有监督责任之工头。故对于范围缩小后之事务员，可参照上开二例，酌为奖励，即工作标准亦可就此酌为规定也。

（戊）对于件工方面依测定标准整理酬率

件工制度，在生产上最为有利。现在欧美各国工厂中，直接生产之部分，无不尽量采行件工制。其采行月工或日工制者，亦按照工作标准，视其成绩超过标准数量，而加给奖金。此无异半件工制度。然件工制有一大缺点，即同部分之数种工作酬率若有厚薄，不能十分公允之处，则件工工人，对于酬率较薄之工作将不愿担任，而群趋于酬率较厚者。于是工作之进行不免停滞。记得数年前本馆排印某种注音英文读本，因工作较难，而所定酬率不公允，工人屡求增加不遂，竟至拒绝排版，此特其显著者。至于理化数学等书，往往一二百页，排版延至一二年以上。此断不尽由于排版之困难，实亦因其所定酬率不能公允，因之件工工人群趋于条件较佳之排件，是皆由于未将各种工作时间测定，仅凭习惯及主持者个人意见，任便规定所致。兹既依科学方法，确定工作标准，则规定以后，对于件工方面，应依标准而整理种种酬率，使各得其平，则工作进行应不致停滞，而件工制度，方可永久维持也。

（己）对于月工方面测定标准与以加薪或奖励

本馆职工近年对于薪水所要求者，归纳为二种：一则按年普加，一则规定职务等级，于相当时期按级增薪。就欧美各国调查所得，则前一种除因一般生活程度特别加高，而各该业营业其有起色，能胜其负担时，得由工会向该业雇主联合会提议修改劳动协约，酌予普加外，并无有由一厂职工向厂主要求者；后一种则不独实业界中绝无其例，即政府机关向有此种办法，现亦逐渐改革，按照办事能率。据国际科学管理协会主干乌维克氏语余，营业机关若采行按级按期加薪办法，实等于自杀。惟按照职务分级，使责任能力与报酬相称，却为必要。又据英国印刷业劳资联合委员会劳方秘书 A. E. Holmees 语余，英国工人所以不向一厂提出要求者，固由于劳动协约系一业所订定，实亦以自己服务之工厂若有特殊负担，则与同业竞争时将陷于不利地位，结果影响于工人自身之利益。至于同业同一负担，则地位相同，不致使一厂独蒙其不利云云。由此可知本馆职工之种种要求，实于公司同人均为不利。查加薪原则大别不外两种，一则应生活之要求，二则为能率而鼓励。前者各国因盛行同业劳动协约，均为一业所共同负担。本馆因有内部之工会，独陷于不利之地位。后者则各国工厂于按照同业劳动协约所规定之工资外，往往另采加薪或奖金办法，以鼓励职工，使增进能率，此在美国尤为显著。据一九二四年 The National Industrial Conference Board 就一千所工厂（所雇工人共约四十万）研究，其结果则采行此项鼓励性质之工资者占百分之四十四；一九二七年 Sherman Corp. 对于雇用五十万人之一千一百所公司研究之结果，则采行鼓励性质之工资者，占百分之四十九，其中制造自动机车采此工资者，占百分之六十五，故其制造能率特别增进。又一九二八年全国金属业公会对其会员工厂六十七所加以研究，发见其中百分之五十四采此工资制。兹将主要的鼓励性质工资分别说明如左：

（一）分级件工制 Differential piece – rate

此为泰洛氏于一八八四年在密特华尔钢铁公司所创行，大致先将工作标准规定，凡超过工作标准之出品，每件所给工值较诸不及工作标准之出品，增加百分之二十乃至三十。假如工作标准规定每人每日应制成二十五件，每件给酬二角二分，具体言之，如每日实际出品为二十四件，则所得工值为四元零八分；若实际出品为二十六件，则所得工值为五元七角二分。此法有利有弊，计开：

利的方面

一，按工作结果给酬，能鼓励出品增加。

二，使工人得有充分保障，不致因出品过多，而被雇主减低其件工酬率。

三，可使出品增至最高额。

四，对于出品较少者，予以相当惩罚。

害的方面

一，未规定工人最低的收入。

二，鼓励过分，往往使人疲劳。

三，工人注重出品数量，对于品质改良，往往不注意。

（二）赫尔西制 Halsey plan

此法根据向来出品数量，认其平均数为工作标准，而未研究其正确标准；一方面保障按时收入之工资，他方面鼓励工人，就向来出品之平均率力谋增加。结果如能将向来所需工作时间节省，则按所省之时间加给各该工人以其应得报酬三分之一乃至二分之一。此法利弊如下：

利的方面

一，维持按工作时间所给之工资，与习惯相符。

二，办法简易，工人容易明白。

三，工人得按出品数量受酬。

四，雇主得分润工人特别努力之余利，而不致如通常扣减酬率办法，易惹起工人之反对。

五，增加之利益，雇主与工人均分，原则上亦甚公允。

害的方面

一，工作标准仅凭旧记录，未经科学的研究，不能代表工人之充分生产。

二，未为工人确定其所趋向之标的。

（三）洛文制 Rowan plan

此法系英国 English Engine Works 之 James Power 氏所创行，其规定工作标准与赫尔西制相同；惟将所节省时间与所得固定工值相乘，而除以规定工作时间，例如某件工作向来平均所需时数为十，每时工价为三角，今若于八小时做成，则按时所得之工值为二元四角，而依此法应得之奖金为：

$$\frac{2 \times 2.40}{10} = 0.48 \ 元$$

此法英国工厂多行之，惟雇主利益较多，工人间有反对者。

（四）干特氏奖金制 Gantt Bonus plan

此法于一九〇一年，由干特氏在美国伯利恒钢铁厂首行之。盖鉴于泰洛氏之分级件工制之规定过严，得奖者须能率在一百分以上，且未达百分之酬率过低，于是变通其法，凡出品达能率百分之六六·六以上时，即开始给予奖金。此法尚有一特点，即于奖励工人时，对于所属工人得奖较多之工头，亦与奖金。此项奖金亦按程度渐增。譬如某工头所属工人十名，而得奖者九名，则按人数，每人奖工头以一元，共九元，若得奖者十人，则按人数每人奖工头以一元半，共十五元。此法利弊如下：

利的方面

一，维持按工作时间所给之工资，施行时不生阻力。

二，与泰洛氏分级件工制原则相若，可使出品增加。

三，使工人得奖较易。

四，使工头认真监督。

害的方面

得奖太易，未能充分鼓励出品之增加。

（五）爱默生制 Emerson plan

此法须经过时间研究，始能实行；即以实在工作为分母，标准工作时间为分子，而确定各工人工作能率之分数。例如，某人所作之工，依时间研究之结果，在标准工作时间为二一〇分，而实在工作时间则为二四〇分，其计算公式如下：

$$\frac{210}{240} = 87.5 = 能率成分$$

依爱默生氏所规定之给奖表，凡能率达六十七分以上者，均可得奖，表列于下（按每元工资计算）：

百分率	奖金
六七	〇·〇〇〇一
六八	〇·〇〇〇四
六九	〇·〇〇一〇
七〇	〇·〇〇二〇
七五	〇·〇一三一
八〇	〇·〇三三〇
八五	〇·〇六二三
九〇	一·〇〇〇〇

凡能率超过九十者，将其超过九〇之数，加于百分之十之上，例如能率为九五，则奖金为百分之一五，能率为一〇四，则奖金为二四，余照此类推，本法利弊如下：

利的方面

一，维持按工作时间所给之工资，不致发生阻力。

二，工作有相当标准。

三，非按事计算，乃按时期计算，故工人得折长补短，不致因某事赶紧而过劳。

害的方面

工人注重出品数量，对于品质方面，往往不注重。

（六）贝多制 Bedeaux plan

此为 Charles Bedeaux 氏所创，以其名义组织一公司，代各工厂设置推行。其法以 B 为工作单位，每人每小时当作六十 B，每日八小时共作四百八十 B，超过四八〇 B 者，如其人工资每小时六角，则每 B 为一分，每星期计算一次，所有超过标准工作应得奖金，全部补给于工人，但以其四分之一改给主管的工头及供给材料之人。此法盖根据泰洛氏之工作分析与时间研究，而益以历年经验，使一切基本动作均有一定之标准时间，于举行测定时，不致受工人所愚弄，此其利也。

此外所谓鼓励性质之工资制度，尚有多种，然与上述各种实无大差别，不过酌为变通而已。

由上观察，则美国所谓特别加薪之标准，实以成绩为主。英德法诸国对此，亦极注意。英国所谓 Payment by Result（按成绩给薪）之声浪，近年亦甚响。余在英，曾参观 Reck Fream Co. 即采行贝多制而收效者。据其总经理 Col. Foot 语余，贝多制流入英国不过两年，现在采行之者已有大工厂二十余所，皆甚收效。德国则自欧战后发起所谓合理化运动以来，亦以鼓励性质之工资，为促进大量生产之一法。法国则余晤其全国生产协会秘书长 Jean Milhauk 氏，承示以采行科学管理法之工厂调查表册，并谓法国科学管理之创作人为费尧氏 Henri Fayol 与美国泰洛氏大约同时，然其注重鼓励工资与美国不谋而合。余又晤法国前任工会主干 Dubreuill 氏，此君系工人出身，任职工会后，一度往美国工厂做工约二年，嗣回国著书，盛称美国科学管理法之优良，实为劳资两方共同福利所在。其书流行甚广，有英德西日文字译本。

又上述各种奖金，虽大多数系对个人发给，然遇有多人共同担任工作，不易分别成绩者，亦可按全部工人成绩，而给以集体之奖金 Gang Bonus，听由全体工人自行分配。

本馆应采何种奖金制，或应就何种奖金制变通，当俟工作分析，然后酌定，但无论如何，不外两途：一则奖金加入薪水之内，作为年终特别加薪；一则按期发给奖金。后者有伸缩性，为其特长；前者手续简易，亦有优点。本馆工作，种类较繁，似当分别办理，不能一律。又为根本计，奖励工资之施行，当然在经过时间研究之后。然此举费时颇久，目前为治标计，则赫尔西制似亦有暂行采用之可能性，且举办之初，个人成绩分析较难，则暂行代以奖金制，似亦较便利。美国西北大学工业管理科主任教授 Dutton 氏，即力劝余以赫尔西制之集体奖金为本馆促进能率办法之治标者也。

第八部说明

标准化与简单化两名词，一注重式样之规定，一注重种类之简单，然原则上实二而一；盖既有标准，则必趋于简单也。原来新式工厂多少总有几分标准化，因机器制造实际上已较人工更合乎相当之标准。故此处所谓标准化，并非绝对的，乃是相对的，不过谓加深标准化之程度而已。标准化之程度不足，固有种种之耗废，标准化之程度过甚，亦必单调而不适于用。近年各国大工厂，因设备原料方法制品等种类过繁，耗废甚多，故均注意于标准化之研究。此种风气在德美二国尤甚。据统计德国在一九二四年设有标准化研究单位之公司不下一千所。其在公家方面，则德国有所谓 Deutscher Nomialien Bureau（德国标准局），美国有所谓 American Standardisation Association（美国标准化协会）等，对于实业界各种设备，原料，方法，出品种种，研究其适当的标准，令各工厂采行。据美国标准化协会统计，美国实业界标准化以后，可节省美金一百亿元，其关系重大，可想而知。工厂中可借标准化而节省耗废之事物甚多。就本馆情形而论，有亟待标准化者，为设备原料及出品三项。兹分别论之如下：

（一）设备方面，包括机器器械，以至于簿记，档案，文具等。本馆成立甚久，旧有机器器械不适于用，费时占地者必有之。经精密计算，如听其存在，虽可省购置新机器之资金，若经常需费太不上算者，无宁舍弃另购之为经济。此外类似者，亦当酌量从事于标准化。

（二）原料方面，本馆以纸张为大宗，此次亟宜熟察出品需要，积极从事标准化，将纸张种类减少，其利益如左：

ⓐ 省去不常用之纸张，则一部分资金不致陷于不生利地位。

ⓑ 省去不常用之纸张，则栈房地位可节省，管理亦较便利。

ⓒ 纸张种类减少，则存备较易，不致有临时短缺之虞。

（三）出品方面，本馆以书籍为大宗。现有版式种类极多，对于排版印刷存储均感不便。今后宜详加研究，在可能范围内归并为最少数之版式。此项继续保存之版式，尤须有相互之比例。如甲种版式为乙种之倍，乙种版式大于丙种百分之五十等，俾纸张印刷装订存栈，均较易措置。又本馆历年出版书籍，多至二三万册，其中过时代而不适用，且销路不大者，必不在少数。本馆向来因其尚有一部分之需要，而不愿牺牲。不知此举实至不经济。盖印刷大量之书籍，其时间比例至不经济，且管理手续，亦甚麻烦。今后宜大刀阔斧，将无存在必要而销路不多之书籍，概予停版。同时即以余力将有存在必要而销路较多之书籍，充分印行。余在欧美各工厂参观，见其处理废物之手段至为爽快，而结果卒获大利。至其出版界之停止旧版，尤不稍爱惜，即以此举不独于营业利益攸关，且影响于文化教育至巨也。又此后出版物亦宜有一定方针，预为计画，虽对于外稿间或不能不予以敷衍，然敷衍须有限度。同时本馆须有主动的计画，而此计画亦须注意于标准化也。

此外各种出品，亦当本此原则，凡能发展者充分发展之；不能发展或不当发展者，毅然废止之。试以油墨而论，此乃本馆必需品之一，今仅从事于小规模之制造，大多数仍仰给于外贷；同时无甚关系之出品，恐尚占据一部分之制造能力。揆诸标准化之原则，实大相冲突。此点亦宜特别注意研究者也。

第九部说明

（A）以售货比较，为店员考成，使人人自知勤恳。

此项说明见第七部丙。〔似应为"见第七部乙"。——编注〕

（B）改良零售手续，务求简易迅速。

零售手续简易迅速，最能引起顾客同情。此与陈列，计算，收款，包裹四款均有关系。就此各该款研究改良，当可以增进营业。经已派定研究所专员孔士谔在美国注重研究，归国后，当参酌本馆情形酌拟改进方法。

（C）对于分馆及代理处，为最适当的供给（种类与分量兼顾）。何地能销何种书物，由各分馆或代理处就近考核，本无不妥。惟分馆及代理处之主持人程度不一，且未必有专人从事研究，均不如由总馆研究所指定专员，从各地教育统计等资料考核，并分发调查表，交各分馆及代理处填注，以备参证。于必要时，并得由担任研究者亲赴各地调查，决定各地需要之趋势，然后拟具供给方案，较为合宜。盖供给适当，可使某种书物于某地方开辟新销路，且对于各地需要亦可为充分供给也。

（D）发展通信营业，使其数量在营业总量中占一重要地位。近年教科书营业竞争甚烈，审查机关及学校辄认一个出版家为一单位，而持均沾态度。同行方面，恐亦不免有此态度。于是本馆营业遂陷于不利之地位，故不得不多辟新途径，以维持营业。兹有一事为本馆所擅长，不易受他家竞争者，厥为通信营业。此其故一因本馆历史较长，偏僻之地不知有他家者，独知有本馆；二因本馆向来经济上信用未尝失坠，与他家曾遭危险者，或信用未巩固者不同；三因函授学生，预约定户，杂志定户等，本馆实较任何他家为多；四因本馆出品范围较他家为广，果能就通信营业积极推进，前途必甚有望。本馆原有通信现购，办法与广告固未尽完善，且函购手续未免迟缓。查美国出版家多未设有分馆，除依赖代理处外，以通信营业为大宗。又美国 Mangonmery Ward 等专以通信为营业之公司，其营业数量之大，殊足惊人，除已派研究专员孔士谔在美国特别注意研究外，余意本馆今后对于通信营业，除就原有通信现购处改革，将通信函件格式化，于存档存栈改取便捷方法，务须对于定单或来信，在二十四小时内答复。

其营业方法并须注意下列各点：

一，举办通信购物储金，除给以最高利息外，改以储金为购买货物之款。

二，购买范围，包括本馆一切出品及寄售品。

三，对于购书者，请其指定书籍范围，遇有新出版而范围相当者，不待函购，迳行邮寄。

四，对于海外华侨，极力推行此法，因海外代售本馆书籍者极少，华侨购买力尚富，且多知有本馆，而未知他家。

五，对于介绍新购户者，予以相当报酬。

余意此苟推行得法，则五十万户不难获得。平均每人每年二元，则营业额为百万元。若平均每人每年四元，则营业额为二百万元。此举不独于本馆营业有利，且因此促进国人之读书，并对边远地区输入新知，其有裨文化之功，实更大也。按通信营业影响于分馆或代理处之营业者极微；一因通信购户未必在已设分馆代理处之地，二因其他纵有分馆或代理处，然存书及其种类未必充分，苟无直接向总馆通信购买之便捷方法，辄因周折而搁置者也不在少数。又利用三、五两款办法当可增加不少之数量与购户。实际上，通信营业，十之七八皆为新辟之营业也。

第十部说明

（一）改良组织

欧美各国公司行政之组织大别为下列四种：

甲，纵的组织 Line Control

乙，横的组织 Functional Control

丙，纵横组织 Line Staff Control

丁，合作组织 Committee Control

甲：第一种组织，由经理指挥科长，由科长指挥股主任，由股主任指挥各职工，其管理权成一直线。经理负企业之全责，科长股主任依序负全科全股之责；所有各科长或股主任应秉承上级之命令，对全科或全股主持一切，百事集于一身，一如军队中之团长营长者然。此法优点在办事敏捷，但各科长各股主任必须具有全才，而能负全责之人，否则不免有所贻误。

乙：第二种组织，则按管理事项之性质分设各组，所有工作程序，工作方法，工作考成等一一设专组主持，不另设科长股主任。一切职工对于每日应做何工，如何做法，以及如何交代，均各自向主管组接洽。此法优点可得专家分掌各事，但职工程度须较高，且须为完全件工制，各职工始能注意各自之工作，否则必致工作紊乱与延误。

丙：此法于采行纵的组织设科长股主任外，另就重要或专门业务设置专组，如人事，会计，统计，稽核，研究等主持之。俾各科长各股主任对于此类专门业务得免负责，而由各该专组担任。此法具纵横二种组织之长，而无其缺点，各国新式公司多采用之。

丁：此法与第三种组织不同之点，即于第三种组织之外，另由劳资双方合组各种委员会。如抗议委员会，能率委员会，福利委员会，建议委员会等等，备经理之咨询，并得沟通全体职工之意见。凡雇用职工特多之新式企业间采行之。

以上各种组织，在理论上，如施诸适当之人地，实各有所长。

然征之事实，则除小工厂外，第一种鲜有采行之者。第二种采用者亦较少。第三种占最多数。第四种则采行虽尚不甚多，似有骤增之趋势。本馆组织于三所外，别设总务处各科，性质实近于第三种组织。惟人事，统计，研究各单位，或实行尚未集中，或未设置。余意本馆将来之行政组织，似宜就第三种而扩充之，并逐渐趋向于第四种。具体言之，则除原有之总务处人事股宜扩大范围改为人事科，将三所一处之人事，如考成进退待遇等问题一切归该科考核，秉承总经理办理外，其研究一项，并特设专所，独立于三所一处之外，归总经理直辖，俾便独立进行研究工作。至于劳资双方合组各种委员会，亦可酌量需要，逐渐成立。其第一步拟成立者，当为能率委员会，拟即以研究所专员，各处所当局特派人员及各工会职工会推举人员合组之。其目的在使研究所各专员于研究某问题时，得征求委员会之意见，俾所拟办法不致与事实冲突。同时并可使各该处所人员与各工会职工会，对于将来推行之新法，不致因隔阂而起误会。

（二）确定责任

各国新式公司（尤以美国特著）负责者为总经理及经理若干人。总经理主持一切，各经理则分别主持一事，如审计，如生产，如营业，如进货，如研究，如人事等。本馆之生产与营业已另设编译印刷发行三所所长，其地位近乎经理，故公司之总经理及经理二人之责任，遂不甚分明。兹拟酌量本馆情形，以总经理主持三所之事，以经理一人主持各分馆及总务处之分庄出纳两科，另一经理则主持总务处中除分庄出纳人事三科以外之各科。至研究所所长拟由总经理兼任，人事科最好另聘协理一人主持。如一时未易得人，可暂由总经理、经理三人中一人兼主之。会计出纳两科关系重大，故以经理二人分别主持。至三所已有地位亚于经理之所长主持，故除特别指定之重要事件，须与总经理洽办外，余均由所长主持。于是总经理在事务上之职责较轻，得致力于公司全部之计画与研究。如此分工办理，责任较为分明，进行亦较顺适。又总经理、经理宜各置秘书一二人，助理一切，此为各国通例，关系亦甚重要也。

又各国新式公司，经理部之行政，大都谘询不厌求详，而决定与主持辄以一人专任，俾处事迅捷，方针亦易贯彻。本馆现有总务处会议，其性质系以委员制主持公司，然结果则重大事件往往议而不决，或互相迁就，于是主张未易贯彻，处事亦常延宕。按诸各国新式公司通例，似不甚适当。况当内部风潮甚多，应付频繁之时，更非以一贯之方针、迅捷之决定应付之不可。鄙见对于现行总务处会议制度，窃以为有改革之必要也。

（三）训练管理人员

施行科学管理方法，当先使管理人员明了其原则与应用，然后可望职工之遵行。除上级管理人员应随时由公司当局召集讨论外，其下级管理人员，并应由公司特设定期讲习班，由研究所各专员分任讲演，并与之讨论一切。

第十一部说明

（一）解决劳资问题务求迅速

公司与公司内之工会职工会有密切之利害关系，纵因立场不同而起交涉，然此项交涉与国和国间利害冲突之交涉不同，应以诚恳态度迅速解决，与外交方式不厌延宕者大相悬殊。近年工会职工会提出要求，往往过分，在彼既存讨价之意，在此遂亦不免有还价之举。因之，双方精神消耗于交涉中者，不知几许。鄙意以为交涉之结果，公司方面固往往失利，实即当局与同人之精神消耗于交涉期内者，转较交涉结果所失之利为大。今后当不问彼方之提案是否过分，公司方面宜于问题发生之初，权衡利害，熟察结果，能允许即充分允之，不能允许者，应始终坚持，不再让步，经过一二次以后，工会等鉴于公司所持之非还价态度，将来如有要求，当不致如此之朝天开价，以致双方徒耗精神于无益之纠缠也。

（二）与工会职工会代表共同研究公司能率之增进

如第十部之说明（一）末段所述，由研究所各专员与各处所所派代表及工会职工会所举代表，共同组织能率委员会，讨论种种改进能率之方法，则将来施行新法时，不致因隔阂而误会。

（三）增加当局与职工个人接触之机会

在规模较大之公司中，其当局绝鲜与职工接触之机会。此实为隔阂与误会之一大原因。美国各大公司之当局有按时接见职工个人之例，虽谈话为时有限，接见之人亦不能普遍，然既有此机会，则职工观念当有变更，影响可能不浅。兹拟由总经理或经理一人，间日以一二小时接见职工，凡对于公司业务有改良意见，或对于自身人地不宜，愿当面陈述者，得先以书面向总经理秘书处请求，当由总经理或经理依次接见，每人谈话以十分钟为度，并由速记员记录，以备考核。如其意见可采，或理由充分者，当分别奖励核办。

（四）升级训练

工厂中宜举行工头训练班，除旧工头应受训练，以增进管理能率外，凡在厂中青年职工，曾经服务若干年，能力资格较佳者，得令其随同接受训练。毕业后，得酌量提升副工头。凡平时最活动之人，于其负有责任之后，辄能特别尽职。

第十二部说明

本馆出品书籍内容，与印刷技术两方面均有改善之必要。前一种对于旧有者，宜于实行标准化与简单化时，尽量将内容欠佳者酌量情形，或修正，或停版外，对于新出版者宜格外慎重。其法不外于收稿时，特别审慎，与提高校对员程度。此举实现虽难，要当悬为鹄的也。至关于后者，则本馆印刷术在国内虽属上乘，然较诸欧美日本，实远不逮，即如此次携往外国之英文本馆状况，印刷实至粗劣，及今不求猛进，即国内亦必有后来居上者。又如欧美印刷所对于彩印所用之纸张须经过一种调和湿度作用，则印刷格外鲜明，此亦为本馆向鲜注意。由此一端，本馆印刷技术有待改进者实不少。兹已聘定在美德两国专攻印刷术之赖彦于为研究所专员，当于渠返国后，就技术改良方面，注意研究，并奖励各职工对于改良技术之建议。

我的实施科学管理计画，如得董事会通过，我立即筹备推行，并决计自次年（民二十年）一月开始推行。我的筹备工作有二：一是沟通的，就是从九月中旬起，先后对商务书馆高级职员及工会职工会等四会，说明采行科学管理之必要，并迭次对外间工商组织及学术机关讲演此项原则。二是于十月间实行成立研究所，由我自兼所长，以朱懋澄君为副所长，及在美欧所聘青年专家七人为研究员，各就其在校专攻与受余指定实习之所得，针对商务书馆各种业务与问题从事研究。最后，即于十二月中旬为商务书馆编译所同人发表编译所改组计画。表面上各工会职工会反响尚佳，外界尤深切注意，且多有准备看商务书馆实行之结果，而继起仿行者。

同年九月十八日，国立中山大学校长戴传贤辞职，任命朱家骅为校长。

同年九月二十四日，国立北京大学校长蔡元培辞职，任命陈大齐代理校长。兼国立交通大学校长孙科辞职，任命黎照寰为校长。

同年十月二十一日，国立中央大学校长张乃燕因校内纠纷呈请辞职。

同年十一月二十五日，行政院通过调任朱家骅为国立中央大学校长，金曾澄为国立中山大学校长。

同年十二月四日，教育部长蒋梦麟辞职，特任高鲁为部长。

同年十二月六日，教育部新任部长高鲁未到任以前，由行政院院长蒋中正兼理部长职务。

同年十二月十五日，兼浙江教育厅长陈布雷调任教育部次长。

同年，商务印书馆编译所所编地质矿物学大辞典初版印行。

　　本书任编辑之责者，为杜其堡，除于脱稿时发表专家序文等外，兹更补述编者所撰凡例于左：［本条与本编年首事条（"二月"）属重复行文，此处所纪"凡例"删；参见第276页。——编注］

同年商务印书馆出版新书四三九种，七〇三册。计开：

总类	二〇〇种	四一〇册
哲学	七种	七册
宗教	四种	六册
社会科学	九六种	一一九册
语文学	一二种	一五册
自然科学	二三种	二三册
应用科学	一二种	一二册
艺术	二一种	四二册
文学	三八种	三九册
史地	二六种	三〇册

同年总计，商务印书馆自创业迄今，恰满三十五年；其

历年出版之图书（杂志在外）共计八千零三十九种，一万八千七百零八册，按类别言，计为：

总类	八三一种	二 七六七册
哲学	三二〇种	四六六册
宗教	二四五种	八七八册
社会科学	二 三九〇种	五 〇六四册
语文学	四三九种	七九一册
自然科学	五七九种	六四二册
应用科学	四五二种	五一六册
艺术	五一八种	一 〇二一册
文学	一六六一种	四 六六三册
史地	六〇四种	一 九〇〇册

同年底为止，东方图书馆藏书统计如次：

（甲）善本书

经部 一百种

史部 六百五十二种

子部 七百零三种

集部 八百二十三种

（乙）一般中外图书

中文书 二十六万八千册

西文书 四万六千册

东文书 二万八千册

杂志报章 三万册

同年，商务印书馆增设研究所。

同年，商务印书馆营业总额为一二 〇五五 四七三元。

民国二十年（公元一九三一年，辛未）

一月我宣布开始实行科学管理计画时，突遭四个工会联合反对。经我密查系由编译所职工会主动，而该职工会之主动，原因殊复杂，除有左倾分子在背后操纵外，闻尚有高级人员参与。又闻印刷所工会动机较单纯，开导较易；发行所颇不单纯，其附和编译所也最力。

彼时我面对可供抉选之两途。其一，就原计画作重大修改，以缓和各工职会之反对，并维持我自己的体面。其二，则以科学管理之主要对象有三，对人，对物，对财并重，然能起而反对者仅为对象之一之人，其他二者固可由管理部自由处置。我因求治过急，于信誉未孚之时，一举而图贯彻全部，遭遇反对，亦固其所，经此挫折，考虑再四，出人不意，自动撤回全案，于是仇我者喜我之失败，而讥笑我无毅力；爱我者惜我之让步过大，不类我平素之为人。只有一二知我者，谅我自动作此大转变，定然寓有深意。我之深意为何？科学管理在彼时国内尚无行之者，其真相与效用，国人鲜有所知，我既为商务书馆率先尝试，其成其败，当为国内企业界深切注意。我熟权利害，认为如就原计画修改至获得工职会之同意，则无异于名存实亡。其施行结果，定与期望大异。国内企业以科学管理在商务书馆所表现者如是，不免误认此有名无实之科学管理为名实相符之科学管理；于是我个人之体面虽幸而维持于一时，然科学管理在我国施行之前途将遭重大打击。我不敢以个人之私，使科学管理蒙不白之冤，乃断然撤回原案，而于不动声色之下，实施对事物与对财务之科学管理，期以若干时日对此二者获致相当效果，再进而恢复对人方面之实施。其时既有成绩表现，反对者自较易说服，科学管理全面之推行，亦当较顺利。

自是年二月起，我于不动声色之间，实施对事物与对财务之管理。因其与人无争，而涉及推行此政策之少数人，皆属于管理阶级，向来忠于公司，且照此执行，于己无损，当然乐为。兹先说对物管理之改进：

（一）采行出品及原料之标准化。商务书馆的出品既以书籍为主，其所用原料自然以纸张为首要。由于商务前此出版的书籍，其版式大小至为纷歧，合计不下四五十种，因之，购存之纸张幅度与品质随而纷歧，合计多至二百余种，以至一部分极大的资金积滞于所存之纸张上。我与研究所同人详加研究，将书籍之版式标准化，由四五十种减为九种，因而存纸的种类也随而减为六十余种。出品与原料均经标准化，存纸之种类减为原有三分之一以下，所以存纸之总值仅当原有者三分之二，应付需要转较从前更为充足。彼时我国尚无大规模之制纸厂，所需纸张均系预从外国定购，运输费时数月。少购既不敷应用，多购又使可活用于各方面的资金积滞于存纸上，殊不值得。经此次改进后，常存纸张之实值，较未改进前减少一百余万元。

（二）尽量利用原有机器，减少不必要的新购机器。印刷所管理人员向来多喜新型机器，不问原有机器是否敷用，甚至过剩，遇有国外新型机器，经经理洋行兜售者，辄提议添购，以为速度加强，有利生产。殊不知此类机器，如无充分利用之机会，添购后，听其大部分时间搁置不用，资金实等于浪费。经研究所同人详加研究，本馆原有机器已足敷用而有余，实无添购任何新型机器之必要。因此，我严加限制，不许新购。只此一项，一年之内节省添购新机器之款不下三十万元。

（三）研究各生产单位之相互配合，予以适当调整，必要时不惜小费，以消除"瓶颈"之阻塞。查生产增进，有赖于工作衔接，如川流不息。因此，各生产单位之力量相称，不致因某一单位之能力稍薄，使其他力量较大各单位皆受阻。经研究所实地调查研究后，发见一二小单位力量不能与其他单位相等，则宁牺牲些小资金，酌增设备，使力薄之单位获得补充，增加力量，因而全部工作得以进行无阻。此一措施不仅于公众有利，即在原来力量较大各单位工作之人，亦感到工作顺遂，不如过去常为瓶颈所阻塞。

次述对于财务管理之改进，由于对物管理（一）（二）两项之改进，使积滞之资金变为活跃之资金，收效已甚可观；即上述（三）项之改进，表面上似须消费一些资金，实际上使各单位工作衔接，原来许多半成品都可转变为成品，半成品不能应市，成品即可变价。此一措施便可为公司带来不少新的资金。此外，则发行所西书部向来购进许多西书，其中滞销者不少。本年尽量改为寄售，宁将表面上之利润降低，实际之利益亦有增无损也。又发行所向来经营之文具，亦依西书之原则，尽量减少滞销品之存数，并按照各该物品销路之畅滞，而决定购存或寄售。以上二事，对于活用资金之增进，亦裨益不少。

同年一月二十六日，教育部规定推行社会教育之重要设施三项：一、社教经费成数占教育经费全部百分之十至二十；二、设立社会教育或民众教育人员训练机关；三、各省市教育厅局设置掌理社会教育之专科。

同年二月三日，行政院公布电影检查法施行规则及电影检查委员会组织章程。

同年二月七日，国立北平大学校长李煜瀛，师范大学校长易培基辞职。任命沈尹默为北平大学校长，徐炳昶为师范大学校长。

同年二月十一日，教育部派彭百川、冯成麟等为电影检
　查委员会委员，会同内政部所派委员组织电影检查委
　员会。

同年三月二十一日，国立清华大学校长罗家伦辞职，任
　命吴南轩为校长。

同年四月十六日，考试院公布于本年七月十五日举行第
　一届普通行政、教育行政等五种人员考试。

同年五月，商务印书馆所编中国古今地名大辞典初版印
　行。

　　　是书为臧励龢君主编，兹将其缘起与凡例附录于左：

缘起

　　吾国幅员辽阔，地志浩如烟海。偶举一地，欲详其过去之历史，现在之状况，恒苦不易。而较僻者且不知其所在，遑论其他。余昔从事辞源，曾以中国地名之一部入之。顾辞源自有体要，数仅七千余而止。嗣陆炜士先生创中国地名辞典之议，谢君冠生实主其事。未及半，冠生以游欧引去。中辍者一稔。其后余编校中国人名辞典竣，复出冠生原稿赓续从事。阅三年而始克成书。书成而后余亦引去。校勘增订，一以委之馆中诸君子。中间商榷审核，邮书往复，殆无虚日。又阅四年，而始克葳事。历年经过之最感困难者，一曰知古之难，二曰知今之难。知古之难，难在考订，知今之难，难在调查。历代州域郡县之因革，山川陵谷之变迁，经史志乘之讹异，考据家类多凭其所见，各为之辞。异说纷陈，折衷匪易。此考订之难也。近时因国防之重要，军事外交之关系，实业交通之发展，探险选胜之发见，名流硕士之营构，而新有名于吾国之地，日益增多。

顾其地或不见图志，时人传述，报章记载，语焉不详。寓书访询，又不可尽信。此调查之难也。二者之中，调查之难，视考订为尤甚。所耗之日力，亦愈多。储氏瓘曰：知古非难，知今为难；盖已先我言之矣。余少喜为考古之学，壮岁而后橐笔走四方。东至榆关，西至巴蜀，南逾岭峤，北历燕泰；游踪所至，其有关于形势阨塞，郡国利病，恒于酒酣耳热之余，与当地士夫博稽周谘，以见证闻，以闻证见，而所见异辞，所闻异辞，所传闻又异辞者，不可胜数。加之比年政治地理多所改易，雠校甫过，名称已更；刊落订正，劳费复多。复检再四，讹夺仍所不免。欲求无憾，戛乎难之。中山先生曰：行之非艰，知之维艰；以吾国之人，纂辑吾国之地名辞书，而其知之难至此。则其他事物之难知，十百倍于此。更可见矣。中华民国十八年三月二十二日，武进臧励龢识于沪城也是园。

例言

一，本书上起远古，下迄现代；凡吾国地名有为检查所需者，均参考群书，调查甄录，于古则详其因革，于今则著其形要。上下纵横，今古悉备。

经史群籍，地名孔多；凡群经正史，国语国策，通鉴诸子，及各种古籍之有诠释者，本书广罗各家诸说，择善而从。至杜郑马三家之书，及王厚斋玉海，其言方舆，并资采取。

一，地理志昉于班书，其后正史代各有志。凡史志所载之州郡县邑，必详其建置，释以今地。李氏今释及各书之误，均为订正。其他无志各史，及六朝时之侨置纷更，并采取后人补志，分别纂录。至王莽篡汉，尽易天下郡县名号。侯景陷台城，契丹入汴，皆有改易之类，概不羼入。

一，历代疆域，互有赢缩；本书皆举其国号，著其兴亡，详其境域，封建时代之诸侯，割据之五胡十六国，五季十国，及唐代之藩镇，亦并著录，以便读史。

一，史志之外，方舆诸书尤为繁夥。魏晋以降，代有作者。而传世绝少。唐以后之最著者，如元和郡县志，太平寰宇记，舆地纪胜，读史方舆纪要，清一统志，各省通志等均分别采取，以补史志之所不及。郡县志之名世者，如吴郡典赡，朝邑杰作，本书固加搜录。其他各志，凡所得见，亦资采辑。

一，群山绵亘，脉络可寻，古有三条四列之说，今有南条北条之分；虽为说不同，而自西趋东，大势无异。本书备列诸说，以备参考。至某山某岭之属于一邑一地者，苟有可传，亦并存录。

一，水道迁移，古今无定。黄河改道，淮济半湮，固其大者。其他诸水，亦恒有变迁。禹贡水经及马班河渠沟洫之所载，按之今地，多少不符。郦氏之说，在江汉以南，又多意为揣测，未可尽凭。本书由源竟委，由今溯古；博考分疏，务求翔实。细川支流，采辑亦备。

一，名城要塞，关系国防。凡江海雄区，边陲险阨，及历史上之兵争要地，必详其险易，志其形要，并举故事以实之。他若为外人租借者，旧属我国，今为他国侵占者，事关交涉而尚未解决者，皆详著之，志我国耻。

一，铁路为交通要政，凡已成未成，及尚在计画中者，于起迄经过，及建筑资本之所出，均为详载。其有名称变更，如东清改为中东，京奉改为北宁，京汉改为平汉之类，分条复见，借便检查。

一，矿山商港，关系进化及立国之富源。已开采之著名各矿，于其资本产额，矿质调查，不厌求详。其未经开采，而已见之记载者，亦列举其名，借便将来开发。商港之与外人订约开放，及吾国之自行开放者，均志其经过，详其盛衰利病，商业状况，俾资考镜。

一，地以人传，随在皆有。高僧卓锡，遂作名山；英贤过存，都成胜迹。凡有名于世之名胜寺观，园亭台榭，本书悉为甄采。其半归零落，及故址就湮者，仍列旧名。既备保存，亦资凭吊。至近人发见之名迹，新构之胜地，苟有流传之价值，并为采登。

一，村镇墟集，更仆难数。以历史名，以胜迹名，以及铁路汽船之所经，电局邮局之所在，旧时佐治各员之所驻者，本书钩考志乘，并据最近调查，详为纂录。其有志乘所不载者，则邮书访询，或求之报章，及时人记载，不得则求之清会典馆图，参谋部图，邮区图，各铁道图，及最新各图；按其地望，详其所在。惟方位道里，按图指索，虽大体无误，而鸟道萦迂，山川回亘，可凭而不尽可凭，俟有确闻，再当更正。

一，地名纷杂，淆混滋多，各书记载，亦有互异。说者往往误一为二，误二为一。或音声偶同，率尔牵混，而地望全非。或辗转传讹，群相附会，而事实以误。甚至一山一水一镇一地，以方位偶移，或分属两邑，或列为数名数处。本书钩稽考订，误者正之，其有不能妄为之辞者，诸说并存；疑以传疑，未敢师心自用也。

一，本书自经始至出版，历时已近十年。排印校勘，亦逾四年。政治地理，变更孔多。皆据最近调查，分别刊改。

一，本书调查，虽极其能力之所及，而卷帙繁重，脱略讹误，在所不免。宋葛文康公曰：记问之博，当如陶隐居耻，一事不知；记问之审，又当如谢安不误一事。编者有此愿，而实未易臻此境。海内博雅，能有以教正，俾得再版改良，是所至幸。

续编《中国古今地名大辞典》序

地名（Place - name）为代表某一地方或地形之记号，其来源与演变除受天然环境之影响外，亦常为文化接触所左右。今日所有之地名，应视为文化遗产的一部。古代民族迁移或征战的痕迹，以及近世欧洲人口之大量向外移殖，每可于地名之分布与演变中见之。

故地名之与地理学研究，实有似化石之与地质学或古生物学，地名之富于古董性与乡土性，地名之能反映当地之地理环境，以及地名之赋有文化层指标作用，皆为非常明显的事实。

地名就其性质，可分为二大类。其一为地方名，如中国、浙江、乐清、柳市与四板桥等便是。各种行政区域或地方的记号，视其所属的等级而不同，在地图上常顺纬线的方向注写。其二为地形名，如长江、太湖、秦岭、玉山与碧潭，乃各种天然地形的记号，随地形的种类而不同，在地图上概顺其天然的方向注写。无论中外，似已成为规律。

中国地名之构成，通常皆可分为基本字与附加字两部分。基本字或称通名，系示各种地名之基本型类。台湾地名所用基本字，种类颇多，在地形方面，如坑、岽、崁、坪、崎、澳与鼻等；在聚落方面，如寮、厝、庄、营与馆等，皆属常见。但台湾有许多地名，其基本字已被省略，而只剩下了附加字，如彰化与嘉义即为著例。附加字或称专名，多用以形容基本字；或表明其特性，或使同类的基本字有所分别。如大小、新旧、上下与内外等，皆为常用的附加字；或附加于基本字之前，或附加于基本字之后。所用的附加字，大多数皆为单字，但有时亦用复合字。例如田字为一基本字，田心一名所加的"心"字为单附加字，田中央一名所加"中央"二字即为复合附加字。

研究地名的学问，称为地名学，乃地理学之旁文；而地名辞典即属此项研究工作的成果之一。我国研究地名之专门著作，最早者当推汉代应劭的《地理风俗记》；解释我国秦汉时代及其以前之地名，此书极富参考价值。明代郭子章编著《郡县释名》，凡二十六卷，曾就我国郡县地名逐一铨释其文义。此外，王应麟之《通鉴地理通释》以及顾祖禹之《读史方舆纪要》等，在古今地名之比较研究上，亦有参考价值，但皆非正式的地名辞典。三十年前，商务印书馆曾编印《中国古今地名大辞典》，收罗地名三万七千条，全书估计约二百四十万字，成为中国第一种较大规模的地名辞典。

《中国古今地名大辞典》的编辑方法，虽未尽符合现代地名辞典之标准，但就一般性的参考说，仍甚有价值。目前的台湾文化出版界，逼于时代环境，风行翻印古籍与洋书。商务印书馆经理鉴于此一辞典之仍有参考价值，决定在台重版。惟时隔三十年，变迁甚多，必须有所补充，故有增订与续编之议。

照我原来的理想，这部著名的辞典应完全重编，并加以澈底修订；加入新鲜的统计数字，附插必要的地图。但终以困难太多，只得改取续编的方式。即使续编，亦有牵制。在完成的卡片之中，临时抽出了八五七个大陆地名，剩下的大部分是台湾的地名。此就整个计画言，固然是一种遗憾；但以目前的处境说，可能更适于用。

一九六〇年三月陈正祥识于台北

同年五月十二日，国民会议通过训政时期约法全文；其中第五章第四十七至第五十八条为国民教育专章。旋于六月一日公布。

同年五月十三日，国民会议第五次大会通过确定教育设施趋向案。

其内容：一、注重刻苦勤劳之训练规律的生活；二、中小教育注重养成独立生活增加生产力；三、社会教育以增加生产为中心目标；四、增设职业及补助学校；五、尽量增设各种有关产业及国民生计之专科学校；六、大学教育以注重自然科学及实用科学为原则。

同年六月二十五日，国立北平图书馆新馆建筑告竣，行落成礼。前两馆藏书均迁入。现藏书总数达四十万册以上，在公立图书馆中居第一，而与私立之东方图书馆相伯仲。

同年九月，商务印书馆为纪念创业三十五年，编印最近三十五年之中国教育一巨册，内容专论十六篇，冠以余所撰导言，而殿以庄百俞（俞）君所撰三十五年来之商务印书馆。

兹将两文附后：

（一）三十五年之中国教育导言

王云五

本馆有三十五年历史，有八千余种，万八千余册出版图书，中国民营新出版业，此其最大最悠久者。其基业在于印刷与编译，其功用在于文化之促进与教育之普及，而其目的则在中国文明之再造。故其创始与发展，与中国革新运动相因应。

中国革新运动，发轫于乙未（清光绪二十一年公元一八九五年），盛于庚子（清光绪二十六年公元一九〇〇年）以后，而收功于辛亥（清宣统三年公元一九一一年）。中更挫败，则再起于民国六年以后，盛于十三年，而收功于十五年。然语其原因，须远溯于鸦片一役（清道光二十年公元一八四〇年）。

经此一役，国人渐知西洋之船坚械利。及洪杨举义（清道光三十年公元一八五〇年），几覆清室，曾国藩李鸿章之徒，既借外力平定之，遂亟亟于制造武备储译人三事，谓足以立国。顾其后十余年，驻英使臣郭嵩焘作游记，言西人亦有二千年文明。而清廷明旨毁其书，其狃于故习如此。无怪是时石印术输入唯供古书之翻印；中文活版铅印之入中国，更远在鸦片战争前二十一年，而西教士专用之于宗教宣传也。中法战役（清光绪十年公元一八八四年）后，外患日急，清廷暗弱亦日甚，时去洪杨未远，光复之义，流传民间。孙中山先生以农家子，博极西书，则恢宏其义，倡为民族民权之说，组兴中会，而后中国有革命党。康有为以诸生本公羊家言，通礼运，遍读上海制造局及教会所译书，以"小康"救"据乱"，与其门人梁启超言变法，而后科第中有维新党。然至甲午前一二年，革命党人无多，维新党人亦无多，并读译书者亦不易得。革新运动甫萌芽，民营新印刷业与新出版业之发展固犹有待也。

中日战争之明年乙未（清光绪二十一年公元一八九五年），本馆创业前二年，中日马关订约，孙先生广州举事，康有为公车上书，袁世凯小站练兵；近三十余年中国之变化胥系于此四事。依马关条约，除台湾澎湖诸岛外，并割辽东半岛。经俄德法三国干涉而退还；而三国与英日，亦因此在中国划定势力范围。虽经美国宣言开放中国门户，商工业利益均沾，卒不免酿成日俄之战，以我国国境为两外国之战场，其后日本对德出兵胶济，即循此先例，山东问题，亦于此肇其端。又依马关条约，日本在中国除扩张通商权利外，并得于通商口岸从事各种工业制造。各国援最惠条款，在通商口岸，亦得各设工厂。帝国主义者之工业侵略始此；而国内工厂渐多，劳动问题亦自此起矣。孙先生广州事败，闲关走日本美洲，因于英伦，转至欧陆，研究民生问题，与民族民权合为三民主义，中国革命理论之纲领已具。北洋清军经甲午一战而覆没，清廷乃于天津新建陆军，以袁世凯为督练，此世所谓小站练兵，仍曾李立国三事中之整军一事。然中国军队不足以卫国，而适以祸国，入民国而军阀之祸益著。中日战后，疆臣朝贵有欲变法而不敢言者。康有为以乡闱新捷，乙未晋京会试，发起公车上书，陈改革救亡之策，签名者千余人。明年，设强学会，推张之洞为会长，发行强学报。科第中人纷纷言变法，谈西学；则新书报之需要日急，新印刷业之机运已至。

又明年丁酉（光绪二十三年公元一八九七年），本馆创业，设印刷所。活板铅印入中国，至是七十八年，而中国民营印刷业，晨星可数，亦诚不幸矣。

本馆创业之年，德占胶川湾，俄占旅顺；其明年戊戌（清光绪二十四年公元一八九八年），德遂租胶州，俄租旅顺大连，英租威海卫九龙，法租广州湾；四国与日本又迫清廷订约，划定势力范围及利益范围。自是一方促成清帝与维新党之四月变法，一方激起清太后与守旧派之八月政变，致有庚子义和团及八国联军之事件，而辛丑和约以成，中国除担负巨额赔款，并以新旧关税盐税担保外，复受所谓外交团之共同宰割；清廷受此重创，乃废八股，改省府州县各书院为大中小学，派管学大臣；而科举之废，犹迟至乙巳（清光绪三十一年公元一九○五年）日俄停战媾和之后。辛丑全国兴学，学校用书遂成问题，本馆于次年壬寅，独以新印刷业进而为新出版业，设编译所，编译中小学师范女子各学校各科用书，并刊行其他各种图书。革新运动之生力军，从此与全国学校发生关系。革新运动之参加者，渐由少数之先觉与科第中人，转而为多数之学校中人。顾其时革新运动划为革命立宪二派，经长期热烈之争，新民丛报之立宪论不得不见屈于民报之革命论。学校中人受新教育与革命论之薰沐，多以其后知后觉而觉不知不觉之人，孙中山先生之革命论遂益弥漫于全国，而辛亥革命一举告成。

初孙先生于民报发刊词，揭橥三民主义，言民生主义綦详；则以革命之成功，须与全民生关系，而革命之目的，尤重全民生计也。民元孙先生卸政后，民党中人日与反对党斥斥于"总统内阁""一院两院""集权自治"之争，欲先政治而后社会事业，致为袁世凯所乘。及五国银行团借款成，国民党遂被解散。其后数年之间，孙先生与其党人继续努力于国民革命运动；同时袁氏与北洋军阀之反动政策益著，帝国主义者之压迫亦益烈。论政者多自忏悔，思别辟途径，"以浅近文艺普遍四周"，"与一般人生出交涉"。又以政治窳败，外侮加甚，经济侵略无孔不入，致使手工业者之失业日多一日，农户农田，日减一日，本国新生产事业，虽稍振兴，又以不平等条约影响，不能充分发展，失业农民与手工业者大多数不得转入工厂，则流为兵为匪，社会根本动摇；于是革新运动不得不再起，尤不得不与一般人生关系。民六以后，一方为孙先生领导之护法运动与国民革命运动，反对北洋军阀及帝国主义，期贯彻革命之主张。一方为新青年之文学革命，为求创造文学，普及教育之工具，而解放文体。更进而为思想解放运动，即新文化运动，借新学理之输入，对于旧制旧思想加以批评，而求其改革。于是有国语运动与音符之公布，有研究主义者，有讨论问题者，有整理国故者……会其时有俄国革命，德国革命，又有巴黎和会山东问题之失败；于是有五四运动，有全国学生会，有社会主义团体之组织及活动，有猛起之罢工风潮。于是孙先生研究二十余年之民生主义，始得国人信仰。又以护法运动为南方军阀所破坏，孙先生至上海发表建国方略，于是新文化运动之参加者，多集于三民主义之旗下，而有十三年国民党之改组。中挫而再起之革新运动，至是归于国民革命之一途，而深入于全国民众。自民国元年至十四年，本馆印刷与编译各方面日益发展，出版图书多于前十年五倍，除继续编译中小学师范职业各科用书外，如世界丛书及各大学机关各科丛书之编译，为介绍新学理，供研究新文化者之参考材料；如四部丛刊、道藏、续藏等之汇印，为流通精本或孤本古书，供整理国故者之参考材料；又如辞源、新字典及各科大词典之编印，为读书治学之工具，语体音符出版物之编印，为文体及文字改革之前驱：凡此皆所以促成革新运动之再起，而随之以俱进者。至是而学校中人，及学校以外所有识字之民众，几无不与本馆发生关系。

　　民十五年前之革新运动，为中国旧文化之批判。民十五年后之革新运动，为中国新文化之发展。自国民革命军北伐，北洋军阀崩溃，全国由分裂而渐趋统一；政治方面由军政而进于训政。以过去民众运动之经验，知民众补习教育之未许稍缓，而国民党政纲原有"励行教育普及"之专条。孙先生遗教，亦谓"人民受教育"须"有平等机会"。训政开始时，辄重申此旨。故"教育普及"四字，为民十五年以后本馆出版方针之一。自壬寅兴学，中经民国六年以后之新文化运动，至民国十五年，学术界之于科学，已由宣传而进于研究。国内著名大学皆有实验室之设备，各科研究所亦次第成立。孙先生尝谓我国现有文明皆从外国输入，为从古未有之大耻辱；又谓唐都西安时，外国学生三万余人，其中有日本人万余，暨波斯罗马印度阿拉拍及其他欧洲人。今虽不能上媲唐代文明之隆盛，亦宜渐求学术之独立。故"学术独立"四字又为民十五年后本馆出版方针之一。本馆本此两大方针，出版各种图书，于今六年。其继续民十五年以前之计画及正在计画中者勿论，其在进行中者，首为万有文库，用最经济与适用之编印方法，以整个图书馆供献于社会；盖以图书馆之有裨文化，与学校等，而全国兴学三十年，其成绩止于此者，原因虽复杂，要以基本图书之缺乏与图书馆设置之未广为主。故本馆之出版万有文库，欲借基本图书之粗备，与图书馆设置之简易，而补助教育之普及。其次则为大学各科用书及各种专门名著之编译。国内各大学之不能不采用外国文图书者，自以本国文无相当图书可用；而其弊凡任高等教育者皆能言之。本馆见近年日本学术之能独立，由于广译欧美专门著作与鼓励本国专门著作；窃不自量，愿为前驱，与国内各学术机关各学者合作，从事于高深著作之译撰，期次第供献于国人。凡此皆本馆最近六年之努力，所以促进革新运动，以发展新文化者。

乙未以还，中国革新运动，若洪水之奔冲腾涌，溃决于都市，而漂荡于农村，既成巨浸稽天之势，遂自国家而家庭，自日常生活而学术思想，而习惯信仰，而典章文物，腐败者剥落，障壅者崩溃。斯册之作，将以观其汇通，故首教育，次新文化，次音符运动，次国语运动，又次印刷术，出版业，而终之以本馆三十五年之历史，各具其本末；愚乃略述本馆创始发展与中国革新运动相因应者，以导其端。

民国二十年九月四日

（二）三十五年来之商务印书馆

庄　俞

上　出版业地位之重要及本馆创业经过

吾人欲对于商务印书馆所营之业务得一笼统概念，可称之为印刷工业。若更详察其业务范围之广，自编译印刷以至于发行，皆由此个体贯彻成功，则称之为出版业尤当。凡百工业均系人类文明继续发展之产物；惟此项工业对于人类文明之演成与推进，尤有特殊贡献。此非立于出版业地位者欲借此以自豪，而实过去历史所昭示与有识之人士所确认者。中山先生建国方略中论及印刷工业曰："此项工业为以智识供给人民，是为近世社会一种需要，人类非此无由进步。一切人类大事，皆以印刷纪述之；一切人类智识，皆以印刷蓄积之；故此为文明一大因子，世界诸民族文明之进步，每以其每年出版物多少衡量之。"虽然，试一纵览史籍，吾国之有印刷术，固远在世界各民族以前。后汉熹平四年，诏诸儒正五经文字，刻石于太学门外，任人摹拓，此印刷术之嚆矢。宋庆历中，毕升发明活字版，用胶泥刻字；后又有用木刻活字者。至明弘治，嘉靖中，无锡人华燧，安国，又先后创行铜活字版，于是活字印刷之术乃益精。

顾自此以后，未能将机械权威应用于斯术，遂坐视工业先进国家，袭我国固有发明之惠，造成促进文明之有力导线，此所以忧时之士欲奋起直追者也。

本馆经始于清光绪二十三年（一八九七年）丁酉正月，适当甲午中东战败，列强劫盟，清室拟变法图强之际，故谓此新文化机关系应运而生亦无不可。创始人夏瑞芳，鲍咸恩，鲍咸昌，高凤池诸君共集股本四千元，在上海江西路德昌里赁屋三楹，购办印机数架，是为创业之始基。当时国人之营印刷业者多袭用旧法，清室中兴，虽有提倡新式工业者，而各地所设立之官书局，则仍未参用新法。本馆之发轫实为吾国新式印刷工业树一进步之起点。光绪二十四年夏六月，迁于北京路顺庆里，有屋十二楹，并添购机器，是为发展之初步。越五年，当壬寅癸卯之夏，始建印刷所于北福建路，设编译所于唐家巷，设发行所于棋盘街，规模粗具，已开中国书业之新纪元。当时闻有日本金港堂欲在沪设立印书馆，资本极为雄厚，本馆鉴于当时之中国印刷业颇形幼稚，绝难与日人对抗竞争，只有暂时利用合作之一法，以徐谋自身之发展，乃与商定各出资本十万元，并聘请日本技师襄助印务。惟所订条件，并非事事平均，如经理及董事全系华人，只一二日人得列席旁听，聘用日人得随时辞退等是也。然本馆与日人合资，本为一时权宜之计，盖以利用外人学术传授印刷技艺，一方更借外股以充实资本，为独立经营之基础。嗣后印刷技术固多进步，事业上亦颇多发展，其时风气渐开，国人附股者日渐增多，至民国元年，乃提议收回外股，与日本股东磋商，历时三载，会议经数十次，始得全数收回，本馆遂成纯粹本国资本之机关。五十年中国之工业一文中，曾有数语论及此事曰："有人以该馆曾用日资为病，不知中日合办之实业甚多，能如该馆之出淤泥而不染，卒收回自办者何可多得，此正该馆不可及之处也。"

光绪三十年于宝山路建印刷所，编译所，复于棋盘街建筑发行所，基础既固，更一面遣派学生赴国外，学习印刷，而招集青年学徒授以各种技术，以为根本之图。迭次扩充，股本增至五百万元，经济差告裕如，营业因得发展。前总经理夏瑞芳鲍咸昌张元济诸君，今总经理王云五经理李宣龚夏鹏诸君，先后赴东西各国研究考察以求公司具体之改进。故过去之三十五年，不无足述，而欲为未来之借鉴，尤不能不念此三十五年也。

回忆创办之初，规模虽小，职员虽少，而事务日渐纷繁，夏鲍高张诸君惨淡经营，因时发展，一身兼任数役，任何劳瘁，不稍避免，一种奋勉精神，历历如在目前。所以造成如许悠久之本国最大出版业者，肇端于此。今欲纪念本馆，而不推溯其与社会演进之关系，并详析其各种状况，则遑论作者不能略尽欲言，读者亦必不能惬意。故先简叙本馆创业经过，次述三十五年来本馆与社会关系各点及内部状况焉。

中　三十五年来本馆与社会各方面演进之关系

本馆除各种特编教科用书外，复有各种字典、辞典、丛书及外国语文书籍，已出数百种，外国语分英、法、德、日及世界语等多种，各书之中，英文最占重要。当本馆创办之初，国内英文一科，缺乏课本，间由外国供给，价值既贵，又难适合国情，本馆乃敦聘英语专家从事编辑。更致意于普通应用者，如文学、会话、尺牍、翻译、字典各书同时进行，此皆历任编译所所长及多数编辑员心血之结晶。张元济高梦旦两君先后长编译所最久，劳精疲神，非笔墨所能罄。王云五何炳松继之，发展正未艾也。

出版界之主要责任，原在顺应潮流，供给社会以适当之教育材料，本馆尽其服务之至诚，深恐有负事业上之使命，以全力筹画，未敢少懈。其对于晚近教育史上之贡献，固为社会人士所共见者。

惟本馆对于辅助教育一端，不但努力编印各种教科图书，以供全国之采用，更复出其余力举办实际教育事业，如图书馆、学校及函授学社等，兹分述概况如下：

（子）东方图书馆　本馆于宝山路新屋落成以后，张元济君即筹设涵芬楼，搜藏古今各种有用图籍，历年既久，已成大观，除供给编译所参考外，并愿辅助读书人士之阅览；乃于民国十三年，特建东方图书馆，屋为四层钢骨水泥大厦，建筑费甚巨，民国十五年公开阅览，内设普通书库、善本室、本版保存室、阅览室、装订室、缮写室、事务室等极为完备。十六年春，因战事略经停顿。十七年夏，开办图书馆学讲习所，学员二百余人，卒业后，分派本馆各部办事外，余皆服务于国内各大学，各图书馆。复为便利阅览人查考起见，采用王云五君发明之中外图书统一分类法，将所藏中外图书，重行改编；复依四角号码检字法排列目片，计制成书名、著者、类别、译者、丛书等卡片，三十余万张，检查图书，人皆便之。又以该馆图书，虽经公开，而尚无借出馆外之规定，社会人士，以职务时间关系，或有不能享其利者，于十八年春，筹设流通部，采购新书数万册，专备借出馆外阅览，以达尽量服务社会之初旨。该部业于二十年五月六日正式开幕，借阅者颇不乏人。

（丑）学校　本馆自清光绪三十一年迄今，已办小学师范讲习所，商业补习学校，艺徒学校，国语讲习所，国语师范学校，师范讲习社等十余次。现有尚公小学校、平民夜校、励志夜校等，近况如下：

1. 尚公小学校　成立于清光绪三十二年。初租屋于北浙江路，规模狭小。民国四年，由公司拨款购就宝山路厂后基地，自建校舍，后复逐渐扩充。民国十九年，全校小学生及幼稚生夜学生增至千余人。历年之经常费由校董会筹措，请公司酌量津贴之。在清宣统二年正月，曾另办养真幼稚园，现为尚公小学校之一部分，有儿童百余人，大半为同人及附近未及学龄之子女。

2. 平民夜校　附属于尚公小学校内，设高级、初级各一班，学生平均每学期凡百十余人；已毕业者为数甚众。

3. 励志夜校　学生百余人，程度较平民学校为高，备已有职业之青年补习重要学科之所，公司同人入学，酌减学费。

（寅）函授学社　函授为辅助教育之良法，本馆开办有年，兹述各科成绩如下：

1. 英文科　本科于民国三年创设，分本科、选科。迄今学生已达数万，毕业者已数千。毕业后有考取税关及邮务，电报等局办事者，有任银行职务者，亦有升入各专门大学进求高深学问者。

2. 算术科　一切科学皆以算术为本，经营事业亦非熟习算术不为功，本社于民国十一年一月添设算术科，为便利中等以上学生自修计，各种讲义，纯以英文编述，凡既入英文科而兼入本科者，获益尤多。

3. 国语科　自小学国文改用国语教授以来，一般小学教师，对于研究国语非常急切，本社于民国十一年春开办本科，报名者络绎不绝，讲义完善，批改精当，毕业者已有数百人。

4. 国文科　本社学员既得函授之益，因而要求增设他科者日有数起，而对于国文尤为热烈之催促。本社不得不应此需要，因聘国学湛深者数人，特编讲义，担任批改。民国十四年开办，亦甚发达。

5. 商业科　二十世纪以后，商业发达，一日千里。吾国青年，商业知识，非常缺乏，往往学校毕业，就事于社会，以不能称职为人诟病，故本科又适应时势而添设。民国十一年九月开始筹备，十二年六月开预科，专门科，学员颇众。

以上为本馆直接举办之实际教育事业，以中国人口之众，诚不足云效力得以广布；惟以一出版营业机关，而勉尽余力在教育不甚普及之中国，作种种具体之教育建设，实亦不易。而三十五年来之中国教育，除于教材上大部分得本馆之助力外，凡一切革新之尝试与倡导，本馆亦忝居力行者之一焉。

（一）商务印书馆与三十五年来之文化

近三十五年来之中国文化，变动激荡，达于极点。政治与文化，本系互为因果循环连结者，因中国在政治上闭关自守之藩篱为列强所突破，于是西方文化随之而侵入。国人有绝对崇拜西方文化，而视本国文化若敝屣者，有力主守旧，而对外来文化不屑一顾者，思潮混杂为向所未有，此固东西文化初步接触时之现象。惟在此澎湃起伏之过程中，出版界之责任既重且大，而所采方针，尤费考虑。本馆深知出版物之性质，关系中国文化之前途，故慎重思考，确定统一之出版方针。即一方面发扬固有文化，保存国粹；一方面介绍西洋文化，谋中西之沟通，以促进整个中国文化之光大。

关于保存国粹，则搜集中国历代著名之书，或汇印，或专印，先后出版，已有多种。涵芬楼秘笈、四部丛刊、续古逸丛书、续藏、道藏、学海类编、学津讨源等类，皆供不应求，近又印行百衲本二十四史，誉满海内外。凡此巨籍，尽量选集精本古本，近则南北有名图书馆及各地藏家，远则日本内阁文库，帝大图书馆等处，转辗商借原书照印，精细校勘。甚且版本选定，或制版已成，或再版时，更得较善版本，无不随时更换。张元济君竭三十余年之心力，注意于此，不辞劳瘁，精益求精，志在宣扬国粹；制版印刷制订亦各极美善，而定价力求低廉，自非能力浅薄之出版家所能胜任也。

尚有艺术类之名贵作品，同样精印发行。如石渠宝笈、西清续鉴、恪斋集古录、宋拓淳化阁帖、天籁阁旧藏宋人画册、朱子论语注释墨迹、燕京胜迹等，用最新方法和机械影印，微妙微肖，精美绝伦。历代名人书画之碑帖卷册屏联榜幅，尤不胜屈数，皆由张元济李宣龚黄葆戉诸君审校出版者。

关于西方文化之介绍，有翻译各种外国名著，如汉译世界名著百种、现代教育名著、政法名著、经济名著，以及哲学、心理学、文学、政治、师范、算学、科学、世界各丛书等，以为介绍世界最新学说之梯航。

然文化之促进，在乎出版物之能普遍，欲出版物普遍，除民众知识为基本条件外，须出版物之本身，能顾念一般人之阅读力与购买力。故本馆本此原则，刊行万有文库，初集二千册，字数多至万万以上，为国内惟一之巨制。以人生必要学识，灌输于一般读书界，以整个图书馆用书，供给于各省图书馆，其编著之新书，在能提纲挈领，要言不烦；翻印旧书，屏除讹误；移译外国书籍，在慎选各大家之代表著作，以信达之笔译为国文；系统分明，各科完备，有互相发明之益。售价更力避昂贵，中等或中等以下学校购置此书，即可成立一规模粗备之图书馆，主其事者为王云五君。复为一般人及教师参考计，编辑各种字典，如新字典、学生字典……辞典，如辞源，教育大辞书，人名、地名、医学、动物学、植物学、地质矿物学辞典……为中学以上学生课外阅读计，编辑学生国学丛书、少年百科全书……为小学生及一般儿童阅读计，编辑儿童文学丛书，儿童理科丛书……具详图书汇报。

定期杂志之属，为阅读界至佳至要之刊物，本馆发行多种。为提高本国学术地位，增进国民知识程度之助。讨论时政，阐明学术者，则有东方杂志；研究教育以促进步者，则有教育杂志；谋国内学生界交换知识，互通声气者，则有学生杂志；谋增进少年及儿童普通知识者，则有少年杂志儿童世界及儿童画报等；讨论妇女问题，则有妇女杂志；谋促进学生英语知识者，则有英语周刊；研究中外文学者，则有小说月报；研究中国自然现象者，则有自然界杂志，无不内容丰富，材料新颖，见称于读者。各学术机关团体之定期刊物，颇多由本公司发行者：如学艺、农学、史学、舆地学等兹不详赘。

又本馆新近采用王云五君发明之四角号码检字法编印各种索引及辞典，以节省读书界参考时间，亦足辅导文化之发展。今日中国之文化，已有由混乱而趋于完整之象征，在过去三十五年间，本馆苦心孤诣，应时代之精神与需要，而努力协助，此中相关之轨迹，固为社会人士所不难审察者也。

（二）商务印书馆与三十五年来之实业

吾国自海通以后，列强之武力侵掠，随之以经济侵掠，而吾国之兵战失败，遂继之以商战失败。所谓商战失败者，外人取我之原料而供给我制造品，故可谓工业之失败，或总称为实业之失败。经此刺激，国人乃渐知振兴实业，实为在国际生存竞争上不可须臾延缓者。前清末叶，朝野人士，一致注目于此，此而刻苦经营，中国之新式工业始有胚胎。本馆创办之初，适当外人在我国兴业时期（光绪二十一年至二十八年）。马关条约既订，外国人在中国通商口岸有设工厂权，故一时外商工厂，风起云涌，本国幼稚之实业，处此情势之下，实至不利。而印刷工业，更属操诸外人。夏鲍高张诸君经营本馆，即以本国实业前途为总对象，一方提倡国货之使用与制造；一方于技术上竭力改良，以树立本国之实业，抵制外货。前总经理兼印刷所所长鲍咸昌君迭赴东西各国考察；今印刷所所长鲍庆林副所长郁厚培鲍庆甲三君均留学美国，归而实施其所学。三十五年来奋斗所得之成绩，可略述如左：

一，提倡国货之使用与制造　印刷上所用原料，不外纸墨五金之类，此等原料，虽随处可得，要以精良为贵。为出品计，有时须采用外国原料。但本馆以提倡国货为目的者，迭次派员至闽浙苏皖湘赣等省采办纸料，为数至巨，故如四部丛刊、续古逸丛书、学海类编、百衲本廿四史等巨籍，屏联堂幅等美术品，无不采用本国纸。其他出版物，必至国产实不敷用，或不适用时，始以外国各名厂所制者充之。至如石版及钢铁之属，亦尽本国所有，首先采用。不特此也，本馆鉴于国内印刷业中所用之铅字、铜模，制版及各种印刷机械，油墨、胶辊等，以及不属于印刷业范围而与教育至有关系者，如仪器、标本、模型、文具等，多仰给于东西各国，漏卮甚大，故特请专家悉心研究，自备铸炉，除自用外，并以廉价出售国人，以期稍尽挽回利权之天职，兹略述如下：

1. 铅字　文字排版，全赖铅字，本馆特备新式自动铸字炉多架，每架日可铸字一万五千余枚；现有铸字炉之能力，全年可铸字十六万数千磅。每字出炉即完全可用，无待再施工作，若旧式炉则必经铲边、磨身、齐头、刨底诸手续，不可与新式同日而语。此新炉有专铸华字者，有专铸西字者，初自美国购来，既而自行制造，极为灵便。

2. 铜模　铜模为铅字之母型，无铜模不能铸铅字。通常印刷公司购制铜模一副，铸字炉一只，即可自行铸字，但不能铸造铜模；本馆设备完全，自制中、西、大、小各种字体铜模，以及花边、花线等，笔画清晰，式样新奇，可以任便选用，中文又有宋体、楷书、隶书、仿古、仿宋，及注音字母等，均系不惜资本，分延名家缮写，工整流丽，各极其妙，经营多年，始克成功。本馆犹不敢自满，现尚精益求精，逐渐更换。

3. 机械　本馆初为自用便利起见，凡石印机、铅印机、打样机、切纸机、订书机、铸字机、碾墨机，均自行制造。

4. 仪器标本模型　当我国学校教育初兴之际，所需仪器标本模型之属，大都购买外货，缺乏本国教材。担任理科教授者，无不引为大憾。本馆有鉴于此，特请专家规定品类，分遣同人征求材料，凡国产所有，虽远必搜，出品相当，虽费不计，一以合于本国教育为宗旨。近遵新学制课程纲要，编制小学、中学、师范等校应用之理科教具，分组发售理化器械，制法精工；标本模型，则无论动、植、矿物皆为本国材料，不得已始借材异邦，不知经过几许手续及时间，始克臻此。

5. 华文打字机　凡读西文者，均感西文打字机之便利，而以吾国文字无打字机为苦。本馆现造新式华文打字机，系舒震东君悉心研究而成者，迭加改良，每点钟可打千余字，每次能复印多份，较之缮写，不特减少时间，且明显整齐，颇为醒目，复印多份，尤便分布保存，诚有功于文字者。

6. 幻灯影片　自活动影片输入我国，其感动社会至深且巨，久为有识者所公认。惟是各片制自他邦，与我国风俗人情，完全不合，利权外溢，尤所疚心。本馆特派员出外学习，复延技师再三研究，始有自制中国材料之影片，活耀银幕之上。但本馆以裨益社会教育为目的，制片范围，大概关于教育时事风景诸类为限，今日各公司已闻风兴起，本馆因即停止工作。尚有幻灯一种，虽不能如影片之活动，而取价甚廉，映时手续，亦甚简单，各地民众教育馆及各学校等购置一份，随时应用，足辅讲演等之不及。

此外如运动器械，幼稚教具，儿童玩具，农工蚕商等校之实验用具，学校通用之墨水、胶水、毛笔、粉笔、墨锭、印泥及各种文具，均有专家监制而成之国货用品，用者称便，另有目录不赘。

二，改良印刷技术　文化之进步，必赖印刷品之宣传，故印刷业之进步，与文化有密切关系。本馆开办以来，加意研究，历经派人至东西各国学习考察；同时不惜巨金，延选高等技师，一面界以专责，一面教授艺徒，三十余年间人才辈出，凡外国印刷之能事，本馆皆优为之。如铅印、单色石印、五彩石印、三色版、珂罗版、雕刻铜版、照相锌版、凹凸版、影写版、影印版等，各种出品，无不精美异常。历年代印之钞票，债券，商标等，久为各界称许；古今图书字画，能与原物不爽累黍，永不退色。如彩色照相制版，为美国新发明之技术，本馆前曾特聘专家海林格君 L. E. Herlinger 教授，无论图画有若干种颜色，均能用照相镜分别照出，放大、缩小，随意之便，比较手绘，格外周密，而省去摄影复印之手续时间不少，出品既速而精，允称独步。此外凸版、凹版、胶版、三色版、影写版等之印刷及整版、制版等技术，各有专家指导。近年增置之影写机，用印图画，益见精速，当初借才异地之苦心，所以求印刷事业之日新月异，达此目的，不易言也。

（三）商务印书馆与三十五年来之人才

在过去之三十五年中，各种事业之范围，日趋繁阔，但受时局影响，事业之基础，每难稳固，因事业之范围广，故其需才也亟，因事业之基础不稳，故相当人才，常不能长久委身于相当事业。自清季变法图强以至今日，中国人事问题之症结，皆在于此，识者忧之。本馆虽仅一出版营业机关，然试一考其过去之实况与措施方针，知其于此不无相当之影响。

当吾国采用新式教育各地创立学校之际，每以缺乏适当之师资为苦，本馆曾设师范讲习所，师范讲习社，以期于短时期内养成教育人才，灌输新教育知识，其毕业而掌教各校者，类能实事求是，尽其本职。民九时，国语运动勃兴，小学国文且改用国语教授，而训练国语人才之机关，殊感缺少，本馆乃先后举办国语讲习所，国语师范学校，来学者前后凡数千人，对于促进国语之统一，不无辅助之效。其他如本馆所附设之学校与函授学社，皆注重服务社会之知识技能，有裨于人才之供应，亦复不鲜。

　　然则本馆对于社会人才之吸收情形又如何？以中国之大，人才之多，本馆一营业机关，似无甚足论；但以本馆历史之悠久，组织之宏大，在国内新工业中尚不多觏，可以容纳人才者，自沪总馆以及于国内各大埠与南洋各地之分馆、编译、印刷、制造、发行等，既悉在本馆事业范围之内，故凡教育、工业、商业、文书、技术、事务之人才，在本馆均有献其特长之机会。返顾三十五年来之社会不稳定，事业不繁荣，人才湮没，岂可胜计；而本馆惨淡经营，日图向上，数千同人得长久委身于此项文化事业，各尽其才，共享甘苦，以贡献其服务成绩于社会，本馆之得有今日，诚应感谢一般淬励自强之同人也。

　　本馆过去三十五年对于求人求事之两难状态，实有相当贡献。不特此也，本馆更与社会上优秀人才随在有密切之情谊，有才高望重，已有建树，而后入本馆负荷其文化事业之使命者，亦有在本馆尽力多年，而入社会主持政治、教育、文化、工商各种事业而成为一时俊彦者，此种关连，试一探索，颇饶兴味，稍知本馆情形者类能道之。本馆历史中之人才一章，固可因此增加光荣；亦可见三十五年来人才之出于文化事业领域以内者颇多，此则值得欣庆者也。

　　下　商务印书馆三十五年来发展概况

　　作者于执笔之初，即拟将本文分纵横两方面陈述：在纵的方面，依时间顺序，分述本馆三十五年来各项概况之发展；在横的方面，则论本馆之重要成就与三十五年来社会演进之关系。后一部分既已略尽其梗概矣，兹当进而分叙各项发展之概况：

　　本馆过去之历史，可以分为四个时期：自清光绪二十三年创办时至光绪二十八年迁入福建路时，可谓之创业时期；自光绪二十九年与金港堂合资，至民国二年收回日股时，可谓之中日合资时期；

自民国三年日股收回后，至民国十四年，可谓之发展时期；自民国十五年起，以至今日，公司情形，日渐变更，可谓之改革时期，此间经过，分述如左：

（甲）组织

本馆初建时，仅设印刷所、发行所、编译所三大部分，旋因出版日益发达，印刷所大加扩充，并在北平设京华印书局，在各地设分馆。民国四年十月，设总务处，为统辖全公司之最高机关；复设香港印刷局，上海第五印刷所，及虹口分店，西门分店，去冬十月，为改进各项工作计，增设研究所，聘专家担任研究员，乃成为一处四所之组织。兹将总馆各处所之最近组织系统列表如后。

<h2 align="center">总组织系统表</h2>

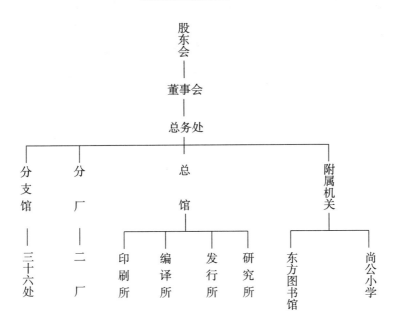

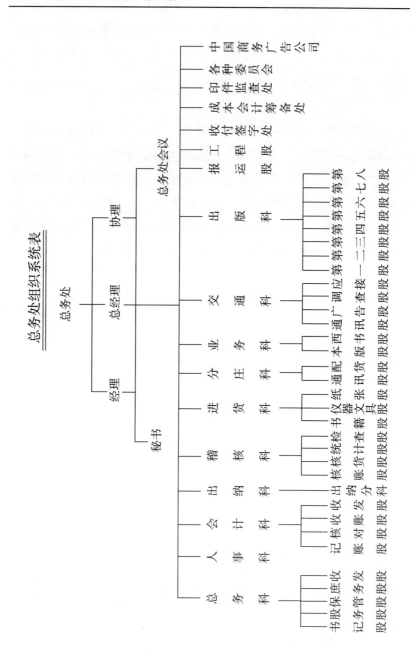

总务处组织系统表

总务处

经理　总经理　协理　秘书　总务处会议

人事科　会计科　出纳科　稽核科　进货科　分庄科　业务科　交通科　出版科　中国商务广告公司　各种委员会　印件监查处　成本会计筹备处　收付签字处　工程股　运报股

编译所组织系统表

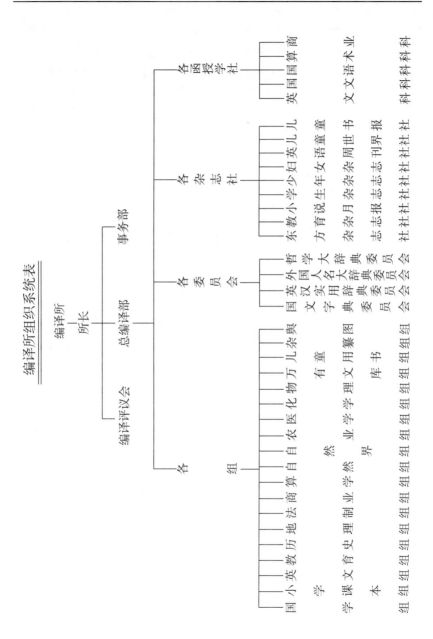

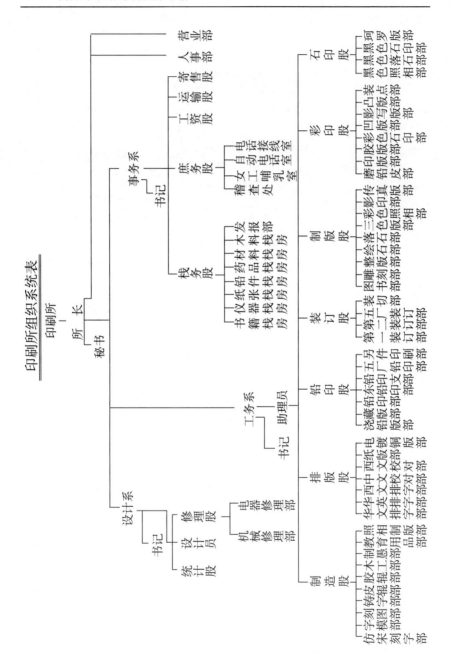

印刷所组织系统表

研究所组织系统表

发行所组织系统表

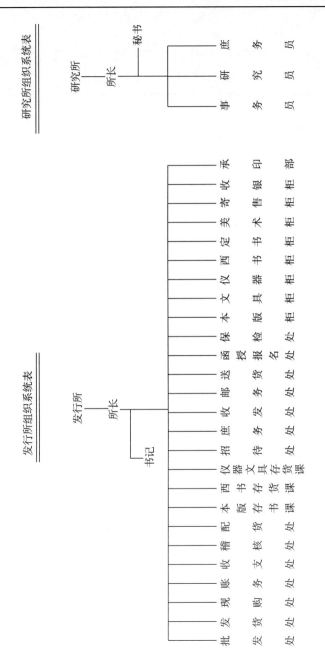

（乙）资本

本馆营业日有进步，故股本亦屡有增加，兹列简表如下。

商务印书馆历年资本比较表

年份	资本数	比较表
清光绪廿三年	四千元	
清光绪廿七年	五万元	
清光绪廿九年	二十万元	
清光绪卅一年	一百万元	
民国二年	一百五十万元	
民国三年	二百万元	
民国九年	三百万元	
民国十一年	五百万元	

（丙）营业

本馆最初从事印刷，继而注重编译，后且兼营制造，种类愈多，范围日广，故营业数量，屡见增加。惟公司簿记，向系旧式，民五以后，杨端六君规画新式会计，各部分次第改革，益臻明确。本年复组织预算管理委员会，潘光回君为主任，总分馆同时举办。兹附历年营业比较表如下。

商务印书馆历年营业比较表

年份	营业数	比较表
民国十九年	12 055 473	
民国十八年	11 668 012	
民国十七年	10 135 679	
民国十六年	7 917 733	
民国十五年	9 738 087	
民国十四年	8 768 299	

续表

民国十三年	9 117 401	
民国十二年	8 150 195	
民国十一年	6 909 896	
民国十年	6 858 239	
民国九年	5 806 729	
民国八年	5 150 646	
民国七年	4 026 180	
民国六年	3 772 828	
民国五年	3 150 367	
民国四年	3 070 921	
民国三年	2 687 482	
民国二年	2 789 073	
民国元年	1 819 078	
宣统三年	1 676 052	
宣统二年	1 731 695	
宣统元年	1 548 099	
光绪卅四年	1 519 817	
光绪卅三年	1 697 564	
光绪卅二年	1 377 444	
光绪卅一年	866 728	
光绪三十年	441 230	
光绪廿九年	300 000	
清光绪廿八年不戒于火，所有以前帐册悉被毁无从查考		

（丁）工具

本馆初创时，仅购办三号摇架二部，脚踏架三部，自来墨手背架三部，即开始营业。阅七八月后，因感工具缺乏，派员东渡扶桑，添置机械铅字等以事扩充。后迁至北京路时，设立木工部，添置火油引擎及铸字炉。光绪二十六年，有日人经营之修文印刷局，为沪上最完备之印刷公司，因故停办，所有生财机器急待出售，本馆遂将修文接盘计有铜模数副，与切刀机、烊字炉、大号印刷机等件，本馆之得以扩大营业，开始作更顺利之进行者，得力于此不少。光绪廿八年忽告火灾，旧有机件，付诸一炬，适定新机已由日本运来，营业仍能继续，此实不幸中之大幸也。至民国二年，因社会之需要，购办英国潘罗司大照相架，当时为世界第二大照相机，专供印刷全张地图之用；其印刷机器，除石印之外，更办馏版刷机。欧战期间，外国机器不能输入，国内又无印刷机器之制造厂，本馆乃将原有之机器修理部扩充，改为机器制造部，专制印刷、装订、铸字、轧墨等机器，同时并请专家制造华文打字机，又购铅印滚筒机及米利机，今各种机器约有一千二百余架。

（戊）技术

本馆创办之初，技术尚形浅薄，遂于清光绪二十六年后，迭次派员赴日考察一切，以为发展张本。光绪二十九年以后，在印刷方面，颇得日技师之助力，举办彩色石印，雕刻铜版，以及照相铜版等种种西法印刷与三色照相版。民国元年以后，重要职员，陆续赴美各国考察印刷事业。欧战期间，除制造技术猛进外，并举办胶版机、影印版、影写版等新式印刷。嗣后逐渐研求，时加改善，以免落于各国新印刷技术之后。此种日新月异之进步，实为中国印刷上至荣誉之事也。

（己）建筑

本馆最初时期，租屋三楹，经营印刷，事业扩张，渐不敷用。清光绪二十八年，乃自建印刷所、编译所于北福建路，不数年又嫌狭仄，乃觅定宝山路基地数十亩，重建印刷、编译两所。并在棋盘街自建发行所，自此以后，无岁无巨大之建筑，现在印刷所水泥钢骨三四层之厂屋，已有多所，而南京北平天津沈阳长沙广州等分馆，亦均自建新式水泥钢骨大屋（关于分馆建筑状况可参阅组织一项内所列之各分馆设立年月表）〔原本未见上述年月表。——编注〕。他如济南太原贵阳等处，则系购置现成房屋而加以修改者。其他已购而未建筑者尚有多处。

（庚）待遇

本馆夙抱劳资合作主义，尊重劳工之精神，数十年如一日。其待遇可略言之：在公司服务规定例假休息；公司能获盈余，职无大小，一律派给红利；年老不能工作或因事离馆者，有退俸金；因病出缺者，有赙赠金；因公毁伤身体或竟死亡者，并特别抚恤之；公司年提巨款为同人之疾病扶助金及同人人寿保险金；及津贴同人火灾保险金；先后拨款计息，为同人子女之教育扶助金；及同人补习教育之扶助金；制作优良者有奖励金；如有特别发明者，予以特别奖励；分馆同人成绩较优者，花红之外亦有奖励金；对于女工，尤为优待：平时工作时间，少于男子；生产前后，休业六星期；除由公司给保产金外，有指定医院，费由公司担任，不愿入者另给津贴；厂内特设哺儿室，派看护妇司之，婴儿可由家属送来哺乳，每日二次；设疗病，赠医给药；春秋两季施种牛痘，亦不收费；遇必要时，由医生为同人注射防疫针。

工场注重卫生：空气光线力求适当，夏有风扇，冬有热管，颇为完备；饮料尤清洁；更有游息场，图书室，阅报室。至安全设备，亦特加注意；并专设防火委员会，主持消防之事。

储蓄有普通特别二种：普通储蓄，听人自由；特别储蓄，则于每年应发花红内扣存，利息特别从优，另订规程办理。他如八小时工作之实行，改良待遇之注意，同人娱乐费之津贴等，皆本馆尊重劳工之表示也。

本馆上海各机关职员约一千余人，男女工友约三千五百余人，机器工友约占百分之八十，手工工友约占百分之二十，女工约占男工百分之三十，各省分支馆局职员工友约一千余人。

今年三月为考察职工状况以为研究人事之资料起见，特举行总馆全体职工调查，现尚在统计研究中。

总馆全体职工年资人数累积分配表

年资	总馆全体	
	人数	%
已满 33 年	1	0.03
已满 32 年	2	0.06
已满 31 年	5	0.14
已满 30 年	10	0.28
已满 25 年	66	1.83
已满 20 年	228	6.33
已满 15 年	535	14.84
已满 10 年	1 196	33.19
已满 9 年	1 472	40.84
已满 8 年	1 728	47.95
已满 7 年	2 230	61.88
已满 6 年	2 640	73.25
已满 5 年	2 870	79.63
已满 4 年	2 985	82.82
已满 3 年	3 074	85.29
已满 2 年	3 184	88.35
已满 1 年	3 403	94.42
已满一年及未满一年	3 604	100.00

总馆全体职工籍贯性别人数分配表

籍贯	总馆全体人数			
	男	女	合计	%
江苏	1 462	197	1 659	46.03
浙江	1 392	244	1 636	45.39
安徽	55	7	62	1.72
福建	39	6	45	1.25
河北	32	2	34	0.94
湖南	29	4	33	0.92
广东	25	8	33	0.92
江西	27	5	32	0.89
湖北	22	4	26	0.72
山东	20		20	0.55
河南	9	1	10	0.27
四川	4		4	0.11
贵州	2		2	0.06
山西	2		2	0.06
陕西	1		1	0.03
辽宁	1		1	0.03
吉林	1		1	0.03
外国	2	1	3	0.08
总计	3 125	479	3 604	100.00

总馆全体职工年龄性别人数分配表

年龄	人　数					
	男	%	女	%	男女总数	%
16——20	141	4.5	11	2.3	152	4.2

年龄	人　数					
	男	%	女	%	男女总数	%
21——25	433	13.9	95	19.7	528	14.6
26——30	739	23.6	114	23.8	853	23.7
31——35	660	21.1	96	20.1	756	21.0
36——40	452	14.5	57	11.9	509	14.1
41——45	305	9.8	48	10.1	353	9.8
46——50	180	5.8	21	4.4	201	5.6
51——55	114	3.7	19	4.0	133	3.7
56——60	60	1.9	14	2.9	74	2.1
61——65	29	0.9	4	0.8	33	0.9
66——70	8	0.2			8	0.2
71——75	4	0.1			4	0.1
总计	3 125	100.	479	100.	3 604	100.
百分比	86.7		13.3		100	

上述特举其大要而已。三十五年间，由小而大，由简而繁，诚有惊人之发展，凡为社会所需要而能力所及者，无不急人之急而为人所不能为，历三十五年如一日。作者于此，更就精神方面撮三点言之：

一　冒险进取　世人对于办事，往往以不可冒险为劝，殊不知冒险为办事精神之一种要素，不能冒险，即将坐失相当之机会。创办本馆者均非资本家，挟其敏锐之眼力识力而冒险经营，以至成功，其才自不可及。但冒险有成与不成之两途，冒险之初，何能操必成之券；幸而成也，尤必具进取之志，日进不已，庶其冒险所成之功，得永久维持。吾观本馆在此三十五年中，最初冒险为少数贫士之投资，其次则与日人之合资，又其次则历届在各方面之扩充。倘历任当局，不以进取为办事之目标，可以苟安，于愿即足，则此伟大之事业，安知不已中止于半途？观夫夏鲍高张诸君致其毕生精力于此，犹惴惴焉未尝一日自满，职此故也。

二　独立自营　社会进化，日新月异，大小事业，必顺此潮流以求进步，人进而我不进，其不落伍者几希？近百年中，欧美各国以及日本，无不突飞猛进，即此出版印刷一业，成绩殊可惊人，吾国何能与之并论。本馆深知之而深虑之。故在此三十五年中，无事不逐渐求进，或借材于异国，或购机于新邦，或研究于各名厂；但借材必派员学习，购机必设法仿造，研究必运用其优异之点，务使达吾可以独立可以自营之目的，决不以因袭毕吾能事。且有因经验而特别发明者，屈指不一端，更加精研，或公开试验，希望吾国出版印刷业得共入于独立自营之一途，不使吾业永落于他国之后，此非一公司关系已也。

三　团结一致　众擎易举，独木难支，古人之言，不我欺也。本馆规模如此宏大，业务如此复杂，职工如此众多，苟能一致以发展事业为主旨，站在同一战线以进攻，何事不成。若终日孜孜，仅求一些盈利，以维持公司资本，个人生计，则滔滔皆是，将有不能与人竞争之一日。故为远大计，必冶全公司于一炉，整齐阵线，磨厉以须，使既往三十五年之声名，不致减色，而后此三十五年之成绩，益见光荣。今日者，幸能循此轨道共同进行，前途正无量也。

同年九月，教育部核准私立辅仁大学及私立华西大学立案。

同年九月廿六日，国立清华大学校长吴南轩辞职，任命梅贻琦为校长。

同年十二月，教育部核准私立齐鲁大学立案。

同年十二月上海东方图书馆统计藏书有五十万零二千七百六十五册，其中中文占三十九万八千七百六十五册（善本三千七百四十五种，三万五千零八十三册）。

同年十二月卅日，教育部长李书华辞职，特任朱家骅为教育部长。

同年教育部编印十八年度全国大学生统计，计全国大学本科生二〇九二五人（男一八七六四人，女二一六一人）。又各学院人数，法七〇二九人，文四六五一人，工二六五七人，理二〇三九人，商一四二六人，教育一四二二人，医八九六人，农七六六人，未定四二人（成都、师大、河北女师等三院尚未列入）。

同年，商务印书馆，在余擘划之下，构想一写字桌形之斜坡排字机，可使排字人坐在转椅上排字，大减其劳苦，并大增其速度。此机正在试验改良中，突遭一二八之战火而被毁。劫后余忙于复兴任务，不暇重理此事，遂告搁置。

同年，商务印书馆所编辞源续编出版。

　　兹将其概要及凡例附后：

　　　辞源

　　已备辞源者必不可不备续编　因两书合为一书有相互补充之用

　　未备辞源者亦不可不备续编　因续编本身即一崭新之百科辞书

续编

版式：硬布面精装一册　一千七百余页　道林纸印

丙种三开本　丁种六开本

定价：丙种十元　丁种五元　（邮费外加）

方毅　傅运森等编纂

辞源出版十余年，行销达数十万，颇得社会上之好评，兹为更求完善适应社会需要起见，特出续编，以饷学者，此十余年来，因世界学术之进步及吾国政局之革新，不少新名物发生，即原有名物，因新文化运动及学制程度提高，亦应扩大范围，全书共计二百余万言，所增补名词计三万数千条，关于科学者占十分之三，关于政治史地者占十分之二，其他凡普通文学上应用之名物，无不收辑完备，考订确凿，新的一方面，各科皆就应用范围成一系统，由专家负责校订，旧的一方面，引证古籍皆用精本原书核对，补列篇目，凡类书所误引之辞句，悉为更改，与辞源正书有互相补充之用，经十余年二十余人之力，始告厥成，仍分甲乙丙丁戊五种出版，以期与正书衔接，兹先出丙丁两种。

辞源　正书定价

甲种	十二册	二十元
乙种	二册	二十元
丙种	二册	十四元
丁种	二册	七元
戊种	二册	五元

同年全国国民学校数二五〇 二六三所，其中学生人数一一七二〇 五九六，计男生九 〇六一一九八人，女生一 七八九 三九八人。

同年全国专科以上学校一○三所，其中大学校及独立学
　院七十三所，专科学校三十所；学生数四四 一六七
　人，其中大学生及研究生三三 九六六人，专科生一
　○ 二○一人，又全国专科以上学校毕业生数七 ○三
　四人。

同年商务印书馆营业总额为一四 三八○ 八六六元。

民国二十一年（公元一九三二年，壬申）一月上旬，商
　务印书馆译印之十九世纪欧洲思想史出版。

　　J. T. MERZ 著　伍光建译

　　十九世纪为人类思想之建设时代，而欧洲为其集中地域，本书
将其时地之一切思想，凭著者亲知目见之知识阅历，写成一幅有生
气有联缀之图画，使读者于此极复杂极纷繁之史实，可以一目了然，
实为思想史上之一大伟著。全书两大编，分论科学与哲学思想，兹
先出第一编。此编开端冠以介绍文，继分十三卷：第一卷论法国之
科学精神，第二卷德国之科学精神，第三卷英国之科学精神；自第
四卷至第十二卷，分别以天学观、原子观、力学观、物理观、形构
观、化育观、生命观、身心观、统计观研究自然；最末一卷阐论十
九世纪算学思想之发展。此作虽名为十九世纪思想史，然探源溯流，
则往往从古埃及古希腊时代，以至十九世纪末年；地域以德法英为
主，偶亦论及美国及其他欧洲国家。包罗之富，由此可见一斑。著
者为英国学术界泰斗，此书为其三十年专心研究之结晶，出版至今，
风靡欧美各邦，现经伍光建先生以清隽之文笔译为中文，与原著有

相得益彰之妙。科学思想在吾国素觉贫乏，科学救国之呼声日益充盈，此书之刊行，当能慰国人之渴望也。第二编哲学思想亦已在排版中。

　　发售特价　第一编二册四开本硬布面　一千二百余页　道林纸印　定价九元　特价八元　邮费六角五分　二十一年二月底截止　样张赠阅

同年一月中旬商务印书馆印行奢摩他室曲丛。其概要及截至此时印行其他曲选曲谱等书如下述：

　　奢摩他室曲丛

　　第一、二集　每集十二册　连史纸印　精装一函　每集定价八元六角

　　长洲吴瞿安先生为当代曲学大家，藏曲之富，海内无两，所辑奢摩他室曲丛一百五十余种，尤为精善，编裁选订，突过臧毛，曲苑名家感叹观止，凡所集录，多为世不经见之本，每种自撰题跋，于曲剧源流，发微阐奥，尤为难能可贵，已出第一二集，目录列下，第三四集在印刷中，即可出版，曲丛全目，备载第一卷首，以快先睹。

　　第一集目录

　　扬州梦　双报应，以上均据葭秋堂原刻本影印　报恩缘　才人福　文星榜，以上均据古香林原刻本影印　伏虎韬，据精钞本影印（以上传奇之属六种）

　　第二集目录

　　诚斋乐府　牡丹品　牡丹园　烟花梦　八仙庆寿　小桃红　乔断鬼　豹子和尚　庆朔堂　桃源景　复落娼　仙官庆会　得驺虞　仗义疏财　半夜朝元　辰钩月　悟真如　牡丹仙　曲江池　继母大

贤　团圆梦　香囊怨　常椿寿　蟠桃会　踏雪寻梅，以上均据宣德
宪藩本校印（以上杂剧之属二十四种）

　　綵花别墅五种曲　绿牡丹　画中人　疗妒羹　西园，以上均据
两衡堂本校印　情邮，据綵花斋初刻本校印（以上传奇之属五种）

　　元曲选　明臧晋叔撰　四十八册　十六元

　　清人杂剧　西蒂编　初集实价六元（本馆寄售）

　　集成曲谱　王君九　刘凤叔合编　三十二册　三十六元

　　螾庐曲谈　王君九著　二册　一元六角

　　度曲须知　穆藕初藏　四册　八角

　　顾曲尘谈　吴瞿安著　二册　六角

　　宋元戏曲史　王国维著　一册　六角

　　中乐寻源　童斐编　一册　八角

　　考证注译紫玉钗剧本　甓斋编　一册　一角五分

　　合浦珠传奇　林纾著　一册　一角五分

　　蜀鹃啼传奇　林纾著　一册　一角六分

　　天妃庙传奇　林纾著　一册　一角六分

同年一月二十八日午夜日本驻沪海军陆战队进攻闸北；
　　次晨，首次以飞机轰炸商务印书馆总管理处、总厂及
　　编译所、东方图书馆，延烧数日，损失奇重。劫后估
　　计所损失财产国币一千六百万元。

同年一月二十九日，余与商务印书馆经理李拔可、夏小
　　芳二君终日从事救急工作，首先对于居住战地之职工
　　约四千人，从事救济，使在租界内暂获食宿之地。由
　　于租界内一切银行皆因战事而停业，故由李夏二君分

头经由各银行后门入内，商量特别提款应急。

同年一月政府任命邹鲁为国立中山大学校长。

同年一月三十一日商务印书馆董事会召开紧急会议，讨
　论善后办法。善后的首要条件在财政。

　　查阳历一月廿八日系在阴历十二月下旬，商务印书馆厉行阳历
年度，其所需付货款，皆于阳历年终付清，而一般书业与学校仍守
阴历年度，其应付商务书馆之帐款多在阴历年终支付；因是，在此
时日，商务印书馆所存现款，历年均极枯竭。去年幸借我对财物施
行科学管理，所以在本年一二八之际，所存现款可以动用者在二百
万元以上。但是负债方面，除同人存款九十万元左右外，进货亟待
支付之款约八十万元，定书存款一百余万元，其他负债二百余万元。
如以现有存款抵付债务仅及三分之一。当此之时，工作场所既已破
坏无遗，纵然发行所尚可营业，然存货百分之九十皆在闸北被毁，
断难长久维持，而除发行所人员外，在上海工作之其他职工尚有三
千余人听其坐食，数月内所存现款便已罄尽，不仅对其他债务无法
交代，即同人存款亦不克偿还，询至破产为止。余熟权利害，决计
把现有款项大部分用在同人身上，而保留其中一小部分以及未遭毁
损之各地分馆营业收入，以应复兴之需要。同时，并以策划复兴之
决定，博取其他债权之延期清偿。但欲避免同人之坐食，与获取外
间债权人之信任，惟有将上海一切职工全体解雇，除清还其存款外，
并依法付解雇金，使各同人获得此款，以资还乡或转业之用。余经
深思熟虑，遂以此办法提请董事会考虑。董事会初时虽恐全体职工
解雇，困难滋多；但讨论多时，别无其他善策，不得已赞同此原则，
续拟具体办法。

同年一月，教育部编印全国高等教育统计一册，计十七

年度大学本科生一七 七九二人，经费一七 五一八 二六二元。十八年度二一 三二〇人，经费二三 八五九四一五元。十九年度二六 三〇九人（内各科统计文五 八〇〇人，理二 七一七人，法八 九五一人，教育一 七四六人，农九〇八人，工三 三〇五人，商一 七〇三人，医一七〇三人）。又十七年度专科学校二五所，学生三 四一二人（预科一 三二二人），经费一 一七九 一八九元；十八年度专科学校二六所，学生三 六二四人（预科一 五六八人），经费一 八〇三 九一三元；十九年度专科学校二七所，学生三 七一九人（内计法政一 三三六人，医药二三〇人，农业三四一人，工业二八一人，商业一四二人，其他一 三八九人，预科一 六九三人）。

同年二月一日商务印书馆董事会继续集会，按照昨日商定原则，采纳余所提具体办法各项如左：

（一）上海总务处、编译所、发行所，研究所，虹口西门两分店一律停业。

（二）总经理及两经理辞职均照准。

（三）由董事会组织特别委员会，办理善后事宜；推定丁斐章、王云五、李拔可、高翰卿、高梦旦、夏小芳、张菊生、叶揆初、鲍庆林为委员，并推定王云五、夏小芳、鲍庆林为常务委员。嗣又决定设委员长一人，推张菊生担任；常务委员中设主任一人，推王云五担任。

（四）总馆各同人薪水除已支至本年一月底为止外，每人另发薪水半个月。

（五）同人活期存款，其存数在五十元以下者，得全数提取，五十一元以上者，除得提五十元外，并得提取超过五十元以上款数四分之一，其余四分之三及同人特别储蓄容另筹分期提取办法。

（六）各分馆支馆分局暂时照常营业，但应极力紧缩。

同年二月六日续开董事会，根据余所提议，补充决议左列事项：

（一）设立善后办事处，由特别委员会主持之。

（二）酌留人员，办理善后。

（三）留办善后人员月支津贴，照原有薪水折扣：五十元以下者七折，五十一元至百元者六折，一百零一元至三百元者五折，三百零一元以上者四折；所有升工等一律删除。

（四）分支馆方面同人暂定一百零一元以上者八折，一百元以下者九折；并酌量裁减人员。

同年二月二十六日续开董事会。依我的提议，由于阴历年关已过，商务印书馆在年终应收帐款已陆续收到若干，故对于债务之处理应随而放宽，并对于外间债务亦开始陆续清偿。

同年三月余为商务印书馆计议本年秋季必须复业，以免供应停顿过久，将来复业亦重感困难。首先要详拟秋季开学时对于全国教科书的供应。由于总厂须俟人事纠纷解决后始能清理烬余的机器，设法利用，特先就北平香港两分厂，集中并整饬其力量，专为总馆生产，以谋目前继续供应各分馆需要，与秋后供应全国各学校需要。供应之数量过宽，固恐资金不敷应付，过严又恐丧失营业。在考虑与估计时，煞费苦心。并于三月五日通知北平香港两分厂，原接受之外间印件一律停止，以其全力承印本版中小学教科书及重要参考书；同时并派庄百俞君前往北平，李伯嘉君前往香港，分别督导印刷工作。此为对于复业之初步准备。但是为着准备复业，不可不先解除复业的重大障碍。正如一所建筑物，经过一场大火，全部被毁，非将全部拆除，不能重建，而拆除后，原有砖瓦木石仍堪使用者，当然可以择取用在新建筑上。我经过月余的详细考虑，认为商务印书馆之复兴，惟有采取此一办法；否则破坏殆尽的建筑，如不从根本上予以改造，势必导致全部倾圮，变为废物。不过砖瓦木石是无生命的，尽管听人摆布；但商务总馆的三千余名职工，却不能如是。明知免不了纠纷，但为公为私，不能不冒险出此。

同年三月十六日商务印书馆董事会，我将澈底解除人事纠纷的意见提出讨论，经即采纳，并决议将总馆厂全部停职的职工一律解雇。兹将当时以董事会名义发布的公告照录于左：

"本公司总务处，编译所及第一二三四印刷所各部分，各机构之房屋机器存书存货存版悉化灰烬，复业困难重重。如继续救济同人，实无此力量；不得已惟有将总馆职工全体解雇，俾得各自另谋生计。从前公司原订有酬恤章程，退职者给予退职金。此系为平时优待职工而设。现在公司遭遇非常事变，不能再行适用。但为格外体恤解雇各职工起见，除前已支借薪水半个月及维持费十元外，每人加发薪水半个月，作为最后一项之补助。"

此一公告，当然惹起各位解雇职工之反对。他们纯以自己和个人的立场，认为工作的场所虽已丧失，公司仍应继续救济；所以直至此时，他们既不返乡，也不另谋职业，只是静候复业或救济。公司方面则认为总馆厂清理烬余，纵能复业，至少须待半年。此半年内，听三千余人坐食，公司实无此力量。况救济之费既竭泽而渔，复业资金更无所取给，于是复业将渺然无望。同时外间债务数百万元，关系人咸注视商务书馆如何策划复业。设以全力从事于消极的救济同人，不必要的负担严重，复业将不可期，于是为着他们的权益，势必纷纷要求偿债，结果必致迫上破产之途。果有此日，各职工不仅未能获得救济，甚至尚存于公司之大部分储蓄或其他款项，亦将随破产而仅能获得部分之偿还。次为文化与社会计，此一拥有长久历史与最大规模之出版事业，设因此消灭，影响尤为重大。以故，我为着维持此一重大出版事业之继续存在，首先减除不必要的负担和压迫，俾得以全力从事于复业之推进，俟复业有成绩，则对于暂行解雇之旧职工仍可按照需要，择其适当者陆续再进用。总之，我对于此一建议，实系以菩萨心肠，作魔王姿态；在旁观的人或可见谅，而对于被解雇的职工，在当时是无可谅解的。大家以为这虽是董事会的决议，定然出自我的创意。以故，我便成为众矢之的。记得在那时期，胡适之君从北平寄给我一函，其中有这两句话："南中人来，言'先生须发皆白，而仍不见谅于人'。"这真可以表现当时的景象。计自三月十六日商务印书馆董事会决议停职职工全体解雇之日起，至八月一日复业之前后，半年以内，我无时不受辱骂或威胁。好几次，因我被攻击得太厉害，许多亲友都力劝我摆脱商务印书馆，以免名誉扫地，或遭遇意外。我答以只要良心过得去，脸皮尽管厚些；至关于遭遇意外之可能，我则自计人皆有死，只要为公家尽职而死，既然于心无愧，也顾不得许多。又有人劝我必须详加驳复，以免社会误会，并可使解雇职工不致过分对我切齿。我又以须同时对付旧同人与其他债权人；如果据理详加驳复，虽然有利我个人一时的名誉或稍减可能遭遇的危险，却定然有碍于商务印书馆复兴计画的进行。所以除了一度简单声明立场外，对于任何攻击我的文字，概置诸不理。

同年四月教育部编印十八年度全国初等教育概况，计全国入学儿童数八 八八二 四七七人，校数二一二 三八五所，经费六四 七二一 〇二五元（经费只限于二十八省市）。

同年五月九日商务印书馆董事会登报公布遵照上海市社会局批令加发职工解雇金，并发还特别储蓄。

职工解雇案经过市政府社会局多次的调解，最后并提出一个解决方案，使商务印书馆多付一些解雇金，而承认商务的解雇措施为正当。我随即建议董事会予以接受。职工随即遵令领款，并承认解雇者虽占半数以上，惟仍有部分职工以工会及职工会被难善后委员会名义，延聘律师准备诉讼。商务印书馆亦正准备应诉。适上海社会领袖王晓籁、虞洽卿诸君出而调停，勉劝双方同意达成和解合同。其重要条文如左：

（一）双方承认上海市社会局第一八二九号批令有拘束之效力。劳方情愿放弃关于退俸退职金之要求，资方情愿于总馆复业时按照需要，依团体协约法尽先录用旧职工。

（二）本合同签订后，资方对于劳方所认为路途较远或流离失所之会员及现在为劳方所设收容所救济者，另给津贴，其总额以国币二万元为限，由劳方拟定支配办法，通知资方会同发给，限半个月为结束期。

同年五月，教育部编印十八年度全国中等教育概况，计全国中等学校二千一百八十六所（内师范六八二所，附设他校中一二五所，职业一二四所，附设他校中七所）。学生数三十四万一千零二十二人（内师范六五六九五人，职业二六六五九人）。经费三千五百九十八万八千一百七十三元（内师范七二八三七七五元，职业四一三一九一九元）。

同年五月，中央政治学校升格为大学。

同年五月，中日停战协议签字后，上海市教育局接管吴淞区大中小各学校。中国公学、中大医学院全部被毁。

同年六月十八日，商务印书馆接到国民政府实业部劳字第一三八八号批"为呈报解雇职工办法准予备案"。于是此一解雇纠纷，遂完全结束。

总计自一二八被难之日迄八月一日复业前，商务印书馆先后发还同人的存款八十余万元，与种种补助同人之款六十余万元，合计一百五十余万元；而用以偿还其他债务的款项不及二十万元。我在去年对物对财的适当处理，为商务印书馆积存现款二百余万元，除应付上开两笔开支一百七十余万元外，余下可供复业应用之款不过数十万元。幸阴历年终得收帐款数十万元，连同一起，调度得宜，卒达复业之愿望。至于外间其他债权者，因悉商务印书馆复业在即，而用人费之严重负担又得解除，故大多数听任商务印书馆将来分期偿还，并未加以催迫。

同年七月十日商务印书馆召开股东会议，报告损失实数，讨论减少资本并修改章程，随即重选董事会。

兹先将损失一项附后：

损失清册

本馆总厂及东方图书馆等损失数目

一　总厂

甲　房屋

1. 总务处　　　　　　　　　一七〇 二八〇元

2. 印刷所

　　印刷部　　　　　　　　三七八 〇三一元

　　栈房　　　　　　　　　一三九 二三四元

　　木匠房等　　　　　　　　　五 七九六元

　　储电室　　　　　　　　　二一 九五三元

　　自来水塔　　　　　　　　一一 四二九元

3. 家庆里住宅　　　　　　　　　七 二〇〇元

乙　机器工具（包有滚筒机米利机胶版机铝版机大号自动装钉机自动切书机世界大号照相机等）　　二 八七三 七一〇元

丙　图版　　　　　　　　　一 〇一五 二四二元

丁　存货

1. 书籍

　　本版书　　　　　　　　四 九八二 九六五元

　　原版西书　　　　　　八一八 一九七元

2. 仪器文具　　　　　　七七一 五七九元

3. 铅件　　　　　　　　一九 八〇七元

4. 机件　　　　　　　　六 二〇七元

戊　纸张原料

1. 纸张　　　　　　　　七七六 一〇〇元

2. 原料　　　　　　　　三一一 二〇〇元

己　未了品　　　　　　　　二七五 〇〇〇元

庚　生财装修

1. 总务处　　　　　　　一二 五二三元

2. 印刷所　　　　　　　八二 一〇五元

3. 研究所　　　　　　　五三五元

辛　寄售书籍　　　　　　　五〇〇 〇〇〇元

壬　寄存书籍字画　　　　　一〇〇 〇〇〇元

二　编译所

甲　房屋

　　在东方图书馆下层已列入东方图书馆损失数内不另计价

乙　图书

1. 中文三五〇〇部　　　三 五〇〇元

2. 外国文五二五〇部　　五二 五〇〇元

3. 图表　　　　　　　　一七 五〇〇元

4. 卡片　　　　　　　　四 〇〇〇元

丙　稿件

1. 书稿　　　　　　　　四一五 七四二元

2. 字典单页一百万页　　二〇〇 〇〇〇元

3. 图稿一千套　　　　　一〇 〇〇〇元

丁　生财装修　　　　　　　　　　　　　　二四 八五〇元

三　东方图书馆

甲　房屋　　　　　　　　　　　　　　　　九六 〇〇〇元

乙　书籍

1. 普通书

中文二六八 〇〇〇册（平均三四本合钉一册）

　　　　　　　　　　　一五四 〇〇〇元

外国文八 〇〇〇册　　　六四〇 〇〇〇元

图表照片五 〇〇〇套　　　五〇 〇〇〇元

2. 善本书

经部二七四种　　二 三六四册 ⎫

史部九九六种　一〇 二〇一册 ⎪

子部八七六种　　八 四三八册 ⎬

集部一〇五七种　八 七一〇册 ⎪

购进何氏善本约四万册　　　　⎭

　　　　　　　　　　一 〇〇〇 〇〇〇元

方志二 六四一部　二五 六八二册

　　　　　　　　　　一〇〇 〇〇〇元

报章杂志四〇 〇〇〇册

　　　　　　　　　　二〇 〇〇〇元

3. 目录卡片四〇〇 〇〇〇张　　八 〇〇〇元

丙　生财装修　　　　　　　　　　　　　　二八 二一〇元

四　尚公小学校

甲　校舍

1. 小学部　　　　　　　一九 一〇九元

2. 幼稚园部　　　　　　一〇 〇〇〇元

乙　图书仪器及教具　　　　　　　　　　一二〇〇〇元

丙　生财装修　　　　　　　　　　　　　六〇〇〇元

以上共计一六 三三〇 五〇四元

董事会提交二十一年份股东常会议案

（一）拟将普通公积弥补亏耗案

本届结算计亏耗三百四十七万一千二百八十三元六角八分八厘。查公司法第一百七十一条规定，公司非弥补损失，及依前条规定提出公积金后，不得分派股息及红利。公司无盈余时，不得分派股息及红利等语。本公司本届既曾亏耗，依法不能分派股息及红利。又查普通公积原为弥补损失之用。兹拟将本公司所存普通公积一百三十三万二千八百七十九元零二分五厘悉数弥补本届亏耗计净亏二百十三万八千四百零四元六角六分三厘。是否可行敬请公决。

（二）提议减少资本并修改公司章程案

本届结算贷借相抵计亏耗三百四十七万一千二百八十三元六角八分八厘；除以所存普通公积一百三十三万二千八百七十九元零二分五厘悉数弥补外计净亏二百十三万八千四百零四元六角三分三厘。本会一再磋议，以本公司亏耗如此之巨，依公司法之规定，公司非弥补损失，不得分派股息及红利，则本公司以后须将所亏数目二百十三万余元逐渐如数弥补后，再有盈余，始可分派股息及红利。惟念本公司股东大都均非富有，且惟此股息是赖者，亦不在少数。若待亏数完全弥补，则非经过多年不可。各股东自不免为难。且股票价值亦必因之愈形低落殊非股东之利。至以公司营业方面论现在总厂全毁将来复业只能从小规模入手。一切范围自必均须缩小似可暂就现在所余资产勉为营业。以后再徐图发展。则股本减少后，不招新股于股东利益亦不致外溢。兹拟将本届亏数，即在原有股本内如数弥补计尚余存股本二百八十六万一千五百九十五元三角三分七厘。

本公司股本减为二百五十万元。其余以二十五万元退还于股东，按股分配；每股分派洋五元。余数十一万六千五百九十五元三角三分七厘，连同所存股息公积一万三千八百七十二元九角八分八厘，一并作为特别公积。专为恢复股本之用。查股本既经按照资产而减少，将来一有盈余，即可分派股息及红利。并拟将每年盈余，除提公积金及股息外，以余数四分之一为恢复原有股份之用。每积至五十万元时，即将股份陆续恢复至原有股份总额五百万元为止。于股东利益，及公司全局，庶可双方兼顾而两得其宜。是否有当敬请公决。再本案如经通过，则公司章程亦应修改，用将修改条文附录于后，并请核议。

又是日股东会决议如左：

七月十日下午三时三十分开股东常会到会股东连代表计一千二百九十七户共三万五千八百七十三股，三万一千五百六十三权。会议情形，摘要录左：

一、公推丁斐章君为主席。

二、董事会报告：

甲、本馆被难及处理善后情形报告书；

乙、营业报告书；

丙、财产目录；

丁、资产负债表损益计算书；

戊、预备复业办法。

以上各项报告均经通过。

三、监察人周辛伯君报告：

略谓本监察人会同徐寄顾君查得本届结算各项数目，已就各种簿册逐一核对，所有借贷各款，亦经分别检查。

至各项财产，系就劫后余存者计算。一切账目均极确实。并经徐永祚会计师详细查核证明。

四、提议拟将普通公积弥补亏耗案

议决通过。

五、提议减少资本并修改公司章程案

经讨论良久，主席宣称减少资本变更章程，关系重大，决定将本提案请各股东从容详细研究后，再由董事会定期召集股东临时会再议。

六、投票选举

股东投票选举本年董事监察人，由股东推举四人监视开瓯检票揭晓如左：

当选董事十三人

夏　鹏君筱芳　　高凤池君翰卿　　鲍正帆君庆林　　张元济君菊生

王云五君岫庐　　李宣龚君拔可　　张蟾芬君蟾芬　　丁　榕君斐章

高梦旦君梦旦　　刘湛恩君湛恩　　叶景葵君揆初　　郭秉文君秉文

黄汉梁君汉梁

次多数三人

鲍庆甲君庆甲　　王康生君康生　　张廷桂君廷桂

当选监察人

徐善祥君凤石　　徐陈冕君寄顾　　周辛伯君辛伯

次多数二人

邝富灼君耀西　　徐亦庄君亦庄

同年七月十二日商务印书馆召开新选董事会，议决事项如左：

一、议决总馆定于八月一日复业。

二、议决仍选王云五为总经理，李拔可、夏筱芳为经理。

三、议决定于九月四日召开股东临时会，专议减少资本修改公司章程案。

同年七月二十日，商务印书馆以总经理名义公布总管理处暂行章程。

总管理处暂行章程
二十一年七月二十日公布

第一条　总管理处主管全公司之行政。

但董事会议章程规定须经董事会议决之事项，应于议决后执行之。

第二条　总经理主持总管处一切事务，经理二人辅助之。

设协理无定员，协助总经理经理。

第三条　总管理处设生产营业供应主计审核五部，及秘书处，人事委员会。

第四条　生产部掌编译印刷及一切有关生产之事，统辖编审委员会，出版科，及各工厂。

第五条　营业部掌营业及其推广之事，统辖分庄科、推广科、上海发行所及各分馆支馆。

第六条　供应部掌材料货物之供给，及保管运输之事；统辖进货科及栈务科。

第七条　主计部掌帐务、统计、稽核、收支，及其相关之事，统辖会计科及出纳科。

第八条　审核部掌货物款项服务之检查，及工作改良之事；统辖检查科及考工科。

第九条　秘书处掌文书、契约、保管、保险、股务、收发、庶务，及不属于各部或人事委员会之事。设秘书无定员，分别主持之。

总管理处组织系统表

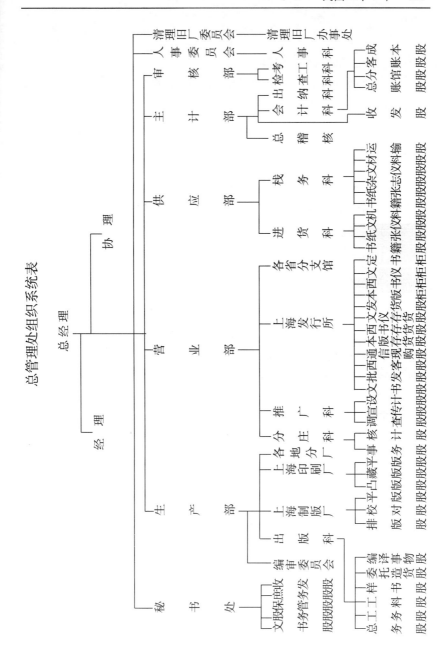

第十条　人事委员会掌全公司职工进退、奖惩及福利之事。辖人事科。委员人数另定之。

第十一条　秘书处、发行所、各工厂及各科，得就所办之事分设若干股。

第十二条　各部设部长一人，由总经理、经理、协理，兼任之；各科设科长一人或兼设副科长一二人；各厂设厂长一人或兼设副厂长一二人；发行所设所长一人或兼设副所长一二人；各股设股长一人或兼设副股长一人。其余职员无定额，视事之繁简定之。

第十三条　各机关办事规则，由总管理处另定之。

第十四条　本章程经董事会议决后公布施行，代替前修订总务处试行章程之效用；将来如有增删、修改，应提交董事会议决之。

同年七月二十二日，商务印书馆以总经理名义公布总管理处处理重要事务暂行规则如左：

总管理处处理重要事务暂行规则

二十一年七月二十二日公布

（甲）关于职工之进用

一、各机关需用职工（副科长以上除外）时其属于各部者应先商明主管部部长；属于秘书处者，应先商明首席秘书；属于人事科者，应先商明人事委员会主任；通知人事科，或由人事科就登记人材中选择相当者，或由各机关自行开具拟进用者之姓名，履历，均提交人事委员会审核。开列审核结果，送请总经理核定。

二、副科长以上人员之进用，由总经理订立聘约。

三、其他职工之进用，于人事委员会审核通过，并由总经理核准后，以人事科名义订立契约。

四、各分厂之正副厂长正帐之进用，由生产部长提出；各分支馆之经副协理正帐之进用，由营业部长提出，由总经理核定，订立聘约。

（乙）关于款项之开支

一、各部各厂发行所及秘书处于主管范围之用款，得开具付款知照单，交由主计部核开付款凭单，送请总经理经理协理或其代表签字。

（丙）关于进货

一、关于机器纸张及生产所需之一切原料（除书稿外），应由生产部开单，通知供应部查照购进。

分厂对于前项之进货，应于需用前至少四个月开具预算，送交生产部核定，通知供应部照办。但纸张油墨等生产必需之原料，如临时发生急切之需要，不及于事前函请生产部核定代办者，得由各该分厂就地购进，但事后应即开具理由及其数量、价值，报告生产部。并由生产部通知供应部。

二、关于文具仪器之进货，应由发行所及分庄科开单汇交营业部长审核后，通知供应部照购。

三、关于西书进货，规定办法如左：

子、由发行所代表进货科，径行办理。

丑、发行所客户特定者，不论价值多寡，由发行所径行定购，各分馆客户特定者，不论价值多寡，由分庄科转送发行所定购。

寅、发行所定购备销之西书，须经营业部长审核后，仍交还发行所定购。

卯、各分馆定购备销之西书，须经分庄科审核，及营业部长复核后，通知发行所定购。

四、特别进货，每次在二千元以下，而同一月内其他特别进货，未超过二千元者，由供应部长决定行之。其超过此数者应商承总经理核办。

五、关于新定代理契约之事件，应由供应部长商承总经理核办。

六、每月终应由进货科将本月各项进货，发行所将本月各项西书进货，开列种类次数及价值详表；报告总经理核阅后，发交主计部存查。

（丁）关于购买外币

购买外币，在未来三个月应付货款三分之一以下者，由供应部长会同主计部长行之。其超过此限度时，应商明总经理后办理。

（戊）关于出版造货之委托

凡本馆尚无相当设备，或设备能力不足，不能自行担任之出版造货，得委托他家代办，由出版科拟具办法，及商定条件，请生产部长核定行之。

（己）关于购赁版权

一、凡外来稿件，均由出版科分送各关系编审员审查，开具意见，提交编审委员会议决定后再行报告总经理核办。

二、凡依编审委员会通过及总经理核准之编辑计画，而委托他人编辑之稿件，于其缴到后，由出版科分送各关系编审员审查，开具意见后，无须再经编审委员会议，径请总经理核办。

（庚）关于检查

一、进货送到栈房时，应由栈务科通知检查科派员会同点收。检查科人员如认为货物不合原定标准时应拒绝点收，并报告审核部长，转报总经理核办。

二、检查科得随时派人至各收银机关点查款项是否与帐册相符。如发见不符，应即报告审核部长，转报总经理核办。

三、检查科得随时派人至各机关检查经办事件有无积压，及应付外客有无轻慢情事，据实报告审核部长，转报总经理核办。但检查范围只问该事件之曾否办结，不涉及各该案卷之内容。

（辛）关于工作改良

一、各工厂出品应以样本一份送考工科，考核其印刷品质上有无缺点，签注意见，通知各该工厂，以便改良。

二、考工科对于各工厂之设备，得随时考核，提出改良意见，由审核部长转送生产部长参考。

（壬）关于文书

一、凡以公司名义或总管理处名义发出之文书，概由秘书处拟稿，送总经理或经理一人阅过签字，在底稿上即行缮正，分别盖用公司或总管理处图章发出。

二、凡以各机关名义对外发出之函件，应于次日以其副稿汇送各主管部长，转送秘书处存阅（但人事科得径送）；如有必要，秘书处得随时向各该机关调阅全卷。

三、西文函件，凡用公司名义发出者，须由总经理或经理一人签名，另盖西文图章。

（癸）关于契约

一、凡进货（除购稿外）契约及购买外币契约，概由供应部长签名。

二、凡出版造货契约概由生产部长签名。

三、凡发行所同行契约概由发行所所长签名。

四、雇佣契约（除副科长以上人员外）均由人事科长签名。

五、其他契约概由总经理签名。

同年八月一日商务印书馆总馆复业，发表复业启事：

商务印书馆总馆复业启事

为国难而牺牲　为文化而奋斗

　　谨启者、敝馆总厂编译所东方图书馆等于本年一月廿九日及二月一日、先后惨遭国难、被炸一空、不得已宣布将总馆各机关暂停业、从事善后、补苴罅积、迄今将达半年、此半年中、国内人士、无不同声惋惜、深表同情、函电纷驰、无虑千百、于殷勤慰问之外、备加积极奋勉之词、盛意隆情、弥深感激、敝馆自维三十六年来对于吾国文化之促进、教育之发展、不无相当之贡献、若因此顿挫、则不特无以副全国人士属望之殷、亦且贻我华民族一蹶不振之诮、敝馆既感国人策励之诚、又觉自身负责之重、爰于创巨痛深之下、决定于本年八月一日先后恢复上海发行所业务、一面在上海筹设小规模之制版印刷工厂、借以继续其三十六年来贡献我国文化教育之使命、唯是敝馆此次受祸最烈、损失重大、非得全国人士之援手、实难光复旧日之规模、因此敝馆于复业之际、不得不仰望全国学术教育界中人鼎力提携、热忱爱护、俾敝馆于巨劫之后、早复旧观、得与吾国文化教育同其猛进、则受赐者岂特敝馆而已、我国民族前途实利赖之、谨布区区、伏维

公鉴

商务印书馆谨启　二十一年八月一日

同日商务书馆发表被难记：

本馆被难记

　　本馆创始于前清光绪二十三年、由小规模而逐渐发展迄今计三十有六载。所经营之事业与设施之概况曾详载上年本馆出版之《最近三十五年之中国教育》书中。本馆总公司印刷制造总厂及编译所东方图书馆尚公小学等均设于上海华界闸北宝山路、为本馆精华之所萃；一月廿八日夜日本军队侵入闸北、经我十九路军力抗、志不得逞。次日十时许日军飞机数架、飞翔闸北空际、用巨大燃烧炸弹

多枚，接连向本馆总厂抛下。制墨部最先受弹起火，救火会因在军事区域，无从施救。而本厂消防队亦以迫于炸弹之猛烈，而无法救护，以致任其延烧。日本飞机仍复继续抛弹。于是两厂浓烟弥漫，火光烛天；所有总务处、第一第二第三第四印刷所，书籍仪器纸张各栈房，以及尚公小学，全部烧毁。纸灰余烬飞达数十里以外。厂中消防队员及看守人等亦不能复留。均经逃出幸无损伤。是日下午三时全厂殆皆烧毁直至五时余火势仍烈。斯时总厂对面之东方图书馆及编译所尚巍然无恙。私心以为东方图书馆之藏书为吾国所仅有。中外人士夙所注意，中日同文，或可免于摧残。不料延至二月一日晨八时许，编译所及东方图书馆又被焚毁一空。辱蒙党政机关及各界纷纷函电慰问，并嘱详报损失数目，以作向日本政府交涉之根据。关爱之殷，与期望之切弥为感戴。惟时军事方殷，宝山路适当火线之冲。本馆总厂介于其间虽设尽方法欲前往一睹劫灰，竟不可得。直至战事停止后，始得前往详细履勘。数十年苦心经营之场所悉成焦土，所有房屋除水泥钢骨建筑者尚存有空壳外，其余只见破壁颓垣，不复见有房屋。其存在未毁者仅机器修理部、浇铅版部、疗病房三处而已，各种机器皆湾折破坏，不可复用。所藏之各种图版及东方图书馆之所藏图书，全化灰烬。书籍纸张仪器各栈房则一片劫灰并书纸形迹均不可辨，所存大宗中西铅字铅版，经烈火熔为流质。道路之上，沟洫之中，铅质流入者触目皆是。惨酷之状，不忍卒睹。因就履勘情形，并根据十九年终之结算报告册所存资产约略估计共损失一千六百三十三万元。当即据以呈请政府，向日本严重抗议，并要求赔偿。按本馆资产精华悉在闸北总厂及东方图书馆，计占地九十亩。各项建筑原值计一百五十余万元，各种机器一千余架原值计三百八十余万元。巨量之书籍纸张仪器文具原料约值一千三百八十余万元。此次所呈报之损失数目，系就原购置价值，尚复加以折扣；其各种图版仅计其制版之工料。其编译排校等费均未计算。若完全重新购备，虽倍于一千六百万元之数亦不易恢复旧观。至于东方图书馆藏有中西图籍数十万册，其中所藏我国历代各省府州县志凡二千余部。上海及各埠各种报纸有若干种均自第一号起，完全无缺。其他善本书（仅数年前移存金城银行库中五千三百余本现尚保存）均历年逐渐搜求。此则更非金钱所能计其损失。诚为浩劫。然遭遘国难，夫复何言。惟有益为奋勉，竭其棉薄，继续致力于于文化上之贡献。以冀无负社会人士之期望已耳。兹因赓续编印通信录，爰略记被难之颠末于此；并将被毁影片择要附印，以志事实。复一展读《最近三十五年之中国教育》，其感慨为何如也。

同日商务印书馆发表被难及处理善后情形报告书，分送各股东。

本馆被难及处理善后情形报告书

董事会

本馆不幸遭遘一二八之难，总务处印刷制造总厂及各栈房藏版房编译所东方图书馆尚公小学校先后均被焚毁。本馆以三十六年之经营，资产精华悉萃于闸北。今忽毁于一旦，惨痛何言。本会于事变后连日开紧急会议，以公司总厂业已被毁，战事又日激烈；财力既无法维持，职工亦无法工作。不得已议决将上海总馆全部暂行停业，所有同人全体停职。总经理经理辞职亦经照准。各分支馆分厂暂行维持现状。由本会组织特别委员会，推丁斐章王云五李拔可高翰卿高梦旦夏筱芳张菊生叶揆初鲍庆林九君为委员张菊生君为委员会长，并推王云五李拔可夏筱芳鲍庆林四君为常务委员。王云五君为主任。设立善后办事处，处理一切善后事务。当善后办事处成立之时，适战事正殷之际，一面对于闸北之残余货物，急宜妥筹安全之保管；一面对于各项债务，又急宜妥筹清理之方法；一面对于数千停职职工，更急宜妥筹适当之处置。而我公司三十六年努力文化之基础，复不忍因日军之破坏即终于摧残。故对于公司将来营业之方针，不得不预为规划，头绪之纷繁，环境之恶劣，困难达于极点。非笔墨所能尽述。惟既受各股东付托之重，及各界人士责望之殷，当此危难之时，亦惟有勉竭棉薄，以期渡此难关。数月以来，善后各事略见端倪。兹择其重要者报告于我股东之前。

一、损失数目：依照公司帐目上折实计算，损失数计五百一十六万四千二百零六元有零，而巨量之书籍纸张仪器文具原料尚不在内。因各栈户存货与盘存簿册，均付一炬，无法计算。

二、留用人员：善后之事，头绪如此纷繁，不得不酌留人员分工办理。开始留用者计六十余人，分人事帐款出纳存款存货进货分馆稿版契约文书股务保管宣传交际搬运结彩计画等二十二部分，均不支薪水，酌给津贴。星期日亦不休息。嗣后因事繁，陆续添用，则为临时工作。按每星期酌给津贴。某项事竣，即随时终止。工作人数多时有至一百五十余人。

三、紧急搬运：总厂及东方图书馆被毁后，实在情形仍不得知。逐日设法派人冒险前往视察，卒因该处适当火线，无法到达。天通庵路第五印刷厂房虽已为炮弹洞穿，其中机器纸料印成书籍，幸尚存在。而该处尚可设法绕道通行，遂于枪林弹雨之中，逐日前往搬运存储于上海银行堆栈之内。至日军进占闸北后，仍复不避险阻，将第五印刷厂所存各种机器货物悉数运出，每日雇用货车多至十余辆，小工多至一百余人；总共运出米列机十五架，及其他各种机器并存书二千箱，纸张二千二百件。其总厂烬余货物，凡可搬运者，亦均设法运出。

四、处理债务：债务中之急待处理者，为各种进货应付未付之款，及同人各项储蓄存款；其他如版税寄售及广告费报运费装修费等等，均分别缓急，分期付款。进货款中，货送到本厂栈房已被焚毁，而款尚未付者，计二十万余元。则分别接洽，或分期支付，或酌量折扣。同人存款则分数期陆续清还。结至六月底止，处理债务一项，计付出一百二十九万七千余元。其中进货款计六十二万五千余元，同人各种存款计六十一万四千余元；其他债务五万六千余元。至于定书存款计一百十二万三千余元，俟将来复业后，再行分别处理。

五、催收客帐：所负债务既须清理，所有客帐自应同时催收，借资挹注。但在战事未停之前，因交通断绝，一无办法，惟有通电各分馆严收帐款，迨停战后随时派人分头向本市及外埠客户催收。终以市面萧条，无力归清；而同行往来者，则以本馆货物不能继续供给，不免多存观望。结至六月底止，计收到帐款二十一万余元。各分馆来款计一百三十万余元。

六、维持分馆：总馆虽不得已而停业，各地分馆则不能不力予维持。一面通告令各分馆照常营业，并竭力紧缩，裁人减薪；一面将发行所及虹口西门两店货物，设法运往接济。同时并知照各分馆，按存数多寡，就近互相划拨，以调济其盈虚。其营业不振或地处僻远者，如贵阳、新加坡两分馆，吉林、黑龙江两支馆，常德、大同、运城三支店，则忍痛裁撤，以冀集中力量，勉支危局。

七、准备秋销用书：总馆书籍栈房既已被毁，而储藏历年出版物图版之所，亦复化为灰烬。分馆存货经春销而将罄，秋销瞬届，接济用书最为紧要。查北平香港两分厂，向系承接外间印件，不印本版。遂令其将外间印件悉数婉却，完全改印本版。选定各级教科书及重要参考书就战前运出之存版印刷。其存版已毁者，或排活字，或制锌版，或用摄影落石，分别赶印。昼夜分班工作，并添置必要之机件。已印成小学书一千余万册，中学书一百余万册，字典等二三十万册。又重要参考书数百种，正在赶印。本年秋销时，重要用书，可不虞缺乏。

八、救济职工：本馆职工，大都寓居闸北，室家被毁，颠沛情状深为痛心。本公司于事变发生后，随即每人发给维持费十元，又薪资半个月，以资补助。

九、解雇职工：当本会宣布总馆职工全体停职之时，因战事初起犹冀毁损不致过甚，或可早谋恢复。不料停战后前往总厂查勘，方知一片焦土，无可收拾。各职工犹逗留上海，或回籍复来；希望回复昔日之工作。而公司则资产损失如此重大，既恢复之难期，又救济之乏术。且长期停职，与解雇原无区分；转不若及早解雇，公司对于职工再尽力谋最后一次之补助。而公司将来小规模复业时，仍得酌量进用；于双方均较有益。考虑数四，不得已遂决定呈请社会局准予解雇；经多次之调解与交涉，舌敝唇焦，终不得劳方之谅解。至五月八日奉到社会局批令，核准解雇，并决定将酬恤基金二十六万八千五百余元，总馆职工应得二十二万八千二百余元，照旧章比例，减成分派发给，加发薪资半个月。如每人两项所得总数不满五十元者，补足五十元。学生所得总数不满二十五元者，补足二十五元。存款及特别储蓄尽先发还。前欠薪资免予扣还。将来复业时，尽先雇用旧职工，并准按团体协约法办理。本会审酌之下，以公司财力实不能胜此重大担负；然本平昔爱护职工之旨，对此最后一次之补助，又不能不于万分困难之中勉尽棉力。不得已遂决定勉遵社会局批令办理，除旧欠资免扣外，事变之后，发给各职工之款，计四十五万余元。

十、清理总厂：十九路军退出闸北后，秩序紊乱，宵小蜂起。总厂烬余货物，看守保管，急不容缓；连日尽力设法，至三月九日始得派人长驻总厂内看管。嗣即随时斟酌情形，清理扫除。环境既极危险，工作亦极烦重；其中小工曾有被炸伤殒命者，其危险可知。一面并将烬余物件可以搬运者，设法运出；可以修理者，雇工修理。现在每日在总厂内临时工作者五十余人，至百余人。

十一、善后用费：自善后办事处成立之日起，至六月底止，各项费用计共十五万九千余元。其中搬运费计三万二千四百余元，保险费计一万六千八百余元，办事人员津贴计四万七千三百余元，栈房租费计一万另八百余元；其他各项费用，计五万一千六百余元。

十二、预备复业办法：本公司总馆停业后，全国教育界咸以供给不继，重感困难。虽极力就平港两分厂赶印中小学教科书，及其他重要参考书，以供秋销之用，终以生产力量过小，供给未能充分。兹拟于股东会后，一面利用闸北第五印刷厂运出之机器工具，在租界租赁房屋，开办一小规模之印刷厂及制版厂各一所，俾将重要参考用书赶紧印出，并将已毁版之书籍，按照需要之缓急，补行排版。一面将上海发行所缩小范围，赶于本届秋销以前复业。俾上海及其附近各学校与读书界有相当之供给。本公司得仍秉其夙昔之志愿，继续尽其辅助文化之职责，并维持其业务。同时亦可按照需要，酌量进用一部分之旧同人，以维持其生计。

以上所述，略举概要；所有一切详细情形，具载本馆被毁记及通信录国难特刊中，已分送于各股东，幸垂览焉。

同年八月二十六日，国民政府任命罗家伦为国立中央大学校长。

同年九月四日股东临时会议，通过股东童世亨等十人提议修正减少资本办法案以法定人数不足，作为假决议。嗣于十一月六日股东临时会有所决定。

该修正案如左：

本年七月十日股东常会议决、本届亏耗以所存普通公积悉数弥补、计净亏二百十三万八千四百零四元六角六分三厘、董事会为各股东可早日分派利息起见、提议减少资本为二百五十万元、以余数二十五万元退还于股东、十一万六千余元留作复股公积、兼筹并顾、深具苦心、惟鄙人等再四思维、对于减资之原则、甚为赞同、而对于减资之办法、似应再加审酌、兹特提出修正案如左、

本届净亏二百十三万八千四百零四元六角六分三厘、除再以所存股息公积一万三千八百七十二元九角八分八厘全数弥补外、公司资本尚余二百八十七万五千四百六十八元三角二分五厘、兹将资本减为三百万元、其亏耗余数十二万四千余元、二十一年度如有盈余、应尽先如数弥补、又宝山路总厂内因已被焚而本届未能作价之货物、俟修理完成后、或自用作价、或售出所得之价值、全数归入董事会提案中之甲种特别公债、一并作为恢复股本之用、是否有当、应请公决、

理由

（一）按资本二百五十万元、股息八厘为二十万元如改资本为三百万元、股息八厘则为二十四万元、每年可多得四万元、又余亏十二万四千余元、先以盈余弥补、则此数完全为股东所得、不必提公积金及奖励公益等款、股东又可多得六万八千四百余元、

（二）资本由五百万元减为二百五十万元、折减过甚、恢复不易、如减作三百万元、一面将宝山路总厂烬余货物将来或自用作价、或售出价值、均提作复股公积、则恢复股本、当可较易、

（三）董事会原提案一面减股、一面退还股本、于法虽无不合、于理似觉未妥、在董事会为股东中有遭国难急欲早得现金起见、原非得已、其实九月四日开股东临时会、如是日不能解决、尚须召集

第二次临时会、而议决之后、按照公司法第二百条之规定、须登报公告、经过三个月后、如无债权人异议、始可实行、则退还股本、须在二十二年一月间、至早亦须在本年十二月间、何如将股本仍行保留、将二十一年度红帐提早结算、尽二十二年三月间召集股东常会、分派余利、则两者相差、不过两三月、而股东实际利益增加甚多、

提议人股东　童世亨　秦慕瞻　王康生　许峻山　许新基　郁厚培　张叔良　张石麟　何柏丞　杨介仁

童季通君登台说明毕、董事王云五君云、董事会提案退还股本、原非得已、所以请各股东详细研究、今见童季通君等修正减少资本办法提案、觉得比较董事会原提案好得多、董事亦是股东、且为股东之代表、一切无不以股东利益为前提、今股东既有好的意见、自应择善而从、董事会决不固执己见、

主席云、本案应付表决、赞成者投第二次可决票、不赞成票者投第二次否决票、

检票揭晓、

可决　计二万四千四百十一权、

否决　计三千零六十七权、

主席云、减少资本修正案、业经议决通过、董事会原提案、关于减少资本一项、当然撤销、又董事会原提议修改公司章程第六条条文内“减为二百五十万元”字样、应改作“每股银元六十元”、主席旋请董事王云五君代为说明童季通君提案中有两节作为股东议决案、王云五君云、童季通君等提案、已全案通过、减少资本一节、依法应作为假决议、其中以股息公积弥补亏耗、及宝山路总厂被毁货物、将来修理后自用作价、或售出所得价值、作为复股公积两节、应作为本日股东会议决案、

附十一月六日股东临时会纪事摘录

中华民国二十一年十一月六日下午三时、在上海北河南路市商会开第二次股东临时会、到会股东连代表共计七百九十九户、二万一千三百三十八股、一万八千九百零四权。

摇铃开会、行礼如仪。

张菊生君主席。

书记报告、本日到会股东户数股数权数。

主席云、本日第二次股东临时会、系专议九月四日股东临时会、假决议之减少资本变更章程案、依照公司法第一百八十六条第三项之规定、以本日出席股东表决权之过半数、对于假决议、再为表决、惟减少资本、变更章程关系重大、各股东如有意见、请尽量发表。

众股东均无异议、少顷、

主席云、各股东既均无异议，应将九月四日股东临时会之假决议付总表决，赞成者请投绿色可决票、不赞成者请投红色否决票。

由股东推举杜就田马翔九二君检票，

检票揭晓。

可决　壹万八千二百八十九权

否决　无

主席宣称、九月四日股东临时会假决议之减少资本变更章程案、已一致可决、散会。

附修正之公司章程条文

第五条下增加字样如左、

二十一年因遭国难、减少股份、于同年月日呈准实业部注册给照。

第六条条文修改如左、

本公司股份总额银圆五百万圆、因民国二十一年国难之损失、

减为三百万圆、分作五万股、每股银圆六拾圆，股票或一股一张、或合并若干股为一张、由股东酌定、

第十五条条文修改如左、

股东常会及临时会、关于左列第一项至第三项、须依公司法第一百八十六条办理、其关于左列第四第五两项、须依公司法第一百八十六条第二项之规定办理。

（一）变更章程。

（二）增减资本。

（三）募集公司债。

（四）与他公司合并。

（五）解散。

第二十五条条文修改如左、

本公司每年结帐、如有盈余、先提十分之一为公积金、次提股息常年八厘、其余平均分为甲乙两部、甲部之半数、作为股东红利、其他半数、作为甲种特别公积、乙部之半数、作为同人奖励金、其他半数，作为乙种特别公积。

甲种特别公积、为恢复原有股份之用、每积至五十万圆时、即将股份陆续恢复至五百万元后、不再提存、一并作为股东红利、同人奖励之分配法、由董事会定之。

乙种特别公积、为公益之用、由董事会支配之、其未用完之部分、完全为公司所有。

第二十六条　删

第二十七条改为第二十六条、其条文修改如左、

本公司总经理经理等每年应将帐目详细揭算、造具簿册、由董事会转交监察人复核后、布告于各股东。

第二十八条改为第二十七条、其条文内议决施行上、加依法二

字。

第二十九条改为第二十八条、其条文内公司法下、加股份有限公司各规定等字样。

同年十月商务印书馆开始组织大学丛书委员会，编印大学丛书。

商务书馆过去卅余年所出版的教科书，以小学及中学为限，其他出版家亦复如是。国内各大学所用的课本，大都采用西文，尤其是英文的原版，间或加以翻印。一小部分则由教授自编讲义，付诸油印，铅印者实居少数。这些讲义间亦有以某某大学丛书名义委托书局印行。我加入商务书馆不久，即与各著名大学及学术团体洽商，订定了许多丛书合约，这些丛书分别冠以某大学或某学术团体之名，其中有不少适合于大学生的课本或参考书，不过未经集体审定，未能普遍采用。我于民二十年九月为最近三十五年之中国教育纪念集所撰导言，有如左之一段文字：

"……国内各大学之不能不采用外国文图书者，自以本国文无适当图书可用，而其弊凡任高等教育者皆能言之。本馆见近年日本学术之能独立，由于广译欧美专门著作与鼓励本国专门著作；窃不自揣，愿为前驱，与国内各学术机关各学者合作，从事于高深著作之译撰，期次第供献于国人……"

在这里我已经透露将为商务书馆编印大学用教科参考图书之意愿。曾几何时，商务书馆便遭空前之巨劫，停业半年，甫于是年八月复业，我即于十月开始将此项拟议付诸实施，并组织大学丛书委员会，分聘全国学者为委员。

兹将致聘该会委员函稿附后：

谨启者，当一二八以前，敝馆举行三十五年纪念时，云五曾拟集合国内专门学者，编译大学用书及各种专门名著，期为提高吾国学术，促进革新运动之一助。不意计画未成，而国难突作，沪北之役，敝馆首当其冲，几至根本动摇。赖国内各界人士之援助，敝馆得于本年八月一日勉力复业，继续为文化教育服务，差堪告慰。敝馆遭难以后，益觉学术救国实为要图；大学丛书之出版，不容再缓。决将原定之大学丛书初步计画，于处境万难中，继续进行，期以五年之时期，逐步促其实现。敝馆所以有大学丛书之出版计画，其理由有二。敝馆以为吾国专门学术之不能长足进步，原因虽多，而缺乏本国文之专门著作，实为主因之一。加以近年因金贵关系，学生负担过重，更无力多购西文参考图书。因是，凡在大学肄业者，或以经济关系，而无书可读，或以文字关系，而事倍于功。此中困难，服务高等教育机关者类能道之。此大学丛书之急宜印行者一。敝馆忝为吾国最大出版家之一，自民国八九年以来，国内高等教育机关及重要学术团体编辑各种专门著述，无不委托敝馆印行，团体数目多至数十，出版图书多至数百，敝馆得有参加学术贡献之机会，自极荣幸。惟是各学术团体间对于著作计画，初无联络，出版图书不特时嫌重复，且亦间有偏倚，购者既苦于无绪可寻，敝馆亦时患顾此失彼。倘全国专门学者能通力合作，将大学应有科目拟定整个计画，再按计画中所定科目分任著述，不使重复，于合作之中，仍寓分工之意，则三五年后此项大学用书定能日积月累，蔚为巨观。此于吾国之进步，以及学子购求图书之便利，均将裨益不浅；而敝馆区区学术救国之意，亦得借出版之贡献，以求其实现。此大学丛书之急宜印行者二。至于曾与敝馆订有丛书契约之学术团体或机关，其契约关系虽将因是而有所变更，仍可在大学丛书中之各该书封面加注某大学或某某学会丛书字样，以示区别；合出时可为大学丛书，分出时仍为各团体著作；可谓合则双美，而离又不两伤者矣。惟兹事体大，非得全国专门学者通力合作不为功，敝馆为进行便利起见，拟先行组织大学丛书委员会，以资主持。素仰先生提倡学术，最具热诚，谨专函敦请先生为大学丛书委员会委员，俾敝馆之大学丛书计画，得在专家之下，积极进行，克期实现，则受嘉惠者岂仅敝馆已也。如蒙俯允担任，尚祈早日示复，为幸。附奉大学丛书及丛书委员会章程各一份，并乞察收指正，专此奉恳。伫候复音。

附件

（甲）商务印书馆印行大学丛书章程

一、大学丛书依大学丛书委员会所定目录，经各委员代为征集稿本，由本馆酌量次第印行，或经各委员介绍专家，由本馆约定编著之。

二、本馆已出版之专门著作，经委员会审查后，得加入大学丛书。

三、大学丛书第一集暂以三百种为限。

四、大学丛书第一集拟分五年出版，除本馆已出版可以归入者外，每年出版四十种。

五、大学丛书每书分量约为十五万至三十万字。

六、大学丛书经各委员征集或由本馆约编之稿本，须经委员一人以上之审定。

七、大学丛书出版后，由本馆以版税百分之十五报酬著作人。

八、大学丛书出版时，除列著作人姓名外，并在里封面载明全体委员姓名。

九、国内各大学及学术团体之丛书加入大学丛书时，仍在各该书封面附列某大学或某团体丛书字样，以示区别。

十、关于本丛书之订约印行等事，均由本馆编审委员会办理。

（乙）商务印书馆大学丛书委员会章程

一、本委员会由本馆聘请国内著名大学校及学术团体代表。协同本馆编审委员会代表若干人组织之。

二、本委员会之任务如左：

1. 拟定大学丛书全目。

2. 介绍或征集大学丛书稿本。

3. 审查大学丛书稿本。

三、委员各就专长，分别担任前条之任务。

四、大学丛书出版后，各书均列委员会全体委员姓名。以昭慎重。

五、委员受本馆委托审查书稿时，每稿由本馆酌送审查费。

六、大学丛书每次初版发行时，由本馆购送全体委员各一册。以备随时审核。

后来应聘为大学丛书委员会委员者共五十五位。皆为全国一时之选。各科各类皆有专家。对于审查书稿，可按专长担任。至为便利。

迄于民国二十六年秋间全面抗战之时，仅四年有奇，已编印出版之大学丛书超过二百种，已达原计画三百种的三分之二以上。抗战初期，商务书馆以香港分厂为重心。对于新收之大学丛书仍继续出版；及三十一年以后，重心移至重庆。制版印刷之力远不如前，仍锲而不舍，虽出版数量远不如战前，但每年新出版者，平均亦达十余种，重版重印者约倍之。

自商务书馆创编大学丛书以后，国立编译馆继起而有部定大学用书之编辑。经营数年，自三十一年起，稍具规模，乃交各大书局印行。商务书馆虽已编印大学丛书多至二百余种，然对于政府之措施，仍愿极力赞助，分担其一部分之印行。

同年十二月十九日，孙科发起在上海筹设中山文化教育

馆。

同年十二月二十四日，国民政府公布中学法十四条，小学法十八条。自是中学法中始将师范职业分出。

同年十二月二十七日，国立编译馆奉令将商务印书馆出版之万有文库中选就四百十二种作为中等学校第一辑用书，呈送教育部通令各省市采用。

同年中央教育经费二一 九〇二 三五七元，占中央总预算百分之三·二。

同年，全国公私立小学校共二六三 四三一所，其中私立小学校六五 四二九所，占百分之二四·八。

同年全国公私立学校小学生共一二 二三二 〇六六人，其中私立学校小学生二 九六七 五九四人，占百分之二四·二。

同年十二月，教育部统计十九年度全国各省市公私立图书馆共二千九百三十五所（内普通九〇三所，专门五八所，民众图书馆五七五所，学校图书馆六九四所）。

　　按上开图书馆之大量增加，借万有文库之力者多至千余所，尤以民众图书馆，学校图书馆，借一部万有文库而创立者不少。

民国二十二年（公元一九三三年，癸酉）一月十一日，行政院会议议决设立中央古物保管委员会，任命张继戴传贤马衡等十一人为委员。

同年一月二十一日，教育部派蒋复璁为国立图书馆筹备
　　委员，筹设国立中央图书馆。

同年三月，教育部公布中学校规程，师范学校规程，及
　　职业学校规程。

同年三月二十六日商务印书馆召集二十一年度股东常
　　会，报告该年度，即自二十一年八月一日复业起至同
　　年十二月底之营业成绩。

　　先将我的报告附列于左

　　王云五君报告、略谓上年公司遭难之后、上海生产力量完全停
顿、深知如至秋销时期、无书籍供各学校之需要、则不独公司营业
大受影响、且予全国教育界以莫大之不便、故于上海战事正殷及人
事纠纷之际、积极筹画、就香港北平两分厂赶印各级教科用书及重
要参考书、以济急需、总馆复业之时、正当各校秋季开学、尚能勉
供需求、复业之后、即先后在上海设立印刷厂制版厂平版厂三处、
以增加生产、所有三厂房屋、均系租赁、设备颇为简陋、不及从前
远甚、从前总厂工人有二千数百人、连港平二厂约共三千人、现在
上海三厂已用者约五百人、连港平两分厂共计一千三百余人、十九
年度机器工具盘存折实数为一百二十六万余元、连港平二厂合计不
下一百五十万元、二十一年度机器工具连港平两分厂、盘存折实数
仅七十八万余元、总计机器工具仅及从前之半、人数尚不及半、至
于生产力量、转较从前增加甚多、兹举例比较如左。

　　甲、中文排字

二十一年按十二月份推算全年	二四〇六七六面	占百分之一百
十八年全年	一五三二二一面	占百分之六十四

十六年全年	一三五〇七六面	占百分之五十六
十四年全年	一六四一九二面	占百分之六十五

乙、铅印印书

二十一年按 十二月份推算全年	三二五二二〇令	占百分之一百
十八年全年	一七六一四七令	占百分之五十四
十六年全年	一一一四三六令	占百分之三十四
十四年全年	一一二九六二令	占百分之三十五

以简陋之设备、少数之人工与机器、而生产力量较前几增至一倍、此皆由全体职员工友人人均勤奋努力所致、

二十一年出版书籍、计重版书五百五十种、九百二十一册、定价为五百六十五元有零、同时又以如仅重版旧书、不出新书、既无以尽辅助文化之职责、即于营业亦有妨碍、故从二十一年十一月一日起、每日出版新书一种、至年底止、计出新书五十二种、并恢复杂志四种、二十二年一月至三月二十二日已出新书七十余种、重版书六百九十余种、预计至本年年底止、重版书可出至四千种、查本馆出版书籍总共有八千余种、本年底约可重版至半数、此外因内容陈旧不必重版者亦不少、故实际上本年底较有价值之出版物业已重版者、当占大多数、

二十一年度营业概况、已详所印之营业报告书、总馆营业仅及上届同时期三分之一、各分馆营业亦仅及上届同时期之半数、此中原因、东三省失陷之后、吉林黑龙江两支馆因无法维持而裁撤、沈阳分馆虽勉力支持、但营业数不及从前十分之二、其他各分馆均无不直接间接受时局之影响、如常德贵阳新加坡三分馆及大同运城等支店、亦无力支撑而忍痛裁撤、同时总厂被毁、货物不能充分供给、亦为营业减少之一原因、

二十一年盈余之原因、则大都由于节省生产费之最重重者四项、约计减省二十五万余元、管理费及营业费约减省十八万余元、机器折旧及利息、约减省十万余元、以上三款、共计节省五十四万余元、其他尚未一一计入、本届总馆盈余五十三万余元、则本届之有盈余、谓为全由节省而来、亦无不可、

至于人事方面、上年因公司被难、不得已将职工全体解雇、复业之后仍尽先进用同人、虽按照原定办法、除学生外、可用两成新人、截至本日止、总馆职工共一千零四十八人、本可进用新人二百余人、但为顾念旧同人生活起见、只用新人十八人、而现在在职各同人、确是人人均格外为公司尽力、至言及待遇、高级职员薪水减少、工作时间加多、其他职员、虽未减薪、亦增加工作时间、工友之工作时间仍照旧、所得工资多有较从前增加者、例如铅印上手在一二八之前、平均每月所得工资为五十一元三角、现在平均每月实得工资为六十三元七角一分、又铅印助手在一二八之前、平均每月所得工资为三十五元、现在平均每月实得工资为四十二元五角、但工作努力之程度、实较前增进甚多、因之生产费用亦较前节省、劳资两得其益、此乃公司之好现象、

又清理宝山路旧厂情形、想亦为各股东所欲知、亦略为报告、按宝山路印刷制造厂毁于一二八之难、无法应用、只得逐渐清理、其中机器材料之尚可用者、则修理留备自用、其不能应用或不值修理之废件废料、则招标出售、标卖手续极为慎重、至二十一年止、自用机器计十四万三千零六十元零八角三分、自用铅条计九万一千五百六十七元四角一分八厘、售出废料计三万九千二百十九元一角九分、共计二十七万三千八百四十七元四角三分八厘、减去清理费用一万二千七百七十三元二角、净计二十六万一千零七十四元二角三分八厘、已遵照上年度股东会决议案、收作甲种特别公积、专备

复股之用、至本年度清理者、则归入下届计算。

依上所述、二十一年度营业减退、尚能有较好之盈余、全由于节省与同人之努力、至本年公司之前途、深觉较二十一年度更为困难、一则时局如此严重、非人力所能及、一则同业竞争日烈，他家同业未受创伤、竞争较易、我则当浩劫之后、值此环境、退既不能、进又不敢、且本年为谋恢复已失之营业、补充短缺之存货、并须应付一二八以前之定书各户、不能不积极造货、然而所存现款无多、发派股息之后、更将不敷周转、故本届结算，幸有盈余、虽可稍告慰于股东、但云五常以为去年是消极的困难、今年是积极的困难、积极困难、将较消极困难为尤甚，惟希望各同人仍旧继续努力、各股东一致合作、以期渡此难关、

众鼓掌、

主席云、云五先生对于公司各种情形补充报告、已甚详尽、兹请监察人报告、

监察人周辛伯君、报告本届结算各项帐目、均经会同徐寄庼徐凤石二君检查、所有资产负债表、损益计算书、及财产目录、均核对无讹，特此证明、

主席云、依照公司法第一百六十八条规定、董事应将其所造具之各项表册提出股东会请求承认、本日董事会所提出之各项表册、应请求各股东承认、是否可以承认、请各股东发表意见。

稍间、杨千里君云、主席询问已过五分钟、想无异议、鄙人赞成王云五君顷间报告之结论、希望同人继续努力、股东一致合作、

主席云、各股东如有异议、尽请发表、如无异议、即作全体承认、

均无异议、

主席云、董事会所提出各项表册、已经股东会承认、兹有董事

会提出之公积金及盈余利息分派之议案、特为提出，请书记宣读、

　　书记宣读公积金及盈余利息分派之议案如下、

　　二十一年份本公司净盈余计八十七万一千八百二十七元四角八分四厘、照本公司章程第二十五条、先提十分之一为公积金、计八万七千一百八十二元七角四分八厘、次提股息常年八厘、计二十四万元、每股得四元八角、其余五十四万四千六百四十四元七角三分六厘，平均分为甲乙两部、其分配如左、

　　甲部之半数、计十三万六千一百六十一元一角八分四厘、作为股东红利、每股应派红利四厘、共派洋壹拾二万元、每股得二元四角、其余壹万六千一百六十一元一角八分四厘、并入甲种特别公积项下、本届股息及红利合并每股共派洋七元二角、

　　甲部之其他半数、计洋十三万六千一百六十一元一角八分四厘、作为甲种特别公积、

　　乙部之半数、计十三万六千一百六十一元一角八分四厘、作为同人奖励金、

　　乙部之其他半数、计十三万六千一百六十一元一角八分四厘、作为乙种特别公积、

　　主席云、董事会所提公积金及盈余利息分派之议案、是否可以照办、请股东讨论、

　　少顷、无异议、

　　主席云、各股东对此议案、如有异议、请起立发言、如无异议、即作为通过、

　　各股东均无异议、遂通过、

　　主席云、各项表册均经承认、盈余分派议案亦经通过、本届公司如此艰难、能有如此成绩、此皆公司办事人之努力、元济谨代表全体股东及董事会向总经理王云五先生道谢、并向本公司全体同人

道谢、

众鼓掌、

主席请各股东投选举董事票、并请推举四人为检票员、当推定吴东初鲍庆甲史悠凤邬友章四君、继投选举监察人票、选举揭晓如左、

当选董事、

王云五君	岫庐	二万三千七百七十四权、
李宣龚君	拔可	二万三千七百四十权、
夏　鹏君	筱芳	二万三千七百三十七权、
郭秉文君	鸿声	二万二千三百九十二权、
鲍正帆君	庆林	二万二千三百四十八权、
张元济君	菊生	二万二千二百零五权、
高凤池君	翰卿	二万二千零二十六权、
张蟾芬君	蟾芬	二万一千九百九十五权、
丁　榕君	斐章	二万零五百十九权、
刘湛恩君	湛恩	二万零一百权、
高凤谦君	梦旦	一万九千六百九十一权、
周辛伯君	辛伯	一万八千三百三十权、
徐陈冕君	寄顷	一万七千七百九十权、

次多数、

王康生君	康生	三千八百九十二权、
鲍庆甲君	庆甲	三千零八十七权、
印瑞鑫君	瑞鑫	二千六百六十二权、

当选监察人、

徐善祥君	凤石	二万三千五百零四权、
黄汉梁君	汉梁	一万七千九百八十六权、

叶景葵君　揆初		一万七千零三十九权、
次多数、		
邝富灼君　耀西		四千四百九十六权、
王正序君　正序		三千五百零一权、
摇铃散会、		主席张元济印。

同年四月，余为商务印书馆订定一套复杂而公平的奖励办法如左

商务印书馆的创办人，高瞻远瞩，为达成劳资合作，消泯工潮，早就自动采行普遍分红之制；每年公司结帐如有盈余，除拨股息红利及公积外，另拨盈余之若干成分为全公司职工之红利。此为我国企业界首先采取普遍分红制度，初时颇收鼓励职工之效。惟因此项分红制，使尽人皆可享受，且按薪额比例分配，其具有特别劳绩者，亦未能授予特优之奖金，致不易收奖励之效。行之既久，一般职工亦渐忘其奖励之意义，竟视为待遇上应有之一部分，又由于逐年随盈余而分配，在盈余多之年尚可发生个人对公司休戚相关之观念；及盈余突减，各个人分配之红利随而减少，许多职工不明真相，往往归咎于公司当局之经济不善，影响各个人的收入，因而惹起怨望者，亦在所常见。尤以在民国十五、六年工潮发生以后，公司对于职工颇难行使其管理权，遂致工作效率低落，盈余当然大减，且有一二年发生亏损者；于是职工普遍分配之红利竟无着落。多年以来视同待遇收入之一部分者，突然毫无所得，遂不免纷向当局要求，且透过职工会要求预借下年度红利者。以善意开始，而最后结果如是，可为叹息。

自民国二十一年秋间商务印书馆在劫后复业之初，我认为原有之普遍分红制，用意虽佳，不仅渐失奖励之意，且酿成不良后果，

亟有改革之必要。惟以行之既久，亦不宜完全取消，只得折衷改善。经过详细考虑，决将普遍分红之总额，划分为普遍奖励与特别奖励两部分，各占半数，除普遍奖励金仍照向例，就总分支馆及工厂各职工月薪数目比例分配外，其特别奖励金之部，由于商务印书馆组织颇复杂，纵的方面有总分支馆三级，横的方面有总管理处及编译印刷发行各部门，要使分配公允，对各方面克收公平奖励之效，无论在国内国外均鲜成例可援。经我详加研究，分别订为同人奖励金分配暂行章程，总馆特别奖励金派发暂行规则及分支别奖励金派发暂行规则。兹将各该章程规则列后：

甲、同人奖励金分配暂行章程

二十二年四月六日公布

第一条　同人奖励金，就本公司章程第二十五条规定，就每年度结帐盈余所提之款，依本章程分配之。

第二条　每年度奖励金之总数，分配如左：

（甲）总经理经理占百分之十。

（乙）全公司同人普遍奖励金，占百分之四十五。

（丙）全公司同人特别奖励金，占百分之四十五。

第三条　普遍奖励金，就总分支馆各个同人月薪数目比例分配之，以普遍为原则。

第四条　特别奖励金，就总馆及分支馆全体之盈余数量比例分配之，以奖励成绩特优之同人为原则。

第五条　总馆或分支馆应得之特别奖励金，均得保留一部分，并入下届派发。

第六条　普遍奖励金派发规则，总馆特别奖励金派发规则，分支馆特别奖励金派发规则，均由总管理处定之。

第七条　本章程由董事会订定施行，修改时亦同。

乙、总馆特别奖励金派发暂行规则

二十二年四月八日公布

第一条 总馆按同人奖励金分配暂行章程第四条规定应得之特别奖励金，由总经理先行提出一部分，酌量派发于总管理处副科长各工厂副厂长及上海发行所副所长以上人员，余数再分配于左列三组：

（甲）总管理处各部分同人。

（乙）各工厂同人。

（丙）上海发行所同人。

第二条 总管理处副科长各工厂副厂长及上海发行所副所长以上人员，以其职务之繁简，及各本人与其主管部分之成绩，为派发特别奖励金之标准。

第三条 甲乙丙三级人员，依左列原则，为派发特别奖励金之标准。

（甲）每一组假定为一百分，按左列乙丙丁三项，酌量增减之。

（乙）甲组以上年度该组全体开销与全公司营业数量之比例，与本年度同比例相较，开销愈低，分数递增至一百五十分，开销愈昂，递减至五十分。

（丙）乙组以上年度该组全体开销与其全部生产价值之比例，与本年度同比例相较，开销愈低，分数递增至一百五十分，开销愈昂，递减至五十分。

（丁）丙组以上年度该组全体开销与其全部营业数量之比例，与本年度同比例相较，开销愈低，分数递增至一百五十分，开销愈昂，递减至五十分。

（戊）每组实得分数，与其全年薪水相乘，即为每组得派特别奖励金之标准。

（己）各组标准数之和，与各组合派之特别奖励金额比例分配，即为该组派得之特别奖励金。

第四条　甲组派得之特别奖励金额，依左列原则，分配于各股，未设股者，以科代股。

（甲）每股假定为一百分，按左列乙丙丁戊己各项增减之。

（乙）上年度该股全体开销与其主管范围之营业数量生产数量或工作数量之比例，与本年度同比例相较，开销愈低，递增至一百五十分，开销愈昂，递减至五十分。

（丙）办事不积压者，递增二十分，积压者，递减二十分。

（丁）有新建设而成功者，递增三十分。

（戊）有重大错误者，递减三十分。

（己）总增加至二百分为止，总减退至〇分为止，

（庚）各股实得分数，与其全年薪水相乘，即为各该股得派特别奖励金之标准数。

（辛）各股标准数之和，与本组派得之特别奖励金总比例分配，即为各该股派得之特别奖励金。

第五条　各股派得之特别奖励金，除先提一部分派给股长副股长外，余数分派于左列各同人。

（甲）办事敏捷而无积压者。

（乙）办事细心而常常矫正他人之错误者。

（丙）改良工作而有成效者。

（丁）屡次兼办他人之事而本职并无延误者。

（戊）曾为公司节省耗费者。

（己）其他之特别勤劳。

第六条　乙组派得之特别奖励金，依左列原则分配于各厂。

（甲）各工厂出品，由总管理处分别规定标准价格。

（乙）每厂假定为一百分，按下列丙丁戊各项增减之。

（丙）各工厂出品总价与开销（包括直接间接工资、折旧，及除纸张以外之各种材料）之比例，每元所摊之数，最少者将分数递增至一百五十分，最大者递减五十分。

（丁）品质在标准以上者，递增二十分，在标准以下者，递减二十分。

（戊）不正当耗废材料者，递减三十分，特别节省材料者，递增三十分。

（己）总增加至二百分为止，总减退至〇分为止。

（庚）每厂实得分数，与其全年出品总价相乘，即为每厂应派特别奖励金之标准数。

（辛）各厂标准数之和，与本组派得之特别奖励金总数比例分配，即为各该厂派得之特别奖励金。

第七条　各厂派得之特别奖励金额，除提出一部分酌量派给厂长室职员及间接生产部分之成绩特优者外，余数按左列原则分配于各成本区间。

（甲）每成本区间假定为一百分，按其出品总价与开销之比例，每元所摊之数最小者，分数递增至一百五十分，最大者递减至五十分。

（乙）出品品质在标准以上者，递增二十分，在标准以下者，递减二十分。

（丙）不正当耗废材料者，递减三十分，特别节省材料者，递增三十分。

（丁）总增加至二百分为止，总减退至〇分为止。

（戊）每成本区实得分数，与其全年出品总价相乘，即为每厂得派特别奖励金之标准数。

（己）各成本区标准之和，与各区间派得特别奖励金之总数比例分配，即为各该区间派得之特别奖励金。

第八条　各成本区间派得之特别奖金，除先提一部分派给主任及副主任外，余数酌量分配于左列各工友。

（甲）件工实得工资，超过各该成本区间之平均工资者。

（乙）月工之特别勤劳者。

（丙）改良工作而有成效者。

（丁）曾记功一次以上者。

第九条　丙组派得之特别奖励金额，依左列原则，分配于各股。

（甲）每股假定为一百分，依乙项增减之。

（乙）上年度该股全体开销与直接营业（如各柜）或间接营业（如各存货股及文书股等）数量比例，与本年度同比例相较，开销低者，递增至一百五十分，开销高者，递减至五十分。

（丙）各股实得分数与其全年薪水相乘，即为各该股应派特别奖励金之标准数。

（丁）各股标准数之和，与本组派得之特别奖励金总数比例分配，即为各该股派得之特别奖励金。

第十条　各股派得之特别奖励金，除先提一部分派给股长副股长外，余数分派于左列各同人。

（甲）柜友营业数量及次数，均超过平均数者。

（乙）柜友营业数量列于最高之百分之二十者。

（丙）柜友营业次数列于最高之百分之二十者。

（丁）非柜友办事敏捷而无积压者。

（戊）非柜友改良工作而有成效者。

（己）办事细心而常常矫正他人之错误者。

（庚）屡次兼办他人之事而无延误者。

（辛）曾为公司节省耗废者。

（壬）其他之特别勤劳者。

第十一条　有左列情形之一者，无论合于任何得奖之资格，不给特别奖励金。

（甲）试办或短期职工，或另订契约，声明不作同人待遇者。

（乙）在本年度服务不满三个月者。

（丙）派发特别奖励时，业已退职或病故者（但总经理认为必要，得于其人退职或病故时，酌量预给之）。

（丁）在本年度曾记大过一次或小过三次尚未以大功或小功抵销者。

第十二条　总管理处副科长各工厂副厂长及上海发行所副所长以上人员之特别奖励金，由总经理主持派发之。

第十三条　其他各同人之特别奖励金，由总经理商同经理，并咨询各主管人之意见，并参考人事科，或其他部分之纪录，酌量派发之。

第十四条　总馆每年度应得特别奖励金，总经理认为无需全数派发时，得保留其一部分，滚入下年度并计。

第十五条　本规则由总管理处订定施行，修改时亦同。

第十六条　本规则施行之第一年，因缺乏比较之资料，所有特别奖励金之派发，由总经理酌量决定之。

丙、分支馆特别奖励金派发暂行规则

二二年十月公布

第一条　分支馆按同人奖励金分配暂行章程第四条规定，应得之特别奖励金，依左列各项分配之。

（甲）分配本条特别奖励金者，以有盈余之分支馆为限，已裁撤分支馆之盈余，并入总馆计算。

（乙）每一盈余分支馆各假定为一百分，按丙丁二项之规定增减之。

（丙）凡营业数量较前年平均数增加百分之五以上者，每增加百分之二，增进一分；如增加不满百分之五者，每短少百分之一，减少一分，增减之数，以二十五分为最高度。但各分支馆中如增进或减退分数，达最高度者占三分之二以上时，是年度各分支馆增减分数，折半计算（即每增百分之二，增进半分，每减百分之一，减少半分），仍以二十五分为最高度。

（丁）盈余占营业数量之百分数比，照左列标准盈余百分数表计算，每增进百分之〇·二，增加一分，每减退百分之〇·二五，减少一分，增减分数，以二十五分为最高度。但标准盈余百分数虽增进，本年度盈余数减退者，每减少百分之二，须就因标准盈余百分数增进而增加之分数，扣除其一分，至扣尽为止，又标准盈余百分数虽减退，而本年度盈余数比较上年度盈余增进者，每增加百分之二（此项百分数，至少以一百元为百分之一，转亏为盈者，以减尽亏耗外，每盈一百元，作增进百分之一计算），得就因标准盈余百分数减退而减少之分数，抵销其一分，至完全抵销为止。

营业数	标准盈余百分数（％）
六〇 〇〇〇以上	八·〇
七〇 〇〇〇以上	八·五
八〇 〇〇〇以上	九·〇
九〇 〇〇〇以上	九·五
一〇〇 〇〇〇以上	一〇·〇
一一〇 〇〇〇以上	一〇·五
一二〇 〇〇〇以上	一一·〇
一三〇 〇〇〇以上	一一·五

一四〇 〇〇〇以上	一二·〇
一五〇 〇〇〇以上	一二·五
一六〇 〇〇〇以上	一三·〇
一七〇 〇〇〇以上	一三·五
一八〇 〇〇〇以上	一四·〇
一九〇 〇〇〇以上	一四·五
二〇〇 〇〇〇以上	一五·〇
二二〇 〇〇〇以上	一五·五
二四〇 〇〇〇以上	一六·〇
二六〇 〇〇〇以上	一六·五
二八〇 〇〇〇以上	一七·〇
三〇〇 〇〇〇以上	一七·五
三三〇 〇〇〇以上	一八·〇
三六〇 〇〇〇以上	一八·五
三九〇 〇〇〇以上	一九·〇
四二〇 〇〇〇以上	一九·五
四六〇 〇〇〇以上	二〇·〇
五〇〇 〇〇〇以上	二〇·五
五五〇 〇〇〇以上	二一·〇
六〇〇 〇〇〇以上	二一·五
六五〇 〇〇〇以上	二二·〇
七〇〇 〇〇〇以上	二二·五
七五〇 〇〇〇以上	二三·〇
八〇〇 〇〇〇以上	二三·五
八五〇 〇〇〇以上	二四·〇
九〇〇 〇〇〇以上	二四·五

一〇〇〇〇〇〇以上　　　　　　　　二五·〇

（戊）按上列丙丁二项计算，应增或应减分数，与假定之一百分相加减后，即为各该分支馆实得之分数。

（己）前项各该分支馆实得之分数，各与基本年度自身盈余相乘，即为各该分支馆应得特别奖励金之标准分数。

（庚）各盈余分支馆，应得特别奖励金标准分数之和，与分支馆全体应得之特别奖励金比例分配，即为各该盈余分支馆实得之特别奖励金。

第二条　各盈余分支馆实得之特别奖励金，依左列各项之规定，分配于各该分支馆同人，如各分支馆依照分支馆贴息提奖规则，得有贴息奖金者，应加入各该分支馆实得特别奖励金数内，合并派发。

（甲）分支馆经理正帐之特别奖励金，按左表规定之百分数，就各该分支馆应得总数先行提出之。

其他同人人数	经理正帐合提之百分数
一〇一以上	三〇
八一——一〇〇	三二
六一——八〇	三四
五一——六〇	三六
四一——五〇	三八
三一——四〇	四〇
二六——三〇	四二
二一——二五	四四
一六——二〇	四六
一一——一五	四八
一〇以下	五〇

（乙）分馆于经理正帐外，每多一副经理或协理时，其经理正

帐，连同副经理或协理应得之百分数，就前项规定递移下四格计算，其余类推，至末格为止，但兼职不在此例。

（丙）除经副协理正帐提出之部分外，余数分配于其他同人。

第三条　分支馆经副协理正帐派得之特别奖励金额，由总经理酌量分配于各该分支馆之经副协理正帐。

第四条　分支馆其他同人派得之特别奖励金，按各同人之月薪职务成绩三项相乘之和，比例分配之（以月薪一元作一分，与职务成绩三项相乘后，不满一分之零数，均作一分计算）。

第五条　计算月薪标准如左：

（甲）月薪按该年度十二月份之额定数计算，如有未至年终移调者，照该年度在职最后一个月之额定月薪计算。

（乙）各项津贴特别休假及加班所得之薪水，均不计入。

（丙）全年请假满三十天者，应得月薪减去十二分之一，满六十天者，减去十二分之二，余类推。

（丁）新进同人其正式进用后，到馆办事日期，在月之十五日以前，是月份作半个月计算，在月之十六日以后者，是月份不计。

（戊）总分支馆互相移调同人，在月之十五日以前交替者，是月份特别奖励金，归受调机关办理，在月之十六日以后交替者，归被调机关办理。

第六条　计算职务之标准如左表，由各该分支馆经理，按照范围拟定，报告总管理处核定之。

主任　　　　　　　　职员
一·七——二·〇　　一·三——一·六
学生　　　　　　　　杂役
一·〇——一·二　　〇·八——〇·九

第七条　计算成绩之标准如左表，由各该分支馆经理按照范围拟定，报告总管理处核定之。

| 上 | 中 | 下 |

一·三——一·五　〇·九——一·二　〇·五——〇·八

第八条　有左列情形之一者，不给特别奖励金。

（甲）试办或短期职工，或另订契约，声明不作同人待遇者。

（乙）在本年度服务不满三个月者。

（丙）派发特别奖励金时，业已退职或病故者，但经副协理正帐，经总经理认为必要，得于其人退职或病故时，酌量派给若干奖金，其他同人，经总经理认为必要，得于其人退职或病故时，向总管理处请求核定，派给若干特别奖励金。

前项如因已退职或病故，已由总馆临时核给特别奖励金者，至分派该分支馆特别奖励金时，应将其名下应得之数目提出，由总馆收入派剩奖励金项下。

（丁）在本年度曾记大过一次或小过三次，尚未以大功或小功抵比者。

第九条　支店同人作为所属分馆之同人论，并入该分馆，共同分派特别奖励金，支店之经理正帐，照分馆主任例，计算职务分数。

第十条　分支馆后任经理，减少前任积亏者，其减亏数目，减半视作盈余，依照本规则第一条丙丁戊己各项规定，计算分数，并依庚项之比例，分派特别奖励金；此项特别奖励金，经总管理处核定后，由各该分支馆自行开支。

第十一条　分支馆特别奖励金，先由总管理处人事科，按照本规则第一第二条规定办法，计算各该分支馆经副协理正帐及其他同人应得若干，将分派表分别寄发，再由各该分支馆经理，按照本规则第六第七条规定办法结算，及拟具职务成绩分数，寄还人事科，转请总经理核定后派发之。

第十二条　本规则由总管理处订定施行，修改时亦同。

同年四月二十九日，余为商务印书馆草拟东方图书馆复兴委员会章程，提经董事会议决通过。

章程附后

东方图书馆复兴委员会章程
二十二年四月二十九日董事会议决

第一条　本委员会受商务印书馆董事会之委托、主持东方图书馆复兴事宜。

第二条　本委员会之职权如左。

（一）计画及筹备东方图书馆之复兴。

（二）使用东方图书馆基金、复兴东方图书馆。

（三）为东方图书馆募捐书籍财物。

（四）为东方图书馆规定适当办法、以其藏书、供公众之阅览。

（五）为商务印书馆保管东方图书馆财产。

第三条　本委员会设委员五人至九人、由商务印书馆董事会就董事及中外学术界实业界中聘任之。

第四条　第一届委员会、先由商务印书馆董事会聘请委员五人组织之、其余委员、由委员会推定后、经商务印书馆董事会之同意、仍由商务印书馆董事会聘任之。

第五条　委员任期、至东方图书馆正式成立公开时为止、但成立公开之时、在三年以后者、满三年时、依第四条之规定、由商务印书馆董事会另行聘任、连聘者连任。

第六条　委员在任期内辞职、或不能任职时、原由商务印书馆董事会径行聘任者、仍由商务印书馆董事会径行补聘之，其原由委员会推定后、再由商务印书馆董事会聘任者、仍按原定办法补聘之。

第七条　本委员会设主席一人、常务委员二人、由委员互选之。

第八条　本委员会为募捐书籍之便利、得于中外重要地点，各组织一赞助委员会、其组织及章程、由本委员会规定之。

第九条　各地赞助委员会委员、由本委员会推选聘任之。

第十条　本章程未经规定之事，由本委员会与商务印书馆董事会协商办理之。

第十一条　本章程由商务印书馆董事会订定，修改时亦同。

同年四月底统计商务书馆发动印行大学丛书半年来的成绩有如左述：

本馆因我国缺乏本国文之专门学术图书、于上年十月间、发起编印大学丛书、组织委员会、聘请全国专门学者、担任委员会委员、主持其事各情、委员共五十一人、经得复函赞同后、随将编审委员会所拟大学科目草案、印送各委员、请予指正、旋接李湘宸、许叔玑、蔡子民、刘湛恩、竺可桢、姜立夫、唐擘黄、黎照寰、孙贵定、丁燮林、任叔永、秉农山、吴经熊、刘南陔、朱经农、欧愧安、吴泽霖、徐诵明、王雪艇、马寅初、翁之龙诸委员陆续来函、对于科目草案、多所指示、并由本馆同人代为征得吴文藻瞿菊农两专家之意见、本馆当依照指示各点、将原拟之大学科目草案、分别订正、印成专册、定名为大学丛书目录、计分文学、理学、法学、教育、农学、工学、商学、医学、八院、文学院系四、科目一百三十四、理学院系七、科目一百五十三、法学院系三、科目八十二、教育学院系三、科目四十二、农学院系六、科目五十八、工学院系七、科目一百九十六、商学院系三、科目三十八、医学院不分系、科目二十九、综计七百三十二科目、又按一般需要之缓急、分两期编印、第一期科目四百二十九种、本馆已有书稿一百八十八种、第二期科目三百零三种、本馆已有书稿三十四种、此项目录、业已印成、并附有说明、拟分送委员会各委员审核、俟核正寄回、再行汇集重印、始为定本、此次本馆编印大学丛书、系为促进吾国专门学术起见、是以一再审慎，不厌求详、即目录中所列本馆已有书稿，及以后新收书稿、均须送经委员会委员审查后、始决定去取、四月份出版者、计有五种、（一）普通物理学上册、系丁燮林委员审定、（二）罗马法，系吴经熊委员审定、（三）欧美日本的政党、系王云五委员审定、（四）条约论、系王雪艇委员审定、（五）英国史、系何炳松委员审定，现在排印中者、有十余种、即将陆续出版。

同年秋商务印书馆一年来编印之复兴中小学教科书已先后出版，足供本年之秋季开学需要。

本馆遵照新课程标准、另编新教科书一套、定名为复兴教科书、分初级小学用高级小学用初级中学用三类、兹将已编在印各种、列表如左。

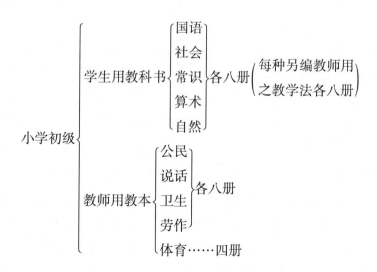

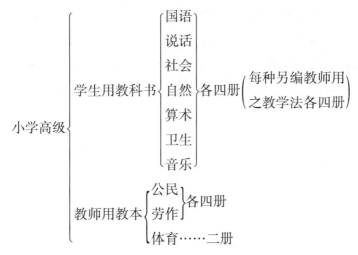

此项所编新书、参照教育部颁布小学课程标准、学生有用书者、有不用书者、学生用书者、称为教科书、并另编教师用者、称为教学法、其学生不用书者、则仅编教师用书、称为教本、俾与教科书教授法有所区别、初级小学学生用书者、如国语社会常识自然算术等科、不用书者、如公民说话卫生劳作体育等科、高级小学学生用书者、如国语说话社会自然算术卫生音乐等科、不用书者、如公民劳作体育等科、以是新编之小学用书、其科目高级与初级、略有不同、应加注意、尚有初级小学用之音乐、初高小学用之美术、稍缓即行编印。

小学国语、取材谨慎、不合于儿童心理及按年程度者、一概不取、生字以难易分先后、课文之长短、依年级递进、无一字不复习、无一课无兴趣、尤注重练习一项、初年级有以图画代文字者、高年级兼及文法、且附字汇、凡以前出版各书之长处、尽量沿用、短处完全淘汰、最近研究有得之新方法、尽量加入、

小学儿童、对于彩色、易增兴趣、而便教授、故国语首册开卷、即有彩色图四面、自然前四册、完全用四色彩印、纯为标本化、实

物颜色、力求与本物切合、见图如见实物、易于认识、且易于记忆、在小学教科书中、为空前未有之作、他如初级用算术社会各第一册、均用两色印刷、儿童必增无限兴味、成本加重、定价并不增加、本馆为慎重起见、一面将稿本送教育部审查、一面将各科第一册先印分赠教育界、征求评论、

初级中学用书、分别委托各地现任中学校之教师、及素有研究而富经验者担任编辑、已有下列多种正在排印、兹将书名及编辑人姓名列下、

公民	孙伯骞	国文	傅东华
算术	骆师曾	代数	虞明礼
几何	余介石	三角	周元谷
卫生	程念劬	动物	周建人
植物	童致棱	化学	郑贞文
物理	周颂久	本国史	傅运森
外国史	何炳松	本国地理	傅角今
外理地理	余俊生		

复按本套教科书之编辑系在河南路发行所三楼联合办公之一大统间内为之。余与少数编辑教科书富有经验学识之同人、在嘈杂之环境下从事、而每书每课余皆亲自寓目、与民元前商务所编第一套名为最新教科书时、各先辈所为者正同。一般公论、此一套最后出之中小学教科书与最前出之最新教科书、在历次所编教科书中堪称佳作。

同年八月一日本馆复业周年召开纪念会，余发表讲词如左。

诸位、我们在今年一二八总厂被毁一周年的时候、曾经在这里

开会纪念、时间过去得真快、现在已是半年、从去年八月复业到现在、又刚好一年、这一年中公司的各种情形、各位也许有不大明了的、所以今天趁这个机会大致和各位谈一谈、

去年今日这个时候、我们总管理处和发行所正在准备重新开门、我们的心理、大都是一则以喜、一则以惧、喜的是巨劫之后竟能复业、惧的是前途艰难进行不易、现在总算在艰难当中渡过一年了、表面上今日的局势似乎要比去年今日好一点、可是实际上未必然、而且还有不少新增的困难呢、

现在先说一年来各部的情形、

一、关于生产的情形　　各位从今天本馆所登的广告已可知道大概、公司所出重版的书到现在大约已有三千种、较之一二八以前出版物的总数八千种、即有八分之三是已经恢复了、又每天出版新书一种、从去年十一月一日起至今已有二百二十几种、还有从前筹备未成的大学丛书、现在也实现了。截至今日业经出版的虽不过十种、但是到秋季开学的时候、至少有四五十种、可供各大学的采用、因为除了许多在排印中的新稿外、我们还将公司历年出版可供大学教科参考的书籍一百多种提交大学丛书委员会严格审查、除认为不应列入的几十种外、余都按各委员意见或即通过加入、或须修订后加入、经此次认真选择之后、所有归入大学丛书的都是适合于大学教科或参考的书籍、此外又编辑小学生文库、仿照万有文库的办法、为小学校供给整个图书馆的用书、现在全国共有七八万个小学校、设有图书馆的殊属寥寥、所以小学生文库的需要、比较万有文库尤大、再次即为按照新课程标准编印的复兴教科书、以不及从前编译所十分之一的编审委员会同人担任其事、起初很怕要耽误出版期间、但是现在初小复兴教科书已经完全出齐、高小教科书也在两三日内出齐、中学用书亦陆续出版、本月内定可出齐、还有各科教学法、

向来是要教科书出版一二年以后才可出齐、现在却可以在本月内完全出齐、此点值得特别提出报告、这次出版的新教科书不独在时间上数量上都破了记录、而且内容还有许多优点、为前此所不及、这固然是编审委员会同人之力为多、同时也是制版校对印刷各部分同人大家努力合作的结果、

二、关于营业的情形　以上海发行所而论、虽然杂书的种数数量远不如一二八以前、然而本年一至七月的营业数量、比诸二十年度同时期还略有增加、也是可喜的事、

三、关于供应方面　栈务科现有同人比诸一二八以前的总栈房减了不少、但是发货却很少延搁、并且遇事忙时、各人都不问钟点尽量的工作、这也是我们很高兴的事情、

四、关于主计方面　现在会计科的同人较前亦减少、但是今年结帐的时间比以前提早约两个月、其办事效率亦可想见、

五、关于审核方面　因为其他各部分的工作都能顺序进行、审核部便没有什么可以检举、换句话说、审核部之不能有卓著的成绩、便可证明其他部分都有相当的成绩、

以上各部分的乐观情形、实由各同人的努力所致、现在各同人中大都能各尽其力、而且还有一人而兼数人职务的、试以我个人而论、似乎也兼任了一二八以前六七个人的事、我的主要职务为总经理、但同时兼任了从前的编译所所长和印刷所所长、有时还兼半个出版科科长、近来编印教科书、我简直还兼任从前的国文部部长、又从前编译所的秘书和印刷所的书记、现在也可以说由我自兼、甚至有时还兼校对员或计算员的工作、因为大家都肯努力、所以我也很高兴努力、而不觉其苦、这种精神就是我们在艰难中能够维持的原动力、

以上说的是同人对于公司的贡献、至公司对于同人的待遇、也

可以大概说说、当今年一二八纪念时、总馆同人还不过一千人、现在已有一千二百六十五人、比那个时候又多出二百余人、按照以前所定的解雇办法、本有百分之二十的新人可以进用、就是说可以进用新人二百五十余人、但截至昨天为止、不过只有四十几个新同人、大部分是校对方面添用的、因校对方面需人较多、所以除将各部分可以调任校对的尽量移调以外、不足的才甄用新人、其他各部莫不尽先复用旧人、这是公司顾念旧同人的意思、此外间接为公司服务的旧同人、如装钉排字等不下六七百人和直接进用的同人合计起来、已经不下二千人、公司在一二八以前总馆同人约共三千七百、现在直接间接为公司服务的实已超过半数、

第二关于福利的事情、如奖励金之派发、经公司慎重考虑、除维持旧日普通奖励金的性质外、并订定比较公允的标准、另派特别奖励金、本届虽因成绩统计未能齐备、一时还未适用完全客观的标准、但仍就可能范围、尽心尽力、为公平的分配、

关于其他的福利事项、如同人人寿保险、同人疾病补助金等均已尽先举办、希望今年的盈余能较好一点、明年还可以多做一些福利的事情、

以上说的都是公司复业后一年来的好现象、但是今后是不是都能顺利下去呢、刚才我说过、去年今日固然感觉到前途的困难、但从本年今日起还有许多新增的困难、这话我不是现在才说的、去年九十月间在董事会中我已说过了、去年的困难是消极的、现在的困难是积极的、去年的困难是表面的、现在的困难是深刻的、如果从表面上看、我们重版和新版的书很多、发行所的营业也不差、似乎景象很好、实则今年的困苦是说不出的、有些是对外不能说的、第一件就是财政的困难、去年固然也很困难、为应付各种债务和人事的纠纷支出大宗款项、但是比现在还好得多、因为当时发行所和各

分馆的少数存货简直可以当现钱使用、只要能开门、就可以卖出钱来、而且劫后赶紧重印的书、印刷上粗率一点、人家总可以原谅、但是原谅是不能长久的、现在复业已久、人家不但要你多出书、并且责望你的出品要精良呢、现在出品须兼顾质与量两方面、因此工作既须认真、材料又须多备、同时为着供给读书界的需求和便利营业上的竞胜、毁版各书固须一一重版、新版的书、也须积极印行、而且种种都要存备得很充足、从前公司以五百万元资本和历年许多公积所担负的工作、现在只以三百万元的资本来担任，自然要感觉到财政上的困难了、

　　第二点困难就是时局的关系、去年我们复业的时候、关内各地还是很好的、可是现在日本军队虽自华北撤退、但巨灾之后、还能办教育吗、所以本馆的营业不免受了很大的影响、

　　第三种困难是由于营业利益的微薄、公司自复业以来、虽因为生产能率较前进步、成本略为减轻、可是纸张的加税给我们很重大的打击、而且为着减轻读书界的负担、公司虽然在巨劫之后、也努力把中小学教科书减折发售、预计一年之中、因此减低教科书售价的损失当不下七八十万元、

　　第四种困难是工作的加重、在一二八以前我们所焦心应付的只是新出版物、至于旧有的出版物、存货本很充足、其逐渐售缺的、因有底版存在、重印极为容易、一二八以后不独存书尽毁、甚至底版幸存的还不及十分之一、所以重版的时候、先要重新排版、这一年来辛苦万状、才有三千种书重版、其未重版的还有五千种、公司又因为适应读书界的需要、不能不腾出一部分的力量、编印新书、因此、我们便负了两重的责任、现在的设备既不如从前完善人手不如从前众多，财力又不如从前充足、但是所要担任的工作却比从前至少加倍、这不是很大的困难吗、

去年复业时候的困难、因为大家要争气、恢复旧业、大家能够加倍努力、便安稳的渡过去了、现在我们不但要争恢复的光荣、并且要争持久的光荣、外国人都笑我们五分钟热度、认为我们或者能奋斗于一时、而未必能持久、从前我曾经说过、我们努力恢复商务印书馆间接上也可以为国家国民争一点面子、现在商务印书馆虽然渐渐恢复、但是最后的成功、还要靠着我们持久的努力、从前要争的是能奋斗的面子、今后要争的是能持久的面子、

古语说、"可与共患难、不可与共安乐"、因为大家在患难的时候、大都知道互相扶助、而维持大群的利益、但是到了安乐的时候、各人权利的观念往往随而发生、于是团结力便分散了、我们现在还没到安乐的时候、离开它还很远、虽然外面的人说我这表面上很好、可是我们眼见着前途还有许多荆棘、纵使我们万分侥幸、在不久的将来、可以渐入坦途、但我们仍当居安思危、不要忘记了从前的困难、也不要忘记了艰苦成功的历程、

我深信各同人都肯本着去年的精神继续奋斗的、但是继续奋斗的方法应该怎样、且让我具体的提出几件来、

第一件是要继续减轻成本、为文化计、只有减轻书籍的成本、才能使社会得有廉价的读物、为营业计、也只有减轻书籍的成本、才能应付同业的竞争、现在公司的生产成本、虽然比一二八以前减轻一点、但是和一般出版家印刷家的成本比较、还未必减轻、况且我们有较久的经验、又受过较严重的教训、成绩当然要胜过一般出版家、所以我们不要把现在的成本和一二八以前相比、轻易感觉满足、我们应该把他和一般出版家印刷家相比、而力求改进、

第二件要积极推广营业、我们的营业愈推广、愈有益于社会、我们营业到达的地方、便是文化所及的地方、本年一至六月公司的用纸统计、恰和一二八以前六个月相等、但是现在印刷的力量至少

可比这数目增加一倍、不过营业数量要比现在增加一倍却很难办到、现在因为没有尽量利用生产的力量、所以成本还嫌过重、如果营业推广、可以尽量利用生产的力量、则成本更轻、营业也更推广、

　　总之、生产与营业有密切的关系、此外各部之间、也都有关系、如进货发货主计广告等都与生产或营业有连带作用、今年任何情形都比较去年复杂得多、去年的问题一是销售烬余的存书、一是赶印重版图书、今年则既须增加生产、又要节制生产、既须发展营业、又要慎重营业、而且前途还有种种障碍、但是我们不当畏难、我们在这时候实也义无反顾、只要我们大家继续着过去一年的奋斗精神、过去既赖以成功、将来自然也没有不成功的、但是至少要度过了今年和明年的难关、公司才可渐入坦途呢、

同年八月一日，统计复业周年商务印书馆各项成绩，如左：

复业一年来上海各厂及平港两分厂生产统计表

月份＼类别	中文排字	西文排字	铅印印刷	平版制版	平版印刷	锌版制版
二十一年十二月	8 221 612 字	1 781 面	25 999 558 张	660 版	2 678 050 张	64 566 吋
二十二年一月	8 042 341	1 697	15 218 250	621	1 648 200	40 880
二月	9 500 948	1 294	13 784 188	1 255	1 989 555	47 333
三月	12 879 343	2 521	14 495 210	2 258	3 236 676	65 217
四月	11 315 924	1 647	16 595 980	1 767	3 149 920	84 842
五月	11 084 988	1 458	15 164 310	2 059	4 212 303	81 487
六月	11 490 192	1 637	16 696 999	1 727	4 688 424	74 980

续表

月份\类别	中文排字	西文排字	铅印印刷	平版制版	平版印刷	锌版制版
七月	11 284 364	1 777	27 740 640	1 819	4 478 268	73 845
共计	83 819 712	13 812	145 695 135	12 166	26 081 396	533 150

附注　（一）二十一年十一月份以前因统计未完备故自十二月份起

（二）上海平版厂系二十二年一月份开办

（三）北平分厂二十二年七月份报告未到以六月份生产数作为七月份之假定数

（四）香港分厂报告系至二十二年七月十五日为止将七月上半月生产数加倍作为七月份全月之假定数

复业一年来重版图书统计表

类别	种数	册数
总类	28	29
哲学	118	125
宗数	9	10
社会科学	532	619
语文学	294	373
自然科学	290	327
应用技术	258	268
艺术	123	134
文学	322	361
史地	240	285
共计	2 214	2 531

附注　小学教科书及万有文库单行本均未列入

复业一年来出版新书统计表

类别	种数	册数	定价
总类	8	22	$ 72.45
哲学	16	16	16.85
宗教	4	4	2.60
社会科学	87	89	72.31
语文学	12	13	21.05
自然科学	34	37	48.15
应用技术	56	56	25.05
艺术	5	5	8.70
文学	28	39	40.65
史地	42	46	39.20
共计	292	327	$ 397.01

附注　小学教科书及万有文库单行本均未列入

同年九月六日，教育部公布职业补习学校规程。

同年九月廿八日中国童子军总章经中央执行委员会常会
　　通过，十月正式公布。

同年十月十四日商务印书馆与故宫博物院订约影印宛委
　　别藏，选定四十种，缩成小六开本（即三十二开本与
　　四部丛刊大小相同），用手工连史纸或毛边纸印刷。
　　印数由馆方酌定，按印数赠书十分之一与院方，重版
　　时赠书亦同。选定书目如左：

　　周易经疑三卷　　　　　　　　　　元涂溍生

　　诗义集说四卷　　　　　　　　　　明孙　鼎

五服图解一卷　　　　　　　　　　　元龚端礼

左氏摘奇十二卷　　　　　　　　　　宋胡元质

九经疑难四卷　　　　　　　　　　　宋张文伯

钟鼎篆韵七卷　　　　　　　　　　　元杨　峋

春秋集传　　　　　　　　　　　　　宋张　洽

中兴两朝圣政六十四卷　　　　　　　不著撰人

运使复斋郭公言行录一卷　　　　　　元徐　东

读史管见三十卷　　　　　　　　　　宋胡　寅

遁甲符应经三卷　　　　　　　　　　宋杨维德

陈氏小说病源方论四卷　　　　　　　金陈文中

类编朱氏集验医方十五卷　　　　　　宋朱　佐

严氏明理论三卷后集一卷　　　　　　宋严器之

宝祐四年会天历一卷　　　　　　　　宋荆执礼

嘉量算经三卷　　　　　　　　　　　明朱载堉

为政善报十卷　　　　　　　　　　　宋叶　留

书斋夜话四卷　　　　　　　　　　　宋俞　玉

群书通要七十三卷　　　　　　　　　不著撰人

群书类编故事二十四卷　　　　　　　元王　蓄

回溪史韵二十三卷　　　　　　　　　宋钱　讽

毅斋别录一卷　　　　　　　　　　　不著撰人

桐江集八卷　　　　　　　　　　　　元方　回

王征士诗集八卷　　　　　　　　　　元王　沂

东皋诗集五卷　　　　　　　　　　　元马玉麟

贞一斋诗文稿二卷　　　　　　　　　元朱思本

策要六卷　　　　　　　　　　　　　元梁　寅

编类运使复斋郭公敏行录　　　　　　不著撰人

慎斋集四卷	明蒋主忠
东汉文鉴二十卷	宋陈　鉴
分类唐歌诗残本十一卷	宋赵孟奎
策学统宗前编五卷	不著撰人
元赋青云梯三卷	不著撰人
声律关键八卷	宋郑起潜
古清凉传二卷广清凉传三卷续清凉传二卷	唐释慧祥等
诗苑众芳一卷	不著撰人
续世说十二卷	宋孔平仲
古逸民先生集三卷	宋汪炎昶
集篆古文韵海五卷	不著撰人
阳春白雪八卷外集一卷	宋赵同礼

以上共四十种

同年，全国专科以上学校数一〇八所，岁出经费三三五六四 九二一元，学生八 六六五人。

同年，全国公私立小学校共二五九 〇九五所，其中私立小学校四五 五九一所、占百分之十七·六。

同年十二月余撰两年之苦斗一文，总述两年来商务印书馆遭劫与复兴之经过，刊入东方杂志，其文如左。

两年的苦斗

本文是以我个人的立场，叙述商务印书馆自民国二十一年一月二十九日遭日军炸毁，以迄现在约莫两个年头的经过情形。这时期中，商务印书馆的经历最苦，而其奋斗也最力；结果便从一堆余烬中，造成一个新的局面。我个人在这时期的商务印书馆中，总算是一个极有关系的人，因此商务印书馆所受的苦，我也一一尝过；而且因为自然人是有情绪的，其所感觉的苦，当然远在法人之上；又因为自然人是活动的，在奋斗过程中，所出的气力也比法人更为具体化。即如去年三月至七八月间，我为着解决商务印书馆的人事纠纷，受了旧同人方面很剧烈的攻击；后来又因为有些股东不很明白真相，以为我对于旧同人既能以公司的巨款接济，而于股东的利益却未能兼顾，因此也有对我深表不满的。我记得在那时期中胡适之先生从北平寄给我一封信，其中有一段说："南中人来，言先生须发皆白，而仍不见谅于人！"这真可以表现当时的景象。现在商务印书馆表面上渐复旧观，而且有许多事件反较遭难以前有进步。从前攻击我最烈的一部分旧同人，也不分畛域，重新进用，与我携手同为商务印书馆致力；而一般股东对于我的举措，似乎也较能谅解。甚至本年三月间，商务印书馆股东会中，并承主席提议，在场股东赞成，向我表示谢意。这真是使我受宠若惊。同时有许多关心和同情于商务印书馆的人士，见其复兴很速，往往过度的归功于我，也使我受之有愧。总之，我从前种种挨骂，不见得因为该骂；后来受人恭维，也未必值得恭维。或者从前骂得过分些，后来也就不免恭维得过分些。依同一理由，现在如果受着过分的恭维，将来或者还不免过分的挨骂，这都是意中事。我以为一个人要想做事，不独要吃得苦，还须要脸皮厚；不过那副厚脸皮以外，须有一个良心和它陪衬才好。

我在这叙述中，因为要适应东方杂志社的要求，作为我的自传之一片段，便不免夹着许多主观的话。又因为在百忙中随意写下去，措词未能谨严；往往把公司的事，过分的加重个人的色彩；又有时把个人的意见，过分的作为公家的决定。这是商务印书馆的前辈和一般读者要加以原谅的。

接着我便要揭开这两年苦斗的幕了。幕的背后表现着散布在将及百亩地方的工厂和货栈，完全付诸一炬；数千职工都感着失所和失业的痛苦；千数百股东都忧虑着血本的无着；千百万等待着供给读物的人们，都太息着丧失了供给之源，其中一部分的人从前不甚满意于这个被毁的机关，现在却都变更态度，一致表示同情。这时候上海四马路一间事务室内，挤满了无数喧嚷和哀泣的人们，或要求救济，或询问将来办法。但是这种喧嚷和哀泣的声音，总掩不住十里外传来的枪炮声，尤其是炸弹声。室内有一个终夜未曾合眼的人，一方面应付这许多的要求和呼吁，一方面倾听外间的枪炮和炸弹声，一方面内心正在打算：趁此摆脱一切，以谋一己的安逸和一家的安全呢？或是负起一切责任，不顾艰苦危险，不计成败利钝，和恶劣的环境奋斗，以谋打出一条生路呢？结果他竟然下了最大的决心，他虽然在这个机关只是一个极小的股东，他和这个机关的关系也不过十年，比诸许多同事们毕竟还是后进。他如果趁此卸责，或者尚不至有人责备他，同时他还有八十多岁的老父，将及八十岁的老母，以及尚在提抱的幼儿；他明知肩负这种责任，可以陷他于极度的危险，使其全家老幼失所倚赖。但是他一转念，敌人把我打倒，我不力图再起，这是一个怯弱者。他又念，一倒便不会翻身，适足以暴露民族的弱点，自命为文化事业的机关尚且如此，更足为民族之耻。此外他又想起，这个机关三十几年来对于文化教育的贡献不为不大；如果一旦消灭，而且继起者无人，将陷读书界于饥馑。凡此种种想念，都使他的决心益加巩固。他明知前途很危险，但是他被战场的血兴奋了，而不觉其危险。他明知前途很困难，但是他平昔认为应付困难便是最大兴趣，解决困难也就是最优的奖励。

以上一段话，恰好代表民国二十一年一月二十九日商务印书馆遭难后第一日的情形，和我个人的心境。这种心境经过二十九那天通夜的继续思考而益坚决。于是我个人两年来的苦斗史便由此一念而起。

在这约莫两年的时期，假使我能够养成做日记的习惯，可记的事真是太多。现在事后追忆，而且在百忙之中，自然是挂一漏万的了。姑就记忆所及，概括为下列的几项：

（一）人事纠纷的解除；

（二）复兴的筹备；

（三）复兴后的人事问题；

（四）复兴后的生产问题；

（五）复兴后的编辑计画。

第一，人事纠纷的解除　　商务印书馆上海各机构原有职工三千七百余人，其中一大部分住居闸北，战事发生时，不独多年倚为生活的商务印书馆总厂完全被毁，甚至室家财物也多同罹此劫。除少数向来住在租界的安全地带者外，其余都从闸北或闸北附近逃出来，有些还算把细软的东西随身带着，有些简直是身外无长物。他们除了少数有亲友住在租界者外，大都靠当时寸金寸土的旅馆做安身处；但是寸金寸土的安身处不是不名一文所能置身其间的。因此，他们都纷纷挤到商务印书馆设在安全地带的发行所来要求救济。但在这炮火连天的时候，所有银行商店一律关门，金融尽行停顿，我和商务印书馆的其他当局者，虽然痛心于数十年基业一旦被毁，有亟谋挽救万一的必要；但是眼前见到许多流离失所的同人，大家都认为救人是第一件大事，商务印书馆自身的救急和善后，都暂时丢在脑后。所以我们第一件工作便是分头向各银行的后门钻入，去商量暂借若干现款，借以救济正在流离失所的同人。结果即于商务印书馆被第一炸弹而发火的一小时内，宣布发给各同人每人救济费十元。这十元的数目似乎不多，但若把三千七百乘起来，便成为三万七千元的巨数现金，在那时候确比平时十倍此数尤为难得。许多同人得到此难得的十元救济费，三数日内总算解决了食宿的问题。但是永久的问题又怎样呢？在这寸金寸土的租界安全地带中，开支至少倍于平时，而来源又将断绝，久留只有增加消耗，故惟有从速各回乡里才是一条生路。因此，我们仍是一心一意把救济旧同人作为第一件事，结果于二月一日即商务印书馆被难的第三日，向董事会商定，各同人除已付清一月份薪水外，每人加发半个月薪，这数目差不多就是十万元。又商定同人活期存款在五十元以下者全数发还，五十元以上者其超过五十元之部分先筹还四分之一。这样一来，又是二十余万元，两共三十万元以上。我们在这万分困难之中，筹付这般巨款，原想使滞留上海每日耗费不赀的各同人，得以早日回到他们比较安全的乡里，但是旧同人方面有些不明真相的，以为商务印书馆仍当继续筹款救济，因而观望自误者颇不乏人。而人事的纠纷，也就随之而起。其实商务印书馆当此巨劫之后，财产去其大半，不独无救济的余力，即以清理债务而论，当可以运用的资产仅足偿还全部债务三分之一。我当时所最注重的为旧同人在商务印书馆所存的款项，因为这是许多旧同人历年辛苦所积聚，当此陷于失业恐慌的时候，为求免除同人不幸中的不幸，自须极力设法，把这些存款尽先全部偿还。但这些存款总数，仅占商务书馆全体债务之一小部分，如果商务印书馆一蹶不起，以致破产清算，则按照剩余资产摊还债务，各同人不独无从获取救济金，甚至存款或尚不能收回三分之一。我当时还有同样注重的，就是商务印书馆的复兴与旧同人的职业关系，假使商务印书馆不能复兴，则不独上海各机构原有的三千七百余同人将不能有再行进用的机会，甚至那时候未受直接损失的分馆分厂同人约二千人，不久也因公司之解散而同遭失业。但是巨劫之后，要图恢复，非先清理不可。如果依照公司法规定，将所有债务同时清理，则诚如上文所说，旧同人一时的和永久的损失都很大。而且照这样清理，以后纵能复兴，也须重新组织公司，势必迁延时日，对于教育界的供应也不能不长期停顿，固有的地位也就随而丧失。我再四考虑之后，认为要使旧同人的存款得以全部偿还，要使旧同人于领回全部存款之外还可得到相当的补助，要使旧同人将来有再为商务印书馆服务的机会，要使商务印书馆得以早日复兴而保持其对于教育界读书界的地位，不得已只有采行一种应付非常局面的方策。这方策在当时的各同人看起来，都不免认为我的手段太辣，都认为这将致各同人于绝地。其中较为激烈的少数人铤而走险，都要和我个人过不去。这种的心理，就各同人的立场言，原不足怪。这种过程，我也早已料到；甚至当一月二十九日午前，商务印书馆刚被炸毁，我在发行所受着流离失所的同人所包围的时候，我在内心的打算，也经预料到。但是我以为在打仗的时候，往往置诸绝地而后得生存；在房屋被毁以后，必须拆除，方能重新建造。而且在那时候，商务印书馆如果不自动的为局部的清理，恐怕还不免被动的全部的清理；因为商务印书馆经过这一次重大的损失，各方面的债权者原有随时干涉其支付款项的自由，设不幸而有此事实，则同人的存款清还，和尽先进用，与商务印书馆复兴的希望均成泡影。反之，如果一面借解除纠纷为复兴的准备，以维持其他债权者的信任；一面以同人关系解除为理由，先将同人存款全部清还，并酌加补助；这样一来，商务印书馆当时可以运用的全部资产，便可完全支付于旧同人方面，而不受其他债权者的干涉。结果自去年一二九被难后，至同年八月一日复业前，商务印书馆先后发还旧同人的存款计八十余万元。与种种补助旧同人的款项六十余万元，合计共一百五十余万元。而用以清偿其他债务的款项，不及二十万元。这种处置，在这种情势之下，对于旧同人实至有利。但我是就全体同人的总利益及永久利益着想，各同人则不免专就个人一时的利益着想，其立场不同，遂不免群起而集矢于我个人。计自去年三月十六日商务印书馆董事会议决总馆业经停职各职工全体解雇之日起，至八月一日复业前后，半年以内，我无时不受辱骂和威吓。好几次因为外间攻击我太厉害，许多亲友都力劝我摆脱商务印书馆，以免名誉扫地。我答以只要良心过得去，脸皮尽管厚些。又有许多人劝我必须详加驳复，以免社会误会，我也因为同时须对付旧同人和其他债权者，如果根据全部的主张详加驳复，纵有利我个人一时的名誉，转有碍商务印书馆复兴计画的进行。所以除了一次简单声明立场外，对于任何攻击我的文字，概置诸不复。到了四月初间，少数旧同人对我之攻击益形恶化，致有种种不利于我的盛传，而且实际上还接到了不少的恐吓信。正当其时，不幸我的老父弃养，又有许多亲友劝我趁此躲在家中守孝个把月，避过锋头，这是绝对没有人怪我不负责任的。我以为临难图苟免，不是我们应做的事；而且常听我父亲教我尽职负责的话，如果借父丧而避责任，不独与平素主张不符，且无以对先父。因此，我便不惜短丧废礼，于四月十一日在上海申新两报刊有左列的启事：

先父礼堂公于八日午后七时一刻晚膳中突患脑出血，越五分钟即弃云五而长逝，享年八十有一。云五与内子儿女寡嫂姊妹等皆随幸在侧，奉母命于十日下午三时安葬于万国公墓。先父交游广；云五服务社会垂三十年，同事同学知交亦綦众，理宜一一讣告。惟先父生平于善举虽不惜倾家，于庆吊辄视为侈靡。去岁先父八秩大庆，云五以高年难得，而椿萱并茂，尤为人间罕觏之事，亟宜称庆，稍尽人子之职；顾先父以云五任事商务印书馆，同人多至数千，稍有举措，势将扰及多人，力戒不许。家母亦甚赞同。云五始遵命而罢。今先父虽已弃养，遗教犹在，不敢稍违。况值兹国家多难，尤不宜耗物力。故葬前不敢告丧，葬后亦不开吊，所有赙赠概不敢领。云五并秉承先父克勤尚实之旨，于安葬之次日，忍痛任事。凡我戚友幸矜谅焉。王云五泣启。

以上句句话都是事实，但其中还有一件事实，在当时却不便明白表示。这就是当商务印书馆发表解雇办法劳资问题紧张而一部分旧同人正在集矢于我个人的时候，我不愿借丁忧名义，躲在家里推诿责任；后来纠纷稍平，有人告诉我，当这启事登出之时，许多人觉得可异。也有些反对我的人，见我这种不漂亮的举动，颇有转念到我当时的主张未必是为着私利的；因此对于我的反感转而和缓了一点。这究竟是不是事实，我却无从证明。

第二，复兴的筹备　上文已经说过，为着各方面的利益起见，商务印书馆有从速复兴的必要。故虽在种种纠纷之中，和希望极微之际，我无时不着手于复兴的筹备。我们在遭难后第一种积极的工作，就是使各分馆在紧缩下维持营业。因上海总栈房全毁，供给断绝，故就上海发行所所存的少数书物和各分馆所存的书物，从事合理化的调剂。即以各分馆半年间的营业收入，作为复兴用款的基础。第二种的积极工作，就是利用香港和北平两个平时生产力无多的分厂，暂时代替上海被毁的总厂，从事于大规模的生产，分别拟定精密的生产计画，使这两厂于增加极少的设备后，可有六七倍于向来的生产力，俾秋季开学时学校教科用书及较重要的参考书不致短缺。自去年三月即开始实行此计画，经过种种的困难，卒能于秋季开学时将此项书籍大致补充齐备。这与商务印书馆的复兴关系极为重大。假使这件事没有办到，则去年八月上海发行所复业将无书可以发售，各分馆虽继续营业，实际上亦将无业可营。因为我们出版界一年中有两个最重要的营业时期，就是春季和秋季开学的时期；商务印书馆出版物的范围甚广，其中教科书一项自初小以至高中无不齐备，大学校教科参考书籍也有多种；如果在总厂被毁之后不即就这两分厂设法印书，则秋季开学时教育界固重感书籍供给的困难，商务印书也一蹶不振，其影响于前途极大。我所以在总厂被毁未久即计画秋季用书的供给，就为着这个缘故。记得我开始作这个计画的时候约在二月中旬，距商务印书馆总厂被毁不过半个月，其计画之完成约在三月上旬，费时共约二十日。那时候商务印书馆的资财能力和时间都受着极紧缩的限制，故于秋季开学时各种用书的需要数量和各分馆的存货及可销数量，都不能不作精密的统计。因为力量只有如许，某一书的供给过剩，势必致另一书的供给不足。若在平时有种种簿册报告为根据，计画自较容易，但在总务处及总厂被毁之后，历年簿册报告均不存在，凭空计画，实感困难。后来无意中在我的大衣袋里检出一本手册，其中载着些不甚完全的旧纪录，从此推算起来，便渐渐的得到大概的统计。这本手册，至今我还认为是一种无价的锦囊，因为许多被毁的旧统计资料都可直接或间接得自其中。可见平时的笔记实有很大的功用啊！我既然从此推算得秋季各种用书的约数，第二步便打算如何使那设备不全向来能力薄弱的香港北平两厂，可以担负此项临时重大的使命。当其时好几位同事都以为非多购机器不可；只以款项支绌，不能随意购置。适有英国某机器公司，为表同情于商务印书馆，愿廉价售予大宗印刷机器，并允将其货价分若干年摊付。同事中多以其条件特优，主张大宗购买。我以为生产增加不尽靠机器之多，只要能尽物力和人力，即以香港北平两分厂原有的机器，也未尝不能担负此项非常的工作。后来折衷诸说，略购少数机器，订明分期付款。那时候我曾预言，总厂机器被毁后加以修理尚可使用者，或不在少数；将来战事停止，如能着手修理，恐怕有多余的机器可以出售。想不到这预言现在竟成事实。且说香港北平两分厂的原有机器和临时添购的几部合并起来，比诸上海总厂原有者不过十分之一，而添购机器中也有运到较迟，秋季开学以前不及利用的，从表面看起来自然是无力担负秋季用书的全部。但是我本着尽物力和尽人力的原则，并按其需要的先后缓急详加计画之后，似尚无力量不称的弊。计画规定，于是从三月中旬起委托重要职员，带同计画分驻香港北平两厂，代表那时候的善后办事处，督促所定生产计画的实施。果然到了去年八月总馆复业和各分馆继续秋季开学的营业时，那两个小小分厂所印成的教科书籍数量，和我于半年以前在上海所拟的计画简直无大出入。这固然由于两位代表和两厂职工的努力工作，但在这种隔膜和纷扰之中，我的计画居然能有百分之九十以上的正确，至今回想起来，心里还觉得很大的安慰。

第三，复兴后的人事问题　　商务印书馆前此为着万分不得已的缘故，在善后期内将所有的旧同人全体解雇；但其本意绝不愿抛弃多年相依的旧同人，故于宣布解雇之时，曾自动向官厅及旧同人郑重声明，将来如能复业，当根据团体协约法的规定，按照需要酌量进用旧同人。查团体协约法对于雇主雇用工人所能加以最大的限制，就是于其所雇用之人数中有十分之八属于与有协约的团体，但专门技术人员及学徒使役等均不受此限制。截至本年十一月底，商务印书馆先后进用的职工，除学生不计外，共一千三百七十八人，其中只有六十九人在一二八以前未尝服务于商务印书馆，其余之一千三百零九人均系旧同人，占全部进用职工人数百分之九十五，较诸团体协约法所规定百分之八十的限制超出甚多。足见我在限制以外仍是尽量进用旧同人，也就可以证明从前之主张解雇，实无抛弃旧同人之意。

谁都知道商务印书馆在一二八以前劳资纠纷颇多。我常常以为这些纠纷的原因虽很复杂，但公司方面用人不当与赏罚不明，实亦不能辞一部分的责。故惩前毖后，于复业之前，对以后的人事问题考虑特别周详，并因应现在的特殊局势，立下了几种特殊的规定，现在择要说明如左：

（一）人事委员会　商务印书馆在复业的初期用人无多，而待用的旧同人极多，为免除瞻徇情面力求公允起见，我们把进用职工的权委托于特别组织的人事委员会。这委员会的员额为七人，除主任的姓名公开，书记系由人事科长当然兼任外，其他各委员的姓名均不公开，俾得自由行使职权，不受任何影响。所有复业后进用的一切职工，除副科长及编译员以上者由总经理直接决定聘请外，其他均先提交人事委员会核议，然后决定。依此办法进用职工，我虽不敢说其尽能公允，但至少要比诸由各主管人员自由任用，较为慎重一点。

（二）回避制度　一个国家机关，用了许多父子兄弟做职员，在前代本为制度所不许。到了民国，虽然制度上不加禁止，却也不为舆论所赞同。但是一个工商业机构用了许多父子兄弟在一起办事，则赞成和反对的都各有理由。赞成者以为可使在职的人增进其对于这个机构的感情，而且父子兄弟同在一起办事，于公家的规律以外，还可多一种私人的约束。反对者则指责其为引用私人，互相回护，以致无能力者可以幸进，不称职者也有人包庇。商务印书馆在一二八以前，父子兄弟同在一起办事的很多，闻竟有一家五人同受雇用者；这自然有其好处，也有其不好处。去年八月商务印书馆复业时，我对于进用职工方面，定下一个原则，就是父子兄弟已有一人进用的，其他概不进用。我所以作此决定，除了一般人所指摘的理由外，还有另一重大理由：因为一家的人如占有两个以上的进用机会，则他家的人势必减了一个以上的进用机会；当此复业伊始，用人少而待用之旧同人极多，倘没有这种规定，将更感用人之不公允。我这种回避制度施行之始，同人中虽不免也感觉有些不便，但是十余月来，习惯渐成自然，在此特殊情势之下，其效用固很著明，即在平时想来也是利多害少的。

（三）女职工　商务印书馆在一二八以前，有女职工八九百人，去年八月复业时，所有女职工概从缓进用，直至本年三四月后始渐渐在某部分进用少数女工，而且以尽先进用寡妇或未嫁女子为原则。其理由是因女职工对于生计上的负担不如男职工之重，尤其是商务印书馆旧日的女职工多系在职同人的妻女，为着使一般旧同人有较公允的进用机会，故有前述的办法。至于寡妇或未嫁女子所以尽先进用，亦因他们对于生计的负担较诸有夫之妇更为迫切的缘故。

（四）馆外工作的旧同人　商务印书馆复业后的上海各工厂都系临时租赁的房屋，地址很为迫狭，因此附属的工作如装订一项初时并没有举办，现虽在印刷厂中附设一个精装课，其所担任者大部为布面精制的书籍。此外大部委托旧同人在外间所设的装订作场代为办理。这也是维持旧同人生计的一种方法。现在旧同人倚此为生计者，不下四五百人。其他如中文排字的工作，上海制版厂对于这一项的生产力已较一二八以前更大，但是为着维持一部分未经进用的旧同人生计起见，我将铸成的铅字约二十副，以信用方法及特别低廉的价格，售给二十组的排字部分旧同人，并于相当时期内，供给他们充分的排字工作，然后分期就所得排字工价陆续将铅字售价收回。期满后各该组的排字工人便如耕者有其田一般，都成为排字者有其铅字了。这一项也有一百多人，和装订作场合计，则在外间靠商务印书馆为生活的旧同人不下六七百人。

（五）同人待遇　我在商务印书馆复业时拟定了一种同人待遇的通则，就是最高级者薪水较前减少，办事时间较前加长；中级者薪水较前不减，时间也加长，低级者在可能范围内务使薪水有增无减，办事时间不增不减。其理由，一因高级的同人当以身作则，首先牺牲，其他则依次递减其牺牲程度；二因低级的同人须维持其最低的生活程度，故除不努力或技能不佳者外，其收入总以有增无减为原则，三因一二八以前各部分办事时间长短不一，有短至六小时者，有长至八小时者，现一律改为八小时，向来低级同人的工作时间最长，故不增不减，其他从前依次递减者现在却变为依次递加了。

（六）同人心理的改革　商务印书馆复业之初，我们有当前的一个大问题，就是对于旧同人进用的程度，和用人的宜多或宜少。因为一二八以前商务印书馆的劳资纠纷是很著名的，所以往往有人认为商务印书馆的旧同人不好对付，此次劫后复兴，虽曾由公司宣言，依团体协约法的规定进用职工，除学生使役外，须有百分之八十为旧同人；因之，颇有建议复业后用人愈少愈好，俾旧同人的成份也随而减少。也有人建议，暂时不设工厂，宁将生产工作委托外间代办，以免再陷于一二八以前的工潮。我的主张却与此相反，所以上海先后成立了三个工厂，凡是自己能办的事，总以自己担任为原则；其为自己所不便担任的工作，如装订一项，亦如上所述先委托旧同人代办。至于已经恢复的部分，如有需用职工的必要，也无不尽先复用旧同人。这种办法在有些人眼光里，或者是一件很危险的事。但是迄今我常常得着很大的安慰，就是旧同人之再经进用者，大多数都能服从规律，热心任事，无论生产营业或其他部分都是如此。或者以为这是由于进用时格外慎重选择之故，其实也不尽然。当我们进用职工渐多的时候，如对于技能和性情两项一律求全，这是不易办到的。因此我们为着技能的缘故，往往对于平素认为性情不易指挥的人，也不惮进用；甚至从前和我过不去的人，如为公司所必需，我也绝无成见，准其进用。我有一种特性，我的朋友高梦旦先生称之为善忘，换句话说，昨日是我的仇敌，今日可以即变为朋友。

我既本着这种宗旨进用职工，自然对于其人过去的历史也是善忘的。不过再行进用之后，有功固必赏，有过亦断不宽容。结果那些最为一般人所不放心者，其认真工作与服从指挥，较诸他人且有过之。我认为这实在由于心理上的改革所致。这种心理上的改革，一部分固然是由于一二九巨劫的刺激，大部分还是由于制度的更新使人有努力自效的希望。大抵有能力的人，从前因为屈居下位，而且鉴于赏罚的不明，便自然而然的另谋出路。现在如果不顾旧嫌，予以自效的机会，其加倍努力自系意中事。故我以为赏罚不明，虽至驯善者不免起怨望；赏罚明，则任何人均不难就范围。

第四，复兴后的生产问题　商务印书馆劫后，所有总厂的存书存料全部被毁，机器只有在第五厂的一部分幸存，不及原有机器总数十分之三；历年出版各书的母版，事前搬运于安全地点赖以保全的不及原有母版总数十分之一。所以在复业以前和复业以后的最要问题，就是怎样恢复生产。而且因为存货罄尽，所需要的供给较前更多；故不仅要恢复生产能力，还须大大的增加生产能力。照常理说起来，增加生产能力当然要添置机器或是多用工人，但这两件事均非钱不办。商务印书馆被毁后，既没有加招股本，也并未发行公司债；所赖以经营者只有劫后剩下的小小资本，和社会人士对于商务印书馆的同情和信用。因此，机器之无力添置，自不待言。至于增加工人使失业的旧同人多有再进用的机会，这虽是我所主张，但是一部机器只要二人工作的，如改用三人，便不合于经济的条件；又设备上不应有某种工作的，如果勉强添办，也不合于经济的条件。在这种物力人力均受有限制的时候，本来只要能恢复往日的生产能力已自不易，可是自从去年十月以后，上海各工厂陆续成立，迄今不过一年有奇，商务印书馆现有的印刷力却等于一二八以前两倍有半。中文排字的力量，除委托外间代办者不计外，也倍于从前。此外还有许多种工作的生产力，均较前有加无减。截至本年底为止，所有被毁重版的书籍多至三千余种，而劫后新出版者不下一千四百册。然而专就印刷一项而论，商务印书馆现有的机器仅当从前百分之五六十，工人亦不及从前之半；而生产能力却当从前之二倍有半。印刷工人的平均收入，按照本年七月份和十一月份的平均统计，较一二八以前增加至百分之四十二。制造成本却较前低减不少。这种种的事例，似乎是互相冲突的，现在却并行不悖。不独劳方资方两受其利，而且可用较少的资本，较少的设备，而得较多的生产。推原其故，不外能尽物力与人力而已。所谓尽物力，就是使机器不要睡觉或躲懒。从前商务印书馆的机器虽多，但一天只八小时工作，其余十六小时都不做工，和睡觉无异，而且在那工作的八小时内，也没有使各机器尽其应尽的力量。譬如某机器的构造，本来每小时能生产若干，但因机器的运用不得当，或因工作衔接上之不得当，便可使这机器在八小时工作期内失去其一部分的效用。现在我们一方面使各机器在可能范围内都轮班工作，一昼夜二十四小时不停；这样一来，一部机器便等于三部机器。此外又设法使其运用得宜，并使工作衔接，于是现在的一部机器便不难等于从前四部机器的功用。上文说我们现以等于从前百分之五六十的机器而生产等于从前百分之二百五十，就是这样推算得来。所谓尽人力，譬如从前一部机器在原则上本来可以两个人运用的，因为不肯尽人力的缘故，便用了三个人，甚至四个人来运用。那平空添出两个人的工资，不是使工厂多一种非必要的支出，以致制造成本加重，便是使其他两人的应得工资给这平空添出的两人分去了一半，以致各人的收入减少。现在我们不过使每一机器都由必要的人数担任工作，于是一转手间，工厂的制造成本既已减轻，工人的收入也有增进。又从前因为赏罚不明，以致工人不愿尽力工作，现在一面施行公允的按件计值制度，一面使特别努力者有受奖励的机会，不努力者有受惩罚的可能，这也是尽人力的一种重要原因。照这样说起来，物力和人力两方面既都有进步，则以少数的设备得多量的生产，工厂成本减轻，工人收入加多，都是当然之事。商务印书馆在上海的三个工厂和北平香港两个分厂一律办理成本会计，其结果发见一种显明的特例，就是公司制造成本愈轻的部分，工人的收入也在比例上愈有增加；反之，公司制造成本愈重的部分，工人的收入也就比例上愈无起色。其原因至为显明。大抵办过成本会计的人都知道，每件工作的间接开销，往往比直接开销多。直接开销大都是工人的收入，而间接开销却与工人利益无关。如果能够将间接开销减至最低度，结果既丝毫无损于工人，而且因工厂节省较多，还可有余力以酌增工人的收入。但是要减轻间接开销，其程序也很复杂；因其中至少括有（一）机器的折旧和利息，（二）间接原料，（三）动力，（四）房租，（五）管理费等项。故要达到减轻间接开销的目的，第一必须使机器尽其力，而增加产量；第二必须使房租动力及间接原料等适于必要的程度，勿使耗废；第三必须使管理部分的能率充分，可以少数消费管理大量生产。所以制造成本如能减轻，便含有生产增加的意义。反之，如果不问成本，只图形式上的生产加增，势必于机器力量尚未充分利用之时，添购非必需的机器，或是不问职工的工作能率已否达于相当标准，而一味无限度的添用职工。照这样的增加生产，恐生产愈增，工厂的基础愈动摇，一般职工亦未见有利。这种弊病，在一二八以前的商务印书馆，实在常常犯着；恐怕国内其他工厂与此同病的也还不少呢。

　　第五，复兴后的编辑计画　商务印书馆是一个出版家，不是一个单纯的印刷家；编辑计画对于出版家关系极为重大。我们印刷上的生产能力虽然大大扩充，如果我们在编辑上没有计画，结果不过成为一个印刷家，不能算是出版家。商务印书馆在距今三十七年前，以印行华英初阶等书而起家的时候，实际上不过是一个印刷家，不能算是出版家。后来组织编译所，为着辅助那时候最初颁行的新教育，开始编辑所谓"最新教科书"，商务印书馆的地位才由印刷家而进为出版家。其后继续印行中小学各种教科书和辞源、四部丛刊、百衲本二十四史等，商务印书馆遂随着编辑计画进展而成为国内最大的出版家。去年复业后，因历年出版的书籍八千余种悉数被毁，母版保存的也不及十分之一，如按一般营业的原则，自宜以全副生产力量从事于被毁各书的重版。但是我以为出版家的职责当不断的以新著作贡献于读书界，如果我们复业后的二三年专印重版的书，无异成为一二八以前商务印书馆的贩卖所或印刷所，至少在这二三年内不能认为出版家。所以去年复业之初，我即决定保留一部分力量专供新出版物之用。自去年十一月一日起，宣布每日出版新书一种的计画，同时并复刊东方杂志等四种定期刊物。当我宣布这计画时，便有不少的同事怀疑我不自量力，也有些人以为我没有就营业着想。我认为日出新书一种不过是最低限度的一项贡献；我们应做的事还有很多，所以在宣布这计画之后，更进行其他几种计画。第一，就是按照新课程标准编印一套比较完善的中小学教科书，这套书连同教学法教本等共三百多册，业于本年秋季开学以前完全出版，使实行新课程标准的全国中小学校都能如期获得相当的教育工具。第二，就是编印大学丛书，以为提高吾国学术、促进革新运动之一助，经与全国著名大学校及学术团体合作，组织大学丛书委员会，草拟大学校各院必要的科目，然后分别缓急先后，拟定于五年内编印第一期大学用书四百三十二种。此在我国尚属创举，以劫后的商务印书馆任此事，更觉不自量力；只以在商务印书馆遭难之后，益觉学术救国之必要，此举亟不容缓。幸得各大学及学术团体之赞助，迄今才一年，已经出版了大学丛书八十多种，今后更当努力进行。第三，就是编印小学生文库，为全国儿童增进其自动读书的机会，而为自动教育之倡导。全书五百册，本年内可以出版三百五十册，此举于儿童读物的贫乏固然补助不少；又因儿童有求知的渴望，而无辨别的能力，多读好书便生良好的观念，多读无益的书便至终身受着不良的影响，所以该文库对于量的供给以外，尤特别慎重质的选择。第四，就是编印万有文库末期应出的书。查万有文库内容书籍二千册原定五期出版，一二八以前已出版四期，除第四期存书大部分被毁尚可重版外，所有第五期应出之书四百册，大多数没有存稿，于是不得不重新征集或分别托人编著，经过许多困难，本年底当可如约出版齐全，以完成三四年前我所发起编印万有文库的工作。第五，就是影印古书以保存孤本，即如此次与中央图书馆筹备处订约影印的四库全书珍本便是其中的一例。四库全书的影印，十余年来经高梦旦先生等的擘画，功败垂成者两次。本年三月间中央图书馆筹备处复以此来商，商务印书馆复业未久，重版待印的书极多，新版待印者数量也很不少，故就经济能力和生产能力言，本不必担任此项工作，但以此事计画多年，功亏可惜，而且鉴于四库全书因东省之沦亡又已丧失一部，及今而不速将孤本先行影印，将来文献散佚，与文化至有关系。故不顾困难，遂与订约印行，其后，因目录学者的意见纷歧，惹起极大的论辩，我总是保持着以最后成功为目的，其他皆非所计。现在幸已开始摄影，十年来经几许波折，终算实现有期。而于影印四库珍本之外，并与故官博物院订约影印惟一孤本的宛委别藏，又与国立北平图书馆订约借摄该馆所藏善本，与涵芬楼烬余的善本参合影印，分期陆续发行。

　　叙述得太冗长了，就此终止罢。在终止以前，或者还有人想知道一个无能力的人怎样应付这般困难的局面。我的答复是："无论怎样无能力的人，只要肯把全副精神应付一件事，多少总有一点的成就。"我本来是毫无嗜好的，社会上的应酬也极少，一二八以后，简直完全谢绝。我生平视为最快乐的，只有读书和做工两件事。除了每日睡觉六七小时外，其他的时间都完全给这两件事支配，任他们互为消长。一二八以后，我把读书的时间多牺牲一点，于是别人以每日八小时工作为最高度的，我便可以十五六小时来工作，结果无异两个无能力的人一体合作。俗语说，两三个臭皮匠可以合成一个诸葛亮，固然说得过分些，但无论如何，两个无能力的人合作结果，总可以等于一个稍有能力的人。并且一个人专做一件事，无论其人怎样愚钝，结果也可以因熟练而生巧。不过无能力的人做事，纵在正常的局面，往往也要遇着困难；若在非常的时期，更不必说随在都是困难。如果一遇困难，便作消极态度，则任何事都不能有成。我有一种特性，就是对于任何困难，决不稍感消极，并且偏喜欢把困难的事作为试验，以充分的兴趣，研究其解决方法，便认为这是唯一的最优厚的报酬。既然不为其他报酬而卖气力，所以只知负责，绝无怨望。在这过去两年的苦斗中，因为往往出力不讨好，甚至还要讨骂，许多人都说我太不值得，我自己却没有这种感觉，专以所做事的成功为唯一目的。然而我毕竟是一个人，不能没有人的感情。我自己承认生平有一个很大的缺点，就是"小不忍"这三个字；换句话说，就是比较大些的不满的事情日积月累的隐忍着，偶然遇着很小的事，便一触即发，无法按住性子，因此而使生平的事业失败了不少；就是在这两年苦斗的程途中，也因为这"小不忍"三个字，空耗了不少的努力，这是我常常要诰诫自己的。

（二十二年十二月为上海《东方杂志》写）

民国二十三年（公元一九三四年，甲戌）一月商务印书馆辑印四部丛刊续编。

兹将缘记附后：

四部丛刊，创行于民国八年，先后两版，数逾五千，迄今数载，访求者犹时时不绝。良以世方多故，古籍销亡，国学起衰，相需尤亟。敝馆不揣绵薄，愿广流传。涵芬楼储书数十万卷，岁有增益，予取予求，恣其甄择。海内外藏书大家，闻有是举，咸欲出其珍异，来相赞助。天府秘藏，名山逸典，骈列纷罗，所得善本，视前殆有过而无不及，昔年赓续之议，至是而幸观厥成矣。初编出版。编定全目，先成书若干种，始售预约，同时以羼购者，续编之辑，踵行斯例。摹印之书甫成数百册，而一二八之难遽作，尽化劫灰，偶有存者，亦断烂飘零，不堪入目，整理经年，渐有端绪。四方学者，群以得书之难，远道遗书，竞相督责。敝馆遭此丧乱，喘息粗定，益憬然于流通之事不容稍缓，抚兹余烬，敢自守株。编辑之方，刊行之序，有不得不为变通者，谨述如左。

初编之书，仅登急要，有议其挂漏者，有嫌其狭隘者，兹编所集，取弥前憾。甲部选择最严，诵习者多，遂感贫乏，故凡汉唐遗编，下逮宋元杂说，遇有版刻精良异于流俗为前所未取者，咸予登录。乙丙二部，例亦如之。即集部日广日益，层出不穷，而时代精神，于焉攸寄，亦不欲悬格独严，致多摈弃泛滥之讥，不敢辞也。

史部目录金石二类，原拟别行，今既变易前例，故仍附入，即卷帙繁重者果属佳刻，亦不别印单行。况今所收太平御览，册府元龟，如此鸿编，均为天水旧刊，人间孤本，并蓄兼收，尤足增光简册乎。

宋元旧刻，每多残阙，初编概从割爱。然必求完帙，方谋版行，人寿河清，正恐难俟。且世变方亟，五厄堪虞，若不急起直追，即此子遗亦将沦丧，则何如以此残珪断璧贡诸当世之为愈乎，今及见者，如魏了翁之礼记要义，张九成之中庸说、孟子传，章衡之编年通载，钱若水等之宋太宗实录，唐仲友之帝王经世图谱，世无二本，补亡岂易，虽非全璧，咸用网罗。近人著述，初编仅限集部。然有清学术，实有继往开来之功，苟成书尚未刊行，或已刊行而得之维艰有传布之值者，旁搜博采，罔敢或遗。嘉庆续修之一统志，久阅深宫，吴廷华之三礼疑义，频罹劫火，罗而致之，示不敢厚古而薄今也。

初编群经，取单注本，此则专取单疏。然注疏本行而单疏遂微，中留土贻，东瀛藏弆，仅存八经，且多残帙，比岁搜求，差有所获。其他门类，亦已什得八九，忽经浩劫，毁及太半，涵芬所储，并付一炬，欲偿始愿，今兹未能。姑就见存之本，排比成目，附录于后。每届来复之日，定为发行之期，聊仿昔人分年日程之规，稍酬读者先睹为快之意，求全责备，需以岁时。傥我同志发筐相饷，匪所不逮，尤欣慕焉。

中华民国二十三年元月　商务印书馆谨识

同年一月每日出版新书，改为多则二三种，至少一种。

同年一月十八日，中山文化教育馆编译之中山文库，系专译外国名著，全部八十种，于本日与商务印书馆订约，由该馆印行，预定三年内全部出版，每年译印约二十七种。

同年二月，商务印书馆编印幼童文库二百册，小学生文库五百册。

兹将余所撰辑印小学生文库缘记附后：

我从前主编万有文库，为中等学校及一般图书馆作整个的贡献，结果因这书而成立的图书馆多至千数，我的努力总算没有落空。但是学校中需要图书馆的不限于大学中学，就是小学校也都有设置图书馆的必要。

现今教育家盛倡自动教育。我想一个学校要实行自动教育，至少须有三项准备：（一）引起儿童自动读书的兴趣，（二）培养儿童自动读书的能力；（三）征集各种适合于儿童的补充读物。这三项中，补充读物之征集关系尤为重大。因为没有适宜的书，便难引起儿童读书的兴趣，更无从培养他们读书的能力。现在新式的学校中，除教科书外，还要采集各种补充资料，使各科内容更为丰富。在上课以前，使学生分头阅读补充读物，到了上课的时候，各人把所得特殊资料提出来，供大家讨论；各人既都有特殊的贡献，教室中的兴趣自然增加。或者在上课以后，依教师的指导，各自向图书馆中搜罗补充资料，不像从前大家呆守着一本教科书，以致感觉到功课的干燥无味。这就是小学校图书馆必需设置之一的理由，也就是儿童补充读物亟待编著之一理由。

儿童读物在量的方面固有积极提倡的必要，在质的方面，尤非特别注意不可；因为小时候所读的书最足以影响一生的志向和行为。儿童有求知的渴望，而无辨别的能力，多读好书，便生良好的观念；多读无益的书便受恶影响。小时候读书所养成的观念，后来是很难改变的。

我国书籍汗牛充栋，然足供儿童，尤其是现代儿童阅读的寥若晨星。一因我国旧日著作多谈哲理或经国大计，不适于儿童的智识领域，一因小学校改授语体文以来，旧有读物，辞藻较深，又非儿童所能了解。间有通俗读物，类多诲淫诲盗，或提倡迷信。儿童识字以后，寻求有趣的读物，真如饥者求食一般，急不择食，因而种下恶因的，也比比皆是。

我们为着供给识字儿童精神上的适当食物，所以从事于小学生文库的编辑。食物须含有种种滋养资料，始能使身体健全。读物也须包括种种有益资料，始能使知识与德性并进。本文库根据此旨，故以人类全知识的雏形为范围。第一集五百册中，括有门类四十五，从图书分类法说起来，总类方面有图书馆学和读书指南等；社会科学方面有社会、政治、国际、经济、实业、法津、童子军等；自然科学方面有算术、天文、地文、物理、化学、矿物、地质、生物、植物、动物等；应用科学方面有农业、工业、工程、生理、卫生等；艺术方面有劳作、美术、音乐、游戏等；语文文学方面有国语文、神话、童话、寓言、故事、谚语、谜语、诗歌、歌剧、剧本、笑话、短篇小说、长篇小说等；史地方面有史地、地理、传记、历史等。其中以自然科学与应用科学两大类合占一百五十九册，与语文文学两大类合占一百六十六册相差无几。此外史地一类，也占了一百零六册。这也是鉴于我国人科学知识的缺乏，和史地眼光的错误，故特别注重。至于文学读物当然占最多数，不过选材方面也格外审慎，于维持儿童想像与情感的需要中，不使其理智与德性受不良的影响。至以编制而论，自然科学，尤其是理化、工业、工程等方面，因我国儿童的观察机会还不如外国儿童，故在外国儿童一言可以明白的，对于我国儿童不能不多方解说，以助认识。文学方面，取材于旧籍的，除原来极浅显者外，无不译为语体文，以便了解；取材于外国的，力求适合国情。其他各方面，都本着此项宗旨。

本文库的编印目的和万有文库相同，一方面在以整个的图书馆用书贡献于小学校，一方面采用经济的与适当的排印方法，俾小学校得以四五十元之代价获得五百册最适合儿童需要的补充读物，而奠立图书馆的基础。全书四十余类，每类特备一种封面，表示各类的特质，无形中养成科学分类的观念；同时书面上也依次各印一号码。因此，凡以本文库成立的小学校图书馆，尽可由小学生轮流管理，无须有专员主持。这也是我们为学校节省经费的一点微意。最后我们还要声明的，就是国内儿童读物的编著还在试验时期。我们对于本文库的编辑固然格外慎重，但同人愿望虽宏，能力有限，关于取材编制的缺点，在所不免，还望海内儿童教育专家，不吝指正。

民国二十三年二月王云五识

其后余又为晨报专撰图书与儿童一文，其范围并及一般儿童之读物，附该文于左：

固然，儿童的教育不当专靠图书，但是，要使儿童获得人类过去累积的经验，来适应现代社会和解决人生问题，图书的阅读仍是最重要而最经济的方法，这是一般教育家所承认，并且事实是如此的。

我常常听到许多家长们的谈话，"我们的孩子镇日只知玩耍，不愿和书本亲近"。有的说，"我家的孩子是喜欢看书的，可惜专看些神仙鬼怪的故事和小说"。有时候，我听到许多小学教师的言论，他们努力实行自动教育，但他们总不免遇着这几个难题，就是怎样引起儿童自动读书的兴趣，怎样培养儿童自动读书的能力和怎样供给儿童优良的补充读物。

的确，一般家长和小学教师所感觉的困难，是当前急待解决的问题，就我国已有的儿童图书说，委实是太贫乏了。儿童们没有阅读的兴趣，或阅读不适宜的图书，这些过失，无疑的，完全该归责于我们成人。我们现在对于儿童图书的编印，在量的方面固有积极提倡的必要，在质的方面尤非特别注意不可，因为人们幼小时候所阅读的图书，最足以影响一生的志向和行为。

大家都知道，儿童的食物须含有种种营养料，才能使身体健全的发育，那末，儿童精神上的食粮——图书，也须包括种种有益而必需的资料，才能使知情与德性并进。

现今我国文化的不振和经济的衰落，已无可讳言，我觉得要收发扬文化的速效，只有采用比较最经济而最有效率的方法，从前我主编万有文库为中等学校及一般图书馆作整个的贡献，结果因这文库而成立的图书馆，多至千数，我的努力总算没有落空。近年来我鉴于儿童图书的贫乏与其需要的迫切，又积极从事小学生文库的编辑，经了多时的准备，小学生文库第一集最近已在商务印书馆付印，今年十月底第一批书便可出版了。

晨报为儿童谋幸福，举行"国庆儿童比赛"，另出特刊，使我能和国内外的晨报读者讨论儿童图书，觉得很荣幸，现在乘这机会把小学生文库向各位约略介绍。

小学生文库是以人类全智识的雏形为范围，明显的说，其目的在供给整个的儿童图书馆用书，和系统的小学生补充读物，第一集共五百册，括有十四五个门类，如果从图书分类说起来，总类方面，有图书馆学和读书指南等；社会科学方面，有社会、政治、国际、经济、实业、法律、童子军等；自然科学方面，有算术，天文、地文、物理、化学、矿物、地质、生物、植物、动物等；应用技术方面，有农药、工业、工程，生理卫生等；艺术方面，有劳作、美术、音乐、游戏等；语文文学方面，有国语文、童话寓言、故事、谚语、谜语、诗歌、歌剧、剧本、笑话、短篇小说、长篇小说等；史地方面，有史地、地理、传记、历史等。总之，除了程度和范围比万有文库较浅较狭，以期适应于小学生的需要外，这部小学生文库的性质，可说是和万有文库很相近，因此他实在是一般儿童的万有文库。

如果小学生文库能够对一般家长和小学教师有些帮助，这当然是我所企求，如果全国儿童能够从小学生文库获得或增进其必须具有的智识和经验，成为身心健全的儿童，那尤其是我热烈盼望的。

（二十四年十月为晨报国庆儿童特刊作）

同年四月一日商务印书馆召开二十二年度股常会会议。

兹将纪录附后

中华民国二十三年四月一日下午二时五十分、在上海北河南路市商会开股东常会、到会股东连代表共计一千二百四十户、计三万二千三百七十七股、二万八千七百六十二权、摇铃开会、行礼如仪、

张菊生君主席、

书记报告本日到会股东户数股数权数、依照本公司章程可以开会、

主席云、本日股东常会、董事会特依照公司法之规定、提出几种报告、（一）资产负债表、（二）损益计算书、（三）财产目录、（四）营业报告书、此外又报告恢复股份为三百五十万元案（附录于后）、均已有印刷品分送、各位股东想都看过、其中营业报告一项较为简略、恐有不甚明了之处、现在请总经理王云五先生再作口头补充的报告、

报告恢复股份为三百五十万元案、

按本公司股份总额原为五百万元、前年遭一二八国难后、将股份减为三百万元、本公司章程第二十五条第二项规定"甲种特别公积专为恢复原有股份之用、每积至五十万元即将股份陆续恢复……"、查甲种特别公积项下、由清理旧厂收入者、结至二十二年年底止、计四十五万九千四百四十七元零七分、又二十一年度盈余内提存及派剩红利拨入者、计十五万二千三百二十二元三角七分、两共计积存六十一万一千七百六十九元四角四分、照章应以五十万元为恢复股份之用、即恢复股份为三百五十万元（现在股份每股六十

元、依此次复股之结果得增加十元、改为每股七十元)、特此报告、

王云五君报告、诸位股东、在董事会所提出的几种书面报告中、诸位已可知道过去一年公司的大概情形、就是营业比上一年度多了三百几万元、盈余比上一年度多了约十万元、同时因为甲种特别公积已超过五十万元、所以按照从前决议、把资本总额由三百万元、恢复为三百五十万元、

现在我所要补充报告的、就是说明怎样达到上述的结果、与其间经历的困难情形、记得上年度股东会中、我也曾作了一番补充报告、其最后一段话是推测二十二年度已经过去、想不到那时候推测的话、竟然完全实现了、现在我且把这段话重述一下、"二十一年度营业减退、尚能有较好之盈余、全由于节省与同人之努力、至本年本公司之前途、深觉较二十一年度更为困难、一则时局如此严重、非人力所能及、一则同业竞争日烈、他家同业未受创、竞争较易、我则当浩劫之后、值此环境、退既不能、进又不敢、且本年为谋恢复已失之营业、补充短缺之存货、并须应付一二八以前之定书各户、不能不积极造货、然而所存现款无多、发派股息之后、更将不敷周转、故本届结算、幸有盈余、虽稍可告慰于股东、但云五常以为二十一年是消极的困难、二十二年是积极的困难、积极困难、将较消极困难为尤甚……"这一段话归纳起来、就是(一)去年同业的竞争极利害、(二)生产的调节、很成问题、(三)恢复已失的营业与应付一二八以前的预约各户、都是很严重的责任、(四)现款缺乏、周转为难、现在我便依序说明怎样解决这些问题、

一　二十二年度同业竞争和盈亏的关系　二十二年度盈余为九十六万六千余元、较上年超过约十万元、但是各分馆几乎没有不亏耗的、而分馆的亏耗是要由总馆的盈余中减去的、反之如果分馆不亏、则盈余将不止此数、各分馆这样亏耗究竟是什么原因呢、我可

约略的报告、

甲　由于同业竞争　本公司是出版家、自以出版书籍为主、而出版物中教科书实占重要地位、所以教科书对于营业的影响很大、去年春季开学时、各同业皆主张廉价、所有教科书均照原有折扣、再打八折、我们为减轻教育界的负担并维持营业计、也就不能不随着减价、因此损失很大、本公司以前举行大规模的减价、每五年才做一次、如在三十周年纪念做一回、卅五周年纪念又做一回、去年虽没有什么纪念、却做了两次、上半年还只是一时的减价、下半年却是长久的更定折扣、小学书原售八折的改为六折、中学书原售十足的改为八折、这种办法、在教育界方面、固然是减轻负担不少、但是本公司当巨劫之后、对于此项重大损失、就不易负担了、

乙　由于新课程标准施行过骤　前年底教育部发表新课程标准、按照已往的经验不独去年秋季、大部分当然仍用旧有的教科书、甚至二三年后、也还是新旧教科书并用的、但是去年因有特殊情形、秋季开学时、各地方所采用的教科书、百分之九十以上都是新标准的、本公司幸赖编辑印刷各同人的努力、居然在种种不利的环境和短促的时期中、把新标准的教科书准备得很充足、所以营业不但能维持、还能较前有进步、不过各分馆从前预备的旧教科书、便因新书的推销而积滞、故年终结帐、折耗很大、但从另一方面说、假使我们赶不出新的教科书来、那末教科书的营业将尽为他家所占、其危险可是更大了、

丙　由于营业费的异常　去年度营业费计达九十六万六千六百余元、如果和十余年来的营业费数目比较一下、就知道这是历年最大数目的第二位、完全是由于同业竞争激烈所致、营业费既然如此之大、盈余是从什么地方得来呢、实在仍和上年一样、完全由于管理费和生产费的节省、查去年的管理费为卅七万六千余元、较之民

国廿年的六十八万余元、差不多减少一半、说到利益方面、去年的货物利益有二百九十多万、也是十年以来最大数目的第二位、因然有较大的货物利益，和较小的管理费、所以营业费纵然较大，结果还能有九十几万的盈余、

关于分馆的亏耗可特为提出报告、去年分馆亏耗达五十七万余元、全体的分馆、除厦馆减亏九千余元外、沈馆虽有三千余元的盈余、但仅系帐面上的利益、这种消极的盈余、不能算真正盈余、又除北平保定广州云南四分馆不盈不亏以外、其他各分馆都有亏耗、其原因不外如上述（一）同业竞争剧烈、（二）新课程标准施行过骤、与（三）营业费之异常三项、总分馆同受这三项的影响、不过总馆兼办生产和营业、营业上的吃亏、可从生产上补偿、分馆因为专事营业、不办生产、吃亏之处、无从补偿、而且因为所存的教科书进价和年终盘存作价相差甚远、故有这般巨额的亏耗、因为有这种特殊情形、所以去年分馆的亏耗是不能归罪于分馆自身的、

二　二十二年度生产的情形　去年公司生产方面很有困难、此项困难、绝对不是由于生产能力的不足、乃是由于营业与流动资本的问题、本公司遭劫之后、总厂总栈房存书尽毁、上海发行所及各分馆旧存的少数书籍、已于二十一年度差不多售尽、二十二年度要恢复已失的营业和应付一二八以前的预定户、势非积极生产、补充存货不可、但因流动资本短少、实际上又不容尽量生产、所以生产之调节上、实在是二十二年极困难的一个问题、现在虽侥幸度过了这个难关、但是经过的事实、想也是各股东所要知道的、所以我就择要报告一下、

第一件是关于公司现在的生产力量、这件事可从机器和人工两方面说明、本公司各厂机器工具、去年度盘存的数目是一百零二万七千余元、民国廿年因总厂被毁、无从估计、民国十九是一百三十

万五千多元、所以去年的数目比十九年占百分之七十四、（二）人工、民国十六年至二十年间上海总厂及平港两分厂、每年人工用于生产者平均约二千八百人、去年则上海三厂连港平二厂所用人工仅共一千四百人、恰为百分之五十、以百分之五十的人工、乘百分之七十四的机器工具、结果为百分之三十七、换句话说、去年生产的能力、本来只及从前百分之三十七、但事实上却不但能力没有减少、而且反有增加、除了几种附属的出品、本公司现在没有直接生产外、所有主要的工作、如铅印石印排字等都由自己担任、而且其中的铅印和中文排字的生产力量、简直比从前加倍、就是等于从前生产量百分之二百、以等于从前百分之三十七的机器和人工、而能作等于从前百分之二百的生产、其效率简直六倍于从前、就是除去自己不直接生产的部分、其效率至少也等于从前的四五倍、不过事实上却没有完全利用生产的力量、这是因为顾虑到流动资本的短缺、所以一方面虽把工作的效率改进、一方还要和营业相调节、即如印刷用纸一项、去年度共用纸三十一万多令、而从前每年印刷用纸、平均也有二十四万令、如果加倍、应该有四十八万令、但是去年才用了三十一万多令、这便是不敢尽量生产的明证、只有中文排字一项、民国十八年共十五万三千多面、去年度即增至三十万面、恰好加倍、这是因为从前出版物的的母版都被烧掉了、所以重版的书大都要重新排字、其实中文排字的能力还不止此、也是顾念到流动资本的短缺、不能不于复兴和进展之中、作相当的节制罢了、

　　现在要说到出版书籍的数量了、去年度一方面要把毁去的旧出版物、按照需要缓急次第重版、一方面为要尽辅助文化的责任、不能不有新出版物、即为营业关系和应付旧日预约定户、也不能不有新出版物、所以去年初版的书籍共八四七种、一四三〇册、全部定价共六二〇元、如把此项定价和十九年来比较一下、则民十一年为

七四三元、民十二年一四四四元、民十三年七五九元、民十四年六六四元、民十五年八〇三元、民十六年四六六元、民十七年四九〇元、民十八年七二〇元、民十九年五九六元、所以去年的初版书的数量、比诸民十六年以前都不及、比诸十七年后似乎稍多、但是去年初版书中包括小学书一九四册、定价五十一元、中学书六三册、定价四五元、小学生文库三五〇册、六十一元、又续出一二八以前预约的书、计万有文库四〇五册、一二〇元、二十四史七二册、四五元、总计初版书定价中、除去中小学教科书及新旧大部预约书外、只有三二二元、所以去年初版的一般书籍、实际上比从前任何一年都减少、但是毁版后的重版书、去年度共二二一〇种、二六一〇册、总定价二一二三元、这都是历年所未有的重大负担、但因为一二八总厂存书被毁、发行所及分馆所存少数的书、在二十一年内差不多售完、所以为恢复已失的营业起见、此项重大的负担是无可避免的、

　　三　二十二年度营业数量　去年营业数量总共八百五十余万元、如果和十几年来相比、则民十一年是六百九十余万元、民十二年是八百十余万元、民十三年是九百十余万元、民十四年是八百七十余万元、民十五年是九百七十余万元、民十六年是七百九十余万元、民十七年是一千零十余万元、民十八年是一千六十余万元、民十九年是一千二百十余万元、民二十年是一千三百五十余万元、这就是公司历年营业总数量最多的一年、民二十一年因总馆停业大半年、并受时局影响、只有五百五十余万元、去年度是八百五十余万元、较民廿一年增加三百万元、但预约未取书者尚不在内、所以去年的营业总数、若与预约未取书并计、当有九百万元、预约书在本公司近年营业上、颇占重要地位、这都是因为公司的信用素孚、而自从前年复业以来、更注重出版时期的准确、所有预约书籍和预定杂志、从没有延迟过一天、而且去年底把一二八以前预约的万有文库完全

出版、百衲本廿四史也出了一期、这也是本公司维持信用的实例、

四　关于资金运用的情形　我们要以短少的资本、做多大的事业、这原是很困难的、本公司的资本额、以前为五百万元、但是可以运用的资金、应当包含各种公积和储蓄款项在内、计民十一年可以运用的资金为七〇九万余元、民十二年为六七八万余元、民十三年为八二七万余元、民十四年为八八〇万余元、民十五年为七九六万余元、民十六年为八一三万余元、民十七年为七七九万余元、民十八年为七八五万余元、民十九年为七九八万余元、民二十年为七六八万余元、民廿一年为三五九万余元、民廿二年为四二二万余元、从前可以运用的资金最多的一年即民国十四年、达八百八十万元、而现在则仅四百二十二万元、民国十四年、只做了八百八十五万的生意、而去年却做了八百五十七万的生意、所以从前不过是以一元资本做一元生意、而去年则以一元的资本、做两元的生意、其困难当然是很明显的、

五　关于恢复股份的说明　这里附带要说明的、就是恢复本公司股份为三百五十万元案里的甲种特别公积的来源、除由廿一年度盈余项下转入者十五万余元外、其他都是由于清理旧厂修理机器工具变卖或作价、计去年一月至四月间、此项修理好的机器或清理出的工具、变卖得价三万九千余元、自用作价者二十二万一千余元、五月至八月间变卖得价者九千余元、自用作价者四万三千余元、九月至十二月间变卖得价者一万六千余元、自用作价者五万九千余元、以上共计六十一万一千余元、所以按照从前股东会议决恢复股份之办法、本届以五十万元为复股之用、另见董事会书面报告、

六　本年度前途的展望　去年度种种情形、云五在上届股东会报告中所预料的已经成为事实，但是本年度的前途又怎样呢、就云五所知到的、第一、今年的同业竞争是不会减少的、去年的竞争目

标在于教科书、今年则不仅教科书为然、即一般书籍和预约书各方面的竞争、也很利害、第二、去年很感觉流动资本的短缺、今年情形也不会好、第三、本年度生产的调节较去年更感困难、此外还有一种困难是属于心理上的、大抵人与人间共安乐比共患难更难、当公司被毁之初、同人都觉得公司正在患难之中、所以都肯牺牲奋斗、过去两年的成绩、多靠着这一项心理上的作用、本年度实际上仍在患难之中、但是表面上大家见着二十一年度尚有盈余、二十二年度竞争这样利害盈余较上年度还多一点、因此在股东方面、不免希望二十三年、盈余又有增进、同人方面也认为公司渐达安全之域、奋斗的精神、是否不受影响、也成问题、我们要实现股东的希望，不得不赖同人之继续奋斗、我们要求同人之继续奋斗、至少也盼望股东能够充分的谅解、所以本年度要度过难关、除物质上的种种困难、须加倍努力应付外、心理上尤望股东与同人都能对主持公司业务的人、益加合作、（鼓掌）

主席云、云五先生对于公司各种情形补充报告、很为详尽、现在请监察人代表报告、

监察人徐善祥君报告、今天本人代表监察人作一报告、公司本届结算各项帐略、均经会同黄汉梁叶景葵两君检查、已印成报告、所有根据帐略制成的资产负债表损益计算书及财产目录、均经三位监察人核对无讹、特此证明、（鼓掌）

主席云、依照公司法第一百六十八条规定、董事应将其所造具之各项表册提出于股东会请承认、本届并按照从前股东会的决议案提出关于恢复股份之报告、现在请各位股东对于董事会提出之各项表册和报告、加以承认、诸位如有不明了处可请提出询问、此层很关重要、请各位股东发言、

少顷、无人发言、

　　主席云、现在已经过了几分钟、没有人发言、是否皆无异议、无异议者请举手、全体举手、

　　主席云、各股东对于董事会所提出各项表册报告、已经承认、

　　现在再依照公司法第一百六十八条提出公积金及盈余利息分派的议案、并请书记宣读、

　　书记宣读公积金及盈余利息分派之议案、如下

　　二十二年份本公司净盈余九十六万六千三百六十三元七角五分、照本公司章程第二十五条先提十分之一为公积金、计九万六千三百三十六元三角七分、次提股息常年八厘计二十四万元。每股得四元八角、其余六十二万九千七百二十七元三角七分、平均分为甲乙两部、其分配如左、

　　甲部之半数、计十五万七千四百三十一元八角五分、作为股东红利、每股应派红利五厘、共派十五万元、每股得三元、其余七千四百三十一元八角五分、并入甲种特别公积项下、

　　本届股息及红利合并每股共派七元八角、

　　甲部之其他半数、计十五万七千四百三十一元八角四分、作为甲种特别公积、

　　乙部之半数、计十五万七千四百三十一元八角四分、作为同人奖励金、

　　乙部之其他半数、计十五万七千四百三十一元八角四分、作为乙种特别公积、

　　主席云、议案已经书记宣读、各位股东有什么意见请发表、又董事会提出本议案讨论时、曾因公司现款很拮据、同业竞争激烈、故鄙人提议将股息及红利全部拨充复股的甲种特别公积、不予分派、但多数因鉴于股东经济情形亦复困难、故拟仍照章发给现款、现特将经过约略向诸位报告、

　　股东蒋仲茀君云、适才王总经理报告说去年有一元资本、可以做两元的生意、但资产负债表中流动资产项下现款仅十九万余元、而负债方面银行透支则达五十几万元、可知现款很不充足、同时股东方面也多有经济困难、依赖股息维持者、但现在已经有五十万元复股、去年股息八厘、红利五厘、共一分三厘、各位股东未知能否自动的只取一分、而以三厘存放在公司里、使公司现款增多、多做生意、如此乃可表示股东不专为利息着想、也有肯帮助公司发展的、

　　股东袁叔浑君附议、

　　主席云、蒋君动议股东以红利三厘自动存放公司一案、已有附议、议案成立、请众讨论、

　　股东杨千里君云、本席主张维持董事会原案、股息与红利照派、蒋君意思固甚好、但红利五厘仅十五万元、如提存三厘不过九万元、为数甚微、亦不济大用、

　　股东袁叔浑谢宾来张叔良诸君均相继发言、

　　主席云、现在讨论终结、应将蒋君提案付表决、赞成蒋君提议者请起立、起立者二人、

　　主席云、兹再以董事会原提案付表决、赞成董事会原提案者请起立、多数起立、通过、

　　主席请各股东投选举董事票、并请推举四人为检票员、

　　当推定史久芸郁厚培韦傅卿陈少荪四君、

　　继投选举监察人票、

　　选举揭晓如左

　　当选董事十三人

王云五君	岫庐	二万七千七百一十一权
李宣龚君	拔可	二万七千二百八十五权
夏　鹏君	筱芳	二万七千二百三十一权

鲍正帆君	庆林	二万七千零五十四权
张元济君	菊生	二万七千零四十权
高凤谦君	梦旦	二万六千二百零五权
丁　榕君	斐章	二万二千九百七十七权
刘湛恩君	湛恩	二万二千五百五十一权
徐陈冕君	寄廎	二万一千六百八十二权
张蟾芬君	蟾芬	二万零八百三十六权
周辛伯君	辛伯	二万零六百五十四权
高凤池君	翰卿	一万九千三百二十五权
蔡元培君	孑民	一万一千四百六十四权

次多数

郭秉文君	鸿声	一万零一百六十九权
王康生君	康生	六千一百二十九权
鲍庆甲君	庆甲	四千八百一十九权

当选监察人三人

徐善祥君	凤石	二万六千二百七十三权
黄汉梁君	汉梁	二万零六百八十八权
叶景葵君	揆初	二万零零零五权

次多数

| 邝富灼君 | 耀西 | 五千五百五十八权 |
| 徐亦庄君 | | 四千六百五十三权 |

摇铃散会

同年四月十五日商务印书馆影印发行六省通志。

前东方图书馆搜藏之本国方志、为全国之冠、正拟择要影印、不幸毁于前年一二八之难、本馆复业后、以方志关系国史甚巨、仍继续搜求、所有各省通志业已购齐、特分期影印、俾与最近印行之嘉庆一统志并行、以便学者之研究、本年先出六种、于本日发售预约、其办法如左、

书名	册数	定价	预约价	预约截止期	出书期
湖南通志	五厚册	十三元	九元	六月底	七月内
浙江通志	四厚册	十一元	七元半	七月底	八月内
广东通志	五厚册	十三元	九元	八月底	九月内
畿辅通志	八厚册	廿二元	十五元	九月底	十月内
湖北通志	三厚册	十元	七元	九月底	十一月内
山东通志	五厚册	十三元	九元	九月底	十二月内

同时合购两种者、得照规定价目九五折计算、

同时合购三种以上者、得照规定价目九折计算、

同年四月十七日商务印书馆登报征求出版计划。

兹将启事及应征办法附后：

谨启者、敝馆复业以来、为时虽未及二载、印刷制版之工作幸渐复旧观、被毁各书、既已大体重印齐全、新出之书、亦日在一二种以上、区区努力文化之微意、似尚足以告慰于国人、

唯当此国难临头之际、敝馆忝居出版家之一、对于介绍学术、促进教育、自度有格外奋勉之必要、敝馆前既印行四部丛刊、百衲本二十四史、万有文库、近复印行四库全书珍本、四部丛刊续编、一统志、各省通志、大学丛书、及小学生文库、商量旧学、涵养新知、极愿兼筹而并顾、

敝馆出版方针、向以民族复兴为鹄的、事体重大、自非旦夕所可冀、今后之出版计划、又将如何方可更进一步而达此鹄的乎、敝馆念兹在兹、无时或已、自审见闻有限、自当请益于国人、如蒙国

内教育专家、专门学者示以高见、借便遵行、不特敝馆获益良多、抑亦吾国文化教育前途之幸、敝馆拜嘉之余、谨当略致薄酬、聊副雅意、谨此布闻、伏维

公鉴、　　　　　　　上海商务印书馆谨启　二十三年四月十七日

应征出版计划办法

（一）凡本国教育界及学术界中人（大中小学教师及大学生）均可应征、

（二）所提出版计划之范围、无论关系中外学术、及大中小学用书、只求自成系统、均所欢迎、

（三）所提计划、以具体而切实可行者为尚、如能于详叙理由外、列举详细书目并预定实施步骤、最为欢迎、

（四）应征期限定于本年八月三十一日为止、来件请于信封上书明"出版计划"字样、径寄上海河南路二一一号商务印书馆编审委员会收、远道邮寄以邮局盖戳为凭、过期不收、应征人应将通信地址详细写明、并加盖图章、

（五）应征计划由本馆审查评定甲乙、采取者均略赠薄酬如下：酬国币一千元者一人、五百元者一人、三百元者一人、二百元者一人、一百元者一人、五十元者十人、余各赠书券十元或二十元、

（六）评定标准、不论应征者之地位资格、只问其计划是否切实可行而有益于国人、评定结果、当于九月底以前以通讯方法分别函知、不再登报、

（七）凡得酬之计划、一概留存敝馆备考、其余分别退还、

同年五月十九日，教育部令颁大学研究院暂行组织规程。研究院设院长一人，得由校长兼任；内设各科研究所，各设主任一人。凡具备三研究所以上者始得称

研究院。

同年六月十七日教育部委托中央图书馆筹备处与商务印书馆签订"影印四库全书未刊珍本合同"。旋即开始发售预约。兹将影印四库珍本初集缘起，连同书目附后：

民国十三年、敝馆为筹备开业三十周年纪念，呈请政府借印文渊阁四库全书、既拟具计画，复刊布缘起一文，文曰：

"清代学术，迈越前古；乾隆中叶，乃有四库全书之辑，特开专馆，妙选通才，首发中秘之藏，复广献书之路，网罗散逸，厘订体裁，历时十稔，成书三千四百六十种，七万九千三百三十九卷。壬寅春月，第一部告成，储存大内之文渊阁。其后续成三部，分储奉天之文溯阁，圆明园之文源阁，热河之文津阁。又其后续成三部，分储扬州之文汇阁，镇江之文宗阁，杭州之文澜阁，此其大较也。

洪杨事起，文宗文汇，相继沦亡；联军内犯，文源亦付一炬；文澜幸存劫余，残本不及半数。现在完善者，实仅三部。文渊本在宫中，文溯文津，先后移入首都，五星聚奎，可称盛事。惟是三书萃于一隅，慢藏可虑，明代永乐大典，亦曾写成三部，至乾隆时代，已有残阙，然尚余二万余卷；庚子一役，或化灰烬，或流人间，公家所存，仅数十册。以此方彼，能无寒心！

迩者西方学子，涉足京华，获观是书，无不惊绝，佥言：四库开馆之时，正当美国独立之际，泰西文化，方始萌芽，岂料中土于百五十年以前，乃能有此鸿制！法国总揆班乐卫博士，有播通中西文化之大计划，纠合各国大学校设立中国学院，研究刊行传播四库全书，并择要翻译。现已成立者，法国之外，有英，美，德，奥，义，比，波兰，捷克八国，大抵硕学通儒为之倡率。日本以同文之故，尤为注重，彼都图书馆有以重金录副之议；近来退还庚子赔款，设立文化局，刊印是书之说，一倡而百和。其为东西各国所引重也若是。

昔曹石仓有言："释道两家，皆能集刻藏经，惟我儒家，独无此举。"今释藏道藏，皆由敝公司影印出版矣，儒若有藏，必推是书，不揣绵薄，颇欲为石仓一弥此憾。昔年政府拟印是书，预计依照原式影印，成书一百部，需费二百万，款巨难筹，价昂难销，而本国纸张，又供不应求，非二三十年不能卒事，以此中止。迄今又五年矣，长此迁延，散亡可虑。微闻文渊所储，成书独早，尤为精审，今拟商借影印，稍加缩小，参用外纸，庶几取价较廉，通过自易，堆积不广，弄置非难，五年为期，计日可待。勉尽守阙抱残之职，敢为求全责备之言！海内外宏达，鉴此区区，广为提倡，实东方文化之幸也。"

书经政府批准运沪影印，并已由敝馆点装三分之一，忽奉公府秘书处公函，阻止装运，事因中止。

十四年，政府明令改将文津阁全书点交敝馆影印，教育部与敝馆签订合同。全书装点完毕，正拟请拨专车起运，适战事发生，交通阻滞。延至十五年秋，敝馆呈请照约起运，事又中变，签约无效。

未几，文溯全书运回东省，虽有校印之议，而计划未定，沈阳变起。乾隆成书七部，才过百年，历劫幸全者，仅为文渊文津两部而已。

二十二年，热河告警，北平震动，文渊全书既随古物南移，于是教育部复有选印四库珍本及委托敝馆影印之议，其四月十二日呈请行政院核准文曰：

"……查四库全书中已有单行印本者甚多。兹为节省经费，易于实现起见，拟将其中向未付印或已绝版之珍本约八九百种，先行付印。……"

四月二十九日中央图书馆筹备处主任蒋复璁呈复教育部文曰：

"……查此书曾于民国十三年及民国十四年两次由前教育部与上海商务印书馆商议印刷，订有合同，虽皆以故中止，而计划具在。且该馆印行之四部丛刊，曾有多种，乃影印四库底本，字画清楚，样式合宜，卓有经验。上年该馆虽遭乱受损，但机器资力及复兴之猛，犹为国内各事业之冠。故复璁特往上海与该馆多次接洽。……"

六月十七日教育部委托中央图书馆筹备处与敝馆签订"影印四库全书未刊珍本合同"，规定"将文渊阁四库未刊珍本缩为六开本"，限用江南毛边纸，印成一千五百部，每部九万叶，分订千五百册，限二年内将书出齐。订约后两月教育部函聘专家十五人，编订四库全书珍本初集目录，选书二百三十一种，较原约增二万余叶，分装约二千册。十余年来中外所期待，敝馆所经营者，至此始得实现。

窃以典章文物，尽在图书，其存与亡，民族安危所系；守先待后，匹夫匹妇亦与有责，此敝馆被难之余，所为不揣绵薄，必欲成斯巨制也。兹事体大，困难自多，故于摄影之初，略述经过情形，当世君子，幸共鉴之。

中华民国二十三年元月　　　　商务印书馆谨启

选印四库全书目录

〇〇经部

〇易类

了翁易说一卷	宋陈　瓘撰
周易新讲义十卷	宋耿南仲撰
读易详说十卷	宋李　光撰

易变体义十二卷	宋都　絜撰
周易经传集解三十六卷	宋林　栗撰
厚斋易学五十二卷	宋冯　椅撰
西溪易说二十卷	宋李　过撰
易通六卷	宋赵以夫撰
周易经传训解二卷	宋蔡　渊撰
周易详解十六卷	宋李　杞撰
淙山读周易记二十一卷	宋方实孙撰
读易举要四卷	元俞　琰撰
易原奥义一卷周易原旨六卷	元保　八撰
周易程朱传义折衷三十三卷	元赵　采撰
周易衍义十六卷	元胡　震撰
周易图说二卷	元钱义方撰
周易文诠四卷	元赵　汸撰
易象钞四卷	明胡居仁撰
周易劄记三卷	明逯中立撰
周易像象述五卷	明吴桂森撰
易用五卷	明陈祖念撰
易源就正十二卷	清包　仪撰
大易通解十五卷	清魏荔彤撰
大易择言三十六卷	清程廷祚撰
周易图书质疑二十四卷	清赵继序撰
周易章句证异十一卷	清翟均廉撰
○书类	
絜斋家塾书钞十二卷	宋袁　燮撰
书义断法六卷	元陈悦道撰

尚书疑义六卷　　　　　　　　明马明衡撰

○诗类

毛诗讲义十二卷　　　　　　　宋林　岊撰

诗缵绪十八卷　　　　　　　　元刘玉汝撰

诗演义十五卷　　　　　　　　元梁　寅撰

读诗略记六卷　　　　　　　　明朱朝瑛撰

毛诗类释二十一卷　　　　　　清顾栋高撰

诗疑辨证六卷　　　　　　　　清黄中松撰

○礼类

周礼详解四十卷　　　　　　　宋王昭禹撰

礼经本义十七卷　　　　　　　清蔡德晋撰

月令解十二卷　　　　　　　　宋张　虑撰

○春秋类

春秋例要一卷　　　　　　　　宋崔子方撰

春秋经解十二卷　　　　　　　宋崔子方撰

春秋谳二十二卷　　　　　　　宋叶梦得撰

春秋比事二十卷　　　　　　　宋沈　棐撰

春秋左传要义三十一卷　　　　宋魏了翁撰

春秋分纪九十卷　　　　　　　宋程公说撰

春秋集义五十卷　纲领三卷　　宋李明复撰

春秋明志录十二卷　　　　　　明熊　过撰

春秋辑传十三卷凡例二卷　　　明王　樵撰

春秋质疑十二卷　　　　　　　明杨于庭撰

读春秋略记十卷　　　　　　　明朱朝瑛撰

春秋管窥十二卷　　　　　　　清徐庭垣撰

○五经总义类

融堂四书管见十三卷　　　　　　宋钱　时撰

五经稽疑六卷　　　　　　　　　明朱睦㮮撰

十三经义疑十二卷　　　　　　　清吴　浩撰

十三经注疏正字八十一卷　　　　清沈廷芳撰

九经辨字渎蒙十二卷　　　　　　清沈炳震撰

○四书类

蒙斋中庸讲义四卷　　　　　　　宋袁　甫撰

○乐类

古乐书二卷　　　　　　　　　　清应扐谦撰

○小学类

俗书刊误十二卷　　　　　　　　明焦　竑撰

篆隶考异二卷　　　　　　　　　清周靖增撰

增修校正押韵释疑五卷　　　　　宋欧阳德隆撰郭守正增修

音韵述微三十卷　　　　　　　　清乾　隆撰

右经部书共计六十一种

○○史部

○编年类

两朝纲目备要十六卷　　　　　　不著撰人

○纪事本末类

平定三逆方略六十卷　　　　　　清康　熙撰

石峰堡纪略二十一卷　　　　　　清乾　隆撰

○别史类

南北史合注一百五卷　　　　　　明李　清撰

春秋战国异词五十四卷通表二卷摭遗一卷　清陈厚耀撰

谠论集五卷　　　　　　　　　　宋陈次升撰

左史谏草一卷　　　　　　　　　宋吕　午撰

○传记类

忠贞录三卷附录一卷　　　　　　明李维越林增志同编

廉吏传二卷　　　　　　　　　　宋费　枢撰

○地理类

水经注集释订讹四十卷　　　　　清沈炳巽撰

海塘录二十六卷　　　　　　　　清翟均廉撰

蜀中广记一百八卷　　　　　　　明曹学佺撰

○职官类

礼部志稿一百十卷　　　　　　　明俞汝楫撰

太常续考八卷　　　　　　　　　不著撰人

土官底簿二卷　　　　　　　　　不著撰人

○政书类

政和御制冠礼十卷五礼新仪二百二十卷　　宋郑居中等撰

庙学典礼六卷　　　　　　　　　不著撰人

○目录类

吴中金石新编八卷　　　　　　　明陈　昕撰

○史评类

六朝通鉴博议十卷　　　　　　　宋李　焘撰

两洲笔记十二卷　　　　　　　　宋钱　时撰

右史部书共计二十种

○○子部

○儒家类

近思录集注十四卷　　　　　　　清茅星来撰

戎子通录八卷　　　　　　　　　宋刘清之撰

家山图书一卷　　　　　　　　　不著撰人

双桥随笔十二卷　　　　　　　　清周　召撰

○兵家类

武经总要四十卷　　　　　　　　宋曾公亮等撰

○医家类

脚气治法总要二卷　　　　　　　宋董　汲撰

集验背疽方一卷　　　　　　　　宋李　迅撰

扁鹊神应针灸玉龙经一卷　　　　元王国瑞撰

○天文算法类

原本革象新书五卷　　　　　　　元赵友钦撰

七政推步七卷　　　　　　　　　明贝　琳撰

庄氏算学八卷　　　　　　　　　清庄亨阳撰

○术数类

皇极经世索隐二卷　　　　　　　宋张行成撰

皇极经世观物外篇衍义九卷　　　宋张行成撰

易通变四十卷　　　　　　　　　宋张行成撰

观物篇解五卷附皇极经世解起数诀一卷　宋祝　泌撰

大衍索隐三卷　　　　　　　　　宋丁易东撰

玉照定真经一卷　　　　　　　　题晋郭璞撰

星命渊源五卷　　　　　　　　　不著撰人

星命总括三卷　　　　　　　　　辽耶律纯撰

演禽通纂二卷　　　　　　　　　不著撰人

太乙金镜式经十卷　　　　　　　唐王希明撰

遁甲演义二卷　　　　　　　　　明程道生撰

禽星易见一卷　　　　　　　　　明池本理撰

○艺术类

绘事微言三卷　　　　　　　　　明唐志契撰

六艺之一录四百六卷续编十二卷　清倪　涛撰

○谱录类

钦定西清砚谱二十五卷　　　　　　清乾隆四十三年奉敕撰

○杂家类

乐庵遗书四卷　　　　　　　　　　题宋李衡撰

琴堂谕俗编二卷　　　　　　　　　宋郑至道撰

研山斋杂记四卷　　　　　　　　　不著撰人

言行龟鉴八卷　　　　　　　　　　元张光祖编

元明事类钞四十卷　　　　　　　　清姚之骃撰

○类书类

实宾录十四卷　　　　　　　　　　宋马永易撰

职官分纪五十卷　　　　　　　　　宋孙逢吉撰

名贤氏族言行类稿六十卷　　　　　宋章　定撰

右子部书共计三十四种

○○集部

○别集类

韩文举正十卷外集一卷　　　　　　宋方松卿撰

五百家注音辨柳先生文集二十一卷　外集二卷　新编外集一卷
　龙城录二卷附录八卷　　　　　　宋魏仲举编

文庄集三十六卷　　　　　　　　　宋夏　竦撰

范太史集五十五卷　　　　　　　　宋范祖禹撰

乐全集四十卷　　　　　　　　　　宋张方平撰

云溪居士集三十卷　　　　　　　　宋华　镇撰

演山集六十卷　　　　　　　　　　宋黄　裳撰

乐静集三十卷　　　　　　　　　　宋李昭玘撰

灌园集二十卷　　　　　　　　　　宋吕南公撰

襄陵集十二卷　　　　　　　　　　宋许　翰撰

东堂集十卷	宋毛　滂撰
竹隐畸士集二十卷	宋赵鼎臣撰
洪龟父集二卷	宋洪　朋撰
跨鳌集三十卷	宋李　新撰
庄简集十八卷	宋李　光撰
东窗集十六卷	宋张　扩撰
忠惠集十卷附录一卷	宋翟汝文撰
檆溪居士集十二卷	宋刘才邵撰
筠溪集二十四卷	宋李弥逊撰
忠穆集八卷	宋吴颐浩撰
东牟集十四卷	宋王　洋撰
相山集三十卷	宋王之道撰
云溪集十二卷	宋郭　印撰
北海集四十六卷附录三卷	宋綦崇礼撰
五峰集五卷	宋胡　宏撰
斐然集三十卷	宋胡　寅撰
浮山集十卷	宋仲　并撰
缙云集四卷	宋冯时行撰
唯室集四卷附录一卷	宋陈长方撰
郑忠肃奏议遗集二卷	宋郑兴裔撰
高峰文集十二卷	宋廖　刚撰
艾轩集九卷附录一卷	宋林光朝撰
方舟集二十四卷	宋李　石撰
纲山集八卷	宋林亦之撰
定庵类稿四卷	宋卫　博撰
澹轩集八卷	宋李　吕撰

尊白堂集六卷	宋虞 俦撰
东塘集二十卷	宋袁说友撰
九华集二十五卷附录一卷	宋员兴宗撰
芸庵类稿六卷	宋李 洪撰
莲峰集十卷	宋史尧弼撰
昌谷集二十二卷	宋曹彦约撰
省斋集十卷	宋廖行之撰
后乐集五十卷	宋卫 泾撰
性善堂稿十五卷	宋度 正撰
鹤林集四十卷	宋吴 泳撰
东涧集十四卷	宋许应龙撰
渔墅类稿八卷	宋陈元晋撰
沧洲尘缶编十四卷	宋程公许撰
冷然斋集八卷	宋苏 泂撰
可斋杂稿三十四卷续稿八卷续稿后十二卷	宋李曾伯撰
涧泉集二十卷	宋韩 淲撰
筼窗集十卷	宋陈耆卿撰
壶山四六一卷	不著撰人
膧轩集十六卷	宋玉 迈撰
东野农歌集五卷	宋戴 昺撰
庸斋集六卷	宋赵汝腾撰
张氏拙轩集六卷	宋张 侃撰
字溪集十一卷附录一卷	宋杨 枋撰
潜山集十二卷	宋释文珦撰
苇航漫游稿四卷	宋胡仲弓撰
秋声集六卷	宋卫宗武撰

梅岩文集十卷	宋胡次焱撰
庐山集五卷英溪集一卷	宋董嗣杲撰
则堂集六卷	宋家铉翁撰
富山遗稿十卷	宋方　夔撰
在轩集一卷	宋黄公绍撰
心泉学诗稿六卷	题蒲寿晟撰
稼村类稿三十卷	元王义山撰
桐江续集三十七卷	元方　回撰
剩语二卷	元艾性夫撰
青山集八卷	元赵　文撰
小亨集六卷	元杨弘道撰
青崖集五卷	元魏　初撰
养吾斋集三十二卷	元刘将孙撰
东庵集四卷	元滕安上撰
陈秋岩诗集二卷	元陈宜甫撰
兰轩集十六卷	元王　旭撰
玉井樵唱三卷	元尹廷高撰
西岩集二十卷	元张之翰撰
艮斋诗集十四卷	元侯克中撰
王文忠集六卷	元王　结撰
榘庵集十五卷	元周　恕撰
伊滨集二十四卷	元王　沂撰
瓢泉吟稿五卷	元朱希颜撰
野处集四卷	元邵亨贞撰
子渊诗集六卷	元张仲琛撰
午溪集十卷	元陈　镒撰

傲轩吟稿一卷	元胡天游撰
桐山老农文集四卷	元鲁　贞撰
佩玉斋类稿十卷	元杨　翮撰
麟原文集二十四卷	元王　礼撰
性情集六卷	元周　巽撰
可间老人集四卷	元张　昱撰
玉笥集十卷	元邓　雅撰
覆瓿集七卷附录一卷	明朱　同撰
尚絅斋集五卷	明童　冀撰
草泽狂歌五卷	明王　恭撰
樗庵类稿二卷	明郑　潜撰
可传集一卷	明袁　华撰
独醉亭集三卷	明史　谨撰
布澹园诗三卷	明虞　堪撰
荥阳外史集七十卷	明郑　真撰
毅斋诗文集八卷附录一卷	明王　洪撰
兰庭集二卷	明谢　晋撰

○总集类

同文馆唱和诗十卷	宋邓忠臣等撰
南岳倡酬集一卷附录一卷	宋朱熹张栻林用中撰
天台前集三卷　前集别编一卷　续集三卷　续集别编六卷	
	宋李庚原本林师蒧增修
十先生奥论四十卷	不著编人
诗家鼎脔二卷	不著编人
玉山纪游一卷	明袁　华编
三华集十八卷	明钱公善编

文氏五家诗十四卷	明长洲文氏祖孙父子之诗也
吴都文粹续集五十六卷补遗一卷	明钱　毂编
释文纪四十五卷	明梅鼎祚编
○诗文评类	
竹庄诗话二十四卷	宋何溪汶撰
颐山诗话二卷	明安　磐撰

右集部书共计一百十七种

经史子集四部共计二百三十二种

同年秋商务印书馆与中华书局由剧烈竞争而获致妥协。

按余为复兴东方图书馆，利用董事会指拨乙种公积之特定部分，大量收购新旧图书，渐达相当程度，其中方志一项东方图书馆原藏有四千余部，为全国之冠，一旦全毁。余认为方志对图书馆典藏极关重要，率先搜购，计得一千四五百部，各省通志悉备，府厅县志亦居七八成。同时又购得铜板古今图书集成一部，仅缺数十册，经多方访求，幸已补足，于是开始计划将各省通志加编详尽之索引，附入书末，随同印行，并决定先印浙江山东广东等六省，随又考虑缩印古今图书集成全部。事为同业中华书局所闻，实际上中华亦备有古今图书集成底本待印，系其董事陈某购自康南海所藏，于是竞争颇尖锐化。按中华书局总经理陆费伯鸿君，民前原在商务书馆编译所主编教育杂志，民元脱离商务，与友人创办中华书局，其与商务旧日当局间自不免有多少芥蒂，实则同业竞争原为不可避免之事，在平时本无所谓。然在商务印书馆经一二八重创，艰苦复业之初，便不免重感中华与若干同业所加之压力，幸余沉着应付，履险如夷。此次因古今图书集成之影印，竞争又趋白热。余入商务在伯鸿脱离后十年，彼此原无恩怨，至是双方各有一部古今图书集成待印，闻伯鸿某日向彼此互有交谊之某君表示，对余复兴商务书馆之努力与成功备加赞许，独于竞印古今图书集成一事，颇咎余过甚。余闻此语，即语某君，以同业竞争过烈，难免两败俱伤，中华对古今图书集成之筹备影印，既早于商务，商务不妨放弃，以专让中华为之。惟盼能借此关系，今后彼此合作，以免除不必要之损失。伯鸿闻之，至为欣慰，经某君之介，与余把晤，前嫌一时尽释。商务放弃图书集成之后，即专印各省通志，不及一年，已出版者六省，设非抗战军兴，各省通志定可完全影印，不仅价廉与取携便，且因利用四角号码编有详尽之索引，检查便捷，尤为可贵。抗战初期，余与伯鸿同留香港，均因处境艰难，益加合作无间也。

同年九月，商务印书馆印行万有文库第二集。

兹将余所撰缘起附后：

印行万有文库第二集缘起

民国十八年、余创编万有文库第一集、尝揭橥其缘起数事如左、

（一）比年国内图书馆运动盛起、而成绩不多觏、究其故一由于经费支绌、一由于人材缺乏、而相当图书之难致、亦其一端、

（二）万有文库之目的、一方在以整个的普通图书馆应藏之图书供献于社会、一方则采用最经济与适用之排印方法，更按中外图书统一分类法、刊类号于书脊、每书复附书名片、除解决图书供给之问题外、将使购书费节省十之七八，管理困难、亦因而大减、

（三）国学书籍浩如烟海、世界名著广博尤甚、万有文库第一集千种中、治学门径之书占八百种、国学基本丛书与汉译世界名著仅各占百种、故所选只限于最切要之书、果时力容许、后此当继续刊行第二集三集、以迄于四五千种、则四库旧藏、百科新著、或将咸备于是

今距本文库第一集创编时五年矣、中经一二八之变、商务印书馆濒于危亡、文库未竟之功、不绝如缕、同人备尝艰苦、锲而不舍、及二十二年终、全集竟得与世相见、而初印五千部亦已分配于国内外图书馆或私藏之中、余幸能始终其事、殊自慰也、考文库第一集之购藏者、固以图书馆占多数、而借文库第一集以树其基础之图书馆、尤比比皆是、朋侪及教育界人士来自各省内地者，辄称道本文库对于新兴图书馆之贡献、谓为始意不及料、而以编印第二集相勉、乃就五年前所悬拟者切实计划、惨澹经营、半截于兹、而本文库第二集之目录始粗定、发行有日、除述其与第一集之相关外，于彼此相异之点，亦不可无一言、

本集与第一集既为一贯之计划、则组织上有其相同者、自不能无相异者、相同者原以竟未竟之功、相异者自可弥往昔之阙、国学基本书籍与世界名著为数极繁、第一集仅各占百种、第二集而后自宜逐渐扩充范围、此组织上所不得不相同者也、农工商医师范百科各小丛书为治学门径之作、第一集规模粗具、第二集自可别辟门径、此组织上所以不妨相异者也、余本此原则、从事编制、于是第一集与本集虽同为二千册、而第一集所由组成之丛书为数十有三、本集所由组成者为数仅四、其重要区别、即在一方面加重国学基本丛书与汉译世界名著之数量、前者由百种增至三百种、后由百种增至百五十种、又一方面以自然科学小丛书及现代问题丛书二种而代第一集之农工商医等小丛书十一种、夫自然科学之亟待提倡、尽人而知、顾非有广泛而通俗之作、将无以通其门径、本集内容自然科学小丛书二百种、即所以导读者达于此秘奥之府也、又现代问题千变万化、备极复杂、吾人日处现社会中、苟昧于当前问题之进展与各专家对于解决各问题之意见、将不免有后时代之嫌、本集内容现代问题丛书五十种、即所以导读者随时代之转轮而俱进也、

　　本集书目、在草拟时最感困难者、莫如国学基本丛书、盖国学书籍既多、当读者亦不少、而本文库目的在依适当进程、先其所急、本集所收虽多至三百种，究属有限、选择标准既不敢凭少数人之主观、亦不宜据片时之判断、故于易稿三四次后、更取近人关于国学入门书目十三种作客观的衡量、斟酌损益、至再至三、结果三百种中未见于各家入门书目者、只十四种、此即为求各科各类之具备、而不得不辅充诸家所漏列者也、他如汉译世界名著、因各国关于书评及选书之作多而备、选择之难虽稍逊于国学、然我国读书界之需要、未必尽同他国、彼之所必需者、或非我所必需、故除以各国书评或选书之作为一部分根据外、不能不参酌本国之特殊需要、取舍之间、亦曾经长期间之探讨也、

　　本集各书、在编纂上最觉复杂者、莫如现代问题丛书、此类创作、在国内外出版物中尚鲜其例、本丛书目的、在尽量搜集关于各问题之资料与意见、而为提要钩玄之编述、俾研究一问题者、得一书、不仅获鸟瞰的印象、并可依其导引、渐进于本问题之全领域、惟编纂时对于资料之搜集与意见之分析、均需要长时间，专家既恐未暇及此、非专家又不易窥全豹、为解决此困难起见、经与若干著名大学合作、每一问题均由有深切研究之教授一人领导研究生一二人合力担任、俾得以其专门研究之长时间搜集所当研究之资料、且在专家领导之下从事工作、自不难有满意之结果也、

　　总之、万有文库第一集之编印、对于读书界虽微有贡献、同人固不敢以过去之成就、而稍自满也、今当第二集发行之始、余益感责任之重、愿与编辑同人益加奋勉、惟是学识浅陋、计划容有未周、国内学者能不吝教正、使第二集将来之成就、视第一集尤有进、岂惟同人之幸、读书界实利赖之、

中华民国二十三年九月二十三日王云五

万有文库第二集编译凡例

（一）本文库第二集一如第一集，目的如左：

（甲）以人生必要的学识，灌输于一般读书界。

（乙）所收书籍与第一集衔接而范围益广，翻印旧书择注疏精当，少有讹误之本；移译外国书籍，则慎选各大家之代表著作，以信达之笔译为国文。

（丙）全书系统分明，各科完备，有互相发明之效，无彼此重复之嫌。

（丁）以最廉之价将各科之书供给于图书馆或私人藏书者，凡已购本文库第一集者得此，规模益备；凡未备第一集者得此，亦可独立成为规模粗具之图书馆。

（二）本文库第二集正编内容约一万二千万字，计书七百种，订成二千册，每册高市尺五寸二分，宽市尺三寸五分，版式一如第一集，用上等道林纸印刷，外加参考巨籍两种，内容七千万字，分订二十八巨册。

（三）本文库第二集括有左列各丛书及册数：

（1）国学基本丛书二集，三百种。

前项分订一千二百册，每册平均六万余字，约共八千万字。

（2）汉译世界名著二集，一百五十种。

前项分订四百五十册，每册平均五万字，约共二千四百万字。

（3）自然科学小丛书初集，二百种。

前项分订三百册，每册平均四万字，约共一千二百万字。

（4）现代问题丛书初集，五十种。

前项分订五十册，每册自五万字至十五万字，约共四百万字。

（四）参考巨籍两种，为检查便利起见，版式特别加大，印成三开本，高市尺八寸，宽市尺五寸七分，布面精装，每册厚约一千面。

计开：

（1）十通　系以正三通、续三通、清朝三通及刘氏清朝续文献通考合组而成。全部连四角号码索引字数约共四千万。原书缩印为二十巨册，索引一册，共二十一巨册。

（2）佩文韵府　连四角号码索引，字数约共三千万。原书缩印为六巨册，索引一册，共七巨册。

（五）本集全体字数，约共一万九千万，较四库全书之七万万余字，等于其四分之一而强。

（六）本集正编排印本，均用五号铅字，节省纸张而不至有伤读者目力。

（七）本集参考巨籍，均就初印大本缩印，十通字体较五号字稍大，佩文韵府条目较五号字稍大，注释约等于六号字。

（八）本集各书均照王氏中外图书统一分类法分别将类号印在书脊，并各附目录片若干张，凡购置本集之图书馆一如第一集，既可省分类之烦，管理费省尤多。

（九）本集正编中之国学基本丛书三百种，多至八千卷，通行旧本需价在一千二百元以上，连同汉译世界名著等三丛书及十通、佩文韵府等之通行版本，需价当在二千元以上。现经汇订划一版本，全部只售预约价三百六十元。不购十通及佩文韵府而专购正编二千册者，预约价三百元。

（十）本集正编二千册，自中华民国二十四年三月起限二年半出齐，每半年发行一次，计四百册。参考巨籍两部分订二十八巨册，自民国二十四年三月起限一年半出齐，每半年发行一次，计九巨册，最末一次十巨册。

（十一）各丛书目录另加说明。

（十二）各丛书选定之书，如将来有较善之本或较佳之作，得酌量更易，但册数绝无减少。

国学基本丛书二集说明

（一）本集所收各书，皆国学基本要籍，都三百种，分订一千二百册，每册字数平均六万字，约共八千万字。

（二）本集取材较第一集为广，种数亦三倍于第一集。

（三）本集分为：（1）目录学；（2）读书札记；（3）儒家哲学；（4）道家哲学；（5）释家哲学；（6）杂家哲学；（7）社会科学参考书；（8）政法；（9）军事；（10）教育；（11）文字；（12）音韵；（13）方言；（14）算学；（15）天文历法；（16）时令；（17）植物；（18）动物；（19）医学；（20）农学；（21）饮食；（22）工学；（23）书画；（24）金石；（25）音乐；（26）文评；（27）诗评；（28）文总集；（29）诗总集；（30）楚辞；（31）词；（32）曲；（33）剧；（34）骈文，（35）楹联；（36）墓志；（37）书牍；（38）笔记；（39）小说；（40）汉魏别集；（41）六朝别集；（42）唐别集；（43）宋别集；（44）金元别集；（45）明别集；（46）清别集；（47）地理；（48）游记；（49）传记；（50）谱表；（51）史考；（52）纪年；（53）古史；（54）正史；（55）杂史；（56）史论。共五十六类。

（四）国学书籍浩如烟海，本集与第一集所收者仅四百种，为求去取之适当，故以各种国学入门书目下十三种为比较标准。

（五）依前条比较之结果，本集所收书籍三百种，除十四种外皆见于各家国学入门书目，自系必要之书。本集书目附列采入国学入门书目种数一栏，分别载明被采入书目之种数；种数愈多者，其必要之程度亦愈高。其未见于各家书目之十四种，为谋各科各类之具备亦皆为当读之书。

（六）本集因与第一集衔接，选材方面力避重袭。

（七）本集所据旧本以注释精详讹字绝少者为准。

（八）本集各书均加句读，并校正讹字。

汉译世界名著二集说明

（一）本集所收各书，皆为世界各大学问家之代表著作，都一百五十种，分订四百五十册，每册字数平均五万，约共二千四百万字。

（二）本集取材较第一集为广，种数亦较第一集增百分之五十。

（三）本集分为：（1）文化及文化史；（2）哲学；（3）心理学；（4）论理学；（5）伦理学；（6）社会学；（7）统计学；（8）政治学；（9）国际与外交；（10）经济财政；（11）法律；（12）军事；（13）教育；（14）实业；（15）家族与婚姻；（16）科学概论；（17）算学；（18）生物科学；（19）物理科学；（20）应用科学；（21）文学总论；（22）各国文学总集；（23）各国文学别集；（24）地理游记；（25）传记；（26）史学；（27）欧美史；（28）亚洲史。共二十八类。

（四）本集选译名著，以国别言：英国占三十六种；美国占二十六种；德国占三十一种；法国占二十二种，其他各国占三十五种。

（五）本集选译名著，以时代言：古典约占三分之一，现代约占三分之二。

（六）汉译力求信达，以保存原作之真相。

（七）本集对于各名家著作，以均等介绍为原则。某一名家已有著作收入第一集者，本集除有特别情形外，不便采其人之其他著作。

自然科学小丛书初集说明

（一）本丛书所收各书，遍及于自然科学之全范围。

（二）本丛书都二百种，分订三百册，每册平均四万字，约共一千二百万字。

（三）本丛书分为：（1）科学总论；（2）天文气象；（3）物理

学；（4）化学；（5）生物学；（6）动物及人类学；（7）植物学；（8）地质矿物及地理学；（9）其他；（10）科学名人传记。共十类。

（四）本丛书均取材于东西各国最近出版之通俗作品，其为东西各国作品所无者，则特约各科专家编著之。

（五）本丛书取材以通俗为主，与汉译世界名著并行不悖。

（六）本丛书均用浅显文字叙述，一方面力避艰涩之算式，一方面尽量搜集相关之插图，以增兴趣而助了解。

（七）本丛书对于学校学生，可充课外读物；对于一般读者，可为研究自然科学之门径。

（八）本丛书内容，科学名人传记甚多，最能鼓起读者研究科学之兴趣。

自然科学小丛书初集目录

○总论

科学总论　　永井潜著　　黄其诠译

辩证法的自然科学概论　　俄国哥伦斯坦著　　潘谷神译

现代唯物论　　周昌寿译　　Worrall：Outlook of Science

科学的世界　　严鸿瑶译　　Levy：The Universe of Science

科学的将来　　文元模译　　Planck：Where is Science Going？

自然认识的限度　　潘谷神译　　E. Du-Bols-Reymond：Über die
　　　　Grenzen des Naturerkennens

科学的精神　　姚　骞译　　Saidla & Gibbs：Scientific Mind

科学的动机　　姚　骞译　　Saidla & Gibbs：Scientific Motive

科学与人生　　姚　骞译　　Saidla & Gibbs：Science & Life

科学与文化　　姚　骞译　　Saidla & Gibbs：Scienee & Civilization

科学与修养　　姚　骞译　　Saidla & Gibbs：Science and Culture

科学与经验　　Dingle：Science & Human Experience

科学与行动及信仰　Huxley：What Dare I Think？

科学之新背景　文元模译　Jeans：The New Background of Science

科学之限度　黄其诠译　Sullivan：The Limitation of Science

科学发见谈　曹　孚译　Gibson：The Wonders of Scientific Discovery

现代科学的哲学观　Joad：Philosophical Aspects of Science

〇天文气象

天文浅说　许烺光译　Serviss：Astronomy in a Nutshell

天文学小史　朱文鑫著

宇宙壮观　三本一清著　陈遵妫译

神秘的宇宙　郐光谟译　Jeans：The Mysterious Universe

宇宙开辟　Baker：The Universe Uugolding

宇宙之物理的本性　殷佩斯译　Sullivan：Puysical Nature of the Universe

膨胀中之宇宙　A. Eddington：The Evtpanding Universe

原子及宇宙　陈岳生译　H. Reichenbach：Atom and Cosmos

星与原子　周昌寿译　Eddington：Stars and Atoms

从原子到星云　H. Shapley：Flight from Chaos

星的世界　何润身译　H. Shapley，etc.：The Universe of Stars

人与星　H. T. Stetson：Man and the Stars

陨石　加濑勉著　陆志鸿译

太阳之新研究　关口鲤吉著　杨倬孙译

大气温度　国富信一著　沈懋德译

大气压力　国富信一著　沈懋德译

湿度　国富信一著　沈懋德译

大气中之光电现象　国富信一著　沈懋德译

〇物理

物理学概论　石原纯著　周昌寿译

物理学小史　周昌寿译　Chase：A Short History of Physics

物理学之基础观念　黄其诠译　Heyl：Foundamental Concept of Physics

物理认识之途径　杨先堉译　Planck：Wege zur physikalischen Erkenntnis

物理学之新境界　高孰可译　Heyl：New Frontiers of Physics

地球物理学　寺田寅彦、坪井宗二著　郝新吾译

原子　高铦译　J. Perrin：Les Atomes

原子论小史　周昌寿译　Gregory：Short History of Atomism

时空及原子　柳大维译　Cox：Time，Space and Atom

物质之新观念　杨肇燫译　Darwin：New Concept of Matter

物质与量子　吴志道译　L. Infeld：The World in Modern Science

自然之机构　何育杰译　Andrade：The Mechanism of Nature

光的世界　陈岳生译　W. Bragg：The Universe of Light

磁及静电　三枝彦雄著　周　斌译

电流　三枝彦雄著　周　斌译

感应及真空放电　三枝彦雄著　周　斌译

X 射线　胡珍元编

〇化学

化学概论　伊藤靖、贵志二郎著　郑贞文、薛德炯译

化学发达史　黄素封编

化学发见　柳大纲译　L. A. Coles：The Book of Chemical Discoveries

近代化学奇观　汪仁镜译　Martin：Modern Chemistry and Its
　　Wonders

化学使命　郑尚熊译　Redman：Chemical Calls

化学变化之途径　竹村贞二著　郑贞文译

分子论　关实之译　R. Lespieau：La Molecule Chemique

气与焰　邹尚熊译　Auld：Gas and Flame

燃烧素学说史　黄素封译　D. H. White：Phlogiston Theory

燃料　大岛义清著　黄开绳译

火药学　西松唯一著　万希章译

岩矿化学　渡边万次郎著　张资平译

农艺化学　后藤格次著　周建侯译

营养化学　三浦政太郎、松冈登著　周建侯译

生体化学　高　铦译　J. Duclaux：La Chemie de la Matiere

生物物理化学　野村七郎著　魏岩寿译

地球化学　谭勤余译　W. J. Vernadsky：Geochemistry

照相化学　铃木庸生著　高　铦译

○生物

生物概论　镝木外岐雄著　罗宗洛译

生物学小史　谷津直秀著

生物相互之关系　内田亨著　梁希、沙俊译

生物学与人生问题　内田升三著　周建人译

生物学与人类之进步　陈德荣译　Thomson：Biology and Human
　　Progress

生命之构成　张作人译　Guttmacher：Life in the Making

生命之胜利　Koppaoyi：Conquest of Life

实验生命论　阿部余四男著　周建侯译

细胞之生命　朱　洗译　F. Henneguy：La vie cellulaire

细胞学概论　山羽仪兵著　任一碧译

原形质　坂村微著　周建人译

核学　桑田义备著　余　碧译

微生物　竹内松次郎著　魏岩寿译

细菌之变异及变菌素　小林六造著　魏岩寿译

毛之生物学　阿部余四男著　胡哲齐译

生物之电　橘田郊彦著　刘　希译

海洋生物　内田亨著　董聿茂译

进化论　石川千代松著　罗宗洛译

进化要因论　小泉丹著　任一碧译

进化之今昔　殷佩斯译　Newmam：Evolution Yesterday and To-day

淘汰与遗传　王善佺译　L. Hobgen：Darwinism and Atomistic Interpretation of Inheritance

遗传　A. Goldschmidt 著　罗宗洛译

活力说与机械说　王善佺译　L. Hobgen：Vitalism and Mechanism

性及生殖　户泽富寿著　高　铦译

○动物及人类

动物概论　内田亨、平岩声邦著　董聿茂译

动物分类　内田亨、平岩声邦著　董聿茂译

动物地理学　川村多实二著

动物生态学　川村多实二著　舒贻上译

动物之呼吸　小久保清治著　舒贻上译

动物之雌雄性　内田亨著　舒贻上译

动物与社会　周建人译　Allee：Animal Life and Social Growth

动物与环境　田中义磨著

鸟类　鹰司信辅著

鱼类　田中茂穗著　陈达夫译

昆虫进化论　张景欧著

昆虫之系统　江崎悌三著

昆虫之生态　矢野宗干著

害虫及益虫　矢野宗干著

化石生物　植山次郎著

化石人类学　鸟居龙藏著　张资平译

人类之由来　石川千代松著　杨倬孙译

人类之特性及分布　周建人译　C. G. Seligman：Characteristics and Distributions of Human Races

民族生物学　古屋芳雄著　张资平译

人与微生物　朱　洗译　Bayne-Jones：Man and Microbes

人及动物之表情　周建侯译　Darwin：Expressions of Emotion of Man and Animals

人类之脑　平光吾一著　韩士淑译

神经系统　高桥坚著　潘锡九译

自律神经系　吴　健著

极性与侧性　冈田要著

组织学　合田绎辅著　韩士淑译

发生学　八田三郎著　潘锡九译

实验发生学　冈田要著

○植物

植物概论　三友学著　汪厥明译

植物分类　三好学著　沙　俊译

植物地理学　王善佺译　G. S. Boulger：Plant Geography

植物之群落及迁移　中野治房著

植物与环境　吉田义次著　周建侯译

植物系统解剖学　小仓谦著

植物之组织及机能　郡南宽著　于景让译

植物之呼吸及酦酵　柴田桂太、田宫博著　魏岩寿译

生长与器官　郡南宽著

植物与水分　缬缬理一郎著　谢循贯译

养分摄取与同化作用　大槻虎男著

植物之生殖　原田正人著

植物之运动　山田弥辅著　凌文之译

植物病理　草野俊助著

菌类　小南清著　于景让译

○地质矿物地理

地球　松山基范著　王　谟译

世界地体构造　青山信雄著　张资平译

古生代前之地球历史　早坂一郎著　黄士弘译

中生代后之地球历史　早坂·郎著　黄士弘译

地球之灭亡　石并重美著　谭勤余译

地质学小史　章鸿钊著

地形学　花井重治著

海洋　野满隆治著　张资平、蔡源明译

河川　野满隆治著

湖沼　田中馆秀三著

地中宝库　渡边万次郎著　陆志鸿译

矿物及岩石　渡边万次郎著　张资平译

结晶体　渡边万次郎著　张资平译

地理学序论　小川琢治著

现代地理学之观念　L. Dudley：Modern Geographical Ideas

地理学小史

民族地理学　小牧实繁著　郑　震译

交通地理学　松尾俊郎著　孔涤庵译

景观地理学　辻村太郎著

○其他

生理卫生学小史

人体生理　上野一精著　顾寿白译

活机械　A. V. Hill：Living Machinery

食物及营养　永井潜著　顾寿白译

比较消化生理　簇田统著

卫生与空气水土　晖峻义等著　刘兼善译

卫生与衣住清洁　晖峻义等著　刘兼善译

医学之境界　M. Fishbein：Frontiers of Medicine

药学　伊藤靖著　舒贻上译

优生学　周建人译　L. Darwin：What is Eugenics

心理学　陈德荣译　F. Aveling：Psychology

心理学小史　郭一岑著

内分泌与心理

显微镜中之奇观　仲磨照文著

○传记

天文学名人传　陈遵妫译　R. Ball：Great Astronomers

物理学名人传　周昌寿著

化学名人传　周元瑞译　Harrow：Eminent Chemists in Our Times

生物学名人传

地质学名人传

心理学名人传　高觉敷著

达焚奇传　MacCurdy：The Mind of Leonard da Vinci

伽利略传　蔡宾牟译　Bryant：Galileo

惠更斯传　Zeeman：Life ef Huygens

牛顿传　周昌寿译　Brewster：Biography of Newton

法拉第传　周昌寿译　Crowther：Life and Discoveries of Faraday

来伯尼兹传　邹尚熊译　Mackay：Biography of Leibniz

拉姆则传　邹尚熊译　Geikie：Memoir of Sir A. C. Ramsey

德斐传　谭勤余译　J. C. Gregory：The Scientific Achievements of
　Sir Humphry Davy

奥都本传　Buchanan：Life and Adventure of Audubon

达尔文传　全巨荪译　Darwin：Authobiography

门德尔传　H. Iltis：Life of Mendel

汤姆逊传　Andrew：Lord Kelvin

马赫传　Carus：Mach and His Work

盖基传　张资平著

巴特逊传　Bateson：His Life and Work

巴士特传　王　力、孙　逸著

勤纳传　邹禹烈译　F. D. Drewitt：The Life of Edward Jenner

白拉喜尔传　W. Lncien Scaife：John A. Brashear

福罗斯特传　E. B. Frost：An Astronomer's Life

马克斯维耳传　J. J. Thomson and Others：James Clerk Maxwell

赫胥黎传　周建人译　Davis：Thomas H. Huxley

洛吉传　Oliver Lodge：Past Years，an Authobiography

居里传　黄人杰译　Marie Curie；Pierre Curie

法布尔传　林庵方译　LeGros：Fabre，Poet of Science

现代问题丛书初集说明

（一）本丛书就国内及世界当前之问题，各编专书一种。

（二）本丛书目的，在以客观的资料及各家之意见提要钩玄，使研究某一问题者于短时期内可得鸟瞰之印象，并可借其导引，渐进于本问题之全领域。

（三）本丛书初集，暂编五十册，每册专述一问题，字数自五万至十五万，五十册约共四百万字。

（四）本丛书每册均包含资料与意见两部，资料则尽量罗列数字，以求正确；意见则忠实分析，勿失原意。

（五）本丛书每册所载之资料或意见，一一详注来源，书末并附参考书报，名称页数务求详尽。

（六）本丛书编著者力避主观的见解，俾以纯粹的客观资料，供给于问题研究者。

现代问题丛书初集目录

中国之部

中国宪法问题	中国地方自治问题	中国农村复兴问题
中国土地问题	中国水利问题	中国交通问题
中国财政问题	中国关税问题	中国国际贸易问题
中国棉业问题	中国丝业问题	中国茶叶问题
中国义务教育问题	中国成人教育问题	中国妇女问题
中国劳工问题	领判权问题	收复东北问题
开发西北问题	蒙古问题	西藏问题
中日问题	中苏问题	华侨问题

世界之部

国联改造问题	国际司法问题	委任统治问题
民族自决问题	世界军备问题	未来大战问题
世界粮食问题	世界燃料问题	世界失业问题
世界移民问题	世界统制经济问题	世界货物倾销问题
世界币制问题	世界银价问题	欧洲国际问题
太平洋问题	日苏问题	日美问题
苏联计划经济问题	美国复兴问题	印度自主问题
菲律宾独立问题	法西运动问题	合理化问题
优生问题	毒物贩运问题	

同年十月余又撰创编万有文库的动机与经过，以说明该
文库第一集与第二集之关系，及其差别，文如后：

我创编万有文库的动机，一言以蔽之，不外是推己及人，就是
顾念自己所遭历的困难，想为他人解决同样的困难。我少年失去入
校读书的充分机会，可是不甘失学，以努力自学补其缺憾。读书，
爱书与聚书之癖也就与日俱增。久而久之，几于无书不读；因爱书
而聚书，既漫无限制，精力物力也就不免有许多非必要的浪费。中
年以后，渐有觉悟。适主持商务印书馆编译所，兼长东方图书馆。
后者以数十万册的私藏图书公开于读书界，前者又有以优良读物供
应读书界的可能。自从东方图书馆以专供商务印书馆编译所同人参
考的涵芬楼为基础，而改组公开以后，我的次一步骤，便想把整个
的大规模东方图书馆化身为千万个小图书馆，使散在于全国各地方、
各学校、各机关，而且可能还散在许多的家庭，我的理想便是协助
各地方、各学校、各机关，甚至许多家庭，以极低的代价，创办具
体而微的图书馆，并使这些图书馆的分类编目及其他管理工作极度
简单化；得以微小的开办费，成立一个小规模的图书馆后，其管理

费可以降至于零。这一事经过了约莫两年的筹备，卒于民国十八年四月具体化，而开始供应于全国。这便是万有文库的印行。

在那时候，我国的图书馆为数不多。除了极少数稍具规模者外，其他所藏的图书多偏重古籍，缺乏新著，间有兼藏新书者，门类亦多未备，许多基本的图籍每赋阙如。尤其是分类编目均赖专材，而由于图书馆人材之短缺，得人既非易事，即幸而得之，其经常开支势必占据了购书费的重要部分。但是虽有图书而无适当的分类编目，图书的效用也就不免要打一个大折扣。

我自从民国十年主持商务印书馆编译所以来，五六年间，广延专家，选译世界名著颇多，并编印各种学科门径的书籍，如百科小丛书、国学小丛书、学生国学丛书、新时代史地丛书，以及农工商师范算学医学体育各科小丛书等，陆续刊行者也不下三四百种。有了这样的基础，我们可以进一步推广其组织，作更有系统的编辑出版，除就汉译世界名著及上开各丛书整理扩充外，并插入国学基本丛书，初拟凑足一千种，都二千册，命名为千种丛书。嗣思千种之数犹有未足，乃定名为万有文库，分集编印，以一万册为最后目标，平均每册以六万字计，全书出齐，当括有六亿字之优良读物，等于四库全书著录全部字数三分之二。我认为如能以当时一千余元的代价，使已设的图书馆增加一万册包括新旧学识的有用图书，或使尚未设有图书馆的所在，借此而建立一个小型图书馆的基础，当是极有意义之事。由于该文库每书都按照我的中外图书统一分类法一一分类，并供给各种互见的名片，那就未曾受过图书馆专业训练的大都可以担任管理。我很希望借此种种便利，得以很短的时期建立万千所的新图书馆，使穷乡僻壤中有志读书之士，皆获有图书馆服务的便利，把我少年以迄中年的读书全靠自己花钱聚书的困难，扫除其大半。

　　此一计划自民国十八年开始印行万有文库第一集二千册，因中经一二八事变，商务印书馆沦于危亡，其未竟之功，迟至民国二十二年终，始告完成，而初印的五千部已悉数分配于国内各图书馆或私藏之中，其借本文库而新办之小图书馆不下二千所。民国二十三年，我又从事于万有文库第二集之印行。该集内容虽与第一集同为二千册，而第一集所由组成的丛书为数十三，第二集所由组成者只有四部丛书，其重大区别，即一方面加重国学基本丛书与汉译世界名著的分量：前者由一百种增至三百种；后者由一百种增至一百五十种，且范围与程度均较第一集加重与加深；他方面更以自然科学小丛书二百种及现代问题丛书五十种，而代替第一集所收农工商医等十一种小丛书，此其大较也。越一年，我又辑印丛书集成初编，其中括有最精要之丛书百部，所收古籍原约六千种，去其重出约二千种，实存四千一百种，原为三万七千余卷，去其重出者后，减为约三万卷，当四库全书著录者三分之一，亦仿万有文库版式，分订四千册，连同万有文库一二两集，合为八千册。设非抗战突起，我将续编万有文库第三集，亦为二千册，如此则万册之目标当不难于民国三十年以前达成矣。

同年十月德国以大宗名贵图书赠送东方图书馆，举行赠受典礼。

　　兹将各有关演词附后：

德国赠东方图书馆书籍举行赠受典礼演词

　　（1）东方图书馆复兴委员会主席张菊生君致词

　　诸位来宾、今天东方图书馆复兴委员会会同德国驻沪总领事Kriebel先生在此地举行德国捐赠东方图书馆书籍展览、并举行赠受典礼、承蒙诸位惠临参加、不佞深感荣幸、

　　诸位想都知道、东方图书馆原是商务印书馆的附设机关、他的前身就是涵芬楼、创始于前清光绪三十年、不佞任商务印书馆编译所所长的时候、当时凡遇国内各家藏书散出时、总是尽力搜罗、日本欧美各国每年所出新书、亦总是尽量购置、

　　如此搜求了二十年、至民国十三年时、商务印书馆为服务社会起见、特出资十余万、造一新式大厦、把涵芬楼藏书移置其中、改名为东方图书馆、并请王云五先生兼任馆长、正式公开、中外学者无不称便、

　　不料到民国二十一年一月二十八日夜中、上海的闸北发生战事、商务印书馆的总厂和东方图书馆就都做了军事上的牺牲、全馆藏书、尽付一炬、当时不但本国的人士、同感痛心、就是欧美各国的友人、亦莫不同声惋惜、商务印书馆的当局以为东方图书馆关系我国文化很大、非尽力恢复不可、因此就于复业的次年、由董事会议决每年从盈余中提拨一部分作为恢复图书馆的经费、并议决聘请本国的和友邦的热心人士组织东方图书馆复兴委员会筹划恢复的工作、

　　今天不佞能代表东方图书馆复兴委员会正式接受德国驻沪总领事 Kriebel 先生代表德国各著名学术团体捐赠大量名贵的书籍、不佞因既忝为东方图书馆的创办人、又忝为复兴委员会的主席、所以对于今天的集会、颇有悲喜交集之感、

　　德国近代学术的猛进、向为全世界人士所称颂、德国学者自十八世纪以来、深究中国的学术、在中西文化沟通上有很大的贡献、亦向为中国人士所素知、最近去世的兴登堡总统、就是一位熟读中国兵书的名将、现在德国的学术界、始能以同情的态度、捐赠这大量名贵的书籍于东方图书馆、这件事、不但足以增进中德两国历来文化上的沟通、就在世界和平的前途上、亦因有这一类同情和互相知识合作的美德、要发生很良好的结果、所以今天的典礼、是值得

我们永远纪念的、不佞现在再谢谢诸位来宾的参加、和指教、

（2）德国领事克里拜致辞

诸位来宾、东方图书馆之毁灭、对于世界的文化、实在是极大不可估量的补不足的损失、尤其是中国智识界的领袖感觉到最大的悲痛、极力计划复兴那个图书馆、在德国对于中国文化表示素来敬仰的人、对于东方图书馆的毁灭、亦有极大的感想、因为东方图书馆里面亦有十万卷德文的重要的书籍同归于尽、所以商务印书馆的总经理王云五先生的复兴的创设、到处响应、遂使复兴委员会主席张元济先生的意志可以实现、在沪德侨中克百尔博士为中国友谊学会之会员、又为出力、今天的结果、我们当对他表示感谢他努力的结果、柏林的外交部以及德国方面的科学界实业界、对于这个计划、表示赞助、德国科学团体主席 Schnilt Ott 博士、即着手搜集科学书籍、借以补足已毁灭之藏书、为东方图书馆复兴德文书籍部分之第一层基础、弥尼克 Munchen 地方的德国学会、格外赞助、竟捐助五百册、佛兰化脱 Fankiart 地方的中国学会、以及远东学会的林达 Linde 博士、亦不落后、I. G. 颜料公司由其董事、Waibel 魏白尔先生捐助巨款、购买得著名的及奇珍的 Lubiechen 李白氏化学年刊的大部分、此外他们再寄来科学书籍一百念册、德国科学团体赠送他们的气象探险团报告书、对于尚未出版的部分容后补赠、对于学科之各部分、以及经济学及公法学、已得到基本书籍、此外并附送关于德国城市生活书籍多部、可见德国城市风景生活及工作情形、以及其文化机关、除此共计三千多部外尚有依科学方法所编制之目录、并附带有系统的依照字母排列之小目录、该项目录、因与书册号码相符、便于图书馆的检查、但是那个目录不及译成中文、实属美中有憾、

兹谨代表各捐助人希望德国方面之赞助、能增进我们两国民族

及国家的友谊、以及促进两国的学术上精神上及科学上的关系、这次我们微小的贡献、亦表示我们对于贵国在欧战的时候、对于我们表示贵国古代之优美文化的态度，德国并未忘记贵国对于诽谤德国的宣传、贵国始终未曾参加、德国也未忘记贵国对于德国军士如宾客的待遇、德国亦未忘记贵国欧战后对放逐德国男女童孩一事、没有自己参加、

鄙人以新德国代表的资格、今天尤其快乐、因为在捐赠的书籍的中间、尚有关于我国家社会主义的书籍、该国家社会主义又为敝国的领袖希特勒援为根本的原则、但是那批书籍并不含有宣传的性质、不过可明了德国最近的发展以及国家社会主义之最早基本的思想、

我们看见中国的及德国新的国旗有太阳及卐字、代表国家社会主义运动以及两国之友谊的增进、考试院院长戴季陶先生在本年九月十四日在南京欢迎德国飞机 J 五十二号、曾提及两国国旗的意义、我们德国人对于这种解释、觉得颇有义意、鄙人对于卐字最古的意义、加以说明、对于我们德国人这卐字指太阳、于我们处于北方寒冷的德国、格外感觉太阳的可爱、每天的早晨及每年的春天、表示他的可爱的力量、每天的晚上及每年的冬天、我们又望他的再来、两国的国旗都有太阳、故照戴院长解释、两个太阳之力量由卐字将两国之幸福与友谊紧紧的扣住、

敬将对于东方图书馆复兴之德国捐助部分、交与东方图书馆复兴委员会、

（3）本馆董事叶揆初君谢词

Kriebel 先生和诸位来宾、今天敝馆所设之东方图书馆复兴委员会接受德国各学术团体的赠书、并蒙德国驻沪总领事 Kriebel 先生亲临举行赠受典礼、鄙人得以敝馆董事会代表的资格、参加盛会、深

感荣幸、东方图书馆的创设、被毁和筹设复兴的经过、已经张菊生先生说过、鄙人不必再赘了，敝馆忝居出版家之一、向以提倡教育和促进文化为我们根本的信念、我们除在四十年来的出版事业上尽力贯彻这个信念以外、东方图书馆的创设和复兴、亦就是同一信念的一种表现、

诸位都知道东方图书馆经张菊生和王云五两位先生前后三十余年的苦心经营、才有一二八以前规模、我们要在短期中恢复起来、非求助于国内外的热心同志不可、现在德国的各著名学术团体竟首先捐赠这许多名贵的书籍、而且承德国驻沪总领事 Kriebel 先生代表举行赠受典礼、德国民族气度的伟大、和现代国际上所提倡的知识的合作，都在此地充分表现出来、鄙人谨代表敝馆董事会表示诚恳的钦佩和感谢、

（4）本馆总经理王云五君报告

Kriebel 先生及诸位来宾、云五系以东方图书馆复兴委员会常务委员及前东方图书馆馆长两种资格，参与今日之会、东方图书馆复兴委员会之意义与使命、已由主席张先生在开会词中说明、我可不用再说、现在拟就东方图书馆与商务印书的关系、和复兴以来的进行情形、稍为补充几句话、

东方图书馆的前身为涵芬楼、系主席张菊生先生于三十余年前主持商务印书馆编译所时创设、初时所收藏者以国学书籍及其精本孤本为主、十余年前、我继任张先生的职务、对于外国文的书籍亦积极搜罗、至民国十三年经商务印书馆董事会议决、改组为东方图书馆、将历年收集中外文字的图书公开于读书界、供其阅览、如是者五六年、至民国二十一年一二八事变以前、所藏中外文字的图书多至五十万册、其中除中文善本外、外国文的孤本及全份的学术杂志亦甚多、即如在此处陈列中的德国 Liebigs 化学药学杂志自一八〇

一年最初出版以来、百余年间的全份杂志、亦由云五收集、加入东方图书馆收藏之中、其他如欧美各国的所谓 Incunabuls 云五也为该图书馆收集不少、如此宝贵的藏书竟全部被毁于一旦、诚文化上之大损失也、

东方图书馆被毁之初、承欧美各国人士及学术团体纷纷表示赞助复兴之美意、云五与主席先生等虽深感友邦人士的盛情、然以能自助者始可接受他人之助、只得暂时谢却、东方图书馆全部资产及其经常费用向来完全由商务书馆供给、在商务书馆遭一二八之劫尚未复兴以前、我们认为当先谋商务书馆的复兴、俟商务书馆稍有力量、可以肩负东方图书馆复兴之责、然后开始接受他人的捐助、及至民国二十二年春间商务书馆复业苦斗之结果、已稍能自立、乃由董事会决议每年如有盈余、即于照章所拨之公益金提出三分之一专充复兴东方图书馆之用、第一年计得四万余元、第二年得五万余元、另由主席张菊生先生独捐一万元、现在东方图书馆已有复兴基金十一万元、每年仍有四五万元收入之希望、我们认为商务书馆既能肩负复兴东方图书馆一部分的责任、乃进一步而开始接受国内国外各界的捐助、于是有东方图书馆复兴委员会的组织、并于国内外各地组织赞助委员会、现在已成立的国内有七处、国外有四处、对于东方图书馆的复兴均愿极力赞助、除国内已收到捐赠的图书二千余册外、国外首先捐助的、便是德国各文化团体这一次运到上海的、共计有德国名著约三千册、这是我们所极端感谢的、关于德国捐赠此项名贵的出版物、我们除感谢德国各文化团体外、还要特别归功于东方图书馆复兴委员会委员德国嘉璧罗博士、因为他在去年秋间回国时、极力为东方图书馆宣传、故有此良好的结果、同时我的德国朋友 Dr. Lifide Dr. Waibeb 等在德国内、极力代为提倡、也是极可感谢的、我还要附带报告的、就是商务书馆除每年捐助复兴东方图书

馆的基金外、在过去两年中仿照从前东方图书馆未成立时的办法、积极为其编译部分收集参考图书、截至现在我们已经收集了中外图书杂志八万余册、这些图书和将来继续收集的图书、在将来东方图书馆复兴时、将与国内外各界所捐赠的图书一并供公众的阅览、按照过去两年复兴工作的进行情形、再加以国内外各界的热心捐助、尤其是德国各文化团体今日及以后的热心捐助、我相信在不久的将来、或当不难有一个较前更伟大的东方图书馆出现于上海、而德国各文化团体与国内外其他热心人士赞助之力、将在复兴后的东方图书馆永留纪念、

全部书籍均陈列青年会二楼、自昨日起至十日止、公开展览、书籍分文学、哲学、历史、地理、技术、经济、辞典等类、内有佛朗府大德颜料厂捐赠化学与药学通鉴、此项通鉴东方图书馆在未被毁前、曾藏有自一八〇一年至一九三〇年全部、今该国仅能捐赠其中一部分、约数十年、因全部已成绝本矣、

同年十月十一日商务印书馆修改总管理处暂行章程条文。

修改总管理处暂行章程条文

二十三年十月十一日公布

原文第三条条文修改如左、

第三条　总管理处设编审、生产、营业、供应、主计、审核六部及秘书处、人事委员会、

附原文　总管理处设生产、营业，供应、主计、审核五部及秘书处、人事委员会、

原文第三条后增加一条如左、

第四条　编审部掌出版物之编译审查计划及其相关之事、

原文第四条改为第五条、其条文修改如左、

第五条　生产部掌制版印刷及其相关之事、统辖出版科及各工厂、

原文第五条改为第六条、以下各条、均依序递改、

附总管理处暂行章程条文　二十一年七月二十公布　二十三年十月四日修改

第一条　总管理处主管全公司之行政、但董事会章程规定须经董事会议决之事项、应于议决后执行之、

第二条　总经理主持总管理处一切事务、经理二人辅助之、设协理无定员，协助总经理经理、

第三条　总管理处设编审、生产、营业、供应、主计、审核六部及秘书处、人事委员会、

第四条　编审部掌出版物之编译审查计划及其相关之事、

第五条　生产部掌制版印刷及其相关之事、统辖出版科及各工厂、

第六条　营业部掌营业及其推广之事、统辖分庄科、上海发行所及各分馆支馆、

第七条　供应部掌材料货物之供给及保管运输之事、统辖进货科及栈务科、

第八条　主计部掌帐务统计稽核收支及其相关之事、统辖会计科出纳科及稽核科、

第九条　审核部掌货物款项服务之检查及工作改良之事、统辖检查科及考工科、

第十条　秘书处掌文书、契约、保管、保险、股务、收发、庶务及不属于各部或人事委员会之事、设秘书无定员、分别主持之、

第十一条　人事委员会掌全公司职工进退奖惩及福利之事、辖

人事科、委员人数另定之、

第十二条　秘书处、发行所、各工厂、及各科得就所办之事，分设若干股、

第十三条　各部设部长一人、由总经理协理兼任之、各科设科长一人、或兼设副科长一二人、各厂设厂长一人、或兼设副厂长一二人、发行所长一人、或兼设副所长一二人、各股设股长一人、或兼设副股长一人、其余职员无定额、视事之繁简定之、

第十四条　各机关办事规则、由总管理处另定之、

第十五条　本章程经董事会议决后公布施行、代替前修订总务处试行章程之效用、将来如有增删修改、应提交董事会议决之、

同年十月十六日商务印书馆制定编审部暂行办事规则。

第一章　组织

第一条　编审部为总管理处之一部分，依照总管理处暂行章程之规定，掌全公司出版物之编译、审查、计划及其相关之事。

第二条　编审部设部长一人，主持本部一切事务，于必要时，得添设副部长一人，协助部长处理本部一切事务。

第三条　编审部设左列各级人员。

（子）编审员

（丑）编译员

（寅）助理编译员

第四条　编审部得设各杂志社，以编审员或编译员主持之。

第五条　编审部设事务股，事务股设股长一人，股员若干人。

第二章　职掌

第六条　部长之职掌如左：

一　参酌各编审员之意见，拟定出版方针及计划。

二　参酌各编审员之意见，处置外来书稿。

三　督察及分配各编译员及助理编译员之工作。

四　按照决定之编译计划，委托馆外编译书籍。

五　决定书稿之印行。

六　督察事务股处理事务。

第七条　编审员之职务如左。

一　协助部长拟定出版方针及计划。

二　分科审查外来书稿及编译员自编书稿。

三　分科主管书稿之印行。

四　分科主管旧出版物及旧稿。

五　指导编译员及助理编译员之工作。

六　协助部长分配编译员及助理编译员之工作。

七　办理部长委托之事件。

第八条　编译员之职务如左。

一　编辑各种教科书参考书或定期刊物。

二　协助编审员整理旧出版物及旧稿。

三　协助编审员审查外来书稿。

四　办理部长分配之工作。

第九条　助理编译员之职务如左。

一　协助编译员办理各项工作。

二　办理部长或编审员编译员交办之工作。

第十条　各杂志社之职务如左。

一　负责编辑杂志。

二　征集杂志文稿。

三　处理杂志社一切事务。

第十一条　事务股之职务如左。

一　收发书稿文件。

二　保管书稿文件。

三　核算稿费。

四　办理著作人订约事项。

五　保管参考图书。

六　依部长之核准，购置参考图书。

七　依部长之指导，处理各项事务。

第三章　办事总则

第十二条　编审部在职权范围内，得以总管理处编审部名义发信及通告。

第十三条　编审部于必要时，得举行编审会议，由部长召集。

第十四条　编审会议以部长副部长及各编审员组织之，于必要时，得由部长指定编译员列席，或邀请其他部分人员列席。

第四章　附则

第十五条　本规则由总管理处公布施行，修改时亦同。

同年十一月十七日商务印书馆选拔各单位的青年干部，举办业务讲习班，并指定各高级人员具有专长学识者分任讲员。二十一日余为该班作概括的讲演，经速记如左：

王总经理对第一届业务讲习班学员训辞

二十三年十一月二十一日　顾浚泉速记

本月十七日本馆第一届业务讲习班行开学礼，庄百俞先生邀我参加，因公司事忙，且已预定在今天来向诸位讲话，所以未到，今天要谈的话没有拟定题目，只就我随时所想到的讲一讲。

关于这次举办业务讲习班的原因，我先要简单的说几句。

我们常感觉到现在的学校教育与社会有不切合的地方：学校出身的人，其学识不一定能合于实用，每难令人满意，但是虽然有这种情形，我们却不能就因此而不信任学校教育的功用。我们应该在学校与社会中间搭起一座桥梁，以为过渡，就是要用补习或实习的方法，使刚出学校的人可以获得在社会服务时应有的知能，实地做起事来，便可减少困难，增进效率。

在多年以前，本公司就有这种办法，最早者为商业补习学校，先后招收小学及中学毕业生予以一年的训练，以补充其学校教育之不足，总共办了七届，我们可以承认过去本公司很靠这补习学校出身的人的相助，现时分馆经理总馆各科长很多是出身于此，股长更差不多尽是他们，所以现在公司的中级和中级以上的人才都是这班补习生，他们就是先受学校教育再受公司的特殊训练的。近几年来因为没有续办，旧的都已升了上去，而后继无人，便感到此项人才的缺乏，同时因为我们认定这座过渡的桥梁是不可缺少，所以今年又仿照前此的用意招收一次大学毕业程度的练习员（取九人，试办期间有两人辞去），不过从前商业补习班的程度稍为浅一点，故所受的训练较为严格，而这次所收的练习员，是大学毕业生，在校修业时期较长，所以训练少些，而多靠他们自己实习和自修，练习期规定为一年，先轮流到各部分去实习，然后酌派较为固定之职务，练习期满升任职员，他们自八月一日进馆以来，已将近四个月。

除了这两种以外，我们并且想到已经进了公司而办事称职的同事们，没有能受到补习生曾受的训练，也没有像练习员那样受到长时期的学校教育，同时也没有到各部分实习的机会，所以我们决意要对于这类的同人予以进修之机会，便决定举办业务讲习班，这是对已在公司服务几年的同人实施训练的第一回，也就是在第一种——商业补习学校，和第二种——练习员外的第三种办法，第一种是初进公司之时就受训练的，第二种也是要先受训练的，只是方式不同些，而第三种则系在公司有了相当经验之后，再受训练的，但以前也曾有过与业务讲习班相似的设施，就是在一二八以前不久所举办的工厂管理员训练班，其性质颇与现在的相近，不过那次只限于工厂管理一方面，是把在工厂服务的同事抽调训练，而现在则注意于业务尤其是营业方面，所以业务讲习班是在业务训练方面的第一次，如连工厂管理员训练班计算，则此为第二次。

补习班出身的人，办事之成绩都表现得很好，已如上面所说，现时的练习员尚在学习之中，还不能知道将来的成绩如何，工厂管理员训练班的同人多因一二八事变而星散，其中一部分现在工厂及其他部分任职，成绩也还好，所以我们很想能在不远的将来先看一看业务讲习班出身者的成绩，而我们为要能达到如我们所预期的优良的结果，就不能不希望办理本届讲习班的诸位先生多费点精力，也就不能不希望诸位受训练的人特别努力。

我一向感觉着学识与经验要相辅并行，初从学校里出来的人进到社会做事，往往格格不入，所以我们常感觉不满意，反过来说，如果单是用学徒制度亦复不能奏大效，现时学校与社会的联络工作，不独在中国有令人失望之处，就是在外国也不容易做得很满意，所以学校的训练要和社会相联接，在中国固然必要，在外国也很需要，尤以工业方面为甚，现在外国的训练制度，有的是将学生在校时期延长，上课与实习并重，如美国辛辛那特大学就试令工科学生五年毕业，一年在校上课，一年入厂实习，共计上课三年，实习二年，他们现时固然是尚在试验之中，将来的成绩究竟如何，此时还不能预料，不过从这一种情形看来，就可以知道主张工业教育和实用教育的人，都很注重学校与工厂商号联合的教育，又如国内外凡习医的学生非于毕业后在医院服务相当时期，学校不给予证书，否则就须一面上课一面实习。

学工学医要注重实习，商业方面又何独不然，所以教育现在虽然没有能够与社会相适应，但我们不能因此就说学校教育失败，而菲薄学校教育，不过是要设法去补助学校教育之不足，反之，人单是有经验而无学识也是不够的，所以经验要用学识来补充，而在学校所得的知识也要用经验来补充，练习员已在大学毕业，具有相当的学识，我们就要他们多注重实习以促进他们的经验，诸位中或曾受过大学教育，或者仅受过短期，但在公司服务几年，已经有了些经验，所以我们就要希望诸位在增加办事经验之外，对于学识方面多注重一点，世界上各种学问都是一天一天在向新的方面进展，几年前所认为新的学问，到现在便已经陈旧了，因此任何想上进的人皆不能不时时刻刻去求新的知识，对于练习员，我认为他们当然也是要继续不断地进修，不过他们的知识可说已有相当程度，所缺乏的是经验，诸位是已经有了几年的经验，须对于知识方面特别注重，尽量多读些书籍。

本馆是一个出版家，我们的商品，就是书籍，必得人家多读书，我们的营业才可望发达，更必须我们同人能读书，才能希望人家读书，要是我们做书业的人都不读书，怎能还希望别人读书呢，即如肉店里卖肉的人都很肥胖，使人一望而知他们自己是吃肉的，又如卖香烟的人，他们自己也不免吸烟成瘾，那末诸位在书店里做事能不能对于书也上一点瘾呢，吸烟是坏事，而读书是一件极好的事情，所以我们要希望社会人士多读书，便不能不希望我们同人多读书，由同人多读书进而劝人家多读书。

我新近在教育杂志复刊号上面曾经写了一篇文章，随意提出了几个教育上急切而重要的问题，现在有许多教育家纷纷起来响应，其中有关于读书的问题，我觉得我们中国人实在太不读书，全中国出版家一年的营业数有多少，香烟的生意有多少，诸位恐怕不易猜出，据我的估量，全国一年的图书营业数还抵不上英美烟公司一家在我国所营香烟生意的十分之一，就以商务印书馆营业最好的民国二十年来说，营业总数约为一千三百万元，除去文具仪器等营业数，书的生意，至多不过八九百万元，我们假定上海其他各书店书籍营业总数也和本馆相同，即加一倍，全国各地书的营业数假定再加一倍，总共也不过二千四五百万元，可是英美烟公司在中国一年的生意却达银二万万两，合三万万元以上，所以我说全中国出版家的营业还做不到英美烟公司十分之一，为什么中国人不读书的情形到这种地步呢，谁都要大为惊讶罢，如果和日本人比起来，我国曾受教育者的读书欲还及不上他们三四十分之一，中国人读书的只有两种人，第一种是被逼迫着读书的，如学校教科书就是销售给这种人的，教员不能不教，学生也不得不读，第二种是有钱的人，他们买了大部书之类搁置起来，只作为点缀品，并不真去读它，因此本馆所出的书，除教科书和大部的国学书之类尚有销路外，至于一般人所应该读的"杂书"——这种名字实属不当——销路却很少很少，然而我们认为惟有这类书才是我们应该多出的书，生意虽然不大，我们虽有牺牲，也还要努力多出，我们居中国出版界的领导地位，宁牺牲一时利益，开辟一条大路，不应该无意识地跟着人家走，并且这种牺牲一时虽不能就看出成效，但将来与社会、国家、文化各方面一定是有益处，而与我们的营业终久一定也有益处。

目前中国出版业的情形既可反映出中国人不喜读书的现象，已经读过书的人，一出学校，便不读书，实在是教育界很不良的结果，我常说我们不怕出版家多而怕出版家不多，不怕同业竞争的厉害而怕没有竞争的对象，人民不读书，在国家方面看来，是很危险的事，我们为国家文化的发展计，不得不希望一般人多读书，尤其不能不希望做书的营业的人多读书，营商的人不能不知道商品的内容，否则生意就要做不成功，一个顾客来问你买货，你当然不能回答不知道，但一般店员以能回答得出就算完事，书业的店员却须更进一步，顾客有问即答，虽已尽店员的责任，毕竟属于消极的一方面，我们必须要积极的，即使顾客不问，我们也要向他讲应该读什么书，买什么书，这就必得要自己欢喜读书，能知道各书的内容，才可以做到。

中国人不喜读书的原因很多，第一是因为学校没有能养成学生读书的兴趣，第二是因为社会不注重读书，不注重人才，致令人有读书与否毫无关系的观念，此外就要责备我们出版家没有用进攻的方法逼人家读书，没有用文化侵略的方法去逼人买书，卖香烟的人所用的方法就是侵略的方法，他们的目的虽则专为营利，但手段是有效的，所以我们必须也要多做有效的宣传和推销，我们要是能使得许多顾客有志于读书，那就是等于做民众教育的人指导社会上一般人读书，也就是等于办学校教育的人指导学生们读书，没有什么差异，一个人买了一本书虽然不一定就真正去读它，但是平均每三个人买一本书，总有一个人是真读的，这个人下次再来买书，我们就可以更进一步，去推销其他的书了，试看香烟推销的结果，竟使全国各地连极偏僻的乡村中人都有了嗜好，我们难道就不能迎头赶上？现在时常有人说人民购买力差，买不起书一类的话，实在是错误的，如果说买书的能力差，何以买香烟的能力这样好呢？可见这些话都是搪塞之词，毫无根据的，更可见我国读书人少，学校与社会固然要负其责任，而我们也是要负一部分的责任的。

兄弟近两年在本馆困难的情形中，不但把以前所出的书尽量恢复，并且每天还出新书一种至数种，今年出版的书，是公司三十八年来最多的一年，这是我们出版家对于文化应有的贡献，我们一想到我们出版家所负的责任之大，便不能不努力多出新书，但是公司做事的人是分工合作的，我们编辑等部分处于后方，诸位营业人员是先锋，我们编了书要能销售，才可陆续多出，对于社会才不是空的努力，而是有实效的，所以营业员的责任，从对内方面看，与编辑人员的责任是相等的，从对外方面看，比办理民众教育学校教育的人的责任一点也不稍轻，不过他们是有办教育的名义，而诸位没有居其名义罢了，然而诸位如果能努力，收效比他们实相同，一般办学校和民众教育的人，不一定就能说有多大的功劳，除非他们能养成学生和社会上一般的人之永久的读书兴趣，才可算是尽了他们的责任，同样地诸位营业员卖书的时候，如果仅以能答得出书名为已足，也就是有亏你们的职守，必须能用进攻的方法去告诉和指导人们应该读的书，才可算尽了辅助教育促进文化的责任，所以营业员的贡献可以分为三类，一是公司已经有书而对答不出，便对文化不起，对公司不起，又一类是仅能应答得出，只可算尽了消极的责任，第三类是能明了公司各种书的内容，而能指导人读书的，这才可算尽了对教育对社会的责任，虽则是在做营业员，但比那称职的办理教育的人毫无逊色，同时也与编辑人的贡献不相上下，希望诸位不但要做能够尽责的店员，还要做社会上的无名教师。

　　诸位要想知道各种书的内容，劝别人读书，就先要自己能养成读书的兴越，所以诸位必须每天分出一部分时间来读书，先知道各书大意，一方面就自己性之所近的学问去作精深的研究，一方面也要把所有本馆出版各书的提要都了然于胸，这样才可实行指导别人读书，一方面就是对于社会文化有所贡献，一方就可替本馆减轻为中国文化应负的责任，对于公司当然也有很大的贡献。

　　这次讲习班的功课，除直接与营业有关系的学程以外，有两种学程应该特别加以注意。第一是关于图书馆的学程，应当知其大概，我们的事业与图书馆学很有联带的关系，我们对于学术的分类法等必须能知其大意，然后对于出版事业才能了解，又现时各办理图书馆，多苦于缺乏图书馆的人才。我们同人要是对这种学术都能了解，便可随时帮助他们办理，并指导他们应行购备的图书，所以对于社会对于公司也好也都是有益的。第二是关于教育概论的学程也须有大体的明了，因为我们从这种学程可以晓得各种学制教学法教育思潮及其趋势等，也是出版营业上所不可缺少的知识。

我们因为不但要做生意，还要尽力帮助社会，促进文化，所以希望诸位在讲习班听讲的同人对于所授各种课程都要加意研习，在讲习期间能有个概略的研究，以后更希望诸位能继续自修下去。固然各人有各人的读书兴趣，不能强同，但我总希望任何人每天都要抽一部分时间来读书，专心一意地研究学问。现在总馆同人每日工作八小时，分馆的办事时间也只稍长一些，如果说没有时间读书，那完全是搪塞的话。一天有二十四小时，除工作八小时睡眠八小时之外，其余的八小时做什么事情呢？即使每天工作十一二小时，加上睡眠八小时，也还有四小时的空闲，又做什么事呢？要是不用来读书，就要沾染恶习，不是把大好光阴付之虚掷，就是糟蹋身体精神和金钱，所以一个人能在公余读书，于人于己都是有益的。

或者又有人要说，一个人既要做事，又要读书，怕要与精神身体有碍，其实大大不然。试看今日列席的史久芸先生，每天早上要练拳，并且要到沪江大学去上课，在工作时间要办许许多多的事情，还有其他社会上的事情也要做。他的身体不但一点没有坏，比之以前却大加康健，这是诸位可以晓得的。又如兄弟自从十五六岁起，没有一天不要做十五六小时的工作，但是许多年来从没有患过疾病，——除最近从上海赴杭因汽车颠簸致背部略受震动，曾请医生诊察外，从未请过医生。我每天在公司所办的事，总不比诸位轻松一点。每天准时到，准时退，绝没有无故迟到或早退过。而且在馆里因为与各部接洽的事极繁，所有要用脑的工作每天还都要带回去做几小时。就如我为编订万有文库第二集的目录，一共在家里做了有九个多月的工夫，再三斟酌取舍，务求更合实用，而后于心稍安。我虽然这般忙，而我每天还规定有两三小时的读书时间，向来没有间断过。所以一个人说他没有时间读书，是不足置信的。诸位假使每天能有两三小时读书，几年之后，就可以抵得上一个大学毕业生。比如大学学生每天上课和在图书馆自修的时间大约只有八小时，你们要是每天读两小时书，四天可以抵他们一天。又学校每年有两三个月的寒暑假，你们却无须有假期。所以学校里一年的功课，你们最多有三年就可读完。依这样推算，你们虽没有进过大学，但至多有十二年就可等于在大学毕业。倘若每天读书的时间再多些，还可以再缩短，况且你们还可选择自己所喜欢的学科去研究。有些学校所设的课程，是可以不必读的，所以你们只要存心想读书，不怕没有时间。你们以前没有进过大学，现在能自己努力去学以求深造也还不迟。所以我希望你们务必要多多读书。

刚才我曾说过在香烟公司做事的人，要是不吸烟，便对香烟公司不起。同样地，在出版家做事的人，要是不读书，也就对公司不起，更对自己不起。所以我们想先在总馆方面鼓励同人自修，并由公司指定指导员负责指导，解决疑难问题。现在正对于施行办法的各项细目详密筹划，不久即可实现，分馆方面也希望能够这样办，对于各同人当有很不少的益处。上海是一个繁华的商埠，有种种坏的诱惑，惟有读书才可以抵挡一切。总之为各人自己的进步，为社会文化的促进，读书之举，在各方面都是极好的事。所以我不惮于再四提醒诸位首先要规定每天有几小时读书。诸位存心读书了，对于读书的方法也要特别注意。没有读书法的读书，很容易糟蹋时间和精神。那末读书的方法从什么下手呢？我以为首先要对于图书馆学加以研究，读书时才可获得指导。关于图书馆学，我著有中外图书统一分类法一书，诸位可以参考。现在不必多说，诸位懂了图书馆学以后，不但自己可以受用无穷，就是指导别人，也是极有益于别人的，兄弟以前是什么书都读，虽然很有兴趣，但是磨费时间精力也不少，近年以来抛了求博的念头，注意求专，大抵读书能先找门径便易于为力，能分清何书当读不当读、何书应先读或后读，如何读法，而不致茫无所从，不过诸位当中如有于普通学识还未充分的研究以前，须先把基础打好，以后再进而为专门的研究。

我今天说的话已经很多，但因限于时间不能很详细地讲，我所要请诸位特别注意的，就是在我们出版业做事的人个个都应该努力读书，研求新的知识，一切精神金钱的消耗都可减除，而精神与知识的修养可以进步，再能劝人家读书，那末对于社会可以补助文化，对于公司也一定可有不少的赞助。

最后我还要补充一点，现在公司生产的力量是很充足的，如果能尽量利用，比一二八以前要增加一两倍都可以，但是就因为社会上读书的人不多，书的销路不大，所以不能尽量生产。现在公司的营业没有充分的发展，不能与生产相适应，因此很感困难。要是营业能够进展，生产能力可以尽量利用，不独成本可以减轻，公司蒙其利，而且推销的书籍至少有一部分为购书者所读，设因此而能养成购者的读书兴趣，尤为功德无量。所以我们希望将来对所谓杂书的推销，大家应特别注意。

现在本馆编辑方面是采取大编辑部主义，所有国内文化学术团体著名学者的稿件都交我们印行，所以稿子是不成问题，印刷也不成问题，就是营业未能随着增进，以致我们在后方的人难以作更大的努力，公司固然受无形损失，而社会也受着影响。诸位营业员是前方的军士，应该感觉地位的重要，努力做推销的工作。又各分馆向来多注重教科书，而以杂书为无足轻重，平时往往添配不全，添到的能一一陈列就算是好的了，其能进一步用种种的方法劝人家购买者很少很少。教科书固然很重要，但是杂书的种类极繁，内容复杂，其性质与教科书不同，是真正为读书人而备的书，关系于中国文化的前途及公司的前途至大，而其推销的困难也十倍于教科书，务望各位皆能明了他的内容，用极大的努力，作有效的推销。

今天因限于时间，所说的话就止于此，将来有暇可再为细谈。

同年十二月二十日商务印书馆为变更历年总分馆各别结算盈余办法，假上海青年会召集各分馆经理会议，余在餐会中阐述主张之致词。经速记如左：

王总经理演说辞

二十三年十二月二十日中午

在上海八仙桥青年会宴请各分馆经理席上

顾浚泉速记

诸位，今天我们在此地好像是举行扩大会议——并不是所谓政治性质的扩大会议——我为什么要作如此称呼呢，这有两个意义。第一，总馆每星期五中午在银行公会举行一次聚餐会，集各部分主管人员于一堂，交换一点意见，与会者每次有二十多人，要是刚巧碰到分馆有人来的时候，就请他参加，当作公宴。但平时不过只有一二位参加，而今天分馆经理到有十几位，所以我们便把聚餐会改至此地举行，一齐请来参加。因此，就聚餐会说是扩大的。第二，分馆业务改进委员会平时只有总馆同人参加会议，现在因为讨论明年各分馆改制的办法，请诸位分馆经理到上海来举行联席会议，所以就联合开会一点说，也是一个扩大会议。

这次会议的内容，诸位不必到开会的时候而在动身以前已经知道，又这次变更制度的动机，在会议里面，主席和书记业已详细说明，无须我再多说，今天我只很简单的说几句话。

公司变更总分馆计算盈余制度的原动议人就是我，这个意思是起于去年间偶然发觉到的事情，大概是去年夏天，我把公司的帐法考虑一下，觉得公司的帐法固然是很稳健，但其中却给我发现了一件不太稳健的事，就是年终盘存免折的办法，因为公司向来总分馆盈亏分别计算，凡货物一经总馆发给分馆，不论曾否售出，在总馆方面已认为获有货物上的盈余，如果分馆对于尚未售脱的货物，一律打一个相当的折扣，则对于总馆因发货于分馆而所得不甚稳健的盈余，或尚可以抵销其一部分，使全公司的盈亏与实际更相近。但向例年终发货在分馆方面概予免折，而总馆方面仍作为货物利益，因此这一部分的盈余便不甚稳健，如果遇着总馆亏耗甚巨的一年，总馆的当局要是取巧起来，便可以立时转亏为盈，就是当年终货物免折期内，把大宗的货物发给相近的分馆，使总馆的货物利益特别大增，而分馆因免折关系，结帐时亦无所损，照现在分馆发货折扣杂书六·五折，中学书四·六折，小学书三·四折平均约四·六折，如果总馆在年终多发一百万元码价的货，则此项货物在总馆盘存一律二折，仅值二十万元，而到了分馆便成为四十六万元，虽分馆欠帐，总馆年终结算须再打七折，但是四·六折再打七折还有三·二二折，所以一百万元码价的货在总馆作二十万，在分馆依向来结帐方法再打个七折，也等于三十二万二千元，总馆便可以多赚十二万二千元，如果多发货二百万或三百万元，便可以多赚二十四万四千元或是三十六万六千元，这一点确是我们公司很稳健的帐法中不太稳健的地方，幸亏其他帐项都很稳健，所以还没有生出不好的结果，而且也没有人想利用这机会来做假盈余，因此从前便不大感觉到罢了，近年以来因为教科书变更的缘故，分馆为着减少亏耗，对于免折问题不能不格外重视，为公司帐法稳健计，年终免折办法固应根本取消，但是取消后分馆的亏耗将更甚。为分馆计年终免折办法，尚宜推广，可是帐法将更不稳健，因此我便觉得分馆独立盈亏的办法，实有重新考虑的必要。

我当时虽然有这个意思，却因这种办法行之多年，一时还不敢轻易改动，另有一种情形，逼到我们不得不急谋改革，就是因为去年各个分馆都是亏耗，而且有许多是亏耗很大或是积亏很重，按照分馆独计盈亏的原则，纵使以后各年努力经营，略有盈余，非俟积亏减尽，这些分馆的同人终无得奖励的希望，结果将使许多分馆的同人失望，于公司的前途实有很严重的关系。所以在今年春天，就约了代表各区域的几位分馆经理，到总馆来详细讨论，结果认为总分馆分计盈亏的办法，在以前交通不便，出版物种类少，和事情简单的时期，固然是一种简便的制度，但在现今出版种类日繁，事情日益复杂，而交通也较前方便的时期，这种制度便有改革的必要，同时为着求帐法的更稳健起见，大家却认为当使总分馆合并计算盈亏，但是我觉得凡是采行一种新制度，必先从小规模试验，犹如一只大轮船，将驶进一个新的港口，在自己没有进去之先，一定要先派几只小船进去，试探一下，认为没有危险，然后大家才一起进去，因此向董事会提议先选九个分馆与总馆试行合并计盈亏，试办之后，觉得能够没有窒碍，然后一律变更办法。这九个分馆，今年从四月起试行到现在，已有大半年，情形还好，消极方面，并没有感到什么窒碍难行之处，积极方面，也有相当的好的表现，现总董事会决定，全体分馆自二十四年一月起，一律改照新办法办理，今天请诸位来，是因为大纲虽然已经决定，但还有细目及执行的方法，不能不顾到各地方的特殊情形。

这次会期，定为一星期，议程所列的问题，有二十几个，都是很有关系的。希望诸位尽量发表意见，务使明年实行新办法时，可以和本年改制的九分馆一样的顺利，或是更加顺利。

归纳起来，这个改革办法的目标很简单，第一是求帐法更稳健，第二是求营业更发展。关于第一点，刚才已经说过，现在再对第二点略加说明，即改行新办法之后，分馆营业是否可以更发展更有利。

我以为照向来办法，分馆盈余大概有五个条件，（一）客帐少，（二）开销少，（三）存货少，（四）营业要相对的多，——绝对的多不见得就有盈余，（五）要能取巧，——最后一项虽然是滑稽一点的说法，但是能取巧一定是能够赚钱的，因而也成为盈余的条件之一，诸位想想是不是呢？例如去年各分馆都亏了，有一位分馆经理就和我说，他的分馆明年一定可以盈余，我说这个道理我很明白，什么办法呢，就是今年的亏耗是因为存货多的缘故，那末明年就不配货，让存货出清，当然可以有盈余，后年因为没有存货不得不多添货，积存较多，又要亏本，但大后年少添货又可以盈余；分馆这样一亏一盈，一盈一亏，固然还可相抵，但是全公司的前途就不堪问了。我刚才说，照向来分馆独立盈亏的办法，分馆营业只要相对的多，而不要绝对的多，才能有盈余，确系事实，甚至有营业减少而仍盈余的，即如公司现有一个分馆，其所在地实际上已经不是我国的领土，他的生意已大减，可是没有一年不赚钱，为什么呢，因为他碰到消极的机会，货物销售不了，就退货，试问这与公司全体有什么好处呢。我刚才又说能取巧也是自制盈余的一个条件，这种取巧的方法很多，现在我只举一个例，分馆本版书年终盘存，系分别按进价打四折五折或六折，平均约等于码价的二·二折，但是分馆发给同行的货物，小学书照码价六折，中学书八折，杂书十足，假定平均为七·五折，纵然欠帐未清，照章帐款须打五折，那折实的帐款，也等于码价三·七五折，所以货物发到同行后，纵然欠款未清，其价值已等于码价百分之三十七分半，较之存在分馆内盘存作价，只等于码价百分之二十二的高得很多，虽然发货后，例须提存回用准备，但是回用小的地方，便以多发货于同行为有利，而回用大的地方，有时便以多退货为有利，这就是取巧之一法。

现在我们换一方面说，分馆与总馆并计盈亏以后，分馆要有优良的成绩而获取奖励金，究应怎样办呢，我想仍然也有五个条件，（一）客帐要少，（二）开销要少，（三）从前存货要少，现在因为希望营业绝对的多，所以存货的数量是要充足，即不太多，也不太少，（四）营业要绝对的多，从前营业绝对的多，有时反要亏耗，现在则营业愈多愈好，（五）以后无须取巧，只要总分馆间密切的联络。试把这五条件和从前的五条件比较一下，其中完全相同的，便是客帐少和开销少两条件，不尽相同的，就是营业相对的多或是绝对的多之一条件，而彼此相异的，却也有两条件，其一是存货的求少或求充足，其二是取巧或联络，除了完全相同的条件外，其相异者和不尽相同者的区别，便在乎消极的和积极的两种性质，换句话说，从前的条件有些是消极的，现在却都变成积极的了。

今年试行新办法的九个分馆成绩究竟怎样，想来大家都很想知道，不过九分馆的变更办法系从今年四月开始，到现在只有半年多些，时期较短，还不能有充分的试验结果，但是消极方面我们可以断言没有感觉什么不便的地方，积极方面虽然还没有多大的成绩表现，也有一两点是可以举出来的。

近年以来，教科书的营业一天比一天困难，今后要维持营业的地位，便不能不另谋补充办法，就是杂书方面要极力发展。今年四月至十月半年间按照新办法的九分馆杂书营业，比去年同期增进百分之三十一，发行所增进百分之二十九，其他各分馆增进百分之二十五，虽大家都有增进，但试行新办法的九个分馆增进得最多，这是因为杂书的种类多，买书的人非见着书的内容不易选购，因此杂书营业的推广与备货充足很有关系，而试行新办法的九个分馆，是要按总馆所定备货标准充足配备的，所以销数较多一点，这或者就是新办法成绩之一。又九分馆中有一两个分馆从前积亏很大，加以去年亏耗甚多，原来是不易有得奖希望的，但今年改照新办法，营业颇有进步，而与总馆并计盈亏后，所有历年亏耗便一笔勾销，因此结帐后或不难有得奖励的可能，不致永无希望，这也是新办法显著的优点。但是诸位中间也许以为新办法对于积亏的分馆固然很好，但在向有盈余的分馆是不是有点吃亏，这一层我以为尽管放心，因为向有盈余的分馆，必定是开销少，客帐少，和新办法得奖励的第一第二两条件，当然相符，其从前营业也定是相对的多，今后既可以不受制于存货少的条件，更可使营业益增进而合于营业绝对多的条件，又向有盈余的分馆，从前既用不着取巧，今后能力求与总馆联络，则对于新办法的五种考成条件都不难一一符合，而仍能保持其优越的地位，况且现在营业竞争剧烈，所谓向有盈余，是不是永有把握，还是疑问，即如去年度的结帐情形，向有盈余的分馆大多数都有亏耗，甚至有亏耗很大的，设不幸而再有此项情形，则积亏分馆照新办法所得的利益，也就为一般分馆所享有了。

或许也有人会问起新旧办法过渡的时候全公司结出的帐，究竟盈余加多或减少。据我们计算的结果，大概过渡的时候全公司盈余可以增多几十万元，因为总馆从前提存的分馆欠帐准备金约一百二十万元，现在可以取销，这是帐法上利益的部分，但分馆客帐是五折，总馆客帐是四·五折，合并计算时，这是损失的一部分；又从前分馆货物盘存，杂书是按六·五折的四折，成为二·六折，中学书按四·六折的五折，等于二·三折，小学书三·四折的六折，等于二·〇四折，平均约合二·三折，与总馆合计时便一律作为二折，这也是损失的一部分。把损失和利益相抵后，或者还有几十万的利益，不过实际上财产并没有增加，只是帐面上好看一点罢了。究竟这笔准备金是什么一回事呢，原来旧日总分馆间的关系，总馆仿佛把分馆当做同行，所以货物在总馆只作二折，发到分馆却分别作六·五折，四·六折或三·四折，平均为四·六折，二十元折实的货发到分馆，便作为四十六元，不问已否售出，总馆便算赚了二十六元，其实这既不是真的营业，原不该算作盈余，而从前却归入盈余之列，幸亏到年底结帐的时候还本着稳健的原则，所以再打一个七折变成三二·二元，结果总馆只把其中的一二·二元作为盈余分派。此外的一三·八元还留在帐上，这就是所谓分馆欠帐准备，想不到这项徒有其名的准备金到了现在因总分馆盈亏合计，所有货折帐折的损失竟借此抵补而有余，真是再好没有，否则今次之合计盈亏一开首全公司便要亏蚀几十万元。简单说起来，这笔准备金在帐法上虽是从前总馆盈余的派剩部分，而实际上本不存在，因此董事会决议不作为盈余分派，保留着以抵补将来的损失，万一将来总分馆合计盈亏后有一年亏耗颇大，如经董事会议决利用这笔特别保留的准备作为抵补，或竟因抵补而转亏为盈，那就将来总馆分馆均蒙其利了。

　　各分馆改照新办法后利益固如上述，但也不能没有不利益之处，其最重要的就是开销有增加之可虑。各分馆的当局与公司关系较深，且时时有机会与总馆接近，对于全公司的利害自然是很关心，无论改用哪一种办法，只要于全公司有利，我相信都是诚意赞助的。但是一般的分馆同人平时与总馆颇为隔阂，向来独立盈亏惯了，只要本分馆有盈余，其他分馆或总馆的盈亏都不甚注意，惟其注重本分馆的盈余，所以对于开销一项也知道特别节省，改行新办法以后，恐怕会起另一种观念，以为多用几个钱谅不会影响公司全体，而且盈亏方面分馆既与总馆联合计算，于是一部分的人不知不觉地便以为一个分馆工作稍为放松一点也不致妨碍全局，殊不知一个分馆的一部分同人可以作此见解，其他各馆的一部分同人也未尝不可作此见解，结果就影响到各该分馆的利益，所以一部分同人的这种心理，是必须要极力矫正的。

还有一事当注意的，就是从分馆并计盈亏后，总馆对于调剂货物及计划营业种种，必须明了各分馆的实情，始能收指臂之效，因此货物轧销及各种报告均须如期而详尽。

今年各分馆间因总馆督促办理轧销，多有因此而添用人员的，有时人事委员会虽然通过，但是我也往往不客气地加以否决，我以为欲求开销减省，人尽其力，实在是一个重要条件，我并不想各分馆裁减人员，我却不能不望各分馆同人都人尽其力，对于这种新增的工作最好是不另添人，而以原有人员分别多担任一点。这并不是不可能的事，试把一二八以前总馆各部分所用人数和现在比较一下，同时并把总馆各部分现在处置工作的速度考虑一下，便可以证明各分馆今后轧销报告各项工作都不必有添人的必要，不必添人而添，便是开销上的一种耗费，须添人而不添人，便是工作效率的增进，尤其是对于新定的方法，如果立时添人，新方法的利未见而害已先见，故我以为公司各部分以及各分馆对于一切新办的事，最好是避免添用人员，总馆这两三年就是本着这原则做去，总馆既然办得到，分馆也就没有办不到的，希望诸位把这些话都转达分馆中各同人才好。

同年，中央教育经费为四五 七九九 四八六元。

同年，全国公私立小学校共二六〇 六六五所，其中私

立小学校四六 六四八所，占百分之一七·九。

同年，全国公私立小学校学生共一三 一八八 一三三人，其中私立小学校学生二 六六〇 九一二人，占百分之二一·七。

同年，全国专科以上学校数一一〇所，岁出经费三五 一九六 五〇一元。

同年，全国专科以上学校毕业生九 六二二人。

同年，商务印书馆编纂之日用百科全书初版印行。

民国二十四年（公元一九三五年，乙亥）三月，余为商务印书馆就我国无量数丛书中，精选百部，以实用罕传者为主，计普通丛书占八十部，其中宋代二部，明代二十一部，清代五十七部。专科丛书占十二部，其中经学二部，小学三部，史地二部，目录学一部，医学二部，艺术一部，军事一部。地方丛书占八部，其中省区四部，郡邑四部。全部按中外图书馆统一分类法，依其内容性质，分为五百四十一类。订为四千册，版式一律，定名为丛书集成初集。开始发售预约，期于两年内全部出版。兹将余所撰序文及丛书百部提要附后：

辑印丛书集成序

昔李莼客有言："士夫有志于古而稍有力者，无不网罗散逸，掇拾丛残，几于无隐之不搜，无微之不续；而其事遂为天壤间学术之所系，前哲之心力，其一二存者得以不坠，著述之未成者，荟萃而可得。凡遗经佚史，流风善政，嘉言懿行，壤迹异闻，皆得考见其略；而后之人即其所聚之书，门分类别，各因其才质之所近，以得其学之所归。于是丛书之功，在天下为最巨。"王丹麓亦言："丛者聚也，或支分于盈尺之部，或散见于片楮之间，裒而聚也；又丛者杂也，或述经史，或辨礼仪，或备劝戒，或资考订，事类纷纭，杂而列之也。"两氏之言，其足为我国丛书之定义乎？

钱竹汀云："荟蕞古人之书，并为一部，而以己意名之者，始于左禹锡之百川学海。"按学海之辑，在宋咸淳癸酉，而俞鼎孙之儒学警悟刻于宋嘉泰间，前学海又数十年，是真丛书之祖。然二者虽有丛书之实，尚无丛书之名，其更前之笠泽丛书，则为唐陆天随个人之笔记，其自序称为丛脞细碎之书，虽有丛书之名，而实亦非丛书也。至若名实兼备者，实始于明程荣之汉魏，而继以格致丛书、唐宋丛书等。

降及清代，丛书之刻，愈多而愈精。精者如黄氏之士礼居，孙氏之岱南阁，皆仿刻宋元旧椠，人无间言。博者如歙县鲍氏之知不足斋，南海伍氏之粤雅堂，子目逾百，卷数及千，自是丛书之范围益广。其泛滥群流，多文为富者，有张氏之学津讨原，吴氏之艺海珠尘等；其传布古籍，雠校最精者，有卢氏之抱经堂，胡氏之琳琅秘室等；其书求罕见，今古俱备者，有蒋氏之别下斋，钱氏之指海等；其专辑近著，搜亡抱缺者，有潘氏之功顺堂，赵氏之仰视千七百二十九鹤斋等；其羼入泰西政俗游历诸篇，新旧兼收者，有潘氏之海山仙馆，江氏之灵鹣阁等。他如官刻丛书，则武英殿聚珍版实为巨擘。郡邑丛书，则明代之盐邑志林导其先路，泾川岭南金华畿辅等接踵而起。

于是孔壁汲冢之余，石渠东观之秘，咸登梨枣。张香涛云："人自问功德著作不足以传世，则莫如刊刻丛书以垂不朽。"可见学者之重视其事矣。

迄于今，综顾朱传罗诸氏之丛书目录，与杨李二氏之丛书举要所著录者，部数多至数千；诚大观矣。然一考内容，则名实不符，十居五六；削改琐杂，比比皆然。张香涛谓"丛书最便学者，为其一部之中可该群籍；欲多读古书，非买丛书不可"。夫以种类若是纷繁，内容若是庞杂；苟不抉择，多购既费金钱，滥读尤耗精力。

余近年先后编印万有文库初二集，于国学基本丛书之取材印刷，考虑再三，一以购读者精力与金钱之经济为主要条件，文库二集计划甫就，张菊生君勉余以伺一意旨，进而整理此无量数之丛书；并出示其未竟之功以为楷式。余受而读之，退而思之，确认是举为必要。半载以还，搜求探讨，朝斯夕斯，选定丛书百部，去取之际，以实用与罕见二者为标准，而以各类具备为范围。别为普通丛书专科丛书地方丛书三类，类各区为若干目。普通丛书中，宋代占二部，明代二十一部，清代五十七部。专科丛书中，经学小学史地目录医学艺术军学诸目合十二部。地方丛书中，省区郡邑二目各四部。其间罕见者如元刊之济生拔萃；明刊之范氏奇书，今献汇言，百陵学山，两京遗编，三代遗书，夷门广牍，纪录汇编，天都阁藏书等，清刊之学海名编，学津讨原等；虽其中间有删节，微留缺憾，要皆为海内仅存之本，残圭断璧，世知宝贵，今各图书馆藏书家斥巨资求之而不可得者也。至若清代巨制，如武英殿聚珍版，知不足斋，粤雅堂，海山仙馆，墨海金壶，借月山房，史学，畿辅，金华等，原刻本每部多至数百册，内容丰富精审，皆研究国学者当读之书，所谓合乎实用者，其信然矣。

综计所选丛书百部，原约六千种，今去其重出者千数百种，实存约四千一百种。原二万七千卷，今减为约二万卷。以种数言，多于四库全书著录者十分之二；以字数言，约当四库全书著录者三分之一。命名丛书集成，纪其实也。

　　方今文化衰落，介绍新知与流传古籍，其重要相等。是书之出，将使向所不能致或不易致之古籍，尽人得而致之，且得以原值二十分之一之价致之。又诸丛书经董理后，取精去冗，依类排比；复按万有文库之式印刷，分订袖珍本约四千册，以便检阅，亦犹是编印万有文库之原意云尔。

附丛书百部提要

　　萃群书为一书，故名曰丛；少者数种，多者数百种，大抵随得随刊，故先后无定序，刊者又各有所好，故彼此多复出。丛书集成初编选此百部，所涵书名，数逾四千。今依中外图书统一分类法，重加编订，以类相从，则浑者画；复统于一，则散者聚。除每书注明所属丛书之名，遇各部累见之书，则历纪所属丛书于下，循流以溯源，固有条而不紊也。然原分为百，今合为一，恐读者不获见原书真面，因各撰提要一首，略识梗概，以次列左。

　　（甲）普通丛书八十部

　　（一）宋代二部

　　儒学警悟　七种四十一卷　宋俞鼎孙俞经同编

　　据序，书成于宋宁宗嘉泰元年。前人以百川学海为丛书之鼻祖；然学海刻于度宗咸淳九年，后于是书者，已七十二年。是书首石林燕语辨，次演繁露，次懒真子录，次考古编，次扪虱新语，分为上下，而殿以萤雪丛说。凡四十卷。是书见宋史艺文志类书类，卷数同。总目后嘉泰建安俞成海跋，称为七集四十有一卷者，则以萤雪丛说又为分上下二卷也。原为嘉靖王良栋抄本，缪荃孙得之，雠校一过，武进陶氏为之刊行。

百川学海　一百种一百七十七卷　宋咸淳左圭辑刊

圭字禹锡，自称古郯山人。其刻是书，自序题昭阳作噩；昔人定为宋度宗咸淳九年。书凡十集，集七八种至十余种不等。所收以唐宋人著述为多；间有晋代及六朝者。圭自序："余旧哀杂说数十种，日积月累，殆逾百家；虽编纂各殊，醇疵相半，大要足以识言行；裨见闻，其不悖于圣贤之指归则一。"又云："人能由众说之流派，溯学海之渊源，则是书之成，夫岂小补？"丛书之辑，虽有儒学警悟在其前，而寥寥数集，以彼方此，实不啻行潦之于河海，洵可谓名副其实矣。

（二）明代二十一部

阳山顾氏文房　四十种四十七卷　明正德顾元庆辑刊

元庆字大有，长洲人，家于阳山大石下。藏书万卷，择刊善本，署曰阳山顾氏文房。其梓行纪年岁者，前为正德丁丑，后为嘉靖壬辰，多以宋本翻雕。或记夷白斋，或记十友斋，凡十一种。黄荛圃得其开元天宝遗事，跋其后曰："书仅明刻耳，在汲古毛氏时已珍之，宜此时视为罕秘矣。"又曰："唐朝小说尚有太真外传、梅妃传、高力士传，皆刊入顾氏文房小说。向藏梅妃传亦顾本，太真外传别一钞本，高力士传竟无此书。安得尽有顾刻之四十种耶？"如黄氏言，当时已极罕秘，今更百年，愈可珍已。

古今说海　一百三十五种一百四十二卷　明嘉靖陆楫等辑刊

楫字思豫，上海人。同时纂辑是书者，卷首嘉靖甲辰唐锦序，尚有黄良玉、姚如晦、顾应夫、唐世具诸人。序言："凡古今野史外记、丛说脞语、艺书怪录、虞初稗官之流，靡不品骘抉择。区别汇分，勒成一书，刊为四部；总而名之曰古今说海；计一百四十二卷，凡一百三十五种。"卷首总目：一说选部。小录家三卷，偏记家二十卷。二说渊部，别传家六十四卷。三说略部，杂记家三十二卷。四说纂部，逸事家六卷，散录家六卷，杂纂家十一卷。四库著录入杂家类。亦称其删削浮文，存其始末，视曾慥类说、陶宗仪说郛为详赡。参互比较，各有所长；搜罗之力，不可没云。

范氏二十一种奇书　六十五卷　明范钦校刊

钦字尧卿，一字安卿。号东明，鄞县人。嘉靖进士，累官兵部左侍郎。钦喜购书，筑天一阁以藏之。此集为钦所手订，世知宝贵。在全部中，周易及元包潜虚等书居其九，而乾坤凿度又析出为乾凿度坤凿度，故二十种亦称为二十一种也。内如吴陆续注之京氏易信，唐郭京之周易举正，唐赵㧑注之阙氏易传，皆不易得之书；正不能以其偏重而少之耳。十余年前，涵芬楼曾收得两同书二卷，亦天一阁刊本，版式与二十一种同。然是编既无总目，诸家书目亦均不载，故未并入。

今献汇言　三十九种三十九卷　明高鸣凤辑刊

明史艺文志杂史类，高鸣凤今献汇言二十八卷；四库杂家类存目仅八卷。提要云："据其目录所刊，凡为书二十五种，乃首尾完具，不似有阙。"北平图书馆所藏，与通行汇刻书目，均二十五种；而书名异者乃十之四五。是编多至三十九种，较明史四库及见在仅存之本均有增益。其中拘虚晤言、江海歼渠录、医闾漫记、平定交南录、平吴录，版心上有献会二字；比事摘录、菽园杂记，有会字；守溪长语，有献言二字。存者均不过一二叶；然可见书名原作会言，不知何时改会为汇。此无刊书序跋，又无总目；是否完璧，未敢断也。

历代小史　一百六种一百六卷　明李栻辑刊

栻字孟敬，丰城人，嘉靖乙丑进士，官浙江按察副使。所著有困学纂言，四库著录；凡一百五种。是本增大业杂记一种，博采野史，以时为次，自路史汉武故事起，至明中叶之复辟录止。每种一卷。遗闻逸事为稗史类钞等书中所未收者颇夥。各书虽多删节，不无遗憾；但重要节目，悉加甄录。序称中丞赵公所刊；四库馆臣不能考知为谁。察其版式，当刊于隆万间也。

百陵学山　一百种一百十二卷　明隆庆王文禄辑刊

文禄字世廉，海盐人，嘉靖辛卯举人。著有廉矩、竹下寤言、海沂子等书，收入四库。是编乃其汇刻诸书以拟宋左圭百川学海者，故以百陵学山为名。四库存目作丘陵学山。原书目录后文禄短跋，有原丘陵改百陵对百川、丘宣圣讳改百尊圣之语。盖馆臣所见为初刊未全本也。目录以千字文编次。自天字至罪字，凡百号。其中钱子法语巽语二种，原名语测，实为一书。四库提要则谓自天字至师字，凡七十四种。卷首王完序亦言以千字文为编，凡数十种。序作于隆庆戊辰，文禄短跋作于万历甲申，相距十有七年。是定名百陵，实在刻成百种之后也。

古今逸史　四十二种一百八十二卷　明吴琯校刊

琯新安人，明隆庆进士。是编分逸志逸记。志分为二：曰合志，凡九种；曰分志，凡十三种。记分为三：曰纪，凡六种；曰世家，凡五种；曰列传，凡九种。凡例有言："其人则一时巨公，其文则千载鸿笔，入正史则可补其阙，出正史则可拾其遗。"又言："六朝之上，不厌其多；六朝之下，更严其选。"又言："是编所书，不列学官，不收秘阁，山镵家出，几亡仅存；毋论善本，即全本亦希，毋论刻本，即抄本多误。故今所集，幸使流传，少加订证，何从伐异党同，愿以抱残守阙云耳。"在明刻丛书中，此可称为善本。

子汇　二十四种三十四卷　明万历周子义等辑刊

儒家七种：一、鬻子，二、晏子，三、孔丛子，四、陆子，即新语，五、贾子，即新书，六、小荀子，即申鉴，七、鹿门子。道家九种：一、文子，二、关尹子，三、亢仓子，四、鹖冠子，五、黄石子，即素书，六、天隐子，七、元真子，八、无能子，九、齐丘子。名家三种：一、邓析子，二、尹文子，三、公孙龙子。法家一种，慎。纵横家一种，鬼谷子。墨家一种，墨子。杂家二种：一、子华子，二、刘子。原书前后无刊版序跋；仅鹖子、晏子、孔丛子、文子、慎子、墨子有本书前后序，均题潜庵志。归安陆心源定为周子义别字，其人于隆庆万历间官南京国子监司业。按南监本史记、梁书、新五代史，均余有丁与子义二人联名校刊；是书或同时镌版。黄虞稷千顷堂书目子部杂家类有余有丁子汇三十三卷；此为三十四卷，疑黄目传写偶误，否则所见或非足本也。

两京遗编　十二种六十五卷　明万历胡维新辑刊

维新浙江余姚人，嘉靖末进士，官广西右参议。万历间，维新任大名道兵备副使，以其地为古赵魏之邦，文学素盛，因辑是编。值洭水令原君兴学好文，逐命鸠工聚材，即其县刻之。所刻者，新语二卷，贾子十卷，春秋繁露八卷，盐铁论十卷，白虎通二卷，潜夫论二卷，仲长统一卷，风俗通十卷，中论二卷，人物志三卷，申鉴五卷，文心雕龙十卷；总称之曰两京遗编。按序凡十二种；惟四库全书总目仅有十一种，无春秋繁露。所据为内府藏本，或有残缺；此无足论。是编以所采皆汉文，故以两京名其书；然著人物志之刘邵为魏人，著文心雕龙之刘勰为梁人，而亦列入者，则序中固自言以其文似汉而进之也。

三代遗书　七种二十九卷　明万历赵标辑刊

标山西解州人，万历丙戌进士；越八年，巡按畿南，辑印是书。自序：“取前所契六种之书，稍加订改，因名之曰三代遗书；付大名守涂君，为之锓梓；盖书俱三代所遗者，而梓之今日，则三代之存，即余志也。”书六种：曰竹书纪年，曰汲家周书，曰穆天子传，曰批点檀弓孟子，曰考工记，曰六韬，其后又增入三坟。万历戊寅贾三近刻版题词云："古有三坟，顾其书堇堇不多传；余在奉常署中，太原王公希克有藏本出示余，谓于长安道上败籍中得。考其序旨，盖宋元丰间毛正仲氏见于泌阳旅人家，亦奇矣。余爱而手录，将谋锓梓，未遑也。会有友人滕王氏伯子守大名，因出付之。"此书实为后人伪撰；据此所言，则伪之由来亦已古矣。

夷门广牍　一百七种一百五十八卷　明万历周履靖辑刊

履靖字逸之，嘉兴人。好金石，专力为古文辞。编篱引流，杂植梅竹，读书其中，自号梅颠道人。性嗜书，间从博雅诸公游，多发沉秘。是编广集历代稗官野记，并哀集平生吟咏暨诸家投赠之作，号曰夷门，自寓隐居之意。刊成自序，则万历丁酉岁也。序称所辑有艺苑牍，博雅牍，尊生牍，书法牍，书薮牍，食品牍，娱志牍，杂占牍，禽兽草木牍，招隐牍；终以别传，寓闲适觞咏二类于其中。凡一百有七种。四库存目称尊生书法画薮三牍皆未列入。是本所载，一一俱存。盖馆臣仅见残本，故误为八十六种耳。

稗海　七十四种四百八十卷　明商浚校刊

浚字初阳，浙江会稽人。是书自序："吾乡黄门钮石溪先生，锐情稽古，广购穷搜；藏书世学楼者，积至数千函百万卷。余为先生长公馆甥，故时得纵观焉。每苦卷帙浩繁，又书皆手录，不无鱼鲁之讹；因于暇日撮其记载有体议论的确者，重加订正，更旁收缙绅家遗书，校付剞劂，以永其传，以终先生倦倦之心。凡若干卷，总而名之曰稗海。"所录唐宋诸家笔记，鉴别颇为精审，几于应有尽有。明史艺文志列入小说家类，凡三百六十八卷。千顷堂书目则入类书类，凡四十六种。续二十七种，无卷数。是编卷首刊有总目，种数增一，卷数增八十；疑前人所记误也。

秘册汇函　二十二种一百四十一卷　万历胡震亨等校刊

震亨海盐人，万历丁酉举人，官兵部郎中。明史艺文志类书类，胡震亨秘册汇函二十卷。千顷堂书目，增撰人姚士粦，卷数同。是编凡一百四十一卷，卷首有武原胡震亨孝辕、绣水沈士龙海纳、新都孙震卿百里，同题短引云："抄书旧有百函，今刻其论序已定者，导夫先路，续而广之，未见其止。书应分四部，而本少未须伦别，略以撰人年代为次而已。中更转写，雠校乏功，虽巧悟间合，而阙疑居多。"是随刻随续，此二十二种者必非同时刊成。明史所记，疑仅据初刻甫竣数种之本，故卷数特少。后未刊竟，遽毁于火。残版归常熟毛氏，孝辕等复为之纂辑，遂成津逮秘书。

纪录汇编　一百二十三种二百十六卷　明万历沈节甫辑陈于廷刊

节甫字以安，号锦宇，乌程人。嘉靖己未进士，官至工部左侍郎；天启初追谥端靖。明史艺文志杂家类，沈节甫纪录汇编二百十六卷，与此合。是书刊于万历丁巳，卷首阳羡陈于廷序云："顷余按部之暇，得睹沈司空所裒辑纪录汇编若干种；虽稗官野史之流，然要皆识大识小之事，因亟登梓以广同好。"按是编均采嘉靖以前明代君臣杂记。卷一至九，为明太祖至世宗之御制诗文；卷十至十五，记君臣问对及恩遇诸事；卷十六至二十三，英宗北狩景帝监国之事也；卷二十四五，世宗南巡往还之纪也；卷二十六至三十四，则太祖成祖平定诸方之录；卷三十五至五十六，则中叶以来绥定四夷之绩；卷五十七至六十六，则巡视诸藩国者之见闻；卷六十七至九十六，则明代诸帝政治之纪载；卷九十七至一百二十三，则名臣贤士科第人物之传记；至卷一百二十四以下，或时贤之笔记，或朝野之遗闻，或游赏之日记，或摘抄，或漫录，或志怪异，或垂格言，要皆足以广见闻而怡心目也。

稗乘　四十二种四十七卷　明万历孙幼安校

千顷堂书目类书类有此书名，无纂辑人姓氏。是本卷首李维桢序云："有集小说四十二种，分为四类：曰史略，曰训诂，曰说家，曰二氏者，而孙生持以请余为之目。"又云："小说虽不甚佳，可依杯酒谈谐之助……醒人耳目，益人意智，胜于庾信所谓犬吠驴鸣，颜延之所谓委巷间歌谣矣。是书编葺不得主名，孙幼安得之，校正以传，亦可纪也。"全书四十二种，中惟因话录分三卷，蚁谈三十国纪，各分二卷，积善录正续共二卷，余均不分卷。以每种一卷计之，当共得四十七卷。千顷堂书目乃曰四十五卷，殆偶误欤？

宝颜堂秘笈　二百二十六种四百五十七卷　明万历陈继儒辑刊

继儒字仲醇，号眉公，松江华亭人。幼颖悟，诸生时与董其昌齐名，王锡爵王世贞辈皆重之。年二十九，取儒衣冠焚之，隐居于昆山之阳，后筑室东佘山，杜门著述，名重一时，间刺琐言僻事，诠次成书，远近争相购写。其所居曰宝颜堂者，以得颜鲁公书朱巨川告身，故以名其堂也。按千顷堂书目类书类："陈继儒宝颜堂二十卷，又续秘笈五十卷，又广秘笈五十卷，又普秘笈四十六卷（原列书目四十九卷，六字疑误）。又汇秘笈四十一卷。"是本普集减一种，汇集增一种，著录之书亦略有差池。又此为种数，彼则称卷，稍有不同耳。千顷堂书目又云："正集前篇，有见闻录八卷，珍珠船四卷，妮古录四卷，群碎录一卷，偃曝余谈二卷，岩栖幽事一卷，枕谭一卷，太平清话四卷，书蕉二卷，笔记二卷，书画史一卷，长者言一卷，狂夫之言三卷，续狂夫之言二卷，香案牍一卷，读书镜十卷。"此即是本之眉公杂著也。继儒自言："余得古书，校过付抄，抄后复校；校过付刻，刻后复校；校过即印，印后复校。"所刊之书，虽多删节，不免为通人所斥；然名篇秘册，所在皆有，况至今又数百年，安得不珍为断珪残璧乎？

汉魏丛书　八十六种四百四十八卷　明程荣何允中清王谟辑刊

汉魏丛书先后三刻；首程荣本，次何允中，又次王谟；此即王本。按王序："是书辑自括苍何镗，旧目原有百种；新安程氏版行，仅梓三十七种（按程本实三十八种，王本总目缺商子，故误）。武林何氏允中又损益其半，合七十六种，而前序则东海屠隆撰。按何氏原跋云：往见纬真别本，分典雅奇古闳肆藻艳四家，以类相从，殊为巨观。纬真即隆字也，则似纬真又自有丛书行世。明史艺文志类书门载有屠隆汉魏丛书六十卷，必即何氏所见纬真别本，但不应何本又冠以屠序也。"屠本今不可见。王氏增订凡例，亦言："二百余年，何本原书亦仅有存者，坊间所鬻，多以建阳书林所刻汉魏名文乘冒充。"今惟程本尚存，其前亦有屠序。总目经籍十一种，史籍四种，子籍二十三种；其集籍仅存一行，下无书名，颇疑程氏即复刻屠本。改其所谓典雅奇古闳肆藻艳四家，易为经籍史籍子籍等类。其集类一门，尚未付刊，戛然中止，故行世者仅存三十八种。虽迭经何王二氏增补，然以视何镗原编尚缺十四种。其目不存，无可考矣。何镗字振卿，号宾岩，处州卫人；嘉靖二十六年进士，官至江西提学佥事。屠隆字长卿，一字纬真，鄞县人；万历五年进士，官至礼部主事。程荣字伯仁，歙县人。何允中，仁和人，天启二年进士。王谟字仁甫，一字汝上，金溪人；乾隆四十三年进士。

　　唐宋丛书　九十一种一百四十九卷　明钟人杰辑刊

　　人杰字瑞先，钱塘人。是编刊目，分经翼七种，别史十四种，子余二十种，载籍四十八种，又有书无目者二种。其中分卷者二十二种，不分卷者六十九种；每种以一卷计，共得一百四十九卷。书以唐宋名，然实不限于唐宋。载籍内有元人著述二种。刬上载澳序已申言之，曰："五代故唐之残局，而辽金元皆宋之遗疹，故统之唐宋。"至推而上之，有先秦六朝人之著作，则原目末行亦已记明"右补汉魏丛刻二十种"云。

　　天都阁藏书　十五种二十六卷　明天启程好之校刊

四库全书总目提要云："明程允兆编。允兆字天民，歙县人，故取天都山以名其阁。是书序称丁卯长至，不著年号。相其版式，全仿闵景贤快书，确为万历以后之本。所谓丁卯，盖天启七年也。"然程胤兆序："家弟好之慨之，暇日出其所藏钟仲伟诗品，杨用修词品，庾肩吾书品，李方叔书品，以及杂著种种，悉合而梓之。其搜揽未备者，随得续刻焉。题之曰天都阁藏书，而索序于予；予何以序之，不过就其所谓品者辨之而已。"是刊此书者，实好之而非胤兆。胤避清世宗讳，故改作允。是编所录，凡十五种，分诗词书画四品。中惟钟嵘诗品三卷，杨慎词品七卷，书断列传四卷，余均不分卷；以每种一卷计，当共得二十六卷。而四库存目，则定为二十五卷云。

津逮秘书　一百四十四种七百五十二卷　明崇祯毛晋校刊

晋字子晋，又号潜在，原名凤苞；江苏常熟人，世居虞山东湖。家富图籍，喜刻古书。晋既得胡震亨所刻秘册汇函残版，增为此编。四库总目云："版心书名在鱼尾下，用宋本旧式者，皆震亨之旧。书名在鱼尾上而下刻汲古阁字者，皆晋所增。分十五集，凡一百三十九种，中金石录墨池编有录无书，实一百三十七种。"是本一百四十四种，目录中亦无金石录墨池编二书，盖其后重加编订，续有增入也。提要又云："晋家有藏书，又所与游者多博雅之士；故较他家丛书去取颇有条理。"卷首胡震亨序云："郦氏之经云，积石之石室有积卷焉，世上罕津逮者；今而后问津不远，当不怪入其窟按其简者之为唐述矣。"之数语者，可谓是书定评。

诗词杂俎　十一种二十一卷　明毛晋辑刊

汲古阁当明清之际刊书最多，津逮秘书而外，所刊巨帙十三经注疏、十七史，尤见重于时。钱受之言，毛氏之书走天下，洵不诬也。所刊历代诗词，亦数十集；此特其小品耳。所录凡十一种，首众妙集，宋赵师秀编；以风度流丽为宗，多近中唐之格，直斋书录不载其名，盖失传已久。四库总目称其去取之间确有法度，不似明人所依托。观其有近体而无古体，多五言而少七言，确为四灵门径云。末女红余志二卷，题龙辅撰；序称乃武康常阳之妻。阳序称外父为兰陵守元度公后，家多异书；辅择其当意者，编成四十卷，手录其最佳者一卷，是为上卷。下卷皆辅所作小诗。龙辅何时人，不可考，书亦罕见。

（三）清代五十七部

学海类编　四百四十种八百十卷　清曹溶辑陶越增订六安晁氏排印

溶字洁躬，一字鉴躬，号秋岳，嘉兴人。崇祯丁丑进士，擢御史；入清，官至少司农。陶越字艾村，其门人也。曹氏辑成是书，初仅有抄本。卷首有辑书大意，分别四部，以类相从。一曰经翼，二曰史参，三曰子类，四曰集余。集余中又区为八类：一曰行谊，二曰事功，三曰文词，四曰记述，五曰考据，六曰艺能，七曰保摄，八曰游览。次又述其选录之旨，曰："一，二氏之书崇说元虚及成仙作佛之事不录；一，诬妄之书不录；一，志怪之书不录；一，因果报应之书不录；一，荒诞不经之书不录；一，秽亵谑詈及一切游戏之书不录；一，不全之书不录；一，诗不系事者不录；一，杂抄旧著成编，不出自手笔者不录；一，汉魏丛书、津逮秘书，及说海、谈丛等书所载者不录；一，部帙浩繁者不录；一，近日新刻之书及旧版流传尚多者不录；一，明末说部书不录；一，茶精酒谱诸书不录。"后又殿以杂言，详叙各书排次及抄写格式，而又拳拳于抄手之正讹，良朋之校勘，及同志之续成巨帙。曹陶二氏之苦心，可谓至矣。是书编定，迄未刊印；迨道光辛卯，娄县张允垂官杭州知府，得汲古阁毛氏所藏抄本，以畀六安晁氏活版排印，而其书始得行于世焉。

秘书　二十一种九十四卷　清康熙汪士汉校刊

士汉字隐侯，履贯不详。是编汇辑先秦汉魏六朝唐宋名著二十一种。其称曰秘书者，盖尔时尚为罕见之籍。先刊于康熙初年，至乾隆壬戌，其后人为之重刊；江永序云："隐侯汪先生尝取汲冢以下二十一种书，校而梓之，命曰秘书。书久风行，版寝蠹漫；其孙勋暨弟谟等复新之以承先志，今天下好古者共秘而传焉。隐侯先生有书癖，多著述；此集犹其一隅云。"江氏通儒；诵其言，可以信此书矣。

正谊堂全书　六十八种五百二十五卷　清康熙张伯行编同治左宗棠增刊

伯行字孝先，晚号敬庵，河南仪封人。康熙进士，累官礼部尚书，为清代宋学大师。抚闽时，创建鳌峰书院，颜其堂曰正谊，集诸生讲授。搜求先儒遗著，手自校刊，分立德、立功、立言、气节、名儒粹语、名儒文集六部，刊成五十五种。同治五年，左文襄班师旋闽，重振文教，首访是书，存者仅四十四种；而鳌峰藏版，蠹蚀无遗，因设正谊堂书局，厘定重刊；增为六十八种，至同治八年竣工，定其名曰正谊堂全书。宋儒理学之著作，此为渊海已。

聚珍版丛书　一百三十八种二千四百十一卷　清乾隆敕刊

清高宗乾隆三十八年，诏儒臣汇辑永乐大典内罕觏之籍。初定一百二十六种，先刻四种；旋以木活字摆版，定名聚珍。除已刻四种，其余次第印行。官史又称续印十二种。总计经部三十二种，史部二十九种，子部三十四种，集部四十三种；都二千四百十一卷。江苏江西浙江诸省先后翻刻，而福建所刻独多，且增为一百四十八种。广东广雅书局重刻，亦沿其误。近人陶湘据大内藏本，考订特详，定为一百三十八种。见故宫殿本书库现存目。

抱经堂丛书　二十种二百六十三卷　清乾隆卢文弨校刊

文弨字召弓，号矶渔，又号抱经，钱塘人。乾隆进士，官至侍读学士，以言事左迁，乞养归田。昧爽校书，日暝始罢，夜则篝灯复校；积二十余年，祁寒酷暑不稍间。每校一书，必搜罗诸本，反复钩稽。乾隆间，汇刊所校汉唐人书及所著札记文集为抱经堂丛书；其卓识宏议，见于卢氏自为各书序跋。版式雅饬，镌印俱精。

知不足斋丛书　二百七种七百八十一卷　清乾隆鲍廷博校刊

廷博字以文，号渌饮，原籍歙县，迁于嘉兴之邬镇。颜所居曰知不足斋，藏弆既富，校雠尤精。所刻丛书，卢文弨称其无伪书俗书间厕，王鸣盛亦称其淹雅多通。精于鉴别，珍抄旧刻，手自校对；实事求是，正定可传。每集八册，刻至二十七集廷博卒。其后人踵而成之；自乾隆丙申迄道光癸未，成书三十集。在清代丛书中，可称翘楚。

奇晋斋丛书　十六种十九卷　清乾隆陆烜校刊

烜字子章，号梅谷，浙江平湖人。生平慕陈仲醇、胡孝辕、毛子晋之刻书，称其大公无我。又深鄙得有奇书异本私为秘物，惟恐人之借阅传抄。是编所收，为历朝名人杂录、诗话、游记。自序谓有出于前人所见之外者。书成于乾隆己丑，凡十六种。每书卷尾，烜均自为跋语。而于文山遗山两题跋，亡国孤忠尤三致意。可以窥其志尚已。

砚云甲乙编　十六种五十卷　清乾隆金忠淳辑刊

忠淳字古还，履贯不详。是书甲编，成于乾隆乙未；越三年，又成续编；编各八帙，所选皆明人说部。砚云，其书屋名也。甲编自序谓："王荆公云，不读小说不知天下大体。自说郏说海稗海秘笈诸刻，搜罗历代，不下千百种；然彼此互见，陈陈相因；是编大率写本居多，不敢湮没前修，俾共流传。"每书卷末，忠淳各自为短跋；惟乙编则均无之。

龙威秘书　一百七十七种三百二十三卷　清乾隆马俊良辑刊

俊良字嵊山，浙江石门县人。乾隆甲寅刊行是书。一集曰汉魏丛书采珍，二集曰四库论录，三集曰古今集隽，四集曰晋唐小说畅观，五集曰古今丛说拾遗，六集曰名臣四六奏章，七集曰吴氏说铃揽胜，八集曰西河经义存醇，九集曰荒外奇书，十集曰说文系传；集各八册。每集俊良自为弁语，以冠卷首。并引云笈七签所记"吴王阖庐游包山，见一人姓山名隐居，入洞庭之石城，取素书一卷呈阖庐，其文篆书不可识；问孔子，孔子曰，龙威丈人山隐居，北上包山入灵墟，乃入洞庭窃禹书"故事；名曰龙威秘书。

艺海珠尘　二百十七种三百七十五卷　清吴省兰辑刊

省兰字泉之，一字稷堂，江苏南汇人。乾隆戊戌钦赐进士，官至礼部侍郎。是编先以天干编第，成甲乙丙丁戊己庚辛八集；每集略分经史子集。其版后归金山钱熙祚，熙祚续成壬癸二集，其体例一如前书。然极罕见，近通行本有以金石丝竹匏土革木编次者，盖书版归苏州坊肆后所重订，固无壬癸二集，即前八集亦非复旧观矣。

经训堂丛书　二十一种一百六十二卷　清乾隆毕沅校刊

毕沅字纕衡，一字秋帆，自号灵岩山人，江苏镇洋人。乾隆进士，历官陕西巡抚、湖广总督。好著书，铅椠不去手。经史小学金石地理之学，无所不通。尝谓经义当宗汉儒，说文当宗许氏；其为学之精博，观此可以概见。当开府西安之时，经术湛深之士，如孙星衍、洪亮吉、汪中辈皆从之游。是编所辑，有校正吕氏春秋一种，盖欲远比文信之咸阳蓄养宾客也。于关中舆地金石，亦有筚路蓝缕以启山林之功。其他各书，大半为毕氏校正及自撰之作；然亦幕府群贤赞襄之力为多。

贷园丛书　十二种四十七卷　清乾隆周永年辑李文藻刊

　　文藻字素伯，号南涧，益都人。乾隆进士，官桂林府同知，与历城周永年友。永年字书昌，乾隆进士，召修四库书，改庶吉士，授编修。永年尝约曲阜桂馥筑借书园，聚书其中；交文藻三十九年，凡相聚及简尺往来，无不言抄书事。及文藻官恩平潮阳，刻书十余种，其原本多得之永年，文藻殁后，永年于乾隆五十四年为之印行。序云："尚思续刻以益之；凡藏弄书版者，又将多所借以广之。"然是书止于初集，所收半为戴惠江钱诸大儒研经治音韵之作。

　　雅雨堂丛书　十一种一百二十卷　清乾隆卢见曾校刊

　　见曾字抱经，号雅雨，山东德州人。康熙辛丑进士，两官两淮盐运使。是编刊于乾隆丙子，凡十一种。卢氏均各为序言，以冠卷端。首为李氏易传，卢序云："余学易数十年，于唐宋元明四代之易，无不博综元览；而求其得圣人之遗意者，以汉学为长，以其去古未远，家法犹存。"云云。其他各书，亦皆当时罕秘之本，且多出自精校名钞。如吴方山、钱牧斋、陆敕先、叶石君、王阮亭、朱竹垞诸人题记，均一一附刊于后；可谓信而有微矣。

　　函海　一百六十三种八百五十二卷　清乾隆李调元辑刊

　　调元字雨邨，号墨庄，四川绵州人。乾隆癸未进士；由广东学政，监司畿辅。正值四库初开搜采遗书之日，与往年翰院同馆诸人尺素相通，因得借观内府藏书副本。雇胥抄录，复开雕以广其传。始于乾隆辛丑秋，迄壬寅冬，哀然成帙。初刻续刻各二十函。一至十为晋六朝唐宋元明人未刊书，十一至十六，专刻杨升庵未刊书，十七至二十四则兼收各家罕见者参以考证，二十五至四十则为调元手纂之作，名曰函海，亦犹宋左圭之百川学海，明商浚之稗海也。嘉庆五年，避乱成都；车载往来，版多残缺。调元亦旋卒。其弟鼎元既为校正初印伪夺；道光五年，其子朝夔重修补刊，于是复为完璧。

汗筠斋丛书　四种十七卷　清嘉庆秦鉴校刊

鉴字照若，江苏嘉定人。是书刊于嘉庆初年，所辑仅成第一集；凡四种。一、郑志，钱东垣与其弟绎校订；二、崇文总目，东垣与其弟绎侗辑释；三、九经补韵，钱韵考证；四、后汉书补表，钱大昭撰。大昭字晦之，嘉定人，博学多闻，与其兄大昕齐名。其子东垣字既勤。绎字以成，侗字同人，均能世其家学。右刊四书，皆钱氏一门之著述。照若与同里闻，故为流播。崇文总目、九经补韵，照若亦与于校辑之役，见侗序及其自为后跋。

读画斋丛书　四十八种一百九十九卷　清嘉庆顾修辑刊

修字菉崖，浙江石门人。是书刊于嘉庆三年。自甲至辛八集，全仿鲍廷博知不足斋例，不以时代限，亦不以四部分第。每得一书必与廷博及仁和孙志祖商榷论定，又得萧山徐鲲为之点勘。校雠之精，堪与鲍书颉颃。甲集四种，为治选学之南针，其余各集，亦多考据经史，有裨实用。

拜经楼丛书　十种三十一卷　清嘉庆吴骞辑刊朱记荣重刊

骞字槎客，一字兔床，浙江海宁州人。笃嗜典籍，遇善本，倾囊购之，不稍吝。所得不下五万卷。初刊愚谷丛书，并无总目，仅记入版心者三种；一谢宣城诗集，一谗书，一拜经楼诗话。其他随得随刊，均成于乾嘉之际，且并此名而无之。至光绪年间，吴县朱记荣重加编订，定名拜经楼丛书，凡十种。

岱南阁丛书　二十三种一百七十三卷　清嘉庆孙星衍校刊

星衍字渊如，江苏阳湖人。乾隆丁未进士，官至山东省粮道。先是分巡山东兖沂曹济时，以所居当岱山之南，颜其斋曰岱南阁。此编大部为其官东鲁时所辑，故亦以岱南阁名之。始刊于乾隆五十年，最后为嘉庆十四年；所收各书，除孙氏自勘撰小正此文外，星衍多补作校诗为之余。订字本，凡十八种。又有巾箱本，凡五种：

曰周易集解，曰周易口诀义，曰大夏传，曰急就章考异，曰王无功集；其第五种通行本多佚去，此独全。

平津馆丛书　四十三种二百五十四卷　清嘉庆孙星衍校刊

星衍家守传书，历官中外，见闻尤博；其移抄搜辑，历二十余年如一日。是书以天干分集，视岱南阁所辑种类较夥。其中诸子杂史，均据善本，校勘尤精。间有借助于友朋者。初印六集，嗣及八集，洎成十集，而印行极鲜。或疑当时刻犹未竣。然按星衍自序云："自甲到癸，终始十集，最目具详，叙例咸备，聊署平津之馆，敢县咸阳之门。"序题嘉庆十七年，则是本固已十集具全矣。中更兵燹，原版尽毁，书亦仅存。光绪十年，吴县朱记荣取十集重为校刊，极称是书鉴别之精，校订之确，洵能备三善而绝五弊。又自述重刊之意，以为不特备三善，且兼四美，而五弊亦无自生。

问经堂丛书　十八种三十一卷　清嘉庆孙星衍孙冯翼同校刊

冯翼字凤卿，承德人。刻此书时，当嘉庆二年至七年；付刊之地，亦非一处。冯翼父官江南藩司，故有数书刊于金陵官署。其在山东廉访署者，则孙星衍为之校刊也。书凡十八种，其郑氏遗书、世本、神农本草经、尸子、燕丹子，均有星衍序。序称冯翼曰吾弟，曰从子，虽非同族，视犹子弟。冯翼笃嗜古书，其受星衍薰陶者深，亦颇有所辑录。是书之刻，冯翼尸其名，实则成于星衍之手。观于神农本草经题二人同辑，尸子卷末，署星衍弟星衡星衢二人校正，是可知也。故所收各书，卓然可传；冯翼亦附骥尾而名益彰焉。

文选楼丛书　三十四种四百七十八卷　清嘉庆阮元辑刊道光阮亨汇印

元字伯元，号芸台，仪征人。乾隆进士，官至体仁阁大学士太傅，殁谥文达。此书半为文达一人著作，半为同时学者所撰，而文达为之刊印者。文达为清代朴学大师，而此书实可代表乾嘉学术之盛。道光壬寅，其弟亨印行是书，跋称文选楼积古斋诸处所贮书版恐渐零落，因以零种汇为丛书云云。计共三十四种。

士礼居丛书　十九种一百九十四卷　清嘉庆黄丕烈校刊

丕烈字荛圃，吴县人。乾隆戊申举人。喜藏书，得宋刻百余种，颜其室曰百宋一廛，元和顾广圻为百宋一廛赋以美之。嘉庆戊寅，刊成士礼居丛书十九种。其中如宋本郑氏周礼仪礼，天圣明道本国语，剡川姚氏本国策，与夫庞安常之伤寒总病论，洪迈之集验方，尤为罕见之书。所附札记，诠释音义，刊正谬误，允为校勘家翘楚。乾嘉之际，东南藏书家以士礼居为巨擘；取精用宏，故丛书所选为世所重。兵焚之后，流传绝少，好古之士珍如鸿宝焉。

学津讨原　一百九十二种一千四十八卷　清嘉庆张海鹏辑刊

海鹏字若云，号子瑜，江苏常熟人。是编取毛晋汲古阁津逮秘书而损益之；所收皆四库著录，有关经史实学，及朝章典故，遗闻轶事，间及书画谱录之类。去取之间，极为审慎。按津逮终于元代，是编迄明而止。其津逮旧刻诸书，本无序文，或有序而无甚发明者，皆录四库提要，以冠卷首。新增之书，则略述授受源流，与津逮旧收而重觅善本订定者皆附跋语以志颠末。嘉庆十年书成，引刘勰新论序之曰："道象之妙，非言不津；津言之妙，非学不传。"故名曰学津讨原。

墨海金壶　一百十五种七百二十七卷　清嘉庆张海鹏辑刊

海鹏既收毛氏汲古丛残之籍，汇为学津讨原；又广搜四部，博采九流，得古书之可以附庸六籍者，汇为是编。按其凡例，自称悉本四库所录，其从宋刻旧钞录出者，什之二三，余则以文澜阁本为多。首取其原本久佚，辑自大典者；次取其旧有传本，版已久废者。书必完帙，不取节录。若原有残缺，无可补抄，则就所见梓之。至于校订精谨，不惮再三。若彼此互异，未敢遽定，则间附小注两存之。嘉庆二十二年版成，吴门石韫玉为序其端，引王子年拾遗记云："周时浮提之国献神通善书者二人，肘间出金壶，中有墨汁如漆，洒之着物，皆成篆隶科斗之字。"海鹏以此名其书，盖将使金壶中一点墨洒遍华严世界也。传闻是编摹印仅百部，未几其版即毁于火，故流传极少。

借月山房汇钞　一百三十五种二百八十三卷　清嘉庆张海鹏辑刊

是编专收明清两朝撰述，与学津讨原墨海金壶范围不同。凡经学、小学、杂史、野乘、奏议、传记、地理、政书、史评、儒家、术数、艺术、谱录，以及杂家、小说、诗文评类。本末之学略备。名曰借月山房汇钞，识读书之地也。海鹏自序谓："所刻悉取诸近代，论必雅而不俚，事必信而可考，言必实而可施。"可以征其声价矣。

湖海楼丛书　十三种一百九卷　清嘉庆陈春辑刊

春字东为，萧山人。喜蓄书，颜其书楼曰湖海。与汪继培交；继培家富藏弄，每得善本，辄出以相示。春父七十寿辰，继培以精校列子张注为寿，春为付梓，即此丛书之滥觞也。春博学多闻，时思流布秘籍，以为娱亲之举。择考证经史有裨实用者次第写版，继培复为之校定。其中潜夫论笺十卷，即为继培所作。复得王晚闻为之赞助，成书凡十三种。其版至光绪初年犹存。

二酉堂丛书　二十一种二十七卷　清道光张澍辑刊

澍字时霖，一字伯瀹，号介侯，又号介白，武威人。嘉庆进士，官云南石屏县知县。初主讲兰山书院，纂五凉旧闻四十卷；旋复搜辑关陇著述，肇自周秦、暨乎隋唐，凡二十四种。即籍非乡邦，孤本罕见，亦为捃摭。得十二种。道光元年刊于二酉堂，先成二十一种。余十五种迄未续刻。西北文献，略见于斯。

泽古斋重钞　一百十种二百三十九卷　清道光陈璜校刊

璜字寄礵，上海人。嘉庆间，常熟张海鹏刊借月山房汇钞，既成，其家不戒于火，版就散佚。璜购得之，因其残帙，递为补刊；并将原书间有舛讹者，加以厘订，易其名曰泽古斋重钞，所以识其自来也。书刊于道光三年。

守山阁丛书　一百十二种六百六十五卷　清道光钱熙祚校刊

熙祚字锡之，江苏金山人。读书喜为校勘之学。道光初，得张海鹏墨海金壶残版，补订为守山阁丛书。阁以守山名者，熙祚于县属秦山构祠建阁，藏书于中，冀与此山相守于无穷也。每以张氏抉择未当为恨，乃与南汇张文虎、金山顾观光等，商榷去取，分别校勘。阮文达称其书多从浙江文澜阁录出，其他亦多据善本。无别本可据，则广引群籍以证之，或注按语，或系札记。其采择校雠之精，迥出诸家丛书之上。续溪胡培翚序，亦嘉其精择审校，足以津逮后学；昔贤著作苦心，不致淹没于讹文脱字。道光二十三年书成，逾年而熙祚谢世。

珠丛别录　二十八种八十二卷　清道光钱熙祚校刊

熙祚辑守山阁丛书成，自惟有遗珠之憾；因又摭取所余，刻为此书。文史而外，凡农圃医药百工技艺有一得可观者，咸加甄录。序云："一名一物，亦足以博闻多识。"校雠之慎，与守山埒；而罕见之珍，殆尤过之。

指海　九十种二百三十六卷　清道光钱熙祚校刊

张海鹏借月山房之残版，既归陈璜，补缺订讹，易名泽古斋重钞。未久，复由陈氏转入钱氏，版片多毁。钱氏富于收藏，既得残版，重加校补，增若干种，改题指海。熙祚增补之旨，见于其子培让培杰之跋，谓："凡古今书籍，佚而仅存，向无刊本，及虽有而道远不易购，或版废不可再版者，又或碎金片玉，别本单行，星于散佚者，又道藏流传，未经著录，及近人著述有关学问政治风俗人情者，皆罗而聚之。"至道光二十三年，刊成十二集。明年熙祚卒，遗命其子续刊。此为十二集本，均熙祚手刻，惟续成八集，尚未列入。阮文达序守山阁丛书云："钱氏又仿鲍氏知不足斋丛书例，辑为小集，随校随刊，取抱朴子语，名曰指海，今先成者十二集。"张文襄书目答问，刊于光绪初元，亦云止刻十二集；盖续集流传于世者极少也。

得月簃丛书　二十五种五十二卷　清道光荣誉辑刊

荣誉字子誉，满洲正白旗人，官河南鲁山县知县。是编分初刻次刻。初刻成于道光十年，越二年又成次刻。刻各十种，每种荣誉自撰小序，冠之卷首。荣誉世有藏书，洎宦中州，携之行笈，复从友人借录，以资泛览，盖亦满洲好学之士也。初刻自序，窃比于篑土之微，涓流之细；其意盖将有所继进而为陵山川海之观，乃仅止次刻而止，识者惜之。

宜稼堂丛书　十二种二百五十五卷　清道光郁松年校刊

松年字万枝，号泰峰，江苏上海人。好读书，筑宜稼堂，藏书数十万卷，手自校雠。以元明旧本世不多见，择尤付刊。至道光二十一年，成书十二种。松年熟于三国时事，故首采宋萧常元郝经之续后汉书，其次为宋人秦九韶杨辉算书七种，均世间罕见之本。末附以戴剡源袁清容二集，亦元代文学巨子。郁氏于各书均附札记，校勘极精，与寻常之灾梨祸枣迥不侔也。

十种古逸书　十卷　清道光茆泮林辑刊

泮林字鲁山，高邮人。题所居曰梅瑞轩。是辑各书，昔仅散见其名于群书之中。泮林手自搜辑，自道光十四年至二十二年刊成十帙。阮元时年七十九，穷一日之力读之，序其简端云："茆君积数十年之力，博览万卷，手写千篇，裒集之中，加以审择；编次之时，随以考据；可谓既博且精，得未曾有。"洵推许备至矣。

惜阴轩丛书　四十种三百十六卷　清道光李锡龄辑刊

锡龄字孟熙。三原人。道光时官中书。于宅后构一园曰远眺，轩曰惜阴，贮书九万余卷。手披口吟，几无虚日。择其刊本罕见者，重加雠校，付之梓人。道光二十年，先成十五种：越五年，续增十九种。剞劂未竟，锡龄遽逝。其表弟张树续为校刊，以成其志。其书仿四库例，分经史子集。合前后刻编第之。有四库未收，展转移录，为人间所未见者；亦有名登四库，而其本不同，且有所增益者；又有世俗通行，讹谬迭出，沿袭已久，特加订正者。其乡人路德跋叙述綦详。梓行既久，为做推重。至光绪中叶，长沙复为之重刊。

连筠簃丛书　十二种一百十二卷　清道光杨尚文校刊

尚文字墨林，山西灵石人。嗜金石，善图绘，尝有刊书之志。时平定张穆课其弟子言于其家，因为之董理。所刊凡十二种，如元朝秘史、西游记，在历史地志中极有价值。群书治要，为久佚之秘籍；癸已存稿，亦时贤之名著；而镜镜詅痴，乃百年前研究物理之书，作者固得风气之先，而为之流播者，亦可谓之先知先觉矣。每书冠以石洲序言，署签者并为当日书家之何绍基，亦足见其审慎不苟焉。

海山仙馆丛书　五十九种四百八十五卷　清道光潘仕成辑刊

仕成字德畬，广东番禺人，官兵部郎中。是书刊于道光二十九年，卷首例言略谓，必择前圣遗编，足资身心学问而坊肆无传本者，方付枣梨。且务存原文，不加删节，即立说未尽曲当，悉仍其旧，未便参改。所选除经史外，兼及书数医药调燮种植方外之流，而讲武之谋略，四夷之纪录，亦不嫌于人弃我取。书仅五十九种，以比粤雅，虽规模差逊，而声价相等，有若先河后海焉。

续知不足斋丛书　十七种四十四卷　清高承勋校刊

承勋字松三，直隶沧州人。是编版心均题续鲍丛书，其版式亦与鲍书一律。凡二集，第一集六种，第二集十一种，比之鲍氏原刻诚有部娄与泰岱之别。即以方后知不足斋丛书，时人亦或有轩轾。然其所采，未必即逊于鲍氏原书；惟刊本均不记年月，高氏亦无前后序跋。

别下斋丛书　二十七种九十一卷　清咸丰蒋光煦辑刊

光煦字生沐，号放庵居士。海宁人。少孤好学，喜藏书，积四五万卷。其以别下名斋者，取宋王应麟困而学之别于下民之义，嘉兴李富孙尝撰别下斋藏书记以章之。光煦先以所藏若干种付剞劂，为宜年堂丛刻，然其书不传。是本题为咸丰丙辰重编，盖就前书更订复刊也。卷末附豫章赵德诗辨说一卷，原本目录不载，当系后增。

涉闻梓旧　二十五种一百十四卷　清咸丰蒋光煦校刊

光煦既刊别下斋丛书，意犹未尽，复以是书继其后。前书李序，在道光辛丑；是编金石录续跋，署道光丙午，是后六年而始成也。书凡二十五种，其门类与前书大致相合；总目书名下，亦题丙辰年重编，不知何以析而为二。所收各书，大都罕秘之本。金石录补续跋，从未镂版，世鲜传本。云麓漫钞，稗海所刻只四卷，此为十五卷，与四库著录本同。至斠补隅录，则光煦读书时之札记，有书十四种。末为陈后山集，注云嗣出，其后卒未刊行；则此固为完璧矣。

粤雅堂丛书　二百八十种一千二百八十九卷　清咸丰伍崇曜校刊

崇曜原名元薇，广东南海人。雄于财，先辑岭南遗书，粤十三家集，楚廷著旧遗书，即其地名曰粤雅堂。其后复有丛书之刻，先学七难，定厥标准，尽出旧藏，复事转借，仍由谭玉生为之参订。崇曜间据所得，附跋卷尾。始于道光庚戌，至咸丰乙卯，成二十集，凡一百二十八种。后又成续集，凡五十八种。继以三编，至同治壬戌，成十二种，事忽中止。至光绪乙亥，又成十种，而三编以毕。最后十种，伍绍棠为之跋。前乎此者，皆伍崇曜主之，而始终任校勘者，则谭玉生也。亦有编全书为三十集者，续集中之孝经音义、东观奏记、疑龙经、撼龙经，反未刊入；岂重编时书版已散佚耶？

琳琅秘室丛书　三十种九十四卷　清咸丰胡珽校刊光绪董金鉴重刊

珽字心耘，浙江仁和人，原籍安徽休宁。父树声，善藏书；所购多宋元旧本，不吝重值，或手自缮录；积至千百卷，颜其居曰琳琅秘室，日事校雠于其中。珽绍其绪，取先世遗书，及已所续得善本，邀集同志，逐卷勘定；遵聚珍法鸠工印行，名曰琳琅秘室丛书。于咸丰四年先成四集，每集总目，各附解题，自为札记，叙其得书之自。原书舛误者更作校勘记附后。其活版有讹者，另列校讹。中经兵燹，书靡孑遗，光绪戊子，会稽董金鉴仍用活字翻印，复辑其师友之说，续成校勘，间附己意，订正阙讹，重以问世。

小万卷楼丛书　十八种六十八卷　清咸丰钱培名辑刊

培名字宾之，别号梦花，金山人。其族父熙祚刊守山阁丛书及指海，培名复发其旧藏，补所未备，刊为是编；不以时代门户为限，期于实用。辄跋其著书条理及得书始末，附之卷尾，或札记其错误，犹熙祚书例也。会遭兵燹，刊未及半，事遂中止；仅就所成者编之，得十八种。万卷楼者，钱氏藏书之所。培名迁居张泾堰，故自别曰小云。兵乱既戢，复归旧居，印本版片，荡焉俱尽。光绪初，南汇张文虎怂恿之，乃据旧版翻刻，原刊有续吕氏读诗记，因世有单行本，删之而补以武陵山人杂著。时为光绪四年。

天壤阁丛书　十九种五十四卷　清光绪王懿荣校刊

懿荣字莲生，山东福山人。父祖源，博学能文，官至四川成绵龙茂道。懿荣以光绪六年成进士，承其家学，笃嗜金石文字，收藏颇富，于书无所不窥。庚子拳乱，官国子监祭酒，以身殉难，予谥文敏。是书刊于同光之间，凡十九种，有其父祖源序者十种。

滂喜斋丛书　五十四种九十五卷　清光绪潘祖荫辑刊

祖荫字伯寅，号郑盦，吴县人。咸丰壬子进士，官至工部尚书，谥文勤。学问渊雅，士林奉为宗师。是书刊于同治丁卯，终于光绪癸未；分四函，每函中略分四部，所搜辑者，除晚清经师著述外，多为其乡先辈及同时僚友之诗文集。

功顺堂丛书　十八种七十五卷　清光绪潘祖荫辑刊

祖荫既刻滂喜斋丛书，又选近人治经学小学书八种，史二种。笔记四种，诗文四种，汇为是编。就中国史考异一书，顾炎武最服其精审。撰订者潘柽章吴炎，即炎武所谓遭明书之潘之丛吴二子也。

十万卷楼丛书　五十种三百八十五卷　清光绪陆心源校刊

心源字刚甫，一字潜园，号存斋，归安人。咸丰举人，官至福建盐运使。藏书极富，著有皕宋楼藏书志，仪顾堂集。清续文献通考经籍考纪。是书云："浙西藏书之富，除杭州丁氏外，以归安陆氏为冠。心源搜访宋元遗书，于光绪己卯刊成兹编，必照原本，必求足本，非若宋左氏学海、元陶氏说郛删节讹脱触目皆是。"是书分初二三编，每编皆依四部排列；所据多为宋元刊本，心源复自加校正，颇见审慎。

咫进斋丛书　三十八种九十三卷　清光绪姚觐元校刊

觐元字彦侍，浙江归安人。道光举人，官至广东布政使。觐元承其家学，好传古籍，尤精于声音训诂；故搜采独多。所刻之书，必期尽善。先后十年，成三十余种。方开藩粤东时，番禺陈沣睹其全书，为之序，称其别择精而校雠善，足补从前丛书所未备。且属其及门陶春海，依刻书年月，先后编为三集，集以四部为次，其中以阐明声音训诂之学为多。所录有销毁抽毁书目，禁书总目，违碍书目，略可窥见清代文字之祸。言掌故者，有所取焉。

仰视千七百二十九鹤斋丛书　三十八种七十四卷　清光绪赵之
谦辑刊

之谦字益甫，又字挝叔，浙江会稽人。道光末年，沈氏鸣野山房藏书散出，精本多归于其友杨器之。之谦时往假录，先后得书百三十余种，遭乱尽毁。同治初元，入都应试，稍稍购置，复有所得。光绪戊寅，权鄱阳令归。发愤陈箧，取旧时所得卷帙至简者，辑为是书，间附己著，先后成四十种。其书晚出，故有英吉利广东入城始末记，实为最新史料。其署名曰仰视千七百二十九鹤斋者，之谦自序，谓因病梦见群鹤翔舞，羽翼蔽天，为数一千七百二十有九，然其水中之影，则为鹳鹅鸡凫，且杂蝘蝗虬蛲蚸蟆蟠蜻之属，并无一鹤。盖自慨屈居下僚，而卑鄙龌龊之辈，反踞其上，故为此寓言以自遣也。

后知不足斋丛书　二十五种七十卷　清光绪鲍廷爵校刊

廷爵字叔衡，江苏常熟人，浙江候补知县。本籍歙县，慕廷博之为人。其父名振芳，喜藏古书；廷爵续加搜采，因汇辑旧传及时彦著述有裨于实学者，刊成是编，即以后知不足斋名之。景企前徽，意甚盛也。书分四函，凡二十五种，以经术小学金石目录之属为多。刊于光绪八年至十年。廷爵于其父手辑金石订例及唐人刘赓稽瑞二书，各为短跋于后。卷首潘曾玮徐郙二序，于刊书之旨，无所阐明。

式训堂丛书　二十六种九十五卷　清光绪章寿康辑刊

寿康字硕卿，会稽人，光绪初为张文襄幕宾，知嘉鱼县。嗜古敏学，殚力校雠，所蓄无虑数十万卷。少随父官蜀中，即以刻书为事，是编刻于光绪十二年，凡二集。所采如毕沅、徐松、庄述祖、梁玉绳、桂馥、卢文弨、孙星衍、胡天游、郭麟等，均一代名家著述，羽翼经史，多裨实学，足与萧山陈氏湖海楼媲美。

古逸丛书　二十七种一百八十六卷　清光绪黎庶昌校刊

庶昌字莼斋，贵州遵义人。光绪辛巳使日本，于彼搜得古书，次第播行，属杨守敬为之校刻。庶昌自序，谓"刻随所获，概还其真；经始于壬午，告成于甲申，以其多古本逸编，遂命名曰古逸丛书。"序后继以叙目，每书各撰解题，述其源流，考其版本；守敬复于卷末附缀跋文，亦间有不著一字者。其书版后归江苏官书局，然摹印远不如前。东京初印美浓纸本，几与宋椠元刊等视矣。

铁华馆丛书　六种四十五卷　清光绪蒋凤藻校刊

凤藻字香生，江苏长洲人，官福建知府。是本皆据善本镌刻；冲虚至德真经，通玄真经，均影宋本；列子新序，则据何义门校宋本；其他三种，虽非宋元原椠，而皆康熙精刻，虽为复版，不下真迹。书刻于光绪癸未乙酉之间。卷端引赵文敏语，戒读者当爱护书籍，其用心可谓挚矣。

渐西村舍丛刊　四十二种二百五十五卷　清光绪袁昶辑刊

昶字爽秋，浙江桐庐人。光绪丙子进士，观政户部，累擢徽宁池太广道，江宁布政使，官至太常寺卿。庚子乱作，力言拳匪不可恃，外衅不可启，忤孝钦后旨，被诛；寻复原职，予谥忠节。此刻分甲乙丙三集，乃其官皖省时所刊，凡六十七种；然多有目无书，如丙集末之朱子参同契注，朱子阴符经注，嶷庐子黄庭经注，孙鼎臣刍论，皇甫持正集，茆辑淮南万毕术，汪宗沂逸礼大谊论，徐文定农政全书，皆云未刊。盖稿本虽具，而未及付刻者。甲乙两集亦有宋刊之本，甲之于湖文录，乙之篆写尔雅，及北徼卡伦鄂博水道考，塔尔巴哈台事宜，一统志内抄出西藏一卷，附蓍尔雅、卫藏图志、止斋杂著、参军蛮语，皆未刊。其已刊未成者，为乙集之题襟续集、永慕堂藏书碑版目两种。特详识之，以便读者检查焉。

榆园丛刻　二十八种七十卷　清光绪许增校刊

增字益斋，号迈孙，浙江仁和人。是编所收，以词集为多。宋人四种，清人十四种；又十种则论书籍碑版文房玩具之属。许氏自序云："同治甲子，奉母还杭州，不复问人间世事，日与声应气求之士，里闬往还，推襟送抱，聊浪湖山，息影空斋，百念灰冷。特前贤矩矱，师友绪余，夙昔所涉猎而肄习之者，不能恝然。养闲余日，写付梓人，都成三十余种，借以流布艺林。"词人韵事，想见一斑。

灵鹣阁丛书　五十七种九十三卷　清光绪江标校刊

标字建霞，号萱圃，元和人。光绪己丑进士，官湖南学政，是书即刊于湖南试院也。标督学湘中，提倡新学；戊戌政变，被议落职。不数年，遂赉志以殁。是编所录，凡六集。金石为最，共十九种；次各家诗文，共十种；次经义小学，次书画目录版本，各六种；次地志传记，次杂说笔记，各四种；而属于泰西政治学术风俗者，乃有八种。

佚存丛书　十七种一百十一卷　日本天瀑山人辑刊

书分六帙，第一帙六种，第二帙四种，第三帙二种，第四帙三种，第五第六帙各一种。卷首天瀑山人自序："欧阳永叔日本刀歌云，徐福行时经未焚，佚书百篇今尚存，然所谓百篇之书，我无有之，则不知其何据，岂臆度言之耶？……余尝读唐宋已还之书，乃识载籍之佚于彼者，不为鲜也。因念其独存于我者，而我或致遂佚，则天地间无复其书矣，不已可惜乎！于是汇为一书，姑假诸欧诗，名曰佚存丛书。"按此书系用活字刷印，历彼国之宽政享和两朝而成，当我国清仁宗嘉庆之世；所采以罕遘者为准，如皇侃论语义疏，魏徵群书治要，均久遗佚，因已版行，不复编入。选择颇见精审，每一本书末，山人各附跋注，记其藏弆源流。传入中土；阮文达奏进四库未收书，所采者有五行大义、臣轨、乐书要录、两京新记、文馆词林、泰轩易传、难经集注、玉堂类藁、西垣类藁、周易新讲义，十种。我佚彼存，信可证矣。

（乙）专科丛书十二部

（一）经学二部

经苑　二十五种二百五十卷　清道光钱仪吉校刊

仪吉字蔼人，号衎石，一号新梧，又号心壶，嘉兴人。嘉庆进士，官至户科给事中。方主讲河南大梁书院时，搜辑宋元明人经说，凡四十一种，名曰经苑。自叙云："仪吉客授大梁，日以温经为事。辛丑河患，行箧故书，瀸渍阙失；其存者仅十五，意甚惜之。晓瞻方伯素园廉访两先生思欲刊布古书，广六艺之教；予因以所藏经解相质，两先生开卷心赏，任为剞劂。鹄仁学使，子仙松君两观察，皆欣然为之助；郡邑贤大夫闻之，亦多分任而乐与有成也。"道光乙巳孟秋，开局授梓，仪吉躬自校雠；至庚戌春夏间，方成二十五种。仪吉遽逝，其子尊煌因刊所定目四十一种于卷首，而以已刻之目附后。然至今迄未有为之续刊者。

古经解汇函　二十三种一百二十六卷　清同治钟谦钧校刊

谦钧字云卿，湖南巴陵人，官两广盐运使，是编为其在粤时所刻。自序："恭阅四库全书总目，自十三经注疏外，凡经部著录唐以前之书尽刻之；惟提要定为伪作者，不刻；通志堂已刻者，不刻；近儒有注释刻入皇清经解者，不刻。……所刻诸书，昔人刻本不一，今择善本校而刻之。"同治十三年刊成，庋之粤秀山菊坡精舍。计周易十二种，尚书一种，诗二种，春秋五种，论语二种，而以郑志殿焉。

（二）小学三部

五雅全书　五种三十七卷　明郎奎金辑刊

奎金汇刊所选尔雅、博雅、释名、埤雅、小尔雅五种，谓之五雅全书，有虎林张尧翼序，述刊书之意。又谓："他若罗愿尔雅翼，轴封以㝹，鹿卢驨㑋；刘伯庄续尔雅，李商隐蜀尔雅，刘温润羌尔雅，程端蒙大尔雅，隃麋鼓吹，遗柢徐戈。"其文晦涩，滥不可解。且所引各书，除尔雅翼外，今皆亡逸；然亦可见郎氏之选此五种，具有别裁，非滥收也。谓之五雅者，四库全书总目提要，总部小学类一释名，注云："别本或题曰逸雅，盖明郎奎金取是书与尔雅、小尔雅、广雅、埤雅，合刻，名曰五雅。以四书皆有雅名，遂改题逸雅以从类。"是则郎氏以释名为逸雅，故曰五雅；然此本仍称释名，即张尧翼序亦直称"刘熙释名，名比义，器□类"，"四雅拊食"，云云，并无逸雅之目；逸雅之名称，当在郎氏之后耳。

小学汇函　十三种一百三十六卷　清同治钟谦钧校刊

钟氏既辑古经解汇函，复取汉魏六朝唐宋诸人所著小学书刊之，名曰小学汇函。训诂四种，字书八种，韵书一种，凡十三种，皆言小学者必读之书。

许学丛书　十四种五十七卷　清光绪张炳翔辑刊

炳翔字叔鹏，长洲人。嗜许氏说文，勤于校雠。许学盛于清代，惠栋而后，专精者数十家。自元和江氏、金坛段氏、曲阜桂氏诸大家外，其余各家著述，散在人间。道咸间，海宁许槤尝欲汇刊行世，遭乱未果，槤亦旋卒。炳翔年辈稍后，思成其志，先刻零星小种，约以四种五种为一集。光绪癸未甲申间，刻成三集。吴县雷浚序云："炳翔将自初集二集至十集二十集。"然是书止于三集，成书亦仅十四种而已。

（三）史学二部

史学丛书　九十三种一千七百七十一卷　清光绪广雅书局校刊

张文襄督粤，首建广雅书院；复于城南南园之侧，建广雅书局，校刊群籍。时充总校者，为南海廖泽群，以经术名儒，提挈一切；赞襄其间者，皆硕学鸿才。故四方珍本，麇集纷来；复经诸通人鉴别，精选慎校，当世久有定评。光绪末年，书局停罢，版片垒积，颠倒错乱。迨入民国，番禺徐绍棨董理图书馆事，从事清厘，择其版式一律者，凡一百五十余种，汇为广雅丛书。其属于史学者，九十三种；别为史学丛书。有专就一史或总集诸史而为之考证、辨说、注疏、校勘者，有作补志补表者，乃至别史载记礼书编年之属，悉皆收入。治史学者诚不可不读也。

问影楼舆地丛书　十五种四十四卷　清光绪胡思敬校刊

思敬字漱唐，江西新昌县人。光绪进士，官至御史。是编当光绪戊申年，仿聚珍版，刊于北平。每册题签第几集，皆空其格；盖其始固欲网罗广博，而后乃仅止此数也。凡十五种，四十四卷；曰：黑鞑事略，峒谿纤志，云缅山川志，长河志籍考，黔记，东三省舆图说，陕西南山谷口考，缅述，三省山内风土杂记，万里行程记，关中水道记，水地记，游历记，滇海虞衡志，东三省韩俄交界道里表；多与边疆有关。每书卷末，皆有辑者设跋，或加以校勘，如黑鞑事略之罕见，峒谿纤志之未经窜乱，尤可宝贵。其他亦皆晚出之书，考订精审，有裨舆地之学。

（四）目录学一部

八史经籍志　十种三十卷　清光绪张寿荣刊本

寿荣字鞠龄，浙江镇海人，同治举人。是编所辑，一、汉书艺文志，二、隋书经籍志，三、唐书经籍志，四、宋史艺文志，五、卢文弨宋史艺文志补，又补辽金元艺文志，六、金门诏补三史艺文志，七、钱大昕补元史艺文志，八、明史艺文志。寿荣序云："予于沪上得八史经籍志，锓板前无序言，末署文政八年刊，知出自东国好古者所为，求其姓氏，卒不可悉。"又云"史之志八，重者四，作者九人，以经籍称者二，以艺文称者八；曰八史，著其代也，曰经籍志，举其重也。"汇八代之艺文为一编，于检校古今书目之存佚，至为便利。

（五）医学二部

济生拔萃　十八种十九卷　元杜思敬辑元刊本

是书见于曝书亭集者六卷，见于日本经籍访古志者十八卷，均引延祐二年杜思敬序，是必同为一书，然均未全。千顷堂书目，与皕宋楼藏书志皆十九卷。后者且列举所辑书名：一、针经节要，二、洁古云岐针法，三、针经摘英，四、云岐子脉法，五、洁古珍珠囊，六、医学发明，七、脾胃论，八、洁古家珍，九、此事难知，十、医垒元戎，十一、阴证略例，十二三、伤寒保命集类要，十四、癍论萃英，十五、保婴集，十六、兰室秘藏，十七、活法圆机，十八、卫生宝鉴，十九、杂方。此犹是元代刊本，完全无缺，洵为秘笈。

古今医统正脉全书　四十四种二百四卷　明万历王肯堂辑吴勉学刊

肯堂字宇泰，金坛人。万历己丑进士，官至福建布政司参政。好读书，尤精于医。所著有证治准绳，成于万历丁酉戊戌间。又有伤寒准绳，疡医准绳，幼科准绳，女科准绳，均为世所重。是书之刻，吴勉学序题万历辛丑；则其汇辑成书，当在证治准绳成书前后也。所收凡四十四种，始黄帝内经素问。历代医家，如汉之张机，唐之王冰，金之成无已、刘完素、张从正、李杲，元之王好古、朱震亨、齐德之、滑寿，及明之戴元礼、陶节安辈，其著述多者，人至六七种。千顷堂书目医家类，有吴勉学医统正脉四十二种，而不着王肯堂之名。勉学序是书云："医有统有脉，医之正脉，始于神农黄帝，而诸贤直溯正脉，以绍其统于不衰，因铨次成篇，名曰医统正脉而刻之。"王氏精于医学，而吴无所闻；是必王氏纂辑既成，先后修订，而吴氏为之刊布也。

（六）艺术一部

欣赏编　十种十四卷　明正德沈津辑刊

津字润卿，长洲人。是编凡十集，以天干十字为序。卷首有其族叔沈杰序，曰："吾宗侄津，嗜古勤学，尝得诸家图籍如干卷，汇而名之曰欣赏编，刻之梓。余喜其属事比类之颇宜也，故为序之。是编首之以古玉图，崇其德也；次之以印章谱，达其用也；次之以文房图赞，茶具图赞，又次之砚谱、燕几图，皆语成器而动者也；既而又次以古局图谱双、打马图，斯则游于艺之谓也。编之始终凡十集，而其间可疑者，谓燕几局戏之事，于学者为无益；然而孔子席不正不坐，又曰不有博弈者乎，为之犹贤乎已。然则博雅之士，又奚可废哉！"序作于正德六年，而茶具图赞砚谱，乃有万历时人之序，度必后人补刻时所为；沈氏原刊，当不如是。此虽游戏之作，而所采多宋元人遗著；小道可观，以供欣赏，洵不虚矣。

（七）军学一部

武经七书　七种二十三卷　宋何去非校南宋刊本

宋何去非于元丰中对策，论用兵之要，擢优第，除武学教授，使校兵法七书。何遽春渚纪闻，谓其父去非为武学博士，受诏校七书，盖即指是。郡斋读书志，谓仁庙时承平久，人不习兵，元昊既叛。朝廷颇访知兵者，命曾公亮等撰武经总要。神宗承其余绪；元丰中，以六韬、孙子、吴子、司马法、黄石公三略、尉缭子李卫公问对，颁行武学，号称七书。是本卷首总目无纂辑名氏，前后亦无序跋。然玄警敬恒徵贞完慎等字，均避朱讳；且笔法镌工，的为天水旧刻。

（丙）地方丛书八部

（一）省区四部

岭南遗书　六十种二百四十三卷　清道光伍崇曜校刊

刘锦藻皇朝续文献通考经籍考，纪是书云："英人在粤东互市，当时有洋行十三，崇曜父秉鉴，为十三行之后劲，遂以豪商起家。崇曜既赐乡举，乃与名流讨论著述，刊有粤雅堂丛书，广东十三家集，楚庭耆旧遗诗前后集，是于道光辛卯始付剞劂氏。续成六集，视李调元之函海，赵绍祖之泾川丛书，于乡邦文献，同爇心香，良可宝也。"按是书目录，分为六集，诚如刘氏所云。然伍氏自序，则谓辛卯年付刊者，仅第一集。至丁未而第二三四集始成。五六集均无伍氏序跋。考其开雕之期，则五集在道光庚戌，六集在同治癸亥；而总司校勘者，前后均谭君莹。其序均署名元薇；盖刊是书时，崇曜犹未改名也。

畿辅丛书　一百七十种一千五百三十卷　清光绪王灏辑刊

灏字文泉，直隶定州人，咸丰壬子，与张之洞同举于乡。是书之辑，之洞实与其议。贵筑黄彭年方主讲莲池书院，亦怂恿之。灏雄于资，官京曹时，广收图籍，藏弆日富。因招贵筑黄国瑾，归安钱恂，为之校定。先有采访畿辅先哲遗书目之刻，厥后设局保定开雕；以王树枬、胡景桂，董其事。乃书未刊完而灏遽殁。其刊版偶记年月，始于光绪己卯，终于壬辰；大约即殁于是时也。前后无刊书序跋，亦无全目，刊后亦未发行。岁丙午，故都书肆就已刊者集资汇印，另刊总目。武进陶湘重为编订，计经部二十二种，史部同，子部三十一种，集部三十九种。又汇刻遗书凡六家，永年申氏十三种，颜习斋七种，李恕谷十二种，孙夏峰六种，尹健余九种，崔东壁十二种。综其前后卷数，则为一千五百三十云。

湖北丛书　三十一种二百九十卷　清光绪赵尚辅校刊

尚辅字翼之，万县人，光绪进士。是编刊成于光绪辛卯，盖为其官湖北学政时所辑，均鄂人之著作。经部最多，凡十五种；史部五种；子部十种；集部最少，仅一楚辞而已。前后无刊书序跋。卷面题三余草堂藏版。易经通注后，有提督湖北全省学政翰林编修臣赵尚辅谨付梓一行。每书均有校字复校续校人姓名，综统计凡二十八人；洵非苟焉从事者也。

豫章丛书　二十二种二十八卷　清光绪陶福履校刊

福履字稚箕，江西新建人。光绪壬辰进士，湖南慈利县知县。是书刻于光绪二十年。喻震孟序，谓福履与丰城欧阳熙笃好汉学，暇辄讨论；以豫章故人才渊薮，北宋以还代多名人，而阮文达刻皇清经解多借江人之力，顾独无江人一书，因辑江人经说，所得殊多。后不欲囿于一门，乃更推之四部。所录各书，福履多自为小序，冠之简耑。第一集凡十二种，第二集凡一十种；豫章文献，略见一斑。

（二）郡邑四部

盐邑志林　四十一种六十五卷　明天启樊维城辑刊

维城字亢宗，黄冈人，万历丙辰进士，官至福建按察司副使。是编乃其官海盐县知县时辑历朝县人之著记。凡三国三种，晋二种，陈一种，唐一种，五代一种，宋三种，元一种，明二十九种，刊成于天启三年。卷首有樊氏及朱国祚序。朱序称乡绅胡孝辕助之搜访，姚士粦刘祖锺各出秘本，捐橐佐之云云。按海盐县，秦置，属会稽郡，自东汉三国历晋宋齐梁，均属吴郡。古代疆域甚广，故吴之陆绩陆玑，陈之顾野王，均吴郡人；而当时所居，皆为海盐辖境。至晋干宝为新蔡人，五代谭峭为泉州人，则皆流寓邑中；故其撰述均列入也。

泾川丛书　四十五种七十卷　清道光赵绍祖等校刊

绍祖字琴士，安徽泾县人。泾县为江南望邑，代有名人。明中叶后，查翟萧董诸公，尤邃于经史性理之学。迨入清朝，赵青藜等著述尤夥。赵绍祖为其侄孙，博学能文，尤深于史；取先辈遗书，择其文章政事之可传，经学性理之有益于身心者，凡四十五种，刊之。泾川文学，悉萃于编。各书皆有绍祖识语，大抵纪嘉庆四五六年；盖为陆续付刊之岁。卷首有道光十二年阳湖赵仁基序，当为全书刻竣之时。

金华丛书　六十七种七百三十卷　清同治胡凤丹辑刊

凤丹字月樵，浙江永康人。官湖北道员，领官书局，致仕还乡。尝以金华一郡，撰述最盛，迭遭兵燹，乡贤遗著，散佚殆尽。因就四库采录，自唐以来一百六十五种；厘为经史子集，撰金华文萃书目提要八卷。先取所藏，设退补斋书局于杭州，以次开雕。仅成经部十五种，史部十一种，子部十三种，集部二十八种，名曰金华丛书。尚不及文萃书目所载之半。至刊成之岁，则在同治八年云。

金陵丛刻　十七种三十八卷　清光绪傅春官辑刊

春官字苕生，江宁人。官至江西劝业道，原序云：“金陵都会，人物斯兴。稽古作者，代不乏人。是书专汇上元江宁两县人作刊行之；不分四部，略次时代。空文勿录者，勿暇也；录金阙玉井集，以先生他书勿见也；录金陵赋者，以所纪实风土也。”盖鉴于台州浦城常州武林名郡大邑，均各刊行其乡贤之著述，先后并起，蔚为巨观；亟思步其后尘，以尽敬恭桑梓之谊。序又云：“一集十集，推今及古。”而惜乎其未竟厥志也。

同年某月商务书馆教育杂志复刊，以何柏丞（炳松）兼任主编，余为撰《随便想起的几个教育问题》，以代卷头语。文如左：

随便想起的几个教育问题

教育杂志因一二八的事变，停刊了将近三年；现在开始复刊，我处发行人的地位，似乎不得不说几句话。但是本志今后的使命和方针，已由主编者何柏丞先生叙述得很详明，用不着我再说；而发挥教育原理，商量教育计划，也不是我所长。且把近年常常感觉又为现在随便想起的几个教育问题，拉杂写出来，以求国内教育专家的解答，并借此充实本志以后各期的篇幅。

（一）学校教学本来只教人以治学的门径；要成为继续上进的人材，端赖离校后循此门径而进行。但是我国学生大多数一出校门便抛弃书本，这种现象不仅为一般人所承认，且可从出版物的数量而证实。查日本人口不过九千万，而昭和七年全国出版物共二万四千种；我国人口不下五万万，而最近一年间的出版物，据我们在出版家地位的推算，至多不过二千四百种，以种数论，约当日本十分之一，又查日本每种出版物平均印数，至少五倍于我国，因此以实印售册数论，我国一年间的出版物，仅及日本五十分之一，但我国人口虽比日本五倍而强，而曾受教育的人数在人口中所占成分，至多仅及日本九分之一，如此一增一减，则我国曾受教育的人其喜欢读书的程度，实等于日本三十分之一。离开学校的人不喜欢读书，不只是不能上进，甚至要把已得的门径渐渐迷失；这无疑地是教育上的大失败。究竟怎样才能于学校中养成读书的兴趣，实在是教育界当前的一个重大问题。

（二）政府每年花费许多金钱在国内国外造就专门人材，但是造就以后往往没有把他们利用，听他们抛弃了专门的学问技能，改就绝不相干的职业，或是许久找不到职业，像最近北平各大学毕业生"毕业即失业"的呼吁是其明证；同时政府在各种事业上所用的人却不尽是专门人材。这固然是政府的不是；但也有人以为专门人材在求学时期已由政府为他们花费不少的金钱，学成以后，似乎不必再倚赖政府，应该利用专长，自谋出路才对。究竟专门人材不能得到相职当业，其责任应由哪一方面负担呢？

（三）农村衰落，原因颇多，人材缺乏却是其中最大关键。旧日的农村尚有绅士阶级的人做他的灵魂，所以在政府无为政治之下，还有几分地方自治。现在高等教育大都集中于都市，农村优秀分子一到都市求学，往往不愿再回农村，所以高等教育愈发达，农村人材愈缺乏，农村的全部也就愈衰落。我们要使为农村造就的人材，大多数仍为农村服务，在教育的设施上究应有怎样的改革呢？

（四）学生由家庭到学校，换了一个环境，由学校到社会，又换了一个环境。学校的环境大多数优于家庭，所以离家就学的人，渐忘其离家的苦，而感觉就学的乐，这固然是好处；而且借学校的环境去提高生活标准，也未尝无理由，但是由环境较优和生活标准较高的学校，而转到环境较劣和生活标准较低的社会，将使刚出校门的青年，对社会感觉种种不满足，或使社会对于他们也感觉不满足，这却是不良的结果。我们要使家庭学校和社会打成一片，能够彼此顺适的过渡，在教育的设施上究应有什么改革呢？

（五）做学生的时代，每星期有星期假，每年有几个月的暑假年假。但是毕业后担任职业，除充教师外，大都没有暑假，年假最多不过几日，甚至有好些职业并没有星期假。在学时期愈久，这种年暑星期假的习惯愈深，就业后愈感不满足。而且学校假期中，尤其是长期的暑假中，年龄较稚的学生，最易荒疏了他们初得门径的功课，年龄较长的学生，最易濡染了社会流行的不良习惯。究竟学校中的年暑星期假，尤其是长期的暑假和年假，在目前的中国是否绝对必要，假使年暑概不休假，是否可借此缩短各级学校的修业年限？如果认为年暑假有绝对的必要，应该怎样利用年暑假的时光，才是有利无害呢？

（六）现在政府规定非经中学毕业不得入大学；同时又规定官吏的考试资格和专门职业的登记资格，都需要相当学校和相当学科的修毕。这似乎可以限制滥造和幸进，自然是其优点。但是照这样严格办下去，又没有其他救济方法，则贫苦而有天才肯努力的青年，将永无任官吏和专门职业的希望，同时那些有钱而不肯努力或缺乏天才的子弟，都可以修毕学年，取得任官吏和专门职业的资格。这不只是大大的不平，而且要埋没了许多有希望的青年。究竟这种制度有没有从根本上改革的必要，或者是不妨维持这制度，而另筹救济的方法。如可另筹救济方法，究竟有什么方法？

（七）根据教育部第一次中国教育年鉴，民国二十年份准给留学证书的公费自费生共七百二十八人，内计留日者三百零三人，留欧美各国者四百二十五人，以欧美每人每年平均需国币四千元（往返川资分年摊派在内），日本需国币一千元计算，总共约二百万元。假定每人留学年限平均四年，则我国政府人民为这一年所派留学生而担负的费用不下八百万元，假定接连十年都照这样情形，则十年之内，我国政府人民用于留学外国的金钱当为八千万元。又假定民国二十年份已在外国的留学生五倍于二十年度新派的人数，其留学国别也和二十年度新派的同一比例；此项已在外国留学者假定每人继续留学年限为二年，则我国政府人民为这一项留学生担负的费用，至少为二千万元。两项合并，从二十年份起，十年之内计共需用留学费壹万万元。这推算而得的数字，实际上必有增无减，因为人数方面，必定还有许多未领留学证书而实际留学的人。如果能够把留学人数减少一半，则十年内可节省五千万元，每年可节省五百万元，用来提高本国高等教育的程度，是否收效更大？现在国内各大学设有研究所者极少，间有设立者，也因经费不多，而设备过于简陋。因此，国内一般大学毕业生有志深造者，只得出洋留学；而热心于虚荣和资格者，也得到外国去“镀金”。其实理工方面，因设备较难，目下尚有到外国求深造的需要，其他如文哲法政经济教育历史等，其研究的对象既以本国为较重要，其研究所需的设备，也需费较少。为什么定要到外国研究呢？

同年三月三十一日，商务印书馆召集二十三年度股东常
　会。兹将会议记录附后：

二十四年股东常会会议纪录

中华民国二十四年三月三十一日下午三时，在上海北河南路市
商会开股东常会，到会股东连代表共计一千三百四十七户，共三万
三千八百六十七股，三万零二百十九权，摇铃开会，行礼如仪。张
菊生君主席，书记报告本日到会股东户数股数权数依照本公司章程
可以开会。主席云，本日股东常会，已足法定人数，遵章开会，请
董事会报告。董事兼总经理王云五君报告：诸位股东今天我们开股
东会常会，董事会依照公司法之规定，已提出几种报告，（一）资产
负债表，（二）损益计算书，（三）财产目录，（四）营业报告书，
其他议案，也已有印刷品分送诸位，想都已阅悉，现在我所要报告
的，只是补充这些书面报告之不足。

（一）本届结帐的办法　　在补充报告之初，因为本届结算，对于
帐法上有一种大变化，本席须先行说明这种变化，就是关于总分馆
盈亏的结算办法。

本公司各分馆本来是没有独立资本的，所有分馆的资本，完全
是总馆的资本，但是本公司一向都按照他们每年的营业客帐开销备
货各项情形，另给他们计算盈亏，在原则上，本不大妥当。本馆历
届请会计师查核帐目时，他们都以为本公司帐法，在新式公司当中，
可算是很完善的，只是分馆结帐独计盈亏的办法，实为美中不足，
我们试一研究公司已往，为什么要使各分馆另计盈亏，便知道是因
为从前交通不大方便，九个分馆和总馆合并计算，这便是帐法上和
已往不同的地方。

这九个分馆试行与总馆并计盈亏以后，不独总分馆之间更为团

结，而在帐法方面，也觉得更合理，例如从前总馆把货物发给分馆，在分馆还没有售脱以前，本来不能算是营业，但是以前因为总分馆分计盈亏，分馆虽然没有把货物卖给顾客，总馆却已算是对于分馆完成了一种营业，而且分馆事情简单，所以把分馆的一切事权完全委托分馆的经理，仅在年终结算时，合乎假定的盈余条件，便分别给以奖励，所以从前总分馆分计盈亏只不过以奖励的办法作为分馆经理及其他同人考成的标准。但是到了现在，情形与前不同，第一现今交通便利，从前需要二三十天的程途，现在两三天便可到达。第二现今营业情形日趋复杂，总馆对于分馆的营业，不能不作更直接的指导，同时因为分计盈亏的缘故，往往总分馆间，会发生利害的冲突，不免要使一致对外的精神略为减损，所以去年董事会详加考虑之后，决定把向来总分馆分计盈亏的办法加以改革，第一步先将离总馆较近的南京杭州金华安庆芜湖南昌汉口长沙广州九个分馆，自二十三年度起试与总馆并计盈亏，这件事在前几年北平香港两分厂已经试过，从前两分厂也是独计盈亏的，自从一二八以后，因为他们都直接为总馆进货，便一律改为与总馆并计了，我们现在为谋营业进展，所以又将这九个分馆从廿三年度起，和总馆并计盈亏，因此本届各项报告，如资产负债表损益计算书等都是把这不当获得的货物利益取消了，因为总馆若取巧起来，便可以把货物尽量地发到分馆去，总馆发给分馆的货，假定平均五折入帐，又分馆欠总馆的帐年终结算，还须打个七折，折实为三·五折，但是货物存在总馆，年底盘存，一律只作二折，所以货物一发到分馆，总馆便可多赚等于码价的一·五折，由此所得的盈余，当然是不实在，本公司向来结算盈余，虽力求实在，绝不取巧，可是这种结算制度，不能不认为本公司夙称稳健的全部帐法中之一个缺点，所以这次变更结算办法，实为必要。

去年度九分馆试行与总馆合并计算的结果，成绩都还好，所以从本年度起，董事会已决定全体分馆一律照此办理，本届会计师的报告，对于这种改革，很为赞成，并期望全部改革，早日完成，其理由正如上述。

（二）二十三年度分馆盈亏情形　依照上面的说明，本届除九分馆业与总馆并计盈亏，那末这些分馆的盈亏情形又如何呢？诸位想都记得二十二年度结帐时，全体分馆差不多都是亏耗。其亏耗总额，多至五十七万余元，现在且把二十三年度除与总馆并计盈亏九分馆外之其他分馆盈亏情形报告一下。

（甲）亏耗的。计重庆分馆一万五千八百余元，成都分馆八万四千四百余元，太原分馆一万零一百余元，潮州分馆九万二千八百余元，梧州分馆六万零六百余元，福州分馆九千八百余元，济南分馆三万四千八百余元，开封分馆五万六千九百余元。

（乙）减亏的。所谓减亏，就是上届有亏耗，而本届有盈余，照例先行把本届盈余抵补上届的积亏，实际上所谓减亏，就是盈余，本届减亏的，计天津分馆一万三千七百余元，西安分馆三千六百余元，厦门分馆一千七百余元，香港分馆三万八千余元。

（丙）有盈余的。此所谓有盈余，就是从前没有亏，或者虽有亏而现在已经抵销了的，计北平分馆四万零四百余元，保定分馆二千九百余元，沈阳分馆四万二千九百余元，云南分馆三万零九百余元，厦门分馆除减亏一千七百余元外，盈余九千三百余元，香港分馆除减亏三万八千余元外，盈余二万三千二百余元。

以上三项统计起来，各分馆新亏三十六万余元，减亏及盈余两共二十万余元，盈亏相抵，计本届分馆实亏约十六万元，已在总盈余数内如数提存准备。

总之，本届除了九分馆以外，各分馆虽有亏耗，但比诸二十二年度的亏数五十七万余元情形，尚属较好。

（三）二十三年度全公司的总营业和盈余　诸位股东在书面报告里面已可看见，本届全公司的营业。总数为九百八十余万元，盈余总数为一百二十九万六千余元，这两个数目比上年和更前的几年比较起来，究竟又怎样呢？本届营业总数，比民国二十二年度的八百五十余万元，实增一百二十多万元，但就最近十年的情形看起来，这并不是顶大的数目，查本公司在营业数字占第一位的，便是民国二十年的一千三百五十七万余元，为历年所未有，占第二位的数目，是民国十九年的一千二百十余万元，第三位是民国十八年的一千一百六十六万余元，第四位是民国十七年的一千零十三万余元，第五位才轮到民国二十三年，因此把最近十年的营业数作比较，二十三年度的营业，仅占到第五位。

其次如以最近十年的盈余数目作比较，本届却占到第二位。第一位是民国十四年的一百六十万余元，第二位是本届的一百二十九万余元，第三位是民国十五年的一百二十三万余元。

二十三年度的营业数，不过占近十年来的第五位，盈余数却居近十年来的第二位，这当然是比较乐观的事，要明白其中的原因，须将二十三年度生产营业存货开销各项情形略述一二。

（甲）关于生产方面的情形　本公司总厂厂屋机器及各项设备，在一二八之役，悉数被毁，事后把一堆灰烬逐渐地清理起来，把生产效能整顿起来，二十二年度人工只及被毁前之半，机器只及以前百分之七十四，以百分之五十的人工，乘百分之七十四的机器工具，实力只等于一二八以前百分之三十七，而到了二十三年度，工人方面，与上年度大致相等，机器工具，毫未添置，按照折旧的办法，还要减少一点，所以二十三年度机器工具乘人工的积数，刚抵得到一二八以前的百分之三十三，即三分之一，但是我们的生产力量，要是尽量应用，至少可以比一二八以前加倍，以等于从前三分之一的机器和人工，而能作等于从前两倍的生产，其效率简直六倍于从前，这是我们过去几年中对于生产改良的结果（众鼓掌），但是二十三年度的问题，不在于谋生产的更增进，而在于谋生产的统制，这是什么原因呢？因为商场情形，营业不进则退，而企图发展营业，赖有周转的资金，但是公司被劫后，并没有增加股本，历年股息，仍然照章派发，到了二十三年内，现款更形短缺，如果尽量生产，则不免要因现款短绌而搁浅，如果过分减少生产，那末第一个问题，便是许多工人要失业，对于过去两年为公司努力从事复兴工作的同人，实在说不过去，我们感觉到这一点，对于生产上便不敢稍存消极态度。第二个问题，便是对于公司所负促进文化的使命，也交代不过。现代国家的强弱，和他的出版物数量多少有密切关系，日本在昭和八年，一年间的新出版物，多至二万六千种，中国的出版物，本馆约占一半，二十三年度本馆新出版物约一千二百种，假定其他公私机关的出版物也同此数，那就全体不过二千四五百种，以五倍于日本的人口，而一年内的新出版物仅及其十分之一，无怪强弱悬殊，我国人之不喜读书，固然教育界和一般社会都有其应负的责任，但是出版家不能多出良好的书籍，也不能辞其责。我们感觉到这一点，虽在万分困难之中，对于新出版物仍不能不积极进行。此外还有第三个问题，就是关于股东的利益问题，本来无论何事，前进还可求出路，退后将更无办法，因为上述种种理由，所以过去一年中，我们一方面仍然积极的从事生产，他方面却以种种方法使生产不致过剩，结果二十三年度出版新书的数量，占公司历年的第一位，计出版新书总数一千二百八十三种，共一千七百九十三册，总定价一千六百七十一元，总计全年所排书版的数量，比二十二年度增加百分之三十一，但因产销两方有相当的统制，所以全年所用纸张，比较二十二年度却减少百分之二十四。

（乙）关于营业方面的情形　二十三年度的营业数，比民国二十三年增加一百二十余万元，而增加的部分，大都属于出版物方面，这是很可欣慰的，因为这可以表示全国读书界对于本公司出版物的信任，这种信任的取得，一方面固由于本公司历年在出版界中所保持的名誉，一方面也由于近来各同人的努力。

（丙）关于存货方面的情形　二十三年度为着现款短少的缘故，我们对于存货不论是出版物，或是文具仪器原料，一方面力求充足，一方面不使滞存过多，报告册所载本版存货总数二百四十余万元，表面上似乎比民国廿二年的一百九十余万元多一点，但是本届九分馆的存数包括在总馆的存数里面，减去之后，总馆只有一百八十三万余元，比民国廿二年减少几及十万元，其他如西书文具仪器除去九分馆存数外，都较上年度大减，此外纸张存数所减尤多，总计进货一项，二十三年度较二十二年度减少约一百七十万元，总之，我们因为资金短少，所以进货特别紧缩，又因利用纸张原料，处处均从经济上着想，所以出版虽较上年有加，而进用原料却减少、存货也减少。

（丁）关于开销方面的情形　诸位可以就结算报告各项开销项下看出去年的管理费是七十一万二千余元，但这是包括九个分馆的管理费二十五万元在内，减去之后，便只有四十五万余元，比较民十九的六十二万余元，民二十的六十八万余元，节省得很多，又营业费因近几年同行回佣及广告费等都比从前加大，所以二十二年度的数目很大，二十三年度也很大，计达九十七万九千余元，但如减去九分馆的营业费用，实只八十八万一千余元，还较二十二年九十万零六千余元的数目为少，从此也可见我们虽然在万分为难的情势当中，凡是能节省的依然还是节省，又关于同人薪水一项，现在总馆用人，比之一二八以前还不到一半，以一二八前全年的薪水，和现在的全年薪水数来比较，相差实在很大，这也是节省开支之一端。

以上已经把二十三年度生产营业及其他情形大略说明，我们一方面出书很多，一方面加以严密的统制，并推广营业，减省开支，这就是刚才所说为什么二十三年度营业数居近十年来的第五位，而盈余数居第二位的答案。

现在再说明上年度及本年度及今后有共同关系的问题，第一是资金短少，第二是营业艰难。去年的经过是很苦的，今后也还是一样，我们可以把前后的情形作一个比较。

本公司近十年来可以运用的资金，包括普通公积各项公积和同人存款而言，以民国十四年的八百八十万元为最多，而同年所做的生意，也刚刚是八百八十余万元，即以一元资金做一元生意，又民国二十二年可以运用的资金共计四百二十二万元，做了八百五十余万元的生意，即以一元资金做二元生意，民国二十三年因复股五十万元，并且同人存款数增加，可以利用的资金增至四百八十八万元，营业总数为九百八十余万元，恰好也是以一元资金做二元生意，其实十年以前做生意还较容易，现在因为欠帐不易催收，市场竞争激烈等等关系，资金周转较前已更困难，而现在竟以一元资金做二元生意，其为难情形更可想见，二十三年度虽幸安全渡过，但是到了现在，这两个问题还是存在，我们当然以从前应付困难的办法，再作同样的应付，不过本年更加有特别的困难，因为二十二年度所存纸张原料稍多，所以二十三年度进货可以特减，但是二十三年终所存较少，今年进货，便不得不增加，所以去年沾了前年的光，今年便要受去年的累，因此今年除了资金短少和竞争激烈两种困难比去年丝毫没有减少外，还有比去年增加的负担，这是无可避免的。

现在附带的报告关于清理旧厂结束的情形，查民国二十一年九月股东临时会议议决宝山路总厂烬余货物将来修理自用作价或售出所得价值作为复股公积一案，当即设立清理旧厂委员会，将旧厂烬余货物分别清理，凡机器修理自用作价或售出所得价值，以及烬余废料修整后自用作价，或售出所得价值，除去修理费用外，全数提作甲种特别公积，结至廿三年年底为止，计四十七万八千九百三十四元三角五分，又旧厂烬余房屋修理自用后应如何处置，从前股东未曾提及，现亦仿照烬余货物办法，将已修好的藏版房，第四印刷所，及自流井水塔，照十九年底结算清册所载折实之价，作为财产价值，除去修理费外，提作甲种特别公积，计四万四千四百四十五元二角，连机器货物并计，清理旧厂项下提存甲种特别公积，总共五十二万三千三百七十九元五角五分，作为复股之用，因有本项收入，连同过去两年盈余内提存之甲种特别公积，故本公司股本，去年由三百万复股为三百五十万元，本年公积金及盈余利息分派之议案如能通过，又可复股为四百万元，此后旧厂待清理的残余货物为数甚微，原设的清理旧厂委员会，业已结束撤销，所有未了事宜，由秘书处设旧厂股继续办理，将来清理的残余货物，仍照以前办法，提入甲种特别公积。（众鼓掌）

主席云，董事会的补充报告已完，现在请监察人报告。

监察人徐善祥君报告（徐君到会后临时因事先行退席委托董事高梦旦君代表报告）本届结算各项数目，均经三位监察人就各种簿册分别检查，所有资产负债表损益计算书及财产目录均经核对无讹，特此证明。（众鼓掌）

一　主席提董事会所造具之各项表册报告请股东会予以承认案。主席云，董事会及监察人报告均已完毕，依照公司法第一百六十八条规定"董事会应将其所造具之各项表册，提出于股东会，请求承认"，现在特请诸位股东予以承认，诸位如有疑问，请提出，董事会当加以答复。

少顷，无人发言。

主席云，诸位对于各种报告表册没有疑问，现在付表决，诸位认为可以承认的，请起立。

全体起立。

二　董事会提公积金及盈余利息分派之议案。主席云，按照公司法第一百六十八条规定股东年会时董事会应提其公积金及盈余利息的议案，现在已有印刷品分送了，诸位如有疑问，可请发言；原案如下。

二十三年份本公司净盈余一百二十九万六千零三十九元九角，照本公司章程第二十五条，先提十分之一为公积金，计十二万九千六百零三元九角九分，次提股息常年八厘计二十八万元，每股得五元六角，其余八十八万六千四百三十五元九角一分，平均分为甲乙两部，其分配如左。

甲部之半数计二十二万一千六百零八元九角八分，作为股东红利，每股除应得红利六厘外，尚余一万一千六百零八元九角八分，拨入甲种特别公积。

甲部之其他半数计二十二万一千六百零八元九角八分，作为甲种特别公积。

乙部之半数计二十二万一千六百零八元九角八分，作为同人奖励金，乙部之其他半数计二十二万一千六百零八元九角七分，作为乙种特别公积。

少顷，无人发言。

主席云，诸位没有发言，现在付表决，请赞成者起立。

多数起立通过。

三　报告恢复股份为四百万元案。

按本公司股份总额原为五百万元，自遭一二八国难后，将股份减为三百万元，上年恢复至三百五十万元，兹查甲种特别公积项下，至廿二年底止，除上年已复股五十万元外，计余存十一万一千七百六十九元四角四分，又廿二年份派剩红利计七千四百三十一元八角五分，又廿三年份由清理旧厂收入者，计六万三千九百三十二元四角八分，又廿二年份盈余内提存者，计十五万七千四百三十一元八角四分，又加入廿三年份盈余内提存之二十二万一千六百零八元九角八分，总共积存五十六万二千一百七十四元五角九分；依照公司章程第廿五条第二项定，应以五十万元为恢复股份之用，即恢复股份为四百万元（现在股份每股七十元，依此次复股之结果，应增加十元，改为每股八十元），特此报告。

主席云，本届公积金及盈余利息分派案已经通过，此为依照本公司章程办理，本案应即成立，众无异议。

四　董事会提廿三年份股东红利留作甲种特别公积俾早复股案。查廿三年份股东除派股息八厘外，尚可得红利六厘，惟本公司股份原五百万元，遭一二八国难后，减为三百万元，上年复股五十万元，本年又复股五十万元，此两次复股之款项其中一部分由盈余内提存，一部分系清理旧厂所得，现在清理旧厂业已结束，以后修理残余货物，可以拨入甲种特别公积者为数极微，复股比较为难，兹为期望将股本早日恢复至五百万元，拟将廿三年份红利六厘留存，并入甲种特别公积，倘廿四年度盈余能与廿三年份大致相等，则明年又可复股五十万元，股本得以提早恢复，股东利益愈厚，且当此不景气现象日甚一日，上海银根之紧，为从来所未有，此后向银行透支，极为不易，倘能将上述红利保留不派，不独股本可以早日恢复，公司营业亦得有余力以谋发展，公司基础当更臻稳固，谨此提议，惟祈公决。

主席云，本案是董事会的提议，再请云五先生补充报告。

王云五君报告，本提案已有书面叙述详明，现在只稍加补充，记得去年开股东会时，董事会提议派发股息及红利共一分三厘，当时有几位股东曾经提议，公司流动资金短少，进行为难，可否只取股息，而将红利留存公司，以资周转，这种好意，很值得钦佩，而在公司办事的人，对于股东们体谅到办事的为难，尤为感激，不过去年今日，公司的财政虽很紧张，但社会上的情形还好，要挪借几十万元，还没有什么问题，所以当时没有接受这个好意，仍然设法筹款如数派发，今年公司财政情形，虽比较好些，但是如果万一有点意外，诸位知道现在上海金融界抵押借款，极其不易，那时就要应付为难了，我们大家觉得必须早为绸缪，同时又记起去年股东的提议，所以我们决定，今年须要接受这个好意，把红利保留起来，然而这不是一种空的保留，对于股东实有两种大利。

第一，公司多了这宗款项，可以多做生意，照过去两年的情形，我们都是以一元资金做两元生意，今年股东把红利廿二万余元留在公司，照理便可多做四十四万余元的生意，这是在积极方面的利益，而在消极方面应付意外需要一层也可无虑。

第二，公司留存这宗红利，对于股东还有更大的利益，去年我们复股五十万元，资本由三百万增至三百五十万元，今年又复股五十万元，资本由三百五十万增至四百万元，我们因此怀着奢望，预期明年能恢复至四百五十万元，后年能恢复至五百万元，使我们复兴工作可以告一段落，并为国家争体面，这不但是本公司股东和办事人应该高兴的事，凡是中国国民都应该高兴的（众鼓掌），可是虽然本公司股东以及社会人士，都希望本馆早一些恢复原状，但如不将本届红利保留作为甲种特别公积，备充复股之用，则事实上此种希望无实现之可能，至少明年要复股五十万元是绝对的不能达到，查过去两年复股共一百万元，其中清理旧厂所得有五十二万余元，但是旧厂的资产不是可以永久清理不尽的，现在已经将要清理完结，今年最多不过能再收入一二万元，这个来源已经竭尽，廿三年份积存甲种特别公积总数为五十六万余元，本届复股五十万元，只余下六万余元，本年旧厂收入假定为二万元，又假设廿四年度盈余能与廿三年度相等，再提甲种特别公积二十二万元，共计不过三十万元左右，所以最快也须每两年复股一次，换句话说，至少还要经过四年或可恢复至五百万元，这未免太缓，我们想要开快车，把四年缩短为二年，因此我们提议诸位股东把廿三年的红利六厘保留下来，那么明年除有特殊的情形外，希望可以再复股五十万元，因为除上述三十万元外又加二十二万元共计有五十二万元，复股五十万元自无问题，假使明年再照这样一次，后年就可完全恢复到五百万元的资本了，以上是本提案的原意。

总之，我们一方面为谋营业的发展，便想多运用一点资金，且为避免借用款项的困难起见，不能不多保留一点力量，同时明年本无复股希望的，也因保留红利而能复股了，所以这种办法实在是于股东极有利益的，不过股东中或者有以为本届的盈余较好，反而少分红利，似不甚对，但是我们如为久远着想，的确不应将本届红利分派。使得公司今年可以多做生意，多得盈余，万一时势不好，在消极方面也可以得一点保障，又股份可从每股八十元提早一年升到九十元，凡此种种，为股东打算，确很有利。所以现在我们要请诸位股东将这廿三年的红利计洋二十二万元借给公司。期使不易完全恢复的股本，可以缩短在二三年时期当中恢复。（众鼓掌）

主席云，诸位对于本案如有意见，请发言。

少顷无发言者。

主席又云，董事会提出本案自然是希望股东通过，但是这件事关系股东本身的利益，所以无论赞成的或反对都请发言。

温钦甫君，赞成本案所提办法。周泽东君，附议。

主席云，现在将董事会的议案付表决，凡赞成董事会提案者请起立。

多数起立，通过。

主席云，关于去年公司为难的情形，以及公司业务的成绩，王云五先生已经报告得很详尽，王先生说去年公司的生产并非增进为难，而在统制为难，一方面推广营业，一方面促进中国文化，其工作确极艰巨，赖全体同人共同努力，竟获有优良的结果，本席现特代表全体股东敬向总经理王先生和李夏两位经理道谢，并向总管理处各部分上海发行所及各支店上海各厂各分支馆各分厂全体同人道谢。

选举

主席请各股东投选举董事票，并请推举四人为检票员，当推定周泽甫李拔可李伯嘉韦传卿四君。

继投选举监察人票。

选举揭晓如左。

当选董事

夏　鹏君	筱芳	二万八千五百五十二权
鲍正帆君	庆林	二万七千八百四十八权
王云五君	岫庐	二万七千一百四十八权
李宣龚君	拔可	二万六千七百零一权
高凤谦君	梦旦	二万五千五百七十七权
高凤池君	翰卿	二万五千一百三十九权
张元济君	菊生	二万四千六百二十三权
丁　榕君	斐章	二万三千八百权

蔡元培君	孑民	二万二千八百八十权
张蟾芬君	蟾芬	二万二千七百九十一权
徐善祥君	凤石	二万二千三百十六权
刘湛恩君	湛恩	二万二千二百三十二权
徐陈冕君	寄庼	二万一千九百四十九权

次多数

王康生君	康生	六千三百四十权
吴瑞元君	瑞元	四千二百七十权
印瑞鑫君	瑞鑫	四千二百三十七权

当选监察人

叶景葵君	揆初	二万一千五百四十九权
陈辉德君	光甫	一万八千六百七十四权
周辛伯君	辛伯	一万七千二百零八权

次多数

邝富灼君	耀西	四千六百零八权
徐维恭君	亦庄	四千二百二十九权
董景安君	景安	四千二百二十九权

五时半散会

同年六月六日上海法租界公益慈善会，捐赠东方图书馆
　　法文名著一千五百余种，已由法京运抵上海，于本日
　　下午五时半，借座环龙路法公董局举行赠受典礼，由
　　法国驻沪总领事博德斯代表主赠，东方图书馆复兴委
　　员会主席张菊生君主受，参加者国民政府行政院汪院
　　长代表褚民谊、上海市吴市长代表洪芰舲，及蔡孑
　　民、李石曾、伯希和等与各国驻沪学术团体代表、公

益慈善会会员、东方图书馆复兴会委员、中外报馆通信社记者等三百余人，由法总领事代表及伯希和张菊生君等次第致词，继由东方图书馆复兴委员会常务委员王云五君报告筹备复兴经过情形，至七时始散，并于七八两日将此项赠书仍在法公董局公开展览，本馆则赠以影印四库全书珍本一部。

附：

上海法租界公益慈善会赠东方图书馆书籍举行赠受典礼演词

（一）法总领事代表演词

本日总领事因事不能出席，非常抱歉，鄙人得代表列席，并代法租界公益慈善会致赠图书于东方图书馆，深引为幸，中法文化之沟通，将因此更得一进境，而两国友谊，亦借此益显其密切，法国人士对于商务印书馆恢复之迅速，及其对于东方图书馆复兴工作之努力，深为钦佩，此次赠书，不过聊示其赞助微意而已。

（二）法国伯希和教授演词

伯氏演词甚长，略谓今天列席盛会的诸位，除东方图书馆复兴委员会委员诸君，及主席张菊生，常委王云五，蔡孑民，并有褚民谊，李石曾诸位。蔡褚李诸公，都是致力于中西文化沟通工作最有力的分子，尤其在中法文化合作上树立许多事业，而李先生就是中法文化协会的创办人，张菊生先生是中国著名的学者，他对于商务印书馆关系很深，他能应用新的企业组织的方法，使商务印书馆得有今日的光荣历史，至于王云五先生他也是一个学者，并于中文检字方法有所发明，而兼为事业家，商务印书馆能在被毁后很迅速的复兴起来，自然要归功于王先生，我今天能厕身在这许多学者之间，已深荣幸，尤其引为光荣者，此次赠书的选择，鄙人能参与其事，各书科目齐备，都为基本名著，或能于中法学术方面之沟通有所贡献，中国民族有悠久的历史，在世界文化颇占重要位置，近来各方进步甚速，前途光大，法人向为中国的好友，敬致祝忱。

（三）东方图书馆复兴委员会主席张菊生君致词

博德斯总领事先生，暨诸位来宾，今天东方图书馆承法国公益慈善会捐赠名贵书籍一千余种，并承法国驻上海总领事博德斯先生代表致词，不佞谨以东方图书馆复兴委员主席资格，代表接受，并谨致感佩之意。我们大家想都知道，中西文化的开始沟通虽然很早，但到十七世纪以来才比较有系统的交换，在这中西文化沟通的过程中，虽然有各国学者做我们的中介，但我们可以断言此种工作要以法国耶苏会的学者和现代法国的汉学家为最有功，这许多法国学者一面把西洋的科学和基督教传到中国，同时亦把中国人的政治哲学，人伦道德，农民技术，和美术工艺等传入欧洲，因此十八世纪以来，欧洲的思想和艺术都受过中国文化的影响。法国洛可可（Rococo）派的艺术家，服尔德（Voltaire）和百科全书一派的政治思想家，普克斯内（Pucsnay）一派的经济思想家就都是中西文化融和之后的产物，现代法国深通中国文化的学者很多，其最著者加沙畹（Cha-vannes）和伯希和（Pelliot）诸先生，尤值得我们敬佩，沙畹先生在二十余年前鄙人游历欧洲时，曾往奉访畅谈，伯希和先生则今日列席给我们很有价值的演讲，尤其是十二分的荣幸，我以沟通中西文化要以法国人为最努力，使得中西文化互相发生影响亦要以法国人为最有功，今天法国公益慈善会捐赠书籍给东方图书馆，极足表示法国国民对于中西文化的交换继续不断的努力，不佞觉得不但东方图书馆复兴委员会应该感佩我们法国的朋友，就是我们中国人似乎亦应该感佩近代法国学者努力宣扬中国的文化，我们今天为表示我们的谢意起见，特谨回赠商务印书馆最近出版的四库全书珍本一部，作为中法文化继续交换的一个纪念，鄙人谨代表东方图书馆复兴委员会谢谢此次慨捐大宗名贵图书的法国公益慈善会，和年来为东方图书馆致力极多使此次赠书得以实现的东方图书馆复兴委员会委员法国李荣先生，以及主持赠与仪式之博德斯总领事先生，同时并谢谢全体来宾。

（四）汪院长代表褚民谊君演词

我国东方图书馆虽为民间私立，然所收图籍最为美备；在我国东南各省公私藏书之所固未有能及之者，一旦横遭浩劫，实为我国文化上莫大之损失，今该馆重加搜集，虽未能即复旧观，然因各方面之赞助，仍不失为上海贮藏图书馆之宝库，最近承法国公益慈善会捐赠书籍一千余种，于本日举行赠受典礼，并公开展览，本人承行政院汪院长之命，代表参加，于拜领我友邦人士盛意之余，益增感慨，惟念在欧战之际，比国鲁文地方有一大图书馆罹于兵火，后经修复各国皆竞赠图书，不数载仍蔚然成为大观，诚以文化为推进人类之工具，而图书又实为文化所寄托，各文明国家无不重视之故。关于此类事业，多愿出为赞助，我东方图书馆今日接受我友邦人士盛意，顿增无数文明国家专门学者之著作，我人知其他友邦人士必更有抱同一之感情，而继起赞助者，此由我人征诸鲁文图书馆之往事而可予以确信者也，故本人当陈谢法国公益慈善会之际，并述其感想如此。

（五）吴市长代表洪芠舲君致词

敝人今天承东方图书馆复兴委员会之约，同时代表吴市长参加这次盛大的典礼，现在代表吴市长说两句话，东方图书馆未毁灭之前，使我们上海市很可以自负的，在毁灭之后，最短期间经复兴委员会诸先生的努力恢复，现在又有法国公益慈善会赠送一千余部书，此书并由汉学有研究的伯希和先生的选择，东方图书馆得了这样很有价值的赠予，于上海学术财富上添了许多，并且这件事很可以注意的，即是中法两国许多友好的人士，足以沟通两方的文化，今天此举不仅是表示文化上努力的沟通意思，还有很深切的感情的表现，现在代表吴市长向赠予方面友邦好友致谢，另一方面对于东方图书馆诸位先生努力复兴的精神，表示感佩。

（六）李石曾君致词

今天由北平回来，匆匆的来参加这个盛会，事先没有预备讲话，主席临时要兄弟讲话，只好把兄弟对于这次盛会与平时所得感想，稍为说一说。（一）今天的会，虽是局部的，就表面上说，意义似不甚广，东方图书馆的复兴，就表面上看，也可以说是局部的建设，法国送给东方图书馆的书，只限于上海方面，亦属局部，但是兄弟的感想决不只以局部为限。人类与生物有两个现象，一斗争，二互助，如比国鲁文地方图书馆与东方图书馆的被毁坏，是人类因斗争而牺牲的不幸现象，而它的恢复得很快，却又表示人类最好合作互助现象，所以今天的盛会，并不能认为就是局部的合作与互助，而是综合人类全体合作互助很大的表现。（二）张菊生先生说，法国对于东方学术有最大的努力，最大的贡献，并举出几件事来证明，觉得张先生说话，很公道，我们曾在法国求学的，也知道法国颇多东方学者，对东方文化重视研究，但是说来总因为我们曾居法国仿佛为习染所致，戴着颜色眼镜似的未可全信，张先生的话，使得我们非常快慰。（三）中国与欧西的文化沟通，法国有同样的伟大贡献，伯希和先生是一位很专门的汉学家，他代表法国协会同时又代表威尔顿公使来参加，他说话的时候，有一点没有讲，兄弟稍为补充一下，就是在巴黎的中国学院，是班乐卫创办，并有伯希和先生的帮助，才组织成功。不幸班先生去世，好在还有伯希和先生与其他的好多位继续班先生努力，更求发展，班先生不仅是做中法文化沟通的工作，并且是世界文化合作的工作，大家知道在国联范围之内，有一个世界文化合作法院，法国的努力最多。鉴于班乐卫先生在过去学术方面，有这样大的努力，觉得今天的表现，不仅是局部的一两个机关的事，同时是全世界全人类的合作表现，法国用很大的努力，促成世界学术合作，其他种种的合作，如果没有局部的组织，这大的理想是不容易实现的，如东方图书馆，法国协会，是局部的，但是推广力很大，一个大的理想，是由于每一个局部演进而成，今天法国人士赠书于东方图书馆也有这个意义。

（七）本馆总经理王云五君报告

博德斯总领事及诸位来宾，今日列席诸君，对于东方图书馆的复兴，多曾直接或间接予以赞助，当然也想知道东方图书馆的过去现在和将来，云五谨以前东方图书馆馆长和现在东方图书馆复兴委员会常务委员之资格，对这种种事实和期望，作简单的报告。过去的东方图书馆，就是一二八被毁的东方图书馆，系张菊生先生于三十年前主持商务印书馆编译所时所创设，原名涵芬楼，初时所收藏者以国学书籍及其稿本孤本为主，十余年前，云五继任张先生的职务，对于外国文的书籍也积极搜罗，至民国十五年经商务印书馆董事会议决改组为东方图书馆，将历年收集中外文字的图书公开于读书界，供其阅览，自公开以后，经常费和添购书籍费，每年约六七万元，全部仍由商务印书馆担负，至民国二十一年一二八事变以前，所藏中外文字的图书，多至五十万册，其中外国文字的图书约八万册，法国文字的图书也有万余册，又其中除中文善本外，外国文的孤本及全份的学术杂志也很多，如此宝贵的藏书，竟全部被毁于一旦，真是文化上的大损失，也就是中外热心人士乐观其复兴的原因，现在的东方图书馆，系从东方图书馆复兴委员会成立以至目前的局面，商务印书馆本其过去三十年间创设和维持东方图书馆的精神，于其遭劫复业后不满一年，就是在民国二十二年春间，议决每年如有盈余，即于照章所拨的公益金内，提出三分之一，专充复兴东方图书馆之用，第一年计得四万余元，第二年得五万余元，第三年得七万余元，另由张菊生先生个人捐一万元，现在东方图书馆已有复兴基金约十九万元，每年由商务印书馆新拨的基金，多则七八万元，少亦四五万元，至于书籍一项，一方面由商务印书馆另行拨款，依照从前东方图书馆尚未成立时的办法，为其编译机关收购参考图书，截至现在，已经购得中外图书十二万余册，其中中国各时代的丛书，尤占多数，这些图书将来都是供东方图书馆利用的，因为有了这种丰富的藏书，便可以进一步从事于推广事业，最近由商务印书馆编印大规模的丛书集成，以贡献于国内外各图书馆和藏书家，这无异把一个图书馆之所藏，公之于全国，甚至全世界的图书馆了，他方面则由于东方图书馆复兴委员会及国内外各地赞助委员会的努力，与中外人士的热心，先后已收到捐赠的中外文字图书约两万册，此次又承上海法租界公益慈善会的热心赞助，购赠法国名贵的图书一千余种，这是我们所极端感谢的，关于此次慷慨的捐助，我们除感谢上海法租界公益慈善会外，还要归功于东方图书馆复兴委员会法国委员李荣（L. Lion）先生，同时法国伯希和教授（Prof. Pelliot）对于此次购赠书籍的选择，与法国驻上海总领事博德斯（M. Baudez）先生和法租界公董局对于此项义举的赞成，也是极可感谢的，未来的东方图书馆，一方面由于各处捐赠和商务印书馆拨款收购的图书日有增加，而且增加极速，他方面由于现有基金将及二十万元，每年还有数万元的新收入，所以在不久的将来，或不难有一个较前更伟大的东方图书馆出现于上海，但是这个期望的实现，除东方图书馆复兴委员会和商务印书馆两方面应继续努力外，还须仰仗今日列席诸君和国内外热心人士的赞成，而上海法租界公益慈善会此次捐赠东方图书馆的大量名贵图书，对于这个期望的实现，具有很大的力量，是我们永远不能忘记的。

同年六月陈立夫张道藩罗家伦段锡朋等建议中央设国立戏剧学校业经奉准并指定张道藩为筹备主任，是年十月在南京正式成立。

同年六月廿八日教育部公布职业学校法。

同年十一月，商务印书馆编译印之化学工业大全出版。是书都十五巨册，字数不下六百万言。余为之序如次。

译印化学工业大全序

吾人处兹物质文明发达之世，得由自然而统制自然，由文化而产生文化，不仅穴居野处之原始人类未尝梦见，即抱残守阙之辈，亦莫测高深。其所以臻此者，全恃种种之基本工业，而基本工业又无一不出自化学之应用。试就浅而易见者言之。一切工业之基本，莫过于硫酸，致有"民族文明之程度，可由硫酸产量计量之"之语。次为钢铁，即在上古时代，已为不可缺少之原料，其对于战争之效用尤为重要。更次则为硷类，举凡肥皂、玻璃、造纸、纺织，以及火药爆炸物等，莫不利赖之。是皆就基本工业而言者也。此外对于衣服方面之人造丝、人造蓝、毛织品、漂染术；对于食粮方面之淀粉、油脂、酿造、肥料；对于居住方面之水泥、砖瓦、玻璃、油漆；对于行动方面之汽油、沥青、橡胶、皮革，亦无一不属于化学工业。更有普及文化之油墨纸张，辅助卫生之药品消毒品，增进美感之香料化装品，满足嗜好之茶酒咖啡，用壮观瞻之电镀粉刷，供给光热之火柴燃料，发生动力之轻油重油，在在均为日常生活所必需；而尤为重要者，则有战时之火药爆炸物及种种毒气，胜败之数，胥取决于是。凡此种种，又无一不属于化学工业范围之内也。总之，当生死存亡之关头，固须巩固国防，即在安常处顺之生活，亦当谋所以自立。欲达此目的，舍振兴化学工业而外，实无他途。

其次，请言化学工业之内容，通常分之为无机化学工业与有机化学工业两大类，每一类中又有种种区分。今将其特别重要者列举如次：

甲、无机化学工业

无机酸工业：硫酸、硝酸、盐酸、亚硫酸液、碳酸液、固体二氧化碳、磷酸、硼酸等。

硷工业：碳酸钠、碳酸氢钠、碳酸钾、碳酸氢钾、氢氧化钠、氢氧化钾、氢氧化铵、漂白粉等。

无机药品工业：食盐、氯及氯化物、碘及碘化物、溴及溴化物、硫酸盐、硝酸盐、氟化物、磷酸盐、碳酸盐、亚硫酸盐、氰化物、硼酸盐、水玻璃、高锰酸盐、铬酸盐、重酸盐、金属钠等。

压缩气体工业：氢、氧、二氧化碳、二氧化硫、氯、有机物中之丙烷、飞艇气体燃料等。

颜料工业：锌华、铅白、锌钡白、白垩、硫酸钡、铅丹、氧化铁红、锑红、群青、钴青、铬橙、煤烟及其他沉淀色质等。

粘土工业：陶瓷器、瓦器、砖瓦、土管、水泥等。

玻璃工业：窗玻璃、厚玻璃、镜玻璃、色玻璃、光学玻璃、玻璃器具等。

火柴工业：火柴制造。

冶金及合金工业：炼金、银、铜、铁、锡、铅、汞、锌、铝、镉、铋、锑、镁，及制黄铜、青铜、钢及特殊钢、磁性合金及其他种种合金等。

热工业：碳化物、石灰氮、人造石墨、碳化矽、铁化金、人造宝石、磷、铝、二硫化碳等。

电解工业：电解钢、电解铁、氢氧化钠、氢氧化钾、氯、氢、氧、氯酸钾、过氯酸钾、电镀金等。

乙、有机化学工业

煤气及副产物精制工业：煤气、水煤气、硫酸铵、煤焦油、苯、甲苯、二甲苯、萘、蒽、石炭酸、木馏油、木材防腐剂、沥青等。

焦煤及副产物精制工业：焦煤、硫酸铵、煤焦油及其他制品。

染料工业：中间物、茜素、靛蓝及各种煤焦油染料。

染色工业：各种纤维及织物之精练，漂白，及印花染色等。

干馏木材工业：木炭、木醋、木焦油、松节油等。

石油工业：汽油，石油、灯油、轻油、重油、润滑油、绝缘油、石蜡、矿脂、石油乳剂、石油土沥青等。

提炼油脂工业：亚麻仁油、桐油、荏油、麻子油、大豆油、菜油、胡麻油、棉子油、椿油、茶油、橄榄油、花生油、蓖麻子油、椰子油、牛脂、猪脂、牛酪、鱼油、鲸油、蛹油、蜜蜡、鲸蜡、虫蜡等。

分解油脂工业：蜡脂、油脂、甘油等。

硬油化工业：硬化油、硬化蜡等。

肥皂工业：化妆肥皂、工业用肥皂、洗濯用肥皂、药皂、钾皂、树脂皂等。

蜡烛工业：各种蜡烛制造。

食用油脂工业：种种食用油脂及奶油等。

地板布及油布工业：各种地板布及油布等。

人造革工业：人造皮革。

涂料工业：各种油漆、假漆、干燥剂等。

采漆及漆器工业：采制生熟漆及各种漆器等。

橡皮工业：车胎、橡皮鞋、橡皮球、防水布及硬橡皮制品等。

香料工业：各种天然香料及人造香料。

纸浆及制纸工业：碎木纸浆、化学纸浆、印刷纸、书写纸、滤纸、吸水纸、彩色纸、厚纸板等。

赛璐珞工业：赛璐珞、赛璐珞加工品、赛璐珞假漆等。

人造丝工业：胶液漆、铜铵丝，硝化棉丝、醋酸纤维素丝等。

制糖工业：蔗糖、甜菜糖、麦芽糖，葡萄糖、果糖等。

淀粉工业：各种淀粉、糊精、可溶性淀粉、葡萄糖等。

酿造工业：酒、啤酒、葡萄酒，及酱油、醋、酒精、酵母等。

爆炸药及毒气工业：火药、炸药、发射药、火柴类、烟火、毒气等。

制革及制胶工业：各种制革、革之染色，及加工制胶等。

有机化学药品工业：酸、三氯甲烷、甲醇、甲醛、四氯化碳、草酸、柠檬酸、酒石酸、合成酸、水杨酸等。

蛋白质工业：各种蛋白质制品。

化学工业范围之广大，由上所举重要项目，已可见其一斑。若再追溯其所需要之原料，更觉其浩博无垠。动植矿三界中之天然产物以迄空气与水，固为原料之大宗：即农工业之半制品副产物及废料，亦莫不可供利用。例如废糖蜜及亚硫酸废纸浆可制酒精，废甘蔗皮可制建筑材料，废肥皂水可制甘油，黑煤焦油可制香料、染料、药品及爆炸物等。真有"牛溲马勃，兼收并蓄，待用无遗"之概。

我国百业落后，每年入超之多，世界各国得未曾有，补救之方，惟有振兴本国实业。但提倡国货之声浪虽高涨，实际情形转每况而愈下。其原因除由于关税壁垒崩溃外，出品之不良，实有重大关系。欲改进国货之品质，则于学理与技术，必双方并进，始有希望，环顾国内关于此一方面之参考书籍，廖若晨星。余有鉴于此，亟思利用本馆之力，有所贡献，除近年已印行大学程度及中等程度者各若干种外，复谋为更有系统之出版。今夏得读日本新光社继续出版而尚未完成之最新化学工业大全，全书十有五册，字数约六百万，内容新颖，材料丰富；学理实际，同时并重。举凡世界各国最近发明之制造方法，无不具备；而其计划与范围，亦较欧美同类出版物更适用于今日之我国。乃决计分约国内各科专家，从事汉译，除以信达之笔忠实介绍原作外，间有材料不适于我国者，并酌为更易。所有译名，皆按教育部规定标准。译稿全部并由周昌寿谭勤馀二君整理，以期体例一致，稿成付印，更名为最新化学工业大全，记其实也。计自开始汉译，甫半载，已出一册，其余各册亦按月发行；是则任译事者与制板印刷诸方面合作之效，使日新月异之科学产品，得不成为明日黄花，而早日与国人相见也。

中华民国二十四年十一月一日　王云五

同年，中央教育经费为四九 一三三 五九九元，占中央预算百分之四·八〇。

同年全国公私立小学校数二九一 四五二所，其中私立小学校占四五 二四八所，占百分之一五·五。

同年全国公私立小学生数一五 一一〇 一九八人，其中私立小学生数二 六五八 七一四人，占百分之一七·六。

同年，全国专上毕业生八 六七三人。

民国二十五年（公元一九三六年，丙子）二月八日商务印书馆因试办总分馆会计盈亏有成效，特改定分馆章程如次：

第一章　总则

第一条　本公司总管理处所在地以外设立之发行机关为分馆，分馆之设立或裁撤，由总管理处提议于董事会决定之。

第二条　分馆名称定为商务印书馆○○（地名）分馆。

第三条　分馆依照总管理处暂行章程之规定，由营业部管辖之，分馆与总馆通常接洽事务，由营业部分庄科处理之。

第四条　分馆之营业区域，由营业部规定之。

分馆在其营业区域内为本公司营业代表，其经总管理处特别委托时并得代表公司进行其他事务。

第五条　分馆在其营业区域内，有设立分店之必要时，得由分馆经理拟具意见，经总管理处核准后行之。前项分店地址，与分馆所在地不在同一市区或同一商埠者，或称为支馆其与分馆所在地同在一市区或同一商埠者称为支店，其在避暑处所或有特种需要设立之临时支店，称为暑期支店或临时支店。

第六条　支店受分馆之管辖，遇有重大事件，及照章应向总管理处或营业部接洽之事项，应先向该管分馆经理商定办法，由该分馆经理加具意见声请总管理处或营业部核定之，但遇有必要时，得由支店直接向总管理处或营业部声请或报告，同时并应报告该管分馆经理。

本章程除另有规定外，对于支馆均适用之。

第七条　分馆经理于春秋销前应赴所属支馆视察，或邀支馆主任到分馆商洽推销事宜。

第八条　支店为分馆营业组之一部分，不得放帐，所有一切事务均秉承分馆办理。

第九条　分馆与外间订立任何契约，应拟就草稿经总管理处核定后再行签订，其遇有紧要须立刻签订草约，并在草约内注明"本草约须经总馆核定后，始可正式签定；如总馆有修改之处，应依照修改条文修正"等字样。

第十条　分馆遇有对外诉讼事件，应详述事由，函陈总管理处，经核准后，始得为之，但分馆为被告时，除期间较长应先请总管理处指导外，务于依法应付之后，即详叙事由，报告总管理处。

第十一条　分馆向官厅呈文，应于总管理处核准后为之，但遇有紧要不及待总管理处核准者，得先行办理，一面详叙事由报告总管理处。

第十二条　分馆不得自行购买房地产，或建筑房屋及认购外业股券，如受总管理处之委托，或经总管理处之核准办理者应按委托及核准范围办理之。

第十三条　分馆应就馆内应行办理或遵守之事项，订定规则报告于总管理处。

总管理处对于分馆所订规则，如认为不适宜，得随时修正之。

第十四条　分馆收到信件，均应送由经理或其委托之人签收拆阅，其发出信件，均应由经理签字或盖章。

第十五条　分馆图章戳记由总馆刊发，由经理或其委托之人保管之。

第十六条　分馆各种帐簿单据及与营业有关系之字据信件至少应保存十年。

第十七条　分馆自用文具等货物，均应开单由经理或其委托之人签字后取用付帐。

第二章　组织与职员

第十八条　分馆设经理一人，主持分馆事务。

分馆得于必要时，设副经理一人或二人，协助经理处理分馆一切事务。

分馆设会计主任一人，掌管一切帐务及银钱出纳之事，并协助经理处理分馆事务，其他职员人数视需要定之。

第十九条　支馆设主任一人，主持支馆一切事务，设司帐一人，掌管一切帐务及银钱出纳之事，并协助主任处理支馆事务，其他职员人数视需要定之。

第二十条　分馆设左列三组。

（甲）会计组　掌帐务出纳（包括收银柜）催帐轧销等事。

（乙）营业组　掌门市柜及批发函购货栈等事。

（丙）事务组　掌文书、收发、庶务、交际、运输、稽查等事。

第二十一条　会计组由会计主任主管之，营业事务两组得各设主任一人，并得由经理副经理兼任之。

第二十二条　各组之下，得分设若干课，由各分馆按各该分馆之需要与事务之繁简斟酌设立之，其营业组中属于内部分者，称为课，属于门市者称为柜。

会计组及事务组在事务较简之分馆不分课。

第二十三条　各课各柜得各设主任一人，但会计组中设立出纳课者，该课主任应由会计主任兼任之。各课各柜主任得由各组主任兼任之。

第二十四条　分馆经理副经理会计主任及支馆主任司帐之进退移调，由本公司总经理核定之，其他职员之进用，由分馆经理考核后，依规定手续寄交营业部核转人事科，俟总经理核准后，再行进用，其他职员之退职，由分馆经理决定后分别报告营业部，主计部，人事科。总馆聘任之分馆职员及支馆主任司帐，如遇有重大舞弊情事，分馆经理得先行停止其职务，报告总管理处核办。

第二十五条　分支馆所有职员，均应依照同人保证规则觅具保证。

第二十六条　分馆经理如需增加职员薪水时，应拟具数目，开列考勤表，寄经总管理处核准后再行发表。

第二十七条　分馆经理支馆主任对于全体职员，无论为总馆所派或分馆进用，均应负督察之责。

第二十八条　总馆于必要时，得向分馆调用人员。总馆于必要时，或经分馆经理之申请，得调派总馆职员至分馆任职，前项调派职员，由分馆调总馆者，自到总馆任职时起照总馆职员待遇，由总馆调分馆者，自到分馆任职时起，照分馆职员待遇。

第二十九条　分馆得于营业部核准后，派遣职员至总馆练习，期满仍调回分馆任职。前项派遣职员，在总馆学习期内，仍照分馆职员待遇。

第三十条　分馆间职员得于双方经理同意报经营业部核转人事科，俟总经理核准，互相更调。

第三十一条　分馆经理副经理会计主任如须请假时，应于事前陈明事由，经营业部核准后，始得离职，其他职员之请假，应先经经理之核准。

分馆经理请假时，由副经理代理之，副经理不止一人时，由年资较深者代理之，无副经理时，由会计主任代理之，支馆主任请假时，由司帐代理之。

第三十二条　分馆经理遇交替时，不得在继任人未到馆前离职，并应于继任人到馆后，从速将左列事项交代清楚。

一、现存货物数目。

二、所存现款及票据数目。

三、对内对外应用图章戳记。

四、章程规则通告契约帐簿单册银钱摺据及其他文件图表。

五、生财装修及押租收据。

六、同行及其他客户欠款数目。

七、客户保单。

八、其他经手已了未了及拟办之事项。

第三十三条　分馆经理交替结束后，原任经理应会同继任人，及总馆所派监同交替人立具交替报告书，并造具交替清册，寄交总管理处，交替报告书之方式另定之。

第三十四条　第三十二、三十三两条之规定，分馆副经理会计主任及支馆主任司帐之交替适用之。

第三章　货物

第三十五条　分馆备销货物以左列种类为限。

一、本版图书。

二，本馆其他出品。

三、外国文图书。

四、中西文具。

五、理化器械及药品。

六、体育用品。

七、其他教育用品。

第三十六条　分馆备销货物或由总馆径行派发，或由分馆开单向总馆添配。

第三十七条　分馆对于春秋两季开学应用之各种教科书，应预先开单添配，如届相当时期，分馆预添单尚未寄到者，营业部分庄科得代为约计径行配发。

第三十八条　分馆添配货物数量，如总馆认为不适当时，得酌量增减之。

第三十九条　分馆应就左列范围备货。

一、本版图书，应按照分馆常备本版图书规则，充分备存。

二、文具仪器应按照总馆规定之配货标准办理。

三、外国文图书及其他经售货品，除经营业部特准外，均以有定购者，再行添配为原则。

第四十条　总馆所发分馆货物，均记各该分馆之帐，其记帐价格另以通告定之。

第四十一条　分馆备销之货物，以向总馆配取为原则，如当地出品比较便宜者，得由经理将价格用品，销数填具直接进货声请书，寄请营业部核准后，始得径自配购。

第四十二条　分馆得悉外埠有价格较低之货物时，应将详细情形报告营业部分庄科并得申请营业部分庄科代为配购。

第四十三条　分馆存货，应指定专员负保管及轧销之责，存贷轧销规则另定之。

第四十四条　分馆存货除应用安全设备外，并应由经理酌量存数，依照投保火险规则，声请总馆代为保险。

第四十五条　分馆存货，应由经理随时稽查，至少每月一次，并将稽查结果报告营业部主计部及审核部。

第四十六条　分馆应于每年年终盘查存货，并造具盘货簿寄交主计部审核。

第四十七条　分馆存货，得由营业部酌量情形，提划一部分归总馆或他分馆销售。

第四十八条　分馆对于本版书，如遇有超过常备本版图书规则规定之标准或虽未超过标准而积存在一年以上确无销路者，应开单声请营业部核定办法处理之。

第四十九条　总馆寄运分馆货物，如确系在中途遗失短缺损坏者，其损坏由总馆认付。

分馆退回总馆或划寄他分馆货物，如确系在中途遗失短缺损坏者，其损失由该寄发之分馆认付。

第五十条　总馆所发分馆货物之装箱寄运等费，均记各该分馆之帐，但确系在中途遗失短缺损坏者，寄运等费由总馆认付。

退货寄运费由分馆自认，如系总馆提用者，由总馆认付，指划他分馆者由受划之分馆认付，在退货或划货途中如遇有遗失短缺损坏者，由寄发之分馆认付。

第四章　营业

第五十一条　分馆营业时间，由经理就该地情形酌定报告营业部。

第五十二条　除经总馆特准外，分馆营业以本章程第三十五条所定货物之销售为限。

第五十三条　纸张印刷材料铅字外版图书等，须经顾客交款定购，分馆始得代办。

第五十四条　分馆代人寄售图书或其他货物，须报经总管理处核准后，方可寄售。

第五十五条　分馆本版图书之售价，以按照总馆规定门市售价为原则，但得酌加邮运费，如因当地情形有应加价或减价之必要时，得声请营业部核准后办理之，其他货品之售价，应报告营业部备案。

第五十六条　分馆应在规定区域内营业，不得侵及邻近分馆区域，至区域外之营业，除现款营业外，均介绍于客户所在地之分馆，如遇客户不愿与其所在地分馆往来者，商经其所在地分馆认可后，亦可与之往来，但一切待遇不得超过该客户所在地分馆之办法。

第五十七条　分馆对于同行经售本馆图书之待遇，应照总馆规定简章及通告办理。

第五十八条　分馆与同行或其他客户记帐往来，均须立具保单，保单之方式另定之。

新订之记帐往来，应由营业组主任开具"客帐立户声请单"，详列户名，地址，往来限度，保人，保额，回佣办法等项，由经理签字核准后，再行立户，一面将该单副页寄交营业部核阅后，转送主计部。

第五十九条　分馆所有本外埠客帐每月终应由会计组开具"往来清单，径寄各客户，不得交收帐员带往面递"。

第六十条　分馆对于所在地同行之配货，以不妨碍本分馆门市营业为限。

第六十一条　分馆应于六月九月及十二月底将同行交易数目，结欠帐款，给与回佣，及津贴数目，造具放帐检查报告，寄交营业部核阅后转送主计部查核。

第六十二条　无论同行或顾客特定之货，均应先收定洋。

第六十三条　举办纪念赠送货品及其他廉价办法，由总管理处或营业部决定后通知施行，或由分馆提议经营业部核准后施行。

第六十四条　分馆与同行订立特约者应于事前详叙理由，拟具合同草稿，声请总管理处准后签订之。

第五章　银钱

第六十五条　分馆库存现款由总管理处规定限额，如超过限额时，应悉数充存总管理处指定之银行汇寄总馆，汇划款项规则另定之。

第六十六条　分馆结存现款应由经理部预定期日，每月检点两次，并填具查库报告书，寄交审核部审核。

分馆门市收入现款，应逐日全数交与会计主任点收。

第六十七条　分馆支付款项，非经经理核准并在凭单上签名盖章不得为之。

第六十八条　分馆不得收受任何存款，其代总馆所收款项，均应立即转汇总馆。

第六十九条　分馆代外人划款，以与公司有特别关系者为限。

第七十条　分馆不得出贷款项。

第七十一条　分馆同人不得宕欠款项。

第七十二条　分馆关于银钱之出入，应由经理与会计主任连带负其责任。

第六章　帐务

第七十三条　分馆所用关于帐务之簿摺单据，由主计部规定式样印制之。

第七十四条　分馆帐务程序，由主计部另定之。

第七十五条　分馆帐簿单据之副页及有关系之附件，并各项表册，应依照规定日期，寄交主计部稽核。

第七十六条　分馆帐务由经理随时查阅，并应注意左列事项。

一、有无不应支付之款。

二、有无糜费之开支。

三、有无应催收之帐款。

四、有无积压之帐务。

五、有无错误或虚伪之记载。

六、其他重要事项。

第七十七条　分馆修理房屋（无论自置或租赁）添置生财或其他装修需费在二百元以上者应由经理于事前报告总管理处核准后，始得支付，概由分馆自认，但如遇紧急不及待总管理处核准者，得先行办理，一面详叙事由报告总管理处。

第七十八条　公司自置之分馆房屋，如须加造或改建者，应先详报总管理处核准后，始得照办。

前项加造或改建用费归总馆认付。

第七十九条　分馆会计主任对于不合章程或通告之付款，应拒却支付。

第八十条　分馆每年年终结帐办法，另定之。

第七章　报告及建议

第八十一条　分馆各种定期报告，应依照总馆各主管部分通告规定日期填报，不得延搁。

第八十二条　分馆对于左列事项，应随时向总馆各主管部分报告。

一、当地学校图书馆及其他与出版事业有重要关系各机关之最近状况。

二、与出版事业有重要关系之报纸记载个人言论及团体会议等。

三、对于本馆出版物之批评。

四、伪造本馆商标，商号，翻印贩卖本馆图书及其他妨害本馆法益之情事。

五、同业营业状况。

六、当地新出版图书之名称编辑人发行人及其他相关之事项。

七、分馆及其所辖支馆特约所之营业状况。

八、馆内职员之办事情形及其他关于职员之重要事项。

九、总馆委托调查或代办之事项。

十、其他与本馆营业有关系之事项。

第八十三条　分馆对于本馆营业之推广及其他方面之进展，应就其所见向总管理处建议。

第八章　附则

第八十四条　本章程由总管理处订定施行，修改时亦同。

第八十五条　本章程未尽事宜，由总管理处随时以通告或其他方式补充之。

第八十五条　本章程施行后，凡以前各项章程通告与本章程有抵触者均废止之。

同年三月二十九日商务印书馆召开二十四年度股东常会。

兹将会议纪录列左：

中华民国二十五年三月二十九日下午三时，在上海河南路市商会开股东常会。到会股东连代表共计一千三百二十三户，共三万零二百十一股，二万六千九百二十八权。摇铃开会，行礼如仪，张菊生君主席。

书记报告本日到会股东户数股数权数。依照本公司章程可以开会。

主席云。今天开股东常会，董事会已照章将造具文件：（一）营业报告书、（二）资产负债表、（三）财产目录、（四）损益计算书，四项印成书面，报告诸位股东。其有未甚详尽之处，现在请董事兼总经理王云五君补充报告。

董事兼总经理王云五君报告：

诸位股东，关于董事会应行提出的报告，都已有印刷品，现在我只将书面报告未甚详尽，或未论列的地方，稍为补充一下。

（一）本届结帐办法　我首先要说明的是本届结帐办法与历年之不同。诸位当可记得上年开股东常会时我曾经报告过在二十三年度本公司已经有九分馆与总馆并计盈亏。以前历届结帐，本是将总馆和各分馆的盈亏分别计算的。但是根据本公司会计师的意见，和我们自己多年来的经验，觉得这种帐法，对于公司财产的状况，和盈亏的情形，不能正确表示出来。所以从廿三年度起，选择九个分馆试验与总馆并计盈亏，结果并无窒碍。因此从廿四年度起，便将全体分馆的帐目完全与总馆合并计算。这样结出的盈亏是整个的，是总馆与分馆合并在一起的，财产也是整个的，营业也是整个的，所以这次会计师对于帐法的变更很为赞许，特地在报告书内提出两点。我现在把他摘要报告诸位。

一，"本届编制之资产负债表及损益计算书，按之会计理论，固属适当，而于贵公司全体之财政状况及营业情形，亦可正确表示。"

二，"本届因已将总分机关之帐目办理合并决算，故本届决算表内所列各款，较之历届颇多变化之处。"

这是说明本届结帐办法与以前相差很大，而帐法变更之后，其优点：第一是比从前更合理，第二是比从前更确实。试举欠帐一项做例子，从前欠帐分为两种。第一是客户对于总馆的欠帐，这自然是本公司真确的债权。第二种是分馆欠总馆的帐，严格说起来，便不能算是本公司的债权，因为总分馆原是一家，彼此的资本并非独立。从前所以使各分馆分别计算盈亏，不过是想借此考查各分馆经营的状况。实际上只是对于分馆考成的一种办法。现在总分馆既已合并计算盈亏，因此，帐面上的欠帐包含着总馆和各分馆对客户所放的帐。换句话说，便完全是本公司对客户的真实债权。所有从前所谓分馆对总馆的欠帐，一部分转为总馆的存货，又一部分并入客户欠帐，因此，本届资产负债表中，存货及客户欠帐两项，均增加甚多，而欠帐准备一项，因为分馆欠帐取销之故，也就随而大减了。

（二）本届生产情形　在生产方面，最重要的就是出版新书。廿四年度所出新书为历年来最多数，不独在复业后几年当中，就是在本公司创业至今四十年来也是最多。出版新书总数计一六八九种，四三〇四册，总定价一九六六元。与廿三年之一二八三种，二七九三册，总定价一六七一元相较，廿四年计多出四百余种，一千六百余册，总定价约增三百元。廿三年度出版新书，本也是历年来最多的，而廿四年度更超出其上，造成更高的纪录。公司自复业以来，从民国廿一年到现在，出版新书共计三千六百多种。当民国廿年本公司举行三十五周纪念时，统计历来出版的书共约八千种。而复业后四年内，新出版的书已有三千六百余种，可说是很多的了。我们为什么要这样努力于新书的出版呢？一方面是为着文化的关系。我们感觉本国文化落后，要为文化尽力，所以多出新书。一方面也是为着营业的关系。从前书籍的营业是以教科书为大宗。但这几年因为种种关系，教科书的营业渐感困难，故于教科书以外特别致力于一般用书。现在本公司的书籍营业，已经是一般用书比教科书更多了。这几年来本公司营业之能够维持不败，一般用书之出版增多，实有重要关系。

现在再把廿四年度出版各种书籍，分为（一）教科书（二）一般用书（三）预约书三大类。

将其种数、册数和总定价分析如下。

类　　别	种　数	册　　数	总定价（圆）
教 科 书	一〇一	二一〇	一一六・九五
一般用书	七八一	一〇〇五	九一九・一〇
预 约 书	八〇五	三〇八九	九三〇・〇〇

预约书的种数，系将各次预约书中所包括的种数汇集计算。四部丛刊不作为一种。而以四部丛刊中所包括的每一种书为一种。

（三）本届营业情形　本公司廿四年度营业，报告书内已经载明，"营业总数共计一千零三十六万三千二百九十三元七角二分，其中上海发行所三百十九万二千七百零二元五角六分，各分馆分厂计七百十七万零五百九十一元一角六分"。照这样看来，本年度营业数似乎比廿三年度尚有增进，但这是因为本年记帐方法不同，表面虽似超出，实际上如照往年记帐办法，只合九百六十九万七千二百零八元六角四分，比廿三年要减少十万零七千余元。因为本公司书籍的出售大概分为实价、八折、六折几种，但在事实上，售实价的书，往往因为推广营业的关系，不能不酌给折扣，从前记帐时的营业数，均系折实计算。但是廿四年度不复如此，因为总分馆帐目已经并计，督察比以前严密，各分馆都每十天报告营业情形一次，报告不能不有划一的标准，所以分馆报告本版书营业数，一律改照规定售价计算。例如某时期内售出八折书十万元，则存货方面减去八万元，营业方面加入八万元，统计稽核均甚便利，但如售出时，其实际折扣较八折为低，则营业方面，仍照八折记帐，而将差额作为销货折扣。反之有些地方，因为汇水或运费关系，售出书籍时，实际折扣须较八折为高，则营业方面，仍照八折记帐，而将差额作为升水。廿三年度以前计算营业数目，系减去销货折扣，加上销货升水。廿四年度则折扣不予除去。升水也不加入，因为有这种不同，所以廿四年营业数，表面上虽有增加，但实际比廿三年度减少。

　　这是关于营业方面一般的情形，现在把营业概况分析一下。本公司营业，向以本版书籍为大宗，而教科书的营业，又占本版书籍的大多数。廿四年度本版书籍的营业，恰好占总营业数百分之七十五，即四分之三，其余四分之一，则为文具仪器印件及外版图书等的营业。本版书籍的营业数中，中小学教科书占百分之三十五，一般用书和杂志则占到百分之四十，可见现在一般用书的营业，已经超过教科书了。

　　（四）本届存货情形　　本届本版书籍之存货数为三百八十五万七千三百余元。较民国廿三年之二百四十三万九千余元，表面上增加一百四十余万元。廿三年度又比廿二年度一百九十余万元，增加五十三万元。诸位或许疑问为什么存货逐年增加，而且增加这样大。惟一的答案，就是总分馆存货合并计算的缘故。廿三年度已经有九分馆帐目与总馆合并，九分馆的存货也并入总馆存货。所以廿三年度存货数目增加，是因为将九分馆存货包括在内。廿四年度则全体分馆存货都与总馆存货并计，所以增加更多。不过这种增加，只是帐面上的，因为廿二年度以前各分馆的存货，不是与总馆存货并计的。如果也照现在并计起来，则实际上廿四年度的本馆存货，不独没有增加，而且稍为减少。而所减最多的，却为中小学教科书。把廿四年度的中小学教科书存数，和廿三年度比较，仅及其八分之五。其他各种书籍所存的种数虽多，而每种的存数也都无几。关于此点，须特别说明一下。查廿四年度在生产方面出书这样多，营业总数没有增进，照理存书当特别加多，流动资本也要特别短少，但实际上却不如是。因为去年出书种类虽多，而每种初版的印数特少，更因鉴于已往课程标准一有变动，教科书作废的动辄几千万册。所以廿四年度添印教科书的数量特别减少，甚至因此工厂方面，屡有工作停顿的可虞。诸位知道，公司在复业之初，惟恐生产不足，尽量设法增加生产能力。但从廿三年起，却一变而为节制生产的问题，因为营业不易进展，如果不在生产方面节制，存货便要大量增加，流动资本就要短缺，所以廿四年出书的种数虽然增多，而各书印数，尤其是教科书的印数都很少，以便平时资本可以流通，而遇课程标准改动时，教科书的损失，也可以减少。不过理论上虽视简单，但实行起来，便感觉大大的困难。除了因为不能大量生产之故出品的成本须稍增加外，还要顾到工作的停顿。倘使工作停顿，各工厂职工的生活，便要受到影响。去年各厂工作得免停顿，各职工的生活得以维持，实已煞费苦心。然而去年存货不致过多，资本勉敷周转，年终结帐尚能有相当的盈余，大都靠着这种努力。

（五）本届开销情形　廿四年度的管理费为五十三万五千余元，廿三年度为七十一万二千余元，但因其中包括九分馆的费用二十五万余元在内。而这数目照本届结帐方法，应该划归营业费减去后净计四十五万余元。比较之下，廿四年度约增加八万元。其原因，一为职工薪资事实上不能不略增加，一为总分馆并计盈亏管理上不能不更谋精密。营业费方面，廿四年度为一百七十五万余元，较廿三年度之九十七万九千余元，要增加七十七万余元。这可用下列几种原因加以解释。（一）由于九分馆和其他各分馆的费用皆归入营业费项下，（二）由于营业竞争愈烈，回佣折扣及广告费等皆有增加，营业费增加尤多。

（六）本届盈余情形　本届盈余为一百零四万元，较廿三年之一百二十九万六千余元，相差约二十五万元，等于八折。其原因具载于营业报告书中。

一，上年北方数省屡陷于不安状态之中，其他各省不免亦受影响，致实际营业额较上届稍减，而开销即不免按年稍增。

二，同业竞争益烈，营业费增加特多。

三，廿三年度进货特别减少，本届不得不酌量补充，故较上届加增，这一层应稍加说明。查廿三年度的盈余中有二十万元是纸张的利益。就是因为廿二年存的纸张较多，廿三年进货因之减少。按照规定，存料折旧须打七折。少存十万元纸张，就可有三万元的利益。反之，增加存料十万元，也就减少三万元的盈余。廿四年的进货并没有比廿三年大增，但廿三年却比廿二大减，所以廿三年盈余较多。

总之廿四年度盈余之减少，不外由于上述三项。但按照上述三项实际计算减少之盈余，本不止二十五万元。幸而只减少此数，即由于生产节制存书减少的缘故。

补充报告就止于此，诸位如有疑问，请即提出，当再为说明。

主席云：现在请监察人报告。

监察人周辛伯君报告本届结算各项数目，已就各种簿册分别检查，所有资产负债表，损益计算书，及财产目录，均经核对无讹，用特证明。

（一）主席提董事会所造具之各项表册报告，请股东会予以承认案。

主席云：董事会和监察人都已报告过，现在按照公司法第一六八条规定，请诸位股东对于董事会所造具之各项表册报告，予以承认。如有疑问，可请提出。

股东周泽甫君云本席提议由股东会对于董事会及王云五先生的报告加以接受。

众股东无发言者。

主席云：诸位股东对于董事会造具之各项表册报告认为可以承认的，请起立。

起立者多数，通过。

（一）董事会提公积金及盈余利息分派案。

主席云：本案是按照前股东临时会议定的办法，已印就分发诸位，现请书记宣读。

廿四年份本公司净盈余一百零四万六千六百四十元七角二分，照本公司章程第二十五条先提十分之一为公积金，计十万零四千六百六十四元零七分。次提股息常年八厘计三十二万元，每股得六元四角。其余六十二万一千九百七十六元六角五分，平均分为甲乙两部，其分配如左。

甲部之半数计十五万五千四百九十四元一角六分，作为股东红利，每股应得红利三厘，尚余三万五千四百九十四元一角六分，拨入甲种特别公积。

甲部之其他半数计十五万五千四百九十四元一角六分，作为甲种特别公积。

乙部之半数计十五万五千四百九十四元一角六分，作为同人奖励金。

乙部之其他半数计十五万五千四百九十四元一角七分，作为乙种特别公积。

主席云：本案系依照本公司章程之规定，凡赞成者请举手。

举手者多数，通过。

主席云：董事会所提第二议案恐稍有讨论，现请先投选举票，并推举检票员四人。

当推定郁厚培、张秉和、周泽甫、徐百齐四君为检票员。

主席云：现在再讨论议案。

（一）董事提恢复股份为四百五十万元案。

按本公司股份总额原为五百万元，自遭一二八国难后，将股份减为三百万元，经廿三年廿四年两次复股，已恢复至四百万元。查甲种特别公积项下，经上年复股后，尚余六万二千一百七十四元五角九分，上年股东会议决，将廿三年份股东红利留作甲种特别公积，俾早复股。计二十二万一千六百零八元九角八分。又本届清理旧厂收入者，计三万四千七百八十一元五角三分，又本届盈余内应提甲种特别公积计十五万五千四百九十四元一角六分，共计四十七万四千零五十九元二角六分，不足恢复股份。兹将本届股东红利三厘留存不派，并入甲种特别公积，备本次及下次复股之用，谨此提议，敬请公决。

主席云：现在本案再请云五先生稍为补充说明。

王云五君报告 去年股东会因想达到本年可以复股一次之目的，故将红利六厘保留，本届因有此保留之款，故本来不能复股的居然也可以复股。至本届红利，虽只有三厘，如能照去年例保留下来，假使廿五年度的盈余不下于廿四年度，那就明年股东常会时，新加入的甲种特别公积和保留的红利不下三十万元，连同此次提存的数目合计起来，约共四十二三万元，和最后一次复股的数目，相差无几，如果廿五年度稍好一点，更无问题。

主席云：请诸位股东对本案发表意见。

股东陆辅泉君提议赞成本案，朱斐章君附议。

主席云：现在将本案付表决，请赞成者起立。

多数起立，通过。

主席云：去年公司的情形很为难，但仍能有优良的结果，并有红利分派，都是由于全体同人共同努力所致，本席特代表全体股东，敬向总经理王先生，经理李夏两先生和在总分馆分厂的同人道谢。

选举揭晓如左。

当选董事

张元济君	菊生	二万六千八百三十七权
李宣龚君	拔可	二万六千七百二十三权
夏　鹏君	筱芳	二万六千六百一十八权
鲍正帆君	庆林	二万六千五百零九权
王云五君	岫庐	二万六千三百六十三权
高凤谦君	梦旦	二万四千三百零九权
高凤池君	翰卿	二万四千二百八十七权
徐善祥君	凤石	二万四千一百六十权
刘湛恩君	湛恩	二万三千四百五十一权
丁　榕君	斐章	二万二千八百六十九权

蔡元培君	子民	二万二千五百六十一权
张蟾芬君	蟾芬	二万二千五百二十九权
徐陈冕君	寄顾	一万九千二百七十九权

次多数

王康生君	康生	五千八百四十权
杨仰山君	仰山	二千五百九十一权
叶景葵君	揆初	二千一百九十二权

当选监察人

周辛伯君	辛伯	二万一千八百八十七权
陈辉德君	光甫	二万一千一百九十二权
马寅初君	寅初	一万七千一百二十七权

次多数

叶景葵君	揆初	五千三百六十权
邝富灼君	耀西	二千七百四十八权
摇铃散会		主席张元济印

同年三月，中山文化教育馆与余及商务印书馆合订三项合约，就余十年来搜集之大量词典资料，资助编为中山大词典四十巨册，合五千万言，并由该馆与商务印书馆订约，稿成由商务印书馆陆续付印。其详见以后二十七年余编印中山大词典一字长篇之序文。

同年五月二十五日商务印书馆订定分派分馆特刊奖励金比较标准暂行简则。

此为总分馆合并计算盈余，对于各分馆所定之奖励办法。其法如左：

分派分馆特别奖励金比较标准暂行简则

二十五年五月二十五日订

第一条　各分馆本位分数为一百分，依左列各项比较核算增减之。

甲　营业

一、营业以前三年营业平均数（预约书报在外）为标准，增百分之二加一分，减百分之一减一分。

二、以前三年本版占营业平均数（预约书报在外）之百分比为标准，增百分之一加一分，减百分之一减一分。

以上两项增减分数之和以二十五分为度。

乙　客帐

一、以前三年客帐占营业平均数之百分比为标准，减百分之〇·五加一分，增百分之〇·二五减一分。

二、与前一年客帐数比较，减百分之二加一分，增百分之一减一分。

以上两项增减分数之和以十分为度。

三、以当年全分馆客帐之总和占全分馆营业之总和之百分率作为共同之客帐标准，减百分之二加一分，增百分之一减一分。（本项增减分数以十分为度）

丙　开销

一、以前三年营业费及管理费加回用折让两项占营业之平均百分比为标准减百分之〇·五加一分，增百分之〇·五减一分，本项增减城分数以十分为度。

二、营业费以当年全分馆总营业费数占总营业数之百分率为标准，每减百分之一加一分，增百分之一减一分。（本项增减分数以五分为度）

三、管理费以当年营业数比之百分率与下列标准率比较减百分之〇·五加一分，增百分之〇·五减一分。（本项增减分数以五分为度）

管理费标准率如下

营业数	管理费标准率
五万元	百分之十四
七万五千元	百分之十二
十万元	百分之十
十五万元	百分之九·五
二十万元	百分之九
二十五万元	百分之八·五
三十万元	百分之八
三十五万元	百分之七·五
四十万元	百分之七
四十五万元	百分之六·五
五十万元	百分之六
六十万元	百分之五·五
七十万元	百分之五
八十万元	百分之四·五
九十万元	百分之四
一百万元	百分之三·五

丁　存货

以适合备货标准为原则，由总馆随时酌择若干种抽查，其合于标准种数在百分之五十以上者加二分，此外每满百分之十加二分，在百分之五十以下者减二分，此外每满百分之五减二分。（增减分数以十分为度）

戊　退总馆货

以占当年营业数百分之五为标准，过百分之一减一分，减百分之一加一分。（增减分数以五分为度）

己　特项

一、分馆应制之报告表册是否按规定日期寄发。（本项增减分数以四分为度）

二、派发分馆推销预约书等之是否努力。（本项增减分数以六分为度）

三、应付特殊局势之能力如何。（本项增减分数以十分为度）

以上三项由总馆就平日记录酌量增减之。

第二条　支馆成绩并入所隶属之分馆核算，支馆同人视同所隶之分馆同人。

第三条　本简则暂行试办一年，下年度如须继续或修改，由总管理处核定公布之。

同年七月廿三日商务书馆前编译所所长高梦旦先生逝世。

高先生为商务书馆元老；余入商务编译所即由高先生引以自代，并留编译所，俯就出版部长以助余所不逮，十五年来相处如昆季，高先生不仅对商馆有莫大的贡献，对余尤多所指导。余特撰《我所认识的高梦旦先生》一文以纪念之，兹附载于后，其对商务之贡献与对余之指导，由此可见一斑。

我所认识的高梦旦先生

我最初认识高梦旦先生，是在民国十年中秋节之前一二星期。那时他正担任商务印书馆的编译所所长；我却闲居在上海，替一个旧学生新办的一间小书店主编一部丛书。给我们介绍的人，就是胡适之先生。因为高先生担任商务的编译所长多年，自己常以不懂外国文字为憾。自从新文化运动开始以后，商务努力出版关于新文化的书籍。高先生认为不懂外国文字的人，对于新文化的介绍，不免有些隔阂，因此屡屡求贤自代。他看中了新文化运动的大师胡适之先生，盼望他能够俯就商务的编译所所长。经过了多次劝驾和拖延了几个年头，胡先生毕竟碍于情面而应允了。但是胡先生的应允是有条件的。他的条件就是先行尝试几个月，如果尝试之后认为于自己的性情不合，仍然要还他初服的。那时候胡先生正在北大任教，为着便利尝试起见，择定民国十年的暑假，暂时不用名义来商务编译所视察两个月。经过相当时期之后，胡先生把商务编译所的内容和工作都研究清楚，一面提出改革的计划，一面却以编译所长的职务关于行政方面较多，与他的个性不很相宜，便对高先生说明他的意旨，打算尝试期满仍回北大教书。高先生是极重信义的人，也是最能尊重他人意旨的人；因此，他对于胡先生继任编译所所长虽然害了好几年的单相思，但是经胡先生坚决表示意旨之后，他便不敢强留。于是不得已而思其次，请求胡先生找一个替身。他因为崇拜胡先生，便以胡先生认为适当的人是没有不适当的。事有凑巧，胡先生从前和我有同学之雅；当他出洋留学以前，我们常在一起。他回国任教于北大的时候，我已经回南方，直至这次来上海小住，我们才有机会话旧，而且常相过从。他从前知道我对于读书做事都能吃苦，又曾发见我于青年时代做过一件呆事，把一部大英百科全书从头至尾读了一遍。这次留沪相聚，又知道我十年来读书做事的经过，和新近从事编译事业。那时候不知道他怎样决定下来，事前绝对没有和我商量，便把我推荐于高先生，作为他自己的替身。高先生对于我从前并无一面之雅；对于我的著译，据他后来对我说，虽略经寓目，却没有看出什么特色。可是一经胡先生的推荐，他便毫不迟疑的郑重考虑。经胡先生介绍我们一度晤谈之后，他便向商务当局提议举我自代。我呢，因为正想从事编译工作；如果能够有一个大规模的出版家给我发展，那是无所用其客气的。而且我平素有一种特性，对于任何新的工作或是重的责任，只要与我的兴趣相合，往往就大着胆去尝试的。因此我除了提出和胡先生从前所提的唯一条件，就是给我三个月尝试再行定夺外，也就一口答应下来。记得从民国十年的中秋日，我便到商务编译所开始工作。初时我并没有什么名义，每日承高先生把编译所的工作和内容详细见告，并由高先生随时把这种种问题提出和我商量。这样的过了三个月，他便要求我正式接任编译所所长，并应允和从前应允胡先生一般，于我接任编译所长之后，他仍留所内，改任出版部部长，随时助我处理所务。我在这几个月中，承高先生开诚指导，并承他将来继续相助，同时我对于这件工作的兴趣也很浓厚，因此便正式接受了。从此以后，我便和高先生直接共事六年，到了民国十六年，高先生因为年满六十，坚执要步张菊生先生的后尘，脱离商务的直接职务。但此后十年之间，无时不以商务和我个人的至友资格，尽力赞助；虽至病笃之日，仍不改其态度。自从我开始认识高先生之日，直到他撒手离开这世界的一秒钟（因为高先生去世的一秒钟我正侍立病榻之旁），中间约莫十五足年，对公事上我和他商讨最多，对私交上我也和他过从最密。他的性情，我是认识最真之一人；他的美德，我也是知道最多之一人。不过事后追记，不免挂一漏万。而且在百忙当中，要作详尽的记述，也有所不能。现在且根据留在我脑中最深刻的印象，给高先生写写各方面的真容。

第一，高先生是一个老少年。高先生的性行，断不是几个字所能完全表现的。如果只限于几个字，恐怕再没有像这老少年三个字为近似了。高先生去逝时已经是六十八岁，不能不算是老；高先生在最近几年间，身体容貌也无一不呈衰老的样子；可是他的精神，直至服了大量安眠药，长眠不醒以前，无时无刻不是少年的。他常常对我说，旧日读书人要推行所主张的事，往往以"于古有之"一句话为护符。高先生却以为把这个"古"字改作"外"字较为妥当。他并不是说笑话，而是认定古制对于现代至少是不适合的。他又以为，现在强盛之外邦确有其致强盛之道；社会状况纵然彼此有些不同，而自然科学是没有国界的。推此一念，所以有病待治，则绝对信赖西医，而反对中医；甚至对其最崇拜之胡适之先生为某中医捧场时，他也不怕公然反对。又如度量衡一项，他极力提倡最合科学的米突制，而反对任何折中的制度或实际流行颇重的英美制。这还算关于自然科学的。至于社会问题，他也很倾向于新的方面。记得民国十年我初到商务任事时，编译所同事某君，以向未结婚的老童男和再醮的某女士结婚；这在目前本不为奇，但十五年前的社会习惯，和现在相差还远。高先生对于此事，却当做断发天足一般的热心提倡，逢人表示恭维的意思。又高先生平素虽不喜谈政治，但偶遇时人主张一种制度而附会到旧说或旧制的时候，高先生屡屡对我说，这简直像把现代国家之共和制度和周召共和附会起来同样的可笑。这几个例子，都可以证明高先生的思想是少年而进步的。再从日常细事观察一下，像高先生的资望和年龄，不知道他的人或者以为是道貌岸然的。其实大大相反。他每次到我家来，见着我的小儿女，总是和他们戏弄说笑，口里常说"我和你比比气力，打打架，好吗?"因此我的小儿女都不觉得这是老伯伯，只认为他是小朋友之一。他不但对朋友的儿女如此，就是对于自己的儿女，而且是长成的儿女，也持着同一态度。别人家的老父，对于已长成的儿女，大都是庄严其貌，可是我常见高先生和他的儿女一起谈笑讨论，绝对不摆出老父的派头。他去世后之某一日，他的长女君珊小姐含泪对我说："别人家只不过死了一个父亲；我们却不但死了父亲，而且死了最可爱的一个朋友。"这的确是没有半点虚饰的说话。又高先生卧病医院时，我逐日前往探问，因格于医院的禁令，不敢入病室惊动高先生。高先生却屡向家人询问何以我没有来。家人卒以实告，乃坚嘱下次来时，邀我入室，并允不多谈话。其后，我入病室相见。我的第一句话，就是请他安心静养，此时遵医嘱不敢多谈话。而高先生第一句话的答语，就是"你每日来此，却不进来谈谈，我已侦探明白，俟我病好出院，和你算帐打架"。言毕，彼此一笑。其少年的性情，虽在病重时仍然流露。不料这位可以互相打架的老少年朋友，等不及出医院，已没有再谈话的机会了。

第二，高先生是一个性圆而行方的人。这里性圆二字，虽然是我所杜撰，但上下联缀起来，其意义自然明了。蒋竹庄、庄百俞两先生为高先生所撰的传，都说高先生性刚。但自从我认识高先生以来，至少有六年工夫每日和他共事，觉得他总没有发过一次脾气。换一方面，我自己却发了好几次的怪脾气，全赖高先生把我镇静下来。高先生镇静我的脾气，有一种很巧妙的方法。就是当我脾气正在发作的时侯，他大都对我表示十二分的同情，等我脾气稍息，他往往用幽默的话，引我的情绪离开关系的问题，渐渐把它淡忘。俟有相当机会，再用几句警语，使我自己感觉前次发脾气之无意义。他这种方法，如果用于教育上，也可以算是一种优良而有效的方法。他是否对别人也用这种方法，我不得而知。但对我却已用过好几次。我平素性情傲僻，自从开始服务以来，除教书时能长久维持学生的好感外，其他所任职务，都不能久于其职。自从加入商务印书馆后，接连十五年间，虽然好几次自己想走，但是除了民国十九年一度辞职，那时高先生已经脱离商务印书馆的直接职务，而且我这次辞职已得为先生同意外，其他好几次想走的机会，都给高先生用上述方法于无形中消泯了。我又常常听见高先生说起，他替商务做了不少次的和事老。商务的当局，我敢说，都是为公的；可是学识眼光种种不同，长久共事，总不免有些意见。而介于其间，以妥协的方法消除当局间彼此相左的意见的，恐怕高先生就是重要之一人。他曾经和我提起一句笑话，说他好像是印刷机器上的橡皮，其意便指此事。而且高先生不只是那时候各当局间的橡皮，并且一度做过商务印书馆劳资双方的橡皮。因为在民国十五年以前，商务劳资双方虽然极少争执，却也曾有过一次局部的罢工；而复工的时候，则由高先生带领那些罢工者入厂。这件事发生在我加入商务以前，详情我不知道。事后偶闻高先生说起，当时虽没有详询来由，但总可断定是靠高先生以平素消泯公司当局间意见的同一方法，来解决那一次劳资纠纷罢。综此几个例子，我为他杜撰性圆这一名词，似乎是再适当没有了。但是他的性情虽是圆的，而他的行为却仿佛是四个九十度直角所成的正方形。关于这一项，可举的例子极多，不及枚举。概括说起来，就是绝对不要一个不劳而获的钱，绝对不引用私人，以及违反自己宗旨的事无论如何绝对不肯屈从。这最后的一项，似乎和性圆的人是不相合的。可是我就十几年来所知道的，高先生一方面很方正的维持他的宗旨，另一方面仍无损于圆通的性情。这确是别人所做不到；尤其是像我这样的人，是断断不能学步的。

　　第三，高先生是一个思虑周密而非寡断的人。高先生思虑的周密，凡在知好同事没有不承认的。即高先生自己也不否认。但是寡断一语，却是他自己的谦辞。别人因为受了这种自我宣传的影响，却也有些承认此语的。其实思虑周密的人，因为顾虑过多，遇事间或不易决断。不过思虑周密的程度如果达到相当的高，把利害分析得很清楚，虽然任何办法不能有绝对的利，尽可采取利最多而害最少之法，因此仍不难下决断。高先生实是这一种的人，所以他的思虑尽管周密，遇事仍能下最大决心。试举一极显著的例子，当他举我自代之时，我的声名远不及胡适之先生，我和高先生的交情可说是绝对无有；同时怀疑我的人，在商务内外皆有之。事后他都告诉我，我自己也承认这种种怀疑亦有相当理由。但是高先生一部分固然是信赖胡适之先生的推荐，大部分还是利用他的周密的思虑，把利害两方细细权量轻重，才毅然下此决断的。

第四，高先生是一个不能演说的说客。高先生常常称赞我的演说才，而自恨不能演说。的确，我和高先生认识了十五年，没有听过他一次的演说。所以高先生关于这一项的谦辞，我不敢否认。可是高先生当说客的本领，是值得人人赞许的。我亲见他为着商务印书馆的事，做过了好几次的说客，每次都有满意的结果。对公众的演说和对私人的说辞，方法本不相同；公众的演说第一要有气魄，第二要言语清楚，第三还要带点荒唐的态度。高先生说话不很响亮，所说的国语带了一半福建土白；同时过分谨慎，恐怕在公众面前演说，要出了什么差处。因此他不肯轻易作演说的尝试。久而久之，便更觉自怯，而认为自己的确不能演说。其实，只要一二次大着胆尝试尝试，便不觉其难了。我屡次以此劝诱高先生，甚至有一回为着他所最热心提倡的四角号码检字法研究班举行竞赛给奖，坚请他作简单的演说。他总没有答应。可是高先生的口才原来不差，一则他有逻辑的思想，二则他很熟识世故，三则他有极诚恳的态度，四则他有极圆通的性情，所以什么复杂的事，经他解释或疏通一下，没有不症结立解的。

第五，高先生是一个不长于算学的算学家。我国旧日的读书人，最不注重数目字，所以说到山的高，动辄千百里，说到田的多，动辄万千顷，做起事来，也就不肯一一二二分别清楚，总是"差不多"，"大概"，这样的模糊过去。甚至受过新式教育的人，表面上高等算学也曾涉猎；但是除有直接运用算式的必要外，平时办事也很少利用算学来解决的。高先生却不如此，他虽然是旧学的出身，没有受过新教育的洗礼，他对于算学的智识也不高深，但是讨论事件的时候，他总是手持铅笔，运用四则比例或百分的笔算，作为决断的根据。在没曾计算清楚以前，不肯遽作结论。他并且喜欢比较计算，譬如想出版某一种书，估计其营业的损益，常人只不过按照所拟的版式字体或纸张加以计算罢了。高先生却另行假定种种可能的版式字体和纸张，把这种种假定计算所得的结果和原拟计划的结果互相比较。这虽然多费一些工夫，但他总是不惮烦劳的。他又常常试作统计，虽然他对于统计工作所能运用的算式，只是百分法或是加法和除法所得的平均数。但是主持全局的人本来用不着自己从事精深繁琐的计算，只要遇事都作粗略的统计或比较，那就很难能可贵了。高先生有了这种运用算学的良好习惯，所以在他的细密思想中，又加上客观的论据了。

第六，高先生是一个舍短取长的鉴衡家。高先生是最爱才的人，随时随地都想物色人材。他对于人材的鉴衡，抱持着最公允的态度。他认为天下没有完全的人物，因此，对于大醇小疵的人材，不仅舍短取长，而且完全忘却其短处。单就商务印书馆一方面而论，经他拔擢的人着实不少，结果，都是很有用的人材，影响于商务印书馆的发展很大。当他举我自代时，我所有的短处，断不能逃过他的鉴衡。不过还是持着平素所持的态度，把我的短处都忘却罢了。

第七，高先生是多方面的研究家，又是许多研究家的赞助人。高先生对于研究的兴趣很浓，而且是多方面的。在二十几年前，有改革部首的草案，其方法但管字形，不管字义，将旧字典的二百十四部，就形式相近者并为八十部。并确定上下左右的部居。此法较旧法已很便利；但高先生是一位澈底改革家，自己认此方案还不算澈底，始终没有把它发表。他又抱成功不必在我的态度，当他把自己的检字方案搁置时，便留心到外间有没有热心研究改革检字方案的人。后来给他发现林语堂先生曾经发表一种首笔检字法。那时候林先生在清华大学担任教科。民国十三年秋间，高先生因事到北平，辗转托人介绍与林先生详谈，力劝林先生继续研究。后来回到上海和我商量，我也赞成此举。因此便由商务编译所与林先生订一合作研究的契约。于一年期内，由商务按月资助林先生若干元，由林先生酌减教书的钟点，从事新检字法的研究。后来我对于检字法的研究也发生了兴趣，有一天对高先生说起这事，他虽然极力赞助他人从事这项研究，但因我日间职务很忙，不愿我过于劳苦；便把成功不必在我一语来相劝。但是我的兴趣已是一发而不可收拾，便瞒着高先生，私底下每晚在家里研究。过了约莫半年，我偶然发明号码检字法，欢喜到了不得。次日对高先生和盘托出，他也欢喜万状。其后，我因为这号码检字法虽然易学，但对于笔画较多的字还觉不易检查。于是决计放弃此法，另行研究。又费了一年工夫，才发明四角号码检字法。在这时期和以后继续研究修订四角检字法的一二年内，高先生无时不赞助我，并且给我许多有益的意见。及至四角检字法研究告一段落，高先生又认为一种新方法的成败固由于本体的效用，但是宣传工作也有重大关系。于是他便把宣传四角检字法引为己任。近年我因为职务特忙，简直没工夫顾到检字法。高先生却继续不断把这检字法热心推行。他常常埋怨我近年对四角检字法太不热心，笑对我说："姓王的所养的儿子四角检字法，已经过继给姓高的了。"就此一点，可见高先生对于研究事业的热心赞助。除了检字法以外，高先生自己研究而有成绩者，有一种十三月的新历法，已经著有专书，由商务印书馆出版。高先生因幼时读沈括的梦溪笔谈，大为感动。沈氏倡议更改历法，分每年为十二月，每月以三十一日与三十日相间，不置闰月，每年每月的日期自较整齐。高先生以沈氏此法较现在阴阳历为胜。后来又以世界各国既已注重星期，则沈氏之法，尚有修改余地。修改的要点，在如何联合年月星期三者，使其成为一种调和的历法。经过许久的思考，高先生遂于民国前十一年创议分每年为十三月，每月二十八日。此方案先后由新民丛报及东方杂志发表，引起许多人的注意。及民国十六年全国教育会议开会，高先生将此案提出，即经大会通过，交中央研究院研究后，再呈国民政府训令出席国际联盟会代表，提供国际改历会议之研究。至于高先生热心赞助而常常与人商榷者，尚有简字方案，度量衡方案等，或见于杂志，或仅存函稿，尚未发表。有一次他为着推行新度量衡，使深入民间起见，提议将铜辅币的直径有所变更，使等于新制的若干公分，俾一般人把铜辅币权充新制尺度之用。又有几次，他把改革电报便利发电人的意见，贡献给交通部电政司长某君。结果竟被采行。高先生只期便利于社会，对于自己的工作多未宣传。但对于别人研究的结果，却力任宣传之责；其大公无私的精神，真足敬佩。

第八，高先生是一个义勇的胆怯者。高先生常说自己胆小。的确，他的胆子并不大；而且思虑周密的人，世事看得太透，在这个遍地荆棘的世界，自然有格外慎重之必要。但高先生虽然胆小，遇着必要的时候，尤其是遇着朋友急难的时候，他简直不怕身入虎穴。十年前我曾一度被难，身陷匪窟，那时候先父以病废，不能行动，儿辈尚幼，家母内人束手无策，而平素以胆怯自居的高先生独负全责，为我营救。其冒险的情形，非片言所能尽。其义勇的精神，尤非胆怯者所能有。

总之，高先生对家庭、对朋友、对事业、对学术，从现代的意义评量起来，任一方面都算得是理想的人物。胡适之先生称他为现代圣人之一，绝对不是过分。我小时失学，没有良师督教；我的几个哥哥又早年见背；我的父亲对我的管教向极放任。我就在这种情形之下，自己造成一个世界；因此个性过强，落落寡合。自从获交于现代圣人之一的高先生，有形无形都受了他的很大影响。假使近年我能够在任何方面有些贡献，高先生至少应居过半之功。高先生待我不仅是最知己的朋友，简直要超过同怀的兄弟。所以我正可模仿君珊小姐的话而说："别人家只不过死了一个好朋友；我却不但死了好朋友，而且死了最可爱的长兄。"

高先生的嘉言懿行还多得很，有工夫我再详详细细追记下来。

（二十五年九月脱稿，交是月十六日《东方杂志》发表）

同年八月三十一日商务印书馆举行公民宣誓仪式，余以主席地位致词如左。

主席王总经理训辞

顾浚泉速记

诸位同事，现在我们已经举行过公民宣誓，今后便可以取得选举权，我趁这个机会略述个人的希望。

第一，希望诸位慎重运用选举权。

查国民大会代表选举法第三条规定，"中华民国人民年满二十岁经公民宣誓者，有选举国民大会代表之权"，又查中华民国宪法草案修正案第廿九条亦有同样规定，其年满廿五岁者，有依法律被选举代表权，至于国民代表所组织的国民大会，依宪草第三十二条之规定，其职权：（一）选举总统副总统立法院院长副院长监察院院长副院长立法委员监察委员；（二）罢免总统副总统立法司法考试监察各院院长副院长立法委员监察委员；（三）创制法律；（四）复决法律；（五）修改宪法；（六）宪法赋予之其他特权。这些职权关系都极为重大。我们举行公民宣誓以后，就可以有选举和被选举国民代表之权，换句话说，就可以间接或直接行使宪草第三十二条规定的重大职权。虽然人人不必希望被选，而选举权却不可放弃或滥用。查欧美各国人民的选举权，很多设有资产，教育等项限制，而我国则人民满二十岁者，不论男女贫富以及身分如何，除背叛国民政府，服公务贪污、褫夺公权等项者外，都有选举权，此种普遍的选举权为他国人民所力争而不易得到的，我们已经毫不费力得到了，如果我们不把它慎重运用，未免对不起国家和自己了。

第二，希望诸位尊重宪法上所规定的公民权利和义务。

诸位都是受过相当教育的人，对于我国宪法草案总已看过。这次的宪草，从学者的眼光看来，虽然还有可以商榷的地方，但就其大体而论，可算得很进步的一种宪法，但是法律不在空文，而在实行，我们要想将来通过的宪法不至成为具文，应该从各个人的本身实行起来，就是绝对尊重自己在宪法上应享的权利，和履行自己在宪法上应尽的义务。一个立宪国民，怠忽义务，固然不应该；放弃权利，或是听人违法侵犯权利，也是同样地不应该。

第三，希望诸位以近年爱护本馆的精神爱护国家，并望诸位忠于各自的职务，以尽本位救国之责。

我国人一个个分开来评量，无论天资或习性，不见得比欧美人低下，但是组织起来，便远不如欧美人。大的组织且不必说，姑就商业组织观察一下。大抵个人的商业，比诸少数人组织的商业容易办理，而且容易有成绩。至于多数人组织的商业，如股份有限公司等，管理和收效，都较少数人的合资为难，间有成绩甚优的股份公司，实际上大部分的股权总在几个人手里。至于股东多至千人以上，而且股权并不集中在几个人手里的股份公司，像本馆这样的，要想其成绩优良，持久不败，在我国真是凤毛麟角。这就是我国人缺乏组织力的实证。本馆四十年来，独能维持不败，其原因有三，一则有严密的管理规则，二则有相当的人材，三则各同人能够爱护公司。试把本馆的历史研究一下。

本馆开办至今，恰好四十年。试一回顾，最初的三十年，每年事事都有进展，自三十年至三十五年间，因受潮流影响，时时发生劳资纠纷，以致工作效率日退，公司盈余大减，职工要求而得的待遇，几至不能兑现，试就当时所谓花红，就是现在所谓奖励金一项而论，有一两年所得微乎其微，甚至要公司另行拨款，借充花红。长此下去，真有不可收拾之一日。后来不幸有一二八的事变，公司几乎全毁。我们收拾余烬，努力复兴，对于人材规则两项，较前更为注重，而同人经这次巨劫，特别爱护公司，比最初的三十年还进一步，所以一二八以前四五年间的纠纷情形，仿佛是一场大梦，给一二八的炮火惊醒了。这几年来，因为公司同人这样精诚合作，虽处于种种困难下，竟有重大的进步。公司方面，恢复很速，同人方面的待遇也随着增进，薪水花红大都优于一二八以前，而种种福利事业，并没有什么人要求，都由公司自动量力举办。因此知道同人爱护公司，结果等于爱护自己，现在我希望诸位要以近年爱护公司的精神来爱护国家。国家譬如大树，公司譬如大树上的一个小鸟窠，大树动摇，鸟窠是万难幸全的，试看一二八的事例，我们三十五年来辛苦经营的一个大企业，不到半天便因国难而被毁几尽，可见国家衰弱，任何企业是无法站得住的。想到这里，我们爱国的心，真是油然而起了。

爱国的方法，并非要人人都为国家担任公务或兵役，才有发展余地，其实各人按其能力，为有益于国家社会的任何事业出力，结果和直接替国家出力，无大悬殊，这就是所谓本位救国。再能随时关心国事，克尽国民的义务，和尊重国民的权利，一团体的人个个如此，一国的人也个个如此，我国虽在这样严重的国难当中，不久定能像本馆一样的复兴起来了。

同年八月，余数年为复兴中之东方图书馆搜集我国年谱千三百余种，一面编制详尽之索引。至是拟将全部年谱依序影印，而以详尽之索引附排书末，作为史料之佐证，经定名为年谱集成，方考虑付印，而全面抗战突发，不果。

同年商务印书馆与各大报馆出版业会同实业部，集巨资创办温溪造纸公司，以利用国产木材，大规模自造新闻纸为目的。商务书馆技资仅属象征性，余竟被官商各股东推举为董事长，并聘前北大化学教授，嗣任某省建设厅厅长之陈世璋（聘丞）君为总经理。正在筹备中，而对日战事发生，温溪厂址旋亦沦陷，不得已由股东会议决解散。

同年为商务印书馆新出版物最盛之一年，亦为中华民国全国新出版物最多之一年。总计在全国是年新出版物总数九 四三八册中，商务书馆一家占四 九三八册，居全国百分之五十二强。

同年，中央政府教育经费五五 四〇六 〇五〇元，占总预算百分之四·四八。

同年，全国公私立小学校共三二〇 〇八〇所，其中私立小学校四五 五五〇所，占百分之一四·二。又全国公私立学校小学生一八 三六四 九五六人，其中私

立小学校学生二 七五七 六〇四人，占百分之一五。同年，全国专上学校毕业生九 一五四人。

王云五文集·伍

商务印书馆与新教育年谱
（下册）

王云五 著

江西出版集团·江西教育出版社
JIANGXI EDUCATION PUBLISHING HOUSE

民国二十六年（公元一九三七年，丁丑）一月，余为商务印书馆创编中国文化史丛书八十种。事前曾费相当时日参考研究，撰有编纂中国文化史之研究一文如左：

（一）文化与文化史

Civilization 一语，我国译为文化。易贲卦象传曰："文明以止，人文也。……观乎人文，以化成天下。"文化之译语，当由此而来。孔颖达易正义曰："观乎人文以化成天下，言圣人观察人文，则诗书礼乐之谓，当法此教而化成天下也。"程伊川易传曰："人文，人伦之伦序，观人文以教化天下，天下成其礼俗。"观吾国之旧说，已知所谓文化者，即指诗书礼乐，人伦之伦序与其成为礼俗也。清人彭申甫谓："大而言之，则国家之礼乐制度，小而言之，即一身之车服，一家之宫室。"（见彭氏编辑之易经传义解注辩正）其言颇合。盖文化指一民族之进化，无所不包蕴，非一端一节所能标示也。近世史学者及人类学者对于文化之意义，大抵释为"生活之样式"（Life Mode）其义乃指营生活于地球上之人类，分为若干人种或人群，各以相异之式而营求生活；此各自相异之式之生活范围，名曰生活圈（Life Cycle），于文化上为一地理的单位。同在一生活圈内所营生活，有种种方面，例如衣食住也，政治也，宗教也，各有其特殊形式，此生活形式，即为构成文化要素之一单位。如由人类学分析之，约可别为学艺，社会，言语，信仰等类。中国之文化，亦莫能外是；如所谓诗书礼乐，人伦伦序，礼俗云云，亦不过谓中国之人，在其生活圈之单位内，表示其学艺，政治，社会，信仰等之文化云尔。

中国文化，实为东方文化之中心，北自西伯利亚，南迄南洋群

岛，东至日本，西至西域，无不被其影响。然中国文化又何自而来耶？文化人类学者，对于文化夙有一源说与多源说之歧异，实即两说各有是处，不能执一而论。近且对于文化之移动，又有北线，南线，中线诸说；而中国文化则属于移动之中线，所谓中线者谓自西至东之一线，中国殆即此线之中心。综合诸学者就此问题研究之结果，则拉克伯里（Terrien de Lacouperie）之巴克族移住说（Theory of the Balk）及晚近之安特生（J. C. Andersson）与巴克斯顿（L. H. Dadley Buxton）之彩色土器分布说（Theory of Distribution of Printed Pottery）皆可证明中国与西亚细亚之关联。

拉克伯里断定西亚为中国文明之发源地，而汉族即巴克族。彼谓："中国传说皆暗示其起源于西方，就其史料观察，弥觉可信。汉族当由西北而入中国；中国今日之大，实由微小积累而成。所谓巴比伦古帝 Nak - hunte，其音与黄帝相近，盖即巴克族之大酋长，率其族人入中国土耳其斯坦（新疆）向东而进者也。"拉氏既以 Nak - hunte 为黄帝，则不能不认加勒底之 Sargon 为神农，而以巴克人名即中国语之百姓。此说，究不免穿凿附会，在今日已少有赞成者。然今之学者，主张由西移东之文化移转线说，实滥觞于拉氏之说，则拉氏之贡献，固非毫无价值矣。至于彩色土器分布说，见解较新，即巴克斯顿之所主张也。彼谓"近人发掘土耳其斯坦之阿脑（Anau）所得彩色土器，最近在中国亦发见之，故中国与土耳其应划入同一文化圈内"。其说盖本于安特生之记载。安氏于其近著之古代中国文化（J. C. Andersson：An Early Chinese Culture，Bulletin of Geological Survey of China，No5，1919）中，述辽宁省沙锅屯及河南省仰韶村所发见之土石器，而谓仰韶发见之土器与欧洲新石器时期后期，及石铜并用时期为一致。对于分布土耳其斯坦之阿脑及北部希腊，伽里西亚（Galicia），及特里波里采（Tripolitza）之物，亦甚近似。

阿脑与仰韶相距固甚远，但交通非不可能。汉代与西域之交通，历史已载之，前此固未始不可通行也。西亚此类土器，公元前四〇〇〇年乃至前一五〇〇年尚使用之，其时固可由中东土耳其斯坦以入中国也。此类土器，因在仰韶发见，故称为仰韶文化云。以上所引西人文化之说，谓中国文化由西而来，虽不可尽信，然谓上古绝无往来，殆亦不然。汲冢所出穆天子传虽只能视为战国初之小说，然谓殷周之时，绝无东西移动之文化，亦未敢断定也。

　　如前所述，中国之文化，一部分由西而来，似无可否认；然文化之一源说与多源说固相辅并行，不可执一而定论；试观我国周口店发见之北京人，即其明证。北京人之生存，或谓在二十万年前，或谓在四十万年前，虽尚待详考；然其为中国特有文化之征象，则无可疑也。据步达生（Dr. Davidson Black）在英国皇家学会会报（Proceedings of the Royal Society）及比较神经学报（Journal of Comparative Neurology）所发表之研究报告，北京人小脑之右部较左部为发达，而其大脑之左部则较右部发达，此可指示北京人已有运用右手之习惯。夫人类开始运用右手，竟远在四十万年前之北京人，诚饶有兴趣之事实也。且北京人脑积左侧下前部特殊发达，此为与言语有关者，故又暗示北京人已有充分发出明晰口语之神经机能矣。人类学家遂以北京人厕于猿人曙人之列，而谓猿人出现在爪哇，北京人出现于中国之周口店，曙人出现于西欧。凡此三型各出于辽绝之地，是即多源说所益持为文化多源之证者也。然此三型之分见三地，更明示人类最初之出现，必非仅此三处；故最初之中必更有最初者，换言之，则多源之上或更有一源；于是一源说又可据以张目矣。要之，在极古时代，所谓人类或已远非今之人类；然其由一而分，由分而又各自创造，且又因交通转移之故，而互有仿效，以递禅而传于今之人类者，殆可为定论矣。就北京人之文化言之，能用

右手；其发见之迹在前期旧石器时代，属于早期更新统，所用石器发现者皆甚粗鲁。然稍后又于周口店发见晚期旧石器时代之北京人，其文化又较前期北京人进步，能治石英及石器与骨器之工业。故谓周口店之北京人为世界人类之起源，固属不可；然中国人类之发祥地与其文化之起源，则殆无可疑也。

中国人类文化之先史时代，固尚有待乎详加考证。若乎中国文化史之古，则就以上所述，已有明白之证实矣，盖文化西来之说，后世或因交通及民族移转，而有几分之可信；然中国人类有独自创造之文化，后且传播于东西辽远之地域，则更属可信也。腓得烈·希尔特（Friedrich Hirth）尝谓中国民族与其文化皆出自本土，其他西方学人持此说者亦不少。故中国文化史，至少亦当代表东方之文化，而为世界文化史鼎足之一，夫世界文化史者，固述世界人类进化之历史，然亦于其中专述一种族国家进化之历史者也。桑戴克氏（Lynn Thorndike）世界文化史之导言曰：

"文化之发展也，逐渐累进，变迁繁赜。又常无规律。易言之，即某一人群或某时期之文化有一方面异常进展，而别一方面大退步者。例如爱斯基摩人（Eskimo）制作器物，颇见巧思；而其政治组织，社会生活，处处犹存初民浑噩之风。又如古代亚美利加洲中之马雅人（Mayas），有极宏丽之建筑物，有书法，亦有美备之画法；但不用家畜，其冶金之术亦甚陋，所知犹视今日阿非利加洲之黑人为逊也。且吾人今日之文化，未尝不杂有昔时野蛮鄙陋之俗；易言之，其远胜于旧日文化之点虽多，然有数点或竟退化，而失其固有之美也。此所以文化之研究最为切要；不仅借知今日文化之由来，且欲改正今日文化之程途，而定其趋向。当一民族或全世界发生大变化之际，或值新文化开始之时，常人易为热烈感情所驱使，或心中横梗有偏见误解，致有盲目无识之举动发生。其结果成为倏忽之

变化，使一时才智蔽塞聪明，其为害有未能逆睹者。然在有史学修养之人，穷究今古，用心无颇，持学者批评态度，守史家严正眼光，自能识文化发展之程途，而测其变迁所底止。"

桑氏之言，不仅为世界文化史言之，即关于一民族一国家之文化史，亦莫能外是，可以知研究文化史之切要矣。

（二）中国文化史料之丰富

中国文化之由来，其悠久已无待论。然更有足贵者，即中国自古迄今，文化史料又甚丰富，今试分述如左：

（甲）石器陶器等物之发现

西方学者尝谓中国无旧石器之发见，因而有中华民族及其文化自西方传来之说。孔子亦以"夏殷文献不足征"而谓："周监于二代，郁郁乎文哉，吾从周。"此但为极盛之文化，至周代而始有灿烂之章物可寻究耳，不能解为前此绝无可见也。及至近年，中西学者发掘上古文化遗物之结果，竟发见前期及晚期旧石器之遗物。足证前此学者中国无旧石器之见解大误。及至新石器发见，益以石铜期并存之遗物及陶器贝器玉器先后出土，于是中国古文化由太古绵延以至夏商之际，更多实物之佐证。中国周口店已发见粗鲁之前期旧石器，为初期旧石器时代之明征；稍后同地又发见晚期旧石器，其中有燧石器，有硅石器，有骨器，有装饰物，又有鱼骨贝类之属。其后相继发见者，于宁夏，鄂尔多斯，榆林之黄土层中，则有或穿孔或刮磨之石用器及兵器；于宣化，万全则有剑石及火石制成之用具；于外蒙古则有旧石器新石器时代之石器与陶器及新石器时代灰色绛色陶器，并有花纹，作绞丝形或几何图形，凡此诸物，为时均在数万年前乃至数十万年前。

中国新石器蔓延更广，遍于南北。如雷斧，雷楔，霹雳碏等，皆新石器时代之遗物也；中国北部，东北至辽宁，中至河南，西至

甘肃，皆有重要之发见。石器有石刀，小石斧，石锥，石削，石矛，石镞，石环，石珠，石杵，石针，石锄，石镰，石纺织轮等。陶器有单色及彩色；其物有碗，罐，鼎，鬲，瓶，尊，爵，簠，簋，壶，杯，钵，甗，瓿，及陶纺织轮等；花样有席纹，绳纹，回纹，十字纹，狗，羊，豕，马，牛首，人，鸟等纹。骨器有锥，针，凿，锄，兽牙雕刻器等。贝类有贝环，贝琼等。此类产品，至近亦当距今三千七百年以上，即夏商之际，其器物有极精工者，甘肃并发见铜器，且有带翼之铜镞。

（乙）殷商文字之发见

殷商文字发见于河南安阳县小屯村之殷墟，为殷商之故都，其文字皆刻于龟甲兽骨之上，供占卜之用。卜文中已有以六十甲子纪日，且以十干为人名，男女皆同。其卜文可表现殷代之文化；盖殷人每事必灼龟以卜，而记其文于甲上，如祭祀，告，享，行止，佃，渔，征伐，俘获，问晴，求雨，祈年，卜旬等事，皆可于龟甲上考见之。吾人于此可以知殷代先王先公及其时氏族邦国之名；可以知其时之礼制，社会，风俗等，对于文化史料实甚有益。近人从事研究者颇多。出版之书最著者有铁云藏龟，铁云藏龟之余，殷商贞卜文字考，殷墟书契前后编，书契考释，殷墟文字类编等，不可胜述。研究此类书籍，不第可知殷代文字之要略，于中国文字之变迁，亦至有用也。

（丙）金石竹简书卷之发见

古代之金文，以周为最盛。孔子有言："郁郁乎文哉，吾从周。"亦于此见之。盖周代鼎彝钟镈近来出土者甚多；虽殷商为石器铜器并用时期，其铜器发见于今世者亦间有之，然究不敌周金之足资文化探讨也。汉代亦时有周代鼎彝发见，惟为数尚少，识古文者亦无多。故阮元积古斋钟鼎彝器款识序曰："汉代以得鼎为祥，因之改

元，因之立祀。六朝唐人不多见，学者不甚重之。迨北宋后，古器始多出，复为世重，勒为成书。南宋元明以来，以我朝（清）西清古鉴，美备极矣，且海内好古之士，学识之精，能辨古器。有远过于张敞郑众者，而古器之出于上田榛莽间者，亦不可胜数。"此皆实语。盖自清代以来，金石之学，除宋代欧阳修集古录，赵明诚金石录，及宋吕大临考古图，王黼等宣和博古图，王复齐钟鼎款识，王俅啸堂集古录，薛尚功钟鼎款识，及清代之西清古鉴外，清室所编尚有宁寿鉴古，西清续鉴甲编等。虽宋代所著不当属铜器；然清室所编，及清代私人所编如阮元之积古斋钟鼎彝器识，吴荣光之筠清馆金文，潘祖荫之攀古楼彝器款识，方浚益之缀遗斋彝器款识，端方之吉金录等皆当志金文。其金石并记者，则有王昶之金石萃编，陆心源之金石续编，陆增祥之八琼室金石补正，要皆多至一二百卷；其编列之文固有在周以后者，然搜罗亦勤矣。他如古玉，古泉，符碑，印玺，瓦当之类，著者益夥。凡此皆足资古代文化之考证者也。至若历代之石文，则有孙星衍之寰宇访碑录，以及各省志中之金石志等；尤数之不能尽者耳。

竹简之文，则晋初发见之竹简，多至数十车；今已不可见，仅留传穆天子传及残本竹书纪年而已。近年新疆发见之琅玕，皆当时戍守人以竹片互相问候之遗文，亦罕见者也。古以缣帛写书，故有书卷之称；今于敦煌石室中发见北朝及唐以来纸写之书卷，虽多属宗教经典，然亦可考其时之文化，且有各体之书，弥可贵也。

以上皆为实物之发见者，而其中以现代发见为尤多；此诚考古文化幸事。然历代之文化究以见于今日通行之书籍为最重要；盖纸本之流传，终胜于遗物之散见也。兹续述于下：

（丁）群经　诗，书，易，春秋，皆周代所编辑；书经所载有上及周以前者，仍以周为最详，然欲考周代文化之盛，当以周礼为荟

萃；周礼一书或谓周公所作，或谓出于战国时，要其属于周代无疑也。此书分为六官，虽皆记王朝之制；然如朝祭聘享之仪，教育宾兴乐舞之典，宫室衣服车旗币玉之制，田猎征伐之礼，乡道都邑之别，授田治军理民之则，刑狱诉讼之法，食饮牧养之规，以及医药考工之方，莫不备载。他若仪礼，虽多记士礼，然亦有诸侯之礼，如公会大夫礼，聘礼等。礼记为汉儒所纂；然皆纪周代之文化者，固可备考也。

（戊）史志政书　此皆记汉代迄于清代之制度，或断代为书，或通贯前后；要皆分别部居，备具始末，最为研究中国文化者所必须也。断代之书，首称汉书，迄于明史及清史稿，其间志目，多同少异，例如汉书之志，分律历，礼乐，刑法，食货，郊祀，天文，五行，地理，沟洫，艺文诸目；后汉书则分为律历，礼仪，祭祀，天文，五行，郡国，百官，舆服等。其他大抵相若，或分礼乐为两志（始自晋书），或称百官为职官（亦始于晋书）。他若郡国或称州郡，或仍称地理。宋史始作河渠志，即汉书沟洫志也，清史稿始有外交志，犹金史之有交聘表也。宋书始有祥瑞志，魏书则谓之灵征；此即因五行志而增出者也。唐书始有选举志，兵志，则从百官志刑法志析出者也。魏书有官民志，记官制与氏族，而唐书则有宰相世表，辽史有皇族表部族表，金史之黑白姓，则备载于百官志，故观其目之大同，亦可证检寻之便易矣。

至于通贯前后之通史，首推史记。史记八书曰礼，乐，律，历，天官，封禅，河渠，平准；实为汉书所本（前四书汉书并为礼乐，律历二志；后四书汉书易称天文，郊祀，沟洫，食货）。后世能循史记八书之体而扩为专著，留传至今，当以唐杜佑之通典为最显矣。通典亦分八门。曰：食货，选举，职官，礼，乐，兵刑，州郡，边防，上溯黄虞，下暨唐之天宝，源流毕贯。次之则为宋郑樵之通志，

其著此书，实欲仿史记之通史体，故兼有纪传；然为世所称许者，乃在其二十略，曰：氏族，六书，七音，天文，地理，都邑，礼，谥，器服，乐，职官，选举，刑法，食货，艺文，校雠，图谱，金石，灾祥，昆虫草木。其略目别具手眼，可谓前无古人。又次之为元初马端临之文献通考，分田赋，钱币，户口，职役，征榷，市籴，土贡，国用，选举，学校，职官，郊社，宗庙，乐，兵，刑，经籍，帝系，封建，象律，物异，舆地，四裔各门。是书仿通典例，自上古迄于南宋，分类既详，检寻尤便，故最为通行。以上三政书，世所谓三通者也。明王圻有续文献通考，实欲并续通志，故兼有列传，然体例颇杂糅。自清乾隆敕撰之续三通及皇朝三通出现，而王氏续通考遂废。近年刘锦藻有续清朝文献通考之作，记载迄于清末，于是一代之文献亦可大略睹矣。

（己）诸家著作　此等著作，尤为夥赜，或考订文献，或补苴缺漏，或汇集专书，皆极有裨于吾人之检讨，试分别言之。第一类属于考订范围者，则如四库全书总目所列杂家之杂考类，凡五十七部。其属于补苴范围者，杂品之属十一部，杂纂之属十一部，杂编之属三部，杂事之属八十六部。此皆著录者。至以存目言，则有杂考之属四十六部，杂品之属二十六部，杂纂之属一百九十六部，杂编之属四十五部，杂事之属一百一部；而艺术类之目犹未及焉，可谓多矣。夫四库总目止于乾隆时，乾隆以后诸家著作，其精要者尤多后胜于前。如书目答问及晚近目录所载者皆是，未遑缕述。

（三）中国文化史料之缺点

中国文化史料之发见，自旧石器新石器直至铜器，诚极蓬勃。以空间言，从西伯利亚之叶尼塞河起，南迄南洋群岛，东播于朝鲜半岛，西至西域，皆为与中国文化有关系之区。以时间言，上自四十万年前之周口店北京人，下至于目前，皆可探索中国文化之连锁。

空间之广阔，时间之悠久，再加以历代书籍之繁夥，是则中国文化总可编成一有系统之文化史矣。而抑知其缺点固甚多也。此等缺点，于中国文化史之研究，殊多滞碍；今大略分别言之：

（甲）实物之尚待搜集与考查也　中国史料之实物出现虽多，要皆零星散播于各地域，在边远者无论矣，即就本部言之，自甘肃，绥远，山西，河南，陕西，山东，南至广西之武鸣，皆有发现。近则江苏亦发见周初之奄城。其他续有发见之可能者尚多。故欲察中国连贯之线索，尚宜继续努力，勤加探检，且发见之物尚不免有时代之殊，种族之异，与夫假造之蒙混。撰文化史者苟不加考察，比而同之，转失中国文化史之真相矣。

（乙）古籍之散佚也　古籍之散佚，自古已然。孔子叹夏殷文献不足征，即抱斯感想。秦以来书益多，散佚益甚。隋牛弘谓书有五厄："其一则秦始皇下焚书之令，三代坟籍，扫地皆尽。其二，则西汉王莽之末，长安兵起，宫室图书，并成煨烬。其三则东汉董卓之乱，驱迫迁都，图书缣帛，甚至取为帷囊；偶有剩余，值西京大乱，一时播荡。其四则西晋刘石凭凌，京华覆灭，朝章阙典，从而失堕。其五则萧梁之季，侯景渡江，秘省经籍，皆付兵火；尚有文德殿书为萧绎所收，江陵失陷，十四余万卷，绎悉焚之。"是也。牛弘所言，后此仍续演不已。隋代藏书三十七万卷，都覆于砥柱。唐代聚书四部，分藏十二库，一毁于安史之乱，再毁于黄巢之乱，至朱温迁洛，荡然无遗。宋代营求，亦数万卷，悉佚于靖康之祸。南宋又致力搜罗，及宋末而遂无余。元代亦有巨著，如经世大典，大元一统志之属，今皆无存。明代文渊阁之书，今少有传者；所传永乐大典万余卷，一再毁佚，至清季义和团事变，残余之本，中外仅存，千不获一。清代庋藏四库全书之文汇文宗文源三阁皆毁于兵燹；宫中天禄琳琅之古本书，亦都散亡，此历代官藏之遭厄者。若夫私家

所藏，同兹多厄，或子孙不肖，或水火之相寻，或兵祸之迭起，宋以前无论矣。若宋赵明诚有书二万卷，金石刻二千卷；迭经兵燹，存者无几。至如北宋之南都戚氏，历阳沈氏，庐山李氏，九江陈氏，番阳吴氏，皆号藏书之富；又如王仲至、田镐所藏各三四万卷，其后皆罹兵燹。南宋至明清藏书家亦夥。而清代尤盛起，有多至十万卷者，尤喜搜罗宋元版本，或亲为题跋，或镌印丛书，辑补遗佚。其为时人耳目所熟习，若天一阁范氏，绛云楼钱氏，汲古阁毛氏，述古堂钱氏，传是楼徐氏，知不足斋鲍氏，士礼居黄氏，粤雅堂伍氏，玉函山房马氏，皕宋楼陆氏，八千卷楼丁氏等，指不胜屈。然此后多已散佚，甚至售诸海外；亦可慨矣。

（丙）清代焚禁之烈也　　清代文字之狱，常至门诛，连及亲友官吏。高宗借纂四库全书之机会，广征全国遗书，为一网打尽之计。开四库馆时，除已焚毁禁行各书外，凡有进呈之书，由四库馆臣编订查办违碍书籍条款云：（一）自万历以前，各书偶有涉及辽东及女真，女真诸卫……语有违碍者，仍行销毁。（二）明代各书内，有涉及西北边外部落者……若有语涉偏谬，仍行销毁。（三）但涉及三藩年号者：应查明签出。（四）钱谦益、吕留良自著之书，俱应毁除外，若各书有采用其议论诗词者，各条签出抽毁。（五）凡类书及纪事之书，应将其某门某类，抽出销毁。（六）凡宋人之于辽金，明人之于元……语句乖戾者，供应酌量改正；如有议论偏激过甚者，仍应签出撤除。

由此可知四库之书，其经抽毁删改者，自宋以下之书皆不能免焉。乾隆以来，禁书毁书之目录，经军机处，四库馆，各省奏准全毁之书，盖不下数千种。仅江西省所献应毁禁书已八千余通。章炳麟有哀焚书一文曰："初下诏时，切齿于明季野史，其后四库馆议，虽宋人言辽金，元明人言元，其议论偏颇尤甚者，一切议毁。及夫

隆庆以后。诸将相献臣所著奏议文录……丝袅表寸札，靡不然爇，虽茅元仪武备志，不免于火，其在晚明，则袁继成，黄道周至张煌言诸著作；明之后，孙夏峰，顾炎武，黄宗羲等诸著作，多以诋触见烬。其后纪昀作提要，孙顾诸家，始稍入录。……然隆庆以后至于晚明，将相献臣所著，靡有孑遗矣。其他遗闻佚事，被焚毁者，不可胜数也。"观章氏之言，其有害于中国文化史之探讨者，曷有既耶？

（丁）纪载之偏见与缺陷也

我国士夫之著作，要皆偏于庙堂之制度，号为高文大册。其有关于闾阎之琐屑，足以表见平民之文化者，皆不屑及焉。唐李翰为杜佑通典序曰："夫五经群史之书，大不过本天地，设君臣，明十伦五教之义，陈政刑赏罚之柄，述礼乐制度之统，言治乱兴亡之由，立邦之道，尽于此矣。然此典者，谓之无益世教，学者不览，惧冗烦而无所从也。""通典非圣人之书，乖圣人之旨，则不录焉，恶其烦杂也。事非经国，礼法，程制，亦所不录，弃无益也。"通典杜佑自序云："不达术数之艺，不好章句之学，所纂通典，实采群言，征诸人事，将施有政。"然则通典之作不过备士大夫施政之参考耳。其后通考与夫续通典通考，清通典通考之流，要皆本此而行。历朝史志，亦莫能外是。仅通志二十略于文字、音韵、艺术，尚有关切：然亦士大夫之所流览，而于平民文化无与焉。然则历代政书，只能谓其于政制可备参稽，而其他之遗漏，实不鲜也。

（戊）诸家著作之无系统也

史记政书，既不能探求中国文化之全体，则惟有索之于诸家著作矣。顾诸家著作，虽极浩繁，而实难觅一有系统之书。即如类书，太平御览多至一千卷，册府元龟亦一千卷，玉海二百卷，清代渊鉴类函亦有四百五十卷。此皆卷帙宏富，分门别类，朝分代系之书也。

而以清之古今图书集成一万卷，分汇编六，曰：历象，方舆，明伦，博物，理学，经济。又分三十六典。历象汇编分四典，曰：乾象，岁功，历法，庶征。方舆汇编分四典，曰：地舆，职方，山川，边裔。明伦汇编分八典，曰：皇极，宫闱，官常，家范，交谊，氏族，人事，闺媛。博物汇编分四典，曰：艺术，神异，禽虫，草木。理学汇编分四典，曰：经籍，学行，文字，文学。经济汇编分八典，曰：选举，铨衡，食物，礼仪，乐律，戎政，祥刑，考工。凡分部一千六百有九；每部中有汇考，总论，图表，列传，艺文多编。似此详密繁夥，宜可供中国文化史料而有余矣。岂知诸书或因袭前作，事不连贯；或徒录文字，仍需复检；大抵只供科举之用，文词之采。虽图书集成之编辑较永乐大典为有进步，然仍未脱前书之故习，如天文之录各史天文志；医书术数之类，则整部录入各书；氏族一典亦不过抄录通志及诸谱系之书而已。故此等书籍，外似浩繁而中实无统系。欲编文化史者，不能不检寻及此，然或所得有限，或竟毫无所得；则编纂之事未免阁笔无所措手已。其他零星杂记，虽亦有崇记一派一艺之学者，如书画，金石，文学，儒学，文字，音韵，乐律，陶瓷之类，较易考究，然其未能成为统系，则无疑也。

（己）后人了解及伪造也

此尤为撰文化史者之阻碍。盖我国文化最古，前代文物，易代则毁，驯至学者亦不复追识，遂不免于臆解。例如周之弁冕，衣裳，履舄，圭璧，宫室，琴瑟之制，汉代已不尽知。郑康成以汉制解经，武梁石室诸石刻之画以汉人冠服绘古代，而加殷章甫、周牺尊之类皆出以臆测。许叔慎说文之古文，亦多不合文字之衍变，如谓"一古文弌"之类，钱大昕汗简跋谓是晚周古文。按古文字亦有变迁，见清方浚益缀遗斋彝器款释所考。今有甲骨文钟鼎文出现，而益征实。汉代衣帻食用之具，亦非六朝所知，遗风在唐代尚有存者。然

如阎立本绘明妃出塞图，身着冪彝，此乃隋唐之际，波斯妇女之饰传入中国者也，汉代何自有耶？驯至唐人之诗咏其时妇女着绣行缠，鸦头袜者，明清人即引为唐时妇女已缠足之证，又岂知行缠即行縢，古者男女皆用之；而鸦与丫同，乃指歧头袜，如今日日本男女所着者耳。自宋至清，古风又大变，而诸家解释古书，仍以今制释古装。清代汉学家蜂起，皆仍默守汉人许郑之说，谓为家法，如清季黄以周之礼书通故，考核古礼备极精详，为研究古文化不可多得之作；然彼宁信郑说牺尊象尊为画牛象之形，黄目为尊上绘一巨目，以及单曰履，复曰舄之说。于宋聂崇义之三礼图亦崇信之，其图绘恶劣，使三代文化，沦于鄙野；而于近今钟鼎彝器之实物，则反不信焉。迄于今日，仍有不信钟鼎彝器甲骨之文，谓为伪造者，益可悯也。

（四）外国学者编著之中国文化史

海通以还，欧美日本学者对中国文化研究渐多，半世纪间以各国文字编著之中国文化史，无虑数百种。兹举较著者，依其性质分列于左：

一般文化史

Andersson, J. G.	An Early Chinese Culture (Eulletin of the Geological Survey of China October. 1919. pp. 1 –68) …	1919
后藤朝太郎	支那文化之研究 …………………	1925
Musso, G. D.	La Cina ed. Cinasi (2 vols., Milan)	1926
Forke, A.	Die Gedanken welt des Chinesischen Kultur-kreises (Handbuch der Philosophie, Berlin) …………	1927
Maspero, Henri	La Chine Antique (Paris) ………	1927
Wilhelm, R.	Ostasien, Weroen und Wandel des	

	Chinesischen　　Kutur-kreises	
	（Potsdam）　……………	1928
Goodrich，L. C & Fenn. H，C.		
	Sullabus of the History of Chinese	
	Civilizaticn and Culture （New	
	York）	1929
Grousset René	Les Civilisations de l'Orient, Tome	
	III, La Chine（Paris）　………	1930
滨田耕作	东亚文明之黎明　……………	1930
高桑驹吉	支那文化史讲话　……………	1931
Gae，E，M.	Basis of the Chinese Civilization	
	（New York）　……………	1934
Latourette，K. S.	The Chinese：Their History and Cul-	
	ture，2vols.（New York）……	1934
Hauer，E.	Chinas Werden im Spiegel der Ge-	
	schichte D. Wissenschaft u.　Bil-	
	dung（Berlin）　……………	1934
京都帝大文学会	东方文化史丛考　……………	1936
内藤虎次郎	东洋文化史研究　……………	1936
桑原骘藏	东洋文明史论丛　……………	？
哲学总论		
Peizmaier，A.	Die philosopfisonen Werke Chinas in	
	dem Zeitalter del Thang　………	1878
Suzuki，D. T.	Brief History of Early Chinese Philos-	
	ophy（London）　……………	1914
Bruce，J. P.	Chu Hsi and His Masters（London）	1923

橘惠胜	东洋思想史概论 ……………………	1923
Zenker, E. V.	Geschichte der chinesischen Philosophie, 2vole.（Reichen berg）	1926
Forke	Geschichte der Alten Chinesischen Philosophie（Hamburg）………	1927
Hackmann, H.	Chinesische Philosophie（Munich）	1927
Wieger	History of the Religious Beliefs and Philosophical Opinions in China	1927
斋伯守	支那哲学史概说 ……………………	1930
境野哲	支那哲学史研究 ……………………	1930
渡边秀方	支那哲学史概论 ……………………	1931
高濑武次郎	支那哲学史 …………………………	？
宇野哲人	支那哲学史概论 ……………………	？
远藤隆吉	支那哲学史 …………………………	？
中内义一	支那哲学史 …………………………	？

哲学各论

Franke, O	Uber die Chinesische Lehre von den Fezeichnungen（Leyden）……	1906
今关寿麿	宋元明清儒学年表 ………………	1919
Bruce, J. P.	The Philosophy of Human Nature by Chu Hsi（London）……………	1922
Wilhelm, R.	Chinesische Lebensweisheit（Darmstadt）………………………………	1922
宕桥通成	东洋伦理想概论 ……………………	1922
三浦藤作	东洋伦理学史 ………………………	1923
宇野哲人	儒学史上 ……………………………	1924

荻原扩	支那道德文化史 ……………………	1927
Duyvendak，J. T. L.	Historie en Confucianisme ………	1930
森本竹城	清朝儒学史概说 …………………	1930

经学

本田成之	支那经学史论 ……………………	1927
诸桥辙次等	经学史 ……………………………	1933

宗教总论

Edkins，Joseph	Religion in China（Boston）……	1878
Channell，W. T.	The Historical Development of Peli-	
	gion in China（London）………	1881
Legge，J.	The Religions of China（London）	1881
Groot，J. J. M. de	The Reigious System of China，Its	
	Ancient Forms，etc. 4vols.（Ley-	
	den）………………………… 1892 – 1901	
Grcot，J. J. M. de	Sectarianism and Religious Persecu-	
	tion in China，2vols.（Amster-	
	dam）……………………………	1903
Grube，W.	Religion und Kultus der Chnesen	
	（Leipzig）……………………	1910
Wieger，L.	Histoire des Croyances Religieuses te	
	des Opinions philosophiques en	
	Chine Depuis l'Origine jusquanos	
	jours …………………………	1917
Creel，H. G.	Sinism：A Study of the Evolution of	
	the Chinese World View（Chicago）	1920
Granet，M.	La Religion des Chinois（Paris）	1922

Schnidler, B.	Development of the Chinese Conception of Supreme Beings (London) ………………………	1922

宗教各论

Hackmann, H.	Der Buddhismus (Halle) ………	1906
Broomhall, M.	Islam in China (London) ………	1909
D. Ollane	Recherches sur les Musulmans Chinois (Paris) …………………	1911
Wieger, L.	Boudhisme Chinois, 2vols. (Hochienfu) ………………………	1910 – 1913
Wieger, L.	Taoism (Shanghai) ……………	1911
Soothill, W. E	The Three Religions of China (London) ………………………	1913
Stewart, J. L.	Chinese Culture and Christianity (New York) …………………	1915
Hodons, L.	Buddhism and Buddhists in China (New York) …………………	1924
Dorè, Henri	Recherchse sur les Superstitions en Chine, 15 vols. (Shanghai)	1914 – 1926
Probodh Chandra Bagch	Le Canon Bouddhique en Chine, les Traducteurs et les Traductions (Paris) ………………………	1927
Johnson, O. S.	A Study of Chinese Alchemy (Shanghai) ……………………	1928
Latourette, K. S.	History of Christian Missons in China	

	(New York) ……………………	1929
Monle, A. C.	Christians in China from the Year 1550 (London) ………………	1930
Reichelt, K. L.	Truth and Tradition in Chinese Buddhism (Shanghai) …………	1930
Shryock, J. K.	The Origin and Development of the State Cult. of Confucius (New York) ………………………	1932
Bernard, H.	Aux Portes de la Chine les Missionaires du XVI Siecle (Shanghai)	1935
境野哲	支那佛教精史 ………………………	1935

经济

Vissering, W	On Chinese Currency, Coin and Paper Money (Leiden) ………	1877
Kann, E.	The Currencies of China (Shanghai)	1901
Vissering, G.	On Chinese Currency Prelimmary Remarks about the Monetary Reform in China (Batavia) …………	1912
田中忠夫	支那经济史研究 …………………	1922
田崎仁义	支那古代经济思想及制度 ………	1924
Böhme, K.	Wirtschaftsanschauungen Chinesischer Klassiker (Hamburg) ……	1926
Kato, S.	A Study of the Suan-fu, the Poll Tax of the Han Dynasty (Memoirs of the Research Department of the Toyo Bunko. No. I. , pp. 51 - 68)	1926

来原庆功	东洋政治经济思想渊源 …………	1928
Ga e, E. M.	Public Administration of Salt in China: A Historical Survey (The Annals of the American Academy of Political and Social Sciences, November 1930, pp. 214 – 251)	1930
Wittfogel, K. A.	Wirtschaft und Geselschaft Chinas. Erster Teil, Produtivkrafter Produktions-und Zirkulations Prozess (Leiqzig) …………………	1931
台湾总督府	中华民国茶业史 …………………	1931
青柳笃恒	支那近世产业发达史 ……………	1931
Tawney, R. H.	Land and Labour in China ………	1932
森谷克已	支那社会经济史 …………………	1935

政治

Dingle, E. V.	China's Revolution, 1911 – 1912 (Shanghai) …………………	1912
Weale, Putnam	The Fight for the Republic in China (New York) ………………	1917
Vinacke. H. M.	Modern Constitutional Development in China (Princeton) …………	1920
吉野作造	支那革命史 ……………………	1921
Seufert, von Wilhelm	Urkunden zur Staatlichen Neuordnung unter der Handynastie (Berlin) …………………	1922
原田政治	中华民国政党史 …………………	1925

北一辉	支那革命外交 ··················	1925
Ferguson，J，C.	Political Parties of the Northern Sung Dynasty（Journal of the North China Branch of the Royal Asiatic Society 1927，pp. 36 – 56）······	1927
Rotours，Robert	Les grands Fonctionnaires des Provinces en Chine sous la Dynastic des T'ang）T'oung Pao. 1928, pp. 219 – 332 ···················	1928
Holcombe，A. N.	The Chinese Revolution（Cambridge）	1930
Franke，O.	Staatssozialistische Versuche im alten und mittelaiterlichen China（Philosophische historische Klasse，1931，XIII，pp. 218 – 242）······	1931

法制

| 浅井虎夫 | 支那法制史 ·················· | 1905 |
| 东川德治 | 支那法制史研究 ·················· | 1924 |

外交

Cordier，H.	Histoire des Relations de la Chine Avec les Puissances Occidentales, 860 – 1900, 3 vols.（Paris）	1901 – 1902
Morse，H. B.	The International Relations of the Chinese Empire（New York）···	1910
Latourette，K. S.	History of Early Relations Between the U. S. A. and China，1784 – 1844（New Haven）··········	1917

Cordier, H,	Hestoire generale de la Chine et de ses relations avec'les Pays etrangers, 4 vols. （Paris） …………	1920
Willoughby, W. W.	Foreign Rights and Interests in China （New York） ………………	1927
洼田文三	支那外交通史 ………………………	1928
稻坂碃	近世支那外交史 …………………	1929
植田捷雄	支那外交史论 …………………	1933

中外交通与贸易

Sprenger, A.	Die Post-und Reise-routen des Orients （erstes Heft, pp. 73 – 91, Leipzig, 1864, Abhandlungen der Deutschen Morgenlaneischen Gesellschaft Ⅲ Band） …………	1864
Hirth, F.	China and the Roman Orient （Shanghai） ………………	1885
Chavannes, E.	Les Pays d'Occident d'apres le Heou Hau Chou （To'ung Pao, 1907, pp. 149 – 234） ………………	1907
浅井虎夫	支那日本通商史 ………………	1907
Herman, Albert	Die alten Seidenstrassen zwischen China und Syrien （Quellen und Forschungen zur alten Geschichte und Geographie, Berlin） ……	1910
Chavannes, E.	Documents-Chinois d'econverts par Aurel Stein dans les Sables du Tu-	

	rkestan Oriental（Oxford）······	1913
Ferrand，Gabriel	Reations de Voyages et Textes	
	Geographiques Arabes，Persans et	
	Turks Relatifs a l'Extreme-Orient	
	du Ⅷe au XVⅢe Siecles（Paris）	1913
Laufer，B.	Arabic and Chinese Trade in Warus	
	and Narwhal Ivory（T'oung Pao，	
	pp. 315－370）·················	1913
Morse，P. B.	The Trade and Administration of Chi-	
	na（London）·····················	1913
Rockhill，W. W.	Notes on the Relations and Trade of	
	the Indian Ocean during the 14th	
	Century（T，oung Pao）··· 1913－1915	
Yule，A von Col. Sir Henry		
	Cathay and the Way Thither，Vo. I	
	（London）·······················	1915
Ferrand，Gabriel	Voyages du Marchand Arabe Suay-	
	man，en Inde et en China redige	
	en 851 suivi de Rewarques par	
	Abü zard Hasan（vers 916，Par-	
	is）······························	1922
Groot，T. T. M. de	Chinesische Urkunden zur Geschichte	
	Asiens，2vols.（Berlin）··· 1921－1926	
Remer，C. F.	The Foreign Trade of China（Shang-	
	hai）····························	1926
木官泰彦	日本交通史·················	1927

Le Coq，A von	Buried Treasures of Chinese Turke-stan（London）··················	1928
矢野仁一	支那近代外国关系研究 ············	1928
Hermann，A.	Lou-lan，China，Indian und Rom in ichte der Ausgrabungen am Lobao（Leipzig）·····················	1931
Hudson，G. F.	Europe and China：A Survey of Their Relations from the Earliest Times to 1800（London）······	1931
Stein，M. Aurel	On Ancient Central Asian Tracks（London）····················	1933

拓殖

Rockhill，W. W.	China's Intercourse with Korea from the 15th Century to 1895（London）	1905
Maspero	Le Royaume de Champa（T'oung Pao）····························	1911
MacNalr，H. F.	The Chinese Abroad（Shanghai）	1924
Parker，E. A.	A Thousand Years of the Tartars（London）·····················	1924
Mosolff，H.	Die Chinesische Auswanderung（Rostock）····················	1923
Maybon，CH. B.	La Domination Chinoise en Annam（Ⅲ av J. C-939ap. J. C.）···	？

中国文化西渐

| Martino，P. | L'Orient dans la Litterature Francaise | |

	au XVIIe et au XVIIIe Slec es (Paris) ··························	1906
Söderblom, N.	Das Werden des Göttesglaubens (pp. 324 – 360, Leipzig) ······	1916
Laufer, B.	Smo-Iranica, Chinese Contributions to the History of Civilization in Ancient Iran, with Special Reference to His. Cutivated Plants and Products. (Chicago) ·············	1919
Reichevein, A.	China and Europe: Intellectual and Artistic Contacts in the 18th Century. Trans. by Powell (New York) ····························	1925
Pinot V.	La Chine et la Formation de I'Esprit Philosophique en France, 1640 – 1740 ·······························	1932

教育

Biot. E.	Essai sur 1'Histoire de 1'Instruection Publique en Chine (Paris) ······	1847
中岛半次郎	东洋教育史 ·························	1911
Monroe, Paul	A Report on Education in China (New York) ·····················	1923
Galt. M. L.	The Development of Chinese Educational Theory (Shanghai) ······	1929

社会

| Smith, A. H. | Vllage Life in China (New York) | 1899 |

Morse，H. B.	The Gilds of China（London）　…	1909
稻叶君山	支那社会史研究 ………………	1922
Ward J. S. M. and Stering，W. G.		
	The Hung Society，2vols.（London）	1925

　　语文

Karlgren，B.	Le Protochinois，langue lexionnelle	
	（Jena）…………………	1920
Karlgren，B.	Sound and Symbol in China（London）…………………	1923
Karlgren，B.	Philology and Ancient China（Oslo）	1926

　　天文

| 新城新藏 | 东洋天文学史研究 …………… | 1928 |
| Saussure，L. de | Les origines de l'astronomie Chinoise （Paris）　……………… | 1930 |

　　农业

King，F. H.	Farmers of Forty Centuries（Madison）	1911
Wagner，W.	Die　Chinesische　Landwirtschaft （Berlin）…………………	1926
Buck，J. L.	Chinese Farm Economy（New York）	1930

　　工业

| Carter，T. F. | The Invention of Printing in China and Its Spread Westward（New York）………………… | 1931 |
| 中山久四郎 | 世界印刷通史（支那篇）……… | 1931 |

　　医学

| 蓼温仁 | 支那中世医学史 …………… | 1931 |

一般美术

Bushell, S. W.	Chinese Art, 2 vols（London）	1910
Münsterberg, O.	Chinesische Kunstgeschichte, 2 vols.（Esslingen）……………	1910
Fenollosa, E. F.	Epochs of Chinese and Japanese Art, 2 vols.（London）……………	1912
Pelliot, Paul	Notes surquelques Artistes des Six Dynasties et des Tang（Toung Pao 1923, pp. 215 – 291）………	1923
Segalen, Victor,	Gilert de Vorsins et Jean Lartique- Mission Archeologique en Chine. 1914 – 1917. 2 vols. Paris …… 1923 – 1924	
Tizac, H. d'Ardenne de	L'Art Chinois Classique（Paris）	1926
Rostovtzeff, M. I.	The Animal Style in South Russia and China（Princeton）……………	1929
Soulie, C. G.	History of Chinese Art from Ancient Times to the Present Day, Trans. by G. C. Wheerler（New York）…………………	1929
Cohn. Wiliam	Chinese Art（London）…………	1930
Fischer, Otto	Die Chinesische Ma erei der Han-Dy- nastie（Berlin）……………	1931
泽村专太郎	东洋美术史の研究……………	1932
大村西崖等	东洋美术史…………………	1932

绘画

Binyon. L,	Painting in the Far East（London）	1908
中村不折等	支那绘画史 ·····················	1914
Giles，H. A	An Introduction to the History of Chinese Pictorica Art（London）	1918
Fischer，Otto	Chinesische Landschaftsmalerei（Munich） ····················	1921
Warey，Arthur	An Introduction to the Study of Chinese Painting（London） ·······	1923
金原省吾	支那上代画论研究 ·················	1924
东方文化学院京都研究所		
	支那山水画史 ··················	1934

书法

有谷静堂	支那书道史概说 ··················	1930

雕塑

Chavannes，E.	Six Monuments de la Scripture Chinoise（Paris） ····················	1914
Laufer，B.	Chinese Clay Figures（Chicago）···	1914
Le Coq，von	Die buddhistische Spatantike in Mitte-Asien，vo. I Die Plastik（Berlin） ····························	1922
Aston，Leigh	An Introduction to the Study of Chinese Sculpture（London） ······	1924
Siren，O.	Chinese Scul pture from the 5th to the 14th Century，4 vol s.（London） ·····················	1925

Laufer, B.	Chinese Grave Sculptures of the Han Period (London) ··············	1926
Hentze, C.	Chinese Tomb Figures: A Study in the Beliefs and Folklore of Ancient China (London) ··············	1928

陶磁器

Brinkley, F.	China: Its History, Arts and Literature, vol. 9 (Boston) ·········	1902
Laufer, B.	The Beginnings of Porcelain in China (Chicago) ······················	1917
Schmidt, R.	Chinesische Keramik von der Hanzeit bis zum XIX Jahrhundert (Frankfurt am Main) ············	1924
Hobson, R. L. and Hetherington, A. L.	The Art of the Chinese Potter from the Han Dynasty to the end of Ming (London) ··················	1923
Arne, T. J.	Painted Stone Age Pottery from the Provinces of Honan, China Palaeontolonia Sinica Series D. vol 1, Fas. 2 (Peking) ··················	1925
Hobson, R. L.	The Later Ceramic Wares of China (London) ······················	1925
上田恭辅	支那陶器之时代的研究 ············	1929
渡边素舟	支那陶磁器史 ·······················	1929

铜器

Koop，A. T.	Early Chinese Bronzes（London）	1924
Voretzch，T. A.	Altchinesische Bronzen（Berlin）	1924
Rostovtzeff，M.	Inlaid Bronzes of the Han Dynasty（Paris）……………………	1927

音乐

Comant，M.	Essai Historique sur la Musique Classique des Chinais（Paris）……	1912
Wilhelm，R.	Chinesische Musik（Frankfurt a. m.）…………………………	1927
田尚边雄	东洋音乐史…………………………	1935

建筑

Boerschmann，Ernst.	Chinesische Architektur，2 vols.（Berlin）…………………	1925
Iren，O.	The Imperial Palaces of Peking 3 vois.（Paris）………………	1926
伊东忠太	支那建筑史（东洋史讲座）……	1931

文学总论

久保天随	支那文学史…………………………	1908
Giles，H. A.	A History of Chinese Literature（London）………………	1909
Grube，W.	Geschichte der Chinesischen Literatur（Leipzig）………………	1909
儿岛献吉郎	支那大文学史……………………	1910
儿岛献吉郎	支那文学考……………………	1920
Erkes，E.	Chinesische Literatur（Breslau）…	1922

儿岛献吉郎	支那文学史纲 ……………………	1922
Wilhelm，R.	Chinesische Literatur（Wildpark-Potsdam）…………………	1927
西泽道宽	支那文学史概说 ……………	1928
水野平次	支那文学史 ………………	1932
完内淳三郎	汉文学史概论 ………………	1932

文学各论

Johnston，R. F.	The Chinese Theatre（London）…	1921
铃木虎雄	支那诗论史 ………………	1925
宫原民平	支那小说戏曲史概说 …………	1929
泽田总清	支那韵文史 ………………	1929
Arlington，Z. C.	The Chinese Drama from the Earliest Times Until Today ………	1930
青木正儿	支那近世戏曲史 ………………	1930

考古

Lacouperie，T. de	Western Origin of Chinese Civilization（London）………………	1887
Laufer，B.	Jade，a Study in Chinese Archaeology and Religion（Chicago）……	1912
Chavannes，E.	Mission Archeologique dans la Chine Septentrionale，1909 – 1915（Paris）	1915
Grunwedel，A.	Alt-Kulscha（Berlin）…………	1920
Pelliot，Paul	Les Grottes Touen-houang，1914 – 1921（Paris）………………	1921
Stein，Sir Aurel	Serindia（London）……………	1921

Le Coq A. von	Die Buddhistische Spatantie in Mit- telasien（Berlin）　·········· 1923 – 1933
民族	
Shirokogoroff. S. M.	Social Organization of the Manchus （Shanghai）　·················· 1924
Shirokogoroff	Anthropology of Eastern China and Kwangtung（Shanghai）　········· 1925
Shirokogoroff	Anthropology of Northern China （Shanghai）　·················· 1925
Shirokogoroff	Social Organization of the Northern Tunghus（Shanghai）　··········· 1925
Franke. O.	Geschicte des Chinesischen Reiches （Berlin）　···················· 1930
和日清	支那民族发展史 ···················· ?

上表都二百三十四种，皆欧，美，日本学者之著作；国人之以他国文字编著者不与焉。此固非详尽之书目；然重要之作，殆鲜遗漏。按其性质，得三十有二类。计一般文化史十八种，哲学总论十五种，哲学各论十种，经学二种，宗教总论十种，宗教各论十七种，经济十四种，政治十一种，法制二种，外交八种，交通与贸易二十一种，拓殖六种，文化西渐五种，教育四种，社会四种，语文四种，天文二种，农业三种，工业二种，医学一种，一般美术十三种，绘画七种，书法一种，雕塑七种，陶磁器三种，铜器三种，音乐三种，建筑三种，文学总论十一种，文学各论六种，考古七种，民族六种。再归纳之，则一般文化史仅占十八种，自余二百十六种尽属分科文化史。二者之比，殆为一与九。足见分科文化史之著作，视一般文化史为易。至以内容论，则一般文化史中，除一二种堪称佳构外，

大都失去之简略。而分科文化史则佳构不在少数，又足见分科文化史之著作，较一般文化史易著成绩。惟已有之各科文化史，体例不一，详略不等，且重要科目多未编著；此其最大之缺憾也。

（五）外国学者编纂之世界文化史

世界文化史浩如烟海；然大别之，不外综合的与分科的二类。综合的文化史，固不乏佳著；惟既须贯通各民族，又须综合各科目；非失诸芜杂，则稍嫌简略。其编纂之困难，视一国或一民族之文化史尤甚。至分科的文化史，规模巨而体例佳者，就著者所知，当推法国出版之人类演进史丛书（L, Eovlution De L'Humanite）。主编者为 Henri Barr。全书五十余巨册，每册述一崇题。自一九二〇年开始刊行。越五年，英国继起而有同样之编辑计划。其体例与法国之人类演进史丛书无二致，而规模益大，定名为文化史丛书（History of Civilization），主编者为剑桥大学之 C. K. Ogden 氏，而以美国之 Harry Elmer Barnes 教授为编辑顾问；俾于英美两国同时发行。全书拟编为二百余种，迄今已出版者九十八种，每种一巨册。其中译自法文之人类演进史丛书者四十二种；馀皆自行编著。已出版各书别为十五类，列举于左，其非译自法文者别加星符为记。

（1）导论及史前文化

Rivers, W. H. R.　　　　＊Social Organization

Perrier, Edmond　　　　The Earth Before History

Morgan, Facques de　　Prehistoric Man

Renard, G：　　　　　＊Life and Work in Prehistoric Times

Childe, Gordon V.　　　＊The Dawn of European Civilization

Vendryes, F.　　　　　Language：a Linguistic Introduction to History

Febvre, L.　　　　　　A Geographical Introduction to History

Pittard, E.	Race and History
Childe, V. Gordon	* The Aryans
Moret, A and Davy, G.	From Tribe to Empire
Burns, A. R.	* Money and Monetary Policy in Early Time
Smith, G. Elliot	* The Diffusion of Culture

(2) 古帝国文化史

Moret, A.	The Nile and Egyptian Civilization
Delaparte, L.	The Mesopotamian Civilization
Glot, G.	The Aegean Civilization
Burn, Andrew Robert	* Minoans, Philistines and Greeks
Farde, A.	The Formation of the Greek People
Glotz, G.	* Ancient Greece at Work
Sourdille, C.	The Religious Thought of Greece
Deonna, and Ridder.	Art in Greece
Robin. L,	Greek Thought and the Scientifc Spirit
Glotz, G.	The Greek City and its Institutions
Fouguet, P.	Macedonian Imperialism

(4) 罗马文化史

Homo, Léon	Primitive Italy and Roman Imperialism
Grenier, A.	The Roman Spirit in Religion, Thought, and Art
Homo, Léon	Roman Political Institutions
Declareuil, F.	Rome, the Law-giver
Toutain, F.	Eonomic Life of the Ancient World
Chapot, Victor	The Roman world

Louis, Paul   * Ancient Rome at Work

Huhert. H.   The Celts

（5）罗马世界以外文化

Hubert, H.   Germany and the Roman Empire

Huart, Clament   Ancient Persia and Iranian Civilization

Granet, M.   Chinese Civilization

Granet, M.   The Religion of China

Hudson, G. F.   * Feudal Japan

Parker, E. H.   A Thousand Years of the Tartars

Hudson, G. F.   * Nomads of the European Steppe

（ED.）Levi, S.   India

Sidbanta, N. K.   * The Heroic Age of India

Ghurye, G. S.   * Caste and Race in India

Thomas, E. H.   The Life of Buddha as Legend and History

Thomas, E. H.   The History of Buddhism

（6）基督教起源史

Lods, Adolphe   Israel, to the Middle of the Eighth Century

Guignebert, C.   Jesus and the Birth of Christianity

Guignebert, C.   The Formation of the Church

Guignebert, C.   The Advance of Christianity

Labriolle, P. de   * History and Literature of Christianity

（7）罗马帝国崩溃时代文化史

Lot, Ferdinand   The End of the Ancient World

Diehl, C.   The Eastern Empire

Halphen, L.   Charlemagne

Lot, Ferdinand   The Collapse of the Carlovingian Em-
                                pire

(Ed.) Boyer, P.   The Origins of the Slaves

Baynes, Norman   *Popular Life in the East Roman Em-
                                pire

Phillpotts, B. S.   *The Northern Invaders

(8) 教权昌盛时代文化史

Doutte, E.   Islam and Mahomet

Barrau Dihigo, L.   The Advance of Islam

Alphandry, P.   Christendom and the Crusades

Genestal, R.   The Organization of the Church

(9) 中古艺术史

Lorquet, P.   The Art of the Middle Ages

Strong, E.   The Papacy and the Arts

(10) 君权改造时代文化史

Petit Dutaillis, C.   The Foundation of Modern Monarchies

Meynial, E.   The Growth of Public Administration

Meynial, E.   The Organization of Law

(11) 社会经济演进史

Bourgin, G.   The Development of Rural and Town
                                Life

Boissonnade, P.   Maritime Trade and the Merchant
                                Gilds

Cartelieri, Otto   *The Court of Burgundy

Boissonnade, P.   *Life and Work in Medieval Europe

Power, Eileen. ＊ The Life of Women in Medieval Times

（ED.） Newton, A. P. ＊ Travel and Travelers of the Middle Ages

（ED.） Prestage, Edgar ＊ Chivalry and its Historical Significance

（12） 学术演进史

Huisman, G. Education in the Middle Ages

Brébier, E. Philiosophy in the Middle Ages

Rey Abel and Routroux, P. Science in the Middle Ages

（13） 中世与近代过渡史

Lorquet, P. Nations of Western and Central Europe

（ED.） Boyer, P. Russians, Byzantines, and Mongols

Renaudet, G. The Birth of the Book

Hughes, C. Hartmann ＊ The Grandeur and Decline of Spain

Seaton, M. E. ＊ The Influence of Scandinavia on Engand

Gregory, T. E. ＊ The Phliosophy of Captalism

Mrs. Russell, Bertrand ＊ The Prelude to the Machine Age

Renard, G. and Weulersse, G.

＊ Life and Work in Modern Europe

George, M. Dorothy ＊ London Life in the Eighteenth Century

Reichwein, A. ＊ China and Europe in the Eighteenth Century

（14）分科文化史

Cumston，C. G.	＊The History of Medicine
Summers Montague	＊The History of Witchcraft
Summers Montogue	＊The Geography of Witchcraft
Gregcry，T. E.	＊The History of Money
Issac，F.	＊The History of Taste
Powys Mathers，E.	＊The History of Oriental Literature
Gray，Cecil	＊The History of Music

（15）人种史

Dudley，L. H. Buxton	＊The Ethnoolgy of Africa
Durley，L. H. Buxton	＊The Peoples of Asia
Fox，C. E.	＊The Threshold of the Pacific
Karsten，Rafael	＊The South American Indians
Macleod，F. G.	＊The American Indians Frontier
Hodson，T. C.	＊The Ethnology of India
Bendann，E.	＊Death Customs

　　以上系据原出版者之分类，兹为便利比较计，别按第四项之分类：其结果除一般文化史占七种，分国文化史占二十一种外，所余七十种皆属分科文化史。计哲学占一种，宗教十二种，政治七种，经济五种，法律二种，教育二种，社会十一种，语文一种，医学一种，艺术四种，文学一种，地理二种，民族十七种。除分国史因本丛书为世界文化史，不得不特别编著外，其间一般文化史种数与分科文化史比较，适为一与十之差别。足见文化史欲谋编纂之便利与完善，有不得不倾向于分科编纂者矣。

　　（六）编纂中国文化史应用如何方法

　　如前所述，中国文化如是悠久，其史料又如是繁复；欲为综合

的编纂，既非一手一足所能任，尤苦组织困难。旁览外人所著之中国文化史，则泰半采分科编纂方法，以避难而就易，甚至外国学者之世界文化史亦如出一辙。故文化范围广泛，即在完整之国家，以少数人综合广泛之史料，终不若以多数人分理各专科之史料为便，其他更无论矣。梁任公叙清代学者整理旧学之总成绩为：一，经学，二，小学及音学，三，校注先秦诸子及其他古籍，四，辨伪书，五，辑佚书，六，史学，七，方志学，八，谱牒学，九，历象及自然科学，十，地理学，十一，政书，十二，音乐学，十三，金石学，十四，佛学，十五，编类学，十六，丛书及目录学，十七，笔记及文集，十八，官书。凡此之成绩皆非一人一时之力；盖亦分科研究，而后有此者也。晚近国内学人颇有编著分科文化史者，一方面利用清代学者局部整理之遗产，他方面取法欧美新颖之体例，各就所长，分途程工；惟成书仅少数科目，无以蕴文化之全范围。而外国学者数十年编著之我国分科文化史，种数号称数百，然侧重艺术政治经济交通数科目，余多缺略，除取材纯疵不一外，即以范围论，亦未能窥我文化之全豹也。顾一视我国现有之出版物，犹觉彼胜于此，此我国之耻也。窃不自揣，欲有以弥此憾而雪斯耻，爰博考外人编纂之我国文化史与前述英法两国近年刊行文化史丛书之体例，并顾虑我国目前可能获得之史料，就文化之全范围，区为八十科目。广延通人从事编纂，亦有一二译自外籍者，则皆删订，务期核实。历时已久，汇集成编，分期刊行，用供众览。斯皆萃一时之闳雅，发吾国之辉光，分之为各科之专史，合之则为文化之全史。当代君子，其亦有取于斯乎。附拟编中国文化史丛书八十种目录于左：

（一）中国目录学史　　　　（二）中国图书史

（三）中国经学史　　　　　（四）中国伦理学史

（五）中国理学史　　　　　（六）中国道教史

（七）中国佛教史　　　　　（八）中国回教史

（九）中国基督教史　　　　（十）中国社会史

（十一）中国风俗史　　　　（十二）中国政治思想史

（十三）中国政党史　　　　（十四）中国革命史

（十五）中国外交史　　　　（十六）中国藩属史

（十七）中国经济思想史　　（十八）中国经济史

（十九）中国民食史　　　　（二〇）中国财政史

（二一）中国田赋史　　　　（二二）中国盐政史

（二三）中国公债史　　　　（二四）中国货币史

（二五）中国法律思想史　　（二六）中国法律史

（二七）中国中央政制史　　（二八）中国地方政治史

（二九）中国军学史　　　　（三〇）中国水利史

（三一）中国救荒史　　　　（三二）中国教育思想史

（三三）中国教育史　　　　（三四）中国交通史

（三五）中国西城交通史　　（三六）中国日本交通史

（三七）中国南洋交通史　　（三八）中国西洋交通史

（三九）中国殖民史　　　　（四〇）中国礼仪史

（四一）中国婚姻史　　　　（四二）中国妇女生活史

（四三）中国文字学史　　　（四四）中国训诂史

（四五）中国音韵学史　　　（四六）中国算学史

（四七）中国度量衡史　　　（四八）中国天文学史

（四九）中国历法学史　　　（五〇）中国科学发达史

（五一）中国农业史　　　　（五二）中国渔业史

（五三）中国牧畜史　　　　（五四）中国工业史

（五五）中国建筑史　　　　（五六）中国矿业史

（五七）中国商业史　　　　（五八）中国医学史

（五九）中国文具史　　　　（六〇）中国兵器史

（六一）中国陶瓷史　　　　（六二）中国印刷史

（六三）中国食物史　　　　（六四）中国金石史

（六五）中国书法史　　　　（六六）中国绘画史

（六七）中国音乐史　　　　（六八）中国武术史

（六九）中国游艺史　　　　（七〇）中国韵文史

（七一）中国散文史　　　　（七二）中国骈文史

（七三）中国戏曲史　　　　（七四）中国小说史

（七五）中国俗文学史　　　（七六）中国史学史

（七七）中国考古学史　　　（七八）中国地理学史

（七九）中国疆土沿革史　　（八〇）中国民族史

（二六年一月八日作）

同年三月商务印书馆召集二十五年度股东常会，除分配盈余外，以复股公积恢复股份为五百万元。

余于一二八商馆遭遇巨劫后，为复兴商馆而苦斗，初意于减资为三百五十万元后，决意逐年以复股公债，陆续恢复至原资本额五百万，即初愿已偿，当即急流勇退。曾将此意明告各董事，董事诸公虽力言本公司赖余独力苦斗而得复兴，复兴以后，待发展之要务尚多，端赖余继续主持，余虽迫于众议，且何时能偿斯愿尚不敢必，姑一笑置。兹已全偿诺言矣。此正余郑重考虑之时机，曾因此熟思旬日，当以已发动之若干计划，尚在开始，非得继续完成不可；待发动之计划，在余心目中尚多。且东方图书馆虽已收集中外图书十余万册，距劫前所藏尚远，尤有待继续努力。其后高梦旦先生已去世，最可商洽者无人；其次则为张菊生先生。余初入商馆时，彼此虽尚融洽，究非无话不谈者。及一二八以后，菊老知我益深，不仅

在公务上无事不尊重余意，力为支持；即私交上亦无话不说，取代了梦旦先生对余之关系地位。至是遂与坦诚相商，彼以余五年辛勤，备致同情外，却又以本公司关系文化之重大。彼坦言眼角素高，不愿轻易敷衍，惟衷心所感，与实际经见，切认余为商馆最理想之主持人，兹虽恢复原有资本，而以远逊于以前之设备产生数倍于前之效果。设余一旦离去，以自己一年挽救之垂危机构，交付于不可知之人接替，不仅难期可以维持原有之效率，甚且成事难，败事易，余又何忍坐视其每况愈下。菊老又动以感情，谓深知余与梦旦先生莫逆。梦旦生前引余入本公司，卒成为本公司之救星。梦旦时以此自豪。今梦旦逝世未久。冥冥之中，知余于复兴甫告一段落，使即舍去，如仍有知，定然万分不安。余经菊老掬诚相劝，几至无词以对，始允再行考虑。复经数日思考，不得已卒放弃初意，谓姑再留一年，一面为公司物色替人，一面静观发展，再行定夺。初不意此一转念，竟使余继续受八年之苦难也。

同年五月据余估计民国二十五年为我国新出版物最多之一年，商务印书馆一家独占是年全国新出版物百分之五十二。

　　彼时我国出版物尚无公家统计。余应中国文化协会之请，于五月间为撰十年来的中国出版事业一文，虽为个人之推测，自计距离事实尚非太远。爰录出如左。

十年来的中国出版事业

一

　　要使人对于中国出版事业有相当的认识，必须从出版物的统计着手。但是中国的出版统计，无论公私机关至今还没有做过工夫。内政部虽然在注册图书方面作过简单的统计，可是中国出版物的全

数量和注册图书的数量比较，相差至远，断不能作为依据。作者近三年来，因受英文中国年鉴社的嘱托，编撰该年鉴中国出版界一篇，每次都费了不少工夫，一方面向较大的出版家直接调查，他方面从京，沪，平，津，几家主要日报全年登载的新书广告归纳起来，编成最近三年的中国出版统计。这种统计虽未能十分正确，事实上当不致相差太远。不过这种统计，只限于民国二十三至二十五年；如果要将十年来的出版统计补编完成，所费的时间固很惊人，而且据以统计的资料也不容易搜集。经过了一番考虑，作者才决定一个半靠搜集半靠推算的方法。具体说起来，就是一面商请较大的出版家把最近十年中前七年的新出版物数量，分年开示；一面把这几个大出版家最近三年间的出版物数量和全国出版物总数量的比例，按着从已知求未知的原则，推算此时期中前七年全国出版物的数量。现在把推算的过程和结果说明于后。

据直接调查的结果，我国资格最老的出版家商务印书馆、中华书局和世界书局三家，在过去十年间，即民国十六年一月至二十五年十二月底，逐年的新出版物册数如左表：

	商务	中华	世界	总计
民国十六年	八四二	一五九	三二二	一三二三
民国十七年	八五四	三五六	三五九	一五六九
民国十八年	一〇四〇	五四一	四八三	二〇六四
民国十九年	九五七	五二七	三三九	一八二三
民国二十年	七八七	四四〇	三五四	一五八一
民国二十一年	六一	六〇八	三一七	九八六
民国二十二年	一四三〇	二六二	五七一	二二六三
民国二十三年	二七九三	四八二	五一一	三七八六

	商务	中华	世界	总计
民国二十四年	四 二九三	一 〇六八	三九一	五 七五二
民国二十五年	四 九三八	一 五四八	二三一	六 七一七

又最近三年，即民国二十三至二十五年的全国新出版物册数，经作者调查计算的结果如左：

民国二十三年　　　六 一九七

民国二十四年　　　九 二二三

民国二十五年　　　九 四三八

如果把商务、中华、世界三家在这三年中各该年的新出版物册数和上述全国各该年的新出版物总册数比较一下，则三家的出版物册数在民国二十三年度占全国出版物总册数百分之六十一；在民国二十四年度占全国百分之六十二；在民国二十五年度占全国百分之七十一，三年间三家出版物的平均数则占同期间全国出版物的平均数百分之六十五。

又如果把商务一家在这三年各该年的新出版册数和全国各该年的新出版物总册比较，则商务一家的出版物册数，在民国二十三年度占全国出版物总册数百分之四十五；在民国二十四年度占全国百分之四十六；而在民国二十五年度，占全国百分之五十二；又三年间商务一家出版物的平均数占同期间全国出版物的平均数百分之四十八。

根据上开任一种比例，都可以把民国十六年至二十二年间每年全国新出版物的总册数推算出来。但如把商务一家作比例，则一方面没有平均的机会，他方面又因中国二十一年商务适遭一二八之劫，停业半年，后来复业之初，也因设备和力量的欠缺，出版新书尚少；

这一年在商务既系特例，自不能据以推算他家或全国的出版物。因此，比较正确的推算，还是以三家的联合比例为根据才好。

查三家在最近三年间的新出版物册数既如上述，平均占全国最近三年间新出版物册数百分之六十五；而三家在前七年间的新出版物册数，均经直接查明。由这些已知的条件，便可推算而得民国十六年至二十二年间每年全国新出版物的总册数如左：

	三家已知数	全国推算数
民国十六年	一三二三	二〇三五
民国十七年	一五六九	二四一四
民国十八年	二〇六四	三一七五
民国十九年	一八二三	二八〇六
民国二十年	一五八一	二四三二
民国二十一年	九八六	一五一七
民国二十二年	二二六三	三四八一

二

对于出版物的数量已有大概的认识后，第二件事便须研究出版的种类。根据作者为英文中国年鉴所搜集的资料，和统计的结果，最近三年间全国新出版物的种类是有数字可考的。不过二十三年度的分类表中，没有把教科书列计，姑将二十三年度删除，仅记二十四、二十五两年全国新出版物的种类及其百分比如左：

	民国二十四年	民国二十五年	平均
总类	四三强	三九强	四一强
哲学	二弱	二弱	二弱
宗教	二弱	〇·五	一强
社会科学	二八强	二七强	二八

	民国二十四年	民国二十五年	平均
语文	二弱	二强	二
自然科学	三弱	二强	三弱
应用科学	四弱	五强	四强
艺术	三强	四弱	四弱
文学	五强	一一弱	八
史地	六强	六强	六强

至于民国十六年至二十三年全国新出版物种类，如从实际上分析，既苦时间和资料的困难；如从间接上推算，则种类的变迁不能和数量的增减并论，因为数量和教育的普及与出版家的资力有密切关系，其增减有相当比例可据；而种类的变迁情形颇为复杂，断不能就几个出版家或是几年间的实例，推求而得一般出版家和其他几年间的近似结果。所以要想约略表现十年来的前八年全国新出版物种类，只有参看内政部注册图书的种类。查国民政府内政部对于出版物的注册系从民国十七年七月份开始，现从这时期起一直统计至民国二十三年底止，把每年注册图书的种类，作成百分比如左：

	民国十七年	民国十八年	民国十九年	民国二十年	民国二十一年	民国二十二年	民国二十三年	平均
总类	六七	一一弱	六七	一七强	三一强	一七强	一一弱	三一强
哲学	○	三弱	一弱	三弱	三弱	五强	五弱	三弱
宗教	○	○	○	○·五	○·二	一弱	一弱	○·五弱
社会科学	四弱	一四强	七弱	二五弱	二五弱	二三强	二八强	一八强
语文	一六强	六强	○	七弱	三强	三弱	八弱	六弱
自然科学	一强	一弱	二弱	八弱	七弱	八弱	九强	五弱

续表

	民国十七年	民国十八年	民国十九年	民国二十年	民国二十一年	民国二十二年	民国二十三年	平均
应用科学	○	三强	二弱	六强	五弱	一一弱	七强	五弱
艺术	三弱	二弱	一弱	六强	三弱	三强	六强	三·五弱
文学	三弱	四三强	六弱	二○强	一五强	二○强	一六强	一八弱
史地	六强	一七强	一四强	八强	八强	八强	九弱	一○

查民国二十四和二十五年新出版物种类的平均百分比系根据实际出版的册数，而民国十七至二十三年的平均百分比，却根据内政部注册的出版物种数；两者的标准不同，原不能作为适当的比较。可是两表均以总类的图书占第一位，社会科学占第二位，文学占第三位，史地占第四位，哲学占第九位，宗教占第十位；这六类的位次完全相同。其彼此不同的只有语文，自然科学，应用科学和艺术四类。

现在再将各类的位次略为说明一下。作者以为总类图书之占第一位，系由大部丛书之故。因为一部丛书里面包括许多种和许多册书，所以无论以册数或以种数为标准，总类都占第一位。不过按册数计算，自然还多一点。民十七至二十二年系按种数计算，结果总类占平均数百分之三十一；民二十四、五两年系按册数计算，总类竟占百分之四十一。这理由很为显明。社会科学之得占第二位，固由于教育图书小学校教科书和儿童读物都括入其中；但国人甚注重社会种种问题，却是主要理由，而社会科学之研究，不像自然科学或应用科学，须先有数理的根底，因此入门较易，也是其中之一理由。文学之得占第三位，则因文学书除供研究外尚可备消遣，故无论在哪一个国家，文学书都占重要地位。史地之得占第四位，其理由与文学书近似，故位次也次于文学书。至于哲学书籍，任何国中，

大家都只供少数人的阅读，我国当然不在例外。宗教书籍，则各国情形差别颇大。有占较重要地位的，也有极不重要的。而且宗教书的效用较长，一本流行，经千百年而不变，因此新出版物究不能多。间有集教典的大成，从事大规模出版者，也不过偶一为之，断不能长久继续。因此，某一年中，宗教书籍虽出版特多，其他各年必不能维持记录。例如商务印书馆十几年前曾经一度辑印续藏经和道藏，在这一二年间，宗教书之出版数量必高起突飞；可是以后十数年间，便难为继了。此外语文，自然科学，应用科学和艺术四类，大都位于总类、社会、文学、史地之下，驾乎哲学宗教之上，而其消长升降，则与读书界的程度和国人的趋向有关系。查语文一类所包括者，大半为学校教科之补充读物，读书界都仅限于学校范围以内，则语文类出版物必占较重要的地位；反之，如果校外或离校以后读书的人渐多，则语文类出版物的地位，必渐渐退让于其他各类的出版物。近两年中应用科学出版物的地位益加重要，可为国人注意实学的明证；艺术出版物较有前进，也就是艺术学校和艺术教育日渐推广的原因。但自然科学还不见有起色，那就不能不视为教育界和读书界的缺憾了。

　　　　三

　　现在进一步，略述这十年来国内重要的或特殊的出版物。为便利说明起见，把这些出版物分为（一）大部丛书，（二）分科丛书，（三）大学用书，（四）职业学校用书，（五）儿童用书，（六）缩印便览书，（七）年鉴，（八）统计，（九）名词表，（十）索引十项。

　　一、大部丛书——这一项以商务印书馆的四部丛刊为其前驱。四部丛刊初编，虽在这时期以前印行，但其第二次发售预约与其续编、三编的发行，均在此时期内。此书初编多至二千册，续编、三编，各五百册，搜罗善本，精工校正，廉价流通，其保存国粹与阐

扬文化之功，有足多者。其后中华书局有四部备要之辑，所收之书，注重实用，而以聚珍仿宋版排印，分订二千二百余册，盖与四部丛刊殊途同归者。近年商务印书馆又有四库珍本和丛书集成之印行。前者就文渊阁所藏四库全书中选印二百三十一种，分装一千九百余册。其中辑自永乐大典而别无他本可代者达九十余种，余亦出于宋元善本，或其书虽时代未远而至今已极罕觏者；盖借此保存珍本，俾迭遭变故之四库全书得因流通而永久也。后者选辑最实用最名贵的丛书百部，汰其重复，实存约四千一百种，依新法分类为五百四十余。我国历代学术专著咸备于此。全书四千册，都二万万字。以种类言，多于四库全书著录者十之二；以字数言，约当四库全书著录者二之一，而售价特廉，不及原值二十分之一。

　　以上各种大部丛书虽各有特色，然皆属于旧学范围。其能包罗中外新旧之学术，并为整个图书馆计划者，实以万有文库为首创。此书第一、二集正书各二千册，另附大部参考书若干册。主旨在以整个的普通图书馆用书供献于社会，其内容于中外各科要籍与治学门径之书无不包罗，支配适当，系统分明，版式一律，书脊编号，并附卡片，尤便管理。国内各地借本书而成立的图书馆多至千余所，其影响于读书界颇大。

　　二、分科丛书——此项丛书种类极多，兹择其规模较大者若干种分科叙述如左：

　　（一）关于教育者——商务印书馆有现代教育名著丛书，师范丛书，及现在开始出版之比较教育丛书，公民教育丛书等。现代教育名著系选译各国关于教育之基本著作先后出版者不下二十种。师范丛书专供中小学教师参考之用，已出版者六十余种。比较教育丛书，每国一种，共十二种。公民教育丛书，亦每国一种，共八种，两书均自本年五月起，月出一种，同为该馆近年定期出版丛书之一。此

外中华书局亦有教育丛书四十余种；正中书局有国防教育丛书约十种。

（二）关于法律者——法学编译社出有法学丛书四十种；商务印书馆出有新时代法学丛书二十三种，实用法律丛书二十种。后者编制注重实用，且以浅显文字及详明举例，为一般人说明繁复的法律学，与讲义式或释义式的法律书籍迥不相同。

（三）关于现代问题者——商务印书馆有现代问题丛书五十种，就国内及世界当前的各重要问题，以客观的资料及各家的意见，提要钩玄，使研究某一问题者于短时期内得一鸟瞰的印象，并可借其导引，渐进于本问题的全领域。正中书局有现代丛书、新生命书局亦有中国问题丛书各二十余种，可供研究现代问题者的参考。

（四）关于自然科学者——商务印书馆有自然科学小丛书二百种，分为科学总论，天文气象，物理学，化学，生物学，动物及人类学，植物学，地质矿物及地理学，科学名人传，及其他，共十类。于自然科学的全范围，殆已具备，取材扼要，叙述浅明，可供一般人的阅读。其专供中等学生研究者，该馆尚有中学生自然研究丛书三十种。其足备科学家之参考者，该馆尚有科学丛书二十余种。

（五）关于工学者——商务印书馆有工学小丛书及化学工业大全两项。前者先后已出版百种以上，各科目大致具备。后者共十五巨册，于化学工业之范围，亦已粗备，且取材适合实用，每题均有详尽的叙述。

（六）关于医学者——新医方面除商务印书馆出有医学小丛书七八十种外，尚无大规模之出版物。旧医方面，则近年大东书局有中国医学集成千册，世界书局有珍本医书集成九十种；皇汉医学丛书七十三种，各装订十四巨册。对于旧医学的要籍，可谓粗备。

（七）关于文学者——创作方面，商务印书馆有现代文艺丛书，

文学研究会丛书，已出六十余种；生活书店有创作文库，已出二十余种；北新书局有创作新刊，已出十余种；开明书店有文学新刊，已出十余种；良友图书公司有良友文学丛书，已出四十种。翻译方面，商务印书馆有世界文学名著，已出一百二十余种，黎明书局有西洋文学名著译丛，已出十余种。以上皆指有丛书名义者而言，其单行之创作和译本，则因文学一类读者最为普通，所以各出版家，除完全印行旧书者外，几乎家家都有出版。

（八）关于史学者——商务印书馆的百衲本二十四史，采访善本正史，汇为一编；殿本讹误之处，借资补正者不可胜计，有功于史学至巨。开明书店的二十五史补编，搜罗各史的补志补表考证等约共三百种，以便利检查的版式印行，对于研究史学者，甚为方便。商务印书馆新近发行的中国文化史丛书，就我国文化的全范围，区为八十科目，分请专家担任编纂，为有系统而详尽的叙述，分之为各科的专史，合之则为文化的全史，为我国史学前此未有的著作。

三、大学用书——我国在五六年前，出版家编印的教科书，以中小学校为限。民国二十一年十月，商务印书馆始发表其大学丛书计划，邀集国内各大学及学术机关代表，组织大学丛书委员会，在整个计划之下，分请专家编撰各院各系用书；其主旨在供献整个的大学用书，借以促进我国学术的独立。第一期四百余种，于民国二十二年四月开始出版，期于五年内完成。迄今已出版者不下三百种，多为精深之作。

四、职业学校用书——职业教育的重要，与日俱进。但因科目复杂繁多，所以教育部至今还没有把职业学校的课程订定。近年教育部委托若干教育机关，草拟职业学校课程大纲，并向全国著名职业学校征集编成之讲义。于二十五年春间委托商务印书馆审查，选其优良者印行。即由该馆邀集全国职业教育专家组织职业教科书委

员会，就所征集之讲义详加审查，分别去取修正，俟认为满意，始通过为职业学校教科书。一面参考教育部印发之职业学校课程大纲并根据各专家的经验，暂行订定职业学校科目，分科征集或编撰适当稿本，陆续印行，期于三年内全部完成，本年秋季开学，第一批的职业学校教科书五六十种便可通过印行。

五、儿童用书——最近几年，尤其是民国二十三至二十五年间，儿童用书的出版最为热闹。商务印书馆有小学生文库五百册，幼童文库二百册，小学分年补充读本六百册；中华书局有小朋友文库四百五十册，小学各科副续本三百册，世界书局有儿童文库二百册。此外儿童书局、北新书局也都有类此的出版物。

六、缩印便览书——自从石印术输入我国以来，缩印的书已经不少；但是缩印而又便览的书，却是这十年来，尤其是最近三四年来的产物。商务印书馆之影印六省通志和十通，开明书店之影印二十五史和世界书局之影印十三经注疏，便都属于这一类。各省通志动辄百数十册，商务印书馆的影印本六省通志，每种不过几厚册。通行的木板九通不下千册，更加上刘氏的清朝续文献通考百册，总册数在千以上，商务印书馆却把这千册以上的书缩成二十厚册。二十五史流行的版本，平均五六百册，开明版的二十五史竟缩成九厚册。十三经注疏通行本，平均也有几十册，世界版的十三经注疏却缩成两厚册。这几种缩印本，还有一样特长，就是字体都不至过小，阅读时比诸从前供场屋应用的石印书清朗得多，不至有伤目力。

七、年鉴——自民国十七年商务印书馆开始编印第一回中国年鉴以来，大东书局复于民国二十年印行世界年鉴。惜仅各印行一次，不再继续。其后申报馆印行申报年鉴接连三回，商务印书馆印行英文中国年鉴，亦已接连两回，第三回亦正在排印；体例渐臻完备。以上为普通性质的年鉴。至于专门性质的年鉴，在近几年来，发展

尤为迅速。流行最广而继续印至四回的，首推商务印书馆印行的中国经济年鉴，这是实业部编辑的。此外财政部有财政年鉴，内政部有内政年鉴，铁路部有铁路年鉴，外交部有外交年鉴；其中除外交年鉴及第一回的教育年鉴外，都由商务印书馆印行。

八、统计——我国向来没有统计，最近两三年才开始编制印行。其中规模最大，包罗最广的，当推国民政府主计处统计局编辑的中华民国统计提要，由商务印书馆印刷发行。又教育部先后编有二十一、二、三年全国高等教育统计，二十一、二年全国中等教育统计，二十二年全国初等教育统计，二十二及二十五年全国社会教育统计，二十二、三年全国教育经费统计，均归商务印书馆印行。此外又有一种私人著作名为中日贸易统计的，系由中华书局印行。

九、名词表——科学译名表，是研究科学与推行科学教育的必要工具。从前虽有私人或学术团体的编订，但往往限于局部，而且未经政府正式颁布，其效用自难普遍。自从国民政府成立以后，先由大学院组识译名统一委员会，担任编订译名的工作。后来这项工作移归教育部，再发交国立编译馆主持。几年以来已经编订发布的计有化学命名原则，药学名词，物理学名词，矿物学名词，细菌学名词，免疫学名词，天文学名词，发生学名词，精神病理学名词，数学名词各种。其中除化学命名原则及药物学名词两种，由科学仪器出版公司印行外，其余各种均由商务印书馆印行。

十、索引——索引是治学的重要工具。我国前此多不注意。近十年来图书附编索引的风气渐盛。尤其是大部图书索引的需要更切，编制也特多。商务印书馆自民国十七年以来，即首先将已出版的工具书如辞源，中国人名大辞典，中国古今地名大辞典等，按四角号码检字法编制索引；读者称便。其后新出版的工具书和教科书参考书多照此办理。其中佩文韵府一书原系齐脚排列的，也由该馆按四

角号码，把六七十万条的辞语齐头排列，使这书仿佛变成一种文学大辞典，其效用尤著。又燕京大学引得编纂处，近年先后编成引得（即索引的别称）约二十种，按其原拟计划，尚须续编十种。至其他出版家，对于索引的编制很热心者还有开明书店和申报特种出版部生活书店等。开明书店先后编印十三经索引和二十五史人名索引；其中二十五史人名索引系按四角号码排列。又该店新近出版之重要工具书如中国植物图鉴等，也附有四角号码索引。申报特种出版部对其所印行的中华民国新地图、中国分省地图等也一一附有四角号码索引。生活书店出版的全国总书目附有主题索引，也按四角号码编制。以上所述仅限比较重要的出版物，其他附有索引，或是四角号码索引的更是不胜枚举。

四

从上面这些事实观察一下，最近十年可算是中国出版事业很重要的时期。以出版物的数量论，这十年中的第一年全国新出版物只有一三二三册，其第十年则进至九四三八册，约七倍于第一年。中间各年度逐渐增加；只有民国二十一年，因上海遭一二八的事变，而我国出版家十之八九在上海，直接或间接都受其打击，因此这一年的新出版物较以前特别减少，此外总是有增无减的。尤其是后五年间新出版物的增加最速，统计前五年全国新出版物共一二八六二册，而后五年的新出版物却有二九八五六册。其一般的原因，固由于教育日益发达，社会日益进步，但出版家的努力出版新书，尤为重大的原因。一二八劫后的商务印书馆自然也是其中最努力的一分子。查该馆成立迄今恰满四十年，前三十年的出版物约共五七〇〇种，一三三二〇册，后十年的出版物约共九六五四种，一八〇〇三册。以最近十年而论，前五年（即民国十六至年二十年）的出版物为二六一四种，四四八〇册；后五年（即民国二十一至二十五年）

的出版物为七〇四〇种，一三 五二三册。换言之，即该馆一二八劫后复兴五年间之新出版物，种数约当一二八以前三十五年全部出版物百分之八十五，册数约当一二八以前三十五年全部出版物百分之七十六。该馆于一二八创深痛巨之后，复业甫二三月，即先后宣布日出新书及大学丛书之计划；近年又有星期标准书与系统化之丛书不断的发行。而大部丛书除一二种系一二八以前发行者外，大多数均系复兴后之新出版物。据最近统计，该馆每年之新出版物已占全国之半数以上。我国出版界既由商务印书馆率先努力，于是其他出版家，亦多当仁不让，努力追踪。即如中华书局之新出版物数量亦较以前大有进步。该局在民国十六至二十五年间，前八年之每年新出版物，无有超过七百册者。民国二十四年之新出版物骤增至一〇六八册，民国二十五年更增至一 五四八册。而后起之正中书局，在民国二十四年之新出版物为一三九册，民国二十五年骤增至三九二册；其急起直追，均有足多者。又以出版物之性质而论，除年鉴、统计、名词、索引四项，几全为近十年之新产物外，其范围最广之出版物如万有文库一、二集等，程度较深而规模最大之出版物如大学丛书等，亦完全产生于此时期。作者于五年前计划大学丛书科目之时，觉商务印书馆已出版各书，堪充大学工学院、理学院之用者，几无一本。今则经大学丛书委员会通过，已出版而可供工学院、理学院之用者，多至五十余种；其征得稿本，尚在排印或审查中者又不下三十种。其他各学院用书亦大致如是。商务印书馆对于专门著作，既已率先提倡，于是其他出版家亦渐有印行专门著作者。此种正当竞争的精神，于国家文化前途，实在是很有益的。

以上所述，皆关于我国出版界光明的过去事实；但是前途黯淡是不能免的。当前的一大难题，就是由于纸价的骤涨与奇涨。一个出版家，除受有政府或财团的补助以外，必须先能自立，才能对社

会有贡献，过去几年间新出版物之增加很速，除种种理由外，也因
为最大的出版家能够整饬工作，节省成本，一方面可以自立，他方
面才能出其余力，多印行有用的书，甚至把彼注兹，还编印一部分
明知不免亏本，却是有益于文化的书。今后纸价大涨，成本加重，
增加书价，既恐加重读书界的负担；不加书价，便无以维持出版家
自身的生活。但如出版家自身的生活尚不能维持，则对于文化的贡
献，虽怀有很热烈的愿望，将等于一场幻梦。当此过渡的关头，悬
想十年后的中国出版界，后之视今，能否如今之视昔，这不独是出
版界自身的问题，实在是值得全国人注意的。

（二十六年五月作）

同年七月七日芦沟桥事变起，商务印书馆开始准备应变
　　工作。

余以日人自九一八、一二八迭次对我不宣而战，野心毕
　　露。此次芦沟桥事变，又无端对我攻击。我方忍无可
　　忍，一反九一八故态，起而抵抗；日人更乘势攻占我
　　北方土地。预料前途断难免全面抗战。因即开始为商
　　务印书馆准备应变工作。

同年七月下旬，蒋委员长在庐山召集全国各界名流，举
　　行国是谈话会。在一二八事变中，政府曾召集国难会
　　议于洛阳，余亦忝膺邀约参加，以适忙于商务印书馆
　　被毁之紧急应变，不克分身参加。此次遂毅然赴会。
　　去程系沿江而上，在庐山逗留旬日，参加会议多次，
　　深知政府已不顾一切，实行全面抗战。方针既定，余
　　既有所悉，乃提前数日，由九江，经南昌，改乘浙赣

铁路赶速返沪，实施准备之应变工作，途径南昌、金华、杭州各分馆，对其主者，均有关于应变处置之指示。沿途在车行中，复将全盘应变办法再经深思熟虑，使之更具体化。抵沪时适在八月初旬，首将大方针密商张菊老。

此数星期间常常盘旋于我脑际的，首为人事问题。我深知战争终不可免，而全面战事发生后，上海首当其冲。纵使公共租界托英美人之庇，暂可苟安，然商务印书馆那时候在闸北和租界东区工作的职工多至一千一百余人，该两地于沪战发生时，势必沦为战场，对于此项失其工作场所之职工将如何应付？为商务利害计，当然给资遣散，俟将来有需要时，再行酌量复进用。为情谊计，则此千余职工皆在商务服务多年，且于一二八后为商务致力于复兴工作，虽因丧失工作场所而不得不遣散，终觉有所不忍。为社会计，则全面持久之抗战，出版与印刷事业将普遍遭遇损失，与一二八之役，出版业中遭严重损失者只有商务一家，迥不相同。在彼时解雇后之职工不患无出路，而在此日则解雇后出路极难。思维再四，卒决定侧重情谊与社会方面，故于庐山返抵上海之日，即语商务印书馆董事会主席张菊生先生，以万一战事波及上海，决维持全体职工生计，第一步对于因战事而停工者各给维持费；第二步在租界中区赶设临时工场，尽量安插停工者，并扩充原有之香港工厂，尽量将停工者移调；第三步在内地分设若干工厂，将上海临时工场与香港工厂之职工陆续移调内地。张先生亦甚赞同。我既已胸有成竹，故于八月十三沪战发生之日，立即通告所有因战事丧失其工作场所之职工一律暂给半薪，以维持其生计；同时为节省公司开支，以资弥补，并将在租界中区继续工作及各地分馆厂人员，按其薪给之大小，分别

减折发薪。这一种维持全体职工生计之办法，与一二八后解雇全体职工之办法，恰恰相反，外间觉我所采的人事政策前后不同，颇以为异，即职工中鉴于一二八后之全体解雇，亦觉此次办法出乎意想之外，初时极感满意，和两年的苦斗一文所述，在一二八后解雇时对我之仇恨迥异。其实，我并不是前后判若两人，只因彼一时，此一时，情势不同而已。可是这种善意和至今仍认为正当的办法，却不幸得很，产生了不良的结果，且待下文叙述。

　　且说八一三战争发生之初，商务因已将大部分的机器纸张书籍抢运到那时候还安全的租界中区。我为着安插许多停工的职工，以及那时候财政部需要发行救国公债很急，分别委托商务和中华书局代印；因此，我便把在静安寺路临时租赁的房屋，权充工场，在半个月内便开工，一方面安插了许多工人，一方面也替政府担任一项紧急的工作。于是我就赶紧进至第二和第三步骤，就是充分利用香港的工厂和赶速成立长沙的新工厂。我于十月初旬由上海乘船赴香港。先是商务书馆为供应中国南部和海外华侨所需要的书籍，业于十余年前在香港设立工厂，及一二八上海总厂被毁，我权且利用香港工厂，尽量印刷书籍，以供全国之用。自己也尝一度亲赴香港，决定自建厂屋，重新布置。所以在八一三后，就该厂扩充，加班工作，则上海丧失工作场所的许多工人皆可调来，俟内地新厂成立，再由香港经粤汉铁路或法属安南而入内地，皆较由上海经敌人封锁线前往为便。我留港十余日，即乘飞机至汉口，转赴长沙。在那里虽先已购有建筑厂屋之土地，及因急不及待，故先租赁市房应用，彼时运赴长沙之机器已于沪战发生前起运，业已达到，只有纸张未及运出而战事已起；但那时候长沙还有外国白报纸可以收购，足供全张印刷机器之用，遂尽量收购得数千令。这些事都在极短时期就绪，只待工人到达即可开工。但后者却是比较最困难的一件事，这

不是因为交通困难，而是因为职工们之安土重迁，尤其是我已先把大多数人安插在上海租界中区的临时工场和香港工厂内。对于第一批移调内地者，已经费了不少唇舌，才肯动身；及长沙经了几次空袭后，大家都以上海租界及香港为安全，更不肯接受移调。长沙工厂的机器虽然不多，但如充分利用，昼夜工作不停，则其生产力还可大增。只以后调之职工多不愿奉命，遂致无法扩展。其后长沙受敌军威胁，情势紧张，我决把长沙工厂的机器一部分先迁重庆，打算在那里另设工厂，则不仅沪港调动工人更难，甚至原在长沙工作者也纷纷要求调回上海或香港。未几长沙又不幸发生大火，全厂被毁，凡未及迁往重庆之机械尽付一炬，而商务业已内迁的少数机器更为减少了。

现在回述我在长沙布置新厂后，即转回香港，本想仍回上海一次，将未了之事布置，再入内地；但其时国军已自上海撤退，上海租界不能用作文化供应的基点。我因此只好暂留香港，以资策应。因为那时候商务书馆大部分的资产和职工都留在上海，而由上海入内地亦必经过香港，同时商务在香港已设有大规模的工厂，所以为便利供应起见，只有利用香港为暂时的基地。

但是我绝不愿长久利用香港，仍力排万难，决在重庆昆明桂林赣县西安各设一工厂，分区印刷供应教科参考书籍。除重庆工厂已由长沙工厂迁设外，经于二十七年初派人分赴桂林昆明及赣县筹备设厂，其所需机器，则昆明由上海经海防转运，赣县及桂林由上海经宁波转运，同时并拟就地收购小型机器，以资补充。结果桂林和昆明两厂终因上述的人事困难而不能成立，赣县一厂费尽九牛二虎之力，才得小规模的设置。

内地的工厂既如此难扩展，于是香港工厂便成为供应内地读物的主要机构。在沪战尚进行中，我认为商务书馆的总管理处必须内

迁，故提请董事会通过以长沙为总管理处所在地，并拟以长沙为出版重心；不料由于上述种种的阻力，尤其是人事的问题，只得按照事实的要求，在香港设立总管理处驻港办事处，以统驭各地机构。我也因为事实的要求，不能不多留香港。故从二十六年十月离沪后，迄三十年太平洋战事暴发前一个月的期间，我除了因出席国民参政会每年入内地一二次外，余时都在香港。

现在说明我在香港时期内，对于维持商务书馆业务的措施。为着眉目清楚起见，分别（一）组织，（二）业务，（三）适应环境，（四）编辑计划及（五）其他各项叙述之。

（一）关于组织者　要说明战时的组织，当先把平时的组织叙述一下。商务书馆在我任总经理以前，其最高的行政机构为总务处，采取合议制度，以总经理一人经理二人及编译印刷发行三所所长及协理无定员组织之。总经理及经理由董事会选任，实际上皆以董事兼任；而三所所长及协理则由总经理聘任。在我接任总经理时，认为以会议处理公司行政，运用较欠敏捷；且国人习于客气，很少能破除情面，据理力争，因此不免常有议而不决之事，或往往退有后言，既延误公事，又瞻徇情感。在我接受总经理之职以前，便以取消会议为条件，幸而获得董事会的赞同，故当我就任后，便由董事会将那时候的总务处章程修正，取消总务处会议之规定，而订明由总经理主持总务处一切事务，经理二人辅助之。一二八劫后复业以前，我又提出新的组织章程，改原设之总务处为总管理处，该章程即为商务书馆的行政根本法，称为总管理处暂行章程，其后复经两度的小修正。要明白一二八后商务的组织大纲，可由该章程见之。该章程要点为：（1）总管理处除董事会章程明定须经董事会议决之事项外有主管全公司行政之权；（2）总经理主持总管理处一切事务，经理二人辅助之；（3）总管理处设编审生产营业供应主计审核六部

及秘书处人事委员会；（4）各部设部长一人，由总经理经理协理分别兼任之；（5）人事委员会掌全公司职工进退奖惩及福利之事，以人事科为其执行机构。

对于此处须补充说明的两点。一是董事会章程规定须经董事会议决之事，采列举式，为数寥寥无几，此外便完全属于总管理处之职权，也就是总经理之职权。二是总管理处的各部皆以部辖科，以科辖股；秘书处之下亦分股，以各秘书分掌之。只有编审部及人事委员会组织特殊。编审部以独立工作之编审员及编译员组织之，而助以助理编译员或编译生，其性质仿佛大学校的教授副教授讲师和助教一般。所有编审部的事务则以编译事务股主管之，而直接受部长之指挥。人事委员会则采取合议制，设委员七人，除主任委员及以人事科科长兼任之书记委员系公开外，其余姓名皆不公开，即以其所主管者为审核全公司员工（副科长以上之人员除外）之进退奖惩及福利之事，为避免受关系人之影响，故有此必要。

以上所说的平时组织。到了战时，因有化整为零之必要，这样平时采行的集中组织是不适用的。因此，我在二十六年十二月十日提经董事会决议将总管理处暂迁长沙，便在香港和上海分设两个办事处。驻沪办事处分设四组：第一组掌属于原编审部生产部营业部及秘书处之事；第二组掌属于原供应部之事；第三组掌属于原主计部及审核部之事；第四组掌属于人事科之事。驻港办事处初分三组：第一组掌生产及不属于其他两组之事；第二组掌营业及审核之事；第三组掌供应及主计之事。后来又添设第四组，掌编审之事。这种分组及所掌事务表面上很不整齐，即因完全注重实际的需要，并以各组之主持人为主体。因为那时候把商务书馆原集中一地的主持人分配于长沙香港及上海三地，为着事务执行的便利，不能不以人为主体，而就其平时与擅长管理之事务分组归其主持，表面上虽欠整

齐，实际上转觉便利；较诸只顾形式上的齐整，以非所素习之人勉为主持更妥。又分组既按事实之要求，于是轻重分配亦有别于平时，例如驻沪办事处之第一组包括平时三部一处的职掌，而第四组只括有平时关于人事之一科，亦因战时人事特别繁杂，而编审生产营业等事，在留守后方之沪处实际较清简之故。我国人最喜形式上之整齐，与英国人之重实际而不重形式者迥异。我则以为倘无碍于事实，固当力求整齐，以便识别，但若有碍于事实，则权衡轻重，无宁牺牲形式上之整齐也。

我的既定方针，是在上海那时候尚能工作之租界中区及香港立下两个驻脚地点之后，即陆续将留沪职工之大部分及留港职工之一部分迁往长沙。迁往长沙之先遣队即为工厂职工及编审部同人。除工厂主持人及职工已于二十六年十月起陆续派往外，编审部即于二十七年一月由香港启行前往。如果我的方针能够切实执行，则不仅长沙方面可以成立了名符其实的总管理处，而且至少还要设立一个驻湘办事处。可惜由于前述的同人安土重迁之故，我的方针虽然极力推行，卒难实现。因为商务是出版家，而出版的重要机构，尤其是在战时，必须有一能与出版规模配合的自设工厂。商务因为沪港的职工皆不愿应调前往长沙，所以长沙的工厂不仅无法扩充，简直不易维持；工厂既如是，则编审部人员亦有另与其工作适当配合的工厂相联系，结果调往长沙的编审同人，不到几个月便陆续撤回香港，俾与香港工厂联系。言念及此，实最痛心。我在战时苦斗中最感困难者以此，商务资产损失较多者以此，而我的措施中自认为失败者亦以此。推原其故，即为八一三沪战发生时我所采行的政策意外产生之结果。闻上海某出版家，于战事发生时，即将沪厂工人全部解雇；然后把机器尽力以种种方法移运内地，等到机器到达后，再行招雇已解雇的工人，并令具结入内地后如有意外各安天命，不

得向雇主要求抚恤。结果工人因生活关系，皆乐于受雇，并愿具结，而该出版家遂得在内地分设工厂数所，虽后来改营印刷事业，不注重出版，然其内迁之成功，远胜于商务。我虽至今仍认彼时我所采维持全体职工之原则为正当，可是由于立场之不同，反响亦殊异，致从功利上鉴衡起来，我不能不自承失败了。

由于同样的失败原因，我于二十八年八月决定在昆明另辟一中心，设立总管理处驻昆明办事处，暂设两组，派有主持人员前往主持，结果亦因昆明工厂不克成立，而不得不将该办事处撤销。在太平洋战事暴发以前，我对于内移的努力，还有两项。其一就是在赣县设立一所工厂，费了九牛二虎之力，幸而把很少数的职工于沪港沦陷以前移到赣县；其二就是在重庆设驻渝编审处，于三十年夏间移调编审同人若干前往重庆主持收稿排版各事，以与当地学术界及商务重庆工厂联系。这两个小规模的组织，毕竟在太平洋战事暴发后发生不少的效用。

（二）关于业务者　商务书馆的业务。四十多年来皆以出版为主，虽然也曾兼营文具仪器之制造贩卖，西书之贩卖，有价证券之印制，甚至印刷机器和电影的制摄，但从一二八劫后复业起，所有文具仪器印刷机器电影等的制造皆已停止，虽然还继续贩卖文具仪器和西书。至以出版事业而论，最初专注重中小学教科书，入民国后兼注意工具书及一般用书的编译，以及古籍善本的校印。但是事业中固以出版为大宗，而出版物的营业仍以中小学教科书为大宗。一二八以后，我特别注重一般用书，包括专门著译的编印，结果教科书营业虽然没有减少，而一般用书的营业数量，却由前此远逊于教科书者，进而超过教科书的地位。至于有价证券的承印，我向来特别慎重，一因劫后馆屋均系临时租赁，设备不甚周密，又因目的在发展出版事业，自二十一年秋迄二十六年秋之期间，商务的新出

版物特多，实亦无暇兼顾他事。但八一三以后，在上海战事正酣之际，我便为商务接受了政府委印的大量救国公债，并以在租界中区赶紧成立之临时工场完全担任此项工作，竟能于一二个月内完成其大部分，其未了之部分，并于国军退出上海以前，赶紧装运至香港工厂，继续完成之。此后虽在香港工厂以一部分余力继续承印政府之公债及邮票，然上海的临时工场既因人事问题不能将大部分工人，按照原计划移调内地，只得在上海租界工部局随时警告之下，印刷一些古书及纯粹学术的书。但我认为抗战时期，除继续供应教科书使各学校不致缺乏工具外，出版方针自应注重战时的需要，而有将平时出版计划修正之必要。然而大规模的出版，不能不与自设的印刷厂联系。那时候长沙的工厂由于人事问题而无法扩展，后来长沙大火后，迁设重庆之印刷厂，更因物质条件而受限制；所以事业上惟有利用香港工厂之一法。那时候英国对于中日战事还确保中立，对于抗战有关的出版物还是常加干涉，幸而商务在香港原已有多年的基础，加以商务的总管理处公式上还是设在长沙，而香港政府的当局对我也很客气，所以商务实际上在香港印行许多有关抗日的书籍，都不成问题。

我对于商务的业务始终抱持以出版为主的方针；因此，战时许多出版家虽已改营印刷业，或以印刷业为主者，商务独不为一时之利而变更其政策。计自八一三沪战发生而工作停顿，新出版亦暂停后，甫经一月有半，即于同年十月一日恢复出版新书，兹将当时的启事摘要列左：

"敝馆五年以来，两遭国难。二十一年一二八之役，总馆及总厂全毁，损失奇重。总馆因即停业半年。复业后，鉴于学术救国之重要，于同年十一月一日宣布，每日出版新书至少一种，五年以来从未间断。且逐渐增加至每日三四种。教科书及大部

书尚不与焉。本年八一三之役，敝馆上海各厂因在战区以内，迄今无法工作，书栈房亦无法提货。直接损失虽未查明，间接损失实甚严重。自沪战发生之日起，所有日出新书及各种定期刊物预约书籍等遂因事实上之不可能，一律暂停出版。月余以来，就较安全之地点，设置临时工场，并对分厂力量设法调剂，决自十月一日，恢复新出版物。惟是能力有限，纸张短缺，运输亦重感困难。只能酌量分别进止。其继续进行者，亦当分别缓急，次第出版。邦人君子鉴于敝馆今日处境之困难与始终为文化奋斗之诚意，当能垂谅一切也……"

此启事是我尚未离沪以前所发布。其后数年间，上海的环境日益困难，所有新出版物，除了很少数系在长沙工厂印刷外，其余皆在香港刊印。迄于太平洋战事发生之日，除了出版许多战前尚未出齐的大部丛书外，每日至少还能维持一种新书之出版，而没有一日间断。

商务书馆既在战时继续出版如许的新书，当然会发生两个问题，一是如何在困难的环境下推进其营业。二是如何在困难的运输下散布其出版物。兹分别略加说明。

关于营业的推进，首当对营业机构与营业人员加以鼓励。商务的营业机构，在上海为发行所，在各地方为分馆支馆。从前发行所的奖励与上海的总管理处及工厂职工无别，而各分馆支馆则采取分别计算盈亏的制度。本来分支馆颇有距离总馆较远，不易直接督导者，为使其主持人担负全责，视盈亏而定其奖励之有无，原则甚是。不过分支馆均非有独立之资本，其盈亏之计算完全出自假定，行之既久，其主持人之精于心计者，往往硁硁计较，只要有盈余，得奖励，往往不顾公司之政策如何推行。我在一二八以后，认为国内交通已日趋便利，总馆对于分支馆之督导不若以前之困难；且自从二

十二年改定同人奖励金分配章程，及订定总馆特别奖励金派发规则
以后，对于上海的营业机构，即所谓发行所，已有满意之鼓励，由
此推及各分支馆亦非难事，乃从二十三年起将分支馆向来之独立盈
亏制度，改为成绩考核制度，先以一年试办，结果并无窒碍，因于
二十四年订定分派分支馆特别奖励金比较标准暂行简则，并于二十
六年七月加以修订。查商务书馆同人奖励金的来源，依据商务最后
修订的公司章程规定，每年度结帐如有盈余，除依法提公积十分之
一及股息七厘外，其余平均分为两部分，甲部为股东余利，乙部为
同人奖励金。此项奖励金之总数中，总经理及经理二人合占百分之
十，全公司同人普遍奖励金占百分之四十五，全公司同人特别奖励
金亦占百分之四十五。普遍奖励金系就总分支馆各同人月薪数目比
例分配之，以普遍为原则。特别奖励金则就总馆及分支馆全体之盈
余数量比例分配之，以奖励成绩特优之同人为原则。自取消各分支
馆独立计算盈亏给奖办法后，则按各分馆比较考核之新办法，假定
各分馆之本位分数为一百分，其中营业占三十分，客帐占十五分，
开销占二十分，存货占十五分，其他条件合占二十分。除其他条件
外，所有营业客帐开销存货等均视其与前三年之平均数比较增减，
而定其分数之高下，分别决定其在全体分馆应得特别奖励金中所占
成分之多寡。

　　但自战事发生后，商务印书馆资产损失奇重，且续有损失，不
仅未能按年结帐，即结帐亦无盈余，是则营业机构平时所能获得的
奖励金已失其来源。我为着鼓励营业人员，以期于艰难中推展营业
起见，遂于二十七年二月间订定上海发行所及各分馆营业解款暂行
考核办法，大旨如下：一，考核每年分为三期，每四个月为一期；
二，每期由总管理处按各该营业机构之过去与今后情势，规定其营
业及解款之标准数；三，每期终了时，某机构之营业解款实数均超

过标准者，由总管理处对其一部分或全体人员加给薪水半个月至一个半月，此办法施行以后颇著成效。

　　［本条（七月下旬）"密商张菊老"（八月初旬）传注文中"（三）"阙如。——编注］

　　（四）关于编辑计划者　在一二八迄八一三之时期内，我把商务向来侧重教科书之目标，逐渐向以一般用书为主、教科书为从的程途上，同时还把商务向来供应教科书的范围，由中小学扩展到大学。在短短五年之间，我的新编辑计划，业已达到相当的成功。但自八一三全面抗战开始，我深知这是一个长期的抗战，由于破坏之愈演愈烈，民生之愈久愈苦，对于一般用书之购买力当然远不如平时。如果商务仍保持前几年大量印行一般用书的政策，资金既苦短缺，推销尤感困难。任何政策均应适应时势，出版方针自不能例外。因此，我便把过去几年推行业已收效的出版方针为适时的修正，就是回复到以教科书为主的地位；但附有三种条件，一是所谓教科书仍扩展到大学的范围，二是对于适应战时的一般用书，仍尽可能充分编印，三是在物力许可之下，较大部的出版物仍然继续印行。关于第一条件，则抗战期内，大学丛书依然继续编印，在生产重心仍留在香港的时期，此项书籍的出版数量，几乎不减于抗战以前，及至太平洋战事发生，商务的出版重心不得不转移至重庆。由于物力的缺乏，此项篇幅巨插图多的专门著作，虽出版种类较少，却仍然继续出版。至对于中小学教科书，以平时所编印者，在政府对于学制与课程标准尚未变更以前，当然照常适用，不过中小学生对于战时实有必需获得的基本知识，而非平时编印之教科书所具有，因此另编中学及小学战时补充教材，以供各校之选择补授，极为各校所欢迎。我为商务书馆创编于前，各出版同业无不继起于后，故教育部虽无何规定，已因出版家与各学校之供需关系，此项中学补充教材

遂普及于大后方矣。关于第二条件，则抗战期内，尤其是在抗战的初期，我为着加强国人对于抗战的意识，对于战时的读物，无不积极编印，其以丛书方式，继续编印者，有战时常识丛书、小学生战时常识丛书、民众战时常识丛书、抗战小丛书、抗战丛刊、战时经济丛书、大时代文艺丛书等。每一丛书，多者数十册，少亦不下十册。此外又有一种册数特多，以供给战时民众的精神食粮为主旨，其包罗范围之广泛，与编印方式之经济，于此实值得特别说明。我在十年前创编万有文库，为中等阶段之图书馆树立基础后，陆续编印小学生文库及幼童文库，分别为高级及初级小学生，供应有系统之读物，使学校及家庭皆得为儿童建立图书馆。嗣复考虑到仅受识字教育之成人，其所需读物，范围程度皆与各级程度之学生及儿童有别，而其字汇之范围亦复不同。战前我曾以千字左右为范围，为仅受识字教育之民众，编印平民丛书数百种，当时系针对所谓平民教育而出版，时移势易，至此时已不甚适用。于是我便计划为仅识千字左右之民众，针对大时代的需要，编印时代知识小册，每册一题，内容文字以三千至四千为度，其字汇尽可能以最常见之一千字为限，其不得已而超出此范围之生字，一一各附注音与释义，又为节省纸张计，各册皆取消封面，每册一律八面。分售定价国币一分半，每辑五百册合售国币五元。第一辑五百册业于民国二十九年出版，第二辑五百册业已集稿排版，以太平洋战事突发，未及发行。关于第三条件，则大部丛书如万有文库第二集，丛书集成初编，四部丛刊续续三编等，凡在八一三以前业已发售预约者，虽因战时物力艰难，然在太平洋战事发生以前，无不按照原议继续印行，仅将印行时期酌为延长，每次印行册数酌减。又鉴于后方各省之内迁学校，图书散失，员生参考咸感困难，遂就万有文库第一、二集，精选其需要较切者，订为万有文库简编。廉价发售，以供内迁各学校

之需要。

［“密商张菊老”传注文中“（五）”阙如。——编注］

兹为更具体说明，商务书馆在全面抗战开始后九月份东方杂志所刊登有关出版之各种广告附录于后，以明真相。

商务印书馆启事

敝馆五年以来，两遭国难。二十一年一二八之役，总馆及总栈全毁，损失奇重，总馆因是停业半年。复业后，鉴于学术救国之重要，于同年十一月一日，宣布每日出版新书至少一种，五年以来，从未间断，且逐渐增加至每日三四种，教科书及大部书尚不与焉。本年八一三之役，敝馆上海各厂，因在战区以内，迄今无法工作，书栈房亦无法提货。直接损失虽未查明，间接损失实甚严重。自沪战发生之日起，所有日出新书及各种定期刊物、预约书籍等，遂因事实上之不可能，一律暂停出版。月余以来，就较安全之地点，设置临时工场，并就分厂力量，设法调剂，决自十月一日起，恢复新出版物。惟是能力有限，纸张短缺，运输亦重感困难，只能量力分别进止，其继续进行者，亦只能分别缓急，次第出版。邦人君子鉴于敝馆今日处境之困难，始终为文化奋斗之诚意，当能垂谅一切也！谨将办法开列于左：

（甲）关于日出新书者

自十月一日起，每日暂出版新书一种，除将已排印者次第发行外，新编及新收稿件，特别注重非常时期之需要。

（乙）关于定期刊物者

（一）东方杂志、教育杂志、儿童世界、英语周刊四种，自十月起复刊，因受纸张及排印能力之限制，最初复刊，均以两期一次合刊。

（二）少年画报及儿童画报，因制版设备未周，均改从十一月起

复刊。

（三）出版周刊改为出版月刊。

（四）本馆总代售之定期刊物：文学杂志自第一卷第五期起，儿童教育自第八卷第三期起，数学杂志自第二卷第一期起，播音教育月刊自第二卷第一期起，经济学季刊自第八卷第二期起，中山文化教育馆季刊自第四卷第四期起，地方自治专刊自第一卷第二期起，社会科学杂志自第八卷第三期起，敝馆均停止承印发售，除分别通知各该编辑机关另行出版或另定办法外，所有各该定期刊物之定户，请凭原定单，向原定购处比例收回应退之款。

（丙）关于预约书籍者

（一）丛书集成初编第四期书约八百册，及万有文库第二集末批增出之书三百余册，均延至本年十二月底出版。

（二）中国文化史丛书第二辑第三第四两期书共十二册，中学国文补充读本第一集未出之书四十册，均延至本年十一月底出版。

（三）公民教育丛书八种，除已出版三种外，尚余五种，按照原定分册出版时期递延两个月，于本年十月至明年二月，陆续出齐。

（四）比较教育丛书十二种，除已出版三种外，尚余九种，按照原定分册出版时期递延两个月，于本年十月至明年六月，陆续出齐。

（五）影印元明善本丛书十种，除已出版五种外，尚有纪录汇编、百陵学山、济生拔萃、历代小史、夷门广牍五种，原定自本年九月至明年一月，每月一日各出一种，现改于本年十二月及明年三月内，分两次出齐。

（六）影印国藏善本丛刊因工作繁重，需纸甚多，当此非常时期，应付殊感困难；加以一部分原本尚在北平，无法摄照，只得暂行停刊，所有预约定户请凭原定单，向原定书处收回书款。

商务印书馆谨启　二十六年九月一日

同年八月二十七日教育部紧急应变，制颁总动员时督导
　教育工作办法纲领，指示战事迫近时各级教育之如何
　处理。

　　兹将该纲领列举如次：

　　一、战争发生时，全国各地各级学校暨其他文化机关务力持镇
静，以就地维持课务为原则。

　　二、比较安全区域内之学校，尽可能范围内，设法扩充容量。
收容战区学生。

　　三、各级学校之训练，应力求切合国防需要，但课程之变更，
仍须遵照部定范围。

　　四、各级学校之教职员暨中等以上学校之学生得就其本地成立
战时后方服务团体；但须严格遵照部定办法，不得以任何名义妨害
学校之秩序。

　　五、为安定全国教育工作起见，中央及各省市教育经费，在战
时仍应照常发给，倘至极万不得已有量予紧缩之必要时，在中央应
由财教两部协商呈请行政院核定后办理；在地方应由主管财教当局
会商呈准省市政府核定后办理。

　　六、中央及各地方主管教育行政机关对于战区内学校之经费，
得为财政紧缩处分，酌量变更其用途，必要时并得对于其全部主管
教育经费，为权宜之处置，以适应实际需要。

商务印书馆平时出版有关战事之书亦复不少，九月一日
　之广告，汇集为战时读物百种，以供国人需要。

战时读物百种

　　书名上加有▽符号者五十种为最近发售特价之书，售价已照定
价七折折实，特价期自八月廿六日起四个月止。

（甲）关于国际情形及国际法者

国际问题概观，Buell 著徐百齐译，定价三元六角

战后各国外交政策，袁道丰著，定价九角

近代欧洲外交史，Mowat 著王造时译，定价一元三角

美国外交政策史，Latane 著王造时译，定价二元四角

▽欧战十年间国际真相之分析，Dickinson 著杨懿熙译，特价一
　　元零五分

一九一四年后之世界，Langsam 著谢元范等译，定价三元

世界新形势，Bowman 著林光澄译，定价三元二角

▽太平洋大势，方乐天著，特价七角七分

▽山东问题始末，谭天凯著，特价三角九分

▽北满概观，汤尔和译，特价一元四角（十一月十日止）

▽日俄战争，吕思勉著，特价三角九分

▽世界大战全史，张乃燕著，特价一元八角九分

▽世界大战史，陈叔谅著，特价五角一分

门户开放与中国，李祥麟著，定价一元四角

▽中国最近三十年史，陈功甫著，特价六角

▽战时国际法，郑斌著，特价二角八分

舆本海国际法——战争与中立，岑德彰译，定价二元一角

〇中国参加国际公约汇编，薛典曾等编，特价二元五角九分
　　（十月十二日止）

战后国际政治条约集，董希白编译，二册定价一元八角

战后国际政治条约集，董希白编译，两册定价一元八角

国联盟约·九国公约·非战公约，定价一角

（乙）关于日本情形及中日关系者

〇日本国势图解，矢野恒太等著李择一译，特价一元四角（十

月廿六日止）

▽日本国势概况，桑镐编，特价三角二分

○日本政府，金长佑著，特价一元七角五分（十月五日止）

▽日本与法西斯主义，傅无退著，特价二角六分

日本法西斯主义，木下半治著林纪东译，定价八角

日本经济论，Popof 著赵南柔译，定价一元五角

日本经济地理，陈湜著，定价七角

日本对华商业，赵兰坪著，定价二角二分

日本对沪投资，中国国民经济研究所编，定价一元

○近二十年来之中日贸易及其主要商品，蔡谦著，特价九角八
　分（十月十九日止）

▽中日外交史，陈博文著，特价三角九分

▽中日战争，王钟麒著，特价四角六分

中日纠纷与国联，Willoughby 著邵挺等译，定价二元四角

（丙）关于战时政策者

▽非常时财政论，尹文敬著，特价一元零五分

▽战时统制经济论，森武夫著陈绶荪译，特价二元二角四分

▽战时经济学，Pigou 著徐宗士译，特价九角一分

战时经济论，森武夫著曹贯一译，定价四角八分

欧战经济财政史，Gaillard 著林孟工译，定价二元

世界统制经济问题，何炳贤等著，定价五角

各国统制经济政策，郑独步著，定价一元七角

国际经济战略，熊得山译，定价一元九角

统制经济研究，李权时著，定价一元四角

汇兑统制，Einzig 著刘望苏译，定价八角五分

粮食问题，许璇著，定价七角五分

○世界各国之食粮政策，沐绍良等译，特价一元六角八分（十月十九日止）

世界粮食问题，梁庆椿著，定价九角

世界燃料问题，潘骥著，定价七角

○交通经济学，余松筠著，特价六角三分（十一月廿四日止）

（丁）关于军事知识者

▽全民战争，卢登道夫著董问樵译，特价四角九分

▽新军论，卓莱著刘文岛等译，特价一元一角九分

未来的战术，Requin 等著杨丹声译，定价一元八角

▽科学战争，赵立云译，特价二角一分

▽列强战备比较论，傅无退编，特价五角六分

▽青年军事常识（陆军海军航空），王锡纶编译，三册特价九角七分

○新陆军知识，李冠礼著，特价四角二分（十月十九日止）

○新海军知识，李冠礼著，特价四角九分（十月十九日止）

▽武经七书（影宋本），三册一函，特价十一元二角

▽曾胡治兵语录，蔡锷编，特价三角四分

▽学校军事教育纲要，游洪范编，特价五角三分

军事教育，阮略著，定价二角五分

战时国土防空之理论与实际，卓献书著，定价四元

▽空袭与空防，邹文耀著，特价一角七分

▽实用航空学，郑汉生编，特价一元六角一分

航空学理论与实际，施兆贵著，定价二元

实用飞行术，姚希求编，定价四角五分

▽航空常识问答，Henshaw 著吴照华译，特价三角五分

▽飞机，吕谌著，特价一元二角六分

○化学战争通论，Hanslian 著曾昭抡译，特价二元六角六分
　（十二月七日止）

化学战争，吴沆著，定价二元四角

▽化学战争概论，孙豫寿编，特价二角七分

▽军用化学实验教程（英文本），周厚复著，特价八角四分

▽军用炸药，胡宁生著，特价一元二角六分

▽炸药制备实验法，曾昭抡著，特价三角三分

▽毒气制备实验法，Stolzenberg 著张郁岚译，特价四角七分

▽烟幕发火剂及爆炸实验，韩组康著，特价三角三分

▽火药，徐守桢著，特价一角四分

▽军械制造，李待琛著，特价四角九分

（戊）关于救护知识者

▽现代看护学，确居龙太主编丁惠康译，二册特价三元五角

▽看护学总论，杨鹤庆编，特价二角一分

▽内科看护学，杨鹤庆编，特价二角一分

▽外科看护学，杨鹤庆编，特价一角八分

▽看护病人要诀，胡宣明等译，特价一角四分

毒气防御及治疗法，顾学裘著，定价二角

▽毒及爆发，高铦编，特价二角一分

▽防火概论，黄晋甫著，特价一角四分

（己）统计地图

▽中华民国统计提要，主计处统计局编，特价十二元六角

▽中国地势图，陈铎编，一幅特价六角

▽中国政区都市图，陈铎编，一幅特价六角

▽中国交通图，陈铎编，二幅特价各六角

▽南京城市图，陈铎编，一幅特价六角

▽上海形势图，陈铎编，一幅特价六角

（庚）其他

▽军人魂，Seeckt 著陶兹人译，特价二角一分

○中国军人魂，郭泰纳夫著韦有徽译，特价五角三分（十一月廿日止）

○中华民族的人格，张元济编，特价二角一分（十月十九日止）

（德国）国防军，Seeckt 著魏以新译，定价二角

比利时军官的自述，Naessens 著杨伯元译，定价二角

欧战工作回忆录，顾杏卿著，定价二角五分

空战英雄史话，潘树藩编译，定价六角

▽间谍，陶兹人译，特价三角五分

侦探学要旨，张澄志著，定价三角

在抗战初期，商务书馆因预有准备，仍照常出版每周初版新书不下十种，兹举一周为例，以概其他。

书名下加有 * 符号者为本周特价书照定价七折发售

星期1（二十六年第廿九周）

默盦集锦续集 *　定价三元八角　邮费五分

伊墨卿先生书法自成一家，博取碑帖众长，不受何体拘束。本馆前曾搜求先生遗迹，集印两厚册，风行海内。兹复由各收藏家辗转借得书画若干种，用意落笔，皆有变化不测之妙，名为默盦集锦续集。想已购前集者，当必踊跃续购，以资赏玩。

现代诗论（文学研究会丛书）*　曹葆华选译　定价九角邮费五分

近十余年西洋诗虽无特殊发表，在诗的理论上，却可说有了不少为前人所不及的成就。本书选译的十四篇文章，大多是可以代表

这种最著的成就的。其中如梵乐希，爱略忒，是当代大诗人，瑞恰慈，墨雷，是当代大批评家。他们各自有其独到的主张，犀利的观察，为一般人所不可忽视的。至于本书译法，并不拘于一格，尽量保存原文的作风。而且每篇都附有一个短短的介绍，这是特别便利于一般读者的。

学生身体缺点及矫治情形一览表　卫生署编制　一幅甲种定价二角邮费二分半，乙种定价七分邮费一分

本表根据身体上各重要器官的名称，列为空白表格，以备校医在填写学生身体缺点及矫治情形之后，即可在各教室内供张贴之用，一方面使学生知道自己身体上有什么缺点，一方面使教师知道学生的健康情形，借以保护学生的体格，增进学生的健康。

星期 2

近世几何学 *　定价一元五角邮费五分　R. A. Johnson 著　邱丕荣译

本书以初等方法，讨论近世几何之性质。其内容有（一）三角形几何学，（二）圆之几何学，（三）布洛卡几何学（Beocard Geometry）。举凡近世几何学之材料，本书均搜罗尽备。书中定理，又由译者补图注证，以为读者自修之助。

教育播音讲演集第二辑　中等教育篇　定价七角邮费五分　教育部社会教育司编辑

本书系汇集教育部中等学生之教育播音讲稿而成。是辑以二十四年度下学期为限，计三十八篇，别为四类。（一）青年训练，（二）科学讲演，（三）教育讲演，（四）时事讲演。讲稿大部由专家撰述，文字平易，理论明晰。

（成套卫生挂图第十一种）住宅环境卫生图　卫生署编制　三幅甲种定价六角邮费五分，乙种定价二角邮费一分

　　这套挂图共三幅，目的在引起国人改进住宅及其附近环境的兴趣。每幅图分上下两栏，上面一栏表示目前住宅的种种缺点，下面一栏表示改进后的情形，互相对照，极为醒目，对于牲畜厩养，空气流通，以及井与厕所的建筑方法等等，尤为注意。

　　星期3

　　实用生物统计法（大学丛书）＊　王绶著　平装本定价一元五角邮费五分

　　本书计分九章，历举生物统计应用实例数十则。编制特注重于实地应用，故对于"适合性之测定"以及"差异显著性之测定"等特详。对于近代之最新统计方法，如"变异数分析法"与"互变异数分析法"亦有充分之解释。书末附统计应用表及其用法，检图极便。

　　世界经济学（社会科学小丛书）＊　定价九角邮费五分　作田庄一著　熊子骏译

　　世界经济学以世界经济生活为研究对象，是经济学的新部门。本书凡五章：首述世界经济之特质，与其研究之问题；之次述世界经济之成立过程以及其组织、营运等；最后将世界经济学原理分为流通、生产、消费三部分详加讨论。全书注重于理论之说明，对于国家经济与世界经济之关系，阐述允详。

　　农村建造（百科小丛书）　定价四角邮费二分半　金轮海编著

　　农村建造已成我国时代之中心运动。国基能否巩固？民族能否复兴？与皆依此农村建造运动为断。本书内容先将国内农运的实际动向，加以扼要陈述，然后将农村建造问题，如农村的组织、经济、土地，农业经营、副业、教育、卫生、宗教等各列专章，逐一阐明，并本作者农运之经验及参考各家之学说，详示各问题解决的具体办法。

星期4

宪法纲要（政法丛书）＊定价一元一角邮费五分　汪馥炎著

本书内容共分六编。首编论列宪法原理；次则说明国家概念，对于联邦与单一之界说，区别尤严；再次分析人民之权利与义务及各种选举制度，直接民政。至于议院行政司法制度之体系，则各占一编以专论之。其主旨一方注重于各种制度之异同比较，一方亦不忽视各国政制之历史背景简而扼要。大学采作课本，极为适宜。

赞闲（汉译世界名著）　＊　B. Russell 著　柯硕亭译　定价八角邮费二分半

原著于一九三五年冬在英国初版发行，次年春三版发行。极为东西各国学术思想所称道。译本根据第三版。书中包括长短论文十有五篇，约近十万言。其要旨为揭出现代世界之偏执见解、顽固性情及热切动作种种可危之点，而加以针砭。其中"赞闲"，"无用的智识"，"现代之迈达斯"，"西方文化"，"论青年之愤世气概"，"坚忍主义与精神健康"，及论法西斯主义、共产主义、社会主义各文，议论警辟，气势纵横，尤为出色。

日本法西斯主义（新时代史地丛书）　　定价八角邮费二分半　木下半治著　林纪东译

原书就日本法西斯运动，为纵断的叙述，起自明治季世之胚胎时代，迄于最近之二二六事变。阐明其基础理论，详叙其运动经过，指陈其将来归趋，曲曲道来，耐人寻味。而征引綦详，判断精确，尤其余事。

星期5

阿波罗艺术史＊　S. Reinach 著　李朴园译　定价一元八角邮费七分半

本书以二十五次讲演，极公道的见解，极简炼的文字，极清晰

的线索，极丰富的图版，说明了自史前第四纪到二十世纪初全世界之建筑、雕刻、绘画及工艺艺术。历来古代及近代之艺术材料尚多，对于中世纪之艺术史料则甚少，然无论中西，艺术史之精彩部分全在中世纪，本书著者曾特别声明。此书对于中世纪之艺术曾特别留意。

程伊川年谱（中国史学丛书）　　姚名达著　定价一元邮费五分

程颐字正叔，洛阳人，学者称为伊川先生，后世又尊为小程子，生于宋仁宗明道二年，卒于宋徽宗大观元年。其人为宋明理学不祧之祖，谓"一人之心即天地之心，一物之理即万物之理"。主张"涵养须用敬，进学则在致知"。而"所谓敬者，主一之谓；敬所谓一者，无适之谓一"。当唯物论通行之今日，欲知唯心论之内容，本书颇可供参考。所附程门弟子籍，程学流派图，尤可窥见程学散布四方之迹。

资本的折旧（商学小丛书）　　R. F. Fowler 著　黄澹哉译　定价三角五分邮费二分半

折旧在会计学理论的进展中，是争论最甚的问题之一。著者在本书中以现代经济分析的方法，阐明这个问题。全书分七章，第一章绪论，第二至第四章完全讨论折旧的理论。第五至第七章，是把经济分析应用于资本货物的折旧所引起的会计问题。

星期6

局部麻醉学（大学丛书）　　精装本定价三元邮费七分半　高镜朗编译

局部麻醉，方法简易，危害极鲜，其优越于周身麻醉，实不可以道里计，所难者在需要特殊之技术。此书材料，多取于赖倍脱氏之局部麻醉学（Labat：Regionai Anesthesia），专重技术方面，附图至二百七十余幅之多，务使读者对于每一麻醉方法，皆能澈底明了，

并能按照所述之方法应用。

世界移民问题（现代问题丛书）　定价八角邮费二分半　孔士
锷　吴闻天著

本书条理谨严，指事简约，属辞浅明，允为关于移民问题出版
物中之善本。虽其所论泛及世界移民，中国移民仅占其一部分，然
实为此问题中罕见之中文专书。国人或因是书之倡导，而发生对中
国移民问题之兴趣并加注意焉。

群书治要（国学基本丛书）　三册定价七角五分邮费五分　魏
徵等撰

是书采取经史百家之关乎政术存乎劝戒者，汇辑而成。专主治
道，不事修辞。所采各书，皆属初唐善册，与近刊多有不同，唐人
甚重其书。中国此书久佚，兹根据日本人校本排印，有日本尾张国
校督学细井德民校勘语标于上方，细井氏谓较金泽旧藏，互有补正
云。

商务书馆自一二八后一年开始编印大学丛书，为全国
倡。原定初期计划约三百种，迄今四年有半，已完成
百分之七八十。兹将是年九月一日所刊广告，可以供
应各书名分别学院列后：

（一）文学院用

文学概论（参考书），马宗霍著，普通本一册七角

诗之研究，Perry 著傅东华译，普通本一册一元

诗词学，徐谦著，普通本一册一元五角

词学通论，吴梅著，普通本一册五角

中国文字学（参考书），顾实著，普通本一册一元二角

中国文字之原始及其构造（参考书），蒋善国著，普通本二册二

元

中国音韵学（上册），王力著，精装本一册二元四角，平装本一册一元六角

中国音韵学（下册），王力著，精装本一册三元五角，平装本一册二元二角

国语学草创（参考书），胡以鲁著，普通本一册四角五分

大学初级法文，Jacpues Reclus 著，精装本一册二元二角，平装本一册一元四角

近代英文独幕名剧选（附原文），罗家伦选著，精装本一册三元五角

高等国文法，杨树达著，精装本一册三元八角，平装本一册二元七角

中国文学批评史（上册），郭绍虞著，精装本一册三元，平装本一册二元二角

文学大纲，郑振铎著，精装本四册十三元，平装本四册十元

中国绘画史，潘天寿著，精装本一册二元二角，平装本一册一元五角

中国美术（参考书），Bushell 著戴岳译，普通本二册二元

短篇小说作法研究，Williams 著张志澄译，精装本一册一元四角，平装本一册九角

比较语音学概要，Passy 著刘复译，精装本一册二元

中国哲学史，冯友兰著，精装本一册六元五角，平装本二册四元八角

中国哲学史大纲（上册），胡适著，平装本一册一元八角

哲学概论，范锜著，精装本一册一元一角平装本一册一元一角

哲学概论，温公颐编译，精装本一册三元四角，平装本一册二

元二角

逻辑，金岳霖著，精装本一册二元六角，平装本一册一元八角

现代逻辑，汪奠基著，精装本一册一元六角，平装本一册一元

中国近三百年学术史，钱穆著，精装本一册六元五角，平装本
　　二册四元二角

道德学，温公颐著，精装本一册二元四角平装本一册一元六角

通史新义，何炳松著，精装本一册一元八角，平装本一册一元
　　一角

新史学与社会科学，Barnes 著董之学译，精装本一册三元六角，
　　平装本二册（上）一元三角（下）一元二角

中华通史，章嵚著，精装本二册各四元五角

中华通史，章嵚著，平装本五册，（一）一元七角（二三合）
　　二元四角，（四）一元七角（五）一元九角

中华二千年史，邓之诚著，精装本上册四元中册六元

中华二千年史，邓之诚著，平装本，（一）一元四角（二）一
　　元六角（三）二元（四）二元六角

世界史纲，H. G. Wells 著梁思成等译，精装本二册七元，平装
　　本四册各一元二角

欧洲近代史，王绳祖著，精装本一册四元五角，平装本二册
　　三元二角

中国古代史，夏曾佑著，精装本一册三元，平装本（上）　一
　　元，二册一元三角

多桑蒙古史，C. d'Ohsson 著冯承钧译，精装本二册五元五角，
　　平装本二册三元六角

中国近代史，陈恭禄著，精装本一册五元平装本二册三元七角

清代通史（上中册），萧一山著，普通本各一册各四元

英国史，Trevelyan 著钱端升译，精装本一册六元，平装本三册：
（上）一元六角（中）一元四角（下）一元二角

法国大革命史，Madelin 著伍光建译，普通本一册三元五角

美国史，Beard 著魏野畴译，精装本一册三元二角，平装本一册
二元二角

世界文化史，L. Thorndike 著冯雄译，精装本一册五元五角，平
装本二册四元

中古欧洲史，何炳松编，普通本一册一元六角

近代意大利史，MaClellan 著朱基俊译，精装本一册二元四角，
平装本一册一元六角

最新世界殖民史，大盐龟熊著葛绥成译，普通本一册一元四角

中日交通史，木宫泰彦著陈捷译，普通本二册二元六角

社会学原理，孙本文著，精装本一册四元五角，平装本二册三
元二角

（二）理学院用

解析几何，何衍璿袁武烈著，精装本一册三元二角，平装本一
册二元二角

解析几何与代数，Schreier 等著樊𤧕译，精装本一册一元七角，
平装本一册一元

方程式论，Burnside 等著干仙椿译，精装本一册二元，平装本一
册一元四角

初级方程式论，Dickson 著黄新铎译，精装本一册一元八角，平
装本一册一元

高等代数学通论，Bocher 著余介石译，精装本一册二元八角，
平装本一册二元

高等算学分析，熊庆来著，精装本一册三元二角，平装本一册

二元二角

实用最小二乘式，唐艺菁著，精装本一册一元七角，平装本一
册一元

实用函数（即出），Pierpont 著顾澄译，第一册，精装本一册五
元，平装本二册三元二角

双曲线函数，徐玉相著，精装本一册二元

微分方程初步，Phillips 著裴礼伯译，精装本一册一元二角

偏微分方程式理论，魏嗣銮著，精装本一册一元六角，平装本
一册一元

积分方程式之导引，Bocher 著胡敦复等译，精装本一册一元一
角，平装本一册五角五分

数论初步，吴在渊著，精装本一册二元五角

群论，圆正造著萧君绛译，精装本一册五元，平装本二册三元
六角

行列论，藤原松三郎著萧君绛译，精装本一册二元，平装本一
册一元四角

行列式之理论及其应用，Scott 著黄缘芳译，精装本一册二元五
角，平装本一册一元七角

变分法，何鲁著，平装本一册七角

非欧派几何学，陈荩民著，精装本一册二元四角，平装本一册
一元五角

应用天文学，夏坚白著，精装本一册二元平装本一册一元三角

普通物理学，萨本栋著，精装本二册各三元，平装本二册各二
元二角

普通物理学实验，萨本栋著，精装本一册二元，平装本一册一
元四角

热力学原理（即出），Birtwistle 著陈荩民译，精装本一册二元二角，平装本一册一元四角

电子，Millikan 著钟间译，精装本一册一元八角，平装本一册一元二角

实验普通化学，郑兰华著，精装本一册二元，平装本一册一元四角

无机化学通论，李乔苹著，精装本一册六元五角，平装本二册四元五角

有机化学，Perkin & Kipping 著许炳熙孙豫寿译，精装本一册四元五角，平装本二册三元二角

化学史通考，丁绪贤著，精装本一册四元五角，平装本二册三元二角

无机化学实习，Riesenfeld 著孟心如译，精装本一册三元五角，平装本二册二元五角

定量分析化学，Talbot 著张泽垚等译，精装本一册二元二角，平装本一册一元六角

生物学精义，冈村周谛著汤尔和译，精装本一册四元，平装本二册三元

生物学实验指导，郑作新著，精装本一册一元七角，平装本一册一元

昆虫学通论，三宅恒方著缪端生于景让译，精装本一册四元，平装本一册二元五角

实用生物统计法，王绶著，精装本一册二元四角，平装本一册一元五角

实用地理学，Stevens 著余绍忤译，精装本一册一元九角，平装本一册一元二角

文化人类学，林惠祥著，精装本一册三元二角，平装本一册二元三角

光性矿物学，何作霖著，精装本一册二元平装本一册一元四角

心理学之科学观，Weld 著张绳祖等译，精装本一册一元四角，平装本一册九角

心理卫生概论，章颐年译，精装本一册一元八角，平装本一册一元二角

社会心理学，Allport 著赵演译，精装本一册三元

应用心理学，Hollingworth 等著庄泽宣译，精装本一册二元

格式心理学原理，Koffka 著傅统先译，精装本一册六元，平装本二册四元

行为主义的心理，Watson 著臧玉淦译，精装本一册二元四角

行为主义，陈德荣著，精装本一册一元八角

心理学史，Pillsbury 著陈德荣译，普通本一册二元五角

（三）法学院用

比较宪法（增订本），王祺杰钱端升著，精装本一册四元六角

英宪精义，Dicey 著雷宾南译，精装本一册四元，平装本二册三元二角

罗马法，陈允应时著，精装本一册三元二角

罗马法原理（即出），陈彩璧著，平装本一册三元五角

中国法制史，陈顾远著，精装本一册二元三角，平装本一册一元七角

九朝律考，程树德著，精装本一册三元五角，平装本一册二元六角

中国民法总论，胡长清著，精装本一册三元六角

中国民法部论，胡长清著，平装本二册：（上）一元一角（下）

一元五角

中国民法债篇总论，胡长清著，精装本一册四元四角，平装本一册三元二角

国际公法论（上册），李圣五著，精装本一册二元八角，平装本一册一元九角

国际法大纲，周鲠生著，精装本一册三元二角，平装本一册二元三角

国际法发达史（即出），刘达人袁国钦著，精装本一册三元五角，平装本一册二元二角

中国民法物权论，曹杰著，精装本一册三元五角，平装本一册二元二角

中国民法亲属论，胡长清著，精装本一册三元平装本一册二元

继承法要义，范扬著，精装本一册一元八角，平装本一册一元一角

中国民法继承论，胡长清著，精装本一册二元三角，平装本一册一元五角

中国国际私法论，唐纪翔著，精装本一册二元，平装本一册一元四角

中国商事法，刘朗泉著，平装本一册三元

行政法总论，范扬著，精装本一册二元五角，平装本一册一元七角

土地问题与土地法，吴尚鹰著，精装本一册一元七角，平装本一册一元

政治学概论，李剑农著，精装本一册二元五角，平装本一册一元八角

政治科学与政府（上卷），Garner 著，精装本一册三元八角，平

装本二册二元八角

政治科学与政府（下卷），孙寒冰林昌恒译，精装本一册四元，平装本二册三元

政治典范，Laski 著张士林译，普通本一册四元

近代国家观念，王检编译，精装本一册二元二角，平装本一册一元四角

欧洲政府，张庆泰编译，精装本一册六元九角，平装本一册三元五角

日本政府，金长佑著，精装本一册四元，平装本一册二元五角

德国的政府，钱端升著，精装本一册二元六角，平装本一册一元九角

法国的政府，钱端升著，精装本一册一元七角，平装本一册一元一角

各国地方政府，Harris 著张永懋译，精装本一册三元，平装本一册二元

市政原理与方法，Munro 著宋介译，精装本一册二元八角

美国外交政策史（增订本即出），Latane 著王造时译，精装本一册七元

条约论，吴昆吾著，精装本一册一元六角

欧美日本的政党，彭学沛著，精装本一册二元八角

行政学之理论与实际，张金鉴著，精装本一册三元四角，平装本一册二元四角

中国邮政（上下卷），张梁任著，精装本各一册各二元，平装本各一册各一元三角

中国邮政（中卷），张梁任著，精装本一册二元五角，平装本一册一元六角

○法学院经济系用书

经济学原理，吴世瑞著，精装本一册四元二角平装本二册三元

经济学概论，巫宝三著杜俊东译，精装本一册六元五角，平装本二册四元八角

数理经济学大纲，Mehta 著胡泽译，精装本一册二元，平装本一册一元四角

经济思想史（参考书），Haney 著臧启芳译，普通本一册四元

古典派经济学说史，河上肇著林植夫译，普通本一册二元五角

经济学史，Ingram 著胡泽等译，精装本一册二元八角

经济学说史，Spann 著陈清华译，精装本一册二元，平装本一册一元四角

中国经济史（即出），马乘风著，精装本二册，（一）三元（二）四元，平装本二册，（一）二元（二）二元六角

经济学方法论，刘絜敖著，精装本一册二元八角，平装本一册一元八角

中国经济改造，马寅初著，精装本一册四元五角，平装本二册三元

中国经济思想史（上卷），唐庆增著，精装本一册三元，平装本一册二元二角

财政学，尹文敬著，精装本一册四元五角，平装本二册：（上）一元八角（下）一元三角

财政学大纲　附中国租税史略，Adams 著刘秉麟译，精装本一册二元，平装本一册一元四角

财政学新论，Shiras 著许炳汉译，精装本一册四元二角，平装本一册三元二角

统计学大纲，金国宝著，精装本一册三元二角，平装本二册二

元三角

高级统计学，艾伟著，精装本一册三元二角，平装本二册：
（上）一元一角（下）一元二角

统计制图学，陈善林著，精装本一册二元平装本一册一元四角

中国劳工问题，陈达著，普通本一册四元

英国工会运动史，Webbs 著陈建民译，精装本一册三元八角，
平装本二册二元八角

土地经济论，河田嗣郎著李达等译，精装本一册三元五角，平
装本一册一元七角

货币学，王怡柯著，精装本一册二元五角平装本一册一元七角

国际经济政策，Culbertson 著潘源来译，精装本一册三元二角，
平装本一册二元三角

中国之新金融政策，马寅初著，精装本一册四元五角，平装本
一册三元

工业政策，关一著马凌甫译，精装本一册五元，平装本一册三
元八角

赋税论，胡善恒著，精装本一册四元，平装本一册三元

租税转嫁与归宿，Seligman 著许炳汉译，精装本一册三元二角

财政行政论，胡善恒著，精装本一册二元四角，平装本一册一
元七角

公债论，胡善恒著，精装本一册二元八角，平装本一册二元

（四）商学院用

中国的国际贸易，何炳贤著，精装本一册六元五角，平装本二
册四元八角

中国交易所论，杨荫溥著，普通本一册三元五角

铁路行车概论，袁耀寰编著，精装本一册四元，平装本一册二

元五角

海洋运输原理，胡继瑗著，精装本一册二元五角，平装本一册
　一元七角

铁路货运业务，沈奏廷著，精装本一册二元五角，平装本一册
　一元八角

铁路运价之理论与实际，沈奏廷著，精装本一册一元五角

实用工商统计，林和成著，精装本一册三元五角，平装本一册
　二元四角

人寿保险学，Huebner 著徐兆荪译，精装本一册二元二角

中华银行论，马寅初著，精装本一册三元平装本一册二元二角

中央银行学，崔晓岑著，精装本一册三元二角，平装本一册二
　元二角

中国政府会计学，雍家源著，精装本一册五元，平装本二册三
　元六角

中国铁路会计学，叶崇勋著，精装本一册三元二角

投资数学，褚凤仪著，精装本一册四元，平装本二册三元

（五）教育学院用

教育哲学大纲，吴俊升著，精装本一册一元七角，平装本一册
　一元

教育哲学大意，Bode 著孟宪承译，精装本一册一元三角

民本主义与教育，Dewey 著邹恩润译，精装本一册三元五角

明日之学校，Dewey 著朱经农等译，精装本一册二元，平装本
　一册一元二角

教育社会学，雷通群著，精装本一册二元平装本一册一元二角

教育社会学原论，Peters 著鲁继曾译，精装本一册四元五角，平
　装本二册三元二角

社会与教育，陶孟和著，精装本一册二元二角，平装本一册一元四角

教育原理，Chapman 等著赵演存译，精装本一册三元五角，平装本一册二元四角

教育之基本原理，Thorndike 等著宋桂煌译，精装本一册二元二角，平装本一册一元五角

教育之科学研究法，钟鲁斋著，精装本一册二元四角，平装本一册一元七角

桑代克教育学，Thorndike 著陈兆蘅译，普通本一册九角

现代教育学说，Bode 著孟宪承译，精装本一册一元四角，平装本一册九角

教育心理学概论，Thorndike 著陆志韦译，精装本一册二元八角，平装本一册一元九角

现代心理学与教育，C. E. Ragsdale 著钟鲁斋张俊玗译，精装本一册二元四角，平装本一册一元五角

小学各科心理学，Reed 著水康民译，精装本一册一元七角

儿童心理学新论，Koffka 著高觉敷译，精装本一册二元八角，平装本一册一元九角

儿童心理学，Gaupp 著陈大齐译，普通本一册九角

儿童心理之研究，陈鹤琴著，普通本二册二元四角

学习之基本原理，Edward 著钱希乃等译，精装本一册一元八角，平装本一册一元二角

西洋教育通史，雷通群著，精装本一册三元，平装本一册二元二角

现代西洋教育史，姜琦著，精装本一册四元，平装本二册二元八角

中国教育史，陈青之著，精装本一册五元五角平装本二册四元

普通教学法，Parker 著俞子夷译，精装本一册一元二角

小学各科新教学法之研究，钟鲁斋著，精装本一册二元六角，
平装本一册一元九角

中学教学法原理，胡毅编，精装本一册一元六角，平装本一册
一元

中学教学法之研究，Millis 著程其保译，精装本一册一元五角

科学教授法原理，Twiss 著王琎译，精装本一册三元二角，平装
本一册二元

教育与学校行政原理，杜佐周著，精装本一册三元，平装本一
册一元八角

小学行政概要，程其保等著，精装本一册二元四角，平装本一
册一元七角

比较教育，钟鲁斋著，精装本一册二元九角，平装本一册二元

心理与教育之统计法，Garett 著朱君毅译，精装本一册二元三
角，平装本一册一元六角

教育测验，陈选善著，精装本一册二元四角

心理与教育测量，王书林著，精装本一册五元五角，平装本二
册三元八角

教育实验法，McCall 著薛鸿志译，精装本一册二元二角，平装
本一册一元四角

训育论，李相勗著，精装本一册二元二角平装本一册一元五角

课外活动，李相勗等著，精装本一册三元，平装本一册二元

中学训育心理学（即出），Pringle 著李相勗等译，精装本一册二
元七角，平装本一册一元八角

（六）农学院用

土壤学（上卷），刘和著，精装本一册二元五角，平装本一册一元五角

土壤学（中卷），刘和著，精装本一册二元五角，平装本一册一元七角

肥料学，彭家元著，平装本一册二元二角

稻作害虫学，张景欧著，精装本一册三元，平装本一册二元

中国作物论，原颂周著，精装本一册二元六角，平装本一册一元七角

稻作学，彭先泽著，精装本一册四元五角，平装本一册三元二角

实用小麦论，金善宝著，精装本一册二元，平装本一册一元四角

农林种子学（上卷），近藤万太郎著杨开渠译，精装本一册三元五角，平装本一册二元四角

蔬菜大全，颜纶泽著，精装本一册四元，平装本一册三元

果树园艺学，谌克终著，精装本一册三元二角

造园学概论，陈植著，精装本一册一元八角，平装本一册一元二角

农业推广，章之汶李醒愚著，精装本一册二元二角

中国农家经济，Buck 著张履鸾译，精装本一册四元五角，平装本二册三元

中欧各国农业状况，Morgan 著彭子明译，精装本一册二元八角，平装本一册一元八角

（七）工学院用

工程力学，陆志鸿著，精装本一册五元五角，平装本二册三元

五角

水力学，张含英著，精装本一册三元，平装本一册二元二角

水力学，歌原定二著刘肇龙译，精装本一册三元，平装本一册
二元二角

工业管理，Lansburgh 著陈建民译，精装本一册二元八角，平装
本一册一元九角

工业组织与管理，王抚洲著，精装本一册一元五角，平装本一
册一元

平面测量学，刘友惠著，普通本一册四元

高等测量学，陈本端著，精装本一册四元五角，平装本一册三
元

养路工程学，夏坚白陈永龄著，精装本二册三元七角，平装本
一册二元六角

给水工程学，陶葆楷著，精装本一册四元，平装本一册三元

沟渠工程学，顾康乐编，精装本一册一元八角，平装本一册一
元二角

电工学，刘仙洲著，精装本一册二元八角，平装本一册二元二
角

净水工程学，谢康乐著，精装本一册二元二角，平装本一册一
元六角

铁路管理学，赵传云著，精装本一册二元，平装本一册一元四
角

经验计划，Hayes 著刘仙洲译，精装本一册一元六角，平装本一
册九角

机械原理，刘仙洲著，精装本一册三元五角，平装本二册二元
五角

热机学，刘仙洲著，精装本一册四元五角，平装本二册三元二
　角

电工原理，Bush 等著顾毓琇译，精装本一册五元，平装本一册
　三元五角

蒸气表与莫利耳图，keenan 著刘仙洲译，精装本一册一元七角

高等汽车学，何乃民著，精装本一册四元五角，平装本二册三
　元二角

自动车工程，黄叔培著，精装本一册三元二角，平装本一册二
　元二角

航空学理论与实际，施兆贵著，精装本一册三元，平装本一册
　二元

图解法，Mackey 著邹尚熊译，精装本一册一元七角

直流电机原理，Langasdorf 著顾毓琇译，精装本一册五元，平装
　本一册三元五角

无线电实验，周荫阿著，精装本一册一元六角

无机化学工业，程瀛章李续祖著，精装本一册四元，平装本一
　册二元八角

有机化学工业（上卷），李乔苹著，精装本一册二元二角，平装
　本一册一元七角

有机化学工业（下卷），李乔苹著，精装本一册四元八角，平装
　本二册三元七角

工业化学实验法，Rogers 著韩组康译，精装本一册三元，平装
　本一册二元二角

硫酸制造法，李敦化著，精装本一册四元，平装本一册三元

最新实用制革学，李仙舟著，精装本一册二元四角，平装本一
　册一元七角

肥皂工业，Hurst 著万德固译，精装本一册三元

军用炸药，胡宁生著，精装本一册二元八角，平装本一册一元
八角

矿业工程学，朱华绶著，精装本一册五元五角，平装本三册四
元

矿床生因论，加藤武夫著张资平译，精装本一册二元五角，平
装本一册一元七角

铸钢学，王怀琛编，精装本一册三元，平装本一册二元二角

电热炼钢学，王怀琛编译，精装本一册二元七角，平装本一册
一元八角

（八）医学院用

生理学（增订本），蔡翘著，精装本一册六元，平装本二册四元
五角

病理总论，周威等著，精装本三册四元八角

病理各论，Kaufmann 著洪伯容译，精装本二册三元

近世病原微生物及免疫学，志贺洁著汤尔和译，精装本一册四
元

内科全书，盛在珩等著，精装本二册五元，平装本二册三元八
角

近世妇人科学，木下正中等著汤尔和译，精装本一册四元，平
装本二册三元

近世眼科学，刘以祥著，精装本一册四元五角

局部解剖学，李定著，精装本一册四元，平装本一册三元二角

局部麻醉学，高镜朗编译，精装本一册三元，平装本一册二元
二角

实用绷带学，刘兆霖葛秉仁著，精装本一册二元，平装本一册

一元四角

细菌学实习提要（即出），佐藤秀三著，祖照基译，精装本一册
二元

商务书馆一面出版大专用书，一面不忘基层之民众需
要，特编民众基本丛书，以极廉价，使仅受平民识字
教育者皆能进修，其概要及书名如后。

推进民众读书运动供给民众系统读物

吕金录主编编辑者五十余人

本丛书依照下列三大目标而编成：（一）引起民众的读书兴趣，
（二）供给实用智识，（三）使民众可以无师自通。第一集一百六十
册，内容计分读书指南、公民修养、社会、法律、语文、自然、卫
生、实业、歌谣谚语、诗歌剧本、游戏、寓言、故事、小说、传记、
史地等十六门类。材料的支配，于智识兴趣，双方兼顾。全书用浅
显流利的语体文。所有生字、成语、术语、史实等，都加注解。正
文单字，遵照教育部令，一律附加注音符号，兼标四声。凡是读完
识字课本和同等程度的人，采用本丛书，均可自力阅读，无师自通。
不论用于都市或农村均极合宜。除第一组八十册前已出版外，兹续
出第二组八十册。全集至此出齐，具有完整系统。特价发售，更期
普及。

第一组第二组子目及定价列下

第一二组各八十册每组定价一元三角五分特价一元

每种购满五十份照定价七折实售，以上特价办法均自六月二十
日起至十月十九日止函购另加邮费。

（书名）

△读书指南

　　怎样查字典 ……………………………………… 三分

△公民修养

　　怎样做公民 ……………………………………… 三分

　　民族主义浅说 …………………………………… 三分

　　民权主义浅说 …………………………………… 三分

　　民生主义浅说 …………………………………… 三分

　　建国大纲浅释 …………………………………… 二分

　　地方自治浅说 …………………………………… 三分

　　古语浅释 ………………………………… 二册各二分

△社会

　　中国民族小志 …………………………………… 三分

　　华侨小志 ………………………………………… 三分

　　中国礼俗 ………………………………………… 三分

　　西洋礼俗 ………………………………………… 三分

　　民众团体 ………………………………………… 二分

△法律

　　诉讼常识 ………………………………………… 三分

△语文

　　注音符号 ………………………………… 二册各二分

　　书信 ……………………………………………… 三分

　　契据 ……………………………………………… 三分

　　柬帖 ……………………………………………… 三分

△自然

　　太阳 ……………………………………………… 三分

　　星 ………………………………………………… 三分

　　自然界的四季 …………………………… 四册各三分

△实业

养牛 …………………………………………… 三分

养蚕 …………………………………………… 三分

养鱼 …………………………………………… 三分

油桐 …………………………………………… 三分

果树 …………………………………………… 三分

种树 …………………………………………… 三分

蔬菜的种法 …………………………………… 三分

△诗歌剧本

出路 …………………………………………… 三分

△游戏

通俗谜语 ……………………………………… 二分

△故事

平安之路 ……………………………………… 三分

无母儿 ………………………………………… 三分

△小说

古城会 ………………………………………… 三分

柴桑会 ………………………………………… 三分

火烧赤壁 …………………………… 四册各三分

甘露寺回荆州 ………………………………… 三分

齐天大圣 ……………………………………… 三分

两界山 ………………………………………… 三分

人参果 ……………………………… 二册各三分

莲花洞 ……………………………… 三册各三分

唐秀才飘洋 …………………………………… 三分

女儿国 ……………………………… 二册各三分

　　盗妇 ···································· 三分

　　卖刀偷甲 ······························ 三分

　　潞安洲 ································ 三分

　　青首山 ································ 三分

　　牛头山 ································ 三分

　　朱仙镇 ································ 三分

　　风波亭 ······························ 三分

△传记

　　孔子 ·································· 三分

　　孟子 ·································· 三分

　　岳飞 ·································· 三分

　　华盛顿 ································ 三分

　　林肯 ·································· 三分

　　孙中山 ································ 三分

△史地

　　世界地理 ························ 二册各三分

　　世界历史 ························ 二册各三分

　　新西游记 ·························· 三分

　　日本国 ···························· 三分

　　中国地理 ························ 二册各三分

　　中国历史 ························ 二册各三分

　　中国近代史话 ···················· 二册各三分

　　中国的边疆 ························ 三分

　第一集第一组书名及定价另详书目承索即寄

同年十月商务书馆为适应战时需要，印行中国文化建设

协会主编之抗战小丛书二十六种，兹附载其出版广告如次。

抗战小丛书

中国文化建设协会主编

发售特价　全部二十六种六开本二十六册　全部定价六元　特价五元　趸购另优待办法　特价期限廿七年二月十六日起至六月十五日止　邮费另加零册概照定价十足发售。

本丛书对于抗战必需的知识与技能，作有系统的介绍；对于当前急求解决的问题，作有计划的解答。一面研讨理论，一面提示实例。除供全国民众阅读外，并供宣传人员、中小学校教员及大中学校学生参考阅读之用。全书目录列下：

我们的抗战领袖 …………………… 潘公展著　定价一角五分

抗战与民众组织 …………………… 徐则骧著　二角五分

抗战与民众训练 …………………… 陈端志著　二角五分

抗战与社会问题 …………………… 陈端志著　二角五分

抗战与国际公法 …………………… 汪馥炎著　二角

抗战与国际形势 …………………… 樊仲云著　二角

抗战与太平洋问题 ………………… 程伯轩著　二角

抗战与敌国之现势 ………………… 莫萱元著　二角

抗战与经济统制 …………………… 张素民著　二角

抗战与财政金融 ………………… 周宪文孙礼榆著　二角

抗战与民族工业 …………………… 杨智著　三角

抗战与保甲运动 …………………… 陈高佣著　二角五分

抗战与军事常识 …………………… 杨虎著　一角五分

抗战与防毒 ………………………… 周尚译　五角

抗战与后援工作 ……………………… 陶百川著　二角五分

抗战与间谍 ………………………………… 黄敬齐著　二角

抗战与教育 ………………………………… 袁哲著　三角

抗战与农村经济 …………………………… 许性初著　二角

抗战与救护工作 …………………………… 庞京周著　二角

抗战与救济事业 …………………………… 张秉辉著　二角

抗战与公用事业 …………………………… 徐佩璜著　二角

抗战与新闻事业 …………………………… 王新命著　二角

抗战与美术 ……………………………… 朱应鹏著　一角五分

抗战与戏剧 ………………………………… 田汉著　一角五分

抗战与电影 ………………………………… 姚苏凤著　二角

抗战与游艺 ………………………………… 周寒梅著　二角

同年同月商务书馆又印行自编之战时常识丛书十五种，
　　战时经济丛书及战时手册，抗战丛刊等书，以抗战常
　　识灌输于国民。

（甲）战时常识丛书

战时适用法规概要，徐百齐吴鹏飞编，一册四角五分

所收法规，关于戒严及防空者各一种，关于刑事者九种，关于
循用及救济难民者各一种，关于海上捕获者二种，关于奖赏者四种，
关于抚恤者三种。其内容均经本书加以分类的析述。

兵役，徐百齐吴鹏飞著，一册五角五分，特价四角四分，五月
　　二十二日止

本书就兵役法、兵役法施行暂行条例、国民兵服役施行规则、
兵役及龄男子调查规则及其他有关法规多种，为综合有系统之阐述，
际此非常时期，国民踊跃从军，读此当知所遵循矣。

战时国际公法，李圣五郑允恭著，一册三角五分

内容分战争、陆战法规、海战法规、空战法规五部分，就战时国际公法上之重要问题，综合叙述，于读者以明晰之概念。对于违反国际公法之战事行为，尤能明白指摘。

自卫与侵略，史国纲著，一册二角五分

本书目的在说明：什么是自卫，什么是侵略，侵略国的借口及其弱点，侵略与武器，中日的地位，及中国抗战的意义。附录九国公约，国际联合会盟约，非战公约。

战时教育，黄觉民编，一册二角

本书将战时教育，分作校舍、课程、教师三大问题，分别讨论，颇多适合战时需要之切实建议。

民族抗战史略，傅纬平著，一册二角五分

内容分甲乙两编：甲编为我国民族历代抗战史略，从黄帝征蚩尤起，直到目前之全面抗战。乙编为各民族抗战史略，从希腊抗战起，以至大战期中弱小民族之抗战。

化学战争，谭勤余编，一册三角

首述军用毒气及其战术；次述煤幕及其战术，兼及信号照明；再次述纵火及其战术。火药另成专科，本书亦于编末述及。

青年陆军常识，王锡纶编译，一册四角八分

青年海军常识，王锡纶编译，一册四角

青年军事航空常识，王锡纶编译，一册五角

右列三书曾选列本馆"星期标准书"，张治中将军介绍词云："搜罗中外材料，灌输全国青年，用意至善。至其取材之新，叙述之明，读者自能辨之。"

防空警察，陆绍基著，一册五角五分

本书共分二十四章，先述欧美各国消极防空之组织，次按照我

国实际情况，对于消极防空方面，为一种有系统有计划的讲述，使全国民众在警察领导之下，完成普遍一致之防空组织。

食料管理，黄绍绪编，一册二角五分

先论食料管理的重要；次述中国食粮的供求状况，及食粮生产的改进；最后指陈食粮管理的方法，于运销、价格、贸易、仓库、清费、合作、管理机构，分别讨论。

战时安全设备，唐凌阁著，一册五角

关于战事所遭灾害种类、炸弹威力、避弹建筑、毒气性质与危害程度、个人及公共安全设备，以及清毒、救护、治疗等知识，本书均有切实之说明，并辅以清晰之图表。

战地工程，马地泰著，一册六角

本书就 Mitchell：Army Engineering 改编，删繁补简，加入适合国情之材料。内容计分测绘、道路、铁道、桥梁、筑营、筑城、河港、伪装等八章。图说详明，切于实用。

救护常识，周健孟编，一册二角五分

先述伤兵的搜索、搬运，创伤的种类，急救方法，绷扎方法，人工呼吸法，均为关于救护伤兵及受伤人民的必要智识。次述后方民众必需的防空智识，一般救护法，公共卫生常识等。

▽尚有多种陆续印行兹不备列。

（乙）战时经济丛书

战时经济思想，周元文编译，一册二角

本书对于大战前后有关战时经济问题之言论，作有系统的介绍，以启导读者研究此种问题之门径。

战争与财政，H. Pantlen 著杨树人译，一册三角

本书以时代为经，国别为纬，历述德奥英法意俄美日诸国战时财政之经过。历史上有名之战争均在包罗之列。对于研究战时财政

者，必能有相当的贡献。

英国工业的战争经济，Romermann 著杨树人译，一册三角五分

历叙前次世界大战时，英国统制原料品分配，管理劳工关系，及限制物价等必要的战争经济手段，其最后结论一章尤有参考价值。

战时石油政策，陈允文编译，一册四角

本书首论列强所采取之石油政策；次述日本在平时及战时所需石油之数量；最后叙述日本如何设法充实其需要，分为开采提炼、国外经营、法律制裁、国外输入等四点，讨论极详。并将日本有关石油事业之法令七种附录于后。尚有多种陆续印行。

（丙）战时手册及抗战丛刊

战时手册，黄龙郑光昭编，一册定价二角五分

内容分党政概要，外交常识，军事常识，战时法规，防护知识，医药卫生，地理图表，交通要览，民众组织及后援工作，国歌及军歌等十个部分，末附空白纸张，以便杂记。取材备切要，在抗战期内，允宜人手一册；用作前线将士慰劳品，亦极合宜。

抗战丛刊（第一辑），郑光昭编，一册定价五角五分

本辑选录关于各战场的战地通讯和战地特写三十七篇，加以有系统的编配。每篇附加题解，并将全篇酌分段落，加列小标题。读者手此一册，不难想见前线将士英勇作战的实况。

同年同月商务印书馆为对全国中学生灌输战时常识，不待教育部规定，首先编印社会自然两科之补充教材如左：

中学适用社会科自然科战时补充教材

社会科（一册），平韦卿编，每册定价四角（照定价加三成发售）

自然科（一册），宋建勤编，每册定价四角（照定价加三成发售）

本书为适应战时之需要，特就中学原有各科，尽量补充切要之教材；并为教学便利，分编社会科、自然科各一册。社会科包括公民、历史、地理三编，取材注重精神训练、国际形势、中日关系、战时经济、民众组织与训练等。自然科包括卫生、化学、物理三编，取材注重战地救护、医药常识、防空、防毒、兵器火药、及战地工程等。实为中学、师范及职业学校唯一合用之战时补充教材。各校或于平时课程外，加设战时常识科目，特别教授，或就原有科目补充讲习，均无不可。

同年九月廿二日中共发表共赴国难宣言，向国府提四项诺言：（一）拥护三民主义，（二）取销赤化运动，（三）取销苏维埃政府，（四）新军改编为国军，受军委会统辖。

同年十月十二日，军委会收编江南各地共军，成立新编第四军，以叶挺为军长，项英为副军长。

同年十月卅一日，国民政府发表宣言，并电告前线将士，政府决迁都重庆，继续抗战，以争取最后胜利。

同年十一月二十日，国府移驻重庆，定下月一日开始办公，宣告中外继续抗战，廿七日江苏省政府迁苏北办公。

同年十二月十四日北平成立伪组织，十九日国府发表宣言，斥北平伪组织为非法，并下令通缉卖国降敌汉奸。

同年全国国民学校及小学校共二二九 九一一所，入学
儿童共一二 八四七 九二四人，经费数共七三 四四四
五九三元。

同年全国中等学校共一 八九六所，其中中学校一 二四
○所，高初级并设者三一○所，高级中学一一四所，
初级中学九○六所，又师范学校三六四所，职业学校
二九二所。

同年全国专科以上学校共九一所，其中国立者二四所，
省市立二○所，私立四七所，计大学三五所，独立学
院三二所，专科二四所。

同年全国专科以上学校学生数共三一 一八八人，其中
研究生二○人，大学生二七 九○六人，专科生三 二
六二人。

民国二十七年（公元一九三八年，戊寅）二月商务印书
馆为适应环境，鼓励各营业机构，特制定"上海发行
所及各分馆营业解款暂行考核办法"。

自战事发生后，商务印书馆资产损失奇重，且续有损失，不仅
未能按年结帐，即结帐亦无盈余，是则营业机构平时所能获得的奖
励金已失其来源。我为着鼓励营业人员，以期于艰难中推展营业起
见，遂于二十七年二月间订定上海发行所及各分馆营业解款暂行考
核办法，大旨如下：（一）考核每年分为三期，每四个月为一期；

（二）每期由总管理处按各该营业机构之过去与今后情势，规定其营业及解款之标准数；（三）每期终了时，某机构之营业解款实数均超过标准者，由总管理处对其一部分或全体人员加给薪水半个月至一个半月，此办法施行以后颇著成效。

同年二月国立中学校暂行规程颁布。

先是中学以省市立为原则，鲜有国立者。抗战发生后，教育部于二十六年冬，始在河南浙川上集设国立河南临时中学，以收容冀察绥平津等省市中等学校流亡员生。二十七年一月后于贵州铜仁设国立贵州临时中学，四川合江设国立四川临时中学，收容苏皖京沪等省市中学校流亡员生。至是颁布国立中学暂行规则，各校之名依照规定，将"临时"二字取消。同年二月在陕西安康设国立陕西中学；三月又于甘肃天水设国立甘肃中学，湖北郧阳设国立湖北中学，陕西洋县设山西国立中学；八月于湖南乾城设国立安徽中学，九月设国立安徽第二中学于四川江津，十月设国立甘肃第二中学于甘肃清水；二十八年二月国立中学暂行规程修正，各校组织及设施始趋一致。时武汉沦陷，战区扩大，接近战区之国立中学，改向后方迁移。四月教育部取消国立中学以地名为校名之办法，改照各校成立先后之次序，以数字为校名，并分别在湖南武冈及四川长寿设国立第十一十二两中学。迄于日本投降，抗战终止，先后共成立国立中学三十二所。

同年三月廿九日中国国民党临时全国代表大会制颁中国国民党抗战建国纲领。

其中列举教育四款如次：

一、改订教育制度及教材，推行战时教程，注重于国民道德之修养，提高科学之研究，与扩充其设备。

二、训练各种专门技术人员，与以适当之分配，以应抗战需要。

三、训练青年，俾能服务于战区及农村。

四、训练妇女，俾能服务于社会事业，以增加抗战力量。

同时又订定战时各级教育实施方案，规定九大方针及十七要点。

九大方针为：（一）三育并进。（二）文武合一。（三）农村需要与工业需要并重。（四）教育目的与政治目的一贯。（五）家庭教育与学校教育密切联系。（六）对于吾国文化固有精神所寄之文学哲艺，以科学方法加以整理发扬，以立民族之自信。（七）对于自然科学，依据需要，迎头赶上，以应国防及生产之急需。（八）对于社会科学，取人之长，补己之短，对其原则整理，对于制度应谋创造，以求一切适合国情。（九）对于各级学校教育力求目标之明显，并谋各地平均之发展；对于义务教育，依照原定期限，以达普及；对于社会教育与家庭教育，力求有计划之实施。

十七要点多关于实际教育；其中较重要者为：

（一）对于全国各地各级学校之迁移与设置，应为通盘计划，务与政治经济实施方针相呼应；每一学校之设立，及每一科系之设置，均应规定其明确目标与研究对象，务求学以致用，人尽其才，庶几地尽其利，物尽其用，货畅其流之效可见。

（四）对于各级学校，各科教材，应澈底加以整理，使之成为一贯之体系，而应抗战与建国之需要，尤其尽先编辑中小学公民、国文、史地等教科书，及各地乡土教材，以坚定爱国爱乡之观念。

（七）对于学校及社会体育应普遍设施，整理体育教材，使与军训童训取得联系，以矫正过去之缺点，强迫课外运动，以锻炼在学青年之体魄，并注意学生卫生方法之指导及食物营养之充足。

（八）对于管理应采严格主义，尤注意于中学阶段之严格管理。中等以上学校一律采军事管理方法，养成清洁、整齐、确实、敏捷

之美德，劳动服务之习惯，与负责任守纪律之团体生活。

（十三）改订留学制度，务使今后留学生之派遣，为国家整个教育计划之一部分，对于私费留学，亦应加以相当之统制，革除过去纷歧放任之积弊。

（十四）中小学中之女生应使注重女子军事教育，应设法使学校教育与家庭教育相辅推行。

（十七）为谋教育行政与国防及生产建设事业之沟通与合作，应实施建教合作办法，并尽量推行职业补习教育，使各级干部人员均有充分之供给，俾生产机构早日完成。

同年六月十六日国民党中常会依全国代表大会之决议，定期七月一日召开国民参政会，以汪兆铭、张伯苓为正副议长，并公布参政员一百六十人名单。

同年七月六日国民参政会第一次大会在汉口开幕，余与李圣五均由香港赴会。查商务书馆新旧同人参加国民参政会者有杨端六、陈辉德（字光甫为商务书馆监察人）、陶希圣、周览、任鸿隽、李圣五、颜任光及余共八人。

同年九月十四日中共中央政治局密令其所属，〔删 12 字。——编注〕决不放弃共产主义。

同年十月二十八日国民参政第二次大会，在重庆开幕，余因忙于主持商务书馆在港工作，并策划各自由地区供应事，未能赴会，特电请假。

同年十一月商务书馆在香港工厂，为余八九年来所主编之中山大词典印行其原稿八百余万张资料中之一字长

编。在出版前余为述其编纂之经过，至于原稿八百余万张之资料仍存上海某专校，其命运已陷于不可知之数。

兹将一字长篇中之编纂中山大词典经过附后：

中山大辞典之编纂，实肇端于不自满与不量力之一个人，其人为谁，笔者是已。笔者对于字书初鲜研究，于其编辑亦乏经验，民国十四年因发明四角号码检字法，欲实验其效用，先就商务印书馆出版多年之国音学生字汇，剪贴改排，结果流行不甚广，此或因世人狃于习惯，是书原有按部首排印之本，沿用多时，故改按新法排印者未足与此也。笔者遂转念，别编一种工具书，体例与向有者不同，即按四角号码顺序，以新法排列新稿，借瞻其效用。于大半年间，以及二三助手之功，编成一种语体解释，横行排版，并按四角号码顺序之辞书，命名王云五大辞典。彼时，笔者对于字书之视野殊狭，其所谓"大"，仅为对于后此所编之王云五小辞典相对语，实即是书仅中等程度之普通辞典而已，自时厥后，笔者于编纂字书之兴趣，日益浓厚，与其对字之研究无异。于是继续搜罗资料，备增订王云五大辞典之需。计自民国十七年迄二十六年八一三以前，九年之间，无日不从事于此。其中可分三时期。第一时期，量多而粗，费力较少；大体就我国旧日之字书类书，今日之字典辞典，及日文之各科辞典，逐条剪贴于卡片之上，注明来源，一一按其辞语之汉字四角号码排列。笔者除选书及规定剪贴范围外，所有剪贴排比工作，悉委诸家人戚属，并于年暑假中，集戚友之子女熟习四角检字法者，相助排比。第二时期中，量略少而精，费力十数倍于前期，取材方面，旧籍则就注解最详与最后出者，新籍则自各科专著之最可靠者，摘取其辞语与必要之释义，一一标以符号，分发剪录；并

按其所属附注篇名卷次。此项摘辞工作，除笔者自任一部分外，分别委诸各科专任或兼任编辑，初仅三四人，继增至十余人，即剪录工作亦已视前复杂，除一部分由家人担任外，多数交发外间具相当程度及曾受训练者为之。第三期，量少而最难得，费力亦最多。盖就前二期所搜集之资料，于其短缺者，尽力补充，俾各科资料有适当之比例。此项资料，或较偏僻，或甚难得；本国方面如方言方技之属，世界方面如新制度之属，大部分即于本期集得。往往一书仅得数条，一条费力甚久。笔者除从事于搜集外，摘辞工作，尽委诸各科编辑员。此外更就西文百科全书若干种，译其标题为我国适当之名辞，所见页码，一一录入卡片，与其他资料卡片合排，俾供编纂时之参考。总之由王云五辞典之编辑，进至第一期资料之搜集；及由第一期资料之搜集，递进而至第二期，第三期；皆由于笔者对学术工作之不自满，而以一人之精力与资力，妄冀成此庞大之工作，亦可谓不自量矣。

民国二十五年春，中山文化教育馆（简称文教馆）理事长孙哲生先生，于笔者多年自秘之工作有所闻，本其提倡学术之诚，一再偕吴德生傅秉常林语堂温源宁先生等枉顾敝庐，就彼时已搜集之资料卡片六百余万纸，详加检视，认为取材丰富，得未曾有。经即提议利用此项资料，编纂一部空前之大辞典，而由中山文化教育馆出资合作，俾底于成，于是笔者提出下列编纂中山大辞典（简称大辞典）计划：

（甲）体例与内容

（一）中山大辞典之编纂体例与英国牛津大字典大致相同，其特点如下：

（子）集我国单字辞语之大成，无论古典与通俗，辞藻与故实，新知与旧学，固有与外来，靡不尽量收罗。

（丑）单字辞语——溯其源流，穷其演变，不仅详释意义，且表明一字一辞之历史。

（寅）一字一辞之来源，皆多方博采互为比较。向日仅据一书而武断之谬误，得以校正不少。

（卯）古代文物，科学名辞，多非文字所能释明；本书插图多至十万，广搜博采，用助了解。

（辰）我国字体变迁，备极繁复，降至今日，尚有篆楷行草种种同时并行，本书为使读者明了文字演变之历史，所收单字，咸附各体书法，以资比较。

（巳）条文按四角号码排列，故虽以四十四厚册，五千万言，六七十万条之多，而一检即得，较普通小辞典之按旧法排列者检查尤便。另编各种索引，俾未习新法自任何方面检查者咸感便利。是项索引别为两类：一自部首，笔画，注音符号，罗马字母等检取单字；一自英法日文检取各种术语。

（二）中山大辞典所收单字约六万，辞语约六十万。

按康熙字典收单字四万零五百四十四，集韵收单字五万三千五百二十五。大辞典除尽收两书单字外，旁及新字及俗体字，全部不下六万。

又按辞源正续编所收辞语约六万；大辞典所收六十万，十倍于辞源。

（三）每一单字或辞语之解说举例，多者不下万字，少者四五十字，平均约八十字。全书单字辞语合六十六万，连解说举例，约共五千万字。

按辞源每一辞语之解说举例平均四十二字。大辞典均较详尽，平均每条解说举例之字倍于辞源；而条数当辞源之十倍，故全书分量约等于辞源之二十倍。

（四）中山大辞典之编纂，以计划者（本文又称笔者）历年收集之资料六百余万条为基础。按计划者据以收集资料之刊物，截至彼时，计有我国字书类书二百二十一种，中外字书辞书百科全书等二百三十九种，其他图书一千三百八十八种，报纸杂志一百二十七种。

（乙）编纂与印刷

（五）全书编纂与印刷之工作，限六年内完成，其程序如下：

（子）第一年内分为下列三项：

（天）整理已收集之资料，

（地）补充新资料，

（人）综合各种资料，依本计划（甲）款一条之规定编纂之。

（丑）第二年第一月开始缴稿，随即排字制版，每月缴稿排版以一百二十五万字为度，全书稿本限于四十月内，即五年五月前，陆续缴齐。

（寅）第三年第一月开始出书，每月一册。全书四十册限于第六年第五月以前陆续出齐。

（卯）索引四册，限于正书出齐后六月内同时出版。

（六）中山大辞典之版式为三开本。除单字用三号字排版，辞语用五号字排版外，所有解说举例发排六号字，每面连插图平均实排千五百字以上，全书五千万字，约排三万四千面；分订四十册，每册平均八百五十面。另附索引四册，合为四十四册。

（丙）经营

此款系关于经济上之预算，其大旨即由中山文化教育馆与计划者合作，计划者除以过去八九年精力物力收集之资料六百余万条供大辞典采用外，并负编纂全书之责。文教馆担任在大辞典编纂期内，出资补助计划者完成本计划。编成书稿交商务印书馆按版税办法印

刷发行。所有著作人方面应得之版税，由文教馆与计划者各占半数。至文教馆补助之款总额为二十六万元，自订约之日起，按月支付三千五百元。

上开计划，经孙哲生先生提交中山文化教育馆设计委员会通过后，于二十五年三月二十日与笔者签定正式契约，而中山大辞典编纂处（简称编纂处）即于四月成立，按所订契约，开始其工作。

自二十五年四月迄二十六年八一三沪战发生，为时一年四月，依原计划之规定，第一年工作分为三项；自第二年起陆续缴稿，随即排字制版。虽兹事体大，头绪纷繁；幸赖编纂处诸同人之努力，竟得勉符计划。

（丁）编纂处组织

中山大辞典编纂处，以总编纂，复校，编稿，摘辞，缮写，剪贴，排卡，各种人员组织之。总编纂由计划者兼任。复校专任者四人，兼任者七八人，皆为各科或国学专家而富有著作编审经验。专任编稿二十余人，皆大学各科毕业而有编译经验者。摘辞除由编稿各人就所长分科兼任外，并委托外间专家多人分任之。剪贴用人无定数，大部分以外间曾受相当训练者任之，同时多至数十人。缮写之工作有二，一则就所摘辞语及其释义举例之不便剪贴者分条录于卡片上，二则就编稿人编成之稿复写于特备之稿纸上。排卡人将剪贴或缮录之卡片一一按四角号码及其附角附笔之顺序混合排比，缮写排卡两项均系专任，人数合计不下二十。

此外更设顾问委员会，于必要时，由总编纂商请中山文化教育馆理事长，会同函聘国内各专家担任，而以文教馆理事长为当然委员。其目的在于正稿发排以前，编纂处如有怀疑难决之问题，得有所请益，俾收集思广益之效。

（戊）补充资料

　　此为中山大辞典编纂处立后第一年之主要工作，上述第三时期所收集之资料，大部分即属是年之成绩。此项补充资料多至百余万条，合得七百四十余万条。经此次补充后，各方面之资料无不具备，且有相当比例，不致畸轻畸重。总计剪录字书，类书，中外辞典各科专著，志书，杂志，日报等，合共二千七百零九种。其性质若按图书分类法区别之，则总类占四百零八种，哲学占一百三十六种，宗教占三十四种，社会科学占一百八十五种，语文占九百十三种，自然科学占一百三十六种，应用科学占三百八十七种，艺术占七十九种，文学占一百九十一种，史地占二百二十四种。为避免错误及节省时间起见，除甚难得之书籍或一书所摘辞语无多者外，尽量采用剪贴方法；其必须缮录者，录出后另派人就原书校雠，以免讹夺。

　　（己）编纂原则

　　大辞典仿牛津大字典之例，不仅解释意义，并表明各字各辞之历史，故于单字辞语之意义，莫不穷其演变，溯其源流。具体之法，即按所见典籍之时代而定其意义之先后。又以我国古籍极多，且有代远年湮不易确定先后者，经详加研究后，决将单字辞语所自出之古籍，依下列原则为序：

　　〈一〉有年代可考者，依其年代之先后为序。

　　〈二〉同年代中有多数著作时，依作者生卒之先后为序。

　　〈三〉著者不明时，殿于相当年代之后。

　　〈四〉正史与当时之典章制度有关，未便依著者之年代定其次序，故列于所纪年之最后，但正史之叙论赞仍按著者时代。

　　〈五〉著者不明及出书时代不明时，依最先注释之人或最初发见之时代为序。例如水经，山海经，及纬书等，均按最先之注；穆天子传，逸周书，竹书纪年等，均按最初之时代。

　　〈六〉伪书与非伪书之主张不一者，仍按通常认定之时代。

　　查隋唐以后之著作，其著作人生卒可考者占大多数；依上开各原则为序，当鲜困难，惟周秦迄南北朝之经籍及隋唐以后之子史两部若干要籍，或因著作人生卒不易确定，或因书之真伪颇有问题，经考订斟酌，规定其中二百余种之次序如下：

　　［一］周易，［二］尚书，［三］诗，［四］仪礼，［五］春秋，［六］论语，［七］墨子，［八］左传，［九］公羊传，［一〇］谷梁传，［一一］尸子，［一二］孙子，［一三］司马法，［一四］孟子，［一五］孝经，［一六］老子，［一七］庄子，［一八］楚辞——离骚，九歌，天问，九章，远游，卜居，渔父，［一九］荀子，［二〇］国语，［二一］周礼，［二二］邓析子，［二三］公孙龙子，［二四］楚辞——大招，［二五］楚辞——九辩，招魂，［二六］管子，［二七］晏子春秋，［二八］吕氏春秋，［二九］韩非子，［三〇］国策，［三一］尉缭子，［三二］商子，［三三］慎子，［三四］山海经，［三五］六韬，［三六］黄帝素问，［三七］尔雅，［三八］尚书大传，［三九］楚辞——惜誓，吊屈原，鹏赋，［四〇］贾谊新书，［四一］淮南子，（四二）楚辞——招隐士，［四三］韩诗外传，［四四］楚辞——哀时命，［四五］春秋繁露，［四六］楚辞——七谏，［四七］史记，［四八］新语，［四九］楚辞——九怀，［五〇］急就篇，［五一］礼记，［五二］大戴记，［五三］说苑，［五四］列女传，［五五］新序，［五六］楚辞——九叹，［五七］飞燕外传，［五八］方言，［五九］法言，［六〇］太玄，［六一］鬶子，［六二］焦氏易林，［六三］鹖冠子，［六四］文子，［六五］汉书，［六六］越绝书，［六七］诗序，［六八］汉官旧仪，［六九］白虎通，［七〇］汉书叙论赞，［七一］论衡，［七二］楚辞——九思，［七三］释名，［七四］五经异义，［七五］说文解字，［七六］吴越春秋，［七七］潜夫论，［七八］东观汉记，［七九］参同契，［八〇］独

断，〔八一〕伤寒论，〔八二〕金匮玉函经，〔八三〕乾凿度郑注，〔八四〕尚书中侯郑注，〔八五〕毛诗谱，〔八六〕世本，〔八七〕申鉴，〔八八〕中论，〔八九〕风俗通，〔九〇〕燕丹子，〔九一〕尹文子，〔九二〕鬼谷子，〔九三〕神农本草经，〔九四〕水经，〔九五〕周髀算经，〔九六〕牟子，〔九七〕后汉书，〔九八〕人物志，〔九九〕列子，〔一〇〇〕小尔雅，〔一〇一〕孔子家语，〔一〇二〕古史考，〔一〇三〕汉武内传，〔一〇四〕列仙传，〔一〇五〕三国志，〔一〇六〕傅子，〔一〇七〕穆天子传，〔一〇八〕逸周书，〔一〇九〕竹书纪年，〔一一〇〕帝王世纪，〔一一一〕高士博，〔一一二〕九章算术，〔一一三〕海岛算术，〔一一四〕三国志叙论赞，〔一一五〕博物志，〔一一六〕毛诗草木鸟兽虫鱼疏，〔一一七〕西京杂记，〔一一八〕抱朴子，〔一一九〕神仙传，〔一二〇〕枕中书，〔一二一〕华阳国志，〔一二二〕搜神记，〔一二三〕拾遗记，〔一二四〕搜神后记，〔一二五〕晋书，〔一二六〕后汉书叙论赞，〔一二七〕宋书，〔一二八〕汉武故事，〔一二九〕广雅，〔一三〇〕神异经，〔一三一〕十洲记，〔一三二〕齐书，〔一三三〕宋书叙论赞，〔一三四〕齐民要术，〔一三五〕水经注——郦道元，〔一三六〕文心雕龙，〔一三七〕南齐书叙论赞，〔一三八〕刘子新论，〔一三九〕金楼子，〔一四〇〕洛阳伽蓝记，〔一四一〕梁书，〔一四二〕魏书，〔一四三〕北齐书，〔一四四〕玉篇，〔一四五〕玉台新咏，〔一四六〕颜氏家训，〔一四七〕难经，〔一四八〕洞冥记，〔一四九〕周书，〔一五〇〕陈书，〔一五一〕南史，〔一五二〕北史，〔一五三〕文中子，〔一五四〕隋书，〔一五五〕梁书叙论赞，〔一五六〕陈书叙论赞，〔一五七〕晋书叙论赞，〔一五八〕隋书叙论赞，〔一五九〕匡谬正俗，〔一六〇〕北齐书叙论赞，〔一六一〕拨沙经，〔一六二〕周书叙论赞，〔一六三〕南史叙论赞，〔一六四〕北史叙论赞，〔一

六五〕亢仓子，〔一六六〕灵枢经，〔一六七〕元真子，〔一六八〕阴符经，〔一六九〕述异记，〔一七〇〕酉阳杂俎，〔一七一〕续孟子，〔一七二〕伸蒙子，〔一七三〕素履子，〔一七四〕吴子，〔一七五〕天隐子，〔一七六〕无能子，〔一七七〕玉泉子，〔一七八〕风后握奇经，〔一七九〕关尹子，〔一八〇〕石申星经，〔一八一〕文章缘起，〔一八二〕旧唐书，〔一八三〕新唐书，〔一八四〕古今注，〔一八五〕金华子，〔一八六〕旧唐书叙论赞，〔一八七〕化书，〔一八八〕旧五代史，〔一八九〕新五代史，〔一九〇〕忠经，〔一九一〕旧五代史叙论赞，〔一九二〕广韵，〔一九三〕集韵，〔一九四〕聱隅子，〔一九五〕新唐书叙论赞，〔一九六〕孔丛子，〔一九七〕李卫公问对，〔一九八〕关朗易传，〔一九九〕元经，〔二〇〇〕周子通书，〔二〇一〕新五代史叙论赞，〔二〇二〕隆平集，〔二〇三〕古三坟书，〔二〇四〕类篇，〔二〇五〕资治通鉴，〔二〇六〕何博士备论，〔二〇七〕子华子，〔二〇八〕广成子解，〔二〇九〕东坡志林，〔二一〇〕焚椒录，〔二一一〕素书，〔二一二〕辽史，〔二一三〕程子粹言，〔二一四〕李忠定辅政本末，〔二一五〕懒真子，〔二一六〕胡子知言，〔二一七〕路史，〔二一八〕续博物志，〔二一九〕金史，〔二二〇〕孔子集语，〔二二一〕心书，〔二二二〕脉诀，〔二二三〕宋史，〔二二四〕晋史乘，〔二二五〕楚梼杌，〔二二六〕韵会举要，〔二二七〕元史，〔二二八〕郁离子，〔二二九〕元史叙论赞，〔二三〇〕读书录，〔二三一〕空同子，〔二三二〕海樵子，〔二三三〕汉杂书秘辛，〔二三四〕胎息经，〔二三五〕海沂子，〔二三六〕叔苴子，〔二三七〕十六国春秋，〔二三八〕於陵子，〔二三九〕至游子，〔二四〇〕明史，〔二四一〕新元史。

（庚）单字编纂

单字之编纂，分形，声，义三段。其编法略述于后：

（天）关于形者　大辞典为使读者明了文字演变之历史，每字按先后就可能分列（1）甲骨，（2）大篆，（3）古文奇字，（4）小篆，（5）缪篆，（6）隶书，（7）草书，（8）楷书八种形体。其取材根据于下表：

文字类别	时代	文字存在器物	取材所据之书籍
甲骨文	商	龟甲，兽骨，契刻	殷墟书契考释（罗振玉），殷墟文字类编（商承祚），甲骨文编（孙海波）。
大篆	商周	钟鼎，彝器，石鼓	说文古籀补（吴大澂），说文古籀补补（丁佛言），说文古籀三补（强运开），金文编（容庚），金文续编（容庚），石鼓释文（强运开）。
古文奇字	周秦	孔壁经书，戈，矛，玺币，陶器	三体石经，汗简（郭忠恕），笺证（郑珍），古文四声韵（夏竦），古籀疏证（王国维），古籀补三种。
小篆	秦汉		说文解字（徐铉），说文逸字（郑珍），秦金文录（容庚）。
缪篆	秦汉	印玺	缪篆分韵（桂馥），凝清室汉印（罗福颐）。
隶书	秦汉	秦汉铜器款识，汉代碑碣	隶辨（顾霭吉），隶篇（翟云升），汉金文录（容庚）。
草书	汉	阁帖	宋拓淳化阁帖，阁帖释文，孙过庭书谱释文，三希堂帖释文。
楷书	晋		玉篇，龙龛手鉴，唐韵。

以上各种字形皆从原拓原刻直接剪取，依序裱贴制版，以期不失真相。

（地）关于声者每字依其先后，分注玉篇，唐韵，集韵，韵会，正韵，佩文诗韵及现今之国音，俾明其声读之源流与演变。

（人）关于义者，字义之解释按下列规定：

〈一〉一字有意义多项者，归纳为若干项，每项各以数字记其排列之次序。

〈二〉各项释义均举引例。举例有数则时，以出自最大之书籍者首列，余依书籍之先后，顺序排列。

〈三〉举例注意下列各点：（1）书名及篇名，（2）注释者姓名，（3）同一释义而举例有多种时，纵的方面，选最先见之例，横的方面，选最常见之例。

〈四〉各项释义之排列，按其首列之例定先后。

〈五〉方言俗语等，出自各志书及其他近人著作或杂志报章者，概视为最近之书，列于群书举例之最后。

（辛）辞语编纂

大辞典辞语之编纂，其步骤有二，即关于资料之去取与解说之体例是也。兹分别说明之。

（一）关于资料之去取　通常编纂辞典，辄恐资料不足，此书适与相反，惟苦资料过多，去取之标准难定，即有标准，亦往往不忍割爱，盖先后搜罗资料多至七百余万卡片，其中常见之条文，每条固有多至数百卡片者，而罕见之条文每条或仅一二片，故全部条数虽未及点明，然按每条平均卡片四张约计尚合实际。于是七百余万之卡片中，至少含有不同之条目一百八十万，查中山大辞典编纂计划，所收辞语以六十万为限，是则所有资料中，只能取其三分之一，而去其三分之二。编纂之初，虽经详加考虑，定有去取标准，然编稿者多至二十余人，复校者不下十人，兴趣不同，宽严各异；最后纵由总校者定夺，终以一人精力有限，恐仍不免超过限度。

（二）关于解说之体例，辞语大别为三类，即（1）辞藻，（2）各科名辞，（3）固有名辞；其解说亦各类不一。兹分述之。

（子）辞藻之解说，至少括有释义与举例二段。释义在我国旧名辞中固不易恰当者。经子中单辞片语，往往为专家学者聚讼多时，而莫衷一是；矧以少数人之学识，尽举旧籍中一切辞语而释之，其未能尽允洽，自无待言。惟生当斯世，借清人治经之所得，与历代铨释子部要籍者之见解，利用客观方法归纳而胪列之，不作武断之决定。如此网罗诸说，以供参考，较诸仅举例句不复释义者，效用当有进焉。大辞典全部除辞语属于故事者，其意义已于举例中说明外，余无一不有释义。至举例则有先出者取其最先出，有互相发明者依序并列，有不同者分立他义或并入他义。然无论何种例句，莫不举其所从出书籍之篇名或卷次，俾参考者得进向原书考证。

（丑）各科名辞之解说条例，除首注其西文术语及以一二字代表所属学科外，纵因篇幅所限，条数又极多，未能一一为详尽之解说，然于必要之性质效用率阐述无遗。遇有重要辞语，则一条之解说辄多至万字或数千字，视一般百科全书之解说有过之无不及，即视专科大辞典亦未稍逊也。抑大辞典分条极细，就"一"字范围内之"一般"二字所统属之法律条文观之，计有"一般主义"，"一般竞争契约"，"一般诽谤罪"，"一般诬告罪"，"一般诉讼条件"，"一般诈欺罪"，"一般背职罪"，"一般刑法"，"一般强制执行"，"一般强盗罪"，"一般破产主义"，"一般破产声请"，"一般豫防主义"，"一般恐吓罪"，"一般习惯性"，"一般负担"，"一般行为能力"，"一般私行拘禁罪"，"一般代理"，"一般伪证罪"，"一般特许"，"一般侵占罪"，"一般侵权行为"，"一般条款"，"一般免除"，"一般租赁"，"一般伤害罪"，"一般宣告"，"一般窃盗罪"，"一般湮灭证据罪"，"一般减轻"，"一般法"，"一般法学"，"一般遗弃罪"，"一般渔业权"，"一般没收"，"一般过失"，"一般滥用职权罪"，"一般权"，"一般权利能力"，"一般加害"，"一般杀人罪"，"一般救贫法

规”，“一般故意”，“一般掳人勒赎罪”，“一般抢夺罪”，“一般国际法”，“一般毁弃损坏罪”，“一般人”，“一般分别共有”，“一般无效原因”，等五十一条，字数合一万三千余，平均每条约二百六十字，以分条言，固视现有任何法律大辞典为细，以内容言，亦视一般专科辞典为详。他如以“一氧”二字所统属之化学条文论，计有三十五条，字数合九千八百余，平均每条二百八十字。以“一时”二字所统属之西医条文论，计有八条，字数合一千七百余，平均每条二百十字。以“一次”二字所统属之算学条文论，计有三十六条，字数合九千七百余，平均每条二百七十字。此外各科大致准此。故大辞典内容各种科学条文，分之固成专科大辞典，合之则无异百科全书也。

（寅）固有名辞之解说体例，与各科名辞大致相同，除本国者不注西文外，其说明详略亦视重要程度而定。唯此项名辞数量极多，其属于我国者，人名概常有别称，地名更恒分新旧，为求体例划一，检阅便利起见，曾经订定如下之标准：

（A）人名

（a）帝王爵位

（1）列入正史之帝王隋以前者以谥法为主（如汉武帝，隋文帝），唐以后以庙号为主（如唐太宗，明成祖）；其例如下：

① 追封之帝仍以姓名为主，但谥号另作附见条（如曹操为主条，魏武帝为互见条）。

② 汉代诸帝王之谥，不必加“孝”字，如孝惠、孝文、孝武，均作汉惠帝、汉文帝、汉武帝，但南北朝之北魏、北齐不删“孝”字。

③ 隋以前帝王之未得谥者，从其封爵（如齐之东昏侯，魏之高贵乡公）。

④ 唐以后帝王之未有庙号者，始用谥注（如晋出帝，周恭帝，元泰定帝，元顺帝，明惠帝。）

（2）割据之主，以姓名为主，其庙号或其他称号作互见条。

（3）异姓封爵以姓名为主，其别号封爵及谥均作互见条。

（4）同姓封爵依世系为序，括为一总条，另按各人姓名分列见条；其有特殊事迹者以其姓名为主，而互见于封爵之总条。封爵总条之编法，先列封爵名；如不止一人者则用 1、2、3、4 标别之。每一项中先列时代，次姓名，再次家世（如某人子等）或封爵原因，再次封于何年，最后注其来源，例如：

（高密王）1 汉，刘弘，广陵厉王子，宣帝孝始二年封。（起汉书王子侯表）

（5）同姓封爵有谥者分别括入总封爵条之各项，但较著名者可将封爵连谥作一互见条。

（b）普通人名

（6）人名编辑之次序如下：1、时代，2、籍贯，3 字号，4、家世，5、经历，6、著作，7、坟墓。

如一条中有二人以上，或人名以外尚有其他含义者，则须于第一人前之时代加"人名"二字。例如：

（高扬）（1）谓高飞而去也……（2）人名。1、宋临安人……2、清仁和人……

又如外国人而欲冠以我国时代者，则须于时代下加一"时"字，例如："唐时高句丽人"。

（7）生卒可查得尽量补入，其地位在籍贯下，一律用亚剌伯数字，如（1238—1307），前（1273—1371）等。仅知卒年著作（—1317），仅知生年著作（1273—）。

（8）凡典史，县丞，主簿，教谕，守备等除一官以外并无事迹

者不取（但宋以前从宽采取，元以后外官取自知县以上，内官取自主事以上）。又孝子，节妇之不甚著名者亦不取。

（B）地名

（1）凡属地理之联字，最初分别标明"山名"，"水名"，"地名"，"县名"等字样，照引原书。而地名已改变者于其末加案语，例如：

（山名。清一统志；"在甲县"，按甲县即今之乙县）

其未改变者不必加案语。

（2）地名之为州，郡，国，县，府，道，山，川，城，镇者，加州，郡，国，县，府，道，山，川，城，镇等字作为主条（如高阳郡，高阳国，高阳县，应各以"高阳郡"，"高阳国"，"高阳县"为主）叙述其沿革。另立一总括条，综列各项，列如：

"高阳" 1. 郡名。见"高阳郡条。" 2. 国名。见"高阳国"条……

（3）侨置州郡，应并入州郡条（如高阳侨郡应并入高阳郡条，另作附见条）。废郡，废县，废城，故城，均作为附见条，而以其资料并入各该郡县城条中。

编纂分为（1）编稿，（2）缮写，（3）复校，（4）总校四步，略加说明如下：

（1）编稿　以资料卡片为根据，所有已按四角号码排比之卡片标题，由管卡处依序录入发卡簿，送由总编纂或其指定之复校人，除剔去一部分无须取者外，均按各编稿人专长之学科，分别批明由何人编稿，发还发卡片处查照将卡分送于各编稿人。编稿人收到各卡片后，除认为非本人所长者得退还发卡处，或认为无须采取者置而不用外，应即逐条撰稿。其法将同标题各卡片互相比较，或选定最精详之一片为主，或合并若干片，而舍短取长，依照规定条例增

删归并后，再整理其文字标点，如有疑点，则参考原书他书或他片，以期准确。卡片之上资料如系外国文字而未汉译者酌量情形，或全译，或摘译其一部分，并据他片之资料增补之，如认为卡片资料不足，亦得根据其他专籍，另行撰稿。为节省时间起见，编稿人以就卡片增删归并整理为原则，如有必要，始用空白卡片撰稿或补稿。并就已整理之片末各署代表编稿人姓名之一字（例如"一"字长编各条末圆括弧中之小字），以明责任。

（2）缮写　编稿人整理完毕之卡片及其所附之增补稿片概交缮写处，用特备之稿纸复写三份，每条另起一页，一页不敷，则接写若干页。卡片所注书名号码及代表编稿人姓名之字应附记稿纸之下端，如稿纸有数页时，则记于最末一页之下端。

（3）复校　缮成之稿纸，连同所附卡片，由管稿人按照总编纂指定之范围，分送各复校人校阅。复校人除校正内容体例及文字外，对于条文之去取，得再决定。又如认为取材编制尚有未当，得退回编稿人重新撰稿，或径由复校人就参考所得之新资料代撰之。复校后各于条末署一代表姓名之字（例如"一"字长编各条末方括弧中之小字），以明责任。

（4）总校　各稿经复校后由管稿人汇送总编纂总校，总校之目的，以条文之去取及体例之划一为主，虽偶然仍得补校错漏，终以范围过广，时力有限，只能注意大体而已；惟编稿人多至二三十，复校亦有十数，总其纲领者实亦不可少也。

（癸）条文排列

本书单字辞语合六十余万条，其数之多，为我国任何字书辞书所不及。康熙字典仅四万余条，因按部首排列，检查已觉不易，本书条数十六七倍于康熙字典，而一条有长至万字者，即其平均字数，亦数倍于康熙字典之平均条文。设仍按部首或任何其他方法排列，

检查上之困难将十倍于康熙字典，殆无疑义，字书辞书之效用，以检查迅速为主要条件之一。四角号码检查极速，益以附角附笔之补助，任何数量之条目，均可归纳于确定不易之号码下。证以七百余万卡片之按此法排比后，检查至为便捷，则大辞典内容六十余万条文之排检，自更不成问题。

大辞典之排列，每字以六码为原则，小数点前之四码为四角号码，小数点后之第一码为附角号码，第二码为横笔之数。间有六码相同者，则再增一码或二码区别之；第七码或小数点后之第三码为垂笔之数，第八码或小数点后之第四码则为捺点之数。此系极罕之例，不常见也。至排比方式，则除单字与单字间依上述号码为序外，同一单字之各辞语，则按第二字序其顺次，第二字相同者，再按第三字序其顺次；第四字以下不列号码，惟暗中仍按四角号码及其附角附笔为序，以故单字辞语虽多至六十余万，每字每辞莫不有其一定之地位，检查既迅速复正确也。

廿六年四月中山大辞典编纂处之工作适满一年，同月中山文化教育馆与商务印书馆签订合印大辞典之契约，因工作繁重，嗣后并须按月出版一册。商务印书馆对于材料与工作支配，不能不有相当时间为之准备，又以此种庞大之著作于其正式出版以前，有依原定办法，组织顾问委员会，并向全国学者征求意见之必要，遂商得中山文化教育馆之同意，将正稿延迟数月排版，先以"一"字条文作为长编印行。于是提前将"一"字所属各条文整理，因时期迫促，除编纂处同人几全部从事于此外，并得商务印书馆编审部数人以其余暇相助，用能于两月之短期内告成；自六月起发交商务印书馆排版，甫成三分之一，而八一三沪战突发，纸版铅字尽毁，幸原稿缮有三份，底本尚存。至八月起，中山文化教育馆，以战事发生，经费支绌，原定按月补助之款不得已暂止付，并函嘱编纂处暂停工作。

是年十月笔者为商务印书馆维持其任务，离沪南行，拟得便在香港将此长编底稿整理重排，又以人事倥偬，奔走湘汉港之间，不遑宁处；蹉跎数月，至今岁二月始付商务印书馆香港分厂排版，阅十月而完成，计得五千四百七十四条，排成四百七十八页，每页字数平均二千，合计不下百万字，平均每条约二百字，而"一"之单字释义多至万一千余字，规模之大，自信迈越前古，即世界著名之牛津大字典亦不是过。惟以中山大辞典编纂处中途停办，与"一"字长编移港重排之故，成绩不能副所望者颇多。约言之：一则资料卡片全在他地，校对时未能就底片复核，错漏定难免；二则编校人星散，原拟于排版时，遇疑点或不满意处临时商榷修正者，遂亦无法实行；三则港地参考书缺乏，有怀疑处无从考证；四则笔者为应付商务印书馆目前危局，日昃不遑，原定之总校职务多未能履行，五则插图仅得一份，业随原稿被毁，仓卒不能补制，夫以如是庞大之工作，成于如是忙乱之时期，误漏冗滥，岂能幸免！顾仍重烦手民，遽予出版者，则以长编之作，系先辑各书所载与本书关系之事实，而依次排比之，如宋司马光之编通鉴先成长编，其后李焘之续资治通鉴长编本此，笔者于发排中山大辞典正稿之前，所为辑印其"一"字长编者，盖师此意，并借以请求海内外学者之教正。

　　初意十年辛苦搜集之资料，既限于时地，不能公开于社会，长编所收如剔除过严，将无以示其真相，故去取之间，不敢存宁阙无滥之意。移港重排之际，复以上述情形，总校既鲜暇，助理又乏人，一切悉如原状，未及改进。因思际兹战时，原稿原片之保存，辄成问题，若不幸毁损，则笔者十年辛苦之工作，既无以就正于人，即于孙哲生先生提倡之美意，亦深辜负；于是力排万难，仍按战前计划先以大辞典之"一"字长编问世。至于大辞典本体之编纂印行，则财力人力皆非今日所许。只有俟诸异日。英国牛津大字典，费时

四五十年，用款数百万镑，五易其总编纂者，始底于成。笔者苟能及身而睹中山大辞典之完成，宁非大幸，此则不敢望而固所望者也。

（二十七年十一月作于香港）

同年十二月十八日国民参政会议长汪兆铭由重庆潜飞昆明，廿一日又潜赴河内，廿九日在河内发表艳电，主张中止抗战，对日议和。

自本年起，由于沦陷地区日广，中小学生之住居于沦陷地区，未及迁至后方者，其校数人数均不详确；故统计数字从略。

同年专科以上学校共九七所，其中大学占三五所，独立学院亦三五所，专科二七所。

同年，全国专科以上学校学生数，共三六 一八〇人，计研究生一三人，大学生三二 一七〇人，专科生三九九七人。

民国二十八年（公元一九三九年，己卯）一月一日中国国民党中常会举行临时会议，决议，汪兆铭危害党国，永远开除党籍，并撤除其一切职务。同日并决议推蒋中正兼任国民参政会议长。

同年一月二十日国民党第五届中央执委会第五次全体会议在重庆开幕。

同年一月廿八日国民党第五届中全会决议组织国防最高

委员会，推蒋中正任委员长，统一党政机关之指挥。
同年二月一日国防最高委员会开始工作；张群任秘书
长。

同年春间，东方杂志主编易人，以苏继卿代李圣五。

余识圣五，始于民十九年欧游，小驻英伦时，老友牛津大学教
授某君于余访问牛津大学时，介绍圣五谒余，时圣五肄业该校，专
攻国际法将近毕业，晤谈之下，对其印像颇佳。及余返国后，次年
圣五毕业归国，特来访，余遂聘为编译所编审员之一。及商务毁于
一二八，圣五遂亦停职，受汪精卫之延揽，任职外交部。及是年八
月商务复业，东方杂志旋亦复刊，东方杂志原由外交报并入，历来
重视外交及国际问题之讨论，且圣五任职商务编译所经年，人品成
绩颇佳，乃力挽其回馆主编东方杂志，但以辞去外交部职务为请。
圣五详加考虑，亦表赞同。主编以后，言论均甚审慎；而其交游颇
广，征求佳作亦甚便利。数年之间余与之相处颇融洽，及中日战事
发生，上海沦陷，商务的编译所及主要杂志分别迁往长沙及香港，
东方杂志则在香港出版。余常往还于香港、长沙、汉口、重庆之间。
去年底汪精卫潜往河内发表艳电主和，备受国人声讨。未几曾仲鸣
在河内被刺，圣五与汪氏交往既深，略露不平之意。

某日突于东方刊布其自撰一文，以"无畏与怯懦"为题，隐存
袒汪之意。余以当此局势，言论不可不慎重，特切实执行发行人职
权，在付印以前，辄取排校稿遍阅一过，以作万一之矫正。圣五主
编之初，余经数度检阅，尚无不妥，后以事繁，间亦疏于检阅。及
汪氏出亡河内，发表荒谬言论，因思圣五与汪私交颇笃，遂稍在意
东方之言论，不意发现此一文，虽措辞委婉，亦未明指汪氏之名；
然字里行间，实寓有为汪辩护之意。余以彼时汪氏叛国之迹虽未甚

著，但在全国精诚团结抗日之际，突然脱离阵容，发表违反国策之言论，以汪所处之地位，尤其不可宽恕。东方虽未能鸣鼓以攻，亦何得曲为辩护。乃劝圣五抽去此文。圣五知余意坚定不移，未便径提异议，乃退而修函辞职。

余与圣五交虽相得，在公事上实难迁就，不得已允其所请，改聘为馆外编译，从事于纯学术著作之译述。未及两月，圣五潜返上海，留函对余告辞。余对圣五虽深惋惜，所幸东方杂志未受其影响。

圣五辞东方主编后，余即以商务编译员苏继卿继任。继卿为余旧日学生，好学而甚淹博，尤以擅长史地之学。后来东方杂志社随同商务编译所由香港往重庆继续出版，以迄于民国三十五年春复员东返上海时，其中五六年，尤其在重庆出版之四年间，余在东方杂志常常撰文，与前此在上海出版时偶一为之者迥不相同。盖因迁渝以后，商务书馆之规模较小，余又与同人一起寄宿馆内，不拘日夜均为商馆办事，而每逢周末赴南岸汪山与家人相处之一二日，山居宁静，亦便于执笔撰文也。至于圣五返沪后，不久即参加汪伪组织，担任"外交部长"。抗战胜利后，判处无期徒刑，及共党控制大陆，我"政府"迁往台湾时，经予省释。嗣来香港定居。

同年二月美国国会通过对华贷款美金二千万元。

自八一三全面抗战发生以来，我国全赖独力作战，经济方面，亦赖自力苦撑。自是始得美国首先贷款援助。

同年二月二日至三月九日国民政府教育部在重庆召开第三次全国教育会议，议决战时教育政策及其他有关教育重要事项。

本会议到会人员及人数括有：

（甲）出席人员：

（1）教育部部长、次长参事、司长、简任秘书、简任督学及由教育部长就所属各委员会委员中指派五人；

（2）中央党部各部处代表各一人；

（3）行政院各部会代表各一人；

（4）军事委员会政治部代表一人；

（5）国立中央研究院，国立北平研究院代表各一人；

（6）各省教育厅厅长；

（7）行政院各直辖市社会局局长；

（8）各国立、省立，及已立案私立大学校长（或常务委员互推一人），各国立独立学院院长及各国立专科学校校长；

（9）国立编译馆、国立北平图书馆、中央图书馆筹备处、国立中央博物院筹备处各一人；

（10）教育部遴聘之专家四十人。

（乙）列席人员：各省教育厅指定之各该省内地方教育行政或中小学教育或民众教育人员每省一人。

以上出席及列席人员总共二百三十一人。

兹将议长及副议长及重要出席人员摘列如左：

议长：教育部长陈立夫。

副议长：选举副议长蒋梦麟及当然副议长教育部次长顾毓琇。

重要出席人员：

（1）国立中央大学校长罗家伦。

（2）国立西南联合大学常务委员梅贻琦。

（3）国立西北联合大学常务委员胡庶华。

（4）国立武汉大学校长王星拱。

（5）国立四川大学校长程天放。

（6）国立湖南大学校长皮宗石。

（7）国立中央研究院代表任鸿隽。

（8）国立北平研究院代表李书华。

（9）国立北平图书馆副馆长袁同礼。

（10）国立同济大学校长翁之龙。

（11）私立华西协合大学校长张凌高。

（12）私立复旦大学校长吴南轩。

（13）私立金陵大学校长陈裕光。

（14）私立岭南大学校长李应林。

（15）国立云南大学校长熊庆来。

（16）国立浙江大学校长竺可桢。

（17）四川省立重庆大学校长叶元龙。

（18）国立编译馆馆长陈可忠。

（19）国立中央图书馆筹备主任蒋复璁。

（20）国立中央博物院筹备主任李济。

（21）国立东北大学代理校长臧启芳。

（22）浙江教育厅厅长许绍棣。

（23）广西教育厅厅长邱昌渭。

（24）湖南教育厅厅长朱经农。

（25）福建教育厅厅长郑贞文。

（26）云南教育厅厅长龚自知。

（27）湖北教育厅厅长陈剑脩。

（28）江西教育厅厅长程时煃。

（29）上海市社会局局长潘公展。

（30）国立上海医学院院长颜福庆。

兹将本会议经过分组讨论后决议各案分类摘要叙述如左：

壹、教育行政类

（1）改进学校系统案。

（2）划分中等以上学校区案。

（3）教育行政人员任用资格案。

（4）省市以下教育行政机构案。

（5）督学制度改进案。

（6）教育经费案。

（7）教育用品案。

（8）县教育行政仍应设局案。

（9）施行督学制度改革案。

（10）学年度与假期案。

（11）庚款补助教育文化案。

（12）指定遗产税及所得税一部为教育经费案。

（13）提拨各族公共祀产之一部为义务教育基金案。

（14）严订各省县地方教育经费管理办法以保障教育事业案。

（15）仿照义务教育成例增拨民众教育经费补助各省案。

（16）各级学校校长及专任教员应均由政府与学校双方为储备养老金案。

（17）抗战建国时期之教育应多注重战时需要案。

（18）战区退集后方学生应澈底救济以宏造就而固国本案。

（19）厘订战区员生遗失证件补救办法案。

（20）分期整理国家各项教育设施以重权责而利统制俾宏大教育效能案。

（21）办理地方教育列为县长重要考成案。

贰、初等教育类

（1）初等教育改进案。

（2）改善小学教师待遇案。

（3）酌用改良私塾制以增进教育普及效率案。

叁、中学教育类

（1）中学教育改进案，括有左列各要点：

（子）中学制度及目标应酌量变更；

（丑）划分中学区，确定中学之设立；

（寅）中学课程标准之修改与订定；

（卯）生产劳动训练之注重；

（辰）厉行职业及升学指导；

（巳）整理省市中学师范；

（午）充实专科学校仪器图书设备；

（未）积极推行抗战期中之特别设施与训练。

（2）修正中学课程标准案。

（3）中学之分科与训导办法案。

（4）会考制度案。

（5）利用考试前及补习教育开放学校以推广普通中学教育案。

（6）改革现行中学音乐课程案。

（7）改善中等学校学生留级办法案。

（8）高初级中学应酌设备科首席教员案。

肆、高等教育类

（1）高等教育改进案，括有左列各要点：

（子）学校及院系设置之合理化；

（丑）学校程度之提高；

（寅）学校行政效能之增进；

（卯）学风之改善；

（辰）抗战军事之协助；

（巳）学术文化之整理与研究；

（午）建设事业之联系；

（未）留学制度之改进。

（2）各大学及专门学校购置图书仪器应请政府宽予以外汇便利案。

（3）废止大学研究院暂行章程第十条并准许各大学助教职员在职研究案。

（4）奖励教育学术研究促进教育建设案。

（5）拨予大段边荒供各大学农学院开垦实验案。

（6）各高等教育机关得以其产品收益拨充试验场所扩充事业经费案。

（7）划拨大面积之天然林为各大学农学院演习林场案。

（8）建议教育部修改大学组织法时于第四条内添列药学院造就研究及师资人才提倡国产药品制造新药以利药学之发展案。

（9）扩充西化医学教育案。

（10）建立宁夏医学院案。

（11）游击区或战区每年应选高中毕业学生若干名入国立大学官费肄业案。

（12）高级中学与专科以上各院校应严格举行入学考试多方拔取优秀学生以施行人才教育案。

（13）大学各学院高年级课程标准应富有弹性以便发展案。

（14）取销大学应习二种外国语之规定案。

（15）关于学术研究与抗战建国有关问题应特加提倡但对于一般研究之已着手者仍于维持案。

（16）指定港沪机关代办技术专门人才登记案。

（17）现行大学导师制应予修改案。

伍、师范教育类

（1）师范教育改进案，括有左列各要点：

（子）关于调整及设置；

（丑）关于整理课程；

（寅）注重劳作体育及音乐；

（卯）充实设备；

（辰）确定师范生实习办法；

（巳）改进师范生服务；

（午）订定实施辅导办法。

陆、职业教育类

（1）职业教育改进案。

（2）各级农业教育机关应倡办适合经济经营之农林生产事业案。

（3）在抗战期间加紧推进短期职工训练职业补习教育及职业指导工作案。

（4）职业师资亟宜培养案。

（6）推广实用艺术教育以利建设案。

（6）厘订职业学校实习场所生产办法案。

（7）改进职业教育以增加生产适合战时需要案。

（8）促进全国工科职业教育普遍发展培植专才加紧生产案。

（9）废止初级职业学校案。

（10）推行西北巡回职业训练补习教育案。

（11）各省战时职业教育应由中央补助经费以资扩充附属工厂案。

（12）厘订大学农工学校及农工实验改进机关辅导职校办法案。

（13）尽量减少职业学校之普通学科时间，增加职业科目讲授及实习时间案。

（14）改良农业职业学校教育暨增设农业补习教育案。

（15）改革高初级职校之多科制为单科制并设备小型工厂经营业务而训练学生案。

（16）厉行职业补习教育以增加人民生产案。

柒、女子教育类

（1）严令各级学校认真施行家事教育并令各师范院校积极训练家事科师资案。

（2）各级学校对于女生生活应为适宜之设备，并切实施行特殊训练以发展女性特长案。

（3）组训妇女俾能服务社会以增进抗战力量案。

此外尚有社会教育类十三案，战时特殊教育类二十三案，边疆教育类七案，侨民教育类四案，训育类三案，体育军训类十一案，教材课本与教育用品类五案。除战时特殊教育类，因系密件，不予发表外，余皆从略。

同年六月起商务印书馆陆续采行适应环境之措施。自去年起鉴于生产上不得不化整为零，与在内地各要点设立分厂之实际困难，除在长沙仍保持总管理处名义外，不得不暂以香港工厂及上海租界内所设工厂为生产重心，因此对运输上遭遇种种事实上之难题，不能不陆续采适应环境之处置，然最后目的，仍以在陪都设立总管理处及工厂为主，兹将所已采行之适应环境措施概述于后：

战时环境与平时大异，如果不能适应环境，则事业断难维持。一般工业与出版业有须适应环境之事件很多。别的且不说，专就物资一项而论。战时因消耗多而补充难，物资当然短缺。适应此种物资短缺的环境，首须节约，次则尽量采取代用品。关于节约一项，

我于二十七年七月在商务的驻港驻沪两办事处组织一节约委员会，以研究并推行公家与私人节约方案。关于公家方面者包括物料之节约，动力之节约，消费之节约，地方之节约，办公费之节约及其他，虽未能克收大效，也算有些成绩。查出版家消费最大宗者莫如纸张。我在组织节约委员会以前，已自行计划并实施了一种战时的节约版式，尽量减少空白地位，并增加行数字数；于是一面大小相同的书，前此仅能排五百字者，便可排至一千字上下，如此便可减省纸张半数。又每面的天地头平时空白很多，战时重版各书未经重排者，都将天地头尽可能减缩，如此约可减纸张十分之一二。经此变更后，同一字数之书，如系新排，或经重排，所用纸张仅当平时之五成；如未经重排，所用纸张亦仅当平时之八九成。此系借战时版本而减省纸张之数量。至于各书的印刷数量亦极力减缩，宁使重版的机会较多，不使因多印而滞存过久；依此办法，又可减用纸张三分之一。统计商务书馆在民国二十五年一年间所消费的印刷用纸在三十万令以上，而三十年一年间所消费者不过十三万令，仅当原数之四成有奇，而供给除因运输困难留滞中途者外，实际无不充分，同年十月间香港政府因欧战紧张，航运大减，拟仿英伦办法，统制一切必需品的消费，以期供求相称，经委任香港大学副校长施乐施氏兼任战时经济委员会主席，研究各种方案。施氏曾以统制香港印刷用纸之消费来访我，征求意见，我把过去二三年间为商务书馆节减用纸之原则相告，施氏极赞许，经即托我代为计划统制香港用纸办法。我旋即建议数事：（一）对于无必要存在之刊物，例如无何价值之小报等，应于限制或令停刊；（二）对于可存在之刊物应节减其篇幅，节减之法，除照我上述的办法将字与字间加密外，对于大字的广告与非必要的报余文字，应劝令尽量减缩；（三）今后输入外国纸张尽量采取磅分较轻者，俾于发生同等效用之外，可减运载之量。但不久

香港战事发生，此计划无论已否被采用，实际上自未见诸实施。我在商务书馆实施节约纸张办法之时，欧战尚未发生；而在建议上述节约办法之时，也未尝见过英国本土对于节约纸张之办法。但在三十二年冬我膺选访问英国之际，却亲见各出版家遵照政府所规定的节约版式，亦系将字里行间加密，并缩小天地头；此项版本平均较战前版本每页可多排字数百分之八十上下，与我在商务所采行的战时版可多排字数百分之百者，原则无异。又探悉各大报馆，如伦敦泰晤士等，除缩小字体外，并大减其印数，与我所采行者亦不谋而合。然在我国则政府对于战时节约版并无规定，一任人民自由；不过自从我在商务书馆首先实施以后，出版同业中便多陆续仿行。可见凡适应环境之措施，政府纵未强制施行，只要有人率先提倡，响应者必不在少数；即以合乎经济原则之举措，人之趋之无殊水之就下也。

对于采行轻磅纸张一事，我也早有此意；只以普通报纸每令五百张重量系由四十五至五十磅，其间相差不过数磅，而印度米纸每令重量较普通报纸减轻半数以上，不过米纸质良而价高，且战时亦不易得，故时时思得一种价值与报纸相若，而磅分可较报纸减半者，结果给我发见了一种所谓矾纸，每令五百张，重量不过二十至二十三四磅，较普通报纸减重过半，而其耐用性与适合印刷性，不下于普通报纸。此种矾纸向无供印刷之用者，其通常用途系作纸盒的里层，裱糊于硬纸板之上。我见此种纸张后，虽明知其未尝供印刷之用，且同人多狃于习惯，认为不值得尝试。我则抱定尝试精神，经多次之实验，卒证明其适合印刷条件，而可节省运量与运费过半，且价格亦较普通报纸大廉。于是大量就市面收购，将工具书如辞源合订本及各种字典词典等，大部丛书如万有文库简编等，皆利用此种纸张印刷。其后除万有文库简编因装订稍迟，未及大量运入内地

外，各种辞典字典及辞源合订本等则进入内地极多。香港战事发生后，内地读书界仍得供给不断，商务书馆亦得赖此项营业收入，以作第三度之苦斗资本，固非始料所及。然此种措施有合乎战时尽量采取代用品之原则，固无疑义也。

关于战时的代用品，我那时为商务书馆的措施中还有一个例子，就是所谓航空纸型。自滇越路受日军控制后，商务书馆经该路运入内地之一般用书纸型数百种皆陷于海防仓栈中，未能到达。民国三十年间运输之困难更甚。除书籍之在转运途中时有散失搁滞外，出版物的纸型关系重大，且利速运，计惟有交付航空寄运之一法。然香港空邮向不收寄货物，只能作为填空物品预交航空公司，得当酌运。依此办法，往往搁置多时尚难运出，于是不得不另筹他策。我以为空邮既可收寄书稿，设书籍的纸型能与书稿用纸厚薄相等，自亦可授书稿之例付邮。惟按向来习惯，纸型系以薄型纸多张连同硬纸板组合而成，寄运时断不能与书稿相比。因思薄型纸张数不妨尽量减少，所衬之硬纸板亦可尽量改薄减轻，使其厚薄与较厚之稿纸相等，如此则邮局不至拒收；惟同人狃于习惯，对此办法亦多不以为然，其理由无非恐不适于用，或不能耐久。经我亲自实验后适用已无问题，耐久固不若普通纸型之佳；然普通纸型可浇铅版十几次，实际上除教科书外，极鲜有重版十余次之机会，即或有此机会，尽可按新陈代谢之原则，于此项轻质纸型到达内地后，于必要时翻制一副普通纸型便可保持原有的耐久性。我既力排众议，即将此项纸型大量制备，以航空纸型之名陆续寄至商务在重庆及赣州两印刷厂；后来太平洋战事发生，商务在后方的中小学教科书纸型得以完全无缺，与一部分工具书及一般用书的纸型得在后方重版，皆赖此航空纸型之力。设香港战事迟半年发生，商务书馆所有重要图书之纸型皆可借此运入内地；至因重量减轻过半，所省航寄之费甚巨，犹其

余事耳。

　　以上所举仅为适应环境之数例，此外还多得很，不具述。

　　且说自抗战发生之初，商务印书馆在以香港为出版重心的时期，商务的出版物对于内地的供应还没有什么困难。及至广州沦陷，则另有一条通路开放着，就是由香港船运至越南之海防，再由海防经滇越铁路而入昆明，抵昆明后再以汽车转运西南各省。同时对于浙赣东南省分的供应，则由上海公共租界的临时工场，以其印成的书籍，用半走私的方式，船运至宁波温州或福州，然后散布；而香港刊行的战时出版物，因为不能取道上海，遂经由广东沿海之沙鱼涌等地，再行陆运，而分配于东南各地。为着便利接运经昆明转入西南各省的书籍，我为商务购置了十五辆的运货卡车，正想组织一个车运队，适那时候的西南运输局自动愿给商务以种种便利，而以商务把新购的卡车让与该局，作为预付运费的条件。那时候，我一方面认为凡事须分工，以专门工作由专任机构主持较便，他方面也信赖政府，便照所提议，与该局订约，把所有车辆都作价让给它。在最初的一年间，条件尚能履行，商务也得不少的便利。可惜不久该局便改组，而随着改组的结果，也就不能履行约定的条件。这时候欧战已发生，购买车辆也远较以前为困难，而原有的车辆已由该运输局使用甚久，即收回亦多破坏。比起某出版同业与商务同时购置车辆若干，自行办理转运，在初时因自己经营，不如商务之与西南运输局订约为有利者，后来却较商务便利得多。可见分工的原则，在他国视为天经地义而可以实行有利者，在我国固有许多例外也。

　　在那时候运输状况之下，商务受了最大损失者莫如在海防方面。对于法国本土工作的效率，我不敢批评；但我对于法国在越南行政上的效率实在不能恭维。凡货物经海防运入我国国境者必先存海防公家的仓库，然后按照运输力量，分批经滇越铁路内运。关于以绝

大黑市价购买车皮之事，尽人皆知，我不愿多说。至于公仓的管理混乱，尤为骇人听闻。就是货物入仓随便乱放，往往先到的压在下面，后到的放在上面。好容易获得车皮可以内运；于是匆匆忙忙，不能按照货物入仓的先后，或按照货主的需要，随便把放在上面的货物提运；因此不仅后到的往往先运，而且一部机器分装几箱的，在随便起运的情形下，便使运到内地的机器残缺不全，纵然大部分已经运达目的地，只因偶缺某一部分，便无法利用。记得有一件荒谬绝伦的事，就是西南联大的法籍教授邵可侣氏有一本大学初级法文在商务出版，我们已经把该书约一千部运到海防，因被搁在货物之下层，经过一年多还不能运达昆明；后来邵氏因所任功课需要该书二三百部，请求商务从速运赴昆明；我们把这情形告诉了他，托他设法就近将久存海防公仓的该书起运，以他的努力相助，结果仍无效，于是他提出一种特别有效的办法，就是由我们从香港另行供应该书二三百部，装在行李箱内，外面写明运交他。可是商务所存该书均已扫数运至海防，不得不另行印刷，依照邵氏的办法，重行装运至海防，结果借他的力，居然早日到达，而久存海防年余的大量该书，仍如石沉大海，永无法提出起运也。后来日人控制越南，这项存书连同商务滞存于海防的无量数书籍和机器原料一并给日人掠夺无遗。我们虽曾开具此项损失于数年前呈报外交部备案，以便交涉赔偿，可是商务这一宗的损失，在商务方面虽然视为很庞大，然在我国公私物资滞存越南，而因同一理由遭遇损失者，殆如九牛一毛，不知我政府将何以获得适当的赔偿耳。

自从日人控制越南以来，商务书馆以香港为中心的出版物只能由广州湾像走私式的经广东南部而入内地，或由沙鱼涌以冒险的方式经广东东部而入内地。至以上海租界为中心的出版物则偶然冒险以帆船经闽浙沿海而入内地，其困难达于极点。而比较上最有效的

路线还是广州湾走私式的路线。广州湾以法国租借地的微妙地位，与我国遂溪县的寸金桥仅隔一水，而由于广州湾的缓冲或其他理由，日敌直至太平洋战事暴发若干时以前，还没有向那方面进攻我国土地。同时，利之所在，广州湾的法国政府人员便有意或无意的为我国内流物资保留一方便之门。居然有人在广州湾租借地域内将物资包运至寸金桥我国主权所在之地，甚至恐怕物主不放心，先行估计物资的价值，由包运者以现金交与物主作为保证，俟物资安全达寸金桥，再由物主以保证金连同包运费向包运者兑回其所托运之物资。因此，在一切可靠的运道都隔断以后，广州湾便成为一条最安稳的通路。可是寸金桥通至我国内地的公路为恐日敌进攻起见，早已自动破坏，所以内运之费连同广州湾的包运费极形庞大；而由沙鱼涌冒险内运的路线，运费之高亦与广州湾相若。为着节省运费并增加实际的运输量起见，所运货物当然愈轻愈好。因此，对于内运书籍所用纸张亦以愈轻者为愈便。我为求达此目的，曾作了上述适应环境的措置。

本年度专科以上学校共一〇一校，其中国立者三六校，省市立者二〇校，私立者四五校。大学校占三七所，独立学院三六所，专科学校二八所。

本年全国专科以上学校学生数共四四 四二二人，其中研究生一四四人，大学生三九 一〇八人，专科生五一七〇人。

民国二十九年（公元一九四〇年，庚辰）三月五日中央

研究院院长蔡元培先生在香港逝世。

蔡先生在商务书馆成立之初年，因张菊生先生主持编译所之关系，一度曾在编译所相助主持，及因苏报案，受清廷注目，不得已转往青岛，随又赴德留学而脱离编译所；然其留德时期之著译多由商务印行。余于民元应蔡先生邀赴其所主持之教育部任职。嗣余脱离教部，后入主商务编译所，遇有重要编译计划，亦多向蔡先生请益，并承时锡鸿文。抗战初期，余暂留香港主持编印及其他业务，蔡先生由沪过港前往后方，因病不克成行，初与余同寓。嗣则时相往还，处于亦师亦友之地位。其临终时，除其家人外，余为独侍病榻之唯一友人。在蔡先生丧葬期内，余撰有蔡孑民先生与我及蔡先生的贡献二文。兹附录于左：

蔡孑民先生与我

我认识蔡孑民先生，始于民国元年一月下旬；但我开始听到他的大名则在临时大总统府成立后一二日。由于报纸刊载各部首长的名字，蔡先生被列为教育总长；其时我从事教育工作已有六七年，平素对于教育的制度备极关怀，因而对新政府的新教育首长，当然想略知其历史。不久我便探悉蔡先生是一位翰林，却具有革命思想，且曾在上海组织中国教育会。这时候我已由国父孙先生邀任临时大总统府秘书，正在清理手边未了的事，不日便要晋京任职，绝无另行求职之意。只是积久欲吐有关教育的意见，现在面对一位可以进言的主管部长，姑且尽我言责，至于能否发生影响，固所不计，于是我便抽出一些工夫，写了一件建议书，现在追忆起来，大约包括有左列各项建议：

（一）提高中等学校程度，废止各省所设的高等学堂，在大学附设一二年的预科，考选中等学校毕业生或相当程度者入学，预科毕

业者升入本科。

（二）大学不限于国立，应准许私立；国立者不限于北平原设之一所，全国暂行分区各设一所。那时候我主张，除北平原有所谓京师大学堂外，南京、广州、汉口应尽先各设一所。

（三）各省得视需要，设专门学校，其修业年期较大学为短，注重实用。

按我国清末学制，各省设高等学堂一所，其大旨系仿日本的高等学校。惟日本所设的高等学校与大学有相当比例，程度也能衔接，故高等学校毕业生多能升入大学，我国各省分设高等学堂，其毕业人数断非设立京城唯一的国立大学所能容纳，且各省高等学堂虽相当于大学预科，然因程度不齐，多未能达成预科的作用，于是实际的作用，仅成为高等的普通学校。我认为不如将中学程度提高，完成普通教育，其有志深造者，径行考升大学直接附设的预科。预科改由大学附设，其程度自较易与大学本科衔接，不若各省高等学堂所造就者，大半不能升入大学，徒成为普通教育之额外提高，在教育的作用上不免等于一种浪费。因此，我一方面主张增设国立大学，并分区设立，以便升学；一面主张准许设置私立大学，使那时已具基础之若干教会学校得于符合条件后升格为大学，以宏造就。至于为适应需要，并应准许各省设立专门学校，为期较大学为短，与清末的高等学堂和现在的专科学校相当，与大学分道扬镳，而改进当时高等学堂的空泛效用，使更合于实用。这便是我对民国学制改进的建议大要。

我以一个未曾受过高等教育的青年，居然提供许多关于高等教育的意见，不能不说是一种大胆的尝试。真想不到此一建议书，从上海邮寄到南京教育部以后，不过十日左右，我便在南京临时大总统府服务中接到由上海家里转来蔡先生的一封亲笔信，大意说对我

所提供的意见认为极中肯，坚邀我来部"相助为理"。

　　我既承国父孙先生的厚意，在一席谈话之后，自动委以机要之职；现在又以尚未谋面，仅凭一纸意见书，竟承蔡先生邀请相助为理。在鱼与熊掌之间，既不应见异思迁，又不愿放弃久怀改进教育而一旦获得可能实现的机会。幸而在不得已请示孙先生之际，承他老人家爱护有加，令我半日留府服务，半日前往教部相助；于是我才敢持着蔡先生的手书，前往教育部面谒。想不到经此一度面谒之后，我对于蔡先生不仅做了半年左右的属员，而且缔结了三十年的深交，尤其是在抗战初期蔡先生因体弱不能跋涉远来后方，我因主持商务印书馆，不能不往返于后方与香港之间，初时同住商务印书馆的临时宿舍，继则时相过从，蔡先生视我如手足，我则视蔡先生如长兄，在蔡先生逝世时我成为朋友中惟一的随侍病榻送终者。人生际遇真有不可思议之处。兹更就记忆，概述蔡先生与我三十年间的关系。

　　且说当时的教育部，草创伊始，还未曾订定什么官制。记得在教育部服务的各人，都由蔡先生致送聘书，任为筹备员；工作上虽有差别，实际上也难免要分为主办的和协办的地位，却没有阶级高低的区分，所领津贴也一律为每月六十元。由于我只以半日来部办公，而且是同人中年纪最轻的（当时只有二十四岁），当然不可能成为主办人员。那时候和我一起工作的有钟宪鬯（观光）、蒋竹庄（维乔）和汤爱理（中）诸君。钟君年事很高，曾在上海开办理化研习所，闻蔡先生一度加入听讲；蒋先生曾参加蔡先生主持的中国教育会；汤先生则系日本留学生，专攻法律。我们日常的工作，多半是讨论民国的新学制和课程；惟以临时大总统孙先生下野，政府不久北迁，在南京时代，一切规划还没有定议。

　　是年三月，唐少川（绍仪）先生受任为国务总理后，南京政府

各机关开始北迁。蔡先生仍任教育部总长，我也随往北京任职。这时候，我奉派为专门司第一科科长，前清学部员外郎路壬甫（孝植）为第二科科长，英国留学硕士杨焕之（曾诰）为第三科科长。我们的司长林少旭（棨）是专攻法律的留日毕业生，原任学部参议。至与我在南京共同工作之钟、蒋、汤三君均任参事。北迁后的教育部次长是范静生（源廉）先生，原系学部郎中。我在长官和同事间，资历最浅，年纪也最轻，但由于蔡先生之赏识，我也能努力工作，对上对下与对同僚均甚融洽。据我的主管司长说，我以一个毫无行政经验的人，不仅处理公务有如老吏，对于公文的起草修正，也无不适合分际。在蔡先生留京任职的几个月内，我的工作记得系以对大学令和专门学校令的起草，以及对京师大学堂的协助接收为主，上述两令实际上已把我在南京政府初成立时对蔡先生的建议三点完全采纳。至对于京师大学堂的接收事，系由我与第三科长杨君会同办理，我以一个初出茅庐，且从未进入大学之门的青年，总算应付得宜，而会同办理之杨君却一切归功于我。因此，我在当时的教育部科长中，与普通教育司的许寿裳科长（后来迭任教育厅长，终于台省教育厅长任内）齐名。许先生是蔡先生的同乡后辈，我却是一个毫无关系的后进，同受蔡先生的拔擢，侧闻蔡先生常引以自慰。

但是好景不常，是年六月间唐内阁以责任内阁不能负责而辞职；蔡先生本来与唐少川先生毫无渊源，却坚请联带辞职，其风度与唐先生原对袁世凯总统有深切关系而不惜坚辞者，同为政治界之美谈。唐内阁辞职后，由陆徵祥继而组阁；蔡先生去职后，则由原任次长范静生先生继任，而以原任蔡先生秘书长董恂士（鸿祎）君为次长。初时一切萧规曹随，无何问题发生。后来由于专门司司长林少旭先生改任高等审判厅厅长；在他以法律专材从事司法工作，当然用得其长，但是问题便发生在他的继任人选。林先生一向和我相处得很

好，尤其对我的能力与负责精神不断表示赞扬，在他要离开教育部时，私下曾对我有所表示，并言将力保我继任专门司司长。及至他的新任命发表，司中同人也一致认为我之继任，实为当然之事。想不到最后决定，却是以第二科路科长升任。路先生平时对我非常客气，骤膺此命形色上也表示万分不安。后来据林先生密告我，当他保举我继任之时，范总长好像满口答应，想不到经过几日夜，范先生突然密告林先生，说以我的能力和负责精神，升任司长极适当，惟经详加考虑，以路先生资历极深，原任学部员外郎，与范先生仅次一级，一旦由资历较浅如我者擢升，难免不使路先生失望；好在我年事尚轻，来日方长，暂缓升任当无问题。范先生的抉择当然未可厚非；但我毕竟少不更事，乍闻新命，心里确不免有几分难过，幸而平素遇事尚能与他人易地设想，经过了一二日，也就释然。后来因为路司长侧重保守，司中同人富于积极精神的新进者颇多不满，甚至学部旧人，夙与路司长共事者间亦具有同感，遂使我处境甚感困惑，除极力遏抑自己情感外，还矫情转劝他人。可是矫情的结果，偶然不免落出不自然的状态。消息间接传到刚从德国回来的蔡先生耳朵，听说他曾传述意见，劝当局把我调任北京大学的预科学长，不知何故又有人从中阻挠，否则后来一段不必要的纠纷，当可消除于无形。蔡先生爱我之深，更可于此见之。

范先生不久也去职，由海军总长刘冠雄暂时兼署，但刘总长毕竟对教育为外行，仅历月余也就请辞兼职。继而兼署者为农林总长陈振先。陈先生是留美农学专家，对于教育亦甚有兴趣；此次于二年三月兼署教育总长，原想实干一番。他虽是广东人，与我同乡，但因我是外江的广东人，对同乡人物认识不多，陈先生也素未谋面。因此，当他到部之初，并不知我这一位同乡。可是我之被卷入漩涡，真想不到竟起于我平素不重视的乡谊关系啊。

　　事情是这样的。由于江浙为文化最发达之区，教育界的杰出人物，往往不能舍江浙二省而他求。因此，教育部此时的高级职员中，包括次长和四位参事中的三位与三位司长中的两位，都是籍隶江浙两省。这并不因为蔡先生是浙江人之故。兼署总长陈先生独以广东人出任最高首长，如果能与各位高级幕僚随和，像湖南籍的范前总长一般，那就断然不会发生问题。可是陈先生毕竟有些抱负，而且习闻美国政务官之与事务官关系，不免要实行他的总长职权。初时为着发布一篇文告，吩咐原任的秘书人员起草，经办的秘书狃于故习，不免要商询主管司的意见。结果，对于总长的主张不免有重大的修正。陈先生以身为总长竟不能指挥一位秘书，实以农林部中并无适当人员可以调来相助，因向其某一小同乡（新会县籍）诉苦，他那位小同乡颇知我，力言近在教育部内的一位富有经验与能力的同乡何以不加利用。陈先生听了这段话，次日一早到部，便约见我详谈，既略知我的抱负，遂将其意欲发布的文告嘱我起草。我便在他的办公室内，花了不满两小时，写成二三千言的文告，送给陈先生核阅。他感到十分满意，因即表示要我以专门司第一科科长之职调兼总长的主任秘书。我认为既承赏识，自不难有发展抱负的机会，略不谦辞。以此兼职，我遂得出席部务会议，彼时的部务会议，系以部次长参事司长及主任秘书构成，主任秘书也具有相当重要性。

　　在我参加的最初几次部务会议中，由于陈先生对各项议案不甚熟知其经过者，辄先征询我的意见，我因对部务大都熟悉，间有不甚了然者，必先调查档案，或向主管单位详询经过，于是多能对陈先生提供适当的意见，所以会议进行尚属顺利。后来却发生一项有关政治的问题。查那时候的国会议员被选资格中包括有中央学会会员一项特殊资格。由于原规定颇为含糊，致有相当于专门学校的许多杂牌学校毕业生纷纷比附要求；从宽从严，应由教育部决定。在

讨论此一问题的部务会议中，除社会教育司夏司长曾佑无意见外，其他参事三人（原额四人中有一人外调）与普通专门两司长意见一致，却与陈兼总长的主张相左。陈先生不肯屈服于多数之幕僚，而五位高级幕僚一致反对总长，致酿成僵持之局。那时候我国的公务员服务法虽还没有颁定，但是幕僚对于长官的主张虽得陈述相反的意见，惟一经长官决定，幕僚便应服从，绝不能以属员的多数团结对抗长官，此为世界一般政治的通则。因此，我不得不维护行政上的原则，力劝各参事司长，在已尽其言责之后不宜过分坚持。想不到因此竟触众怒，认为我袒护同乡的长官。最后，全体参事司长除社会教育司长夏先生外，一致对陈总长以集体辞职为要挟，陈总长不为所动，皆于照准。除派我暂兼专门司司长外，并派杨科长曾诰及彭视学守正兼署参事。董次长为表示对于辞职参司五人之同情，亦请病假不到部。陈先生初时态度坚决，不予置理。我对这几位辞职的参事司长，虽多从南京时代开始共事，平素感情也还融洽，可是为着政治上的原则，不得不支持陈总长，以免恶例一开，将来政务官不能发生其对政治的作用，转为僚属集体把持，无异太阿倒持。如果陈先生能够坚持到底，此一原则或可确立不移。可惜得很，陈先生不知受到外间什么压力，突然请辞兼署教育总长之职，改由请假中的董次长暂代部务，不久又由汪大燮来长教部，于是已辞职照准之各位参事司长，大都复职或转职，杨曾诰、彭守正二君也各回任本职，我只好出于辞职之一道了。此一事件发生后在人情上我似乎有些对不起几位从南京开始共事的朋友，尤以多系蔡先生所用之人，然而在公事上我是问心无愧的。后来蔡先生听到此事，却未尝对我有何不满。二十年后，当我和蔡先生时相把晤之时，偶然谈起此事，我颇咎自己当时的少年气盛，但蔡先生认为我的主张绝对正确，并力言在处理公务之时，断不可顾及私情。

　　民国十年我开始担任商务印书馆的编译所所长，蔡先生也已从国外倦游归来，由于商务印书馆和我均与蔡先生有旧关系，对于编辑和校阅之任务向蔡先生请求指教或相助。前任编辑所所长而现任该馆监理之张菊生先生和蔡先生为科举同年，对蔡先生的称谓常用其旧日的别号"鹤卿"，于是我也逐渐从"子民"先生改称为鹤卿先生，倍益亲切。我对于商务印书馆编译出版方面有所创作，事前辄向蔡先生请教；个人偶有作述，亦几乎无一不请蔡先生指正。蔡先生对于我有所举措无不鼓励有加，例如民国十四、十五年间，我从事于检字法之研究，发明四角号码检字法，蔡先生首先为我作序，其末有如左之一段：

　　"中国人创设这一类方法的，我所知道，自林语堂先生五母笔，二十八子笔始。林先生的草案虽五六年前曾演给我看，然而他那具体的排列法，至今还没有发表；我还不能亲自演习，究竟便利到何等程度，我还不敢下断语。最近见到的，就是王云五先生这种四角号码检字法了。他变通永字八法的旧式而归纳笔画为十种，仿照平上去入四音的圈发法，而以四角的笔画为标准；又仍以电报号码的形式，以十数代表十笔，而以〇兼代无有笔画之角。这种钩心斗角的组织，真是巧妙极了。而最难得的是与他自己预定的八原则，都能丝丝入扣。王先生独任其劳，而给人人有永逸的实用，我们应如何感谢呢？"

　　又民国十七年当我创作中外图书统一分类法，向蔡先生请教时，他也自动为我作序，有片言道破内容的左列两段文字：

　　"（一）王云五先生博览深思，认为杜威的分类法，比较地适用于中国，而又加以扩充，创出新的号码，如"十""廿""土"之类，多方活用。换句话说，就是一方面维持杜威的原有号码，毫不裁减；一方面却添出新创的类号来补充前人的缺点。这样

一来，分类统一的困难，便可以完全消除了。"

"（二）著者姓名，中文用偏旁，西文用字母，绝对不能合在一列。若是把中文译成西文，或把西文翻成中文，一定生许多纷岐。其他如卡特所编的姓氏表，于每个姓氏给以一个号码，也是烦杂而无意义。要一种统一而又有意义可寻的方法，莫如采用公共的符号，可以兼摄两方的。这种公共的符号，又被云五先生觅得了。"

民国十六七年，我开始筹备万有文库初集的编印，其中对于书目的拟订，煞费思量，并欲借此以一个具体而微的图书馆，以低廉的价格和最便利的方法，供应于读书界。此一措施极承蔡先生鼓励，对于书目的决定，亦迭承指正，关于著译的人选亦多承推荐。蔡先生的学生知好极多，自动恳求蔡先生向我介绍书稿，或推荐职业者，蔡先生大都是来者不拒，而且每一次都是亲笔作简单的介绍。但他亲自对我说，他的介绍目的，只是让我知道其书稿或其人的来源，由我自行注意；因为他绝对没有工夫把每一书稿都读过，或把每一个人的服务能力考验过，才写信介绍，这是各有专长的事。一部书稿到了我们的编译所也是分交有关的专家审查；一个人被推荐后，也应经过考验。所以他的介绍书，只是使我注意其来历而已，至有特别推介之必要者，蔡先生的信定然写得较为具体而详尽。我领会此意，所以对于蔡先生的一般推介函，多不另作详尽的考虑。这一点可能是我与蔡先生性情不同的地方。我因为从事出版事业多年，遇事注重实际，对于介绍函绝少书写，尤其是习惯成了自然，一旦破例，辄易使人误会为真正的推介。蔡先生毕生度着学者的生活，同时富于中国的人情味，多年以来对于推介之请求既然是来者不拒，一旦予人以峻拒，定然使受者万分难堪，因此，到了晚年他还是保持此种多年习惯。这完全是由于处境不同，我之尊重蔡先生的习惯，

正如我自己保持自己的习惯一般。

　　民国十八年，我在商务印书馆任职已满八年，在编译所方面，应付二三百位的读书人还不感任何困难，而负担艰巨工作，特别是多至二千册的第一集万有文库也已顺利出版，假使我继续下去，对于原有的任务尚鲜问题。问题却发生在与我本无直接关系的任务。自从民国十五年以来，上海的劳资纠纷迭起，商务印书馆的工会是在企业界中最具势力者之一。纠纷之起当然以印刷所为主，发行所及总务处次之；编译所间有少数人活跃，大多数皆为新旧学者，态度稳健。因此，工潮的发生，如果不是由印刷所长从事局部的应付，便应由总经理协理与人事科长作全盘的应付，在理是不应轮到我头上的。但因那时候的总经理为印刷所长鲍先生所兼任，他年事已高，且平素笃实不善言辞，其他经协理等亦多属于这一类型，因此某一次工潮闹大了，使我不能不挺身而出，结果应付尚属得当，一场风波随而平息。此后一遇劳资纠纷，资方都一致推我出马交涉，竟使不应负责的我，转而负了全面的责任。这些消极的事，偶尔担负尚无不可，若渐渐变成家常便饭，那就对于一位需用脑力以应付出版计划和学术研究的人，未免是近乎残酷了。因此之故，我对于商务印书馆的任务，原具有最高兴趣者，其兴趣便逐渐随工潮之继涨增高而低落。于是决心摆脱，并先设法物色替人。适数年前为编译所聘得何柏丞（炳松）君为史地部部长，经年来的注意观察，认为尚适于继我之任。于是开始作辞职的打算。适中央研究院成立，蔡先生担任院长，并罗致我的一位旧学生杨杏佛（铨）为总干事，杏佛又兼任社会科学研究所所长。我偶与杏佛谈及脱离商务印书馆之决心，杏佛初时力劝不可，经我详加剖析，卒亦赞同，因言社会科学研究所新成立，他以总干事兼任，原系暂局，设我辞商务职获准，愿举贤自代，一如八年前胡适之君举我代任商务编译所所长之故事，

且同为我的及门，已有先例，应步后尘。我力言万万不可，因我对商务编译所正苦于行政成分太多，如能摆脱，只愿担任纯粹为学术致力之研究工作，否则我又何必薄商务而不为。杏佛卒以此事转告蔡先生，蔡先生深知我近来之辛劳，谓商务设许我脱离，则中央研究院极欢迎我来参加，但对杏佛之荐我自代，他却赞成我的主张，谓社会科学研究所所长职务，虽不若商务编译所之烦，我既为节劳而辞商务，则中研院应聘我为研究员，使我得由八年来多半努力于行政者，转而殚精于研究工作。蔡先生之知我爱我，闻之使我至为感奋。经数度磋商，我对商务编译所卒达成推荐何柏丞君为代之愿望，而对中央研究院则接受专任研究员之聘约，然因辞不获已，仍兼该所法制组主任名义，好在开始时只是一人一组，仅有助理研究员三数人相助，譬如大学校之系主任仍兼教授，与院长之难免行政工作者有别。

约莫在民国十八年九十月间，我便移转工作阵地于中央研究院社会科学研究所。我首先择定的一个研究问题，便是"犯罪问题"，而以向若干监狱作个案调查为出发点，首先计划了一个调查表，并罗致了三位助理研究员，一是北大习法律的，一是燕京大学习社会学的，又一是东吴法学院习法律的。他们都很努力而合作。原拟以一年工夫从事调查，第二年则着手于分析与研究。想不到仅仅经过了三四个月的安静生活，我又给一件较前更麻烦的工作所纠缠。原因是商务印书馆的总经理兼印刷所所长鲍先生突然逝世，继任人选在印刷所所长一职尚无问题，而对于总经理职务，董事再三考虑，认为只有我最为适当，经一致通过后，分别推人劝驾。我本来为避麻烦而请辞，如果接受此职，麻烦有加无减，当然力为拒绝，可是经不了商务的元老和当局纷纷吁请，几于逐日到我的研究所或家中相劝。后来我以情不可却，乃提出一项不可能被接受的条件，就是

说我虽曾在商务任职八年，但所经验者只限于编译和出版。总经理主持全局，尤须精于管理，必不得已我只好在名义上就职以后，即往欧美研究企业管理，为期至少半年，然后返国负责。此外我还提及商务印书馆向来采取合议制，由总经理，两位经理和三位所长构成；此种制度不适于现代的管理，我如担任此席，似须取消合议制，改为总经理负责制。真想不到，这两条件都获董事会完全接受，于是不得已就职，即日以经理李拔可先生代理，我随即于民国十九年三月左右出国考察；同时也就不得不放弃社会科学研究所的任务，蔡先生夙为商务印书馆好友，也只好答应我辞职，计任职不满半年，遂又结束了我第二次在蔡先生领导下的职务。

我在十九年九十月间考察完毕，返国即在商务印书馆实行科学管理，越一年颇著成效；不幸于二十一年一月二十八日闸北之战，商务印书馆总馆总厂被日本飞机全部炸毁，不得已歇业半年，清理后于同年八月复业，赖科学管理之澈底推行，效率大增，恢复甚速。旋即发表印行大学丛书，以谋学术独立，经组织大学丛书委员会，审查书稿；委员会得蔡先生领衔倡导，全国学术专家无不乐予合作，迄于二十六年八月全面抗战起，不满五年，而印行之大学丛书多至三四百种。同时期内，我又编印万有文库第二集二千册，其中收入国学基本丛书及汉译世界名著，各数百种，自拟定书目以迄校阅，也多赖蔡先生指导协助。

最后的一个阶段，蔡先生与我相处香港，直至其去世时为止。自二十六年八月上海发动的全面抗战以后，我为着策划商务印书馆的应变工作，经于是年十月间离沪前往香港，因为商务印书馆在香港设有一个相当规模的印刷厂，一面为维持战时生产，一面为规划在后方设厂，以备长期抗战。到了香港不久，蔡先生亦自上海由周子竞、丁西林陪同来港，拟取道前往西南。自港前往西南道途跋涉，

至为辛苦，蔡先生此时高年多病，恐不能支持。周、丁二君因我在香港，照料有人，遂以相托。我遂迎蔡先生到商务的临时宿舍与我和商务自上海来此之二三同人相处。濒行周子竞以周夫人胞弟之资格，转述周夫人之嘱托，恐蔡先生饮酒过多，有碍健康，每日当以一次一大玻璃杯绍酒为限。我当然奉命维谨，仅于晚饭时供应绍酒一大杯，午饭不另供酒。未几内人携幼儿学善自上海续来，也同住于该宿舍。我以午间陪蔡先生用膳有内人及幼儿在，所以我自己便在商务印书馆办公室用膳，以省往返时间。内人知道蔡先生善饮，午间也供酒一大杯，晚膳时我不知此事，也照例供酒，于是每日一次增为二次，发觉也不便更改。但以蔡先生的豪量，此区区者实不足道，惟自蔡夫人来港另租住宅后，闻每日仅以一次饮半杯，足见对蔡先生之健康更为审慎矣。蔡先生在宿舍内与我等相处约三个月，晨夕有暇，我和他畅谈今古，无所顾忌，蔡先生语多精辟，我皆择要记述于日记中，不幸在太平洋战事发生后，因我适留重庆，家人走避他处，寓中所存八九年日记均被焚毁，此时亦无从追忆。我们的宿舍系临时租赁跑马地崇正会馆的三楼全层，学善时甫入初中读书，假日或放学后余暇，辄由蔡先生携同沿跑马地一带散步，散步时闲话亦时有启发；以十一二岁之幼童，虽无写日记的习惯，然潜移默化已著效不鲜。

次年（民国二十七年）二月，蔡夫人携儿女自上海来港，遂觅租房屋于九龙柯士丁道，其地空旷，闻亦时携儿女散步。我因事忙，每星期仅能渡海访问一次，其间并由商务印书馆同人奉访一二次，探询有无事代为办理。时蔡先生目力渐弱，然仍不废读，我乃择由上海携来木板大字本书借供消遣，蔡先生阅毕，辄交商务同人携回，另行易取他书。每书阅毕，有意见辄函告我，现将手边所存有关此事之蔡先生亲笔函二通照录于后：

（一）"昨承枉顾领教为快。顷奉惠函，以弟目疾，选书之大字者备阅，深感关切。游志汇编，准于阅毕后缴换他书。又承赐演繁露一部，拜领，谢谢。"

（二）"承赐借游志汇编二十册，字大，于晚间浏览，不感困难，今已读毕，奉还，谢谢。此书体例甚特别，无卷第，无序目。每篇自计叶数。极似现代教科书中之活页文选，未知各种目录书中曾著录否。如尊处尚有其他大字之书，仍请便中检出一二部赐借为荷。"

我素有读书和藏书之癖，私藏多至七八万册，皆留在上海，除来港时随带极少数外，商务印书馆陆续有人调香港办事，每次我均托其从沪寓中检带若干来港，因此港寓渐积渐多，且多系佳本，上述游志汇编即系明版罕传本。后来某日我迎蔡先生及夫人等渡海来寓小叙，并参观我陆续自沪移来的较佳版本。越数日接蔡先生手函如次：

"前星期备承招待，得纵览收藏珍品，又扰盛馔，感荷之至。昨承赐学政世兄所摄相片，甚为精美，永留纪念，谢谢。"

以上所谓珍品，大部分当然是书籍，这些书籍实为蔡先生留港时期赖以消遣之要具。因为蔡先生来港目的，原系取道前往西南，主持中央研究院，无如抵港后初因患病不能远行，嗣则交通日益困难，只能暂留，遥领院务，然因此深居简出，轻易不肯公开露面。甚至对各方通信，亦常化名为"周子余"，盖周为夫人之姓，兼含"周余黎民靡有孑遗"之义，以暗示"子民"二字。至对我的通信，因系至好，且由专人转送，无不仍用"元培"或"培"字。

蔡先生留港期间，只有一次例外公开演说，那就是在民国二十八年五月二十日，出席香港圣约翰大礼堂美术展览会，并发表演说。是日中外名流毕集，主席为香港大学副校长史乐诗，香港总督罗富

国爵士等均列席。蔡先生的演说词也临时由我担任英译。

蔡先生留港将及二年，此次破例公开讲演，表面上似为爱好美术，实际上承他密告我业已决计近期离港，前往后方，借此有关学术的集会出现一次，以示对香港公众的话别。又因彼时中英交谊甚笃，香港政府，特别是总督罗富国等，虽尊重蔡先生意见，不便正式应酬，然暗中爱护有加。此一集会为香港大学所发起，依英国通例，大学的副校长为实际的校长，而所谓校长辄由达官贵人挂名，彼时港督罗富国即兼任港大校长。蔡先生利用此一半官式的机会，与港督在此晤面，以示临别向地主道谢，实寓有深意，他人多无从悬揣，只看蔡先生经此一度公开出现后，直至二十九年三月逝世时，并未作第二次公开出现，便知其然。但是蔡先生此次虽怀有不避辛劳跋涉，前往后方的决心，卒因身体复感不适，愈后，仍荏弱不堪，蔡夫人爱护备至，坚阻其行，以至郁郁长逝于香港，深知蔡先生内心如我者，不禁为之扼腕也。

蔡先生在积极准备入内地时，忽患感冒，缠绵若干时日，愈后体力更衰弱，以致迟迟不克成行；同时香港对内地之交通除飞行外，艰险益甚，而据医生断定，蔡先生体力实不耐飞行。于是迁延又迁延，直至次年（二十九年）三月三日在寓所失足仆地，病势加剧，次日依主治医师朱君（香港大学医科毕业开业甚久，并充商务印书馆特约医师）之劝告，于四日乘救护车入香港养和医院疗治。盖其时蔡先生已患胃出血，疑系胃溃疡，必需入院留治也。我得讯，急赶至九龙蔡先生寓所，恰好在救护车出发之时，乃随同前往医院，代为办理各种手续，并加请港大医学院胃肠科教授来诊，据称系胃溃疡，业已大量出血，一面固须设法止血，另一面尤须急为输血。及血型检定，取得供血之人，急行输血，已近午夜。时蔡先生已昏迷不省人事，我与周夫人及其胞侄二人，随侍病榻，至天明，尚无

转机，医者言殆已绝望，及五日上午九时顷即告长逝。计享年七十有四。我为处理丧事，暂厝东华义庄，并为营葬于香港仔华人公墓。是年三四月间香港各界举行盛大公祭之时，我曾为文纪念。以蔡先生的贡献为题，就我个人的观感，为蔡先生作总评价。兹从民国二十九年四月份教育杂志摘录于左，以结束本文。

蔡先生的贡献

（原载于民国二十九年四月份教育杂志）

蔡先生的贡献，方面甚多。现就其关系最大的三方面，即：（一）政治方面，（二）教育方面，（三）学术方面，按个人见闻所及，简单叙述如左：

一、政治方面

此可分为（甲）直接的和（乙）间接的两部分。所谓直接的系指蔡先生本人所致力，而发生直接的效果者。蔡先生对政治方面直接的贡献，举其大者，为（一）清末鼓吹革命，（二）民元首倡责任内阁，与（三）民十四以后赞助国民革命。

（一）蔡先生在清末鼓吹革命，实导源于其爱国心与自由思想。自从甲午中日一役，国势凌夷，蔡先生爱国心长，愤懑之情自很热烈。戊戌行新政，蔡先生虽然生性不喜赶热闹，未尝一访康、梁，但他内心却很表同情；因此，是年八月六君子被杀，康、梁被通缉，他很为愤懑，遂于九月携眷回绍兴。次年担任绍兴中西学堂总理，因容许新旧两派教员自由论辩，为该学堂督办（董事长）所不满，适申报载有一道正人心的上谕，就把这道上谕送来，请蔡先生恭录而悬诸学堂。蔡先生复书痛诋，并辞职；后经多人调停，始暂留。可见蔡先生的革命思想已肇端于彼时。因蔡先生为爱国心激动以后，再发挥其思想的自由，不为忠君的旧观念所束缚，自然而然的便走到革命的道路上。其后数年蔡先生来上海，对内忧外患，接触更多，

革命思想，益为坚定，所以在民国前十年他便和一些同志，在上海发起中国教育会，被推为会长。该会虽以教育为掩护，暗中实在鼓吹革命。稍后，爱国学社、爱国女学、军国民教育会及苏报等，先后成立，蔡先生直接或间接上都是主持人，而其目的均在鼓吹革命。可是蔡先生的鼓吹革命，和当时邹容所作革命军，主张仇满的见解不同，曾于苏报中揭《释仇满》一文，谓"满人之血统久已与汉族混合，其语言及文字，亦已为汉语、汉文所淘汰。所可为满人标识者，惟其世袭爵位及不营实业而坐食之特权耳。苟满人自觉能放弃其特权，则汉人决无仇杀满人之必要"云云。及辛亥革命，则蔡先生此种主张已成为舆论了。

当蔡先生发起中国教育会时，虽尚未与中山先生认识；然而志同道合，早于彼时发生精神上的合作。后来由何海樵氏介绍，加入中山先生所组织的同盟会，他对于革命工作，更积极进行。第一次留学德国期间，一面从事研究，一面鼓吹革命。因此，武昌起义，南京政府成立，便被任为第一任之教育总长。

（二）蔡先生在民元首倡责任内阁，系在临时政府北迁唐少川氏组织南北混合内阁之时。此混合内阁中，除总理唐少川新加入同盟会，蔡先生与王亮畴、宋遁初、王儒堂四阁员系同盟会员外，其余皆非同盟会员。非同盟会员主行总统制，最当冲之财政军政大问题，皆直接由总统府处理，并不报告于国务会议。蔡先生固首倡内阁制最力者，愤然谓不能任此伴食之阁员，乃邀王、宋、王三氏密议，如力争无效即辞职，旋以四人公意告唐少川，唐亦赞成。其后唐氏辞职，蔡先生虽备受挽留，决不反顾。人或疑其何以固执若此；不知蔡先生熟虑彼时政情，非厉行内阁制不能抑总统之专制，合则留，不合则去。其政治之风度，实开民国之先河也。

（三）蔡先生于民十四以后，赞助国民革命，除始终在国民党中

努力推行中山先生的遗训和指导后进以外，并于国民政府成立后，相继担任大学院长、监察院长、国民政府委员兼中央研究院院长等要职。每当国家的重要关头，蔡先生都能以元老资格斡旋大局。只因蔡先生恬淡为怀，外间或误认为蔡先生近年侧重于学术的提倡，而不知其与国家大计固息息相关也。

以上所述，皆蔡先生对于我国政治的直接贡献；至其间接的贡献也很重要，最显著的莫如五四运动。因为五四运动是由学生爱国运动为起点，而渐次达到全民爱国运动，这种运动的意义至为深远重大，而其起源则为蔡先生担任校长时的北京大学。其后北大人材辈出，直接间接助成国民革命其功至伟，在此抗战建国期内，北大同学为国家致力者济济多士，溯其渊源，蔡先生实与有大力。

二、教育方面

此可分为（甲）行政的（乙）实施的和（丙）推广的三部分。略述如下：

蔡先生对教育行政方面的贡献，可先从其就第一任教育总长时所宣布之教育方针见之。先是，清末教育界感于国家之贫弱，或提倡军国民主义，或提倡实利主义，蔡先生则谓："教育所提倡之军国民主义及实利主义，固为救时之必要，而不可不以公民道德教育为中坚。欲养成公民道德，不可不使有一种哲学上之世界观与人生观；而涵养此等观念，不可不注重美育。"蔡先生所谓公民道德，依其自己所下之定义，盖以法国革命时代所揭示之自由平等友爱为纲；而以古义证明之，则"自由者，富贵不能淫，贫贱不能移，威武不能屈是也；古者盖谓之义。平等者，己所不欲，勿施于人也；古者盖谓之恕。友爱者，己欲立而立人，己欲达而达人是也；古者盖谓之仁"。蔡先生所谓美育，依其所下之定义，则"美育为美感之教育。美感者，合美丽与尊严而言之，介乎现象世界与实体世界之间而为

津梁。……在现象世界，凡人皆有爱恶惊惧喜怒哀乐之情，随离合生死祸福利害之现象而流转。至美术则以此等现象为资料，而能使对之者自美感以外，一无杂念。例如……火山赤舌，大风破舟，可骇可怖之景也。而一入图画，则转堪展玩"。蔡先生这种教育方针，虽因其不久便辞去教育总长之职，未能按其原意切实施行；然民国以来教育方针能兼顾各方面，不若清末头痛医头脚痛医脚支离破碎之方针，则实由于民国元年蔡先生在第一任教育总长时期内所示的良范。至于教育行政之具体方案，如学制之改良，课程之修订，义务教育之推行，社会教育之注重，以及大学教育之推广整顿，无一不从民国元年蔡先生任教育总长时，作划时代的革新。民国十七年、十八年，蔡先生任大学院长时，除大致本其民元方针外，并使大中小学的设施益加贯串，同时并注重学术的研究之具体化。凡此，都是蔡先生对于教育行政的贡献。

蔡先生对教育实施的贡献，最显著的是：（一）讲学自由与（二）人格陶冶。

关于讲学自由，蔡先生于清光绪二十六、二十七年任绍兴中西堂总理时已开始实行。该校教员新旧两派并立，蔡先生一视同仁，新派中有提倡民权女权者，有提倡物竞争存之进化论者，旧派时加反对。蔡先生本人虽赞成新派，然对旧派教员仍予优容。民八以后蔡先生任北大校长，仍持同一态度。凡学有专长可为教授者，不因其思想稍旧或稍偏而弃置。据蔡先生说"我素信学术上的派别是相对的，不是绝对的，所以每一学科的教员，即使主张不同，若都是言之成理、持之有故的，就让他们并存，令学生有自由选择的余地。最明白的，是胡适之君与钱玄同君等绝对的提倡白话文学，而刘申叔、黄季刚诸君仍极端维护文言的文学，那时候就让他们并存。"甚至就我们知道的，还有挂着辫子的辜鸿铭氏，在那时候的北大教授

英国文学，可见蔡先生真是"无所不包"了。因为蔡先生有这样"无所不包"的度量，所以北大便在蔡先生主持的几年中间，荟萃一时的人材，自由讲学；于是学风一变，人材蔚起。

关于人格陶冶，蔡先生于其先后所主持的各学校都很注重，而且都有很显著的成绩。蔡先生之实施教育，除按他任教育总长时所定的教育方针，注重公民道德与美育外，并以他自己的高尚人格示其模范，所以时时和蔡先生接触的学生，真是如坐春风，自然而然的会将人格提高了。蔡先生对于教育推广的贡献，就是在他担任校长的北京大学内，产生一个白话文运动，由这个运动树立了语体文教学与写作的根蒂，渐渐普遍于全国和各阶级的人，使我国的语文教学减少了许多的困难，读书求学的人增加了许多的便利。这固然是胡适之、钱玄同、陈独秀诸君的直接功劳，但是没有蔡先生以教育界领袖和旧学耆宿的提倡赞助，纵然博得一般人的同情，上层阶级总是不肯让步和不屑仿行的。

三、学术方面

蔡先生于学术的贡献，可分（甲）研究与（乙）提倡两部分。兹述其概略。

蔡先生自己对于学术的研究，在二十九岁以前完全为旧学，三十岁始阅科学书，三十二岁始习日文，三十七岁始习德文，四十一岁第一次游学德国，研究哲学及美术，四十六岁第二次游学德国，研究世界文化史，四十七岁游学法国，习法语。旧学方面，自十七岁补诸生后，即不治举子业，专治小学、经学、史学，偏于儒林文苑诸传艺文志及其他关系文化风俗之记载。其议论奇特，文章古朴；然乡会试联捷得翰林院庶吉士，补编修，在蔡先生亦自以为出于意外。通籍后，更于书无所不读，备极淹博。新学方面，于文、史、哲及美学多所研究。更能融会中外新旧，冶于一炉。当蔡先生六十

五岁生日，中央研究同人各为论文以庆祝，撰文人共上蔡先生之书，称其"萃中土文教精华于身内，泛西方哲思之蔓衍于物外"，的系切当之言。蔡先生在学术上独特的创见甚多，最显著者为（一）以科学方法整理国故，（二）以美育代宗教。其说影响于学术界至为深远。

　　蔡先生对于学术的提倡，除在北京大学促进研究之学风，甚著效果外，国立中央研究院之创设与主持，实为蔡先生对于我国学术之最大贡献。蔡先生以其无所不包之精神，树立研究不息之模范，网罗各科研究之专材，先后成立各研究所，虽为时未久，物力有限，成绩业已渐著，假以时日，并扩充经费，将不难比美欧美各国之最高学术研究机关也。

（一九六三年二月为《传记文学》写）

同年三月二十日汪兆铭在南京召开伪中央政治会议，廿九日在南京成立伪组织。

同年三月廿六日英对日本表示，只认重庆国民政府为唯一合法之中国政府。三十日美国务卿赫尔严正声明不承认南京组织。

同年三月教育部召开全国中等教育会议。

　　本会议之目的在以抗战军兴，环集中等教育急待能决之四题，迨无过和中等教育行政之改进，中等学校设施之扩充，师资之培养，学生质量之提高，课程与教材之调整，训导管理之改善等项，凡此种种，亟待纠合群力，详加研讨抉择，教育部有鉴于此，乃于民国二十九年三月乘国民教育会议各省市代表来渝集会之便，复敦聘专家多人召开中等教育会议。用收集思广益改进中等教育之效。

　　集会地点在重庆青木关教育部各省民众教育馆长训练所，日期

自三月十五至十七凡三天。出席及列席人员为教育部部员，各省市代表及专家等凡八十一人。

兹将议决各案择要揭裁于左：

一、中等教育

（一）改进中等教育方案。

（二）私立中等学校之设置，在抗战期间应予奖励案。

（三）各省中等学校教员进修事宜，交由师范学院分区训练案。

（四）将中等学校教员暑期讲习讨论会改为指定研究案。

（五）西北各省中等学校师资缺乏，困难丛生，请由教育部协助解决，以利教学案。

（六）各省市立中等学校校长改由省政府径委案。

（七）西北各省中等学校理化设备至形简陋，请由教育部补助，以增教学效率案。

（八）中等学校急待解决之理化仪器及教科书案。

（九）中小学校教科书请教育部翻印发售，以减轻学生负担，并免购买困难案。

（十）请由部编印各种中等学校教科书，廉价发售，以昭划一而资救济案。

（十一）改进中等学校教育，以适应新学制之实施案。

（十二）建立国民中学制度，以补救现行中等教育之缺陷而适应新学制之需要案。

（十三）划一各中等学校（包括中学师范及职业）学生会考办法，并昭公允而杜流弊案。

（十四）切实提高高中学生程度案。

（十五）推广县立初级中学并确定其性质与任务以培植干部人才发展地方事业案。

二、师范教育

（一）高等师范教育应如何设施以配合各省市中等教育之需要案。

（二）高中三年级学生准依各人志愿准其转学特别师范学校案。

（三）增加师范生实习时数为一年，以昭重视并可提高师范生之素质案。

（四）师范学校课程之调整案。

（五）各省中等学校教员进修事宜请交由师范学院分区训练案。

（六）变更中等教育经费支配标准，增拨师范教育经费使师范教育发展得以配合国民教育之师资需要案。

三、职业教育

（一）整理各省市职业教育方案。

（二）各省中等职业学校教员进修事宜，请交由师范学院分区训练案。

（三）发展边疆教育应以职业训练为中心案。

（四）特设职业教育师资训练机关，培养职业学校师资以应目前需要案。

（五）明令公布职业教育之重要内容，以转移社会观念并唤起青年注意案。

同年四月一日国府通令全国，尊称孙中山先生为国父。

同年九月二十日法国向日本屈膝，日军进入越南，所有商务书馆经海防内运之书籍，因法政府管理不善滞存仓库经年以上者悉数陷敌。

同年九月廿五日美国贷我国二千五百万美元，以钨沙输美偿还。

同年十月卅一日国立中正大学在江西创立。

同年十二月一日美国正式宣布贷与我国信用借款一亿美
　　元。十日英政府宣布贷我平衡基金借款及信用借款各
　　五百万镑。

　　　此为得道多助，吾道不孤之明证。自兹以后，我国抗战必胜之
兆已见曙光矣。

同年专科以上学校共一一三所，其中国立者四一所，省
　　市立者二一所，私立者五一所。又大学校占三八所，
　　其中国立者一六所，省市立者四所，私立者一八所。
　　独立学院四二所，其中国立者一二所，省市立者九
　　所，私立者二一所。专科学校三三所，其中国立者一
　　三所，省市立者八所，私立者一二所。

民国三十年（公元一九四一年，辛巳）三月一日第二届
　　参政会第一次大会在重庆复兴关之国民大会堂召开，
　　共党七参政员拒绝出席，提出先决条件［删14
　　字。——编注］。

　　［删39字。——编注］此次中共七参政员于开会前联名致书秘
书处，提出所谓善后办法若干条，要求政府接受，否则拒绝出席。
连日政府与若干参政员正极力劝告在渝之共党参政员董必武、邓颖
超请先出席，再行从长商议。开幕日之清晨，尚在继续劝告。闻参
加劝告者有褚辅成、黄炎培诸人，会中等待其来会报告。延迟开会，

即以此故。乃褚辅成来会报告秘书长，谓事已无望，遂宣告开会。今日会议之唯一议程，系依照修正国民参议会组织条例选举主席团五人。闻事前对人选早有协议，即就国民党、无党派、共产党、青年党及民社党各推一人加入主席团。人选为蒋中正、张伯苓、董必武、左舜生，张君劢五人。现因共党拒绝出席，不得已临时改推女参政员吴贻芳代替共党之董必武。

共党拒绝出席一案，余因来渝稍迟，未知底蕴。及三月三日上午举行第二次预备会议之初，秘书长报告真相后，经褚辅成、黄炎培、王晓籁、喜饶嘉错诸参政员先后发言，余立即起立发表如左之意见：

"本席在香港时，对共产党参政员拒绝出席事微有所闻；当时本席尚不置信，不料今日竟成事实。本席认为此事至属不幸。同时感觉应有一种处置办法。本会参政员出席与否，除病假事假外，不应有其他理由，更不应提出条件。本席认为：（一）共产党参政员之来函，不应向外公开，以免造成恶例。（二）希望共产党参政员重加考虑，仍能出席。（三）共产党参政员如能出席，可尽量提出意见，以供讨论。（四）共产党参政员如出席后所提之案，同人应本诸良心，公允讨论；应通过者，予以通过，不应通过者予以否决。（五）政府向来宽大，假使共产党参政员能出席，则提本会通过案件，希望政府尽量采纳。"越数日，到了三月六日下午举行第六次会议时，首由蒋委员长代表政府声明政府对此事之态度，先述政府对于军事政治与党派之一贯方针为军令只有一个，政权只有一个，党派一律平等。结论谓此次事件只要能达到团结一致抗战到底之目的，则一切问题，皆愿听从国民参政会依据公众民意来解决。至对于中共党籍各参政员，更望接受参政会的公意，精诚团结，共赴国难。在此次会议，余躬聆蒋委员长演词后，因思上次余之发言，实有作成提案，动议

请大会通过之必要。因即席起草，于休息时间，请各参政员连署，瞬即获得连署者五十三人，于休息后即行提出。

兹将该提案附后：

王参政员云五等临时动议："兹谨请大会对于毛参政员泽东、董参政员必武等未能出席本届大会事为如下之决议：

（一）本会于闻悉毛参政员等七人致秘书处删电，董参政员必武等二人本月二日致秘书处函件，暨聆悉秘书处关于此事经过之报告，对于毛、董诸参政员未能按本会若干参政员与本会原任议长之劝告，出席本届大会，引为深憾。本会为国民参政机关，于法于理，自不能对任何参政员接受出席条件，或要求政府接受其出席条件，以为本会造成不良之先例。

（二）本会连日于聆悉政府各种报告之后，深觉政府维护全国团结之意，至为恳切。一切问题，除有关军令军纪者外，在遵守抗战建国之原则下，当无不可提付本会讨论；并依本会决议，以促政府之实行。因是，本会仍切盼共产党参政员深体本会团结抗战之使命，并坚守共产党民国二十六年九月拥护统一之宣言，出席本会，俾一切政治问题悉循正当途辙，获得完善之解决。抗战前途实深利赖。"

上述提案，经大会一致通过。其后在选举驻会委员时，我并力劝各参政员推举董必武为驻会委员。

本年夏初商务印书馆破例承印中交两银行大量钞票。

有一事值得特别记忆以供将来的反省者，莫如港厂承印中交两银行钞票一事。我向来对于商务书馆的业务方针，始终抱定以出版为本业，即在我担任总经理以前，商务书馆虽间亦承印钞票公债等件，毕竟为数有限，且断断续续并非以为恒业或本业。一二八闸北总厂被毁，商务许多的精细机器荡然无存。且复业之初，以重印被

毁图书为急务，更无余力承印有价证券。故自民国二十一年秋间复业，以迄二十六年八一三沪战发生，商务总厂及所辖香港分厂并未大规模承印钞票。间有余力，仅代印一些政府公债或地方辅币，借以调剂工作。八一三沪战发生，为着政府亟亟发行救国公债，商务不得已就其在租界中区新设之临时工场，尽力为政府赶印此项公债。及国军撤出上海，一部分未完成之公债票赶运香港工厂，继续完成。其后则以上海仅设一小规模之临时工场，香港分厂须肩负大部分之教科参考图书之印刷，固无余力，以承印政府钞券，且各种设备不全，即欲承印，势非添置相当设备不为功。以故，两年之间，商务董事及同人鉴于同业之中华大东两书局，均因承印钞券，获利颇厚，羡慕之余，时以为言，我均抱定向来方针，不稍动摇。到了民国三十年夏初，因政府需要之钞票数量激增，在香港之中华大东等工厂之印刷力供不应求，中国交通两银行力请商务帮忙，而商务董事及同人等更深感有接受之必要。我经不起内外之交迫，勉允承印。惟是鉴于世界大战已发展至相当高潮，香港前途亦至可虑，一方面我正拟以港厂一部分机器撤至内地，更不应多费金钱，为港厂添置许多专印钞票之机器设备。故对于新添设备，务以简单为主，当时估计如能安然渡过一年，以港厂大部力量承印钞券，则除投资于简单的新设备外，尚有相当盈余。如此时期更能延长，则获利或更多。我明知这是一种冒险的举动，但因彼时自香港至内地之运输日益困难，欲在后方扩充出版，则诚如上文所言，由于熟练工人之安土重迁，内地拟设之五厂，几经困难，仅成立小规模之渝赣两厂，故大量推进后方之业务，势有所不能，而彼时留在上海之职工不下千人，上海已成孤岛，非仰赖香港或后方馆厂之资助将无以自存，能辟此一项新的业务，于过剩之熟练工人固可使其发展，并借此而获得较优厚的待遇。为了这种种的关系，纵然与我的本来方针不符，而且

明知不免冒险，结果卒接受大量钞票之承印。想不到后来因为太平
洋战事发生过早，商务因承印钞票所投资本尚未收回，而所雇临时
工人多至千数，事起仓卒，遣散之费至巨，商务书馆因此所受经济
上之损失不少，一切麻烦尤其余事。本来我对于商务财政，向系量
入为出，力从稳健，自八一三沪战发生以迄三十年上半年尚未承印
钞票之时，在港存款尚多。及承印钞票后，因初期之开支特别庞大，
而实际收入，尚待将来。香港之战乍起，我适因赴会留渝，留港主
持者因此益无所措手。言念及此，至觉痛心，深悔我之不能坚持固
定方针，以致有此结果；纵因太平洋之战爆发过早，为许多人所不
及料，然在战时八年之一切措施中，我不能不承认此为我之最大错
误也。

同年十二月八日太平洋战事突发，日军一面袭击珍珠
　港，一面进攻香港与星加坡，商务书馆存在沪港之全
　部资产损失殆尽，余之生命亦不绝如缕。幸余尚留渝
　未返港，得以从事商务书馆第三次之苦斗与复兴。

　　抗战时期，余为商馆从事八年苦斗的后期，肇始于民国三十年
十二月八日，即太平洋战事发生之日，而苦斗的重心，则由长沙香
港重庆等不定的地点，转移而确立于当时陪都的重庆。本来在八年
苦斗的前期，我因参加国民参政会的大会，自从政府移都重庆以来，
每年总是由香港来重庆一二次，在开会以后，顺便视察和照料后方
的业务。最后一次自香港西行，系于三十年十一月十三日星期五出
发。同行参政员十余人包一飞机，因临时尚有空缺，便由航空公司
加入两女客和名画家黄君璧氏。因为接洽飞机之事系由我担任，临
时有某参政员对我说笑话，谓我所选的起飞日期，是星期五和十三
日未免太巧。我说，本国的迷信已经很多，我们正想一一打破，难

道还嫌不够，要添上一个洋迷信吗？大家听了都一笑。是日天气极
好，航机向来直飞重庆，不知何故，此次却在桂林机场停下加油。
我久闻桂林山水甲天下，还没有机会来游，此次幸而于空际得一鸟
瞰图，着陆后，目睹机场旁边诸山，与盘景之石山相若，颇奇特，
因询机师停留时间，拟偕一二参政同人，步至最近之一山脚。嗣知
停留时间仅二十分钟，往返恐不及，乃罢。正与同人在机场散步闲
谈，忽闻机师大声报告，以接有空袭警报，请我等从速登机起飞。
上机后，机器立即发动，机身正在场环行，因场上另有一机同时起
飞，机场面积不大，彼此相让，他机虽已起飞，而我们的坐机却有
一轮陷入跑道外的泥沼。机师愈着急，而机轮愈陷愈深，竟不能自
拔。时紧急警报已发，不知何故，发动机骤然不灵。于是机师宣布
停飞，请我等赶即下机，避往附近防空洞。洞距停机处约二三里，
机场只有吉普车一辆，乃请年事最高之张参政员一麟刘参政员哲等
数人及两女客先乘坐，我等则急步追随，及吉普再度来接我等，亦
只能乘载数人，我因健步，卒与三数同人步至洞口。甫入洞，敌机
即来临。初系一侦察机，盘旋数次，并未投弹。敌机去后，警报尚
未解除，我与黄君璧氏徘徊洞口，面对奇峰，美景在望。我因要求
黄氏即景写生，若干同人均谓我等好整以暇，但黄氏与我仍伫立洞
口。黄氏站着为小女写一册页，我则在旁观看，未毕，而敌机又来，
乃退入洞内。洞为天然岩壑，颇宽大。此次敌机投弹十余响，洞中
颇震动，余等处之泰然，惟两女客颇惊惧，尤以赴渝求学之同乡女
生一人，既以初次远行，骤遇意外，已深觉不安，今复听到有生以
来第一次之炸弹，几乎惊惧欲泣，余极力安慰之。敌机去而复来者
六七次，每次均投数弹或十数弹。机声远去后，余即偕三数同人步
至洞口，机至复入洞。余对此亦为有生以来第一次之阅历，以平素
镇静，不仅无所苦，且颇感兴趣，稍苦者为自清晨至下午五时许警

报解除，迄未得食，即饮水亦有限耳。警报解除后，余等由航空公司招待入城，至乐群社休息，旋由战区长官李济深省府主席黄旭初及两广监察使刘侯武三氏招待晚餐，此次招待本以同行参政员为限，我因同机三人，终日相处，未便令其向隅，乃通知省府招待员，一并邀请。主客寒暄后，约八时许入席，我们大都自今晨六时早餐后即登航机，计未得食者十四小时，对于此一顿晚餐，真觉其味无穷矣。九时半以后，向主人兴辞，咸返旅店休息，因已去电重庆另派一机来接我等，大约明日凌晨即须出发，遂多早睡。我偕一二同人乘人力车赴市街一游，顺访桂林商务书馆。十一时返逆旅休息，未天明，即由航空公司人员敲门通知，准备出发，计自上午四时半乘汽车赴距城较远之另一机场，因冬令破晓较迟，沿途景物，所见皆不甚清楚。抵机场后，飞机已在准备。此系另一飞机，闻昨日我等所乘之机，敌机多次投弹，因机场有高射炮抵抗，不敢低飞，卒未命中，仅震碎玻璃若干片而已。

　　午前十时顷飞抵重庆珊瑚坝机场，参政会秘书处代表及同人亲友来迓者颇多，由于昨日遭遇空袭，传闻之词过甚，各报记者咸集机场探访新闻，同人推我答复。我因记者们对昨日遭遇，过分严重相看，除告以实情外，附告两件轻松的故事，一则我强求黄君璧氏于敌机稍远之时，在防空洞口作画，一则刘参政员哲自港带来洋酒一瓶，颇名贵，不幸于今晨赴机场时打破，浸湿盛此酒瓶之口袋，刘氏以辛苦携带，遽尔损失，颇不怿，我故意为开玩笑，谓塞翁失马，安知非福。重庆洋酒难得，此项陈年之洋酒尤难得。设以此浸渍酒味之口袋，悬于阛市，以鼻一嗅，收费若干，以舌一咭，收费倍之，则生财有道，所得尽可抵偿所失而有余。刘君闻之失笑，并说："人家镇日辛苦挨饿，次晨又早起，失眠，你这位老弟，年纪不止半百，还有这般孩子气。"由此可见，我于遭遇意外时的心境矣。

同人这一次由港来渝赴会，我受参政会秘书处之托，代为邀约留港各人，并为洽办交通事宜。行前张仲老（张参政员一麟，号仲仁）侧闻许多谣言，谓政府将与日本讲和，而授意参政会发动此议，因此，仲老颇不愿赴渝，恐将为国民党所占大多数参政员所压迫，致与抗战到底之本旨相违。我则力言，此种谣言违反常理，绝不足信；设不幸而果有是议，我必不惜任何牺牲，誓作反对，无论如何不使通过。仲老卒听我言偕行。此外还有两位留港参政员，经我劝驾后，未能偕行，一是颜参政员惠庆，他因为身体不好，不能乘坐飞机，遵医生之嘱，未能前往；又一是甘参政员介侯，因另有要公暂留，拟俟公毕，再行赶到。我们抵渝后，向各方面探询，绝无如香港方面所传之事，大会启幕后，政府交议与参政员提议各案，亦绝无此项迹象，反之，还有提请重申抗战到底决心之案若干起，于是仲老才放心。

会议中，我们由香港来渝的十几位参政员，大都在会后仍返香港。因为来时是由我洽购机票，回港虽由秘书处直接办理，但张仲老和成参政员舍我则愿与我偕行，因此由我托秘书处洽定三人同行的机票。本来，我不能久离香港，十一月下旬会毕，至迟当于月底飞返；但因我有两个儿子在成都读书，我拟趁会毕往成都小住几日，和他们相见，同时还可指导成都商务书馆的业务，所以和仲老及舍我商妥，预定十二月五日机票返港；过了几日，我忽觉十二月五日之期太促，恐赴成都后不及赶回，乃再度与仲老等商改行期为十二月八日，舍我因有报馆在港，须亲自主持，微嫌为期过迟，但仍愿与我及仲老同行，遂同意请秘书处改期。我到成都几日，便于十二月三日返抵重庆，仲老舍我均觉早知可以早回，则原定五日行期，仍赶得及，我以商务在港诸事待理，亦深以两君所见为然，但一再改定行期，未便再改，只好仍候至八日。

十二月八日，因起飞时间系午前十时半，我因有些事，清早从旅馆出外，拟往商务书馆接洽；甫出门，则街上遍贴红绿色纸张书写的报导消息，和遍街报贩叫卖的报纸号外，就是说昨夜日本军队已经向香港及珍珠港发动攻击，珍珠港大遭破坏，香港已受海空两项日军之袭击，久经悬揣之太平洋战事遂由此发生矣。

我得此消息后，精神大受刺激，一则以喜，一则以忧。喜者，四年有余，我国单独对日抗战，民主国家在道义上虽恒对我国表同情，然始则不愿轻易启衅，继则自身陷入对德战事旋涡，不敢多树敌，故其对我国迄无任何援助；今者日人倒行逆施，一面正与美国谈判，一面遽行袭击，其触动举世怒潮，民主国家咸起而抗战，中日之战，成为民主国家与极权国家之战，吾道不孤，前途定臻胜利，毫无疑义，此就公家方面而言也。至就私人而论，则日人欲奴我，故最忌我国文化工作者。一二八之役，我之生命幸免为日人戕杀者，间不容发，此次我如仍留香港，或早一日飞返香港，则作战初期，香港断不能守，沦陷以后，我若无法逃脱，则非死敌手，或更有较死更苦，即求死不得，而为敌人所胁迫或假借名义。今幸鬼使神差，本当于十一月底返港者，因赴成都而改期十二月五日，嗣又再延至日人发难之今日，而幸免于自投罗网，实不幸中之大幸。忧者，公的方面，则商务书馆之资产大部分留在香港，而最近冒险承印大宗钞票，投资甚多，收回尚未届期，香港沦入敌手后，商务书馆之前途将益艰难；私的方面，则家人七八口居留香港，在战时炮火之无情惨杀之下，生死难料，而在香港沦入敌手后，以日人忌我之深，个人纵幸脱免，设家人为彼等所知，亦必万分危险。关于忧虑者，恒人之情，无不爱家，我平素对于家人情感尤深，一旦遭此意外，初时自不免万分难过。但经过半小时的思考，我便毅然决断，置思家之念于脑后，认为凡事非我所能为力者，只好听之于天，至于我

能为力，或者只有我能为力者，务须尽我之力，并须以我之全力为之，而不可为他事所分心。以目前可忧虑之两事而论，家人安全已非我所能为力，如因此忧虑过度，徒乱方寸，而丝毫无补于事。至于商务书馆如何应付此艰难之局势，则非我莫属，我能够多尽一分力，总可多一分的补益，假使我一面思家，一面为公，则于家无补，于公有害。想到这里，我即坚决以全副精神为商务印书馆应付此当前的艰危状态，而策第三次之复兴。当以商务书馆此时所处之困境，较一二八及八一三两次，更形恶化，而尤以财政困难为最，因商务香港分厂承印大宗钞票以来，投资特多，所有内地分馆存款，几乎悉数汇集香港，以资应付。此时重庆分馆所存现款，查明仅得法币十三万元，而重庆分厂平时一月之开支已数倍于此，今后如以该分厂为复兴之重心，而积极增加生产，则所需尤多，此外尚有一重大问题，即商务书馆历年出版书籍，多至万种以上，除中小学教科书纸型，重庆分厂尚保存全份外，其他书籍之纸型，则内运者虽为数不少，而积存于海防公仓，迟迟不能到达，嗣因海防为日人所控制不复能内运者，实占其大部分。最近我在香港创制之航空纸型，借以运达重庆者虽亦有相当数量，但在商务的庞大出版物中，无异沧海一粟，为准备将来重新排版或翻印起见，实有立即搜集全部出版图书样本之必要。经过了一二小时的考虑，我即于是日上午，亲拟电稿，拍致商务所有后方之分馆，首先告以太平洋战事发生，商务在上海香港两重心，恐将不能发生指挥作用，我幸而留渝，即日在此成立总管理处，希各馆厂安心并积极进行，一切听从在此新成立之总管理处命令；同时指令立即办理两事，一为估计一星期内及本月内可以尽量解交重庆总管理处之款，一为就各该馆现存图书，各保留两部，限期开单报告总管理处，以备调充重版用之样书。一面刊刻总管理处图记，并成立一个应变的简单组织。其时重庆方面，

商务书馆除原有分馆分厂人员外，总馆方面只有协理史久芸氏因视察业务，顺道来渝与我商洽，幸而留此，又编审员张天泽谭勤馀两氏，因半年前调驻重庆就地接洽稿件，遂以此三人为基本人员，另就重庆成都等附近馆厂酌调适当人员前来助理。自抗战以来，我把商务的总管理处，作为流动性质，随总经理之驻在地而定，另于主要地点分设总管理处办事处，分别统辖各该区的馆厂，计已设立者，有驻沪办事处，驻港办事处，前者因交通便利之故，统辖彼时以前之沦陷地区馆厂，后者原与驻湘昆等办事处，分别统辖后方各馆厂，嗣驻湘驻昆两办事处因事先后撤销，仅留驻港办事处统辖所有后方馆厂。现因香港已陷于不可知之命运，自即日起，通告将其撤消，而改设驻渝办事处，承总管理处之命，统辖所有后方馆厂。驻渝办事处设处长一人，以史久芸氏担任，其下暂设二组，第一组主管生产营业及其他，以史久芸氏兼主任，第二组主管编审，以张天泽氏为主任。

那时候真是一个人做许多人的事，而且是不择事而做。举一例子来说，由于纸型不齐备，故历年出版的样书，实为再生产的基础，其关系实最重要。我于太平洋战事发生的第一日，便急电后方各分馆保留存书各二部，以备总处调取，就为这个缘故。但是近在眼前的重庆分馆及分厂所存样书，当然首先要被调取应用；所以在驻渝办事处成立后一星期内，这些样书便陆续送来，我们马上便布置了一个小规模的图书馆，由我和张谭两君亲自动手，把各书分类编目，俾将来各分馆保留书目寄到可以比对，择其为此间所无者，令即寄来，其已为此间所有者，即解除保留之令，仍听各该分馆出售。我们临时设立的总管理处和驻渝办事处均附设在重庆分馆馆屋之内，其简陋狭小固不必说，甚至因重庆分馆一度被敌机炸毁，重建未久，电灯还没有装置，而我们从事整理图书的工作，只能于晚间公事稍

暇时为之。因此，此项工作皆在一灯如豆之下进行，不仅不觉其苦，转可借此以消遣余暇。至于我那时所住的地方，由于节省开支起见，我于太平洋战事发生之日，即嘱重庆分馆经理，就分馆书栈房中以木板隔一小室，占地仅一方丈，次日我即自旅馆迁入，所有我的公私会客和起居都在这里，许多朋友来看我，偶然说句笑话，我便自称为方丈，一因形式上所居为方丈之地，次则我除了一个儿子在渝服务，两个儿子在成都读书以外，举家皆在香港，生死存亡，在不可知之数，而我在此所度的生活，简直有如主持一所寺观的老和尚。

当我已经把家人安全，完全听天由命，而以全副精神应付商务书馆之际，张仲老却于八日下午来访我，告以今日仍有飞机自重庆飞往香港，拟接运政府有关系之人来渝，闻蒋委员长以为仲老和我均已返港，承他特别关怀，嘱交通部长转知机员设法把仲老和我也接来重庆；我们二人幸而留渝，但家人皆在香港，仲老和我商量，拟与主管其事之张公权部长协商，如飞机尚有空位，能否以我等之坐位，酌救家人一部分离港。此仅为一线之希望，但既此有机会，自当仍尽人力。经与张部长接洽，据称确有其事，如有空位，自可设法，但当炮火交流之际，未必能将消息传达；即已传达，凡寄居香港方面者，未必能渡海至九龙机场。为着这样关系，我便于探悉九十两日，仍有飞机自港到达重庆，曾经两度到机场守候，作万一的希冀。可是九日午前到达者，为宋庆龄女士及孔庸之氏之家人及少数航空公司人员之眷属；十日午前到达者，为若干银行家及较多的航空公司人员眷属。十一日起则不复有机自港飞来，而仲老与我的万一希望也就消灭。连日由于此种万一的希望转觉心绪不宁者，至是死心塌地，对家人安全一切听天，而全副精神遂益集中于商务书馆。等到商务书馆的局面稍安定，我又把一部分的精神，对国家的抗建大计，从旁协赞，而在留渝时期内，自始至终，无论怎样忙

碌，仍然不废读书与著述。因此仅仅四年之关，我在重庆却出版了自己编著的书籍十种。

现在把三十年十二月八日，以迄三十五年四月我在留重庆的期间，分为三个时期：第一是应变时期，第二是小康时期，第三是复员时期，再按这三个时期中，关于国家的，商务书馆的和个人的重要事件分别叙述，其中当然以商务书馆的工作占了我最大部分的时间和注意，所以对于商务书馆的事，也就叙述特详，至国家大计以有关我个人者为限，余从略。

（甲）应变时期

关于本目所当叙述者，多属于商务书馆及个人方面，因太平洋战事之突起，使商务书馆和我一时几无所措手足。至国家方面，则政府早已在后方的重庆建立陪都，此次太平洋战事发生，使我国由孤立而骤获多助，情势可谓突然好转，与商务书馆和我个人之突然恶化者迥不相同，故政府之应变可记述者较少，而且这时期我几以全副精神应付商务书馆的突变局势，对于国家的措施与闻和所知者也较少。

关于商务书馆之应变措施，不外是（一）应付财政，（二）调剂货物，（三）加强生产，（四）推进营业四项。此外还有应付香港工厂善后与指示沪处方针两项。兹分别摘要说明如下：

（一）关于应付财政者　上面已经说过，在太平洋战事发生之日，重庆商务书馆所有存款不敷该地馆厂半月的开支，其他更不必论，因此我在当日午前即分电后方各分馆，估计一星期内及本月底可能汇解之款。结果，不出数日，各馆纷纷复电，力表忠诚，并报告可能之解款数目。经我通盘预算一下，虽来款为数无多，然以之应付一个月之开支尚无不足；至于加强生产所需之款，自可借营业以养生产，双方平行并进，原则上度有可能。适参政会秘书长王世

杰及军事委员会幕僚长陈布雷两氏先后奉蒋委员长命来慰问商务书馆和我，表示如有需政府协助之事，政府极愿为力。陈氏并明言商务书馆如需款以策复兴，无论用何方式，尽可依我的意见提出，蒋先生无不极力成全。我一方面深感蒋先生的厚意，他方面则以自我主持商务以来，中经一二八闸北战事之重大损失，仍赖自力更生，此时国家财政亦极困难，私人企业倘能自助，实亦不应利用公款，故对于补助款项，我不敢接受，至于四联总处之贷款，借而复还，只要忠实应用于正当范围，自无不可。因向陈氏表示，拟就商务印书馆原有资本限度内，向四联总处酌量贷款，惟担保品恐难提供，一因不动产多在沦陷区，殊不可靠，二因后方所有之动产如书籍等，均须随时出售，无法提供担保。陈氏复命后，即荷蒋先生完全同意，手令四联总处照办，并免予提供担保品。在四联总处讨论时，由孔财长祥熙代主席，据闻，四联贷款向例非有担保品或由主管机关担保不可，因我既声明不能提供担保品，自非由主管机关之教育部担保不为功，讨论至此，又恐教育部不知有无困难，既须另行商洽，则不免延误时日。闻孔氏提议，既须改用法人或自然人作保，则王云五氏信用素好，此次虽由彼代表商务书馆为债务人，不妨以彼之个人资格为担保人，省却教育部担保之麻烦也。会议遂照此决定，即于贷款合约中声明以王云五先生为承还保证人，而我在合约上，一面在贷款人之下，以商务印书馆总经理之资格签名后，复于承还保证人之下，以个人资格加签一名，闻此种办法，在无量数之四联总处贷款中，尚系破天荒之举。孔氏与我鲜接触，其为人如何，我不愿有何评论，惟于此一事，似不能不有知己之感，且佩服其深明大体也。案经决定，并通知我签约之际，我感于蒋先生一番好意，自矢对此款必绝对按正当用途而使用，因利息仅定为按月七厘，如全部贷款拨到，一时无法尽量用于生产，则按比期利息转贷，或作

迹近囤积之存货行为，均觉无以对国家和蒋先生，如仅作普通存款存入银行，则彼时存款利息，最高不过五六厘，在商务亦未尝无损失。遂临时商请改作透支方式，俟商务有需要时则支用所需之数，仍照原案，以三年为期。此种办法，当然为四联总处所同意。订约后，一方面壮了我的胆，可借此后盾以作必要的发展，他方面因为我的生产营业和调剂货物的措施都幸能收效，商务书馆的余款日多，简直成为后方私人企业中财政状况最佳者。由于商务所有款项存放于各银行者，为数颇多，自无透支此项贷款之必要。因此，三年期满，竟未透支分文，到了那时，四联贷款的利息已高达三四分，而承办此项贷款的中央银行业务局，因商务既定此约，并未执行，经于届满时函询我是否仍愿照原约续定三年，此种好意的表示，我因无接受的必要，经即复函谢却，遂由双方交换函件，将原约终止。此一事件，在彼时重庆金融界和实业界中，对我有两种相异的批评。一种说我怪僻，放着这种优异条件，而不肯利用，又一种说我确能保持自力更生之原则，且具有深意。是非我且不管，我行我素，求我心之所安而已。但由此一例，可知在太平洋战事初起，商务后方现款虽然极短缺，而我的生产营业与调剂货物的联合政策，毕竟能收大效，由艰苦的应变，而进至小康。而配合此种联合政策的财政政策，这里似值得一提。现在摘述我所写的苏联工农业管理译序中如左之一段，以见其梗概：

"上述按实际的产量与成本对计划的产量与成本之差额，而定奖励多寡有无之办法，笔者近年曾创行于商务印书馆在后方之各工厂与营业机构；而在笔者创行此办法时，固未尝知苏联之已习行而收效也。在太平洋战事爆发之初，笔者面对商务印书馆第三次苦斗图存的局势，为谋自力更生，首先感觉有鼓励各营业机构营业而尽力收集款项之必要，于是按各该机构之货

物供应与营业环境开支情况，而分别计划其每半年内应有之营业额与应行解总管理处之现款额，以此为计划的营业及解款数量，并规定达到计划的数量者各给以相当之奖励，而超过计划之数量者，更累进而提高其奖励。"

这便是我当时的财政政策大纲，依此大纲而订立的商务印书馆分馆营业解款考成奖励办法。因手边无存，只得从略。

（二）关于调剂货物者　商务印书馆的出版物，多至万种以上；无论其纸型未能齐备，即使能之，然而一书之印刷装订需时不少，尤以后方工厂机器无多，熟练工人缺乏，更难期收速效。查后方各分馆历年积存书籍，种类颇多，有在甲地嫌过剩，或不易销售，而在乙地则深感缺乏，甚易销售者，使能移甲就乙，则立时可以化无用为有用，此宜调剂者，一也。战时运输困难，往往有在一年以前自生产重心之香港内运，而迄仍滞留途中，或以运费无着原拟运赴甲馆，但甫到乙馆，即暂搁置，致甲乙两馆均不能利用，此宜调剂者，二也。由于战事迫近，货物由分馆疏散至较安全之地点；暂行存储，及分馆所在地沦陷，原分馆迁往他地，或因环境不宜，或因运费无着，仍就疏散地存储不动，此宜调剂者，三也。商务书馆原有年终盘存办法，太平洋战事发生时，距年终不远；因令后方各分馆赶于三十一年一月十日以前，将三十年终所有存货切实盘查，逐项填明存数及民国三十年内之销数，以最速方法寄到驻渝办事处。我一面订定存货最高及最低标准，分别就各馆寄到之盘存簿审查，凡超过最高标准者，以其超出之部分，分别转拨其他分馆，其不及最低标准者，由驻渝办事处，考核当地需要，通知邻近存货过剩之馆依核定之数，分别转拨。此为对于第一项之调剂办法。至于内运停滞之货物，与疏散暂存之货物，第一步使其集合于一二适中之地点，分别派人清理，并按照今后之需要情形，变更原定之供应目的

地，而重新分配于各分馆，所需运费虽多，然较诸在后方印制所需费用，不及十分之一，而供应时期，较之重新印制，亦可缩短至十分之一甚至百分之一。此为对于第二第三两项之调剂办法。以上酌盈剂虚之办法，不仅依据过去之实际需求，还考虑到学校之转徙与文化之动向，由我就各方面所得资料，亲自加以核定。这样一来，在某地为无用之书籍，到了另一地点则成为极受欢迎之书籍，同时所有后方各分馆皆获得适当之供应，不致有过剩或不足之弊。有了这种适当的供应，再配以加强生产，增加新书的供应，则后方各馆营业自可较前大有起色；然后规定其按期解款之标准，使努力者皆能达到目标，而获得奖励，则人人皆肯尽力，而无须强其所难，或强以所不愿为者也。

（三）关于加强生产者　商务书馆的生产，主要属于印刷及制版两方面。印刷须有机器，而商务内运的机器，一部分毁于长沙的大火，一部分滞存于海防，后来竟沦陷于敌手。前此重庆工厂仅供应西南一部分的中小学教科书，尚勉能应付，目前既须负担西南全部地区与全部出版物的供应，其力量不敷，自不待言。为应急计，最初当然委托外间代印，然自设之工厂自不能不整饬其效率，与加强设备。除就后方可能购得之机器，尽可能添购外，主要办法，仍在整饬效率，否则纵有机器，等于虚耗。于是参酌机器与环境情形，就上海工作标准予以调整，规定渝厂工作标准，并订定奖励办法，凡生产超过标准者，分别予以奖励。此外并特别注重工作衔接情形，务使各程序之工作能力相配合，不使某一程序之能力过低，以致其他程序之进行受其影响。这是关于印刷方面的。至于制版方面，因内运纸型未能齐备，且尚拟续出版新书，以维持多年一贯之作风，因此，待排版之书籍极多，除尽量委托外间代办外，一方面当尽量增进渝厂排字之力量，他方面利用化学翻印的方法。关于排字力量

之增进，由于设备者不如由于人事之困难，因排字工人向需三年之长期训练，商务熟练的排字工人内调者无多，即就地罗致，亦复不易，不得已只有自行就地训练，而训练时期，必须缩至极短，于是我便从事中文排字改革的研究，其结果把三年训练的时期，缩短为两个月，而且把平常字架每人所需铅料八百二十余磅，减至三百五十磅，人力物力均可大减。其详细办法，见东方杂志所载《中文排字改革的报道》一文。（已影刊入于拙著岫庐论学）。关于利用化学翻印的方法，我指定专人研究，不久即已告成，因即利用商务书馆设在成都之工场设备，专任此项工作；许多重要辞典及大学丛书，均借此而恢复其供应。

我对于商务的生产力量加以整顿，稍具头绪后，即于三十一年二月再度恢复日出新书之印行。此一举措颇使在后方各同业惊讶，深觉我以商务后方简陋的设备，与少数的人员，竟能复兴如是之速；同时可能有人怀疑我是否有粗制滥造之处。其实，商务在重庆恢复日出新书后所有各种新出版物，仍能维持其历年的出版水准，较诸在后方已有良好基础之出版业，无论在量的方面，或质的方面，仍然有过之而无不及，始终占着出版界的领导地位。

（四）关于推进营业者　战时在后方之推进营业，远较平时为简单。本来营业推进之难易，系以供求消长为关键，平时因生产与交通便利，供求恒得其平，甚且有时供过于求，于是营业上之竞争不免剧烈。战时生产少，交通又不便；任何物品，在后方大都求过于供，只要能解决供需问题，营业之推进自无大困难。尤其是因学校之内迁与文化界之不安于沦陷生活，不惜冒艰险而群赴后方；教育界与文化界之视精神食粮仅次于口腹食粮。且后方各地之出版力量薄弱，存书亦不甚丰。商务书馆为出版界之巨擘，苟能于后方恢复新出版，并大量疏运与供应存书，其对于营业之推进，仅有赖于若

干技术上的措置。此所谓技术上的措置，不外是地点的便利，服务的周到，与检取的方便。重庆商务分馆僻处在一旧式的小路上，离开书业的中心颇远，说到地点便利，当然够不上。但对于这一条件之缺陷，我却以其他条件补偿之，就是对于服务，借劝导与实际的奖励，所有营业人员都特别热心，加以各种书籍，皆分类陈列，井然有条；顾客如尚有不明白者，营业人员无不详为解释，其暂未陈列者，顾客如有需要，亦可将所需书籍及其住址留下，俾查明后函复。凡此种种，皆使远道而来之顾客，无不感觉满足，不致空手而返。随后，我又以馆屋空地，加建数间房屋，设一小规模之图书馆，将商务在后方尽量搜罗所得之样书两份，一存南岸汪山，以防空袭损失，一则存放该图书馆中，连同在渝出版新书，及其他可能获得之书籍，一律公开供人阅览。该馆定名为东方图书馆重庆分馆，虽僻处一隅，而日夜前来阅读者，平均每日二三百人；于是此偏僻之地，颇为读书界所习知，而借阅览之便利，更鼓起其购书之兴趣。以故，在一个简陋而偏僻之商务分馆店堂内，常常拥满了人，以视处在热闹地点，备有广大店面之许多同业，在图书的营业上，商务竟首屈一指。这只是指重庆一地而言；至于后方其他分馆，亦均本此原则，力从服务及陈列上注意到顾客之便利。除各馆同人多为我的苦干蛮干精神所感召，同抱三度复兴商务的决心外，我所订定的各馆营业解款给奖办法，尤具有实际的鼓舞力量。

在此时期的举措要说明的还有两件事。一是关于应付香港分厂的善后事宜。香港工厂在抗战之最初几年间，我一向保持着稳扎稳打的方针，用人不多，开支节省，无时不有相当余款可以应变。想不到在太平洋战事发生之前半年，我正如上文所说，经不起内外各方的压迫，一时主张不定，竟接受了大量的钞票印刷，如果能平安渡过一年，一切自无问题；不幸得很，战事竟于半年内突发，以致

大量的投资未及收回，而银行家的势利，与当时主持商务驻港办事处者之应变未尽妥洽，以致流落于香港的许多工人，于自港疏散的通路开放后纷纷赴韶关要求救济，费了很大的力量和花了不少的金钱，才告一段落。所谓银行家的势利，则与商务驻港办事处往来最多的某银行，因我驻在香港的几年间，商务虽迭遭战事的损失，财政仍甚稳健，对银行方面，不仅向未透借分文，而且常有大宗存款。及至承印中交两银行大量钞票，因为购置纸张原料及增加设备，添雇工人，所费不赀，存款渐将用罄。当我启行作最后一次飞往重庆之前，商务驻港办事处主持人恐自有存款不敷周转，经我同意后，与该银行商定透支契约港币十万元，彼时该银行主持人因商务向来信用甚孚，而数年以来财政至为稳健，慨然应允，并言十万如不足，稍多亦可。我则认为姑定十万之约，当可应付。我赴渝后，港处先后透支闻仅及五万元，实则依约尚可透支五万元。乃战事突起，商务工厂仍照常工作，并为港政府承印钞券，先收印刷费港币三万余元，收到后，因不便携回厂中，遂就近交该银行代为保管，不料该银行竟以此款扣抵商务透支五万元一部分，至于依约尚可透支之五万元，当然不肯续付。因此，商务方面在经济上突受重大之打击，迭经与该银行情商动用临时托其保管之三万余元，亦未能邀准。同时港处主持人，一面既受该银行胁制，他方面又无法另行筹款，遂对于千余之临时短工既因无款不能解散，对于数百之常用职工，在香港战后可以疏散之时，又无款不能发给疏散费，仅每人各发维持费若干元。此项少数之维持费，在留港之常用职工，坐食多时，既属不敷，并有将自己少数积蓄一并用罄，其对于商务之不能及早采取适当步骤，当然深表不满，即临时短工，本可随时遣散，以值战事，亦有有家归不得之苦，设能于战时初起，每人特发遣散费若干，则亦可各谋归计，不致借口久候遣散费，损失不赀，而有格外的要

求。但因上述商务既缺乏现款，主持人复未能另行筹款，甚至采取拖延政策，避不见各职工之面。故两月后，疏散赴粤之路既通，遂纷纷前往韶关，群集该地商务分馆要求救济。我为着此事，特派史协理久芸飞往韶关应付，除临时短工本无发给遣散费之义务，姑念战时受有损失，每人各发一次救济费若干；至于常用职工则分别办理，愿赴重庆工厂而为商务可以容纳者，资送来渝继续工作，愿赴赣县商务工厂工作者亦同；其超过商务工厂所能容纳者，则分别推荐于韶关省立企业公司附设之印刷工厂及重庆中央印制厂，此外概予解雇费及回籍川资。费了很大的唇舌，及很大数字的金钱，方得解决。假使港战发生之初，甚至香港沦陷之初，商务港处如有现款或能筹得若干现款，分别从速遣散，则所费金钱之数不及此时所费三四分之一，而各职工亦不致因久候而坐耗余资，更对商务怨怼不已；故由于某银行之势利与违约行为，与商务彼时主持港处者之未能应付妥洽，遂至商务与职工双方均蒙受不少之损失也。

又一项是关于沪处方针之指示，自太平洋战事发生，日军即日接收上海公共租界及法租界，商务书馆在沪之办事处发行所内，数年以来受租界之庇护，勉能照常工作者，自是其命运当陷于不可知之数。其后月余亦无法通讯。我因为有与沪处沟通消息之必要，并对于今后沪处之如何保持忠贞，不与敌伪合污，实有切实指示之必要。闻自西安经沦陷区可以回至上海，适有前西安分馆经理周某愿回沪一行，一面为我传达意旨，一面想顺道省视家人。因即决定派其前往。查商务驻沪办事处主持者为代经理鲍庆麟氏，而董事会主席张菊生先生，热心维持商务事业，数十年如一日，重大事件，鲍代经理自必请示，张先生亦必加以指导。故我切嘱周某，除将我的意旨传达鲍代经理外，并谒张先生，请渠指导鲍氏务按我的意旨执行。我的意旨极关重要，却极简单。我认为敌人冒险发动太平洋战

争，自动与美英启衅，美英两国虽受眼前损失，惟以美国国力之雄厚，终久获胜，绝无疑义。我国前此单独作战，备极艰苦；今后与盟国并肩作战，转败为胜，自极可靠。我在后方，收拾余烬，定可维持商务事业与令名于不坠；所虑者，商务的基地上海全为敌人所控制，敌人仅能摧残及掠夺我之物质，伪组织却可诱使商务同流合污，影响尤巨。我认为此时万勿顾虑物质资产，数年后盟国战胜，我方定可取偿；仅无论如何，必须坚守国家立场，力拒与敌伪合作；第一不可参入敌伪资本，第二不可以任何方式与敌伪合作，出版方面宁可停止一切，必不得已为维持职工生活计，或仅印旧版之古书或科学书，或变更业务方针，侧重文具甚至百货之贩卖，万万不可有违反国策之出版物，以维正义，而保令名。将来如有办法，我仍可自后方划款至沪，以维持职工生计，万一无法划款，此外亦别无他法可以维持职工生计，即变卖资产亦所不惜。这些话已由周某一一转达，数月后周氏复返后方，谓历访张先生及鲍代经理，均表赞同，一切请我放心。等到抗战胜利，信息通畅无阻，我获悉上海沦陷期内，许多企业，甚至大多数的出版业，都变更资本，向伪组织声请注册，因此不免参入新股本；但商务书馆始终未变更资本，遂未向伪组织变更注册，甚至因此不敢召集股东会，仅由董事会决定借发股息数次，以免股东因此而要求开会，复因开会而引起增资等问题。此节张先生与各董事确曾煞费苦心，与我第一项的意旨完全相同。惟另一项却嫌美中不足。胜利后，经过一二个月，重庆有若干报纸登载上海通信，攻击沦陷期内上海商务书馆竟与数家出版业合组所谓"五联出版公司"，承印伪组织核定之教科书，有协助敌伪散布毒素之嫌；并谓重庆之商务总管理处，在我主持之下，虽极力拥护国策，编印许多有助抗战的图书，并领导承印国定本教科书，但看了上海商务印书馆之所为，尤其是我虽是总经理，而在总经理

之上之董事会却仍留在上海，决定与敌伪同流合污，编印含有毒素的伪教科书，于是纷纷主张功罪分明，不可因我在后方之有功抗战，而置商务董事会在上海之违反国策行为于不问云云。我在查明真相以前，固然不便作何种辨正，但自揣八年抗战，商务艰苦备尝，坚贞自守，今当胜利伊始，竟有此项恶评，精神殊感愤懑。此时渝沪函电畅通，经查询后，不幸确有其事，固由敌伪之压迫甚力，为着保存资产起见，在沪商务当局于拒绝多次以后，不得不与出版教科书之同业数家，作此联合组织，俾不致有玷本身，其情固可恕，然未能按照我所传达的意旨，宁牺牲资产而不与敌伪合作，致不幸而召此意外的责备，则不免遗憾。后来我自渝东下，抵沪数日，即坚决辞去商务总经理之职，除有其他许多原因外，这也是重要原因之一。我辞职后，闻有人向高等法院检察处检举此案，牵涉商务书馆彼时驻沪经理鲍庆麟，因鲍氏业已去世，而他家之关系人多已离沪，故侦查后尚未闻有进一步的措施。但是法律上的制裁虽然幸免，而在商务书馆对于抗战的光荣史中却不免构成一个污点，至可痛心也。

现在要略述应变时期我的个人状况。上文已经说过，我平素虽极爱家庭，但此时有三分之二的家人陷身于香港的战场，生死难卜，我因凡事明知其不可为力者，只好听之于天，不必因此分心，以致有碍惟我能为力的任务。但是人孰无情，一至稍可为力之时，或微露可以为力之机，断无有不作可能之努力者。我对于在港家人亦正如此。此次由港同机来渝与会的参政同人，现仍留渝而家人留居香港者，连我共七人，这就是张仲老成舍我李仙根高廷梓黄范一李荐廷和我。彼此同病相怜，一有空便互相晤谈，互相慰藉，而集会之处大都在交通银行二楼张仲老的住所或是商务书馆我的住所。又因我忙于商务的工作，大家不好意思多来找我，而且仲老高年出外较少，所以后来都改在仲老处聚谈。我每日工作之余，辄出外散步，

道经交通银行，必入内一访仲老；舍我系新闻巨子，消息特多，有暇辄来报告，或与我定期在仲老处晤面，或如期先来访我，同出散步至仲老处；因此我们三人，几乎每日相见，有如家人。患难中有此良友，精神上确获得不少的安慰。在十二月廿五日耶苏圣诞的前一二日，刘参政员百闵来访我，闲谈若干时，在兴辞之际，告我以廿五日为其所主持的中国文化服务社若干周年纪念，举行一个简单仪式，在平时极想邀请像我这般的出版界前辈前往致词，但由于我家人在港还没有得着平安的消息，恐怕我没有担任讲演的情绪。我对他说，我固不免思家，但一点没有影响到应办的事，只看我如何应付商务书馆的工作，便是明证。假使该社确想邀我讲演，只要时间不过长，不致影响我在商务的工作，我是极愿接受的。结果，便约定了于是日午前讲演。我那天的讲演，出乎在坐各人的意想，既不谈彼此共同的出版业，也不谈民族复兴节与目前的国事关系，却选了一个我向来没有研究的题目，就是针对这一日的耶苏圣诞，谈谈基督教给我的一个训条，居然发挥了半小时。讲毕，我即退席，其时舍我也在坐，便和我一起出门。两人步行时，舍我对我说，我今日在此大发言论，谈笑风生，简直忘记了家人正处于炮火线上，对我的心境泰然，简直不像常人，真觉得有些奇怪。他又说，在战事进行时，家人每一分钟或一秒内，均可发生危险；但香港始终是不可守的，如果早日停战，纵然在日军占领的最初几日，不免要发生一种劫掠奸淫的危险，可是无论如何，过了几日总可平息；但此时英军既不能久守香港，却于九龙已陷入敌手之后，仍坚决抵抗，在港九交绥炮火，和日军空袭之下，居留其间的平民，真是每一分一秒钟都有生命的危险。我笑着对他说，今晚香港定必停战，正如他所说，经过了二三日的纷扰恐慌，幸能保存生命者当不再有何危险矣。我的说话，如此肯定，顿使舍我听了，感觉奇怪和神秘。他

问我何所据而云然。我笑着说，我刚才不是大谈基督教的道理吗？这或者是受着圣灵的感应，信不信由你，且看明日的消息便是。说到这里，我们大家分手，各自回寓午膳。次日晨八时许，我照例于散步后往访张仲老。谈数分钟辞出，正下楼梯，却遇着舍我匆匆上楼，一见着我，不禁大声说："云老，你的话完全灵了，想不到你简直是王半仙。"原来，今日晨报虽未及揭载，可是舍我正从中央社获得可靠消息，说香港英军已于二十五晚停止抵抗，日军即晚和平占领全港了。我们遂复返仲老处，告以此项消息，大家均觉我之预言太灵，坚询我有何根据。原来我认为圣诞节在西洋人心目中常常是一个重大的转机，正如我国病人，往往在一个重要节气时，会起特殊的变化，都是由于心理的作用，这几日阅报，知香港军业已逐步退守，伤亡亦多，同时闻日军正以"甜美的家庭"歌曲，广播摇惑对方的军心，因此，我觉得英军处此恶劣环境，复当圣诞节这个重要关头，听了这种甜美的家庭歌曲之劝诱，不免会想到徒苦生民，终无补于香港之固守，则其于此日作毅然的决择，自在意中。昨日因舍我的心绪不宁，我偶然想到此事，顺口借词，加以慰藉，想不到竟然灵验也。

　　香港停战后，又过了大半个月，我们同一处境的七人（后来不知是哪一位杜撰一个笑话，自称为七君子）中，高廷梓首先获得其家人，由香港逃至樟木头，拍来报告平安的电报，因为廷梓向在香港主持国民党党务，由党中留港工作人员护送其家人至樟木头游击区；此时该游击区尚能与重庆中央党部通无线电，因此其他六同人，包括我在内，都由廷梓开列住址，复电驻樟木头党务工作人员，于得当返港时，代为查明电复，如此又过了半个月，仍然没有消息。某日我忽然想得一个办法，就是托外交部电驻葡萄牙我国使馆转电葡属澳门商务书馆，查询我家消息，再复电驻葡使馆转告我；因为

我意想到香港停战后，港澳交通当最先恢复，如有机会我家各人或会赴澳门暂住，重庆虽不能与澳门直接通电，而澳门之与葡京通电当无问题也。果不出所料，甫隔一日外交部便把复电转给我，就是说据澳门商务书馆复电，我家各人仍安居香港，于是两月来家人安否之谜，方得一个聊胜于无的消息。后来据首先自香港脱险抵渝之商务同人某氏见告，谓澳门商务书馆亦不知我家情形，接电后，正旁皇如何作复，适数小时后某氏自港到达，知我家避居亲友处，虽未获晤，但确悉尚安，故告澳门分馆作此复电。此真可谓万分凑巧。假使我早若干日托外交部发电询问，所得复电，除由澳门分馆饰词慰我外，倘据实言毫无所知，不更转增我之悬念乎。

自得家人尚安消息，而这两个月来，后方的商务书馆经我整理后，一切已有头绪，因此心境渐佳，精神焕发，虽食劳耐苦，数十年来，以此为最，惟体力亦因此而加健，且觉愈劳而愈愉快。除逐日忙于复兴商务书馆之计划与工作外，凡各方面邀约讲演，皆予接受，对于抗战前途力表乐观，对于青年后进力加砥砺。未及一年，集历次讲演纪录，即刊行做人做事及其他一书，为商务在重庆恢复日出新书之一，观其销路之广，足征备受读者欢迎，与恢复日出新书第一种之罗家伦氏新人生观不相上下。又以脑力多用，不可不以体力运动相配合，故一有暇时，即从事步行，星期休假，更往往步行数十里。时张菊生先生之婿孙逵方氏，任司法行政部法医研究所所长，其办公处与寓所均在重庆南岸汪山上，自江岸至其所居约十五六里，上下石级不下三四千，而我步行登山，当日上下，绝无所苦。时山顶适有石墙房屋一所出售，孙氏力劝商务购置，俾供空袭时储藏重要书籍文件之用，而在疲劳空袭之际，一部分商务人员亦可轮流留居山上工作。我亦以向各分馆搜集之历年出版样书，为商务数十年成果之结晶，其贵重胜于任何资产，而重要帐册，亦应特

别保存，其时商务书馆财政已渐好转，该房屋彼时索价仅国币十八万元，对于此种投资绰有余力，遂即购置。商务的样书帐册，便可保存在此。过了几个月，我的家人自香港转辗抵渝，便借住于此，为商务尽看管样书的义务，而博取免费居住的权利。自此以后，我平日居留城中，周末则返山居，无论风雨，上下山无不步行。而且常常背负一二十斤的书物。沿途居民和轿夫，无不知有健步如飞的"王老太爷"。

在三十一年二月初旬，我突接三儿学政自惠阳来电，报告渠个人抵彼处，家人均安居香港；过了半月，又接大儿学理自梧州来电，谓已偕家人抵此，即经桂黔来川。后来学政复与家人在桂林相会，再经月许于四月初乘公路车安抵重庆。于是家人经九死一生，散而复聚，真出乎始料以外也。

溯自八一三沪战发生后，商务书馆的重心移至香港，我因主持商务的重心，也就常川留住香港约四年。生平以书籍自随，于是留在上海的书籍，也就逐渐南移。因之，存于香港之中外书籍不下二三万册，其中较罕见与版本较佳者亦不少。在香港时期，我除将随带南来之中山大辞典"一"字开头的资料编印为中山大辞典一字长编，既经出版，幸得借流布而保存多年心血外，留港暇时，并继续数年前业已开始编纂之古体大字典，陆续发交制版，在三十年十一月中旬我赴渝出席参政会之前一日，全份清样一千零八页幸告完成，真是鬼使神差，我竟把这清样随带来渝。及港战发生，商务工厂之一部分中弹燃烧，将该字典之底片连同原稿一起焚毁，我因事前把清样携渝，幸而保存。我服务数十年，除上海有一自置之房屋及沪港所存六七万册书籍外，并无其他资产。惟在港数年，节衣缩食，储有港币七八千元，在他人重视外币之时，我却于三十年秋间，以其大部分兑成法币汇存重庆。及家人于香港战时，走避他处，寓所

衣物，尽遭劫掠；劫后入内地，所携衣物极微薄，抵广州湾后，沿途川资只得向商务各分馆借垫。

抵渝后，我幸于港战发生前数月汇存重庆法币二三万元，除得以清还商务垫款外，于家人抵渝后，尚有若干可供周转之资。然自经此役，除家人均幸安全外，数年储蓄遂馨。幸而一面加紧节约，一面以余暇从事写作，因流行颇广，版税渐多，于商务的微薄薪水以外，尚可资以补助。留得青山在，不怕没柴烧；身外之物，我固绝不介怀也。

在我留渝以后，经过某届的国民参政会，我便被举为驻会委员。自彼时起，我于从事商务书馆的复兴工作以外，可常川听取政府首长的施政报告，随时提出意见。在这个应变时期的末期，商务的复兴工作愈进一步，我对于国家的政事，参与也渐多。同时，因我并不加入党派，遇事一本良心，主持公道，故于参政会党派间的意见，我也常为缓衡。又民社党党魁张君劢氏其时留居汪山，与我所居相近；我每返山居，辄相过从，对时事的意见，辄有交换的机会。所以，这个应变时期的终止，也就是我实际参政时期的开始。

民国三十一年（公元一九四二年，壬午）一月教育部公布小学课程修订标准。

自民十二年新学制课程标准订颁后，小学课程始为划时代之革新，各科课程均订定纲要，大体具备。其后一再修正为小学课程暂行标准，小学课程标准，修正小学课程标准，均订定各科作业类别及作业要项。至民三十一年重行修订，删去作业类别。主要科目增订分年教材要目及教材要目单元排列顺序，举例益为详尽。但在暂

行标准中所订教材大纲失之太略，编选教材时，繁简难易出入甚大。在修订标准中所订教材失之太详，编选教材时颇受拘束，未能适应环境。至第二次修订标准，矫正其缺点，保存其优点，以期全国适用。所谓课程标准，仅系编制课程时之标准，非即课程，更非教材要目。故标准之为用，只作为编制课程之根据。此次假订标准中规定之各科课程纲要，较前已为完善。兹举公民训练一科之纲要如下以见其例。

公民训练标准分为"目标"、"纲要"，"实施方法要点"各项。纲要一项为实施训练之主要材料，又分为下列四项：

（一）实施要项：（1）集合训练，注重身体健康，品性修养。低年级每日二十分钟；中高年级每日二十五分钟均在第一节举行。（2）个别训练，注重发展优点，矫正缺点，随时随地举行，并不规定时间。（3）团体活动，指导参加集会及组织活动团体，在课外定时或不定时举行。至训练事项，分低中高三阶段，各有注重之点。

（二）训练规条，分"健康"、"整洁"、"快活"、"勤俭"、"谨慎"、"信实"、"廉耻"、"勇敢"、"礼节"、"孝顺"、"忠敬"、"仁爱"、"正义"等十四节德目，每一德目下列举规条若干，为训练之主要资料，亦分低中高三阶段，但规定系举例性质，可依实际需要，酌量增减；阶段系暂时假定，可依照儿童身心，酌量提前或移后。

（三）做法举要；训练规条一部分注重修养，一部分注重做法。注重做法者须合乎规矩礼节，复习纯熟，养成习惯，终身力行；因将注重做法部分另行制定"起居规律""社交礼仪"各十八节，与训练规条相辅并行。此项做法将绘制挂图一套，附加图说外，并编制起居规律歌二十首，社交礼仪歌二十四首，以资吟咏，而助记忆。

同年三月商务印书馆在重庆恢复出版新书。

　　此项在重庆开始出版之新书第一部为罗家伦之新人生观，第二部为余之做人做事及其他。二书均为讲演稿集刊。新人生观出版未及两月即已重版，拙著亦仅三月即重版。一年之内均经重版三四次。拙作销数仅次于新人生观，而冠于其他新书。新人生观之讲稿肇始于数年前。拙作到仅为留渝一年以来应各机关学校团体之邀约而讲演者。

本年内商务书馆重庆总管理处在我主持之下，全副精神集注于生产营业与调剂货物的联合政策。

　　在太平洋战事初起，商务后方现款虽极短缺，而我的生产营业与调剂货物的联合政策，毕竟能收大效，由艰苦的应变，而进至小康。而配合此种联合政策的财政政策，这里似值得一提。现在摘述我所写的苏联工农业管理译序中如左之一段，以见其梗概：

　　"上述按实际的产量与成本对计划的产量与成本之差额，而定奖励多寡有无之办法，笔者近年曾创行于商务印书馆在后方之各工厂与营业机构；而在笔者创行办法时，固未尝知苏联之已习行而收效也。在太平洋战事爆发之初，笔者面对商务印书馆第三次苦斗图存的局势，为谋自力更生，首先感觉有鼓励各营业机构借营业而尽力收集款项之必要，于是按各该机构之货物供应与营业环境开支情况，而分别计划其每半年内应有之营业额与应行解总管理处之现款，以此为计划的营业及解款数量，并规定达到计划的数量者各给以相当之奖励，而超过计划之数量者，更累进而提高其奖励。"

　　这便是我当时的财政政策大纲，依此大纲而订立的商务印书馆分馆营业解款考成奖励办法。因手边无存，只得从略。

同年十二月余为中央训练团党政训练班讲中小学教科书及补充读物问题，对于全国教科书编印之历史及商务

印书馆编印教科书之关键均有所阐明。

兹附录讲词于左：

本题拟分四段讲：（一）中小学教科书编印之经过；（二）中小学教科书之改进；（三）中小学补充读物编印之经过；（四）中小学补充读物之利用。

（一）我国编印中小学教科书最早者，一般人都以为是商务印书馆；不错，最早编印教科书而继续其事业至今不坠者，的确是商务印书馆；不过我国最早印行的教科书籍还在商务印书馆成立以前，这一件事实或为许多人所未知，值得我说明一下。在我国许多革新的事业，都由天主教或基督教士所倡导；教科书当然不是例外。一八七七年，即民国前三十五年，基督教徒举行传教士大会，并组织学校教科书委员会；一八九〇年，即民国前二十二年，基督教会创办中国教育会于上海，编译出版各种教科书或讨论解决中国一般教育问题，这便是基督教传教士对于我国教科书的前驱工作。虽然他们的工作因种种关系，没有具体化，然一八九五年即民国前十七年华亭钟天纬氏在上海开办三等学堂，以语体文编教本，为国语教科书之先声，不能不说是受了基督教士导倡之影响。但这种教科书恐怕因为没有印刷发行，社会尚无所见。及至一八九七年即民国前十五年，亦即商务印书馆创立之一年，上海南洋公学师范院陈颂平等三人编辑蒙学课本三册，印刷发行，这便是我国最早出版的一部教科书。越一年，即一八九八年，俞复等创办无锡三等公学堂，自编蒙学读本，给学生抄读，闻内容分国文修身算学三种；其高级之蒙学读本，更加入历史地理二种。又越一年，即一八九九年陆基等创办崇辨蒙学于苏州，编辑启蒙图说启蒙问答等为教科书。这是当时江苏省的新教育家对于教科书的努力。同时，南方的广东省，本来

得风气之先，其先驱的新教育家也当然不肯让人。我曾在香港见过新会陈子褒氏在澳门编印的许多种妇孺课本，其印行时期且在南洋公学的蒙学课本之前一二年；只以僻在海隅，流行不广，知道的人也较少，以致最早印行的教科书，一般人都认为产生于我国的中部。但无论如何，这些教科书只可认为是先驱，不能认为是正宗；一因仅占教科书之一部分，还没有按照整个系统；二因仅备一校之用，流行未能普遍。一九〇二年，即民国前十年，商务印书馆，由印刷业进为出版业，自设编辑所，编译中小学师范及女子学校各科用书，是年先出版最新初等小学国文教科书，其后分别编印初等小学高等小学两套共十六种，又编中学校用书十三种。自此时起，迄民国元年，十年之间，该馆几乎独家供应全国所需的中小学教科书。虽一九〇七年即民国前五年清学部有奉命编辑精要课本之举，一九〇八年即民国前四年十二月学部奏报部编国民必读课本简易识字课本大概情形；然仍待次年即民国前三年底始编完，且仅供简易识字学塾之用，并非适应中小学正式课程。一九一二年即民国元年教育部先后公布小学校令及中学校令后，商务印书馆即依新规定改编共和国教科书，计国民学校用十一种，高级小学用六种，中学用二十三种；同年中华书局创立，又出版中华教科书，与商务印书馆共同供应教育界之需要。其后二三十年间，随着教科书需要之增加，编印教科书的出版家也就续有增加；又因自民国初元迄抗战以前，学制课程变更和修正多次，每次各出版家均按着新学制课程重编一套的教科书。其间较为重要的，如民国九年国语运动尖锐时期，商务印书馆用语体文编印的新法教科书；与民国十一年新学制课程系统表公布，采用六三三制，该馆随而编印的新学制教科书；十四年国民革命军北伐成功，该馆编印的新时代教科书；二十一年教育部公布中学新课程标准，该馆适于一二八劫后复业，遂编印复兴教科书；其他各

大出版家亦有相类的出版，以适应课程之改订与时代之要求。以上是书业供应教科书的经过。至于公家编印之教科书，则中央方面，除上述清学部所编的国民必读课本与简易识字课本仅供简易识字学塾之用，且流行不广外，一九三三年即民国二十二年教育部有短期小学课本之编印，同年五月又设部编中小学教科书编审委员会，十二月编成初小国语、算术、社会、自然四种稿本，交国立编译馆审查。次年先以国语之数册交各书局印行；因全书未竟，流行尚不甚广。其后因课程又有修订，教育部另编初小国语常识合订本，前四册最近已排印完成，先发各中心小学试用；闻初中各册不日亦将完成。至地方方面，则山西及广西两省，先后曾由省教育厅编印小学教科书，供本省之用；因种种关系，甫经一二年即行取消。以上是公家编印教科书的经过。

（二）中小学教科书之编印，自开始至今，以商务印书馆而论，恰满四十年，其间出版的教科书许多套，然按其质素言，尚不能认为有长足的进步。从许多公正无私的批评归纳起来，小学方面较优者似乎是最初编印的最新教科书和最后编印的复兴教科书两套；中学方面较优者似乎是民国四五年编印的民国教科书及最后编印的复兴教科书两套。四十年前所编的最新小学国文教科书，虽然毫无凭借，独立创作，然编者如张菊生、高梦旦、蒋维乔诸氏或为旧学名宿，或对新教育有独到之见，数人共聚一室，一课之成，字斟句酌，不肯苟且，故于教科书方面放一异彩。迄今数十年学制课程迭有更改，内容形式亦有不同；然其选材配置与用字命意之适当，尚鲜有能超越之者。盖其后编印各套之小学教科书皆因学制乍改，赶紧适应需求，没有充分时间，能如编印最新教科书之从容讨论。例如共和国教科书之编印，系在共和政体建立后一年以内；因清末所编之教科书，已随国体改变而不适于用，不得不从速改编，结果虽能如

期供应学校之需求，内容质素自难期完满。其后小学改用语体文教学，明令骤颁，同业竞相率先改编教科书，其仓卒成书与共和初建时无异。及国民革命告成，前编教科书亦因内容多不适用，而有亟须改编之必要，也就不能免于仓卒。至于复兴教科书之能差强人意，则因新课程标准之草拟讨论，早已公开，商务印书馆彼时力量丰富，得以及早筹备，并尽量利用旧有经验与采取各套教科书之优点；二十一年初虽经巨劫，准备之稿幸存，劫后复兴，编辑同人益加奋勉，其结果较民国以来所编各套教科书有进步。至于中学方面，民国四五年编印的民国教科书与民国二十一年后编印的复兴教科书内容较佳，则以前者系因该馆鉴于民国二年间，随政体变更而仓卒编印的共和国教科书未尽洽意，故于事后分约各科专家另编一部较为满意之教科书；编撰者皆系国内各该科之专家，故其内容特佳，虽学制迭有变更，该书在理本已失效，而教育界仍多沿用不改，可为明证。又复兴教科书之中学部分，内容较好，理由也与小学部分相同。总之，编辑教科书关系重大，必须有充分时间，悉心商讨，始能有良好成绩。查各国教科书，因学制课程久无变更，得就流行之本，按各方意见与教学经验，随时修订改进，无须重新编印，故能保持原有之长，而补其缺憾。英美优良之教科书，往往有流行至数十年而逐渐改订至十数次者，我国则因学制课程不时变更，而变更之后，仓卒发布，仓卒实行，于是出版家为适应需求，又不得不仓卒重编新书。编书者只求新颖，不愿多采旧有之优良资料，遂至前一套教科书试验结果所发见的缺点，未及改进便须根本改作，而根本改作之结果，往往又生出另一种的缺点，长此下去，只见书本形式革新，未见内容之改善。我屡曾对教育当局进言，要想教科书完善，至少一二十年不改课程，三四年改进课本内容一次。如此始可逐渐有进步，至万不得已而有改订课程之必要，必须宽以时日，使出版家可

从容重编新的教科书，勿蹈已往仓卒公布，立即实施之覆辙。现在我国已进于抗战建国的大时代，课程不得不修订，自属当然。然抗战期内，人材四散，参考资料缺乏，印制工作困难，须较平时予以更充分之时间，始能望有圆满之结果，否则所改订者仅为形式，内容或更视前此不逮，此节不可不特别注意者也。就我对于编辑教科书十几年的经验，最难着手者莫如小学的国语教科书；因为这一部书要同时顾到三个要素，一是内容的资料，二是文字的形式，三是所收的字与词。一个小学教育专家，可以知道哪一种资料适合于儿童，而文字或非其所长；一个文学专家，可以作成优美可诵的文字，而对资料之选择或亦非所长。因此小学国语教科书的编撰，有赖于许多人的合作。此外还有各阶段幼童须认识之单字和词语，许多教育家认为很关重要，因此在取材和行文上又增加了一种束缚。我对于编撰小学国语教科书的意见，以为最好在平时由富有小学教育经验者预把儿童应读之教材收集和分析，哪一种有流弊应严行剔除，哪一种不易了解应分别其程度，然后按单元类别，由长于文字者撰成课文；长于教育心理者，判其形式与支配之是否适当。此外还需要总其成之人，通读全部，严加批评，视其有无缺憾。所以这件工作，非一二人或短时期所能有满意之收获。至于同级学生之其他科目，亦有互助联系与避免之必要；一书之成，还须与同级其他科目之教科书联合审查。而且前一阶段之准备情形与后一阶段之设施教育亦有重大关系，故审查之范围，不能以同级各科目为限，还须就以前以后之教材通盘观察，方能作精审鉴衡。故高小国语教科书之编著者，在理想同为初小国语教科书之编著者；换言之，要使程度能衔接，初小高小虽划分两阶段，然同一科目之教科书，在高小方面应以初小为基础，不宜独立编辑。以前各出版家均因时间所迫，不能不分段同时编辑，不仅文字深浅之衔接攸关，甚至材料之重复

冲突亦有问题。我所以主张编辑教科书必须有充裕之时间，并由各种学识经验之人合作，就是这个缘故。至于中学教科书之编著，形式上自较小学教科书，尤其是初小国语等容易得多，但关于内容的正确和配置，一方面固需要各该科的专门人材，他方面也有赖教学上的经验。各科的专家只能编著各该科很好的参考书而未必能成为教科书，教育专家只能编著合于形式的教科书，而未必即为各该科的适当教科书；这也是我们应当注意之点。就以上所说，教科书之不容易完善，已为不可掩饰之事实。要使其达到比较完善的境地，究应采何办法？查各国对于教科书之编印，除中学均由出版家担任外，小学教科书则有国定制、自由制及示范制三种。国定制由国家担任；自由制由国民担任；示范制由国家与国民并任。国定制可收统一之效，是其所长，然弊在杜绝竞争，难有进步。自由制有竞争改善之利，而弊在未必能贯彻国家的主张。示范制则由国家编定范本，以示标准，仍准民间依此编辑；此则利多弊少。我国过去数十年间，小学教科书均采自由制，听民间编辑，但经政府审定，于自由之中仍寓限制与统一之意。此在平时尚无何流弊，供给亦能充分。惟自抗战以来，交通梗阻，教科书运输支配极为困难，而各出版家亦皆因战争而遭遇重大损失，无力放帐以大量之书籍分配于各地方之贩卖者，因而在距离出版重心较远之处，供给难免短缺。闻教育当局有将小学教科书改为国定制之决议，此在贯彻国家主张上，自有其效果；惟有两点似须特别注意。一则出版家编印供给时，有自由竞争之便利，设能保持适当之利润，将不致供给不继；改为国家编印后，如由改府自行印刷供给，是否可以不赖各出版家之助力，如须赖出版家之助力，如何始能作适当的利用？二则出版家编印供给时，一方面有政府之审定纠正，他方面有教育界之督责，优胜劣败，可资改进；改由政府独自编印后，既无比较，又无纠正督责之

人，是否能使所编之书胜于许多出版家所编者？我以为在实行国定之前，为慎重起见，似宜先从示范制下手，即一方面由国家编辑印行，他方面暂准出版家在若干时期之内仍得编印，但须经过严格的审定，如此则行之有效，固可永久滞留于示范制，既达统一施教之目的，又得供应无缺之便利；行之无效，再改为纯粹之国定制，则时间充裕，国家所编之教科书，一方面可与民间同时所编者比较，他方面可徐图改进，不致因操切而难免缺憾也。

（三）补充读物，所以补教科书之不足；因为教科书只能示人以纲领，对于细目的研究，不能不赖补充读物，所以欧美各国的中小学校，于正课之外，多指定学生自己阅读补充读物，视为功课之一部分。我国中小学的补充读物，编印最早者，当推商务印书馆出版的少年丛书，每种三四千字，或为中外一名人之传记，或为自然科学之一专题；虽叙述系用文言，在目前小学生读之，或不易了解，然在小学尚用文言教学之时期，以该丛书叙述明白，与所用文言之浅易，彼时小学生读之，当无大困难，故流行甚广。该丛书之编印，远在清末及民国初年。其后编印愈多，范围也愈广。在我主持商务印书馆编译所之时期，即民国十年迄十九年间，初则对于小学中学均编有分科的补充读物，例如小学方面有儿童理科丛书，儿童史地丛书，儿童文学丛书等，各多至百种以上；中学方面有学生国学丛书，少年史地丛书，少年自然科学丛书及医农工商算学各科丛书等，合计多至五六百种。继则编印概括性的大规模丛书。中学以上者有万有文库初集，汇集一千种二千册之中学以上青年当读之书于一处，使成为中等以上学校及各地方新办图书馆的基础。虽万有文库所收书籍一部分程度较高，不尽合中学生之补充读物，然其中可为中学补充读物者亦复不少。故民国二十一年十二月国立编译馆奉教育部令就商务印书馆出版之万有文库中选取四百二十种，作为中等学校

第一辑补充用书，呈送教育部通令各省市采用。小学方面，则有先后编印之小学生文库幼童文库及小学生分年补充读物。此外各出版家，于商务印书馆率先创行之后，亦多当仁不让，虽尚无大规模之概括性丛书如万有文库等，然于分科丛书及小学读物，则出版亦颇不少。以上所述，就是我国补充读物编印之经过。

（四）我以为教育之目的，在养成学生自动研究之能力与兴趣者，较灌输知识于学生远为重要。依此点论断，则补充教科书之不足的效用，关系尚少，其赖以养成学生自动研究之兴趣者，则所关尤大。本来人类具有好奇的天性，读书可以满足此项好奇性，在理人人都喜欢读书，都应能自动读书。只因向来设施教育的方法不免错误，或者对学生修学加以强迫，或者尽力灌注知识，使学生感觉功课的繁重和压迫；前者使学生对读书而厌恶，后者至少也使学生对读书不感兴趣。厌恶固不能期望学问之有成，即不感兴趣亦足使学生不肯自动读书。大抵正式的教科书编制都难免呆板，教者如不得法，很易使学生感觉读书不过是尽了一种职责，而不是寻求兴趣。至于补充读物，编制上因没有定式的束缚，自较轻松而易了解，于是学生多喜自动阅读，其最足引人入胜者莫如出至名手的文学书，如小说戏剧等类往往使人废寝忘食，一口气读下去。有价值的小说本来也可视为一种补充读物；小说既能如此吸引人，假使其他的补充读物也能同样吸引人，岂不是会发生很大的效果吗？科学的或史地的补充读物，如果编著得好，也不难与文学的补充读物具有同等的吸引力。假使一般学生读了科学或史地的补充读物，能和读小说一般感到兴趣，则其对于科学之能自动研究便已毫无问题，但是仅仅引起一时的兴趣还不够，必须要能坚强其兴趣，坚强之法，莫如造成一种需求之目的，使抱着一种目的而阅读补充读物，读时既格外有兴趣，而且能够继续不已的阅读，随着这种继续的阅读，便可

以养成阅读的习惯，而益坚强阅读的兴趣。我以为大学校高年生做毕业论文的方法，很可以适用于中小学生，因为大中小学程度虽有不同，而对于自动研究的兴趣则与能力之养成同属必要。做毕业论文之方法，就是在一个中心题目之下，受教员之指导，自行就书本或其他方面，搜集种种有关之资料，得之固如淘沙见金，其高兴可知，不得则如饥思食渴思饮，其需求之殷又可知。大学生的中心题目固较专门，中小学生的中心题目，自可按照其程度而选择浅易者。中小学校如能利用此方法，以鼓励学生自动研究的兴趣，并借此渐渐养成其自动研究之能力，其收获必大。中小学生依此方法而阅读补充读物，则对于编制特佳而富有兴趣之读物，必益感兴趣之浓厚；即对干燥乏味之补充读物，因其中容有可以解除饥渴之精神的食料和饮料，亦必感有兴趣。这正如饥者得食，不必求精；渴者得饮，不必求洁一般。不过补充读物之编著，能够对于引起兴趣方面特别注意，则其收效必更大。外国中小学补充读物编制之佳，足资我国取法的，就我所知以房龙氏 Van Leon 的各种著作，如人类的故事等为最。

总之，教科书没有补充读物相辅并行，无论教科书编著如何之佳，不仅内容贫乏，不足以餍学生之需求，而且全赖灌注，亦无以养成自动研究的习惯。我国补充读物编印较迟，最近虽有多量之出版，然就出版业之营业数字观之，则中小学补充读物种类虽多，其流通之册数，不过等于教科书十分之一二，可见各方面还没有对于补充读物相当的注意。为使教育发生充分的效力，此点实有特别重视之必要，否则纵有良好的教科书亦无用也。

（三十一年十二月二十一日为中央训练团党政训练班讲）

本年全国专科以上学校一三二所，国立者五三所，省市

立者二八所，私立者五一所，其中大学校共四一所，
国立者二〇所，省市立者三所，私立者一八所。独立
学院四四所，国立者一五所，省市立者一〇所，私立
者一九所。专科学校四七所，国立者一八所，省市立
者一五所，私立者一四所。

同年全国专科以上学校学生数，六四〇七九人，其中
研研生二八〇人，大学生五四〇九九人，专科生九
七〇〇人。

同年三月，商务印书馆在重庆恢复日出新书一种之纪
录。

同年某月余在三民主义青年团中央团部评议会讲青年训
练之目的，阐明社会民众应有正确观念，始足以言教
育，并以图强。

　　兹将讲词附后

青年训练之目标

　　刚才听到训练处李处长的报告，知道三青团干部学校训练目标，
着重在"认识"、"生活"与"技能"三方面。李处长对这三方面的
细目，因为时间关系虽没有很详尽的报告，但就已报告的几点说，
本人都认为很重要。同时本人觉得这三方面，的确是三青团干部学
校应该特别注重的，也是全国青年所应同样注重的。本人对这三方
面，偶然感想到有应注重的几点细目，虽然李处长或已经注意到，
甚至已在施行，只因时间关系还没有报告。本人谨就所见所感略予
补充。

　　一、关于认识　在认识方面，本人觉得有一件事值得我们青年

特别注意，就是"偶像的崇拜"。我国民间向来崇拜的神，有三位，一位是"关帝"，一位是"文昌"，一位是"财神"，这三位的神，各有其不同的崇拜者。崇拜文昌的，多半是读书人；崇拜关帝的，是一般民众；崇拜财神的只有做买卖的人。崇拜关帝是因为受他忠义的人格所感召，这种崇拜，就是对"忠义"的崇拜。我国数千年来社会最敬重的是"忠义"之士，关帝在民间传说中可以象征忠义，无怪乎千余年来受一般民众的崇拜。崇拜文昌的，多半是读书人，和读书人的家庭，比起来没有崇拜关帝者来得多；有些做买卖的人，因为敬仰读书人，也联带崇拜着读书人所崇拜的偶像——文昌。至于财神的崇拜，人数虽或较崇拜文昌的为多，可是我国社会习惯只有做买卖的人去崇拜读书人的偶像文昌，却没有读书人去崇拜做买卖人的偶像财神的。有了这种情形，足见我国社会一向对于读书人——学者，是非常尊崇的；在农村中读书人得志成名的固然是民众所崇拜的领袖人物，即或读书未能成名，就是科举时代没有及第的，只要是读书人，穿起一件破旧不堪的布长衫在三家村中当学究，还是为一般民众所尊敬，而且对这种穷读书人的尊敬，远比对有钱人的尊敬来得诚挚而深切。一般不义而富且贵的人，尤其是中国民众向来看不起的。这种民间习俗，正是中国社会数千年来重视学术的表现。可是到了最近，民间对关帝的崇拜固然依旧；而对于文昌与财神的崇拜，却正与从前成反比例，不独许多读书人去崇拜财神，做官的人也崇拜起财神来了。财神菩萨在今日正是大行其道，无怪乎有许多人说，在滇缅路没有被封闭以前，有许多大学生，都去跑滇缅，来回一趟，大发洋财，现在滇缅路虽然断了，在昆明这种发洋财的机会随而丧失了，但又听说在重庆有许多大学生做买卖；不独大学生纷纷做买卖，甚至许多有名的学者教授，现在也多离开文化岗位，转入金融界，或者竟亲自做买卖去了。诚然现在生活困难，

穷教授不容易维持生活，但是有些地方如果能够吃得冷豆腐咬得白菜根，恐怕各学校各研究院，还可多保留一些学者教授；学术上的情形，要比现在好一点吧。讲到这一层，我感觉得在这个时候，我们也不必过于责备少数不能固守岗位的穷教授学者，我们应该责备全社会。如果我们全社会，仍然像从前那样能够特别尊敬学者，尊敬读书人，那末学生教授学者，在生活上固然特别困苦，在精神上却可以得到相当的安慰与补偿，换句话说，是可以因此抵补生活上所吃的苦。但事实上却不然，社会上崇拜金钱，也不问发财者信誉人格及金钱的来源如何，只要有了钱，社会上就对他尊敬，于是有钱的人，不独生活上很舒服，社会上又受人敬重，刻苦为学的人，生活上既然苦，社会对他又不重视，在这种情形之下，我们又哪里能单单责备学生做买卖，教授学者改行业呢！对于全社会这样一个大的转变，我认为是中国前途很大的危机；我们应该要看清这点，在中毒还不十分深，疾病未入膏肓还能救药的时候，大家要用力加以挽回才好。换句话说，就是希望从三青团的干部学校的训练起，推广到全国青年，深入到整个社会，把今后所应该崇拜的偶像，能够认识清楚。积极上是否应该照从前一样大家崇拜关帝和文昌，或者因为时代不同另外崇拜别的偶像，固然值得注意；消极上我总希望一般人对财神菩萨的崇拜要减轻一点才好。

此外值得青年认识的，我以为今后青年不仅要认识自己，认识社会，认识我们的国家，而且要认识全世界。在现在交通情形之下，没有一个能不受他国牵涉的。以美国而言，从前认为只要自给自足，与人无争，与世无争，孤立理论说的振振有词，可是到了现在他们能不被牵入世界大战的旋涡吗？所以我们本着知己知彼的意义，一方面要认识自己的社会，认识自己的国家，同时还认识人家的国家，认识全世界相互间的各种关系。

二、关于生活　在生活方面，我认为一般青年，特别要注意的就是"能过苦的生活"，苦生活的好处，说来话长，我只简单的说一句话，就是："凡过得苦生活的人，至少可以不必拜封神。"青年的生活方式，和青年认识中崇拜的偶像，有着密切的关连，所以青年生活训练，应该以"能过苦的生活"为最值得注意的事。

三、关于技能　"技能"二字所包含的范围太广，在正式学校中有各科各系和各种专门学校的区分。要完成一种技能的训练，本来是不容易的，这里我们用不着花许多时间来讨论。刚才李处长报告的技能方面的训练内容，是指人人应该具备的技能或者是社会上特别需要的技能，像驾驶汽车运用武器等；这种人人应有的技能，固然也是青年训练中必需注重的，我以为在技能训练之中，对于人身官能的灵活运用尤当特别注意。广东有一句讥讽人的话叫做"鸡手鸭脚"，鸡本来没有手，鸭子虽然有脚而不善于运用，走起来非常慢。我觉得我国人鸡手鸭脚的太多了；我在国外看见工厂中的工人，在工作的时候一点都没有停顿，各种工作进行得非常迅速。因为他们在工作时候非常紧张，速度非常高，工作的时间就不能太长久，所以有八小时工作制的标准。的确，在那种情形之下工作八小时是很够了。可是看看中国情形，我们可以坦白的说，就算比外国人加上百分之五十的时间，每日做十二小时，也抵不上人家八小时的效果和产量。以我们工作能力的迟缓，要和人家同样的减短时间，我们的生产哪里能不减少。这是整个社会的问题，今天暂不多说。从这种现象中，我感觉着，我们人人都应该从幼小和青年的时候起，训练每个人都能敏捷工作，换句话说，每个人眼要明，耳要聪，手要快，脚要速，思想要敏捷，才配做现代的青年，才成为现代的人。从每一个人的眼明耳聪手快脚速思想敏捷做起，推而广之，利用机器则机器效力增高，处理工作则工作进行迅速，整个国家事业，才

能因此迅速前进，也才能迎头赶上他国。今后我们要使中国能突飞猛进，就不能不要求每个青年本身的眼耳手脚思想等官能都能达到"快"的要求，这是整个国家一切工作效率进步的基础所在。

（三十二年某月在三民主义青年团中央团部评议会讲）

民国三十二年（公元一九四三年，癸未）一月起为商务印书馆迁渝后小康时期之开始，迄于三十四年八月日本投降之日为止。

自太平洋战事发生，至此时期之开始，甫历一年又一月。此时期商务书馆的财政已渐宽裕，生产能力与自设工厂方面，已数倍于一年之前，而其工作效率经过全市的工作竞赛结果，名列最前。每日出版新书一种，自去年三月一日开始，迄无间断。营业方面后方各馆一律都有起色，对于营业解款之标准完全达到者，几达百分之九十。文化界与出版界殆无不赞扬商务复兴之速。同时商务驻港办事处之主要人员，亦陆续来渝，总管理处及驻渝办事处之人员也渐充实。分工合作，布置井然。我只须主持大体和计划，其他琐事，均可不必躬亲主持；于是便有余暇，可为国家从旁协助。三十二年的开始，就是我应参政会经济建设策进会蒋兼会长之聘，暂代该会滇黔办事处主任，于一月二日飞往昆明，协助云南省政府，策进限价工作。留昆约一月，对于狂涨一时的物价平抑不少，而于粮价之平抑收效尤著。满一个月后，我即按照原议，交卸返渝，由原任褚参政员辅成接替。同年十一月，我又参加宪政实施协进会，任常务委员。同月又由参政会推举参加访英团，与其他团员五人报聘上年英国国会议员四人之访问。留英六星期，归途并与团员二人访问近

东之土耳其伊朗及伊拉克三国，于三十三年三月中旬返抵重庆，计出国期间恰为四个月。返国后，我先后被邀赴各机关各大学讲演十余次，旋即整理讲稿，印行战时英国一书，又以途中日记，择要印行访英日记一书，嗣又为备各校学生英文补充读物，将访英日记自行英译，印行访英日记英文本；三书出版甫半年均重版数次，而以中文本访英日记为最多。

在三十二和三十三两年中，我两度为参政会赴滇及访英，计访英离开重庆五个月，占全时期四分之一弱；然商务书馆业务一因已具复兴之楷模，二因原驻香港之总馆代经理李伯嘉氏已来渝，得与协理史久芸氏协同主持驻渝办事处，故在我离渝期内，一切进行皆尚顺利，对我所定计划皆能忠实执行。

但我在这时期，虽然分心于国事，却对于商务书馆工作的进行，丝毫没有放松。积极方面，无时不筹画尽量供应教科及参考用书，新印及重印许多有价值的一般图书；消极方面，由于战事之进退无定，商务的分馆散处于整个大后方，常常有撤退及疏散之必要，而撤退或疏散以后，对于各该地区之教科用书亦须设法供应，故直至抗战胜利之日，应变工作仍随时进行。

先从供应教科书说起。为着便利大量收购纸张及缩短运输程途起见，我把印刷教科书的重心分为四处。一是重庆，自行设立工厂；二是成都，派有专员常驻，收购纸张，并委托当地工厂代印；三是赣县，自行设立工厂；四是邵阳，办法与成都相同。邵阳纸张最廉，赣县纸张最佳，成都亦可就近收购纸张，较由重庆印成后运来，节省不少。其后赣厂因战事撤退，移往福建之南平继续印刷。又鉴于东南数省面对敌军的攻势，有随时与重庆切断之虞；乃预派要员黄荫普氏，统辖东南数省厂馆及印刷供应事宜，其后交通果中断，黄氏遂得按照预定方针，在隔断之区域内，统筹供应，业务未尝中断。

政府自迁至重庆以后，即由教育部积极编印国定本教科书，与国民党所办之正中书局预定一家承印办法。及商务书馆总管理处迁渝，生产力量扩充；其他出版教科书之上海同业，亦相继迁来。政府鉴于商务中华等多年印行教科书之出版家，其生产力量营业机构均甚广大；乃临时变更契约，将原由正中一家承印者，改由七家合组机构承印。于是商务中华正中三家，遂同占最大成分的印额，其他世界大东开明及文通四家，各按资力，分任若干成数。借此通力合作，国定教科书始得大量印制，广泛流通；且部编原稿，亦得借各出版家之编辑经验，而修正不少。国定本在平时因取消自由竞争，对于编辑印制之改进，固不免有所妨碍；然在战时，一因各家原编之教科书未及适时修正，一因各别供应，不免有过剩与缺乏之弊，改用新编之国定本，由各家统筹合理之供应，亦尚有其必要。我为着赞助政府之政策，遂允加入，并力助其成，但迭经声明，一俟抗战结束，应仍恢复自由编印供应办法，以促进步。

次以参考上必需之工具书而论，因在抗战初期，我将商务出版而流行最广之辞源正续编缩印为一册，并以二十磅左右之轻磅纸张印刷，连同其他用薄纸印刷之中西文字典辞典，大量运入后方，因中途滞留，多未售出，此次经我策划疏运，合理分配，后方各馆在太平洋战事发生后二年内，均尚不虞匮乏。但长此下去，存书总有售罄之一日，因分别在成都及赣县利用化学翻印办法，将辞源合订本及综合英汉辞典等巨著复印，其他篇幅较少之字典辞典，或利用原有纸型，或从事重排，均大量印制供应。后方对于此类工具书需要最多，商务能充分供应，对于读书界之需要与商务之营业彼此均有利也。又因我的小辞典为中小学生所最需要，第一次增订本排印已久，为增加新资料并扩充内容起见，我并抽暇作第二次之增订；此外我还编了一部王云五新词典。目前流行的新名词数千，一般人

认为来自日本，或系现今所创制，而不知实已见于我国古籍，致有数典忘祖之嫌。此书对此类新名词，一一注其来源，及其意义之演进，亦颇能流行一时也。

复次，则为大学丛书及其他专门著作之继续编印。大学丛书系我在一二八后，商务书馆经过了创深痛巨而复业，不自揣度，竟与全国学术团体联系，创编为供大学课本及参考之专门著作三百余种，五年之间，已编印出版者约占三分之二弱。抗战骤起，在香港时期，仍继续出版，及三十一年以后，重心移至重庆，制版印刷之力远不如前，然仍锲而不舍，虽出版数量远不如战前，但每年新出版者平均十余种，重版重印者约倍之。自商务创编大学丛书以后，国立编译馆继起而有部定大学用书之编辑，经营数年，自三十一年起，稍具规模，乃分交各大书局印行，商务虽已编印大学丛书多至二百余种，然对于政府之措施，仍愿极力赞助，经商定承受文理医商四学院之部定大学用书，其负担占全部之半。

关于大部丛书之编印，由于后方之物力艰难，当然是不可能。但在民国三十三年二月我仍计划印行一套在后方认为大规模的丛书，这就是中学文库。自从民国十八年我创万有文库第一集，以具体而微的全部图书，用最经济的方式，供应于全国图书馆，并因此而创立了不下二千所的小型新图书馆。万有文库在最初印行之时，还有吹毛求疵的人，认为字体太小者，可是到了战时，后方的图书馆幸而保存一部万有文库，莫不视同高文典册。我鉴于我国中等教育，在质的方面，往往不能使人满意，其原因虽颇复杂，然漠视补充读物实为主因之一。补充读物之效用有二，一可补充教科书之不足，一则养成自动研究之习惯，故欧美各国的中小学校，于课本之外，多指定学生自行阅览之读物，同时学校图书馆亦无不广备可供学生自由参考之书籍。我自主持商务印书馆编译以来，二十年间，对于

中小学生的补充读物出版颇多，合各种专为中学阶级而编印之丛书计之，不下五六百种。及万有文库印行，取材更广，其中一部分之程度较深，固非一般中学生尽人能读；于是我本有别编中学文库之拟议，以一二八之役商务遭遇重大损失不果。抗战以来，学校转徙，藏书多散失。我原拟编印之中学文库更有其必要。又二三年来，商务在重庆印行新书及重排重印历年出版之优良著作，合计已不下千种。兹特就其中选取最适于中学生程度者四百册，汇为中学文库，其取材之源有四：一为教育部就万有文库第一集原选之第一辑中学生阅读参考用书，二为其后续出万有文库第二集中适于中学生之读物，三为抗战以来出版适于中学生之其他书籍，四为最近三年间在陪都出版有关抗战及国际新形势而为中学生所当读之书籍。本文库册数虽仅当万有文库第一二集十分之一，字数约当其八分之一，然各科各类无不具备，俨然万有文库之雏形也。然其取材则采自万有文库第一二两集者，不及三分之一，其余三分之二以上皆为抗战以来出版之新书，而在重庆新出版者约占本文库之半数。本文库于半年间，在后方各地共销售四千余部，其获得热烈之欢迎，可为明证。

前项中学文库之出版，可以说是商务书馆在重庆出版的最高峰；此不仅在营业数字上占着最高的地位，而且把后方出版一般用书的土纸本，简直一扫而空。查中学文库组织之有系统，内容之无所不包，实与万有文库无异。所不同者，万有文库版式一律，且无一不重新排印；中学文库则就三年来在陪都出版排印之本选用，版式分为新四开与六开二种，固未能一律，封面装订，为节省物力，亦无法统一，除新印者外，皆就原印存书配售。因此，后方所印之土报纸本中学用书，几乎悉数售罄。无意中也解决了战后存书问题。因为战时后方印书只能用土报纸，战后白报纸恢复大量供应，土报纸自不免相形见绌也。

　　由于商务书馆，在后方复兴之速，并证明一二八后五年间我对于商务复兴的工作，于是后方人士多归功于我的科学管理成绩，纷纷邀我讲演，除学术团体外，其他多指定题目，要我讲演科学管理。其较著者，如历届中央训练团训练班工商团体等。甚至国防研究院也指定科学管理与国防等题目，邀我讲演。我对于国防完全外行，而面对百数十之高级将领，班门弄斧，居然博得热烈的欢迎，则以科学管理之原则配合临时参考所得之若干资料，前者是主，后者则只要有资料即可作合理的配合也。在重庆对于欧美新书颇为难得。有一次我在美国大使馆新闻处发见一部苏联工农业管理的英译本，商得该处同意，借回寓所阅读，经两晚的时间读毕，觉其有汉译之必要，且有从速汉译与出版的必要。因一时未能觅得相当译者，乃自任其译事，以二十余日的时间，完成十一万言的译本，还附一篇长达万言的译序。其中有一个星期日所译竟在一万二千字以上。发排之日，笑语商务印书馆工厂主持人，以我此次译书的速度，或有合于该书所称之突击队工人，希望厂中工人当仁不让。结果，该书亦于二十余日排印完成。

　　至对于学术团体的讲演，次数尤多；而使我印像特深者，计有两次，一次是在国立中央大学讲演，题目为旧学新探，把我个人对于治旧学的经验为青年学子现身说法，内分：（一）高处俯瞰，（二）细处着眼，（三）淘沙见金，（四）贯珠成串，（五）研究真相，（六）开辟新路。讲演场所系在该校大礼堂，听者愈来愈多，大礼堂坐立皆满后，立于礼堂窗外者人数亦极众，合计不下二三千人，余演讲约二小时，听者始终不倦。讲毕，纷纷包围，邀余签名纪念者，无虑数百人。又一次系在璧山之国立社会学院讲战后国际和平问题，该学院全体学生及璧山其他中等以上学校学生及当地机关团体人员咸集听讲，亦多至二三千人，余所讲亦长至两小时以上，而

数千人伫立听讲，迄无倦容。是夜留宿校中，因员生以纪念册及字条请书纪念语者多至六七百人，余以次日午前须返重庆，乃于深夜及清晨还此笔墨之债，员生皆大欢迎。次日乘车返城，启行前，该院员生及附近学校代表咸列队相送，情形实最热烈。这些讲辞，除对某训练班为系统的讲演数次，其讲稿集刊为工商管理一瞥外，其余凡有速记录或者底稿者多汇刊于旅渝心声一书，于我复员离渝以前半月出版，成为我在留渝时期之第十种著作物。

同年七月商务印书馆在重庆开始发行中学文库，为后方出版界最大规模之出版。

本文库系就在渝末及三年先后新出版合乎中学生参考阅读之图书，分类汇集为五百册，其版式括有新四开及新六开即二十四开及三十二开本，只重内容适用，不顾形式整齐。廉价整售，不足之数，随即添印，凑成全部。计其售出四千部，营业数字殊巨，大为同业所艳羡。

兹将印行中学文库缘起附后。

我国中等教育，在质的方面，往往不能使人满意，其原因虽颇复杂，然漠视补充读物实为主因之一。补充读物之效用有二，一可补充教科书之不足，一则养成自动研究之习惯。故欧美各国的中小学校，于课本之外，多指定学生自行阅览之读物；同时学校图书馆亦无不广备可供学生自由参考之书籍。

我认识此种必要久矣。自主持商务印书馆编译以来，二十年间，对于中学学生的补充读物，出版特多。除供小学生之需者不计外，中学阶段先后出版者有百科小丛书、少年史地丛书、新时代史地丛书、学生国学丛书、少年自然科学丛书、中学生自然研究丛书，及农工商医算学各科小丛书，供不应求不下五六百种。嗣更进一步，

对于中等以上学校图书馆作整个而有系统的贡献，相继印行万有文库第一、二集各二千册，汇集中等以上学生当读之书于一处，使中等以上学校及各地所设之图书馆，皆可借万有文库而奠立其藏书之基础。实际上战前除中等以上学校图书馆无不备有该文库，视为学生阅读参考之主要书籍外，全国各地所设之图书馆赖该文库而成立者多至千余。万有文库取材较广，其一部分之程度亦较深，固非一般中学生尽人所能读或必读。于是余又有别编中学文库之拟议，以一二八之役本馆遭遇重大损失，不果。及民国二十一年十二月国立编译馆奉教育部令，就万有文库第一集之一千种二千册中，选取其四百二十种，作为第一辑中学生阅读参考用书，并由教育部通令各省市采用。本馆为应此需要，遂将万有文库所收各书尽量另印单行本，以广其流布。

抗战以还，学校转徙，藏书多散佚；而本馆原在沪港所印之万有文库单行本及其他中等学生补充读物，亦以交通梗阻，多未能输入内地，尤以太平洋战事发生后为甚。民国三十一年春间，本馆收拾余烬，在陪都恢复新书之出版；教育当局迭以在后方重印各种中等学生补充读物见商，因彼时本馆力量微薄，尚无以应也。三年以来，印刷出版随时扩充，迄于今在陪都印行新书及重排重印历年出版之优良著作，合计已不下千种。

兹为偿余夙愿，并应教育界迫切之需求，特就其中选取最适于中学生程度者四百册，汇刊为中学文库。其取材之源有四：一为教育部就万有文库第一集原选之第一辑中学生参考用书；二为其后续出万有文库第二集中适于中学生之读物；三为抗战来以出版适于中学生之其他书籍；四为最近三年间在陪都出版有关抗战及国际新形势，而为中学生所当读之书籍。以学科类别言，则总类占十八册，其中读书指南约占三分之二，以为入门之助；哲学类占二十六册，

对于我国先哲之作择要详为注释，对于西洋名著，亦分门别类，撷其精华；宗教类占五册，于我国流行之各种宗教皆有扼要之概论；社会科学类占七十五册，凡社会学、政治学、国际外交、经济学、财政学、法律学、统计学、教育学、体育、军事战争、社会事业、妇女问题，及礼俗各部门之适当读物各收有代表之作；语文类占五册，于我国文学及文法，皆括入提纲挈领之作；自然科学占六十册，凡科学总论、科学丛著、算学、物理学、化学、地质学、生物学、人类学、植物学、动物学等无不括入；应用技术占六十一册，凡生理卫生、医药学、各科病理疗法、实业概论、工业、农业、商业、工商管理等无不括入；艺术类占九册，凡中西美术、书画、雕刻、演剧等，各收入扼要之作；文学类占五十一册，括有中国文体概论、中国旧文学作品、中国新文学作品、外国文学概论、各国代表作品等；史地类占九十册，括有地理概论、中国地理、各国地理、中国游记、世界游记、民族学、中国名人传记、世界名人传记、史学、中国史、世界史等，而其中名人传记多至二十九册，借以树立青年之模范，世界史多至九册，皆注重最近之演进，而地理游记亦各以现实资料为主。

总之，本文库册数虽仅当万有文库第一、二两集十分之一，字数约当其八分之一；然各科各类无不具备，俨然万有文库之雏形也。然其取材则采自万有文库第一、二两集者仅一百十七册，采自抗战以来其他出版物而重排重印者一百零五册，而大多数之一百七十八册则为最近三年间，尤其是最近一年间，在陪都初版之新书；即采自万有文库及近年已印行之其他出版物，于其重排重印以前，亦为必要之修订，加入新资料，以适合于现实；故全部四百册无异崭新编著之一文库，而皆以中等学生为其对象。此虽与余多年来编印中学生文库之愿望未能尽合，然当此物力维艰之战时，针对中学生程

度而成此各科具备之整个文库，其对于中学生补充读物之供应，实已不遗余力，且视民国二十一年教育部选定之第一辑中学生阅读参考用书尤为充实，而适于现在之需要也。惟亦有不能满意之一点，即本文库所收各书系统就三年来在陪都先后排印之本选用，版式分为新四开与新六开二种，固未能一律，封面制订为节省物力亦无法统一；以视战前所印之万有文库第一、二两集实有逊色。然此种形式上之缺憾，固为战时所不能避免，统一而整齐之，惟有俟诸战后而已。

民国三十二年二月王云五识

同年八月，余集数十年所著有关目录学之文字十篇，由商务印书馆刊为新目录之一角落一书，撰有序文附后：

　　我自从民国十年担任商务印书馆编译所所长，跨进了出版家的门阈，旋兼任该馆附设的东方图书馆馆长，掌管那时候全国最丰富最名贵的藏书；一方面为着调整出版物的系统，他方面要使藏书发生最大的效用，自然而然地加紧了我对于目录学的研究，同时因适应现代的需要，也认为我国旧日的目录学有革新之必要。于是民国十五年我有中外图书统一分类法之创作。其前一年半，我又有四角号码检字法之发明，经三四年之继续改进，卒于十六年底达成现在之方案。这两种方法，一关于图书类别之统驭，一关于文字工作之利便，除助我完成东方图书馆藏书五十余万册之新式的编目，而增进其在检查上之效率外，更鼓起我化身千万图书馆，使遍于全国之兴趣。

　　因此，我于民国十八年创编万有文库初集，期以整个普通图书馆的用书，依最经济与最便利之方式供献于社会。此种冒险的尝试，

初时几至失败，结果幸而努力不落空，第一版所印五千部，不仅占据了每一个已成立图书馆的书架，而且专赖这部书而成立的图书馆多至千余所。再过二三年，商务印书馆遭一二八沪战的致命伤，数十年基础几乎毁于一旦，那时我以该馆总经理而兼编审部部长的地位，勉任艰巨，为事业与文化而苦斗。于二十一年八月该馆经半年停业而复业之际，首先发表编印大学丛书计划，窃不自量，欲以创深痛巨后一个出版家的努力，用本国文字供给最高学府之全部教科参考用书，一改前此依赖外国文课本之习，而植学术独立之基。是举借全国学术界领袖之赞助，得如所期望而进行。迄八一三第二次沪战，五年之间，已编成出版者达二百六十余种，视原预算略有超过。在此期间，我又继续前此所定充实图书馆而使之普遍化的计划，拟将二千册之万有文库初集扩充为一万册，除继续编印万有文库二三两集各二千册外，另辑印丛书集成初编四千册。然以战事之影响，二十三年九月开始印行之万有文库二集与二十四年三月开始印行之丛书集成初编尚有一部分未能完成，而万有文库三集更难具体化；是此计划之完成，只好期待于抗战胜利之将来了。

我的出版方针，除注重整个图书馆的供应外，对于分科之供应亦未尝漠视。民国二十一年至二十六年间，编印之专科丛书不下数十部，各部门大都具备，其间规模较大而着手较难者，莫如中国文化史丛书。编印伊始，曾作相当研究，以中国文化悠久，史料又甚繁复，欲作综合的编纂，既非一手一足所能任，尤苦组织困难；故于二十五年秋决定编印文化专史八十种，广延专家，分科担任。于此可见此时期所编专科丛书之一斑。又自从发明四角号码检字法以来，我即有志于辞典之编纂，私人公暇，朝斯夕斯，无不以搜罗资料，供大规模辞书之编纂为主旨；十年之间，日积月累，得资料七百余万条，悉依四角号码编次，以简御繁，一检即得。二十五年三

月与中山文化教育馆订约，利用此项丰富资料，仿牛津大辞典体例，编为中山大辞典，正开始排版，而战事突发，原计划不得不停顿。因以所收关于"一"字之资料五千余条，约一百万言，刊为长编，冀保存所集资料于万一。

本书所收各文，悉为记述上开工作之旧作。我印行本书之目的，则以各文虽仅记个人工作之经过，然无一不与我国新目录学关联。方今人事日繁，治学尤贵省时。目录学为治学指南，其难其易，与治学之难易攸关。图书分类为新目录学之纲领，检字法为新目录学之重要工具；此固尽人知之。治目录学者莫难于我国旧学。所谓国学浩如烟海，每令人望而兴叹，时贤遂有国学必要书目之编定，已刊行者多至十余种。我于选印万有文库中之国学基本丛书，亦曾特加注意；一二两集所收之国学基本书四百种，以其类别并与各家书目之比较，似不无参考价值。我国所称丛书多至数千部。张香涛虽劝人"欲多读古书，非多买丛书不可"，然以丛书之名实不符与内容琐杂者比比皆是；苟不抉择，则糜费金钱所关尚小，耗费精力，影响实大。我的编印丛书集成计划，即以节省读者物力精力为出发点；取其精华，去其糟粕，则号称数千部之丛书仅存数百部，更选定其中最重要之百部，就所涵各书汰其重复，依新分类法辑印；然仍恐读者不明原书真相，因各撰提要，以识梗概；此于阅读丛书者当可节省一部分之工力。至于大学丛书各院系之科目，系商同国内许多专家所订定，并一一分注其编印进度，于此可概见国内各科专著之现状。他如编纂中国文化史之研究，与编纂中山大词典之经过两文，一则概述文化史资料之源，一则说明搜集辞书资料与编纂辞书计划；似皆与治目录学，不无关系。

尚有说明者，此区区十篇之文字，无一不以长期间写成。中外图书统一分类法费时约一年；四角号码检字法费时至三四年；万有

文库第一二集之计划，费时各在半年以上；丛书集成初编之选辑分类，费时一年以上；编印大学丛书之拟目与筹备费时七八月；编纂中国文化史丛书之研究，虽为时最短，亦不下二三月；而编纂中山大辞典之经过，自开始搜集资料，迄"一"字长编之印成，为时多至十年。总计过去十五六年间，个人之治学治事无不与此十篇文字息息相关。行文固贵有实质，此中各文，不仅侧重此点，且无一不寓有长期辛苦之工作；独惜言之无文，或不能行远而已。然而敝帚自珍，深恐十余年辛苦工作之结果，或有散佚，尤以抗战以来，原载各篇之书刊大都毁版，因收集而汇刊之，并借此就正于海内宏达。

民国三十二年八月五日王云五识

同年九月，余为商务书馆试行改革中文排字，招收小学校四至六年级程度之学徒，训练三个月，即能与从前受三年以上之训练者有同等之成绩与效率。

兹将余所撰中文排字改革之报道，经东方杂志发表之一文揭载如后：

中文排字改革的报道

著者近年喜对小事研究改革，而结果往往影响颇大。最近对于中文排字的改革幸已初步成功，以其有关国家人力物力的节约，不敢自秘，谨报道于国人。

印刷术我国发明最早，即活字版印刷一般人以为由西洋传入我国者，实则宋庆历中（公元一〇四一至一〇四八年）毕昇氏已先创用（见沈括梦溪笔谈），较德人谷腾堡（Gutenberg）在欧洲初创之活版印刷术（公元一四五三年）更前四百余年。不过我国现行的铅活字版方法确由欧洲传入，甚至字架的布置和字汇的选择也都由西洋传教士为我国人所规画。自公元一八一九年伦敦布道会马礼逊氏

在马六甲印成第一部之中文新旧约后，远东各传教士纷纷研究中文排字问题，我国现在流行之排字组织，即公元一八六〇年宁波美华书馆主持人美国姜别利氏（Willam Gamble）所创，经八十余年许多出版家的使用，而很少改革。

在报道我的改革方案以前，请先说明向来的字架布置和字汇选择的事情。现在全副字架，以五号字论，括有七千零十四个字，分装八十八盘，其中二十四盘为常用者，括有八百四十四字，通常即称为二十四盘字；又六十四盘为普通者，括有六千一百七十字，通常称为部位盘子。两类字均先按部首；次按笔画排列，其所以独称普通字为部位字者，则因常用之八百四十四字，其先后位置为排字人所必须熟记，俾可一望而知，无待利用部首与笔划，正如电局的译报员，对于文字与电码之互译，可以一望而知，绝不借部首笔划而检查一般。至六千有奇的部位字，以数量较多，其先后位置不易如八百四十四字之可借熟记一望而知者，只能按部首与笔画而检取。

关于字汇的选择，则八百四十四之常用字中有"耶""泰""州"等为目前不常用之字，而在彼时，则或因"耶稣"，"泰西"，"州县"等词语应用颇广，尤其是"耶稣"和"泰西"两词语在传教士中最常用之故。反之，在今日许多常用之字，却因二十四盘的范围有限和彼时用字与目前不尽同之故，不得不退居于六十四盘的部位字，和许多罕见之字等视而并行。又字架布置，如亦以五号字为例，则二十四盘所分诸格较大，每盘有三十六格，每格备同一之铅字八十八枚，其最常用者如"十""四"等字各占四格，即各备同一之铅字三百五十二枚；"一""不""中"等字各占三格，即各备同一之铅字二百六十四枚；"上""下""三"等字各占二格，即各备同一之铅字一百七十六枚。其他六十四盘则每格面积较小，每盘分一百零八格，每格备同一之铅字二十四枚，其中较常用者亦仿

二十四盘例，同一字得占二格或三格，即各备同一之铅字四十八或七十二枚。此外另有所谓“栈房”字，即对于特别常用之字，虽然字盘上多备若干格仍嫌不足者，计二百二十字，各为另备若干字，以供补充之用。此其大概的组织情形也。

现进而详论此种组织之是否合理，首先论字汇之选择。我对于我国的常用字，尝作相当深刻的研究，其资料现皆陷于沪港，无从利用；然研究结果所选定之常用字二千七百余，脑筋中尚能记其大概，而断非现在字架二十四盘之八百四十四字所能尽其功用。试举一显著之例。国父遗嘱全文一百四十五字，在目前实皆常用之字，然二十四盘中竟缺其十八字，约占全文八分之一；此十八字遂不得不向六千余之部位字中费许多时间去检取，其不合理者一。

部位字中许多应列入常用字者如“丁”“刀”“占”“儿”“宗”“弱”“急”“效”“敌”“武”“活”“肯”“落”“消”等竟与冷僻字如“乜”“呷”“啅”“吨”“嫄”“羃”“惷”“惇”“搨”“摝”“扆”“柽”“泩”“碍”等并列，以致常用字因被许多冷僻字扩大其面积，淆乱其地位，而不易检取，其不合理者二。常用字与普通字之分配，系根据百年前之读物与出版物情形，今字汇内容已随时代而有变动，以尚无澈底改革之故，致许多最常用之字仍留于普通字之范围内，而区区之八百四十四常用字中竟括有若干为今日所不用之字，其不合理者三。一字两种写法如“畧”之与“略”，“羣”之与“群”，“廠”之与“厰”，“廁”之与“厕”等，以及俗体古体等字皆宜标准化；此不仅与出版物之字体标准攸关，且一经标准化，便可删去若干不合标准之字，一方面可减检字之时间，他方面可省非必要之铅料，乃现有字架对此等两歧之字兼收并蓄，其不合理者四。

字之常用程度不宜仅分二级，尤以六千余之普通字中，实际上

甚冷僻者如"乜""呷""啤"等，常人一年间不易见到几次，排字人一年间更不易排到几次，乃亦每字各备同一之铅字二十四枚，与"丁""占""刀"等实际常用之字相同；虽实际当用之字可以备一二格而补其不足，但实际冷僻之字各备同一之铅字二十四枚当然过多，而过多之结果除多占面积增加检字困难外，尚须多备铅料，多费资金，而使一部分资金置于无用之地，其不合理者五。字架之面积愈小，则检字愈省力愈迅速，现有字架因补充不足之故，无论二十四盘字与部位字，皆就其较常用者各多备若干格，此项多备之格与冷僻字过分存备之枚数，均使字架之全面积为不必要之扩大，致检字时耗费一部分本不应费之力；实则既有所谓"栈房"字专供补充之用，则字架上为若干字多备之格无殊连床叠架，其不合理者六。

二十四盘既为最常用之字，同时利用之人必较多，然而因其仅容八百四十四字，无论如何，面积当甚狭小，不能容较多人同时工作，因而效用不彰，其不合理者七。此外还有最不合理的第八点，就是部首检查之困难；许多大学毕业生不能按部首检得之字，而令小学程度之排字人，逐日以此检字，因此，除二十四盘之字全赖熟记致增加初学练习之时间外，六十四盘之部位字在曾经多年工作者，或亦可借熟练而有助于检查，然在初任此项工作者，遂不免重感困难。无怪于学习排字者虽只需数月训练已能开始检字，而能达相当速度者动需二三年以上。

我对于排字改革的研究，就是针对上述八种的不合理条件，而按症发药，以达节约人力物力之目的。经过三个多月的研究，我决定采取左列的具体办法：

（一）把全副五号字七千零十四字，除按标准字体删去两歧之一及俗体古体约共数百字外，余则按其常用程度，分为四级。第一级计五百四十六字，最常用；第二级一千九百六十三字，次之；第三

级二千九百八十九字，又次之；第四级一千一百八十八字，多系冷僻而不常用者。此四组又并为两类；甲类包括一二两级，共二千五百零九字，即常用字（此于著者多年研究字汇结果之二千七百余字尚短二百余字，因手边无资料，暂缺待补）；乙类包括三四两级，共四千一百七十七字，即普通字。

（二）字架仿向来办法，分两部排列，以甲类之二千五百零九字代替向来之二十四盘八百四十四字；以乙类之四千一百七十七字代替向来之六十四盘五千八百四十五字。

（三）第一级字五百四十六，在字架上各备同一的铅字六十枚；第二级字一千九百六十三，各备同一之铅字三十枚；第三级字二千九百八十九，各备同一之铅字十二枚；第四级字一千一百八十八，各备同一之铅字三枚。无论何字在字架上仅占一格。

（四）就最常用之字，选定二百五十，仿向所谓"栈房"字之例，各加备铅字自一百枚至五百枚，称为补充字，另行储藏，不与字架相混；遇字架上某字所备枚数将用完时，即从补充字中提出尽量补充之。

（五）各字改按四角号码排列，以代向来之部首排列。

依照上开办法，我在商务印书馆新设之艺徒训练所中实地试验，结果甚为满意。兹将其与现在字架组织比较所具优点于左：

（一）现在字架常用字部分仅八百余字，不能包括许多实际常用之字，仅能视为局部的列举，须使排字人一一熟记，俾于实际排版时可知某字是否在二十四盘，而不致误向六十四盘检取；此项熟记的训练，须经相当时间，初学时亦颇费力。在我的改革方案中的新字架，甲类即常用字部分括有二千五百零九字，一般书稿所收之字，除专门性质或有特殊情形者外，百分之九十以上皆可自此检得；因此检字时不必从记忆上决定某字系常用，某字系普通，可以径向甲

类架上检取，如检不着再向乙类架上检取，既省记忆之烦，又减训练之难。

（二）甲类架上所容之字既三倍于现在之二十四盘，故检字时一般几可全由此类架上检得，即专门或特殊性质者，所检得的成分亦远较现在之二十四盘为高。例如国父遗嘱全文一百四十五字中，在二十四盘检不着者占十八字，而在新字架之甲类二千五百零九字中，则全部皆可检得。又如旧日排字人因诗句中所含冷僻字较多，故称凡用不常见字较多之稿为"诗钞"工作，遇此等工作因须向部位字盘检取之字特多，费时较久，工价亦须稍增。兹举李白之清平调八十四字为例，在二十四盘不能检得者占四十三字，超过半数，此四十三字除有二字缺铜模须另刻外，余四十一字须向部位字盘检取；而在新字架之甲类二千五百余字中不能检得者只八字，此八字除二字须另刻外，只有六字须向乙类四千余字中检取，较向现在字架部位字盘检取四十一字者，难易相差几何？

（三）现在字架部位字盘因按部首排列，学习困难而检取迟缓；新字架甲乙两类均按四角号码排列，学习容易而检取迅速；此两类检字法十余年来经多次的公开比较，其难易迟速之差额已有明证，无待赘述，尤以程度较浅之排字工人，学习部首检字极难澈底明了，而学习四角检字则一日小成，十日大成。

（四）现在字架需用之铅量，以五号字论，计常用字二十四盘，每盘三十六格，共八百六十四格，每格铅字八十八枚，计七六〇三二枚；部位字六十四盘，每盘一百八格，共六千九百十二格，每格铅字二十四枚，共一六五八八八八枚；两共二四一九二〇枚，按五号铅字一百七十枚约重一磅，合需铅一千四百二十三磅。再加所谓栈房字二百二十，每字多寡不等，合三七八〇〇枚，约需铅二百二十磅。因此全副五号字共需铅一千六百四十三磅。商务印书馆于一二

八后，为节省铅料曾规定两副常用字合用一副部位字，实际上将部位字所备之枚数减半，所用之铅，因此较前减四百八十八磅，实需一千一百五十五磅。

　　然此项将部位字全部减半之办法未免粗疏，致有若干常用之部位字不敷用，而妨碍工作，同时若干冷僻之部位字仍觉过剩，使一部分铅料积滞无用。新字架第一级字五百四十六，每字六十枚，计三二 七六〇枚；第二级字一千九百六十三，每字三十枚，计五八 八九〇枚；第三级字二千九百八十九，每字十二枚，计三五 八六八枚；第四级字一千一百八十八，每字三枚，计三 五六四枚，全副字共一三一 〇八二枚，需铅七百七十一磅。另加补充字即旧日所谓栈房字二百五十，每字自一百至五百枚不等，合计四七 六〇〇枚，需铅二百八十磅，两共需铅一千零五十一磅，较一二八前之商务印书馆及现在一般印刷厂之字架全副铅一千六百四十三磅者，计节省五百九十二磅，所省之铅量当原需要之铅量百分之三十六强，即较一二八后商务印书馆将部位字减半后之字架全副需铅一千一百五十五磅者，仍节省一百零四磅，约当原需要量十分之一，而可免原部位字不敷与过剩之弊。

　　（五）现在字架常用字部分所占地位，宽仅四呎，只能同时容二人工作；新字架甲类字三倍于原二十四盘之常用字，虽每字枚数有减，地位仍加宽二呎，合占六呎，故可容三人同时工作。向来检字者六人共需字架三副，今则两副已足，因此字架可减三分之一，用铅之量亦随而再减三分之一。如果与第（四）项所省铅量合计，则一二八前之商务印书馆或现在一般印刷厂之字架全副需铅一千六百四十三磅，仅供二人之用，每人计需铅八百二十一磅半；一二八后商务印书馆之字架全副需铅一千一百五十五磅，亦供二人之用，每人计需铅五百七十七磅半；新字架全副需铅一千零五十一磅，可供

三人之用，每人计需铅三百五十磅零三分之一磅。是则新字架上的检字工人每人需铅当一二八前之商务印书馆或现在一般印刷厂每人所需者百分之四十二强，当一二八后商务印书馆每人所需者百分之六十一弱。其节省铅量之巨有如此者。

（六）由于上开各项之优点，商务印书馆最近在新设之艺徒训练所中，以二十名毫无排字经验之学徒，年龄在十五至十七岁间，教育程度由小学四年级至六年级，先经四日之四角号码集中训练，即令将新铸铅字全副插入字架，计费时六日，然后试令从架上检字排版，接连六次，每次试检时数自六小时至七小时半，其成绩如左表：

次别	工作时数	成 绩		平均	
		最多字数	最少字数	最多字数	每时最少字数
一	六时	一八〇〇	八〇〇	三〇〇	一三三
二	七时半	三二〇〇	一九〇〇	四二七	二五三
三	七时半	三四〇〇	二〇〇〇	四五三	二六七
四	七时	三二〇〇	二五〇〇	四五七	三三七
五	六时	三二〇〇	二四〇〇	五三三	四〇〇
六	七时	三八〇〇	二八〇〇	五四三	四〇〇

上开成绩可证明毫无经验之学徒经十六日之训练后，每日八小时工作最多能检四千三百四十四字，最少能检三千二百字，比诸向来初学排字者，其成功之迅速殆不能相提并论。

总之，后方技工缺少，而排字工作与文化传布攸关，如能以最短时期造就排字技工，而造就后生产效率较多年之熟练技工尤有增进，则其影响于文化似非浅鲜。又战时物资缺乏，铅为排字之重要原料，占其设备之重大部分，目前铅价奇昂，设能节省半数以上，而仍能维持原有之生产量，甚至尚能增进原有之生产量，则其影响

于物资亦颇重大。愿我政府与出版界同深注意之。

　　著者对此项新办法，自动放弃其发明权益；任人采用。但望采用者名此项新式字架为云五式中文字架，并函知著者，俾随时由著者将改进结果相告。

（三十二年九月作于重庆）

同年冬季，因商务书馆第三度复兴已上轨道，港沪重要人员亦渐来渝相助为理，余除主持大体及编译外，渐多馀暇，可以从事于国家社会之事。自太平洋战争发生后，中英美三国比肩作战。民国三十一年，英国国会上下两院议员五人组成国会访华团，对我国朝野表示友谊与敬意。我政府为礼尚往来，爰于三十二年冬以国民参政员四人，立法委员一人组为访英团，从事报聘。余以参政员资格，获厕一席，与王世杰、胡霖、杭立武三参政员及立法委员温源宁同行，于是年十一月十八日自重庆出发，十二月三日到达英国。访问程序于三十三年一月二十日结束。

同年全国专科以上学校共一三二所，其中国立者五三所，省市立者二八所，私立者五一所。又大学校占四〇所，其中国立者二二所，私立者一八所。独立学院占四九所，其中国立者一六所，省市立者一四所，私立者一九所。专科学校占四四所，其中国立者一六所，省市立者一五所，私立者一三所。

同年全国专科以上学校学生共七三 六六九人，其中研

究生四一〇人，大学生六二 二三六人，专科生一一〇二三人。

民国三十三年（公元一九四四年，甲申）三月十五日国民政府公布国民学校法（次年六月五日教育部又公布国民学校及中心国民学校规则）。依照规定，国民学校分设儿童教育及失学民众补习教育两部。

　　上述两部均分为高初两级，儿童教育之修业年限，初级四年，高级二年。失学民众补习教育，初级四个月至六个月，高级六个月至一年。中心国民学校之儿童教育，高初两级合设，各保国民学校设初级，必要时并得设高级。但失学民众补习教育均设高初两级。查国民学校法第五条：（一）国民学校及中心国民学校均分设儿童教育及失学民众补习教育两部。（二）国民学校之儿童教育以仅设初级——自一年级起四年级止四个学级为原则；必要时得增设高级——五年级及六年级两个学级，分别收受保内六足岁至十二足岁之学龄儿童，施以四年或六年之基本教育。（三）中心国民学校之儿童教育设高初两级，一年级起至六年级止六个学级。除收受学校所在保及附近未设有国民学校各保之学龄儿童，施以四年或六年之基本教育外，并得收受本乡（镇）内各保国民学校初级毕业生，施以基本教育。（四）国民学校及中心国民学校，办理失学民众补习教育，得分高初两级，各级均分为成人班及妇女班，应在儿童班上课时间外，按季节选择适当时间（如晨间下午或晚间）上课，初级班收受已逾学龄至四十五足岁之失学民众，施以四个月至六个月之补习教育，

高级班收受已受初级补习教育之男女，施以六个月至一年之补习教育（国民学校及中心国民学校规则第四条）。

同年三月十九日余返陪都。

去程途经印度、埃及、葡萄牙等国，约半月始达英伦。回程因访问中东之土耳其、伊朗、伊拉克等国，历时约五旬始抵本国。余归国后，应各方邀约讲演多次，大多数先交东方杂志发表。嗣汇集九次讲稿为九章印成单行本，颜曰战时英国。内容：（一）战时英国政府，（二）战时英国财政，（三）战时英国经济，（四）战时英国工业，（五）战时英国教育，（六）战时英国出版，（七）战时英国妇女，（八）战时英国少年，（九）英人之特性。又于访英时期及去程归程，逐日笔记见闻与接触，汇刊为访英日记。两书不及半年，已三四版。嗣又应许多青年请求，将访英日记自译为英文，并加附注，以充青年研习英文者之课外读物，未几亦获重版。又战时英国有关出版一章，述及其战时出版物，无论为书籍，为报纸，无不随而紧缩，书籍方面尽量减少每面中之空白地位；所谓天地头既较战前缩短，即字里行间，亦无不尽量减少空白地位，战前版每面通常仅容三百余字者，战时版大都增至五百余字。此与余在商务所实施者如出一辙。然余事前固绝不知英国有此办法也。

同年夏初东方图书馆重庆分馆成立，公开阅览。

余自太平洋战事发生之即日，经致电西南各分馆各保留样书两部，开单寄重庆总处。一面检查渝馆存书。尽量选定全套，嘱令检寄汇集，暂行保存于汪山安全石室，连同三年以来在渝新版重版二三千种，除仍存一套在汪山外，一面修建重庆白象街部分被日机炸毁之馆屋，规模稍具，即辟出一大间房屋庋存样书及新版重版图书各一册，统计不下万册以上，并设一小规模之阅览室，自上午九时

开放公众阅览，至晚间九时为止。白象街原为僻地，幸一出街口，即为林森路宽大之马路。由于重庆此时公开之图书馆不多，商务有此较大规模，且切实用之藏书，一时来馆阅览者，座上常满，极为社会所称道。

同年七月余著战时英国一书由商务书馆出版，序文附后：

余夙以老学生自命，无时不抱"做到老，学到老"之旨。在访英出发之前夕，承陪都各文化团体欢送，余代表同人答词，有如左之一段：

"英国为宪政之母，同时亦为经济建设之先进。上次参政大会在蒋主席指导之下，决议组织宪政实施协进会及经济建设策进会。同人在访英期内，倘能对英国宪政之若干要点，及经济建设之若干问题因便研究，俾归国后贡献于政府国民，或亦为此行之副收获。"

抵英以后，余即依此目的，于酬酢之余，随时随地，实行学习，觉英国战时之努力有远过其宣传，而出人意想之上者。本年元旦，余在英对国人广播有言：

"英国战时措施，在在使吾人十二分敬佩，兹先为国人略述一二。一则人民衣食所需，分配甚均平，执行甚认真，故作战数年而物价增加极微，最足为我国取法；二则全民动员至为澈底，男女并无例外。我国前方战士艰苦抗战，固已博得盟邦好评；然后方动员尚有进一步与更有效进行之必要。此外足资取法者甚多，留待返国后详细报道。"

余之目的如此，余之经验又如彼；于是余之研究兴趣益浓，时间不足者补以空间，见闻不足者代以阅读。拟于归国后著为战时英国一书，以告国人。抵陪都后，二三月来，承各方不弃，纷约讲演，

计政府机关方面有社会部、宣传部、外交部、侍从室第一二处、资源委员会、工作竞赛委员会、四联总处、中央银行经济研究处、交通银行、邮政总局；学校方面有中央大学、中央政治学校、交通大学、中央警官学校、中华大学、华西坝五大学、东吴沪江法商学院、立信会计专科学校、中华职业学校、开南中学等；社团方面有宪政实施协进会、三民主义青年团中央团部、陪都各文化团体、妇女指导委员会、回教协会、新运总会、中英文化协会、东西文化协会、国货厂商联合会、航业学会、出版业公会、星五聚餐会、联青社、恒社等。听讲人数合计多至数万人，讲题与资料虽因听讲者不同而每次有所变更，然大旨不外为余对国民参政会驻会委员会所为公式报告中如左之一段：

"英国系爱好和平之国家，战前军备远不如积极准备侵略之德国，故战争初期情势极为危险。然结果转败为胜，国力大增，实由人尽其力，物尽其用，地尽其利之故，而其克收速效与大效，则不能不归功于英人遇事所采公平的原则，科学的方法与守法的精神。所谓公平的原则，即对于人民所负担租税兵役一律平等，而其生活所受的管制亦一律平等；因负担公平，则人人乐于效力；因管制公平，则人民虽有患寡之处，而无不均之感。结果人力动员至为澈底，物力节约亦得切实执行。所谓科学的方法，则一方面政府措施皆能于事前作通盘之筹划，任何决定悉本于客观的条件，故政策克收联贯之效，而无前后或彼此冲突之弊。他方面则人民致力，尤其是对于生产之工作，无不事事依据科学的方法，故能增进其效率，减少其耗废。所谓守法的精神，则英国人民夙以守法著称于世，事前对于立法，不肯苟且放过；事后对于法律规定，无不极力奉行。违法者纵幸免于法律之制裁，亦难逃社会之制裁。因此，战时种种动员人力，管制物资之法律，无不切实奉行，与许多国家一法立则有许

多人希图规避法律，因而良好的法律执行时成效不彰者，迥不相同。且不仅人民能守法而已，政府及公务员亦极能守法，正所谓法律之前人人平等。因此，人民更乐于守法。所有战时法律之实施，皆克收最大之效，实由于是。"

至关于英国宪政之要点，则有如余回国之初为宪政实施协进会所播讲实施宪政的先决条件一题中所言："英国宪政之完善，自有其道，而其所以致此之道，似可视为任何国家实施宪政的先决条件。此种先决条件约分三项：（一）地方自治……有了地方自治的基础，人民便有渐习参与政事的机会。因此，到了选举国会议员，参与大政的时候，便不会苟且将事，或受人操纵……（二）是法律主治，就是法律高于一切。这是英国宪法的特点，英人每谓其制度之专美即在此。其意义有二：一则武断的权力绝对不许存在，换言之，即人民非依法定手续经普通法院审判后，不得受罚。二则全国人民，不论为贵为贱为富为贫，一律受治于同样的普通法律，并受同样的法院管辖……（三）是人民的基本自由备受尊重。英国人之普遍见解，以为民治的宪政能否达到目的，在乎人民之是否有权选举其所欲选之人以组织政府，并得依和平的手段变更其所反对的政府。然欲达上述目的，则人民须能自由批评政府，能自由集会讨论政治，并能避免政府违法的逮捕与拘禁……"

本书内容，大都以演讲之资料为根据而补充之，先成四章，分期刊载于东方杂志。最近一月间，演讲稍暇，决计补充撰述，连同已载东方杂志者合为本书。初拟分为十二章，除已载东方杂志之四章外，补撰八章。以最近公私事务纷集，不得已缩小范围，补撰止于五章，合已刊者得九章，虽未竟所欲言，然皆与战时英国关系最切者也。他日时间容许，或更谋增补，然人事倥偬，固所望而非所敢期也。

民国三十三年七月王云五识

同年十月余所编王云五新词典由商务印书馆出版。

是书所收名词，皆为一般人乍看以为来自日本或外文翻译者所译之新名词，实则皆早见于我国古书，余每周末返汪山与家人共度周末，得暇辄就所藏佩文韵府摘取看似新名词之词语，述其来源，并附以今古不尽同之释义，计得三千七百余条，汇列一册，并写一代序，称为新名词溯源。附录于后：

近来国内流行的许多新名词，国人以为传自日本者，其实多已见诸我国的古籍。日人的文化本由我国东传，久而久之，我国随时代之变迁而不甚使用者，日人却继续使用，但亦因时代之变迁与国情之殊异，字面虽仍其旧，意义却多有变更。近数十年间又由日本回流于我国，国人觉此类名词之生疏，辄视为日本所固有。似此数典而忘祖，殊非尊重国粹之道。试举显著之数例。日之所谓"文部"，实早见于我国旧唐书百官志，盖即吏部之意，日人特借用为教育部而已；日之所谓"膺惩"，实早见于诗经鲁颂之"戎狄是膺，荆舒是惩"，特联用而成一词而已；他如日之所谓"浪人"，则见柳宗元所撰李赤传；日之所谓"家督"，见史记越世家；日之所谓"配当"，见周礼地官疏；日之所谓"支配"，见北史唐邕传；日之所谓"印纸"见旧唐书食货志；日之所谓"下女"见楚辞；日之所谓"报道"，见李涉所为诗；日之所谓"意匠"，见杜甫所为诗。此外类是者不胜枚举。其意义或与我国古籍相若，或因转变而大相悬殊。

且不仅日本名词如此，即国内新流行的许多名词，在未尝多读古籍者视之，非认为初期传教士与译书者所创用，则视若著作家或政治家之杜撰。其实追溯来源，见于古籍者不在少数；但正如日本名词一般，其意义有与古籍相若者，有因转变而大相悬殊者；且古

今应用不同，名同而实异者亦比比皆是。试分类各举数例为证。在哲学方面，"意识"见北齐书宋游道传，"实体"见中庸章句，"诡辨"见史记屈原传，"唯心"见楞伽经，"演绎"见中庸章句序，"乐观"见汉书货殖传。宗教方面，"上帝"见书经舜典，"天主"见史记封禅书，"天使"见庄子人间世，"牧师"见周礼夏官司马，"神父"见后汉书宋登传，"传教"见皇甫冉诗。社会方面，"社会"见世说德行，"阶级"见后汉书边让传，"主席"见史记绛侯世家，"代表"见徐伯彦文，"同乡"见庄子盗跖，"同志"见后汉书班超传。经济方面，"经济"见文中子礼乐，"专利"见左传哀十六年，"纸币"见梅光臣诗，"储蓄"见后汉书章帝纪，"失业"见汉书礼乐志，"保息"见周礼地官大司保。政治方面，"政治"见书经毕命，"自治"见老子，"总统"见汉书百官志，"内阁"见北史邢邵传，"国会"见管子山至数，"民主"见孙楚文，"党部"见刘克庄诗，"政府"见宋史欧阳修传，"创制"见管子霸道，"监察"见后汉书窦融传。法津方面，"宪法"见国语晋语，"刑法"见左传昭二十六年，"民法"见书经传，"公法"见尹文子大道书，"上诉"见后汉书班固传，"法官"见唐书百官志，"律师"见唐六典，"诉讼"见后汉书陈宠传，"权利"见史记郑世家，"契约"见魏书鹿念传，"缓刑"见周礼地官大司徒，"两造"见周礼秋官大司寇，"三读"见朱熹诗。国际方面，"外交"见墨子修身，"条约"见唐书南蛮南诏传，"通商"见左传闵二年，"移民"见周礼秋官士师，"侵略"见史记五帝纪注，"中立"见中庸，"大使"见吕氏春秋孟秋纪，"国书"见文体明辨。教育方面，"师范"见文心雕龙通辨，"校长"见史记彭越传，"教授"见史记仲尼弟子传，"讲师"见张协文，"讲座"见朱熹文，"讲义"见唐会要，"博士"见史记秦始皇本纪，"硕士"见五代史张居翰传，"学士"见仪礼丧服，"修业"见易文

言，"卒业"见荀子大略，"先修"见书传，"视学"见礼记学记，"测验"见元史历志。体育方面，"竞走"见淮南子主术，"角力"见礼记月令，"打球"见史记骠骑传，"田径"见钱起诗，"游泳"见朱林诗。交通方面，"交通"见史记灌夫传，"旅行"见说文丽字，"旅馆"见谢灵运传，"出国"见诗经疏。军事方面，"陆军"见晋书宣帝纪，"海军"见宋史洪迈传，"国防"见后汉书孔融传，"武装"见韩邦靖诗，"戒严"见魏志王朗传，"征兵"见史记黥布传，"会战"见汉书项籍传，"血战"见苏轼诗，"焦土"见杜牧赋，"反攻"见吕氏春秋察微，"工事"见周礼天官太宰，"要塞"见礼记月令。礼俗方面，"求婚"见易屯卦，"追悼"见魏文帝文，"宴会"见后汉书周景传，"坐谈"见国策齐策，"握手"见史记滑稽传，"脱帽"见古诗陌上桑，"剪彩"见李白诗，"开幕"见徐伯彦文。算学方面，"方程"见周礼地官保氏郑注，"测量"见世说品藻，"百分"见杜牧诗，"比例"见陆游诗，"几何"见史记孔子世家，"积分"见谷梁传文六年。天历方面，"阳历"见汉书律历志，"星期"见书言故事，"日曜"见诗经桧风羔裘，"月曜"见韩驹诗，"恒星"见谷梁传庄七年，"火星"见刘禹锡诗。理化方面，"真空"见行宗记，"水力"见七发，"中和"见周礼春官大司乐，"饱和"见梁萧文，"分解"见后汉书马皇后纪，"交流"见周书天文志。生物方面，"生物"见礼记乐记，"植物"见周礼地官大司徒，"化石"见郑元祐诗，"甲虫"见大戴礼，"遗传"见史记仓公传，"寄生"见诗经传。医学方面，"卫生"见庄子庚桑楚，"处方"见世说术解，"注射"见世说夙惠，"救护"见后汉书班超传，"开脑"见唐书西域传，"灌肠"见通俗编。农业方面，"农业"见礼记月令，"地主"见左传哀十二年，"土壤"，见史记孔子世家，"农具"见李商隐诗，"开垦"见宋史太祖纪，"农作"见宋史李防传。工业方

面，"工程"见元史韩性传，"苦力"见皮日休诗，"纺织"见墨子辞过，"机械"见庄子天地，"采矿"见苏轼文，"炼钢"见列子。商业方面，"招牌"见庄子注，"市价"见孟子滕文公，"开业"见史记秦记，"损益"见诸葛亮文，"保险"见隋书刘元进传，"投机"见唐书张公谨传赞。艺术方面，"艺术"见后汉书安帝纪，"写真"见晋书顾恺之传，"布景"见宣和画谱，"内景"见大戴礼曾子天圆篇，"着色"见刘勋诗，"合奏"见张衡文。语文方面，"文法"见史记汲黯传，"字母"见玉海，"汉字"见金史章帝纪，"著作"见晋书孙超传，"作家"见晋书食货志，"杰作"见陆游诗。历史方面，"世纪"见太平御览三皇部，"五族"见周礼地官大司寇，"苗族"见蜀志诸葛亮传，"上古"见易系辞，"中古"见易系辞，"考古"见宋史林勋传。地理方面，"平原"见左传桓元年，"高原"见王维诗，"大陆"见书经禹贡，"大洋"见耶律楚材诗，"赤道"见后汉书律历志，"地轴"见庾信文。此外尚有流行甚广之一般名词而非专属一类者，举例言之，如"主义"见史记太史公自序，"纪律"见左传桓七年，"计划"见汉书陈平世家，"建设"见礼记祭义，"一般"见白居易诗，"专门"见汉书儒林传，"同情"见汉书吴王濞传，"努力"见左传昭二十年，"拥护"见汉书陈汤传，"掌握"见汉书张敞传，"飞行"见诗经郑风笺，"疏散"见李白诗，"可能"见许浑诗，"当然"见中庸章句三十二章注，"时髦"见后汉书顺帝纪赞，"幽默"见楚辞九章怀沙，"节约"见后汉书宣秉传，"献金"见王筠文，"起草"见十八史略宋理宗，"宣言"见左传桓二年。

在这许多名词中，有一部分为现代事物的代表，由此可以概见我国古代的发明与发现，由此也可以想见古代中外之交通与人类之殊途而同归。试分类各举若干例以明之。关于物材方面，"石炭"见隋书王劭传，"石油"见梦溪笔谈，"火井"见左思赋，"温泉"见

晋书纪瞻传，"象牙"见后汉书西南夷传，"磁石"见汉书艺文志。关于科学制作方面，"地动仪"见后汉书张衡传，"水准"见元史历志，"影戏"见东京梦华录，"印刷"见梦溪笔谈，"玻璃"见广韵注，"气球"是李畋见闻录，"炮车"见魏略，"轮船"见元史阿求传。关于衣饰方面，"油衣"见隋书炀帝纪，"面衣"见西京杂记，"首饰"见后汉书舆服志，"眼镜"见七修类稿，"指环"见南史阿罗单国传，"耳环"见南史林邑国传，"皮鞋"见南史武兴国传，"高底"见扬州画舫录。关于食物方面，"牛乳"见魏志王琚传，"沙糖"见北史真腊国传，"海味"见白居易诗，"豆腐"见本草纲目，"面包"见诚斋杂记，"点心"见唐书郑修传，"中餐"见释卿云诗。关于器用方面，"马车"见后汉书舆服志，"火炉"见元缜诗，"剃刀"见段成式诗，"铅笔"见任昉文。关于风俗方面，"摇篮"见戒庵漫笔，"木乃伊"见辍耕录，"斗牛"见事物纪原。

本书目的在追溯新名词之来源，各举其所见之古籍篇名与辞句，并作简单释义，其有数义者分别列举之。至现今流行之意义与古义不同者，于各该条下附述今义，而以（今）字冠之。全书计收名词三千七百有奇，以我国古籍之丰富，挂漏当然难免；加以著者学识谫陋，藏书又因乱离散佚，参考未能详悉，舛误恐亦不少。是正固有赖于鸿博，补充当俟诸战后。

（三十三年十月作于重庆）

同年十二月余为五十年来的中国撰五十年来的出版趋势一文，对于迄今五十年来全国出版界的动态与贡献颇有握要的报道，商务印书馆为现仍存在成立最早之出版家，其成就与贡献多足以影响同业，抗战期内亦不外是。兹将该文附后：

　　由本年回溯到五十年前，恰是中日第一次战争的甲午年，即公元一八九四年。这五十年间的出版倾向至少经过了五个重大的转变。第一是伴着甲午战役失败后痛定思痛的革新运动；第二是革新运动自然生产的新文化运动；第三是新文化运动附带产生的图书馆运动；第四是国民革命引起的学术独立运动；第五是大时代中的抗建运动。这五种运动的起迄都与对日战争有关系，是值得我人注意的。

　　革新运动发端于乙未年，即公元一八九五年；盛行于庚子后，即公元一九〇〇年后；而收功于辛亥年，即公元一九一一年。乙未年间，孙中山先生广州起义，康南海公车上书，一从事革命，谋澈底的革新；一倡行新政，期渐趋于立宪；虽主张不同，要皆以怵于国势怙危，而欲有所挽救。然彼时的革新运动虽分为革命与立宪两派，其言论借以发布的出版物，革命派以民报为代表，立宪派以新民丛报为代表，及新民丛报的前驱丙申年（公元一八九六）康南海等组织强学会所发行的强学报。这三种政论的定期刊物，除强学报因戊戌（公元一八九八）新政失败而停刊外，余皆在日本刊行，互为热烈的论辩，结果新民丛报的立宪论卒为民报的革命论所压倒；于是革命风气渐溢漫于青年知识分子之间，蔚为辛亥之革命。

　　但是政论之产生与流行，固需有创作者，亦需有能接受之者。前者有赖于少数之先觉，后者则有待于教育的广布。我国新兴的教育，在革新运动以前，已由传教士开其端，其用以设施教育的工具图书，即由清光绪十三年（公元一八八七）创设的广学会，与光绪十六年（公元一八九一）创设的中国教育会负供给之责，但其出版范围较狭，影响亦未能普遍，直至革新运动开始后的第三年，即清光绪二十三年，公元一八九七年，我国民营的商务印书馆兴起，对于广泛的教育工具，即中小学教科书与介绍新知的书籍，才有相当的供应。该馆除自公元一八九七年开始出版书籍外，于一九〇一年

创刊外交报，内容分论说译论外交大事记国际法等，即鉴于对外关系之严重，期借此以觉醒国人；一九〇四年又创刊东方杂志，其范围较外交报为广，至一九一〇年才将外交报并于东方杂志；后一种杂志虽因对日作战的关系，中经三度停刊，而再接再厉，现仍继续出版。这一种刊物是该馆在革新运动时期对于智识分子重大贡献之一；至对于待受教育者的贡献，其效力之宏，莫如该馆于公元一九〇三年创编的最新小学教科书，公元一九〇四年创编的最新女子小学教科书全部。我们回想清末辛丑年（公元一九〇一）全国兴办新教育，假使没有该馆独任供应中小学教科书之责，新教育的进行将要感觉得怎样的困难！

在革新运动时期的前段，民营的出版家咸集中于上海，据光绪三十二年，即公元一九〇六年，上海书业商会发表其已入会的会员共有三十二家，其中较著名者为商务印书馆、有正书局、广智书局、文明书局、彪蒙书室、时中书局、新智社、群学会、昌明公司、小说林等。又查同年清学部第一次审定初等小学教科书共一百零二册，其中由民营出版家编印发行者计八十五册，而此八十五册中商务印书馆一家所编印者占五十四册。其他出版家所编印的小学教科书或仅属一二科目，或对一二科目所编印之册数亦未齐全，至对全科目作整个及有系统之供应者只有商务印书馆。又除小学外，兼编印中学教科书者也只有该馆一家。此种情形直至民国元年（公元一九一二）以后，才有改变。

民国成立以后，临时约法畀人民以言论著作刊行的自由；于是新出版家盛起，新出版物大增。负担中小学教科书之出版者，除商务印书馆外，还有先后继起的中华书局世界书局等。从事于新知识新思想之介绍者，除商务印书馆益扩充其范围外，新兴的出版家如群益书社亚东图书馆等亦甚努力。由于教科书的间接影响与新书刊

的直接提倡，于是革新运动演进而为新文化运动。

新文化运动可分为两部分，一为批评旧制，一为变更文体。批评旧制的主旨在打破一切因袭的传统，一切旧有的权威，和一切腐败的组织，对于文物制度皆一一重行估定其价值；变更文体的主旨在以口语代替文言，俾加速教育的普及与新知的传播。所以这一运动实际是受过了革新运动的革命精神的洗礼。

新文化运动时期的出版物，在定期方面，实以群益书社发行的新青年开其先河；亚东图书馆最初印行的新式标点小说为最早整理过的旧文学。传播新文化的定期刊物继新青年而起者，有新潮、建设、少年中国、解放与改造（后称改造）等，而新式标点的旧文学书各出版家多有印行，其规模较大与整理较澈底者莫如商务印书馆所编印的学生国学丛书等。实则为新文化运动继续其工作，而于无形中收效最宏者，当推彼时开始的各学术团体或出版家所编译的各种新丛书。我国丛书的名称，由来甚久。旧有的丛书虽多至三四千种，然其内容不外如钱竹汀所言"荟蕞古人之书，并为一部"，或如王丹麓所言"丛者杂也，或述经史，或辨礼仪，或备劝戒，或资考订，事类纷纭，杂而列之也"。虽革新运动尚在酝酿之时，江南制造局等亦尝编译印行格致工艺等有关新学的丛书；然其种数无多，规模较小，直至此时，所谓新的丛书，即以编译新著为主，而参入整理过的国学书籍，才蓬蓬勃勃的兴起来。举其最初印行者，如商务印书馆的世界丛书，北京大学丛书等，及中华书局的新文化丛书等皆是。

自从新文化运动后，由于语体文的阅读写作均甚便利，于是出版家出书的数量也大增，就中以翻译西洋文学的书为最多，几乎没有一家不出几本文学书。虽远在新文化运动以前，商务印书馆更印行林译西洋名著小说多种，但那时候所译系用文言，不易普及于一

般民众；这时期翻译则几乎全用语体文，故其深入民间，有非林译小说可比。

要略知新文化运动以后十年间关于翻译东西洋文学书籍的大概情形，可根据民国十九年真善美书店刊行第一次汉译东西洋文学作品编目中所举出版家的名称，列表如左：

商　务	中　华	世　界	开　明	六　社
北　新	时　中	光　华	水　沫	东　南
乐　群	人　间	金　屋	真善美	美　的
良　友	新宇宙	文化学社	创造社	未名社
春　野	现　代	亚细亚	泰　东	出版合作社
民　智	亚　东	新文化	南　华	春　潮
尚　志	有　正	公　民	大　同	新　月
自　由	世　纪	受　匡	复　旦	嘤　嘤
×书店	朴　社	启　智	群　益	晨　曦
海　音	中　国	文　明		

此表专就有汉译东西洋文学作品的出版家而言，已多至四十八家，其中成立于新文化运动以后者占大多数，可见新文化运动对于出版界影响之大。

新文化运动到达了成熟的时期，便附带产生一个图书馆运动。后一运动之产生约在民国十四年（公元一九二五），其主旨一在保存文化，一在建设文化。在此运动中首先是中华教育改进社图书教育委员会的提议，拟将美国退还庚款三分之一建设图书馆八所，分布国中各要地，以为该区的图书馆模范。民国十七年全国教育会议，又通过由大学院通令全国各学校均设置图书馆，并于每年经常费提出百分之五以上为购书费；于是图书馆运动的风气渐渐弥漫于全国。

图书馆运动之有其可能性，不得不归功于新教育之渐有进步与

新文化运动之已臻成熟。前者是证明教育的方法不限于被动，而有提倡自动学习之必要；后者则证明阅读出版均随语体文的流行而益便利，致新知识之需求欲较前热烈。

响应此运动最先和最力者仍推商务印书馆。著者当时主持该馆编译所，创为万有文库的计划，以整个小图书馆的必需图书作最经济的与有系统的贡献。民国十八年（公元一九二九）万有文库第一集：计一千种二千册，开始发行，各省当局多热烈赞助，以公款为每县购置一部，而借此奠立图书馆之藏书基础者，计有七八省；其他以私款购置该文库而设立图书馆者，为数亦甚多：于是一二年间借该文库而新设的图书馆不下千余所。

其他出版家亦多当仁不让，急起直追，竞相从事于大部丛书之编印，以补充各图书馆之需要，虽其规模尚无与万有文库相当者，然自彼时迄于七七抗战年间，大部丛书之刊行占重要地位。除各种分科丛书商务、中华、正中、世界、开明各家皆积极编印外，即就专对儿童图书馆之供应而言，商务有小学生文库五百册，幼童文库二百册，小学分年补充读本六百册；中华有小朋友文库四百五十册，小学各科副读本三百册；世界有儿童文库二百册；他如儿童书局、北新书局也都有此类的出版物。

稍后于图书馆运动而与之并行者，为学术独立运动。其实学术独立之旨，早已由孙中山先生提倡，谓"我国现有文明皆从外国输入，为从古未有之大耻辱"；又谓"唐都西安时，外国学生三万余人，其中有日本人万余，暨波斯、罗马、印度、阿拉伯及其他欧洲人；今虽不能上媲唐代文明之隆盛，亦须渐求学术之独立"。及国民革命统一中国后，国民意识随而加强，于是学术独立之旨益为我国学人所服膺。商务印书馆于民国二十年举行三十五周纪念时，著者于该馆编印"最近三十五年之中国教育"之纪念刊物中，曾揭示今

后出版方针，谓"本馆见近年日本学术之能独立，由于广译欧美专门著作与鼓励本国专门著作；窃不自量，愿为前驱，与国内各学术机关及各学者合作；从事于高深著作之译撰"。不料计划未成，而一二八之国难突起，商务印书馆首当其冲，损失奇重，几致根本动摇；然经半年之停业整理，卒告复兴，并于同年（民国二十一年）八月复业后甫两个月，即宣布其编印大学丛书之计划，与全国三十余学术团体合作，组织大学丛书委员会，期于五年之内，以本国文字编印第一集之大学丛书三百余种，以供各大学教科参考之需，嗣又计划补充。迄二十六年八一三沪战发生时，未及五年，已编成出版者共二百六十五种，平均每年出版五十余种。

自此运动开始后，除中华正中等出版家亦各有若干种大学用书出版外，教育部则于抗战开始后，以政府之力，从事大学用书之编印审查，经于二十九年九月召开第一次之部定大学用书编译委员会，通过编辑体例及审查办法，并推定各种科目撰稿人选与审定人选。此项部定大学用书之编译方法，一为采选成书，系就坊间已印行之大学丛书加以甄选；二为公开征稿及特约编撰。迄于本年秋间，所有征稿及特约之稿经核定已付排印者十六种。又坊间大学丛书经审定作为部定大学用书者若干种。所有部定大学用书分交商务印书馆及正中书局印行。商务印行者为文理医商四学院用书，正中印行者为法农工商四学院用书。

出版界最近之一种运动为抗建运动，即随此次抗战而起，对于一面抗战一面建国从事于贡献。本来我国出版界在此次抗战中已受有极严重的打击，其原因有三：一则战前我国出版业百分之八十六在上海，自上海国军撤退，出版业大部分已不能在该处继续进行，其中一部分且受有重大的物资损失；二则机器内迁困难，虽有一部分迁至内地，然或因纸张不能适用，或以附件补充困难，致令此部

分之机器亦不能完全利用；三则战前出版业所需用之纸张百分之九十赖外国输入，自粤汉路断，输入已大感困难，自欧战起，来源遂几断绝。然而我国出版业仍力排万难，继续为抗建所需之出版物而努力，其采用以应付各种困难之方法，一则不辞艰苦而内迁，初以长沙为中心（民国二十五年冬商务印书馆首先在长沙设印刷厂，遭大火毁损后收拾余烬，再迁重庆，一面利用原设香港之工厂），嗣则分别以桂林重庆为中心，及本年湘桂战事起，桂林部分又集中于重庆；二则利用土制机器以补充抢运之机器，在简陋的环境下，从事于图书之印刷，三则以土产之纸张代替外国纸张，并自动采用战时版式，以节约纸张之消费。但是最近一二年间，还加上一种方兴未艾和无法挽救的困难，这就是由于物价工价之猛涨，而出版家基于介绍文化的使命，又不克如一般制造业之"水涨船高"，把出品的售价提升至与工料之价相称；结果在纸价高于战前千倍以上，印刷排字工价高于战前数百倍，而出版物的售价较战前所增不及百倍。

　　但是在这种不利的条件下，我国战时的出版界，不仅没有放弃职责，而且较战前加倍努力。这可以实例证明。

　　首先举出版物的册数为例。查战前之三年间，我国全国新出版书籍的册数，计民国二十三年为六一九一册，二十四年为九二二三册，二十五年为九四三八册。最近三年间，则全国新出版书籍之册数，在民国三十年为一八九一册，在三十一年为三八七九册，在三十二年为四四〇八册。数量上固然较战前大减，实则战时无论何国之出版物亦无不减少。试举英国战前及战时的出版物一为比较，则联合王国境内，在战前之一九三八年为一六 二一九册，战时之一九三九年为一四 九〇四册，一九四〇年为一一 〇五三册，一九四一年为七 五八一册，一九四二年为七 二四一册，一九四三年为六 七〇五册，计去年的新出版书籍等于战前一年（公元一九三八）百分之四

十二；而我国去年的新出版书籍等于战前一年（民国二十五年）百分之四十七弱，可谓不相上下。但关于增减的趋势，则英国系逐年递减，我国则最近三年内逐年递增。本来作战愈久，物力愈艰，逐年递减原为不可避免之事。我国所以有此特殊的现象，则因太平洋战事发生以前，一部分的出版家如商务印书馆中华书局等利用其战前在香港的设备，新出版物多在香港印刷，再行运入内地，故民国三十一年的内地出版统计，未将此项出版物列入。然商务印书馆自一二八后，日出新书一种以上，虽在此次抗战时期，实未稍减。民国三十一年及三十二年内地出版物所以大增者，则因原在香港印行其新出版物者皆迁入内地。就中商务一家，自三十一年三月起，在重庆恢复新书之刊行，今已每日出版一种以上，其他出版家亦多能各尽其力。至于杂志之出版种数。抗战以来，不仅未曾稍减，且较战前有增。查民国二十五年内政部登记之定期刊物为数四百六十二，而据中央图书杂志审查委员会公布，三十一年全国刊行之定期刊物为七百七十六种，三十二年则为七百八十六种。虽战前内政部正式登记者其种数当较实际刊行者为少，然无论如何，总不会像最近两年种数之多。其原因大都由于各机关几乎都要各自出版一种定期刊物。不过战时的定期刊物，往往不能如期出版，故种数虽较战前为多，而实际出版号数却较战前为少；这完全是由于排版印刷之困难，为战时所不能避免的。

　　次就出版物的类别，在战前与战时一为比较。根据中央图书馆杂志审查委员会所发表民国三十年至三十二年间出版图书类别的平均统计，则哲学占百分之三·七，党义三·六，军事一·一，政治一二·二，经济六·一，教育一四·七，科学六·一，文艺三八·五，史地六·一，其他八·五。而就余手边所有战前的民国十七年至二十三年间出版图书类别的平均统计，则总类占百分之三一强，

哲学三强，宗教〇·五弱，社会科学一八强，语文六强，自然科学五强，应用科学五弱，艺术三·五弱，文学一八弱，史地一〇。如果把这种不同的分类法统一起来而加比较，则哲学在战前占百分之三强，在战时则占三·七，无甚差别；社会科学在战前占一八强，在战时则占三七·七，所增不止倍数；自然及应用科学在战前占一〇，在战时则占六·一，仅占战前十分之六；文艺在战前占二七·五，在战时则占三八·五，较战前约增十分之四；史地在战前占一〇，在战时则占六·一，亦当战前十分之六；其他在战前占三一·五，在战时则占八·五，不及战前四分之一。

又将英国一九四一至四三年间的出版图书类别，按照上述的分类法统计起来，和我国同三年间比较一下，则哲学在英国占九强，在我国则占三·七，仅及英国十分之四；社会科学在英国占二一·八，在我国则占三七·七，较英国增十分之七以上：自然及应用科学在英国占一一·六，我国仅当英国之半数强；文艺在英国占四五·五，在我国则占三八·五，仅当英国十分之八强；史地在英国占五·八，在我国则占六·一，不相上下；其他在英国占六·二，在我国则占八·五，较英国增三分之一强。

从上开的比较结果，我们得一结论；就是文艺本来要占读物的最高额，然而我国在战时的最近三年间出版类别却使社会科学的比率提升至与文艺约略相等，此可表现我国读书界对抗战建国问题的关心，而出版界为求供读书界的需要，致有此高额之社会科学图书出版。这当然是一种良好现象。但是自然和应用科学的出版率都由战前的百分之十，降至战时百分之六·一，比诸战时英国同类书籍出版率百分之一一·六，更有逊色，此则不能视为满意；推原其故，殆因科学书籍中图表最多，印刷困难，后方印刷工厂之设备不足以应需求所致。至于战前我国出版之其他书籍占百分之三一·五的最

高率，则因此类书籍多属大部丛书，为图书馆所特别需要，正可反映那时候图书馆运动之热烈进行。又我国战前及战时关于史地类科学类出版率均远在战时英国之下。亦为值得注意之一事，且亦可反映国民之性格也。

（三三年十二月为五十年来的中国作）

民国三十四年（公元一九四五年，乙酉）商务印书馆总管理处迁渝办公以来业满三年，一切皆上轨道，业务与财政皆日有起色。

　　［此处原本首事传注与前"民国三十二年一月"首事条第十段（迄第八行"合理的配合也"）重复，不录。——编注］

同年五月余所译苏联工农业管理出版。

　　在重庆对于欧美新书颇为难得。有一天我在美国大使馆新闻处发见一部苏联工农业管理的英译本，商得该处同意，借回寓所阅读，经两晚的时间读毕，觉其有汉译之必要，且有从速汉译与出版的必要。因一时未能觅得相当译者，乃自任其译事，以二十余日的时间，完成十一万言的译本，还附一篇长达万言的译序。其中有一个星期日所译竟在一万二千字以上。发排之日，笑语商务印书馆工厂主持人，以我此次译书的速度，或有合于该书所称之突击队工人，希望厂中工人当仁不让。结果，该书亦于二十余日排印完成。兹将余所撰译序附后：

　　正如本书第六章第二节所述，在第一次世界大战以前俄国劳工之效率远较各主要工业国为低。例如一九一三间每一工人所产生铁

吨数，在俄国为二〇五，在英国为三五六，在德国为四〇〇，在美国为八一一。苏俄革命之初，一般经济的紊乱与工场纪律的低落，更使劳工效率减退。依可靠之估计，在一九二〇年苏俄每一工人一年间之产量平均仅及一九一三年的四分之一。

自新经济政策重建工农业，与第一、第二、第三次五年计划扩张工农业以来；虽第三次五年计划之最后二年（一九四一至四二年）先后受第二次大战之威胁与实际的压迫，不克竟其全功，然其成绩已足使世人重视。兹将一九一三、一九二八（第一次五年计划开始之年）、一九三七（第二次五年计划终止之年）与一九四二（第三次五年计划预定终止之年）年实际的与计划的工农业产量或其价值列表于左，以资比较：

年份 项目	实际的生产			计划的生产
	一九一三	一九二八	一九三七	一九四二
各种工业之毛产量（单位亿卢布；按一九二六——二七年之物价）	一三·一五	一八·〇	九五·五	一八〇·〇
其中包括 { 投资的物品	五·〇	八·〇	五五·〇	一一二·〇
其中包括 { 消费的物品	一〇·〇	一〇·〇	四〇·〇	六八·〇
机器制造与冶金（单位亿卢布；按一九二六——二七年物价）	一·一	二·一	二七·五	六三·〇
化学品（单位亿卢布；按一九二六——二七年物价）	〇·四	〇·五	六·〇	一三·四
铁路机车（习行单位）	四一八·〇	四七八·〇	一五八一·〇	二三四〇·〇
汽车（单位千辆）	——	〇·七	二〇〇·〇	四〇〇·〇
电力（单位亿千瓦时）	一·九	五·〇	三六·四	七五·〇
油类（单位兆吨）	九·二	一一·七	三〇·五	四五·〇
煤（单位兆吨）	二九·一	三五·五	一二七·九	二四三·〇

续表

年份 项目	实际的生产			计划的生产
	一九一三	一九二八	一九三七	一九四二
生铁（单位兆吨）	四・二	三・三	一四・七	二二・〇
钢铁（单位兆吨）	四・二	四・二	一七・六	二七・五
圆筒铜（单位兆吨）	三・六	三・四	一・三〇	二一・〇
水泥（单位兆吨）	一・五	一・八	五・五	一・一〇
纸（单位兆吨）	〇・二	〇・三	〇・八	一・五
棉织物（单位兆公尺）	二二二七・〇	二七四二・〇	三四四七・〇	四九〇〇・〇
毛织物（单位兆公尺）	九・五	九三・二	一〇八・三	一七七・〇
皮鞋（单位兆双）	——	二九・六	一六四・二	二五八・〇
糖（单位兆吨）	一・三	一・三	二・四	三・五
谷类（单位兆公石） （每公石重100公斤）	八〇一——八一六	七三三・〇	一〇八二・〇	一三〇〇・〇
棉子（单位兆公石）	七・四	八・二	二五・八	三二・九
甜萝蔔（单位兆公石）	一〇九・〇	一〇一・〇	二一八・〇	二八二・〇

　　第三次五年计划虽因上述之原由而未能完成，然其最初三年（一九三八至四〇年）之成就，亦殊可观，计各种工业之毛产量较一九三七增百分之四四，其中投资的物品增百分之五一，而消费的物品则增百分之三三。苟不因德苏战事之爆发，则一九四二年之成就不致距原计划甚远，殆可断言。

　　苏联在不满二十年间，而有此成就，其因素固多，然归纳之，不外两项，一为其对于工业化之方针坚决，二为工农业效率之增进。

　　对于第一项，则有关苏联之文献多有记述，世人亦多知其梗概，笔者无赘言之必要，惟愿国人注意其二三要点。一则确认工业化为致强之道，不惜节衣缩食，易取机器；更不惜牺牲一切，从事工业

建设。二则由国家计划委员会作贯彻全国之计划，虽初时手续微嫌过繁，旋逐渐简化，并由过分之集中而渐采分区的计划，又从纯粹的计划而进一步作实施的检讨。三则设置有关工业之人民委员会（其职责相当于他国之中央各部）多至二十五，为任何国家所无，足见其对工业之重视。

关于第二项，则工农效率之增进，在其他书籍中鲜有详述者；本书叙述不厌求详，实为别开生面之作。笔者译述既竟，深有感触，特析为若干点，分别叙其所见。

工作效率之增进，实与管理有密切关系。所谓科学管理、工商管理、业务管理等，美国最为盛行，英、德、法诸国均甚注重，我国近年亦颇提倡，无不以增进效率为目标。苏联对于工农业增进效率之方法，虽大多数与资本主义国家无别，然亦有其独创者。

苏联由工业落后之国家，而进入工业化之门域；加以政制特殊，由此而企求急速工业化，绝无成规可循；初时自难免有"尝试与错误"之弊。其最显而易见者，莫如工厂中形成之三角关系，即经理与党代表及工会三者之对峙。最初十年间，工厂之管理权限时有冲突，管理之成绩不免受此影响。党政当局虽常倡导一人管辖权，然而一人管辖与三角关系时有消长，此绌彼盈，直至第二次五年计划之后期，始因工会之变更其作用，与经理及党代表之实际合一，此问题始得完满解决，三角对峙之形势随而消泯。次则分职之制，在资本主义国家虽亦视为管理组织之一种，然此种组织乃与直线的组织及混合的组织按企业或工厂之规模与实况，而分别采行，务期适应现实，初非一成不变或强制遵行者，且较大规模的企业现已多数采取混合的组织，此与苏联初期之工厂一律采行分职制，致使管理部之职权四分五裂者迥异。况苏联工厂之总会计员系由上级机构直接委用，与工厂经理对立，且为上级机构之耳目，因而致经理更不

易行使其职权者，则又为他国企业制度之所无。幸而经过相当时期之试验，证实其对于工厂管理部之行使职权有碍，亦即予以变更。又苏联工业重建之初，因共产党对于旧日技术人员之政治信仰不无怀疑，故非以毫无经验之党员为经理，则于旧日技术人员充任经理时，另设党的政治助理员，从旁监督。凡此数者，皆出自互相牵制之旨，对于工厂之效率增进不免有碍。惟经逐渐改善后，工厂管理部已能独立自主，而顺适进行矣。

现先述苏联工业中所采增进效率方法与资本主义国家大致相同者。

（一）关于工作报酬者　在不明苏联工业真相者，不免认为苏联在共产制度之下，经济力求平等。则凡在工业界工作者，其报酬当有力求平等之趋势。而不知事实固与此大异也。苏联司法人民委员会出版之大学课本苏联劳动法有言："企求熟练与非熟练工人工资平等之趋势系资本主义国家之一种特性"；而强调称："社会主义之特性当使工资有差别"。又谓："小布尔乔亚所主张之工资政策实为社会主义之大敌"。基于此原则，于是苏联工业之报酬采取一种相对工资率，按照技能程度与年资，将各种职务分别规定高下不等之酬率，计开手工工人及低级事务员为一至二·七，其他事务员为一·二至三·五，技术人员为一·六五至五·〇，主要管理员为四·〇至五·〇。换言之，则技术人员最高之薪给五倍于手工工人最低之工资。稍后，又为技术与管理人员另订薪给表，以别于一般的职工。此为按时计酬之标准，至于按件计酬亦为苏联盛行之一种给付方式，其酬率由各工厂分别规定，而以两种因素为根据：一为各种工作之月给工资，二为各厂自定之工作标准，以工作标准除月给工资即为各该工作按件计酬之标准。盖一方面注重成绩，与资本主义国家工业界习行者固无异也。至于集体农场工作之报酬，亦渐采按件计酬之

原则，而以工作时日之分数为计算单位。先将各种工作按其性质与复杂程度分为七类，每种工作各规定其生产量，产量不足或产量超过固影响其报酬之分数，即工作品质与所费力量亦为分数增减之因素。故各人工作之一日，分别按其工作种类与品质而给以半日乃至一日之分数；在一个月的充分工作中，一人仅得十二日半之分数，而另一人因所任工作与工作品质之不同，或可得五十日之分数。每年终，集体农场之收入与全部工作日之总分数既经结算，于是每一工作日之价值即为依法扣拨后净余之收入以工作日总分数除之之结果。依最近之规定，此项按工作日分数而分配之报酬，以计划的产量为限；其超过计划产量之部分则另按成绩奖励之规定改给奖励金。

（二）关于成绩奖励者　苏联对于工业中成绩优良之工作者所给与的奖励，大别为物质的非物质的两类。后者为苏联所特创，稍后另行叙述。前者则为西方主义国家所习行，而苏联所采之具体方法又分为二种；一为对于成本节减之奖励，二为对于产量超过之奖励。苏联工厂的成本有所谓计划的成本与实际的成本之区别。计划的成本系各该主管的人民委员会或主要工业委员会所估计，作为各该工厂生产成本之标准。此项成本之高下，随工厂设备之规模品质及原料供应之程度而异。实际的成本则为各该工厂完成其制品后实际所需之成本。实际的成本低于计划的成本当然系工厂之优良成绩；反之，实际的成本高于计划的成本，则为工厂成绩低劣的明证。此不仅为各工厂主持人与全体职工共同致力之目标，亦即苏联国家所极度重视者。第一次五年计划宣言中有"渐使工业品之价值接近主要资本主义国家之价格水准实属必要"之语。又第一次五年计划以对工业成本平均节减百分之三十五为目标，而结果达成节减率为百分之一二·三；第二次五年计划以节减成本百分之二六为目标，而结果达成者为百分之一〇·三，第三次五年计划则根据前两次之经验，

以节减成本百分之一〇为目标。政府对此既如是重视，于是工厂之实际的成本能低于计划的成本者无不优予奖励，奖励方式系根据所谓利润。查苏联工业制品之利润亦与成本相似，分为计划的利润与实际的利润两种。前者由政府预为规定，即于规定计划的成本时，加入周转税（即营业税）与计划的利润，而组成官定的售价。但如实际的成本较计划的成本为低，在自由竞争营业之国家，售价自须随而递减；而在苏联则营业具有独占性，售价遂不必随实际的成本之低落而递减。于是实际的成本愈减，实际的利润愈增。例如某种制品规定之售价为二十卢布，其中包括计划的成本十四卢布，计划的利润二卢布及周转税（百分之二十）四卢布；若工厂能将实际的成本由十四卢布减至十卢布，则实际的利润将为六卢布，包括计划的利润二卢布与超过计划的利润四卢布。苏联对于此项利润之分配，系以计划的利润百分之四又超过计划的利润百分之五十拨给各该工厂之所谓经理基金，由其经理按照规定范围处分之，约言之，即以基金之半数以上供职工住宅之建筑费，余数则用于职工之其他福利事业、特殊成绩之奖励及合理化与技术之宣传。对于各个职工之成绩奖励，即于经理与工厂委员会商定各集团（如手工工人、事务人员及斯太哈诺夫派工人等集团）应行分配之总额后，由经理个别决定给与之。至于管理部主要人员由此所得之奖励，则往往预作明确之规定，例如煤矿业中实际的成本较计划的成本每减百分之一，则经理副经理与总工程师副总工程师所得奖金等于各人月薪百分之十五，而钢铁业中则等于百分之十。

　　次为关于产量超过之奖励。苏联之计划机构对于各工厂之产量皆按其设备规模而预为规定，是为计划的产量，如某工厂实际的产量超过计划的产量。则亦可得特别奖金。就煤矿业而言，实际的产量较计较的产量每增百分之一时，煤矿经理与其直接的助理人员所

得奖金各等于月薪百分之四。就钢铁业而言，则超过计划的产量奖金采取累进率。若生铁的产量超过计划百分之五，则组主任副组主任工程师及电力工程师皆按产量每增百分之一，月薪各增百分之十；若产量超过计划百分之十，则按每增百分之一，月薪各增百分之十五。以上两项奖金皆对高级人员特别从优。其理由一因节减成本与增进产量之责任，高级人员统筹全局，关系较大；二因工人既多按件计酬，则产量增进时所得工资已随而递增，间接上等于已领受奖金也。因是，经理或工程师全年所得奖金往往等于或超过全年之薪给，故其生活条件多甚优裕。至于集体农场之主席，当生产超过计划时，将独得等于其薪水总收入百分之十五乃至四十之奖金。又服务满三年后，再按其服务年数，每年获得百分之五乃至十五之附加奖金。是则于产量超额奖金之外，另有年功奖金矣。此外如作物畜牧等专家于产量超过计划时所得奖金等于主席所得者百分之七十，队长及农场经理则较各该队会员所得奖金增百分之五十。又各队或分队，于产量超过计划时，对于谷类可领受超额之产品四分之一，以资奖励；对于麻则可领受其三分之一，对于马铃薯领受其五分之一，对于棉与甜萝卜领受其二分之一，而皆以官价折付，再由各该队或分队按各队或分队会员之成绩个别分配之。又取乳场之女工可得超额乳产百分之十五，畜牧场之女工对每头牛羊之超肉产每十公斤可得半斤，养猪者对于蕃殖之小猪每五十头可得其一，养家禽者对于超额之卵可得其百分之十五。

上述按实际的产量与成本对计划的产量与成本之差额而定奖励多寡有无之办法，笔者近年曾创行于商务印书馆在后方之各工厂与营业机构；而在笔者创行此办法时固未尝知苏联之已习行而收效也。在太平洋战事爆发之初，笔者面对商务印书馆第三次苦斗图存的局势，为谋自力更生，首先感觉有鼓励各营业机构借营业而尽力收集

款项之必要，于是按各该机构之货物供应与营业环境开支情况，而分别计划其每半年内应有之营业额与应解于总管理处之现款额，以此为计划的营业及解款数量，并规定达到计划的数量者各给以相当之奖励，而超过计划之数量者更累进而提高其奖励。同时为利用后方工厂简陋薄弱之设备，欲尽可能增进其产量与减低其成本，于是按各该厂之设备情形，工作环境，分别计划其每半年内应有之产量，并以同地方同类工厂之生产成本为假定之计划成本，亦规定每半年考核一次，凡达到计划的产量与不超过计划的成本者各给以相当之奖励，而超过计划之产量与低过计划之成本者更累进而提高其奖励。三年以来，每半年按实际情形，分别将营业量解款量生产量及生产成本等加以调整，大多数尚能符合计划或优于计划，尤以营业机构成绩为优。区区愚见，初不敢自信其适用于一企业者同样适用于全国其他企业。今观苏联之普遍采行而收效，始信我国各种企业皆可普遍采行此原则也。

（三）关于事业责任者　事业的责任，在英文为 Business Accountability，系指经营工商业者能使其事业自力更生而维持久远，即偶然借助于他人，亦视同一种债务，时存清偿之念，而终达清偿之愿也。惟其如是，则制造须顾成本，发售须有利润，且成本与售价均能与他人竞争而不致失败。此在资本主义国家之私人工商业莫不如是，即公营事业亦甚重视此原则，其公营事业不致腐化者以此之故。苏联在工业国有之初，工厂除向政府机构领取原料，从事制造之外，初未计较其成本与收入。自新经济政策实行以后，始渐按事业责任之原则而推进其工作，对于任何开支皆加以计划，并使开支产生最大效用。于是一方面由政府按照事实与可能规定各工厂计划的生产成本；他方面由各工厂主持人努力节减实际所需的生产成本，务使其保持于计划的成本以下，至少亦不使超出计划的成本以上。

又由于事业责任之自然的结果，各工厂从前认为机器损坏或陈旧，即可由国家另行购拨，无须提存准备金以供修理补充之用者，自是一切仿照资本主义国家之工商业办法，所有主要工业每年拨充准备金之款额等于机器设备与房屋之价值百分之五·五至五·六。自一九三八年以来，此种拨充准备之款百分之四〇至六五（按工业之性质而异）由各该工厂经理处置，其余数则移付于中央机构，供同一工业中公共更置旧有设备之使用。是则不仅谋各工厂之自力更生，且本互助之旨而推及于同业矣。

我国公营事业前此未尝注重事业责任，无可讳言。今后公营事业，尤其是国营事业，自必大增，务宜一洗官厅之积习，其赖以自存者当为成本之低与效率之高，而非为独占之势力。至于私营事业，顾名思义，尤当特重事业责任。国内私营之工商事业，在恶劣的环境下，艰苦进行，成绩卓越者固往往而有；然毫无计划，管理失宜，以致亏耗挫折，不知自责，而惟依赖公私之贷款，苟延残喘者，亦在所常见。此种工商事业，因失败而依赖援助，复因一再依赖援助，而渐成习惯，淘至丧失自主，不知自力更生。以视苏联国营事业之重视事业责任者，不免有逊色矣。

兹续述苏联所采增进效率之方法而为其所独创者。

（一）关于非物质的奖励者　苏联奖励工作效率之方法，物质的方面固已收效，非物质的方面则效用尤为显著。除仿照西方主义国家以物质的奖励促进效率外，苏联政府尤注重非物质的奖励，从道义上鼓励人民以爱好工作、自我表现、力争上流、社会公德、牺牲精神、爱国观念以及理想主义等等。初则因内战与抗资本主义所必需的战斗精神，继则因准备外战而认为有同样紧张之必要；于是极力宣传惟工业化为能图存，惟增进效率为能迎头赶上工业化诸强国；其至使最下级的工人咸感觉其任务有如防护一个极重要而危险的地

点，每一工程师与工厂管理员皆恍如率领一个作战的部队，而认自身为生产战线之司令官。国家使人民注重工作效率者如此，故对于工作效率特著的工人，除按照资本主义国家之例，优给物质的奖励外，更与以种种非物质的荣誉奖励，而为资本主义国家所无者。例如斯太哈诺夫氏以一寻常工人，因高度突破工作之纪录，在不注重工业效率之国家固终埋没不彰，即在注重工业效率之国家，亦不过给以相当的物质奖励，而其荣誉将不能超出一二工厂或工业社会之范围。然在苏联则国家尊之为英雄，授之以荣衔，提倡鼓励，不遗余力。于是斯太哈诺夫派工人，即劳动英雄，永久成为国家与社会的荣誉人物；其成绩尤著者，甚至由国家给以勋章，如红色劳动旗勋章，列宁勋章等。又工厂经理能提前履行国家计划者亦同样可领受此类勋章。平心而论，人类之努力，大都为利为名。其不计名利之有无而仍努力不已者，人类中实占最少数，而不可期望于一般人。美国社会推重实业界之成功人物，于是优秀分子多薄政治而趋向于实业；英国政府常以勋爵荣衔锡与对文化实业之有卓越成绩与对社会事业热心服务者，于是文化实业与社会事业遂为许多特出人材之所归宿。返视我国，则勋章勋位几尽为官吏之独占品，间亦推及于捐输巨款之人，然亦为富有资财者所独占；至对于文化实业及社会事业有重大贡献与成绩者皆无享受此种荣誉之可能，一若惟从政与富有资财者为能对国家有贡献，其他皆不足道者。今观于苏联之以勋章荣衔奖及工厂管理员及一般工人，较英美又进一步，益觉我政府如欲使全国优秀分子勿群趋于政途，而尽其所长向文化实业积极发展者，又如欲积极工业化，提高工作效率，甚至一普通工人亦得蜚声于社会，而借此鼓励益如奋勉者，则英美与苏联之先例，固值得我国之仿效也。

（二）关于社会主义竞赛者　此为苏联特创之一种制度；其动机

系因苏联人民在废止私产之后，初以无利可图，对工农建设工作不甚兴奋，故列宁于一九一八年某一次之演讲中，强调称在经济生活中，社会主义竞赛将成为苏联政府最重要成绩之一……社会主义竞赛对于社会之改造具有崇高之功绩。最初响应此运动者为莫斯科卡山铁道于一九一九年五月十日所举行之共产党星期六，即于星期六日照常工作，而以此日之劳力贡献于社会主义之国家。然对于此种竞赛之大规模响应，实始于第一次五年计划揭幕之一九二八年，而以突击运动的名义出现。工厂农场纷纷由优秀的工人农人组织所谓突击队，自动的对于本职多作有效的努力，或义务担任本职以外的工作，并同时负监督工作不力者之任务，以期早日完成五年计划，结果"以四年完成五年计划"的口号即于此时期发出。及至第二次五年计划之中期一九三六年，又进一步产生所谓斯太哈诺夫运动，由一个青年矿工斯太哈诺夫氏，在顿纳兹矿山上以五小时四十五分钟，采掘一百零二吨之煤，超过平常效率十四倍。此即由于竞赛的刺激，在岗位的工作上，本精益求精之旨，而谋技术的进步，卒获此惊人之成就也。此运动自从政府特别奖励宣传后，于是由一矿区传至他矿区，由一种工业延蔓于各种工农业；全国工作效率皆因此而被极重大的影响。总之，斯太哈诺夫运动即为社会主义竞赛演进至最高度的具体表现，由一人受竞赛的刺激而建立奇迹，更由全国上下的鼓励，数年之间，竟产生百数十万之同样奇迹者，甚或更进一步之奇迹者。据谷度甫氏（Gadov）的报告："在第一次五年计划中，苏联工业界的劳工效率增进百分之四十一，在第二次五年计划中，一般工业的劳工效率较上次再增百分之八十二……一九三八年的上半年度较一九三七年同时期重工业的劳工效率续增百分之一五·二。苏联劳工效率之增高在第二次五年计划之末期，已较英国为高，仅较美国为低。第三次五年计划最重要目的之一，即将劳工

效率在制造工业中续增百分之六十五，而在建筑工业中续增百分之七十五。"查第三次五年计划实施至第三年，即遭此次大战之威胁，其最后二年之成绩不免有变动，然前三年劳工效率之增进已达百分之三八矣。我国的工作竞赛仿自苏联，然自民国二十八年开始提倡以来，迄今六年，所增进的工作效率几何？试加检讨，较苏联之进度如何？凡此皆值得国人之特别注意与反省也。

（三）关于工会之特殊任务者　任何国家之工会多以主张工人之利益为主要任务。苏联革命之初期，由于劳农政府之性质，工会在工厂中之势力益强，一时至有以工人主持工厂管理部之趋势。且实际上在若干年间工会与共产党代表及工厂经理三者形成一种三角对峙之势。惟自一九二九年以后，由于清党与五年计划之影响，工会之性质骤变，任何使工会集中于工人特殊利益之倾向皆遭禁遏，而被诉为机会主义者或工会主义者。自此以后，工会之主要任务，则转向于增加劳工生产率，改进劳工训练，而借此提高生产之方面；所有其他之工会任务，尤其是关于工作条件之改进，仅为工会之次要任务。结果工厂内之工会机构，即工厂委员会，不得不对工厂经理让步，而助其促进生产；此项工厂委员会，虽在工人的文化与生活条件经济生活的范围内，仍得代表主张其利益，但同时亦为工人对于生产创意之有力组织者。彼经由生产会议而参加关于生产主要问题之讨论，并提出建议，然不能直接干涉工厂之工作，或企图以任何方法取工厂管理部之地位而代之。一彼为尽力促成经理之人管辖权，增加生产，发达工厂，并借此改进工人之物质条件。甚至团体协约之订定本为一般工会之主要任务；然苏联各工会自一九三〇至三三年间所订定之团体协约渐侧重于工作的标准、劳工的训练与技术的改进等，而置工作条件于次要；及一九三三年以后则不再订立团体协约，而由工厂经理自由选择与雇用工人。又关于工作标准

之规定原系工人代表之重要任务，由管理部与工人代表合组按件计酬委员会及争议委员会，前者订定工作标准及酬率，后者则于所拟工作标准及酬率发生异议时担任审议。然自一九三五年以后，所有工作标准与酬率之订定皆改由管理部之工资与标准组主管，而不复由工人代表参与。自是工会之任务乃一变而为管理部之辅助机构，以策动工人，推进管理部所执行之国家生产计划。当工会在工厂中一方面的势力减低后，另一方面却增加了工人新的创意与行动，即被鼓励而组织所谓生产会议。此会议非由工人代表所组织，乃以关心生产事业之各他职工组织之。……此项生产会议最显著之成绩如莫斯科某大制造厂的工人在某次会议时，对于四年时间完成政府五年计划之提议。盖苏联工会已形成一种特殊的性质。

（四）关于工作不力之惩罚者　苏联对于工业上成绩佳良者固不吝优奖，而对于工作不力者则又不稍宽纵。凡不能如期完成计划的产量或超过计划的成本时，各该工厂经理及其他主持人皆有移调斥革之虞。惟政府既如是重视产量及成本，于是工厂主持人为满足政府之需要，或不免有偷工减料之可能，换言之，即牺牲制品之质以求达制品之量及成本者，遂在所常见。因此，政府又对品质之考核特别认真；凡不合标准之制品概须退回重制。而工厂的报告必须括入生产品退回重制之比例，及不合标准之程度等。一九三九年一度举行品质调查之结果，发现机器制造业由于退回重制之损失约当该业生产总值百分之五·二，冶金业则为百分之六·五；而在若干滚磨制品中竟达百分之一五。于是一九四〇年七月最高苏维埃主席团发布特别命令，规定工厂经理工程师及工厂技术检查主任遇有生产品不完全不合标准或其他缺憾情事，得处以五年至八年之徒刑，其处罚之严可为重视品质之明证。

同年八月十日日本无条件投降。我政府与商务书馆均开

始复员工作。

是日下午九时左右，重庆出版业同业公会执监联合会议。假东方图书馆重庆分馆阅览室会议后，正在聚餐之际，突闻外间大放爆竹，接连不断甚久，大家正感奇异，而商务书馆某职员忽来报告，谓日本已投降，外间爆竹不绝，所以志庆云云。我们自最近一二月来，正期待此日之来临，但初意不至如此之速，至一念此日之提前实现，殆由美军在广岛等地投原子弹之故。于是大家起立，利用聚餐剩余之酒，咸举杯为中华民国庆祝。余随即发言：胜利提前固极可喜，惟政府与工业事前皆无充分准备，临时应付此突发大局势，处置得宜，因如天之福，否则胜利之成果恐不免打一大大的折扣。在坐各人咸以为然。于是纷纷提前散席，以迎接此特殊之兴会，未几远居汪山之家人亦有所闻，向附近借一电话来馆询问，告以真实，无不深相欣幸，盖以八年来，转徙播迁，远离第二故乡，不久即可归去也。

是夜，我兴奋之余，思前想后，辗转不能成寐。对于国家方面，则日人于抗战之初，以雷霆万钧之力压我，以卵敌石，其危可知；幸全国一心，虽屡败仍屡战，及至移都重庆，局势渐趋稳定。如天之福，日人不自揣度，轻向美英启衅，我以得道多助，卒与联合国比肩作战，而有今日，其欣幸为何如；惟对外虽幸有此光荣之日，而对内问题，即国共问题，在抗战之初，双方放弃旧嫌，携手合作，对于薄弱之国力，增进不少，其后渐渐分离，终以大敌当前，不便公然破裂。一二年来，中间人士，力图斡旋，迄未奏效。胜利以后，使双方能如抗战初期之团结，则蔚为大邦，人民自今以后可进于康乐之境；设不幸因大敌已去，分裂情形转趋恶化，甚至恢复战前之内战，则八年饱受战祸之国民，固何以堪？甚至不易争取之五强地

位，亦将一落千丈。是则今后之争取国内和平实为我辈中间人士之
最大责任，而各方贤明之士实亦有加倍努力之必要也。对于商务书
馆方面，我既以精力最强之二十余年时间，为之致力；中经三度之
巨劫，艰苦支撑，幸能维持不坠。当一二八劫后，我原决计俟商务
复业后将所有损失恢复，即行引退。及至民国二十六年五月间，股
东大会通过恢复原有股本，我的责任已尽，本拟即行辞职，不幸稍
一游移，便遭抗战大事，遂无法摆脱。数年以来，无时不盼望胜利
复员，我即毅然摆脱商务责任，以免将来再陷于不能自拔之局势。
今幸时机已届，不宜再有游移；惟一转念商务经八年抗战之消耗，
如何恢复战前规模，艰巨之责，付诸何人；我虽决意摆脱，对于三
度救活之病危者，终不能漠不关怀。如何策划两全，一方面达到我
之从速摆脱，他方面对商务付托得人，实为我在此夕萦回不已之问
题，亦即此后数月间无一日能忘怀之问题。对于个人方面，则六十
之年，转瞬即届，多年憧憬六十以后之生活转变，今复值此抗战胜
利之重大转机，重新考虑，万不宜迟。除商务责任决计摆脱外，今
后面对两条道路，一则从事政治，一则从事学术。为个人计，二十
余年之紧张工作，未尝一日宁处，今后如能从事学术研究，对一己
固获休闲，对社会或亦不无贡献。为国家计，则自九一八以来，我
深感覆巢之下无完卵，国事混乱与国势沦落，将使文化工商以至个
人研究均受其重大影响。假使我能有裨于国家，与我过去之有裨于
商务者，则我又何惮一己的安乐，而不为国家与国民牺牲乎？此一
问题，亦盘旋于我的脑海，与其他问题，共同扰我之安眠，直至晨
鸡报晓，尚未能合眼也。

　　此后数日，即筹划如何速与隔别多年之上海商务书馆当局通信，
并分遣要员尽速前往沪港，筹办善后。我第一次给商务书馆董事会
主席张菊生先生的电报，除择要报告后方历年情形及目前实况外，

询问上海方面机器纸型纸张款项的现状，并表示需要复兴之款项，后方已有准备，得当即汇返。而第一次的长函，除详叙电文所述事款外，并查询沦陷期内商务书馆参加五联承印伪组织核定之教科书事，同时并表示我忙于后方布置复员并参加行将召集解决国共问题之协商会议。打算将商务复员布置妥当，即召开股东会报告，同时声请辞去商务总经理之职。不幸得很，我所得的复信，证明后方许多报纸所登载沦陷时期商务参加五联，确有其事，惟彼时负责人鲍代经理业已去世，惟继承鲍氏此项工作之人员，我认为为爱护商务书馆，不能不作适当的处置，以免外间有所借口。这一事件，使我与彼时实际主持上海商务的若干董事之间，意见不无出入，结果总算依照我的意思办理。关于我预先表示辞职一事，张先生期期以为不可。我因为商务书馆的股东深明大义，在沦陷期内，不贪图一时的利益，要求增资并向伪政府注册，而股东会之召集尚需待复员工作办有头绪，为时尚需大半年，是则一时尚未能获得股息，为自动满足股东的期望，主张即行借发股息，按照股票面额，每百元借息百元，此项数目表面似颇巨，但后方资力尚可担负。张先生对此稍有顾虑，并以为缓发股息，股东方面亦不至有如一二八后要求提前开会之情形，其在三十四年十月七日复我之长函中，有左列之一段：

　　"九月廿八日来示，虑股东不免有如一二八后要求速开股东会之事，以弟观之，此时情形，与前迥不相同。此间股东，对我兄之在后方维持扩展，竭尽能事，公司声誉日上，股票涨至票面一百数十倍，信仰之不暇，安有他言。惟有一层，我兄将于同时提出脱离公司，此则必至演出卧辙攀辕之纷扰，不能不仰祈考虑。罗斯福岂恋恋于白官，其所以再三联任者，亦为维持大局，贯彻己之计划也。"

这一段短短的文字，假使我把它阐释一下，包涵着很多的意义。

一是在一二八一役后，当我在苦心孤诣，进行商务的复兴工作时，内不见谅于职工，外不见谅于股东。职工方面，以为我主张全部解雇再行分别进用，手段未免太辣；股东方面，则以我对于解雇的职工每人给了不少的解散费，而对于股东按年应得的股息，没有先行筹发。这一次我主张自动借发，借免一二八的旧事重演。二是我主张股东会缓开，其理由是开会必须查明全公司因战事资产损失的数量与目前实存的数量，然后决定增资或减资办法；这件事非短时间所能办到，故股东会之召开非至半年以后，把商务全部资产的损失和实存数量查明方可。三是复员之初，各地沦陷或破坏之分馆必须先行恢复，然后召开股东会，始可将今后措施报告。四是召开股东会时，我将一并提出辞职，但在辞职以前，我须把商务今后的计划先行订定大纲，这也不是一时所能办到，尤以须先查明实存资产数量，方可订定。五是商务书馆在沦陷区内毫无生气，而在后方则物质条件虽远不如沦陷地区，但精神与事业无不蓬蓬勃勃。交通恢复后，沦陷地区人士，出乎意料之外，发见后方商务书馆之本无可为却大有所为，于是喜出望外，而致股票价值涨至票面一百数十倍，有此客观事实之证明，则张先生函中所称公司声誉日上，并非对我过分恭维的话。六则那时候，大多数股东对我之衷心信任，不像一二八后因未见成绩不免怀疑者有所不同，故对于我之决计在召开股东会时宣布辞职，张先生认为股东必不肯放手，至有所谓"卧辙攀辕"之语。

　　胜利后对于沦陷区之交通，表面虽已恢复，惟航空等交通工具，几全部为政府所控制，专供公务员及接收人员之使用。工商界如须利用航空工具，须经登记，俟有空缺始能购票，按照登记情形，半年后尚难轮到。我为着商务从速复员计，对于上海南京和香港均有迅速派遣重要人员前往主持之必要，不得已只好请求政府要员协助，

随同专机前往。计随上海市长钱大钧氏往上海者有总馆代经理李伯嘉氏，随南京市长马超俊氏前往南京者有南京分馆经理王诚彰氏，随广东省政府主席罗卓英氏前往广州，然后转往香港者有总馆襄理徐应昶氏。诸人到达后，分别按照我的指示，在各该地区，或主持复兴，或接管资产。尤以香港工厂为日军所占领，机器工具多被他迁，得港政府之协助，始得陆续收回。

关于其他地区之复员，则馆屋完全被毁之地，如桂林柳州衡阳等，须重行觅地建屋，始能充分恢复，但初步之复业，不得不暂借房屋，从小规模做起。至馆屋尚存，或被占用，或遭破坏者，如长沙南昌赣州等地，一面收回原有房屋，一面赶速修缮，以便复业。凡此各项，所需款项颇巨。幸那时重庆总管理处所存现款尚多，除大宗拨汇上海以供应用外，尚有余力可以应付各馆之恢复。

其次，则为教科书之大量供应问题。由于恢复地区之需用国定本教科书，或商务原编而被敌伪禁止流通之教科书；于是大量印刷实有其必要。尤其是三十五年春季开学，所需课本，须于三十四年底准备齐全，而此时距抗战胜利之日仅三四月，为期甚促，而印制之数量极多。此项工作实甚紧张，商务书馆上海工厂，在太平洋战事发生后，逐渐紧缩，生产力量至薄，势须加紧扩充，一面尽量委托外间代印。商务香港工厂，原为供应华南各地区用书之重镇；该厂机器散失，一面须设法收回，一面又须整理工厂房屋，以便重行开工，俾赶供华南各地春季用书。至于原设赣县之工厂，因一度沦陷，机器事前拆迁，中途搁置，此时利用，亦费不少准备之时间。至于原设重庆之工厂，机器工人虽可照常利用，惟战时系用土纸印刷，尚无问题，战后自非改用白报纸或其他机制报纸印刷，将不能与同业竞争。此外，商务战前在北平原设有一所工厂，名为京华印书局者，规模仅次于上海。经派人前往接收善后，赶紧利用，以供

印制华北及东北各省所需要之教科书。凡此各事，既须费时费工，尤需要大宗款项。总算，款项尚敷应付，而各方面主持之人，亦能依照我所定计划，加紧进行。三十五年春季开学，各地所需用之教科书，得以供应不断，总算十二分侥幸。凡事经过一个大转变，无论转向坏的方面或是好的方面，同样需要一番重大的努力。抗战初起，国土逐渐缩小，商务各机构，一再播迁，像这样恶化的局面，固然是应付不易。但当抗战结束之时，国土尽行恢复，为着供应收复地区的需要，商务书馆骤然增加了很大的负担；这种突然好转的局势，所需的重大努力，实际上与适应逐渐恶化的局面，并无二致。又像上述复员工作，需款极多；幸而我在重庆这几年间，完全靠着自力更生，却把商务的财政基础奠立得很巩固。约计自三十四年八月停战，迄三十五年四月我回到上海之间，先后用于各收复地点商务馆厂之复员费用，连同汇解协助上海商务书馆馆厂的款项，总计约当那时候的法币四五亿元。这完全得自在后方四年间的盈余，而追溯三十年十二月八日太平洋战事发生时，商务的重庆分馆所存现款仅有法币十三万元，虽四年前的法币价值较四年后的法币价值为高，然彼时因通货的贬值，仅属初期，充其量四年间的价值相差不过一二十倍。是则此数年间，我一方面维持商务事业与令誉于不坠，他方面仍为商务获得极为庞大的利润也。

在这个复员期内，我始终留在重庆，其主要理由有二。一是政治协商会议，正在酝酿，此一着之成功失败，与抗战之成果有重大关系：如果我们只赢得国际的和平，而不得保障国内的和平，将使对于获致国际和平的努力全功尽废。因此，我不愿离开那时候的政治重心重庆。二是上海的商务书馆馆厂，经过了长期的沦陷，其人事与工作均与战前迥不相同，我如果亲自返沪，不从事根本上的整顿，势将因循下去，如从事整顿，则断非短时期所能收效，且非以

全副精神亲自留沪监督进行不为功。如此，则参加政治协商会议殊不可能。经详加考虑，我认为还是一面派遣要员返沪，暂仍维持现状，徐图改革；一面仍亲自留渝，除策划并遥制各地商务馆厂之复员外，仍得随时与各党派接触，促成并参加政治协商会议。

政治协商会议卒于三十五年一月十日实行召开。我以社会贤达的资格，被邀参加。经过了三星期的会议，和闭会后两三个月的综合小组继续讨论，每一次我都参加。其中并经过了在重庆召开的最后一次国民参政会，我便于四月中旬由渝飞返上海。所有我参加政治协商会议和会后各小组的经过，以及我抵沪后向商务辞职的经过，均分别详见我所写已出版的岫庐论国是第二篇政治协商会议追记，与写成而未发表之"两年半的从政"内，兹不赘。

同年十一月余于离渝东下前汇集在渝零篇撰著及讲词未及专书刊行者，刊为旅渝心声一书，成为我留渝期间的第十种著作。兹将我为该书所写的自序列后，作为这八年的苦斗结束：

余于民二十八年春始至渝州，出席国民参政会第一届第二次大会，以其时商务印书馆之出版重心在香港，会毕即返港主持业务。厥后岁辄一二至，皆以出席国参会之故，滞留时间殊短。及三十年十一月赴会后，方整装南下，而太平洋战争突发，香港旋陷敌手，余之得免自投罗网，间不容发。

自彼时起，余除一度因公赴滇，小住匝月，膺选访英，往还历四月外，余时皆留渝。当此时期，余为商务印书馆收拾最后一次之余烬，就不绝如缕之危局，作最大努力之挣扎。其始之忙迫状态，固为有生所仅见；即稍后局面略定，似可小休；然私人事业之安危，悉随战事进展为转移，尤以商务印书馆之业务与机构遍布全国，相

机应变，殆无宁日。

处兹情势之下，宜若不能有余暇以从容著述矣。然三四年间余之著作出版者合本书适为十种；依序言之，则为做人做事及其他，新目录学的一角落，工商管理一瞥，王云五新词典，战时英国，访英日记，苏联工农业管理，第二次增订王云五小辞典，英文访英日记及本书；其稿成泰半尚未刊布者尚有一二种。此时期实为余生命过程中最忙之日，而文字之产品转最丰；其故安在，愿举数事以明之。

最先，余须感谢陪都各公私机构使余有特多之发言机会。做人做事及其他，工商管理一瞥，战时英国，以及本书之内容，几全为被邀讲演之结果。余以各方盛意殷渥，于无可辞谢之际，辄以百忙中从事；而讲演之内容，或借会场记录而整理，或由本人事后之追述，积少成多，除已印专册的战时英国等书外，合得四十余篇，其未及记录追述者不与焉。

其次，此时期内余之经济奇穷，亦为有生以来所仅见。余出自寒素，原无恒产可凭借，然自就业以来，始则以负担轻而微薄之收入勉可应付，继则因收入稍丰，而以之应付递增之负担尚无不足；及太平洋战事起，余身外之物荡然无存，家人脱险亦仅以身免。顾战前余之薪津收入数十倍于一般职工者，战时以身作则，月入仅倍之。余近年对事业与一家生计咸抱自力自给之旨；于是退食之余，操笔墨以资补助，亦惟赖此鬻文之收益，四年艰苦未尝受一不劳而获之钱，亦未尝举一债也。

复次，由于余十余年来著作已成未成之大部书稿及无数零篇散文，连同六七年继续不断之日记皆于香港陷后仍留该地，其命运不可知，设竟毁损散佚，则敝帚自珍，弥堪痛惜。因思抗战时期个人文稿倘得借刊布而保存，宁非大幸。不惜屡灾枣梨者，实以此故。

更次，听讲者与读书界之不断鼓励，亦为重要原因之一。前者迭相劝勉，使就讲词整理印行，以广流传；后者不以其谫陋不文，而爱护有加，遂使一书刊行，不胫而走，余一再尝试，兴奋之余，写作精神为之一振。

最后，余近年鸡鸣即起，除从事计划或研究外，恒借写作为消遣；往往闭户工作二三小时，而家人辈尚高卧未起。积二三日而增一全日之工力；故于三四年之忙碌时日中，无异自辟一年之休闲岁月也。

本书之辑印，以旅渝四年，不可无纪念。今因胜利复员而东下有日，爰取留渝期内应各方邀约之讲演撰文荟为一册；除若干篇曾载做人做事及其他一书外，余皆未辑印单行本。其中附入各单行本如苏联工农业管理等之序文，则为使读者于未读各该书时，可自此获得一鸟瞰的印象而已。

此中各文大都为急就之章，且有毫无准备即席被邀讲演，而以速记为底本者；然亦有极短之文而写作费时甚久，例如中文排字改革之报道一篇，自开始研究，以迄试验结果，为时殆不下半年也。

民国三十五年（公元一九四六年，丙戌）四月中旬，余自重庆飞返上海，与隔别十年之商馆老辈张菊生高翰卿（凤池）先生等会晤。余旋即提出辞卸商务总经理职务，经过多次恳切挽留，余主张牢不可破，卒如愿以偿，并举朱经农君继任。惟董事会坚主我仍兼该馆董事。

余于两年的苦斗一文中，已明白表示余之决心，一俟商务书馆在一二八所受的损失全部恢复，余便辞去商馆的职责。到了二十六年五月，商务书馆的股东会在结算盈亏及资产以后，业经通过把商务书馆因一二八的毁损而减少资本之数，完全恢复。那时候，余本决意辞职，只以一念之游移，不忍把一手恢复的事业骤然放弃，打算再费半年工夫，为它准备将来的计划，再行辞职。不料七七战事起，继以八一三的全面抗战，临难不苟免之义为我生平所服膺，故第二度的决心，便是苦撑战时的危局，俟抗战结束，再行摆脱。因此，在抗战期内，无论局势如何困难，无论各方面对我怎样的需求，我总是守着岗位，锲而不舍。我纵然鉴于天下兴亡，匹夫有责，所以在留后方的时候，从旁参政，备极热心；但对于商务书馆的责任，不肯须臾放下。所以最高当局虽然迭经示意，想把我罗致于政府之中，但经我剀切陈明，终获谅解。可是由于二十六年一念的游移我便继续挨了七八年的艰苦；因此，我的最大决心就是等到抗战胜利，把商务书馆的责任交还董事会，断断不再留恋。我不仅因为十余年间数度支撑商务书馆的危局，一度完全复兴，一度维持不坠，我因此已精疲力竭，需要休息。而且我还有一种见解，就是人生上寿不过八十，我把约莫三分之一的生命供献于一种事业，就是从民国十年起在商务书馆任职，至三十五年；今后假使我还有二十年的余生，似乎应该另作一种尝试。人生斯世，仿佛是在游历，我既来此世界一次，不应专在一地游览。所以我在重庆时期，无时不想念得当摆脱商馆，并希望这时期能在六十岁以前，俾从六十岁起向另一方面活动。我所预期的活动，不外从政和研究学术两途。许多人心想从政，却讳言从政；我却不然。我在重庆时，曾对许多朋友说过，一个人假使自信能替国家负一点责任，不必自鸣清高，因为十几年前我已经把国家和个人或私人事业的密切关系看得太清楚了。譬如一

棵大树动摇，断不容小鸟安居树上的巢内啊！我一方面感于蒋先生公开政权的诚意，他方面也觉得我在未来的联合政府中或者还能尽一点微力；所以我于后来的政府，假使需要我的话，当不致如在战时的拒绝。不过我之从政，却有两个先决条件：一是完全摆脱了工商业的任务，二是经济能够独立，不依赖俸给为生。对于第一条件，就是我在战时拒绝从政的理由，也就是我回到上海后立即先把商务书馆职责摆脱的一部分理由。对于第二条件，我认为政务官和事务官不同；事务官视官职为终身事业，自不能不依赖俸给为生；政务官则视政策为进退，如果也依赖俸给为生势必不能进退自主。我虽没有什么资产，但历年所著的书籍，按期所收的版税勉可自给；但为着更可靠起见，原打算在复员此一年内写成一种未完的著作，则其收入的版税，当使我自给裕如。

根据了上述的意见，我在到达上海的第二日便向商务书馆董事会主席张菊生先生提出辞职，并举朱经农君（时任教育部次长）自代。经同意后，我便写信陈布雷，请其代求蒋主席允准朱君辞职。我打算辞职后，便依照离开重庆时政协综合小组的诺言，大家在南京集合起来，继续协商解决各种问题。同时，我得以自由之身，在南京从事写作以完成多年未完成的一种著作。商务董事会虽对我的辞职极力挽留，但费一星期的唇舌，结果我总算如愿以偿。我既摆脱了商务的职责，便赶紧前往南京，向参政会秘书处访晤政治协商会议雷秘书长儆寰。因为我们在离开重庆以前约定我一到上海后，便从速来京，打算将政治协商会议的综合组重开。我所以亟欲摆脱商馆，且不在隔别了十年的第二故乡多留一些时日，正恐因此误了国家大计。想不到在京暂时住下，获晤雷儆寰后，始知政协综合组之重开遥遥无期。我只得暂仍留此，以待发展。由于我与商务书馆多年的关系，现在虽已离职，仍承商务南京分馆经理竭诚招待，在

馆屋内特辟一室供我住宿，取用图书，从事写作，也还方便。过了几日后，蒋主席知道我已来京，一日招待我晚餐；同坐只有主席和蒋夫人；饭前饭后，蒋主席重申在重庆旧约，坚邀我出长经济部。他说，他具有公开政权的最大决心，并随时实行全面改组政府。无如中共迟迟未肯加入，致迟迟未能实现。他认为继续协商，目前尚难进行；在全国扩大政府基础以前，至少须有党外若干人士加入政府，以资提倡。他认为我是最适于首先加入之人。我虽然极力推辞，拟留有待；但蒋先生仍以万分诚恳的态度劝我接受。饭后蒋夫人退席，由蒋先生和我继续谈论时许。最后我为蒋先生的至诚所感动，始答应再加考虑。告辞后，我终夜思考，几乎不能成寐。忽然想起一事，就是战争末期在旧金山举行之联合国会议，我政府为表示各党派一致起见，代表团中拟加入中共民盟与青年党人士。中共初时不允参加，青年党亦犹豫不决；独民盟之张君劢适在国外，鉴于为增进国家地位，有由各党代表合组代表团之必要；因此，他便首先应允加入；青年党之李幼椿（璜）因见民盟之张君劢已加入，不久亦接受使命。于是中共方面也就由延安派董必武来渝会商，初时似尚有条件；那时候我正发动许多参政员对他说服。他来渝不久也就应允参加。因此我国在那时候的联合国大会中发生颇佳的印象。事后我常对人说，这一回的会议幸亏君劢率先加入，故其他各党也陆续参加。君劢返国后，我也曾对他表示过这样的意见。现在到了国内各党派和各方面联合参加政府的关键，本来在政协政府组织组及大会中都已决定原则。问题是在一些枝节上，却因此实现无期。假使有一人能步旧金山会议张君劢的后尘，是否能收同样的效果，固不敢肯定；但如能因此而使联合政府迈进一步，则个人牺牲亦殊值得。我想到这里心里不免有些活动。次日某君又奉蒋主席命，继续相劝，其理由和我昨夜所想象者大致相若。经过这一番的磋商，我

参加政府的意志才决定。

但是我之参加政府，至少在两方面变更了我的原计划。其一，是公的方面，就是原拟在各方面一起加入时才加入的；却因一时被情感所动，而且妄自比拟旧金山会议的先例，以致提前单独加入，事后细想，却是一种不自量的错误。其二，是私的方面，就是原拟以一年时期，完成一种旧作，以加强个人的经济基础，俾从政后不致有内顾之忧。此时既提早加入，亦系变更原计划；惟幸有出乎意料之一事，可以抵补此项经济上的损失而有余。原来我在战前多年，曾以历年积蓄，在上海北四川自建房屋一所。一二八战事的前夕，在我家人临时迁居租界中区几日以后，我还独自回家与藏书相伴，就在战火爆发前半小时得到消息，仓卒离去，幸免次晨遭日本便衣队的搜捕。停战后，我家便留在租界，而以该房屋租给他人。八一三战争起，该房屋再度成为双方炮火的集中点，不久我到了香港，接到道契注册的瑞士某洋行函告，谓该房屋已为日本人所占住；彼以中立国洋商之资格，可与商定租约，征取房租。我的回信便是 No Trade With the Enemy（不与敌人作商行为），换句话说，就是给敌人强占，此时虽无法应付，但如与订租约，便是与敌人妥协；那是万万不可的。后来，太平洋战事发生，我长住重庆，听说美国飞机不时轰炸上海日本司令部一带，我的房屋就在那里附近；能否幸存，早已置诸度外。不料复员后，发觉该房屋竟丝毫无损坏，只是被强占的日本人将内部改装为日本式。在我收回以后，一来没有那么余款将其内部恢复为中国式；二来因提早从政，为着加强经济自给的基础，便把它出典了。所得的典值，足供我若干年生活费。因此，我所预期的写作收入，也就获得了补偿，而不致有所顾虑了。

同年七月朱经农君继任商务印书馆总经理，一切率由旧

章，除中小学教科书，与各大同业联合印行部编本外，对于参考图书迭询余之意见。余以在渝编印之中学生文库，在西南至为畅销；惟系土纸本，且利用原印之书，大小不一，因建议以该中学文库为基础，在沪江重排一律之版式，改用白报纸或印书纸刷印，酌增若干新书，改称新中学文库，在上海及从前之沦陷区发售预约。经农极表赞同，即就此进行。夏间商务书馆开始发行新中学文库，营业甚可观。

民国三十六年（公元一九四七年，丁亥）九月商务书馆在台湾筹设分馆。

先是是年七月福州分馆副经理叶友楳已渡海来台，筹设支馆，奉上海总管理处指示谓台湾已改制建省，应改设分馆。旋派赵叔诚为经理，陈贻成为会计自沪来台，而以叶友楳为副经理，并就近向闽厦两馆调用职员各数人。

民国三十七年（公元一九四八年，戊子）一月五日台湾分馆开幕，时上海运来图书亦相继到达。

其时同业中在台设立分馆者已有正中、中华、开明三家。

同年上海总管理处重要人事已有更动，董事会主席张菊老向不愿以其亲属在商馆居要职者，此时因受左倾分

子影响，进用其外甥谢仁冰（冰）为公司协理。仁冰民元间曾与余在北平教部同事，尚无政治倾向，嗣因其子化名章汉夫者投入共党，任共外交部要职，遂受其影响而左倾，一时经仁冰引进公司之左倾分子不少。总经理朱经农孤掌难鸣，时为余言，商馆恐不久变色，未及年终即乘奉派出席国际科教会之机会辞职出国。菊老亦未予挽留。盖自三十六年起，余先后由经济部转任国府委员兼行政院副院长，三十七年行宪政府成立，余本拟乘机摆脱政务，却又被坚邀出长财政部。两年以来公事鞅掌，甚鲜来沪，致与菊老疏远，而菊老外惑于老友陈叔通，内操纵于外甥谢仁冰，致有此大转变。

同年十一月余卸职南还，暂时寄居粤垣戚家，得分馆转来菊老函，内称"本年股东年会甫于十二月举行，与同人相酌谓公此时正宜韬晦，不敢复以董事相溷，谅蒙垂察"。轻轻把联任了二十年的老董事革除。我很谅解，这并不是菊老的自由主张。所以这时候正是他的〔删2字。——编注〕时期的开始。

公元一九四九年，己丑，五月上海总管理处对台湾分馆之发货开始停止。

同年十二月七日，"中央政府"迁设台北，并在西昌设
　"大本营"指挥作战，八日"行政院长"及各"政务
　委员"飞抵台北。

公元一九五〇年，庚寅，二月"国大代表中央常务委员
　会"及"立法院"分别联名电请蒋中正复任"总统"
　之职。
同年二月十二日"监察院"决议请"国民大会"弹劾
　李宗仁，翌日"立法院长"同意。
同年三月一日蒋中正复任"总统"职；同日"行政院
　长"阎锡山辞职，七日蒋"总统"提名陈诚任"行
　政院长"。
本年十月台省商务书馆分馆依照"行政院"颁布"沦
　陷区商业企业机构在台分支机构管理办法"之规定，
　重申登记，改称台湾商务印书馆，由原任经理赵叔诚
　独立经营，向来仅负经销总馆出版图书之分馆，自是
　演变而为兼编辑与印刷之机构，一切有赖自力更生。
　好在商馆出版书甚多，择尤重版，无待编辑。
同年冬台湾商务印书馆委托律师登报公告，开始办理本
　公司在台股东之股权登记，初步登记之结果，在台股
　份约占全公司股分总额百分之二。

本年台湾商务印书馆开始编印中学教科书，计有初中地
　理六册，初中理化四册，初中生理卫生一册。是年台
　湾商务书馆营业额共新台币九七一 八四七元有奇；
　盈余六八 七一八元有奇，在台股东借发股息每股三
　元五角，共借支一六 二六〇元。

公元一九五一年，辛卯，一月商务印书馆前任总经理王
　云五自香港抵台北定居，惟以既不复任商务董事及总
　经理，仅以股东资格，偶备赵经理之请益，却不能发
　生任何作用也。
本年三月十九日商务印书馆前总经理朱经农先生在美国
　哈德福神学院宿舍逝世。
　　　经农因在左倾气氛中包围，不安于位，利用奉派出席联合国文
　教会之理由向商馆董事会辞职获准。赴会后转至美国，初与其长次
　二子文长文华相处，嗣任教哈德福神学院，某晚在宿舍中突患心脏
　病，救治不及，卒至不起。余闻此噩耗，特撰我所认识之全面教育
　家朱经农先生一文以纪念之，文如左：
　　　世之以教育家见称者，或从事教学，造就人才；或研究教育，
　耽心作述；或主持行政，推行教育，各有专务，自成一家。其以一
　身而兼数者，毕生交互从事于此数者，吾无以名之，名之曰全面教
　育家。亡友朱经农实当之而无愧。
　　　经农自二十岁始献身于教育，迄逝世之年六十有五，其间四十
　五年，无时不直接间接与我国教育依同，其对于教育研究，教育实

施，教育行政与夫教育著作，互此四十五年无时或辍；致力之勤，成绩之优，方面之广，范围之远，就余所知，国内尚不多见。天假以年，其造诣定随年事与经验循几何级数以增进。今不幸于本年三月与世长辞，此岂仅我国教育界之莫大损失，亦世界教育界之损失也。

余识经农于民国前五年，其时经农甫二十岁，因留学日本遭日人之不平待遇，与同学数百人集体归国在上海自办学校，定名为中国公学，初时除向外界延聘教员外，学校行政悉就同学中互选分任。嗣以同学中意见不一，别经中国新公学，经农膺选为教育干事，一面协同办理学校行政，一面按照课程听讲。时余甫十有九岁，受聘为英文教员，经农遂与余由短期之师生关系，进而形成四十余年生死不渝之友谊。越一岁，经农以第一班毕业，新旧两公学复合，余与经农同任教于中国公学，由同学进而同事，以迄于共和建国之前夕。此数年间余授英文，经农授算学，均以循循善诱，获诸同学之好感，而经农于授课之余，兼任学校一部分之行政，此不仅表现其干办之才，且在学校多头政治之下应付裕如，人缘极佳，盖其待人以诚，无往而不受欢迎也。

辛亥革命起，余与经农同辍教参加。南京临时政府成立，余任职总统府与教育部，经农则助宋钝初先生。及政府仍迁故都，余与经农分别随蔡子民、宋钝初两先生北上，分别任职于教育部与农林部，虽相与复聚于一地，然任事之机关非一也。未几余以公余任民主报馆外撰述，每周撰文二三篇；经农即任馆内编辑，每夕到馆工作；于是余等实际上又共事于同一机构矣。此一共事之机会持续至民国二年冬，袁世凯叛国，封闭民主报馆，枪杀社长仇蕴存之日为止。时余以在馆外撰述，文稿皆用笔名；经农则不住馆中，且任职于政府，可资掩护，遂得免于难。

民国二年余先后脱离教部及报馆，仅在北平国民大学嗣改称中国公学大学部者任教；经农则转任工商部之职，以其余暇为私立第一女子中学校任教，虽纯尽义务，而其诲人不倦之精神，知者无不敬佩。次年熊秉三先生筹办全国煤油矿，设编译股，纂译有关油矿参考资料；经农为秉老内侄，不自为谋，而力荐余以教课余暇主持该股译事，无须按时到值，月获津贴百元，以视油矿经理处其经费由美国方面开支者相去至远。经农颇为余不平，而余则以孔子为委吏乘田，犹肯尽职，余何人斯，敢视同闲散，因是大半年来，辄以半日到值，伏案译一油矿专籍，日二三千言，以篇幅繁多，尚未脱稿，成绩亦无从表现也。会中美合办延长油矿渐成议，由美方拟定契约草案及其汉文译本送达于油矿经理处；又以美方代表远来商洽，不便久留，建议从速提交内阁会议，已定期矣。时经理处之主办对外交涉者为魏易（冲叔）、董显光、熊崇志三君，皆以英文能手著称；冲叔尤长于译事，与林琴南合译说部丛书百数十种，脍炙人口。三君审阅原稿及译文后，因译文出自上海某律师事务所译员手笔，佶屈聱牙，不可卒读，尤难索解，认为必须重新翻译。顾全文字数不下三万，为期又迫，而法律条文句读特长，要非对法律及中英文字兼有研究者不办。冲叔夙治文学，法律非所素习，遂执谦不肯执笔；董熊二君尤逊谢不惶。事达于秉老，正踌躇间为经农所侧闻，力荐余任其事。秉老颇犹豫，而冲叔毅然赞其议，即日访余于寓所，出示原文，丐余重为翻译，并言限期迫，后日下午须提会议，是重译期间仅限于一昼夜。余略一展读，勉允次日晚膳前缴译稿。冲叔辞出，余即开始工作，从当日下午五时起，夜间仅睡三小时，迄次日午后三时，计实际工作二十小时，而成稿三万六千余字，通读一过，匆匆持诣冲叔；返寓后，提前晚膳即就寝。次晨起床，经农旋至，首向余道喜，而其自身欢喜若狂，有如童稚之天真。盖余自咋

日缴稿后，自分责任已尽，不复萦怀，且倦极睡酣，一切几忘怀；然在另一方面，油矿经理处诸君则恐时间稍纵即逝，立时核阅余译稿，并拟以永夜付缮写。初时秉老与其顾问某君，觉余所译酷似中国法律条文，疑出自创意多于翻译；及冲叔等核对原文，认为无懈可击，始释然，复愕然。是夜经农守候熊宅，急余之所不急，有如秀才候榜。最后秉老语经农，以大半年来不知余之能沟通中英文若此，致委屈多时；自即日起，当使余受经理处魏君等之同等待遇，每月三百五十元，并嘱经农先致意，翌日午后会议毕，将亲来余寓道歉忱。经农得此信，欣喜有胜于身受，其为余言，自南京临时政府成立之喜信以来，此为最快心之一事。其对余之挚爱有如此者。迄今三十有八年，此一印象，历久犹新。在今日仍欲得一挚友如经农者，将安求之？

民国三年，经农之事业起一重大转变，而与其毕生之成就攸关。事因教育部改各国留学生监理处为经理处，新派驻美经理员严某为经农同乡，年少而资历浅，侥幸获斯席；其下设书记员一人，位卑薪薄，时经农方居荐任部职，为达其赴美半工半读，以谋深造之志愿，不惜降格任此。抵美后，严某官架甚足，除公事外，私人函件，亦令经农工楷缮写。经农虽辛苦甚，然除于致函中偶露真相外，无时不勤慎从公；而以其余暇就读于华盛顿大学教育系，三四年间，先后得教育学士及硕士学位。我国学生在美留学，以凭本国大学毕业资格而入毕业学院研究者，较凭中学毕业资格而入本科肄业者为轻松。经农未尝毕业国内大学，只能入本科；幸其成绩优良，并经中国公学大学部证明其在业余选修之大学科目，故得以二年修毕本科功课，再历一年，得硕士学位；均名列前茅。方拟续修博士学位，终以家累及其他原因提前返国，而在返国之前，已受聘为国立北京大学教育教授，为时约在民国七八年之交。

其后二三年，即民国十年，余就任商务印书馆编译所所长，受事伊始，即谋以人才充实编译所，于是国内各部门之一流人才多在礼罗中；以余对经农相知之深，与经农之精研教育而夙富编译经验，当然早在罗致之列。只以北大靳而不舍，延至十二年始克来馆任事。经农在编译所中初任国文部部长，而后者为多年因袭之名称，实际上为主编小学各科教本之部门。经农因此项职务关系，乃兼任商务印书馆附设之尚公小学校校长，并曾努力使成一试验学校。经农在编译所任职至民十七年，为期约四年，其完成之主要工作为主编全部之新学教科书，并读竟余于民十一年发起编译之教育大词典。后者在我国单科词典中，取材之丰富，编制之精审，迄今犹首屈一指也。至对于其他之编辑计划，或创意，或赞助，所以裨益余之工作者亦多。在余与经农暌离八九年后，再度共事，其愉快自不待言。

民国十七年国民革命军完成统一大业，定都南京。大上海市随而建设，其市教育局长掌握全国第一大都市的教育，当局认为舍经农莫属，浼之再三，义不可却，但以经农对余之关系，情或难辞；于是向余关说，许经农暂离商务，改长该局，而为全市教育造福者踵相接。结果卒如所请，经农遂首次进于教育行政之领域。以上海市教育行政之繁量，经农处之裕如，且不愿放弃实际的教育工作，仍兼若干私立大学讲座，一如其在商务编译所者然。

经农对教育行政的成绩已著其端，于是向之钦佩其为名教授，名作家者，自是不得不承认其兼具行政的长才。及蔡孑民先生筹办大学院，乃任经农为普通教育处处长，主管全国中小学教育行政。嗣大学院改组，析置中央研究院及教育部，由蔡先生及蒋梦麟先生分长之。经农留教部，初为普通司司长，继升任常务次长，遂得以其在一市所设施者推而及于全国。民二十一年秋始转任湖南省教育厅厅长，历十年以上，对于一堡一小学，一镇一中心小学之原则，

执行至为澈底，普及教育，厥功甚伟，湘人士咸能道之。民二十六年八月后，中日战事延至上海，余不得不为商务书馆策内迁，先期以一部分机器运达长沙，购地备建工厂，是年十月余躬自来此，留月余，与经农时相把晤。其后长沙大火，商务新厂全毁，余更随政府迁渝市。彼时中央大学易长，校长一席由今"总统"蒋公以军事委员会委员长暂兼任，而调经农为教育长；以蒋公之一日万机，校事自多由经农主政，如是者约历一年，内外翕然。此为经农掌国立最高学府行政之始，然在民十六至二十年间，经农先后兼任光华大学副校长，中国公学副校长，专任齐鲁大学校长，是则经农之主持私立大学行政固远在其前矣。中公为经农母校，入民国改为大学，中经多故，迭次易长，纠纷亦时起，然其间最安定之时期莫如胡适之君长该校与经农之副长该校任内，此固师生所共同称道者也。

经农以调任中大职，致脱离其在第二故乡之长期教育行政；然中大教育长之任固因蒋公兼长校政而特设，及蒋公辞兼任，经农亦坚辞，遂转任教育部政务次长，以迄于胜利还都以后。经农时以久任教育行政，颇思得当从事著述，以复返于学术生涯。会余于复员后为国府主席蒋公坚邀入阁，义不可却，于是留渝期内可借口商务责任无从交卸，不克献身于国者，至此无可借口，遂摆脱商务；然于放弃多年关系之事业时，曾允负物色适当继任者之道义责任。

自余从政后，一年以来商务总经理之职仍属暂代。余以经农既倦于从政，而与商务有旧关系，就其研究及著作之经验，继余而任商务总经理兼编审部部长，实最适宜；于是一面为经农与商务董事会居间周旋，一面以国府蒋公对经农倚畀正殷，或未允听其脱离，遂于三十六年夏余奉召赴牯岭时，面为陈情，幸荷俯纳，经农遂得于三十六年秋正式接任商务书馆总经理之职，而仿余旧例，仍兼任编审部部长。经农之治理商务书馆，视余之对各部门无不过问者异

其趣。馆中要务实分编审、生产、营业三大部门；经农除躬自主持编审部门外其他二部门则委托两协理全权主政，经农仅操其大政方针。因是，得以其余暇兼任私立光华大学校长，每周并授课若干时；是无异同时主教育行政、教育实施与教育著作矣。

其受任于商务之初，首就余于抗战时期在重庆编印之中学生文库扩而充之，编为新中学文库，以为复员后各中等学校之补充读物，并为沦陷多年之地区学校供给健全的精神食粮；同时更主编新小学文库，大体与余在战前主编之小学生文库相若，而取材则适应时代。故就编印书籍言，其第一年之成绩殊可观。第二年以后，由于［删二字。——编注］之势焰日张，商务董事会的左倾与投机分子渐抬头，总管理处又搀入不稳分子，董事会主席张菊生先生遂渐受［删二字。——编注］同路人包围，以经农为国民党员，颇加抑制，致措施渐难如意。

经农素不愿与人争，于是对于商务的出版计划不免渐趋消极，而稍稍偏重于光华大学。光华自经农主持以来，虽以私立而限于经费，然学风校誉日有进展。甚至民三十七年以后，上海各中等以上学校由于［删9字。——编注］纠纷时起，光华因经农注重功课之设施，大多数学生不得不埋首功课，［删12字。——编注］闻一度风潮已酝酿至最高度，终以经农平素为学生爱戴，晓以大义，听者动容，幸告宁靖。经农尝语余，彼不畏学生，独畏工人；故对于学潮不难平息，对于工潮将无从措手。此却真话。盖以其多年讲学办学。深知学生心理，事前可以防范，事发亦可劝导感动，较诸平素漠不相关之工人其应付自较顺手。

经农在主持商务书馆的后期，情绪颇苦闷，屡欲辞职，专任光华大学事；自认对此较有办法，于人于己亦较有益，曾为余一再言之。

会三十七年冬国际文教联合会集会于巴黎，政府当局未暇出席，遂以经农为首席代表与会，会期及往返不逾两月，经农拟乘此机缘，重游美国，计期约半年始归。于是决辞商务之职。事前曾与余熟商。余以时局愈危急，今后之商务书馆面临对日抗战时更严重之局势，经农如欲行使总经理之职权，挽将倒之狂澜，而不惮与异己者破裂，借以维持商务一线之自由命脉，则此时似不宜远行；若为独善其身，免陷于不尴不尬之局，则乘此辞职，亦无不可。余意颇倾向于前者，而经农则以对商务关系不深，又谦称魄力不及余，无力与反对者抗，遂决采第二办法而辞职。结果，经农甫向商务董事会言辞，即被接受；经农因是更作久留国外，从事写作研究的计划。自文教会闭幕，即转道赴美，与其两子文长、文华相处，闭户读书著作，以一年之时日，成英文中国教育思想史一书，拟觅出版家印行而未果。当以旅费将罄，不得不出而就业，以维生计；于是自一九五〇年秋，赴康州应哈德福神学院之聘，任中国史哲讲席，而与其一年相处之两子分别，独居于该院宿舍中。本年三月九日致书其次子文华，谓著作颇顺利，因需收集若干资料，春假将往华府国会图书馆读书，道出巴城，当来一晤云。是日工作如常，晚餐时谈笑亦如常，餐后返卧室，至九时半突然轻敲邻室之门请为召一医生，此邻室之美国学生即出召驻校护士，并电邀校外医生；另一菲律宾学生则偕经农返室，随侍在侧。数分钟内护士赶到，经农已渐不辨识，延至十时半逝世，医师到达业已过迟，无能为力矣。因病起仓卒，并无遗嘱，其子检视日记，见本年二月十七日所记者有如左之一段：

"我为同盟会员，民元转入国民党，对党始终如一。党当政时，我只守党纪，不争党权。党失败时，流离颠沛，决不背党。国民革命初步成功，十七年国府成立，余因党的关系，舍学从政，浮沉二十余年，至今思之，实为重大牺牲。倘以二十余年

光阴从事学术研究，埋头著述，则今日成就决不止此。从政二十余年，所做建设工作，均被战事摧毁。至今回思，一场空梦。今年老力衰，虽欲从事著述，精力不逮，奈何？"

以上短短一段文字，已足为经农自述的概略。其最后数语，感慨年力就衰，然其雄心实未稍懈。据文长函述经农在美生活及逝世情形，谓其抵美之初，不自满于业已精通之英日文，及曾经入门之德法文，特购法文会话唱片，不时收听。临终之夕，一卷在傍，眼镜置于书上，至死犹在工作也。

经农旅美后，与余常通信，中多愤世忧国之言。今春余自港迁居台湾，抵台后于一月五日曾去一函，久未得复，方深疑讶。及其去世后数日，文长始得一月廿四日经农致余之函，因误书住址而为邮局退还者。文长为使其先人"致其终身好友最后之遗札得以到达"，与报丧之长函一并寄余。此为余所接经农之最后手札，而千差万错竟于逝世后始达余手也。余为表示经农愤世忧国之诚，初拟照录原函于此，终以某种关系，目前尚非其时，考虑再三，乃暂保留。

然而斯函内容，似已超出一位教育家的领域以外矣。实则教育目的在为国家与人群增进幸福。真正的教育家固不能漠视国家与人群也。惟其如此，故经农身在教育，而心不忘国家与人群。其忠党爱国之情，于上举之日记及致余最后手札中，昭然若揭。而就余所知，可为补充者，尚有左列数事：

一、民国初年任民主报编辑时，所撰社论无不提倡真正民主政制，以反对袁世凯当国时的独裁。

二、民十二年至十七年任职商务书馆编译所时，对社会公益慈善诸事业，无不积极参加提倡；于教会工作尤为热心。

三、两任国民大会代表时，对于宪法的制定多所主张，对于其他讨论亦无不热烈发言。制宪国大集会时，因劳瘁过甚，致胃溃疡

突发，几不治；余每日赴病榻省视，无不以会场讨论及其结果见询，一若忘自身之病苦，只以不能出席发言为苦者。

经农在任何公共团体或集会中常发生领导的或动人的作用，其原因为具有明敏的分析力与动人的口才。在会议中经农颇喜发言，而发言多能中肯，但亦有因其发言过多而嫉视或起反感者。经农与余无话不谈，间亦不免互为标榜，谓余非必要时不发言，言必中肯；而其自评则为言亦多中肯，但因发言过多，惹人嫉忌，表决时或致失败。是语似为公允的自我批评；然自余视之，经农之发言，庄重而和蔼，绝少偏激，纵然发言稍多，以其态度之诚挚而无丝毫之轻率，即有反感，亦微不足道也。本年五月在台北市各界为经农举行之追悼会中，某君致辞称经农赋性和蔼，而与人论是非，则词严义正，不稍假借，识者亦多能谅之；可谓公平之论。

经农具有领袖人物的种种条件——公而忘私的精神，明敏的头脑，动人的口才，组织的能力，丰富的常识，法律的观念……但彼自谦为缺乏魄力，并时时以此一条件之具备称道余。余殊不敢为自身估值，但经农之所自短者，殆亦其对政治上无野心，甚至对教育行政亦不愿久居冲要，而欲返于研究与著述之途欤。

我国社会之洪炉，固可造就多方面的人材，却因此而使本可自成一家之人材不克竟其志愿。正如经农在日记中所表述者："倘以二十余年光阴，从事学术研究，埋头著述，则今日成就决不止此。"及经农受哈德福学院之聘，一面研究，一面讲学，以其过去数十年前之研究与经验，假以十年，则对于中外古今教育思想之沟通与发展，所成就者岂止一年来所完成而未付刊之一卷册，其所造福者亦宁止于一二国家？

经农关于教育之著作，除专书数种已由商务印书馆刊行外，其单篇论著分载于国内各种期刊者不可胜计，然处今日之乱世，从事

搜集，殊不可能。非然者，集其数十年发表之论著，分析其对于教育的主张，敢信其对于思想上当有不少的贡献。我国学人本学然后知不足之义，所著专书每多持重，述而不作，其创意与心得往往发表于单篇论著；此种风气亦弥漫于西方学人之间。兹篇之作，仅能就经农对于我国教育的表面事功述其梗概，至其对于教育的内在主张。由于资料与时间并感困难，不能不对我老友深致叹忧，而只能期诸未来时日者也。

一九五一年九月十六日作于台北

厥后经农哲嗣文长博士就经农生前所为诗辑为爱山楼诗钞，属余董理其印行，并为作序。余义不容辞，固为撰序如左：

亡友朱经农之哲嗣文长辑其先德遗诗，并详为笺注，以爱山庐诗钞为名，寄示余，属为董理出版。余以义不容辞，为付商务印书馆精印发行。经农自抗战复员，于余辞职从政时，继而主持该馆，历时虽仅二载，而建树殊多，该馆亦义不容辞也。

经农以一九五一年在美作古，噩耗传来，余曾撰《我所认识之全面教育家朱经农先生》一文，备述余与经农四十五年论交，并及经农对我国文教之贡献。余所知者，大体见于是。文长今又属余为序，以避免重复，仅就其著作方面略陈所见。

本书虽以诗钞为主，然于经农先生著作，亦列有不甚完全之表。经农之诗，清新古劲自成一家；其内容广博，感怀写实，均可概见其思想一斑，殆具传记之作用，不限于文艺之表现也。抑余有不能已于言者，经农终生从事于教育，其所学教育也；其所教，教育也；其主持行政，教育也；其撰著言论，以教育为主也。本书所附著作表，虽非全璧，然关系较重者殆无不备。因思经农为全面教育家，生平言行，对我国教育界影响颇大。文长既辑其遗诗付梓，假以时日，如能续编有关教育之言论，

除已印刷为专书者外，汇刊问世，俾经农在教育上之立言，得以传诸久远；斯不仅文长有进一步表彰先德之功，我国教育实利赖之。

一九六五年八月一日王云五识

本年台湾商务印书馆营业额为新台币一〇四四 六五四元有奇，盈余数为七八 八五一元有奇，借支股利每股新台币五元。查在台登记股数为四六四六股，共借股利二三 二二九元有奇。

公元一九五二年，壬辰，四月廿八日"中日和平条约"在台北签字。我"全权代表"叶公超于签字后，重申蒋"总统"对日宽大"政策"，希望"中日间"进一步合作。日代表河田烈亦致词感谢蒋"总统"之宽大精神，并鼓励日人尽其责任。

本年台湾商务印书馆营业总额为新台币一 四三九 七五八元有奇，盈余一七八 七七一元有奇，借发股息每股五元，共借支股息二三 二二九元有奇。

公元一九五三年，癸巳，二月，台湾商务印书馆设业务计划委员会，订定规则七条如左：

商务印书馆业务计划委员会规则

一、在台本公司股东选举九人为业务计划委员组织委员会，并由委员互推一人为主任委员。

二、业务计划委员会每两月召开一次，遇有必要得开临时会，均由主任委员召集之。

三、业务计划委员会计划之事项如左：

（甲）关于公司营业事项之计划。（为参考起见，应由公司负责人每月将营业情况表抄送一次）。

（乙）关于编辑事项之计划。（为参考起见，应由公司负责人将每月新出版物及重版书抄送报告表一次）。

遇有编辑计划以外书稿之购入或约编，应遵照委员会决议办理。

（丙）关于出版事项之计划。（为参考起见，应由公司负责人每月将未印及在印中之出版物分别抄送报告一次）。

（丁）关于收集已出版样书之计划。

（戊）关于规复旧业之计划。

（己）关于计划股东会之开会，并报告股东会之事项。

四、本委员会之开会须得过半数委员之出席，其决议案须得出席委员过半数同意。

五、委员会之决议事项交由经理执行，其有关本规则第三条（戊）项者，须提请在台股东会议决定之。

六、委员会遇有必要时得请股东及职员到会征询意见。

七、本规则之订定及修改经在台股东会议决定之。

按该委员会仅系顾问性质，并非权力机构。由于商馆在台并无董事一人，脱离大陆而独立之台湾商务印书馆全由原分馆经理一人主持，遇事无可商承，乃由赵经理邀集在台股东座谈，结果成立此一机构，只有提供意见之权，并无监督经理人之权责。当经推定余

为主任委员。

本年台湾商务印书馆营业额为新台币一 四〇一 〇三三
元有奇，盈余数为九九 八〇七元有奇，每股借支股
利仍为五元，共借支二三 四二九元有奇。

公元一九五四年，甲午，本年余出任"考试院副院长"，
以公务员身分，不便兼任台湾商务印书馆业务计划委
员会主任委员，经即辞职，改推股东王秉钧为主任委
员。又余所任委员一席一并辞去。

本年台湾商务印书馆印制重版书三十九种，初版书三十
四种。

本年商务印书馆营业额为新台币九一七 七〇四元有奇。
盈余数为三五 八三〇元有奇，每股借发股息仍为五
元。

公元一九五五年，乙未，九月廿七日"总统府"举行孔
诞纪念会，余以"考试院副院长"之地位奉命报告
《孔子与教育》其文如左：

孔子与教育

在教师节而谈孔子的学说，最好是专谈孔子与教育的关系。孔

子是多方面的大人物；他是政治家、著述家、哲学家和教育家，而且在任何一方面都影响于后世很大。一般人称他为万世师表；的确，他所倡的学说，不仅适合于二千五百年前，即在今日与长久的将来也同样的适用。崔东壁在洙泗考信录中称，圣门中知圣人者莫如颜渊、子贡；七十子以后，知圣人者莫如孟子。论语子罕篇："颜渊喟然叹曰：'仰之弥高，钻之弥坚，瞻之在前，忽焉在后；夫子循循然善诱人，博我以文，约我以礼，欲罢不能。'……"孟子万章篇下："伯夷，圣之清者也；伊尹，圣之任者也；柳下惠，圣之和者也；孔子，圣之时者也，孔子之谓集大成……"由颜渊之言可知孔子对教育贡献之梗概；由孟子之言，可知孔子为多方面之完人。即专就教育而言，孔子也是多方面的。兹请从教育的各方面略述孔子的主张。

教育的目的：兼顾知识行为品德

一、目的——孔子设施教育之目的，首在发展生徒的优良天性，俾形成其完美的人格，使适于处世。这样的教育，有如现代之所谓人格教育。论语述而篇："子以四教，文、行、忠、信。"大戴礼权卫将军文子篇中有"吾闻夫子之施教也，先以诗书，导之孝悌，说之以义，而观之礼……"此殆为孔子四教的注脚，四教之第一字"文"指诗书，第二字"行"谓孝悌顺礼，第三四字"忠"与"信"则属于义，盖诗是古人歌咏心境之句，书是收集前代的诏敕誓诰，由此可以获得古圣的教言与古人陶冶性情的资料，故孔子以为生徒的教科书。但古诗纯驳不一，为使其成为纯粹的优良读物，实有删订之必要。故孔子有删订古诗为三百零五篇之举。第二字"行"，据大戴礼的说明，含有孝悌，也就是顺礼之意，这就是说，一举一动要当于礼。此外，则"忠"字从"中"从"心"，"信"字从"人"，从"言"，指人履行其对人的诺言，寓有不欺罔之意。这正如曾子所说："吾日三省吾身：为人谋而不忠乎？与朋友交而不信

乎？……"同时，论语学而篇称："弟子入则孝，出则弟，谨则信，泛爱众，而亲仁，行有余力，则以学文"，也就是文行忠信四教的解说。一言以蔽之，"文"指知识；"行"指行为；"忠信"指品德。是则孔子设教之目的，实兼顾知识、行为与品德三者。

教学的分析：有六艺与四科之别

二、教科——孔子本此目的，所设科目有六艺与四科之别。六艺为普通科目，即礼、乐、射、御、书、数六项课程。这并不是孔子所创制，而是因循彼时传统上的设施。其中"礼"为行为的规律，"乐"备性情的陶冶，属于精神方面；"射"为武术，"御"为技能，属于技术方面，同时兼寓体育的作用；"书、数"为求知之工具，则属于知识方面。

四科为专修科目。论语先进篇："德行：颜渊、闵子篇、冉伯牛、仲弓；言语：宰我、子贡；政事：冉有、季路；文学：子游，子夏。"其中德行、言语、政事、文学四种专科，皆就孔门身通六艺之人而以其专长分科者。孔子之学在做人，所以德行列第一；言语列第二者，以孔子之时，列国并立，做官的人常要出国办理外交，故言语极受重视；政事指具有政治学识而能从政的人才，文学则指精读诗书，擅长典则之人。因此，这四种仿佛是现在大学校的哲学、外交、政治和文学四系。

教育的主义：人格公民教育兼顾

三、主义——本来古代的教育都是个人主义的，无论中外，莫不如此。荀卿说"君子之学也，以美其身"。西洋自古希腊苏格拉底等三哲以迄十七世纪末之教育家如洛克（John Locke）等，殆皆以个人主义为教育基础。至十八九世纪之交，裴斯塔洛齐（Pestalozzi）与赫尔巴特（Johann Herbart）等始转向于社会性。美国杜威教授（John Dewey）更强调教育之社会化。然而远在西元前六世纪之孔

子，其所设施之教育，除以完成个人人格为主外，竟能兼顾社会化之公民教育。论语："善人教民七年，亦可以即戎矣。"朱注："所教之事，不仅战术，尚有孝悌忠信之行，务农之法，使民知亲其上，死其长，故能力战。"又论语为政篇："举直错诸枉，则民服；举枉错诸直，则民不服。"程子曰："举错得宜，则人心服。"凡此皆超出个人人格的教育，而与国家的兴替攸关，自属公民教育之范围，而孔子在二千五百年前已考虑及之。

教育的通则：机会均等，有教无类

四、教育通则——孔子之设教，在使人人皆有受教育的均等机会，论语卫灵公篇："子曰：'有教无类。'"就是说不分贫富，不分贵贱，不分智愚，贤不肖，凡来学者，无不使有受教的机会。论语述而篇："自行束脩以上，吾未尝无诲焉。"其意是说，"有人以己为师，只要送过拜师的礼物，纵使他的礼物微薄至一束的肉条，总是一样的教诲"。因此，贫如颜渊亦得及门受业。

孔子一方面要推广教育，使人人本受教育的机会，另一方面却要从事教育的人生活简朴。论语述而篇："饭蔬食饮水，曲肱而枕之，乐亦在其中矣。"他为着避免分心，也不赞同从事于学问或教育之人兼治其他的生计。故论语先进篇有：

"回也，其庶乎，屡空。赐不受命，而货殖焉，亿则屡中。"这一段赞扬颜回的乐道安贫，而对于子贡之不能听天由命，做生意发财，则有微词。

孔子对于教师的资格，注重教学相长。论语述而篇："子曰：'默而识之，学而不厌，诲人不倦，何有于我哉。'"又："若圣与仁，则吾岂敢；抑为之不厌，诲人不倦，则可谓云尔已矣。"两说实互相发明。

为学的道理：不自欺，有兴趣。

五、为学——孔子对于为学，首在不自欺。论语为政篇："由！诲女，知之乎？知之为知之，不知为不知，是知也。"次言为学之目的，在完成自己的人格，而不见知于人。论语宪问篇："古之学者为己，今之学者为人。"对于为学之道，首须鼓起其兴趣。论语雍也篇："知之者不如好之者，好之者不如乐之者。"又论语述而篇："叶公问孔子于子路，子路不对。子曰：'女奚不曰，其为人也，发愤忘食，乐以忘忧，不知老之将至云尔。'"由于为学感觉兴趣，自然可以忘食忘忧，而且做到老，学到老。又由于为学有了兴趣，则于为学之外，温饱安乐均所不计。论语学而篇："君子食无求饱，居无求安，敏于事而慎于言，就有道而正焉，可谓好学也已。"又论语雍也篇："子曰：'贤哉回也，一箪食，一瓢饮，在陋巷，人不堪其忧，回也，不改其乐，贤哉回也！'"

为学的方法：注重怀疑，符合科学

孔子对于为学的方法，注重怀疑。论语卫灵公篇："子曰：'不曰如之何，如之何者，吾末如之何也已矣！'"那就是说，遇事不肯考虑其"怎样办呢，怎样办呢"而谋改进之道，则虽圣人也无法使之有进步。其次，便是利用思考和学习。论语为政篇："学而不思则罔，思而不学则殆。"又论语卫灵公篇，"子曰：'吾尝终日不食，终夜不寝，以思无益，不如学也。'"这是为思而不学者之戒。盖孔子主张思考与学习必须并行也。

孔子主张为学的方法还有与现代西洋所称科学方法奇合之处。中庸："博学之，审问之，慎思之，明辨之，笃行之。"除笃行一步系属于实行，而不是研究的方法外，其他博学、审问、慎思、明辨四步骤均切合现代的科学方法。博学是把有关资料尽量收集，为科学方法的初步。审问如用现代的言词来解释，便是科学方法中的观察或试验步骤。明辨则包括有科学方法中的分析、综合、比较等步

骤。

为学的态度：学如不及，犹恐失之

次言为学态度，论语泰伯篇："子曰：'学如不及，犹恐失之。'"如不及，故"日知其所亡"；犹恐失之，故"月无忘其所能"。有了这种态度，故论语学而篇有"学而时习之，不亦乐乎"之语，而论语为政篇也有"温故而知新，可以为师矣"之句。最后孔子强调为学须勤，不可过分依赖聪明。论语述而篇："子曰：'我非生而知之者，好古敏以求之者也。'"又季子篇："生而知之者上也；学而知之者次也；困而学之又其次也；困而不学，民斯为下矣。"此与中庸所称"或生而知之，或学而知之，或困而知之，及其知之一也"可以互相发明。

孔子在阐述为学之益以后，还补述不好学之敝。论语阳货篇："子曰：'由也，女闻六言六蔽矣乎？'对曰'未也'。'居！吾语女！好仁不好学，其蔽也愚；好知不好学，其蔽也荡；好信不好学，其蔽也贼；好直不好学，其蔽也绞；好勇不好学，其蔽也乱；好刚不好学，其蔽也狂。'"以上所说仁、知、信、直、勇、刚六言皆系美德，然徒好之而不学以明其理，则各有所障蔽而不能通明，而发生愚、荡、贼、绞、乱、狂诸恶果。

教学的原则：性相近也，习相远也

六、教学——孔子对于教学之出发点，如论语雍也篇所称，"己欲立而立人，己欲达而达人"，系出自仁者推己及人之意。其教学原则可从论语阳货篇"性，相近也；习，相远也"二语得其大要。孔子说人性是彼此相近的，不像后来孟子所主张人性是善的，或荀子所主张人性是恶的。他认为天生性质，善恶相差不远，只是处在某种环境里便不免染了某种习惯，例如在善良的环境里长成，就有善的习惯；在恶浊的环境里长成，就有恶的习惯。因此，人性便因习

惯之不同而渐渐相远。他的意思是要借优良的环境，养成优良的习惯，这样改善习惯的方法，便是教育。因此，负教学之责任者，就是教师，首先要实施现代之所谓身教。换句话说，就是以身作则的示范教育。论语子路，"其身正，不令而行，其身不正，虽令不从"便是此意。又阳货篇："子曰：'予欲无言。'子贡曰：'子如不言，则小子何述焉？'子曰：'天何言哉？四时行焉，百物生焉。天何言哉！'"这表示孔子注重身教，恐弟子徒于言语求之，故曰，予欲无言。盖圣人一动一静，莫非妙道精义之发，正由天道之无为而成物也。又论语述而篇："二三子以我为隐乎？吾无隐乎尔！吾无行而不与二三子者，是丘也。"此与"予欲无言"一章可以相互发明。盖注重身教者，言不在多，在孔子认为已足以表达者，其门弟子尚有认为未足，故以此言告之。欲其于言辞之外，兼注意于示范之教也。但孔子虽重身教，要使弟子于日常言行中领会至理，其引导弟子为学之方，殊能依序渐进。此正如上文颜渊所述的"循循然善诱人"，与庄子田子方篇"颜渊曰：'夫子步亦步，夫子趋亦趋，夫子驰亦驰，夫子既奔驰绝尘，而回瞠若乎后矣'"两说亦可互相发明。

教学的方法：因材施教，强调自助

孔子之教学，注重因材施教，论语雍也篇："子曰：'中人以上，可以语上也；中人以下，不可以语上也。'"他不仅因材施教，而且还针对其门弟子的个性，而予以不同的教导。论语先进篇："子路问：'闻斯行诸？'子曰：'有父兄在，如之何其闻斯行之？'冉有问：'闻斯行诸？'子曰：'闻斯行之。'公西华曰：'由也问闻斯行诸，子曰，有父兄在，求也问闻斯行诸，子曰，闻斯行之；赤也惑，敢问。'子曰：'求也退，故进之；由也兼人，故退之。'"上文子路所问与冉有相同，而孔子答子路则说："有父兄在，应当先请示于父兄，然后去做，哪里可以一听见就去做呢？"答冉有，则说："听见

了，就去做罢。"原来是冉有做事有些畏缩，所以教他上紧一些；子路勇往直前，故教他退一步，先请教父兄，然后去做。孔子教人不仅因材施教与因个性而异，而且对于下愚之人，简直不懂得如何发问者，竟不惮加以反问，以尽其教导的最大能力。论语子罕篇："有鄙夫问于我，空空如也，我叩其两端而竭焉。"其意即谓就事之正反两面从事于反问，以启发之。

孔子的教法是要使生徒质疑问难，互相启发。这样不仅对生徒有益，对教师也有助。论语先进篇："子曰：'回也，非助我者也，于吾言无所不说。'"盖颜回对孔子之言，均能默识心通，无所疑问，也就是无不悦服。这样一位特别优异的学生，孔子在平时称许备至者，此时若有憾焉；其意是说这样的学生固然很好，却不能使教师因学生之质疑问难而收教学相长之益。孔子的教法还要使生徒能自助，以收触类旁通之效。论语述而篇："举一隅，不以三隅反，则不复也。"意谓物之四边相同者，举其一，应即知其三，如果生徒不能就此已知之一边和其他相同的三边相印证，那就用不着再教他。这与孔子诲人不倦之精神并无冲突；但对于能用心思之生徒固然诲之不倦，若毫不用心，专赖教师说一即一，说二即二者，正如学记所谓："语之而不知，虽舍之可也。"

伟大的孔子教育思想：中外同尊

孔子对于青年之期望至大，因他们年富力强，进德修业，未可限量，大有后来居上的希望，但如青年们不能及时努力，到了四五十岁，仍无学问道德上的声誉，那就不见得有何希望了。论语子罕篇："子曰：'后生可畏，焉知来者之不如今也；四十五十而无闻焉，斯亦不足畏也矣。'"在另一方面，他对于借词怠惰的弟子却不稍宽假，论语雍也篇："冉求曰：'非不悦子之道，力不足也。'子曰：'力不足者，中道而废，今女画。'"其意思是说，尽了最大的努力而

力不足者，不得已而中途停止，尚可原谅，但未作最大努力而自认力不足者，那就是自己画了一个界限，是要不得的。

总之，孔子为我国最早的教育家和思想家，而且是东方最伟大的教育家和教育思想家。以成就言，他以一身而造就门人七十二，弟子三千，其门人在各方面皆有重大的表现，他仿佛是首先在中国史上开创了一所最成功的私立大学校。以影响言，他的教育思想，一脉相传，迄今约二千五百年，仍与现代教育思想不悖，而且不仅适合于现代的中国，事实上已久为东方国家如日、韩、越南等国所奉行，而自东西交通以来，孔子之教育思想亦渐传于西方国家，而博得广大的尊崇。

（一九五五年九月廿七日在"总统府"孔子诞辰纪念会讲）

本年十一月十二日为国父九十诞辰，在台朝野人士集议编纪念专册，余应邀撰文乃以国父与人民教育机会之平等为题，撰述如左：

国父孙先生对于教育上的一个重要主张，就是人民受教育须有平等机会。此一主张已为中华民国宪法所采取，除在第二章关于人民之权利义务者，以第二十一条明定"人民有受国民教育之权利与义务"外，更于第十三章基本国策下，以第一百五十九条明定"国民受教育之机会一律平等"。前者虽以国民教育为范围，后者则及于各级之教育；盖紧接第一百五十九条下之第一百六十条明定"六岁至十二岁之学龄儿童一律受基本教育，免纳学费"；而第一百六十一条则另行规定"各级政府应广设奖学金名额，以扶助学行俱优无力升学之学生"；其升学范围当然括有各级之教育，即大学研究所亦不当视为例外也。

依照国父遗教之原则与宪法制定之原意，要实现教育机会之平

等，各级政府除广设奖学金名额，以积极扶助学行俱优无力升学之学生外，消极上应否使学行俱优之学生，在升学上不至遭遇任何非必要之障碍，这本来不当成为问题；然而事实上是否如此，却值得我人一加检讨。查升学之关键括有（一）由国民学校毕业升入初中或初职；（二）由初中毕业或同等学力升入高中、高职或师范；（三）由高中毕业或同等学力者升入大学或专科学校；（四）由大学毕业或同等学力者升入研究所各阶段。在这些历程中，按照现行的事实，不免面对着左列的两个问题：

（一）可供升学之学校是否充分？

（二）同等学力是否构成有效的升学条件？

对于第一问题，则据一九五三年第二学期之统计观之，〔删8字。——编注〕台湾省国民学校在学生一〇四九 九二三人，应届毕业生一四五 九四三人。初级中学在学生八三 三六九人，应届毕业生一八 二五〇人；初级职业学校在学生二九 五五三，应届毕业生六 八二六人；以上初中阶段在学生共一一二 九二二人。高级中学在学生二一 二〇五人，应届毕业生五 八〇八人；高级职业学校在学生一五 六一二人，应届毕业生四 三三六人；师范学校在学生五 九九一人，应届毕业生一 六四八人；以上高中阶段在学生共四二 八〇八人，应届毕业生一一 八八九人。大学校在学生四 一九七人，独立学院在学生三 四二三人，专科学校在学生三 九九三人。按照上列的在学生及应届毕业生数字，假使暂时不增减班数，并假定按照可供升学各级学校修业年数，四年者每年招新生等于其在学生数四分之一，三年者三分之一，二年者二分之一：如此则初级中学可招新生二七 七五六人，初级职业学校九 八五一人；以上初中阶段共招新生三七 六〇七人。高级中学可招新生七 〇六八人，高级职业学校五 〇二四人，师范学校一 四九八人；以上高中阶段共招新生一三 五九〇人。大学

校可招新生一〇四九人，独立学院八五六人，专科学校一九九六人；以上大专学校共招新生三九〇一人。兹再就各级应届毕业生数与其高一级共招新生之数相比，则国民学校毕业生得升初中阶段各种学校者仅百分之二十六弱，虽闻一九五四年度就预算方面估计，此项百分比可升至三十一，仍嫌过小。初中阶段除初职以不升学为原则外，单就初级中学应届毕业生一八二五〇人计，其得升高中阶段各种学校者为百分之七十五强，即连同初级职业毕业生一律升学，其得升学之百分数亦为百分之五十四。至高中阶段，如专以高级中学应届毕业生数与大专学校共招新生数比较，其得升学者占百分之六十七强。除师范毕业生必须服务，高级职业学校生以不升学为原则外，即间有少数升学者，为数亦极微，将仍使高中阶段毕业生得升学的百分比保持在六十以上。由是观之，现在〔删4字。——编注〕之各级学校毕业生，升学机会最少者莫如国民学校；然而国校毕业年甫十二岁左右，在一般家庭中，就业尚嫌过早，而由十二岁迄于初中毕业之十五岁，在许多国家尚属于义务教育之年龄，在我〔删1字。——编注〕则升学机会仅得百分之二十六乃至三十一，较诸高中阶段毕业生之升学机会在六十以上者仅得其半，真可谓轻重倒置。

要矫正上述之弊，当然以增设初级中学为正当途径；但是增设学校需要经费，而经费并不是毫无限制，可以予取予求的。因此，增加国校毕业生升学机会的方法便不能专走一道平直的路线，在尽可能增设初级中学校以外，还得兼采曲线和平行线。我以为不妨在各县市的适中地点选定国校各一所增设国校继续班一二年，其程度与初级中学校之一二年级相等，俾现有初中不敷容纳之国校毕业生可在此获得继续修学之机会；试办一二年后，斟酌情形，或将继续班扩充为初中，或使曾修业于继续班一二年级者转入其附近新设或

扩大的初级中学校，以修毕初中的全部课程，此一法也。至于原有初级中学应尽量扩大，增设新班；原有高级中学或两级中学，其高级设备较差，程度较逊者，当使之改办或专办初中，借此以增加初中的新班。亦一法也。

以上系指大陆尚未"光复"以前，专就台湾一地的教育而言，至大陆"光复"后，由于全国幅员之广，各省区经济教育情形颇相悬殊，如有修正宪法之可能机会，则宪法第一百六十条所定六岁至十二岁之学龄儿童一律受基本教育之硬性规定，似有重行考虑之必要，则因某些地区对六年之义务教育固感不足，而在其他地区，对于六年或不免嫌其过长，不如修正为"自满六岁起应受基本教育，其时期由四年至八年，由各省各县自治法规定之"，具有伸缩余地，更合国情也。

对于第二问题，即同等学力是否构成有效的升学条件之问题，乍听起来，似乎是不成问题的；因为各级学校既有同等学力得经试验而升学之规定，则除国民学校为义务教育，所有供其升学之各种学校，碍难容许无正当理由而未完成义务教育者借同等学力以投考外，其他各阶段可供升学之学校，如高中、大学，甚至大学研究所，自不当拒绝同等学力者之投考。然而在现行教育的措施上，高中准许投考之同等学力者，限于曾在初中肄业二年，因故辍学自修一年以上之人；大学准许投考之同等学力者，则限于曾在高中肄业二年，因故辍学自修一年以上之人。是则虽有同等学力之名，实际上仅特许减少一年的学校修业，甚至经历的年限也不减少，照这般的所谓同等学力，无宁直截了当称之为"同等学年"；盖现在的学校教育仍然是不折不扣的"毕年主义"，只要学生在学校混过了一定的年数，便因毕年而认为毕业。反之，因贫苦而中途辍学自修，且真是学行俱优者，不仅未能试验其学力，借自修而补偿其损失之学年，甚至

依照同等学力之规定，投考升学亦所不许。这样的措施是否与教育机会平等的原则不相悖呢？

十八世纪法国名学者狄德罗氏（Diderot）对于大学校的性质曾作如下的精当说明：

> 大学校是一个教育机关，对于全国任何阶级的青年都是开放的。这里的教师是由国家给薪，要使学生知道各种科学的常识。这学校应当对于任何阶级都是开放的；因为茅舍和其他平民的居室与大厦比较起来，约为万与一之比，而天才和有好德性的人则为千与一之比，但这种人多半出于茅舍，而不出于大厦。

我们试检讨一下，由小学始业而至大学毕业，需时至少十六年，这十六年以上的教育费断然不是栖息于茅舍中的家庭所能负担；纵然奖学金额经大量设置后，可以解决学生本人在校中的学膳宿费，然对于家贫而必须提前就业赡家之十余岁的儿童，仍无法使之享受奖学金的利益，况且许多读毕国民学校的儿童，或为家庭环境所迫，或因本人初时意志未定，经过一段长期就业或半工半读的时日，彼时对学问已感兴趣，已有相当进步，并已筹得赡家费用，于是决计升学，以期研究专门学问者，无论在我国或任何国家均大有人在。对于这样一类的人，在我国现制度之下，纵然具有获得奖学金的能力，甚至无需奖学金亦能自给者，他们若没有中学毕业证书，也不合我国现行之所谓"同等学力"条件，试问他们怎样可以利用教育上的平等机会，而得入大学校之门？于是入大学校之门，而享受高等教育的机会者可能尽为按部就班的学生，也就是中等家庭以上的子女，于是狄德罗所指多半出于茅舍的天才和具有好德性之人物，将无从充分发展其天才与利用其德性。这不仅对于个人为不公平，即在国家，因一部分具有天才与德性的国民没有机会享受高等教育，

致不能发生充分的效用，实在也是重大的损失。

国家的重大损失姑不置论，专就公平之原则言之，则民主立宪的国家，当使全民在法律上、政治上与经济上平等；然而受高等教育的机会苟不能平等，则至少在政治上与经济上之平等等于空言。在任何国家，对于社会上与公务上的高层职务多重视学历，而我国尤甚。一个具有天才与求学志愿的人，如因家贫中途辍学，经过相当时期的刻苦自修，而欲考升大学以完成其高等教育者，纵有奖学金额，甚至不需要奖学金额，竟为升学资格所限制，致不能达其升学之目的，则不仅由于许多专门科目不是自修所能达成，因而丧失了在学问上上进的机会，而且还因学历的关系，连带被剥夺了在社会上与公务上担任高层职务之机会。反之，一位富家子女，因能按部就班升学，不问其天才与为学志愿如何薄弱，只要满足了学生的需求，便侥幸因"毕年"而毕业，又因符合了学历的需求，也就在社会上与公务上爬到高层的地位。两相比较，其不平孰甚，其与教育机会平等的原意又相去几何？

我国自秦汉以迄清代，政制表面上虽为独裁，然而全国人民，不问贫富，人人皆有参政机会，即借考试而登庸，而构成国家实际上之统治阶级。明清两代，采学校和科举并行制；其相当于小学之私塾教育，纯属自由；相当于中学之府州县学，则为乡试必需经过之一段学校修业；相当于大学之国子监则入与不入均无碍于出路。故专赖自修为学者，只需经过府州县学的一个短短和间歇的修业阶段（明清后期的例监捐监简直使若干人把这一阶段也免除了），便可经考试而达登庸之目的。所谓"朝为田舍郎，暮登天子堂"，便是此意。但是前代所修习的科目简单，自不难借自修或私塾教育而达成；现代教育的科目远较复杂，其中许多科目端赖学校设教，不是自修所能为力。如果把学校之门关得太紧，使有志之士而不合现定资格

者不得其门而入，那就不仅使其人丧失对学问的上进机会，也就使许多人连带丧失了服公职与担任专门职业的机会，岂不是较前代犹不如吗？

现在请略举外国升学情形，以资比较。英国的高等教育，夙以优良著称于世，然其入学资格绝不限于中学毕业；凡没有肄业或毕业于中学校的青年一样可以投考。此不仅对于英国本土的考生为然，即对于殖民地，亦由著名大学校如伦敦大学等，每年以其弥封之入学试题，委托殖民地的教育机关举行入学试验，而应试者也。绝不以毕业于中学校者为限。香港便是显著而切近的例子。就香港各报纸的记载，每年伦敦大学在香港举行的入学试验，以香港中等学校之众多，而应试及格之人数，出自自修者恒占三分之一左右。在英国，甚至还有某些大学学科，准许经过入学试验及格的校外自修生参加各项考试，考试及格者授予学位。

战前的德国大学，虽以必需具有中学校毕业证书为入学的条件，但德国大学修学很自由，学生不一定要上讲堂功课，只要按期考试及格，论文获得通过，便可毕业，因此对于其准备阶段的中学教育不能不严格，中学毕业的过程也就必须履行，但中学校并不呆板限定修业的时期，不若我国之必须按年递升，故聪颖而有志之贫家子女，仍得借半工半读，或刻苦自修，而越级插入中学校的高年级，经短期之修学即可毕业。因此，在升学上虽未获得特别便利，而在中学肄业时固已获得不少的便利了。

美国的大学，则各州制度不一，大体说起来，并无非经中学校毕业不得入大学之硬性规定。加以美国还有许多夜间大学或专校，其入学更为方便，而所获得的学问和学历，也不下于日间设教的正规大学。于是无量数贫苦有志之士，均借此而成学与成名。试举我国人耳熟能详的两位人物为例。一是美国前任总统杜鲁门。幼年仅

肄业于其故乡独立镇的公立学校，即小学校。及长，担任农场及铁路银行种种职业；第一次大战从军退伍后，在堪萨斯城开设一家杂货店，于一九二三至一九二五年间以晚间余暇，考入堪萨斯市的法律学校夜间部，获得了法律的专科学识，卒于一九二六年至一九三四年间得任直克森郡法院的推事与首席推事；从此以后，一帆风顺，被选为参议员、副总统及总统。又一是美国科学管理的创作人泰勒尔氏。他还没有毕业于中学校，便到工厂中充当学徒，逐渐由工人而升工头，积多年的经验，又肯运用心思，于半工半读之后，更加入一所工业专校的夜间部，卒成为合格的工程师，而将其作始尚简的工作改进方法，发展为全系的科学管理。在美国，像这样的例子，真是不胜枚举。

以上是说大中学校的升学机会，至于大学研究所的升学机会，一般人较鲜注意，则因国内研究所尚不多，研究生人数亦无几；而未经毕业大学者亦鲜闻有请求加入研究所之事实。但自去年国立政治大学恢复研究所设置以后，由于"教育部"采取变通办法，虽明知学位授予法规定须获有学士学位者考入研究所，经若干年之研究，然后获取硕士学位，顾仍决定除大学毕业生，凡高考及格者亦得参加研究所之入学考试，因此而未经大学毕业得录取为研究生者颇不乏人。"教部"此举诚为贤明的措施；盖依教育机会平等之原则，具有同等学力者，自应准其升学，即研究所亦不当视为例外；况高考及格者，其程度往往超出大学毕业生以上，因最近数年高考的结果，大学毕业生应试者，平均十人只有一人及格，是及格者已等于大学毕业生之精华；其未经大学毕业而高考及格者，在学科的成绩上当亦与大学毕业而高考及格者相若。纵使未经大学毕业者之外国文程度未必可靠，然大学毕业生之外国文程度亦何尝尽佳，只要研究所在举行入学考试时重视外国文字，便不难于未经大学毕业而高考及

格之人群中获得适当之研究人选。但闻今年各大学研究所之招收研究生却取消了高考及格一项的考生，其殆以限于学位授予法，恐高考及格而未经大学毕业者，于研究期满后无法授予硕士学位乎？查学位授予法颁布于距今二十余年前，时移势易，并非一成而不可变；诚有变更之必要，亦未尝不可经过法定手续而修正之。即在未经修正以前，倘依该法之规定，不能授予硕士学位者，只要容许其有同等研究之机会，在研究期满，经过考试及审查论文合格后，仅给予毕业凭证，纵无硕士学位，亦复何伤？

总之，国父致力革命之目的，首在建立民主政治；而真正的民主政治能否实现，视乎人民所受的教育。人民受教育的机会平等，则人民在政治上始能真正平等。除基本教育应由人人同等享受外，其他各级教育，尤其是高等教育，应使具有志愿与适当学力之人，不问其财力如何，皆得有充分享受的机会，而不使成为特殊阶级的独占权利，夫然后在政治上始得谓为平等；他如经济上与社会上的平等，也都与教育的平等攸关，可勿赘论。

（一九五五年十一月为国父九十诞辰纪念集作）

本年台湾商务印书馆印制重版书五十九种，初版书十四种。

本年台湾商务书馆营业额八八九 二〇三元有奇，亏损八八 七一六元有奇，每股仍借发股息五元。

公元一九五六年，丙申，台湾商务书馆印制重版书七十五种，初版书二十四种。

本年台湾商务书馆营业额为一〇四四七三七元有奇，亏损一七一八元，每股借发股息七元五角，共借发三五一四三元。

公元一九五七年，丁酉，"中华民国"开始筹办博士班。

我国学位授予法早于民国二十年公布。其所规定之学位原分学士、硕士、博士三级；惟迄于本年各大学仅开办硕士班，得授硕士学位者亦寥寥无几。其原因不外对于博士学位过分慎重，当时会同办理博士学位之授予系由行政考试两院。自一九五四年"国立"政治大学复校，先办研究所，余受聘兼任研究所教授。亦限于授予硕士学位。至于博士学位之授予，除"两院"均主审慎办理外，技术上尚需由"两院"会同订定博士评定委员会规程。余认为二十馀年来迟迟未开办博士班，实属过分慎重。因即在"考试院"提案，先由"考试院"起草博士评定委员会规则，再行会商"行政院"。余为此故，曾撰有论文两篇，公开于社会如左：

（一）我国博士学位授予之研究

我国学位授予法于民国二十四年四月二十六日公布，二十四年七月一日施行。其中第二条规定学位分学士，硕士及博士三级。第三第四两条分别规定学士与硕士之授予，迄经实施在案。惟第五第六两条关于博士学位授予之规定，则迄今二十年尚未实施；此岂因我国授予博士学位之条件尚未具备欤？抑因［删2字。——编注］当局过分慎重，迟迟不敢执行欤？由于症结不在学士与硕士，而在博士，请专就此一项研讨之。

　　查博士一名，早为我国所固有。秦时尚系官名，掌通古今。汉武帝置五经博士，掌以五经教子弟，历代因之，成为教官。据续通志职官略二："唐制国子监太学、广文馆、门馆、律学、算学俱置博士。宋初置直讲八人，以京官选人充之。元丰三年，改国子监直讲为太学博士十人，分经讲授，考校释文，以德行道艺训导。又置律学博士、武学博士学谕各二人。"是其任务实近于专科的教授矣。

　　奇怪得很，在欧洲 Doctorate 一语之原始，亦指有资格任教师之人而言，间亦泛称卓越之学者，如 Thomas Aquinas 常被称为 Angelic Doctor 者是。其用于最高学府所授予之学位，则始于意大利之波洛拿 Bologna 大学，时在十一二世纪之交。次为稍后若干年之法国巴黎大学。据称在一一四五年始授博士。彼时只有博士一级的学位。迄于今，欧洲大多数国家仍只授博士一级的学位，其最显著而足为代表者系德国。凡在大学校经过了相当的研究程序，提出论文，考试及格者，皆得授予博士学位；但虽仅有此一学位，却按其成绩，分为四等：一为 Rite 意即合格者；二为 Cum laude，意即具有优异成绩者，犹言荣誉学位；三为 Magna Cum laude 意即具有特别优异成绩者，犹言高等荣誉学位；四为 Summa Cum laude，意即具有最优成绩者，犹言最荣誉学位。法国于此一级的学位以外，还有两个例外，一为研究神学者，得于获得博士学位以前，先授以 licentiate，犹言硕士之学位。二则获得讲师 Privatdozent 称号，即有资格在任何大学校从事讲演而收取学费者，亦视同一种学位。其他欧洲大陆的国家，大致与法国相若。

　　法国的学位，通常分为二级；其得充教员之学位为 Licentiate 即硕士；而较此更高之学位为 Doctorate 即博士。学位分为国家授予与大学校授予两种，英国的学位分为三级。其初级的学士 Bachelor 最先出现于十三世纪，初时不视为学位，仅视为具有研究博士或硕士

学位资格者之称号。但由于此一称号之条件在英国逐渐提高；于是在法国 baccalaureate 仅代表中等学校毕业程度者，在英国终获得初级学位的地位。又由于学士的称号日益专门化，它也就区分为种种不同的学士学位。著名大学如牛津、剑桥等于优异的学生，即成绩卓越者，并授予某科荣誉学士学位，仿佛像法国博士学位之按程度分等者然。英国第二级的学位，为硕士 Master，大都无需经过进一步的考试，仅于获得学士后，续经若干时日之研究与缴付若干费用者便可获得。其在苏格兰，则大学毕业生无需先得学士学位，便可径行获取硕士学位。

英国的博士学位，在十九世纪中叶以前，模仿罗马遗风；其候选人以拉丁文撰著论文，公开宣读，并自行辩护其主张，以答复同科之博士或他人对彼之批评。

美国的学位制度，介乎英德二国之间，系就英国之旧制，而参入德国的型式。除第一级之学士与第二级之硕士，仍照英制外，其博士学位颇仿德国。博士候选人须保持其论文之无懈可击，故由主试之教授逐项口试，以辩护所持立场或学说，确能言之成理者始得通过。其硕士学位之授予，必须先得学士学位，而续经一二年之研究，有须撰著论文者，亦有无需撰著者。惟硕士并非获取博士必经之途径。凡已取得学士学位者，不必经过硕士阶段，可以径行攻读博士科，但通常至少经过三年的研究。又各种学科均设三级学位，惟医学及牙医则仅设博士一级之学位，殆与德国相同。

无论哪一国，在正式学位之外，还有名誉学位之授予；而所谓名誉学位所授予者都是博士，而不是一二两级的学位。中古时代，教皇和神圣罗马帝国的皇帝，间亦以名誉博士授予于富有声望之人士。我国科举时代之举人进士，是否可以比拟西方之学位，固然还是一个问题，但如可视为与学位相等，则巧合得很。西方中古时代

曾由教皇或皇帝特授名誉博士者，在我国亦有帝王钦赐举人进士之例。清代开其端而为世人所熟知者莫如何焯。康熙四十一年清帝南巡，驻涿州时，由于巡抚李光地之推荐，召焯直南书房，明年赐举人，试礼部下第，复赐进士。是则名誉学位之授予，东西虽遥遥相对，却有相似之例也。其后欧美各国的大学也有授予名誉博士之举，甚至有几个博士的衔名如 Litt'D（文学博士），LLD（法学博士），DD（神学博士），都专作为名誉博士而授予的。

我国的学位授予采取三级制，表面与英美相同，而规定由国家统一授予则与日本初时相若，较法国之由国家与学校平行授予者，尤为严格。该法施行至今恰满二十年，而其第七条第二项所称："博士学位评定会之组织及博士学位考试细则由行政院会同考试院定之。"与同法第十一条所称"名誉博士学位之授予，另以法律定之。"此项细则连同评定会组织规程皆未订定。故在实行授予博士学位以前，博士学位评定会之组织规程，与博士学位考试细则均应先由行政院与考试院会同制定，而过去二十年间，因两院对于博士学位之授予，初时十分慎重，以国内大学研究所成立尚不多，且为时未久，遂迟迟有待。继因抗战军兴，学校转徙，图书仪器，大半丧失，研究环境多不适宜，不得不搁置。及复员以后，一度因授予原则，或由国家，或为学校，或专限于研究生，或不以研究生为限，两院之间意见未趋一致。嗣经国防最高委员会在三十六年四月十一日之决议，以"我国内各大学或独立学院之研究所迄未能均衡设置，复因战事影响，学术水准，又难遽即提高，若径由各校院自行审定授予，微特博士候选人一时产生不易，即学术标准，亦确定为难。最近二三十年间不如仍依现行法所定，由国家统一评定授予，较为得计……据上开理由，博士学位仍应依现行学位授予法之规定，由国家统一考试授予，不必更张"。原则既定，于是进一步由两院磋商博士

学位评定会组织规程与博士学位考试细则之起草。未几［删 10
字。——编注］，又复搁置。

现因［删 4 字。——编注］文教之发展渐有进步，研究风气亦
渐盛，校院研究所亦相继成立；于是实行授予博士之议复起。惟是
赞成早日实现者固多，而主张稍待者亦不乏人。笔者厕身"考试
院"，主持是项审查任务，窃认为今日实有积极准备授予博士学位之
必要，所持理由，计有左列两端：

一、博士程度原无固定标准。授予博士学位之作用，首在鼓励
研究。研究须经历相当程序，并接受相当辅导。辅导之责多赖研究
所，而研究程序亦多在研究院所，借其所供应之图书仪器而促进之。
经历了这些程序与接受了这些辅导，凡适于从事研究之人定然有些
心得，经过严格考试之后，证实其曾作充分研究而有相当心得者，
则授予学位以鼓励之。纵使初期获得学位之人未必遽能与学术水准
较高各国之人材比拟，然研究之车轮一经推动，自必日进不已。以
我国人之天赋与力学，留学外国者之成绩，恒列前茅，安见其在国
内研究者不能迎头赶上。此为借研究以推进研究之理，实至显明。
若过分慎重，认为提早授予博士学位，难免水准过低，则从另一想
象，不在国内提倡高深的研究，而惟留学外国是赖，则国内研究风
气永不能提倡，国内自行造就之人材亦将停滞于一定的水准，这哪
里是求学术独立与进步之道呢？任何一个国家在其开始授予博士学
位时，有些博士论文在今日观之固不免有可称为幼稚者，这又有什
么害处呢？人既不能不经过幼稚时期而渐臻于盛壮老成，学术亦何
尝不是如此呢？研究有如营养，人生幼稚可借营养而渐渐长成，学
术之幼稚亦惟有借研究而促其成长耳。

二、关于理工农医方面，犹可言高深研究所需之设备需费过多，
［删 2 字。——编注］一时未能充分准备，不如留学他国之便利。但

文法商教之研究对象恒以本国为主。其所需参考资料以图书杂志为要，搜罗设备亦较易。在这一方面若干问题之研究，且较在国外研究为方便。即理工农医方面，间亦不乏可在目前国内简陋设备之下而进行研究者。笔者绝不反对留学，但同时亦认为［删 2 字。——编注］非无可作高深研究之机会。然欲鼓励高深研究，则不可不对博士学位之授予，迅既超脱自卑感，与放弃过分慎重之态度。

以上两点，是笔者主张迅即实施博士学位授予法之全部，即积极筹备授予博士学位之主要理由。但笔者对于博士学位之授予虽不主张过分慎重，尤其是陷于自卑感之慎重，却绝对认为须尽最大可能的慎重。因此，对于学位授予法原定得为博士学位候选人之资格，首先注意研究其得失。查该法对此资格之规定如左：

　　第五条　依本法受有硕士学位，在前条所定研究院或研究所继续研究二年以上，经该院所查核成绩及格，提出于教育部审查许可者，得为博士学位候选人。

　　第六条　具有左列资格之一，经教育部审查合格者，亦得为博士学位候选人：

一、在学术上有特殊之著作或发明者。

二、曾任公立或立案之私立大学或独立学院教授三年以上者。

对于第五条的博士学位候选人资格，因系西方国家通例，凡为此项候选人者无不经过大学研究所相当时期之研究，其所定时期为获得硕士学位以后二年以上，亦与英美制度大致相当；所不同者因我国系采取博士由国家授予之制，故于经研究院所考核成绩合格后，须提出于教育部审查许可，始得为候选人。因此，笔者也就没有什么意见。

但是第六条的候选人资格便值得我们研讨了。查西方国家对于博士与名誉博士之授予，界限划得很清楚。博士必须由研究所出身，

经过相当时期的研究，然后提出论文，在论文提出后有口试，而在论文提出前往往尚须经过所谓适合资格的考试。至于著名教授学者不能履行这些过程及手续者，尽可授予名誉博士学位。于是许多第一流教授，其所造就之学生与为其助理之讲师助教等多拥有博士学位，而其本人除偶然获得名誉博士学位外，终其生只保持在学校攻读时所得的学士或硕士学位。此种情形在英国旧式的大学校，如剑桥大学牛津大学等尤为常见。笔者于民国三十二年访问英国时，曾作客于剑桥大学资格最老的英王学院院长施柏氏家中数日，他的学生和助手已得博士学位者数百人，而他自己任教授院长数十年仍没有获得博士，甚至名誉博士学位；因此人人，连同他的学生都称他为施柏先生，而施柏却称他自己许多的旧学生和现在的助手为博士，这不仅施氏为然，而且他的许多同事老教授，听说也还没有得到博士。此无他，盖表彰学问不一定靠博士学位，然博士学位之获得必须代表相当的研究过程也。对于博士学位之授予有一例外，即日本帝国大学校长得推荐校内的名教授为博士候选人而无需经过上项的研究过程，除由文部大臣予以否决者外，得径请博士会审议，我国学位授予法第六条第一款规定在学术上有特殊之著作或发明者亦得为博士学位候选人。其中之第二款殆即仿照日本成例而更从宽，第一款则比附此例。考试院在民国三十五年之主张，以博士候选人不应以学校研究所出身或收受者为限，即本此旨。

惟笔者之意，总觉博士学位未必能网罗一切有崇高学问之人，且亦无此必要。反之，如必以博士学位之有无为学术地位高下之衡量，同时又开一方便之门，则以善于用情之我国人，而握持审议准驳之权责，对于有地位之候选人既不易作公允的鉴衡，则冒滥殆将不免。盖研究所出身的博士候选人，年轻资浅，平时有导师指导，考试及评断论文均有教授鉴衡，知之有素，责之綦严，最后尚有处

于客观地位之博士评定委员会等机关为不偏不倚的决定。但以教授资格或特殊著作发明而获取博士候选地位之人，上焉者资望足与学术审议委员及博士评定委员颉颃，次焉者亦多在交游之列。本来奔竞之风不宜长，其在学术界尤应极力避免；然而学位授予法第六条第一二两款可能均有助长此风之嫌，此不能不慎重考虑者也。

就原则而言，学位授予法第六条之博士候选人资格似应有考虑删除之必要。惟该法自公布施行以来，迄今尚未全部实施，遽言修正，似亦非其时。幸而同法第七条第二项明定博士学位考试细则由行政院会同考试院定之。此项细则现在仅备草案，尚未正式制定，两院对此尽有伸缩余地。假使此项考试细则不分畛域，一律从严订定；加以同法第八条明定硕士学位及博士学位之候选人均须提出研究论文，即第六条资格之候选人亦无例外。只要考试细则规定具有第六条资格之一者，其所提出研究论文之审查与具有第五条资格者之研究论文，依同一手续，与同等严格，是则第六条之资格纵仍存在，已可免除轻率通过之弊。

不过具有第六条资格之论文审查既从严，则许多望重学粹之学者，而非经由研究所出身之人士，或不愿利用此一条之规定，而声请为博士候选人，故名誉博士之授予殆为必然的出路；对于教授或有特殊著作或发明者，如被认为值得授予博士学位，便可改授名誉博士。只是美国近来各大学滥授名誉博士之恶习务须极力避免，除专为值得授予博士学位而未依照必要的过程与手续者谋出路外，绝不作应酬之工具，以重名器，尤其是在月前正式博士学位由"国家"授予之时，名誉博士学位亦应专由"国家"授予。查学位授予法第十一条原规定"名誉博士学位之授予，另以法律定之"，二十年来，有关名誉博士学位授予法律迄未制定，现在经笔者之建议，业由"考试院"起草完毕，送征"行政院"同意后，即会同提请"立法

院"审议，以完成立法程序。此项名誉博士学位授予条例之草案因各国并无先例，不能不自我作始。几经研讨，始获定稿。虽寥寥数条，已将候选人资格，提名机构及议决机构三者审慎订定。

关于第一项候选人资格定为四项，计开：（一）对于人类幸福世界和平或民族文化有特殊贡献者；（二）在学术上有特殊之著作或发明者；（三）曾任"中央研究院"院士或在"教育部"或考试主管机关承认之国外大学得有博士学位者；（四）曾任公立或已立案之私立大学或独立学院教授十年以上著有成绩者。其中除第一项系依照世界通例外，其二、三、四各项皆以学术为主，而二、四两项且与学位授予法第六条第一二两款之资格相配合，盖皆具有博士候选人之资格，除须获得正式博士学位者应履行适当的程序外，其不愿履行适当程序者，亦不待自行声请，仅经由提名机构之推荐与议决机构之决议，亦可获得名誉博士学位。由于有此种种资格之限制，当然可以避免美国若干大学校滥授名誉博士之弊。

关于提名机构，经定为"考试院"会议，"中央研究院"评议会或"教育部"学术审议会之推荐而经由各该会应行出席人员三分之二以上之出席，出席过半数之无记名投票之可决。此三机构或为主持考试之会议，或为审议学术之会议，对于名誉博士之提名实甚适当，且须经过无记名投票之可决，亦甚慎重。

关于议决机构，则以博士学位评定会任之，以最后评定博士学位授予之机构，兼任名誉博士授予之评定，除前者需有论文以供审查及口试，后者则无需此外，实最适宜。而其决议应由该会评定委员三分之二出席，出席委员三分之二以上无记名投票之可决，亦极慎重之能事。以上述之提名机构，依据明定之资格，复经主管博士评定机构之最后评定，其不致冒滥，殆可断言。

（一九五七年四月交新生报发表）

（二）博士考

事有奇合者，莫如博士一词。我国宿有博士之官，而西洋流行 Doctor 一词，其始皆为教授之任。然至今日两词均用为最高之学位；而使此两词如是对译，则殆由东瀛人士之媒介。兹当行政、考试"两院"会同公布博士学位评定会组织规程及博士学位考试细则之际，正名定分，对于博士一词，似有略考其历史之必要。

一

博士之称，我国远在二千余年前经已使用。班固云：按六国时往往有博士，掌通古今。应劭汉官仪曰：博士秦官也；博者，博通古今；士者，辩于然否。汉书称：武帝建元五年，初置五经博士。其任务以五经授生徒为主，间复以其淹博之学识，备政府之问对与特别任使。例如孔光为博士，数使录冤狱，行风俗。后汉肇始，博士之分科任教，声誉卓著者，易则有施、孟、梁丘、京氏；尚书则有欧阳、大小夏侯；诗则有齐、鲁、韩诸家；礼则有大小戴；春秋公羊传则有严氏、颜氏；其时春秋左氏传尚未立学官也。嗣日益推广，增立学官既多，博士人数颇众；左氏春秋、毛诗、逸礼、古文尚书先后建立。平帝元始四年，改博士为博士师，后汉扩而充之；其于任教之名实尤符合。此犹专就太学而言也。

晋武帝咸宁二年更立国子学；北魏设四门学；隋立书、算二学；唐又增设律学及广文馆。共为七学，皆隶国子监。七学各有其专收之学生。据清吴翌凤灯窗丛录称：唐制，国子学学生七十二员，取三品以上子弟若孙为之；太学百四十员，取五品以上；四门学百三十员，取七品以上。此皆按阶级区分者也。至于律学、书学、算学，分别以专攻律令，文字及算学为对象；广文馆以攻进士业者为对象；则按所修学科而为区别者也。

关于唐代之学生人数，据通典卷五三礼一三，则国子学生徒三

百人，太学五百人，四门学千三百人，律学五十人，书学三十人，算学亦三十人，凡二千二百一十人；而广文馆不与焉。此则与吴氏之说不同者。

现代设学，或因应生徒之需求而延聘教师，或则师生同时并置。然汉代初置五经博士之时，尚未招致生徒，其所置博士，仿如现代之研究员，以研究其心得之经学为出发点；稍后，认为有传授所学之必要，自元朔五年（西元前一二四年）始为博士置弟子五十人，其后于初置五经博士之建元五年（西元前一三六年）者已十二年；斯亦类乎先有研究员而后招收研究生矣。据汉书儒林传："（博士弟子）复其身。太常择民十八以上仪状端正者补博士弟子。郡国县官有好文学、敬长上、肃政教、顺乡里、出入不悖，所闻令、相、长、丞上所属二千石，二千石察可者，常与计阶，诣太常，得受业如弟子。一岁皆辑课，能通一艺以上，补文学掌故缺，其高第可以为郎中。"

兹将两汉以来先后设置之各种博士，分别略于述叙如次：

五经博士，又称太学博士。武帝建元五年初置。宣帝黄龙元年稍增至十二人（见汉书卷一九上百官公卿表）。初，书惟有欧阳；礼，后；易，杨；春秋，公羊而已。至孝武世，复立大小夏侯尚书；大小戴礼；施、孟、梁丘易；谷梁春秋。至元帝世，复立京氏易；平帝时又立左氏春秋，毛诗，逸礼，古文尚书（见汉书卷八八儒林传赞）。大小夏侯谓夏侯胜及胜从兄子建也；京氏，京房也；严氏，谓严彭祖；颜氏，谓颜安乐也；大小戴，戴德、戴圣也（见两汉博闻卷十）。

国子博士，晋始置，以教国子学生徒。国子，周制也。晋武帝初立国子学。隋炀帝改为监，正官名祭酒，皆一位之元长。古者得主人馈，则长老一人举酒以祭地，故以祭酒为称。周封兄弟同姓，

成王时肜伯为祭酒，主亲属。秦汉因之。晋武帝始制国子祭酒、国子博士、助教（见明王三聘古今事物考卷四）。国子博士与五经博士或太学博士之差别，与其谓为设科之不同，无宁谓基于生徒之阶级；盖国子学学生皆为三品以上者之子弟，而太学学生则取五品以上也。惟是生徒阶级纵有差别，教授身分则无殊。晋江左增国子博士十六人，品服同太学博士（见通志二十职官略第四）。又元明所置博士皆不分国子学太学（见续通典卷二十一职官九）。

四门博士，据后魏书刘芳表示："太和二十年立四门博士，于四门置学。按礼记称：天子设四学。郑玄注：四郊之虞庠也；今以其辽远，故置于四门，请移与太学同处。"从之，是为四门博士之始。其后，北齐置四门博士二十人，隋五人，唐三人。其设教亦以经学为主，与五经博士及国子博士之差别，亦仅在生徒之阶级耳。其所掌为七品以上侯伯子男之子为生及庶人子为生者。元和中，韩愈为四门博士，才高数黜，官又下迁，乃作进学解以自喻（见续通典卷三十一职官九）。

律学博士，晋始置，属廷尉。梁曰胄子律博士，属廷尉。陈亦有律博士八人。唐因之，初置一人，嗣增为三人，移属国学，掌教文武八品以下及庶人之子为生者。以律令为专业，格式法例兼习之（见通志卷五十四职官四），宋改置律学博士一人（见续通典卷三十一职官九）。

书学博士三人，唐置，掌教文武八品以下及庶人之子为生者，以石经、说文、字林为专业，余字书兼习之（见通典卷五十四职官四）。唐以后即不置（见通典卷三十一职官九）。

算学博士，隋始置。唐置二人，掌教文武八品以下及庶人之子为生者；二分其经以为之业。习九章、海岛、孙子、五曹、张丘建、夏阳侯、周髀等及缀术缉古之术（见通志卷五十四职官四）。及宋则

三分其经以为业。元丰七年，诏四选命通算学者许于吏部就试。其合格者上等除博士，中次者为学谕，隶太史局。崇宁三年令附于国子监。清改设算学馆。不置博士。雍正十二年设教习十二人。

广文馆博士四人，唐天宝九年置，掌领国子学生业进士者。宋、辽、金、元、明皆不置（见续通典卷三十一职官九）。

自宋以降，专科诸学，如广文馆、书学、算学与律学不复置；而太学、国子学与四门学亦并而为一。明代国子监设博士厅，置五经博士十五人，主讲说经义文字；南京国子监亦另设博士三人。清代则于国子监中置博士满汉各一人，掌阐明经说，以助教迪。盖由分科设教，一变而为共同施教者也。

上所举述诸博士，皆属国子监范围，然有两种特殊学校，不属于国子监者，亦置博士，特举述之：

（一）武学博士：宋庆历三年设置武学于武成王庙，以阮逸为教授。八月罢，以议者言今古名将如诸葛亮、羊祜、杜预等岂专学孙吴故也。熙宁五年枢密院言："古者出师，受成于学；文武弛张，其道一也。乞复置武学。"诏于武成庙置学。绍兴十六年诏修武学，掌以兵书、弓马、武艺诱诲学者。元丰官制行，以博士代教授。绍兴二十六年诏武学博士、学谕各置一员，内博士于文臣有出身或武举出身更预高选充其学谕差。后又除文臣之有出身者（见通考卷五十七职官十一）。

（二）宗学博士：元丰六年宗室令铄乞建宗学，诏从之，既而中辍。南渡初，建学嘉定，更新置四斋，后再增三斋。宗学博士，旧诸王宫大小学教授也。至道元年，太宗将为诸皇侄等师傅，执政谓环卫之官，亲王比当有降，乃以教授为名。咸平初，遂命诸王府官分典南北宅教授。南宅者，太祖太宗诸王之子孙处之，所谓睦亲宅也。崇宁五年又改称某王宫宗子博士，位国子博士之上。靖康之乱，

宗学遂废。绍兴四年始复置诸王官大小教授二员，隆兴省其一。嘉定九年十二月，复置宗学，改教授为博士。又置宗学谕一员，并隶宗正寺，在太常博士之下，谕在国子正之上。俸给赏典依国子博士（见通考卷五十七职官十一）。

诸博士，不论所属如何，皆有一共同点，即其下无不设助教若干人，称号固偶有不同，任务殆无差别，一以辅助博士施教为主：是则博士之以教授为专任，更可借此而获得旁证。

此外尚有若干种特殊之博士，其称号虽与任教为专业之博士相同，而任务则有别，请并述之：

一为太常博士，魏官也，魏文帝初置，晋因之。掌引导乘舆；王公以下应追谥者，则博士议定。端委佩玉，朝之大典，必于询度。历代皆有。隋有四人，唐因之；甚为清选。资位与补阙同，掌撰五礼仪注，导引乘舆，赞相祭祀，定诔谥及守祧庙等事（见通志二十略职官略第四）。

二为钦天监博士，清置。其中时宪科有满洲三人，汉军二人，汉人十有六人，掌推天行之度，验岁差以均节气。天文科亦置博士，满洲三人，汉人二人，登观象台，考仪器，以窥乾象。刻漏科则置博士汉人六人，掌调壶漏，测中星，审纬度，以诹时日（见清通志卷二十八职官六）。

三为翰林院五经博士，明代置十六人，清代二十六人，皆圣贤先儒之裔。明十六人中世袭者圣裔二人，其他则颜氏一人，曾氏一人，仲氏一人，孟氏一人，周氏一人，程氏一人，邵氏一人，张氏一人，朱氏二人，刘氏一人。清二十六人中则孔氏北宗一人，南宗一人，元圣周公，复圣颜氏，宗圣曾子，亚圣孟子，先贤仲子、闵子、冉子伯牛、冉子仲弓、端木子、言子、卜子、颛孙子、有子、周子明道、程子、张子、邵子后裔各一人，朱子后裔二人，先儒韩

子后裔一人，关氏后裔三人各掌奉祀之事（见续通志卷一百三十五职官略六，清通志卷六十七职官略四）。

四是圣裔太常博士一人，清置，掌奉圣泽书院祀（见清通志卷六十七职官略四）。

上述各种，虽具博士之名，然实际上或为专家之别称，如专司典礼之太常博士与专司历象之钦天监博士；又或为名誉之职衔，如圣贤后裔之五经博士及太常博士，皆与以任教为专业之博士不同也。

以上为中央机关所置之博士，然稽之史乘，亦不乏地方上之博士，为州郡所置，其性质虽与国子监各种博士不尽同，仍不失其为教授之意义。此类博士别为二种：

（一）州郡经学博士。汉郡国皆有文学掾。后汉光武问功臣曰：诸卿不遭际遇，自度爵禄何所至此乎？邓禹曰，臣少尝学问，可充郡文学。历代多阙。隋潘徽为州博士。唐府郡置经学博士各一人，掌以五经教授学生，多寒门鄙儒为之（见通志二十略职官六）。

（二）州郡医博士一人。唐开元十一年七月置。制每州写本草百一集验方与经史同行。其年九月御撰广济方五卷，颁行天下。贞元十二年二月御撰广利方五卷颁天下。自今后诸州府应阙医博士，宜令长史自访求遴试。有人艺业优长堪效者，即以其名申闻请行。已出身人及有前资官与正授；未出身人宜令权知，四考后州司与正授，吏部更不复选集（见通志二十略，职官略第六）。

二

兹就西文 Doctor 一词略溯其源。是词原出拉丁之 Doctorem，初为教授之意。依史则编制之牛津大字典曾列举其意义之演进顺次如下：（一）教师也；（二）擅长教授方法而适于教学者；（三）教会中之耆宿（Doctors of the Church），指以学术见重于世之早期神甫；（四）大学校养成适于任教之人，转而为在大学校任何学科中获得最

高学位者；（五）卓越之神道学者，卓越之法律学者；（六）医师。综此六义，一二均指教授，是其起源本为教授，与我国历代国子监博士之意相符。第三义指宗教上之耆宿，在我国尚无切合之比，必不得已，太常博士或近似焉。第四义由学校养成适于教授之人，而界于称号，则我国唐代七学中算学造就之学生，"就试合格者上等除博士"，亦颇相类。第五义为卓越学者之敬称，在西欧中古如 Thomas Aquinas 常被称为 Angelic Doctor 之例，在我国尚无可比拟。第六义则为专家之职位，西方以之称医师，而不论其曾否获得此一学位；在我国钦天监博士，虽非从事教授，以其需要专门学术无殊于专科之教授；界予博士职称，亦重视学术之道也。

　　Doctor 之最初应用于学位上，在十一二世纪之交，其时义大利之波洛拿大学最先授予此一学位。继之而起者为法国巴黎大学，时为十二世纪之中叶。英德等国踵随其后。美国为新兴国家，其授予学位，当然更后。欧洲各国学位与英美学位有一重大区别，即欧洲各国大都只授 Doctor 一级之学位，纵然法国学生在获得此学位以前经过考试有充当中学教员之资格者时先授 Licentiate 之称号。德国则研究神学者，于获取 Doctor 学位以前，亦得先授 Licentiate 称号。是则法德二国在有限的范围内，最多只授两级学位；若更严格言之，则授予唯一之学位以前，充其量只可多授一种称号。

　　英美现行学位分为 Doctor，Master 及 Bachelor 三级。除 Doctor 一级与欧洲各国完全相同外，Master 与欧洲各国之 Licentiate 似同而实异，盖英美之 Master 须于修毕大学三四年本科课程后继续研究一二年始获得之。此与德法两国学生尚未修毕大学课程，仅达成某阶段或经教师资格考试及格而授予者不同。又 Bachelor 称号或学位之获得，必须修毕大学三四年之课程者，与法国之 Baccalaureate（除法科外）仅代表中学校毕业程度者，尤异其趣。在英国，Bachelor 之称

号于十三世纪最初出现时，原非视同学位，仅认为具有攻读学位之资格者。但由于条件逐渐提高，终获得初级学位之地位，而在此初级学位与最终学位 Doctor 之间，亦逐渐构成一个中间的学位，而称之为 Master。

国家学术之兴衰，初不以其所采取之学位制度为准；然各国不同学位之高下，则未尝不可资以比较。以英美之 Bachelor 与法国之 Baccalaureate 相比，英美业已经过三四年之大学修业，除高等普通学识外，至少已获有初步的专门学识，自非法国之以毕业中学为原则者可比，纵然其中学程度或较高。因此英美之 Bachelor 不妨称为初级学位，即学士学位，而法国之 Baccalaureate 只能视同一种称号而已。又以英美之 Master 与德法之 Licentiate 相比，则英美业已经过四五年之大学修业，除于获得初级之学位时已有初步之专门训练外，更继续研究一年或二年，较之治神学者之中期考试及格或经过教师资格考试及格者，其在专门学识方面，大体亦较有进步。因此，英美之 Master 固不妨称为中级学位，即硕士学位，而德法两国之 Licentiate，或仅作为称号，或最多视同英美之初级学位。但 Doctor 无论在英美固视为最终之学位，即在德法亦视为惟一之学位。由于此一学位同为英美及欧陆各国领受学位者之终极目标，假使学位确为学术水准高低之有效衡量，似当就此一学位领受者的造诣相与比较，而不当就其他学位或称号相比。

此一终极的学位 Doctor，前此在西方含有教授之意义者，原为重视其学识高深，足以启迪后进也。然自十一二世纪以来渐引伸为代表研究程度的学位，浸而此一新形成之意义，竟取原有教授资格之意义而代之。迄于今，获得此终极学位之人因多有担任教授者，然任教授者则非必为具有此终极学位之人。此在英国旧式大学的老教授，其例尤为常见。盖因每一级学位，辄视其成绩，分为合格

（Rite），优异（Cum Laude），特优（Magna Cum Laude），最优（Sumna Cum Laude）四等。凡获得初级或中级学位，而成绩列最优等者，辄为母校留充助教，积资升至教授，而借其教学相长之造诣，不待最高学位之领受，已达于学术崇高之地位矣。此种特殊人材，除获有名誉学位之赠予外，鲜肯按部就班而争取最高之一学位者。于是最高学位与权威教授又往往歧为二途。

此种现状，不仅在西方为然，即在我国亦所常见。我国旧日之博士，教授也；我国旧日之进士，多数人视为代用之学位也。历代在国子监任教之博士，大都以其经术征用，未必尽为贡举出身之人，然其所训练之生徒，掇巍科而登高第者，屡见不一。即以唐代之广文馆而论，其所训练之学生，固以业进士者为主；此辈一经就试及第，即成进士；换言之，即获取相等于最高之学位，而为之师者，在出身上依然故我也。

最高学位之名词既由教授演进而来，宜其合而为一矣。顾其继续演进之结果，又发生二者分离之趋势，即其未来之演进究将如何，殆亦有一加探究之必要。

一管之见，窃以为衡量学问固不必视学位之有无与高低为准则；然学位之授予，则必须经过适当的研究与程序。任何国家，皆有特殊成就之人材，而无取乎按部就班之训练。但为养成大多数之人材，与建立系统的研究风气，则学位之授与，自应限于曾经相当时期与规定程序之研究者。因之，任何人，纵为权威之教授与卓越之专家，苟未经历适当之研究时期与程序，自不宜轻易授予学位；反之，经过相当时期与规定程序之研究者，纵不必为特异之人材，未尝不可授予学位。此与历代之学术大家，不尽为科第中人，如我国古昔之博士多非进士及第者，殆相符合。最近"行政考试两院"会同公布博士学位考试细则之制定，即基于此原则也。

三

Doctor 之译为博士，窃敢断言非出自我国之创意。我国夙以举人、进士代替西方之学位，而视博士为一种教官，且因使用博士称号者尚有太常博士及钦天监博士，甚至不专以教官视之。职是之故，西人之研究我国文字学术者，亦同具此观念。余童年读广学会出版之美国李佳白及林乐知等著作，无不自署为美国进士，则以进士视为 Doctor 之当然译名也。我国中英文对照之字典，最早出者莫如邝其照之华英字典，余童年读英文恒利用此书，其所译 Doctor 一词，除通称之医生外，兼译为进士。清末京师大学堂开办，其所定通儒院（大学毕业后之研究院）毕业生之出身亦为进士。又留学毕业生考试，在授予翰林院编检、主事、中书、知县等官阶以前，仍给予等于学位之进士、举人出身。凡此皆足证我国对于西洋 Doctor，Master，Bachelor 之旧译，不外为进士、举人、秀才也。

其后改译 Doctor 为博士，Master 为硕士，Bachelor 为学士，无疑是采取日人之译名。日本之开始授予学位，远在我国以前，其学位分为学士、博士二级。依我国历代之官制，学士官阶恒高于博士，如此轻重倒置，或非我国原译所当采；日人则无此拘束。博士在我国旧日，除若干例外，殆为教授之别称。日人使用汉名既较自由，间或能保持古义，与 Doctor 在欧洲初时之应用，如出一辙，其取以对译，殆由于是。我国在甲午以后，遇事辄模仿日人，故于博士、学士两词悉采日译，不暇权其轻重，亦一时之风气。至于硕士，日人固无此学位，然以是词始见于我国五代史张居翰传《忠臣硕士日益疏》，原意为行端学博之士，今以之为中级学位，如为国人创译，似不无失当，度亦采自日译，故意义不免有此变更耳。

余因是有不能已于言者，近来国内流行许多新名词或翻译名词，国人以为传自日本者，其实多已见诸我国古籍。日本文化本由我国

东传，久而久之，我国随时代之变迁而不甚使用者，日人仍继续使用，但往往亦因时代之变迁与国情之殊异，表面虽仍其旧，意义不无变更。近数十年间又由日本回流于我国。国人觉此类名词生疏，辄视为日本所固有，似此数典而忘祖，殊非重视国粹之道。试举显著之数例。日之所谓"天皇"，始见于我国旧唐书高宗纪"改皇帝称天皇"；日之所谓"文部"，亦见于我国旧唐书百官志，盖即吏部之意；他如日之所谓"浪人"，则见柳宗元所撰李赤传；日之所谓"家督"，见史记越世家；日之所谓"配当"，见周礼地官疏；日之所谓"支配"，见北史唐邕传；日之所谓"印纸"，见旧唐书食货志；日之所谓"下女"，见楚辞；日之所谓"报道"，见李涉所为诗；日之所谓"意匠"，见杜甫所为诗。此外类是者不胜枚举，其意义或与我国古籍相若，或因转变而大相悬殊。十余年前，余曾集新名词三千七百有奇，刊为王云五新词典，逐一述其在我国古籍之来源本意，其中多数皆自日本回流，而为国人一般视为日本名词者。兹对于博士、硕士、学士名词之译定，平心而论，硕士、学士以我国古义考之均不甚适当，独博士一词，古义今译，无不吻合，尤以与 Doctor 一语之由教授演进为学位者，堪称奇合也。

（一九五七年八月为中国学术史论集作）

其时张晓峰（其昀）君任"教育部长"，"行政院"即以"考试院"起草之"博士评定委员会规则"交该部审议。张君与余同意，力赞其成；乃送请"立法院"备案。"立法院"亦表赞同；惟以博士之授予属于教育系统，不应由"考试院"兼理，乃决议取消"考试院"之参与，并将学位授予法予以修正通过施行。于是即由"教育部"召集一个学者教授组成之委员会，研究博士班应授之课程。余亦应邀参加。旋即决定由政大政治研究所，师大国文研究所，与台大历史研究所率先办理，除台大稍缓办理外，政大师大均立即开

办。其时政大博士班只有研究生一人，师大闻亦只一二人。经过三年政大之唯一博士研究生周道济经余及浦薛凤萨孟武教授会同指导，成为"中华民国"首先获得之"国家博士"，师大罗锦堂则稍迟数月评定通过，成为［删2字。——编注］第二位之"国家博士"。然作始虽简，将毕也巨。今则已开办博士班者除政大师大外，尚有台大清大交大成大及中国文化学院等十数研究所；其正在修博士学位者多至二百名左右。政大已正式授予法学博士者十五六人，其中由余指导者计十一人。

同年台湾商务印书馆重版书五十二种，初版书二十四种。

    此项修订仅限于制度或事实有变更者。

同年台湾商务书馆营业额为新台币一七五一九〇五元有奇。

同年台湾商务书馆在台修订（限于制度及事实有变更者）之辞源合订本发售预约。统计售出六千部。

是年盈余为一一九六一〇元有奇，每股借发股息为七元五角，共借发三五一四三元有奇。

公元一九五八年，戊戌，一月"教育部"中国大辞典编纂处之国音字辞交由台湾商务书馆印行。是书系原主编人汪怡晚年在台就其从大陆携来底稿，手自校订。包括异体字、简体字、俗字新字，方言用字及经籍所

见之字，洵为汇集单字最完备之注音字典。

本年台湾商务书馆重版书为十二种，初版书十七种。

本年台湾商务书馆营业额为新台币一 二八七 九〇七元有奇，盈余为一五 六五〇元有奇。每股借发股息仍为七元五角，共借发五六 一四三元有奇，因在台登记股数已增至七四八六股也。

同年十一月"总统府临时行政改革委员会"，在余主持之下，建议"总统"关于中等学校教科书之编审印行，其办法如下：

（一）现行标准本教科书，高初中国文、公民、历史、地理四种，应改称"部编教科书"，依前条规定修正。

（二）上述四科，除"部编教科外"，各书局亦得编辑，经"教育部"审定后，与"部编本"并行，听各学校自由采用。

（三）中学、师范学校之其他各教科书，由各书局聘请专家编辑，送"教育部"审定。

（四）"教育部"对于教科书编审，应有通盘计划，通知各书局，同一科目之教科书，不宜编辑过多，其销数较少，现在缺乏供应之教科书，亦应责成各书局分任编辑。

"教育部"应将"部编教科书"，分交曾出同科教科书之各书局印售，由"部"按每册售价，酌收编辑费，同时指定编辑销路较少，现在缺乏供应之某种教科书，就所收编辑费，予以补助。

以上建议案奉"总统批示"："交行政院转令教育部办理。本案同科审定本并行之议，应加研究；过去各书局所编之出版物甚多不妥。余以为中学教科书应一律用部编本，但准各书局刊行发售。如

何?"［此处"批示"依原本字样及标点照录，未做技术处理。——
编注］

　　嗣经"教育部"及"行政院"行政改革建议案研究小组之研
议，报请"行政院长"核夺后，卒采取曾出版同科教科书之各书局
计十一家，承印"部编本"，并限定售价，令缴"部编辑费"百分
之十五。并由"教育部"订定"部编本"中学教科书交由各书局刊
行实施办法，开始施行，嗣承印家数及办法每届约满重行订约时酌
有修正。

公元一九五九年，己亥，台湾商务印书馆重版书七十六
　　种，初版书十五种。
本年台湾商务印书馆营业额为新台币一 五六五 七四七
　　元有奇，盈余九一三 二三五元有奇。每股借发股息
　　仍为七元五角，共借发五六 一四三元有奇。

公元一九六〇年，庚子，三月台湾商务印书馆，因中国
　　古今地名大辞典出版于民国十八年，时越卅年，变迁
　　颇多，尤以台湾归还祖国，其地名多有变更，特聘舆
　　地学专家陈正祥教授代为修订，特别注重台湾部分，
　　引证解说，备极详赡。其新排续编部分多至一百十余
　　面。

同年台湾商务印书馆重版本五十二种，初版书二十一
　　种。

同年台湾商务印书馆营业额为新台币一 八二七 三一〇
　　元有奇，盈余二九九 八六三元有奇。每股借发股息
　　仍为七元五角，共借发五六 一四三元有奇。

公元一九六一年，辛丑，"教育部"大辞典编纂处所编
　　之国语辞典，久为研习国语文之权威工具，因应时地
　　之需求，重加修订，编印完成，并划一版式，改制为
　　精装四巨册，准备明年一月开始，特价发售。

同年台湾商务印书馆重版五十七种，初版书十四种。

同年台湾商务印书馆营业额为一 六八九 四七二元有奇，
　　盈余为一二六 七八〇元有奇，每股借发股息仍为七
　　元五角，共借发五六 一四三元。

公元一九六二年，壬寅，二月十四日"第四次全国教育
　　会议"召开，时余由"考试院副院长"转任"行政
　　院副院长"已三年有馀，特以"副院长"地位出席
　　指导，并致词如左：

　　今天是"中华民国第四次全国教育会议"开始之日，集"全国

教育界"领袖专家于一堂，研讨有关百年树人的大计，不只是一件盛大的事，其对于"我国教育"的改进和"国家"的前途，定然有很大的贡献。

在我国，全国性的教育会议，前此已经召开过三次，而其前期尚有两次类似的会议：一是清末宣统三年在北京召开的中央教育会议，二是民国元年在同地召开的中央临时教育会议。这两次前期的会议，虽未用全国教育会议的名称，实际上与后来三次的全国教育会议殆无二致。盖皆基于时代之要求，对于教育方针与设施不能不加以郑重讨论，以期集思广益，获致理想的成果。

试就上述三次教育会议的时代背景言之。清末之中央教育会议，鉴于积弱之深，欲模仿德日两国的军国民教育，并试行义务教育，振兴实业教育，以期由贫弱而渐臻于富强，借以挽回清室不绝如缕的命运。民元之中央临时教育会议，由于民国创建，政制改革，教育方针亟待重新考虑，故虽因袭清末中央教育会议之名，只加上临时二字，但其实际研讨的主题，则在于教育宗旨之确定，以及学校制度与系统之革新，从而制定种种新的教育法令，以适应新的时代。第一次全国教育会议举行于民国十七年的南京，其时代背景为国民政府统一全国；因此，其研讨之主题，最关重要者，为对于三民主义教育实施方案，教育行政统一方案，以及学制系统整理方案等，无非针对时代之要求。第二次全国教育会议举行于民国十九年的南京，虽距第一次全国教育会议为时很近，但其主要议题为中国国民党中央政治会议发交讨论之教育方案，具体言之，即括有实施义务教育初步计划，实施成人补习教育以及改进初等中等高等各级教育方案等。因此，第一第二两次全国教育会议，实有密切关系，前一会议规定大纲，后一会议则订定种种具体办法，其相距时期不远，自属当然。至于第三次全国教育会议，则举行于相距约十年之民国

二十八年，系于全面抗战展开后在战时首都重庆集会，其时代背景既为抗战，故对于教育会议之题目当然以抗战建国时期之教育实施方案为主，换句话说，就是以战时的立场而检讨教育，以期适应时代为宗旨。

当前教育重要问题

现在隔了二十多年，时代背景又大有改变，"我国政府"从中国大陆退守海隅，期以台湾为"复兴基地"而"光复大陆"；于是面对的问题当然是加强"复兴基地"，并凭借此一坚强基地以"光复大陆"。于是一切措施无不以加强此"复兴基地"之"反攻"力量为主，教育自然不是例外。加以国民爱国有赖于教育之启发，故教育之加强尤为当务之急，试就义务教育一项而论，在清末中央教育会议时期，仅能以试行义务教育为目标；民元之中央临时教育会议时期，也未尝超越此目标。及民国十七年与十九年第一二次全国教育会议时期，便计划到实施义务教育的初步；民二八年第三次全国教育会议时期，由于人民因战祸流离播迁，义务教育也未能作长足的进展。降至今日，"第四次全国教育会议"召开的时期，台湾省义务教育的实际就学儿童已高达学龄儿童百分之九十八有奇。此五十年间，教育虽然遭遇了不少挫折，其成就仍能有此，实堪庆幸，不过仅仅就学成分达于高度仍有不足，必也义务教育年龄亦能有所延长。"我国宪法"规定义务教育年龄为满六岁至十二岁，共六年，但观于台湾省国校毕业生竞争升学之剧烈，结果升学率仍达百分之五十一以上，是则义务教育年限之延长显然有其必要；不过如何延长始能使公家克胜其负荷，实为目前首须解决之一问题。此外如学制系统经民国十七年订定，推行至今，已逾三十年，有无重加调整之必要；中小学校课程有无改进修订之必要；职业训练为配合加速经济发展之政策有无考虑重订之必要；专门技术人材与高等学术人材，在其

训练养成上有无作更妥善计划之必要；一般文化之推进与提高应采何种适当措施之必要；以及国民道德在此新旧过渡时期应如何培养，以期不悖我国传统，并能适应世界潮流，凡此种种问题，举为今日教育会议应行研讨之题目［删95字。——编注］似亦有一并研讨之必要。参加此次教育会议诸位先生，对于教育都具有高深的研究与丰富的经验，其研讨结果，定能大有助于政府今后对于教育政策之制定。本人学识浅陋，只因直接间接从事于有关教育的工作，为时在半世纪以上，接触既多，不乏肤浅之见，谨乘此机会摘举数端，敬请诸先生指正，倘能供诸先生研究问题的参考，更所欣幸。

义务教育应延两年

（一）义务教育在"我国宪法"上明定为六年，由于我国疆域之广大，经济文化水准之互有距离，如此硬性的规定，在若干地区可能不易履行，而在其他地区也可能有延长之必要。以台湾省为例，六年的义务时期便有延长之可能。但"宪法"之规定既如此，公家的负担能力也未尝无问题。依我的愚见，似不妨先从事实上尽量提供延长义教年限的便利。一项可能达成此目标的办法，似当就规模较大与设备较优之国民学校，于六年级以后增设两年之延续教育，其程度相当于初中一二两年；一面于原有初级中学校之外，另就高级中学增设一年预备班，相当于初中三年级的程度，所有初中三年级及高中预备班，均得招收曾受国民学校两年的延续教育者，如此，则初级中学校可以不必多设甚至可以分一部分改办其他学校或升格为高级中学校，同时国校六年毕业之学生，也获有更多的升学机会，更可避免目前所谓恶性补习的流弊。此一主张，既可避免初中免试升学之近于普遍延长义教时期为九年，以致公家不胜其负担，且于升学之程度亦可能有影响；同时可以国校毕业后之两年延续教育，作为国校毕业后决定其升学或就业意志之阶梯，盖十二岁之儿童不

易作正当的抉择，而多此两年之延续教育，对于考升高中，或转入职业学校，或休学就业，皆有较成熟的考虑与试验。

学校系统两线上升

（二）学校系统，我国向以直线升学为正则，因之，职业教育未能充分发达，而国民学校毕业后，其进修结果未能考升大学或完成大学教育者，在时间与精力上固不免有所耗费，且本可成为职业上之实用人材者，却将时力消耗于高等普通方面，半途辍学，就业转感困难，因之，教育界人士多主张在国民学校毕业或初级中学毕业后，如有志升学，应分别循两线之一上升，一为职业教育，另一为高中与大学。这种主张当然更合理；但是言之不难，行之却不如是容易，因为要达成此种主张，可能还须依赖两个条件，一是风气，二是制度。除风气的转移极关重要外，制度亦有不少补助。后者，对于职业学校及高级中学之设置与课程均不无关系。假使职业学校之设施训练确能适合实用，达到即知即行之地步，则乐于就业者当亦乐于转入职业学校，又假使高级中学之招生与施教均能极度严格，预为大学选拔真正具有研究学术之能力与意志的青年，则自问无此能力与意志者，自当望而却步。我在上文主张将现有之初级中学分割为二；前二年得附设于若干国民学校，从事实上延长义务教育，后一年得附设于高级中学，为升学的准备，并多加一层的淘汰作用，似乎对于许多教育家所主张的两线分别上升，可能有多少补益，但仍与职业学校及高级中学预备班的课程均有关系，当别论之。

高初职校研讨改善

（三）［删2字。——编注］职业学校，其通病大概有二：一是不问初高级一律规定为修业三年；二是课程中普通科目所占成分甚大，真正有关职业之科目分量自因而递减。又初级职业学校，由于就学者年龄尚稚，除通科益占重要成分外，职业科目亦多未能配合

实用；因此比较起来初级职业学校之为用远不如高级，似有考虑其
存废或改组之必要。假使现有之初级职校，能酌予改组，专供国校
毕业生急于就业者之短期与简易的职业训练；高级职校则因入学者
已受过相当程度之普通教育，所有普通科目当尽量减少，集中于职
业训练，且不必一律规定为修业三年，而视各种学科之难易，分别
规定其期间之长短，其成果是否会较现制更佳，也有研讨之必要。
又英国职业学校，办理最著成效，大多数入学者，为在职之学徒，
每周以若干时日工作，若干时日受课，如此半工半读，所获得的技
术知识更能切合实用。此与我国现在的职校学生，几全赖书本所授
予的知识，或于获得书本知识若干岁月后，始有实用的机会者，自
不可同时并论。

中小课程修订办法

（四）〔删 2 字。——编注〕现行中小学校课程，施行颇久，中
间虽略有修订，殊欠澈底，未足以应时代之需求。一般指摘者，多
谓其过分繁重，恒使学子食而不化，浸成为恶性补习主因之一。前
"总统府临时行政改革委员会"，曾于一九五八年终建议修订中小学
课程标准一案，其办法概要如左：

（1）由"教育部"组织修订中小学课程委员会，以教育专家及
富于教学与教育行政经验者构成之。

（2）小学初中及高中课程，应分别规定重点。小学以语文及常
识为重点，减低算学程度及课业，兼重身心之健全。初中以本国语
文及算学、自然科学为重点，取消外国语文，或于第三年级对有志
升学者开始并加强教授外国语。高中以外国语文，并按升学学生志
愿，分别以自然科学或社会科学为重点，自第三年起多设选修科目。

（3）中小学课程之初步修订，包括教材细目在内，应于委员会
成立后半年内完成，随即公开征求"全国教育界"意见，由委员会

于半年内参酌各种意见，再度修订。

（4）再度修订后之中小学课程，应由"教育部"令饬省教育厅，指定师范大学附属中学及师范学校附属小学分别加以实验，于一年内，提出实验报告，再由委员会作最后修订，提请"教育部"公布施行。

以上建议由"总统府"于一九五九年春发交"行政院"考虑采行，经即转令"教育部"采行，并已成立委员会从事修订，虽阅时两年以上尚未完成任务，但闻大致业已就绪。本次教育会议，由于教育专家参加者极多，如能就"教育部"年来拟订之方案，加以讨论，当必有助于此项工作的进行。

高等教育应有区别

（五）高等教育，依"我国现行法令"的规定，系包括专科以上学校。所谓专科以上学校，大别为大学校，独立学院及专科学校之类。其中大学校与独立学院仅为组织上之不同，程度原无二致；故实际上只有大学校和专科学校两级。查大学校依其组织法第一条之规定，以研究高深学术养成专门人才为主旨；专科学校依其组织法第一条之规定，则以教授应用科学养成技术人才为主旨。专门人才与技术人才名义虽有不同，实际殊难区别；而较易区别者，莫如研究高深学术及教授应用科学二语。依本人的浅见，所谓研究高深学术一语，当含有下开三项意义，即：（一）有提高学术的责任；（二）充分利用研究方法以达提高学术之目的；（三）以最适于研究之人担任研究。易言之，大学校应以选择的方法，招考适于研究工作的优秀分子，在适当的学者指导下从事于学术之研究，俾达提高学术之目的。所谓教授应用科学一语，其意义至为显明，即其目的在养成切合实用之人材，而其养成之方法大都利用传授与训练，不必侧重于借研究而提高学术。是则大学校与专科学校之界限显甚分

明。在［删2字。——编注］目前加速经济发展之政策下，所亟需提供的人材，毋宁是属于专科学校所养成之人材，务求足供需要。至于大学校所当养成的人材应负有提高学术的责任，在精而不在多。［删2字。——编注］近来有一趋势，即许多专科学校都想升格为独立学院，而不少独立学院也想扩充为大学。这一点实在有值得研究之必要。专科学校原有其特殊之目标，它的发展应该是谋更广大与更合实用的造就，而不当好高骛远，群趋于转变设校目标之途径。又独立学院原有其特殊的师资与设备可供利用，当以专就本范围继续提高其程度为正轨；若扩充为大学校，则由于大学组织法之规定，不能不增设若干学院。须知设备非一时所能充分，师资尤不易罗致，若勉强凑合，或滥竽充数，将使新增之学院，程度不易与原设之学院等齐，更无论提高学术矣。本来向上与竞胜的倾向是值得颂扬的，但在高等教育上的立场，借升格而达其向上或竞胜的目的，实在值得考虑。我以为为专科学校计，当以就其原定目标，作更广大与切实的贡献为宜；为独立学院计，当就其原有范围，作提高学术的贡献。有人主张修改大学法，得设单科大学，其实单科大学与独立学院，名异而实同，似无需作名称上的调整；为大学计，当针对提高学术之目的，发挥研究精神，认定贵精而不贵多之旨。区区之意，是否值得考虑，还望各位教育专家指教。

　　想说的话，还不止此，不敢多费诸先生时间，姑举上述几点请教。

（一九六二年二月十四日讲）

同年八月九日台湾商务印书馆接"国立"编译馆"国教"〇一三一四号函，嘱检送本馆现有编印之各种教科各二份。经即检送全部中学教科书十八种，共三十

一册，其名目册数如次：

初中算术　全一册　初中代数　全二册　初中理化　全四册
初中理化实验　全二册　初中生理及卫生　全一册　高中物理　全
二册　高中物理实验　全一册　高中地理　全二册　高中化学实验
教程　全一册　高中生物　全一册　高中三角学　全一册　高中平
面几何　全一册　高中代数　全二册　高职物理　全二册　高职化
工实习　全一册　师范教材及教学法　全一册　师范测验及统计
全一册　师范教育心理学　全二册

以上皆为台湾商务印书馆独立经营以来委托专家编著之教本。

本年台湾商务印书馆营业额为二○七一六三六元有奇，
盈余一二六 七八○元有奇，每股借发股息仍为七元
五角，共借发五六 一四三元有奇。

公元一九六三年，癸卯，一月二十日台湾商务印书馆举
行第十一届股东谈话会，由于资产增值，决议将增值
数额拨作资本，计连同原注册资本二十万元，变更为
一百万元。

本年八月，台湾商务印书馆委托师大孙邦正教授修订出
版多年之教育大词书，凡与现行教育法令，显已不相
符者皆经修正。又英美法德意俄日等三十余国之教育
制度凡有与前不同者，亦加重写。总计修订不下三十
万言。

同年十二月自香港传来噩耗，张菊生先生在不久以前作
古，时日不详，余特写张菊老与商务印书馆一文悼念
之。文如下：

要评论一个人，应把握住他的中心；要看一个人的动向，必须
观察他的朋友。

所谓中心是指大半生所从事的工作。本文的主人翁张菊生（元
济）先生大约生于民国前四十六年，其加入商务印书馆约在民前十
年，其去世在一九六○与一九六一年之间。自从加入商务印书馆以
来，没有脱离过一日，可以说整整一个花甲都集中于商务印书馆的
事业，纵然大陆"陷共"后十多年间〔删7字。——编注〕未必能
发抒自己的意志，毕竟在名义上仍是商务印书馆的最高主持人。因
此说他的中心事业在商务印书馆，当然是无可否认的。

所谓朋友是指彼此平等相待，无话不谈的人。以菊老之早年发
迹，接触的人极多，似乎够得上做朋友的不在少数，但是就他以商
务印书馆为中心的六十年来说，够得上做他的朋友的只有三人，依
时期的顺序，第一位是高梦旦先生，第二位是我，第三位即是陈叔
通。

由于菊老的上述三位朋友都与他在事业上有密切关系，对于他
的中心工作当然都会发生重大影响；因此，在叙述他在中心工作的
表现时，自然会涉及他所受这几位朋友的影响。本文的叙述，所以
仍采单线的，就是张菊老与商务印书馆，而不采取双线的，或是复
线的，就是基于此项理由。

如上文所述，他之加入商务印书馆约莫在民国前十年，那时候
他大约是三十五六岁。对于他这个在中心工作的前期，有约略叙述
之必要。

　　他的原籍是浙江海盐县，出生于真正书香的世家。他在二十多岁，便已连捷成进士，授职翰林院，嗣转官礼部。他富有新思想，以一位青年清贵之京官，自然而然会参加当时之维新运动，但他所参加的维新运动不是康有为所发动的戊戌维新，而是张香涛等所组织的强学会。可是到了戊戌维新失败后，他竟误被牵累，革职永不任用。（可是到了清末，一度任他为学部大臣，他却坚辞不就。）他的原籍离上海不远，所以在他革职回籍时便留在上海，应聘为南洋公学（交通大学的前身）的汉文总教习，和其时在该校任洋文总教习的福开森博士，渐成莫逆之交，并且互相交换语文的知识，福开森跟他学习汉文，他也跟福开森学习西文。戊戌是民国前十四年，他加入商务印书馆约在民国前十年，由此可推定他担任南洋公学汉文总教习至少有四年之久。但是他怎样和商务印书馆发生关系呢？

　　商务印书馆创办于民国前十五年，发起人是专印教会书籍的美华书馆四位职工高凤池、夏瑞芳、鲍咸恩、鲍咸昌。高、夏两先生是职员，咸恩、咸昌两先生是技术工人领班。他们对于当时学英文者都采用英政府为印度编著的所谓印度英文读本 Indian Readers，毕竟有新的眼光，能够独出心裁，认为如能把这套纯英文的读本，译注中文，印为华英对照的教科书，定然对初学英文者有很多便利，因此也自然有利可图。于是商请中国籍的一位牧师谢洪赉先生把这套印度英文读本首册，译成中文，定名为华英初阶。大家集了少少一点资金，以供印刷，听说初版三千册，一星期内便销售罄尽，的确发了一点小财。他们受了此项鼓励，便决定经营一种新的事业，利用他们对于印刷技术上和营业上的专长，开办一个小规模的印刷所，而兼营出版事业。这一新事业，定名为商务印书馆。从其名称上，可以想见他们是以承揽商业上的印件为主，而以出版为副。当时所集的资本只有四千元，由于发起人恰好是四位，可能每人投资

一千元。听说最先向美华书馆辞职，以全副时间为商务印书馆服务的，只有夏先生和鲍先生昆季等三人，高先生闻在美华书馆任较重要职位，初时只是投资，却没有参加实际工作。由于夏先生原在美华书馆任承揽外来印件之职；所以两位鲍先生主持内部的印刷工作，夏先生则专任对外工作。据菊老亲自对我说，他认识夏先生是因其向南洋公学承揽印件。经过了数年后，由于商务印书馆好景不常，为出版新书发生了挫折。夏先生眼光敏锐，发见了一位可以助他挽回颓势之人，就是菊老。那时候商务印书馆所遭遇的挫折，是在华英初阶好的开始以后，继续托人汉译全套的印度英文读本，分别命名为华英进阶一二三四集等，销路也还畅旺。于是夏先生等雄心勃勃，想从出版方面进展，除英文教科书外，还托人从日本文翻译了许多当时所谓新学的书籍。这些新书的销路当然不及英文教科书。从英文教科书所获得的利润不足以弥补其他出版物的亏损，甚且资金周转也渐感困难。这时候另一发起人高先生已辞职参与商务印书馆的实际工作。在夏先生和其他发起人详细检讨之后，认为事业之成功端赖专才，他们对于印刷业虽然有丰富的经验和技术，但对于编译书籍毕竟是外行，必须有专才为之主持，始能有济。他们认为菊老不只在旧学方面是一位太史公，即在新学方面亦甚渊通，而且经过几年间和福开森博士交互教学之后，对于英文也有相当造诣。于是由夏先生代表各发起人和菊老多次商谈，菊老卒允投资若干，并邀约若干亲友投资，将商务印书馆增资改组，并特设一个编译所，罗致若干学者，首先响应清末新颁的学制，创编全套中小学教科书，有余力则继续编印有关旧学新知之佳作。于是从民前十年开始，在商务印书馆创办五年之后，由实际上之印刷业，扩充为名实相符之出版业。

　　张先生在商务印书馆约六十年间之作为，按其性质，可分为五

个时期：

第一，是直接而局部领导的时期，即在民国以前的十年间，担任编译所所长之时期；他专力主持商务印书馆新成立的编译所，除延聘学者分任编辑著作外，自己主持计划，并对中小学教科书亲自执笔。在此时期，他在编译所中的主要协助者为高梦旦先生。从此时起他与高先生建立深切的友谊，使高先生成为他的第一位朋友，终高先生的一生，合作无间。

第二，是间接而全面领导的时期，即在民国初年之七八年间，改任商务印书馆经理而以高梦旦先生继任编译所所长之时期。他把编译所的责任付托于高先生，而自行担任全公司的经理。这时期中由于商务印书馆一位编辑陆费伯鸿先生出而创办中华书局，对商务书馆竞争甚烈，菊老遂亲自主持公司大计。其任经理之后期，因公司改为总经理制，并设经理二人为辅，于是转入第三时期。

第三，是协同四位原始发起人之一高凤池先生改任督导的时期。即自民国七八年迄民国十九年间之一段时日。其时商务印书馆在行政上改取合议制，设总经理一人经理二人编译印刷发行三所所长以及协理一人或二人，组织总务处会议，以总经理为主席，一切取决于多数；另设监理二人，负督导之责。其人选即以原始发起人之一鲍咸昌先生为总经理，李拔可（宣龚）王显华（后期改由夏筱芳先生继任）二先生为经理，高梦旦先生为编译所所长（从民国十年起改由我继任），鲍咸昌先生兼任印刷所所长，王显华先生兼任发行所所长（后期改由李拔可先生兼任），稍后添聘协理一人，以民初曾任工商部长之金邦平先生担任。至监理二人，则由菊老与高凤池先生分任。

第四，是以董事会主席从事赞助之时期。这时期是由我从编译所所长改任总经理迄于我在民三十五年辞职从政之十六年间，并多

少延续至"大陆沦陷"之一九四九年之时期。自我担任总经理后，原有总务处会议之合议制废止，改为总经理独任制，原监理制亦取销。自抗战前一年高梦旦先生去世后，菊老在商务印书馆中之惟一的朋友，便改由我担任，甚至在我辞职从政后一二年，还是持续不变。在此时期，我的一切措施，他无不赞助，一方面由于他爱护商务印书馆，他方面也因为我们之间已经建立了深厚的友谊，不管他的年纪比我大了二十多年，而且我在商务印书馆各当局中是最后进，他总是把我视为"平等相待无话不谈"的朋友，在高梦旦先生尚健在时，我们三人无话不谈，在高先生逝世后，菊老简直把我视为惟一可以无话不谈之人。商务印书馆经理之一李拔可先生入馆比我早十多年，年龄比我也大十多年，但菊老还是把他视同高级的僚属，平时谈话虽很客气，谈到公事时，往往不免板着面孔，但他对于我，在我经胡适之先生推荐于高梦旦先生，以代任他的职位之初，菊老只是因尊重胡、高两先生而特别对我客气，彼此还不能"无所不谈"，换句话说，还不能构成朋友的条件；可是经过几年以后，尤其是在我再入馆，改任总经理的时候开始，他的确把我视为他的条件下之朋友，远非他人所及。因此，他对于我的种种措施，无不极力赞助，而丝毫不加以阻挠，所以这一时期，他已从局部领导，全面领导，监理督导等，一变而为赞助。

第五，是他被"左倾分子"包围〔删10字。——编注〕的时期，那是从民国卅七年中期开始以迄于一九六〇或六一年他逝世之十二三年间。他的这样重大转变，主因是由于我从政以来居留南京，初期还不时来上海，仍得时与菊老把晤长谈，使他对于国事的关怀获得安慰，但到了三十七年夏初，我改长财政部以后，由于公务特忙，极鲜来上海，与菊老晤面极疏，加以从彼时起共党"构乱"益烈，时事日非，菊老原是一位关心国事之人，在无法解除他的内心

烦扰之际，和他居处相近，接触极易之人，陈叔通（从前也曾服务于商务印书馆）便取代了菊老可以"平等相待无话不谈"的朋友地位。叔通现在是"共帮"政协常务委员，彼时早已倾向共党，于是利用菊老之内心烦扰，乘虚而入，为共党作种种宣传。菊老是一位热心国事，而对政治观察颇为天真之人，自易为所"蛊惑"。于是破例（他向来不肯援引亲戚任要职）首先把他的外甥，就是多年来任中共外交部副部长章汉夫的父亲谢仁冰（冰），援引入商务印书馆，担任协理，随着便有不少的共党分子加入商务印书馆的各部门，于是不待共党占据京沪的时候，菊老的态度已有大转变。试举二事为例：一是我辞商务印书馆总经理后，曾举朱经农先生为代，最初二年和菊老相处得还好。自馆中逐渐加入"左倾分子"后，经农颇不自安，适因政府派他往欧洲出席联合国文教会，向菊老请假，想不到菊老竟说，此时如出国不能不易人，经农遂即请辞，也不加挽留，遽予接受。二是我于三十五年出任经济部长坚辞商务印书馆总经理之职，菊老在固留不获之后，仍恳我继续担任董事，甚至每次开董事会，仍先询我何时得暇来上海，以便预将开会日期调整，其意诚恳，由此可见；但当我于三十七年冬解职南还不久，他突然写信给我，内有"本年股东年会甫于本（十二）月举行，与同人相酌，谓公此时正宜韬晦，不敢复以董事相溷，想蒙垂察"等语，轻轻把联任了二十年的老董事革除。我很谅解，这两事都不是菊老的自由主张，所以这时候［删30字。——编注］，尤其值得他的一位忠实的朋友同情而惋惜了。

现在综述菊老对于商务印书馆，亦即对于文化的贡献，在五个时期中，自然以第一二两时期为最。在第一时期。他把一个小规模的印刷事业转变为一个现代的出版事业，并从他所奠立的基础，逐渐发展为中国最大的出版事业，其功实不可没。他在第一时期，自

行担任极重要的任务；在第二时期，也间接主持了许多极有意义的工作。具体说起来，他是首先编辑所谓"最新小学各种教科书"时，对于每一课之内容，无不集合编辑人三数名，有时还加上一位日本顾问，就取材深浅，是否符合儿童了解力，研讨固不厌求详，对文字难易，亦无不字斟句酌，力求稳妥。依我后来的观察，这一套名为最新，而在时代上实为最旧的教科书，由于菊老主持之得当，用心之精勤，比诸后来陆续编辑之同类教科书，在时期上当然较新或最新，而在编辑方法转多不如这套时期最旧而名义为最新者之确能符合"新"的意义。

菊老所创编之辞源及中国人名大辞典等工具书，在今日虽不足为奇，而在五六十年前竟有此眼光，实属不可多得。

菊老所编印的四部丛刊，使善本、孤本得以大众化，其宏扬旧学之功尤著。

菊老为商务印书馆所搜集的善本、孤本及其他国学要籍，逐渐构成著名全国之涵芬楼，后来在我的手上，得据此基础，建立公开于社会的东方图书馆，菊老不仅为此举首倡于前，并以种种努力玉成于后。

菊老在第三、第四时期，因信任高梦旦先生，转而信任我，初时虽以彼此生疏而持相当保留态度，后来渐发见我的实际表现，把我视同等于高梦旦先生一样的朋友，使我得在编译所中产生我的自发作用，不仅未遭遇丝毫阻挠，更获得其衷诚赞助。到了第四时期，商务印书馆，先遭一二八之巨劫，由我艰苦奋斗，五年之间不仅复兴故业，并且发扬光大，社会上对我不无过誉之词，我虽不敢承认或否认，然菊老支持之功实于我大有补助。假使没有他的全力支持，在效果未显明的过渡时日，恐怕我的成就不免要打个折扣。

曾几何时，八一三全面抗战起，商务印书馆又遭遇更严重与广

泛之厄运，我由香港而长沙而重庆，一面建设，一面遭遇破坏。太平洋战事突发，香港基础尽隳，我幸留重庆，在极度艰难之下，卒达第三度的复兴。上海的后方，赖菊老于不屈不挠之下，维持同人生计与残余资产，我辗转派人返上海提供我对于沦陷地区馆厂保持大义之指示原则，亦获菊老全部赞同与接受，迄于抗战胜利之时，幸能保持大节，得与我在重庆所发展之声誉相配合。

惟一的不幸，便是进至第五时期。据一九五〇年十二月自由中国半月刊登载同年有人带到香港付邮的一项上海通讯，大意说："菊生由于陈叔通的牵线〔删5字。——编注〕，好几年前已与共产党发生了关系。上海'沦陷'后，他已登堂入室，成为饶漱石、陈毅的上宾，迨新政协在北京召开，他以会员资格北上参加〔删61字。——编注〕。他返沪后，又被任命为华东军政委员会副主席，更觉高兴。〔删157字。——编注〕。有一天商务印书馆职工委员会开会，特地邀请他训话。他如期前往。正开始发言不久，〔删79字。——编注〕昏倒在讲坛上不省人事，经送医院救治，留医数月，返家后，闭户幽居不再闻问外事，且从此以后，足迹也不再出门一步。"

这一段报导，经后来从上海"逃亡"至香港的人们传述〔删101字。——编注〕。

写到这里，我不能不为菊老辩护一下。菊老为人本是热心爱国的。就我现尚保持他写给我不下十余万言的亲笔书信观察之，可为明证。这些书信，计分四个时期：（一）是自二十六年秋冬之交，我从上海移总管理处重心于香港，以迄太平洋战事突发之期间；（二）自太平洋战事发生后迄抗战胜利日本无条件投降之期间；（三）抗战胜利后我仍留重庆约莫半年之期间；（四）我脱离商务印书馆先后任职于国民政府之两年半期间。在第一期，上海对香港的通信还很畅达，故为数最多；第二期照理无法通信，但上海商务印书馆职工或

其他相知人士辗转入内地者颇不乏人，菊老皆尽可能，托带亲笔书信，间更附以较详的口信，虽为数较少，合计也不下十次；第三期来信虽不如第一期之频繁，然每函皆连篇累牍，多所叙述；第四期，除我每次从南京来上海，菊老必来访问长谈外，间仍不时通信。第三期以前的信件当然以报告或商榷有关商务印书馆之事为主，但往往附述一些关系国事的意见。他对日敌伪组织［删3字。——编注］无不表示深恶痛绝；到了抗战胜利之初，他第一次托葛敬恩先生带给我的一封长函，透露其因重见天日之欢喜若狂，与对我军政领袖，尤其是蒋委员长之颂扬爱戴。及是年双十节，我政府颁授胜利勋章，他也与其列，来函不仅表示受宠若惊，且极度引以为荣。但是稍后由于各地方接收人员不乏营私扰民之事实，他渐写信给我，表示愤慨，间亦有所建议。及我回京从政，偶来上海，要和我晤谈的人无不以他为首。我们晤面，他所要询问或建议的，无一不是关于国计民生，却不是关系商务印书馆之事，每次经我澄清以后，他大都恍然觉悟，并表示欣慰。因此，直至三十七年五月我就任财政部长以前，他对于政府的态度都有很好的表示，即有批评，也是建设性的批评。只是当我就职财部很少来上海以后，他为国事所感到的烦闷，没有我为解释，于是陈叔通［删8字。——编注］，他对政府的态度才开始转变。总之，菊老的初衷本是纯洁的［删81字。——编注］。那时候他已八十多岁［删65字。——编注］。

　　菊老已矣，晚景堪怜，晚节尤可惜。我因深知其为人，并追念其在半世纪间对文化的贡献，不能默尔，特作公正不偏之评述如上。

　　　　　　　　（一九六三年十二月下旬为传记文学写）

本年台湾商务印书馆营业额为新台币二 二八七 二二八元有奇。盈余为一五三 五二九元有奇，每股借发股

息仍为七元五角，因登记股数已增至七 七二六股，共借发股息五七 九四五元有奇。

公元一九六四年，甲辰，四月"立法院"制定"非常时期沦陷地区公司行使股权条例"。

查"行政院"依"经济部"之建议，曾于一九五〇年十月，发布"沦陷区商业企业机构在台分支机构管理办法"。此为一种临时命令，效力既不如法律之坚强，规定亦欠完密。余在"行政院"任内鉴于在台分支机构经理人奉公守法者固多，跋扈专擅，予智自雄者亦不在少数。且经理人一旦去世，何以为继，既无权力机构可以抉择，事实上终将发生困难，因与"经济部长"商洽草拟一种法案，规定更为完密，送经"立法院"制定法案，则可资遵循。惟是各分支机构在台股东无一超过半数，依法当然不能召集股东会选举董事，以资主持。余详加考虑，认为在大陆之股东限于事实不能来台集会者不妨以主管机关为其代表。又恐主管机关，滥行职权，选出董监事，尽属政府方面，甚或多数为主管人员之友好，将使公司真正股东不能行使职权，遂又建议代表大陆股权之主管机关所选举之董监事须得在台真正股东三分之二以上之同意；如此则主管机关虽有代行庞大股权之表面权力，实际上无法剥夺在台少数真正股东之权力。"经济部"卒依余意草拟法律草案，呈准"行政院"转送"立法院"完成立法程序；惟一拖两年，尚未通过，直至一九六三年底余与陈"兼院长"辞修共进退，坚决辞去"行政院副院长"职务，幸获"总统"准许。余既解除公职，乃承政大刘校长就余原任多年之兼任

研究所教授改聘为专任教授。及一九六四年该"条例"经"立法院"通过，"总统"公布以后，［删2字。——编注］应于一个月内召集临时股东会，其时商务书馆在台股东仅百分之四弱，其百分之九十六强即由主管之"内政部"指派其出版管理处处长代表所有商馆在大陆之股权，由于其所投票选举之董监事须得在台少数之真正股东三分之二以上同意，乃先商询商务在台股东拟选董监事之名单，以便照单投票，完成法定程序。结果余即当选为董事之一，随即召集董监会，选余为董事长。余既已脱离"政院"，不具公务员身分，当然可以担任斯职，因于是年七月一日到馆主持。由于商馆百废待举，余连日上下午均到馆主持。

余受事伊始，首先研究商务书馆独立经营以来之出版营业及财务状况，发见其去年自二十万元股本增资至一百万元，完全由馆屋地价之升值，丝毫与盈余无关。且所有馆屋地产皆已向银行抵押贷款，以应开支，馆中同人薪水特高，其经理月薪竟高至七八千元，其他高级职员亦依此比例，因而往往营业收入，不敷发薪，致不得不向银行贷款，至偶有较大规模之刊物，工料开支无法支付，亦惟贷款是赖。除向银行抵押贷款外，并收受同人与外人存款，支付巨额利息。此时财政，实已陷于不可收拾之地步。余熟思数日，决计重印若干畅销之图书，以增营业收入，一面设法节省开支，即将高级职员之薪水偏高者酌予折扣，其低至某程度者则照旧维持。关于此节余与诸同人剀切商谈，谓此时酌减薪水，俾稍有余资可以印书推销。余敢保证同人在一年以后，表面上薪水虽略有减少，惟向来未尝因盈余而发过同人奖金者，定可保其得有奖金，合计薪水与奖金所得定然较前有增无减。此一减薪办法，偶为股东而兼中华书局总经理之李叔明君获悉，曾力劝余须加慎重，以免引起反感。余除谢其厚爱外，力言一切责任余自负之，同人如有因不明事理而不满

者，余当毅然处置，一切后果在所不计。其二，关于人事问题，其时商务原有职员三十九人，余一一与之面谈，逐一征询其意见，发见有一张姓小职员，系赵经理小同乡，由赵经理引入馆中，原拟使其加入会计科为助理员，该科长虽不甚愿意，尚无明白表示，惟同科一位老职员竟借故反对，使赵经理不得不暂行调派张氏为文书员，其实商馆彼时营业甚少，通信无多，等于闲职。张氏利用此闲暇时间，努力自修，结果对于会计专科具有专长，且文字甚有条理，脑筋亦极清楚。余乃决计升调张氏为会计科长，而将原任科长改派为营业科长，甚至原与张氏作对之该科某职员调任门市股主任。使各安其职。除张氏从前原拟入会计科为小职员而不得者，今对于会计科职务竟应付裕如；此外调任营业科长之陈氏，余推心置腹，对于营业一切之商洽，其有较优之意见无不乐予采纳，陈氏亦极肯尽力，成绩卓著；又改调门市股股长之某氏，余初意其不愿就者，亦为余之诚恳态度所感动，而努力从公，并著成绩。

　　关于出版方针，余以非扩大出版，无以增进营业与利润；然新编图书，旷日持久，花费成本尤巨，决计只先预行详密计划，拟于两年以后开始大量印制新编图书；至于受事之最初两年，只能就广销之大陆版图书，予以修订或改编先行出版，以维营业。考量再四，认为莫如在大陆上曾经广销八千部之万有文库初集，与五千部之万有文库二集；然该两集文库多至四千册，成本太重，在此狭小的地区，断不能如在大陆之大量销售；于是决计就其中精选一千二百册，称为万有文库荟要，决于年内开始发售预约，自明年起开始分批出版，于一年内印刷分配完成。余自七月起，费时不下三月，研究如何选择精要，对原有之四千册，具体而微，在门类上应有尽有；一面于短期内稍稍增进营业，特将原已出版之中国文化史丛书四十种，前此在台已重印二十册者，重印其他二十册，整部特价发售，又将

大陆上出版多年，而时效并无改变之英汉双解英文成语大全，予以汇印重版。以上二书，均于一二个月内出版，一时销路颇畅。至于万有文库荟要考虑成本与销路，决印六百部，关于预约营业方法，随时与新任营业科长陈贻成洽商，其有意见可采者，无不尽量采纳。结果，年内售出预约不下二百部，至次年一二月间续售出二百部，是拟印之六百部，已售出预约三分之二，收款已不在少数，足抵以前台湾商务书馆数年营业之综合数额。惟因出书系在明年，其在年内所得营业及收款均算在明年之内。因此，本年营业额仅得新台币二九五三 三一九元有奇，虽较五十二年度增加九十余万，约增总额三分之一，又因开支节省故所得盈余为四四二 七二一元，较上年高出一五三 五二九元，约增三倍。此即余重主商务书馆半年内之显著成绩也。计十余年来，台湾商务印书馆，盈余甚少，如照章分配股利，所得甚微，仅能设法借支。自本年起，已能照章分配盈余，每股实得八元三角一分，视借支之数有增，且系应得之数而非借支；同时始由十余年来，未尝领到分文奖金者，自去年起，已开始领到虽小量而为前所未有之奖金矣。由此，足见余对同人之诺言业已初步兑现。

兹将余所撰印行万有文库荟要缘起，连同凡例附后：

余于民国十八年创编万有文库第一集二千册，嗣复于二十三年续编万有文库第二集二千册；其动机不外推己及人，换言之，即顾念一己所遭遇之困难，而计议为他人解决同样之困难而已。余少年失学，借努力自学以补其缺憾；读书，爱书与聚书之癖遂与日俱增。久而久之，因爱书而聚书，既漫无限制，精力物力遂不免有非必要之浪费。中年以后，渐起觉悟，适主持商务印书馆编译所，连带兼长东方图书馆，后者得以数十万册之私藏图书公开于读书界，前者又有以优良读物供应于读书

界之可能。窃不自揣，欲以整个大规模之东方图书馆，化身为万千小图书馆，使散在于全国各地方、各学校、各机关，且可能散在于许多家庭。易言之，余之理想乃欲协助各地方、各学校、各机关，甚至许多家庭，以低微之代价，创办具体而微之图书馆。

彼时我国图书馆为数无多，除少数稍具规模者外，其他所藏图书，或偏重古籍，缺乏新著，或虽兼藏新旧著，然门类辄欠完备，许多基本要籍或世界名著，每赋阙如。他如各科入门之作，为进读基本要籍与名著之先导，宜有适当之种类数量与之配合者，亦鲜注意。

图书馆为精神食粮之仓库，食粮自须备具各种营养料。在大规模之图书馆，各类图书应有尽有，各种营养料自不虞缺乏。然在小规模者，或因藏书无多，或因添购图书之经费有限，则其所藏者，在受有限制之范围内，自宜审慎选择，务使必要之科类无阙，且一书有一书之效用。尤以一所新办之小型图书馆或家庭书库，于其创始之际，宜如何选购适用之图书，使各科各类略备，并作适当的配合；此在专家尚不免煞费经营，恒人更无论矣。

万有文库第一集一千种，二千册，系就国学基本丛书，汉译世界名著及各种治学门径之书，如百科小丛书，国学小丛书，学生国学丛书，新时代史地丛书，与夫农工商师范算学医学体育各科小丛书等，慎重选定。第二集与第一集同为二千册：然第一集所由组成之丛书为数十有三，第二集所由组成者为数仅四；其重要区别，即第二集一方面加重国学基本丛书与汉译世界名著之数量，前者由百种增至三百种，后者由百种增至百五十种；他方面则以自然科学小丛书及现代问题丛书二种，代替

第一集之农工商医等小丛书十一种。两集合计，括有新旧图书千七百种，都四千册，以每册平均六万字计，合二亿四千万字，而两集所附之参考巨籍字数均未列入，已当四库全书著录全部七亿余字三分之一，如连同参考巨籍，且约等于四库全书著录字数二分之一。

在抗战前一年，万有文库第一二集均已全部出版，第一集售出约八千部，第二集约六千部，而凭借该文库以成立新图书馆在二千以上。余为更谋普及文库之功用，曾就两集四千册中，精选一千二百册，计为书五百种，以万有文库简篇名义发行；由于卷帙较少，更适于私人购藏。惟发行未几，抗战突起，国军逐步后撤，致简篇未能普遍流通。就台省而言，简篇仅得两部（其中一部为余所藏，然因辗转出借，残缺甚多，）第一集一部，第二集三部。虽偶可在香港搜购，闻第一集需台币六七万元，第二集达十万元，即简篇亦需四五万元。且往往残缺不全，欲求一完全无缺者，殆属万难。

余自从政以来脱离商务印书馆，迄今已将二十载，馆事亦未过问。今岁退出政坛，适在台"沦陷区分支机构"，依新条例之规定，得选举董监事，余遂膺选为董事长。初拟不就，嗣念曩尝三度为商务印书馆苦斗，而挽回命运，兹既受各股东付托，更念商务印书馆过去对于文化之贡献，岂宜以局促一隅而稍懈；于是勉暂承乏，期于短期内，为该馆重建出版体系，然后辞卸义务。数月以来，以识途之老马，就数十年商务印书馆先后出版而具有价值之图籍，考虑若者可重版，若者须增订。乃按先后缓急，利用微薄之资力，陆续刊行。因思万有文库，对于大陆上读书界既已作相当贡献，此间又如是难得，莫若早日考虑重版。惟是全部两集合四千册，卷帙浩繁，成本綦重，出版购

置均感不易；况其中具有时间性者不少，如决计重版，尚需先予修订，此项任务尤非短期内所能达成。至前所选印之简篇各书，为适应时代需求，亦有重予考虑之必要。数月以来，余先就手边残存之一部，逐一审阅，分别删除增补，考虑不厌求详。由于简篇各书选自一二两集，而两集存书皆无法集中检阅，故就简篇删除较易，就两集增补则殊感困难。平均每日以四小时计，积百日实已消磨四百小时以上。结果仍维持一千二百册之原数，惟较原选之范篇内容变更颇多，约言之，即简篇原选图籍五百种，新编易为四百种。具体言之，简篇原括入丛书十有三，新篇括入丛书仅八，简篇一千二百册中，国学基本丛书占六三六册，汉译世界名著占二六三册，合九二六册；新编一千二百册，国学基本丛书占七三〇册，汉译世界名著占二七五册，合一千〇五册。足见在简篇中国学基本丛书与汉译世界名著，已于一千二百册占其百分七十七之多数；而在新篇中此两丛书更于一千二百册占其百分八十四之大多数。至于简篇中十一部小丛书，合占二九七册，即一千二百册中百分之二十三；而在新篇中，则六部小丛书合占一九五册，即一千二百册中百分之十六，尤居极少数。抑新篇尚有一特点，即其中六部小丛书，实分两类，分别对国学基本丛书与汉译世界名著，发挥其引导补充或评释之作用，例如国学小丛书学生国学丛书与百科小丛书之一部分，所以对国学基本丛书者，正如自然科学小丛书算学小丛书工学小丛书与百科小丛书之另一部分，对于汉译世界名著者然，因而脉络可寻，较诸简篇原选之十一部小丛书，略如杂会者似进一步。最后，则新篇之以四百种代简篇之五百种，而总册数不稍减，甚至总页数尚有增无减，是则每种之分量平均当加重四分之一。此外，新篇与简篇间，尚有重大差别者，

即除以分量较重之四百种代替五百种外，另行更动一百十二种，实际上新篇所收书籍，已有二百十二种异于简篇，其差别殆及半数。举其大要，一则简篇所收之现代问题丛书与新时代史地丛书等，其时间性已多不适于今日，百科小丛书在简篇中占七十余种，而在新篇中仅占二十余种，农商医等小丛书则全部删除，亦因技术与实情，今昔多有不同之故。质言之，新篇之选材，更适于目前之需要，殆无疑义；而其与简篇既有如是之重大区别，自不便沿用万有文库简篇之名。几经考虑，决易名为万有文库荟要，盖仿自四库全书荟要之分量为一万九千余卷，约当全书七万九千余卷四分之一，今万有文库荟要，占文库四千册中之一千二百册，册数虽稍逊三分之一，字数实已满三分之一；两种荟要对于两全书恰为四分之一与三分一之比，亦巧合也。

一九六四年十一月十五日王云五识

同年十一月余将英文习语大全重版，并为撰台湾版序如左：

习语，一名成语，为治英文者一难关。余少时自修英文，每遇习语，辄求解于字典；然一般英文字典，所含习语无多，往往须另求解于习语典，而后者对于各种习语，亦多未能网罗完备。余为求全之故，不得已搜购习语典数种，东翻西检，费时不少，结果纵能检得，终觉周折。

民国十年，余初长商务印书馆编译所，于推行种种编辑计划外，旁及英文工具。首先决编一部收字最多而译名正确之综合性英汉辞典，次则考虑编译最完备之英文习语典，为期释义详明，并拟采英华合解。适翁良杨士熙二君，费七载光阴，朝斯夕斯，从事于此；

参考有关西籍多至一百余种，所收资料，括有十类：（甲）成语，（乙）俗语，（丙）俚语，（丁）廛语，（戊）方言，（己）格言谚语，（庚）术语，（辛）他国成语，（壬）复辞，（癸）其他杂语，都四万八千句，广博周详，在彼时习语典中堪称仅有之作。余与编译所同人慎重评审，认为有亟予接受印行之必要；乃与二君商洽，获取版权，并以二三年时日进行排校，编译所英文部诸君咸致力于此，不仅使无讹误，且多所是正。于是以民国十五年三月问世。在抗战前十余年间，流行甚广，几被出版界与读书界公认为惟一的英文习语典，命名大全，实当之而无愧也。

抗战时期，辗转播迁，重版困难，复员不久，又遭［删2字。——编注］，因而绝版多年。今岁余退出政坛，适"沦陷区"在台分支机构依新条例之规定，得选董监事；余遂膺选为商务印书馆董事长。当以在大陆时尝三度挽回商务印书馆之恶运，此次自不得不暂行受任，期作最后努力。除以余暇从事于出版计划，陆续付诸实施外，偶然发见是书，余对其编纂经过记忆犹新，今复核内容，仍认为不仅在此时国内堪称惟一完善之本，即较诸英美同类出版物，亦臻上乘。经询若干英文专家意见，金有同感。并促早日重版。其惟一憾事，似为新兴成语未及编入，然而英文新兴成语与新字诞生不已，许多著名英文字典未能尽收新字，正如其未能尽收成语，而不以期待于专书为憾。本书于英文之基本成语，殆已网罗无遗，应有尽有，固不妨仿许多著名英文字典之例，对于某一特殊事项从略也。他日本馆如有余力，或当就新兴成语，另行计议，译印专书。此时为应读书界急需，自以按照原本重版为宜，经觅得初印原本，依原式影印。问世有日，谨述经过。

一九六四年十一月十日王云五识

本年十二月二十日中华图书馆学会年会，余应邀参加，

并被邀致词。余遂将重主台湾商务印书馆之经过，及今后出版计划概说如次：

今天贵图书馆学会年会，兄弟奉邀列席，并承嘱讲话。诸位都是图书馆学专家，兄弟只是一个图书馆的短期客串，但是半生工作实际上却与图书馆有密切关系。所谓短期的客串，是指在约莫四十年前，主持商务印书馆编译所时，把该馆原供编译员参考之所谓涵芬楼的大量而名贵的藏书，以东方图书馆名义公开于读书界。从筹备开放，以至建馆实行开放，迄于民国二十一年一二八之役，藏书六七十万册完全被毁于日军的炮火时为止。我在筹备东方图书馆之时，曾撰有中外图书统一分类法，用以应付该馆所藏数十万册中外图书之分类。这都是兄弟对图书馆直接关系的一个短时期，今日兄弟在图书馆业务上，无异退伍了三十多年的一名老兵。

至于对图书馆的间接关系，则始于民国十八年编印万有文库第一集。那时候兄弟发了一个愿，想把东方图书馆的藏书，化身为万千个的小型图书馆，使其散在于全国各地方、各学校、各机关，且可能散在于许多家庭，换言之，我的理想在协助各地方、各学校、各机关，甚至许多家庭，用那时候几百元国币的代价，创办具体而微的小型图书馆。我认为除了专科的图书馆外，一个普通的图书馆，好像是供给精神食料的一所百货店，最好能具备形形色色的营养品，使种种不同兴趣的顾客，都获其供应。在四十年前，我国的图书馆甫在明芽，为数甚少，且除少数中的少数稍具规模外，其他所藏图书，或偏重古书，缺乏新著或译作，或虽兼藏新旧著，然门类多未能具备，许多基本要籍或世界名著，多嫌缺乏，至于各科入门之作，为进读基本要籍与名著的先导，也因没有系统化的编著，遂亦无法购藏。

　　我在筹备东方图书馆之初，一方面凭借那时候国内藏书最富的图书馆，他方面利用全国最大的出版事业，想把两机构密切配合，除慎选每个小型图书馆必备的国学基本丛书以便按照适当的版式重印，又从无量数的世界名著中精选每个小型图书馆必须存备者，分别委托各科专家汉译，以便印行外，更就各科入门必备之图书，分别聘请专家，以深入浅出之内容，简明握要之方法，广为撰著。到了民国十八年，这些准备工作，经过了四五年的努力，总算大致就绪，于是综合编成万有文库第一集，计一千种，二千册；每书均按拙作中外图书统一分类法分类，除在书脊上印有分类号码外，还印成图书馆所有的各种书目片。随同文库全书供应，使凭借文库兴办之小型图书馆，无需延聘图书馆学专材从事分类编目，便可供人检查借阅，照这样全部的供应品，那时候我们仅以法币三百元，约当美金一百元的代价，售给于读书界。结果，该文库第一集先后推销了八千部，除为原有图书馆及许多藏书家所收购外，还借此一部书而新成立了不下二千所的小型图书馆。其后到了民国二十三年，我又编印万有文库第二集，也是二千册，连同第一集，共四千册，其中括有国学基本丛书四百种，汉译世界名著二百五十种，其他各科小丛书共一千零五十种，合为一千七百种，四千册。稍后我又选印丛书百部，计四千一百余种，合四千册。我本来打算续编万有文库第三集，亦二千册，这样连同丛书集成，便得一万册，中外新旧的要籍，殆无所不包，无论在数量上和种类上，均可独自构成一个中型的图书馆。如果没有抗战发生，我深信在民国三十年以前，便已达成此一目的。可惜得很，自民国二十六年下半年全面抗战开始，商务印书馆的总机构已不能发生作用，我独自带领少数干部辗转迁入内地，最后在重庆奠定基础，物力已丧失殆尽，但我并不灰心，一切从头做起，短时期内，便在重庆恢复出版新书，所谓每日新书，

蝉联不断，迄于抗战胜利之日，复员东返后，我因受政府征调从政，不得已辞去主持了二十五年的商务印书馆，其后［删15字。——编注］，便不复发生作用，自三十七年迄今，我遂与商务印书馆脱离关系十六七年。直至本年，我既退出了政坛，商务印书馆又依新颁条例，得在台湾举行股东会，并选举董监事，我当选了董事长，固辞不获，因思在大陆时先后曾为商务印书馆苦斗，挽回了三次的厄运，现在虽已届垂老之年，辞卸公职后，原拟专心写作教学，惟鉴于台湾商务印书馆，多年来因经理人无所秉承，对于出版业务遂未能发展。我不愿商务印书馆稍懈其为文化贡献之职责，只得勉暂担任。每日平均以二三分之一工作时间为该馆尽义务，首先考虑将原编万有文库四千册，择其精要而适于在台图书馆需要者，经过了三四个月努力，编为万有文库荟要一千二百册，正在印刷与预约中。荟要在数量上与在大陆时刊行之万有文库简篇相同，实际上则内容变更过半。深信对于在台之公私图书馆，及机关与私人藏书均可有相当贡献。继万有文库荟要之后，我打算于最近两年内，就商务印书馆在大陆上已印行之重要著作，分别精选，陆续重印。但这件工作，在目前的商务印书馆办起来，还是不很容易。因为这里的商务印书馆，原是台湾光复后，才来设立的一个分馆，对于商务印书馆历年出版的书籍多未存备，近年虽曾向香港访购，但所得仍不多。我相信台湾的各大图书馆藏有商务印书馆从前出版之图书，当不在少数，然亦未必能集中于一二馆。我打算次一步骤，便是派人向各大图书馆调查所藏商务印书馆旧日出版的重要图籍，经我们陆续制定整理重版的计划，除商务印书馆业已藏有者外，不得不向各图书馆借出影印。使向为一馆所藏者可以借整理影印而遍及于各图书馆和读书界。我所以在最近一二年内集中精神于整理重印商务书馆在大陆上出版较优良而有用的书籍；一来因为商务印书馆原出版最有用的书

籍，多在我主持该馆之二十五年期间，即从民国十年迄三十五年；由于这些书籍大都由我主持编印，对于较重要的著作，于其撰人背景以及编辑经过，我还能大概记忆，在今日应否重版与有无增订之必要，我至少知其轮廓。选定后，如须增订我也较易委托适当的人为之，比诸不甚知其内情之他人，定然方便得多。因此，趁我还能为商务印书馆尽些义务之时，尽先从事于此，自较方便；二则商务印书馆目前纵有译印新刊名著之必要，亦须分别委托专家从事，需时不会太短，所以在准备译印新书之前，还是先从整理旧有出版物，重行制版付印，较为方便。且旧日著译，多能好整以暇，事事较易认真，优良著译多出于彼时，亦自有故。至于目前新著新译，在详拟计划，选定书名以后，尚须选择著译之人，宽以时日，预计非有充分期间不为功；而利用此犹豫期间，以整理重印旧有出版物，使商务印书馆对于文化之供应不断，亦最适当。

犹忆商务印书馆在大陆时，除大部丛书如万有文库，丛书集成，四部丛刊，四库珍本及大学丛书等外，其他各种出版物亦占国内各图书馆购藏的重要地位。就抗战前一年的民国二十五年统计，国内全年出版新书九千余册中，商务印书馆一家占其五千二百余册，在全国同年新出版者占百分之五十以上，因之，国内各图书馆每年新购之图书，除外国文字及古本书籍外，当以商务印书馆出版者占其半数以上。迁台以后，商务印书馆，有如我在上文所述，出版物寥寥无几，未能尽其应尽之责任，至为愧歉。我此次重主商务印书馆，虽系完全尽义务，但对于应尽之力，绝不放弃。由于图书馆与出版家有深切的关系，极盼彼此密切合作，并望图书馆界能不吝指教，使今后商务印书馆的贡献，得以配合图书馆界的需要。兄弟对此任务，不敢稍懈，独惜在台的商务印书馆资力微薄，往往有志难逮，尤望图书馆界予以协助。

　　很对不起，贵会要我作专题讲演，我却以商务印书馆的立场，向贵会诸君提供有关商务印书馆的报告，和吁请指教。文不对题，尚祈原谅。

公元一九六五年，乙巳，四月台湾商务印书馆经理赵叔诚辞职。余以赵君尚有其亏累，特向董事会提议一次赠与特别退职金新台币十万元。并聘为顾问一年。

　　原来商务印书馆退职金自一二八后复业即已取消。此次因赵经理苦撑危局，纵无显著成绩，不无微劳可念。且闻其因兼营外业，亏累不堪，特拨此款以资补助。未几赵君赴香港，助其堂弟营业，越半年因未能获得居留权，重返台湾，其顾问职一年期满续聘三个月至一九六六年六月底止，旋不幸因偷渡赴港，病故船中。

同年二月一日商务书馆聘余的学生徐有守为总编辑，四月一日又聘兼经理。

　　徐君毕业政大政治研究所，获有硕士学位，其论文为余所指导，并曾佐余在"总统府临时行政改革委员会"任秘书；及余转任"行政院副院长"，又以"政院参议"名义在余办公室内助理。

同年五月余将四部丛刊初编缩本重印，并先售预约，为撰序文如次：

　　四部丛刊创刊于民国八年，在余加入商务印书馆前二年；因是，此一出版计划与余无关，而由商务印书馆前辈张菊生先生独力主持。惟四部丛刊续编三编等之继续刊行，则在余主持商务印书馆后十数年，除商承前辈张菊生高梦旦两先生指导外，当然由余负其责任，

尤以续编三编等继刊不已，益觉四部丛刊正编虽经先后两版，数逾五千，仍有三版之必要。为谋以更廉之价供应，因决改三版为缩本，每面容纳原刊四面，并采用洋纸印刷。以其篇幅由原刊之三十二开，扩大为二十四开，故字体大小虽稍逊于原刊，笔画清朗则毫无逊色。彼时续编已印行，余遂就原称殿以初编二字，以助识别；于是缩印本亦易称四部丛刊初编缩本。分订为精装平装两种，精装布面厚本一一〇册，平装纸面四四〇册。在检阅上较原刊线装本为便，定价亦较廉，读书界咸称善，借发行未几，抗战午起，致流行未能充分。

缩印本在外表上虽与原刊稍异，然内容不仅保存种种优点，且以后出，善本续有发见，为精益求精，改用版本多至十五种，约占全书百分之五弱。

本书共收经史子集三百二十一种，都八千五百七十一卷，以平均每卷一万字计，总字数达八千余万，核与缩印本总面数八万零四百十四面，平均每面千字，总字数亦当为八千余万，殆不谋而合。

就四部分计，经部占二十五种，三八四卷；史部占二十种，七一二卷；子部占六十一种，九七六卷；集部占二百十五种，六四九九卷。

按版本区别，则宋本四十五种，翻宋本二十二种，影宋写刊本二十种，校宋本一种；金本二种；元本十九种，翻元本二种，影元写刊本六种；明本一百十八种，明活字本九种，明钞本七种，校明本一种；清原刻精印本三十七种，聚珍本六种，其他精钞校本二十种，日本精刊四种，高丽精刊二种。

以原本收藏家言，则上海涵芬楼，即商务印书馆之私藏，占一百四十四种，当全部百分之四十五弱；次为江南图书馆，占三十二种；次为常熟瞿氏铁琴铜剑楼，占二十四种；次为江安傅氏，占十八种；再次为无锡孙氏，占十三种；余则乌程刘氏嘉业堂，乌程蒋

氏，长沙叶氏，南海潘氏；江阴缪氏，乌程许氏，海盐张氏涉园，或六七种，或三四种不等。此外海内及日韩藏书家，各一二种，无不择善借印。总计来源多至三十余处，而以商务印书馆自设之涵芬楼提供约半。真可谓集海内外善本之大成矣。

世方多故，古籍销亡；国学起衰，相需尤亟。前辈张高二公与余不揣棉薄，愿广流传。涵芬楼储书数十万卷，岁有增益，予取予求，恣其甄择。海内外藏书大家闻有是举，咸欲出其珍异，来相赞助。本书之获观成，实缘于是。

去秋余重主商务印书馆，以十余年来，台馆格于情势，出版寥寥，恍如停顿。窃不自揣，愿以余生数年为馆事尽其义务，渐复其对出版之贡献。最初二年，先其所急，就大陆上历年出版之新旧名著，择尤整理重印。二年以后；再谋新出版计划之逐步推行。半载以来，首就余曩主编之万有文库一二集四千册，择其精要千二百册，编为万有文库荟要，现已出版及半。他如大学丛书各科丛书及汉译世界名著等，亦皆陆续慎选重印。嗣复念及四部丛刊与我国固有文化关系之重大，乃就其缩本考虑重版，经营两月，计划甫定，付印有日，谨述经过。

一九六五年五月二十日王云五

同年七月余所辑有关教育之旧作汇集为岫庐论教育交商务书馆排印，并附序文如左：

余自十八岁始从事于教育，迄今恰满一甲子。计自民前五年迄共和建国之年，纯以教育为主业；自民元迄民五，除短期从事于教育行政，旁及报社撰述外，无时不兼任教席，前后历时十年。自民十迄民三十五年，余主持商务印书馆，虽不复兼任教科，然无时不与教育界接触，举措亦多与教育攸关。是则此二十五年间，殆可称

为间接从事于教育之时期，及一九五五年国立政大在台复校，迄今十载，余继续兼任研究所讲席，迄前岁挂冠，始改专任。总计此六十年间，余直接任教者二十年，间接任教者二十五年，为时不可谓不久矣。

余既与教育界有如此长远之关系，素性又对教育深感兴趣；故六十年间不时有关于教育的意见发表。最早者为民元对于新学制之建议，虽事后追述欠详，然大意已可概见。及任职商务印书馆之初，即对中学之科学教育提供意见，于今日教育界所提倡者已早肇其端。又于编辑计划中，首倡教育大辞书之纂修。中间对于我国古代教育思潮，曾以王一鸿之笔名，于退食之余，分别研究孔孟、荀卿、庄、墨之教育主张，撰为专论四篇，合刊为一册，曾收入万有文库第一集，迁台以后，是书已不复单行，最近始从某图书馆假得。前既由分而合为一书，兹复由合而析为数篇。余主持商务印书馆之后期，迭于各期刊发表有关教育之论著，迄今尚可搜集者不下十篇。来台十余年，著述多暇，或出以专论时论，或为讲演方式，或作正式建议与计划，或与主管商榷，或就序跋发挥，为文不下四十，连同其前发表者，都五十八篇，三十余万言，悉依先后为序，与一年来陆续汇刊之论著六种，大致相若。

忆一九五一年来台之初，曾集手边有关教育之论著十篇，命名谈教育，畀华国出版社刊为小册，越二岁又补入四文，为增订本，先后印行四五版。兹以旧文搜集渐多，新作亦复不少，其中并括入久已绝版之中国古代教育思潮约十万言；于是汇刊为岫庐论教育专册。

本书搜罗范围，系采广义。所谓广义的教育，在横的方面，包括德智体群美；在纵的方面，包括学校社会与整体文化。间有原属教育范围，因已集刊于他书，以避免重出，从阙；然为便利读者参

证，姑将篇名及刊入书名附后：

　　我的图书馆生活，刊入谈往事

　　重理粉笔生涯，刊入谈往事

　　我所认识的朱经农先生，刊入谈往事

　　我的学校生活，刊入岫庐论学

　　谈函授，刊入岫庐论学

　　我国博士学位授予之研究，刊入岫庐论学

　　博士考，刊入岫庐论学

　　少年百科全书序，刊入岫庐论学

　　基金会与文化，刊入岫庐论学

　　专材与通材，刊入岫庐论学

　　宪法与教育，刊入岫庐论学

　　我所期望于法官训练所结业诸生，刊入岫庐论政

　　出国留学生的责任，刊入岫庐论政

　　　　　　　一九六五年七月十五日王云五识

同年九月余将在大陆编印之丛书集成四千册，择尤选印
　其中八百六十册，版式仍照原辑印本，与就近刊行之
　万有文库荟要相配合，称为丛书集成简编，并撰序附
　凡例如次：

　　余于民国二十三四年之交，辑印丛书集成，既蒇事，为述其缘
起如左：

　　　昔李莼客有言："士大夫有志于古而稍有力者，无不网罗散
逸，查拾丛残，几于无隐之不搜，无微之不续；而其事遂为天
壤间学术之所系，前哲之心力，其一二存者得以不坠，著述之
未成者，荟萃而可传。凡遗经佚史，流风善政，嘉言懿行，瑰

迹异闻，皆得以考见其略；而后之人即其所聚之书，门分类别，各因其才质之所近，以得其学之所归。于是丛书之功，在天下为最巨。"王丹麓亦言："丛者聚也，或支分于盈尺之部，或散见于片楮之间，哀而聚之也；又丛者杂也，或述经史，或辨礼仪，或备劝戒，或资考订，事类纷纶，杂而列之也。"两氏之言，其足为我国丛书之定义乎？

钱竹汀云："荟蕞古人之书，并为一部，而以己意名之者，始于左禹锡之百川学海。"按学海之辑，在宋咸淳癸酉，而俞鼎孙之儒学警悟刻于宋嘉泰间，前学海又数十年，是真丛书之祖。然二者虽有丛书之实，尚无丛书之名。其更前之笠泽丛书，则为唐陆天随个人之笔记，其自序称为丛细碎脞之书，虽有丛书之名，而实亦非丛书也。至若名实兼备者，复始于明程荣之汉魏丛书，而继以格致丛书唐宋丛书等。

降及清代，丛书之刻，愈多而愈精。精者如黄氏之士礼居，孙氏之岱南阁；皆仿刻宋元旧椠，人无间言。博者如歙县鲍氏之知不足斋，南海伍氏之粤雅堂；子目逾百，卷数及千，自是丛书之范围益广。其泛滥群流，多文为富者，有张氏之学津讨原，吴氏之艺海珠尘等；其传布古籍，雠校最精者，有卢氏之抱经堂，胡氏之琳琅秘室等；其书求罕见，今古俱备者，有蒋氏之别下斋，钱氏之指海等，其专辑近著，搜亡抱缺者，有潘氏之功顺堂，赵氏之仰视千七百二十九鹤斋等；其屭入泰西政俗游历诸篇，新旧兼收者，有潘氏之海山仙馆，江氏之灵鹣阁等。他如官刻丛书，则武英殿聚珍版实为巨擘。郡邑丛书，则明代之盐邑志林导其先路，而泾川岭南金华畿辅接踵而起。于是孔壁汲冢之余，石渠东观之秘，咸登梨枣。张香涛云："人自问功德著作不足以传世，则莫如刊刻丛书以垂不朽。"可见学者

之重视其事矣。

迄于今，综顾朱传罗诸氏之丛书目录，与杨李二氏之丛书举要所著录者，部数多至数千，诚大观矣。然一考内容，则名实不符，十居五六；删改琐杂，比比皆然。张香涛谓"丛书最便学者，为其一部之中可该群籍；欲多读古书，非买丛书不可"。夫以种类若是纷繁，内容若是庞杂；苟不抉择，多购既糜金钱，滥读尤耗精力。

余近年先后编印万有文库初二集，于国学基本丛书之取材印刷，考虑再三，一以购读者精力与金钱之经济为主要条件。文库二集计画甫就，张菊生先生勉余以同一意旨，进而整理此无量数之丛书；并出示其未竟之功以为楷式。余受而读之，退而思之，确认是举为必要。半载以还，搜求探讨，朝斯夕斯，选定丛书百部，去取之际，以实用与罕见二者为标准，而以各类具备为范围。别为普通丛书专科丛书地方丛书三类，类各区为若干目。普通丛书中，宋代占二部，明代二十一部，清代五十七部。专科丛书中，经学小学史地目录医学艺术军学诸目合十二部。地方丛书中，省区郡邑，二目各四部。其间罕见者如元刊之济生拔萃，明刊之范氏奇书，今献汇言，百陵学山，两京遗编，三代遗书，夷门广牍，纪录汇编，天都阁藏书等；清刊之学海类编，学津讨原等：虽其中间有删节，微留缺憾，要皆为海内仅存之本，残圭断璧，世知宝贵，今各图书馆藏书家斥巨资求之而不可得者也。至若清代巨制，如武英殿聚珍版，知不足斋，粤雅堂，海山仙馆，墨海金壶，借月山房，史学，畿辅，金华等，原刻本每部多至数百册，内容丰富精审，皆研究国学者当读之书，所谓合乎实用者，其信然矣。

综计所选丛书百部，原约六千种，今去其重出者千数百种，

实存约四千一百种。原二万七千余卷，今减为约二万卷。以种数言，多于四库全书著录者十之二；以字数言，约当四库全书著录者三之一。命名丛书集成，纪其实也。

方今文化衰落，介绍新知与流传古籍，其重要相等。是书之出，将使向所不能致或不易致之古籍，尽人得而致之，且得以原值二十分之一价致之。又诸丛书经董理后，取精去芜，依类排比；复按万有文库之式印刷，分装袖珍本约四千册，以便检阅：亦犹是编印万有文库之原意云尔。印行有日，谨述缘起。

中华民国二十四年三月九日　王云五

今距丛书集成之印行三十年矣，其间世局多变，商务印书馆既以抗战随政府西迁，八年后，因胜利复员，重返沪滨，未几又以[删2字。——编注]而再度播迁。来台以还，物力式微，出版事业，有如停顿。去岁余退出政坛，得重主该馆，懔于介绍文化之责任重大，不敢稍懈，决以最初二年，就该馆历年出版菁华，择尤整理，先后重版。一年以来，在大部丛著方面，业以万有文库荟要及四部丛刊初编缩本问世，读书界称便，于是进而整理丛书集成，因原书卷数多至二万，册数多至四千，其中与该馆先后辑印之国学基本丛书重出者约一百五十种，四百册，自宜删除。又丛书集成既以丛书百部构成，除相互重出之子目约三分之一，余于三十年前辑印之时业已删除外，因就各丛书保持原状，悉数收入，对于现今读书界之需要缓急，未遑兼顾。今重行辑印，为撙节物力，对此不能不考虑。查台省公私所藏丛书集成全部者，就余所知，不满十部，目前搜购，极感困难，不仅价逾十万而已。因思，为应急需，允宜简化，经就全部四千册，子目四千有奇，详加研究，除上述应行删除者外，复取精去芜，实留一千零三十一种，都四千四百四十卷，约当全书四分之一，订为八百六十册，版式仍照原辑印本，与就近刊

行之万有文库荟要相配合。并按万有文库荟要及四部丛刊初编缩本之定价比率，尽可能廉售预约，选辑既成，预约有日，谨举经过，以告读书界。

一九六五年八月十一日王云五

凡例

一、本集书集古今丛书之大成，故定名丛书集成。

二、我国丛书号称数千部，惟个人诗文集居其半，而内容割裂、琐碎，实际不合丛书体例者又居其余之半。其名实相符者不过数百部。兹就此数百部中，选其最有价值者百部为初编。

三、初编丛书百部之选择标准，以实用与罕见为主，前者为适应需要，后者为流传孤本。

四、所选丛书，至清代为止，民国新刊从阙。

五、所选丛书百部，内容约六千种，二万七千余卷，其一书分见数丛书者，则汰其重复，实存约四千一百种，约二万卷。

六、一书分见数丛书中，详略不一者，取最足之本；其同属足本，无校注者，取最前出之本，有校注者取最后出之本，名同而实异者两存之。

七、各书一律断句，以便读者。

八、排印方式，以经济实用为主要条件，仿万有文库之式，以五号字为主，其有不宜排印者则改为影印。

九、各书篇幅多寡悬殊，本丛书排印时，就可能范围以一书自成一册为原则；其篇幅过巨者，分装各册从厚，以期一书所占册数不致过多；其篇幅小者，装册从薄，以期一册所容种数不致过多。

十、各书顺序，按中外图书统一分类法，可与万有文库合并陈列。

十一、原刻丛书百部，计八千余册，占地极多，取携检阅，均

感不便，今整理排印为袖珍本，占地不及原刻本八分之一，且有整齐画一之观。

十二、简编系就原辑删陈与本馆先后辑印之国学基本丛书重复者外，特就原收各书内容对现代读者之需要缓急，重予考虑删汰，并以取精去芜为主旨。

十三、简编实收图书一千零卅一种，都四千四百四十卷，约当原辑四分之一，订为八百六十册。

十四、简编自一九六五年九月一日开始发售预约，自同年十二月起，每三个月出版一次，第一次为十二月十五日出版二百八十册，第二次为一九六六年三月十五日，续出二百八十册，最后一次为一九六六年六月十五日，出版三百册。

同年十一月，余汇集参加各种重要会议之事后追述，定名为岫庐论国是，交商务印书馆排印，并附序文如左：

本书为余参加各种重要会议之事后记述，依先后为序，首国民参政会，次政治协商会议，再次国民大会；各为一篇，合三篇而成书。凡四十余万言。

国民参政会以抗战之起迄为始终。成立于民二十七年秋，结束于三十六年夏，前后凡九年，分四届，每届集会二三四次不等，论者辑称国民参政会为我国战时之国会，虽其构成分子，由间接民选与党政当局遴选而来，形式上未合现代之国会，然其代表性至普遍，代表人士复为一时之选，纵未能尽监督政府之责，其献可替否，不仅多臻至当，且为政府所重视。除未能常川集会，致难充分行使国会职权外，闭会期内之驻会委员会，亦颇发挥作用。又集会而外，对于后方之经济策进，军风纪视察，宪草修订，以及对内致力团结，

对外从事国民外交，皆有助于国是。本篇以躬历记为名，当然就个人之立场，观察会议之进行，轻重详略，不无受主观影响；然而亘十余次之会期，拥四百余万言之资料，取精去芜，亦大不易，余嗣受旧同仁嘱托，主编国民参政会史，久久未能属笔，不仅以资料抉择困难，即个人观点，亦断难适合众意，不得已建议改编史料，纯就客观抉择，卒幸有成，计得六七十万言，约当全部资料六分之一。本篇既称躬历记，顾名思义，除引述文献难免与史料雷同外，其记事立论，自与史料有别。全篇五章，约十七万言，一二两章先由传记文学分四期发表，所述仅限于第一届，未发表之三四五章，则每章记述一届，纯就个人立场撰写。除确有必要，非全录史料若干篇不可外，余皆撮其大要，则又别于史料者也。

政治协商会议，实为国民参政会所发动，并由迭次国共会谈所促成。协商范围，初时规定为两项：一是和平建设方案，二是国民大会召集事项；嗣又将两项范围分析为五个题目，即：（一）政府组织，（二）施政纲领，（三）国民大会，（四）宪法草案，（五）军事问题。其召开的动机虽酝酿于抗战结束前一年有余；而其实行召开，则在抗战结束后约半年。盖其主要目的，在谋全国大团结，而其具体方法，则在公开政权，实行宪治，此在抗战结束前，因可加强作战之实力；而在抗战结束后，尤有助于建国之成功。会议于民国三十五年一月十日揭幕，参加者凡三十八人，选自五方面，即（1）中国国民党，（2）中国共产党，（3）民主同盟，（4）中国青年党，（5）社会贤达，表面上皆由国民政府主席聘任，实际上一至四方面人选先由各该方面自行推定，第五方面则由第一至第四方面共同推定，余则于第五方面获厕一席者也。此三十八人中，国民参政员占二十二人，超过半数，纵非参政会之特别组织，然参政会在其中所占势力不可谓不重要，盖参政会本以战时团结全国力量为主旨，政

治协商会议则以复员建国时期团结全国力量为目的，二者固有其极密切关系也。

在协商会议中，五组的协商结果，最失败者无疑是军事问题[删68字。——编注]。卒未依协商原议实现。及三十六年夏，局部扩大政府组织，除中共不参加外，民盟中之民社党则与青年党及社会贤达共同参加。事前并依据政协议定之和平建国纲领，订为国民政府施政纲领十二条，由参加扩大政府组织之各党派及社会贤达代表共同签署，足见国民党之尊重政协决议，虽于中共民盟拒绝参加时，仍努力予以履行也。政协决议影响最大者，莫如国民大会与五五宪草。国民大会由五五宪草所规定之庞大职权，一变而为无形国大，经会后继续协商，虽恢复为有形，其职权实已大减。五五宪草，经协商决议修正原则十二项，性质已大有改变，虽经会后之宪草审议与继续协商，略有再修正，惟经整理提出于制宪国民大会之宪草修正案，并据此而制定之中华民国宪法，其接近于政协修正原则者，远胜于其维持五五宪草之程度。本篇将中华民国宪法逐条与五五宪草及政协修正中华民国宪法草案，一一比较，足证其然。全篇字数约十万，曾交自由谈月刊分期发表六七万字，惟其中宪法与两种宪草比较之部，仅举若干例，而略其全部，兹篇则全部补入。

国民大会，先后两届余均参加。制宪前之一届，其任务在制定宪法；制宪后之一届，则在行宪，而称为第一届。行宪后之国大，原定以六年为一届之任期，惟自第一次大会选举总统副总统后，旋随"政府"迁来台湾，届期依法重选为事实上所不能，故于一九五四年"首届总统"任满前数月，"第一届国民大会"即召开"第二次大会"，至一九六〇年又届六年，继开"第三次大会"。余于制宪国大与第一届第一二三次"大会"皆曾出席。本篇为个人对参加国大之述要，特就制宪及行宪国大各撰一章。关于制宪国大系以"从

宪草到宪法"为题，叙述五五宪草修正案如何逐条过渡于宪法之经过；所有国大代表［共产党代表不在其中。——编注］对宪草各条所提之修正案，与其结果，一一叙列，间附个人之按语。以此文与第二篇政治协商会议追记中，有关两种宪草与制成宪法之逐条比较，相互印证，则于"宪法"之内容，当可脉络分明。余于"行宪国大"之三次大会，除第一次尚无记述外，"第二第三两次大会"，均以个人立场各撰一文，"第二次大会"追记且已刊入拙著《谈往事》，兹以"第三次大会"述要纳入本篇。全篇约十五万字。

余自去年六月开始编印谈往事，迄今一年有半，陆续刊行各种论集，至本书为第八种。于命名方面，因所收文稿各有专属，如纪旧游，岫庐论政，岫庐论学，岫庐论管理，岫庐论世局，岫庐论教育等，不难一望而知。独本书由三种会议之记述构成，欲以一语概括三者，而又不过冗长，殊感不易，考虑再四，姑以"岫庐论国是"名之。按刘向新序，楚庄王问叔孙敖曰：寡人未得国是，盖谓国家之大计也。国民参政会，政治协商会议与国民大会所讨论者，何一非关国家大计，名以副实，或不谬乎？

一九六五年十一月一日王云五识

同年十二月商务版岫庐论学发行，本书于本年三月交由大华晚报初版，印二千册，不半年已售罄。至是改归商务印行，名为初版，实即第三版矣。兹将先后两序附后：

（附序）

自拙著谈往事出版后，甫四月纪旧游继而问世。厥后未及一月，余之传记资料第三集岫庐论政又付排印。于是续行整理第四集之岫庐论学，原拟俟度岁后考虑印行，适大华晚报自十一月一日起增刊

言论版，特来索稿，尤盼有连续性之稿，俾逐日登载，再汇刊专册。知余有岫庐论学之辑，坚请畀予出版；余以情不可却，遂亦允之。

本书所收文字皆为近四十年来之作，其中泰半先后刊布，余则藏之行箧，俟机与先后刊布者集刊。近二三年来，余从事于年谱长篇之自撰，以属长篇，故于记事以外，不遗言论。爰就数十年来已未刊布之言论尽力搜集。迄于今，除民十以前者散佚殆尽外，余多幸获保存。其始由分而合，集为年谱长篇，嗣以年谱付刊，势须久待。由于朋侪之怂恿，复由合而分，按其性质分集，窃不自揣，拟于今后三年，连同今岁付刊之三书，辑为十有二集，本书其第四集也。

本书分五部，第一部集有关学习之文，得十七篇；第二部集有关研究之文，篇数略同；第三部就生平所作序跋，选其与学术有关者二三十篇，对各有关著作与学科分别评述；第四部则因出版与学术关系密切，个人既以半生精力从事于出版事业，时有阐述，亦慎选约十篇以实之；最后殿以其他一部，则搜集有关言论而不属于上述四部者，补充之。

全书内容，为篇八九十，为字约五十万。其编排除第一部略按系统外，余悉以著作之先后为序。其中有关研究之部各文，附表颇多，以节约每日刊载之篇，暂从阙略，惟于汇刊专册时仍附入，以全首尾。

一九六五年三月三十日　　王云五

附增订重版序

本书以一九六五年四月由大华晚报社出版，迄同年十一月初印二千部售罄无遗。余始筹印本论集时，即在一九六四年六月谈往事初版时，尚未重主商务印书馆，感于出版界之盛情，颇拟以每家出版一集为原则；故于第一集谈往事由传记文学社印行后，第二集纪

旧游则畀自由谈月刊社印行，第三集岫庐论政畀法令月刊社印行；
第四集即本书，畀大华晚报社印行；第五集岫庐论管理，畀华国出
版社印行；第六集岫庐论世局，畀青年战士报社印行。自第七集岫
庐论教育开始，因余重主商务印书馆匝岁，同人坚请归商务印行，
继此为第八集岫庐论国是亦如之。同时商务为便流通计，所有由他
家先后印行之六集，悉为经销，迄十一月本书售罄，未能继续供应。
同人为谋供需便利，遂请转商大华晚报可否改归商务继续印行。商
洽结果，承大华晚报主者美意，允由余交商务重版。于是就原版校
订，对若干手民之误予以勘正；又以年来余写作讲述属本书范围者，
得十五篇，汇为附录，约增三四万言，列于书末，合原有五门，计
得六部，并于目录项下列举篇目页码，以便检阅。印行有日，谨述
经过如上。

一九六五年十二月二十四日　王云五

本年除印行两部预约巨籍外，对于大陆原印行之大学丛
　书等，亦尽量访求搜集，予以重印，故是年出版种数
　已渐赶及大陆上最盛时期之民国二十五年。

本年台湾商务印书馆营业额一跃而为新台币一〇 五五
　二 三九八元有奇，盈余额为三 三〇一 八三五元有
　奇。除依法为大陆股东保留大多数股息外，在台股东
　每股实得利息及红利共四十一元三角七分。同人等分
　别所得奖金平均在六个月薪水左右，真使股东及同人
　皆大欢喜。咸视为奇迹。

公元一九六六年，丙午，二月台湾商务印书馆在余主持下印行汉译世界名著甲编，兹将序文附后：

我国汉译外籍，始于唐代之佛经；降至明季，耶稣会士来华渐多，辄与国人合作，翻译宗教天算诸书外，旁及其他学术，傅泛际 F. Furtado 译义与李之藻达辞之希腊大哲亚里士多德所著名理探，其最著者也。

清末海禁大开，译书益多，公家所译，如江南制造局之机器制造诸作；私人所译，如侯官严氏之社会科学十数种，又如林琴南魏冲叔合译之说部丛书数十种，为其规模较大者。

民国十年余始长商务印书馆编译所，广选各国各科名著，分约专家汉译，总称为汉译世界名著。及民国十八年，余编印万有文库第一集，即选取汉译世界名著百种刊入。其后民国二十三年，万有文库二集发行，又选百五十种刊入。由于世界名著种数既多，各类各科殆无不备，且皆为基本之作，不随时间之消逝而稍减其效用。

余于去年主编万有文库荟要时，曾就两集所收汉译世界名著，选其九十种加入。兹经积极搜罗原刊汉译世界名著，连同汉译文学名著及翻译本之大学丛书史地丛刊等，继续精选二百种，汇刊为汉译世界名著甲编，比照万有文库及丛书集成之版式，订为六百册印行，俾已购万有文库荟要者获得重要之补充。并就万有文库荟要已收入之汉译世界名著九十种，连同其中汉译自然科学小丛书十种，合得百种，订为汉译世界名著乙编，俾于甲编出版后，继续印行，使未备万有文库荟要者得窥全豹。

学术原无国界；东西文化之交流有赖于译事，以为沟通；必先经尽量搜集可贵资料之过程，始有助于学术之推进与独立。东邻日本百年维新，对世界名著无不尽量译印为日文，致有今日之成就。

我国译书甚早，惟时作时辍，且往往有所侧重，未能窥世界学术之全貌。汉译世界名著之选材，对此特加注意，并能集全国人材从事译述，至少足以保证译文之信达。

余窃不自揣，拟于甲乙两编相继发行后，当精选新刊世界名著，分约专家汉译印行，初时月出一二种，稍后逐渐加速，积四五年之时力，当可汇刊汉译世界名著丙编百种，且将继续不已；如情势许可，其进展或更不止此也。是为序。

一九六六年二月一日　　王云五

同年四月一日台湾商务印书馆接受印行"教育部"中华丛书委员会所编《资治通鉴今注》十五巨册。

该书原由"教育部"中华丛书委员会约定名学者夏德仪李宗侗教授等校勘注释，原编有预算，乃印行三册，则以销路狭，经费绌暂行停顿，改约各大书局合作印行。先以商务多年不振，未被径约，及与若干书局接洽后，皆以尚未印行之字数多至千万，该委员会原编有预算，支领经费，尚不能维持，各该书局以营业为目的，深恐亏累，皆未被承受，最后姑向本馆探询。余以该书今注详尽，有功文化，纵有亏损，亦义不容辞，细加估计，可能亏损数十万。余向来对于有价值之书刊，明知不免亏损，亦愿折长补短为之。乃与订约，并负担版税，盈亏概由本馆自理。除一至三册利用该委员会原版外，其余十二册每册约八九十万字，每月排印一册，亦允照办。因即订定预约办法如后。

《资治通鉴今注》预约办法（本馆邮政储金划拨户一六五号）

一、内容概要：《资治通鉴今注》系由"教育部"中华丛书委员会所编《中华丛书》中之一种，由名学者李宗侗、夏德仪教授等校勘注释，由本馆印行。全书用模造纸精印，分订十五巨册。正文

用四号大字，注文用五号字，全部新排，至为清晰。

二、预约时期：自一九六六年四月一日起至同年五月卅一日止发售预约两个月。

三、预约价格：本书定价新台币二千元，预约期间特别优待如次（埠内挂号邮费免收）：

（甲）一次付款者：一九六六年五月份内一次交清者，收新台币一千四百元。六月一日起改以特价发售，订购价格于六月初在中央日报宣布。

（乙）六期付款者：预约时先行交付第一次款五百元，自次月起每月各付二百元，总计一千五百元。

四、海外预约：凡海外预约者，一律一次付清书款，预约价每部港币二百元，或美金三十五元。香港、澳门、韩、菲地区另实收邮费每部港币三十元。欧美、新加坡、越、日及其他各国，另实收邮费每部美金十元。

五、出书时间：本书全部共计十五巨册，第一至第八册共八册，于五月底出书，以后每月出书一册，按月取书，至本年十二月底出齐。

六、集体优待：凡一次办理手续集体预约满五部者照九五折实收；满十部者按九折实收，但不能先后日期拼凑计算。

七、预约凭证：预约者应填妥预约单，交由本馆办理预约手续；并掣给预约凭单及统一发票。预约凭单如有转让过户情事，须经本馆承认，方为有效。

同年五月余著国民大会躬历记完成，交商务印书馆排印，并撰序如左：

我"中华民国"之国民大会，渊源于国父孙中山先生之建国大

纲，其中第十四条"每县地方自治政府成立之后，得选国民代表一员，以组织代表会，参预中央政事"；第二十三条"全国有过半数省分达至宪政开始时期，即全省之地方自治完全成立时期，则开国民大会决定宪法而颁布之"；又第二十四条"宪法颁布之后，中央统治权则归于国民大会行使之，即国民大会对于中央政府官员有选举权；有罢免权；对于中央法律有创制权，有复决权"。

五五宪草即于训政末期，以建国大纲为基础，而订定国民大会之职权。兹先列举该宪草所拟定者如左：

一、选举总统副总统、立法院院长副院长、监察院院长副院长、立法委员、监察委员。

二、罢免总统副总统、立法司法考试监察各院院长副院长、立法委员、监察委员。

三、创制法律。

四、复决法律。

五、修改宪法。

六、宪法赋予之其他职权。

民国二十九年四月国民参政会通过其所设宪政期成会对五五宪草之修正案，于原定职权虽未作修正，惟主张于国民大会闭会期内，设国民大会议政会，并规定其职权如左：

一、在国民大会闭会期间议决戒严案、大赦案、宣战案、媾和案、条约案。

二、在国民大会闭会期间复决之立法院所议决之预算案、决算案。

三、在国民大会闭会期间，得创制立法原则，并复决立法院之法律案。

凡经国民大会议政会复决通过之法律案，总统应依法公布之。

四、在国民大会闭会期间，受理监察院提出之总统副总统弹劾案，经出席议政员三分之二决议受理时，应即召集临时国民大会，为罢免与否之决定。

监察院对行政立法司法考试监察各院院长副除长之弹劾案，经国民大会议政会出席议政员三分之二通过时，被弹劾之院长副院长即应去职。

五、国民大会议政会对行政院院长副院长、各部部长、各委员会委员长得提出不信任案。行政院院长副院长、各部部长、各委员会委员长经国民大会议政会通过不信任案时，即应去职。

国民大会议政会对行政院院长副院长不信任案，经出席议政员三分之二通过，始得成立。

总统对于国民大会议政会对行政院院长或副院长通过之不信任案，如不同意，应召集临时国民大会为最后之决定，如国民大会维持国民大会议政会之决议，则院长或副院长必须去职，如国民大会否决国民大会议政会之决议，则应另选国民大会议政会议政员，改组国民大会议政会。

六、国民大会议政会对国家政策或行政措施，得向总统及各院院长部长及委员会委员长提出质询，并听取报告。

七、接受人民请愿。

八、总统交议事项。

九、国民大会委托之其他职权。

至于上开之国民大会议政会议政员拟定为一百五十人至二百人，由国民大会互选之，其集会为每六个月一次，但必要时，议长得召集临时会。

观此，则国民参政会之宪政期成会对于国民大会职权，乃倾向于加重，而非减轻者，盖主张设置闭会期间之议政会，即使国民大

会之行使政权不致落空或有名无实也。

至于国民参政会稍后设置之宪政实施协进会对于五五宪草之意见括有三十二项，其中有关国民大会者为左列之三项：

五　国民代表之产生，除宪草第二十七条规定之区域代表外，应兼采职业代表制，并将此项代表与区域代表名额之百分比，加以规定。

六　宪政实施后之立法院，实要一般宪政国家之议会相近，故国民大会代表之任期及集会次数等，可维持宪草原案。至闭会期间应否设置常设机关问题，以立法委员既由国民大会产生，实负有部分监督政府之责，似无设置之必要。

十二　立法监察两院职权，既与一般宪政国家之议会相似，其委员之产生，自应由国民大会选举，其任期亦应维持宪草原条文。

准此，则宪政协进会所主张之国民大会职权乃与五五宪草原案相同，不予增进，亦不予减削。

及至三十五年一月政治协商会议集会，经决议对五五宪草之修正原则十九项中，关于国民大会之职权者有左列七项：

一、全国选民行使四权，名之曰国民大会。

二、在未实行总统普选制以前，总统由县级省级及中央议会合组选举机关选举之。

三，总统之罢免，以选举总统之同样方法行使之。

四、创制复决两权之行使，另以法律定之。

五、立法院由选民直接选举，其职权相当于各民主国家之议会。

六、监察院由各省级议会及各民族自治区议会选举之。

七、行政院对立法院负责。

如此，则不仅将国民大会之职权大大削减，且使有形之国民大会变为无形之国民大会。

协商会后，中国国民党以无形国大之决议违反国父遗教，特提出再协商，彼时协商会议之综合组尚存在，并于会后组有宪草审议委员会，故继续协商得以进行。几经讨论，对于国民大会卒达成左列之修正：

"国民大会恢复为有形之国民大会，其职权规定为（1）选举总统副总统；（2）罢免总统副总统；（3）修改宪法；（4）复决立法院所提之宪法修正案。关于创制复决两权，除上开（3）（4）两款规定外，俟全国有半数之县市曾经行使创制复决两项政权时，由国民大会制定办法，并行使之。"

以上修正案，即为后来制定中华民国宪法之所根据。国民大会虽已恢复为有形，其职权则视五五宪草瞠乎其后，而较诸参政会宪政期成会之修正案，更望尘不及矣。

由于国民大会职权之减削，醉心于五五宪草者，在行宪之第一届国民大会第一次会议中即已提出修改宪法数案，其主体侧重于增加国民大会之职权。经折衷之结果，乃于动员"戡乱时期"临时条款中加入左列一项：

"第一届国民大会应由总统至迟于民国三十九年十二月二十五日以前，召集临时会，讨论有关修改宪法各案……"［此处征引之"临时条款"加入项中所拟"民国三十九年"即1950年；"行宪国大"于1948年3月29日选出蒋介石为"总统"。——编注］

此盖借以缓和修宪派之情绪。惟以共党之［删1字。——编注］变，我"政府"不久被迫撤离大陆，未及如期召集"国民大会临时会"。迟至一九五四年始在台召开六年一度之会议，即"第一届第二次会议"，彼时以国家多故，未遑从容讨论修宪。再越六年，即一九六〇年举行"国民大会第三次会议"之时，多数代表侧重于创制复决两权进一步之行使，折衷结果，遂决议于闭会后，设置"宪政研

讨委员会"，研讨"两权行使"与有关"修宪"问题。今年二月在"国民大会第四次会议"以前两旬召开临时会议，卒制定创制复决"两权行使"办法，并于临时条款中增列有关"两权行使"之两项，至其他"修宪"问题，则决议采纳"宪政研讨委员会"之建议，在"光复大陆"以前暂行搁置。

以上属于职权方面，至关于组织，则政治协商会议曾提出办法，其中特关名额者数项如左：

一、依选举法规定之区域及职业代表一千二百名照旧。

二、台湾东北等所增各该区域及其职业代表共一百五十名。

三、增加党派及社会贤达代表七百名，其分配另定之。

四、总计国民大会之代表为二千零五十名。

五、依据宪法规定之行宪机关（按即行宪之国民大会）于宪法颁布后六个月内，依宪法之规定选举召集之。

按政治协商会议举行之时，国民大会代表业已选出约九百名，在国民党各会员当然主张有效，惟中共方面加以反对，谓业已选出多年，不能代表战后之民意，必须另行选举。民盟方面则主张将旧选之代表作为候选人，进行重选。余为应付中共民盟认为足以代表战后民意之人太少，遂提议将国民党中委为当然代表之四百六十名，加上原由政府遴选之二百四十名，合共七百名，对于各党与无党派方面作合理的分配。初时中共民盟固反对余之主张，即国民党方面，因余主张将原为该党中委所占之四百六十名分配于各方面，闻亦不甚赞同。嗣经多次协商，认为无法解开症结，国民党固首先接受余之建议，而其他方面亦以争持不下，不能不打开僵局，于是态度倾向于余之主张。甚至中共亦表示如各项协商问题均能解决，则彼等对于国大问题不坚持其重选旧代表之主张，因而就所议决办法，加入"增加党派及社会贤达代表七百名，其分配另定之"之一条，是

已接受余之主张而公认原选之代表为有效矣。至此七百名代表之分配，亦经初步协商为国民党占二百三十名，即等于原定中委全部为当然代表，计四百六十名之半数；中共占二百名，民盟及青年党各占一百名，而以剩余之七十名分配于无党无派。最后又因民盟自认为许多政团所合组，其所占名额不当与青年党相等，故又经折衷由中国国民党及中共各让出十名以界之。但上开国大代表总名额，由于后来逐渐发展，到了行宪之第一届国民大会第一次集会时，已选出代表总额三千零四十五人。

…………

本书著者，以曾参加政治协商会议及制宪行宪"历届历次会议"之资格，对于国民大会职权之演变，与其间二十年之种种经过，就亲自经验详为叙述。书分五篇，第一篇以"从宪草到宪法"为名。就中华民国宪法逐条与五五宪草及政治协商修正案比较。第二篇述第一届国民大会第一次会议，第三篇述"第一届第二次会议"，第四篇述"第一届第三次会议"，第五篇述"临时会议"与"第一届第四次会议"。全书叙述，虽出于个人立场，不免有侧重之处，然二十年来国民大会之史料殆已粗备于是矣。

一九六六年五月一日王云五识

同年六月十五日余为台湾商务印书馆辑印四部丛刊续编，并发售预约，撰序影印，序文如左：

余既于一九六五年五月辑印四部丛刊初编缩本，预约问世，甫半载，台一版四百部完全售罄，登记请求重版者不下百人，足见爱好古籍之热诚。除稍缓当考虑重版外，一年以来，经多方访求继四部丛刊初编而精选精印之四部丛刊续编原印本，期以此不平凡之选辑，重加编选问世。近数月内卒幸如愿以偿。

　　续编三编原各为五百册，其中括有巨籍数部，如嘉庆重修一统志，计二百册，即占两编千册五分之一。此类专作，在专攻地志者固视为瑰宝，一般学者或未必同感兴趣。即此一端，原刊两编目录，不无重加考虑之必要。

　　数月以来，朝斯夕斯，即从事于重编是书之工作。考虑之结果，决定数项原则：一、凡偏于一方面之巨籍，暂予剔除，徐图单行印售；二、丛刊初编集部分量在全书中占百分之六十七，略嫌偏重，续编特为调整，减至百分之三十五；三、经史两部，较初编仅占全书百分之十四者，增至百分之四十三弱；四、子部在初编占百分之十九，而在续编占百分之二十二强，比率亦有增；五、版本特重宋元明，清代仅限于稿本及一二孤本，盖一以善本及罕传本为主也。

　　基于上述原则，经就原刊续编三编之千册，汰除巨籍数种，除其中一种已占二百册外，余悉本减少集部与清刊本之旨为抉择；一面另就本馆旧日精印之续古逸丛书及北平图书馆善本丛书等择要增补若干种。重编结果，计得一百四十种，六百册，其中经部占二十七种，一百十八册；史部占三十二种，二百十四册；子部占三十二种，九十一册；集部占四十九种，一百七十七册。

　　以版本言，计得宋刊本四十四种，复宋本三种，影宋精钞本十一种，宋写本三种，元刊本十种，影元精钞本二种，蒙古刊本二种，明刊本三十五种，明活字本二种，明钞本九种，日本刊本一种，旧精钞本十四种，清稿本二种，宛委别藏写本一种，清原刻罕传本一种。从上开分析，宋元本共得七十四种，占全书过半数，明本四十六种，占全书三分之一弱。其他多为精钞本，就中稿本二种，一为顾炎武之天下郡国利病书，一为几蹈庄氏史狱故辙之查东山罪惟录，均洋洋巨制，合占六百册中之一百十册，以其价高而罕见，特予收入。

四部丛刊初编，因卷帙甚繁，为节省物力，不得不予缩印，以轻读者负担。本编卷帙略减，而小字较多，为求印刷清朗，爰就原印本同样大小影印，不再缩小，故在印刷上较初编缩本尤精，凡对初编缩本不嫌其间偶有字体较小者，对此统编之字体当更不成问题，盖此次复印之四部丛刊续编三编，除将连史纸改为上等洋纸外，与初印本毫无二致，而内容子目之去取，版本之抉择，似较原印本为胜也。

一九六六年六月十五日王云五识

同年七月余为台湾商务印书馆开始主编人人文库，初拟每月出版二十种，每种一册，按其成分，分为单册及复册两类，单册一律每册八元，复册十六元。嗣经变更三次，除单册全照原定价外，复册改为定价十二元，嗣又增加再特号一种，一律定价二十元。兹将初刊序文附后：

编印人人文库序

余弱冠始授英文，为谋教学相长，并满足读书欲，辄广购英文出版物。彼时英国有所谓人人丛书 Everyman's Library 者，刊行迄今已逾百年，括有子目约及千种，价廉而内容丰富，所收以古典为主，间亦参入新著。就内容与售价之比，较一般出版物所减过半。其能如是，则以字较小，行较密，而由于古典作品得免对著作人之报酬，所减成本亦多。

余自中年始，从事出版事业，迄今四十余年，中断不逾十载。在大陆时为商务印书馆辑印各种丛书，多寓廉售之意，如万有文库一二集，丛书集成初编以及国学基本丛书等，其尤著者也。前岁重主商务印书馆，先后辑印万有文库荟要，丛书集成简编，汉译世界

名著甲编等，一本斯旨。惟以整套发售，固有利于图书馆与藏书家，未必尽适于青年学子也。

几经考虑，乃略仿英国人人丛书之制，编为人人文库，陆续印行，分册发售，定价特廉，与人人丛书相若；读者对象，以青年为主，则与前述丛书略异。文库版本为四十开，以新五号字排印，与人人丛书略同：每册定价一律，十五万字以下，或相等篇幅者为单册，占一号；超过十六万字以至三十万字者为复册，占二号，皆依出版先后编次。每号实价新台币八元，一改我国零售图书向例，概不折扣。惟为鼓励多购多读，凡一次购满五单册者加赠一单册，购满十单册者，加赠二单册或一复册，悉听购者自选。区区之意，亦欲借此而一新书业风气，并使购读者得较优之实惠而已。

抑今后重印大陆版各书，除别有归属，或不尽适于青年阅读者外，当尽量编入本文库。同时本文库亦尽可能搜罗当代海内外新著，期对旧版重印者维持相当比例。果能如愿，则本文库殆合英国人人丛书与家庭大学丛书 Home University Library 而一之也。印行伊始，谨述旨趣。

一九六六年五月一日王云五识

厥后数年演变如最后之说明。兹将一九七〇年人人文库序文摘述如下：

（上略）惟实行以来，发见间以万数千字之差，售价则加倍，颇欠公允。研讨再四，决改定售价，单号仍为八元，双号则减为十二元，俾相差不过距，又为鼓励多购多读，凡一次购满五册者加赠一单册，悉听购者自选。区区之意，亦欲借此而一新书业风气，并使购读者得较优之实惠而已。

抑今后重印大陆版各书，除别有归属，或不尽适于青年阅读者外，当尽量编入本文库。同时本文库亦尽可能搜罗当代海

内外新著，期对旧版重印者维持相当比例。果能如愿，则本文库殆合英国人人丛书与家庭大学丛书 Home University Library 而一之也。

数年之间，取材方面，时有极合本文库性质，徒以篇幅过多，不得不割爱者，因自一九六九年七月起新增特号一种，售价定为二十元，俾本文库范围益广，而仍保持定价一律之原则。惟半年以来，纸价工价均大涨，只得将特号面数酌予调整。凡初版新书，每册在二百一十面至三百面者，或影印旧版，每册在三百一十面至五百面者，均列入特号，事出不获已，当为读书界所共谅也。

一九七〇年一月五日王云五识

同年五月余汇集前此所写或所谓有关经济之言论，命名为岫庐论经济，交商务书馆排印；并撰序言如左：

本书分十类：（一）经济政策，（二）经济建设，（三）工业，（四）企业管理，（五）劳工问题，（六）奖励投资，（七）节约运动，（八）农工展览，（九）经济管制，（十）经济动员；共收论著讲词三十余篇。最早者为民十九年余考察言归，应各方邀约之讲词，多关于企业管理与劳资问题。次为留渝时期，以访英观察，连带及于战时民生为旨。复次则以一九五八年主持"总统府临时行政改革会"为中心，研究彼时经济情况，撰为建议。最后，则忝"副政院"，兼主"经动"，对于战时经济颇多论述，并及一般经济。近年谢政，平居默察，对社会侈靡之风，戚然忧之，首倡节约，赞成者固多，异议亦颇有之。

余对经济之学鲜窥理论。诚如上述，皆因实际需要，根据事实，应用常识以为鉴衡，间亦不乏谈言微中者。挂冠以还，整理旧作，

分类集刊，已问世者九种。兹复取有关经济者，汇刊为第十种，命名为岫庐论经济，固由敝帚自珍，亦欲借以就正于学者专家而已。

一九六六年五月十日王云五识

同年七月余计划编印各科研究小丛书，以为治各科学术者入门之助，并为撰序如左：

任何事物无不有时空之关系，时间造成历史，空间划定范围；因之，欲研究一种事物，既须认识其范围，尤当明了其演变，前者为概论，后者其历史也。

余尝谓对一科学术之入门，当如初履某地，先宜认识轮廓，其步骤首如乘航空器低飞，或登当地最高之建筑，从高处俯瞰，辨别方位，默记特征。次则驰骋于通衢大道，从平面而辨认要点，视鸟瞰稍狭而加详。最后，则徒步于若干特区，徐徐辨认特定之街道与建筑。此其大较也。吾人对于一科学术之开始研究，先之以概论者，其意义亦犹是也。

余认为文化之形成，由于累积，浩浩黄河，起于涓滴；岳岳泰山，始自细壤，正所谓作始也简，将毕也巨；从而研究一科学术，必须探其本源，穷其演变，俾从演变之中更谋发展。于是一科之小史尚焉。

对于时间空间既有相当认识，在实体上已略具规模；然研究之方法，犹有待于注意。研究目的在发见真理，与获取新知。如研究得法，则真理易明，新知易致。近代科学昌盛之始，学者特重方法；十七世纪之初期，英国倍根氏之新工具，与法国笛卡尔氏之方法论，同为研究方法之先河，亦即今世盛道之科学方法初基。科学方法多端，视其研究题材而异其需要。然其中有若干共同原则，为任何研究之题材所必具；一则因求真而对于旧说之怀疑；二则因怀疑而用

种种方法加以研讨；三则外在研讨之结果，须继以内在之思考与推理；四则推理之初步先视为假设，然后继续研究以至于无懈可击，始视为结论。

余近年重主商务印书馆，为应读书界急需，原拟首二年内以整理重版原在大陆刊行之著作为主，自第三年起，再从事于新著译之印行。今岁首尚在第二年度，唯鉴于读书界之热情反应，乃提前计划新著译之推展。余之计划有二，一为"人人文库"，二为"各科研究小丛书"。前者虽以重印大陆版各书为大宗，但亦尽量搜罗当代海内外新著。后者则清一色为新作，拟以短小之篇幅，作精要之撰述，每书叙述一学科，中分概论小史与研究方法三部分，深入浅出，言简意赅，期引导青年学子对现代世界学术获一鸟瞰的印象，并略知研究之途径，俾进而激发其专精纵深之探讨。第一阶段择定三十种，皆为主要科目，分约专家学者撰写，陆续印行，将以广征读书界意见，对体例上徐图改进。然后进至第二阶段，续撰三数十种，分科由广而狭，迄于百种为度。惟以所约皆为专家学者，而在台专家学者多兼数职，无暇集中写作，故进度较计划为缓。唯就目前约定之作者而言，无论在国内国外，皆能积极从事，共襄斯举；此诚当前学术界难能之现象，而足以乐观者也。兹当本丛书印行伊始，爰缀数语，以告各界。海内鸿硕，幸有以教之。

一九六六年七月一日王云五识

同年七月一日台湾商务印书馆在台复刊东方杂志，以余门人金耀基硕士任主编。复刊之初余撰告各界书如次：

东方杂志复刊告各界书

东方杂志诞生于民前八年（即公元一九〇四年，清光绪三十

年），距今已六十四年，为商务印书馆创办最早之杂志。"东方"自创刊以来，继续出版至民国三十八年，为期共四十六年，乃杂志界中生命最悠久者，其间经过三次短期之停版，第一次为民国二十一年一月底至九月底，因商务书馆之被日军全部炸毁而暂行停业；第二次则由二十六年八月中日全面之战开始，迄于是年十一月在香港复刊之时；第三次为卅年冬太平洋战事发生，迄于三十一年二月在重庆复刊之时。总计四十六年内停刊之时日不过十五个月，而停刊之原因皆由于不可抗力之国难。一九四九年［删14字。——编注］被迫停版，是为第四次停刊，共历时十八年，乃最长的一次。现在我们决定将"东方"在台湾再度复刊，可说是"东方"坚韧的生命的延续与再生。

东方杂志不仅因其历史悠久，更因其始终保持超然独立之立场，为知识分子之主要发言台，故能风行社会，被目为杂志界之重镇。数十年来，"东方"对于学术文化之提倡与传播，民间舆情之凝聚与反映，皆曾扮演重要角色。值兹中国文化复兴运动积极开展之际，"东方"复刊自然有其特殊的意义。兹分述如次：

一　百年以来，由于西方之入侵，中国国势一挫再挫，民族心态由骄外而惧外而媚外，形成了一种精神真空的状态。东风来，西面倒；西风来，东面倒，驯至国人心智上的自信力与心智上的自尊心皆遭破损，而思想主权乃无形为之沦丧。我们认为要挽救这一趋势，知识分子应该有所作为，有所担当，知识分子的工作应不忘建造民族心理上的长城，使国民心理由虚脱转为健盛，由无主转为自主，培养一种刚正中庸、不浮夸、不自卑的民族精神，以为建造现代中国的心理基础。

二　今日的世界，万国交通，天涯比邻，政治经济的闭锁固足以亡国而有余，而学术文化的闭锁尤足以陷入落伍退堕之境而不能

自拔。世界文化已形成，没有一个国家能够付得起自绝于世界知识之门外的代价。中国的文化复兴，不止应向后回顾，亦应向前远瞻；不止应向内透视，亦应向外审度；返本开新固有必要，会通超胜尤所期望。作为一个现代的中国知识分子，不但应将自信力寄于过去，更应将自信力寄于未来；不但应忠于中国之过去，更应忠于中国之未来，这是新中国必不可缺的新的文化取向。因此，我们认为积极地、深入地介绍西方的新思潮、新方法是基本而迫切的。中国文化唯有自觉地开诚地迎接西方的新知识，才能丰润她的生命而不致趋于枯萎；中国文化也唯有经过严格的客观的现代评鉴，才能突破她原有的制限与格局而迈向一个历史的新境界。

　　三　东方、西方正在会遇，一个多世纪以来，西方智慧独占的局面已在解纽，东方的智慧已逐渐抬头，而作为东方智慧主要源头活水的中国文化乃自然的赢得重视，这是中国文化的一个新转机，也是世界文化的一个新机运。但是，所可注意者，汉学（此处作广义的解释）的中心似已不在中国，而在国外，汉学之主要发言权似非操在中国人手中，而在非中国人手中，而西方讨论汉学之杂志所在多有，然迄至今日，尚无一份世界性讨论汉学之中文刊物，这不能不说是一大遗憾，这也是"东方"此时复刊的主要原因之一。我们认为面对西方学者（不必限于汉学家）所构成的对中国历史与社会垄断性的解释，应该视之为一项挑战，应该作一反省性的、学术性的回应。我们应该严肃地检讨别人的成绩，作一番知己知彼的工夫。学问是无国界的，汉学之发扬更不必一定要由中国人为之。但汉学毕竟是中国人之学，汉学亦必须以同情的了解的心态加以估价，关于这，中国的学者是不能不义不容辞地挑起这副担子来的。我们相信汉学在未来世界文化中将占一重要席位，而中国人到底亦应是汉学的主要发言人的。但这只是一项诺言，而这项诺言能否成为一个事实，却不决之于中国人主观

的自信，而决之于中国人客观的成就。

四　故土［删19字。——编注］所谓"文化大革命"［删21字。——编注］，身为中国人焉能无动于衷？"天下兴亡，匹夫有责"，知识分子尤不能不在言论上对复兴中华运动有所献替。民主社会无所谓在朝在野，凡国家之一分子，皆应竭智尽忠，对建造现代中国之大业贡其一得之见。本刊当一本"东方"独立超然之传统，为社会之喉舌耳目，作"政府"之益友诤友。今日是一参与社会，国家之事即一己之事，社会之事即分内之事，天下事必须人人关心，人人参与，而后才能精诚团结，发为力量。我们以为作为言论界之一员，对于社会政治，应该不是消极地沉默，而是积极地进言。以言论参与国是，是现代国民一项无可让渡的权利，更是一项无可逃避的责任。

最后，我们郑重声明，"东方"的园地是绝对开放的，它不属于任何个人，也不属于任何团体，它是属于社会全体的。我们竭诚地盼望各界的合作与支持，唯在各界的支持与合作下，"东方"的传统才能更为发扬光大，"东方"的花果才能开得更为结实灿烂。

同年八月余所辑岫庐论为人脱稿，即交商务印书馆排印，并为撰序如左：

自序

本书正如其名所示，以集刊余历年有关为人之讲词论著为主。溯自抗战时期，余留陪都重庆，应各方邀约讲演，曾以讲稿记录集刊为"做人做事及其他"一书，一时流行颇广。胜利复员后，余因从政而脱离商务，未几［删6字。——编注］，而避地来台，是书命运遂不详。前岁余挂冠从事著述，尤以整理汇刊旧稿为主，迄今成书十有一种，都二百七十余万言。兹以原刊《做人做事及其他》一部分已编入

他书，而近年讲词著述有关本题者不鲜，于是重为编订，得三十一篇，较"做人做事及其他"所收逾倍。又为避免重出，凡前后讲词著述题材略同者，为适应现实，多舍前出而取后出，因而本书采及旧作仅五六篇，余皆新著新讲，而近三年所作不下三分之一。

就内容而言，则有关德育者六篇，为（1）与青年谈品德修养，（2）三从四德与三爱四育，（3）孔门学说与现代思潮，（4）基督教给我的一个训条，（5）好人好事，（6）隐恶扬善乎？隐善扬恶乎？有关智育者五篇，为（1）科学方法与研究，（2）我对于研究与发展的体验，（3）青年训练之目标，（4）由有形的进至无形的大学，（5）公余进修；有关体育者二篇，为（1）人类大敌之克服者——体育，（2）运动家风度；有关群育者六篇，为（1）法治精神，（2）自由界限，（3）谈婚姻，（4）自由日，（5）对出国留学生的期望，（6）青年军事训练；有关青年问题者三篇，为（1）青年成功的要素，（2）为青年学生颂祷，（3）第三届十大青年评奖会致词；有关职业者六篇，为（1）青年就业问题，（2）就业与业余，（3）业余时间的利用，（4）多做不错，（5）老板主义，（6）关于在职训练；有关生活者二篇，为（1）我的生活，（2）七十年和五味。

本书有一重要附录，其分量竟超过本书正文；此即所调岫庐语录，为女弟子王东平就余两年来出版之论集十一种所摘取。东平毕业铭传女子专校后，入商务印书馆任职，公余辄取余近著细读之，对其认为名言佳句，一一标出，未尝语余也。今岁七月始以摘自《岫庐论学》之五十余则界出版月刊发表，而先征余同意，余以其致力之勤也，颇嘉许之。嗣悉其他十书，亦曾作同等努力，益惊异。重违其意，因于出版月刊连载摘自论学论政二书者百数十则后，嘱为综合各书所摘，合五百余则，一一按撰文或讲述先后为序，仍称岫庐语录，作为本书附录。余平素言论，间虽不无可采，然尚未尽

臻成熟，遽以语录问世，殊不敢当，惟以青年学子谬许吾言者颇不乏人，东平就余不下三百万言之著作中，摘其要项，不逾十万言，而大旨殆备，使若干青年得免摸索之劳，节省时力，盖不无小补也。考虑再四，姑以附诸篇末，是为序。

一九六六年八月十二日　王云五

同年九月，余为台湾商务印书馆增订印行小学生文库，并为撰序，兹将序文及预约办法附后：

我从前主编万有文库第一二集四千册，为中等学校及一般图书馆作整个的贡献，结果因这部书而成立的图书馆多至数千，我的努力总算没有落空。但是学校中需要图书馆的不限于大学中学，就是小学校也都有设置的必要。

现今教育家盛倡自动教育，我想一个学校要实行自动教育，至少须有三项准备：（一）引起儿童自动读书的兴趣；（二）培养儿童自动读书的能力；（三）征集各种适合于儿童的补充读物。这三项中，补充读物之供应和征集关系尤其重要。因为没有适宜的书，便难引起儿童读书的兴趣，更无从培养他们读书的能力。西洋的现代小学校中，除教科书外，还要采集各种补充资料，使各科内容更为丰富。在上课以前，使学生分头阅读补充读物，到了上课的时候，各人把所得特殊之资料提出来，供大家讨论；各人既有特殊的贡献，教室中的兴趣当然增加。或者在上课以后，依教师的指导，各向图书馆中搜寻补充资料，不像从前大家呆守着一本教科书，以致感觉到功课枯燥无味。这就是小学校图书馆必需设置之一理由，也就是儿童补充读物亟待编著之一理由。

儿童读物在量的方面，固有积极供应的必要，在质的方面尤非特别注意不可；因为小时候所读的书，最足以影响一生的志向和行

为。儿童有求知的渴望，而无辨别的能力。多读好书，便生良好的观念；多读无益的书，便受恶影响，小时候读书所养成的观念，后来是很难改变的。

我国书籍汗牛充栋，然足供儿童——尤其是现代儿童阅读的寥若晨星。一因我国旧日著作，多谈哲理或经国大计，不适于儿童的知识领域。一因小学校改授语体文以来，旧有读物辞藻较深，亦非儿童所能了解；间有通俗读物，类多诲淫诲盗，或提倡迷信。儿童识字以后，寻求有趣的读物，真和饥者求食一般，急不择食，因而种下恶因的也比比皆是。

本馆于民国二十二年，为着供给识字儿童精神上的适当食物，曾有小学生文库的编辑。食物须含有种种滋养元素，始能使身体健全，读物也须包括种种有益资料，始能使知情与德性并进。本文库根据此旨，故以人类全知识的雏形为范围，全书五百册中，括有门类四十六，各科学识，提供殆备。发行以后，不仅各小学校图书馆无不购藏，即许多高尚家庭，为便利其子女之阅读，亦纷纷存备。

发行未几，抗战军兴，胜利以后，又遭"内乱"。这部书流行虽广，散佚也多。台省于其发行之时，尚属日治，致公私图书馆鲜有购藏。前岁我重主馆务，先后整理重印原在大陆上编印之万有文库、四部丛刊、丛书集成、汉译世界名著等巨籍，对台省公私图书馆普遍供应，购者称便。最近又搜罗得原印小学生文库全部，认为有对国民学校及各家庭供应之必要，以原书因时移势易，为求更适应现实需要，除分别作必要之增订外，大体亦宜重行编制。经数月之研讨，决将原有之五百册，扩充为六百册，原有之四十六类，扩充为五十四类，计删去五十一种，新增一百十二种，在全书三百八十六种中，占百分之二十六强；又全书六百册中，新著占一百六十四册，占百分之二十八弱。从图书分类而言，总类方面，有图书馆学和读

书指南等；社会科学方面，有社会、政治、公民道德、国际、经济、法律、童子军、体育、游戏等；语文方面，有语文学、作文、雄辩等；自然科学方面，有自然科学概论、算术、天文、地文、理化、物理、化学、矿物、地质、生物、人类、动物、植物等；应用技术方面，有劳作、农业、工业、工程、工商业、生理卫生、医药等；艺术方面，有绘画、音乐等；文学方面、有神话、童话、寓言、谚语、谜语、故事、诗歌、戏剧、剧本、短篇小说、长篇小说等；史地方面，史地、地理游记、传记、中国史、世界史等。各科各类，殆无不备，盖欲就全知识之领域，作具体而微之提供。其中分量最多者，当然为文学，计七十八种，一百八十六册；次为自然科学，计八十七种，一百三十册；次为应用技术与史地，前者为八十三种，九十四册，后者为六十种，九十五册；次为社会科学，计四十二种，五十册；又次为语文，计二十五种，二十八册；他如艺术与总类，各为数种，不逾十册，宗教则并入于社会科学中，盖针对我国儿童之需要而为适当之供应也。各书文字浅显，适于儿童之阅读，叙述简明，适于儿童之了解。凡取材于旧籍者，除文字原极浅显者外，无不译为语体文；取材于外籍者，也多予改编，以期适合国情。

　　本文库的编印目的和万有文库相同，一方在以整个的图书馆用书，贡献于国民学校，一方采用经济与适当之印刷方法，俾各校得以极廉之代价，获得六百册最适合儿童需要之补充读物，而奠立小学图书馆的基础。全书按各大类，每类特备一种封面，表示各类之特质，无形中养成科学分类的观念。同时各书后面也依次各印一号码。因此，凡以本文库成立的小图书馆，尽可由小学生轮流管理，无须有专员主持。

　　最后我们还要声明的，就是本文库的编辑固然特别审慎，但同人愿望虽宏，能力有限，取材的缺点，在所不免，还望儿童教育专

家不吝指正。

一九六六年九月二十日　王云五

增订小学生文库发售预约办法

一、内容概要：全书计分五十四类，三百八十六种，六百册。较原书增加一百册，新编及增订各占三分、四分之一。

二、预约时间：自一九六六年十月一日起至同年十二月卅一日止。

三、预约价格：本书每部定价三千元，预约价格如下：

十月内交款预约者收新台币一千六百元。

十一月内交款预约者收新台币一千七百元。

十二月内交款预约者收新台币一千八百元。

四、出书时间：本书分三期出版，出书日期如次：

第一期一九六六年十一月底前出书二百册。

第二期一九六七年一月底前出书二百册。

第三期一九六七年三月底前出书二百册。

五、汇购优待：凡一次集体汇购满五部者，照九五折实收。满十部者照九折实收。

六、预约凭证：办妥预约手续者，由本馆发给预约凭单为凭。收款时另掣给统一发票。如有转让情事，须经本馆办理过户登记手续，方为有效。

本书十大特点

一、全书分为五十四类，可说是无所不备，应有尽有。

二、内容文字浅显，叙述简明，附有插图，适合儿童课外阅读。

三、全书按照各大类的特质，分别绘装彩色封面，极为美观大方。

四、每册依次各编一号码，学校购藏，极易管理，可由学生轮

流负责。

五、一部书就可成立一个小型图书馆，可引起学生自动读书的兴趣。

六、本书供给儿童精神上适当读物；且能适合儿童心理，极为实用。

七、某册取材于我国古籍的，极富教育意义；取材于西籍的，可增加新知识。

八、这类正当而富趣味性的读物，有益儿童身心健康，且可培养儿童自动读书的好习惯。

九、学校与家庭如使儿童多读此类好书，可影响儿童产生正确观念并立定志向。

十、本书价格甚廉，学校可以购备；高尚家庭亦可购供子女阅读，或馈赠亲友，实为高贵礼品。

同年十一月余以上年交青年战士报汇刊成册，有关国际问题之言论，因初版二千册业已售罄，经商得该报同意，改交商务书馆重版。

兹将余所撰初版及重版序文附后

序

近二十年来，余对国际问题与世界局势，颇多涉猎。诚如美国前总统艾森豪一九五三年一月的国情咨文所称："美国人的自由与其他民族的自由相连结，在今日较任何已往时期为密切。"以美国国势，其元首犹慨言国家之不宜孤立。矧以我们处境，自对日作战，以迄今日之屈处海隅，一方面固有赖于发奋自强，他方面仍须配合国际局势。因而国人对国际局势之特别关怀，亦固其所。

在第二次大战接近结束之际，时贤痛定思痛，咸注意于战后国

际和平机构之组织。余对此问题，亦经深切考虑，曾撰为有关本问题一长文，交三十二年四月东方杂志发表。由今思之，对于目前联合国面临之困扰，似已不幸而言中。彼时余尝访问英土等国，于其对战争与革新之努力，接触之余，发为言论，今虽相距廿载，大体仍鲜变动。是为余对世局论评之初期。

大战告终，联军赢得战争，却未赢得和平；盖苏俄野心勃勃，鱼肉东欧国家，使西欧咸深畏惧，惴惴然以为第二次大战甫经结束，第三次大战可能随时爆发。加以东亚之韩战突起，世界舆论益认为世局岌岌可危。余盱衡局势，分析美国之权威言论，出以平心静气之论断，颇多中肯；于是国内刊物纷纷邀约撰文，团体黉舍请求讲演者亦复不少。彼时余暂不在政府，遂得集中时力于写作，而写作范围，亦以有关世局者为较广。

一九五四年以还，余承乏"试院"，公事渐冗，讲演写作之范围亦渐复杂，然每岁仍有一二文，以概论彼时之世局。及一九五七年余一度"出席联合国"，接触稍广，归〔删1字。——编注〕后，对于世局之写作讲演又渐多。嗣转职"行政院"，对"我国之外交关系"与闻颇多，由门外之窥测，渐进于堂奥。自时厥后，见解虽较深刻，言论自不免戒慎；然至不获已之时亦不惮畅所欲言，一时多暂保密，惟时移势易，亦不无可以解密者。

总计个人有关世局之言论，自民国三十二年迄今不下百篇，大都附入自撰年谱之后。兹以年谱付刊当在身后，而所附言论，先后分类汇刊，已达五集。本集以岫庐论世局为名，就将及百篇之数慎选其半，得四十二篇，都三十余万言。篇首各撰一短文，就撰文时势与现今之关系，加以连系，仿佛构成一道桥梁。其中谈言微中者，或切中时弊者不惮坦率叙述，非敢自诩先见，特欲揭示世局之因果而已。

青年战士报请以是书归该社印行，而于刊印单行本以前，先由该报发表若干篇，余欣然允诺。付印有日，略述经过如右。

一九六五年四月二十五日王云五识

增订重版序

本书以一九六五年六月由青年战士报出版，初印二千部，未及一年即已售罄。本书为岫庐论集之第六种；自第七种论教育起，迄第十二种论为人止，皆由商务印书馆印行。其经他家先后印行之六种，商务书馆悉为经销。一九六五年终第四种岫庐论学，原由大华晚报印行，于售罄后承允无条件改归商务书馆重印。本书亦承青年战士报社唐社长树祥先生美意，允由余交商务重版，不附任何条件。余与商务同深感荷。重版之际，因有新作一篇，约万言，并附篇末。谨述经过如上。

一九六六年十一月一日　王云五

兹附带将此六种，未经改交商务重版者之名称、出版家及初版时日附后：

第一种，谈往事，传记文学社，一九六四年四月

第二种，记旧游，自由谈社，一九六四年八月

第三种，岫庐论政，法令月刊社，一九六四年十月

第四种，岫庐论管理，华国出版社，一九六五年三月

第五种，岫庐论世局，青年战士报，一九六五年四月

同年十一月余为台湾商务印书馆重印佩文韵府附索引一巨册，并撰序如左：

重印索引本佩文韵府序

佩文韵府为我国规模最大之韵典，即依韵排比之词典，清康熙间敕撰。正编一百零六卷，一万八千余页；动员多士，历时八年，

于康熙五十年十月刊成；拾遗约占正编二十分之一，由武英殿词臣合辑，自五十五年四月开始，迄五十九年正月，历时四载告成。

是书滥觞于宋代之韵府群玉，事系于字，字统于韵。然群玉为书简而不详。清帝与内直翰林诸臣，亲加考订，证其讹舛，补其脱漏，复命阁部大臣更加搜采，以衷益之，既有原本增本，又有内增外增，旋开局于武英殿，集翰苑诸臣合并详勘，逐日进览；自称御制，固非事实，然其用力之勤，自可概见。

至于拾遗，则为直武英殿词臣奉勅增辑，亲加裁定，盖以正编所收之字既繁，所引之书甚博，遗十一于千百，势所难免。为期一无罣漏，遂于刊行后四年，再事拾遗补阙，其韵藻所未载而别增注者谓之补注。事成，命名为韵府拾遗，举大而及其细，则拾遗为韵府之余支，附小以成其大，则拾遗又韵府之全璧也。

所谓索引本，则以韵府之作，依韵编词，为押韵起见，自觉甚便；然欲从首字检查，则以所收诸词皆按词尾排比，其首字相同者，分别依词尾之韵散布诸编，无法贯串，寻绎维艰。清雍正间有骈字类编之纂辑，体裁与佩文韵府适相反，盖类编系依诸词之首字排比，两书并用，庶几词首词尾皆可检寻，似或足弥此缺憾；顾类编依类分编，如天地草木鸟兽之类，属于类书，不若词典为用之广，所采诸词，仅限二字，故曰骈字，三字以上皆不与焉。即以搜罗丰富言，亦远逊于韵府。廿载以前，余编印韵府，欲使成为现代式之文学大词典，无论从诸词之首字或尾字均能检得，乃按原词首字编为详尽之索引，为量超过全书四分之一。又以词典当轻便易检，不宜卷帙过繁，爰就全书约二万页，扩大篇幅，缩小字体，印为四千八百面有奇，连同索引约一千三百面，合得六千一百面有奇，精装分订为七巨册。原随万有文库第二集发售，不另单行，凡未购藏该文库全书者，将无从利用。在目前台省，是书殆成珍本，屈指可计。为应

读书界要求，特予重印，并以索引本为书名之首，期别于坊间一般版本，则因索引本一书可兼二书之用也。至索引之编排，系按余所创制之四角号码检字法，易学易检，故条数虽多至五十五万，一索即得也。

一九六六年十一月二十五日　王云五

同年十二月余为台湾商务印书馆重印索引本嘉庆重修一统志，并为撰序如左：

一统志者何？全国地志与人物志之总汇也。我国志书，最称完备；县有县志，府厅州有府厅州志，省有通志，全国则有一统志。有清疆域最广，其一统志始修于康熙间，仅三百五十六卷，继修于乾隆八年及四十九年，增为四百二十四卷，今均罕见，偶有坊肆复本，颇多割裂。嗣又纂至嘉庆二十五年，凡五百六十卷，为清代一统志之最后出者，亦即最完备者。

志书之用，旧版与新版互有短长。商务印书馆附设之涵芬楼，一度收藏各地方志至四千余种，为全国之冠，则以其集历代不同之版本而成，故种数多于实有之省及府厅州县倍数以上，其可贵即在版本。一二八之役，涵芬旧藏书尽毁，余从事于复兴，尽力收购地方志，每地以最后出之一种为标的，不仅值廉易致，为用亦较广也。结果费时耗资均不多，竟能补购一千四百余种，都三万余册。并曾就其中选印各省通志，附以详尽之索引，甫历一寒暑，而六省通志得以廉值问世。

民国十六七年间，余等获悉嘉庆重修一统志，于道光二十二年进呈后，迄未刊布，史馆所在之写本全部，若不亟为印行，恐不免散佚，且有如孤本，无法弥补。嗣商得清史馆同意，派人摄照全书，数月始毕，而影片多至一万三千余叶，事繁工巨，越数年始印成。

适遭一二八战役，工厂尽毁，幸已成之书，先徙他所，致未被燔，间有残阙数十叶，亦经设法补缀，即于二十三年四月初版，附入四部丛刊续编发行。

是书以内容言，括有表、图、疆域、分野、建置沿革、形势、风俗、域池、学校、户口、田赋、税课、职官、山川、古迹、关隘、津梁、堤堰、陵墓、祠庙、寺观、名宦、人物、流寓、列女、仙释、土产。以编次言，则京师、直隶、盛京以下，为江苏、浙江、安徽、山西、山东、河南、陕西、甘肃、江西、湖北、湖南、四川、福建、广东、广西、云南、贵州、新疆、蒙古、各藩部及朝贡各国。每省有统部，总志一省之大要；府厅直隶州各有分卷，其所属之州县隶焉。

本书括有之地与人条文多至十四万有奇，仅凭目录检查，既因卷帙浩繁，得其所隶部门，已费时不少，再就部门中检取条文，层次复杂，排列顺次亦欠分明，费时当更多。经即动员多人，就其条文按四角号码检字法，编为详尽之索引，排印为十册，都千五百三十七面，其篇幅略等于原书百分之十七。利用此索引而检查任何条文，所费时间，视原书仅赖目录检查者，不及二三十分，乃至五十分之一。

是书原刊系就原写本，按四部丛刊版式，影印装订为二百册，另附索引十册。今夏余编印四部丛刊续编时，就原续编三编各五百册中，精选六百册，而原刊之嘉庆重修一统志不与焉。其理由一因是书在专攻地志者固视为瑰宝，一般学者未必同感兴趣；再因是书属参考性质，以二百册集为一参考书，虽有索引，仍未能充分发挥其效用，他日重印，当仿余前为商务印书馆编印之十通与佩文韵府格式，缩印为厚本巨册，以是一经检得索引，立可获致条文，故不宜仿丛刊本重印也。

今者，四部丛刊续编已陆续出版，乃进而研究一统志之刊行。筹划月余，决将版式扩大为十六开，即等于四部丛刊之倍大，每面就原书二叶印为上下二栏，合得七千余面，分订为十巨册；原索引十册并为约四百面，装成一巨册。如此编制印订，直使本书成为一部中国地名人名之最大词书，亦即成为人人可以利用之工具书也。

一九六六年十二月十二日王云五识

本年台湾商务印书馆营业额为一〇 五五九 六二六元有奇。盈余数为三 四五六 七二七元有奇。在台股东每股股息红利合得四十六元〇九分，总计在台股权七九七六股有奇，共得股息红利三六七 六五五元。

查余未重主本馆以前，自一九五〇年迄一九六三年十四年间在台股东共借支股息，仅共五七八 五二六元，尚不及余重主本馆之一九六五、一九六六两年间在台股东所得股息红利六九八 七〇七元之数。

本年度股东会集会时，因盈余累积，决议将资本额一〇〇万元增至二五〇万元，股东不负担分文，而股本增加一倍有半。

公元一九六七年，丁未，四月台湾商务印书馆股东常会，余以重庆南路馆屋已陈旧，且甚迫狭，不敷应用，提议趁公司现在尚有余款，拟翻造四层钢骨水泥楼房。各股东咸表赞同，并提议以余二三年来使商务

书馆起死回生，新建之大楼，应命名为云五大楼，以
表敬意并志纪念。当经一致通过。于是委托建筑师计
划建筑，经于六月内领到建筑执照，另谋于原馆屋附
近物色相当房屋，作为一年内之营业办公场所，自七
月间迁入，随即拆除旧馆，从新兴建。余自信应付此
二百余万元之建筑费尚能负担，平素与有往来之某银
行，自动愿意信用垫款，余婉谢之。

同年四月，余为台湾商务印书馆重印百衲本二十四史，
改用洋纸，放大版式为十六开，以原印本四面缩印为
一面，兹将所撰序文附后：

百衲本者何？汇集诸种善本，有阙卷阙页，复多方搜求，以事
配补，有如僧衣之补缀多处者也。

我国正史汇刻之存于今者，有汲古阁之十七史，有南北监之二
十一史。清高宗初立，成明史，命武英殿开雕，至四年竣工；继之
者二十一史。其后又诏增刘昫唐书，与欧宋新唐书并行，越七年遂
成武英殿二十三史。及四库开馆，诸臣复据永乐大典及太平御览，
策府元龟等书，裒辑薛居正旧五代史，得旨刊布，以四十九年奏进；
于是二十四史之名以立。

武英殿本以监本为依据。清高宗制序，虽有监本残阙，并敕校
雠之言，始意未尝不思成一善本也。惟在事诸臣，既未能广搜善本，
复不知慎加校勘，佚者未补，讹者未正，甚或弥缝缺乏，以讹乱真，
诚可惜也。

本馆前辈张菊生先生，以多年之时力，广集佳椠，审慎校雠，
自民十九年开始影印，迄二十六年甫竟全功。虽中经一二八之劫，

抱书而走，乱定掇拾需时，然影印之初，海宇清宁，亦缘校雠精审，多费时日。尝闻菊老葺印初稿，悉经手勘，朱墨烂然，盈阑溢幅，点画纤细，钩勒不遗，与同人共成校勘记，多至百数十册，文字繁冗，尚待董理。爰取原稿若干条，集为校史随笔，而付梓焉。

就随笔所记，殿本讹阙殊多。分史言之，则史记正义多遗漏，汉书正文注文均有错简，三国志卷第淆乱，宋书误注为正文，南齐书地名脱误，魏书旁注有误，旧唐书有阙文，订正错简亦有小误，唐书有衍文，旧五代史逊于嘉业堂刘氏刊本，元史有衍文及阙文，且多错简。综此诸失，殿本二十四史不如衲史远矣，况善本精美。古香古色，尤非殿本所能望其项背。

兹将百衲本二十四史据以影印之版本列述于后：

史记　宋庆元黄善夫刊本。

汉书　北宋景祐刊本，瞿氏铁琴铜剑楼藏。

后汉书　宋绍兴刊本，原阙五卷半，以北平国立图书馆元复宋本配补。

三国志　宋绍熙本，日本帝室图书寮藏，原阙魏志三卷，以涵芬楼藏宋绍兴刊本配补。

晋书　宋本，海宁蒋氏衍芬草堂藏，原阙载记三十卷，以江苏省立图书馆藏宋本配补。

宋书　宋蜀大字本，北平国立图书馆吴兴刘氏嘉业堂藏，阙卷以涵芬楼藏元明递修本配补。

南齐书　宋蜀大字本，江安傅氏双鉴楼藏。

梁书　宋蜀大字本，北平国立图书馆及日本静嘉堂文库藏，阙卷以涵芬楼藏元明递修本配补。

陈书　宋蜀大字本，北平国立图书馆及日本静嘉堂文库藏。

魏书　宋蜀大字本，北平国立图书馆江安傅氏双鉴楼吴兴刘氏

嘉业堂及涵芬楼藏。

北齐书　宋蜀大字本，北平国立图书馆藏，阙卷以涵芬楼藏元明递修本配补。

周书　宋蜀大字本，吴县潘氏范砚楼及自藏，阙卷以涵芬楼藏元明递修本配补。

隋书　元大德刊本，阙卷以北平国立图书馆江苏省立图书馆藏本配补。

南史　元大德刊本，北平国立图书馆及自藏。

北史　元大德刊本，北平国立图书馆及自藏。

旧唐书　宋绍兴刊本，常熟铁琴铜剑楼藏，阙卷以明闻人铨复宋本配补。

新唐书　北宋嘉祐刊本，日本岩崎氏静嘉堂文库藏，阙卷以北平国立图书馆江安傅氏双鉴楼藏宋本配补。

旧五代史　原辑永乐大典有注本，吴兴刘氏嘉业堂刻。

五代史记　宋庆元刊本，江安傅氏双鉴楼藏。

宋史　元至正刊本，北平国立图书馆藏，阙卷以明成化刊本配补。

辽史　元至本刊本。

金史　元至正刊本，北平国立图书馆藏，阙卷以涵芬楼藏元复本配补。

元史　明洪武刊本，北平国立图书馆及自藏。

明史　清乾隆武英殿原刊本，附王颂蔚编集考证捃逸。

本馆衲史原以三十二开本连史纸印制，订为八百二十册，流行虽广，以中经多难，存者无多，台省尤感缺乏，爰应各方之需求，改订为十六开大本，缩印二页为一面，字体较缩本四部丛刊初编为大，用上等印书纸精印精装，订为四十一巨册，以便检阅。付印有

日，谨述概要。

一九六七年四月一日王云五识

同年七月徐经理兼总编辑有守因奉派任职"国家安全会议"，深觉来馆二年余之经验，仍以从政为终身事业较宜，坚请辞去本兼各职，因留不获，又不便强阻其进展，挽留数月不得不勉允辞职，经改聘为东方杂志特约编辑一年，嗣又续聘一年。

同月，余因徐经理辞职，名义上以副经理叶友棨为代经理，对外及订约等事经余核准后，即以代经理名义行之。一面另行订定董事长代行经理职权办法，规定某某事项各主管人须径向董事长请示，某某事项须先经董事长核定，始由代经理办理。余因是全日均须到馆主持一切。兹将该办法附后：

台湾商务印书馆股份有限公司试行分科分层权责制办法

第一条　为适应今后需要，本公司董事长在事实上兼行使总经理职权；惟对外仍用董事长名义，亦不支任何薪津。

第二条　经理除对外代表本公司，对内主持各科以外任务，如签订契约、支票，签发用公司名义之函件，及处理不属于编辑部及各科主管之任务外，特别主管发展国外营业与其他研究事项。

前项处理国外营业之函件，于办发后，移营业科接洽，然后归档。

第三条　编辑部负责该部一切主管任务及委托印制事项，其对外接洽及行文，径以副总编辑名义行之；并监督指挥编译事务股人员。直接对兼行使总经理职权之董事长负责。

第四条　营业科负责国内营业，其对外接洽及行文，径以主管营业之副经理名义行之；并监督指挥该科所辖各股人员。直接对兼行使总经理职权之董事长负责。

第五条　总务科负责该科一切主管任务，其对外接洽及行文，径以主管任务之襄理名义行之；并监督指挥所辖各单位人员。直接对兼行使总经理职权之董事长负责。

第六条　会计科负责该科一切主管任务，其对外接洽及行文，径以主管该科之科长名义行之；并监督指挥所辖各单位人员。直接对兼行使总经理职权之董事长负责。

第七条　所有对外来文件，概由副经理一人开拆，按照性质径行分送编辑部、营业、总务、会计各科处理，其不属于编辑部及各科之文件，径送经理处理。

第八条　每星期一次，由董事长召集经理副经理副总编辑襄理及会计科长举行会报，必要时得通知某一股股长或其他人员列席。

会报时日由董事长定之。

第九条　各股股长负责各该股任务，并监督指挥各该股人员。直接对其上级主管负责，间接对董事长负责。

第十条　本办法未尽事宜，由董事长随时核定之。

第十一条　本办法自一九六七年四月二十六日施行。

同年九月余为台湾商务印书馆重印韵史，并为撰序及订定发售特价办法如左：

重印韵史序

泰兴宿儒何石闰（萱），以毕生心力，成韵史八十四卷，虽见重于当时硕学武进李申耆（兆洛），谓"今之音韵学者以何石闰先生韵史为最"；又大兴徐星伯（松），寿阳祁醇甫（隽藻）索观其书，议

为付梓而未果，埋没百年，幸尚完整无阙。晚近经中央研究院罗莘田（常培）之揄扬，吾友丁在君（文江）之推荐，始由余为商务印书馆就原稿影印问世。书成于民国二十五年十二月，未匝岁而中日战事作，辗转播迁，流行未广；复历十余年，余违难来台，藏书荡然，竟保存是书孤本之一部，及余重主商馆，又历二载，偶检庋藏，发见是书，认为有亟待重版之必要。

是书虽以韵书名，而其实用仍在训诂，不在音韵。所谓韵史，系贯以二十一字母，分为十七部，部各分平上去入四声，依开口评、合口评、齐齿评、撮口评，顺序排比，并依反切读音。书首为总目，且详叙原则，计占四卷；自余八十卷则为所收单字之释义与其出处。收字以说文为主，玉篇广韵为副，网罗无遗，为数多至三万有奇，仅次于康熙字典，然较一般字书，咸超出数倍。

就注释而言，是书远较康熙字典为详尽。以"和"字为例，所列注释四十有六，各引述其出处；又"和"之古体"龢"字亦列注释十有八，两共六十四义。然在康熙字典，"和"与"龢"合列注释十七义，仅当是书四分之一强。又如"服"字，是书注释共五十六义，在康熙字典则所列不逾二十义，仅居是书三分之一强。又如"一"字，在是书之释义为四十有一，在康熙字典，仅得十有七，尚未及半。曩余主编中山大辞典，以战事中辍，仅将"一"字之资料刊为长篇，都百万言，其中"一"字之释义为五十八，固三倍于康熙字典，而较诸韵史，仅增百分之四十。由此可见是书注释之详，在彼时实属空前，在今日亦不多让。

是书所列释义与其出处，各以大小不同之字体为区别，眉目清晰，毫不相混，以视康熙字典及其他字书之释义与出处多混淆不清者迥异。

就实际观之，石闾以一手从事于此巨制，成稿九千余面，初印

本订为十四巨册,除远溯韵学源流,参以重要创见外,虽以罗莘田之严正批评,谓于音学不无小疵,终属瑕不掩瑜,而强调最大贡献系在训诂,与余之发见其释义详尽,盖暗合也。

是书初印时,为谋不明韵学者之便利,特属馆中同人就其所收单字,另编四角号码索引,附于篇末,凡百有余面,使原按音韵排印之内容,得从四角号码一检而得;重印本自亦保持此一特点。

据罗氏跋语,是书与清季朱允倩(骏声)之说文通训定声同为当时杰作;然朱书与是书体例比较,朱书纯以谐声相统,是书则参用今音条贯,识见虽异,功力实同。然百年来朱书传诵士林,是书沉霾闾里,越一世纪始得问世。余更认为朱书所收限于说文,是书则推及于玉篇与广韵,字数竟逾三倍;为用之宏,殆在朱书之上也。

今者复兴中华文化运动方积极推行,字书殊关重要。余乃出此有如孤本之字书要籍,重版以飨国人,并及海外之醉心汉学人士。是为序。

一九六七年九月五日王云五识

重印韵史发售特价办法

(一)本书为清道光间宿儒何石闾氏之杰作,所收单字三万有奇,注释至为详尽,虽以按音韵排列,命名韵史,然其最大贡献,在训诂而不在音韵。

(二)本书著者以毕生心力,撰成稿本九千余面,埋没百年,至民国二十五年十二月始由本馆就原稿影印发行,甫半年,抗战突起,致流行未广。兹特就保存之孤本,重印问世。

(三)全书分订精装本十四巨册,末附四角号码索引,检查极便,在不明音韵者,一检即得,迅速无比。

(四)本书在注释上,不厌求详,每字释义三四倍于康熙字典,益以四角号码之协助,实构成我国目前最完善之大字典。

（五）本书定价新台币一千四百元，准于一九六七年十月底出版，出版后两个月内发售特价，按七五折计，实收九百八十元。

（六）本书字体甚大，眉目清晰，附样张若干面，以见一斑。附样张

同年九月，余为涵芬楼秘笈精选汇刊，精装十巨册，发售特价，并撰序如左：

精选汇刊涵芬楼秘笈序

涵芬楼为商务印书馆旧藏图书之所，二十余年来，经张菊生先生肆志搜罗，迄民国十五年改组为东方图书馆时，所储图籍达五十万册，为彼时全国公私图书馆之巨擘。其中古籍以宋元善本备极丰富见称，曾次第摄印，汇为四部丛刊。该刊初编收书三二一种，八五七一卷，八千余万言；涵芬旧藏，居其半数。至于精钞精刊，零星小品，世所罕见，甚至绝无仅有者，亦尝陆续刊为秘笈。迄于一二八一炬，东方图书馆全毁，秘笈已印行者达十集，都五十二种，所有底本，连同丛刊初编底本咸付劫灰。因之，四部丛刊二三编之底本多假自海内外藏书家，与初编之泰半出自馆藏者迥异。

两年以来，余先后重印四部丛刊初编及续编，士林称便。兹以秘笈所收咸属难能可贵。爰就已刊十集精选，得四十有六种，都六千六百余面，皆付影印，以存其真。原刊秘笈系分集发行，旨在流布孤本，且每集种数多不逾十，少仅二三，初无分类之必要。此次系汇集印行，为便检阅，特予分类排比，同类或相近者合装一册。全书六千六百余面，分订十巨册，每册平均六百余面，少至四百左右，最多不逾八百；盖以诸书分量不一，且分类排比，固不宜拆散同书，亦未便揽入他类之故。

本书各种皆由馆中同人详为考据，撰有跋语，附于篇末，俾明

源委。汇刊本仍之。印行有日，除将所收各书分别列表外，谨述梗概。

一九六七年九月八日王云五识

汇刊涵芬楼秘笈发售特价办法

（一）涵芬楼为商务印书馆旧藏图书之所；秘笈为涵芬旧藏精钞精刊，零星小品，世所罕见，甚至绝无仅有者，于民国初年陆续分集印行之古籍。

（二）汇刊涵芬楼秘笈，系就仅存之旧刊十集精选四十六种，六千六百余面，分订精装本十巨册，每册平均六百余面。

（三）汇刊秘笈于五十六年十一月底出版，定价新台币壹千元，自十二月起特价两个月，按七折发售，实收新台币七百元。

（四）附印样张三十二面于后，以见本书一斑。

同年十一月余为台湾商务印书馆重印宋蜀本太平御览，兹将序文及预约办法附后：

太平御览为宋四大书之一，其他三者为太平广记，文苑英华与册府元龟；太平御览又为宋三大类书之一，其他二者为册府元龟与山堂考索。除太平广记属子部小说家，文苑英华属集部总集外，其属于类书之三种中，两种为帝王敕撰，崖山堂考索为章后卿私人之作。

在敕撰之两部类书中，太平御览始于太宗之太平兴国二年（公元九七七）三月，诏儒臣从事编纂，自经史子集以及百家之言，博观约取。书成于太平兴国八年十二月，赐名太平御览。其规模之巨，虽略逊于真宗敕撰之册府元龟，实远胜于唐代之北堂书钞与艺文类聚，故在类书中堪称空前。

太平御览受命编纂谋臣，为翰林学士李昉，扈蒙，知制诰李穆

等十七人，皆一时之选。全书千卷，分五十五部，四千五百五十八类。各部详略不一。以类数言，最详者为职官部，占四百十四类；次为四裔部，占三百九十类；又次为皇亲部，人事部，皇王部，鳞介部，药部，分别占二五七类，二三四类，二二三类，二〇七类及二〇三类。以卷数言，最多者为人事部，占一百四十一卷；次为兵部，占九十卷；又次为职官部，占六十七卷。其他占四十卷以上者有皇王部，礼仪部，地部。

御览引书多至一千六百九十件，外有古律诗、古赋、铭箴、杂书等类，不具录。以今考之，失传者十之七八。失传诸书，由于因袭唐代诸类书，仍其前引书，非必宋初尽存者。然借御览而保存今已失传之古籍，实不在少数。古代类书之可贵，殆以此为最。又其保存古训，可借以订正宋以后经史刊本之讹，亦有足多者。举例言之，毛诗东门之栗"有践家室"：践，作靖，靖，善也，言有善可与成家室；尚书"敬授人时"：人，作民，与日本足利学本合。又如礼记"夫妇斋戒沐浴，盛服奉承而进之"，多"盛服"二字；"以致天下之和，以达天下之理"，多"以达"二字，故可补今本礼记之阙。孟子"不方十里，不方百里"，多两"方"字．亦可补今本之阙。至所诸史，足为今本订误者亦多，不具述。

以版本言，御览告成之后，殆历太宗真宗二朝，至仁宗朝始付剞劂。清陆心源氏曾藏有北宋刻御览残本。观其中避讳阙笔，可推定为仁宗时刊本，堪称北宋官刊之母本。兹略举宋以来诸刻本如次：

一、北宋刊本，明代已不全，清乾嘉间流出人间者，仅三百余卷，约占全书三分之一。

二、南宋闽刊本，何年刊行及现时是否有残帙，皆不得而知。

三、南宋蜀刊本，宁宗庆元五年，蒲叔献为成都府路转判官兼提举学事，于是年七月取御览刊于治所。是本海内已无存，海外惟

日本尚藏有残本二部，分别为宫内省图书寮及京都东福寺所有。

　　四、明倪炳校刻本，海内惟国立北平图书馆藏有一部。

　　五、明活字本，国立北平图书馆亦藏有一部。

　　六、清汪昌序活字本，嘉庆十一年，扬州汪氏用活字校印。

　　七、清张海鹏刻本，合宋刻残本，及诸家旧钞本校刻。

　　八、清鲍崇城刻本，嘉庆二十三年，歙县鲍氏据明倪炳刻本及明活字本，并参酌钞本校刊。

　　九、广东重刊鲍氏本，光绪十八年南海李氏学海堂就鲍刻重刊。

　　十、石印本，光绪二十年，上海积山书局印。

　　十一、日本仿宋聚珍本，日本安政二年（清咸丰五年），就明人影宋钞本以聚珍版印行。

　　本书，通称四部丛刊三编本，系借自日本帝室图书寮及京都东福寺藏南宋蜀刊本。民国十七年本馆前辈张菊生（元济）先生赴日本访书，先在岩崎氏静嘉堂得见陆心源旧藏北宋残本三百六十余卷，嗣复于帝室图书寮京都东福寺获见宋蜀刊本，虽各有残佚，然视陆氏旧藏为赢，因乞假影印，凡得目录十五卷，正书九百四十五卷，又于静嘉堂文库补卷第四十二至六十一，第一百十七至一百二十五；此二十卷均半叶十三行，同于蜀刻。自余尚阙二十余卷，及残叶，则用喜多村直宽之聚珍本补宋刻，遂成全璧，具详张先生对本书之后跋。

　　总之，在上述十数种御览版本中，宋刊已为希世之珍；明刊、张海鹏刊与汪氏活字本皆不易得；其较通行者为鲍刻、重刊鲍刻、石印及聚珍四种。石印者字体过小，讹误亦多；聚珍多据鲍刻，而鲍刻与重刊鲍刻，讹脱不少，皆非善本。本书据宋蜀刊本影印为主，少数补缀，亦皆据善本精校，实为现今通行之最佳者，已有定评。

　　余近年重主商务印书馆，先后编印巨籍多种。其在旧籍方面，

以版本见长者，如四部丛刊初编、续编，及百衲本二十四史等；以搜罗广博著称者，如丛书集成简编等；以参考便利为主者，如佩文韵府，嘉庆重修一统志等。本书以版本言，实与四部丛刊等齐观，而以效用言，则又有参考便利之必要；因仿佩文韵府例，以二页为一面，扩大版式为十六开，由原书一百三十六册，精装为七巨册。又因原书目录，至为详尽，所有五十五部，千六百余类，皆列载于目录之中，一一注明卷数，检查上尚无另编索引之必要；此与佩文韵府，在目录上仅列韵目，而内容所含词藻多至五十万者，大异其趣，未编索引，即以此故。

一九六七年十一月五日王云五识

《太平御览》发售预约办法

内容概要

太平御览为宋代三大类书之一，宋太宗敕撰，受命编纂诸臣为翰林学土李昉等十七人，皆一时之选。太平兴国二年三月创始，太平兴国八年十二月书成，全书一千卷，分五十五部，四千五百五十八类，所引经史图书凡一千六百九十种，内容包罗万象，总括群书，为治学必备之参考典籍。太平御览所收资料，今已失传者十之七八，此类失传之古籍幸得太平御览而保存，遂可借以订正宋代以后经史刊本之讹，故对考证校订工作，极有价值。

太平御览版本甚多，本馆此次所印者为四部丛刊三编本，系以南宋蜀刊本为主，蜀刊本原有小部分见佚，经加补缀，已成全璧，并据善本精校，实为现今通行本之最佳者。

十六开大本·重模造纸精印·烫金封面

精装七巨册·约共四千三百面

一、预约时间：自一九六八年一月一日起至二月二十九日止。

二、预约价格：本书定价新台币一五〇〇元，预约价仅收新台

币九〇〇元；或美金二三元；或港币一百四十元。

　　埠内邮费免收。海外邮费：港澳及韩菲等地收港币十六元；欧美及日星等地收美金五元。

　　三、出书时间：全书七巨册，一九六八年三月一日一次出书。

　　四、汇购优待：凡一次集体汇购满五部者，照九五折实收。满十部者照九折实收。但不能前后累积计算。

　　五、预约凭证：办妥预约手续者，由本馆发给预约凭单。收款时另掣给统一发票。如有转让，须向本馆办理过户登记，方为有效。

公元一九六八年，戊申，一月余为台湾商务印书馆编印国学基本丛书四百种。

　　是书系余于民国二十年代编印万有文库二集时开始研究，就无量数之国学基本图书中，慎选其中最基本者四百种，就所得结果与国内流行之基本图书要目十三种互为比较，发见本目录所收四百种中除十四种外皆见于各家书目，足见其为必读之书。至未见于各家书目之十四种，为谋各科各类之具备，亦皆当读之书。此时，始就万有文库一二集所收各书重加考虑，卒决定采取此四百种为国学基本图书。因撰为长序，附加说明如次：

编印国学基本丛书四百种序

　　我国图书，夙称浩如渊海；然渊海虽广，航行得以无阻，则惟南针是赖。图书之南针为何？目录学是也。我国目录之作，始于班固之汉书艺文志；诸史循之，咸记一代之著述，然仅示书名与其分类之梗概。自宋以降，公私编著之书目，层出不穷；或列庋藏、或述知见、或附各书提要、或经后人辑释。其指示学者以应读之书，

规模大而流行广者，首推清季张文襄之洞之书目答问。据称"诸生好学者，问应读何书，书以何本为善，偏举既嫌挂漏，志趣学业亦各不同；因录此以告初学"。然是书列举图籍多至二千二百六十余部，搜罗既耗巨资，毕读尤穷于日力。较是书稍前出者，则有龙启瑞之经籍举要，所举仅限于二百余种。晚近学人如梁任公、胡适之，亦分别撰有国学入门书目与最低限度国学书目；前者收书百六十种，后者则收百八十五种，不仅容有更多之晚出佳作，尤能选材审慎，较切实用。近三十年来李笠、陈钟凡、支伟成、章太炎、徐敬修、傅屯良、沈信卿、汤济沧、吴虞诸氏先后有类此之书目刊行；虽名称不一，收书种类繁简悬殊，无不针对国学要籍，足资参证。

余于民十八年主编万有文库第一集，就其子目千种中括入国学基本丛书百种；虽中多巨制，其分量殆占全书四分之一，而非十分之一，终觉基本要籍未及收入者尚多。民二十三年余续编万有文库第二集，认为有就国学基本图书，何者为一般人当读，作详尽研究之必要。因取上举书目答问等十三种国学入门书目相与比较，视其共同趋向，以采入于诸目最多者，假定为需要最切。是为客观的研究；纵不敢断言至当，以出自诸家独立之意见，取决于多数，尚不乏凭借。如是比较之结果，经采入于十三种书目中之十一种者为吕氏春秋；而为十种书目所同采者，有史记及礼记集解等，为九种所采者有墨子闲诂及困学纪闻等，为八种所采者有庄子集解及说文解字等，为七种所采者有世说新语及唐诗别裁等，为六种所采者有管子及水浒传等，为五种所采者有晏子春秋及陶靖节集等，为四种所采者有曝书亭集及经传释辞等，为三种所采者有郑堂读书志及唐诗纪事等，为二种所采者有亭林诗文集及经学通论等，为一种所采者有伪经考、汉学商兑、算经十书、黄帝素问注、营造法式、金石学、修辞鉴衡、元诗纪事、草窗词、太平乐府、唐语林、嘉祐集、吴梅

村诗集、长春真人西游记、契丹国志及明季稗史等。

顾自教育学者与图书馆学者之立场观之，则精神食粮无异口腹之营养料，要当使一切质素具备。学例而言，楹联本为我国通用文体，诸家入门书目竟赋阙如，因而清梁章钜之楹联丛话不得不列入。同一理由，宋吕本中之童蒙训，清梅文鼎之中西星经同异考，元忽思慧之饮膳正要，明宋应星之天工开物，清秦祖永之画学心印，清林则徐之林文忠公政书等咸有补入之必要，不因诸家书目之阙载而舍弃。此则基于广征熟虑而参以主观的抉择也。

经余半载探索，得书四百种，分六十类，举为国学基本要籍；除其中百种已收入万有文库第一集外，自余三百种悉纳于文库第二集，总名之为国学基本丛书，以总字数言，约当一亿一千余万。

本丛书尚有特色二：一则所选各书皆为注释最精详之本；二则各书均予断句，可助阅读。此与一般流通古籍，或侧重善本者异其趣。民国五十三年，余重主商务印书馆，鉴于读书界需要之切，率先就万有文库一二两集四千册中，精选一千二百册，编为万有文库荟要，影印发行，流布颇广。除荟要所收国学基本丛书一百四十种外，自余二百六十种，两年以来，悉力搜求，幸获全璧。因思国学基本丛书四百种皆属要籍，有全部汇刊，以飨国人之必要，于是针对目前需求，经之营之，酌易其中十有余种。新易之各书，因前述之十三家入门书目手边无存，未能比较，爰于书名分类表中之采入国学入门书目种数栏内，注以△号，取代原用之数字。经过此番整理，因新易者多属巨制，字数续增数百万，合计不下一亿二千万，除其中有不分卷者外，约共一万一千五百卷。以所占页数言，都约三十二万，其已刊入万有文库荟要者约九万二千，仅当全书四分之一强。分订为平装本二千三百八十册，另印为精制本，合订四百巨册。

本书之印行，为适应各方不同之需要，别为三种型式。一为精制本，括有全书四百种，以六十磅模造纸刷印，精装四百册。二为甲种平装本，亦括有全书四百种，以四十五磅模造纸刷印，分装二千三百八十册，三为乙种平装本，纸张装订悉如甲种，惟除去已刊入万有文库荟要之一百四十种，以增出之二百六十种分订为一千六百五十二册，俾已备有万有文库荟要者得免重复，而以增出各书配合文库荟要，版式既趋一律，且使国学基本丛书四百种得成全璧。

余既编定本丛书目录，准备印行全书，并附书名及分类于后；爰更述其要旨如右。

　　　　一九六七年十二月二十四日王云五谨识

国学基本丛书四百种目录

说明

（一）本丛书所收各书，皆国学基本要籍，都四百种，收入于万有文库第一集者百种，收入于第二集者三百种，约共一亿二千万言。

（二）本丛书分为：（1）目录学；（2）读书札记；（3）中国哲学；（4）儒家哲学；（5）道家哲学；（6）墨家哲学；（7）释家哲学；（8）杂家哲学；（9）社会科学参考书；（10）政法；（11）经济；（12）军事；（13）教育；（14）礼俗；（15）文字；（16）音韵；（17）方言；（18）算学；（19）天文历法；（20）时令；（21）植物；（22）动物；（23）医学；（24）药学；（25）农学；（26）饮食；（27）工学；（28）书画；（29）金石；（30）音乐；（31）文评；（32）诗评；（33）文总集；（34）诗总集；（35）楚辞；（36）词；（37）曲；（38）剧；（39）骈文；（40）楹联；（41）书牍；（42）笔记；（43）小说；（44）汉魏别集；（45）六朝别集；（46）唐别集；（47）宋别集；（48）金元别集；（49）明别集；（50）清别集；（51）地理；（52）游记；（53）传记；（54）谱表；（55）史

考；（56）纪年；（57）古史；（58）正史；（59）杂史；（60）史论。共六十类。

（三）国学书籍浩如渊海，本丛书所收者仅四百种，为求去取之适当，故以左列各种国学入门书目为比较标准：

（1）龙启瑞经籍举要，列举书籍二百八十九种，本丛书已收者一百十七种；

（2）张之洞书目答问，列举书籍二千二百六十六种，本丛书已收者二百八十一种；

（3）胡适最低限度国学书目，列举书籍一百八十五种，本丛书已收者一百十六种；

（4）梁任公国学入门书目，列举书籍一百六十种，本丛书已收者一百十八种；

（5）李笠国学用书撰要，列举书籍三百七十八种，本丛书已收者一百八十六种；

（6）陈钟凡治国学书目，列举书籍四百八十八种，本丛书已收者二百零八种；

（7）支伟成国学用书类述，列举书籍三千二百种，本丛书已收者二百六十八种；

（8）章太炎中国国文书目，列举书籍五十一种，本丛书已收者三十三种；

（9）徐敬修国学常识书目，列举书籍二百六十二种，本丛书已收者一百四十种；

（10）傅屯良中学适用之文学研究法，列举书籍七十九种，本丛书已收者五十五种；

（11）沈信卿国文自修书辑要，列举书籍五十种，本丛书已收者十九种；

（12）汤济沧中小学国学书目，列举书籍一百零六种，本丛书已收者八十二种；

（13）吴虞中国文学选读书目，列举书籍一百四十二种，本丛书已收者八十一种。

（四）依前条比较之结果，本丛书所收书籍四百种，除十四种外皆见于各家国学入门书目，自系必要之书。

本丛书各书名附采入国学入门书目种数一栏，分别载明被采入书目之种数；种数愈多者，其必要之程度亦愈高。其未见于各家书目之十四种，为谋各科各类之具备，亦皆为当读之书，在该栏内不列数字。又一九六八年影印时，新易十余种，则注以△号，亦不列数字。

同年四月门人王东平就余近年著作十余种，辑其中语汇，经余同意，付商务书馆排印。余并为之序如左：

王序

语汇为何？汇集个人之所语也，语之意美为何？礼记射义扬觯而语注云：语，谓说义理也。又说文段注：与人相答问辩难谓之语，即论辩之意，欲借论辩以表达己所主张也。又释名释典艺云：国语记诸国君臣相与言语谋议之得失也。在今义有叙己所欲说之意。三者虽微有不同，然亦具共同之义。一为据理者言，亦论辩也，如"语录"是。二为对他人之言，如"居，吾语汝"是。此外，则所谓语，应不限于一字，如"成语"、"谚语"皆是。

"语"必有所本，即详其出处也。我国固有之类书，所收词藻与事物之名，除后者间由一字构成外，多属二字以上合成之词，皆"语"也。每一语下各引述其关系之文句，与文句采自之图书，皆所本也。其以类书名者，多按类别排比也。类书所集诸语，咸采众说，

不限于一人所说，与语录多限于一人所说者，异其趣。

中外流行之成语或谚语汇编，其排比或按成语谚语之首字，或按性质而分别归类；又其所收之语，定为众口所腾，当然不出于一人，更非一人之独特主张，与语录自不可并论。

近年欧美出版物，颇有就一人之各种著作摘其所用之语，按字典式排比，而于各语之下附其关系文句，借以明了作者之主张与认识。余手边尚存有关英人罗素之此项出版物一种，原名为 Bertrand Russell's Dictionary of Mind, Matter and Morals. 译称罗素语汇，似最适宜。

所谓语汇，与我国个人之语录，似矣，然未尽同也。一则语录多就原有文句列举，初未撷取其中所含之主要词语；二则语录举为个人思想之表示，语汇范围较广，除思想外，凡记述之文句，含有相当资料者，亦得采入。

东平同学曩尝就余近著十余种中，摘其认为颇堪寻味之文句，得五百条有奇，称为岫庐语录，按各该文句出现之先后为序，附录于拙著岫庐论为人之后。两年以还，继续摘取，一面仿罗素语汇之例，广其范围，兼及彼时以后新刊及部分未刊之作，共得千五百余条，为数三倍于前。余并属仿罗素语汇，就所采各条撷其二字或三数字为标题，仍附原文句于后。一面变更前此按先后之顺序，依其性质，别为二十四大类，每类所括诸语，殆如小类，多至千八十有奇，则按四角号码排比，有条不紊，眉目清晰，其办法具详后附之编排体例。

是书得以问世，端赖东平之力。以彼敏锐之眼光，细密之思虑，就余数百篇言论，四五百万言中，选辑千五百余条，纵不能谓纤悉无遗，然余之主张认识殆备于是，其致力之勤，服劳之多，殊可感也。印行有日，为述经过。　　　　　　　一九六八年四月五日　王云五

编者序

　　岫师文章功业，识与不识，无不敬仰。其生平著作，不可胜计。挂冠以还，整理新旧文稿，分别汇编专册，先后印行谈往事等十余种，都数百万言。东平多曾拜读，发现其中嘉言名句极多，随手标出，以志不忘。因思历代名贤多有语录传世，大都为及门弟子所摘取。东平虽未列门墙，而以岫师为母校董事长，私淑尤殷，妄附及门，或不为忤。经于一九六六年秋，商得岫师同意，定名为岫庐语录，附入岫庐论为人之书末。彼时所摘取者，限于岫师之主张，且未能详尽。昨岁，承岫师出示英人罗素语汇，其范围较语录为广，兼及作者之主张与认识；因续就岫师原著十数种扩大选辑范围，更及岫师两年来讲词专论以及新撰巨制，合得千五百余条，三倍于前选。又以原辑语录，系按先后为序，不分门类，参考颇感不便。承岫师指示，兼采罗素语汇体例，改为字典形式。先按性质，分编二十余大类，每类所括条文，悉撷其主要之语，或二字，或三四字，自成一标题，殆如一小类；除类别按图书分类法为序外，大类下之各标题，悉仿字典式，以四角号码为顺序排比。书成付排印，定名岫庐语汇。东平谨述概略后，并将编排体例，括为要点，附载于后。

　　一九六八年四月十日受业王东平敬识。

　　附编排体例如左

　　（一）本书系就岫庐近刊著作十余种，连同最近讲词专论新刊及一部分未刊著作，都四百余万言，摘取其中有关思想资料之文句千五百余条，分二十余大类，每类括入之文句各条，则选定其中主要词语二字或三四字为各该条之标题。

　　（二）每一标题均按四角号码检字法排比，第一字取四角及附角共五码。（1）第二三字各取其第一角之号码；（2）如仅二字，则第

二字取第一第二角两码；（3）又如三字共七码均相同，则加取第四字之第一角号码区别之；（4）又如字数与号码均相同，则最后一字取第一第二两角号码；（5）又如单字之五码相同，则取各该单字所含之横笔数，在小数点下加一码区别之。例如：

（1）"诉讼权"一语之号码 02631 – 04

（2）"阶级"一语之号码 71262 – 27

（3）"言论出版自由"一语之号码 00601 – 022

"言论自由"之号码为 00601 – 025

（4）"国际法"一语之号码 60153 – 734

"国际礼"一语之号码 60153 – 735

（5）"倍"字与"信"字之五个号码均为 20261；惟倍字含有四横，信字则含有五横，均分别于五码下加小数点，以 4 或 5 区别之，（例）倍 20261.4，信 20261.5。

（三）同一标题，辑有文句数条者，按各该条文出现之先后为序，以（一）（二）（三）（四）等项目区别之。

（四）四角号码检字法如左表所示。［原本无表。——编注］

同年春间余计划编纂古籍今注今译，首先选定经部十种子部二种，分约专家担任，待遇特优厚，除预付稿费外，将来发行，如销书若干部以上，并就超出之部数给付版税。其内容体例具详余所撰序文如后：

编纂古籍今注今译序

由于语言文字习俗之演变，古代文字原为通俗者，在今日颇多不可解。以故，读古书者，尤以在具有数千年文化之我国中，往往苦其文义之难通。余为协助现代青年对古书之阅读，在距今四十余年前，曾为本馆创编学生国学丛书数十种，其凡例如左：

一，中学以上国文功课，重在课外阅读，自力攻求，教师则为之指导焉耳。惟重篇巨秩，释解繁纷，得失互见，将使学生披沙而得金，贯散以成统，殊非时力所许；是有需乎经过整理之书篇矣。本馆鉴此，遂有学生国学丛书之辑。

一，本丛书所收，均重要著作，略举大凡：经部如诗、礼、春秋；史部如史、汉、五代；子部如庄、孟、荀、韩，并皆列入；文辞则上溯汉、魏，下迄五代；诗歌则陶、谢、李、杜，均有单本；词则多采五代、两宋；曲则撷取元、明大家；传奇、小说，亦选其英。

一，诸书选辑各篇，以足以表见其书、其作家之思想精神、文学技术者为准；其无关宏旨者，概从删削。所选之篇类不省节，以免割裂之病。

一，诸书均为分段落，作句读，以便省览。

一，诸书均有注释；古籍异释纷如，即采其较长者。

一，诸书较为罕见之字，均注音切，并附注音字母，以便讽诵。

一，诸书卷首，均有新序，述作者生平，本书概要。凡所以示学生研究门径者，不厌其详。

然而此一丛书，仅各选辑全书之若干片段，犹之尝其一脔，而未窥全豹。及一九六四年，余谢政后重主本馆，适国立编译馆有今注资治通鉴之编纂，甫出版三册，以经费及流通两方面，均有借助于出版家之必要。商之于余，以其系就全书详注，足以弥补余四十年前编纂学生国学丛书之阙，遂予接受，甫岁余，而全书十有五册，千余万言，已全部问世矣。

余又以今注资治通鉴，虽较学生国学丛书已进一步，然因若干古籍，文义晦涩，今注以外，能有今译，则相互为用，今注可明个别意义，今译更有助于通达大体，宁非更进一步欤？

几经考虑，乃于一九六七年秋决定编纂经部今注今译第一集十种，其凡例如左，

一、经部今注今译第一集，暂定十种，其书名及白文字数如左。

诗经　三九 一二四字

尚书　二五 七〇〇字

周易　二四 二〇七字

周礼　四五 八〇六字

礼记　九九 〇二〇字

春秋左氏传　一九六 八四五字

大学　一 七四七字

中庸　三 五四五字

论语　一二 七〇〇字

孟子　三四 六八五字

以上共白文四八三 三七九字

二、今注仿资治通鉴今注体例，除对单字词语详加注释外，地名必注今名，年份兼注公元，衣冠文物莫不详释，必要时并附古今比较地图与衣冠文物图案。

三、全书白文四十八万余字，今注假定占百分之七十，今译等于白文百分之一百三十，合计白文连注译约为一百四十余万言。

四、各书按其分量及难易，分别定期于半年内，一年内或一年半内缴清全稿。

五、各书除付稿费外，倘销数超过二千部者，所有超出之部数，均加送版税百分之十。

稍后，中华文化复兴运动推行委员会制定工作实施计划，余以古籍之有待于今注今译者，不限于经部，且此种艰巨工作，不宜由独一出版家担任，因即本此原则，向推行委员会建议，幸承接纳，

经于工作计划中加入古籍今注今译一项，并由其学术研究出版促进委员会决议，选定第一期应行今注今译之古籍约三十种，除本馆已先后担任经部十种及子部二种外，征求各出版家分别担任。深盼群起共鸣，一集告成，二集继之，则于复兴中华文化，定有相当贡献。

　　本馆所任之古籍今注今译十有二种，经慎选专家定约从事，阅时最久者将及二年，较短者不下一年，则以属稿诸君，无不敬恭将事，求备求详；迄今只有尚书及礼记二种缴稿，所有注译字数，均超出原预算甚多，以礼记一书言，竟超过倍数以上。兹当第一种之尚书今注今译排印完成，问世有日，谨述缘起及经过如右。

一九六九年九月二十五日　王云五

同年六月底台湾商务印书馆新厦落成，次月由开封街临
　　时馆屋迁返新厦。

同年七月一日余聘周道济博士，为商务印书馆经理兼总
　　编辑。

　　道济为"中华民国"首次获得"国家"法学博士者，曾在政大政治研究所受业于余，其博士论文余亦为指导教授之一，原任中国文化学院教务长兼政治系主任，经商得仍兼该系主任，每周授课半天。

同年秋季，"教育部"将新编国民中学教科书开放于曾
　　经编印初中教科书之七十一家书店。台湾商务书亦得
　　参与。

同年九月余以所撰先秦政治思想史付台湾商务印书馆印
　　行。

　　兹将余所撰序文附后

　　余于政治之学，未尝作系统的研究；以性喜随事学习，因从政与服务之关系，随时涉猎，广而未深。近十余年来，兼任国立政治大学政治研究所讲席，从游诸子先后经与商讨政治问题者百数十人，其毕业论文经余指导者，题材不一。迄今多至三十有四；其中博士论文且有七篇。由于事实之需要，益增余对政治学之研究兴趣。自政研所开办高级班以来，增设中国典籍研究一课，由余主讲。余于目录之学，原略有研究。至是遂于古籍中有关政治制度与思想之资料益加注重。然而阅读虽多，十载以来所发表者皆为零篇断简。前岁集刊为岫庐论政五十余万言，然非系统之作，以视所指导诸生，动辄以百数十万言之专著发表者，不免愧对。

　　维我中华民族，政治发展最早；规模毕具，理想亦丰，余既博览群书，不可无所记述。今夏在诸事猬集之时，不因衰老而自馁，窃期以二年之时力，遍读我国有关政治思想之图籍，尽量摘取资料，分类部展，撰为一部不少于百万言之中国政治思想史，分册刊行，计为（一）先秦政治思想，（二）汉唐政治思想，（三）宋明政治思想，（四）近代政治思想，（五）现代政治思想；平均各得二十万言。

　　至于写作体裁，务求客观；为达此目的，辄于研究某一政治思想家时，先选定最可靠之著作版本为读一二遍，求解以外，摘取其中有关政治之资料；再按广义的政治学，区分细目，以类相从；既使散者集，后期系统化。然后依序叙述。叙述时，首列所摘资料，必要时附加注释。继则综述大旨，间殿以一己之论评。除论评出自个人意见外，自余无一语不本于所编述思想家之原著；一方面力戒武断，他方面避免附会。

　　惟是古籍流传至久，为文不免讹夺；间亦原意隐晦，不易捉摸者。幸清季以来，考据渐精，校雠亦多是正。余生也晚，以凭借前

贤校释，择善而从，事半功倍。至诸家注释不无枘凿者，则不得不利用常识，以为衡断，又以上下文多有关联，取决尚非过难也。

本册专述先秦政治思想，括有思想家九，依序言之，为（一）孔子，（二）孟子，（三）荀子，（四）老子，（五）庄子，（六）墨子，（七）管子，（八）公孙鞅，（九）韩非。其中孔孟荀三子为儒家；老庄二子为道家，墨子为墨家，管子及公孙鞅韩非为法家。此九人者殆可代表周秦间各派思想家之主流。至就政治言，除道家主张无为，其政治思想侧重顺自然外，馀对政治各方面皆有积极之主张，盖从周室一尊的安定局面，过渡于许多实际独立国家的纷纭局面；凡怀才挟策之士不得志于一国者，不难大有为于他国。所谓乱世出英雄者，其斯之谓欤？综计此一时代的各大学派中，最稳健者为尊王仁民之儒家，最消极者为重道无为之道家，最悲天悯人者为兼爱非攻之墨家，最争取权力者为重法用术之法家。及秦政统一中国，钳制思想，众流始息。汉承秦后，尊崇儒术，思想渐归一宗；然道家思想仍被其影响于无形。厥后，除墨家外，法家思想又渐抬头；然无论如何，究不若先秦列国并立时之百家齐鸣也。

第一册之选材写作，历时合一百日，除选材费时约半外，平均每日写作不下四千言。罣漏讹夺，自所不免。海内外闳达，务希不吝教正。

一九六八年九月八日王云五识

同年台湾商务印书馆营业额为新台币一六 七五一 七四二元有奇，盈余数为四 一〇四 三七〇元有奇。在台股东，每股分配股息及红利四十六元九角四分，共分配三七五 四九六元有奇。

同年台湾商务印书馆资本总额续由新台币二百五十万元

增至四百万元。

同年十二月余撰中国政治思想史第二册完成，原拟定名
为汉唐政治思想者，因资料超过原意，易名为两汉三
国政治思想，并撰序如左：

余自今岁初夏，尝试中国政治思想史之编撰。历时百日，首册
先秦政治思想告成，承读书界不弃，甫二月，即付重版。自九月中
旬，余遂开始编撰第二册汉唐政治思想。迄十一月杪，两汉三国政
治思想家十四人脱稿，已达廿万言，约当首册分量十之九。因思续
撰至唐，当倍此数；乃变更计划，断至三国，而以由晋迄唐为第三
册；是则全书原定为五册者，至少当增为六册，或竟达七册，非不
可能也。

在本册中，两汉得十二人；三国仅魏蜀各一人；然徐干既仕于
魏武，而卒于魏文继汉之前也。本册体例一如首册，原欲以汉代开
国首功之萧何冠斯册，顾除史传外，别无其他著作可为依据，不得
已暂阙；终觉汉室四百余年之帝业，何实居首功，盖其画策，进贤，
守关中，定制度，诚有足多者。中心耿耿，今后当以余暇，从东鳞
西爪中，补撰一章，或竟附于末册也。又本册末章诸葛孔明，亦以
原作多佚，仅存资料微不足道，编撰殊感困难；惟以蜀汉一脉，端
赖孔明之远见硕画，而得以存在与苟延。姑就仅存之贫乏资料，勉
成一章；然余写稿之心情，殆与对汉初之萧何无二也。

本册所收政治思想家，其中在若干人心目中，或认为不无问题，
或竟未事叙述者，则有刘安与刘向二人。安之著作为淮南子，咸知
为集体之作，与吕不韦之吕氏春秋相类。余特取安而舍不韦，则据
安本传，足证其为读书有得之人，于此集体著作中，自不乏独特之
见，与不韦之以大贾购求执笔者大异也。向之名声夙为其校书与文

名所掩，鲜有称为政治思想家者。余则于说苑中发见其对政治之主张不少，故特表而出之。同一理由，余对于桓宽与其盐铁论，窃谓表面既纯属记述之作，实大有文章在焉。除由余个人推断数点，认明书中所谓贤良文学之对策，必含有桓氏之主张外，尤于第六十篇杂论中，发见所谓客曰，即桓宽本人之言；所谓杂论，亦即桓宽之结论也。

余书至此已竟其三之一。第三册晋唐政治思想且已写定二三章；在体例上殆已定型，换言之，即一致以人为纲，因而对于人与人间之相互影响，尚未及为系统的陈述。余自始已考虑及此；今益觉有其必要。经深思熟虑，决于最后一册，别撰专章，以学说的源流与相互的关系为主。

其间有旁出之学说或一时的环境影响之者，亦尽可能述其关系。夫政治思想每为现实政治与社会信仰所触发，当于此专章内并及之。

一九六八年十二月十五日王云五识

一九六八年起"政府"决将国民义务教育由六年提高为九年，即于国民小学六年之外，增加国民中学三年。

按是年始划分国民中学区为四百二十九，增设国民中学一百四十四校（内分部七所）；次年一九六九年度增划二十六国中学区，增设国中二十六所。又一九六八年度设国民中学班二千一百五十一，一九六九学年度经增至二千二百零九班。

又为适应国民中学之需要，一九六八年度办理国中教师职前训练二千零七十一人，一九六九年度职前训练三千八百零四人。

又以就学国民中学而言，计一九六八年度，国小实际毕业生三十万九千七百五十四人，就学于国中者占百分之六四·一六，一九六九年度占百分之六七·六，一九七〇年度占百分之六七·七八。

如连同就学于私立初中者合计，则国小毕业生升学者，在一九六八年占百分之七一·〇五，在一九六九年度增至百分之七三·七一。

公元一九六九年，己酉，一月余为台湾商务印书馆与"故宫博物院常务委员会"洽商，由商务重印四库全书珍本初集，其条件悉与一二八后与中央图书馆筹备处所订合约相同，即以印本十分之一赠送该院，作为版税，其印数不满三百部者，亦赠足三十部。经余撰序，并开始发售预约。序文如左：

　　商务印书馆借印四库全书之议，始于民国十三年，在余主持本馆编译所之第四年；迭与政府商洽，两度功败垂成。设非金壬阻挠，时局影响，则四库全书早已化身千百，宏扬四海，奚至今日之硕果仅存，孤本独留于海隅耶？二十二年，热河告警，北平震动，文渊阁全书随古物南移。政府深感孤本之有待保存；本馆则因甫经巨劫，为国难而牺牲，物力艰困，虽初衷不渝，实力大减。于是磋商结果，先其所急，选印向未付印或已绝版之珍本二百三十一种，分订为千九百六十册，历时二年，幸告毕事。除依约缴交政府之一百部，供与国外各大图书馆交换，幸尚保存外；其由本馆发行之部分，多数散布于国内各公私藏书之所。未几抗战突发，毁于兵燹者固不少；及胜利复员，旋又遭［删4字。——编注］"中枢"撤守来台。本馆所有已售未售之珍本各书，其在大陆上之命运，咸不可知。至台省各图书馆所藏，就访闻所得，完整者不过二三部。

　　本馆在台改组以来，虽为时仅四年有半，而重版巨著，新刊图

籍，为数孔多，已达民国二十五年之纪录。去年出版国学基本丛书四百种，页数多至三十二万，悉力以赴，幸免陨越。自今岁始，除新知各科之编印益迈进外，因思四库全书之影印为本馆四十年来所不断努力，几经巨劫，此志仍笃。查四库全书所著录者虽多至三千余种，然除此次重印珍本外，实际上未刊珍本不逾五六百种。余自国学基本丛书四百种付印就绪后，即考虑四库全书珍本初集之重版，估计为时一年有半当可告成。设彼时本馆尚有余力，当继续商请故宫博物院，就硕果仅存之文渊阁全书其他未刊珍本，为第二三集之影印。并拟加速进行，每集一年，则民国"六十年"内，当可竟其全功。故此，纵无影印四库全书之名，已有影印四库全书之实。余与本馆四十五年来之始愿，或可于余之馀生目睹其实现欤？是为序。

一九六九年一月三日王云五识

同年二月起台湾商务印书馆重印宋元明善本丛书十种发行。

兹将本馆启事附汇印宋元明善本丛书十种提要附后

本公司董事长王云五先生于民国二十三四年之交，就国内丛书数千部中，费时经年，精选百部，汇刊为丛书集成初编，计为三十六开本四千册，另于二十六七年精印其中之元明善本丛书十种，计为二十四开本三百二十册。此项丛书百部分为（一）普通丛书八十部，内容宋代二部，明代二十一部，清代五十七部；（二）专科丛书十二部，内容经学二部，小学三部，史学二部，目录学一部，医学二部，艺术一部，军学一部；（三）地方丛书八部，内容省区四部，郡邑四部。并详撰丛书源流，选书原则及各丛书提要，著为专论，洋洋三四万言。发表后，已为著作权之登记。现悉外间有完全剽窃上述著作之研究成果及名称内容，而高价贸利者。本馆除依法分别

采取维护权益之措施外，特将民国二十六七年本馆依照原版大小影印之善本丛书十种，酌予调整，重印为宋元明善本丛书十种，分订为精装本一百册，平装本二百八十三册，自一九六九年二月起，每月出版二种，六月底全部出齐。除每种定价分售外，全部精装本一万元，平装本九千元。百部精华，咸萃于是；而售价之低廉不及侵权版十分之一。兹将宋元明善本丛书十种书名列后：

一、宋刊本 武经七书 精装一册平装三册

二、宋刊本 济生拔粹 精装二册平装十册

三、明刊本 夷门广牍 精装十六册平装四十八册

四、明刊本 子汇 精装五册平装十二册

五、明刊本 今献汇言 精装四册平装十册

六、明刊本 百陵学山 精装六册平装十四册

七、明刊本 古今逸史 精装二十册平装五十六册

八、明刊本 两京遗编 精装八册平装二十二册

九、明刊本 历代小史 精装十二册平装三十二册

十、明刊本 纪录汇编 精装二十六册平装七十六册

样本——函索即寄，或请来本馆索取。

同年三月，余撰中国政治思想史第三册，晋唐政治思想脱稿，交商务印书馆付印。

兹将余所撰序文附后：

本书为余所著中国政治思想史之第三册。其时代自晋迄唐，得政治思想家十有六人，计晋代二人，为傅玄与葛洪；隋代一人为王通；余十三人皆属唐代，如李世民、魏徵、王珪、狄仁杰、张九龄、赵蕤、陆贽、李绛、韩愈、柳宗元、白居易、林慎思与罗隐。

本书体例，一如前二册；其开始写作为一九六八年十二月二日，

约在两汉三国政治思想出版前旬日，迄一九六九年二月十八日告成，历时恰为两月有半。

余于中国政治思想史之写作，始终保持客观态度，因而对于政治思想家之取舍，一以有无充分资料为转移。凡资料贫乏，大抵因无专著传世者，虽明知其为有数之政治家，只得从阙，如唐初之房玄龄、杜如晦是也。反之，其人在政治上虽鲜成就，而有专著传世，其中不乏有关政治之主张者，窃比于韩非、王通之例，仍予专章叙述，如唐末之林慎思、罗隐是也。

傅玄生当汉末晋初，独扬孟荀于老庄方盛之时，实有足多者；然同类巨制多未予叙述。余独就傅子一书，环回捧诵，发见其政治主张有与现代学说暗合者，特表而出之。

葛洪所著抱朴子，世人辄视为道家言，尤充满炼丹之说。然观其书之外篇，则有关政治之主张颇多，盖为儒家与道家之调和者。本书特为充分阐述。

王通为隋代奇士，事事自比孔子；虽对实际政治鲜贡献，然其著书立说，尤以教授生徒，对于唐代开国人才，殊难能而可贵；列为政治思想家，谁曰不宜。

李世民以逆取而顺守，且不仅顺守，尤能使唐室发扬光大，足见其思想敏锐过人，其政治主张多见于贞观政要之记述，然在其自撰之帝范中，亦不乏精辟的思想表现也。

魏徵与王珪同为李世民宿仇，世民不念旧恶，深资倚畀。二人同以直言敢谏著称，其谏言所发挥的政治思想，咸值得重视。

狄仁杰于武后改唐为周，并欲以其兄子三思继位时，孤军奋斗，发扬正义，对于正统政权坚持不让，卒复唐祚。此外并曾发挥不少健全的政治思想。

张九龄为珠江流域之特出人物，其政治思想，方诸早期发展之

商务印书馆与新教育年谱

黄河流域特出人物，殊不多让。

赵蕤服官日浅，任职不高，虽鲜发挥实际政治之机会，然所著长短经，则对于政治思想颇有相当表现。

陆贽的政治思想，多见于其奏议文字。宣公奏议早为世人所传诵。兹就其中析出有关政治思想者，为量不少。

李绛以宰辅地位多所发挥。就李相国论事集分析而得的政治主张，亦不乏优点。

韩愈、柳宗元、白居易三人，皆以其文学专长掩蔽一切，实则对于政治思想咸有贡献。退之与子厚不同之点，即退之排佛，子厚兼好释道。乐天得年最长，对政治措施与思想之贡献，在三人中似独多。

林慎思与罗隐，诚如上文所称，在政治上鲜有作为，而各有专著传世，蕴藏相当之政治思想。前者见于续孟子与伸蒙子；后者则见于两同书。

此外，自晋迄唐之人物，对政治思想具有或多或少之贡献者，当然不限于上举诸子，只缘著作散佚，资料短缺，东鳞西爪，未能构成专章，姑暂从阙。贯珠成串，可能俟诸异日。

一九六九年三月十日王云五识

同年四月余为台湾商务印书馆向"故宫博物院"借印清代道咸同光四朝奏议，并为撰序如左。

影印清代道咸同光四朝奏议序

故宫博物院之宝藏，除古物及艺术品无量数外，善本图书与稿本亦堪称丰富。后者尤以史料方面最为突出。除部分档案已由院自行影印流通外，最近其院长蒋慰堂君向管理委员会提请招商承印四种史料，即方略、圣训、奏议与御制诗文。其中道咸同光四朝奏议，

余认为在史料上价值最高。

奏议原多散见于诸家文集。其汇集个人奏议为一书者，如唐陆贽之宣公奏议，宋范仲淹之政府奏议，明杨一清之关中奏议，殆最著者也。其汇集历代或一代诸家奏议为一书者，如宋诸臣奏议，明杨士奇等辑历代名臣奏议，清乾隆钦定明臣奏议等，亦世所耳熟能详者也。至以若干朝之诸家奏议汇为一编，而其时代最为多事，如清季之道咸同光四朝者，则内容不仅包罗重要政事，且涉及世界史实，其价值更可想见。是书系精楷钞本，向未刷印问世。得此一书，则四朝六百有二家之奏议咸萃于一编矣。

奏议大都有关从政者之政治主张。在诸家别集中，除诗文等酬应文字占大部分外，其论学之作或见诸专论，或散在语录。论政之作辄集中于奏议。余两年来撰中国政治思想史全部七册，披览诸家著作数百种，除专以论政为题之图书或论著外，多就诸集中之奏议搜罗而得。余私藏清人别集不下百种，在摘取其政治思想时，辄感不足。四朝奏议，系自道光元年迄光绪十年，在此六十四年之短期间内，收集六百余臣工之奏议，无异罗列六百余家别集于十数巨册之中，以供研究政事与史实者之取求；其为用亦殊广大而便利矣。

是书唯一阙憾，即光绪朝所收奏议断至十年为止，尚短二十四年，若连同宣统三年以结束清季之治，当为二十有七年。经商定故宫博物院，就其所藏档案图书，补为编纂，以成完璧。惟需时颇难预计，当俟脱稿，印为补编，另行发售。本书付印有日，谨述经过。

一九六九年四月一日王云五识

同年五月台湾商务印书馆重印说文解字诂林，余为撰序如左：

说文解字诂林台三版序

说文解字者，后汉许慎集其时流行之文字，以小篆编为字书，

而加以注解者也。段文九千三百五十三，重文一千一百六十三，注十三万三千四百四十字。分为五百四十类。所有古代文字，如李斯所作仓颉篇，赵高所作爰历篇，胡母敬所作博学篇，以及汉武帝时司马相如所作凡将篇，元帝时史游所作急就篇，元帝时李长所作元尚篇，平帝时扬雄所作训纂篇，和帝时贾鲂所作滂喜篇；无不去其重复，一一收罗，可谓集当时文字之大成，而其注解之详，在当时亦首屈一指。宋雍熙三年诏徐铉等重加刊定，凡字为说文注义序例所载，而诸部不见者，悉为补录；又有经典相承，时俗要用，而说文未载者，亦必增加，别题之曰新附字。

说文解字诂林者，无锡丁福保，以其三十年之时力，收集清代文字学者百八十二种，千三百六卷之著作，而综合为大成之注解。一字之下，诸家之说几备，其规模之大，堪称空前。所谓诂者，古也。诂古异语，通之使人知也。所谓林者，众也，万物成熟，种类众多也。是则所谓说文解字诂林者，于许君集汉末文字之大成后，丁君复集清代文字学者诂释说文之大成也。盖研究文字学者，莫盛于清代，则以异族入主中国后，文字之狱，杀不胜杀，乃导引学者从事于考古之学，使有所寄托，斯不至为乱。此一政治之作用，遂使清代学者对文字学有灿烂之成就也。

然而诸家之说，卷帙浩繁，散见诸书，检阅不易，丁君为此综合之编制，使散者集，纷繁者有头绪；虽述而不作，然其集大成之功，盖世无二矣。

本书原由丁君自行出版，嗣以流行未广，改归本馆重印，除在大陆上流行甚广外，在台重版二次，早经售罄；以卷帙极繁，本馆又忙于每年新出图书千数百种，迟迟未及三版。兹应各方督促，乃作第三版之计划。为使印数得应需求，遂先发售预约，俾对于有急需者尽先供应，尚余若干，足备他日之供应也。预约开始，特为述

其梗概。

同年五月，因周总经理业已到职，余代行总经理职权之
　责任应即谋交卸，惟周总经理初到公司，对于营业人
　事与业务尚未熟练，故新制定之总管理处办法，于废
　止原订本公司试行分科分层责任制办法之后，仍暂行
　规定第二条本公司董事长除主持编审委员会外，督导
　总管理处所属各处范围，在未经变更以前，暂定为营
　业检核二处，其对于会计处之督导限于有关每年结
　帐，半年预估盈余及人事事项。除前项列举各事项
　外，所有其他事项概由总经理负责主持。

　　兹将有关各项新章程办法附后：

<h3 align="center">本公司总管理处暂行章程</h3>

一九六九年七月一日施行

　　第一条　总经理在本公司董事长督导下，主持总管理处一切事
务。经理、副经理、襄理辅助之。

　　第二条　本公司董事长除主持编审委员会外，督导总管理处所
属各处范围，在未经变更以前，暂定为营业、检核二处，其对会计
处之督导限于有关每年结帐，半年预估盈余及人事事项。除前项列
举各事项外，所有其他事项概由总经理负责主持。

　　第三条　本公司对外签订契约、开发支票及以本公司或总管理
处名义对外之函件，概由总经理签发。

　　第四条　总管理处各处对外之函件，概由各该处长（如未设处
长，改由副处长）负责签发。如该处长或副处长认为有向上级请示
之必要时，其属于本办法第二条督导范围者，径行请示于董事长。

其他事项概向总经理请示。

第五条　出版科对外函件，由科长或副科长签发，但须先向编审委员会主任委员请示。

第六条　事务科对外函件，由科长或副科长签发，但须先向秘书处处长请示。

第七条　各处科股长负责各该处科股任务，并监督指挥各该处科股人员，分别对董事长或总经理负责。

第八条　本办法由本公司董事长核定施行，修订时亦同。

本公司编审委员会暂行办事规则

一九六九年七月一日施行

第一条　编审委员会（以下简称本会）为本公司编审决策机构。

第二条　本会设主任委员一人，由本公司董事长兼任之；副主任委员一人，由本公司总经理兼任之。

董事长不兼主任委员时，由总经理兼任主任委员；其副主任委员，就各专任编审中推定一人兼任之。

第三条　本会设编审、编译、副编译及助理编译各若干人。

第四条　编审之地位，在学术上视同大学教授，在本公司职级上，视同经理或副经理。

第五条　编译之地位，在学术上，视同大学副教授，在本公司职级上，视同副经理或襄理。

第六条　副编译之地位，在学术上视同大学讲师，在本公司职级上，视同副科长或股长。

第七条　助理编译之地位，在学术上视同大学助教，在本公司职级上，视同副股长或甲等办事员。

第八条　编审分为专任与兼任二种。专任编审全日办公；兼任编审依聘约规定，每星期来馆接洽一次，并参加编审会议。

第九条　编审会议，由主任委员召集并主持。所有专任兼任编审及专任编译皆为出席人员。出版科科长或副科长为列席人员。

第十条　本会设出版科，承主任委员之命，主管有关出版事务。

第十一条　出版科设科长或副科长一人，或并设之；并视需要，设甲等或乙等办事员若干人。

第十二条　本会会议暂行规则及出版科办事暂行规则另订之。

本公司秘书处暂行办事规则

一九六九年七月一日施行

第一条　秘书处依总管理处暂行章程第三条之规定，掌文书、契约、保管、保险、收发及不属于其他各处之事。

第二条　秘书处设处长或副处长一人，必要时得并设之，主持本处职掌各事。

第三条　秘书处设事务科及文书、出纳二股。

第四条　事务科设科长或副科长一人，必要时得并设之，掌理本处不属于文书出纳二股事。

第五条　文书股设股长或副股长一人，必要时得并设之，掌理左列各事：

一、文件之收发。

二、文件之撰拟缮写。

三、函件之归档。

第六条　出纳股设股长或副股长一人，必要时得并设之，掌理左列各事：

一、本公司一切收款事项。

二、本公司一切付款事项。

三、本公司现款及各种票据之保管。

第七条　保管本公司重要文件，由处长会同会计处长共同办理。

第八条　保险由事务科长商承处长办理。

第九条　秘书处处务细则另订之。

第十条　本规则由总管理处公布施行，修改时亦同。

本公司营业处暂行办事规则

一九六九年七月一日施行

第一条　营业处依总管理处暂行章程第四条之规定，掌营业推广及其相关之事。

第二条　营业处设处长或副处长一人，必要时得并设之，主持本处职掌各事。

第三条　营业处暂设左列各股：

一、门市股。

二、批发股。

三、推广股。

第四条　营业处长管辖各支店。

第五条　营业处各股设股长或副股长一人，必要时得并设之。

第六条　门市股掌门市本版外版及通信现购之营业。

第七条　批发股掌国内外各同行之配货事项。

第八条　推广股掌本公司货品之宣传及推销设计事项。

第九条　营业处于海外营业及其他重要事项，以处长名义行之。其他事项依处长之授权，以各关系股股长名义行之。

第十条　营业处处务细则另订之。

第十一条　本规则由总管理处公布施行，修改时亦同。

本公司供应处暂行办事规则

一九六九年七月一日施行

第一条　供应处依总管理处暂行章程第五条之规定，掌理货料之供给、保管、运输及其相关之事。

第二条　供应处设处长或副处长一人，必要时得并设之，主持本处职掌各事。

第三条　供应处暂设左列各股：

一、进货股；

二、栈务股。

第四条　供应处各股设股长或副股长一人，必要时得并设之。

第五条　进货股掌各种货物之购进事项。

第六条　栈务股掌各种货物之收发、验收、保管及相关事项。

第七条　处长或副处长对于货物之购进与进价应负调查、比较及决定之责。

第八条　供应处处务细则另订之。

第九条　本规则由总管理处公布施行，修改时亦同。

本公司会计处暂行办事规则

一九六九年七月一日施行

第一条　会计处依总管理处暂行章程第六条之规定，掌理帐务、轧销、人事及其相关之事。

第二条　会计处设处长或副处长一人，必要时得并设之，主持本处一切事务。

第三条　会计处设左列各股：

一、帐务股；

二、轧销股；

三、人事股。

第四条　会计处各股设股长或副股长一人，必要时得并设之。

第五条　帐务股掌各种帐务之记载、结算与核对，及各种付款之开单。

第六条　轧销股掌各种销货之核算与统计。

第七条　会计处处长或副处长依公司法第二百二十八条之规定负责本公司各项表册之编制。

第八条　会计处处务细则另订之。

第九条　本规则由总管理处公布施行，修改时亦同。

本公司检核处暂行办事规则

一九六九年七月一日施行

第一条　检核处依总管理处暂行章程第七条之规定，掌货物、款项、服务之检查考核及其相关之事。

第二条　检核处设处长或副处长一人，必要时得并设之。

第三条　检核处设检核员若干人，暂不分股办事。

第四条　检核处处长或副处长，按检核员发见之任何缺憾，加以复查属实，或自行发见之任何缺憾，径行报告其事实，或附加改进意见，提供本公司董事长核办。

第五条　检核处长或副处长，就董事长交办事项，径向有关部分查明真相，提出改进意见，供董事长核办。

第六条　检核处长或副处长，就外来抗议或批评事项，向有关部分查明真相，提出改进意见，供董事长核办。

第七条　检核处处务细则另订之。

第八条　本规则由总管理处公布施行，修改时亦同。

同年五月余所著中国政治思想史第四册宋元政治思想脱稿，即付台湾商务印书馆排印。

兹将余所撰该册序文附后。

本书为中国政治思想史之第四册，自一九六九年三月十一日开始著作，至五月一日毕事，历时仅二月有半。余年来每日工作十四五小时，其消费于是书者不下半数。时促事冗，错漏自知不免；粗

制滥造，则吾岂敢。顾不欲从容著作者，一因兴趣颇浓，欲罢不能；且自觉为日无多，不愿多搁也。

本书体例，一如前出三书，其涵盖之年代，为宋与元；所收政治思想家为范仲淹、欧阳修、王安石、司马光、苏轼、苏辙、秦观、何去非、李纲、高登、朱熹、吕祖谦、真德秀、文天祥、许衡等十有五人，除最后一人属元代外，余皆为宋代人物。

本书所述之政治思想主流有二：其一为王安石所发动之新法，而反对之者，则有欧阳修、司马光及苏氏兄弟；其二为集道学家大成之朱熹，继之者为吕祖谦与真德秀。安石好古而喜新，其政治主张，在原则上鲜可非议，以用人不当且求治过亟，不免失诸操切。反对之者，虽不乏理论上之差异，毕竟事实上影响为多。司马光王安石私交甚笃，而公私分明，政见相持不下。苏氏兄弟，则子由颇重事实，议论亦多能持平。朱熹继周张二程之后，除承袭前辈之说外，创见独多。祖谦、德秀虽不无新理想，究不脱道学家传统。道学家对于哲学之主张互有差别；其在政治上之思想，大体固极相近也。

范仲淹被列为有宋政治思想家之首出者，则以其事功思想，并臻上乘，堪称宋代空前。文天祥为宋代忠烈，在政治上其事功虽不足称，其思想多甚精当。余为分别列于宋代之首章与末章，可以见其开端，亦可以见其归宿。

元代仅列许衡一人，则以异族入主中国，政尚镇压；因而自由发表政见者较少。非无人也，无相当自由之言论也。

一九六九年六月六日王云五识

同年十月台湾商务书馆由余计划译印欧战后最新科学小丛书，并罗致自然科学专家，组织特别编审会从事于

此。

兹将余所撰序文附后：

余于民国二十一年秋，本馆经一二八之劫，创深痛巨，停业复业以后，为主编自然科学小丛书三百种，嗣以其全部纳入于万有文库二集，期借该文库之普遍性，以达大众化之目的；盖科学足以救国，尽人而知。本馆忝为历史最久规模最大之出版家，于此殆责无旁贷也。

三十余年后，余在台重主本馆，先后重编重印原在上海出版之巨籍多种；其中万有文库荟要，并曾纳入自然科学小丛书约三十种。稍后，创编人人文库，亦陆续选辑该丛书之较通俗者若干册。然终觉第二次世界大战以后，自然与应用科学两方面均有长足之进步，其领域亦日新而月异。仅将三十年前编印之自然科学图籍重新校印，不足以飨国人之需求也。自今岁始，广搜欧美新编印之自然与应用科学小册，足以发扬新科学者，先后将美国通俗科学作家 Isaac Asimov 教授主撰之 The New Intelligent Man's Guide to Science 十余专题，及 Bruce F. Kingsbury 主编之 Science Study Series 文库五十余小册；以其内容皆阐明战后新科学，而通俗易晓之故。经即延揽李熙谋、易希陶两博士，分别就物理科学与生物科学慎选专家从事译校，同时组织新科学文库编纂委员会，除李、易二君外，并由本馆编审委员会同人杨树人、周道济二君与余共同参加。每次举行编纂会议，对于译校之人选，咸三注意焉。第一期译印之书，以六十种为目标，拟于一九七〇年六月以前陆续出版。

本文库取材方面，除以上述两种集刊文库为基础外，更广求欧美新刊名著性质相类者，相继译印。其原入自然科学小丛书诸书，具有恒久价值者，经详加校订后，亦得加入。又其他新著译加入者，

首推留美学人萧之的教授所译之红的巨人与白的矮子，成为本文库前期出版之一书。第一期六十种出版后，每星期内拟续出一册，期于二三年内使新科学文库达成二百种之数，则于新自然科学与应用科学各重要论题，大体具备矣。

我国留外学人及研究人士，以专攻自然及应用科学者为多，除能以其合乎本文库之著作加入外，如就接触所及，认为适当之西文原著随时推荐于本馆，以供译印，亦同受欢迎。又国内教授及研究生，对于新科学之著作渐多，能惠予加入于本文库，固同拜嘉赐也。

兹当本文库开始印行之时，谨述经过，并对海内外学术界，致其深切之期望。

一九六九年十月三日王云五识

同年十月余所撰中国政治思想史第五册明代政治思想脱稿，即交商务书馆排印。

兹将余所撰序文附后：

本书为中国政治思想史之第五册，其涵盖时期为有明一代；体例一如以前四册。余初意明代政治思想家，堪称卓越者无多，恐资料贫乏，不易成书；因将生于明代而卒于清初之遗臣数人，如黄宗羲、顾炎武、王夫之、朱舜水等附于书末。及经尽量发掘，始悉明代资料尚有足观；且排版结果，为叶将及四百，远较前四册为多。重加考虑，决仍依以卒年定时代之一贯原则，而保留黄宗羲以下四人，俾冠于第六册之清代政治思想。本书所收人物，遂断至史可法。

余为此最后之决定，尚有一重大理由，即以清代康乾之间，文网至密，学者遂多致力于考据之学。此时代著名学者之著述鲜有提供政治思想者，因而清代之政治思想不得不集中于康熙初年以前之遗臣及鸦片战争以后之革新人士。黄氏等遗臣之思想得为清代政治

思想之开端，亦较置于明末为适宜。余因是变更计划，原拟以鸦片战争后之政治思想另成一册者，乃分别归入清代或民国，俾在时期上益臻完整。至第七册则专述民国政治思想家，而以国父孙先生之思想开其端。虽民国成立迄今，为时尚短，然除以人为纲外，于此最后一册，当综合各时代政治思想，而溯其渊源，正如余于两汉三国政治思想序文中所称者，以故最后一册之篇幅，自亦不成问题。

　　兹当略述本书之内容矣。书分十有一章，所收政治思想家，为刘基、方孝孺、薛瑄、王守仁、杨慎、归有光、海瑞、张居正、庄元臣、许誉卿、史可法等十一人。其中思想功业并著者，刘基、王守仁、张居正三人；名学者而以忠烈著称者，方孝孺、史可法二人；姓名行演鲜为世所知者，庄元臣、许誉卿二人。至杨慎与归有光夙为文名所掩，薛瑄为性理学所掩，海瑞为忠鲠所掩；皆不乏有关政治之主张。余撰全书，一贯以言论足以表现政治思想之人物为准，其有著作虽富，学术文章彪炳当世，而无政治思想表现者不与焉。

　　　　　　　　　　　　一九六九年十月十二日王云五识

同年十二月余所撰中国政治思想史第六册清代政治思想脱稿，即付商务书馆排印。

　　兹将序文附后：

清代政治思想序

　　本书为中国政治思想史之第六册，其涵盖时期为有清一代。本书与前出诸册皆按各思想家之卒年序列，故明代人而卒于清代者，概归入清代；清人卒于民国者，自亦属于民国。

　　基此原则，明代遗逸如黄宗羲、顾炎武、王夫之、朱之瑜等，虽坚不臣清，以其卒年皆在清代，遂视同清人；反之，清末之康有为、梁启超，以卒于民国，亦列入民国。

清代学者名臣辈出，然以政治思想家言，则康熙中叶以后，道光鸦片战争以前，合于此条件者，寥寥无几；偶有合者，亦多语焉不详，或避重就轻。推原其故，则初以文字之狱过严，继则羁縻有术，使优秀分子咸趋于考据之学；故此时期之著名学者虽多，大都埋首古籍，逃避现实。间有少数卓越人材，于委身政府之时，直言敢谏。然其立言尺度，多不超越现实政治，仅发表其改善行政之温和主张，不敢谈论有关政治之根本。其范围既有制限，思想自难免贫乏。于是清代之政治思想，只灿烂于清初少数之遗逸间，如黄王诸贤，其著作初则藏诸名山，得漏网于清室统治权尚未巩固之际；鸦片战争后，门户大开，瓜分可虑，爱国之士痛心于危如累卵之国势，不惮放言高论，以图挽救，如洪杨劫后之王韬，戊戌牺牲之谭嗣同，其代表也。

本书取材，除于乱世所出之英才中，摘举其代表者之言论外，在思想受有拘束，侧重考据学术之时代，则尽量发掘，对于改良行政之促狭范围，片长必采。结果在整个清代中，共得二十有三人，表面上洋洋大观，实际上则规格不一。以视先秦政治思想一书，在分量上几倍增，而其内容则因先秦列国并立，学者不适于甲国者，得见容于乙国，议论遂能纵横，思想得以自由发挥；其贫，其富，相去远矣。

余所藏清人著作特多，所读尤广，顾有如沧海捞珠，费力多而收获少，往往通读一巨籍而所得殊鲜，不得已舍去；盖本书内容有专属，非关政治主张之言论，不宜阑入也。是为序。

一九六九年十二月三十日王云五识

同年台湾商务书馆股东会决议又将资本总额新台币四百万，就积存盈余再增资一百万元，恢复该馆在大陆时

原有资本五百万元之数。

同年台湾商务印书馆营业额为新台币一五 一九八 七三
　　九元有奇，盈余数为三 七二三 〇二六元有奇。在台
　　股东每股分配股息及红利共五十四元零八分，共分配
　　四三二 六一二元有奇。

同年台湾省儿童接受国民教育率达百分之九十七·五，
　　较日治时期增百之二六·一九。

　　按台省光复后，政府为普及国民义务教育，自三十四年起，各
县市及乡镇区，为精确之调查，组织有义务教育推行委员会，于学
年度开始前，按照户籍，对学龄儿童作精确之调查；学年度开始后，
即由乡镇义务教育推行委员会通知家长送儿童入学，并将学龄儿童
名册纂送各学区国民小学，对不按时送儿童入学之家庭，最初予以
劝告，劝告不听则处以罚锾，并强迫入学。实施结果，本省学龄儿
童就学率逐年提高。三十三年度（日治最高时期），全省学龄儿童，
就学率仅百分之七一·三一，光复未几，即提高为百分之八〇·〇
一，至一九六九年度已达百分之九七·五。兹将光复后国民小学各
主要年度儿童就学率（%）比较表列左：

　　　　　民三十三年　　　七一·三一
　　　　　民三十四年　　　八〇·〇一
　　　　　一九五一年　　　八一·四九
　　　　　一九五六年　　　九三·八三
　　　　　一九六一年　　　九六·〇〇
　　　　　一九六六年　　　九七·一六
　　　　　一九六九年　　　九七·五〇

公元一九七〇年，庚戌，二月余所著中国政治思想史第
　　七册民国政治思想与中国政治思想之综合研究脱稿，
　　即付商务书馆排印。

　　　兹将余所撰序文附后

　　　本书为中国政治思想史第七册，亦即最后一册。书分前后二编。
前编为民国政治思想，其体例一如前六册。系以政治思想家分章叙
述。本书涵盖之期，为民国成立以迄于现在，历时甫五十余年，又
限于全书一贯之体例，所收思想家，以殁世者为准，仅得五人，即
国父孙先生及康有为、梁启超、胡适、张嘉森等，字数合计仅十余
万，约占本书篇幅三分之一强，实侧重于后编也。

　　　后编为中国政治思想之综合研究。由于全书以人为纲，其综合
研究，自宜以事为纲。再三考虑，得十有二事，即：（一）原民，
（二）原君，（三）原臣，（四）法治，（五）人治，（六）礼治，
（七）德治，（八）政理，（九）财用，（十）军事，（十一）土地问
题，（十二）社会问题。每事亦自成一章；其取材皆尽可能从最古以
迄于最近。全书列举政治思想家九十三人，自先秦以至民国，亘六
册有半，其言论有合于上举十二事者，莫不以类相从，源源本本，
俨然构成直线的系统，借以见思想之演进。至每事所含资料较多，
标题不止一端者，则按其性质，别为章中之各节；同节如仍括有若
干标题，再酌量分目；同目如有资料二项以上，则依各该资料出现
先后为序。举例言之，在第一章原民内，分为：（一）民权（二）
民生（三）民族（四）人民与政府各节。在第二章原君内，分为：
（一）君始（二）君道（三）君德（四）君权（五）君术（六）君
治（七）君民（八）君臣（九）无为（十）有为各节。在第十二章
社会问题内，分为：（一）礼仪（二）教化（三）福利（四）社会

动态（五）救济（六）夫妇（七）败类（八）阶层（九）风俗（十）人性（十一）其他各节。

同一节中，如有若干标题，不易归纳为一者，得再分目：目之排列系按字之四角号码为序，不分类。举例言之，在原民章内第一节民权之下，括有（一）民意（二）民可畏（三）民心（四）民权主义（五）民权消长（六）民权与自由（七）国权与人民自由（八）民权运动（九）民本（十）民贵各目，即皆按标题第二字之四角号码为序；如第二字相同，则改按第三字之号码为序。又同一目中，括有资料不止一端，则按资料出现之先后为序，例如民心一目，共摘述资料十九项，则首列论语，次孟荀，复次道家，墨家，法家；然后依序顺列汉晋唐宋元明清以至民国诸家之说，以视其对于民心一词之思想源流。最后，则于每节，每目，间或每一资料之后附述著者之评语。

余撰全书之目的，详见第一册先秦政治思想序言。开始写作之时，在一九六八年五月中旬，费时百日，而第一册问世。厥后平均三阅月成书一册。迄一九六九年十二月，而第六册清代政治思想出版。是册甫脱稿，即开始撰第七册，即此最后之一册；故能于一九七○年二月上旬竟其全功。值春节在即，决于春节休假后付手民，预计今岁三月当可问世。总计历时一年有九月，而全书七册，总字数在二百万以上，一气呵成。余生平著作虽多，鲜能有如此次之继续努力而不稍辍者；且在独力取材撰写之下，而有此超过二百万言之巨制，尚以此为首出也。人生不过百年，余以八十余之衰年，锲而不舍；无他，实以余生有限，趁此神智尚清明之际，不敢不黾勉将事也。是为序。

一九七○年二月四日王云五识

同年余于中国政治思想史全部七册完成后，开始专撰中

国教学思想史，其第一册先秦教学思想于四月脱稿，即付商务书馆排印。

兹将本册序文附后。

余两年来撰中国政治思想史，都七册，为言二百万有余；经于本年春节前数日全部脱稿，除前六册先后出版外，其最后一册已付手民。初拟稍事休息，搁笔一二月，然后从事于其他思想史之尝试。唯春节甫过，搁笔未及半月，已觉技痒。于是就民十八年余所撰中国古代教育思潮，暨厥后数十年阅览诸家著作有关教育之言论，加以思索，认为如仿中国政治思想史之体例，广读诸书，摘取其中教育资料，分类排比，而附以一己之浅见，则此一新作或尚不难措手。因即从先秦诸子之作开始，尝试旬日，发见教与学颇不易划清界限。不仅学不厌，教不倦，见于孔子之自述，且教学相长，尤为我国教育界所盛道；即参考西方与我国现制，大学教授一面讲学，一面研究，其以研究讲座名义应聘者，辄视为教授中之卓越人才。因而教与学之关联密切，古今中外，殆无二致。

夷考诸家著作，有详于为学者，亦有详于教育者，其间详略虽不一，终不免互有关联。考虑再三，终以如将教育易称教学，视为教与学之简称，则取材定然较广，且益增其联系。纵然多数人皆先学而后教；然亦不乏一面学，一面教，或一面教，一面学，且有因教而益进于学者。以余本人为例：先自学而后教人，自中学以至大学，以至研究所，前后任教将及三十年，实占此生就业之重要部分，为期之长与从事于出版事业相若，而二者间不免相跨。据余之体验，凡任教而具责任感者，其对于为学之兴趣特浓，尤以指导研究生从事于种种研究时，兴趣之外，益以激发，更感有研究之必要。以此之故，教与学殆不可分离也。

　　余所撰教学思想史之体例，与中国政治思想史大致无别，亦按思想家而分章；唯资料较少，仅得鳞爪者，不忍舍去，则集若干人为一章。举例言之，第一册先秦教学思想括有十一章，其前十章皆以专章论述一人，独最后一章，则合并叙述其他诸子也。

　　先秦诸子教学思想，以孔子为最丰富，各方面无不涉及，真不愧万世师表之称。其及门曾子，最重孝行，故所主张之教育，以孝为出发点，推而及于其他德行；盖专重德育，而于其师孔子之六艺四教，包括德育以外之智体美育者，则鲜及之。孟子则于学重方法；于教以性善为基础，主张顺其性而教，旁及教学法与各科教学。荀子对于为学，首重劝学，著为专篇，并及其始终差别；于教则以性恶为出发点，认为施教首在矫正性恶，而其重点则在于礼，旁及设官设校，有如现代之所谓教育行政，并砭砭于师道焉。

　　道家之老庄，其于教学之出发点，在知与欲，认知为欲之源，致有绝圣弃知之愤激语。顾老子非尽反对为学也。其所谓专知博学，谓知者不博，博者不知。庄子虽反对一般的智育，而于技艺教育却不鄙弃。此点与老氏之专知殆相合。其在教学法方面，则二氏均倾向于不言之教；盖其一贯之主张在法自然，而自然所倚为代表之天，垂象示教，正所谓"天胡言哉！四时行焉，万物生焉"是也。

　　墨家对于为学特别重视，除雄辩学与军事学有具体的主张外，旁及学与行的关系，与夫习染的影响，尤注重创作，一反述而不作的主张；其所设教，首重教育的功用；而于德育之提倡，特重义，与儒家之特重仁者有别。至于尚贤，则与儒家无二，主张贤与贵合一，故谓"官无常贵，民无终贱"，盖欲以贤愚分贵贱，则其注重学与教，殆臻极度矣。

　　法家之管仲，以弟子职专章，述有关教育的主张，于侍候长者寝息后，略言与朋友研究学问，当然涉及智育。然其教育的主要部

分在生活方式；盖管仲生于孔子前百余年，彼时教育范围狭，集中于生活方式之礼节，自属当然。然管仲又重视礼义廉耻，至称为国之四维，是则于德育中之礼以外，尚及其他德目矣。商韩二子虽与管仲同入法家，然二子之出发点在法而不在礼，尤不及四维。其施教则以吏为师，借便驾驭，商君开其端，韩非发挥尤详。其对于为学，则反对私学、愚学与所谓匹夫之学，然并不完全反对为学，故有学贵专心之言。其于教育，则主张实用教育；前者与庄子之技艺教育相同，后者则与道家主张近似，而不尽同。一言以蔽之，商韩二子之教育，固纯然以国家之功利为主也。

最后，为先秦其他诸子，包括尹喜，晏婴，尹文子，尸佼四人。其著作有关教与学之说，鳞爪片段未能成章，合并叙述，以见一斑。尹喜实师道家，其论学主张取法乎上。道家原主张法自然，认为最高原则；尹喜之取法乎上，盖寓有取法自然之意也。晏婴重视为学，近于儒家，尤主勤不息；其论师道，则主张以传道授业为唯一职任，不宜搀入任何其他因素。尹文子将圣人与圣法区别，谓圣人之治及身而亡，圣法之治垂诸永久；因而师承一人，不若师承其法。尸佼客于公孙鞅，有如水乳，乍观当近法家。顾其立说多与儒家合；其论为学目的，在求知与进德，此与孔氏之说及现代德智二育亦甚近似也。是为序。

一九七〇年四月八日王云五识

同年上半年仍继续印行四库珍本初集。

按是书原定于二年内出齐，除去年已印其泰半外，本年续印三分之一。

同年云五社会科学大辞典集体撰稿已三年。今岁与商务书馆订约开始预约及印行。

此为余八十生日友好同学纷起为余纪念。除另成立云五奖学基金董事会，以基金孳息，每岁奖助大专学生三十三名，每名每年四千元外，另由嘉新水泥公司捐资壹百万元，嗣又由嘉新基金会补助二十五万元为稿费，由政大刘校长季洪集合在台著名教授学者约二百人，分题执笔，计括有十二部门，每门一巨册。余于第一册社会学出版时曾应邀撰一序如左：

余对于综合大辞书之编纂，曾有两度尝试，而无一非功败垂成。其一，为民国十三四年开始计划编纂之中国百科全书，其体例模仿世界上著名之 Encyclopedia。首先在商务印书馆编译所组织百科全书编译委员会，聘定专家六七人分科主持，而助以编译员一二十人。同时收集各国所有著名百科全书多种，经详加比较后，发觉美国印行之 New International Encyclopedia 体例最适宜，遂采为外国题材的主要蓝本，另以英、德、法、日诸国之百科全书为参考。至于本国题材，则分约国内专家特撰。原计划各条内容务求详尽，期与大英百科全书相若。全书字数，当不下一亿。迄民国二十年，成稿已达五千余万言，约占全书之半。不幸遭一二八之战火，全部被毁。商务因此停业半年。复业后，百废待举，未遑及此。遂告停顿。

其二，为自民国十七年筹编之大规模辞典。先由个人以业余搜集资料，嗣得家人友好相助。迄二十五年，七八载间，得八百余万件，一一分列卡片。以资料藏在私宅，得免一二八之劫。稍后又得孙哲生先生领导之中山文化教育馆资助，筹编工作益具体化。所收单字辞语，以六十万条为鹄的，全书字数约五千万，其体例以英国之牛津大字典，按史则编制为准。此与中国百科全书之区别，则前书条数较少，而叙述特详，后书条数较多，而叙述握要。及二十六年八月中日全面战事起，未几国军撤守淞沪；此一艰巨工作不得不停顿。同年十月，余转移出版中心于香港。南下之日，随身携有是

稿"一"字为首之资料盈箧。其余资料，虽未必如中国百科全书成稿之全毁，以陷于［删2字。——编注］命运殊不可知。所有移港之"一"字资料，经营半载，以中山大辞典一字长篇为名付排印。阅十月而毕事，得五千四百七十四条，排成十六开大本，四百十八面，每面平均二千余字，不下百万言。是书现已在台重版，硕果仅存者只此。

　　至于专科大辞书，除商务在余加入以前已出版之中国人名大辞典等若干种外，余首先计划筹编教育大辞书；盖以专科辞书最需要者，莫如教育一种。自二十世纪以来，各国教育学说日新而月异，其制度亦经重要之演变。我国适当新旧学说之过渡，日美德等国学制更番输入，变革尤多；非有系统分明之辞书，为研究教育者导线，将无以通其统系。间尝博览各国出版之教育辞书，为书颇多，经详加比较，法国毕维松氏 Buisson 之作，以比例匀称胜；德国莱因氏 Rein，W. 之作，以范围完备胜；斯密特氏 Schmid，K. S. 之作以详尽胜；英国瓦特孙氏 Watson，Foster 之作，以新颖胜；美国孟禄氏 Monroe，Paul 之作，以精审胜；日本同文馆之作，则以包括东方教育胜。上举诸辞书，固各为彼国之教育家或研究教育者而编纂，于我国教育家或研究教育者初未注意也。其体例纵极完善，只对于彼国人为完善，于我国人不能谓为完善也。故我国编纂之教育辞书当针对于我国教育家或研究教育者，以本国教育问题及状况为中心，博采各国教育辞书之特长，而去其缺憾，始适于用也。本辞书之编纂，即基于上举之需要与原则，初以唐擘黄君主其事，嗣唐君他去，由朱经农君继任；十六年五月朱君又他去，高觉敷君续竟其功。虽主编屡易，以计划固定，卒如原议完成。识者定评，咸谓是书为商务出版专科辞书之冠，非过誉也。

　　余对上述三书之成败利钝，既有深切之经验，故于一九五六年

前"教育部长"张晓峰君宣布其着手"中华民国大辞典"之编辑计划时，曾以公开信表示意见，劝其先以若干年分编专科辞典二三十种，各守范围，力避涉及其他题材。俟各分科辞典完成，然后合编一百科全书，或先就各专科辞典编制综合索引，俾彼此沟通，联成一气。余所以如是主张者，一以专科辞典，由一专家主编，约集许多专家分别执笔，所学相同，范围亦较狭，成功自易。二则综合的百科全书，范围太广，主编之人较难物色，而执笔人众多，具所学不同，统一联系，困难十倍。三则各书分科出版，经各该科专家分别利用鉴衡，如有疏漏，贡献意见较易，修订亦较易。四则处此动荡时世，旷日持久，难免功败垂成，不若分科编印，事轻易举，而各科分别完成之后，集合大成，奏效较易。

今者，余虽重主商务书馆数年，限于物力，尚未遑一偿宿愿。如天之福，一部综合性之社会科学大辞典，于无意之中竟告完成，今且已出版其半数之六册；尚有半数，半载以内定可陆续问世。此全赖学术界知好之盛情毅力，余则未尝尽一臂之助也。三年前，余虚度八十，若干亲友为余发起募集奖学基金。国立政治大学校长刘季洪先生则与学术界知好集议，另谋更有意义之纪念。以余凤对社会科学饶有兴趣，且悉余迭次为综合性大辞书努力，而卒未有成，遂发起编纂社会科学大辞典，冠以余名，借留纪念。当承嘉新水泥公司主者张敏钰翁明昌两先生赞助，慨捐编撰经费新台币一百万元，嗣又得嘉新文化基金会加捐二十五万元。于是计划与经费均有着落。

自时厥后，除云五奖学金已成立委员会，由孙哲生先生领导，每年以基金孳息，颁奖于优秀而清寒之大学在学生三十名外，云五社会科学大辞典之编撰，即由刘季洪先生组织出版委员会，经一致推为主任委员。别组一编纂委员会，以社会科学（包括人文科学）十二部门之主编人组成之，并公推程天放、杨亮功、陈雪屏三先生

为召集人。旋天放先生作古，改推罗志渊先生递补。此十二部门之主编为社会学龙冠海先生、统计学张果为先生、政治学罗志渊先生、国际关系学张彝鼎先生、经济学施建生先生、法律学何孝元先生、行政学张金鉴先生、教育学杨亮功先生、心理学陈雪屏先生、人类学芮逸夫先生、地理学沙学浚先生，历史学方豪先生，并分别就其所主编之部门，负责延聘学者专家，由数人至十数人不等，全部不下二百人，皆为国内社会科学与人文科学之权威。间亦有少数留居海外之学人，各就约定范围，分条各署撰人姓名，以明责任。三年以来，在分工合作之下，业已全部脱稿，全部字数，达七百万以上，除一二门字数较少者外，平均每一部门为六十万言，最多者，且超过八十万言。

余被推任名誉总编辑，固辞不获，偶亦参加出版或编纂会议。经一致决定每一部门自成一册，除正文各按其不同之性质，分定系统撰写外，书末一律附编两种索引：一为中文名词，按笔画排比；一为西文名词，按字母排比。因而每册各自成为此一部门之专科辞典；俟全书十二册排印完成，再由出版者商务印书馆负责编辑一综合而详尽之总索引，其条数一时虽尚难预定，当在万数以上；为检查便利计，自以按照四角号码检字法，另印一册为宜。此种编辑方法，与余前致张晓峰先生公开信之主张正同，故能于三年之短期成此巨制。又日本学研社最近出版之现代科学大事典七册，亦分别以宇宙、地球、植物、动物一、动物二、人间、生命，分册印行，而殿以总索引一册。是则我国之社会科学大辞典分科分册体制，在国外亦不乏其例也。

是书十二部门，除九部门已完全缴稿，陆续付排印外，尚有三门，当于二月内全部编齐。经从本年八月起，按月出版一册，至明年七月全部完成；然后筹编详尽之综合索引，以工程浩大，约计当

于全书十二册出版后一年以内问世。

余维社会科学与人文科学各部门咸互有关联，非借彼此沟通，不能起完善之作用。一九六四年余曾有社会科学综合研究所设置之计议，意欲集中有关社会科学各科系专家，就理论与实用上，对于政治、法律、国际关系、教育、财政、经济及生产、贸易、管理、劳工，种种问题综合研究，以达沟通学术为目的。其研究报告须研究所各科研究员之无记名投票通过。始作为定论，而予以发布。其详细计划，列入余所著岫庐论教育。当以限于经费，未能实现。今刘季洪先生等编撰社会科学大辞典，搜集有关社会及人文科学各部门资料于一书，以供社会科学研究者之参考，与余前拟社会科学各问题综合研究之旨不谋而合；余所感快慰，诚不可言状。

社会科学大辞典，在我国尚属创举，即在世界各国为数亦极有限，美国只有二种，一为三四十年前由哥伦比亚大学教授 Edwin R. A. Seligman 主编之十五册一部，与最近 David Sills 主编之十七册一部，其他各国闻只有德国一部十二册已于数年前全部出版；他如义大利及日本各一部，陆续印行，迄今尚未完成。设所访查不谬，则是书就其完成出版而言，在我国为第一部，在全世界殆为第四部矣。兹经刘季洪先生登高一呼，全〔删1字。——编注〕社会及人文科学家一致响应，以不满三年之短时日，成此七百余万言与十二巨册之创制。除嘉新水泥公司慨捐编撰费一百万元；稍后嘉新文化基金会另捐二十五万元，热心至可感外，商务印书馆斥资百余万元，肩负排印与编制综合索引之责，自属当然之举。然而稿酬微薄，撰稿诸先生于百忙中拨冗为此，皆非为此微薄之稿酬，甚至有全尽义务，不支稿酬者，其对于读书界之嘉惠，与对余之厚爱，真非言词所能表其谢意也。又商务印书馆除负担本书印刷经费外，将来售书所得，并依例缴付版税，移赠云五奖学金会，借以增益奖学基金，

并扩充受奖名额。此举经本书出版委员会通过，并与云五奖学金会协调。此亦余所同深感谢，并为奖学金受益人代表道谢者也。

　　是书每册由各该册主编人撰一序文，全书第一册之社会学，则另由魏镛博士撰社会科学的性质与发展趋势长文。至于编撰本书之经过与大旨，业由季洪先生另撰总序，冠于首册。余承季洪先生切嘱，略述所见如上。

　　　　　　　　　　一九七〇年十一月三十日王云五识

同年八月"教育部"召集第五次"全国教育会议"，历时五日，出席人员四二八人。事前特别注重中心议题，分十七个小组，各别起草，阅时二月有半，可算特别慎重。

　　查中心议题十七种，皆经出席人员详细讨论，分别修正，作成决议，兹择其中关系最重大者六议题之决议案，分附于后，以概见此次会议之立案及结果要点。

　　壹　教育政策类

（第1案）"复国建国"教育纲领

　　　　　"教育部"交"议案大会"修正通过（整理案）

　　教育为立国大本，在动员"戡乱"时期，更为"复国建国"之要务，兹特根据"中华民国"教育宗旨，"中华民国宪法"有关教育文化之基本"国策"，并遵照"总统"复兴中华文化及革新教育之指示，制订"复国建国"教育纲领，作为现阶段"全国教育"设施之准绳。

　　一、当前教育应以伦理、民生、科学为指标，以奠定"复国建国"坚实之基础。

　　二、实施民族精神教育，阐扬民族文化，重振固有道德，特别

注重本国语文及本国史地教育，以培养民族之自尊心与自信心。

三、加强伦理教育与生活教育，并实施导师责任制度，宏扬尊师重道精神，以养成优良之学风与社会风气。

四、实施文武合一，德术兼修之教育，加强童子军及军事训练，以养成学生忠勇爱国之精神。

五、适时修订各级学校课程标准，以适应时代精神与"建国"需求，并将三民主义思想，融会贯通于各级学校教材及教学活动中。

六、各级学校均应提高师资水准，充实教学设备，创新教材教法，以造成生动活泼之新教育。

七、贯彻九年国民教育之实施，并提高其素质，务使四育均衡发展，以养成健全之现代国民。高级中学教育，应重视文化陶冶及科学训练，以奠定高深学术及专门知能之基础。

八、师范教育应特重专业精神与品德陶冶，建立在职教师研究进修制度，并奖励教育学术之研究。

九、专科及职业教育，应加强建教合作，以配合"国家"经济建设需要。

十、大学教育，除教学外应注重研究，对各类学科应平均发展；大学研究所应建立高深学术研究体系，提高学术研究水准，以培育各类专门人才、领导人才，及专科以上学校师资。

十一、加强科学教育，依据各种科学之新发展，修订各级学校教材，改进教法，并奖励科学发明与创作。

十二、充实各级学校体育卫生设施，加强保健工作。增设各县市体育运动场所，各级学校运动场所及体育设备，并应配合社区体育活动，以促进全民体育之发展。

十三、加强文学、美术、书法、音乐、戏剧、舞蹈等文艺教育及文艺活动，并辅导电视、电影、广播事业之健全发展。

十四、重视家庭教育，加强社会教育及学校推广教育，并妥订方案发展空中教育。

十五、增进特殊教育设施，使体能残缺、智能不足与资赋优异儿童，均有接受适当教育之机会。

十六、重视侨教，对于海外各级各类侨校，应积极予以奖助及辅导，俾能因地制宜，适应侨社实际需要；华侨社会教育，尤应普遍推广。

十七、协助回国升学侨生分别就读境内各级学校，或专为侨生特设之学校及中国话文中心，使能吸收中华文化，造就侨社领导及技术人才。

十八、策划边疆各级学校设施，以发展边疆各宗族教育，并辅导边疆流外青年来台升学。

十九、适时改进留学办法，配合国家建设需要，有计划选送优秀青年出国深造，积极辅导留学生回国服务，并加强联系旅外学人与留学生。

二十、加强中外学术文化之交流，译介中外名著，并积极参加国际学术文化活动。

二十一、积极辅导青年学生就学就业，加强其辅导机构；争取大陆青年"来归"，并予生活上之照顾。

二十二、[此款41字删。——编注]

贰　学制类

（第2案）教育革新方案之一——现行学制改革方案。

"教育部"交"议案大会"修正通过（整理案）

甲、革新原则

一、学制应有弹性，根据"宪法"精神，务期各级各类学校上下衔接，彼此沟通，以符合教育机会均等之原则。

二、九年国民教育应有一贯精神，但可分段实施。

三、高级中学必要时得附设职业科。

四、高级中等以上学校，应放宽入学资格之限制，得招收同等学力学生，或举办学力鉴别考试。

五、高级中等以上学校采行严格入学及毕业考试，以提高学生素质。

六、技术教育应有更多弹性，并建立系统，直至与大学平行。

七、师范教育由国家办理原则。并逐渐提高师资水准，为配合当前教育发展之需要，"教育部"得指定大学设置教育科目或师资训练部，培养各级各类师资。

八、大学及独立学院仍采学年学分制，但对于学力特优之学生，得酌量减其修业年限，惟须修满规定学分。

九、特殊学校教育，应列入学制内。国中国小对特殊儿童得设特殊教育班。

十、各级各类补习学校，须与各级学校教育沟通。俾补习学校结业生经资格考验及格者，取得正式资格。

乙、实施要点

一、关于幼稚教育部分：

（一）幼稚园实施学前教育，以单独设立为原则，公私立国民小学亦得附设幼稚园。

（二）幼稚园收受三岁以上未满六岁足岁之儿童，暂定为自费教育。

二、关于国民教育部分：

（一）国民教育延长为九年，收受六足岁至十五足岁之儿童，实施九年一贯之国民基本教育，前六年为国民小学，后三年为国民中学，均得单独设立，原有私立小学，改为私立国民小学，原有私立

初级中学，一律改为私立国民中学。

（二）国民小学得设民众教育班，收受已逾学龄而未受基本教育之国民，施以相当期限之补习教育。

（三）国民中学设职业选修及职业指导课程，陶冶学生职业兴趣，培养就业能力。对于准备就业之学生，得予以就业准备训练。

（四）国民中学教育内容，应力求适合学生能力与性向。国民中学学生升进途径之决定，应以性向测验、指导活动、选课指导、职业指导、能力分组、家长意见及学业成绩为重要之参考。

三、关于高中教育部分：

（一）高级中学以独立设置为原则。

（二）高级中学招收国民中学毕业生，或同等学力学生，修业三年，施以严格之文化陶冶及科学训练，以奠定其研习高深学术及专门知能之基础。高级中学之课程，自第二学年起，得予分化，一重自然科学，一重人文及社会科学。

（三）高级中学必要时，得视地方需要，设置各种职业课程或职业科。

四、关于技术教育部分：

（一）技术教育机构，包括职业学校、专科学校及技术学院。技术教育之目标，在于培养各级专门技术人才。

（二）职业学校招收国民中学毕业生，或同等学力学生，视职业性质，修业二至四年。

（三）专科学校招收国民中学毕业生或同等学力之学生，修业五年；或招收高级中学毕业生及职业学校毕业生或同等学力学生，修业二至三年。

（四）职业学校及专科学校，均得办理推广教育，招收具有相当程度之社会青年，其夜间部学生入学资格符合规定并修毕规定学科，

经考试及格者，应授予毕业证书。

（五）专科学校毕业生，得参加大学或独立学院相关院系之相当年级转学考试。

（六）创设技术学院，招收职业学校或高中毕业生，或同等学力学生，修业期限四至五年，或招收专科学校毕业生修业期限二至三年，其毕业生授予学位。

五、关于高等教育部分：

（一）大学分文、理、法、医、农、工、商、师范及其他学院，凡具备三学院者称为大学，不足三学院者为独立学院或某科大学。

（二）大学及独立学院入学资格，须曾在公立或已立案之私立高级中等学校毕业或具有同等学力学生，经入学考试及格者。

（三）大学及独立学院仍采学年学分制，其修业年限，以四至七年为原则，但对于学力特优之学生，得视实际需要酌予缩短，学生修满规定学分后，授予学士学位。

（四）大学或独立学院各学系师资充实，设备完善，办理成绩优良者得设研究所。如因实际需要，亦得单独设立研究所，设有研究所五所以上者得成立研究院。

（五）大学各学系得酌减必修学分，增加选修学分，或设置辅系制度，以适应学生之兴趣及学习之需要。学生并得在其他院系选习与主修有关之课程，大学为适应学术研究之发展，得实施联科教学研究；校际或各院、系、研究所间之合作，并得设置科学研究中心。

（六）大学及独立学院，得办理推广教育，招收具有相当程度之社会青年。其夜间部、暑期部，应彼此密切联系，其入学资格符合，各科成绩经考试及格，给予学分，并得授予学位。

六、关于师范教育部分：

（一）师范学校招收国民中学毕业生或同等学力之学生，修业三

年，并视需要设置特别师范科招收高级中等学校毕业生或同等学力之学生修业一年。

（二）师范专科学校招收国民中学毕业生或同等学力之学生，修业五年；或招收高级中等学校毕业生或同等学力之学生，修业二年。师范专科学校，除培养国民小学师资外，得附设幼稚师范科，招收国民中学毕业生或同等学力之学生，修业三年，培养幼稚园师资。

（三）师范大学由"国家"分区设立，"国立大学"得设置师范学院。"教育部"认为必要时，得指定或核准省或直辖市设立师范学院。

（四）师范大学及师范学院，招收高级中学、师范学校及职业学校毕业生修业五年（学科四年实习一年），培养中等学校师资，必要时得招收师范专科学校及专科学校毕业生，修业二至三年，授予教育学士学位。

（五）师范大学、师范学院、师范专科学校得设置夜间部、暑期部，以利在职教师进修，经考试及格后，给予学分，并得授予学位或证书。

（六）职业科目师资来源，得由各大学及独立学院相关院系设置教育选修课程，俾有志从事教育学生选习。

（七）大学及独立学院研究所，于研究高深学术中兼顾培养大专院校师资。

（八）师范生均享受公费待遇，毕业后应从事教育工作相当年限。

（九）对大学各院系选习教育学分之学生，应酌设奖学金，并予以从事教育之机会。

七、关于补习教育部分：

（一）国民小学得附设初级补习学校，国民中学得附设中级补习

学校，高级中学得附设普通高级补习学校，职业学校得附设职业补习学校，实施部分时间之补习教育，经主管教育行政机关考试及格者，授予资格证明书。

（二）技艺训练中心招收国民中小学毕业生，视职业技能之性质，训练三个月至一年不等。技艺训练中心得附设于国民中学、高级中学、职业学校、专科学校、工厂、农场、事业机构及企业机构。其修毕规定学科，经考试及格者得授予学科证明书。

（三）专科学校、大学及独立学院为适应社会实际需要，得设置某科补习班，甄选合格学生，讲授某种学科，经考试成绩及格，授予学科证明书。

（四）补习学校除由各级学校附设外，各级教育机关，公私营事业机构或私人亦得设立。

八、关于特殊教育部分：

（一）特殊教育可单独设校或在一般学校内设特殊班级，俾适应资质特殊或身体残缺之学生。

（二）实施特殊教育之学校，收盲聋或肢体残缺、资质特殊学生，予以国民基本教育外，特别注重其职业技能教育，俾使其能自谋生活。

（三）特殊教育学校得分设国小部、国中部、高中部或高职部，其入学年龄修业年限及课程另订之。

　　　　肆　师资培育类

（第3案）教育革新方案之二——师资培育方案

　　　　"教育部"交"议案大会"修正通过（整理案）

甲、革新原则

一、改进师范教育制度。

二、计划培养各级学校师资。

三、充实师范院校内容。

四、奖励教师进修，培养教师崇高理想。

五、改善教师生活，发扬专业精神。

乙、实施要点

一、关于改进师范教育制度者：

（一）"中央"及省市教育行政机关，得设置主管师范教育单位。

（二）制定师范教育法明确规定下列各点：

1. 各级各类学校师资，分别明确规定其负责培养之机构。

2. 现行为培养小学师资而设置之各类师范校科，仍宜保留并存，以供全国各不同情况之地区，斟酌采行。

3. 幼稚园、特殊学校、职业学校等所需师资之培养，尽量纳入师范教育系统以内。

4. 师范大学及师范学院应分区设立，规定毕业生分发服务之区域，并辅导其工作。

5. 国民小学及国民中学师资培养机构，由政府设立为原则。其他各级各类学校师资培养机构，亦以公立为原则。

6. 各大专师范院校之学生应予公费待遇。

7. 师范院校毕业生，由教育行政机关分发服务，并规定其服务年限。

二、关于计划培养各级学校师资者：

（一）由"教育部"计划培养大专及中等学校师资（包括特殊教育师资），并督导各省市教育厅局，依据境内小学及幼儿教育机构之师资需要，订定培养小学及幼稚教育师资。

（二）"中央"及省市应宽筹经费，分区设立师范院校，扩充师范院校班级，并得指定办理成绩优良之大学及独立学院开设教育学

科，并设置主管单位，对选修学生加强辅导，以增加教师来源。

（三）"教育部"于必要时得指定办理成绩优良之专科学校，培养体育、音乐、美术、工艺、家事、护理及幼稚教育等师资。

（四）关于大专院校所需之师资，由"中央"每年筹拨专款采用下列办法，予以培养：

1. 充实并增设境内大学各研究所，并增加研究生名额。

2. 每年就公立大专院校分别选拔优秀教师，派赴境外深造，为期二年。进修期满后，返回任教。

3. 每年公费留学生考试，增设若干名额，规定于获得硕士、博士学位后，返回任教。

（五）各省市主管教育行政机关，得视中等学校师资之需要，除加强办理国民中学教师储训及检定外，并得甄选有志任教之大学毕业生，委托学院或教育部指定之公立大学，办理职前训练。

三、关于充实师范院校内容者：

（一）宽筹经费，优先发展师范教育，扩建师范院校舍，并充实其图书、仪器等设备。

（二）修订各师范院校课程，加强教育实习。

（三）师范院校之训导，应特重生活教育、伦理教育、民族精神教育之实施，及专业精神之培养。

（四）师范院校必须设置附属学校，作为学生实习及实验场所，并得设置教学研究中心。附属学校校长，由师范院校遴聘专任教师兼任。

（五）师范院校设置实习辅导单位，并提高辅导人员素质，办理毕业生辅导及中小学辅导等工作。

（六）师范院校校长之人选，除应合于法定资格外，并应遴选主修教育、富有教育行政经验及品德优良者担任之。

（七）师范院校之教师，除应合于法定资格外，并遴聘富有教育专业精神，及品德优良者担任之。

四、关于奖励教师进修，培养教师崇高理想者：

（一）利用各师范院校，中等学校教师研习会，国小教师研习会，或与各大专院校合作，定期调训各校之代用教师、检定合格教师、服务年久教师及未补足规定应修学分之教师。其受训期间在四周以上每科在十八小时以上者，得发给学分证明书，学分累积到达规定标准，或予加薪或发给毕业证书，或授予学位证书，并改叙其级俸。

（二）鼓励教师平时从事专题研究。其著作或研究成果特优者，由校报请主管教育行政机关予以奖励。

（三）鼓励教师在不影响教学之情形之下，参加师范院校夜间部或暑期部进修，修满规定学分者，应予照规定予以加薪或发给毕业证书，或授予学位。

（四）师范学校及师范专科学校毕业之国民小学教师，服务期满成绩优良，得甄选升学师范大学或师范学院深造。

（五）中小学校校长、教师服务成绩优良，并在学术上有特殊研究者，得由主管教育行政机关派赴境内外考察或深造。

（六）各大学于每年暑期举办大专院校教师讲习会，其讲习学科，根据实际需要订定之。

五、关于改善教师生活，发扬专业精神者：

（一）改善各级学校教师待遇。

（二）加强教师福利措施，改善教师生活。

（三）对于在偏远地区及特殊学校服务之教师，应给予优厚待遇。

（四）订定中小学教师休假办法，并切实实施。

（五）订定中小学教师子女就学优待办法。

　　伍、课程教材类

（第5案）教育革新方案之四——各级学校课程教材方案

　　　　　"教育部"交"议案大会"修正通过（整理案）

甲、革新原则

一、加强民族精神教育。

二、适应"复国建国"需求。

三、提高各级教育水准。

四、配合科学技术发展。

五、启发学生性向潜能。

六、适时求新求行求变。

乙、实施要点

一、关于各级学校共同性者：

（一）各级学校之课程，力求德、智、体、美四育之均衡发展。

（二）修订中小学课程标准，大专院校课程纲要、必修科目表，以切合国家需与。

（三）研订各级学校设备标准，并奖励科学仪器及视听教具之研究制造，以充实学校教学器材。

（四）各级教育均应精简科目，更新教材，注重实验实习，并加强编印参考用书。

（五）中等以上学校应妥善安排选修科目，俾充分发挥学生学习潜能。

（六）加强各级学校课外活动，以适应学生不同之需要。

（七）设置常设研究课程教材机构，并奖励研究各级学校课程教材及教法。

二、关于各级学校个别性者：

（一）国民中小学：

1. 课程应具弹性，一方面简化归并现行各学科，并调整其教学时数；一方面国民中学加强指导活动及选修科目，以配合学生学习能力。

2. 精编各科教材书，合理调整教材分量，文字力求深入浅出，活泼流畅，俾学生易于接受。

3. 继续办理课程实验研究工作，并就实验研究之结果，不断改进课程与教材。

4. 充实图书馆、实验室、视听教室及各科特别教室之设备，并研究改进各科教学方法，全面编印各科教导指引。

（二）高级中学：

1. 注重伦理道德，加强本国语文、本国史地及公民教育。二年级起得采文理分组，文组所习自然学科与理组所习人文学科，另编程度较浅之教材，以资适应。

2. 充实各校设备，购置有关教材之影片，并成立视听教室；对于自然科学之教学，须充分利用视听教材及实验。

3. 加强课外活动，并使之与各种教学相联系，以满足学生不同之兴趣与需要，借以增进课内教学之效果。

（三）高级职业学校：

1. 重新修订各类高级职业学校课程标准，加强专业科目及实习，力求避免各科目内容之重复。

2. 修订各类高级职校设备标准，以求新求行为原则，以实验用为准绳，务使各校能切实办理。

3. 各类高级职校教科书，以统一编订为原则，其步骤先求共同科目之统一，次及各专门科目。

4. 各类高级职校教材之编辑，力求内容充实，取材新颖，并着

重实务、实习、实例，增加图表照片，使学生易于了解。

（四）专科学校：

1. 修订各类专科学校必修科目表，并增列各科选修科目，以适应各科发展之需要。

2. 研订各类专科学校各科目课程纲要，为拟订教材之依据，以齐一各校教学水准。

3. 研订各类专科学校设备标准，改进各校教育设施，借以提高专科学校水准。

4. 拟订计划，分年编印各科教科书。

（五）师范院校：

1. 师范院校之课程，应根据中小学教师教学之需要而设计。师范大学及师范学院之课程，应与普通大学课程有别。师范专科学校之课程，亦应与师范大学及师范学院之课程有别。俾能充分发挥各级师范教育之功能。

2. 师范院校应加强人格教育、民族精神教育及国语文教育，以奠定健全师资之基础；并应改进教学实习办法，充实实习辅导机构，采用分布实习制，以养成师范生实际教学与训导之能力。

3. 师范院校课程之编制，对于基本科目、专门科目、教育科目及选修科目等，应作合理之分配，力避偏颇。

4. 师范院校，应成立"视听教育中心"及"各种教学研究中心"，以改进教材及教学方法。

5. 师范院校所用之教科书，应依据本国需要而编辑，以期学生能学以致用。

6. 在职教师进修（暑期部或夜间部）课程之设计，应顾及实际需要，注重专业科目。

（六）大学及独立学院：

1. 修订大学科目表，调整各学系最低毕业学分数，及必修与选修学分之比重。

2. 研订各院系共同必修课程纲要，改进教学内容。

3. 充实各校设备，以提高［删2字。——编注］大学之水准。

4. 拟订计划，分年编印大学用书，并奖励各校推荐教师自行编选讲义。

5. 配合中学师资需要，增设教育选修科目。要分学系并可实施辅系制，以适应学生性向部求，增加毕业后较多之就业机会。

6. 建立校际合作，便利学生选习他校开设特殊之课程，以充分利用各校特有之师资与设备。

玖　中等及国民教育类

（第4案）教育革新方案之三——贯彻实施九年国民教育方案

　　　　　"教育部"交"议案大会"修正通过（整理案）

甲、革新原则

一、遵照"总统"革新教育之指示，对于九年国民教育作全盘之检讨，有关学制及法令应予以适当之修订，以确立健全之国民教育制度。

二、提高国民中、小学学生就学率，减低离校率，以达成国民教育为全民教育之目标。

三、国民中、小学教育，今后须质量兼顾。除注意量的发展外，并注意质的改进。

四、国民中、小学之课程，应注重德、智、体、群四育均衡发展，并采九年一贯之精神，国民小学以伦理教育、生活教育为主，国民中学以思想教育、人格教育与职业（技能）教育为主，以期达成培育健全国民之目标。

五、国民中、小学应注意学生个性之适应，发挥因材施教之功

能，对于天赋有异及智能不足、体能殊缺学生，均应施以特殊教育。

六、切实实施国民中学学生升学及就业指导，对于不继续升学之毕业生，应施以技能训练，并尽可能采建教合作办法辅导就业。

七、加强国民中、小学师资培养及储训工作，并予在职进修及辅导。

八、有效安定教师生活，提高专业精神。

九、九年国民教育所需经费，除教育经费原占比率，仍应维持外，应照"九年国民教育实施条例"第十一条之规定确立专款专用原则，并运用社会福利基金，及其他资源加强实施。

十、为贯彻实施九年国民教育，各级教育行政机关，应订定长程及近程国民教育发展计划。

乙、实施要点

一、提高国民中、小学学生就学率，减低离校率：

（一）在第二期（一九七一年度至一九七三年度）九年国民教育三年计划中，应策定提高国民中、小学学生就学率，减低离校率，预定达到下列目标：省市国民小学就学率每年平均增加百分之〇·二〇，离校率每年平均减低百分之〇·五；省市国民小学毕业生就学国民中学，就学率每年平均增加百分之二，离校率每年平均减少百分之〇·五。

（二）国民小学应办理民教班，国民中学应兼办民众补习教育，对于国民小学毕业生或具有相当程度而未受国民中学教育者，应授予公民、国语文及技艺补习教育。

（三）加强社会福利措施，普遍设置清寒学生奖学金或助学金。

（四）建议修改"劳工法"第五条及第六条关于限雇童工之年龄，由现行十四岁修改为十五足岁。

（五）加强劝导入学。

（六）缩小学区，建立小型国民中、小学，便利学生就学。

二、提高国民中、小学水准：

（一）改进国民中学学生编班办法，依能力编班为原则，对于禀赋优异受特殊才能学生，加强其教学辅导。

（二）智能不足之学生，应设置特殊班校教学。

（三）降低国民中、小学班人数，每班以四十五人为原则，新设学校每校以不超过三十六班为原则。

（四）加强培养国民中、小学教师，补充所需师资，提高素质。继续举办国民中学教师职前训练，扩大开设教育选修科目，并加强办理在职教师进修研究。

（五）国民中、小学课程标准，应于实施三年后全面检讨，并改进教科书之编辑印行。

（六）依照国民中、小学各科设备标准充实各科设备，对于设备不足之学校，尤应注意充实。

（七）改进教学方法，注重学生思考及实验，并加强视听教学之实施。

（八）加强视导考核，督促实施正常教学。

三、辅导国民中学学生升学就业：

（一）配合"国家"经济发展之需要，暨现有高中高职及五专之升学容量，逐渐调整今后国民中学毕业生升入高中高职及五专之比率。

（二）建立国民中学毕业生就业辅导网。

（三）加强实施国民中学指导活动及职业选修科目，依照学生性向、能力、兴趣及特长，辅导其升学及就业。

（四）配合职业训练制度辅导国民中学毕业生接受职业训练。

四、订定国民教育分期实施计划：

（一）由"省市主管教育行政机关"分别订定第二期（一九七一学年度至一九七三学年度）九年国民教育三年计划。

（二）第二期三年计划内容及进度，由"教育部"督导省市主管教育行政机关拟订之。

五、加强地方教育行政：

（一）加强教育行政机构组织，提高其职权，增列其人员编制，提高其人员素质。

（二）慎选视导人员，实施驻区督学责任制。

六、确定国民教育经费专款专用之原则：

（一）除一九六七年度各级政府所列教育经费比例继续维持外，仍依照"九年国民教育实施条例"第十一条之规定，凡经核定之经费，应为实施九年国民教育之固定财源，本专款专用之原则，不得移作他用。

（二）国民教育经费，应由主管教育行政机关支配及使用，并对国民小学及国民中学，作合理分配。

（三）运用社会福利基金及其他资源支援九年国民教育。

七、有效安定教师生活，提高专业精神：

（一）提高九年国民教育工作人员待遇，对偏远地区，尤应重视。

（二）对工作优良人员，予以奖励及表扬。

（三）宽筹经费奖助教学研究，著作发表及考察进修。

（四）协助兴建住宅，安定教师生活。

八、其他配合措施：

（一）改进高中、高职及五专入学考试办法。

（二）加强辅导私立初级中学及私立小学，督导其切实依照国民中、小学课程标准及设备标准办理。

（三）积极辅导私立初级中学改办为高中、高职。

陆　科学教育类

（第15案）加强科学教育方案

"教育部"交"议案大会"修正通过（整理案）

科学教育之范畴，虽难有十分明确之划分方式，惟规划科学教育之发展，不能支离分割，必须自初等教育至高等教育以及社会教育，予以全面配合，整体推动。

科学包括人文、社会、自然、应用科学各方面，本案以数学及自然科学为重点并应配合台湾目前经济建设需要作重点发展。

目前各级学校科学教育在师资、教材、设备方面均有待改进与充实，尤以师资问题及大学设置系科问题最为严重。

当前［删二字。——编注］科学发展，系遵照"总统"核定之十二年科学发展计划，分期推行。兹订定加强科学教育重要原则与实施要项如下：

甲、重要原则

一、改善中小学师资素质，并提高其待遇。

二、加强师范教育，积极大量培养中等学校自然学科师资，并提高师范专科学校学生数理水准。

三、充实大学现有各理工农医科系，并按［删二字。——编注］需要酌予调整扩充。

四、充实理工农医研究所之师资及设备。

五、加强科学仪器资料中心工作，俾能统筹规划各院校教学所需之科学仪器。

乙、实施要项

一、国民小学：

（一）教师之培育与奖励

1. 举办国中小学自然、数学科教师进修班或短期研习会，鼓励在职之教师进修与研习，以提高现任国民小学自然、数学科师资素质。

2. 选送国民小学自然、数学教科成绩优良之教师入师大、师院数理科系深造或给予优厚奖金。

3. 选送国民小学自然、数学科绩优教师组团出境作短期之考察。

（二）课程、教材与教法之改进

1. 修订师范专科学校数理科课程标准，改编师专数理科教科用书。

2. 指导实验学校及成立国民小学自然、数学科课程实验研究中心对新颁国民小学自然、数学科课程标准新编教材、教学指引及成绩考查等，加以研究。

3. 设置国民小学科学科任教师，改进国民小学包班制教学方法，实施分科教学，以加强国民小学自然、数学科之教学效果。

4. 发行国民小学科学画报，以提高儿童阅读兴趣并培养儿童对科学之正确观念与态度，启发其观察、研究、思考与创造能力。

（三）教学仪器之供应与专科教室之兴建

1. 研订自然科学教学仪器设备标准。

2. 充实教学实验仪器设备及修建专科教室。

二、国民中学及高级中学：

（一）教师之培育与鼓励

1. 办理科学教师职前与在职训练，在今后四年内前半期全力办理国中数学及自然科学教师职前训练，并选调非本科系毕业之在职国中教师施以在职训练，后半期则配合高中数学及自然科学教材之修订，调训高中在职教师。

2. 选送科学教师入大学研究所攻读硕士学位或给予优厚奖励。

3. 选送科学教师出境考察或进修，回［删一字。——编注］后集中调用。

（二）课程教材之改进

1. 修订高中数学、物理、化学、生物四科教材使与大学课程及国民中学新教材内容及精神互相衔接。

2. 编印高中地球科学教材。

3. 成立永久性之机构或聘请专人对欧美诸国之有关数学及自然科学教材研究分析，提供编订新教材之意见。

（三）充实设备

1. 修订高级中学自然科学设备标准，充实各校设备使与新教材课程内容相配合。

2. 使各国民中学依据国民中学暂行设备标准，充实设备，达到每校均设有数学及自然科学各科专用教室之标准。

3. 鼓励教师自制教具，设计实验仪器。

（四）教学法之改进

1. 指定或设立科学教学示范学校，负责实验及试教新教材，提供改进意见作为正式推广新教材之依据。

2. 教学应避免注入式，而采取启发式，多由学生发问讨论。

3. 指定学校实验电视教学，逐步推展电视教学计划。

（五）其他

1. 搜集各校历次考试试题，加以分析与评鉴，对于具有发扬新教材精神者予以披露，并加以鼓励，并送请高中联招委员会作重要参考。

2. 高中联招命题可邀请国中数学及自然科各科教师参加意见，以发挥各科新教材之精神。

3. 委请有关学术团体或机关编制性向测验量表，免费或限价供

应各校使用。

4. 为弥补高级中学实验教学及科学电影之不足，各地区得设立一科学教学实验示范中心，供各地区内高级中学共同使用。

三、专科及职业学校：

（一）积极培养新师资并鼓励原有师资进修。

（二）修订各类专科学校及职业学校教学科目，加强实习实验，注重选修，使富弹性。

（三）研讨各科设备标准，包括新科学之模型、影片、图片及一般教具。

（四）教学应避免注入式，而采取启发式，多由学生发问讨论。

（五）加强建教合作，使学生在生产工厂参加实际操作，并延聘工厂技师到校授课，使理论与实际经验发生交流。

四、大学及研究所：

（一）师资

1. 扩充研究所，增加研究所招生名额。

2. 改进研究生考试及评审办法。

3. 研订大学毕业生选修博士学位办法。

4. 奖励在职教师研究工作，补助研究成果出版，并加强办理在职教师出境进修。

5. 辅导各大学从事国际或国内合作交换教师及研究成果。

6. 加强并改进教师资格审查。

7. 积极扩充大学教师名额以便延揽留外学人回国任教，并改善其待遇。

（二）课程教材

1. 修订大学科目表，减少必修学分，以增进课程弹性。

2. 拟订计划，分年编印大学用书，并拟向海外学人征求推荐适

合编译大专用书之最新科学名著，同时酌商海内外学人担任编译工作。

3. 建立校际合作，便利学生相互选课，以充分利用各校特有之师资。

4. 确定各学科研究领域，整理各学科名称俾其名实相符。

5. 加强办理科学资料搜集与供应工作。

（三）设备

1. 研订大学及研究所设备标准。

2. 充实大学理工农医科系之设备。

3. 建立校际或国内外企业机构合作，以充分利用现有仪器设备。

4. 协调有关单位，简化外购教育用品申请外汇及免税程序。

（四）教法

1. 各科教学应注重在教员指导下鼓励学生，自行阅读与实验，而不应过于侧重演讲。

2. 研究工作，应采用小组合作方式进行，以提高研究效率。

3. 加强建教合作，以增进各校社会服务工作。

五、社会教育：

（一）普遍举办各种科学展览，灌输国民科学常识，借以培养其对科学兴趣，逐渐提高国民科学智能与水准。

（二）尽量利用大众传播工具，与其他各种社会活动机会，提供科学教育之内容。

（三）分年筹建科学教育馆，充实现有社教机构之科学教育设备。

（四）拍摄通俗科学影片普遍供应。

（五）根据学校办理社会教育办法，尽量利用学校科学教育设备及师资，推行社会的科学教育。

（六）调查工商业界之需要，协助其推行科学教育。

（七）订定计划，培养社教机构科学教育师资。

同年八月，台湾商务印书馆影印孤本儒函数类，余为撰序如左：

影印海内外孤本类书儒函数类序

我国类书系摘取古籍若干片段，按其题目，分类编排，以供参考。其分类或按性质，或按声韵，或按姓氏，或按数目。其中以按性质者最多，按数目者最少。按数目编排之类书始于宋王应麟之小学绀珠。其分门隶事，与诸类书略同，而每门之中，以数为纲，以所统之目系于下，则与诸类书迥异，盖为类事者别创一格也。其后清初宫梦仁之读书纪数略，实以小学绀珠为蓝本而加详，其书分天地人物四大纲，天部分子目四，地部分子目十，人部分子目二十九，物部分子目十一。凡诸书所载故实有数可纪者，各以类从。然明代则有直接按数目分类，不另作其他类别之一部类书，其规模在以数为纲中为最大，而为世人所知亦最少。斯为儒函数类一书，在今日殆已成为孤本者也。是书在诸家书目或读书志中，均未之见，独四库全书总目提要子部类书类存目二有如下之记载：

> 儒函数类六十二卷，安徽巡抚采进本，明汪宗姬撰。宗姬字肇邰，歙县人。是书明史艺文志作儒数类函，盖刊本误也。所列故实，皆以数统计，自一至万，罔不毕具。名曰儒书，当详于儒，而二氏之言仍复采入。

余旧藏是书为五十八卷本，分二十四册；中间完整，毫不中断，独其末册第五十八卷，终于三百四十二国一条，换言之，即终于百类，而阙千类万类，与提要所称六十二卷本及自一至万稍异，意者在书末阙四卷及千万两类。经详查海内外诸家善本书目，皆不见藏

有是书，足证其为孤本。提要所称安徽巡抚采进之所谓六十二卷本，殆已散佚，或竟不在人间。且四库全书中仅列存目，未予著录，亦无从就当时抄本比对矣。

是书书首无序，书末亦无跋。其中一类括有二卷，分别为一之一与一之二，共列一字开始之辞语二百一十七条。条目先二字，次三字，又次之为四字，五字，六字，七字等。每条目之下，各附出处原文一段，例如：

一夫　书说命下：一夫不获，则曰时予之辜。左传僖公：我怠秦书，信犹未也。公曰：一夫不可狃，况国乎？后汉冯异传：一夫之用，不足为强弱。

一人敌　史记项羽本记：剑，一人敌，不足学。

一薰一犹　左传僖公：一薰一犹：十年尚有余臭。注：薰，香草；犹，臭草。

一琥一环一璧　左传哀公：公赐子家子双琥一环一璧一。

又其中十类亦括有二卷，共收一百二十四条，题目字数之排列，与一字同，亦均附出处文句。例如：

十伦　礼记祭统：夫祭有十伦焉；见事鬼神之道焉，见君臣之义焉，见父子之伦焉，见贵贱之等焉，见亲疏之杀焉，见爵赏之施焉，见夫妇之别焉，见政事之均焉，见长幼之序焉，见上下之际焉，此之谓十伦。

十过失　名言记：饮配有十过失：一、颜色恶；二、少力；三、眼不明；四、见真相；五、坏田业资生；六、增疾病；七、易斗争讼；八、恶名流布；九、知慧减少；十、身坏命终，堕诸恶道。

十胜十败　三国志魏志郭嘉传：操欲讨本初，嘉曰："绍有十败，公有十胜。绍繁礼多仪，公体任自然；此道胜一也。绍

以逆动，公奉顺以率天下；此义胜二也。绍以宽济宽，公纠之以猛；此治胜三也。绍外宽内忌，用人惟亲属子弟，公外易简而内机明，用人惟才；此度胜四也。绍少谋少决，公策得辄行；此谋胜五也。绍因累世之资，士之好言饰非者多归之，公至心待人，士之有实者皆愿为用；此德胜六也。绍所谓妇人之仁耳，公四海接恩之所加，皆过其望；此仁胜七也。绍大臣争权，公御下以道；此明胜八也。绍是非不可知，公所是进之以礼，所不是正之以法；此文胜九也。绍不知兵要，公用兵如神，此武胜十也。"

至于百以上之类，条目远较十以下为少；千数万数，因书末阙四卷，未及见，想当更少。兹择百以上一条为例如左：

百十人　圣朝名画评人物门第一。神品六人：王瓘、王霭、孙梦卿、赵光辅、高益、武宗元。妙品十五人：王齐翰、王士元、侯翌、蒲师训、黄筌、黄居寀、孙知微、孟显、周文矩、张昉、王端、勾龙爽、陈用志、厉昭庆、王兼济。能品十九人：杨斐、高文进、赵元长、高元亨、孙怀说、南简、王道真、牟谷、释元霭、尹质、石恪、陈士元、王拙、王居正、叶进成、燕文贵、叶仁遇、赫澄、毛文昌。山水林木门第二。神品二人：李成、范宽。妙品六人：高克明、王士元、王端、高训、燕文贵、许道宁。能品十人：陈用志、黄怀玉、黄筌、翟院深、刘永、释巨然、赵干、李隐、庞崇穆、曹仁希。畜兽门第三。神品一人：赵光辅。妙品六人：赵邈卓、裴文睍、杨辉、袁峣、龙章、何尊师。能品十二人：陈用志、冯清、王士元、高益、苟信、吴怀、董羽、王道真、李用及、张铃、辛成、冯进成。花木翎毛门第四。神品四人：徐熙、唐希雅、黄筌、黄居寀。妙品九人：赵昌、陶裔、徐崇嗣、徐崇勋、梅行思、解处中、

王晓、母咸之、傅文用。能品九人：唐宿、唐忠祚、夏侯延裕、刘文惠、王友、道士牛戬、阎士安、王端、刘梦松。鬼神门第五。神品一人：李雄。妙品一人：高益。能品二人：李用及、石恪。屋木门第六。神品二人：郭忠恕、王士元。妙品二人：燕文贵、蔡润。能品三人：吕拙、刘文通、王道真。

以上举例，仅千分之一二，已自无量数古籍中，搜罗如许可供参考之资料，且借此保存不少业已散佚毁灭之古籍，其价值可想而知。抑以海内外传本，据调查所及，只此一部，既成孤本，尤为可贵，亟有影印流行与保全之必要。是书原为余之旧藏，易手后转入国防研究院图书馆，特为借出影印以偿宿愿。又是书影印本，为保存真相，除悉照原式大小外，并以我国仿连史纸刷印，布函汇装，合并声明。

一九七〇年八月二十七日

同年八月，余以所藏明刊罕传本绀珠集影印，委托商务印书馆总经销，并为撰序如左。

影印罕传本绀珠集序

是书据南宋刊行者王宗哲原序，不著撰人姓氏，其说明如左：

绀珠之集，不知起自何代。试尝仰观乎天文，俯察乎地理，凡可以备致用者，杂出于诸子百家之说，枝分派别，原始要终，粲然靡所不载，诚有益于后学……建阳詹公寺丞，出镇临江，仆幸登其门，一日出示兹集，俾之校勘讹舛，将命工镂板，以广其传。仆因得以详究焉，增益其所未能，所得多矣。杨子不云乎？侍君子，晦斯光，窒斯通；其是之谓欤？绍兴丁巳中元日左承直郎全州灌阳县令王宗哲谨序。

又书末第十三卷有不著撰人手书跋语，其说如左：

　　右绀珠集十三卷，宋绍兴丁巳灌阳县令王宗哲序其首云，不知起自何代，当时以遗作者姓名，及观曾慥类说，亦作自绍兴六年，其立言命意，不少差别，意曾踵其书而作也。后贾师宪集诸杂说之会者，如曾慥类说例，亦为百卷，名悦生堂随抄，刊成未及印而随失不传，谓其援引多奇书，文亦可采者；故后之人会集类书，多踵前人故步，尝读慈谿黄东发古令（疑为今字）纪要，节诸史记传之条，因嘉其文约而事备，使检阅备遗忘，足概其义。及后吾友春官主事陈君叔振使于吴，录得陈检讨嗣初家藏东莱吕氏两汉精华，然后知黄踵两汉，而续其后先也。昔左氏传春秋，为编年之法；司马子长作史记，为记传之法。后之作者，皆不能不踵乎是也。黄氏之踵两汉，曾氏之踵绀珠，不亦宜乎？噫！君子为学致道之方，必穷六籍及诸子百家言。由是以及乎穷理修身之要，六籍该贯精约，迨后诸训传及百氏之书，历代史官之记，文字之传益广，虽穷年积岁，不能尽读，故有类书节要之编行，学者相与驰骛乎近猎等之习，遂有舍本逐末之弊。虽然，士不幸生于穷僻之壤，求全本不可得，类集节略，以备观览，犹愈于绝学不闻，兀然无知者，故于是编亦有取焉，因并识其说于后云。

　　就原书序跋观之，可得结论如下：（一）原书不著撰人姓名。（二）王氏刊行序在南宋绍兴丁巳，即绍兴七年，其成书定前于曾慥类说之作于绍兴六年者；故跋文推论曾慥之书系踵绀珠集而作，参以清代四库全书总目提要子部杂家类七之排列，绀珠集适在曾氏类书之前，亦可为跋文之旁证。（三）据各种目录学、读书志之记载，除少数抄本外，原刊本已不复得，仅存明天顺刊本三部，是书即为其中之一，可谓罕传。

　　至关于不著撰人一项，诸家目录及读书志颇有异说，举例如左：

（一）宋晁公武郡斋读书志卷第三下载"绀珠集十三卷，皇朝朱胜非编百家小说成此书，序说（唐）张燕公有绀珠，见之则能记事不忘，故以为名"。

（二）宋陈振孙直斋书录解题卷十一载："绀珠集十二卷（案文献通考作十三卷），朱胜非钞诸家传记小说，视曾慥类说为略。"

以上两说均谓有人撰，且断言其为宋朱胜非。然四库全书总目提要子部杂家类七，所述则稍异，其说如左：

绀珠集十三卷，内府藏本，不著撰人姓名。宋晁公部斋读书志载有绀珠集十三卷，称为朱胜非编百家小说而成，以旧说张燕公有绀珠，见之则而记事不忘，故以为名。其所言体例卷数，皆与今本相同，则此书当为胜非所撰。然书首有绍兴丁巳灌阳县令王宗哲序，称绀珠集不知起自何代，建阳詹寺丞出镇临汀，命之校勘，将镂板以广其传云云。考丁巳为绍兴七年，而宋史列传，胜非以绍兴二年入相，既罢后，以五年起知湖州，后引疾归，废居八年而卒。是宗哲作序时，胜非方以故相里居，使此书果出其手，何至刊校之人俱不能详知姓名，于情殊为可疑；或公武所记有误，未可知也。

由上文观之，四库馆臣固怀疑撰人朱胜非或为晁公武所误记，陈振孙之直斋书录解题亦踵其误也。盖有无撰人，原书具在，客观之凭证，较间接记载自更有力也。

至四库提要，对是书价值之评语，则谓曾氏类说引书较多。此为后出者当然的结果。又言其去取颇有同异，未可偏废；且其所见之书，多为古本，亦有足与世所行本互相参考者……而旁见侧出，其足资参证者亦多。

又查清周中孚（乾隆三十三年生，道光十一年卒）之郑堂读书志，涉猎颇广，独缺是书，是则彼时是书已极罕传，中孚致未得读。

余转辗获得今本，可谓幸运。曾氏类说至今流传甚广，是书独如是罕传；此余所为亟予景仰流传者也。又是书影印本，为保存真相，除悉照原式大小外，并以我国仿连史纸刷印，布函汇装，合并声明。

一九七〇年八月二十六日

同年八月余所著中国教学思想史第二册汉唐教学思想脱稿，即付商务书馆排印。兹将余所撰序附后：

本书为中国教学思想史之第二册。其涵盖时代为自汉迄唐。此与拙著中国政治思想史不同者，即政治思想史将自汉迄唐之时代，分二册叙述：一为两汉三国，二为自晋至唐，实因此时代之人士谈学与教者，不若谈政治者之多；限于事实，不得不如是也。

本书叙述之教学思想家，都十有九，计为：汉之陆贾、贾谊、刘安、刘向、扬雄、王充、王符、荀悦及徐干，凡九人；晋及南北朝之葛洪及颜之推，凡二人；隋唐之王通、李世民、魏徵、张九龄、赵蕤、韩愈、柳宗元及白居易，凡八人；仍为人各一章，悉如中国政治思想史之体例。每章仍尽可能分为为学与教育二部。

陆贾贾谊均以儒家立场而论述学与教。陆氏于学则重视学与问之关系；于教则侧重教化，并对教与化述其异同，而归本于身教。贾氏于学阐明学与习之区别；于教则重视德礼之教，并特别提出先醒一词，而视为先生即师之正义。

刘安刘向均以杂家立场而论述学与教。安之于学，主张研究学说异同而不囿于一孔之儒；于教则侧重教学法，分别提出：（一）顺性施教（二）物性改变（三）人尽其材（四）鬼神设教诸说；然在另一方面则又言不学而善与不教而成，足见其思想之驳杂。向之于学，强调为学目的，而分为：（一）学以尽心（二）学以益才（三）学以为用（四）学以文饰（五）学与光明（六）学重慎言诸节，兼

及为学方法。其于教也，侧重于师承与有教无类。

扬雄以文学著称于世，他事多为所掩；实则彼于学与教均有独到之见。其于学也，分别就：（一）为学（二）为学目标（三）为学之益（四）为学关系有所论列。其于教也，强调为学不如务求师；盖谓除独学专赖一己摸索外，不若得师获取其指导之便利与现实之模范也。

王充为汉代卓越之思想家。在其所著论衡中，有问孔、非韩及刺孟三专篇，而在案书篇内亦有反墨之言论；是其对于儒法墨三家皆有大胆的批评；自宜以之归入杂家。其论为学也，有：（一）为学目标（二）为学方法（三）为学内容（四）为学成果诸节。在为学方法一节内，力辟董仲舒三年不窥园之说，谓张而不弛，文王不为。其说甚合现代身心健康之道。至对于为学目标中之为学等第一目，侧重通人；其所谓通，在能应用也。又对于为学内容一节内，反对珍古而不贵今，亦为独创之见。其论教育也，则主张凡属人类皆可施教而感化之，因而极度重视教育之效用，此外又强调师弟问难之功用，谓："不出横难，不得纵说，不发苦诘，不得甘对"，诚名言也。

王符、荀悦与徐干皆为后汉之思想家，分就所著潜夫论、申鉴及中论，阐明其主张，亦皆重视学与教。各别言之，其言学也，则王符强调为学功用与为学方法。其言方法，首重疑问；所谓疑问，即事事运用思考，不肯随便接受陈说；盖怀疑为研究之出发点，能怀疑与有疑必问，始为学问上进之道。荀悦则以人类生而知之者殊少，学而知之者属绝大多数。学也者可使生而知之者益有进展；其非生而知之者，亦可借以获致德与智。徐干论为学之用，则归功于明智穷理与顾智习道二者。前者谓以所发见之真理影响后世；后者则认为个人自处而期望获得智慧，不如仿效他人或前人的经验与成

就，较易确保其必成也。其论教育也，则王符主张富与教并行，谓民富乃可教，民贫则背善；至若富而不教，将不知何为义，民不知义，则不免乱矣。荀悦更区别教化与教育之意义，谓前者往往以政令而化民，后者则有具体之形式，如校舍，教师与教材等。又荀氏将法与教二者并重，谓"性虽善，待教而成；性虽恶，待法而消"，更称"从教者半，畏刑者四分之三"；则知二者之间，不免侧重于法；盖以儒家之信徒，复深受法家之影响也。徐干则于教科、教材与教学法三方面特别重视，其侧重具体方面显然矣。

晋之葛洪，为儒道两家之调和者。其论学也，谓为学功用，首在"清澄性理，启迪聪明，饰染质素，察往知来"；并将为学情形别为早学、晚学、力学、苦学、勉学、不学各种，而一一论述其利弊。其论教也，强调教师之功用，谓以大儒为吏，不见得能称职；如放归山林，使从事于教育，则其功用千百倍于为吏。又对于教材，则主张经子并用；足证其为儒道之调和者。

南北朝之颜之推，以其所著家训著称于世，盖亦有关教学之一部重要典籍也。其论为学，目标上在鉴古与博闻二者，方法上在好问与名实二者。其论教育，则力主从最早之年开始，甚至胎教亦当注意，即以幼年施教，事半而功倍；及年事稍长，偶有恶习，矫正殊难；诚如孔子所称，"少成若天性，习惯如自然"也。

隋代王通，为唐初许多名臣学者所师承。除政治思想影响深而远外，其教学思想，亦复相同。以言学也，其说括有：（一）为学功用（二）君子之学与小人之学（三）从师（四）不学而成（五）问对各节。其中为学功用，旨在居近识远与处今知古二者；次则强调为学可使人困而不忧，乱而不慑，有如西方之所谓知识即权力者也。以言教也，则括有：（一）感化（二）教（三）教法（四）教材（五）其他各节。其言感化，又分为言化与心化二者，而尤重心化。

其言教，又分为：（一）教之本（二）富而教（三）得失在教（四）身教诸目。其言教法，又分为：（一）养蒙（二）知行与安（三）易子而教诸目。所谓知行与安，则以知之者不如行之者，行之者不如安之者。其言教材，又分为：（一）诗礼（二）礼制（三）读礼（四）四经（五）德育诸目。

李世民为唐代政治思想家之源，其于教育思想，亦殆相若；盖一代之主，其思想最足以影响臣下。世民杀兄夺位，在身教上殊不足为训；然能逆取顺守，即位以后，知人善任，尤能纳谏，于是百废俱举，诸善并行。就为学而言，特别强调为人须事学问，彼前以躬亲戎事，不事读书；及四海奠定，身处庙堂，不能自执书卷，使人读而听之；为教之道，尽在书内。夫以帝王一日万机，仍如是重视学问，影响所及，遂启盛唐之风。至其为学方针，首在取法前贤，因而有"以铜为镜，可正衣冠；以古为镜，可知兴替"之名言。至于文学，则主张崇文而不过分重视浮文，盖以实用为目标也。以言教也，则特重师道，首先发动皇太子尊师与敬师，为历代所不及，并为教戒太子，亲撰帝范一书以示之。

魏徵系政治家，对于学与教均主张较少，然就其谏言及与太宗应对言词中，却发见有相当的教学思想，例如就帝王施政中有关教化一项，徵认为治国之本在仁，刑罚仅为治理之末；盖"道德所以感人之心，教化所以感人之行。民之生也，犹炼金在炉，方圆薄厚，随君人者之熔制"，而君人者实亦以君师之地位，从事于教化也。

张九龄为岭南第一流人物，亦为有唐一代第一流人物。其论为学，注重以古为镜，于其所上千秋金鉴录表中概言之。然其所谓以古为镜，并非保守或退化的表示，实则古法之能流传后世者，定有其相当价值，凡无价值者，多已为时日所淘汰。金为宝贵之物，镜而曰金，定为古昔优良之楷模，而非为恶劣之陈迹也。故其为学，

当然以撷取累世遗传之优良经验与成就，名为崇古，实即崇尚优良之传统也。九龄文集中有三教同异一项，盖综合儒释道三教之要旨，敷其教，传其学于国人，而个人为学者，自亦以此为准绳也。至其论教，则侧重于教化与化俗。此虽为皇太子说法，然任何人行之，虽因势位不同，收效有大小之别，固又有或多或少之用也。

赵蕤隐居不仕，而好经世之学，所著长短经，多经世之言，当然不遗学与教。其论学也侧重士人，连带述其察士与贵士之意见。其言教也，有所谓七风与七教；而认为七种风俗之所以造成，在乎教化；又七种教条之能达到，有赖于在上者之以身作则。至其所提倡六艺之教，系以六经为教材，而非如一般所指之礼乐射御书数也。关于一般的教化，蕤强调人有不必教化而成者。有待教化而后成者，亦有虽经教化而终不成者；故上智与下愚不移，中人则可上可下。余认为上智亦将因教化而益智，下愚当可因教化而改进。蕤之说未必尽当也。

韩愈与柳宗元同为唐代古文大家，其学术事功多为文名所掩，然二人对于学与教均有相当的理想。除关为学方面，愈主张励学，宗元主张力学，殆无二致，至于教育方面，二人对所谓师说，不免意见相左。愈在其所撰师说一文中，强调："古之学者必有师；师者，所以传道、授业、解惑也！惑而不从师，其为惑也，终不解矣，生乎吾前，其闻道也固先乎吾，吾从而师之；生乎吾后，其闻道也亦先乎吾，吾从而师之……是故无贵无贱，无长无少，道之所存，师之所存也。"然宗元于其与韦中立论师道书，则谓："孟子称人之患在好为人师。由魏晋氏以来，人尽不事师。今之世不闻有师，有辄笑之为狂人。独韩愈奋不顾流俗，犯笑侮，收召后学，作师说。因抗颜而为师。结果群怪聚骂，指目牵引，而增与为言辞。愈以是得狂名，居长安，炊不暇熟，又挈挈而东，如是者数矣。"实际上宗

元曾言师之为用，在言道、讲古，穷其辞；并谓以此三者来问者，未尝不事解答；是则无师之名，已且师之实矣。然而宗元厚诋如此，岂亦如文人之相轻欤？

白居易夙以诗名掩其他，实则其教学思想亦颇丰富。以为学言，则括有学科与为学方法各节。其学科一节，括有：（一）学与礼（二）礼乐（三）刑礼说道（四）文章（五）子书诸目。以教育言，则括有：（一）君师（二）教化（三）易俗（四）富而教诸目。总之，除关于师说之论辩外，其他有关教育之主张，韩柳与白氏，殆无大差别，盖皆出于儒门也。

一九七〇年八月二十三日

同年冬台湾商务书馆筹划影印四库全书珍本二集，拟在明年一月开始预约。

兹将余所撰序附后。

影印四库全书珍本二集序

商务印书馆，自民国十三年起，两度拟影印四库全书，一阻于金壬之苛求，一滞于交通之梗塞，致南运书本，功败垂成。及民国二十二年热河告警，故都震动，文渊阁全书遂随其他古物南迁。政府深感孤本之有待保存，商务则因甫遭浩劫，物力艰难，然始志不渝，遂先其所急；就全书向未付印或已绝版之珍本，择要影印为初集，历时二载，幸告毕事。除依约缴交政府之一百部，供与国外各大图书馆交换，幸尚保存外，其由商务发行之部分，多数留于大陆。台省所存寥寥可数。经于一九六九年一月，重与藏有全书之故宫博物院订约再版。惟此次重版因有缴交政府之百部，散在于国外各图书馆，中间并经某同业翻印零售，致销数不如理想。二集以后，是否续印，尚在考虑之中。适政府有纪念辛亥六十年之计议。本馆忝

为出版业先导，责无旁贷，乃决计自一九七一年迄一九七三年，继续影印四库珍本二三四集，每年一集，但期对国家文化有所贡献，盈亏在所不计。三年以内，珍本悉数流通，则本馆纵无影印四库全书之名，而有其实。

二集选书之责，由余与故宫博物院专家协同肩负，得经部二十八种，史部一十四种，子部二十八种，集部七十种；都百四十种，为册千五百三十二，为叶一十九万零八百七十八，视初集略少，除平装本照原册数外，精装本与初集同为四百册。近年以来，纸价印工咸大增长，不敢稍增购读者负担，仅就分量略减，借以调整成本。

二集体例，悉如初集重版本，而缩短其印行时日；初集原版，历时二载，其重版则历时一载有半。二集改为一年，自一九七一年一月开始发售预约，分四期平均出书，每三个月出版精装本百册，平装本按照比例，期于一九七一年终全集问世。苟无意外，当自一九七二年开始，每年续印一集，预期三四两集可于一九七三年终全部印行；则四库全书著录全部三千余种，夙多人间孤本者，皆已唾手可得。商务半世纪来之愿望，余或可于余生亲见其实现，不其懿欤？是为序。

一九七〇年十二月五日　王云五

同年冬台湾商务印书馆先后重印国语大词典及中国医学大词典，销数均甚可观。

同年台湾商务印书馆营业额为新台币一八 一三一 五三〇元有奇，盈余数为三 八三五 二三四元有奇。在台股东每股分配股息红利五十八元零三分，共分配四六四 七九一元有奇。

公元一九七一年，辛亥，一月开始发售四库全书珍本第
　　二集预约。

同年二月开始发售续修四库全书提要预约。

　　兹将余所撰序文附后。

一

　　世间事往往有动机不尽纯正，而效用甚广者。试以帝王所为而言，明成祖得位不正，及局势大定，乃集文人编纂永乐大典，蔚为巨籍；其动机原欲弭草野之私议，其效用竟保全许多古籍，凡原本散佚失传者，后世借大典而辑成不少之佚书。清高宗以异族继主中华，因其父祖对明末清初不乏诋毁满人之著作，大兴文字之狱，尚不克收镇遏之全功；乃采取表面温柔而右文之策略，通令各地方大吏尽量访购遗书，并鼓励献书，借以编纂旷代之四库全书。经再三督策，卒达广征书籍之目的。于是分别由纂修四库全书之文臣，详为审查，偶有认为违碍之处或抽毁或全毁。然后分为著录与存目两类。著录书都三千四百四十九部，先后发缮七部，分藏于京内外七馆，是为四库全书所收之书。又有存目之书，则仅具书目，并未收入于四库全书者，都凡六千八百一十九部，约倍于著录之部数，两类均撰为提要，分别编入四库全书总目提要之内。

　　存目无论矣，即就著录之三千余部而言，其中已有六七百部为世所罕见，或竟失传。商务书馆半世纪以来，初时迭次努力，期将全书影印，以广流传；顾一再受沮，未能实现。厥后以物力维艰，先其所急，仅就其中罕传之珍本，分集影印。除初集二百余部，已于上海初版千份，嗣又在台湾重版数百份外，现为纪念辛亥六十年，决续印第二、第三与第四集，俾使罕传之本六七百部悉数流传，虽无影印全书之名，而有其实。

我国文化发展最早，印刷术之发明亦最先；因而图籍之多，夙称浩如渊海。除四库全书著录之部连同存目之部，合万部有奇外，乾隆时代存在人间之图书实尚未悉数搜罗无遗。盖中国幅员至广，大多数人民散处乡区，加以行政效率不彰；在高宗虽有网罗一切之心，结果断难免漏网之实。

二

乾隆以后，国人著作益多，印刷亦益便利，迄今约二百年新出图书固甚夥，而清末禁网日弛，入民国禁书悉解禁。因而纂修四库全书以后之新作与新发见之图书，已足够续修全书之资格。然实现是举者，既非清末皇室，亦非民初政府。前者积弱既深，救亡之不暇；后者军阀互争不已，岂能顾及右文。他如个人与社团，更无此魄力。于是发动之者乃为日本之东方文化事业委员会，而利用日本退还我国之庚子赔款为经费。该委员会从事此举之动机为何，吾人姑置勿论；惟至少有一点与永乐及乾隆纂修巨籍时之事实相似，即谋安抚我国文人是也。然日方委员，如京都大学教授狩堂直喜博士、东京大学教授服部宇之吉博士等，皆为纯粹学人，即其主办人桥川时雄氏，亦以研究楚辞极有心得，获得文学博士学位；而我国受聘从事编撰人士，亦多为有数学者。故提要内容，多甚精当，结果有裨于文化，则无可讳言。东方文化事业委员会成立于一九二五年，即民国十四年。创设伊始，即决定续修四库全书之工作，然观其初期所聘我国人士为研究员者，仅限于前清遗老，其初意固不难推测。及至一九三四年，即民国二十三年，改由桥川时雄氏主持，对人事方面，积极调整，增聘当时在平津一带的若干学者为研究员，同时并与住在华中华南以及海外若干学者取得联系。除专任研究员多为各类图书提要的主编或整理人外，至各书提要的撰稿人，则按撰稿之篇数或字数送酬。此项续修工作，仅限于撰写提要，与乾隆时所

修四库全书，除各撰提要外，并就原书缮录七份，分藏各馆者不同。

三

查东方文化事业委员会对于选撰提要之图书，定有原则三项，每项附以细节若干如左：

原则第一项

四库全书编纂以前的书籍，而为四库全书未收者，括有细节若干如左：

（甲）佛教经典，四库全书原收不过数十部，与现存之佛经数相差过远；续修提要则尽量增收注解佛典之书，尤重佛经的史传与有关中国佛教史之著作。

（乙）道教书籍，四库全书原收仅约二十部。由于道教与中国民族思想及生活均有重大关系；故在续修提要中，选择重要的道藏六百种，一一为撰提要。

（丙）明人著述，在四库全书编纂时，多被歧视，绝鲜收入。其被收入者辄经删改，剔除违碍文句。续修四库全书中，特别注意明人著作；乾隆时之提要有不当之评语，亦酌予修正。

（丁）禁毁书的提要，凡在四库全书编纂时，被列入禁书之部分图书，皆予撰写提要。

（戊）小说戏曲，在四库全书未被收入者，续修提要，对于现存海内外的我国著名古典小说戏典，皆予撰写提要。

（己）有关生活技能、现实政治之书籍，特予注重。

原则第二项

四库全书编纂以后的书籍。此项原则包括左列数节：

（甲）纂修四库全书之时，生存人之著作概不收入者，现皆尽量收入。

（乙）纂修四库全书之时，原已印成未及发现之书籍。

（丙）纂修四库全书以后，迄于民国新撰之书籍。

（丁）后出之方志，为数颇多，皆尽量撰著提要。

原则第三项

虽有四库全书原收之书，但以后发见更好、更完整之版本时，续修提要皆就原有提要改作。

基于上开三原则及所附细节，东方文化事业委员会所据以撰著提要之图书，括有左列各方面：

（一）该会自行访购之图书，据称自一九二五年至一九三四年间，其所搜购之图书，共费用四十万银圆。此项图书当时存放于与该会有关的东方文化学院，目前日本京都大学尚存有其目录，其中各府州县志达三千余种，仅次于商务书馆涵芬楼旧藏之四千余种，而全毁于一二八之役者。

（二）北平图书馆藏书。

（三）北平故宫藏书。

（四）北平各公私立学校藏书及辽宁奉天图书馆藏书。

（五）私家如北平傅增湘、天津李盛铎、长沙叶德辉、大连罗振玉、上海刘氏嘉业堂，及常熟瞿氏铁琴铜剑楼等之藏书。

（六）日韩两国藏书，如日本之内阁文库等，及朝鲜李王奎章阁所藏。

（七）英法各著名博物馆及图书馆藏书，特指有关敦煌或流传海外之其他珍本，系由该会委托留居英法之中国学者就近撰写提要。

由于上开丰富的资源，据我国何朋氏在日访问原主持人桥川后的简介，所撰提要之书多至二万部以上；嗣以战时经费不足，部分成稿尚未付油印。战后桥川氏返日，将原稿连同该会自购之书，悉数移交于我国负责接收人沈兼士，以后情形，因"大陆沦陷"，便无法知悉。

　　本书资料，系就现在日本京都大学人文科学研究所所藏油印本，括有已撰之提要一万零七十部，虽未窥全豹，然已当乾隆时所撰提要著录部分之三倍。

四

　　关于撰著提要及负责整理之人，据桥川氏告我国何朋氏，共有八十五名，皆为积学之士，其中尤多为目录学者，至于负责各类整理工作之人，大致如左：

（甲）经部

　　　　易类　柯劭忞、吴承仕、尚秉和、黄寿祺。

　　　　书类　江瀚、伦明。

　　　　诗类　江瀚、张寿林。

　　　　礼类　胡玉缙、吴承仕、黄寿祺、吴廷燮。

　　　　春秋类　杨钟羲、伦明、姜忠奎。

　　　　群经总义类　江瀚、伦明、孙海波。

　　　　四书类　伦明、刘汝霖。

　　　　乐类　江瀚、高鸿逵。

　　　　小学类　冯汝玠、孙海波。

　　　　石经类　冯汝玠、孙海波。

　　　　附录纬书类　刘泽民。

（乙）史部

　　　　正史类　班书阁。

　　　　编年类　谢兴尧。

　　　　实录类　吴廷燮、奉宽。

　　　　纪事本末类　谢兴尧。

　　　　别史类　孙光圻。

　　　　杂史类　谢国桢。

诏令奏议类　陈锹。

传记类　伦明、谢国桢。

史钞类　未详。

史表类　全部工作由吴燕诒一人担任。

载记类　未详。

时令类　孙光圻。

地理类　班书阁。

方志类　特设方志编纂部，由各编纂者分别担任其本省方
志提要之撰著。

河渠类　茅乃文。

边防类　未详。

山川类　未详。

古迹类　许道龄。

游记类　未详。

外记类　未详。

舆地类　茅乃文。

职官类　谢兴尧。

政书类　奉宽。

目录类　未详。

史评类　班书阁。

金石类　刘节。

（丙）子部

儒家类　刘泽民。

兵家类　韩承铎。

法家类　未详。

农家类　韩承铎。

医家类　夏孙桐。

天文算法类　谢国桢。

术数家类　高鸿逵。

艺术类　余绍宋、班书阁。

谱录类　孙作云。

杂家类　谢国桢。

类书类　未详。

小说类　傅惜华。

释家类　刘泽民。

道家类　张寿祺。

墨家类　孙人和、班书阁。

纵横家类　孙人和。

名家类　孙人和。

（丁）集部

总集类　刘诗孙。

别集类　由于别集特多，故依省别分类；撰写提要者，分别担任各本省之别集，如杨树达专撰湖南省之别集，赵录绰专撰山东省之别集是。

诗文评类　余宝龄。

词曲类　陈锹。

至于海外藏书，则分别由彼时留居各该地之我国人士担任撰写提要，例如董康与孙楷第专任日本内阁文库所藏之明人小说；王重民与向达则专任大英博物院与巴黎博物院所藏的西域史辑及敦煌写经提要。

<h1 style="text-align:center">五</h1>

余与续修四库全书提要资料之接触，记得系在三四年前与政大

同事王梦鸥教授闲谈所及，其时日本京都大学人文科学研究所平冈武夫教授适来华，并承访问，因详询经过，知提要之油印本现存该研究所，多至四万余叶。经考虑后，遂托平冈教授代向该研究所商洽，为商务书馆摄成三十六开照片全份，以供考虑印行。及照片寄到，首先发见不能径照原稿印行，盖原稿系按成稿之年分排比，每年成稿，再按四部分类，故非将各年成稿汇总重编不可。在从事于汇总重编之时，又发见油印文字，尚有模糊不清者，于是不得不委托专家详为校正。假使即就重编与校正之摄影片影印，是书应早已全部出版。然以油印本行格太疏，每面仅容二百余字，且全稿或打字，或钞写，体例不一。如照原式影印不仅有欠整齐，且多至四万面，成本重而售价昂；不得已改为铅字排版，约得八千面，分订十二册，较之原式影印，须订为六十册者，方便多矣。且如此办理，一时之成本虽增，永久之成本随而大减，购读者之负担，亦可大减。因是，自开始排版，迄全书完成，需时不下二年。兹决于一九七一年一月开始，每月出版一册。全书十二巨册，于是年终全部问世。另编索引一册，则于明年三月印制完成。

是书撰写提要者，尽量列名于所撰提要之前（原稿中有若干提要不列撰人者，格于事实只得从阙），且按照各书之性质，分由专家撰写，较诸原四库提要，撰者皆不具名，且对帝王负责，措词不得不拘谨。又续修四库提要之撰人，多为知名之士，举例言之，如董康、伦明、王重民、赵万里、冯承钧、向达、吴廷燮、谢国桢、杨树达、余绍宋、傅增湘、瞿兑之、罗振玉、柯劭忞、江瀚、胡玉缙、徐鸿宝、李盛铎、王式通、邵瑞彭，杨钟羲、王照、江庸、王树枏等，尤其特著者也。

续修四库全书提要，虽尚未能按原定计划全部完成，即以现存日本京都大学人文科学研究所之部分，经摄照编入本书者，其所收

图书，较诸乾隆间所修四库全书之著录部分，已多至三倍，兹先将甲部提要一为比较，便知其梗概矣。

（甲）经部

原四库全书著录之部		续修四库全书
易类	一五八部	一九九部
书类	五六部	二五一部
诗类	六二部	三〇五部
礼类	七九部	一〇二部
春秋类	一一四部	一七六部
孝经类	一一部	八四部
石经类	无	三六部
五经总义类	三一部	三〇七部
四书类	六三部	四四四部
乐类	二三部	一五部
小学类	八二部	四三三部
汇编类	无	三二部
共	六七九部	二三八四部

此外如：

（乙）史部

原四库全书著录之部		续修四库全书
正史类	三八部	五五部
编年类	三八部	一一五部
纪事本末类	二二部	一〇九部
别史类	二〇部	五七部
杂史类	二二部	三九五部
诏令奏议类	四一部	五六部

传记类	六〇部	五一二部
史钞类	三部	一部
载记类	二一部	四五部
时令类	二部	一〇部
地理类	一五一部	二四五三部
职官类	二一部	九八部
政书类	五七部	一六三部
目录类	一一部	五〇部
金石类	三六部	一九七部
史评类	二二部	六〇部
外国史类	无	四一部
汇编类	无	二六部
共	五六五部	四四四三部

（丙）子部

	原四库全书著录之部	续修四库全书
儒家类	一一二部	九二部
兵家类	二〇部	五部
法家类	八部	二〇部
农家类	一〇部	六一部
医家类	九七部	二〇二部
天文算法类	五六部	三八部
术数类	五〇部	二三部
艺术类	八一部	二六二部
谱录类	五五部	无
杂家类	一九〇部	二一六部
类书类	六五部	一九部

小说家类	一二三部	二一二部
释家类	一三部	二一八部
道家类	四四部	九三部
耶教类	无	四九部
回教类	无	三部
西学格致类	无	八七部
杂丛类	无	四九三部
汇编类	无	二二部
共	九二四部	二一一五部

（丁）集部

	原四库全书著录之部	续修四库全书
楚辞	六部	二部
别集	九六五部	八一七部
总集	一六五部	四四部
诗文评	六四部	四部
词曲	八一部	二六一部
共	一二八一部	一一二八部

以上合经史子集而言，原四库全书著录之部共三千四百四十九部，而续修四库全书已撰提要归入本书者，则有一万零零七十部，等于三倍弱，即将原四库全书存目与著录合计，亦不过一万零二百六十八部；相差不过百分之二。

总之，书籍提要为读书之最佳门径；集万部有奇之书籍提要于一书，未观原书，先读提要，将可获一鸟瞰之印象，不致茫然无所措手。惟是寥寥数百言之提要，欲以概述百十卷之图籍，在对其书研究有素者，固不难一挥而就；否则亦须饱读图书，擅长于把握大体者，始易着手。东方文化事业委员会，广征学人，各按所长，分

撰提要，另以对各类研究有素之人，担任各该类之主编或整理人，寓有复校之意，以昭慎重。虽以战事转剧而停顿，未能尽竟原计划之功。然即此已成之稿，为量已三倍于乾隆间原修四库全书著录之部数。因是，亟宜印刷问世，以续流行已久之四库全书总目提要。且图书之编著出版，日有增加，复日益加速。三数十年后，即使三数十年前续修计划已全部完成，定然仍有增修之必要。自东方文化事业委员会续修四库全书停顿之日，以迄今后三数十年之新著新编，连同续修未完之部分，从事一度再续修，其责任似当属于国家最大之图书馆，例如中央图书馆，以此为中心而联系海内外各大图书馆及私人藏书家，尽举所藏，以供编提要，则遗漏者当可减至最低限度。至于具有最长久历史之出版家如商务印书馆者，现方印行乾隆时原修之四库全书珍本数集，连同原修之四库全书总目提要，今又拟印续修四库提要，则将来再续修之四库提要，其印行之责自亦无可旁贷也。

查原四库提要由商务书馆印行者，其书末附有详尽之索引，按拙作四角号码检字法排列，极便检查。此次续修之四库提要，自亦有仿照编制四角号码总索引之必要。兹以本书印行在即，特为叙述经过与期望如上。

一九七二年一月五日王云五谨识

附注——本文有关东方文化事业委员会续修四库全书经过之资料，多承平冈武夫教授供给，并以何朋先生刊入崇基学报之续修四库全书提要简介为参考，谨并志谢。

同年二月余所著中国教学思想史第三册宋元教学思想脱稿，即交商务书馆排印。

附余所撰序文于后。

本书为中国教学思想史之第三册，其涵盖时期为宋元两代。

此时期之教学思想，虽由范文正开其端，继以欧阳文忠、王荆公、司马文正及苏文忠诸大家；实际上则以理学家朱晦翁为其重心。晦翁上承周程张四子，而与并世之吕东莱、叶水心、陆象山大同小异，盖皆以宋代之理学为关键也。下传至元代，其代表人物如许鲁斋与吴草庐者，亦无非继承有宋理学之余绪。

理学家与非理学家之于教学思想，大抵前者侧重于学，后者则侧重于教，即以教化为政治之要道，此时期之非理学家多为政治家与政治思想家，不免因施政而侧重于教；至理学家则以修学及诏人为学为主要任务，自别有其重点也。

余于是不禁深有感焉。士君子达则兼善天下，穷则独善其身；然所谓兼善天下者，乃其所处时代之天下，而非重永久之天下也。所谓独善其身者，非真独善也；盖修学立言之效果，不仅吸引当世人士之从游，其立言垂教，且往往愈久弥芳也。使孔孟得志于政途，其造福仅一时之一国，又奚能师表万世；使晦翁得志于朝廷，又奚能立言垂教，以至于不朽。是则穷非真穷，亦视夫其人而已。

宋代理学家之治学方法，尤以朱晦翁所提倡者，多与现代相合，而有当于科学方法，诚难能而可贵。姑举一事为例。其在第四门中之第二节读书次第与第四节为学先后，均主张先其易者，后其难者；此与法儒笛卡尔方法论先易后难及由已知推及未知之说，原则殆无二致，而晦翁之说前出于笛卡尔者不下四世纪。孰谓中华民族不讲求科学方法乎？

又宋代开山之教学思想家范希文，于文事之外，不忘武备，一反重文轻武之传统；盖其对外患之来，烛照机先，可谓独到之见。继之以苏子瞻之教战守，与叶水心之教战，足见宋代学者多主文武并重之教育，或亦受范希文之影响欤？

是为序。　　　　　　　　　　　一九七一年二月四日

同年五月，台湾商务印书馆合印四库全书总目提要及四
　库未收书目禁毁书目，以配合曾购续修四库提要诸人
　士需要。

兹将余所撰序文附后。

余既主持续修四库提要之印行，分月出版，已逾半数；因思四
库全书总目提要，坊间虽已流行甚久，惟卷帙浩繁，检查不便。余
于编印万有文库时，分别句读，并附编四角号码详细索引，以五号
字排印为四十册，更精装为四巨册。读者称便。然以汇同万有文库
印行，初未单行发售。兹续修四库提要正在发行中，则文库本之四
库全书总目提要，实有单行印售之必要，俾读者对乾隆以前及乾隆
以后，我国所有图书咸能获读其提要；且以同一版式，并列书厨，
予取予求，不稍窒碍；不其懿欤？

抑乾隆间纂修四库全书时，尚有四库未收书目及禁毁书目二种
未附入其中，不无阙憾。因兼收二书，并仿四库全书总目提要之例，
编为四角号码索引，与原四库总目提要合印为精装五巨册，与续修
四库提要十三巨册，合为十八册。咫尺之地，而我国数千年来流传
至今之古籍，几于网罗无遗，诚快事也。

　　　　　　　　　一九七一年五月二十日王云五识

同年五月余所著中国教学思想史第四册明清教学思想脱
　稿，即交商务印书馆排印。附余所撰序文如后：

本书为中国教学思想史之第四册，其涵盖时期为自明初迄清代
之鸦片战争。战后至清末，入民国以迄于今日，则另成一时代，称
之为革新时代。

余著中国政治思想史七册，咸按朝代分册，或并数朝为一册。

中国教学思想史之前三册亦复如是。及至第四册，则因海通以还，我国数创于泰西诸强，更重创于日本；屡经巨痛，不得不翻然改图。初以为西洋之重炮海军，亟待师承，或可稍资应付；继则渐知其育才造士之道，亦大可取法。于是自咸丰晚年设立总理各国事务衙门后，首先于同治元年创设教授外国语文，旁及天算科学之同文馆；旋复于外省要地分设广方言馆，咸以造就译才、通达外情为主。稍后又按需要，分别设置水陆师学堂、船政学堂等。至于仿造机器船舰方面，则先后于沪闽分设制造局与船政局。又以在国内学习西法犹有未足，则先后派遣幼童赴美作长期留学，与选派船政学生赴英法学习专科数年。同时翻译西书，则有同文馆、官书局及江南制造局等，尤以后者所译最多。凡此采行新法新政诸端，皆按随时需要，个别举办，尚鲜系统，直至庚子八国联军进据京师，受创益深；而日俄战争之结果，以蕞尔三岛战胜强大之俄国，益信维新之必要。虽以戊戌维新受挫，西后倒行逆施，废止一切新政，独于举办新式学堂，认为发轫远在康梁以前，未事废止。至是推进益力，因而有光绪二十八九年革新学制之草拟与修正施行，大体以日本新制为蓝本，而教学之革新，始臻于系统化。此萌芽于清末之革新学制，入民国虽迭有变更，终不外间接或直接取法于泰西，而与我国数千年来学校、课业，以及选举取士之制，皆有重大差别。职是之故，中国教学思想史断代之制，自须终止于清末，而自第五册起，不得不易名，而别有起迄也。

　　本书分二十章；明代占八章，清代占十二章。清末名臣如曾左李张等则改入第五册。

一九七一年五月五日王云五识

同年七月梁和钧教授所著史迪威事件由商务印书馆出

版，余为撰序如左：

梁教授和钧兄，以二十三月之长时期，集中精力，完成此一十七万言之《史迪威事件》，为力不为不多，为文则不能谓长，其唯一理由，殆以全书无一重要词句无根据，诚罕见之信史也。

余维撰古史难，撰现代史尤难。前者历年既久，资料每多湮没；后者则同时代作家不无恩怨之感，而第一手资料或亦不易获致。然古代史就仅有资料，加以旁参博涉，叙述纵未必详尽，部分之信史尚不难构成。现代史则搜罗第一手资料，视为中心，并详考诸家叙述，以公平态度，为合理论断，其庶几乎？

本书关系之资料，当然以中美两国政府所保持者为第一手。美国此种资料，如何保存与利用，为别一问题。中国第一手资料，无疑为今"总统"蒋先生所保存于大溪，即本书所称大溪资料者为最重要。蒋先生除自彼时至今继续为我"国家元首"外，就史迪威事件言，尚兼任中国战区统帅，史氏即为中国战区统帅直辖之参谋长，有此主从关系，文电往还固极频繁，特关秘密者无不具备，经蒋先生集中保存，完全无阙，较诸美国政府方面，秉承机关不一，纵幸一一保存，或未必能如大溪资料之集中也。

今和钧得蒋先生特许，尽量利用大溪资料，并参以美方及其他方面可能获得之资料，其可靠程度，自较任何他人叙述同一题材者远过之。

和钧为一严肃之史学家，而本书叙述之史事，尤与"中华民国"近年遭遇之悲惨命运关系密切。以一爱国之现代史家，叙一有关本国命运之史实，其严肃程度定然倍增。设有国际宣传人士病其学院气氛过浓，未尝参入传奇口吻。此则立场不同，未可强同者也。然和钧擅长中英文学，他日如将本书撰为英文，以供美国或世界人士

之阅览，吾信其定能在不牺牲可靠史实之原则下，加入吸引外国读众兴趣之因素，则不胫而走于海外，定不下于境内也。

一九七一年七月六日　王云五

前书出版未及一月，即已重版，迄一九七一年十月二十六日，共印七版，每版一千部，共七千部，为近年本馆销数最高而速者，或谓本馆营业重保守，不径向各学校推销，或折减书价。后者影响于不二价原则。前者，不仅无如许人手，且违恶性推销原则。均为本馆所不采取；然证以是书，足见好书固有其相当之销路，不必牺牲原则也。

同年七月余所著中国教学思想史第五册革新时代教学思想脱稿，即交商务书馆排印，附余所撰序文如后：

此为中国教学思想史之第五册；若与拙著中国政治思想史并计，当为姊妹合编之第十二册。两书在第十一册以前，咸按朝代编纂，本册独异其趣，改称为革新时代教学思想者，请得言其故。

我国思想家，无论为政治，为教学，或为经济，为法律，无不盛极于春秋战国之际。其时诸子百家，众说纷陈，即以周室徒拥虚名，诸侯殆如独立，学者之主张不得志于一国者，转而之他，以彼所挟自鸣于各该政权，期大行其道。因而思想循自由途径而发展，洎至百家争鸣。及汉以后，特崇儒术，历代继之，虽诸家偶获抬头，率以儒为正宗。自魏晋迄明清，儒术控制学人思想，构成单一路线，传统不稍变。故余所著政治思想史，咸按朝代编述，虽两遭异族入主，思想路线固仍旧也。

唯自清末鸦片战争以来，创深痛巨，当局目击西洋之船坚炮利；

在学与教，为适应局势，不免有多少改革，由技艺渐及于学术。此种新势力之冲击，为我国数千年来所仅见。于是我国教学思想便进至一个革新时代，而不能如本书一至四册，或中国政治思想史一至七册，循一贯传统，按朝代编述。此一革新时代，起自咸同，迄于今兹；因而本册名称当为革新时代教学思想。

本册内容六章。第一章为革新时代初期教学思想，不属于任何一人，而由此时代初期若干主政者，各依彼时需要，就新教学制度思想为点点滴滴之贡献。其中关系人物，有曾国藩、李鸿章、沈葆桢、左宗棠、李端棻、容闳、孙家鼐，盛宣怀、张百熙、张之洞诸人。其革新事业之范围，在学校方面，由同文馆，渐及若干专业学堂，而至京师大学堂；游学方面，由幼童，而至船政学生、海军学生等；译书方面，由官书局，而江南制造局等。此时代之萌芽时期，教学之革新，并非出自一人，亦无一定方针。及张香涛（之洞）秉政，始综合诸家之措施，逐渐形成革新之方策。

盖自中西接触以还，国人对于西学之态度，与其所悬拟之方针，先后约得四种。其一，中学为主，西学为从。此为明代西洋历算输入中国，虽被接受，却视为附从之学，只认为在我国学术中加入一个小小的末流。其二，中学为体，西学为用。此在革新初期已有或显或晦之主张。至张香涛始作明朗而确定的表示。观其言"今欲强中国，存中学则不得不讲西学"；是已明认西学为用之重大，与明季视为附从或末流者不同。唯继言"然不先以中学固其根柢，则其祸烈于不通西学者"；是又明认非先固根柢即确定本体，不能收西学之功效也。其三，为全盘西化，即入民国以后，若干醉心西学之人所主张，然人数殊不多。其四，为中西并重，即最近发展之趋势，殆鉴于西洋物质文明高度发达，而其伦理道德多趋于堕落；今"总统"蒋先生秉承国父遗教，指出伦理、民主、科学为复兴中华文化之三

大支柱。其中第一项为我国之特长，第三项为西方之特长；第二项为中西共同之目标，我国在思想上发源最早，嗣为独裁政制所掩。民国成立以来开始复兴，然在习行上，尚待力争上游。西洋之民主国家习行有素，足资取法；是则互有短长，均宜择善而从，故中西并重，实为最中正之方针。香涛所提之"中学为体，西学为用"，纵不如中西并重之更合理想，尚不失为兼顾之道也。

本书所分六章，除第一章叙清季教学革新之初期，第二章叙张香涛综合初期之革新而奠系统化之基外，实际上之革新重镇当公认为创造民国之国父孙先生，在本册中以第三章详述之。其在民初直接间接主持教育行政与学术研究为时最久，对教学思想有不少贡献者，则咸推蔡孑民先生，在本册中以第五章详述之。他如第四章叙述之梁任公，与第六章叙述之胡适之两氏，对教育与学术均有相当影响。

本书限于一贯之体例，被叙述之思想家皆为业已作古者，并按其去世之先后为序；因而当代不少卓越之教学思想家，不得不从略。本书于正文六章以外，增一附录，参入著者六十年来有关为学与教育之浅见。由于著者直接间接从事于教育事业不下六十年，而其为学，则自髫龄至今，继续不辍，垂七十五六年；在此期间，或受前贤之感召，或由一己之偶得，讲演写作，多至数十万言。其中一得之愚，足以表现个人主张者，就尚存之文稿，约得二十余篇，凡十万言，谨附刊书末，以就正于大雅闳达，并将于本书第六册中国教学思想综合研究中，附列于各有关项目之下，以明师承所自，或别出心裁；此又本书另一特例也。

一九七一年七月十日

同年八月台湾商务印书馆影印四部善本丛刊第一辑。

　　此为本馆迁台以来首次按照善本原版式汇印为十六开大本，用中国连史纸布套精印精装，都八千余叶，七十册，始作一种尝试，尝试结果，尚称满意，惟毕竟因成本重销路稍狭，足证此间有钱之人，不多好书，而好书者又无此财力。

　　兹将余所撰序附预约办法于后：

影印四部善本丛刊第一辑序

　　我国善本图书，就宋元明旧椠影印，使珍贵之版本，常人不易得见者，尽人可以获致；一面阅览罕传之古籍，一面欣赏精工之瑰宝，其有裨于文化，自不待言。

　　本馆自民初以还，先后影印四部丛刊初二三编及续古逸丛书等；所收尽为善本。前者缩印为三十二开本，其在台重版者，初编系就原缩印之三十二开本，再缩为四合一之二十四开本。二编三编则合并选辑为续编，仍三十二开本；均较原椠字体缩小过半，或三分之二。独续古逸丛书纯按原椠善本影印，得以保存真面目；然全书不易搜齐，单本亦非重价莫得，常人孰敢存此奢望？

　　值兹文化复兴运动积极推进，为发扬古代文化，其中旧椠或精钞本有依原式复印，以千百年前之珍贵艺籍，呈现于今日尽人眼帘之必要，余因是就四部善本，精选经史子集各四种为第一辑，都十有六种，七十册，括有宋刊本十二种，元刊本二种，明初写本刊本各一种，凡八千余叶。一律按原本幅度影印为十六开本，视三十二开本倍大，亦即视民初原影印之四部丛刊倍大，而与续古逸丛书相若。全书用特制绵纸印刷，每种各装布套，以保存善本古籍之风度；有志收藏阅览是书者，得以每册不满百元之代价，获取逼肖无价善本之复制品。此举不仅使孤本大众化，其于阐扬中华文化，所关尤非细也。惟是成本綦重，印数无多，购读者欲免向隅，幸早留意焉。

一九七一年八月十五日王云五识

附预约办法

一，本丛刊第一辑括有宋元明善本十六种，计开：

经部四种

一、宋刊本	诗本义	三册
二、宋刊本	春秋公羊疏	二册
三、蒙古刊本	重校三礼图	四册
四、宋刊本	说文解字	五册

史部四种

五、宋刊本	编年通载	四册
六、宋刊本	太宗皇帝实录残本	四册
七、宋刊本	郡斋读书志	八册
八、永乐大典本	水经注	八册

子部四种

九、宋刊本	武经七书	三册
十、宋刊本	南华真经	五册
十一、宋刊本	演蕃露	三册
十二、宋刊本	乐善录	三册

集部四种

十三、宋刊本	谢幼槃文集	二册
十四、宋刊本	乖崖先生文集	四册
十五、元刊本	山谷外集诗注	八册
十六、明洪武本	密庵稿	四册

二、本丛刊第一辑悉照善本原式及幅度影印为十六开大本，共八千余叶，都七十册，每种各装布套，共十六套。

三、预约时间：自一九七一年九月一日起至十月卅一日止。

四、预约价格：本丛刊第一辑定价每部新台币九千元，预约期

间只收新台币六千三百元或美金一百六十元。

五、海外预约：（1）港澳地区——每部另收邮扎费美金五元。（2）日韩菲泰地区每部另收邮扎费美金六元。（3）欧美地区每部另收邮扎费美金九元。

六、出书时间：一九七一年十一月底全部七十册一次出书。

七、汇购优待：凡一次汇购满十部者，照预约价九折实收，但不能前后累积计算。

同年十二月台湾商务印书馆重印东方杂志全部旧刊五十卷，开始发售预约，分九期全部出版，余并撰重印东方杂志全部旧刊五十卷序如左：

重印东方杂志全部旧刊五十卷序

东方杂志创刊于民元前八年（公元一九〇四年，清光绪三十年），为商务印书馆定期刊之一，时在本馆创业后之第八年。其前三年（民元前十一年），本馆已创刊外交报，该报继续刊行至民元前二年，始与本志合并而停版。厥后，本志内容益加重有关国际外交之资料，迄于今，虽内容门类不无随时变更损益，其注重国际关系终始不渝。

本志原为月刊，至民国九年第十七卷第一号起改为半月刊；民国三十六年，又恢复为月刊。

本志自创刊至今，垂六十有八年，以每年一卷计，当有六十八卷。其所以共得五十卷者，实以停刊五次，咸由战事关系；然锲而不舍，旋蹶旋起，迄今仍继续刊行，且内容资料，每次复刊后益臻丰富。因而在本国各种期刊中，成为唯一持续最久者。其所包罗之新知旧学与当时国事，在半世纪以上，亦堪称最广博之现代史料集成矣。

　　就其停刊与复刊而言，第一次停刊，为期四月有半，系于第八卷第九号在民元前一年（公元一九一一年）十一月十五日出版后，因辛亥革命，交通受阻，暂告停顿。至民元四月一日继续刊行，仍作第八卷第十号，与停刊前衔接。

　　第二次停刊为期八月有半，系于第二十九卷第三号在民国二十一年二月一日出版后，因一二八事变，商务印书馆总馆厂及编译所全毁，停业整理半年，同年八月一日复业，本志随于十月十六日复刊，仍作第二十九卷第四号。

　　第三次停刊表面上为期仅半月，实则为四月有半，系于第三十四卷第十五号在二十六年八月一日出版后，因八一三全面抗战，机构有待调整，暂行停刊半月。然复刊之初，十六与十七号于是年九月一日合刊，十八与十九号于十月一日合刊，二十与二十一号于十一月一日合刊，二十二至二十四共三号则于十二月一日合刊。至次年一月一日始恢复正常出版。

　　第四次停刊，为期二年四个月，系于第三十八卷第二十二号在三十年十一月十五日出版后，因太平洋战事爆发，本馆转移出版中心于重庆，整顿需时，直至三十二年三月十五日复刊为第三十九卷第一号。

　　第五次停刊，为期十八年有半，系于第四十四卷第十二号在三十七年十二月出版后，因〔删4字。——编注〕，被迫停刊，至一九六七年七月一日始在台湾复刊，至今已满四年有奇。预计重印全部旧刊完竣需时二年，彼时此次复刊已满六年，每年一卷，合得六卷。以此六卷并同大陆上原刊之四十四卷，恰满五十之数。

　　本志以阐扬学术，启迪社会为主旨；所刊各文，见解力求客观，议论务期平允，注重新知之介绍，然力避武断，期不悖于研究之精神。内容则人文自然，中外新旧，兼收并载，以类相从。冠以国际

关系，从向例也；殿以文艺，依通例也。其他因时需要，间有偏重，由于近六七十年为最多事之世代，新问题随时突发，本志配合局势，辄有适时之发挥，并曾编印专刊若干次。又本志附载之时事日志，记述国内外大事颇详，除停刊时期外，数十年来不稍辍，亦难能可贵之一端也。

本志首任发行人为高君梦旦，次为余。民三十五年，余以从政脱离本馆，改由继任总经理之朱君经农担任。及在台复刊，余又复任。本志首任编辑人为杜君亚泉，次为钱君智修，历时最久；复次为李君圣五，苏君继顾。在台复刊，初为金君耀基，傅君宗懋，曹君伯一，或赴美研究，或因病辞职，改由阮君毅成继任至今。苏、金、傅、曹四君皆曾从余游，余又任发行人三十余年，为时最久，足见与本志关系之深。今重印全部旧刊，余又董理其事，幸何如之！

本志第一至第四十四卷，历时既久，卷帙浩繁，海内外各大图书馆虽有保存，极难全部无阙。本馆据以重印之底本，自第一至第三十四卷，中国国民党党史委员会保存者，最为齐全，承杜主任委员元载特允借用。又国立政治大学保存显微胶片全份，略短数卷，正在补摄。以微片放大影印不若原书之方便，故就党史会所阙之三十五卷以下，向政大刘校长季洪借取微片补足之。至于在台复刊以来之大卷，即四十五卷至五十卷，为本馆近出，即就自有者凑齐。于是重印之本志旧刊全部遂为海内外最完全者。然非杜主任委员与刘校长之热心赞助，本馆愿望将难实现，举世读者亦无从窥见全貌矣。是则杜刘二君所造福者不止对本馆而已。

又本馆在筹备重印本志之际，此间东方文化书局负责人娄子匡君，因未悉本馆有此计划，亦在筹印之中，嗣闻计划，为尊重本馆与本志权益，愿放弃其筹印之举。唯已着手付印之本志第一至第五卷，经双方协议，作为娄君代替本馆继续印装，由本馆补偿相当代

价，予以承受，全权处分。自第六卷以后诸卷则全由本馆自行印制。娄君深明大义，本馆并表敬意。

一九七一年十二月一日　　王云五

重印东方杂志全部旧刊五十卷预约办法

一、本杂志为我国现存刊行最早，历时最久之唯一重要期刊。

二、本杂志自民元前八年创刊，迄民国三十七年终在上海停刊之四十四卷，连同在台复刊之六卷，共五十卷；附总目及索引三册，分订为精装本一百七十五巨册，每册平均八百面。

三、本杂志创刊最初之七卷系按二十四开本之版式，嗣扩大为十六开本。字体开始时较大，嗣以所载言论资料日多，字体渐缩至现在新刊之状。重印为存真相，悉仍其旧。

四、本杂志插入各时代有重要关系之照片颇多，为存真相，重印悉数收入。

五、本杂志用上等印书纸刷印，充皮布装订。

六、重印本杂志，每三个月出版一次，分九次印成。自一九七二年一月底开始，是年四月、七月、十月，一九七三年一月、四月、七月、十月，至十二月底全部出版完竣。除前八次每次印行二十巨册外，最后一次出版十二巨册及总目录与索引三册，合共十五册。

七、本杂志自一九七一年十二月十五日开始发售预约，至一九七二年二月底截止，境外延长一个月，至是年三月底截止。

预约分为一次缴款与八次缴款两种办法。一次缴款者于预约期内缴清新台币五万元；八次缴款者，除第一次缴一万五千元外，以后每次于各该期出版前缴七千元，八次共缴新台币六万四千元，于一九七三年十月以前缴清，中途如不继续缴款，则第一次多缴之款不予退还，以弥补本馆损失。

八、邮寄包扎费，台湾境内定户免收，国外定户一律均按书价港澳

日韩地区收百分之六，欧美及其他地区收百分之八之邮寄包扎费。

重印东方杂志全部旧刊五十卷一览

卷次	期数	出版年份	开本
一	一二	清光绪三〇年（公元一九〇四——〇五年）	二十四开
二	一二	清光绪三一年（公元一九〇五——〇六年）	二十四开
三	一三	清光绪三二年（公元一九〇六——〇七年）	二十四开
四	一二	清光绪三三年（公元一九〇七——〇八年）	二十四开
五	一二	清光绪三四年（公元一九〇八——〇九年）	二十四开
六	一三	清宣统元年（公元一九〇九——一〇年）	二十四开
七	一二	清宣统二年（公元一九一〇——一一年）	二十四开
八	一二	清宣统三年——民国元年（公元一九一一——一二年）	十六开
九	一二	民国元年——二年（公元一九一二——一三年）	十六开
一〇	一二	民国二年——三年（公元一九一三——一四年）	十六开
一一	六	民国三年（公元一九一四年）	十六开
一二	一二	民国四年（公元一九一五年）	十六开
一三	一二	民国五年（公元一九一六年）	十六开
一四	一二	民国六年（公元一九一七年）	十六开
一五	一二	民国七年（公元一九一八年）	十六开
一六	一二	民国八年（公元一九一九年）	十六开
一七	二四	民国九年（公元一九二〇年）	十六开
一八	二四	民国一〇年（公元一九二一年）	十六开
一九	二四	民国一一年（公元一九二二年）	十六开
二〇	二四	民国一二年（公元一九二三年）	十六开
二一	二四	民国一三年（公元一九二四年）	十六开
二二	二四	民国一四年（公元一九二五年）	十六开
二三	二四	民国一五年（公元一九二六年）	十六开
二四	二四	民国一六年（公元一九二七年）	十六开
二五	二四	民国一七年（公元一九二八年）	十六开

续表

卷次	期数	出版年份	开本
二六	二四	民国一八年（公元一九二九年）	十六开
二七	二四	民国一九年（公元一九三〇年）	十六开
二八	二四	民国二〇年（公元一九三一年）	十六开
二九	八	民国二一年（公元一九三二年）	十六开
三〇	二四	民国二二年（公元一九三三年）	十六开
三一	二四	民国二三年（公元一九三四年）	十六开
三二	二四	民国二四年（公元一九三五年）	十六开
三三	二四	民国二五年（公元一九三六年）	十六开
三四	二四	民国二六年（公元一九三七年）	十六开
三五	二四	民国二七年（公元一九三八年）	十六开
三六	二四	民国二八年（公元一九三九年）	十六开
三七	二四	民国二九年（公元一九四〇年）	十六开
三八	二二	民国三〇年（公元一九四一年）	十六开
三九	二〇	民国三二年（公元一九四三年）	十六开
四〇	二四	民国三三年（公元一九四四年）	十六开
四一	二四	民国三四年（公元一九四五年）	十六开
四二	二〇	民国三五年（公元一九四六年）	十六开
四三	一八	民国三六年（公元一九四七年）	十六开
四四	一二	民国三七年（公元一九四八年）	十六开
复刊一	一二	（公元一九六七——六八年）	十六开
复刊二	一二	（公元一九六八——六九年）	十六开
复刊三	一二	（公元一九六九——七〇年）	十六开
复刊四	一二	（公元一九七〇——七一年）	十六开
复刊五	一二	（公元一九七一——七二年）	十六开
复刊六	一二	（公元一九七二——七三年）	十六开
总共五十卷八八八期			

是年十二月余所撰中国教学思想史第六册中国历代教学
  思想综合研究脱稿，即交商务书馆排印。序文如左：

　　本书为中国教学思想史之第六册；其前五册，依次言之，为先
秦教学思想，汉唐教学思想，宋元教学思想，明清教学思想，革新
时代教学思想。其中第五册所谓革新时代，系指自清季咸同迄民国
近年，因中外接触之冲击，而诞生革新运动之必要。以上诸册，一
如余前著中国政治思想史七册，其始皆以人为纲，人各一章为原则，
咸依其人生卒之先后为序，无非作横断之叙述也。

　　然为使内容益加分明，横断之外，不能不兼作纵断之叙述。中
国政治思想史先创此例，以其第七册称为民国政治思想与中国政治
思想之综合研究，盖前半册仍为横断，后半册则易为纵断矣。

　　教学思想史所以稍异于政治思想史者，则以最后一册专作纵断
叙述，且叙述特详。换言之，即专作纵断叙述之一册，分为十章，
计为：第一章为学目标，第二章为学方法，第三章师友，第四章教
育目标，第五章教育方法，第六章教育科目，第七章学校制度，第
八章德育与道德，第九章智育与智慧，第十章士人与取士；其囊括
之范围既广，几使前出之一至五册资料无不尽入其中，都七百余子
目，同一子目所收资料间亦不止一事，总数及千。除资料每项大率
附有著者评语外，每章之末更殿以著者之结论，多者至万言，少者
不下五千言，平均以每章八千言计，十章约共八万言；他如资料千
项之下辄附著者评语，每项平均百余言，合得十余万言。故全书约
九十万言中，十之七八为引述前贤之言论，十之二三则为著者之论
评。此其大较也。由于引述与评论之详，致此一专供综合研究之书，
其篇幅竟达九百七十余面，似不免过分冗长，然为穷源竟委，巨细
无遗，实亦有其必要。

资料细目皆按拙作四角号码排比；凡对此法略知底蕴者，无不得心应手，即尚未熟谙者，亦可依细目排列之号次，就资料与评语之部，一检而得所欲参考者，自亦无何困难。

余原拟于中国政治思想史与中国教学思想史出版后，继续从事于中国经济思想史之撰述。以同学周道济博士现方主持商务印书馆，因该馆有七十余年之历史，对中国文化与教育不无相当贡献；前事不忘，后事之师，撰为信史，当有必要；然故老凋零，舍余莫属，因力劝余于两书完成后，尽先从事于此。余以衰迈之年，为留鸿爪，自计责无旁贷。几经考虑，遂于本书付梓之日，开始搜索任何足资参考之资料，从事于"商务印书馆与新教育年谱"之撰述。最初之二十五年，余尚未加入该馆，未及躬与其事，仅就东鳞西爪，或前辈在距今三十年前之偶尔口述，极力追忆。今幸此一时期之撰述已渡难关，厥后当渐入坦途。假我一年，或不难达成愿望。爰于序本书时顺笔及之。

一九七一年十二月一日王云五识

同年十二月陈立夫先生主译之李约瑟氏原著中国之科学与文明第一册出版。

此书译述经过，备详陈氏前言。兹以附左：

前言

"中华文化复兴运动"，以伦理、民主、科学三者为纲领。在一般人看来，以为伦理为吾国一向所特别重视，为人人所实践；民主则早有其精神，而晚近并有其制度，惟科学则认为来自西方，非吾国所固有，有待迎头赶上。此种见解，表面看来，似无可訾议。

惟于今日世界科学技术之突飞猛进与伦理道德之日见衰微之际，吾人只见一己之所短，而忽视一己之所长，误认科学落后则代表文

化落后，遂致丧失其自信，而不知道德伦理之落后，乃是真正代表文化之衰落。今日世界局势之日愈混乱，当可证明余言之不谬。吾人若再能以事实证明吾祖先以往对于科学方面之成就与贡献，固亦非常伟大，其居他人之前者时逾千载，而其落后者仅最近一二百年事，在悠长之人类历史中，仅不过一刹那之落伍。则吾人之所不如人者，非不能也，是不为也。因之恢复自信，迎头赶上，决非难事。此一自信心之恢复，即所以促进文化复兴，自救救人；当无疑义。

在大学一书中，格物为一切之首要；在中庸则以尽物之性，紧随尽人之性之后；而在治国平天下之九经中，又列来百工为九经之一。可见吾祖先并未偏重人理之研究，于物理工业亦从未忽视。其所以造成吾国今日之贫弱，必有其原因在，然终不能一笔抹杀吾人以往对于科学之成就也。在人类文明史中，其最重要之两大物质科学之发明，皆出自吾国。一为建设性之最大者，曰：造纸及印刷术，无乎此，则人类之智慧无从纪录与继传，文明何有？二为破坏性之最大者，曰：黑色火药，无乎此，则天然界之障碍，无从摧毁，文明之保障，无有把握，即此二者，已足以证明吾民族对人类贡献之伟大。其他由中国人领先之发明，指不胜屈，尤其在食物及医药两方面为最。（据李约瑟 Joseph Needham 估计，中医一直领先世界，到十九世纪末叶才渐趋式微。）无怪乎西儒培根认为欧洲由中国移植的三大发明——印刷术、黑色火药及罗盘针，已足以证明中国具有活跃的科学技术能力。

余为深究其原因之所在，曾立志一方面以科学方法从事古籍之整理，俾青年易知我之所长者为何，另一方面拟搜集吾国以往对于自然科学方面之贡献，俾知科学非外人所独有。抗战时，余担任中央教育行政工作于重庆，有英国剑桥大学生物化学教授李约瑟氏（Joseph Needham）来见，谈及彼之计划，拟对于彼所最感兴趣之中

国古代之科学成就，科学思想，及其在人类文化史上的价值，作深刻之研究及比较，并编著成书以问世。余以其所志正获吾心，当即予以鼓励，并为其介绍有关人士及机构，给予必要之援助。

自民国卅一年起，李氏主持重庆英国大使馆的中英科学联络处，该处聘有英国科学家六人及中国科学家十人，此一工作环境，使李氏的研究工作，获得极大之便利。由是年起至三十五年，李氏在华曾遍历大后方各主要学术文化中心。抗战胜利还都后，李氏复访北平各大学，搜集资料，并征询意见。且曾与若干知识经验丰富之工匠，讨论一些中国器物之制造方法。

李氏写作此一巨著，先有一整个计划，共分七卷十余册，其内容不仅涵盖中国古代自然科学，且兼及中国古代人文社会科学，并将中外科学成就以较为客观态度，详为比较。凭其个人心智学力，成就如此巨著，殊足钦佩。其详细目录见于本书，兹不赘述。在这些广泛而丰硕的内容中，下列几个问题，成为讨论的主要中心：

一、中国人在古代许多重要科学技术之发现与发明方面，何以能领先所谓"希腊奇迹"那些人物？

二、中国人已往何以能与拥有上古西方一切宝贵知识遗产之阿拉伯人并驾齐驱？

三、在第三世纪至第十三世纪之间，约有千年之久，中国人何以能始终保持一种远超西方之科学知识水准？

四、中国在科学学说与系统几何学方面的弱点，何以未阻碍其在第四世纪以前，往往远胜欧洲之工艺发现与发明？

五、中国古时在科学学说方面虽谓落伍，何以同时又产生一种"有机宇宙论"？

六、中国在上古中古时期，光学、音学、磁学，都已发达，但力学研究较少；但欧洲方面，力学相当发达，而对磁学则可谓完全

不知。此种情形其原因何在？

七、以欧洲为中心的世界历史，完全抹煞了中国已往在科学、科学思想，及技术方面之贡献，至今仍被淹没，未为世人所了解，是否是因为那些贡献之记载，未予适当整理、迻译及传播所致？

八、从第十六世纪起，欧洲科学兴盛，中国因何种内在的、外来的、直接间接因素，阻碍了科学的发展，使其未能继续保有领先地位？

以上诸问题，显然是每一个中国人所应该及愿意知道的，我们对于李氏以三十年的时间，撰写此书，解答此类问题，其研究精神和工作毅力，深致敬佩。

原书写作过程中，曾有中国学者多人为之协助，如第一至第四卷之主要助理人，为王铃博士（曾任职中央研究院历史语言研究所），以后有鲁桂珍博士（营养化学专家，曾任教金陵女子大学），及何丙郁博士（协助编写中国古代化学及炼丹术）等，以及其他中国学者十数人。原书第一至四卷初稿完成后，且曾送由英、美、德、法等国专门学者百余人协助校订或予补充，然后定稿，故此书的写作态度是颇为审慎。

参考资料甚丰富，可谓包括了中外古今有关文献。主要参考资料分为三类：第一、一八〇〇年以前的中文书籍；第二、一八〇〇以后的中、日文书刊；第三、西文书刊。以第一卷为例，参考书籍即达一千三百余种。

原书第一卷出版于一九六一年，距作者初次来华时相隔已二十年，目前在此间所已见及者为第一至第四卷，共六册（第四卷三册，闻第五第六两卷已脱稿，第七卷尚在撰述中（见东方杂志复刊第三卷第二期第八七页黄仲凯先生文）。

当本人将翻译本书计划之愿望告知董浩云（注）、张敏钰两先生

后，立即获得他们经济上的支持，随即获得王云五先生在出版费用上的承诺，于是不待本书出齐，即开始进行翻译。其步骤如下：

（一）设立理事机构：一九六九年九月间成立"李约瑟氏'中国之科学与文明'编译委员会"，隶属中华文化复兴运动推行委员会，推定孙科、王云五、董浩云、张敏钰、谷凤翔、刘拓及立夫七人为委员，由孙先生任召集人。编译行政工作，则由立夫及刘馆长拓综理其事，约集各方面专家学者共策进行。另请王云五先生为编辑顾问委员会召集人。

（二）遴聘学者专家：因本书内容包含范围甚广，当按性质分别约请各类科专家参与翻译工作，我们希望能延聘国内学有所专，著有声誉的学者专家，为我们分别主理各类科的译事及校订。

（三）时间预估：希望能在四年内完成全部翻译工作，如能提前完成自然更好。译本之出版，采陆续出版方式，一卷译毕即可单独出版。

（四）节本之编撰：本书七卷译毕后，全部字数估计将逾八百万字，因分量太多，恐一般读者阅读不便，故拟另编节本，揭其大要，作为普及本。此于复兴中华文化，及倡导科学教育，皆将有所贡献。

关于翻译过程中遭遇到之问题：

1. "回原"问题：原著所引资料，多由中文英译，今再由英文回译，必须与原来中文典籍中之原文一致，方为正道。惟若干原书，在台湾不易找到，虽曾用尽方法在国外托人寻找，亦不易得，则惟有暂用译文，留待将来改正。而原先协助作者从事研究之若干主要中国学者如王铃博士等，均在国外，虽曾约请参加译事，以便原始资料之回译，但困难甚多，不易实现。

2. 原注中若干差别观点之处理：学术观点或不容易一致，作者若干观点，难免与中国传统（或流行）看法有所出入，此或因作者

须去大陆继续搜集材料之故，不得不思想偏左亦未可知。对于此种情况，尽可能在译文中分别插入附注，予以说明，借资参照。

3. 国内学者之遴聘以专门学识为重，并不以擅长英文为主，惟亦必须中英文均佳者为上选，此项人才，为各方所争取，忙不堪言，延揽不易。不得已时只能借重权威学者的专门学识，至于英文方面即略有不便，只可由助理人员协助之。

4. 吾人所注重者，为自然科学之部分，社会及人文科学，原无须偏劳外人代为发掘，惟既翻译此书，不便取此而舍彼，且科学二字不限于自然科学，自当全部译之。一二两册涉及自然科学者，虽为量较少，惟必须首先付梓。

5. 原书中有若干名词，无中文注明，除有名之人物及地名易于查考外，余需化费不少时间以求译名之正确。惟仍有若干，不敢信其无讹也。

李氏在第一卷第七章，节录西方若干古籍之记载中国者，均推重吾国为一道德最崇高之国家，考诸历史，自可无愧。惟吾祖先对于人类之无上贡献，为发明人类共同生存之原理（道），较之任何对自然科学定律之发明，其重要何啻万倍。仅以其中所昭示于后人者，如"德本财末"之诚，迄今尚未为西方人所了解，而渐为国人所忽视，世事日非，原因在此。至于易经中有如下之三大生存原则之指示，更已被遗忘殆尽。（一）相对的双方（以阴与阳为代表）虽有相互盈虚消长之变化，惟必须共同存在；（二）太过偏重一方面，其结果适得其反；（三）相对的一方面失其存在，其他一方面亦难独存。是故依上述之原则，精神与物质不能偏重发展，只讲精神而不讲物质，或只讲物质享受而忽视道德，生存条件失去平衡，非优生之道也。吾国以往三百年太过偏重人理之研究，西方今日则太过偏重物理之研究，二者各有所偏，遂至世局呈现混乱，生命失其保障。

此书之作，可使世人了解，人类无论在精神方面或物质方面之一切发明与创造，均为供人类所共享，地无分东西南北，时无分古今未来，智识能力之大小，应与服务人类之范围成为正比，先知后知，无关宏旨，努力创造，是为人生之共同责任也。李氏序言中之结论，与余之所信者不谋而合，主译其书，益自感愉快也。

本书之翻译，曾函征得李约瑟氏同意。余于译事进行之初，曾在东方杂志发表《我为什么要做这样一件事》一文，说明主要目的在使国人了然我国固有科学的成就，以及一时落后之原因，进一步恢复国人的民族自信心，痛切反省，速谋自救之道。时过两年，幸将第一卷译成出版，爰重伸前意，置之卷首，以就正于国人。至第二卷至第四卷，亦大部翻译完成，正分别校订中，当可陆续付印，谨此附告。

（注）董浩云先生将原为纪念其所属东京金山公司故日籍同人志智信八郎之研究核子科学奖学金，移供补助翻译本书部分费用之需。

是书出版后，未及一年，业已重版，足见有价值之书刊，自无不流通之事实也。惟是书全译，不下八九百万言，排印装订，均求精美，全部成本，不下百余万元。余于数年前立夫先生以印行之责见商时，不稍考虑，即满口应允。余从事出版事业，自认与他人专顾成本与盈余者，迥异。

同年台湾商务印书馆营业额为二二 八〇〇 七一八元有奇。盈余数为五 八五二 〇五四元有奇。在台每股分配股息红利六十二元五角，共分配五〇〇 五九三元有奇。

公元一九七二年，壬子，一月开始影印四库全书珍本三集并发行预约。

兹将余所撰序文附后。

四库全书之影印，原分全印与选印两派。主张全印者先后四次。第一次为民国九年，实发动于巴黎。及法总理班乐卫来访我国，重提是议时，徐世昌方任北政府总统，遂派朱启钤为监印四库全书总裁，并曾征询本馆意见。估计成书百部，需费二三百万元，需时一二十年，且本国纸张不敷应用，本馆遂声明不敢冒险担任；而由政府自行设局印刷，又以库款支绌，不得不中止。

第二次为民国十三年，时值本馆创业三十周年纪念，余加入本馆亦既三岁，遇事力主积极；虽民九曾声明不敢冒昧担任，此时计议缩小影印，不惜冒险尝试。遂由高梦旦先生北上接洽，改以本馆为主体，初步成议，正装箱待将全书运沪印制。其时曹锟以贿选谬膺总统任，金壬李彦青乘机苛索；本馆持正不屈，卒至功败垂成。

第三次为民国十四年，时段祺瑞任临时执政；教育部鉴于上年本馆功败垂成之可惜，建议特邀本馆依前议承印，经派李拔可君北上接洽，已洽妥订约，方将全书查点待运，适军阀间战争突发，交通受阻，不得已又暂搁。

第四次为民国十七年，东北当局拟将全书原存东北新自北平索回者，以地方财力校印。由张学良任总裁，翟文选为副总裁，金梁为坐办。并与奉天大西关之东记印刷所议妥合同，承印二千部，每部成本约当国币一万二千元，以三年为期，全部出书。此项好大喜功之计议，当然不切实际，结果卒作罢。

主张选印者，最初发动于民元与余共事之高阆仙（步瀛）君，于其兼长京师图书馆时，就馆藏之四库全书实况，首倡选印其中孤

本，分别最要次要两类，依次影印，先选最要者一百七十七种。及东北筹印全书之际，奉省人士董众以工本巨大，徒耗物力，亦附议选印办法，并举全印三不可之理由；惟是选印种数主张不一。高氏仅举最要一类，其后金息侯（梁）撰四库全书孤本选目表，计首要二百四十一种，次要一百四十七种，合计三百八十八种，较高氏增二百十一种。闻傅沅叔（增湘）亦有选目，为数不详。及蒋慰堂（复璁）君奉命筹备中央图书馆，并由政府以文渊阁全书拨归该馆筹备处，据从实况调查，则堪称孤本，或尚未流布之珍本者，多至七八百种。

本馆对于影印全书既经两度努力而受挫，及一二八劫后，慰堂以影印全书或其中珍本见商，余以今昔物力悬殊，决计改印珍本。初集为二百三十一种，颇近于金息侯之要目。迁台以后，除一度重印初集外，今岁复印第二集一百四十种。明年续印第三集二百一十五种。三集都五百八十六种，距慰堂原称之七八百种已甚接近。除初集外，二三两集选目均由余与故宫博物院专家协同商定。

余于影印二集时所撰序文有如左之一段：

（初集）重版因有初版时缴交政府之百部，散在国外图书馆，中间并经某同业翻印零售，致销售不如理想。二集以后，是否续印，尚在考虑之中，适“政府”有纪念“开国六十年”之计议，本馆忝为出版业先导，责无旁贷，乃决计自一九七一年迄一九七三年，继续影印四库珍本二三四集，每年一集；但期对国家文化稍有贡献，盈亏在所不计，三年以后，珍本悉数流通，则本馆纵无影印四库全书之名，而有其实。

今兹筹印之第三集，自一九七二年一月开始发售预约，同年十二月以前分四次出版者，即为上述决计之一环。一九七三年内第四集最后完成，余或可小休，或从事其他出版计划矣。是为序。

一九七一年十二月五日　王云五

同年台湾商务印书馆与中山基金会合作编印中山自然科学大辞典十巨册。

继云五社会科学大辞典编辑之后，自去年始余向中山基金会提议拨款新台币一百五十万元，聘李熙谋邓静华易希陶三教授为编辑委员会召集人，按照自然科学十大门类，各推主编一人，再分约各科著名教授专家约二百人分别执笔。其中第二册数学已于去年底交稿，因须等候其他诸册，以便整部发售预约。所有印刷发行事宜由商务书馆负责，而以版税百分之十五报酬基金会。余仍如云五社会科学大辞典例，被编委会推任名誉总编辑，特为其中第一册撰写序文如左：

中山自然科学大辞典序

诚如余在云五社会科学大辞典序言中所称，半世纪来余两度主编综合性之百科大辞书均功败垂成，乃退而筹编专科大辞书。十数年来，成书不下十种，其最著者莫如教育大辞书。至于分科之综合大辞书，亦尝念念不忘。以兹事体大，迟迟未果。幸而五年以前，当余八十初度，若干亲友同学为余募集奖学基金，而政大校长刘季洪先生以余夙对社会科学饶有兴趣，遂发起编纂社会科学大辞书，冠以余名，借留纪念，当承嘉新水泥公司主者张敏钰翁明昌二君及嘉新文化基金会赞助，慨捐编撰经费先后共百数十万元，于是经费已有着落。

自时厥后，即由刘季洪先生组织出版委员会，经一致推刘君为主任委员，并公推程天放杨亮功陈雪屏三先生为召集人（嗣程君作古改推罗志渊先生为续），分设十二组。每组设主编一人，撰稿人由十数人至数十人不等，全部不下二百人，咸为国内社会科学与人文

科学之权威，各就专长，分条撰述，历时三载，全书千万言有奇，分册付印。今则全部出版已逾一年，初版及普及本各印千部，殆已悉数售罄。现在正就变动较多之国际关系与历史学二册，从事增订，其他诸册亦分别校正手民之误，拟续印第三版。

自去年春间，社会科学大辞书陆续发行将竟，余又计议编印自然科学大辞书及应用科学大辞书二者，均仿社会科学大辞书体例及编撰方法，向中山学术文化基金董事会提议，先编自然科学大辞书十部门，各一册，都十册，当经董事会通过，并拨款一百五十万元为编撰费，以李熙谋邓静华易希陶三先生为编辑委员会召集人，并以李君任常务。分设十组，按自然科学所括十部门，分别聘李熙谋徐贤修刘世超三先生主编第一组之自然科学概论与其发展，邓静华先生主编第二组之数学，曹谟先生主编第三组之天文学，林尔康先生主编第四组之物理学，朱树恭先生主编第五组之化学，林朝棨先生主编第六组之地球科学，李亮恭先生主编第七组之生物学，刘棠瑞先生主编第八组之植物学，易希陶先生主编第九组之动物学，叶曙先生主编第十组之生理学，另由各主编分约学者专家撰稿，每组亦自十数人至数十人不等，合计亦不下二百人，成为在台各大学之自然科学权威教授，或为专门研究机构之主持研究专家。余不敏，并承编纂委员会推为名誉总编纂，余于自然科学为门外汉，仅能就半世纪以上之编辑著作经验作涓滴之贡献。

全书分订十巨册，每册字数在百万上下，都一千万左右，拟从本年八月起每两月印成一册，陆续出版，务于一九七三年终全部完成。其发售，分二种，一为分册零售，二为预定全部，另详所附办法。

明年终自然科学大辞典出齐后，将以半年时间合编十册之总索引，另行发售，按四角号码排比，与各分册之索引分别按各该册条

文笔画或字母排列者，各尽其用。

本书全部完成后，余苟健在，当依原计议，续行筹款，继编应用科学大辞典亦十册。合以上三书计得三十余巨册，三千余万言，将于科学知识无所不包。余前此两度尝试综合性百科全书而功败垂成者，将因是而局部得偿宿愿，不其懿欤？是为序。

一九七二年七月二十日王云五识

中山自然科学大辞典特价分售及全部预定办法

第一条　本书分为十部门，如左：

（一）自然科学概论及其发展　主编者　李熙谋　徐贤修
刘世超三博士

（二）数学　主编者　邓静华教授

（三）天文学　主编者　曹谟教授

（四）物理学　主编者　林尔康博士

（五）化学　主编者　朱树恭博士

（六）地球科学　主编者　林朝棨教授

（七）生物学　主编者　李亮恭教授

（八）植物学　主编者　刘棠瑞教授

（九）动物学　主编者　易希陶博士

（十）生理学　主编者　叶曙博士

第二条　每部门撰稿者由十数人至数十人不等，不及备载，皆为各该部门教授专家，都约二百人。

第三条　每部门内容约一百万言，排版精装为一巨册。

第四条　自一九七二年八月起约每两月出书一册，一九七三年全都出齐。

第五条　发售办法分为（甲）每册零购，与（乙）全部预定。

第六条　零购者于各该册出版两月内按其定价八折付款领取。

第七条　全部预定者，预定时先付定金新台币五百元，于每册出版两月内按各该册定价七折付款取书。至第九册购毕，其定金五百元于第十册出版时抵付书价，有余即以退还，不足照补。

第八条　全部预定者，如中途停止购买，经催告二月后，仍不续购，对于已购各册原按七折付款者，改按零购八折计算，其差额就定金扣付，有余即以补还原定户。

第九条　全书十册出齐后约半年内编制全书总索引一巨册，包括条文及细目，按四角号码排比，以便参考。另订定价发售，零购者按定价八折收款，全部预定者，按五折收款，以示优待。

同年四月间台湾商务印书馆股东常会，余以去年度盈余特多，不妨多提特别公积连同上次增资时未分配盈余，一次由资本额五百万元增至一千万元。由于商务的资产确实，申请增资不久即获"政府"核准。

余以资本五百万元时按股息八厘计算，股东就此一项，每年可得四十万元；今若增资为一千万元，便可年得股息八十万元，依照本公司章程规定，无形中剥夺同人分红及福利二十万元，未免厚此薄彼，乃提议修改章程，于增资后改为股息六厘，则股东就股息一项，已可得六十万，较未增资时多得二十万元，已剥夺同人分红及福利十万元，相差尚不过巨。经余提议并说明理由后，即获通过。在同年股东常会中，并提议就专供同人福利及社会公益之乙种特别公积中，拨出一百万元，作为同人退职酬劳基金，亦经股东会照案通过。

查自八一三复业后，由于八一三遭劫，全体同人解雇，重新组织复业，原有退职金之争议趋于极度剧烈。乃由复业后第一次股东会通过永远取消同人退职金。兹以营业盈余时有剧烈进展，同人努

力颇多，股东即数度增资，由二十万元至一千万元，而每年均有巨额股息红利。经再三考虑，在无碍于公司生存，而有利于同人之养老，特建议拨此基金，以其岁入挚息，充退职酬劳，并明定基金用罄为度。凡同人年满六十，连续服务于公司满五年以上者，按其服务年资，每一年给以一个月薪水之酬劳，但以二十五个月为最高度。退职后如体力尚能工作，公司亦有需要，将酌量聘雇担任短期工作，以每日半天及至多不超过五年为限。依此规定，今年即退职者有叶、徐两副理，均已超过六十五之年，叶副理获得二十五个月之酬劳，计十万元，徐副理亦得七个月薪水，计得二万八千元。均受聘为顾问，每日工作半天，月薪三千元。又老职员某，亦得二万余元，并雇为短工，每日早晚开门及闭门，住居公司馆屋任看守之责。预计在最近数年内，合于退职资格者不过二三人，基金挚息，尽足应付而有余也。

同年七月台湾商务书馆增订重印法律大辞书预约发售，并由余撰序如左：

增订重印法律大辞书序

闽省郑竞毅君毕业国内著名之东吴法学院后，以五年之时力，编纂法律大辞书二百余万言，诚如吴经熊博士序文所称，研究英美法德日本诸国法律，"均可得适当之法律辞典，以为金钥，独于研究本国法，反无相当之法律辞典以为助。近年坊间一二法律辞典出版，类皆脱胎日本法律辞典，于本国法制之字义，每疏而未详，不能不引为憾事。郑君之作，疏义详明，引证确切，而排次井井，注释精核。洋洋二百余万言，举凡我国法制上之用语，与英美德法诸国法规上之重要名词概括无遗；洵法海之宝筏，法学之津梁也"。又郑君自撰凡例："本书上起远古，下迄现代，凡关法律学之名词为检查所

需要者，皆参考群书，调查甄录；于古则详其因革，于今则著其效能，又所引西文法律术语，均用吾国法律上标准名词译著，更附西文原名，以资参考。除正文应有尽有外，是书又搜集古来法学基本著作图片三十余幅冠于书首；远至公元前千三百余年之埃及国际条约遗迹，以次递降，迄公元一〇九七年之英国勃勒斯顿法律评述，靡不具备，由是可知世界法律之渊源，其特色一也。又附编世界法家人名录，以国别分类，介绍中外古今各法家之人格及其学术经验为目的，其特色二也。又为求切实用起见，特于法律文件程式方面详加搜集，别为一类。格式体例，悉依准则，其特色三也。又是书正编附编均分别附有详尽之四角号码索引，极便检阅，其特色四也。"

是书都三千四百余面，分装三巨册，于民国二十四年发行，越二年因抗战播迁，重印困难；然就此短时期，已历三版，足见不胫而走。然台省彼时尚在日治，藏有是书者独鲜。

七年前，余谢政后，重主本馆，旧著新刊，大量印行，独遗是书。最近得美国哈佛大学法学院教授柯亨 Prof Jerome A. Cohen 致书于余，力称是书对研究中国法律之个人或机构极有价值 Most Valuable。该学院时经各方查询何处可得是书，特函询余，如现时无书供应，亟有重版之必要。幸余于商务印书馆藏书中检得是书全部。翻阅数四，以我国基本法律，变更尚鲜，法学原理，尤历久不变，惟是书编撰以来，迄今三十余年，重要法律新颁或修正者，亦颇不乏，因详加检阅，得新颁或修正之重要法律十有三种，为求本书益增其效用，特将此十三种新颁或修正之重要法律全文，附于补篇，而删去原书之文件程式；盖以时移势易，非一成不变者，不若以其原有地位改插新颁或修正之重要法律之为愈也。兹为供海内外个人或机构之参考，特予重版，以应需要。并于事前发售预约。自本年八月

十五日起，迄九月底止，即于预约截止之日出版，合并声明。

一九七二年七月卅日王云五识

同年八月台湾商务印书馆，就雍正刊格致镜原影印，发售预约。

余为撰序如左：

我国类书，种数无虑数百。大抵愈后出者愈详尽。清代之古今图书集成，其最著者也。

清代类书尚有两部特出之作。一为佩文韵府；又一则为格致镜原。前考所收悉为辞藻而特详，原书依韵排列，旨在备吟咏之助。余尝为编齐头之索引，得五十余万条，构成一部规模宏大之辞书。虽所收辞藻未加解说，然每一辞藻辄举来源一段，就来源玩味，不难索解；因而具有辞书功用。影印以来，迭次重版，即以其能供索解，无异一部拥有五十余万辞语之文学大辞书也。

另一部为别开生面之格致镜原。格致寓致知，即研究事物之意。镜原为探究本原，犹事物纪原之意。其与一般类书大异其趣者，盖一般类书所以供翰墨，备考订；是书则专事考订，以助格致。故每纪一事一物，辄究其原委，详其名号，疏其体例，考其制作，以资实用；比事属辞，固非所取，而致知考原，无不详据古籍，诚最合实用之知识宝库也。是书所引，以经史为主，但纪物既传，求类复详；或古无而今有，或雅弃而俗收。此辑编丛书不得不旁及，俗说野乘不得不间采；然所援引迄明而止，亦求精约，毋取泛滥。

四库全书既将是书著录；总目提要又盛道其"采撷极博，编次极有条理，体例秩然，首尾贯串，无诸家丛冗猥杂之病，亦庶几乎可称精核矣"。

是书略仿明代王三聘之古今事物考，而详尽百十倍之。引书极

多，辄按其发展先后，以明沿革。三聘之书，不脱明人陋习；引书多未详其名，攘古自益。是书则每物必溯其本始，所引无不系以原书之名。书分三十大类，而子目多至千七百有奇。举其内容，则天文、地理、身体、冠服、宫室、饮食、布帛、舟车、朝制、礼器、珍宝、文具，欣赏器物与实用器物无不具备。殿以草木、花果、鸟兽、鱼虫，则又近于博物大辞书矣。

原书为清康熙间名臣陈元龙所撰。元龙字广陵，海宁人。康熙进士及第。历官至文渊阁大学士，谥文简。于其归养故里时纂是书，历康熙戊子迄丁亥，垂十年而成。嗣又出抚粤西，重新校刊于粤中，时在雍正之乙卯年。印刷精良，尤其余事。

余手边适藏有是书，爰就原式付商务书馆影印，不稍缩小，每页加编总码，末附四角号码索引，一检即得，极称便利。语其效用，无异一部事物大辞书，与佩文韵府之有如文学大辞书者相若，凡研究古事与博物者宜人手一编也。是为序。

一九七二年七月五日王云五识

同年九月台湾商务印书馆照涵芬楼原刊本说郛影印发售预约。

兹将余所撰序附后。

影印涵芬楼原本说郛序

昔扬子谓天地万物，郛也；五经众说，郛也。说郛者，集五经众说之书也。凡百卷，明陶九成宗仪纂，清顺治通行本为姚安陶珽编次，其中错误百出。四库馆臣以其所收渊博，虽经著录，而在提要中多摘其谬。又有明宏治郁文博序本，其谬误亦相若。然与宗仪同时而友善之杨维桢序，则称："天台陶君九成取经史传记，下迄百氏杂说之书千余家纂成一百卷；剪扬子语，名之说郛，征予序引。

阅之经月，能补予考索之遗。学者得是书，开所闻，扩所见者多矣。"语最可信。是则陶珽郁文博两本及四库著录，皆非其旧也。

　　海宁张宗祥君自民国八年冬主京师图书馆事，得见馆中残本明抄说郛，持校刊本，匦正极多。由是发愿欲还其旧。然非抄本，则不足据；明抄又不可多觏。既遇之矣，又非皆全帙。且错简脱文不一而足。初以为必无望矣。然遇明抄，则缺者必借抄，重者必借校，历六年，竟成全书，择其善者而从之，卒偿所愿。其中字句，不敢臆改，非据善本，则必以抄本校。举其大者，有三善焉。事始续事始，世无传本；一也。云谷杂记虽非全文，然较武英殿本已多二十余条；意林世所传皆五卷本，此书所收为六卷；二也。老学庵笔记有目无书久矣，四库诸馆皆无，独此有之；三也。余善指不胜屈。

　　本馆前辈张菊老得其书于张宗祥君，亟付剞劂，用补先辈之憾。杨维桢所称之百卷，得复其旧，视清初以前诸刊本及四库著录远胜之矣。涵芬楼以四号铅字排印为四十册，清朗可诵，视坊间缩印本，字小而模糊者不可同日语。

　　余偶得涵芬楼初刊，悉照原本影印，不稍缩刷。又就百卷子目一一编为详尽索引，约五千条，按四角号码排比附于书末，与书首引书目录千数百种，纵横交错，纤悉无遗，即视涵芬原刊，又增其效用，而不稍损原有优点。是书不仅保存无数佚书，且构成一极有用之类书，足供考古之用，并备退食消遣；而校正伪本，厥功尤伟。得是书而四库著录者不足道矣。是为序。

　　　　　　　　　　　一九七二年八月十五日　王云五识

同年十二月，重印道咸同光名人手札，先售预约。并将余所撰序文附后：

　　道咸同光四朝为清代最重要，亦最危险之关键。语云："乱世出

英雄。"非谓乱世能产生英雄也；以乱世亟需平乱，平乱端赖人才，因而智勇卓越之士不患无发展之机会也。在此时期之初，曾国藩以一在籍侍郎，在平时或幸而擢升部堂部院，或不幸而淹留故里；左宗棠李鸿章等，或幸而掇巍科，跻高位，纵有政迹，亦不过显赫一时，未必能名垂百世也。特以其生当洪杨之乱，由于平乱之急需，朝廷固不惜特擢人才，人才亦不患无露头角之机遇。此就军事而言者也。至以外交而论，使郭嵩焘、曾纪泽等无出使国外，主持重要交涉之际会，又奚能于旧学之外，浸淫新知，于尊俎之中，折冲大计；成为兼通新旧之特出人才乎？

本书所收名人都七十有五；其中有由文转武者，亦有由武转文者。除由文转武者多为积学致用之士外，其由武转文者亦咸能于公余手不释卷；纵非书法专家，亦多具读书人气象。虽简单小札，亦足以表露才华；矧商榷当时局势之书牍中，多含史料，尤为难能可贵者欤？是为序。

一九七二年十一月二十日王云五

同年同月预筹影印四库全书珍本第四集，自明年一月起发售预约。兹将余所撰序文附后：

本馆发起影印四库全书，始于民国十有三年，时当本馆极盛之日，又值三十周年纪念，爰集巨资，详加计划，向政府申请借印全书，以广流传，借存孤本。既成议矣。然一沮于金壬之苛索，一滞于交通之中断，不得已忍痛放弃，其损失不仅限于本馆，实亦我中华文化之巨劫也。及九一八、一二八事变迭生，政府深悔前此对本馆原议之功败垂成。恐硕果仅存之孤本，难保不步永乐大典之后尘。彼时王雪艇先生适长教育部，因派蒋慰堂君为国立中央图书馆筹备主任，首先押运文渊阁本四库全书南下。及抵上海，原拟洽商率先

申请借印有案之本馆。嗣以本馆方遭一二八之劫，馆厂全毁，停业清理半载，甫告复业，恐其无力接受。乃先商其他大书局，卒无应者。姑就商于余，试探有无承受之可能。余正艰苦奋斗，积极复兴，不销顾虑，毅然应允。惟附一条件，以全书大部分业有通行本，价廉易得，不若择其尚未流通者尽先影印，借以保存珍本；况本馆此时物力远不如前，社会购买力亦殊逊。慰堂据此转达教部，征得同意；于是组织一委员会，慎选尚鲜流通者八九百种，命名四库全书珍本，分集付印。几经商讨，初集选印其中二百三十一种，占原书千九百六十册，以江南厂机制毛边纸影印为三十二开本。当经商定合约，按印制部数，以十分之一报酬中央图书馆筹备处，俾与海外各大图书馆交换。初版千部，即以百部为酬，此百部赠书，已广为散布于欧美各大图书馆。其时台省尚在日治，值中日局势紧张，交换几等于零。及一九四九年本馆随"政府"迁台，不仅未以印本运来，即在台各大图书馆中，除"中央图书馆"及"中央研究院"等各移存一部外，其他皆赋阙如。一九六四年后，余谢政重主本馆，继续出版新书及重版大陆原印各书，以应此间图书馆及藏书家之需求，续商已收回文渊阁本之故宫博物院，获得同意，仍照初版条件，以十分之一之印制部数改酬故官博物院。惟改用洋纸分订平装、精装二种，前者悉照原有册数，后者每集一律订为精装四百册。计自初集、二集三集而四集，都八百零二种，平装六千五百五十五册，精装每集四百册，都一千六百册。查与初集付印时咸认为罕传之本当在八九百种之间，殆相符合。然近二十年来，兵燹频仍，原有流通之本，亦多散佚，无可搜集。因思第四集以后，当详加检点，倘发见原流通者散佚尚多，设有余力，仍愿凑足五集，种数以千为限，平装册数，以九千为限，精装册数，以二千为限，则蔚为洋洋大观，四库要籍咸萃于是，不仅保存珍本而已。余日趋衰老，苟得观厥成，

诚万幸矣。

一九七二年十一月二十日　王云五

截至一九七二年底为止，台湾商务印书馆自余重长以
　　来，每年初版及台一版（即在台首次重印大陆版者）
　　新书，其册数如左列：

一九六四年七至十二月	六五〇册
一九六五年全年	二八九六册
一九六六年全年	一三九〇册
一九六七年全年	八一〇册
一九六八年全年	二七三二册
一九六九年全年	一九〇〇册
一九七〇年全年	一〇二五册
一九七一年全年	二〇〇九册
一九七二年全年	一八二九册

　　以上八年半共印行新书一五二四一册，平均每年一七九八册，
每月一百四十九册强，每日五册弱，以视台湾商务印书馆在改组以
前十七年有半内，总计出版新书七一八册，每年平均四十一册，每
月平均三·四册，每星期不满一册，相差至四十四倍。

至改组以前，即自三七年一月台湾分馆成立至一九六四
　　年六月开始改组之际，十七年有半之初版及台一版新
　　书册数如左：

初版	共一六四册
台一版	共五五四册
两共	七一八册

　　兹再将改组后历年出版图书册数分析如左：

一九六四年七至十二月

　　初版　　　　　　　　　　　　　无

　　台一版　　　　　　　　　　五〇册

　　万有文库荟要　　　　　　六〇〇册

一九六五年全年

　　初版　　　　　　　　　　　九八册

　　台一版　　　　　　　　　二九八册

　　万有文库荟要　　　　　　六〇〇册

　　四部丛刊初编　　　　　　四四〇册

　　丛书集成简编　　　　　　八六〇册

　　汉译世界名著　　　　　　六〇〇册

一九六六年全年

　　初版　　　　　　　　　　一六二册

　　台一版　　　　　　　　　一九一册

　　四部丛刊续编　　　　　　六〇〇册

　　小学生文库　　　　　　　二〇〇册

　　幼童文库　　　　　　　　一〇〇册

　　佩文韵府　　　　　　　　　　七册

　　人人文库　　　　　　　　一三〇册

一九六七年全年

　　初版　　　　　　　　　　　八一册

　　台一版　　　　　　　　　　三〇册

　　太平御览　　　　　　　　　　七册

　　小学生文库　　　　　　　四〇〇册

　　人人文库　　　　　　　　二四〇册

　　百衲本二十四史　　　　　　四一册

嘉庆重修一统志　　　　　　一一册

一九六八年全年

　　初版　　　　　　　　　　八〇册

　　台一版　　　　　　　　　三二册

　　国学基本丛书　　　　　二三八〇册

　　人人文库　　　　　　　二四〇册

一九六九年全年

　　初版　　　　　　　　　　五六册

　　台一版　　　　　　　　　三五册

　　宋元明善本丛书　　　　　二八三册

　　四库全书珍本初集　　　一二八六册

　　人人文库　　　　　　　二四〇册

一九七〇年全年

　　初版　　　　　　　　　　六五册

　　台一版　　　　　　　　　三四册

　　四朝奏议　　　　　　　　一二册

　　四库全书珍本初集　　　　六七四册

　　人人文库　　　　　　　二四〇册

一九七一年全年

　　初版　　　　　　　　　　八八册

　　台一版　　　　　　　　　二五册

　　四库全书珍本二集　　　一五三二册

　　云五社会科学大辞典　　　一二册

　　儒函数类　　　　　　　　二四册

　　续修四库提要　　　　　　一三册

　　合印四库提要　　　　　　　五册

影印四部善本丛刊	七〇册
人人文库	二四〇册

一九七二年全年

初版	五四册
台一版	一六册
四库珍本三集	一五三二册
人人文库	一二〇册
东方杂志旧刊	八〇册
法律大词书	三册
格致镜原	八册
说郛	八册
道咸同光名人手札	八册

本年统计自民国卅八年商务印书馆在台独立经营，迄今已满二十三年，其每年营业、盈余及分派在台股东股息红利各项，分为前后两期，前期自一九五〇年迄一九六四年，凡十五年，除最后半年，由余返馆主持外，余时均由赵前经理负责经营，后期自一九六五年迄一九七二年，共八年，完全由余主持。再按前后二期分别（甲）营业额，（乙）盈余，（丙）每股分派股息红利各项，如左表：

　壹　前期

　（甲）营业额（零数从略下仿此）

一九五〇年	九七一 八四七元
一九五一年	一〇四四 六五四元
一九五二年	一四三九 七五八元

一九五三年	一 四〇一 〇三三元
一九五四年	九六七 七〇四元
一九五五年	八八九 二〇三元
一九五六年	一 〇四四 七三七元
一九五七年	一 七五一 九〇五元
一九五八年	一 二八七 九〇七元
一九五九年	一 五六五 七四七元
一九六〇年	一 八二七 三一〇元
一九六一年	一 六八九 四七二元
一九六二年	二〇七一 六三六元
一九六三年	二 二八七 二二八元
一九六四年	二 九五三 三一九元
合计	二三 一九三 四六七元

（乙）盈余数

一九五〇年		六八 七一八元
一九五一年		七八 八五一元
一九五二年		一七八 七七一元
一九五三年		九九 八〇七元
一九五四年		三五 八三〇元
一九五五年	亏损	八八 七一六元
一九五六年	亏损	一 七一八元
一九五七年		一一九 六一〇元
一九五八年		一五 六五〇元
一九五九年		九三 二三五元
一九六〇年		二九九 八六三元
一九六一年		八四 〇三五元

一九六二年	一二六 七八〇元
一九六三年	一五三 五二九元
一九六四年	四四二 七二一元
合计	一 七〇六 九六九元

（丙）在台股东每股所得股利

一九五〇年	两年合共三·五元
一九五一年	
一九五二年	五元
一九五三年	五元
一九五四年	五元
一九五五年	五元
一九五六年	七·五元
一九五七年	七·五元
一九五八年	七·五元
一九五九年	七·五元
一九六〇年	七·五元
一九六一年	七·五元
一九六二年	七·五元
一九六三年	七·五元
一九六四年	八·三一元
合计	九一·八一元

贰　后期

（甲）营业额

一九六五年	一〇 五五二 三九八元
一九六六年	一〇 五五九 六二六元
一九六七年	二一 九五七 五二一元

一九六八年	二 七五一 七四二元
一九六九年	一五 一九八 七三九元
一九七〇年	一八 一三一 五三〇元
一九七一年	二二 八〇〇 七一八元
一九七二年	二三 六五六 九六一元
合计	一三〇 六〇九 二二九元

（乙）盈余数

一九六五年	三三〇 八三五元
一九六六年	三 四五六 七二七元
一九六七年	四 〇九〇 九五五元
一九六八年	四 一〇四 三七〇元
一九六九年	三 七二三 〇二六元
一九七〇年	三 八三五 二三四元
一九七一年	五 八五二 〇五四元
一九七二年	五 七二三 五九一元
合计	三四 〇七七 七九六元

（丙）在台股东每股股利

一九六五年	四一·七三元
一九六六年	四六·〇九元
一九六七年	四八·五九元
一九六八年	四六·九四元
一九六九年	五四·四八元
一九七〇年	五八·〇三元
一九七一年	六二·五〇元
一九七二年	七〇·四五元
合计	四二八·四一元

就上表概括言之，有值得特别注意者左列二事。

（一）一九六四年之资本额为一百万元，自一九六五年后，逐次增资，至一九七一年已达一千万元；其中九百万元，皆为盈余积存之公积，股东未出分文现款。

（二）前期十五年之总营业为二千三百余万元，而后期一九七一年之营业为二千二百八十余万元，一九七二年更进至二千三百六十余万元。

（三）前期十五年间，在台股东共得之股利为九十一元八角，较诸后期一九七一年一年间每股实得之股利七二元有奇，一九七二年一年间每股可得之股利七十元有奇，仅为一倍有半；至于资本增出之九百万元，尚未并计在内。

最后余当举述商务印书馆七十余年来具有创造性的出版物，计得三十种，以作本书之结束。

本书将一个出版家的代表与新教育并论，其理由系因出版物固可衡量教育之进展，教育也能影响出版物的发达。出版物数量种类之多固为进步之征，然创造性之出版物不仅足以影响后起之出版，且能及于教育，其关系重大，可想而知。余于一九七〇年五月曾在商务书馆之月会中为全体同仁对于七十余年来商务书馆无量数出版物中堪称创造性者有所举述。兹将讲演纪录附后：

王董事长对全体同仁专题讲演

本馆成立至今，业已经过七十余年，其间可分为三个时期，一是前期，即自民国前十五年本馆创设之时，以迄民国十年我加入本馆，其间约二十五年；二是后期，系自民国十一年我开始主持本馆编译所，以迄民国卅五年，我参加政府，脱离本馆，其间二十五年，连同一九六四年秋，我在脱离"政府"后重主本馆以迄今日，此六

年与前二十五年合计三十一年。又从三十五年夏我脱离本馆以迄一九六四年秋我重返本馆，其间的十八年，可称为中间时期。这三个时期所以如此划分，系针对创造性的出版物而言。我认为一个出版家能够推进与否，视其有无创造性的出版物。经我详细估计一下，前期的创造性出版物，计有七种，除其中一种，为四位发起人的功绩外，其他六种皆由张菊生先生所主持；后期的创造性出版物，约有二十三种，皆由我所主持。两者合计，恰为三十种。至于中间时期，除最初两年由朱经农先生主持，就我在重庆编印的中学文库，扩充为新中学文库，似尚非创作性外，余十六年，则在混乱与"沦陷"时期，并无任何出版物堪称创造性。

今天我想将本馆创造性出版物逐一为各同人谈谈。所谓创造性即是以前所没有的。本馆今年（一九七〇年）已经存在七十四年了，一九六六年本馆七十周年纪念时，我曾写了一篇七十年与二十七年的纪念性文字，把我二十七年与本馆的关系作扼要的说明，此文在出版月刊发表，现在本馆七十四岁了，我与本馆的关系也由二十七年增至三十一年，本馆先后的出版物不下万种，而堪称创造性者，只有三十种，因而够得上创造性出版物之名称，可不容易，就无量数的出版家来说，我觉得只有开明书店的二十五史，和传记文学社的各种传记丛刊，才算得是创造性的，其他恕我不便妄谈了。

本馆的创造性出版物分为前后及中间共三期，前期的二十五年共有七种，中期可说一种也没有，后期共三十一年约得二十三种。

本馆第一种的创造性出版物现在看起来算不得什么，但七十多年前，确属创造性，那就是华英初阶与华英进阶的一套读本，其原书是英国为印度人所编的，没有中文解释，本馆的发起人鲍先生、夏先生和高先生等（鲍先生兄弟二人，名咸恩及咸昌，夏先生名瑞芳，高先生名凤池，皆服务于专印教会图书的美华书馆。两位鲍先

生都是技工，夏先生是营业员，高先生是买办），动了一个新的念头，托一位谢牧师翻成中文，以中英对照印刷成书，名为华英初阶和进阶，一共有五六册，他们初时所集资本是四千元，据说初阶第一版二千本几天内便卖光了，于是继续译印华英进阶四五册，也都赚钱。但是好景不常，毕竟由于几位不是读书人，以后印行的图书，遭遇失败，而陷于困境。

当时的出版家，其一为广学会，专出教会的图书，康有为即因读了他们的出版物而起了维新的思想。其二，江南制造局找外文书托人翻译，但多属于理工方面的。其三为广智书局，为冯自由的父亲名镜如者，以香港人的资格所主持，出了很多有关革命的书籍。其四为扫叶山房，专出石印的古书。这四家创立于本馆之前，其与本馆同时而起的有文明书局和南洋公学的编译部，所出版者多是教科书，不过编印全套中小学教科书的还是本馆独家。民前学部登记的教科书本馆占了一半以上，开始时很赚了一些钱，中小学教科书便是本馆第二种的创造性出版物，由张菊生先生所主持，张先生是位翰院人物，在北京提倡新学，但与康有为并不相关。康梁失败后，张先生误被牵累，革职永不叙用。他是浙江海盐人，回籍时道经上海，被南洋公学即现在交通大学的前身，聘为汉文总教习，其时吴稚晖先生以一位旧式举人而加入为师范生，师范生一面应课，一方兼教小学生（其时小学生有后来大同大学的校长胡敦复先生，最近还在美国任教，他是现在中国石油公司总经理胡新南君的父亲）。另一位西文总教习福开森是美国人，略懂中文，因此和张先生交互传授中英文。张先生也因此学通英文。

本馆的夏瑞芳先生常到南洋公学拉生意，和张先生熟识，谈起本馆由盈转亏的事实，他认为不是读书人不能主持出版事业，因此坚请张先生参加，张先生投资后，组织编译所，自任所长，发起人

的高先生则任总经理。他们两位初时颇有不同的意见，端赖夏先生周旋其间，总经理只管营业，不干涉编译所之事。

张先生馆最先一项策略，便是响应政府兴学，创编全套中小学教科书，称为最新教科书，实即是本馆最旧的教科书了。编辑此书时，特别是对于小学的国文教科书，真是字斟句酌，一字不苟，往往是由张先生和几位编辑人（其时任最新小学教科书编辑的除张先生外，有第二任的编译所长高梦旦先生，及蒋维乔、庄俞、杜亚泉诸先生），连同一位日本顾问，对每一课详加研讨。编辑人中有长于国学的，也有极富经验的小学教员，其他各科，均照此原则办理。

第三种创造性的出版物即为东方杂志，其前还有外交报，是由久任京职，深通国势的徐珂，字仲可者所主持，不久并入性质广泛些的东方杂志，所以东方论坛仍多注重外交和国际关系。在当时，我国留日学生出版的杂志虽多，但固定性的杂志只有东方杂志一种。东方杂志首任编辑是杜亚泉先生，他是自学的一位科学家，曾在上海设立一个理化传习所，蔡元培先生中翰林后来上海，曾加入该所听讲。后来杜先生转任编译所理化部部长，继任主编东方杂志者，为复旦公学毕业生钱经宇，一直主持多年，至一二八东方第一次停刊后，他才转任于监察院。

第四种是民国初年编印的辞源，这一部综合新旧知识的辞典，确是本馆创造性出版物之一。是陆尔奎先生所主持，花了不少功夫，简直把眼睛都弄到失明了。辞源所收单字，另刊为新字典，但辞源不以单字为主，而是以词语为主。其后中华书局也跟着出了一部辞海。后来者不免要居上，但本馆不甘示弱，又编了一部辞源续编，随又将正续编合订为一册，其所收词语，又较辞海为多，最近我们在这里还附加了一个补编。

我国最早的字书是说文解字，按字的源流排比，分为五百四十

部，不仅很难检查，而且系以小篆为主，不合现代的需要。此书集秦汉以前流行的文字于一起，约九千多字。本馆最近重版的说文解字诂林，是一位中医师，也是一位真正的读书人丁福保先生，他不断研究整理中国的古书，费了不少功失，收集历代注释说文的图书，合并排比，成此巨籍。我国字书除说文解字，按字原排比外，其他或按音韵，或按部首。康熙字典便是仿照明代梅氏字汇扩充改进，所收四万余字，按二百十四部排列，但它所收单字，并不是最多，其前的宋代集韵，系按韵排列的，却收有五万余字。中华书局编印的中华大字典却比康熙字典和集韵所收的字还略有增加，就是把现代新造的字也收入其中。这部书至少算得是一半的创造性。此外，我花了十多年所编的中山大词典，除辞语多至六十余万外，所收单字，远较中华大字典为多。可惜因战事全部卡片八百余万张都留在上海，其命运已不可知。我只能就其中"一"字所收的辞语几千条，近一百万字，刊为中山大辞典一字长编，在台已经重版。

辞源是本馆在民国初年编的，堪称为一种创作。中华的辞海是在辞源出版后若干年所编，说实话，辞海比诸辞源的正编，不免后来居上，就是所引古书，均列其篇名。辞源正编却只列书名，未列篇名，但以后的辞源续编，和补编，都有篇名，合并起来，条文比辞海增加很多，所以又不免后来居上了。辞源重点在词，不在字，有词的字才收入，没有词的不收入，单字和词语合在一起就是辞源。将单字抽出来另成一书，就是新字典。

第五种创造性出版物，便是各科词典。如中国人名大词典、古今地名大词典、动物大词典、植物大词典等，便是显著的例子，其中最后出的一部是朱经农先生主编的教育大词书，那是在我加入本馆以后才发动的。

第六种创造性出版物是四部丛刊，完全由张菊生先生一手主持，

他本是世家，自宋代张九成以来，科第蝉联不断，家中藏书自然不少，他本人对版本学尤有研究。他为本馆收罗了不少的善本古书，构成一个名为涵芬楼的专供本馆编译所参考。后来逐渐加入不少的英日文新书。我来本馆以后，力主将涵芬楼的藏书公开阅览，经张菊生先生赞成，由董事会拨款建筑一所东方图书馆，从此收藏的书更多。

四部丛刊的目标是以影印好的版本书为主，此书的销路很好。中华书局也跟着出了四部备要，不重版本，而重注疏，虽各有效用，究竟较四部丛刊为后出。

第七种的创造性出版物是百衲本二十四史，二十四史为何要加上百衲本的形容词呢？因为和尚的袈裟是打补钉的称之为衲，这一部书是以涵芬楼的藏书为主，再加上向别处借来的其他善本，借以凑合，补全。但是善本书因经过多年，不免有因虫蛀或破损的，张先生花了不少功夫一一填补起来。该书自开始计划，以至全部出版，历时不下十年。

以上为前期的几种具有创造性的书籍。虽然二十四史完成于我进商务之后，但前后皆由张先生一手主持。

后期的二十三种为：

其一，是民国十年我初进本馆，首先计划编印的百科小丛书，就每一题目以最简单的文字作扼要的撰写，两万字的为单本，四万字的为复本，此为综合性的，就各科重要题材，尽量约人编撰，因我有一远景，想要出一部万有文库，先从若干小单位开始，慢慢集合而成无所不包的一部整体丛书。

其二，便是编印各科小丛书，像工学小丛书，农学小丛书，商学小丛书，师范小丛书，算学小丛书，国学小丛书等等。

其三，便是百科全书，那时我为了这部百科全书，把各国的百

科全书全收集了来，经过详加比较之后，觉得美国出版的 New Inter-national Encyclopedia 体例最为适宜，因此即以此为外国题材的主要蓝本，另行参酌英德法日等国百科全书，至于本国题材，则由各专家特撰，并聘定了六七位专家分科主编，而助以一二十位编译人员。原计划全体条文的字数，当不下一亿，三四年来已成稿约五千万言，在一二八之役，给战火烧光了。本馆停业半年，复业后，百废待举，未遑及此，遂告停顿。此一缺憾，惟望本馆在我的继任者主持下，终久能够予以填补的。

其四，为四角号码检字法，其发明的经过见人人文库中我所著的一本专书，寥寥数万言，却费了我三四年的研究工夫，经过三四次的变更而成。

自此法问世后，本馆许多种工具书的索引，均照此编制。其中最大规模，当为佩文韵府，该书原是依韵排列，是齐脚而不是齐头的。自编成六十余万条的齐头索引，它便成为我国现有最大规模的文学大辞典。此外，如日本诸桥博士的汉和大词典十二巨册，也是采用四角号码编制索引的。又开明书店二十五史的人名索引，也采我的四角检字法，检查极为便利。可惜中国文化学院所编的中文大字典，虽是以汉和大字典为蓝本，却没有采用四角号码为索引，以致检查不免困难。这些索引的编制，都是四角号码的副产品，算得是在我主持下的第五种创造性出版物。

其六，为学生国学丛书，我认为古书有的要全读，有的不须全读，所以选定几十种国学要籍，分请专家，选定其中若干篇，加以详细的注释，另于书首就全书撰一概要的说明，俾读者对全书得一鸟瞰的印象。

我近来主编一部今注今译的古籍，后来"中华文化复兴会"成立，我提出此一计划，为该会所接受。由我召集了七家出版同业商

谈，除去本馆已担任之十二种外，其他则请各家分别担任。但除正中书局外，他家都不愿担任，然正中正在进行者，即与我在四十年前所编印的学生国学丛书相若，都是选编详注，而不是今译今注的。

其七，为万有文库，自民国十六年开始计划，十七年底完成，十八年初开始出版，即以国学基本丛书，汉译世界名著，连同百科小丛书及各种小丛书共十三种，二千册构成。以书的总数言，恰满一千种，原拟称为千种丛书，嗣思还要继续发展，最后期达成万册，故改称万有文库。本文库之目的，在为全国建立许多花费极少，管理极便的小图书馆，除所收之书，各科具备，而且每书都载明分类号码，并附卡片，只需一位中等学生便能管理，无需聘任专家。我作了这种周密的计划，认为销路一定好，所以打算印五千部，当时本馆的总务处会议中，我报告有关万有文库的一切事情，大都没有意见，只有当我要印五千部时，有位盛桐荪先生很委婉的说五千部太多了，以后可以再版，但我却被浇了盆冷水，因为我花了很多功夫，对该书的前途极具信心，所以坚持要印五千部。与议各人都迁就我的意见，但第一个月却预约不到一百部，我才感到着急，后来幸得钱新之先生以其在浙江省财政厅的一笔可公可私的经费，为该省各县图书馆整批购买了一百部。借此宣传，各省纷纷整购，结果五千部居然售罄。到了第二集编印时，还重印了三千部，尽行销出。我当时只知编书，不懂营业，尤其不懂科学管理方法。所以冒险大量印行，实是不合科学管理的，当时我错怪了盛先生，幸而有钱新之的意外帮忙，否则可能因滞销而使资金呆滞。一年后我担任总经理，首先出国研究管理方法，方发现我在当时决策的错误，归国后，常常引此事以自责。

现继续讲后期的第八种：大学丛书。这也确是商务的创造性出版物。因为商务以前始终没有出过专为大学教本之书籍，民国十年

我进商务之后，认为可为各大学出些参考用书，即与各有关大学以各该大学之名定名为某某大学丛书。七八年来先后订有这种契约，不下十种。但一二八之后，商务损失了大半资产，照估计，当时股本五百万元，却损失了一千六百万元。不得已只好暂时停业清理。是年八月复业之后，两个月内我即开始向各方面学者征求意见，组织大学丛书委员会，由各著名大学推派一二位著名学者参加，约共六七十人，另外商务本身的编审部，也有几位参加，其方法为各大学教授编著的讲义，经自行审查后，再由本馆分交其他大学教授兼任大学丛书委员者予以复审，通过后，即列入大学丛书，原计划为三百多种，分五年出齐。但自民国二十一年秋间计划后，其实施则在二十二年，至二十六年八一三时为期共四年半，原计划业已实现了大半。抗战时期，仍继续增印，至抗战胜利之日共达四百种左右。

国立编译馆所编印之大学用书，系在本馆大学丛书之后若干年，迄今只有四五十种，初时曾征求商务、正中等分担印行，我为了赞助政府之决策也就答应参加了，所以国立编译馆的大学用书本馆也出版了不少。

我们的大学丛书虽已出版了三四百种，但以在此所存样书不齐，至今方重印了一部分，这是很遗憾的。

第九种的创造性出版物为四库珍本。这是从四库全书尚未刊布的罕传本择要影印的，故名为珍本。首先当略说何谓四库全书：

由于清朝决心把所有反对满清的文字，一网打尽，初时大兴文字狱。后来，感到了杀不胜杀，因而设计把全国所有的书收集起来，借着模仿明代永乐大典之故实，编纂一部四库全书。首先命令各省督抚，收集坊间及藏书家所有之图书，或征购，甚至还可暂借，捐献多者即赐一部图书集成，因此所有图书大多数集合起来共有九千多种。其中认为较有用的予以著录，就是把原书抄写七部，分存于

京师及外省的七个阁。除外省的三部，已毁其二，只剩下杭州文渊阁的一部，北方的四部除运到台湾来的一部，称为文渊阁本者外，其他三部的命运已不可知，在清政府编纂这部四库全书时，凡有违碍的部分，或毁或删。此外一些被列入存目的书，是那时候认为不很有用的，不加著录，仅存其书目及提要，这所谓存目的书，却有六千余部，约倍于著录之数。

商务对四库全书可说有不解之缘，民十四年，想到把四库全书全部影印，缩成人人文库大小之中国纸印本，每部售价约三万元，另一种型式是合九面为一面，版面加大，改用洋纸印刷，售价万元左右。当时已和北京政府讲好了一切条件，但是曹锟的私人李彦青却要商务给他二十万两银子才肯放行，此为第一次的失败。第二次是教育部为了要保存这部书，自动要我们影印，但全书准备装车南运时，却因奉直战起，交通断绝，也就未能成行。第三次是一二八之役后，本馆复业不久，蒋复璁先生以中央图书馆筹备主任之地位押运了一部到上海，寄存于一个天主堂内，他以商务新受重创，恐无力负担，先找了中华、世界、正中几家，都不愿印，才来和我商量，我认为商务此时虽无力承印全书，实亦无此必要，遂提议先把外间很少流行的约六七百种，以珍本为名，分期印行，第一期共出了二百六十余种。

但是我们承印这部书的条件相当重，订明赠送十分之一的印本给中央图书馆，我们印了一千部即送了一百部，由中央图书馆与国外交换，因而至今大都保存于国外图书馆。在台湾的只有军校运来两部，政大有一部，"中央图书馆"和"中央研究院"各有一部。

第十种为中国文化史丛书，和我共同主编的傅纬平先生，在编译所资格最老。这部书的计划和目录是由我经过相当研究，和参考许多外国著作而撰成。在我以编纂中国文化史之研究一文中，我主

张文化史须从专题分编开始，随后才利用分编的资料，综合为一书。该丛书原定为八十种，但只出了四十种即因抗战而停顿。

第十一种为自然科学小丛书三百种。在过去的出版物中，对于此一类的著作，算得上是规模最大者，这是出于我的创意，而由编译所同人周颂久（昌寿）主编和许多外间专家就外文著作译述而成的。

第十二种为丛书集成，我为了编纂这部书，约费一年的功夫。

我国丛书，多至三四千种，然而考其内容，名实不符者，十居五六，删改琐杂者，比比皆是。张香涛的书目答问有："丛书最便学者，为其一部之中可该群籍，欲多读古书，非买丛书不可。"但他却不知以种类如此纷繁，内容如是琐杂，如不抉择，多购即糜金钱，滥读尤耗精力。

我编著丛书集成的主旨，就是从数千种丛书中，精选其最有用之一百种，合并起来，共得子目六千以上，而其中重复者，多至三分之一，即二千余的子目。因此，去其重复者，可省篇幅与财力三分之一，且按万有文库方式排印，亦有照原书缩印者，共成四千小册，连同万有文库一二集各二千册，合为八千册，假使不是抗战发生，我决定续编万有文库第三集二千册，那便凑足万册之数了。关于编纂丛书集成的计划与经过，具详我所撰辑印丛书集成序，见岫庐论学一五九页。

现在讲第十三种的中山大辞典，这可算是一部流产的著作，但是这个小胎儿后来又半复活了。这是我个人自发明了四角号码之后，为了表现其用途，首先编了一部四角号码的字典，但我对此急就的著作很不满足，又以类书为主，连同许多古书新籍，或剪贴，或抄录，编成了约有八百万多张的卡片，构成一部大规模词书的资料。后来给孙哲生先生知道了这回事，偕同几位学者专家来参观，他们

都吓了一跳，随即决定由中山文化教育馆和我合作，每月补助一些经费，因此，我就聘请了好几个人来帮忙，积极从事编辑。如果这部大辞典能够出版的话，定比现在中国文化学院所编印的中文大字典要大上几倍。本来是预备编印五十巨册的，但第一册刚刚开始排印，即因战事发生，我不得不离开上海，这部词典的工作遂停顿。抗战胜利，又因共党［删2字。——编注］，这些资料卡片便寄存在某学校，现今其命运已不可知，但我因抗战而赴香港时，把"一"字为首的卡片随身携带出来，在港印刷成书，定名为《中山大辞典一字长篇》，现在我顾虑到这本书比较偏僻些，恐怕不太好销售，就没有让本馆重印，而由我自己出资重印数百部，但是销路也还不差。

　　第十四种为附索引的各省通志，已出版的有广东通志等六省，都附有人名、地名的详尽索引，若不是战事发生，各省的通志皆可出版。

　　讲到这件事，我就不得不略述本馆和中华书局的恩怨关系，自从民国元年，陆费伯鸿先生脱离本馆，自行组织中华书局以来，他和本馆的张菊生先生结了不解的仇恨，民初中华新编适应民国的教科书，一时把本馆的民前教科书打垮了，因此双方竞争极烈。我系从民十年加入本馆，本来和伯鸿没有恩怨。可是一二八之役，商务遭遇空前的损失，中华乘机给本馆强烈的打击，自在意中。幸而我还招架得住，后来有一件竞争得最尖锐化的事，就是关于古今图书集成的影印。中华向其董事陈某借到康有为旧藏的一部铜版原本，我也为本馆向几家书店及藏书家凑成一整部。双方均在准备影印，中华的陆费伯鸿，便托人向我关说，可否让他们专印，好在商务在我主持之下，拟印的书很多，如能获我同意，则今后彼此可由竞争改为合作，我慨然应允，于是双方开始合作，商务放弃图书集成之后，便专印各省通志。自那时起，终伯鸿之一生，都和我合作得很

好。中华前总经理李叔明深知其事，对我和商务也能维持和洽的关系。

第十五种是年谱集成，但此事没有成功，在民国二十五年前，我为本馆搜罗了一千多种年谱，就其中的人名、地名、史事编成很详尽的索引，将各谱所载者，借索引并列一起，相互比较，与正史和其他史书颇多出入，的是一部很有价值的史料，及至准备印行，却为抗战而中止。

第十六种为小学生文库。后来又续编一部幼童文库。

第十七种为中学生文库，说起来这部书在形式上最不美观，但是销路却最好。这是在抗战时期，我把商务在重庆新印或重印各书，认为适于中学生参考的，各科各类皆有，但其版式大小不同，化零为整，编成中学生文库，销出数千部。复员后，回到上海，我因从政离开商务，推荐朱经农先生继任，我劝他将这部书酌量扩充，重新排版印刷，定名为新中学文库。但后者不能算是创造性，因为没有中学生文库的创始，也不会有这部新中学文库了。

第十八种：人人文库。这是我在台创编和创刊的，其版式模仿在大陆的东方文库。初时以旧版书重印为主，成本较轻，售价特廉，嗣陆续参入新著作，每月新出版二十册，迄今已超过千余号，册数近千。利润虽薄，销路特广，最近在原有单号和双号外，又加上一种特号。

第十九种是各科研究小丛书。这是对每一学科，以五万字左右，分为概论、小史及研究方法三部分，由专家以深入浅出的方法写成的。我认为这一部小丛书，如能达成百种以上，定然很有效用，可惜约定写稿的人，多未能如期交稿。

第二十种为国学基本丛书四百种。国学向称浩如烟海。究竟何为当读之书，晚近由各家分别选定者有十数种目录，我为此举费了

不少工夫，先就个人意见初选，再持与各家选目比较，然后定为四百种，不仅所选皆为当读之书，且其版本，皆以注释最详尽者为主，故极合实用。

第二十一种，古书今注今译，在"文化复兴会"成立以前，我已发动此一计划，选定若干种古籍，就原文再加上今注今译。分请专家担任。我并将此计划，向"文复会"提议，承采纳提倡。现除本馆担任了十二种以外，因其他出版家多不愿担任，故由"文复会"自行担任十余种，此一计划对于研究国学者，当有重大助力。

第二十二种是新科学文库。五年之前，商务改组之初，我曾说最初两年仅就大陆出版各书择要重印，暂时不出新书，至第三年开始出新书，初时还是侧重于社会科学与人文科学。自去年起我又计划就第二次世界大战后，新出版之自然应用科学图书托人翻译，并特约专家审定，现已出版三四十种。我打算在一年以后，至少译印百种以上。

最后一种即第二十三种是云五社会科学大辞典。在八月份的东方杂志内我有一篇"答客问"，说明本书编印的经过。

此书共分为十二个部门，是在我八十岁生日时，由中山同乡会名誉理事长孙哲生先生等发起，捐募了一百余万元，成立云五奖学金外，政大校长刘季洪先生等又发起创编一部云五社会科学大辞典，并承嘉新水泥公司捐了一百万元的编撰费，该辞典包括社会科学及人文科学共十二部门，分由十二位专家学者主编，并动员了二百位左右的专家分任撰述，三年以来，完成七百万字上下，从本年八月份起，月出一册，现已出版的第一册是历史部门的，第二册是国际关系，第三册是心理学。社会科学大辞典，在我国还是第一部，即在世界各国，也只有其他三部。